Jüdische Geschichte in Bayern

# Studien zur Jüdischen Geschichte und Kultur in Bayern

Herausgegeben von
Michael Brenner und Andreas Heusler

# Band 11

29 Stufen der Entrechtung auf dem Weg zur Schoa —— 530

Zwischenbilanz 3: Entwicklungslinien in der Moderne —— 556

30 Neubeginn und Ausblick —— 560

Nachwort —— 584

Bibliographie —— 587

Index —— 641

# Abbildungsverzeichnis

| | |
|---|---|
| Abb. 1 | Bayerische Staatsbibliothek München, Cod. hebr. 5(1, fol. 44v. |
| Abb. 2 | A. Haverkamp, Kartenwerk, Karte A 4.5. (Ausschnitt) |
| Abb. 3 | Barzen, Anfänge, S. 26f. |
| Abb. 4 | Historisches Museum der Stadt Regensburg, Foto: Peter Ferstl |
| Abb. 5 | Bayerisches Landesamt für Denkmalpflege, Grafik: Rudi Röhrl |
| Abb. 6 | Keil, Die jüdische Frau, S. 352 (Israel Museum ms 180/52, fol. 18v) |
| Abb. 7 | K. Müller/Schwarzfuchs/Reiner, Grabsteine, Bd. 2, Nr. 4, S. 31 (Inv-Nr. 1681) |
| Abb. 8a | Stadtarchiv Augsburg, Urkundensammlung 1298 VIII_23 |
| Abb. 8b | Stadtarchiv München, URK A-I-a-170 |
| Abb. 9 | Toch, Geld und Kredit, S. 501 (Vat. Ebr. 148, fol. 1r) |
| Abb. 10 | Toch, Geld und Kredit, S. 507 |
| Abb. 11 | Foto: Birgit Wiedl, St. Pölten |
| Abb. 12 | Brandenburgisches Landesamt für Denkmalpflege und Archäologisches Landesmuseum, Foto 14 e 32 / 774.8 |
| Abb. 13a | Foto: Birgit Wiedl, St. Pölten |
| Abb. 13b | Schuegraf, Geschichte des Domes von Regensburg, Bd. 2, Tafel IV |
| Abb. 14 | Kwasmann, Grabsteine, Nr. 1, S. 54 |
| Abb. 15 | Arnold, Armledererhebung, S. 45; Entwurf: Klaus Arnold, Kartographie: Jochen Bohn |
| Abb. 16 | Kunstsammlungen des Bistums Regensburg, Foto: Wolfgang Ruhl |
| Abb. 17 | Nach den Angaben in GJ II/1, S. 58, Kartographie: Jochen Bohn |
| Abb. 18 | Stadtarchiv Nürnberg, A 39_III Fi-L-2867 |
| Abb. 19 | Schedel, Weltchronik, fol. 230v (Nachdruck 2013: Staatsbibliothek Augsburg_Hbd_E_5017_230v) |
| Abb. 20a-c | Eigene Darstellung auf der Basis der Ortsartikel in GJ III/1 u. 2 |
| Abb. 21 | Stretz, Franken, Anhang |
| Abb. 22 | Geldermans-Jörg, Bamberg, S. 89 |
| Abb. 23 | Orte nach GJ III/1 u. 2; Entwurf: Rolf Kießling, Kartografie: Jochen Bohn |
| Abb. 24 | Stadtarchiv Nürnberg, F 1 Nr. 42, fol. 42v |
| Abb. 25 | Stadtarchiv Augsburg, Reichsstadt Schätze Nr. 105_III |
| Abb. 26 | Stadtarchiv Landshut, Bd. 11 |
| Abb. 27 | Bayerische Staatsbibliothek München, Cod. hebr. 200, fol. 11r |
| Abb. 28a | Denkmalerfassung und Denkmalforschung, Städtebauliche Denkmalpflege, Inventar Bamberg, Entwurf: Thomas Gunzelmann |
| Abb. 28b | Staatsbibliothek Stockholm, bearb. von Stefan Pfaffenberger, Bamberg |
| Abb. 29 | bpk / Bayerische Staatsgemäldesammlungen (70247784) |
| Abb. 30 | Bayerische Staatsbibliothek München, Einbl. I,46 s |
| Abb. 31 | Franz Winzinger, Albrecht Altdorfer. Graphik. München 1963, Abb. 173 |
| Abb. 32 | Franz Winzinger, Albrecht Altdorfer. Graphik. München 1963, Abb. 245 |
| Abb. 33 | A. Haverkamp, Kartenwerk, Karte A 4.9 (Ausschnitt) |
| Abb. 34 | Sebaß, Osiander, S. IV (Foto: Biblioteca Vaticana, Rom) |
| Abb. 35 | Stretz, Franken, Anhang |
| Abb. 36 | Kaufmann, Luthers Juden, S. 39 |
| Abb. 37 | Germanisches Nationalmuseum, Hs. 7058, Foto: M. Runge |

| | |
|---|---|
| Abb. 38 | The Central Archives for the History of the Jewish People, Jerusalem, Collection Fischach, Nr. 5456 |
| Abb. 39 | New York, Jewish Museum, F 1285 a+b |
| Abb. 40 | Mordstein, Selbstbewußte Untertänigkeit, S. 25 |
| Abb. 41 | Heller, Peuplierungspolitik, S. 169 |
| Abb. 42 | M. Müller, Pfalz-Neuburg, S. 226 |
| Abb. 43 | Deneke, Siehe der Stein, Nr. 5/8, S. 197 |
| Abb. 44a+b | Kreuzer/Ritter, Ichenhausen, Bd. 1, S. 178 |
| Abb. 45 | Synagogenband II, S. 437 |
| Abb. 46 | wikimedia |
| Abb. 47 | A. Weber, Sachkultur, S. 272 |
| Abb. 48 | Bayerische Staatsbibliothek München, Res/4. A. hebr. 365, Scan 116 |
| Abb. 49 | vorarlberg museum, Bregenz |
| Abb. 50 | Zahlen nach Schwarz, Juden in Bayern, S. 350; Entwurf: Rolf Kießling, Gestaltung: Jochen Bohn; Kartengrundlage: Spindler/Diepolder, Bayerischer Geschichtsatlas, S. 36 |
| Abb. 51 | Germanisches Nationalmuseum Nürnberg, Graph. Sammlung, HB 25820, Foto: H. Runge |
| Abb. 52a+b | Staatsarchiv Nürnberg, Reg v Mfr-Kd I-Abg 1932-Tit JS-176 |
| Abb. 53a | Foto: F. Herreiner |
| Abb. 53b | Foto: F. Herreiner |
| Abb. 54a+b | Eigene Darstellung; Zahlengrundlage nach der Statistik bei Schwarz, Juden in Bayern, S. 349 |
| Abb. 55a | Stadtarchiv Bamberg |
| Abb. 55b | Museen der Stadt Bamberg, Inv. Nr. Gr. 660 |
| Abb. 56 | Israel-Museum, Jerusalem; Foto: Dr. Peter Wunderer, Fischach |
| Abb. 57 | Stadtarchiv Nürnberg, A 47_KS-24_006 |
| Abb. 58a+b | Stadtarchiv Fürth, Fotosammlung |
| Abb. 59 | Mehler, Grundzüge, S. 513 |
| Abb. 60a-d | Eigene Darstellung; Zahlen nach Ophir/Wiesemann, Jüdische Gemeinden, passim |
| Abb. 61 | bpk (30002513) |
| Abb. 62 | Bonard, Die gefesselte Muse, S. 27 |
| Abb. 63 | Stadtarchiv München, FS-STB-2838 |
| Abb. 64 | Flade, Würzburg, S. 355 |
| Abb. 65 | Peter Palm; Kartographie: Peter Palm, Berlin |
| Abb. 66 | Grab, 10 Jahre, S. 72 |
| Abb. 67 | wikimedia |

# Tabellenverzeichnis

**Tab. 1** Schwarz, Juden in Bayern, S. 350
**Tab. 2** Remlein, Landtag und Judenemanzipation, S. 117.
**Tab. 3** Schwarz, Juden in Bayern, S. 349
**Tab. 4** Ophir/Wiesemann, Gemeinden, S. 13
**Tab. 5** Mehler, Grundzüge, S. 509
**Tab. 6** Ophir/Wiesemann, Jüdische Gemeinden, S. 24
**Tab. 7** Ophir/Wiesemann, Jüdische Gemeinden, S. 25
**Tab. 8** Màor, Wiederaufbau, Anlage IV
**Tab. 9** Zentralwohlfahrtsstelle, Frankfurt am Main, 2018

# Abkürzungsverzeichnis

| | |
|---|---|
| ChrdtSt | Chroniken deutscher Städte, Bd. (s. Literaturverzeichnis) |
| fl | Gulden (florenus) |
| GJ | Germania Judaica, Bd. (s. Literaturverzeichnis) |
| kr | Kreuzer |
| LexMA | Lexikon des Mittelalters, München-Zürich 1980–1999 |
| MGH | Monumenta Germaniae historica (s. Literaturverzeichnis) |
| NDB | Neue deutsche Biographie, hg. von der Historischen Kommission bei der Bayerischen Akademie der Wissenschaften |
| Pfd. | Pfund (als Währung) |
| Pfg. | Pfennig(e) |
| R. | Rabbi, Rabbiner |
| Rtlr. | Reichstaler |
| Synagogenband | Kraus, Wolfgang/Hamm, Bernd/Schwarz, Meier (Hg.): Mehr als Steine… Synagogen-Gedenkband Bayern, Bd. (s. Literaturverzeichnis) |

# Einführung:
# Was heißt ‚Jüdische Geschichte in Bayern'?

Als 1096 im Vorfeld des Ersten Kreuzzuges die Haufen der sich sammelnden Kreuzfahrer die jüdischen Gemeinden im Rheinland in einem verheerenden Pogrom nahezu ausgelöscht hatten, wurde auch Regensburg von ihnen heimgesucht. Die erste Katastrophe jüdischer Existenz im Römisch-Deutschen Reich des Hochmittelalters steht am Anfang der jüdischen Geschichte in Bayern. Die letzte war die Schoa: die Deportationszüge in die Lager des Generalgouvernements, von denen Auschwitz zur Chiffre für die geplante und industriell betriebene Vernichtung von Menschen wurde. Sind das Anfang und Ende der jüdischen Geschichte in Deutschland, in Bayern? Zwischen diesen beiden Eckpunkten entfaltet die folgende Darstellung eine breite Palette von weiteren Ereignissen, von Personen und Handlungsmustern in einer großen Spannbreite bis zu den Vorgängen der Alltagswelt. Doch die Ereignisgeschichte ist nur eine erste Dimension der Orientierung. Die andere ist der Umgang mit ihnen, die Einordnung in den Horizont des Verstehens.

Jüdische Geschichtsschreibung nach der Schoa stand und steht immer wieder unter dem Vorzeichen, den Weg in den Untergang nachzuvollziehen und zu erklären. Die jahrhundertelange Geschichte der Juden wird damit zur Vorgeschichte der Katastrophe.[1] Eine derart teleologische Sichtweise engt freilich den Blick ein, kündigt die Kontingenz von Geschichte auf und postuliert eine scheinbare Zwangsläufigkeit – womit die Komplexität der Entwicklungslinien verhängnisvoll reduziert wird. Chancen wie Gefährdungen des Zusammenlebens von Juden und Christen, von jüdischen und nichtjüdischen Menschen, können nicht mehr gegeneinander abgewogen werden. Gab es nicht auch Phasen, in denen sich Formen der Akzeptanz und Toleranz entwickelten, in denen das Nebeneinander zu einem Miteinander wurde? Insofern muss die Geschichte der Juden im Mittelalter und in der Neuzeit auch im gegenwärtigen Denken breiteren Raum einnehmen, muss jüdisches Leben mit seinen Bedingungen und Möglichkeiten ausgelotet werden, und dabei ist nicht nur auf die Gedankengebäude der Aufklärung zu rekurrieren, sondern auch auf die früheren Ansatzpunkte offener Begegnung und nicht zuletzt auf die Verhaltensformen im Alltagsleben.

Verschiedene Begriffe wurden bislang eingesetzt, um das Gegenüber von Juden und Nichtjuden als das einer Minderheit in der Mehrheitsgesellschaft zu

---

[1] Vgl. dazu beispielsweise das Einleitungskapitel von Goldhagen, Hitlers willige Vollstrecker, S. 45–69; zur sehr lebhaften öffentlichen Diskussion Ullrich, Die Goldhagen-Kontroverse.

verstehen, nicht alle halten der Prüfung stand.² Dem von Max Weber aus der indischen Gesellschaftsordnung übernommenen Begriff des ‚Pariavolkes',³ in dem ein deutliches Maß von Verachtung mitschwingt, muss mit Vorsicht begegnet werden, denn die Juden verhielten sich keineswegs immer im Gestus einer Unterwerfung, sondern pochten schon in der Vormoderne auf ihre Rechte; vor geraumer Zeit wurde deshalb für Württemberg konstatiert, „daß die Pariakaste nicht wie eine Pariakaste reagiert".⁴ Auch der Terminus der ‚Randgruppe', der für die gleiche Zeit gerne als Merkmal ins Spiel gebracht wurde,⁵ deckt mit seiner Positionierung die sehr differenzierten jüdischen Gruppen und Schichten keineswegs ab, ist doch ein breites Spektrum von der Zugehörigkeit zu den Unterschichten bis zu Spitzenpositionen in Staat und Gesellschaft zu beobachten.⁶ Die Kategorie des ‚Fremden'⁷ wiederum vermeidet zwar als soziologischer Begriff eine wertende Zuordnung, rekurriert vielmehr primär auf die Befunde, die sich aus der religiös-kulturellen Verankerung ergaben und im Habitus wie in den Verhaltensweisen niederschlugen; gleichermaßen verweist sie auf den immer wieder artikulierten Druck in Richtung einer Akkulturation oder Assimilation als einer der Grundkonstanten, sei es über die Aufgabe der eigenen Identität in Missionierung und Taufe, sei es über die Angleichung der Lebensformen, die vor allem in der Moderne zum Problem wurden. Andererseits zeigt die konkrete Analyse auch immer wieder, dass und wie diese Barriere überwunden wurde. Jedenfalls ergibt sich aus den Überlegungen zur Begrifflichkeit die Konsequenz, jüdische Geschichte als Teil der allgemeinen Geschichte zu begreifen und in die allgemeine Geschichtsschreibung zu integrieren – ohne damit selbstverständlich die spezifischen Fragestellungen der Judaistik als wissenschaftlicher Disziplin in Frage stellen zu wollen.

Eine Geschichte der Juden in Bayern von den Anfängen im Hochmittelalter bis zur Gegenwart zu schreiben, ist freilich aus verschiedenen Gründen ein Wagnis. Die bisherigen Gesamtdarstellungen folgten sehr verschiedenen Narrativen: Soweit sie aus jüdischer Perspektive geschrieben wurden, im Spannungsfeld vom Selbstverständnis als Angehörigen einer Religion und/oder eines Volkes, stellten die Autoren die Religions- und Gelehrtengeschichte, das Spannungsfeld von Reform und Assimilation oder die nationale und zionistische Komponente in den Mittelpunkt, um nur einige Aspekte aus der jüdischen Geschichtsschrei-

---

2 Zum Folgenden auch Kießling, Landjuden als Sondergruppe, passim.
3 Weber, Wirtschaft und Gesellschaft, S. 300f.
4 Jeggle, Judendörfer in Württemberg, S. 29–34, Zitat S. 34.
5 So etwa Graus, Randgruppen, S. 397–400, 424f., für das Mittelalter; Roeck, Randgruppen, S. 23–41, für die Frühe Neuzeit.
6 Vgl. dazu kritisch auch Mentgen, Randgruppe; Staudinger, Nur am Rande der Gesellschaft?
7 Werner Cahnmann, Dorf- und Kleinstadtjude.

bung anzudeuten.[8] Räumlich gesehen wurde von jüdischer wie nichtjüdischer Seite seltener die europäische,[9] aber mehrfach die deutschen Geschichte[10] thematisiert – gemäß dem Selbstverständnis der ‚deutschen Juden' des 19./20. Jahrhunderts. Kann man innerhalb eines solchen Spektrums überhaupt eine ‚Jüdische Geschichte in Bayern' schreiben? Sicher dann, wenn man die Bezugsgröße ‚Bayern' als den in der Gegenwart gegebenen politisch definierten Raum eines Bundeslandes begreift, in dem sich jüdisches Leben über die Jahrhunderte hinweg beschreiben lässt – wie etwa auch in Württemberg, Baden[11] oder Thüringen.[12] Aber es liegt auf der Hand, dass dieser Raum ‚Bayern' keine einheitliche historische Größe war; insofern ist es nicht zu vermeiden, dass sich Anachronismen einstellen, wenn man den Begriff ‚Bayern' verwendet: Das mittelalterliche Herzogtum seit dem 10. Jahrhundert – südlich der Donau bis in die Alpen reichend – geht keineswegs kontinuierlich über den Wittelsbacher Territorialstaat der Frühen Neuzeit in das moderne Bayern des 19./20. Jahrhunderts über, das mit Franken und Schwaben völlig andere historisch gewachsene Räume einbezog – somit sind Brüche zu verzeichnen, die für die jüdische Siedlung von grundlegender Bedeutung waren. Im Hochmittelalter waren die Unterschiede in den Regionen Franken, Schwaben und Bayern keineswegs dominant – deshalb wird im Folgenden der Hilfsbegriff ‚Südosten des Reiches' verwendet; er soll auf die Offenheit dieser politischen Gebilde für die frühen jüdischen Niederlassungen verweisen. Auch die wittelsbachischen Herzöge des Spätmittelalters akzeptierten anfangs wie andere Fürsten und Herrschaftsträger jüdische Gemeinden, doch nach den Austreibungen des 15. Jahrhunderts blieben (fast) nur noch Franken und Schwaben übrig, die nicht zuletzt aufgrund der territorialen Kleinkammerung wechselnde Existenzmöglichkeiten boten. Erst mit der territorialen Neuordnung des beginnenden 19. Jahrhunderts und dem Königreich Bayern wurden einheitliche Rahmenbedingungen geschaffen. Der Rückbezug von dieser modernen Staatlichkeit auf die Vormoderne hat nur dann einen Sinn, wenn damit auf die

---

8 Vgl. dazu umfassend Brenner, Propheten des Vergangenen, passim. Als bekanntestes Beispiel sei nur Graetz, Volkstümliche Geschichte der Juden, genannt.
9 So Battenberg, Europäisches Zeitalter der Juden.
10 Genannt seien beispielhaft die Bände der Reihe Enzyklopädie deutscher Geschichte von Toch, Die Juden im mittelalterlichen Reich; Battenberg, Die Juden in Deutschland vom 16. bis zum Ende des 18. Jahrhunderts; Volkov, Die Juden in Deutschland 1780–1918; Zimmermann, Die Deutschen Juden 1914–1945; sowie die umfangreiche Gesamtdarstellung von Meyer/Brenner, Deutsch-jüdische Geschichte in der Neuzeit, 4 Bde., sowie neuerdings Herzig, Jüdische Geschichte in Deutschland.
11 Vgl. dazu Sauer, Württemberg und Hohenzollern; Hundnurscher/Taddey, Baden.
12 Litt, Thüringen.

Kontinuitäten wie Diskontinuitäten abgehoben werden soll, die jüdisches Leben in diesem Raum prägten. Damit muss aber auch die Grenzziehung modifiziert werden: So dürfen die Entwicklungen im heute württembergischen Schwaben oder in Österreich nicht völlig ausgeklammert werden, weil zumindest die dortigen Randgebiete zeitweise eng mit den ‚bayerischen' Verhältnissen verbunden waren. Umgekehrt stand das westliche Unterfranken lange Zeit unter dem dominanten Einfluss des Erzbistums Mainz und man müsste deshalb relativ breit die Bezüge zum Mittelrhein als einem eigenständigen Raum thematisieren – es bleibt deshalb weitgehend ausgeklammert. Ausgeklammert bleibt auch die lediglich aus dynastischen Ableitungen erwachsene bayerische Rheinpfalz des 19. Jahrhunderts.

Diese Modifikationen gegenüber den Grenzen des modernen Bayern werden dann einsichtig, wenn man sich bewusst macht, dass sich jüdisches Leben über lange Zeit in ganz eigenständigen Raumbezügen abspielte, die mit den Vorgaben der Herrschaftsgeschichte ihrer Umwelt keineswegs immer deckungsgleich waren.[13] Aschkenas, die jüdische Welt Europas von England und (Nord-)Frankreich bis nach Polen und Litauen bzw. in die Ukraine, von der Nordsee bis Mittelitalien hatte zwar im Römisch-Deutschen Reich einen deutlichen Schwerpunkt, aber die großen Zentren am Rhein von Worms bis Frankfurt, dann Prag und zumindest zeitweise auch Wien, später Hamburg und Berlin, ganz zu schweigen von Polen und Litauen oder Oberitalien, rahmten gleichsam die bescheideneren Gemeinden im Südosten Deutschlands ein. Insofern war die ‚Jüdische Geschichte in Bayern' in sehr unterschiedlicher Weise in diese Struktur integriert: Nach der hochmittelalterlichen Phase mit einer Führungsrolle der (Reichs-)Städte, in der auch dieser Südosten über bedeutende jüdische Zentren verfügte, folgte über weite Zeiträume die Geschichte einer jüdischen ‚Provinz' in einer ausgesprochenen Randlage zwischen den großen Zentren,[14] um dann im ausgehenden 19. Jahrhundert im Deutschen Kaiserreich wieder etwas stärker ins Zentrum zu rücken, eine Stellung, die es auch im 20. Jahrhundert innehatte.

Aus jüdischer Perspektive waren die Siedlungsmuster und die mit ihnen verbundenen Lebensformen über die Jahrhunderte einer der bestimmenden Faktoren: Die deutsch-jüdische Geschichte unterscheidet in der Regel die mittelalterlichen Gemeinden in den Städten vom ‚Landjudentum' der Frühen Neuzeit, in der das Leben in Dörfern und Kleinstädten dominierte, dem dann im 19. Jahrhundert wieder der Zug in die Städte folgte – ein Charakteristikum, das auch für die

---

[13] Dazu etwa die einschlägigen Aufsätze in Kießling u.a., Räume und Wege.
[14] Vgl. dazu Ullmann, Jüdische Räume; an ihrer Professur ist derzeit eine Karte der jüdischen Siedlungen in der Frühen Neuzeit in Bayern in Vorbereitung.

gegenwärtigen Gemeinden gilt. Diese unterschiedliche Positionierung im System der Zentralität, die ja auch Schwerpunkte des Geschehens beschreibt, gilt es aber nicht im Sinne einer Bewertung zu verstehen, sondern im Sinne von verschiedenen Strukturprinzipien, die ihren Eigenwert hatten. Die ‚Entdeckung des Landjudentums', die nach einer langen Zeit der Abwertung und des Übergehens[15] in den 1980er Jahren erfolgte,[16] trägt mit ihrer Neubewertung diesem Entwicklungsgang Rechnung.

Die für das jüdische Leben entscheidenden Kategorien folgten ohnehin anderen Mustern als die der Umwelt: Zentral war die *Kehilla*, die autonome Gemeinde der mehr oder weniger differenzierten Führungsgruppe und der Rabbiner als Entscheidungsträger, mit Synagoge und Gemeindezentrum samt Mikwe und Schule und dem eigenen Friedhof.[17] Dieses Ideal zieht sich durch die Jahrhunderte hindurch und blieb auch dann eine Orientierungsgröße, als die Rahmenbedingungen sie in Frage stellten: in den kleinen und kleinsten Landgemeinden, oder im Zugriff der politischen Instanzen. Während die Entwicklung in Richtung auf eine moderne Staatlichkeit auf eine Verdichtung der Machtinstrumente zielte und die Gemeinden dabei immer mehr in den Hintergrund drängte, blieben die übergeordneten Zusammenschlüsse im Judentum eher sekundär: nur selten in den mittelalterlichen kommunikativen Abstimmungen – besonders ausgeprägt etwa bei den SCHUM-Gemeinden des Rheinlands –, sehr viel mehr in den aus den Bedürfnissen der Kleinsiedlungen ableitbaren Korporationen des 17./18. Jahrhunderts, noch abgeschwächt in den Ansätzen zu einer Rabbinatsorganisation des 19. Jahrhunderts. Spätestens mit dem Kaiserreich und den Ausformungen der jüdischen Interessenverbände auf Reichsebene wurde die regionale Zuordnung überlagert von einer Reichsorientierung, die im 20. Jahrhundert immer mehr an Bedeutung gewann – und letztlich im Zwangssystem des Nationalsozialismus die lokalen und regionalen Strukturen von oben her völlig einebnete.

‚Jüdische Geschichte in Bayern', wie sie im Folgenden erzählt wird, ist somit ein doppeltes Konstrukt: Zum einen, weil sie die heutigen staatlich-politischen Vorgaben in die Vormoderne zurückprojiziert und deshalb mit dem Verständnis gelesen werden muss, dass für diese frühere Zeit das Neben- und Nacheinander ganz verschiedener Räume und ihrer politischen Organisationsformen zu akzeptieren ist. Zum anderen, weil sie im Blick behalten muss, dass aus jüdischer Sicht die Faktoren des Lebens, soweit sie überhaupt eigenständig bestimmbar waren, sich nicht zuletzt in anderen Horizonten bewegten. Dennoch gehörten beide

---

15 So noch bei Greive, Die Juden, S. 113–115.
16 Vgl. dazu wegweisend Richarz, Landjudentum.
17 Vgl. dazu grundlegend Katz, Tradition und Krise, S. 83–210.

Seiten zusammen, und es wird geradezu ein Prinzip der Darstellung sein müssen, aufzuzeigen, in welchem Verhältnis die beiden ‚Partner' jeweils zueinander standen. Der landesgeschichtliche Zugang, dem sich die Darstellung verpflichtet fühlt, mag für eine adäquate Analyse der Wechselbeziehungen in der Region von Vorteil sein, ist er doch methodisch auf den abgrenzbaren Raum bezogen und sucht darin nach multiperspektivischer Erkenntnis.[18] Auch wenn die neuere deutsch-jüdische Geschichte sich bislang kaum auf einen solchen Zugang eingelassen hat,[19] für das Mittelalter ist der Weg schon mehrfach erfolgreich begangen worden,[20] und er wird auch für die Frühe Neuzeit in seiner Bedeutung erkannt.[21] So gesehen, wird man für das vorliegende Konstrukt auch eine gewisse Tragfähigkeit annehmen dürfen, denn auf diesem Weg lässt sich ein Feld von Fragestellungen entfalten, die zwar auch generelle Bedeutung haben, aber doch das Ziel verfolgen, vorwiegend die Spezifika der regionalen Ebene herauszupräparieren.

Freilich ist es nicht einfach, dieses Vorhaben auch in allen wünschenswerten Richtungen umzusetzen: Während die Quellen für die Darstellung der politischen Rahmenbedingungen reichlich fließen, weil die Obrigkeiten ihre fiskalischen wie herrschaftlichen Interessen in einem immer dichter werdenden Verwaltungsschriftgut festhielten, ist die innerjüdische Überlieferung vor allem in den Jahrhunderten des Alten Reiches in der Regel spärlich, gerade dort, wo die Gemeinden klein und unvollständig blieben. Zudem wurde vieles, was aus dieser und späterer Zeit in den Gemeindearchiven vorhanden war, bei den Zerstörungen des NS-Systems vernichtet. Dies spiegelt sich in der wissenschaftlichen Aufarbeitung: Zwar liegt inzwischen eine große Zahl von Studien zu einzelnen Gemeinden und Territorien vor, die es ermöglichen, ein breites Spektrum an Fragestellungen zu verfolgen, doch zeigen sich immer noch empfindliche Lücken, wenn es darum geht, das Binnenleben der Gemeinden zu erfassen. Selbst für die einfache Frage nach den Siedlungsverhältnissen etwa im ‚dunklen' 16. Jahrhundert sind nur vereinzelte Nachweise vorhanden.

Es liegt auf der Hand, dass eine derart ausgreifende Darstellung über die Jahrhunderte hinweg nicht überall auf eigenen Forschungen beruhen kann. Immerhin gehen zahlreiche Beobachtungen zur Frühen Neuzeit und zum beginnenden 19. Jahrhundert auf ein Forschungsprojekt zurück, das am landesgeschichtlichen

---

**18** Vgl. Freitag/Kißener/Reinle/Ullmann, Handbuch der Landesgeschichte, insbesondere den methodischen Beitrag von Werner Freitag.
**19** Vgl. jüngst Brechenmacher/Szulc, Neuere deutsch-jüdische Geschichte, S. 50–60, mit dem Begriffspaar Stadt und Land, das aber nur sehr bedingt in die gleiche Richtung zielt.
**20** Vgl. etwa Mentgen, Elsaß; Ziwes, Mittelrhein.
**21** So baut etwa die ‚Germania Judaica' ihre Darstellung ab 1520 auf Territorien auf; vgl. etwa Treue, Landgrafschaft Hessen-Marburg.

Lehrstuhl der Universität Augsburg über 20 Jahre hinweg betrieben wurde. Dass für weite Strecken der Darstellung das Material aus der vorhandenen Forschungsliteratur entnommen werden musste,[22] dürfte selbstverständlich sein. Die Gliederung greift zwar die gängige Dreiteilung von Mittelalter – Frühe Neuzeit – Moderne des 19./20. Jahrhunderts auf, weil sie auch für die jüdische Geschichte ausreichende Relevanz besitzt, erzählt aber innerhalb dieser Großepochen nicht nur chronologisch, sondern auch in parallelen Strängen, um die wesentlichen Linien übersichtlich herauszuarbeiten: die Rahmenbedingungen der politischen Ordnung, die Siedlungsentwicklung, die innerjüdische Organisation, die Lebensverhältnisse in den Gemeinden. Knappe Zusammenfassungen sollen am Ende einer Großepoche die Linien zusammenführen, was gleichzeitig als Ausgangslage für die nachfolgende Epoche dienen mag.

Alles in allem: Es ist ein Versuch, den derzeitigen Forschungsstand zur ‚Jüdischen Geschichte in Bayern' in überschaubarer Form zu präsentieren – versehen mit den nötigen Nachweisen, um dem Interessierten am Detail weitere Einblicke zu ermöglichen.

Was auf diese Weise sichtbar werden könnte: Jüdische Geschichte in Bayern erscheint als eine Abfolge von Wechsellagen. Offensichtlich ist die Reihe von Verfolgungen, nicht nur was den Anfang der Kreuzzüge und den Endpunkt der Schoa betrifft, sondern auch die dazwischen liegenden Wellen der Pogrome, die sich um die Mitte des 14. Jahrhunderts verdichteten, sodann die Ausweisungen aus den Reichsstädten und Territorien mit einem Kulminationspunkt um 1500, seltener in den regionalen Verfolgungen der Frühen Neuzeit und nochmals breiter wirkend in den Hep-Hep-Unruhen am Anfang des 19. Jahrhunderts. Was in Form von gewaltsamen Aktionen einsetzt, wird begleitet von einer antijüdischen Ikonographie und Rhetorik, in Stereotypen, die seit dem Hochmittelalter immer wieder lokal weitertradiert wurden, während im ausgehenden 19. Jahrhundert die rassisch-antisemitische Polemik aufbricht und den Boden bereitet für den Weg in die Vernichtung.

Dass dies aber keineswegs eine zwangsläufige Abfolge ist, geschweige denn eine lineare Form der Steigerung darstellt, wird durch die dazwischenliegenden Phasen deutlich, in denen nicht nur eine Beruhigung zu konstatieren ist, sondern ein erhöhtes Maß an Akzeptanz: die hochmittelalterliche quasibürgerliche Stellung in den Bischofs- und Reichsstädten, die noch relativ breite Beruhigung in der 1. Hälfte des 15. Jahrhunderts, dann vor allem die Ausformung der ‚Doppelgemeinden' des 17. und 18. Jahrhunderts, die zumindest als eine Einübung in die Koexistenz gelesen werden kann, ehe der staatliche Zugriff am Beginn des

---

22 Hilfreich dafür die umfassende Bibliographie von Wiesemann, Judaica bavarica.

19. Jahrhunderts die darin liegenden Entwicklungsmöglichkeiten wieder zurückschraubte, schließlich die weitgehende Integration in die Gesellschaft des beginnenden Kaiserreichs und die Entfaltung jüdischer Kultur in der Weimarer Republik.

Damit sind freilich nur die jeweiligen vorherrschenden Züge markiert, und es kann nicht übersehen werden, dass sich diese Phänomene mehrfach überlappen und verschränken. Dabei überrascht, dass der unmittelbar nach den Verfolgungen einsetzende Wiederbeginn der Gemeindebildungen vielfach gerade von denen betrieben wurde, die noch kurz vorher zu den Opfern gehörten – besonders nach den Pestpogromen, aber sogar nach der Schoa. So lässt sich daraus der Schluss ziehen, dass jüdische Geschichte in Bayern – und wohl nicht nur hier – gerade nicht die Linearität des Weges in den Untergang abbildet, sie also keineswegs als Vorgeschichte der Schoa begriffen werden darf, denn sonst bliebe sie zu eindimensional, würde die immer wieder feststellbaren Chancen des aktiven Zusammenlebens negieren. Sie erscheint vielmehr als eine Abfolge von Wellen der Verfolgung und Akzeptanz, der Ablehnung und Integration – bei der die Suche nach Ursachen und Wirkung jeweils sehr eigenständige Befunde zutage fördern.

# 1 Die Pogrome der Kreuzzüge: Regensburg und Würzburg

Die Wucht der Pogromwelle, die 1096 die jüdischen Gemeinden der rheinischen Städte weitgehend auslöschte, traf Regensburg nicht in gleicher Härte. Salomo bar Simson berichtet über die Ereignisse des 23. Mai:

> *Die Gemeinde zu Regensburg wurde geschlossen zwangsgetauft, denn sie sahen, daß es für sie keine Rettung gab.*
> *Auch die sich in der Stadt befanden, als sich die Irrenden* [die Kreuzfahrer, R.K.] *und das gemeine Volk gegen sie zusammenrotteten, drängte man gegen ihren Willen und stieß sie in einem Fluß* [die Donau, R.K.]. *Dann machte man ein übles Zeichen über dem Wasser, längs und quer* [das Kreuzeszeichen, R.K.], *so taufte man sie alle auf ein Mal in jenem Fluß, denn (viel) Volks war dort. Auch die kehrten zurück zum Ewigen. Nachdem die Feinde des Ewigen vorüber waren, taten sie sogleich Buße und kehrten um, denn was sie getan, das hatten sie aufgrund von großem Zwang getan, sie hätten sich den Feinden gegenüber nicht behaupten können; auch hatten die Feinde sie nicht töten wollen. Möge der ‚Fels' uns Sühne schaffen für unsere Schuld.*[1]

Im Gegensatz zum Rheinland, wo die Juden, vor die militante Alternative ‚Tod oder Taufe' gestellt,[2] mit ihrer Verweigerung im blutigen Gemetzel endeten, hatte die Regensburger Gemeinde nachgegeben. In Speyer waren am 3. Mai bereits elf Opfer des Pogroms zu beklagen, zwei Wochen später richteten die Kreuzfahrer in Worms ein Blutbad an, dem nur wenige entkamen. In Mainz, der ‚Heiligen Gemeinde', der ältesten und berühmtesten des Reiches, verbrannten zahlreiche Mitglieder in der Synagoge, anschließend kam es in Köln nach einer Plünderung in der Stadt zum Morden in den benachbarten Orten, in die sich die Juden geflüchtet hatten. Trier und Metz folgten, ehe die Welle der Verfolgungen in Prag und Regensburg auslief. Um der Zwangstaufe zu entgehen, entschieden sich die Juden vielfach zum *Kiddusch haSchem*, der ‚Heiligung des Gottesnamens', der Selbstopferung, oft sogar der rituellen Tötung der Kinder und Verwandten. Nachdem der Blutrausch der Kreuzfahrer in den großen Städten des Westens sich entladen hatte, ließ offenbar der Druck etwas nach; auf Seiten der Christen beließ man es dabei, die Juden zur Taufe zu nötigen, bei den Juden zeigte sich eine größere Bereitschaft, sich der Zwangstaufe zu unterwerfen. Anfang Juni zeichnete sich diese Entwicklung in Trier ab,[3] und in sie sind wohl auch die Vorgänge in Regensburg einzuordnen.[4]

---

1 E. Haverkamp, Hebräische Berichte, S. 480.
2 Die Verlaufsformen nach Lotter, Tod oder Taufe, S. 127–149.
3 Dazu ausführlich E. Haverkamp, Trier.
4 So jedenfalls Lotter, Tod oder Taufe, S. 148.

Dennoch muss es auch hier zu Gewalttätigkeiten gekommen sein, denn das später angelegte Memorbuch spricht *von Getöteten in Regensburg am 25.* (des Monats) *Jijar*.[5] Die Zahl der Opfer in den rheinischen Städten war sehr viel höher: Sie wird für Köln mit 300, für Worms mit 800 und für Mainz mit etwa 1.000 angegeben[6] – man rechnet heute mit insgesamt um die 3.000 Opfer.

Salomo bar Simson hatte seine Chronik erst um und nach 1140 verfasst[7] und legte bei der Übernahme seiner Vorlage besonderen Wert auf die Martyrien, denen die Juden ausgesetzt waren. Sein Schlusssatz, der von *Sühne [...] für unsere Schuld* spricht, könnte auf den aus seiner Sicht fehlenden *Kiddush haSchem* als letzter Konsequenz in Regensburg verweisen[8] – so wie auch für Trier die Auslassung einer entsprechenden Passage über die dortige Zwangstaufe als Eingeständnis verstanden werden kann, dass es zu einer Abweichung von der rigorosen Haltung der anderen Gemeinden gekommen war.[9]

Die gewalttätigen Ausbrüche des Frühsommers 1096 gingen dem organisierten Kreuzzug der Ritterschaft, der im Sommer aufbrechen sollte, voraus: Nach dem flammenden Aufruf Papst Urbans II. zur Befreiung der Christen im Orient auf dem Konzil von Clermont am 27. November des Vorjahres war es zur Bildung von spontanen Heerhaufen gekommen, in denen sich sehr unterschiedliche Gruppen zusammenfanden; sie agierten bereits seit dem Frühjahr in Nordfrankreich und im Rheinland.[10] Nicht alle, wohl aber einige und nicht zuletzt Graf Emicho von Flonheim deuteten den Kreuzzugsaufruf dahingehend um, die ‚Feinde der Christen' schon vor Ort in den Judengemeinden zu verfolgen; sie fanden damit mehrfach Unterstützung in den Bürgerschaften der Städte, während die Bischöfe Aufnahme hinter den Mauern ihrer Burgen gewährten und versuchten, die Gewalttätigkeiten abzuwehren.

Die verhängnisvollen Ereignisse lassen sich nur einigermaßen erfassen, wenn man sie in den Zeitzusammenhang einordnet. Wenn die Hochkirche für den Schutz der Judenschaften eintrat, erfüllte sie jenes Gebot, das sich in Nachfolge des paulinisch-augustinischen Denkmodells von der Schutzwürdigkeit jüdischer Existenz herausgebildet hatte und auf einer grundlegenden theologi-

---

5 Salfeld, Martyrologium, S. 151; vgl. Angerstorfer, Anfänge, S. 15.
6 E. Haverkamp, Hebräische Berichte, S. 20f.
7 E. Haverkamp, Hebräische Berichte, S. 49–63.
8 So auch der Tenor bei Lotter, Tod oder Taufe, S. 144 – wobei er allerdings in der Passage über Regensburg einen „offensichtlich unabhängigen Text" sieht, den der Autor aufgenommen habe und in dem er mit der Verteidigung der Zwangstaufe einen Bruch gegenüber seiner übrigen Darstellung erkennt.
9 E. Haverkamp, Trier, S. 70.
10 Vgl. dazu Lotter, Tod oder Taufe, S. 111–115.

schen Ambivalenz basierte:[11] Die Deutung der einschlägigen Stellen der Bibel generierte zwar einerseits die Vorstellung von einer grundsätzlichen Verworfenheit des jüdischen Volkes wegen seiner Blindheit und Verstocktheit gegenüber der Offenbarung durch Christus, wurde aber andererseits durch Augustinus in der Auffassung vertieft, dass die Juden in den Heilsplan Gottes gehörten, in dem ihr Verstreutsein in der gesamten Welt sie zu Zeugen derer werden lasse, die nicht an die Wahrheit des Evangeliums glaubten, zumal sie verbunden war mit der Erwartung ihrer Bekehrung am Ende der Tage.[12] Die von Papst Gregor dem Großen (gest. 604) gefundene Formulierung wurde zum Grundsatz für die folgenden Jahrhunderte und schlug sich in der Einleitungsformel der sog. *Sicut-Judeis-* Bullen nieder: *So wie es den Juden nicht erlaubt ist, in ihren Glaubensbelangen die gesetzlichen Grenzen zu überschreiten, dürfen auch ihnen gewährten Rechte nicht angetastet werden.*[13] Damit verbunden war auch das Verbot der Zwangstaufe: Sie hatte seit dem 4. Konzil von Toledo 633 ihren Niederschlag im Kirchenrecht gefunden und war auch in den Judenschutzbrief Kaiser Heinrichs IV. von 1090 für die Gemeinde Speyer übernommen worden. Was allerdings umstritten blieb, war die Frage, inwiefern vollzogene Taufen gültig blieben.[14]

Kann somit die Hochkirche nicht für den Pogrom verantwortlich gemacht werden, so waren die Popularisierungen des Antijudaismus, wie sie in den Kreuzzugshaufen propagiert wurden, bereits in der Traktatliteratur des 11. Jahrhunderts vorbereitet. Die Hintergründe für das vergleichsweise eher noch verhaltene Geschehen von 1096 in Regensburg bleiben freilich im Dunkeln. Ob der Hinweis auf „traditionell gute Beziehungen zwischen den Bürgern und dem Kaiser wie auch zu den Juden" dafür herangezogen werden kann,[15] muss offenbleiben. Die Verschlechterung des Klimas deutet sich jedenfalls schon vorher an: Propst Arnold von St. Emmeram konzipierte um 1036/37 ein Streitgespräch zwischen Christen und Juden in Regensburg, das im Anschluss an die Darstellung der Wunder des hl. Emmeram zur Zeit Bischof Michaels (reg. 942–972) wiedergegeben wird:[16] Danach leben die Juden in *eitler Überheblichkeit* und *von Reichtum überquellend*; sie widersetzen sich *in der Härte des steinernen Herzens*, verharren in *ablehnender Widerspenstigkeit*; sie werden mit dem inzwischen gängigen Vorwurf konfrontiert: *in erbärmlichem Wahnsinn habt ihr selbst (ihn)* [d.h.

---

**11** Lotter, Reaktivierung des theologischen Antijudaismus, S. 45–49.
**12** Vgl. dazu Blumenkranz, Die Judenpredigt Augustins, S. 89–110: der Text in deutscher Übersetzung; S. 175–181: „Zerstreuung zur Zeugenschaft".
**13** Zit. nach Lotter, Reaktivierung des theologischen Antijudaismus, S. 49.
**14** Lotter, Tod oder Taufe, S. 121–127.
**15** So E. Haverkamp, Hebräische Berichte, S. 41 Anm. 23.
**16** Angerstorfer, Disputation; vgl. auch Lotter, Tod oder Taufe, S. 124.

Christus, R.K.] *umgebracht, und deshalb würden sie auch von seinen auserwählten Mitgliedern (= den Christen) erniedrigt; ihnen bleibe nur die ewige Verdammnis.*[17] Ganz ähnlich argumentiert im *Liber visionum* von 1054/58 Otloh von St. Emmeram: Dort „sieht ein Kranker bereits den (Regensburger) Juden Abraham, der bei seinem Tod *mit eisernen Ketten in die Unterwelt gezogen wird*", und er warnt generell vor Gesprächen mit Juden, um der Gefahr zu entgehen, anschließend in der Hölle zu schmachten.[18] Insofern passt sich auch die Regensburger Situation ein in die wechselseitige Polemik von Juden und Christen, die auch von der jüdischen Geschichtsschreibung konstatiert wird.[19]

Einflussreich war mit Sicherheit auch Bischof Bruno von Würzburg (gest. 1045), Sohn Herzog Konrads I. von Schwaben und Vetter König Konrads II., der in seinem umfangreichen Psalmenkommentar die Verdammungstheologie reaktivierte.[20] Auch wenn er „sehr vielseitig und widersprüchlich ist [...], liefert er dennoch bei selektiver und nicht unvoreingenommener Benutzung eine Fülle von Material, das geeignet ist, über die üblichen antijudaistischen Stereotypen hinaus das geläufige Bild von den Juden zutiefst zu beeinflussen, zu verändern und erheblich zu verschärfen". Die Schuld am Tod Christi, die Selbstverfluchung und die ewige Verwerfung der Juden werden bei ihm vielfach variiert und „waren demnach geeignet, Judenhaß, wo er noch nicht bestand, hervorzurufen, wo bereits Ansätze vorhanden waren, ihn zu verstärken und darüber hinaus vor allem scheinbar biblisch-religiös zu autorisieren und zu untermauern."[21] Der Weg über eine vulgärtheologische Auslegung in eine gnadenlose Verfolgung war damit zumindest vorgezeichnet – und wurde in der Folgezeit immer wieder begangen.

Die Würzburger Gemeinde wurde damit freilich erst im Zweiten Kreuzzug 1147 konfrontiert – es ist die erste Nachricht, die sich von der dortigen Niederlassung erhalten hat –, als die Kreuzfahrer auf dem Weg nach Jerusalem hier wüteten. Ephraim bar Jacob berichtet:[22]

> *Es war am 22ten Tag des Monats Adar [24. Februar], als die Uebelthäter sich gegen die Gemeinde Würzburg erhoben. Alle anderen Gemeinden waren bereits in die Schlösser und Festungen entronnen. Diese aber glaubten in Frieden bleiben zu können, jedoch es kam Kummer und Zerrüttung auf Zerrüttung. Die Feinde sannen lügenhafte und hinterlistige Verdächtigun-*

---

17 Zit. nach Angerstorfer, Disputation, S. 146–148.
18 Angerstorfer, Anfänge, S. 14.
19 Yuval, Christliche Symbolik, passim.
20 Lotter, Reaktivierung, S. 55.
21 Lotter, Reaktivierung, S. 111.
22 Neubauer, Hebräische Berichte, S. 192f.

*gen aus, um über sie herfallen zu können. Sie sprachen: „Wir haben im Flusse einen Christen gefunden, den ihr umgebracht und in den Fluss geworfen habet; doch er ist heilig geworden und lässt Wunder geschehen!" Daraufhin erhoben sich die Irrenden und der Pöbel, sich über solchen Unsinn freuend, und erschlugen die Juden. Der heilige R. Isac, Sohn des R. Eljakim, ein bescheidener, sanftmüthiger und ausgezeichnet edler Mann, wurde damals, über seinem Buch sitzend, umgebracht und noch ein und zwanzig Personen mit ihm. [...] Die anderen Juden hatten sich in die Höfe ihrer Nachbarn geflüchtet, des folgenden Morgens flohen sie in die Festung Stuhlbach [nicht lokalisierbar, R.K.]. Gelobt sei der Herr, der ihnen Rettung verschaffte. – Ach, meine Seele ist betrübt, schmachtet, wie ein lechzendes Reh nach den Erschlagenen Würzburgs! Jene, einem rebenreichen Weinstocke verglichene Gemeinde, wie wurde sie so plötzlich aufgerieben, bis zur tiefsten Stufe erniedrigt. [...]*

Diesmal sind die Urheber deutlicher zu fassen: Während der päpstliche Aufruf Eugens III. eindeutig die Juden nicht erwähnt, wandte sich der von ihm für die Verbreitung des Kreuzzugsgedankens beauftragte Zisterzienserabt Bernhard von Clairvaux in seiner Predigt zwar dagegen, die Juden zu vertreiben oder gar zu töten, geißelte aber ihre Geldgier. Vor Ort im Rheinland aber sorgte ein gewisser Radolfus, ein *eremita, solitarius propheta*, also ohne klösterliche Bindung, dafür, dass sich erneut der Hass gegen die Juden richtete – auch wenn Bernhard dagegen einschritt und an die „heilsgeschichtliche Unverzichtbarkeit der Juden" erinnerte.[23] Die jüdische Gemeinde in Würzburg wurde jedenfalls von der Wut der Verfolger völlig überrascht. Dagegen kam auch der Bischof nicht an; aber er ließ – wieder nach Ephraim bar Jacob – *alle die erschlagenen Frommen nebst deren abgehauenen Körpertheilen, als Daumen der Hände und Füsse und was sonst von ihren Leibern und Gliedern gefunden wurde, auf Wagen sammeln; er liess sie reinigen, mit Oel salben und in seinem Garten begraben*[24] – vor der nördlichen Stadtmauer.

Der Bericht hat jedoch noch eine weitere Dimension: Der Vorwurf, der als Auslöser für den Pogrom gewertet wurde, man habe einen Leichnam im Fluss gefunden, wird in der christlichen Überlieferung der ‚Annales Herbipolenses' breiter geschildert:[25]

*Als im Monat Februar die Pilger, wie erwähnt, in der Stadt zusammenströmten, ist durch einen erstaunlichen (Zu)Fall an den 6 Kalenden des März (24. Februar) die in viele Teile zerschnittene Leiche eines Mannes gefunden worden. [...]. Nachdem die Teile des ganzen Körpers überallher gesammelt worden sind, ist die Leiche zum Hospital, das innerhalb der Stadtmauern liegt, getragen und dort in der Vorhalle außerhalb der Kirche bestattet worden. [...]*

---

**23** K. Müller, Würzburger Judengemeinde, S. 17–24, Zitat S. 23.
**24** Neubauer, Hebräische Berichte, S. 193f.
**25** Ediert mit Übersetzung in Baum, Quellen, S. 22f.

Die anschließenden angeblichen Wunder am Grab des Toten deuten auf eine der frühesten Fassungen des Ritualmordes – fast gleichzeitig mit dem ganz parallel gelagerten Fall von Norwich in England, der sich 1144 zugetragen haben soll. Vieles spricht dafür, dass diese Deutung zutrifft: der Zeitpunkt kurz nach Purim, also dem Fest, das zur Erinnerung an die biblisch überlieferte Errettung der Juden gegen die Vernichtungspläne des Hamam durch Esther gefeiert wurde, die angeblichen Wunder, die der Leichnam bewirkte und die anschließende Tötung der beschuldigten Juden.[26] Damit war ein Stereotyp geboren, das in den folgenden Jahrhunderten immer wieder für verhängnisvolle Verfolgungen sorgte.

Warum die Regensburger jüdische Gemeinde 1147 verschont blieb, bleibt unklar. Immerhin musste sie 1137 erneut Zwangstaufen über sich ergehen lassen.[27] Trotz dieser deutlichen theologischen Stereotypen gegenüber den Juden hatte die Gemeinde sehr schnell nach der gewaltsamen Zwangstaufe von 1096 wieder Fuß fassen können. Sie erhielt bereits 1097 von Kaiser Heinrich IV. ein Privileg, das ihr die Rückkehr zu ihrem angestammten Glauben erlaubte – entgegen der kirchenrechtlichen Position, die auch die Abkehr von der Zwangstaufe als Apostasie untersagte. Der Speyerer Gemeindevorsteher Mosche bar Jekuthiel hatte beim Kaiser erwirkt, dass alle Zwangstaufen im Reich für ungültig erklärt wurden – aber die Verkündigung erfolgte bezeichnenderweise nach seiner Rückkehr aus Italien in Regensburg. Heinrich IV. pflegte eine besonders enge Beziehung zu Regensburg, die sich in häufigen Aufenthalten und den Hoftagen von 1099 und 1102/04 niederschlug und im jüngeren Emmeramer Translationsbericht als die „Stadt des Kaisers" betitelt wird.[28] Die Bedeutung des König/Kaisers für die Juden war als Schutzherr durch Schutzbriefe der Karolingerzeit, insbesondere Ludwigs des Frommen, vorgeprägt;[29] auf sie gehen Formulierungen der umfangreichen Privilegien für Speyer und Worms von 1090 zurück:[30] Hier werden die Juden als ‚zur kaiserlichen Kammer' gehörig (*ad cameram nostram attineant*) bezeichnet und die Gemeinden erhielten eine weitgehende Autonomie nach innen, d.h. die Selbstverwaltung durch eigene Vorsteher, die Austragung innerer Streitigkeiten über eigene Gerichte, die freie Ausübung des Handels und das Zugeständnis, auch christliche Bedienstete beschäftigen zu dürfen – der Schutz vor der Zwangstaufe wurde schon erwähnt. Möglicherweise gab es auch ein ähnliches Privileg für Regensburg, das

---

26 Yuval, Zwei Völker, S. 176f.
27 Angerstorfer, Regensburger Juden, S. 164; GJ I, S. 286.
28 Kraus, Civitas Regia, S. 59–61, Zitat S. 61.
29 Battenberg, Europäisches Zeitalter, Bd. I, S. 52–54.
30 GJ I, S. 329f. (Speyer), S. 439 (Worms); Battenberg, Europäisches Zeitalter, Bd. I, S. 58–61.

aber verloren gegangen ist (vgl. Kap. 4).[31] Diese personale Beziehung, die sich hier abzeichnet und unter den Staufern verdichtete, sollte in Zukunft eine entscheidende Rolle spielen, freilich auch ihrerseits ambivalent bleiben.

Wie muss man sich diese beiden frühen Gemeinden in dieser Zeit vorstellen und in welchem Kontext standen sie? Während sich der Schwerpunkt jüdischer Siedlung an der Rheinschiene als der Zentrallandschaft der salischen Könige in der Reihe von Speyer und Worms über Mainz bis Köln, dazu Trier und später Straßburg detailliert nachzeichnen lässt, erscheint der Südosten des Reiches in dieser Phase noch fast unberührt; lediglich mit Regensburg und Würzburg sind erste Stützpunkte zu fassen.[32]

Wann die Regensburger Niederlassung entstand, bleibt umstritten: Während man heute einer spätantiken Wurzel skeptisch gegenübersteht, kann eine erste Ansiedlung um 800 immerhin erwogen werden und um 900 als einigermaßen sicher gelten.[33] Im 11. Jahrhundert war die Gemeindebildung jedenfalls in vollem Gange.[34] Denn in einer Urkunde vom 2. April 981 ist von jüdischem Besitz in Stadtamhof, der nördlichen Vorstadt, die Rede, der an das Kloster St. Emmeram verkauft wurde,[35] und in einer Schenkung des Bürgers Riziman 1010/20 von einer *habitacula Judaeorum*, einem eigenen Wohnbereich der Juden. Und wenn im bereits zitierten Streitgespräch bei Arnold ganz selbstverständlich ‚Synagoge' und ‚Schule' erwähnt werden[36] – wobei eher an die Zeit der Abfassung um 1036/37 als an die erzählte Zeit des 10. Jahrhunderts zu denken ist –, dann sind das untrügliche Zeichen für das Vorhandensein einer festen jüdischen Ansiedlung. Ein wichtiger Impuls für die Etablierung einer Gemeinde ist in der Hochkirche des 10. Jahrhunderts zu erkennen. Wenn die rheinischen Bischöfe ihre Kathedralstädte als geistliche Zentren ausbauten und dabei auch die Ansiedlung von Juden einbezogen, so spielte für deren Selbstverständnis als ‚heilige Stadt' die kirchliche Reformbewegung – erinnert sei nur an St. Maximin in Trier – eine wichtige Rolle. Dies strahlte nach Osten aus: Nicht zufällig war der hochgebildete Bischof Wolfgang von Regensburg (reg. 972–994) vorher Leiter der Trierer Domschule gewesen, und er war in dieses Geflecht der reformorientierten Reichskirche integriert, sodass das urbane Konzept seiner Stadt mit dem der rheinischen Bischöfe durchaus vergleichbar sein dürfte.[37]

---

31 Patschovsky, Rechtsverhältnis, S. 337f.
32 Vgl. dazu A. Haverkamp, Kartenwerk.
33 Zum Forschungsstand D. Schmid, Regensburger Judenviertel, S. 168–173.
34 Die Nachweise bei GJ I, S. 285ff.; Angerstorfer, Von der Judensiedlung zum Ghetto; Angerstorfer, Anfänge, S. 13; zusammenfassend D. Schmid, Regensburger Judenviertel, S. 173–186.
35 Waldherr, Stadt und Mutter in Israel, S. 16 Nr. 1.
36 Angerstorfer, Disputation, S. 148, 150.
37 A. Haverkamp, Beziehungen, S. 67f.; A. Haverkamp, The Beginning of the Jewish Life, S. 94f., 99f.

Ihr Gewicht spiegelt sich seit der Mitte des 12. Jahrhunderts in der Gelehrsamkeit herausragender Rabbinerfiguren, einer *Jeschiwa* (Talmudschule) sowie einem rabbinischen Gericht (*Bet Din*); nur zwei der Persönlichkeiten seien kurz charakterisiert: R. Efraim ben Isaak ben Abraham (ca. 1120–1175), der in Frankreich und Speyer studiert hatte, bevor er wieder nach Regensburg zurückkehrte, „gilt als der hervorragendste Gelehrte seiner Generation in Deutschland", war wegen seiner Rechtsgutachten aber nicht unumstritten. Er verfasste zudem liturgische Gedichte zur Bewältigung der Erfahrungen aus den Kreuzzugspogromen.[38] Seine *Seliha* zum Versöhnungstag „kontrastiert [...] die Sühne durch Darbringung von Opfern im Tempel mit der Sühne durch den Märtyrertod" in deutlicher Parallele zur Opferung Isaaks und zur Zerstörung des Tempels, um dann „Schilderungen der Verfolgungen selbst" anzuschließen.[39] Ein Auszug davon gibt einen Eindruck:[40]

[...]
*Die Eroberer vertrieben mich,*
*hielten Lese in unseren Weinbergen*
*am Tag als die Wächter riefen,*
*um die Wasserfülle zum Überfluss zu bringen.*

*Mit ihren Banden umringten sie mich,*
*um mich abzubringen mit ihrer Nichtigkeit,*
*ihre Last auf sich zu nehmen,*
*die Ausgeburt einer unreinen Frau.*

*Deine Armen haben sie bedrängt,*
*in Blut sich gebadet;*
*sie aber zettelten Streit an und höhnten ebenso –*
*Du legtest ihnen Hochmut als Kette um.*

*Deine Flüchtlinge lieferten sie aus,*
*vernichteten sie mit Schneide des Schwertes,*
*ihr Blut floss in Strömen,*
*eine Trümmerstätte machten sie aus mir.*

*Meine Heerscharen verwelkten,*
*wurden zur Schlachtung geführt,*
*in Deinem Namen dem Verderben überantwortet –*
*ihr Leben war Dir angenehm.*

---

[38] Angerstorfer, Regensburg als Zentrum, Zitat S. 15f.
[39] Fraenkel, Hebräische liturgische Poesien, S. 5, 338.
[40] Fraenkel, Hebräische liturgische Poesien, S. 342–353.

*Junge und alte,*
*und Eltern mit Kindern*
*wurden Teil vom großen Töten –*
*die Leuchte Gottes erlosch.*
[…]

*Nimm ihr Blut und sie wohlwollend an*
*zum Ersatz für die priesterliche Liturgie*
*zur Sühnung derer, die ihrer gedenken –*
*ihren Lohn bestimme für mich!*

*Möge es wie ein Brandopfer auf der Feuerstelle sein*
*im Gedenken an die Bindung (Isaaks)*
*von einer Heimsuchung zur andern*
*mit einem willigen Geist.*
[…]

Die zweite Generation sah mit Jehuda he-Chassid aus einer Speyerer Gelehrtenfamilie (ca. 1140–1217) einen ganz anderen Kopf; als Repräsentant des „jüdisch-deutschen Pietismus" (der *Chaside Ashkenaz*) wurde er mit den Ehrentiteln ‚Vater der Weisheit', ‚Licht Israels', ‚Gerechter, auf dem die Welt ruht', ‚Quelle lebendigen Wasser' und ‚Ehrfurcht vor der Torah' bedacht.[41] Neben seinem mystischen und exegetischen Schrifttum wurde vor allem sein Hauptwerk *Sefer Chassidim*, das ‚Buch der Frommen', bekannt, „ein sozialethisches, ökonomisches und politischen Programm der Idealgesellschaft der Chaside Ashkenaz" mit seinen vielfältigen Exempla zur Bewältigung des Alltags, das aber auch eine pessimistische Weltsicht spiegelt, die sich aus den Erfahrungen der Kreuzzüge ergab.

Die Vernetzung der Regensburger Rabbiner mit den Größen der Gelehrsamkeit im Aschkenas zwischen Nordfrankreich und dem Rheinland einerseits und den ostmitteleuropäischen Zentren andererseits[42] unterstreicht die Bedeutung der Gemeinde. Und ihre Weltläufigkeit wird zudem im Bericht des R. Petachja ben Jakob ha-Lavan sichtbar, der 1184 über Polen und die Ukraine, den Berg Ararat nach Babylon und Palästina reiste und „vieles Wissenswerte über die Welt des Nahen Ostens vermitteln konnte".[43]

Die jüngsten Ausgrabungen haben die dazugehörigen Baulichkeiten des jüdischen Viertels am heutigen Neupfarrplatz freigelegt,[44] ein Wohnviertel am West-

---

41 Angerstorfer, Regensburg als Zentrum, S. 16–20; Angerstorfer, Rabbi Jehuda, Zitate S. 13, 16; vgl. jetzt auch Angerstorfer, Regensburger Talmudschule.
42 Vgl. die Zusammenstellung von Angerstorfer, Rabbinisches Gericht, S. 48–50.
43 Angerstorfer, Von der Judensiedlung zum Ghetto, S. 162f.; Angerstorfer, Orientreise.
44 Vgl. dazu Codreanu, Das jüdische Viertel; Codreanu-Windauer/Wanderwitz, Regensburger

rand des ummauerten römerzeitlichen Castells, das den Rahmen für die Entwicklung bot – auch wenn die vermuteten Anfänge für die Zeit vor dem 10. Jahrhundert nach wie vor spekulativ bleiben.[45] Die herausragende Stellung der Regensburger Gemeinde im Süden des Römisch-Deutschen Reiches erscheint keineswegs verwunderlich, berücksichtigt man die hohe Zentralität Regensburgs in dieser Zeit. Geht man von der generellen These aus, dass bis zum Pogrom von 1096 die Kathedralstädte das Strukturbild jüdischer Siedlung prägten,[46] dann ist die Vorrangstellung Regensburgs gegenüber den übrigen Bischofssitzen im Südosten des *regnum teutonicum* unübersehbar: Würzburg und Bamberg hatten zwar als befestigte Orte mit Marktfunktion beachtliche präurbane Elemente ausgebildet, in Passau oder Eichstätt blieben diese Ansätze noch rudimentär – und demgemäß wird eine Ansiedlung von Juden erst später relevant. Regensburg dagegen hatte die herausregende Funktion der agilolfingischen Pfalz, konnte dann die königliche Residenz des Karolingers Ludwig des Deutschen und schließlich den Herzogshof seit dem 10. Jahrhundert auf sich ziehen, wurde in diesem Kontext mit einer Reihe von Stiften und Klöstern bedacht, die zusammen mit dem Bischofssitz die geistliche Stadt bildeten.[47] Das Wachstum der Stadt korrespondierte mit der Ausstattung von Marktrechts- und Zollprivilegien seit dem frühen 10. Jahrhundert, die auf den Handel nach Böhmen, in das Kiewer Reich und nach Russland sowie nach Ungarn und wohl weiter auf den Balkan, aber auch nach Westen an den Rhein und nach Oberitalien verweisen.[48]

Das Zollweistum von Raffelstetten (in Oberösterreich) von 903/06 ist ein bezeichnender Beleg dafür. In ihm wurde aufgrund von Beschwerden der Bischöfe, Äbte und Grafen aus dem bayerischen Raum eine Regelung erlassen, darunter auch über ‚Juden und andere Kaufleute' (*Iudei et ceteri mercatores*).[49] Ob sie sich konkret auf Regensburger bezieht, ist zwar nicht eindeutig, dürfte aber wegen des darin beschriebenen Donauhandels zumindest einige Wahrscheinlichkeit haben. Um 1050 betrieben jedenfalls jüdische Kaufleute zusammen mit christlichen aus Regensburg Karawanenhandel nach Kiew und Russland – und als zwei von ihnen einmal auf der Rückreise an der Donau wegen der Repara-

---

Judenviertel, S. 616–628; zuletzt Codreanu-Windauer u.a., Das jüdische Viertel, S. 18–26; zusammenfassend D. Schmid, Regensburger Judenviertel, S. 189f.
**45** Zur Diskussion der Anfänge Codreanu-Windauer/Wanderwitz, Regensburger Judenviertel., S. 607–609.
**46** So A. Haverkamp, Einführung, S. XII; J. Müller, Einleitung, S. 18–21.
**47** Ausführlich dazu P. Schmid, Regensburg; zusammenfassend P. Schmid, Ratispona metropolis Baioariae; P. Schmid, Civitas regia.
**48** Vgl. dazu Bosl, Sozialstruktur, S. 12–19; Pitz, Europäisches Städtewesen, S. 198.
**49** Ediert bei Weinrich, Quellen, S. 15–19, hier S. 19 Punkt (9); vgl. dazu auch Brugger, Juden in Österreich im Mittelalter, S. 124.

tur eines Rades noch nach dem Beginn des Sabbats den Weg (nach Esztergom/ Gran?) einschlugen, wurden sie deshalb zu sieben Wochen Fasten verurteilt.[50] Der jüdische Anteil am Fernhandel des Früh- und beginnenden Hochmittelalters war zweifellos gewichtig:[51] War er im 10. und 11. Jahrhundert noch ganz auf die Luxusgüter für die Oberschicht orientiert, kamen ergänzend seit der Mitte des 12. Jahrhunderts der Geldhandel und Edelmetallverkauf dazu – ohne dass damit eine dominante Rolle verbunden gewesen wäre. Dazu passt auch, dass Bischof Hermann von Prag 1107 an die Regensburger Juden für 500 Silbermünzen fünf kostbare Pallien aus Kirchenbesitz verpfändete.[52] Die ältere, aber immer noch verbreitete Vorstellung von einem europaweit gespannten Sklavenhandel der Juden in dieser Zeit wird allerdings inzwischen nicht mehr aufrechterhalten.[53]

In diesen Kontext erhält eine Nachricht für Augsburg Gewicht: das „zweite Schatzverzeichnis" des Doms spätestens aus der 1. Hälfte des 12. Jahrhunderts, eine bislang für die jüdische Geschichte noch nicht berücksichtigte Quelle.[54] Es zählt die wertvollen liturgischen Geräte, Ornamente und Handschriften auf, die im Besitz der Bischofskirche St. Marien waren bzw. – aus welchen Gründen auch immer – an Mitglieder des Domklerus bzw. andere Klöster und Stifte ausgegeben waren. Unter diesen ist gegen Ende auch ein Eintrag über Juden eingefügt:[55] *Iudeus habet IIII cappas maiores, sex minores et subtilia III et incisa sunt subtilia III ad dorsalia et ad pulvinar. Salemon Iudeus [d]ebet dare VIII marcas.* Die größeren und kleineren ‚Umhänge' (von denen drei zu Rückenlehnen und Sitzpolstern verarbeitet wurden) und der geschuldete Geldbetrag verweisen auf eine Beteiligung der Juden – oder des einen mit Namen Salomon – an der Kapitalschöpfung des Bischofshofs in Form einer Pfandleihe. Auch wenn diese Nennung ein Einzelbeleg bleibt und erst hundert Jahre später erste Nachrichten über eine entstehende Gemeinde überliefert sind (s. Kap. 3), so deutet sie doch darauf hin, dass wie im Falle Regensburgs einzelne Juden auch in Augsburg für die Lieferung von Luxusgütern und die Befriedigung des Kapitalbedarfes herangezogen wurden. Augsburg hatte als Bischofsstadt mit seiner Lage an der alten Via Claudia nach Italien wichtige Voraussetzungen für einen Aufstieg aufzuweisen. Als Ausgangspunkt für die Italienzüge der deutschen Könige im Hochmittelalter hatte es eine herausragende Stellung,[56] und die frühen

---

50 Angerstorfer, Anfänge, S. 13f.
51 Toch, Wirtschaft und Verfolgung, passim.
52 Angerstorfer, Anfänge, S. 15.
53 Toch, Wirtschaft und Verfolgung, S. 272–285.
54 Den wichtigen Hinweis verdanke ich Thomas Krüger, Augsburg.
55 Mittelalterliche Schatzverzeichnisse, Bd. I, S. 17.
56 Dazu die Beiträge von Kreuzer, Augsburg als Bischofsstadt; P. Fried, Augsburg unter den Staufern, S. 127f.

Handelsbeziehungen – mit Belegen aus der Mitte des 12. Jahrhunderts an den Rhein und bald darauf auch in Richtung Italien[57] – lassen seine Urbanität bereits in Umrissen erkennen. Insofern ist es mit Regensburg zwar nicht gleichzustellen, aber doch in ähnlichen Zusammenhängen zu sehen. Das Gleiche gilt für Würzburg als altem Bischofsitz am Main an der West-Ost-Verkehrsachse.

Die jüdische Niederlassung in Würzburg dürfte erst um 1100 entstanden sein und gehört damit zusammen mit der Stadtentwicklung eher in eine jüngere Generation. Immerhin dürfte sie zur Zeit des 2. Kreuzzugs schon über eine ansehnliche Größe verfügt haben, wenn nach dem Bericht ein Rabbiner in ihr wirkte und die ersten Grabsteine in diese Phase der „Gründergeneration" um 1100 zurückverweisen (vgl. Kap. 3).[58] Efrajim ben Ja'aqov aus Bonn schreibt in seinem ‚Buch des Erinnerns' um 1170 von der Würzburger Gemeinde als einem „(reich von Reben) durchschlungenen Weinstock". Möglicherweise handelte es sich bei ihren Mitgliedern um Zuwanderer aus der 1096 untergegangenen Gemeinde von Mainz. Jedenfalls war Würzburg 1147 eine „Stätte der Gelehrsamkeit und Bildung".[59] Dies schlug sich auch darin nieder, dass hier eine der ältesten hebräischen Handschriften im deutschsprachigen Raum 1233 vollendet wurde, ein illustrierter Bibelkommentar des berühmten Raschi, des Rabbi Schlomo ben Isaak von Troyes (1040–1105), die im Auftrag des vermutlich aus Ulm stammenden Josef ben Mosche angelegt wurde – und zwar bezeichnenderweise in einer Kooperation mit christlichen Künstlern. Unter den Illustrationen ist auch das Bild von der Ankunft Jakobs mit seinen Söhnen in Ägypten (Abb. 1).

Die Rahmenbedingungen für die Entfaltung der jüdischen Gemeinde waren in Würzburg seit dem 12. Jahrhundert gegeben:[60] In der aufstrebenden Bischofsstadt hatte sich neben den vielfältigen geistlichen Stiften und Klöstern eine dynamische Bürgerschaft entwickelt, der Weinhandel war die tragende Säule, ergänzt durch ein differenziertes Handwerk, und die ökonomische Zentralität der Stadt für ein ausgedehntes Umland übte hohe Anziehungskraft aus, während der Fernhandel weniger ausgeprägt war. Dagegen fungierte der Bischof reichspolitisch in einer Spitzenposition und 1168 erlangte Bischof Herold (reg. 1165–1171) als „Herzog von Franken" die volle Gerichtsbarkeit für seinen Amtsbereich, sodass sich auch eine territoriale Herrschaft anbahnte. Auch das waren gute Voraussetzungen für eine jüdische Gemeinde ähnlich denen in den westlichen Kathedralstädten und in Regensburg. Mit dem Erwerb von nicht weniger als 14 Häusern und Grundstücken

---

57 Dazu Lengle, Handel und Gewerbe, S. 166f.
58 Die Erschließung der Situation um 1100 bei K. Müller, Würzburger Judengemeinde, S. 28–32.
59 Zit. nach K. Müller, Würzburger Judengemeinde, S. 29, 32.
60 Dazu detailliert Schich, Würzburg, S. 112–211.

**Abb. 1:** Ankunft Jakobs mit seinen Söhnen in Ägypten. Aus dem illuminierten Raschikommentar, Würzburg. Hs. 1233/50, Bilder um 1255/60 aus einer christlichen Werkstatt (die Gesichter wurden später ausgewaschen)

einschließlich vererbbarem Nutzungsrecht entstand bis zur Wende zum 13. Jahrhundert eine beachtliche Judensiedlung im Bereich des späteren Marktplatzes.[61]

Lässt sich somit auf der einen Seite ein Bild von aufblühenden jüdischen Gemeinden zeichnen, bei dem die Funktionalität der Begegnung zwischen Juden und Christen nicht zuletzt im ökonomischen Bereich sichtbar wird, so wurde es auf der anderen Seite von einer zunehmenden ‚Verfremdung' im religiös-kulturellen Bereich überschattet, ja in Frage gestellt. Der Pogrom der Kreuzzüge lässt erahnen, dass die jüdischen Gemeinden ein Trauma erfasste, das für lange Zeit bestimmend blieb:[62] eine Spannung zwischen pragmatischer Kooperation im Alltag und mentaler Abgrenzung. Die Erinnerung innerhalb der Gemeinden lief auf eine zunehmende Stilisierung des Martyriums als Antwort auf den Taufzwang zu, der im Kreuzzug einen gewaltsamen Höhepunkt erreicht hatte – auch wenn in der rabbinischen Talmuddiskussion die Selbsttötung als Antwort auf die fundamentale Bedrohung jüdischer Existenz keine eindeutige Befürwortung erkennen ließ. Aus der Überlieferung der Berichte über 1096 ergibt sich jedenfalls, dass in einem intensiven kommunikativen Vorgang zwischen den betroffenen Gemeinden eine Erinnerungskultur geschaffen wurde, die angefangen von den Chroniken über Poesien bis zu liturgischen Texten und Trauergebräuchen reichte und

---

**61** K. Müller, Würzburger Judengemeinde, S. 33–36.
**62** Lotter, Tod oder Taufe, S. 151; E. Haverkamp, Hebräische Berichte, S. 21f.

damit das Martyrium zu verarbeiten suchte.[63] Die Chroniken wurden weitertradiert und lebten insbesondere im frühen 14. Jahrhundert wieder auf, als die neuen Verfolgungswellen begannen – um dann im 19. Jahrhundert erneut lebendig zu werden.[64] Ergänzt wurden sie durch liturgische Dichtungen (*Pijjutim*), die in die Gottesdienste der Festtage integriert wurden, um die Erinnerung wachzuhalten. Sie mögen eine Stabilisierung der überlebenden Gemeinden bewirkt haben: „An Gott die Bitte um Vergebung durch das Verdienst der Märtyrer, um Rache und um Erlösung; für die Zuhörer Gedächtnis und Klage ob des Unheils, das die Gemeinschaft betroffen; Ausdruck des Schmerzes ob der Entweihung der Tora, ob der Tötung von jüdischen Gelehrten, von Frauen und Kindern; Trauer über den persönlichen Verlust".[65] Die Erzählung vom Märtyrertod und damit religiöse Sinngebung mochte zunächst nach innen gerichtet sein, aber sie entwickelte auch eine distanzierte, ja mitunter feindliche Haltung der Juden gegenüber der christlichen Umwelt.

Es war die Antwort auf die Vorstellung der Christen von den Juden als ihren Feinden, die bekämpft werden müssten – wie sie auch der Bamberger Chronist Frutolf von Michelsberg propagierte, der von ‚wahrhaft inneren Feinden' der Kirche (*vere intestinos hostes ecclesiae*) sprach. Die Taufe war das Gebot, ansonsten war Rache zu nehmen an den Schuldigen, Sühne für den Mord an Christus. Die Antwort der Juden waren „Schimpfwörter und Formulierungen des Abscheus, die in den Chroniken für Christen und alles Christliche verwandt wurden", die Taufe eingeschlossen, wurde doch „das Taufwasser vom reinigenden zum beschmutzten Wasser, von der Lebensspende zur Todesquelle".[66] Dies war zwar nicht grundsätzlich neu, aber „nach 1096 werden diese Aussagen schärfer".[67]

Der fundamentale Gegensatz im Selbstverständnis der Religionsgruppen war somit auf beiden Seiten präsent – und doch lebten ihre Mitglieder nicht nur neben-, sondern auch miteinander, suchten ihr Auskommen. Schon im 11./12. Jahrhundert zeichnen sich die Faktoren ab, unter denen das jüdische Leben für lange Jahre stand, werden die Entwicklungslinien zumindest sichtbar, denen sie folgten; sie sollen nun entfaltet werden.

---

63 E. Haverkamp, Hebräische Berichte, S. 20–24.
64 E. Haverkamp, Hebräische Berichte, S. 231–240.
65 Fraenkel, Hebräische liturgische Poesie, S. 33.
66 E. Haverkamp, Hebräische Berichte, S. 9–14, Zitate S. 14.
67 Yuval, Zwei Völker, S. 117.

## 2 Frühe Siedlungsgeschichte bis zur Mitte des 14. Jahrhunderts

Woher kamen die Juden, um sich in den frühen Bischofsstädten niederzulassen? Ihre Herkunft ist nach wie vor in vieler Hinsicht ungeklärt:[1] Zur Klärung muss der Blickwinkel zunächst einmal ausgeweitet werden auf den Raum Mitteleuropas. Die Formierung des aschkenasischen Judentums im Gebiet zwischen Nordostfrankreich und Ostmitteleuropa ist nach der neueren Forschung erst im Laufe des Hochmittelalters zu datieren. Zwar wissen wir, dass manche Händler mit den Römern über die Alpen gekommen waren und sich in den *civitates* niedergelassen hatten – wahrscheinlich ist das etwa für Köln durch zwei Dekrete Kaiser Konstantins von 321 und 331, in anderen ist es zu vermuten[2] – , doch der Zivilisationsbruch der Spätantike verhinderte eine kontinuierliche Fortsetzung ihrer Präsenz in die mittelalterliche Welt Mitteleuropas.[3] Während in Spanien und Südfrankreich zur Zeit der Merowingischen Könige im 6. und 7. Jahrhundert auch größere Gemeinden zu rekonstruieren sind – die ihrerseits durch die kirchlichen Konzilien bereits mehr oder weniger starke Einschränkungen ihrer Lebensverhältnisse erfuhren –, bleiben für die rechtsrheinischen Gebiete zunächst harte Belege aus. Die Karolinger nutzten zwar ihre weitreichenden Beziehungsnetze für den Import von Luxusgütern über den Fernhandel, doch lassen sich in dieser Zeit noch keine festen Gemeindestrukturen erkennen. Auch die Schutzprivilegien Kaiser Ludwigs des Frommen um 825, die im Kontext des königlichen Hofes entstanden, erfassen nur einzelne Mitglieder einer kleinen Oberschicht.

Der Befund für die Frühzeit fällt bescheiden aus: „In Deutschland blieb jüdisches Leben lange eine kleindimensionale Angelegenheit, die gänzlich von der Einwanderung abhängig war. Im 9. Jahrhundert konnten die Einwanderer nicht mehr als einige Dutzend Familien ausgemacht haben, im 10. Jahrhundert einige hundert"; und „erst über die nächsten zwei Jahrhunderte erhöhte sich das Tempo der Ansiedlung und erreichte im frühen 14. Jahrhundert eine Anzahl von Siedlungsorten und ein geographisches Ausmaß, das bis ins 19. Jahrhundert unübertroffen bleiben sollte. Insgesamt lassen sich von Beginn der jüdischen Ansiedlung und bis 1348 in Regionen des mittelalterlichen Römisch-Deutschen Reiches etwa

---

**1** Ein Gesamtüberblick bei Toch, Juden, S. 245–247.
**2** Battenberg, Europäisches Zeitalter, Bd. I, S. 45.
**3** Einen Überblick bietet Battenberg, Europäisches Zeitalter, Bd. I, S. 45–56; zur Forschungssituation auch Toch, Reich, S. 4f, 80f.

tausend Siedlungsorte ausmachen".⁴ Neben dem inneren Wachstumsprozess, der in den gleichen Kontext gehört wie der Bevölkerungsanstieg insgesamt, der im Laufe des Hochmittelalters bis um 1300 kulminierte und auch die jüdischen Familien einschloss,⁵ waren in dieser Phase die Einwanderung und die Dispersion weitere entscheidende Impulse für die Ausbreitung des Judentums.

Die Ursachen für die Immigration in Mitteleuropa sind in den großräumigen Rahmenbedingungen zu suchen, von denen die Ausweisungen aus England um 1290 und dann vor allem aus Frankreich mit dem Höhepunkt von 1306 für Deutschland die bedeutendsten sind. Demgegenüber werden die Impulse für die Verbreitung der Siedlungen heute generell in der Urbanisierung gesehen: Die Städtebildung und die wirtschaftliche Dynamik mit der Intensivierung des Handels und der generellen Monetarisierung der Lebensverhältnisse boten nicht zuletzt für die Juden Anreize, ihre wirtschaftlichen Möglichkeiten einzusetzen und auszubauen.⁶ Die soziale Aufbruchsbewegung mit der Entstehung kommunaler Strukturen in den urbanen Zentren, die sich in einem eigenen Bürgerrecht und repräsentativen Vertretungen der *communitas civium* niederschlugen,⁷ die aber auch mit einer zunehmenden Schriftlichkeit zusammenhingen, in denen nicht zuletzt die Kodifikation des städtischen Rechts und die Finanzverwaltung den Kern bildeten, wurden von einer frühen Bürgerschicht getragen, die Handelsaktivitäten und Funktionsstellen verband; sie boten aber auch Voraussetzungen dafür, die Strukturen der jüdischen Gemeinden auszubilden.

Geographisch gesehen,⁸ vollzog sich die Ausformung eines ersten Siedlungsschwerpunktes im Rhein-Maas-Mosel-Raum, in dem wiederum die Kathedralstädte dominierten. Sie dürfte weitgehend durch Zuzug aus Südeuropa, vor allem Süditalien, sowie von Westen aus Frankreich erfolgt sein.⁹ Die Gemeinden von Köln und Mainz waren wohl im späten 9. Jahrhundert entstanden, Worms und Speyer im späten 10. Jahrhundert.¹⁰ Im Südosten des Reiches werden dagegen mit Ausnahme der beiden frühen jüdischen Zentren Regensburg und Würzburg erst im Laufe der 1. Hälfte des 13. Jahrhunderts die ersten Nachweise greifbar.

---

4 Toch, Juden, S. 245.
5 So auch Toch, Settlement, S. 77f.
6 Zuerst bei A. Haverkamp, Trier, weiterentwickelt bei Ziwes, Rheingebiet, S. 61–127, und Mentgen, Elsaß, S. 125–308; grundlegend A. Haverkamp, Juden und Städte, passim; dem folgt auch Toch, Settlement, S. 74f.
7 Vgl. dazu Schulz, Denn sie lieben die Freiheit so sehr, S. 163–186, zu den rheinischen Städten.
8 Vgl. dazu auch Toch, Settlement, passim, mit Karten und Statistiken für das gesamte Deutschland.
9 Dazu Heil, Migration, bes. S. 104–119.
10 Battenberg, Europäisches Zeitalter, Bd. I, S. 57f.

Signifikant war dafür der Vorgang im schwäbischen Raum, wo zum einen die kirchlichen Zentren wie Augsburg (Ersterwähnung 1212)[11] und Konstanz (1242), dann aber auch eine Reihe von staufischen Städten greifbar werden:[12] Das sog. Reichssteuerverzeichnis von 1241 – das die Einkünfte der Krone aus dem Reichsbesitz, vor allem den ihr zugewandten Städten und ihren jüdischen Gemeinden, auflistet – nennt zudem Ulm, Donauwörth und Bopfingen sowie Esslingen und Schwäbisch Gmünd bzw. Lindau sowie Überlingen am Bodensee;[13] Augsburg wurde zwar veranlagt, aber von der Zahlung ausgenommen, weil es gerade eine Brandkatastrophe zu verarbeiten hatte.[14] Inwiefern weitere staufische Städte dazu kamen, muss offenbleiben, da für sie noch keine Belege vorliegen.

Die genannten Orte lagen allesamt an wichtigen Verkehrsachsen, entweder an der Donau und ihrer begleitenden West-Ost-Straße sowie an den Reichsstraßen nach Nürnberg und in das Rheingebiet, zum anderen an der alten Via Claudia über die Zentralalpen und vom Bodensee über die Bündner Pässe nach Oberitalien. Indiz für den wirtschaftlichen Ausbau sind die charakteristischen Markt- und Messe-Systeme, von denen in der fraglichen Region das staufische Netz von Nördlingen, Donauwörth und Eichstätt bzw. das am Bodenseer zu erschließen sind.[15] Die Entwicklung der Region Ostschwaben-Bodensee zum Leinenrevier, die um 1200 bereits in den Mittelmeerraum Waren exportierte und damit europäische Dimensionen annahm, stand hinter dieser urbanen Entfaltung.[16] Sie war ihrerseits Teil der sog. staufischen Reichsterritorialpolitik, die mit Hilfe von Ministerialen als Amtleuten auf Burgen und in den frühen Städten den hochmittelalterlichen Ausbau betrieben wurde und sich als eine Zusammenführung von Besitzungen und Rechten darstellte, die den Aufbau einer effektiveren Verwaltung zugunsten der königlichen Zentralgewalt vornahm.[17] Für die Region bedeutete das eine deutliche Aufwertung – sie war ganz offensichtlich in einem höchst dynamischen Aufbruch. Bezieht man mit ein, dass gerade die Staufer die Bindungen der Juden an das Reich mit der Rechtsfigur der ‚kaiserlichen Kammerknechtschaft' intensivierten (s. Kap. 4), dann wird dieser Impuls für die Ansied-

---

**11** GJ I, 15; vgl. Mütschele, Juden in Augsburg, S. 21.
**12** J. Müller, Siedlungsgeschichte im schwäbischen Raum, S. 109–111; A. Haverkamp, Kartenwerk, Karte A 4.3: Judenniederlassungen 1201–1250.
**13** Vgl. dazu neben den einschlägigen Artikeln in GJ II, die Ausführungen bei Veitshans, Judensiedlungen.
**14** MGH Constitutiones, Bd. IV, 3, S. 5; ebd. S. 4, Nr. 68., Nr. 68: *Item Augusta nichil, quia conbusta est. Et Iudei ibidem nichil, quia conbusti sunt.*
**15** Vgl. dazu Irsigler, Jahrmärkte und Messesysteme, S. 20f.
**16** Dazu Ammann, Anfänge der Leinenindustrie, passim.
**17** Zu Schwaben Fried, Die Staufer in Ostschwaben, S. 7–42.

lung verständlich: Die Juden wurden als wichtige Träger von Fernhandel und Geldverleih in diesen Prozess integriert; sie galten offensichtlich gleichermaßen als Instrumente einer Modernisierungspolitik des Königs und seiner adeligen Klientel einerseits sowie der aufstrebenden Territorien andererseits.

In der nachfolgenden Jahrhunderthälfte finden sich dann erste Verdichtungen.[18] Sie korrespondierten zu einem erheblichen Teil wiederum mit der Stadtentwicklung, die nun auch in den Territorien in breiter Front vollzogen wurde und von den Verkehrsachsen in die noch wenig erschlossenen Gebiete vordrang; die wirtschaftliche Durchdringung in Kombination mit der Herrschaftsbildung von Dynasten, aber auch von Niederadel und Kirche, war in vollem Gange. Die jüdischen Niederlassungen folgten diesem Muster: Erstnennungen in Friedberg (1298), Landsberg (1291) und Schongau (1292/93) im Herrschaftsbereich der Wittelsbacher, die 1268 mit dem sog. Konradinischen Erbe auch an der oberen Donau Gundelfingen, Höchstädt und Lauingen übernommen hatten, wo dann 1293 jeweils Judensiedlungen genannt sind, die Steuern an den Herzog entrichteten – allesamt waren das Städte, deren urbane Vorformen auf die Staufer bzw. Welfen zurückgingen.[19] Im Ries und seinen Randgebieten gehörten nun die Königs- bzw. Reichsstädte Nördlingen (wohl vor 1298) und Dinkelsbühl (1298) dazu. Die Grafen von Oettingen waren zum staufischen Umkreis zu zählen: die Stadt Oettingen (1298) und der Burgort Wallerstein (1298?) als Residenzen beherbergten offenbar Juden,[20] zu ihnen gehörte auch Ansbach (1314) und Wassertrüdingen (1298, 1343) – beide damals noch oettingisch –, in denen in der 1. Hälfte des 14. Jahrhunderts Juden nachzuweisen sind.[21] Die Überlieferung in dieser Teilregion erfasste aber auch die Burgorte Spielberg und Hohentrüdingen in der Hand der Grafen von Truhendingen, die ebenfalls zum staufischen Umfeld zu zählen sind,[22] oder das Klosterzentrum Ellwangen und das dazugehörige Gunzenhausen[23] – sie alle sind

---

**18** Wiederum J. Müller, Siedlungsgeschichte im schwäbischen Raum, S. 111–113; A. Haverkamp, Kartenwerk, Karte A 4.4: Judenniederlassungen 1251–1300. Die Jahreszahlen in Klammern verweisen auf die Erstnennungen gemäß GJ II bzw. A. Haverkamp, Kartenwerk, Ortskatalog. Übernommen wurden in der Regel die Ersterwähnungen, die sich tatsächlich auf den Ort beziehen, während die Nennung in Personennamen, die manchmal früher datierbar, aber schwierig einzuschätzen sind, nicht berücksichtigt wurden. Auf Einzelnachweise wird im Folgenden dann verzichtet, wenn es nur um die Nennungen geht; sie sind unschwer in den beiden Werken aufzufinden.
**19** Vgl. dazu Störmer, Kleinere Städte, S. 40–45; Kießling, Kleinstädte und Märkte, S. 246–251.
**20** Dazu Kudorfer, Oettingen, S. 47–53.
**21** GJ II, S. 17f. (Ansbach), S. 310f. (Gunzenhausen), S. 865 (Wassertrüdingen). Dazu Haenle, Fürstenthum Ansbach, S. 44, 47, 51.
**22** Vgl. dazu Kudorfer, Oettingen, S. 21f., 31f.
**23** Gunzenhausen war bei der Erstnennung von Juden im Memorbuch zum Jahr 1298 noch im

im Martyrologium zum Pogrom von 1298 verzeichnet, auf das in anderem Zusammenhang zurückzukommen sein wird (s. Kap. 6) – und zeigen einen ersten Trend dafür, dass jüdische Ansiedlung auch in die kleineren Zentralorte vordrang.

Bis zur Mitte des 14. Jahrhunderts hielt dieser Trend an:[24] Die oberschwäbischen Reichsstädte von Ravensburg (1330), eventuell auch Wangen, Isny, Leutkirch und Kempten kamen nun dazu – sie alle werden in einem Abkommen Kaiser Ludwigs des Bayern mit den oberschwäbischen Städten genannt, die auch die Besteuerung von Juden beinhaltete[25] –, sicher auch Memmingen (1344) und Kaufbeuren (1346/48)[26]. Auffällig ist zudem die Verdichtung der Donaulinie mit dem hochstiftisch-augsburgischen Dillingen (1341/44), dem dann nach der Überlieferung der Memorbücher zu den Pogromen der Pest in den Jahren 1348/49 der Marktort Aislingen der Grafen von Werdenberg-Heiligenberg, die Kleinstadt Wertingen der Truchsessen von Hohenreichen folgten sowie Burgau, der territoriale Mittelpunkt der habsburgischen Markgrafschaft, zu der auch Pfaffenhofen an der Roth gehörte, und Leipheim, das von der Adelsfamilie der Güssen in dieser Zeit systematisch zur Stadt ausgebaut wurde. Diese erste Verdichtung fand ihre Entsprechung in Nordschwaben, wo weiterhin die Grafen von Oettingen mit Harburg (1348/49) und Baldern (1344) sowie die Reichsmarschälle von Pappenheim mit ihrem gleichnamigen Städtchen (1314) als Förderer von Judenansiedlungen fungierten. Am Vorabend des Pestpogroms der Jahrhundertmitte waren die Strukturen ausgebildet: Nördlingen galt als Vorort für die Niederlassungen von Öhringen und Heilbronn bis Treuchtlingen, Ulm fungierte in dieser Eigenschaft als Zentrum für die Niederlassungen an der Donau von Ehingen und Schelklingen bis Gundelfingen und Harburg sowie Memmingen und Biberach.[27]

Was in Schwaben exemplarisch entwickelt werden kann, stellt sich noch ausgeprägter als Verdichtungsvorgang in der Region Franken dar. Das frühe Zentrum in Würzburg erhielt wohl um 1200 eine Ergänzung in der Kathedralstadt Bamberg[28] und im königlichen Nürnberg (1146)[29] sowie in den folgenden Jahrzehnten in Schweinfurt (1243) und Rothenburg o.d. Tauber (1241) – die Mainlinie wird dann nach Kitzingen (1243), möglicherweise auch mit Wertheim (1234) und

---

Besitz des Klosters Ellwangen, dann 1337 und 1340 als Truhendinger Erbe in der Hand der Grafen von Oettingen; Kudorfer, Oettingen, S. 32f.
24 Vgl. J. Müller, Siedlungsgeschichte im schwäbischen Raum, S. 114–116.
25 GJ II, S. 479 (zu Leutkirch).
26 GJ II, S. 534 (Memmingen), S. 392 (Kaufbeuren); Veitshans, Judensiedlungen, S. 39.
27 Barzen, Regionalorganisation, S. 325–329; Scholl, Ulm, S. 83–87.
28 Wünschel, Juden in Bamberg, S. 49.
29 Dazu jüngst nach archäologischen Befunden Friedel, Jüdische Spuren, S. 65f.

Randersacker (1235/36)[30] noch weiter betont, daneben finden sich erste Belege bei den Verfolgungen in Tauberbischofsheim (1235) und Lauda (1243).[31] Die Reichsterritorialpolitik von Oberschwaben bis nach Eger mit ihrem Zentrum Nürnberg, das in staufischer Zeit eine so markante Förderung erfuhr,[32] sowie die Ausbildung der Reichskirche mit Bamberg und Würzburg spielte auch hier offensichtlich eine wichtige Rolle. Die ungemein starke Verdichtung bis um 1300[33] auf der Ebene der Kleinstädte und Märkte bis herunter zu einfachen dörflichen Siedlungen, die sich zu einem erheblichen Teil aus der Nennung im Martyrologium für 1298 ergeben, lassen bereits zu dieser Zeit eine überraschend breite Streuung erkennen – auch wenn sie nicht immer eine dauerhafte Niederlassung bedeuten musste. Sie wird allerdings in der Folgezeit bis 1350 bestätigt – als in anderen Regionen erst die Neuansiedlungen zahlreicher wurden.[34]

Die Vielzahl der einschlägigen Orte und ihrer Klassifikation im Kontext der Urbanisierung lässt sich am besten aus dem Kartenwerk ablesen (Abb. 2) In dieser Verdichtung spiegelt sich zum einen der wirtschaftliche Aufstieg der Region, sei es über die Spezialisierungen im Weinbau Unterfrankens, sei es über die Gewerbelandschaft von Nürnberg und seinem Umland, die im 13./14. Jahrhundert etabliert wurde,[35] zum anderen die politische Kleinkammerung, denn die zahlreichen lokalen Herrschaftsbildungen des fränkischen Adels begünstigten offenbar die Ansiedlung von Juden. Bis zur Mitte des 14. Jahrhunderts hatten sich die langfristigen Strukturen herausgebildet: die jüdischen Vororte Würzburg mit den zahlreichen ihm zugeordneten Gemeinden von Kitzingen am Main entlang bis Bamberg, das einerseits in allen hochstiftischen Orten mit urbaner Qualität Ansiedlungen zu verzeichnen hatte und sich von da aus weiter in die Märkte und Dörfer verbreitete;[36] sodann über Coburg bis Meiningen und Schmalkalden. Nürnberg wiederum war mit Neustadt a.d. Aisch, Windsheim, Neumarkt (Obpf.) und Hersbruck verbunden, Rothenburg o.d. Tauber mit Ansbach und Gunzenhausen.[37]

---

30 Nach A. Haverkamp, Kartenwerk, Karte A 4.3 bzw. Ortskatalog, S. 283, 382 und GJ I, S. 285, 477 mit Herkunftsnamen belegt, dann nach GJ II, S. 674, mit dem Memorbuch von 1298.
31 A. Haverkamp, Kartenwerk, Karte A 4.3: Judenniederlassungen 1201–1250, bzw. Kommentarband; im Detail s. die Ortsartikel in GJ II.
32 Vgl. dazu Ammann, Die wirtschaftliche Stellung, S. 20–44.
33 A. Haverkamp, Kartenwerk, Karte A 4.4: Judenniederlassungen 1251–1300.
34 A. Haverkamp, Kartenwerk, Karte A 4.5: Judenniederlassungen 1301–1350.
35 Vgl. dazu Kießling, Entstehung der Wirtschaftslandschaften, passim.
36 Geldermans-Jörg, Hochstift, Bamberg, S. 61f.
37 Barzen, Regionalorganisation, S. 322–325.

Frühe Siedlungsgeschichte bis zur Mitte des 14. Jahrhunderts — 29

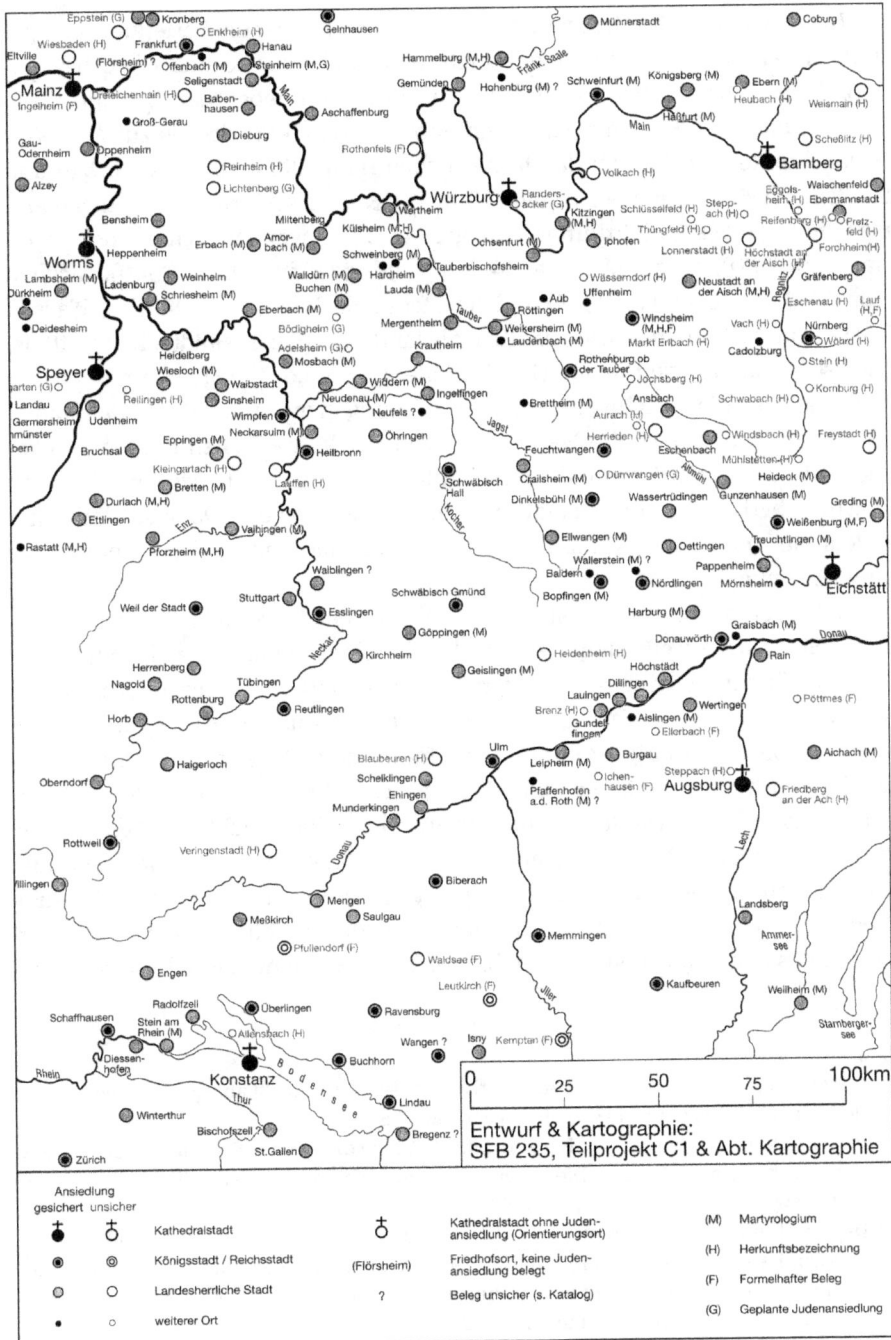

**Abb. 2:** Die jüdischen Niederlassungen im Süden des Römisch-Deutschen Reiches 1301–1350

In den bayerischen Herzogtümern war demgegenüber die Verteilung weniger stark ausgeprägt und spielte sich zeitlich später ab[38] – so wie auch die Urbanisierung deutlich schwächer ausfiel.[39] Immerhin wiesen neben den Bischofssitzen Passau (um 1210), Freising (1279) und Salzburg (1282) bereits bis zur Mitte des 13. Jahrhunderts die beiden landesherrlichen Hauptstädte München (1229) und Landshut (1256) – nach der ersten Teilung 1255 – jüdische Niederlassungen auf. Bis zum Ende des 13. Jahrhunderts folgten in Oberbayern-München noch Ingolstadt (um 1280), bis zur Mitte des 14. Jahrhunderts Rain a. Lech (1340), Aichach (vor 1349), Weilheim (vor 1349) und Neustadt a.d. Donau (1. H. 14. Jh.), Wasserburg a. Inn (1. H. 14. Jh.), also vor allem die landesherrlichen Städte. Erste wittelsbachische Märkte wie Dachau (1292), Pfaffenhofen a.d. Ilm (1293) und Pöttmes (1340) belegen die auch hier beginnende Streuung in die untere Ebene der Städtelandschaft, waren doch die Marktsiedlungen im altbayerischen Binnenland vor allem als wirtschaftliche und herrschaftliche Zentralorte konzipiert.[40] Nimmt man die Überlieferung des Memorbuchs der Verfolgung von 1298 dazu, dann sind zudem Riedenburg a.d. Altmühl, Vohburg a.d. Donau und Wolfsegg bei Regensburg zu nennen.

In Niederbayern kam es erst in der 1. Hälfte des 14. Jahrhunderts zu einer deutlichen Siedlungserweiterung, denn nach dem relativ frühen Beleg für Straubing (vor 1293) finden sich nun Nachrichten für Reichenhall (1310), Burghausen (1307), Schärding (1316), Vilshofen (1331) sowie Deggendorf (nach 1316), das mit der Verfolgung 1338 eine traurige Berühmtheit erfahren sollte (s. Kap. 6). Pogrome erlitten darüber hinaus die Juden zahlreicher weiterer Orte in Niederbayern, sodass der Schluss gezogen werden kann, dass auch hier eine beachtliche Verdichtung erfolgt sein musste.[41] Sie mag mit den wirtschaftlichen Konsolidierungs- und Ausbaubemühungen der Landshuter Herzöge zusammenhängen.[42] Weitere frühe Niederlassungen in den salzburgischen Städten Mühldorf und Hallein (1284) verweisen zusätzlich auf den Salzbergbau und das Salinenwesen als stimulieren-

---

**38** Leider bildet das Kartenwerk von A. Haverkamp diese Region nicht ab. Vgl. dazu die Karte im Katalog Deneke, Siehe der Stein schreit aus der Mauer, S. 163.
**39** Vgl. dazu Kießling, Die Stadt in Bayern, S. 18–22; sowie die Karte in Spindler/Diepolder, Bayerischer Geschichtsatlas, S. 22f. – Die folgenden Nennungen finden sich alle in den Ortsartikeln von GJ II, bzw. bei Geissler, Bayern, S. 44–67.
**40** Dazu ausführlich Störmer, Kleinere Städte und Märkte; jüngst Liebhart, Marktflecken.
**41** Geissler, Bayern, S. 61–65, nennt Erding, Neuötting, Kelheim, Landau a.d. Isar, Dingolfing, Vilsbiburg, Velden, Kraiburg, Braunau a. Inn, Pfeffenhausen, Eggenfelden, Massingen, Neumarkt-St. Veit, Pfarrkirchen, Moosburg, Dorfen.
**42** Zum strukturellen Vergleich von Niederbayern und Oberbayern aus späterer Sicht Ziegler, Staatsaushalt Bayerns, S. 45–57.

den Faktor, in dem sich die Produzenten Salzburg, Bayern und Berchtesgaden konkurrierend etablierten.[43] Landshut, Passau und Salzburg fungierten in dieser Region als jüdische Vororte.[44]

Ökonomische Zusammenhänge sind auch in der Oberpfalz zu beachten, die 1329 im Teilungsvertrag der beiden wittelsbachischen Linien von Altbayern abgetrennt und der Pfalz zugeschlagen wurde. Neben der Verkehrsachse vom Rhein nach Böhmen spielte sicher die Entstehung einer ganz eigenen Gewerberegion auf der Basis von Eisenerzbergbau und dessen Verhüttung im 14. Jahrhundert, die zur Benennung als ‚Ruhrgebiet des Mittelalters' führte,[45] eine wichtige Rolle für die Entstehung einer jüdischen Landschaft.[46] Amberg (1294) und Sulzbach (1305) stehen deshalb wohl nicht zufällig am Anfang.[47] Die Nennungen im Kontext des Pogroms von 1298 banden Neumarkt und Freystadt – das in der Hand der Herren von Hiltpoltstein lag – mit ein. Eine Verbreitung erfolgte freilich erst langsam: Das altbayerische Cham (Ende 13. Jh.), Nabburg (1324), Sulzbürg oder Dürrwangen (1331) gehören dazu.

Nach dieser Charakterisierung des Befundes an jüdischen Niederlassungen, der den zeitlichen Ablauf und die politischen wie ökonomischen Zusammenhänge zumindest andeutungsweise sichtbar werden ließ, stellt sich die Frage nach den Ursachen und Wegen der jüdischen Migration nochmals neu. Auch wenn die jeweiligen Erstnennungen oft nur Zufallsüberlieferungen darstellen, sodass entweder die tatsächliche Anwesenheit von Juden auch vorher angenommen werden kann – besonders relevant ist das für die Überlieferungen der Memorbücher – oder auch nur vorübergehende Präsenz vorliegen kann, so bietet doch die Häufung in einem zeitlichen Abschnitt eine nicht zu unterschätzende Aussagekraft für die langfristigen Migrationsbewegungen. Die generelle Annahme, dass die Siedlungsbewegung bis zur Mitte des 14. Jahrhunderts zunächst den großen Handelsachsen folgte, deren Attraktivität also ausschlaggebend gewesen sein dürfte,[48] hat sicher vieles für sich. Erst in der folgenden Periode wird mit den Verfolgungen, vor allem den Pestpogromen und den immer zahlreicheren Ausweisungen eine Phase beginnen, in der die erzwungene Migration auch im Römisch-Deutschen Reich dominierend wurde.[49]

---

43 Vgl. dazu Wanderwitz, Salzwesen in Bayern.
44 Barzen, Regionalorganisation, S. 331–333.
45 Dazu Götschmann, Oberpfälzer Eisenrevier; zur Einordnung Kießling, Entstehung, S. 49–51.
46 Vgl. dazu im Detail Volkert, Oberpfalz, S. 169–180.
47 Vgl. auch Geissler, Bayern, S. 47f.
48 So schon Ismar Elbogen in: GJ I, S. XVIIIf.; Geissler, Bayern, S. 68–75.
49 Toch, Juden, S. 246f.

Schwierigkeiten ergeben sich freilich für die Erklärung der frühen Wanderbewegungen; sie lassen sich kaum an konkreten Quellen festmachen.[50] So werden für die Regensburger Juden die Handelskontakte in den Osten, die sich in der Raffelstettener Zollordnung vom Anfang des 10. Jahrhunderts niederschlugen, auch mit einer Einwanderung in Verbindung gebracht[51] und daraus auf ein Einsickern „aus den Randgebieten des Byzantinischen Reiches donauaufwärts" geschlossen.[52] Eine andere Migrationsrichtung ergibt sich möglicherweise aus einer Beobachtung in den Ostalpen: Dort findet sich eine Gruppe von Orten mit dem Bestimmungswort ‚Juden' – z.B., Judenau bei Tulln (Niederösterreich), Judenburg bei Mur (Steiermark), Judendorf bei Graz und bei Friesach (Kärnten), etc. – aus dem späten 11. und beginnenden 12. Jahrhundert. Teilweise dienten sie offenbar als Stützpunkte für jüdische Fernhändler,[53] doch für Friesach konnte inzwischen nachgewiesen werden, dass dort bereits um 1100 eine Judensiedlung existierte und das damit das *missing link* darstellt, „das in der Geschichte der österreichischen Juden bislang zwischen den wandernden Händlern der Karolinger- und Ottonenzeit und den ersten gesicherten Judensiedlungen um 1200 fehlte".[54] Denkbar ist jedenfalls, dass auch auf diesem Weg eine Zuwanderung erfolgen konnte.[55]

Auch die genauen Vorgänge, die mit der Nennung der ersten Niederlassungen seit dem 12. Jahrhundert vonstattengingen, sind bislang ebenfalls nur schwer zu erschließen. Immerhin sind einige Indizien genauer fassbar:[56] Das zunehmende Vordringen von West nach Ost, von den jüdischen Zentrallandschaften am Rhein nach Innerschwaben, nach Franken und schließlich auch Altbayern, ergibt sich zwingend aus der Chronologie der Niederlassungen. So liegt es auch nahe, dass die Vertreibungen aus den Kronlanden Frankreichs vor allem 1306, dann noch in den 1320er Jahren ein Ausweichen nach Osten in das *regnum teutonicum* nach sich zogen.[57] Die Beobachtungen zum Elsass belegen eine engere Verbindung über den Rhein in die Ortenau und den Breisgau, in Einzelfällen aber auch nach Innerschwaben und Franken, sodass „das Elsaß als Teil des ‚süddeutschen Migrationsraumes'" erscheint:[58] Kontakte zwischen Colmar und Würzburg

---

50 Grundlegende Aspekte bei Toch, Reich, S. 10f., 81f.,102.
51 Straus, Regensburg und Augsburg, S. 15.
52 Geissler, Bayern, S. 69f.
53 Wenninger, Siedlungsgeschichte, passim; vgl. auch Geissler, Bayern, S. 41f.
54 Wenninger, Zu Friesach im Jahr 1124, S. 365.
55 Skeptisch in dieser Hinsicht Toch, Reich, S. 81.
56 J. Müller, Siedlungsgeschichte, S. 121–123.
57 Vgl. dazu Burgard, Migration der Juden, S. 50–53, Karte S. 57.
58 Mentgen, Elsaß, S. 78–92; zum süddeutschen Migrationsraum, S. 108–114.

im ausgehenden 13. und frühen 14. Jahrhundert bis hin zu einem Würzburger Konsortium jüdischer Geldhändler von 1335, dem auch der Jude *Meyer von Colmar* angehörte, der offenbar dorthin übergesiedelt war ebenso wie der Straßburger *Jeckelin*. In Rothenburg o.d.T. finden sich ebenfalls einige Namen aus dem romanischen Sprachgebiet wie *Bunnum* (= Bonhomme), *Bella* (= Schön) oder *Walch* (= welsch).[59] In Nürnberg ist 1338 ein *Massein* von Straßburg nachweisbar, der aus der Romania stammte – und Juden romanischer Herkunft werden auch im weiteren Spätmittelalter greifbar, etwa mit einem *Vischlin* von Straßburg, der sich 1383 in Nürnberg aufhielt, im selben Jahr zudem das Bürgerrecht in Augsburg erhielt, oder *Süßkind* von Straßburg, der 1385 in Esslingen erscheint.[60] Ähnliche Kontakte stellten sich wohl zu den mittelrheinischen SCHUM-Gemeinden – Speyer, Worms, Mainz – ein; dort wehrte man sich offenbar gegen eine verstärkte Zuwanderung[61] aus den französischen Kronlanden, die sich wiederum an den romanischen Namen festmachen lassen.[62] Selbst bei Ulm sind derartige Zusammenhänge erkennbar: In das Jahr 1243 datiert ein hier aufgefundener Grabstein für *Bellet*, die Tochter des R. *Salomo*, ein Name, der auf die Herkunft aus der Romania verweisen könnte.[63]

Legt man die These zugrunde, dass Wanderbewegungen vielfach in Richtung vorhandener Beziehungen stattfanden, seien sie geschäftlicher oder familiärer Natur,[64] so wird man nicht fehlgehen, wenn man derartige Migrationsbewegungen im Wesentlichen auch auf die weitere Ausbreitung von Schwaben und Franken in den Südosten des Reiches überträgt. Ein Indiz dafür liegt in dem inneren Zusammenhang der jüdischen Siedlungen selbst: Augsburg war als Vorort für insgesamt 13 jüdische Niederlassungen von Bedeutung, die bezeichnenderweise das östliche Schwaben und das Herzogtum Oberbayern verbanden; sie verstanden sich offenbar als zusammengehörig über die territorialen Grenzen hinweg – und das könnte möglicherweise auf eine genetische Komponente über die Migration schließen lassen, die von Westen nach Osten verlief.[65] Diese Einschätzung wird unterstrichen durch die Regelungen der Rechtsverhältnisse, wenn Ludwig der Bayer den jüdischen Gemeinden in München und Ingolstadt die Augsburger Vorgaben übertrug.[66] Die gemeinsame Lage im Bistum Augsburg – ganz parallel

---

59 Steffes-Naus, Rothenburger Landgericht, S. 211.
60 Alle Fälle bei Mentgen, Elsaß, S. 110–112.
61 Zu diesem Problem grundsätzlich Gilomen, Migration in die Städte, passim.
62 Ziwes, Mittelrhein, S. 181–193.
63 Scholl, Ulm, S. 69, 151.
64 So Burgard, Migration der Juden, S. 46–50.
65 Barzen, Anfänge, S. 24–28 mit Karte.
66 Barzen, Anfänge, S. 28.

zu anderen Regionen – erweist sich als ein weiteres Merkmal[67] (Abb. 3), und sie deckt sich weitgehend mit der Landfriedensorganisation, mit der Ludwig 1330–1340 das westliche Oberbayern und das östliche Schwaben zusammenband.[68]

So erscheint es auch nicht mehr als Zufall, dass die Initiative bei der Ansiedlung von Juden nicht selten lokale Herrschaftsträger und den König/Kaiser zusammenführte: Ludwig der Bayer (reg. 1314–1347) erlaubte etwa den Güssen von Güssenberg 1326 in Leipheim Juden aufzunehmen[69] – um sie kurz darauf als adelige Klientel 1327 mit den Marktrechten und 1330 als *fleggen* mit dem Ulmer Stadtrecht zu begaben.[70] Dieses Zusammenwirken ist in noch größerem Maßstab bei den Grafen von Oettingen zu konstatieren: 1331 gestattete Kaiser Ludwig dem Grafen Ludwig von Oettingen, „die Juden, die bei ihm sesshaft sind, dorthin ziehen oder seßhaft werden, mit allen zu Recht bestehenden Einnahmen zu nutzen bis 1 Monat nach Widerruf", was er 1333 auch seinen Neffen, den Grafen Ludwig VIII. und Friedrich II. von Oettingen, gewährte.[71] Da sie seit 1324 die Steuer über die Nördlinger Juden als Pfand innehatten und 1333 vom Kaiser auch deren Schutz aufgetragen erhielten, wird man die Ansiedlung im eigenen Territorium als Konsequenz daraus ansehen dürfen. Sie passt sich jedenfalls ein in den Prozess einer territorialen Konzentration der ‚jüngeren Grafschaft' auf das Ries, den die Inhaber vor allem im 14. Jahrhundert systematisch betrieben.[72] Ludwig der Bayer hatte als Kaiser nicht zuletzt ein fiskalisches Interesse an der Ansiedlung von Juden. Als Landesherr versuchte er die finanziellen Möglichkeiten auszuschöpfen und befand sich dabei bereits in einer gewissen Tradition, denn die Münchner und Landshuter Herzöge hatten schon seit dem ausgehenden 13. Jahrhundert die Judengemeinden zur Steuer veranlagt und sie in ihre territorialpolitischen Bestrebungen eingebaut, wie noch zu zeigen sein wird (s. Kap. 5).[73]

Die Siedlungsbewegung war somit ein komplexer Vorgang. Sie führte im Laufe des 13. und 14. Jahrhunderts zu einer immer dichteren Ansammlung von Niederlassungen, gleichzeitig aber auch zu einer innerjüdischen Strukturierung von Vororten und zugehörigen Niederlassungen. Urbanisierung und wirtschaftlicher Ausbau erwiesen sich als entscheidende Stimuli, denen die jüdischen Fami-

---

67 Vgl. dazu Barzen, Regionalorganisation.
68 Vgl. dazu Kießling, Städtebünde und Städtelandschaften, S. 80–82.
69 GJ II, S. 477; Geissler, Bayern, S. 59.
70 Kießling, Kleinstädte und Märkte, S. 254; zum Kontext ausführlicher Brenner, Ludwig der Bayer, S. 106–113.
71 Vgl. dazu L. Müller, Aus fünf Jahrhunderten I, S. 11f.; Menzel, Regesten Kaiser Ludwigs des Bayern, 5: Schwaben, Nr. 134 (Zitat), 178.
72 Kudorfer, Oettingen, S. 44–46: zusammenfassende Wertung der Befunde.
73 Zahlreiche Belege bei Geissler, Bayern, S. 45–67.

lien folgten, herrschaftliche Konsolidierung und Territorienbildung motivierte Dynasten, Adel und Kirche, sich ihrer als Instrumente zu bedienen.

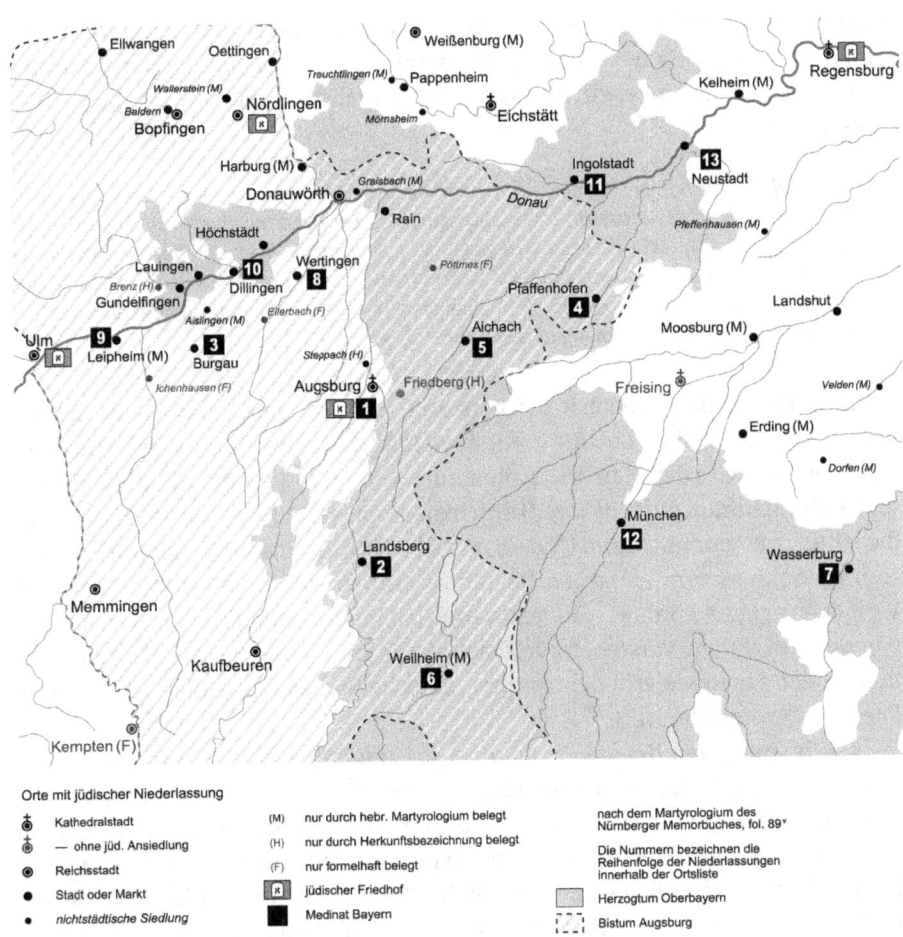

**Abb. 3:** Die Judenschaft der Medinat Bayern am Vorabend des ‚Schwarzen Todes' (1348–1350), Entwurf: Rainer Josef Barzen

# 3 Jüdische Gemeindebildung in der christlichen Umwelt

R. Meir von Rothenburg, einer der größten jüdischen Gelehrten der 2. Hälfte des 13. Jahrhunderts, gab in einer seiner Responsen, der Weisung auf eine Anfrage an ihn, nach welchen Regeln eine Gemeinde leben sollte, ein anschauliches Bild ihres Lebens:

> *Man verfahre nach dem Mehrheitsprinzip bei der Wahl der Vorsteher, bei der Ernennung von Vorbetern, bei der Einrichtung einer Almosenkasse, bei der Ernennung von Almoseniere, beim Bau und beim Abbruch in der Synagoge, beim Ausbau und beim Umbau, beim Kauf eines Tanzhauses, bei seinem Ausbau und bei seinem Umbau, beim Kauf eines Backhauses, seinem Ausbau und seinem Umbau, kurz, alle Gemeindebedürfnisse sollen nach dem Willen der (von der Mehrheit gewählten) Vorsteher geschehen.*[1]

Die Gemeinde realisierte sich in ihren Institutionen: Synagoge, Tanzhaus, Armenwesen, Backhaus. Sie erhob die dafür notwendigen Gelder durch eigene Gemeindesteuern, die von den Haushaltsvorständen gefordert wurden. Um diese Regeln und andere Ordnungen (*Takkanot*) durchzusetzen, verfügten die Autoritäten über die Mittel von Acht und Bann (*Niddui* und *Cherem*), eine „soziale Ächtung, die bis zum Ausschluss vom jüdischen Begräbnis und zur Konfiskation des gesamten Vermögens gehen konnte". Sie realisierte sich zudem im jüdischen Gericht, das von den gewählten Vorstehern gebildet wurde und „alle Rechtsfälle, die unter ihnen oder gegen sie erhoben werden, entscheiden sollten", hieß es schon im Speyerer Privileg von 1084.[2]

Unabhängig von der bis heute umstrittenen Frage, ob die Ausbildung von eigenständigen jüdischen Gemeinden generell ein konstitutives Merkmal des Judentums darstellt oder ein Ergebnis der Lebensform in der Diaspora war,[3] kann davon ausgegangen werden, dass seit dem Hochmittelalter die Autonomie der Gemeinde als wesentliches Merkmal jüdischen Lebens in Aschkenas zu sehen ist. Die vollgültige *Kahal* oder *Kehilah* mit allen Funktionen und Verwaltungselementen sowie einer deutlichen sozialen Struktur findet sich freilich nur in den größeren Städten, während die Bewohner eines *Jischuw*, einer einfachen Ansiedlung mit nur wenigen Familien, für die Ausübung des Kultus auf die größeren

---

1 Zit. nach Guggenheim, Die jüdische Gemeinde, S. 86.
2 Guggenheim, Die jüdische Gemeinde, S. 92f.
3 Vgl. dazu die zusammenfassende Einschätzung des Forschungsstandes von Toch, Reich, S. 88f.

Gemeinden angewiesen waren.⁴ In der Synagoge samt dem Synagogenhof spielte sich das Leben der Gemeinde ab, hier wurden die Stationen des Lebens begangen – Geburt, Beschneidung, Heirat und Tod –, hier war der Ort der Öffentlichkeit für die Regelung der inneren Angelegenheiten. Baulich damit häufig verbunden war die *Mikwe* (das rituelle Tauchbad, ein Kaltbad) sowie das Tanzhaus für die Feste, ein Warmbad und vielfach ein Hospital (*Hekdesch*) für die Unterkunft von Bedürftigen aus der Gemeinde oder für durchreisende Fremde. Demgegenüber war der Friedhof als ‚Haus des Lebens', in dem die Verbindung mit den Toten aufrechterhalten wurde, in der Regel außerhalb gelegen, gehörte aber zu den Orten, wo gleichsam „Heimatbewußtsein" verankert war.⁵ Die Repräsentanten nach innen, aber nicht zuletzt auch gegenüber der christlichen Umwelt, den Stadtherren wie den sich gleichzeitig nach und nach formierenden städtischen Gemeinden, waren es vielfach, die darauf achteten, dass sich die Struktur der Gemeinden ausdifferenzierte.

Freilich werden diese Gemeindeeinrichtungen nicht sofort und überall in gleichem Maße greifbar. Gemäß der Siedlungsbewegung fanden sie sich zunächst innerhalb des Römisch-Deutschen Reiches in den rheinischen Kathedralstädten: In den Privilegien tauchen Führungsfiguren unter der Bezeichnung *archisynagogus* in Speyer 1084 oder als *episcopus iudeorum* in Köln 1135, als ‚Judenmeister' in anderen Orten auf, in hebräischen Quellen ist von ‚Häuptern der Gemeinde' die Rede. Später sind sie in einer „große[n] Variationsbreite", aber nicht selten in einer Zwölfzahl überliefert – eine Art „Normalzahl", die den Ratsbildungen der christlichen städtischen Gemeinden entsprach, so wie auch die gelegentlich überlieferte Wahl dieser Repräsentanten durch die Gemeinde als Parallele gewertet werden kann.⁶

Die frühen jüdischen Niederlassungen im Südosten des Reiches zogen bald nach. Die voll ausgebildete Gemeinde schälte sich hier im 12./13. Jahrhundert heraus. In einer Urkunde von 1210, in der die jüdische Gemeinde von Regensburg sog. Emmeramer Breiten vor der Stadt für die Anlage eines Friedhofs kaufte, sind 22 jüdische Zeugen benannt; setzt man für jeden Haushalt etwa fünf bis sechs Personen an, so würde das bereits in dieser Zeit einer Gemeinde von etwa 130 Personen entsprechen.⁷ Diese Gruppe mündete in den ‚Rat der Besten', der eventuell schon 1374, auf jeden Fall aber 1430 mit zwölf Mitgliedern – *maiores et pociores*

---

4 Vgl. Breuer/Guggenheim, Die jüdische Gemeinde, S. 2090; Barzen, Ländliche jüdische Siedlungen, S. 12–14.
5 Breuer/Guggenheim, Die jüdische Gemeinde, S. 2081–2090, Zitat S. 2088; vgl. auch Toch, Jüdisches Alltagsleben, S. 330f.
6 A. Haverkamp, Concivilitas, S. 328–333.
7 D. Schmid, Regensburger Judenviertel, S. 181, 184.

**Abb. 4:** Rekonstruktion der gotischen Synagoge in Regensburg aus dem 11. Jahrhundert

*ac magistratus alias Rabonim* – genannt ist, aber schon früher als Vertreter der dortigen Judenschaft fungierte, für das zudem ein eigenes Siegel bekannt ist.[8]

Die bereits geschilderte blühende Gemeinde mit ihren weit über die Stadt hinaus bekannten Gelehrten[9] und die Wirtschaftskraft ihrer Mitglieder spiegelte sich in der Anlage des Judenviertels am westlichen Rand der Stadt. Mindestens 33 genutzte Häuser um die Mitte des 14. Jahrhunderts mit etwa 200 Personen deuten auf eine stattliche Gemeinde. Der Friedhof, auf dem auch die Juden der Herzogtümer Ober- und Niederbayern beerdigt wurden, wie sich aus einem Privileg Bischof Nikolaus' von 1325 ergibt, das den zollfreien Transport zusagte,[10] hat sich freilich nicht erhalten. Die erste Synagoge war bereits im späten 11. Jahrhundert errichtet worden und gehört damit zusammen mit Speyer, Worms und Köln zu den ältesten Synagogenbauten im deutschen Sprachraum: ein schlichter trapezförmiger Bau mit jeweils aufgemauerter Basis für Bima und Toraschrein. Die angrenzenden, wohl als Gemeinderäume anzusprechenden Bauten samt einem Hof, der nach und nach durch Mauern gesichert wurde, bieten das Bild eines repräsentativen Mittelpunktes (Abb. 4, 5). An archäologisch nachweisbaren weiteren Gemeindebauten ist das Hospital am Rand der Siedlung und eine Bäckerei zu nennen, die Wasserversorgung erfolgte über einen eigenen Brunnen.

---

8 GJ III, 2, S. 1181; vgl. GJ II, 2, S. 684f.
9 Dazu auch Wittmer, Kulturelles Leben.
10 GJ II/2, S. 686.

**Abb. 5:** Plan des Regensburger Judenviertels im Spätmittelalter. Blau markiert: der Synagogenbereich; gelb und grün: die verschiedenen Häuser des Judenviertels

Die Synagoge war der Begegnungsraum der Gemeinde und öffentlicher Ort zugleich: In ihm vollzogen sich „religiöse Praxis in Gottesdienst, Gebet und Lernen, persönliches Ansehen und Status in der Gemeinde in der Sitzordnung und dem Aufruf zur Tora, Amtshandlungen wie Eidleistungen sowie Rituale der Schuld und Sühne, die göttlichen Beistand und Zeugenschaft der Gemeinde benötigen. *Minhagim* [die regional besonderen Gebräuche] und Rituale der Erinnerungen verliehen der Gemeinde Identität und Weiterbestand im kollektiven Gedächtnis".[11] Und die Synagoge mit ihrem Hof war auch der Raum, in dem die Stationen des Lebenslaufs begangen wurden. Die Trennung der Männer und Frauen erfolgte freilich erst im 13. Jahrhundert – und für die Schnittstelle bietet Regensburg mit einer Darstellung der Beschneidung um 1300 möglicherweise einen Beleg, denn die Frauen bringen das Kind in den Synagogenraum, während der *Sandak*, der die Beschneidung vornimmt, ein würdiger Herr mit Bart und langem Mantel, im Innenraum sitzt.[12] (Abb. 6)

Überhaupt war die Stellung der Frau in der Öffentlichkeit gerade in Regensburg noch im 14. Jahrhundert sehr vielseitig. Nicht nur, dass sie in der Abwesenheit des Mannes die Geschäfte übernahm, sondern viele Frauen führten auch eigene

---

11 Keil, Gemeinde und Kultur, S. 87–91, Zitat S. 87.
12 Keil, Die jüdische Frau, S. 352.

**Abb. 6:** Beschneidung der Halbbrüder Ismael und Isaak, Regensburger Pentateuch um 1300

in Selbstverantwortung. Und selbst in der Gemeinde übernahmen sie wichtige Funktionen: Die um die Mitte des 14. Jahrhunderts in die Stadt zugezogene *Kaendlin*, Witwe des Mosche aus Grez, war 1354 mit der Steuereinziehung Zugezogener betraut und fungierte urkundlich als Gemeindevorsteherin, und noch 1374 findet sich mit einer *Joseppine* eine weitere Frau in diesem Amt als *Parnasset*.[13]

Dieser frühe Befund hat seine Entsprechung in Würzburg:[14] Die Vorgänge des Pogroms im Kontext des Zweiten Kreuzzugs 1147, bei dem mindestens 22 Juden ermordet wurden, deren Leichen vom Bischof in einem Friedhof auf seinem Grund in der Pleichacher Vorstadt begraben wurden, den dann ein Rabbinerehepaar erwarb,[15] zeigen, dass schon damals die „jüdische Infrastruktur differenziert und intakt war"; nach der Auffindung des Grabsteines von 1154 für die Tochter des

---

[13] Keil, Die jüdische Frau, S. 348f.
[14] GJ II, S. 931; Schich, Würzburg, S. 158–161; K. Müller, Würzburger Judengemeinde, S. 25–43.
[15] Dazu ausführlich K. Müller, Friedhof, S. 175–180 zusammenfassend K. Müller, Der größte Fund.

**Abb. 7:** Grabstein der Channah, Tochter des R. Elieser b. Nathan von [1154]

Mainzer Rabbiners Eli'eser ben Natan (Abb. 7) erscheint es sogar möglich, dass dieser hoch angesehene Gelehrte „zur Gründergeneration" gehörte.[16]

Die *scola Judeorum* im Judenviertel am (heutigen) Marktplatz – dem *vicus Judeorum* (1197), der sich in den ‚Judengassen' nach Süden fortsetzte – bestand jedenfalls 1170, auf einem nahe gelegenen weiteren Grundstück wollte die Gemeinde 1230 weitere Gebäude errichten, möglicherweise auch die eigene Herberge (*Hekdesch*). 1289 waren es schon zwei Synagogen, darüber hinaus kümmerte sich ein *Gabbaj* um die Finanzen und das Gemeindeleben, und ein *Chasan*, ein Vorbeter, um den Gottesdienst.[17] An der Spitze der Gemeinde wird zunächst eine Rabbinerfamilie greifbar, doch dann taucht der Begriff *Parnas* als ‚Haupt der

---

**16** GJ I, S. 478; K. Müller, Würzburger Judengemeinde, S. 28–32; Zitate S. 29, 31.
**17** K. Müller, Würzburger Judengemeinde, S. 49f.; Reiner, Role and Significance of the Titels, S. 250–252.

Gemeinde' auf Grabsteinen um die Mitte des 13. Jahrhunderts auf,[18] der wohl als Entsprechung zum ‚Judenbischof' und ‚Judenmeister' der rheinischen Gemeinden zu sehen ist und vermutlich gewählt wurde. 1289 ist dann auch hier die Vertretung der Gemeinde als ein zwölfköpfiges Gremium belegt.[19]

Über ein eigenes Siegel verfügte auch die Gemeinde in Augsburg[20] – bezeichnenderweise mit dem Reichsadler. Es bekräftigte eine Urkunde, in der die Gemeinde sich verpflichtete, einen Abschnitt der nordwestlichen Stadtmauer zu bewachen, vor der der jüdische Friedhof lag (s. Kap. 4). Als Vertreter der Gemeinde siegelten namentlich genannte Mitglieder, wie 1308 gegenüber der Stadt, persönlich die Urkunden, unter ihnen Lamp und Jüdlin, die später als Geldgeber für den Münchener Herzog begegnen werden (Abb. 8a, 8b) und in der gleichen Zeit auch als Gläubiger der Stadt Augsburg auftraten, also als Mitglieder der reichen Oberschicht zu sehen sind. Zwar ist die Ansiedlung erst gegen Mitte des 13. Jahrhunderts belegt, als die Gemeinde – wie in anderen Reichsstädten – 1241 zur Steuer veranschlagt und deshalb in die Reichsmatrikel eingetragen wurde, doch muss sie sich dann sehr schnell entfaltet haben.

1259 ist in einer bischöflichen Urkunde von einer *domus Judeorum* die Rede, „vermutlich das Gemeindehaus", zu dem auch ein Tanzhaus gehörte.[21] Die Siedlung lag am Hang und auf der Niederterrasse des Lech, ihr Kern aber offensichtlich südlich der Bischofsburg auf der Hochterrasse,[22] wo sich die Entwicklung der bürgerlichen Stadt vollzog. Damals war die Gemeinde mit 18 Steuerzahlern, also an die hundert Personen, noch nicht allzu groß.[23] Doch gestattet die günstige Quellenlage einige ansonsten seltene Blicke in das innere Leben dieser Gemeinde:[24] So wird 1290 auf Bitten der Juden vom Stadtrat der Bau eines eigenen Warmbades erlaubt – das Stadtrecht von 1276 hatte gemeinsames Baden mit den Christen verboten –, das mit Christen und Juden betrieben werden sollte: *ir gesinde, die ir brot ezzent, iuden und christen*.[25] Zudem gab es einen jüdischen Weinschenken, der für koscheren Wein sorgte, eine Apotheke war in ihrer Hand und jüdische Ärzte sorgten für die Gesundheit – aber nicht nur für die der Mitglieder der eigenen Gemeinde, sondern auch der Bürger.

---

**18** Vgl. dazu Reiner, Role and Significance of the Titels, S. 248–250.
**19** K. Müller, Würzburger Judengemeinde, S. 45f.
**20** Dazu Veitshans, Judensiedlungen, S. 35–38; Schimmelpfennig, Christen und Juden, S. 24–32; Mütschele, Augsburg, S. 19–21.
**21** GJ II/1, S. 30–42, bes. S. 34f.
**22** Seitz, Topographie, S. 19–30; mit Korrekturen gegenüber GJ III/1, S. 40.
**23** Schimmelpfennig, Christen und Juden, S. 32.
**24** Zum Folgenden Maier, Tätigkeitsfelder, S. 48–54.
**25** Meyer, Stadtbuch, S. 58.

**Abb. 8a:** Siegel der jüdischen Gemeinde von Augsburg (1298)

**Abb. 8b:** Siegel des Juden Lamb von Augsburg (1307)

Ganz ähnlich dürfte sich die Nürnberger Gemeinde – nach dem ersten Nachweis von 1146 – spätestens im 13. Jahrhunderts konstituiert und an dessen Ende ihre erste Blüte erlebt haben.[26] Nach dem Memorbuch waren dem Pogrom von 1298 nicht weniger als 728 Männer, Frauen und Kinder zum Opfer gefallen, 1338 zählte man 212 zu Bürgerrecht lebende Juden als Haushaltsvorstände in der Stadt. Aufgrund neuer archäologischer Befunde wird eine frühe Ansiedlung am Obstmarkt in Erwägung gezogen, nach der Mitte des 13. Jahrhunderts lebten die Familien dann bevorzugt an der Stelle des heutigen Hauptmarktes.[27] Nach den Einträgen in das Märtyrerverzeichnis konnte die Gemeinde 1296 die Synagoge am Hauptmarkt vollenden – offenbar eine zweischiffige Anlage, die der bedeutenden in Worms entsprach[28] –; ob eine zweite, die von einem Ehepaar gestiftet wurde, das auch eine Mikwe errichten ließ, sich auf die Frauensynagoge im Anschluss daran bezieht oder ein eigenes Gebäude war,[29] ist nicht ganz klar. Gemeindehaus, Hospiz und Talmudschule vervollständigten den Komplex; der Friedhof ist seit

---

26 GJ I, S. 249–252; GJ II/2, S. 598–613, bes. 602; Ulshöfer, Nürnberg, S. 148–152; A. Müller, Nürnberg, S. 14f., 20–22.
27 Friedel, Jüdische Spuren.
28 Friedel, Jüdische Spuren, S. 81.
29 Für zwei Synagogen GJ II/2, S. 602; A. Müller, Nürnberg, S. 20, und Friedel, Jüdische Spuren, S. 81, sprechen nur von einer und stellen ihr die Frauensynagoge an die Seite.

1273 bezeugt. Das Gewicht der Gemeinde wird zudem in der Person des R. Mordechai ben Hillen Hacohen (geb. um 1250) sichtbar, der „eine Kompilation der religiösen Gesetzentscheidungen und der Schriften der deutschen Rabbiner der vorhergehenden drei Jahrhunderte" geschaffen hatte, die nicht zuletzt auch über „die Traditionen und religiösen Gebräuche Mittelfrankens" Auskunft geben.[30] Wenn erst für das Jahr 1314 ein „Judenbischof" und vier Gemeindevertreter („Meister") genannt sind,[31] so dürfen wir davon ausgehen, dass sie schon länger amtierten und wie in den anderen großen Städten als Vertreter der finanzstarken Oberschicht an der Spitze standen.

Bei den landesherrlichen Städten werden die Nachweise allerdings sehr sporadisch, selbst in den herzoglichen Residenzstädten: In Landshut bezieht sich der früheste Nachweis im Stadtrecht von 1256 lediglich auf den Fleischverkauf,[32] dann verweisen erst wieder 1331 Wohnstätten und das benachbarten ‚Judentor'[33] in bevorzugter Lage direkt unterhalb der Burg[34] auf eine entstehende Gemeinde. Auch die Münchner Niederlassung, die seit 1229 wahrscheinlich gemacht werden kann, blieb zunächst wohl bescheiden. Als dann aber 1285 eine Beschuldigung erhoben wurde, die Juden hätten einen Ritualmord begangen, weshalb sie in ihrer Synagoge verbrannt wurden (vgl. dazu Kap. 4), werden die Konturen plastischer:[35] Unter den im Pogrom ermordeten 67 Personen waren nicht nur einfache Männer, Frauen und Kinder, sondern auch ehrbare ‚Gelehrte' sowie ein *Josef haZarfati* (Josef der Franzose), sodass eine Vernetzung in weiteren geographischen Zusammenhängen existierte, wie sie schon aus der Schilderung der Siedlungsvorgänge erkennbar wurde (vgl. Kap. 2). Selbst wenn es sich bei der ‚Synagoge' nur um einen Betraum innerhalb eines Hauses gehandelt haben mag, darf man davon ausgehen, dass bereits um diese Zeit „ein ausgeprägtes Gemeindeleben" vorhanden war.[36] Über einen Friedhof verfügte man allerdings noch nicht, sondern die Toten mussten wohl in der benachbarten Reichsstadt Augsburg begraben werden, mit der die Gemeinde ohnehin viele Fäden verbanden.[37]

Überblickt man die Beispiele, so ergibt sich, dass die Anfänge vielfach nur durch wenige klare Quellenaussagen fassbar werden, die durch den Zufall der Überlieferung auf uns gekommen sind. An manchen Orten wie München und

---

30 Ulshöfer, Nürnberg, S. 249.
31 Schultheiß, Satzungsbücher, S. 75: in einem Entscheid des Stadtgerichts.
32 GJ I, S. 253; Kirmeier, Juden, S. 15–17, mit der Fortschreibung im Stadtrecht von 1335–1338.
33 GJ II/1, S. 467f.
34 Kirmeier, Landshut, S. 104.
35 Barzen, Anfänge, S. 22–24; Weger, Mittelalterliche Synagoge, S. 23f.
36 Barzen, Anfänge, S. 21.
37 Barzen, Anfänge, S. 24–30.

Landshut oder in Rothenburg o.d.T. wird man zumindest eine kleine Gemeinde vermuten dürfen, für die keine weiteren konkreten Nachrichten zu finden sind. An den großen Gemeinden Regensburg, Würzburg, Nürnberg oder Augsburg lassen sich zum einen die multifunktionalen Einrichtungen konkret fassen, die die Gemeinden zusammenhielten. Dabei bleibt auch festzuhalten, dass die Siedlungsentwicklung in keinem Ort den Charakter eines abgeschlossenen Ghettos aufwies, vielmehr der Hausbesitz sich zwar im Umkreis der Synagogen und Gemeindezentren massierte, ansonsten aber auch ein Nebeneinander mit den Christen entstand, wie es in Würzburg, Nürnberg und Augsburg sichtbar wurde und wie es selbst in dem relativ kompakten Judenviertel in Regensburg zu finden war.[38] Bei fast allen Beispielen wird vielmehr eher in dieser Zeit eine bevorzugte Lage der jüdischen Häuser und Gemeindebezirke vor allem in der Nähe des Marktes feststellbar. Nachbarschaftliches Wohnen von Juden und Christen war durchaus nicht selten, „das konzentrierte Wohnen in Gassen und Vierteln" bot allerdings auch Schutz „in Zeiten der Bedrohung durch antijüdische Stimmungen und Pogrome", lässt sich aber nicht mit den Verhältnissen nach dem Verfolgungswelle des Schwarzen Todes vergleichen.[39]

Am Fall München lässt sich zudem rekonstruieren, dass die Verbindungen der jüdischen Gemeinden und Ansiedlungen eigenen Kommunikationsnetzen folgten und eigene räumliche Strukturen ausbildeten. Die Spannung zwischen der Autonomie der Gemeinde und ihrer Einbindung in eine weitreichendere Zusammengehörigkeit, die sich einerseits den christlichen Organisationsformen der Bistumsorganisation und der Herrschaftsbildung anglich, andererseits aber auch der Memoriakultur der Juden entsprach, die sich nicht zuletzt in den Verbandsfriedhöfen wiederfindet, wurde schon für die Frühzeit des 12./13. Jahrhunderts im Westen herausgearbeitet.[40] Ein solcher Zusammenhang zwischen den jüdischen Siedlungen lässt sich im Südosten des Reiches nicht nur bei der Verbindung von Augsburg und München feststellen, sondern zu einem grundlegenden Strukturelement regionaler Art erweitern, das in den Memorbüchern für die Verfolgungswelle von 1348/49 (s. Kap. 5) ihren Niederschlag fand.[41] So umfasste die schon angesprochene Liste von jüdischen Niederlassungen unter dem Titel ‚Medinat Bayern' (Gebiet, Land Bayern) nach der führenden Gemeinde Augsburg nicht nur die oberbayerischen Orte mit München und Ingolstadt an der Spitze, sondern auch

---

**38** Vgl. dazu D. Schmid, Regensburg, S. 179; Codreanu-Windauer/Wanderwitz, Regensburger Judenviertel, S. 614; Codreanu-Windauer, Archäologie, S. 476.
**39** Generell dazu aus europäischer Sicht A. Haverkamp, Juden und Städte, S. 81f.
**40** Cluse, Zu den räumlichen Organisationsformen.
**41** Barzen, Regionalorganisation, S. 322–333.

die schwäbischen von Leipheim bis Burgau und Wertingen (s. Kap. 2).⁴² Westlich schlossen sich zwei Bezirke an, die ebenfalls Reichsstädte als Vororte aufwiesen: Ulm mit Orten an der Donau von Ehingen bis Graisbach bei Donauwörth (Sitz der Grafen) und von Bopfingen und Harburg im Ries bis Memmingen; sowie die Messestadt Nördlingen, dessen zugewandte Orte das südliche Franken erfassten. In Niederbayern war die Residenzstadt Landshut mit fünf Orten und östlich davon die Bischofsstadt Passau mit den drei Orten Straubing, Hals und Salzburg (!) verzeichnet. Eine ganz ähnliche Konstellation bestand in Franken mit der Bischofsstadt Würzburg als Vorort, dessen zugewandte Orte von Gemünden und Hammelburg bis Bamberg und Schmalkalden reichten und schon 1298 als *Eretz Franken*, ‚Land Franken' bezeichnet wurde,⁴³ was sich faktisch freilich auf die Orte des Hochstifts reduzierte, für das der Bischof den Anspruch des ‚Herzogtums Franken' realisieren konnte. Wichtig erscheint zudem der Befund, dass darunter schon zu dieser frühen Zeit eine ganze Reihe ländlicher Siedlungen war.⁴⁴ Diese Kleinregion Würzburg lässt sich mit dem Raum des Bistums Würzburg verbinden – wie das auch anderswo der Fall war.⁴⁵ Ähnlich lagen die Dinge bei den großen Reichsstädten: Zum ‚Land Rothenburg' rechnete man Ansbach und Gunzenhausen, sodann zu Nürnberg die vier Orte Neustadt a.d. Aisch, Windsheim, Neumarkt in der Oberpfalz und Hersbruck in der weiteren Umgebung. Dass Regensburg nur als Vorort genannt wird, aber keine ihm zugeordneten Niederlassungen,⁴⁶ lag wohl daran, dass die dortige Gemeinde 1348/49 vom Pogrom verschont blieb (s. Kap. 5).

Die frühen Siedlungen waren also entweder auf Kathedralstädte oder wichtige Reichs- bzw. Residenzstädte orientiert und diese Struktur spiegelt zumindest partiell Zentralitätsfaktoren der christlichen Umwelt; was die Städte zu jüdischen Vororten machte, war das Vorhandensein von Friedhof, Synagoge, Mikwe, einem Judenrat und weiteren gemeindlichen Funktionen.⁴⁷ An die zentrale *Kahal* waren die kleineren Gemeinden bis herunter zu den *Jischuwot* gebunden, weil die verstreut lebenden Familien nur in ihnen die kultischen Obliegenheiten realisieren und rechtliche Frage klären konnten. „Somit sind die jüdischen Bewohner von Dörfern oder nichturbanen Siedlungen nicht nur an Festtagen Teil einer urbanen Gemeinde. Sie sind idealiter in Entscheidungsprozesse, die die ganze Gemeinde betreffen, eingebunden, zumindest aber den daraus resultierenden Entscheidun-

---

42 Vgl. Barzen, Anfänge, S. 24–29.
43 Barzen, Regionalorganisation, S. 305.
44 Steffes-Maus, Rothenburger Landgericht, S. 182f., 210f.
45 Barzen, Kehillot SchUM, S. 252, sowie die Karten ebd. S. 254f.
46 Barzen, Regionalorganisation, S. 300, 310.
47 So die Interpretation von Barzen, Regionalorganisation, S. 301–307; Barzen, Ländliche jüdische Siedlungen, S. 14–17.

gen unterworfen"; unter der Bezeichnung *Medinah* werden damit aus der Perspektive der Juden Stadt und Land als regionale Einheit gesehen.⁴⁸

Ein besonders gewichtiges Element dieser Struktur war an die Leitfiguren der Gelehrten und Rabbiner geknüpft. Der Rabbiner war in dieser frühen Phase allerdings noch kein formeller Gemeindeangestellter, vielmehr schöpfte er seine Autorität „einzig und allein [aus] seiner Frömmigkeit und seiner Gelehrsamkeit",⁴⁹ vor allem der „intellektuellen Beherrschung des Talmud, seiner Kommentare und der einschlägigen Jurisprudenz". Er vollzog einerseits die Zeremonien von Eheschlüssen und -scheidungen, half bei der Einstellung von Gemeindebediensteten oder bei der Festsetzung und Einziehung von Steuern; man bat bei Fragen der *Halacha* um Interpretationen für das praktische Leben, und ihre Gutachten in Rechtsfragen beanspruchten Verbindlichkeit.⁵⁰

Die Wirksamkeit dieser Autoritäten lässt sich in den großen urbanen Zentren verfolgen. Schon das hochmittelalterliche Regensburg kannte seit dem 12. Jahrhundert eindrucksvolle Persönlichkeiten (s. Kap. 1). Zu Beginn des 13. Jahrhunderts reichte der rabbinische Einfluss der rheinischen SchUM-Gemeinden (Speyer, Worms, Mainz) bis Würzburg; doch wenn er hier nicht mehr unbestritten war, wie beispielsweise der Rechtsstreit um eine Erbschaft zeigt, in dem eine „Auseinandersetzung um die Gültigkeit von rheinischen Rechtssatzungen" zur Debatte stand,⁵¹ dann wird damit auch deutlich, dass sich die Gemeinden im östlichen Reichsgebiet immer mehr gegenüber den dominierenden Zentren am Rhein verselbstständigt hatten.

Die herausragende Bedeutung von Würzburg im 13. Jahrhundert spiegelt sich in einer Reihe von Rabbinerpersönlichkeiten, die die Gemeinde „während des 13. Jahrhunderts als Hochburg des ‚Talmud Tora' – der Lehre des Studiums und der Weiterentwicklung des jüdischen Traditionswissens, der Halacha (des geltenden Gesetzes) und des Minhag (der Bräuche und Gewohnheiten) – bekannt machten". Einer davon war El'asar ben Mosche had-darshan, ein früher Vertreter des Kabbalismus, der 1287 verstarb; ein anderer war Rabbi Menachem ben Matronaj, der 1289 zur Gemeindevertretung gehörte und sich als Bibelexeget einen Namen machte.⁵²

Mit R. Meir ben Baruch von Rothenburg (ca. 1215–1293), genannt *Maharam* (Mar ha Rav Meir = unser Herr und Lehrer Meir), wird eine Führungsfigur sichtbar, die in besonderem Maße die hochmittelalterlichen Gemeinden von Aschke-

---

**48** Barzen, Ländliche jüdische Siedlungen, S. 15f.
**49** Breuer, Rabbinat, S. 16.
**50** Breuer/Guggenheim, Die jüdische Gemeinde, S. 2100.
**51** Barzen, Kehillot SchUM, S. 399f.
**52** K. Müller, Würzburger Judengemeinde, S. 51–54, Zitat, S. 51.

nas prägte.[53] Geboren und aufgewachsen in Worms als Sohn des Baruch, eines ebenfalls herausragenden Gelehrten, hatte er in Würzburg und Mainz, dann an den *Jeschiwot* der großen Tossafisten, deren Schwerpunkt die Kommentierung des Talmud war, in Frankreich studiert. In Paris wurde er Zeuge der Talmudverbrennung von 1242, die ihn fundamental erschütterte (s. Kap. 5). Kurz danach nach Deutschland zurückgekehrt, wirkte er selbst als Lehrer in Rothenburg – eine bis dahin eher noch kleine und im Aufbau begriffene Gemeinde –, nahm aber oft an den sog. Synoden der Gelehrten der Schum-Gemeinden und deren Entscheidungen in Rechtsfragen teil. Nach dem Tod seines Vaters um 1280 kehrte er wohl für einige Jahre nach Worms zurück. In Rothenburg und Worms setzte er sich vor allem mit der religiösen Praxis auseinander, sei es zum Eherecht, sei es zu Fragen der Steuererhebungen in den Gemeinden, sei es zu Fragen des praktischen Alltags wie dem Umgang mit den Nichtjuden. Mehr als 1.000 Responsen haben sich erhalten, gesammelt von seinen Schülern und in den zahlreichen Zitaten ihrer Werke überliefert, mit einem breiten Spektrum an Themen. Seine Autorität war nicht nur in den deutschen Gemeinden, sondern auch in Frankreich, Spanien und Italien gefragt – ein wahrhafter *supremus magister*, wie eine lateinische Urkunde ihn bezeichnete. „Seine Rolle in der Geschichte der Halacha ist unschätzbar",[54] und er „war der wichtigste Gelehrte der deutschen Juden in der zweiten Hälfte des 13. Jahrhunderts",[55] lauten die gegenwärtigen Einschätzungen. Als er im Sommer 1286 das Römisch-Deutsche Reich verlassen wollte – sei es, weil er ins Heilige Land wollte, sei es, dass er nur den zunehmenden finanziellen Forderungen König Rudolfs von Habsburg gegenüber seinen *servi camerae* ausweichen wollte[56] –, wurde er in Oberitalien gefangen genommen und dann vom König in der Burg von Ensisheim gefangen gehalten. Zwar konnte er Kontakte zu seinen Schülern aufnehmen und mit Gelehrten korrespondieren, aber er wehrte sich gegen die Auslösungsversuche der Gemeinden. So starb er 1293 als Gefangener und fand erst 1307 seine letzte Ruhestätte auf dem Friedhof in Worms, als Alexander Wimpfen seinen Leichnam gegen eine hohe Summe auslöste – und auf seinen Wunsch hin neben ihm begraben wurde. Meir ben Baruch verkörpert somit nicht nur eine Rabbinerpersönlichkeit, deren Ausstrahlungskraft in Lehrfragen sehr weit reichte, sondern in ihm zeigt sich auch die nach wie vor noch enge Verknüpfung der fränkischen Gemeinden mit der zentralen jüdischen Landschaft am Rhein.

---

53 Zu ihm Yuval, Meir ben Baruch; Berger, Rabbi Meir.
54 Berger, Rabbi Meir, S. 207.
55 Yuval, Meir ben Baruch, S. 21.
56 Skeptisch gegenüber ersterem Motiv Heil, Maharam, S. 44f., letzteres betont Yuval, Meir den Baruch, S. 22; Berger, Rabbi Meir, stellt beide nebeneinander.

Die Autonomie der Gemeinde realisierte sich somit vor allem in ihrem kultisch-religiösen Bereich, betraf aber auch eine weitgehende Selbstverwaltung ihrer inneren Angelegenheiten einschließlich der Ausübung der Gerichtsbarkeit im Rahmen des jüdischen Rechts. Aber sie bedeutete selbstverständlich nicht völlige Unabhängigkeit von der Umwelt – und so bedarf es des ergänzenden Blickes auf die wirtschaftlichen Aspekte und das Verhältnis zur christlichen Gemeinde, um ihren Stellenwert in der sich formierenden Stadt festzustellen.

# 4 Kredit und Handel: wirtschaftliche Aspekte

Die tragende Rolle, die die Juden in der Wirtschaft seit dem 10. Jahrhundert gespielt hatten, wurde beim Osthandel Regensburgs bereits spürbar, die spezifische Funktion des Kredits zur Finanzierung der dynastischen Politik deutete sich schon an. Dass wirtschaftliche Motive zur Ansiedlung von Juden führten und damit die Ausbreitung und das Wachstum der Niederlassungen und die Etablierung von Gemeinden bestimmten, gilt seit langem als zentrales Element jüdischer Geschichte – und nimmt somit schon Züge eines zweifelhaften Topos an. Dabei ist in Rechnung zu stellen, dass sich die Schwerpunkte bis zur Mitte des 14. Jahrhunderts erheblich wandelten. Mit der Urbanisierung des Hochmittelalters, mit der Ausbildung neuer Schichten von Fernhändlern im Bürgertum – die ersten aus süddeutschen Städten waren schon um 1200 in Venedig präsent[1] –, mit der tiefgestaffelten und flächigen Organisation von Gewerbe, vor allem des Leinenexports aus Ostschwaben in den Mittelmeerraum um die gleiche Zeit,[2] generell mit der Zunahme des Geldumlaufs und der ‚Monetarisierung' des Alltags und den ersten Ansätzen einer gezielten ‚Wirtschaftspolitik' der Welfen und Staufer[3] in ihren schwäbischen und fränkischen Zentrallandschaften erlebte der Handel einen rasanten Aufschwung. Er wurde begleitet vom Bau der Befestigungsanlagen und der Entwicklung kommunaler Infrastrukturen, von imposanten Großkirchen und Klosteranlagen.

Für den Ausbau der Herrschaft im Zuge einer beginnenden Territorialisierung mit Burgen in den Zentren wie der Peripherie, in denen sich die Verwaltung konzentrierte, waren ebenso große Investitionen nötig wie für die Intensivierung der Agrarwirtschaft bei einer wachsenden Bevölkerung. Andererseits war die Formierung der bürgerlichen Korporationen im Gange, der Kaufleutegilden und Zünfte, die nicht nur wirtschaftliche Belange vertraten, sondern sich auch als soziale und religiöse Bruderschaften verstanden.[4] Beide Entwicklungsmomente verdrängten die Juden aus bisher angestammten ökonomischen Feldern und reduzierten sie zunehmend auf den Geldverleih. Allerdings erfolgte dieser Wandel erst langfristig bis ins 13./14. Jahrhundert,[5] begann seinerseits aber auch problematisch zu werden, weil er sich mit der Diskussion um den ‚Wucher' verband. Die Intensivierung des kirchlichen Zinsverbots auf dem 2. (1139) und 3. Laterankonzil (1179)

---

1 Stromer, Venedig und die Weltwirtschaft um 1200.
2 Zusammenfassend Kießling, Oberschwaben, S. 375–377.
3 Vgl. etwa J. Fried, Wirtschaftspolitik Friedrich Barbarossas, passim; Dirlmeier, Heinrich der Löwe, passim.
4 Vgl. dazu Schulz, Handwerk, S. 39–59; Wiedl, Aspekte von Handwerkszünften, S. 241–244.
5 So schon die Einschätzung von Caro, Wirtschafts- und Sozialgeschichte, Bd. I, S. 426–436.

und die Wuchergesetzgebung der Päpste bis zur Mitte des 13. Jahrhunderts, die partiell von weltlichen Herrschern übernommen wurde, unterzog nicht zuletzt die jüdische Kreditvergabe der Kritik – freilich auch die der christlichen Kawertschen (aus Cahors/Südfrankreich) und der Lombarden – ohne sie allerdings verdrängen zu können.[6] R. Eliezer von Mainz (gest. um 1150) konstatierte in einem Responsum: Alle Juden leben von Handel und Geldverleih gegen Zinsen und wir unterscheiden uns davon nicht. Und sein Schwiegersohn Yitzhak ha-Levi von Bonn schrieb gegen Ende des 12. Jahrhunderts: In diesen Zeiten, in denen wir keine Felder und Weingärten (mehr) besitzen, bestreiten wir unseren Lebensunterhalt mit Geldverleih gegen Zinsen und mit Käufen und Verkäufen.[7] Noch war der Handel eine tragende Säule – 1182 hatte Friedrich I. in seinem Privileg den Regensburger Juden den Handel mit Gold, Silber, Metallen aller Art und Waren zugestanden, was darauf schließen lässt, dass er weiterhin umfassend blieb.[8] Doch seit dem 12. Jahrhundert verlagerte sich die wirtschaftliche Tätigkeit stärker auf die Kapitalleihe, zunächst an die Mitglieder der Herrschaftselite, die Dynasten und Hochadeligen ebenso wie die Bischöfe und Äbte, dann aber zunehmend auch an das Bürgertum und die ländliche Bevölkerung.[9]

Hinweise dafür, dass jüdisches Kapital für die Finanzierung der Politik genutzt wurde, finden sich auch im Südosten mehrfach. Zwar hatte die herausragende Rolle, die etwa jüdische Kreditgeber für die Pfalzgrafen bei Rhein und im Mainzer Erzstift,[10] für Balduin von Trier,[11] bzw. in verschiedenen Territorien als Münzmeister, Zollpächter oder Finanzverwalter spielten,[12] zunächst keine Parallele, aber Ansätze dafür sind an den landesherrlichen Höfen in München bzw. Landshut durchaus zu fassen. Die Münchner Herzöge hatten seit dem ausgehenden 13. Jahrhundert die Judengemeinden nicht nur zur Steuer veranlagt, sondern auch zur Finanzierung ihrer Politik herangezogen.[13] So griff schon Ludwig II. der Strenge (reg. 1253–1294) – laut den Rechnungen des oberen Vitztumamts – in den Jahren 1291–1293 immer wieder auf jüdisches Kapital zurück, sei es in Form von Zwangsanleihen, sei es als außerordentliche Abgaben.[14] Dabei werden die lan-

---

6 Vgl. dazu den Überblick bei Gilomen, Die ökonomischen Grundlagen des Kredits, passim; und die Zusammenfassung bei Gilomen, Wirtschaftsgeschichte, S. 93–95.
7 Toch, Economic Activities, S. 189 (eigene Übersetzung).
8 Caro, Sozial- und Wirtschaftsgeschichte, Bd. I, S. 426f.
9 Toch, Economic Activities, S. 187–195.
10 Mentgen, Finanziers, passim.
11 A. Haverkamp, Erzbischof Balduin, S. 460–475.
12 Wenninger, Juden als Münzmeister, passim.
13 Zahlreiche Belege bei Geissler, Bayern, S. 45–67.
14 Geissler, Bayern, S. 190–192.

desherrlichen Niederlassungen in Dachau, Landsberg oder Lauingen genannt: 1293 stellten *Jacobus judeus* 100 Pfund Augsburger Pfennige und *Daniel* 50 Pfd. sowie *duo Judei de Dachawe* 400 Pfd. Pfg. Regensburger Prägung zur Verfügung. Schon 1292 „hatte er reiche Donauwörther Juden gefangengesetzt und von ihnen 900 Pfund Haller zur Auslösung seiner verpfändeten Wertsachen erpresst, sein Viztum erhielt von den gleichen Juden 60 Pfund. Als die anderen Juden die Stadt fluchtartig verließen, wurden sie ergriffen und mußten sich mit weiteren 100 Pfund Haller Münze auslösen".[15] Die Stadt war zu dieser Zeit an ihn verpfändet, und dort feierte Herzog Ludwig die Vermählung seiner Tochter Agnes mit Landgraf Heinrich von Hessen, wozu ihre Bürger und eben die Juden erhebliche finanzielle Beiträge zu bezahlen hatten.[16] Die Hofhaltung stand somit offensichtlich zunächst im Mittelpunkt.

Besonders auffallend ist neben gelegentlichen Nennungen von Regensburger und Nürnberger Juden vor allem die Rolle der Augsburger – mehrfach als *judei in Augusta* benannt, namentlich u.a. *Jüdlin* und *Judmannus*, zusammen mit Mitgliedern der Langenmantel, Lang und Schongauer aus potenten christlichen Augsburger Ratsfamilien.[17] Seit 1300 sind dann wesentlich umfangreichere Darlehen von Augsburger Juden an das Münchner Herzogshaus zu verzeichnen, die auf ‚politische Hochfinanz' deuten:[18] 1300 ermöglichten *Jüdlin* und *Lamp* zusammen mit drei Christen aus Augsburg, zudem zwei Ulmer und einem Esslinger Bürger Herzog Rudolf I. den Verkauf der Festung Rattenberg an seine Tiroler Brüder mit 1.200 Augsburger Mark.[19] Zusammen mit seinem Bruder Ludwig hatte Rudolf 1304 mit 4.000 Pfd. Pfg. bei ihnen aufgenommen, die über die Münchner Stadtsteuer abgelöst werden sollten, 1314 verpfändeten sie erneut gegen ein (neues?) Darlehen von 3.600 Pfd. Pfg. die Münchner Stadtsteuer an ein christlich-jüdischen Konsortium aus Augsburg, dem wiederum *Lamp* und *Jüdlin* angehörten. Bezeichnenderweise siedelte *Lamp* für eine gewisse Zeit nach München über.[20] Die Tatsache, dass christlich-jüdische Konsortien bei diesen Geschäften tätig wurden, lässt sich wohl nur so deuten, dass das kirchliche Zinsverbot und die Abwehr jüdischer Darlehensvergaben zumindest in diesen Jahren um 1300 noch keine Wirksamkeit entfalteten.

Das war aber kein Einzelfall, denn in den Tiroler Raitbüchern finden sich ebenfalls um diese Zeit verschiedene Augsburger Juden als Gläubiger der Tiroler

---

15 GJ II/1, S. 168, Geissler, Bayern, S. 190.
16 Zelzer, Donauwörth, S. 78.
17 Geissler, Bayern, S. 191f.
18 Die folgenden Vorgänge GJ II/1, S. 34; Geissler, Bayern, S. 192f.; Mütschele, Augsburg, S. 84–91.
19 Vgl. dazu den Eintrag bei Bastian, Raitbücher, S. 1330f. Nr. B 14.
20 GJ II/1, S. 34; Barzen, Anfänge, S. 30.

Herzöge, den Inhabern des anderen Nachbarterritoriums: um 1312/17 400 Mark Veroneser Währung.[21] Einiges davon wurde offenbar in Wein zurückbezahlt, was ausdrücklich mit der Erlaubnis verbunden war, ihn in Augsburg auch ausschenken zu dürfen.[22] Aber auch bayerische Adelige sowie der Eichstätter und nicht zuletzt der Augsburger Bischof gehörten zu den Schuldnern der Augsburger Juden.

Die Situation der Stadt Augsburg selbst ist für diese frühe Phase besonders gut erschließbar, weil die städtischen Rechnungsbücher der Jahre 1320–1330 erhalten geblieben sind, in denen die laufenden Ausgaben verzeichnet wurden.[23] Die dabei fassbaren jüdischen Darlehen setzen bereits am Anfang ein: Von einem jüdischen Gläubiger unter Führung eines *Suter* lieh die Stadt 1.200 Pfd. Haller, die vor allem für die Anwerbung von städtischen Söldnern in den militärischen Auseinandersetzungen verwendet wurden; später folgten andere mit ähnlich hohen Beträgen, darunter die Söhne des bereits bekannten *Lamp*, sowie die *Sprinzin*, vermutlich die Frau des Rabbiners, sowie *Köphlin* und *Crazer*, woraus man eine Gesamtschuld von knapp 3.000 Pfd. Pfg. im Jahr 1331 berechnet hat.[24] Aufschlussreich erscheint, dass die Stadt in diesen Jahren offensichtlich den Versuch machte, ihre finanzielle Abhängigkeit von jüdischem Kapital zu reduzieren, indem sie ‚Leibgedinge' an Bürger ausgab, also lebenslange Renten; 1331 expressiv verbis deshalb, *daz wir entwivil geltes von unserer stiure und von anderem gelt, daz unser stat hat, verkauften ze liben und unser stat da mit von den juden losten und mit dem minderen schaden den grozzeren schaden furkômen.*[25] Eine judenkritische Sicht deutet sich damit bereits an.

Neben der Stadt selbst lassen sich auch verschiedene Bürger als Schuldner mit größeren Beträgen fassen, unter ihnen vor allem Heinrich Portner, mehrfacher Stadtpfleger, d.h. einer der Spitzenleute der Stadtgemeinde. Er [...] *hett hoff als ain grauff, wann er was gar reich und was wol an künig Ludwig*, charakterisiert ihn ein Chronikbericht; er hoffte darauf, dass Kaiser Ludwig der Bayer demnächst ohnehin die Juden *ab wol thuon*, was aber nicht der Fall war und er deshalb *verdarb*[26] – auch wenn der Sachverhalt eher in die Gerüchteebene und zeitlich in das Vorfeld des Pogroms von 1348 gehört (s. Kap. 7), zeigt er doch die immer prekärer werdende Lage der Juden.

---

21 Bastian, Raitbücher, S. 139 Nr. 27: *iudei in Augusta marcas 400*.
22 Bastian, Raitbücher, S. 141f. Nr. 28: *Item duxit vini carradas 13 de Got de Enna, et datum fuit iudeis de August*[a]. Meyer, Stadtbuch, S. 218 Art. 135 § 2 (Weinausschank).
23 Die folgende Auswertung nach Mütschele, Augsburg, S. 65–72.
24 Schimmelpfennig, Christen und Juden, S. 29f.
25 Meyer, Augsburger Urkundenbuch, Bd. I, Nr. 313, S. 284ff.; ähnlich 1341 in einem weiteren Fall 1341 ebd. Nr. 382, S. 364ff.
26 ChrdtSt, Augsburg 1, S. 307 (Anonymus, 2. H. 15. Jh.), hier datiert auf 1324; die Quelle dafür ist unklar.

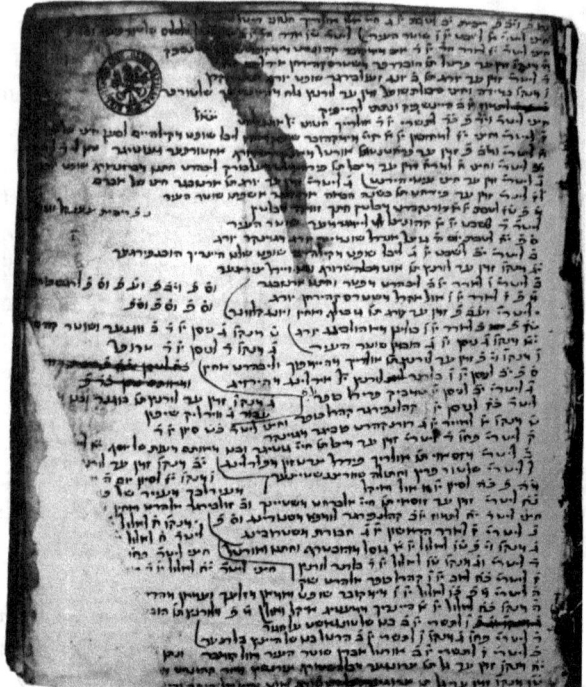

Abb. 9: Rechnungsfragment eines (Straubinger?) Juden und seiner Gesellschafter 1329–1332

Das Beispiel Augsburg weist somit die große Spannbreite des jüdischen Kapitalverleihs aus, der von den großen Zentren ausging. Das hier gewonnene Bild lässt sich anhand der anderen großen Gemeinden in gewisser Weise verallgemeinern: Auch in Regensburg erhob die Stadt selbst bei ihren Juden Anleihen – wohl nicht immer freiwillig. Besonders gewichtig waren die Darlehen des *Efferlein* und *Eysach*, denen die Stadt 1339–1344 500 Pfd. Pfg. schuldete bzw. *Efferlein* mit seinen Schwiegervater *Aaron* 1.700 Pfd. Die Spannweite der Aktionen wird zumindest andeutungsweise rekonstruierbar in den Geschäftsverbindungen in die österreichischen Städte und nach Prag.[27] Die Bürger selbst und die Umlandbeziehungen lassen sich jedoch nur ganz sporadisch erkennen.[28] Auch in Nürnberg finden sich Fürsten, Adelige und Bürger als Schuldner der dortigen Juden, daneben die Bischöfe von Eichstätt, Bamberg und Würzburg oder Klöster wie Waldsassen.[29] Wenn Kaiser Ludwig der Bayer 1343 Forderungen von Nürnberger

---

27 GJ II/2, S. 683f.
28 Toch, Geld und Kredit, S. 508 Anm. 31.
29 GJ II/2, S. 601.

Juden gegenüber dem Burggrafen Johann II. aufhob – immerhin werden dabei 57 Personen bzw. Familienverbände von Frankfurt a.M. und Straßburg bis Eger, viele davon auch in kleineren Orten der Region ansässig, als Gläubiger genannt[30] – und Karl IV. 1347 die Rückgabe von Schuldbriefen der Burggrafen Johann und Albrecht forderte,[31] dann war auch das nur die Spitze des Eisbergs.

Wie der jüdische Kredit in die Breite wirkte, lässt sich jedoch an einem Fall rekonstruieren, der zu den wenigen gehört, die für diese Zeit überliefert sind: ein Rechnungsfragment eines wohl Straubinger Juden und seiner fünf Gesellschafter aus den Jahren 1329–1332, das als Einband einer jüdischen Handschrift auf uns gekommen ist.[32] (Abb. 9) Die Einträge folgen einem Muster, wie die folgenden Beispiele zeigen: *„58 lib.* [Pfund Pfennige] *Zeit bis Sußai To(g)* (Susanne, August 11), *schul(den) Albrecht von Steinach* [Sohn des Viztums von Straubing] *und B. Solberger Alhart* [Alhart von Saulburg] *und sein Bruder*, oder: *(Man)ku* [der bayerische ‚lange solidus' à 30 Pfg.] *14 d, Zeit bis Cherti To(g) (März 17?), Perchtolt Nider Meir von Patering und Schweiker von Walting.*[33]

Sie geben zumindest einen Ausschnitt seiner Darlehen in diesen Jahren und gewähren damit Einblick in die Kreditvergabe in einer ländlichen Region des niederbayerischen ‚Gäu', die zu den prosperierenden Agrarregionen des Südostens gehörte. Bei Straubing handelte es sich um eine *Chawura*, also eine kleinstädtische jüdischen Gemeinde ohne voll entwickelte Gemeindeorganisation,[34] womit eine jüdische Landschaft im Südosten des Reiches abseits der großen Gemeinde Regensburg ein Profil bekommt, über die ansonsten nur wenig bekannt ist. Charakteristischerweise umfasst das Einzugsgebiet den Gäuboden und die Randgebiete des tertiären Hügellandes, stößt aber nur selten in die Randhöhen des Bayerischen Waldes vor (Abb. 10).

Der Kundenkreis war erstaunlich breit gefächert: 26 adelige Familien, vor allem Mitglieder der Führungsschicht des Herzogs und der Kirche, sodann städtische Ratsfamilien und ein Richter aus Straubing, aber auch als umfangreichste Gruppe Bauern und einzelne Handwerker – je ein Schmied, Fischer Müller –, einige durchaus begütert, und überraschend auch drei Dorfpfarrer aus Hainsbach, Atting und Schönach. Bei diesem Spektrum der Kunden ist es nicht anders zu erwarten, als dass die Beträge, die geliehen werden, sehr differieren; sie reichen von weniger als 1 Pfd. Pfg. (in 35 von 71 Belegen) über 1–2 Pfd. (in 15

---

30 Regesten Ludwigs des Bayern, Heft 10, Nr. 403.
31 A. Müller, Nürnberg, S. 28.
32 Toch, Geld und Kredit, passim.
33 Toch, Geld und Kredit, S. 537, 543.
34 Toch, Geld und Kredit, S. 503.

Belegen) bis über 50 Pfd. (2 Belege), erstere vor allem im ländlichen Bereich, die größeren bei Adeligen und gehobenen Stadtbürgern. Auffällig sind die Ausgabetermine, denn sie häufen sich im Frühjahr und Herbst, also zu Zeiten der Arbeitsvorbereitung und Ernte in der Landwirtschaft, während die Zahlungsziele zum Teil extrem kurz sind: Bei der Benennung „Zeit bis zur Finsternis" wurden sie am gleichen Tag fällig – bei darüber hinausgehender Inspruchnahme wurden also bereits Zinsen verlangt –, vielfach dauerten sie nur wenige Tage oder Wochen; längere Laufzeiten bis zu mehreren Monaten wurden dann mit dem Datum nach dem christlichen Heiligenkalender fixiert. Interessanterweise fehlen Sicherungen fast gänzlich, sodass von „mündlichen Formen des Zahlungsversprechens" auszugehen ist, also „das Treuegeloben (Selbstbürgen) und der Versprechungseid" die wohl üblichen Formen waren[35] – was ein gewisses Vertrauensverhältnis bzw. eine Bekanntheit voraussetzen dürfte.

Naturgemäß ist bei der sehr knappen Form der Eintragungen die Funktion der Kredite nur schwer zu bestimmen. Da aber der Raum, um den es geht, in diesen Jahren keineswegs unter einer Depression litt, und die Ausgabetermine eher in die Erntezeiten fielen, ist die Einschätzung sicher zutreffend, nicht so sehr von Notsituationen auszugehen, als von Konsumbedürfnissen, nicht zuletzt aber von der Tatsache, dass in diesem Gebiet ein noch sehr knapper Geldumlauf zu überbrücken war. Bedeutsam erscheint jedenfalls, dass der jüdische Kleinkredit auf dem Lande nicht nur in den ökonomischen Spitzenlandschaften des Westens – nicht zuletzt mit Weinbau[36] – schon vor der Mitte des 14. Jahrhunderts üblich war, sondern eben auch in einer Region mit vorwiegendem Getreideanbau.

Was mit diesem ‚Zufallsfund' erschließbar wird, wird in Franken über eine andersartige, aber serielle Quellenüberlieferung in noch dichterer Weise sichtbar – doch mit teilweise unterschiedlichen Ergebnissen. Anhand der jüdischen Klagen gegen säumige Schuldner an den kaiserlichen Landgerichten in Würzburg und Rothenburg o.d.T. aus der 1. Hälfte des 14. Jahrhunderts, d.h. über einen längeren Zeitraum, wird der Charakter der Verschuldung genauer eruierbar: Im ersten Falle handelte es sich um Verfahren vor dem Landgericht Würzburg, dessen Sprengel das Bistum Würzburg – genauer: das Hochstift – umfasste, mit insgesamt 186 Klagen, an denen 87 Juden (in der Regel als Kläger) und 270 Christen in den Jahren 1317–1349 (mit Lücken) beteiligt waren.[37] Ohne dass die Häufigkeitsverteilung eine klare Korrelation mit guten oder schlechten Erntejahren herstellen ließe, ergibt die sozialgeschichtliche Analyse insofern ein anderes Bild als

---

[35] Toch, Geld und Kredit, S. 517f.
[36] Mentgen, Mittelrhein, S. 557–574; Volk, Wirtschaft Mittelrhein, S. 761–764.
[37] Dazu ausführlich Jenks, Judenverschuldung.

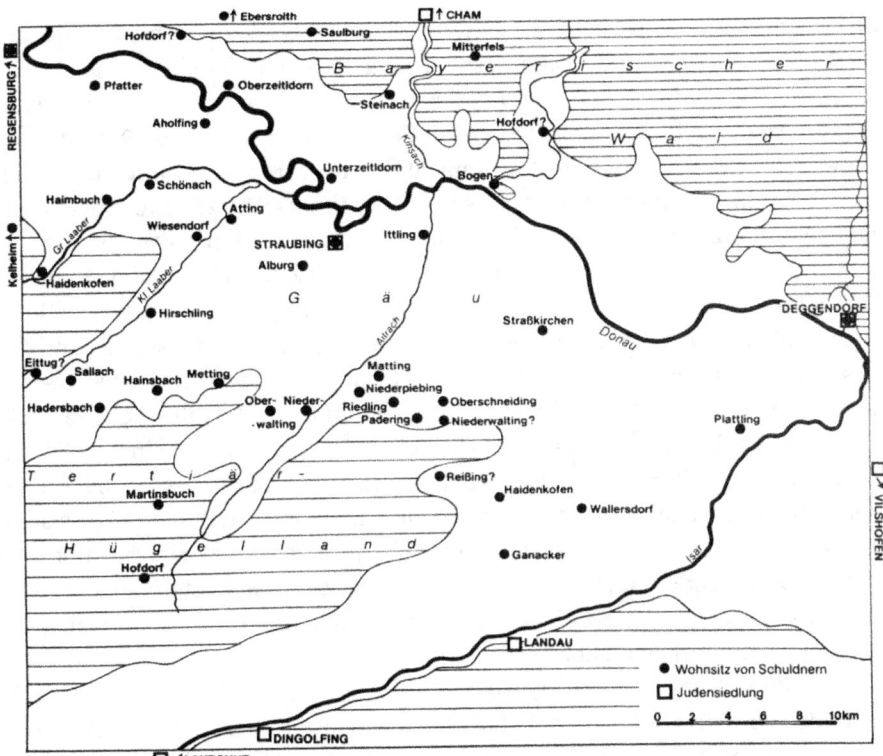

**Abb. 10:** Wohnorte der Schuldner des Rechnungsfragments von 1329–1332

in Niederbayern, als die Schuldner vor allem beim niederen Adel des Bistums zu finden sind: „der typische Judenschuldner im frühen 14. Jahrhundert war entweder ein Ritter oder ein Edelknecht, also ein jüngerer Sohn einer adligen Familie, und war zugleich ein Lehensträger des Bistums Würzburg (weniger oft von der Familie Hohenlohe) und ein Stiftsministeriale". Sie suchten offenbar vorwiegend um Konsumtivkredite nach, um ihren „aufwendigen und repräsentativen Lebensstil aus der Notsituation der fallenden Renten" zu kompensieren, wobei die Beträge vorwiegend zwischen 5 und 256 Pfd. Heller anzusiedeln waren.[38]

Das ist zweifellos ein ganz anderer Ausschnitt – und er dürfte jene untere Schicht gar nicht einbezogen haben, die den Bedarf auf dem Lande gerade für kurzfristige Kleinbeträge sichtbar werden ließ. Ein Blick auf die Befunde des benachbarten kaiserlichen Landgerichts Rothenburg o.d.T. macht das deutlich,

---

**38** Jenks, Judenverschuldung, S. 331, 333.

wo das Landgericht im Gegensatz zum Würzburger, das dem Bischof unterstand, verbunden mit der Stadt Rothenburg als Reichsgericht fungierte. Die dortige Praxis unterschied sich offenbar von der Würzburger dadurch, dass die freiwillige Gerichtsbarkeit – darunter eben auch Geldgeschäfte und Pfandverwertung – „einen Großteil seiner Tätigkeit aus[machte]" und dabei das Landgerichtsbuch „vor allem die Dokumentation von Geschäften mit auswärtigen Kreditnehmern" als Beweismittel genutzt wurde.[39] Die hohe Zahl von 750 Einträgen mit mindestens 180 identifizierbaren jüdischen Personen zwischen 1329 und 1347 betraf Geschäfte im Umkreis von etwa 30 km um Rothenburg in etwa 120 Orten. Diese Fülle ermöglicht eine breit abgesicherte Auswertung, nicht zuletzt aufgrund der Ausführlichkeit, die „präzise den Termin der Ausgabe und die Höhe des Kredits, die Zinsen, eventuell die zinsfrei gestellten Zeiträume, und schließlich die Rückzahlungsmodalitäten" aufzeichnete. Sie bietet zudem Einblick in die Kreditsicherungen wie Bürgen und *Einlager* (Geiselhaft der Bürgen selbst oder auch stellvertretend Sachwerte wie Pferde vor Ort), aber auch die *Anleit* (Anweisung der Forderungen auf die Güter des Schuldners) sowie andere Einträge über die Stellung von Pfändern und deren Verwertung.[40] Das Quellenmaterial reicht somit tiefer als die Würzburger Befunde und vermag sie an einigen entscheidenden Punkten zumindest zu ergänzen.

Das Bild, das sich daraus gewinnen ließ, ist etwas anders gelagert, als die Befunde des Würzburger Parallelfalls.[41] Zum einen finden sich Kreditnehmer aus allen Schichten der ländlichen Bevölkerung, Ritter und Adelige ebenso wie Bauern und Handwerker, und damit auch eine hohe Spannbreite der Beträge von 15 Schilling bis 122 Pfd. Heller, wobei auffällt, dass viele Juden – unter ihnen auch 23 Frauen – während der gesamten Jahre tätig waren und über einen Kreis von ‚Stammkunden' verfügten. Von besonderer Bedeutung erscheint das Phänomen, dass nicht selten Personenverbände aus denselben oder benachbarten Ortschaften hafteten, und zwar bei mehreren Kreditvergaben zumeist am gleichen Tag; damit schuf man offenbar Bedingungen, bei denen wegen der Risikominderung auch einfache Leute an ‚Mikrokredite' kommen konnten. Umgekehrt wurden nicht selten Rückzahlungen in Naturalien, Getreide, Linsen, Rüben und Birnen, Hühner und nicht zuletzt Wein, vereinbart. Eine der profiliertesten Figuren dieser Szene, ein gewisser Liebermann, agierte möglicherweise sogar als „Zwischenhändler mit Naturalien".[42]

---

39 Steffes-Maus, Rothenburger Landgericht, Zitat S. 180.
40 Steffes-Maus, Rothenburger Landgericht, S. 183–194.
41 Steffes-Maus, Rothenburger Landgericht, S. 199–209.
42 Steffes-Maus, Rothenburger Landgericht, S. 191f., 204–206, Zitat S. 208.

Die eminent wichtige Dienstleistungsfunktion des jüdischen Kapitalverleihs reichte somit – ähnlich wie die etwas sporadischen Einblicke in Niederbayern – bis in die Verästelungen der ländlichen Welt, die in dieser Phase eine verstärkte Markterschließung erlebte, obwohl gerade im Südosten noch ein beschränkter Geldumlauf für Engpässe sorgte. Nicht zufällig waren die wichtigsten Termine zum Jahreswechsel bis Februar und im Herbst (v.a. zur Rückzahlung an Michaeli, 29. September, und Martini, 11. November) an das agrarische Produktionsjahr gekoppelt, sodass eine Einordnung der in Anspruch genommenen Kapitalien sowohl als Produktiv- wie als Konsumptivkredite möglich ist. Erleichtert wurde diese Versorgung nicht zuletzt dadurch, dass Juden in diesem Raum auch mehrfach in kleinen Familienverbänden bereits verstreut auf dem Land lebten – ganz ähnlich, wie das für die Weinbaugebiete am Rhein nachgewiesen wurde.

Waren diese wirtschaftlichen Verbindungen zwischen Juden und Christen auch Anlass für die Verbreitung und Verankerung des antijüdischen Stereotyps des Wuchers? Auf den ersten Blick könnten die Darlehensbedingungen, insbesondere die Zinssätze dafür sprechen, deren Höhe mitunter exorbitant auszufallen schienen: Im Augsburger Stadtrecht von 1276 war festgelegt: *Ez sol auch kain iude von einem halben phunde phennige mehr naemen zu gesüche danne zer wochen zwen phennige unde von saechzigen einen*; das war nach dem Augsburger Währungssystem ein Zinsmaximum von 86 2/3 %.[43] In Nürnberg legte der Kaiser 1310 den Zinsfuß auf 43 1/3 % für Bürger und 65 % für Auswärtige fest.[44] Das entsprach durchaus den üblichen Sätzen dieser Zeit, freilich mit einem erheblichen Gefälle, denn im Westen rechnete man mit 2 Pfg. pro Pfund und Woche, während in Österreich 6–8 Pfg. genommen wurden; in Regensburg lag die Spannbreite zwischen 2 und 4 Pfg.[45] Dies spiegelt jedoch nicht nur die unterschiedlich hohen Risiken, sondern vielfach gehen die Berechnungen von Jahressätzen an der Wirklichkeit vorbei: Wie vor allem an den ländlichen Beispielen zu sehen war, lagen die Laufzeiten der Kredite in den meisten Fällen weit unter einem Jahr, wenige Tage oder Wochen waren durchaus üblich. Allein von solchen Berechnungen lässt sich also kein Wuchervorwurf ableiten.

Spannungen ergaben sich jedoch mehrfach, nicht zuletzt bei der Behandlung der Pfänder: Generell waren liturgische Geräte und Kleider ausgenommen – so durfte etwa in Augsburg nach dem Stadtrecht von 1276 *kain iude lihen uf kain messgewant noh uf kainen kelch noch uf nihtiu des daz zu der kirchen hoeret wan*

---

43 Meyer, Stadtbuch, S. 56 Art. XIX § 8.
44 GJ II/2, S. 601; A. Müller, Juden, S. 28: dort statt 43 % wohl bei genauer Berechnung 43 1/3 %.
45 Toch, Geld und Kredit, S. 526; nach Caro, Sozial- und Wirtschaftsgeschichte 2, S. 144, 156, 158, 160.

*mit gewisheit*⁴⁶ –, ebenso blutige Kleidungsstücke, von denen man vermuten konnte, dass sie aus einem Raub stammten, Waffen und ähnliches. Umstritten war somit der Umgang mit Gegenständen zweifelhafter Herkunft, aber üblich wurde die Entgegennahme auf Treu und Glauben, sodass im Falle von Diebesgut nur die Rückgabe gegen den Kaufpreis erfolgen musste – was später unter dem problematischen Terminus des ‚Hehlerrechts' firmierte.⁴⁷

Dennoch zeigen etwa die Bestimmungen der Nürnberger Satzungsbücher, dass die städtische Kontrolle des jüdischen Kredits in der 1. Hälfte des 14. Jahrhunderts stärker wurde: So durfte kein Bürger für Auswärtige Bürgschaft leisten, auswärtigen Kaufleuten wurde nur eine Bürgschaftsleistung in Höhe von 10 Pfd. Heller gewährt, ein späterer Zusatz machte sogar die Erlaubnis des Rates erforderlich. Zudem musste der Bürge über den Verlauf der Vorgänge informiert werden und das *Einlager*, insbesondere die *Leistpferde*, vielfach auch ‚fressende Pfänder' genannt,⁴⁸ wurde dem jüdischen Gläubiger entzogen. Lohnhandwerkern war generell verboten, ihre Ware über den ihnen zustehenden Lohn zu verpfänden – bei den vielfach üblichen Verlagsarbeitern eine Sicherung der Auftraggeber –, und Getreide ebenso wenig als Pfand verwendet werden; Knechte und Mägde konnten nur 1 Pfd. Heller für eine Pfandstellung ausleihen.⁴⁹ Es ging somit insbesondere um die Sicherheiten angesichts einer breit gestreuten Praxis der jüdischen Kreditvergabe – bei der die urkundlichen Einzelfälle wie in Frankfurt nur die „Spitzes des Eisberges" darstellten.⁵⁰ Antijüdischer Wuchervorwurf wird daraus aber nicht ableitbar sein, spielte also noch keine grundlegende Rolle.

Zu einer ähnlichen Einschätzung kommt man, wenn man die zeitgenössische Chronistik zu Rate zieht. Aussagen dazu sind freilich im Südosten des Reiches nur spärlich vertreten. Nimmt man aber die vorhandenen Chroniken des Oberrheins und Bodenseeraums als Maßstab, so waren die bekannten Stereotype des Ritualmordes und der Hostienschändung den Autoren sehr viel stärker präsent als der Wuchervorwurf. Immerhin hat Johannes von Winterthur, der von Basel kommend in den 1340er Jahren in Lindau lebte, auch „das bereits bestehende Bild von Juden als Wucherern [...] unhinterfragt" übernommen, „um damit zumeist einen für den Rezipientenkreis allgemein verständlichen Rahmen seiner Kritik an der Gesellschaft und Obrigkeit zu schaffen", während Fritsche Closener, der die Verhältnisse in Straßburg detailliert aufzeichnete, den angeblichen Hochmut

---

46 Meyer, Stadtbuch, S. 56 Art. XIX § 7.
47 Vgl. Kisch, Forschungen 1, S. 108–113.
48 Vgl. dazu Schnur, Frankfurt, S. 240f.
49 A. Müller, Nürnberg, S. 28f.
50 Dazu Schnur, Frankfurt, S. 253f.

der Juden „wohl vornehmlich auf deren Geldgeschäfte bezog".[51] Dennoch bleibt die Feststellung, dass der jüdische Wucher in diesen Quellen, die das Selbstverständnis der Zeitgenossen aufleuchten lässt, nur sehr vereinzelt auftaucht. Der Stellenwert des jüdischen Kredits wurde offensichtlich nicht grundsätzlich in Frage gestellt, denn das Bedürfnis nach Kapital war allgemein sehr hoch – selbst die Kirche nahm trotz des vehementen Kampfes gegen den ‚Wucher' vom hohen Klerus bis zum Dorfpfarrer das Angebot wahr.

Der Wuchervorwurf wurde somit bis zur Mitte des 14. Jahrhunderts noch keineswegs als massiver antijüdischer Faktor eingesetzt – auch wenn es zumindest für die Stadtbürger bereits Alternativen auf den Rentenmarkt – Leibgedinge und Ewiggelder – gab. Immerhin hatte der Augsburger Rat bereits eine Umschuldung in dieser Richtung anvisiert und die ersten adeligen Schuldner hatten mehr oder weniger erfolgreiche Annulierungsversuche unternommen. Die Lage war also keineswegs unproblematisch.

---

**51** J. Müller, Juden in Chroniken, S. 286, 301.

# 5 Könige, Bischöfe, Fürsten, Städte und der Judenschutz

Will man den Status der Juden im Verhältnis zu ihrer christlichen Umwelt verstehen, so muss man auf die Rechtsvorstellungen zurückgreifen, die das Handeln der Herrschaftsträger motivierten und bestimmten. Der ‚Judenschutz', das Recht, Juden aufzunehmen und sie vor Angriffen zu bewahren, dafür aber auch eine enge Bindung einschließlich ihrer finanziellen Konsequenzen zu schaffen, wird dabei zur entscheidenden Kategorie.

*Servi camerae nostrae*, ‚unsere Kammerknechte', mit dieser Formel erfasste die Krone die Judenschaft des Römisch-Deutschen Reiches seit dem ausgehenden 12. Jahrhundert, und sie wurde zum Angelpunkt ihrer Existenz im Mittelalter. Sie beruhte auf einer personalen Beziehung, die einerseits gleichsam Eigentumsrechte und damit Unfreiheit signalisierte, andererseits den Schutz vor Diffamierung und Verfolgung zu gewährleisten schien. Zugleich hatte der Terminus aber auch eine theologische Bedeutung, die auf einen kirchenrechtlichen Kontext verweist. Die von der frühen Kirche, insbesondere von Augustin, entwickelte Vorstellung von der Verworfenheit der Juden, deren Schutz aber gerade wegen ihres Zeugnischarakters aufrechtzuerhalten sei, war als *servitus perpetua judeorum* (ewige Knechtschaft der Juden) ins kanonische Recht übernommen worden.[1] Die Konsequenz waren zum einen die *Sicut-Judeis*-Bullen, die seit dem 12. Jahrhundert entstanden und seit dem 13. Jahrhundert ausformuliert und in verschiedenen Varianten bis ins 15. Jahrhundert immer wieder neu erlassen wurden:[2] *Wenn auch den Juden nicht erlaubt ist, in ihren Synagogen sich mehr herauszunehmen, als das Gesetz es gestattet, so dürfen sie doch in dem, was ihnen zugestanden ist, keine Beeinträchtigung erfahren [...]*,[3] mit dieser Formel wurde die Ausübung des Kultes garantiert und der Bekehrungszwang untersagt – auch wenn sie vielfältige Interpretationen zuließ, lag ihre Bedeutung doch nicht zuletzt darin, dass die weltlichen Gesetzgebungen diesen Grundsatz übernahmen. Grundlegend wurden zudem die Bestimmungen des 4. Laterankonzils von 1215 mit den vier Konstitutionen zu den Juden: Sie wenden sich (Const. 67) gegen *schwere und unangemessene Wucherzinsen*, verlangen (Const. 68) die Kennzeichnungspflicht und erlegen ihnen auf, in der Karwoche die Öffentlichkeit zu vermeiden, verbieten ihnen (Const. 69) öffentliche Ämter zu übernehmen, weil *es sinnlos wäre, daß*

---

1 Blumenkranz, Patristik und Frühmittelalter, S. 93–100, 108f., 126f.
2 Eckert, Hoch- und Spätmittelalter, S. 215–224.
3 Eckert, Hoch- und Spätmittelalter, S. 216.

*ein Lästerer Christ über Christen Gewalt habe*, und sanktionieren (Const. 70) den Rückfall der Konvertiten zu ihrem althergebrachten Glauben.[4]

Damit stellte sich ein Zusammenhang mit der Vorstellung vom Kaiser als dem Verteidiger der kirchlichen Ordnung ein, sodass zumindest von einem gewissen Einfluss des Kirchenrechts auf die ‚Kammerknechtschaft' ausgegangen werden kann – ohne dass damit von vorneherein eine Rechtsminderung intendiert gewesen wäre.[5] In die gleiche Richtung ging die Auffassung einer Reihe von Theologen des Hochmittelalters bis zu Thomas von Aquin, die Schuld der Juden am Tode Christi als Ursache dafür zu sehen, dass sie *servi ecclesiae*, d.h. der Knechtschaft unterworfen waren, was allerdings „ursprünglich in einem rein spirituellen Sinne" gemeint war.[6] So erscheint es am sinnvollsten, sich eine „Konvergenz verschiedener, sowohl rechtlicher als auch theologischer Konzeptionen des Judenstatus vor[zu]stellen".[7] Für die Verbreitung der Rechtsfigur der Kammerknechtschaft spielte zudem die Herleitung aus der Legende eine nicht unwichtige Rolle. Hatte Eike von Repgow in seinem Sachsenspiegel noch den Judenschutz damit begründet, dass „nach der Eroberung und Zerstörung Jerusalems die überlebenden Juden Knechte des Kaisers Vespasian geworden (seien)", aber „zur Belohnung für die ärztliche Kunst des Flavius Josephus, der den kaiserlichen Prinzen Titus von der Gicht geheilt" hatte, dem Schutz des Königs unterstellt worden waren,[8] so schwenkte der Schwabenspiegel – um 1275 von einem Augsburger Minoriten verfasst[9] – auf den Akzent dieser Legende ein, in dem „Titus die überlebenden Juden in des römischen Königs Kammer als Eigenleute gegeben habe: *Dieselben gab der kvnig tytus ze eigen in des [romischen] küniges kamer; vnd da von suln si sin des riches knehte; und er [der romische künic] sol sie schirmen.*"[10] Dies ist insofern von Bedeutung für unseren Raum, als der Schwabenspiegel sehr viel stärker als der Sachsenspiegel das kanonische Recht rezipierte und mit seiner weiten Verbreitung – es haben sich mehr als 300 Handschriften erhalten – die praktische Anwendung beeinflusst haben dürfte.[11]

Diese Frage war Teil des ‚Judenrechts' – im Unterschied zum ‚jüdischen Recht', das sich aus der eigenen jüdischen Tradition speiste –, also der rechtlichen Rahmenbedingungen, die die christliche Mehrheitsgesellschaft für das Leben der jüdischen Minderheit setzte. Dabei sind die drei Ebenen von Königtum

---

4 Zit. nach der Übersetzung von Eckert, Hoch- und Spätmittelalter, S. 222f.
5 Willoweit, Königsschutz, S. 81–86; Battenberg, Privilegierung der Juden, S. 145f.
6 Kisch, Forschungen, S. 62–72, hier S. 65.
7 So D. Abulafia, Der König und die Juden, S. 66.
8 Kisch, Forschungen, S. 72–79, Zitat S. 73.
9 Guggenheim, Judenschafft im heilgen Reich, S. 412–419.
10 Kisch, Forschungen, S. 79–90; Zitate S. 86: Schwabenspiegel § 214.
11 Dazu Magin, Status der Juden, S. 64–70.

bzw. Reich, fürstlichen Herrschaften und Städten zu unterscheiden. Ihnen gilt es im Folgenden regional genauer nachzugehen.

Die oberste Ebene des Reiches lässt sich am frühesten an den Privilegien für die rheinischen Städte festmachen. Vor allem das von Heinrich IV. 1090 für die Wormser Judengemeinde erlassene Privileg, dessen umfassende Bestimmungen schon angesprochen wurden (s. Kap. 1), wirkte weiter, denn Kaiser Friedrich Barbarossa (reg. 1152–1190) wiederholte es 1157. Ganz ähnlich könnte die Entwicklung in Regensburg abgelaufen sein, wenn tatsächlich Heinrich IV. 1097 ein derartiges Privileg für Regensburg ausgestellt haben sollte. 1182 bestätigt Friedrich Barbarossa jedenfalls *iudeis nostris Ratisponensibus bonas consuetudines et suas*, die frühere Herrscher ihnen gewährt hatten, sodass der längerfristige Zusammenhang auch hier wahrscheinlich zu machen ist. Ein weiteres Element ergab sich aus dem Mainzer Landfrieden Kaiser Heinrichs IV. von 1103, in den neben den Geistlichen, Frauen und Kaufleuten auch die *Iudei* aufgenommen wurden, deren Leben und Vermögen somit den besonderen Schutz des Königs/Kaisers genossen.[12] Vieles spricht dafür, dass diese Beziehung nicht von vorneherein für alle Judengemeinden gleichermaßen galt, sondern dass neben privilegierten Gemeinden auch eine große Anzahl von nicht Privilegierten im Reich lebten.[13]

Eine neue Qualität erhielt diese Beziehung durch Friedrich II. (reg. 1212–1250) im Jahre 1236. Seine Konfirmation der alten Rechte, die sein Großvater den Wormser Juden gewährt hatte, weitete er auf alle aus, die seiner Kammer zugehörten (*universi Alemannie servi camere nostre*), und verband sie mit der Zusage, die Juden vor Schaden zu bewahren: Dies galt somit für alle Juden des Reichs. Hinter dieser Privilegiengewährung stand zwar konkret der Angriff auf die Judenschaft wegen eines angeblichen Ritualmordes in Fulda, gegen den das Hofgericht einen Freispruch setzte (vgl. Kap. 5).[14] Das in dieser Urkunde formulierte „Herrschaftsprogramm", wonach dem Kaiser die Aufgabe zugewiesen sei, „vorrangig für die *fideles Christi* zu wirken, jedoch ebenfalls für die *infideles*", und das hieß vor allem die Juden zu schützen, verstand er als „Monopolanspruch".[15] Die Rechtsfigur der *servi*, also der Unfreiheit, war zwar zunächst keineswegs im Sinne einer „grundlegend veränderten Rechtsstellung der Juden" zu sehen,[16] sie war allerdings auch geeignet, die Beziehungen zwischen Judenschaft und Reich generell auf eine neue Ebene zu stellen. Auch wenn die Linie von den frühmittelalterlichen Privi-

---

12 Kisch, Forschungen, S. 56–59.
13 So die These von Patschovsky, Rechtsverhältnis, S. 332–336.
14 Battenberg, Privilegierung der Juden, S. 151f.
15 A. Haverkamp, „Kammerknechtschaft" und „Bürgerstatus", S. 16–19, Zitate S. 18f.
16 So dezidiert Willoweit, Königsschutz, S. 82, gegen Kisch, Forschungen, S. 59–65.

legien Ludwigs des Frommen im 9. Jahrhundert (vgl. Kap. 1) nicht einfach bis ins 13. Jahrhundert durchgezogen werden kann, so ergibt sich doch aus dem wechselvollen Schicksal der Gemeinden, dass der Bezug zum Königtum spätestens seit den Staufern an Gewicht gewann. Schon Friedrich I. formulierte den Anspruch, die Judenschaft als Personenverband auf das Reich zuzuordnen und als Teil der Regalien zu werten.[17] Das genannte Privileg für Regensburg vom September 1182 enthielt jedenfalls die Begründung, dass alle Juden des Reiches „aufgrund eines sich aus unserer [Kaiser-]Würde ergebenden besonderen Vorrechts zur kaiserlichen Kammer (*speciale praerogativa dignitates nostrae ad imperialem cameram dinoscuntur*)" gehörten.[18] Dabei ergibt sich zwar ein stringenter Zusammenhang mit seiner Politik in Reichsitalien, doch zeigt der Blick auf die west- und südeuropäischen Verhältnisse, dass der Zugriff auf die Juden im Sinne eines ‚Eigentums' der Krone durchaus vergleichbare Vorgänge kannte – die dann auch zu den dortigen generellen Ausweisungen führten. Insofern könnte der Begriff der ‚Knechtschaft' aus diesem Kontext resultieren, weil er auf ein „Zwangsinstitut" des Königs und Kaisers deutet.[19]

Ergebnis dieser langfristigen Entwicklungen war jedenfalls eine enge Bindung der Judenschaft des Römisch-Deutschen Reiches an den König und Kaiser. Anfangs stand dabei durchaus die Schutzfunktion im Mittelpunkt. Ihre Entsprechung, die Bildung einer Organisation der Juden im Reich, kam freilich über Ansätze nicht hinaus. Doch eine konkrete Auswirkung war nicht zuletzt die finanzielle Komponente, die sich in der Erhebung von Steuern von den jüdischen Gemeinden niederschlug. Das Reichssteuerverzeichnis von 1241 verzeichnete für den fränkischen und (ost-)schwäbischen Raum die Juden von Rothenburg (10 Mark), (Schwäbisch) Hall (8 Mark), (Schwäbisch) Gmünd (12 Mark), Esslingen (30 Mark), Ulm (6 Mark), Konstanz (20 Mark), (Donau-)Wörth und Bopfingen (2 Mark), Überlingen (2 Mark), Lindau (2 Mark) und Augsburg (*nichil, quia conbusti sunt*).[20] Dass diese Zahlungsverpflichtung der jüdischen Gemeinden dann zu den Elementen der Königsherrschaft zählte, die nach dem Interregnum nur mehr partiell durchsetzbar waren, steht auf einem anderen Blatt; immerhin gehörten Franken und Schwaben zu den Kernlandschaften des Reiches, in denen die Einziehung funktionierte, zumindest in den Reichsstädten.[21] Dabei

---

17 Zur Diskussion Toch, Reich, S. 102–106.
18 Zit. nach Paschovsky, Rechtsverhältnis, S. 363f.
19 Dazu ausführlich Patschovsky, Rechtsverhältnis, S. 344–366, Zitat S. 365; vgl. D. Abulafia, Der König und die Juden, S. 62–68.
20 MGH Constitutiones, Bd. IV, 3, S. 1–6: Notitia de precariis civitatum et villarum.
21 Aufgebauer/Schubert, Königtum und Juden, S. 281–289.

ist einerseits festzustellen, dass im Laufe der Zeit die Beträge teilweise drastisch anstiegen: In Rothenburg war Ende des 14. Jahrhunderts der Anteil der Juden an der Steuer zwölfmal so hoch wie der Anteil der Bürger.[22] Andererseits wurde die Steuer aber auch vielfach veräußert; ein frühes Beispiel dafür ist die Verpfändung der Würzburger Juden an Bischof Hermann I. von Lobdeburg durch König Heinrich Raspe im Jahr 1247 – für seine Unterstützung im Thronstreit – für 2.300 Mark Silber.[23] Besonders ausgeprägt wurde diese Strategie bei Ludwig dem Bayern im Ringen um die Königskrone mit Friedrich dem Schönen von Habsburg. Ludwig verpfändete schon kurz nach seinem Sieg von Mühldorf 1322 Einkünfte aus den Judensteuern von Würzburg und Nürnberg an Burggraf Friedrich IV. von Nürnberg sowie die Steuer der Regensburger Juden an seine niederbayerischen Vettern;[24] sodann 1324 die Judensteuer von Nördlingen und Ulm sowie 1329 die von Augsburg (neben einer Vielzahl anderer Rechte und Einkünfte) an die Grafen Ludwig VIII. und Friedrich II. von Oettingen, wichtigen Parteigängern in Schwaben[25] – während Friedrich der Schöne von Habsburg seinerseits zur Finanzierung österreichische Juden heranzog.[26] Doch durch derartige Häufungen von Verpfändungen aus rein fiskalischen Gründen wurden zunehmend „die Sicherheitsnetze der Juden gefährdet, wenn nicht zerstört".[27]

Dass aus der Kammerknechtschaft eine Haltung werden konnte, in der primär willkürliche Ansprüche der Krone an die Juden gestellt wurden, war bereits beim Schicksal R. Meirs von Rothenburg sichtbar geworden, als er 1286 von König Rudolf gefangen genommen wurde (s. Kap. 3). Die Spannung von Schutz und fiskalischem Interesse wird dann unter Ludwig dem Bayern zum besonderen Merkmal:[28] Auf der einen Seite stand die Realisierung des Judenschutzes als Aufgabe, wenn er etwa im April 1331 in einem Schreiben an Nürnberg zusicherte: *Wir geheizzen auch den Juden bey unsern cheiserlichen triwen der worten, daz si uns und dem rich desterbaz gedienen mügen, daz wir sie fudernt sullen sein* [sie fördern wollen, R.K.] *und geholffen umb ihr güt und umb ir gult gen aller mangelichen.*[29] Zahlreiche Maßnahmen richteten sich in gleicher Weise an die Herrschaftsträger und Städte, diesen Schutz zu gewährleisten und durchzu-

---

22 Aufgebauer/Schubert, Königtum und Juden, S. 284.
23 K. Müller, Würzburger Judengemeinde, S. 70f.
24 Andreas Th. Jell, Was kostet ein Sieg? In: Wolf, Ludwig der Bayer, S. 143.
25 Regesten Ludwigs des Bayern, Heft 5, Nr. 65, 90; zu Nördlingen GJ II/2, S. 34 mit Anm. 38; L. Müller, Aus fünf Jahrhunderten I, S. 9.
26 Wiedl, Kriegsfinanzierung.
27 A. Haverkamp, „Kammerknechtschaft" und „Bürgerstatus", S. 31.
28 Dazu ausführlich Bork, Zur Politik gegenüber den Juden, S. 36–54.
29 Zit. nach Bork, Zur Politik gegenüber den Juden, S. 45.

setzen, insbesondere im Kontext der Judenverfolgungen der sog. Armlederunruhen 1337/38 (s. Kap. 5). Andererseits nutzte Ludwig das finanzielle Potential des Judenschutzes zur Finanzierung seiner Politik. In diesem Kontext kreierte er 1342 auf der Basis der Regalien den ‚Goldenen Opferpfennig' als eine jährliche Personalsteuer in Höhe von einem Gulden auf alle Juden beiderlei Geschlechts über zwölf Jahren, die über ein Mindestvermögen von 20 Gulden verfügten – sie wurde noch bis ins 15. Jahrhundert hinein beansprucht.[30] Noch gravierender erscheint, dass mit Kaiser Ludwig auch die Ausbeutung der jüdischen *servi* in Form der Schuldentilgung begann: Nachdem er noch 1336 Burggraf Johann II. von Nürnberg, einen Verbündeten seiner Politik, mit dem Schutz beauftragt hatte, um ihn für erlittenen Schaden zu entschädigen, begründete er 1343 den Erlass von dessen eigenen Schulden gegenüber den Juden unmissverständlich: *Wan ir [die Juden] uns und daz Riche mit leib und mit gut an gehört, und mugen da mit schaffen, tun und handeln, swaz wir wellen und wie uns gut dunchet*.[31] Eine Tendenz zur Materialisierung des Judenregals lag somit schon für diese Zeit auf der Hand.

Die konkrete Umsetzung vor Ort spiegelt die Ambivalenz dieses Schutzes durch König und Kaiser vor allem in den Königs- bzw. Reichsstädten. Wie bei vielen anderen war auch bei Nürnberg[32] im Sommer 1298 nach dem Tod König Adolfs von Nassau der Judenschutz nicht mehr gewährleistet. Der neugewählte König Albrecht I. verfügte immerhin anschließend in der Landfriedenssatzung vom November 1298 – nach dem Pogrom – auch gegenüber der Stadt Nürnberg, *daz alle unser Jvden beliben in dem rehte und in dem schirme, als sie von cheisern und von chunigen an uns braht hant und herchomen sint*.[33] Die formelle Übertragung des Schutzes an den Schultheißen durch Kaiser Heinrich VII. 1313, die Ludwig der Bayer 1322 wiederholte, ebnete aber auch den Weg zu einer städtischen Ausübung – während der König andererseits 1331 mit einer außerordentlichen finanziellen Forderung und 1343 mit der schon genannten Schuldentilgung für den Burggrafen die Gemeinde belastete. Die Bürgerstadt hatte ihrerseits schon spätestens seit 1288[34] in einem zunehmend detaillierteren Satzungsrecht Regelungen für die wirtschaftlichen Tätigkeitsfelder – konkret für den Fleischverkauf und ein Fürkaufverbot – erlassen.[35] Seit 1320 hatte sie zudem die Bür-

---

30 Aufgebauer/Schubert, Königtum und Juden, S. 289–292.
31 A. Haverkamp, „Kammerknechtschaft" und „Bürgerstatus", S. 32 (Zitat); Bork, Zur Politik der Zentralgewalt, S. 48f.; vgl. auch Patschovsky, Rechtsverhältnis, S. 331.
32 GJ II/2, S. 598–601; A. Müller, Nürnberg, S. 14–32; Ulshöfer, Nürnberg, S. 148–152.
33 Nürnberger Urkundenbuch, Bd. I, Nr. 964, S. 576.
34 A. Müller, Nürnberg, S. 18; Ulshöfer, Nürnberg, S. 148: In einem Schreiben an die Stadt Weißenburg werden die Bestimmungen des Pfandrechts mitgeteilt.
35 Schultheiß, Satzungsbücher, S. 37, 48 (1. Satzungsbuch 1302–ca. 1315); vgl. die Zusammen-

geraufnahme von Juden – mit christlichen Bürgen – praktiziert, wobei nach der Neubürgerliste bis 1330 immerhin 98 Personen zu zählen sind.[36] Auch wenn der König also immer wieder direkt in die städtischen Verhältnisse eingriff, wurde faktisch der städtische Rat zur entscheidenden Instanz für die Lebensverhältnisse der jüdischen Gemeinde.

Was am Beispiel Nürnbergs genauer festzumachen ist, wird an den jüngeren staufischen und späteren Reichsstädten immerhin in Ansatzpunkten deutlich: die Labilität wegen der Verpfändungen und die zunehmende Übernahme der Schutzfunktionen des Reiches durch die Städte selbst. Wenn das auch in den rheinischen Städten sehr viel genauer zu verfolgen ist,[37] so findet dieser Übergang doch prinzipiell auch in unserem Raum statt: In Nördlingen,[38] dessen Judenschutz und -steuer mehrfach den Grafen von Oettingen übertragen wurden, traf Ludwig der Bayer 1342 immerhin noch selbst detaillierte Regelungen für den Fleischverkauf zwischen Juden und Christen,[39] verpflichtete aber den Rat dazu, die innerjüdische Gerichtsbarkeit zu respektieren.[40] Ulm dagegen hielt in seinen Stadtrechtsaufzeichnungen seit 1296 selbst detaillierte Bestimmungen über die Rechtsstellung der Juden fest und zog wohl auch Steuern von ihnen ein.[41] Rothenburg o.d.T. – der Wirkungsort von R. Meir –, wo die Judengemeinde vielfach an die Grafen von Hohenlohe verpfändet wurde und außerordentliche finanzielle Belastungen erlebte, nahm seinerseits die Juden in das Bürgerrecht der Stadt auf.[42] Judenschutz vor Ort war somit in diesen Zeiten schwacher Königsherrschaft weitgehend zu einer Angelegenheit der städtischen Magistrate geworden.

Damit kommt aber auch die zweite Ebene in den Blick, die Rolle der Territorialgewalten. Wie das Reich generell als Spannungsfeld von König und Fürsten zu sehen ist, so stand auch „das Privilegienrecht der Landesfürsten und anderer judenschutzberechtigter Dynasten zu dem des Kaisers in einem Abhängigkeits- und Komplementärverhältnis". Faktisch war die Ausübung des Judenschutzes durch die Fürsten auch schon in vorstaufischer Zeit durchaus üblich, dass sie aber nach der Verschiebung der Kompetenzen im Laufe des 13. Jahrhunderts den Judenschutz kraft eigener Herrschaftsgewalt ausüben konnten, unterstrich

---

stellung im 2. Satzungsbuch 1314–ca. 1320/32, S. 79.
36 Hirschmann, Bürgerbücher, S. 81*–84*, 37–56.
37 Fischer, Die verfassungsrechtliche Stellung, S. 7–36.
38 GJ II/2, S. 593.
39 Puchner/Wulz, Urkunden Nördlingen, Bd. I, Nr. 170.
40 Dohm, Nördlingen, S. 49–56.
41 Scholl, Ulm, S. 67–83.
42 GJ II/2, S. 707f.; Steffes-Maus, Rothenburg, S. 12–17.

später nochmals die Goldene Bulle von 1356 für die Kurfürsten.[43] Insofern gewannen die geistlichen und weltlichen Fürstentümer für die Juden zunehmend an Bedeutung.

Bei der Vergabe des Judenschutzes spielten von Anfang an die Bischöfe eine ganz zentrale Rolle, weil in den Kathedralstädten – wie auch sonst im Reich – die frühesten und größten Gemeinden lebten; sie boten ihnen sowohl finanzielle Möglichkeiten als auch Zuwachs des Machtpotentials gegenüber den aufstrebenden Bürgerschaften, die ihrerseits bestrebt waren, die jüdischen Gemeinden in ihren Emanzipationsprozess gegenüber dem Stadtherrn zu integrieren (s. Kap. 3). Dabei konnten sich verschiedene Konstellationen einstellen und damit verschiedene Lösungen ergeben.

In Würzburg hatte der Bischof seine Verantwortlichkeit 1147 durch das Begräbnis der Opfer wahrgenommen; mit der Verpfändung des Judenregals durch König Heinrich Raspe 1247 war die Schutzfunktion zumindest in dieser Phase zunächst fest in seiner Hand.[44] Es gelang ihm sogar, diese Stellung zu verstetigen, denn mit König Rudolf von Habsburg wurde eine Teilung der Judensteuer vereinbart: Von den 1.000 Pfd. Pfg. sollte der König 400 erhalten, die restlichen 600 gingen an den Bischof.[45] Zwar versuchten die nachfolgenden Bischöfe, die gesamte Steuer an sich zu ziehen, doch mussten sie sich gleichzeitig gegen die sich verselbstständigende Bürgerschaft wehren, die ihrerseits Forderungen an die Juden der Stadt richtete.[46] Seit 1288 mussten die Juden nämlich eine beträchtliche Jahressteuer von 1500 Mark Silber der Bürgerstadt zugestehen – wofür sie als Gegenleistung wiederum die Zusicherung des Schutzes erhielten und ihn tatsächlich dann 1336 auch erfuhren. Eine gewissen Endpunkt erreichten die Auseinandersetzungen 1344, als sich Bischof Otto II. von Wolfskeel samt seiner Geistlichkeit mit der Stadt darauf einigte, dass die Rechte des Judenschutzes zwar beim Bischof liegen sollten, die Bürgerschaft aber zur ‚Mithilfe' befugt war – der Bischof hatte sich also weitgehend durchgesetzt.

Das gleiche spannungsreiche Kräftedreieck von Krone, Bischof und Bürgerstadt finden wir in Augsburg, aber mit dem Unterschied, dass hier die Stadt in Verbindung mit dem Königtum ihre Position durchsetzen konnte.[47] Konradin übertrug 1266 seinem Vogt, dem Bürgermeister, Rat und der Gemeinde den Judenschutz, zunächst auf fünf Jahre, und 1271 ließ sich Bischof Hartmann I. auf einen

---

43 Battenberg, Privilegierung der Juden, S. 154.
44 K. Müller, Würzburger Judengemeinde, S. 70.
45 K. Müller, Würzburger Judengemeinde, S. 73–75.
46 K. Müller, Würzburger Judengemeinde, S. 76–84.
47 Mütschele, Augsburg, S. 167–171; nur knapp Schimmelpfennig, Augsburg, S. 25f.

Vergleich mit der Stadt ein, in dem er ihr zunächst für ein Jahr die Ausübung des Schutzes zugestand: Die Bürgerstadt sollte die Juden *in unserm namen triwlich beschirmen, auch ire recht und gewonhaiten so sie von alters her haben in sachen der narung, gesind und andern notwendig dingen wellen wir inen bis auf genanten termin unverletzt haben.*[48] Die Emanzipation der Bürgerschaft war jedoch schon so weit gediehen, dass der Bischof die hier noch beanspruchte nominelle Oberhoheit nicht mehr aufrechterhalten konnte. 1298 war die Stadt die entscheidende Instanz für die Sicherheit der jüdischen Gemeinde, und 1308 erklärte sich letztere – mit ihren namentlich genannten Repräsentanten – zur Zahlung von 500 Pfd. Pfg. an die Stadt bereit; dafür sagte ihnen die Bürgergemeinde zu, *daz si uns gelobt hant daz si uns schirmen sůln und rechtes helfen suln als die hantfest såit die si davber geben hant.*[49]

In Regensburg war die Herrschaftssituation mit ihrem Ineinandergreifen von königlichen, herzoglichen und bischöflichen Rechten noch komplexer.[50] Die Vorrangstellung des Königs, die sich, wie gesehen, mit dem Privileg Kaiser Friedrichs I. von 1182 und in der Bestätigung durch Friedrich II. 1230 verifizieren lässt, wurde in der Folgezeit durch die Verpfändungen immer wieder in ihrer tatsächlichen Qualität reduziert. Der erste Nutznießer war Bischof Siegfried, der 1232/33 von Friedrich II. die Judensteuer und die Aufsicht über die Gerichtsbarkeit auf Lebenszeit übertragen erhielt. Aus älteren Rechten – wohl dem Burggrafenamt – leiteten der Bischof und der Herzog ihrerseits Gerichtsrechte über die Juden ab, die sich in einer gesonderten Abgabe niederschlugen. Zudem übte der Bischof an der Wende zum 14. Jahrhundert seinerseits mehrmals Rechte im Rahmen der Friedenswahrung aus, etwa 1281 mit der Anordnung, dass sich Juden in der Passionszeit nicht in der Öffentlichkeit zeigen durften. Das Nebeneinander blieb also bestehen. Eine neue Situation ergab sich durch Ludwig den Bayern: Er vergab 1322 die Reichsrechte an die niederbayerischen Herzöge, was bis zu deren Aussterben wirksam blieb; anschließend wurde die Judensteuer 1340 verschiedentlich weiterverpfändet, wurde damit aber zur Einnahmequelle und verlor deutlich an Gewicht. In diesem Geflecht konnte wiederum die Bürgerstadt immer mehr Kompetenzen an sich ziehen, die sich sowohl in der Bürgeraufnahme, in der Beteiligung an den Lasten der Verteidigung und bei der Nutzung städtischer Einrichtungen wie der Fleischbänke niederschlugen, aber auch in der Besetzung des

---

**48** Meyer, Stadtbuch, S. 336; vgl. dazu Fischer, Die verfassungsrechtliche Stellung, S. 94f.
**49** Meyer, Stadtbuch, S. 337.
**50** Dazu nach Straus, Regensburg, S. 45–53; Fischer, Die verfassungsrechtliche Stellung, S. 26–34; Herde, Gestaltung und Krisis, S. 361–366; Schmuck, Ludwig der Bayer, S. 185–198; nur knapp Angerstorfer, Regensburg, S. 164f.

Judenrichteramtes, das für Verfahren zwischen Christen und Juden mit Bürgern eingerichtet wurde.[51]

Wenn sich somit in den großen Kathedralstädten teilweise die Bürgerschaften gegenüber ihrem Bischof in den Vordergrund schoben, so blieben in den kleineren die Bischöfe dominant: In Eichstätt überließen König Albrecht I. 1307 und Heinrich VII. 1309 Bischof Philipp von Rathsamhausen – wie schon seinen Vorgängern – die Juden seines Bistums (*judei apud Eysteten residentes [...] sicut suis antecessoribus hactenus servierunt*).[52] Auch in Passau signalisiert die Bezahlung einer Steuer 1260 die bischöflichen Rechte, auch wenn wir ansonsten die Gemeinde in dieser Phase noch kaum zu fassen bekommen,[53] und in Salzburg war nach der urkundlichen Formulierung des Erzbischofs von 1346 von *unseren Juden* die Rede.[54]

Die Rolle der weltlichen Landesherren lässt sich vor allem am Herzogtum Bayern gut verfolgen. Eine formelle Übertragung des Judenschutzes an die wittelsbachischen Herzöge ist zwar nicht überliefert, doch macht ihr politisches Handeln seit dem 13. Jahrhundert sichtbar, dass sie an den Juden interessiert waren, wobei die finanzielle Komponente für sie ganz entscheidend war, während der Schutz vor Verfolgungen nur bedingt wirksam wurde.[55] Wenn in den beiden Landfriedensordnungen Herzog Ottos II. von 1244 für das noch ungeteilte Bayern und seines Sohnes Herzog Heinrich XIII. 1256 für Niederbayern auch die Juden einbezogen wurden,[56] dann darf davon ausgegangen werden, dass die Herzöge den Judenschutz beanspruchten, auch wenn sie nicht wie etwa Herzog Friedrich II. von Österreich 1244 eine umfassendere Judenordnung für das Herzogtum[57] erließen. Das gilt auch für Herzog und Pfalzgraf Rudolf I. von Oberbayern, der 1294 das Amberger Stadtrecht bestätigte und dabei die dort lebenden Juden einbezog. Hier wirkte der Schutz 1298 insofern, als der Rat zumindest einen Teil der Juden vor dem Pogrom retten konnte. 1347 allerdings wurde durch die herzoglichen Nachfolger (der nunmehr seit 1329 zur Pfalz gehörigen ‚Oberpfalz') bestimmt, dass zwar die Stadt sechs Familien aufnehmen könne und die Zinsen und Abgaben zwischen beiden Seiten geteilt werden sollten, aber die Bestimmung über ihren Aufenthalt

---

51 Dazu ausführlich Fischer, Die verfassungsrechtliche Stellung, S. 129, 164–170.
52 GJ II/1, S. 192; Flachenecker, Eichstätt, S. 284f., Zitat S. 285 Anm. 488 (1307).
53 GJ II/2, S. 647.
54 Brugger, Von der Ansiedlung bis zur Vertreibung, S. 200.
55 Geissler, Bayern, S. 136–143; nur sehr sporadisch Kirmeier, Aufnahme, Verfolgung und Vertreibung.
56 Vgl. Spindler/Kraus, Grundzüge des Wandels, S. 64f., 75; Volkert, Staat und Gesellschaft, S. 559.
57 Brugger, Von der Ansiedlung bis zur Vertreibung, S. 138–140.

eine Sache der Herzöge sei: [...] *swenne wir die iuden zue Amberg nimmer wizzen und haben wellen, so sullen wir ez unsern vorgenanten burgern vor ein iare sagen, daz sie sich dar nach wizzen ze rihten.*[58] Ähnlich war auch in Nabburg 1298 und in Sulzbach 1305 durch die Übertragung des Amberger Rechts vom Pfalzgrafen festgelegt worden, dass die Juden die Steuern an die Bürgerschaft zu entrichten hatten.[59] In den altbayerischen Herzogtümern fielen die Gewichte demgegenüber sehr viel mehr im Sinne des fiskalischen Nutzens aus: Das wurde für Oberbayern schon im ausgehenden 13. Jahrhundert in den Darlehensforderungen deutlich (s. Kap. 4), während die Schutzgewährung in München 1285 oder im niederbayerischen Deggendorf 1338 (s. Kap. 5) offenbar nicht wirksam wurde.

Wenn man an dieser Stelle nochmals auf Ludwig den Bayern, diesmal als Landesherrn zurückkommt, so bestätigt sich das Bild, das von ihm in der Reichsgeschichte gewonnen wurde – auch wenn das Handeln als Herzog und als Kaiser nicht immer getrennt werden kann.[60] Einerseits zeugt die Übernahme des Augsburger Judenrechts 1315 für München und das gesamte Herzogtum Oberbayern noch von einer pragmatischen Haltung. Sie schlug sich auch in dem von ihm erlassenen Landrecht von 1346 nieder, in dem die Zeugenschaft in Gerichtsverfahren zwischen Juden und Christen geregelt wurde, denn er lehnte es offenbar ab, eine ältere Version, bei der ein Jude und ein Christ heranzuziehen waren, durch eine Verschlechterung der jüdischen Position zu ersetzen, in der der jüdische Zeuge gestrichen werden sollte.[61] Sein energischer Einsatz gegen eine erneute Ritualmordbeschuldigung 1346 in München zeigt eine judenfreundliche Politik – wie sie ihm auch in der Chronik des Johann von Winterthur zugeschrieben wurde.[62] Andererseits dominierte bei der Verpfändung der Judensteuern als Landesherr in Städten an der Donau – Lauingen, Höchstädt, Gundelfingen (einem Teil des Konradinischen Erbes in Schwaben) – 1324 und 1330 wiederum der gleiche fiskalische Charakter, der auch in seiner Reichspolitik aufscheint.[63]

Selbst minderberechtigte Reichsstände wie die Grafen von Oettingen wurden zu Nutznießern der Übertragung von Reichsrechten, wie die Vorgänge von 1331 und 1333 schon gezeigt haben (s. Kap. 2).[64] Auf dieser Basis gelang den Oettinger Grafen der Ausbau ihres Territoriums zu einem wichtigen Stützpunkt jüdischer

---

**58** Laschinger, Denkmäler, Bd. I, S. 5, 26; GJ II/1, S. 13; Vgl. auch Volkert, Oberpfalz, S. 170–172.
**59** GJ II/2, S. 812.
**60** Dazu Geissler, Bayern, S. 140–142; Volkert, Judenartikel, S. 137–146; die jüngste Veröffentlichung Wolf u.a., Ludwig der Bayer, thematisiert die Judenpolitik leider nicht.
**61** Edition Volkert, Rechtsbuch, S. 339f. Art. [184a]; zum Verfahren Volkert, Judenartikel, S. 134f.
**62** Dazu auch Thomas, Ludwig der Bayer, S. 296; Bork, Zur Politik der Zentralgewalt, S. 55.
**63** GJ II/1, S. 473; Volkert, Judenartikel, S. 143.
**64** Vgl. Kudorfer, Nördlingen, S. 119–123.

Niederlassungen, etwa in Wassertrüdingen und Gunzenhausen, später auch in den Dörfern.

Ganz ähnlich erweist sich die Lage bei den Burggrafen von Nürnberg, den Vorläufern der Markgrafschaft Ansbach – erst seit 1363 waren sie als Reichsfürsten anerkannt. Wieder waren es die Verpfändungen Kaiser Ludwigs des Bayern, die erste Ansatzpunkte lieferten:[65] Nach mehreren Vergaben der Judeneinkünfte in den Städten Nürnberg, Würzburg und Rothenburg seit 1313 erhielt Burggraf Johann II. 1336 den Schutz der Juden in Nürnberg, Rothenburg o.d.T. und den „dazwischen" liegenden Orten.[66] Man wird davon ausgehen dürfen, dass damit insbesondere auch die verschiedenen kleineren Niederlassungen im eigenen Herrschaftsgebiet gemeint waren, dessen massiver territorialer Aufbau in dieser Zeit erfolgte; nachweisbar sind sie etwa in Ansbach und Windsbach (s. Abb. 2 in Kap. 2).[67]

Die in den einzelnen Herrschaftsbereichen und Städten registrierten Rechtsverhältnisse lassen sehr deutlich erkennen, dass die Lebensbedingungen der Juden zunehmend von den jeweiligen Rahmenbedingungen der Städte bestimmt wurden, in denen sie lebten. Das zieht die Frage nach sich, wie sich das Verhältnis zwischen jüdischer und christlicher Gemeinde gestaltete. Am deutlichsten wird das im Falle Augsburgs, als die jüdische Gemeinde 1298 nach dem Rintfleisch-Progrom jenen schon genannten Vertrag mit der Bürgergemeinde schloss: Weil die *ersamen ratgeben und diu gemain der stat ze Auspurch […] uns niht laides getan habent, noch unrecht gewalten v̈ber uns gestattet habent, […] daz wir der stat ze eren und ze nuz und dem riche ze dienst ain mawr machen wellen*; sie setzten als Garantie dafür *unser schůl und swaz die gemain der jeden in der stat aigens hat zu rehtem phande*; umgekehrt versicherten Rat und Bürgergemeinde der Stadt, dass sie die jüdische Gemeinde mit Hilfe des Königs und seines Vogtes *triwlich schermen sv̈llen vor unreht und vor gewalt*.[68] Die jüdische Gemeinde stellte nicht nur als Garantie die Synagoge und die Gemeindeeinrichtungen zur Verfügung, sondern sie gab der christlichen Gemeinde auch das Recht, gegen Mitglieder der jüdischen Gemeinde vorzugehen, wenn sie sich dem entziehen wollten. Diese Partizipation der Judengemeinde an den bürgerlichen Verpflichtungen signalisiert eindringlich eine wechselseitige Verbindlichkeit.

---

65 Haenle, Ansbach, S. 6–10.
66 Regesten Ludwigs des Bayern, Heft 10, Nr. 318.
67 Jehle, Ansbach, Bd. I, S. 100–108.
68 Meyer, Urkundenbuch Augsburg, Bd. I, Nr. 167, S. 129f.: 1298 Aug. 23; vgl. A. Haverkamp, „Kammerknechtschaft" und „Bürgerstatus", S. 37.

Eine derartige Beteiligung der Juden an den städtischen Aufgaben war keineswegs einmalig. Auch in Regensburg war bereits 1251 die Judenschaft (wie die geistlichen Institutionen) bereit, sich an der Stadtverteidigung zu beteiligen, wie das schon um 1200 in Straßburg, 1201 in Worms, 1309 in Erfurt der Fall war.[69] Ihr entsprach die formelle Aufnahme einzelner Juden als *cives* ins Bürgerrecht, was in Augsburg erstmals 1297 für Aaron belegt ist, der *secundum ius et consuetudinem judeorum* eingebürgert wurde, wobei Lämblin, der bereits bekannte Kapitalverleiher, als Bürge fungierte. Auch später differierten ihre „Aufnahmebedingungen von denen der christlichen Neubürger kaum".[70] In einer hebräischen Urkunde von 1356 wiederholte die Jüdin *Zeruial*, die Tochter des Rabbi Isaac, gegenüber dem jüdischen Gerichtshof unter Vorsitz des Augsburger Rabbiners Eleasar ihre Verpflichtung gegenüber dem Rat der Stadt für das ihr gewährte Wohnrecht.[71] Wiederum ist eine Parallele zu Speyer und Frankfurt zu ziehen.[72] Das 1276 aufgezeichnete Augsburger Stadtrecht belegt mit den umfangreichen Bestimmungen zum Pfandrecht und zur Geldleihe, zum Fleischverkauf und zum Gerichtsverfahren bei Klagen zwischen Juden und Christen[73] zudem die Einbindung in die bürgerschaftliche Rechtsordnung. Und 1436 stellte man immerhin fest, dass *das iudenrechte von alter her durch die rautgeben hie zuo Augspurg besetzet und gehallten worden ist* – auch wenn das Gerichtsverfahren nun nach dem Einspruch der Geistlichkeit deutlich verschlechtert wurde.[74]

Derartige Konstellationen waren aber nicht auf die Kathedralstädte beschränkt, denn auch in den wittelsbachischen Städten Altbayerns finden sich ähnliche Ansätze: Zum einen sind selbst für die Städte Straubing und Rain am Lech Elemente eines solchen bürgerrechtlichen Verhältnisses zu erkennen: Als die niederbayerischen Herzöge 1307 in einem Privileg für Straubing bestimmten, „daß sie sich im Falles eines Notstandes, Wiederaufbaus der Stadt u.ä. an den Kosten zu beteiligen hätten", und als 1340 Herzog Ludwig der Bayer als Landesherr von Rain am Lech „dem dortigen Rat und der Gemeinde das Recht erteilte, von allen, die bei ihnen die Weide benutzten und Wasser schöpften, es seien Juden oder Christen, in gleicher Weise wie von den Bürgern Steuern für den

---

69 A. Haverkamp, Concivilitas, S. 334–338.
70 Kalesse, Bürger in Augsburg, S. 177–189, hier S. 179f., Zitat S. 180; vgl. A. Haverkamp, „Kammerknechtschaft" und „Bürgerstatus", S. 35–37.
71 Grünfeld, Augsburg, S. 14f.
72 A. Haverkamp, Concivilitas, S. 340.
73 Vgl. dazu Schimmelpfennig, Christen und Juden, S. 26, allerdings mit einer negativeren Einschätzung.
74 Meyer, Stadtbuch, S. 260f.

Stadtbau zu erheben", war damit ein zumindest partielles Bürgerrecht gewährt.[75] Zum anderen findet sich im Stadtrecht von Amberg, das Herzog Rudolf I. 1294 bestätigte, eine ganz ähnliche Formulierung: *Swaz auch iuden in der stat iezu ist, oder noch dar ein chument, die schuln mit den burgern dienen und besunderleichen niht.*[76]

Alles das deutet darauf, dass die für die rheinischen Gemeinden konstatierte *concivilitas*, die Verankerung in der bürgerlichen Gemeinde, die „die Geschichte der Juden in der deutschen Diaspora [...] wesentlich bestimmte",[77] auch im Südosten wirksam war. Trotz der Autonomie ihrer Gemeinden war der Status als Juden zumindest in den großen Städten dem allgemeinen Bürgerrecht zwar nicht völlig gleich im Sinne einer Vollbürgerschaft – das ließ der christliche Charakter der Stadtgemeinde nicht zu –, aber doch vergleichbar, weil sie im bürgerrechtlichen Verband lebten. Was insbesondere in Reichsitalien, also in den städtischen Kommunen Mittel- und Oberitaliens, die sich ihrerseits schon in staufischer Zeit dem Zugriff des Kaisers entzogen, vielfach üblich war,[78] galt somit cum grano salis auch nördlich der Alpen. Das schloss freilich nicht aus, dass diese Normen in der Praxis immer wieder in Frage gestellt wurden, dass Übergriffe und Rechtsminderungen stattfanden, dass also auch der städtische Schutz brüchig blieb.[79] So ist vor allem nicht zu übersehen, dass schwere Schatten das Bild des Zusammenlebens von Christen und Juden verdunkelten und dass die Tendenzen der Entwicklung eher auf eine Verschlechterung deuten, ja dass die Existenz der Juden immer wieder bedroht war.

---

75 GJ II/2, S. 673 (Rain), 807 (Straubing); vgl. Geissler, Bayern, S. 131; Kirmeier, Juden, S. 14f.
76 Laschinger, Denkmäler, Bd. I, S. 5.
77 A. Haverkamp, Concivilitas, S. 344; A. Haverkamp, „Kammerknechtschaft" und „Bürgerstatus", S. 26–28; er entwickelt die Thesen von Fischer, Die verfassungsrechtliche Stellung, S. 140–150, weiter.
78 Vgl. dazu auch Lohrmann, Jude und Bürger.
79 Vgl. dazu die kritischen Einwände Gilomen, Juden in spätmittelalterlichen Städten, S. 11–23.

# 6 Antijüdische Stereotype und ihre Wirkungen

*Ich weine über die Härte des Geschickes und klage mit betrübtem Gemüte über die Trümmer meiner Heiligtümer, welche öffentlich verbrannt wurden. Abermals rinnen meine Thränen über Ganz- und Brandopfer, über die Märtyrer auf dem Scheiterhaufen. „Es blieb zum Klagelied meine Harfe und meine Flöte zu Jammertönen!"*

Mit diesen Worten beginnt das Klagelied aus einem *Machsor* (Gebetbuch) zu den „Schreckenstagen der fränkischen Verfolgung vom Jahre 1298".[1] Die antijüdischen Aktionen erreichten damit nach den Massakern der Kreuzzüge einen neuen Höhepunkt: So verbreitete sich die von dem kleinen fränkischen Ort Röttingen ausgehende Pogromwelle rasend schnell, und die Wucht der Verfolgung zerstörte die bis dahin aufgebaute jüdische Existenz in den großen Gemeinden bis herunter zu den kleinsten Niederlassungen in den Dörfern. Das Nürnberger Memorbuch, das zusammen mit anderen Überlieferungen zum Gedenken an die Toten angelegt wurde – und auf das schon in den bisherigen Kapiteln immer wieder als wichtige Quelle zurückgegriffen wurde –, macht den Umfang und das Ausmaß deutlich: 146 Städte und Orte in Franken und Schwaben waren davon betroffen.[2]

Eine Erklärung für diese erneute Verfolgungswelle findet sich erst, wenn man den Blick ausweitet auf den gesamteuropäischen Horizont. Die Spannungen zwischen Juden und Christen hatten sich seit der vertieften ‚Verchristlichung' der europäischen Gesellschaft im Hochmittelalter verschärft: Die verstärkte Akzentuierung des leidenden Christus in den bildlichen Darstellungen der Kreuzigung und die intensive Verehrung der Jungfrau Maria warf jedenfalls neue Fragen zum Verhältnis zwischen Christentum und Judentum auf.[3] Gegenüber der frühmittelalterlichen Vorstellung von den Juden als lebenden Zeugen für die Wahrheit der Erlösung durch Christus – das *testimonium veritatis* – rückte nun der Disput über diese Wahrheit in den Vordergrund, und aus den Begegnungen wurden (fiktive) Dialoge mit der Betonung zunehmender Distanz bis hin zur vehementen Ablehnung der jüdischen Positionen, zog doch der vermeintliche ‚Sieg' des Christentums die Abwertung des Judentums nach sich. Petrus Venerabilis, der einfluss-

---

[1] Salfeld, Martyrologium, S. 341–346; die Zitate aus der Überschrift S. 341 und der deutschen Übersetzung S. 344.
[2] Salfeld, Martyrologium, S. 231–236: Liste der Orte; vgl. dazu die Karten in Deneke, Siehe der Stein schreit aus der Mauer, S. 163, bzw. J. Müller, Judenpogrome, nach S. 272 (aber ohne den Ostteil!).
[3] A. Abulafia, Christen und Juden, S. 36–40.

reiche Zisterzienserabt von Cluny (gest. 1156), ging in seiner Polemik so weit, den Juden die Vernunft abzusprechen und sie mit Tieren zu vergleichen. Auch Otto von Freising (gest. 1158), der gelehrte Bischof und Geschichtsphilosoph, ließ an der Schuld der Juden wegen des Gottesmordes und der daraus resultierenden kollektiven Bestrafung keinen Zweifel.[4] Zum konkreten Angriffspunkt wurde der Talmud: Nachdem er 1240 in Paris vor Gericht wegen der angeblichen Lästerungen gegen Jesus und Maria verurteilt worden war, folgte 1242 die öffentliche Verbrennung von Talmudschriften. Das Umschlagen der Duldung in die Verfolgung, das sich bereits in den Kreuzzügen gezeigt hatte, jedoch noch Ortsfremden zugeordnet werden konnte, erhielt damit durch den gelehrten Diskurs neue Nahrung, sodass immer öfter den „Juden eine negative Kraft in der christlichen Gesellschaft" zugeschrieben wurde.[5]

Diese Argumentationen bildeten freilich zunächst nur das geistige Umfeld, denn die Ansiedlung der Juden im Südosten des Reiches war zu dieser Zeit erst schrittweise in Gang gekommen (s. Kap. 2). Das gilt auch für die frühen Darstellungen in Handschriften aus diesem Raum, in denen der ‚Judenhut' als Merkmal verwendet wurde: In einem Augsburger Psalter aus den Jahren um 1235 trägt ihn Josef, ähnlich wie in einem Würzburger Exemplar (um 1246/50) bei der Flucht nach Ägypten, noch keineswegs als diskriminierendes Zeichen, sondern um das jüdische Milieu sichtbar zu machen. Deutlich antijüdische Züge nahm die Darstellung jedoch an, wenn die Schergen in der Passion Christi mit dem Judenhut versehen wurden, wie in weiteren Psaltern um 1235 aus der Diözese Bamberg oder dem Zisterzienserkloster Aldersbach in Niederbayern.[6]

Die Verschärfung der Sicht auf die Juden wird aber am klarsten in der sakralen Plastik, denn bei ihr trat die Wahrnehmung aus dem kontemplativen Kontext der wenigen *Literati* in die Breite der Laienwelt. Wie man anhand der Entwicklung des Motivs der ‚Judensau' gezeigt hat, nahm nicht nur das Maß der Verzerrungen zu, sondern auch die Präsentationen besetzten immer stärker Orte der Öffentlichkeit, sie wanderten etwa vom Inneren der Kirchen und Klöster an die Außenwände.[7] Auch in unserem Raum gibt es aufschlussreiche Beispiele dafür: Die Charakterisierung der Juden als tierhafte Gestalten an einem Kapitell im Kreuzgang des Bamberger Zisterzienserinnenkonvents (später Karmelitenklos-

---

[4] Dazu die jeweiligen Zusammenstellungen bei Schreckenberg, Adversus-Judeos-Texte, S. 180–193 (Petrus), 193–196 (Otto).
[5] A. Abulafia, Christen und Juden, S. 39.
[6] Schreckenberg, Adversus-Judeos-Bilder, S. 139 (Augsburg), S. 149 (Würzburg), S. 166 (Bamberg), S. 168 (Aldersbach); vgl. dazu auch Toch, Jüdisches Alltagsleben, S. 331f.
[7] Rohrbacher/Schmidt, Judenbilder, S. 1157–1161; zum folgenden aufschlussreich Wiedl, Laughing at the Beast, S. 339; Gilomen, Juden in den spätmittelalterlichen Städten, S. 49–56.

ter), das in der 2. Hälfte des 14. Jahrhunderts entstand, aber als „retrospektives Werk [...] Stilformen des 12./13. Jahrhunderts nachzuahmen strebt",⁸ war noch klosterintern (Abb. 11). Die Gegenüberstellung der Allegorien der triumphierenden Ecclesia und der von Blindheit geschlagenen Synagoge⁹ am Fürstenportal des Bamberger Doms – wie in Reims und Straßburg – öffnete sich demgegenüber schon um 1230/37 den zahlreichen Kirchenbesuchern und bot zudem mit der Skulptur darunter, in der ein Teufel den Juden blendet, die Deutung der Blindheit.¹⁰ (Abb. 12) Waren diese bekannten Darstellungen der theologischen Sinnstiftung zugeordnet, zudem in einer Zeit, als dort noch gar keine Judengemeinde existierte,¹¹ so gab die Regensburger ‚Judensau' aus der gleichen Zeit um 1230 an einem Außenpfeiler des Doms – wie schon in Brandenburg an der Havel um 1230, dann in Magdeburg um 1270 – die Juden jedoch dem Gelächter der gesamten bürgerlichen Öffentlichkeit preis.¹² (Abb. 13a, 13b)

Dieses diskriminierende Motiv blieb in der Folgezeit eines der Elemente, die zur Marginalisierung der Juden entscheidend beitrugen, und findet sich¹³ etwa in Nürnberg mit der Skulptur an einer Mauerstrebe von St. Sebaldus von etwa 1380 sowie am Sockel einer Antoniusfigur an der Bayreuther Stadtkirche von 1430/40¹⁴ und an Außenwand der Klosterkirche von Heilsbronn um 1430, dann aber auch an säkularen Gebäuden wie am Rathausturm in Salzburg, an einer Apotheke in Kelheim, in Spalt an der Wand der Stiftsbibliothek, am Tor der Cadolzburg (westlich Nürnberg), dem Sitz der Burggrafen von Nürnberg.¹⁵

Die Wortverkündigung tat parallel das ihre, um das Zerrbild ‚Jude' zu verfestigen. Berthold von Regensburg (gest. 1272), der große Prediger des Franziskanerordens, dem es gelang, in Deutschland, der Schweiz und Böhmen riesige Menschenmengen zu erreichen, weil er den Lebensnerv seiner Zuhörer traf, ging in seinen Predigten auch auf die Juden ein.¹⁶ Sie standen für ihn auf der Gegenseite des christlichen Lebens wie die Ketzer und Heiden, sie galten ihm als ‚Außenseiter' der Gesellschaft wie die Räuber und Brandstifter und waren mit dem Teufel im Bunde. Auch wenn er zugestand, dass sie ihre Gesetze strenger beachteten

---

8 So Bamberg Bd. 3,2: Bergstadt, S. 204; die Abb. 240, S. 157.
9 Vgl. zur grundsätzlichen Seite des Motivs Liebeschütz, Synagoge und Ecclesia, S. 169–180.
10 Schuller, Fürstenportal, S. 77–84.
11 Geldermanns-Jörg, Bamberg, S. 58f.
12 Wiedl, Laughing at the Beast, S. 328, 339f.
13 Eine Zusammenstellung bietet Rusam, „Judensau"-Darstellungen, S. 9–29.
14 Engelbrecht, Das antijüdische Schmähbild, passim.
15 Wiedl, Laughing at the Beast, S. 342, 344; Gilomen, Juden in spätmittelalterlichen Städten, S. 51.
16 Cohen, The Friars and the Jews, S. 229–238; Bendick, Predigten Bertholds.

Antijüdische Stereotype und ihre Wirkungen — 79

**Abb. 11:** Juden als tierhafte Gestalten, Kapitell im Kreuzgang des ehem. Zisterzienserkonvents (später Karmeliten) Bamberg, 2. Hälfte 14. Jahrhundert

**Abb. 12:** Bamberger Dom, Fürstenportal, um 1230/37 (links), an der rechten Seite befindet sich die Darstellung der Synagoge, darunter ein Teufel, der den Juden blendet (Detailvergrößerung rechts)

**Abb. 13a:** Regensburger ‚Judensau', Dom Südseite, um 1230

als viele Christen, so war doch ihr Glaube schon deshalb in Frage zu stellen, weil er vieldeutig war: *juden sint och niht alle eines gelouben*. Für Berthold stellten sie eine Gefahr dar, und er warnte davor, mit ihnen zu disputieren oder selbst gemeinsam zu speisen.[17] Der Talmud war für ihn *allez sament ketzerie, unde da stet so verfluochtiu ketzerie an, daz übel ist daz sie lebent*, heißt es in seiner Predigt über die Sentenz ‚Saelic sint die reines herzens sint'; sie erkennen eben nicht den *edel süeze kern* des Christentums. Zwar gestand auch er dem Kaiser zu, für den Schutz der Juden Sorge tragen zu sollen – aber würden sie *danne so vil, daz sie uns obernthant ane* [uns gegenüber Oberhand, R.K.] *wolten gewinnen: so muoz man sich ir wern als der heiden*.[18] Berthold stand nicht allein, der Augsburger Konvent war seine geistige Heimat, wo David von Augsburg ähnlich gepredigt hatte – und der Schwabenspiegel entstanden war (s. Kap. 5).

Das ist aber nur die eine Seite. Über der zunehmenden christlichen Judenfeindschaft darf die andere nicht übersehen werden: eine stärker werdende Abwehr der Juden gegenüber den Christen. Vor dem Hintergrund einer „unerträglichen Spannung zwischen Israels Erwähltheit im Himmel und seiner Unterdrücktheit auf Erden" (G. D. Cohen) nahm im aschkenasischen Judentum die messianische Erlösungssehnsucht – im Gegensatz zu den Sephardim – Züge eines Rachefeldzugs mit der Vernichtung der anderen Völker an, wobei nach dem römischen Reich den christlichen Herrschaften als Nachfolgern des alten Edom

---

17 Cohen, the Friars and the Jews, S. 232–234.
18 Bendick, Predigten Bertholds, Zitate S. 42, 44.

**Abb. 13b:** Umzeichnung um 1848

die Gegnerschaft Israels zugesprochen wurde.[19] In den *Midraschim*, den Auslegungen der Bibel, wie in der Dichtung wurde die zukünftige göttliche Rache für das Blut der Märtyrer beschworen, wobei auch die Erzählung vom Auszug aus Ägypten mit den zehn Plagen zu einer Art Modell für die eigene Erwartung stilisiert wurde. Die Konsequenz war die Verfluchung der Nichtjuden, die schon in der Antike in die Liturgie übernommen worden war, aber seit dem 12. Jahrhundert sich immer mehr verschärfte. Das *Alenu*-Gebet am Ende des Gottesdienstes fungierte „als eine Art antichristliches Credo" und wurde zum Gegenstück des christlichen ‚Te Deum'.[20] Zudem stellte sich im aschkenasischen Ritus der Brauch ein, im Morgengebet des Versöhnungstages liturgische Dichtungen zu verlesen, darunter die Verwünschung der Nichtjuden:

> *Mach sie zu Schmach, zu Fluch und Verheerung*
> *Schleudere auf sie Wut, Zorn und Grimm,*
> *entsende wider sie Engel des Verderbens und Getümmels*
> *vernichte sie durch Schwert draußen und durch Schrecken im Innern [...]*[21]

Ähnlich angelegt war die Rezitation des Psalms ‚Gieß aus deinen Grimm' (Ps 69) am Ende des Sedermahls, auch hier unterstützt durch die bildhafte Darstellung in der illustrierten *Haggada*: Der Messias reitet auf einem Esel, begleitet vom

---

19 Zum Folgenden ausführlich Yuval, Zwei Völker, S. 104–145.
20 Yuval, Zwei Völker, S. 128, 199–210.
21 Zit. nach Yuval, Zwei Völker, S. 131.

Propheten Elia – das die Juden in Anspielung auf den Exodus und damit als die erhoffte Erlösung in der Zukunft verstanden, bei den Christen aber die Assoziation des Einzugs Jesu nach Jerusalem auslöste.

Geht man davon aus, dass diese Vorstellungen nicht nur innerjüdisches Ritual blieben, sondern auch den Christen der Umwelt bekannt waren – das spiegelt sich etwa im Prozess gegen den Talmud in Paris –, so wird die Atmosphäre des wechselseitigen Misstrauens verständlicher, denn sie dürfte auch im Südosten des Reiches praktiziert worden sein, auch wenn die Überlieferung dazu nicht so dicht zu Buche schlug. Einen grundlegenden Unterschied gab es freilich in dieser Konstellation: Während die christliche Seite für die antijüdische Polemik die gängigen Medien nutzte, um den öffentlichen Raum zu beherrschen und damit ihre Stellung als Mehrheitsgesellschaft zu unterstreichen, blieben die antichristlichen Invektiven auf jüdischer Seite weitestgehend auf den gemeindlichen, den synagogalen Raum begrenzt, der ihr als Minderheit zur Verfügung stand.

Die Aktualisierung des christlichen Judenhasses in den antijüdischen Stereotypen lieferten zudem sehr konkrete Ansatzpunkte. Dazu gehörte zum ersten der Wucher-Vorwurf, der im Spätmittelalter seine verhängnisvolle Wirkung entfaltete. Zunächst eher als generelles Merkmal für die Kennzeichnung der Juden verwendet – wenn etwa Bernhard von Clairvaux Mitte des 12. Jahrhunderts den Ausdruck *judaizare* für den Geldverleih allgemein gebrauchte – und vielfach als Kontrastmittel eingesetzt, um die christliche Welt vor dem Übel zu warnen, die „irdische Ausrichtung des Judentums" dem christlichen Ideal gegenüberzustellen, wurde der Wuchervorwurf immer mehr zu einem diskreditierenden Mittel, „das Judentum in die Nähe des Teufels" zu rücken – nicht zuletzt in der Gestalt des Judas in den Passionsspielen.[22] Die Predigten der Bettelorden thematisierten diese Assoziationen nachdrücklich als Element der Kritik am städtischen Wirtschaften,[23] und im 15. Jahrhundert dienten diese Argumentationen dann vielfach als Begründung für die Ausweisungen (s. Kap. 11), war man doch immer bereit, Wucher als Mittel der ‚Rache' gegen die Christen einzuordnen.[24]

Zum anderen erhielt der Vorwurf des Gottesmordes in den Popularisierungen, vor allem über die Legendenbildung um die Nachahmung des Kreuzestods vielfache prekäre Aktualität. Seit in England um die Mitte des 12. Jahrhunderts der angebliche Ritualmord an dem Knaben William von Norwich durch Juden vom Kleriker Thomas von Monmouth konstruiert wurde – nicht zufällig datiert auf den Karfreitag des Jahres 1144 –, um eine lokale Wallfahrt zu initiieren, tauchte diese

---

22 Zum Folgenden aufschlussreich Dorninger, Bild des (Wucher-)Juden, Zitate S. 481, 490, 493.
23 Mikosch, Von jüdischen Wucherern, passim.
24 Heil, Verschwörung, Wucher und Judenfeindschaft.

verhängnisvolle Legende in Europa in immer neuen Variationen auf.[25] Das Handlungs- und Motivschema bestand darin, dass Juden sich junger Knaben bemächtigten und sie töteten, bald angereichert durch ein weiteres Motiv, wonach sie mit dem Blut rituelle Praktiken vollzögen, angefangen von der Verwendung in den *Mazzot* bis hin zur Heilung von spezifischen Krankheiten – eine besonders abstruse Unterstellung, da für Juden der Verzehr von Blut obsolet war.[26]

Auch im Südosten des Reiches findet sich schon in den späten 1140er Jahren eine Notiz über den Knaben Wilhelm.[27] Es spricht viel dafür, dass die geschilderte Szene in Würzburg 1147 (s. Kap. 1) die gleiche Wirkung auslöste. Jedenfalls finden sich bald weitere im deutschsprachigen Raum, so 1179 in Boppard am Rhein und 1195 in Speyer. Gehäuft traten die Fälle dann 1235 auf: In Franken, in Lauda und Tauberbischofsheim, lösten sie möglicherweise Ausschreitungen gegen Juden aus. Besondere Wirkungskraft entwickelte der gleichzeitige Fall von Fulda:[28] Als bei einem Brand Kinder zu Tode kamen, wurden die Juden als Urheber beschuldigt. Obwohl Kaiser Friedrich II. den Vorfall überprüfen ließ und das negative Ergebnis die Zusage des kaiserlichen Schutzes für die Juden vor derartigen Angriffen nach sich zog, blieb das Stereotyp weiter wirksam. Von den folgenden Fällen wurde vor allem der des ‚Guten Werner' von Oberwesel 1287/88 am Mittelrhein zu einem Fanal, bei dem Verfolgung und Ermordung weit um sich griffen.[29] Verständlich wird das nur, wenn man berücksichtigt, dass einerseits in dieser Zeit der Heilig-Blut-Kultus in der Kirche einen hohen Stellenwert erhielt und andererseits Missverständnisse der jüdischen Festkultur derartige absurde Verzerrungen hervorbrachte, denn wohl nicht zufällig gab häufig die zeitliche Nähe zu Pessach Anlass dafür, den Juden rituelle Absichten zu unterstellen.[30]

Ein zweites Stereotyp, das im ausgehenden 13. Jahrhundert entstand und sich schnell verbreitete, vielfach auch mit der Ritualmordlegende verband, war der Vorwurf des Hostienfrevels: Erstmals 1290 in Paris überliefert und mitverantwortlich für die Ausweisungen aus Westeuropa, gelangte er schnell auch nach Deutschland und wurde zum Auslöser noch weit gravierenderer Verfolgungen. Der Kern dieser Legende bestand in der Unterstellung, Juden würden geweihte Hostien an sich bringen, um an ihnen den Gottesmord zu wiederholen; die verschiedentlichen vergeblichen Versuche, die Hostie zu verletzen und zu zerstören,

---

25 Vgl. dazu Rohrbacher/Schmid, Judenbilder, S. 274–291, hier 276f.
26 Zu den Handlungstypen auf christlicher Seite Treue, Schlechte und gute Christen, passim.
27 Yuval, Zwei Völker, S. 176.
28 Rohrbacher/Schmid, Judenbilder, S. 280f.; J. Müller, Judenpogrome, S. 262.
29 J. Müller, Judenpogrome, S. 263f.
30 Zu diesen Zusammenhängen Yuval, Zwei Völker, S. 172–181.

die Aufdeckung des Frevels und die anschließende Rückführung der Hostie in die Kirche lösten schließlich ‚Wunder' aus, die eine Verehrung nach sich zogen.[31] Der kirchengeschichtliche Hintergrund war hier, dass seit dem 12. Jahrhundert die Wandlung von Brot und Wein in der Eucharistie zu Fleisch und Blut intensiv reflektiert und von zahlreichen Wundergeschichten umrankt wurde, in denen Unwürdige oder Zweifler, aber auch Ungläubige im Mittelpunkt standen.[32] Schon 1199 löste etwa ein Fall in Augsburg eine lokale Wallfahrt aus.[33] So lag es nahe, auch die Juden in einen solchen Kontext zu bringen; ihnen wurde schon seit längerem unterstellt, Kruzifixe oder Kreuzigungsbilder zu schänden, unter ihnen auch „der Proselyt Abraham von Augsburg, der 1270 auf dem Scheiterhaufen verbrannt wurde, weil er Götzenbildern, d.h. wiederum Heiligenstatuen und Kruzifixen, die Köpfe abgeschlagen habe".[34]

Mit dem 4. Laterankonzil, das die Transsubstantiationslehre mit einer eigenen Definition verbindlich machte,[35] steigerte sich die Verehrung der geweihten Hostie, und dies mündete in die Etablierung des Fronleichnamsfestes mit der Bulle ‚Transiturus de mundo' Papst Urbans IV. 1264.[36] Damit waren die Prädispositionen für die Beschuldigung von Juden empfindlich angewachsen – und sie kulminierten tatsächlich gegen Ende des 13. Jahrhunderts. Eine Zusammenstellung der überlieferten angeblichen Hostienfrevel bzw. Hostienwunder zeigt, dass sie gegen die Jahrhundertwende vor allem im Südosten des Reiches gehäuft auftraten: Von den 24 angeblichen Hostienschändungen bis 1338, für die Juden verantwortlich gemacht wurden, waren neun in Österreich, sechs in Franken, drei in Schwaben und eine in Bayern zu lokalisieren.[37]

Zeitlich fast am Anfang stehen die Ereignisse von Röttingen im Taubertal, die den sogenannten Rintfleisch-Pogrom des Sommers 1298 auslösten.[38] Trotz unterschiedlicher Überlieferungen mit zum Teil widersprüchlichen Angaben aus der breiten christlichen Chronistik sowie „halblegendären Episodenerzählungen",[39] darunter die des Dominikanerpriors Rudolf von Schlettstadt, anderseits der

---

31 Dazu ausführlich Rohrbacher/Schmid, Judenbilder, S. 291–303.
32 Vgl. Lotter, Hostienfrevelvorwurf, S. 536–548.
33 Hörmann, Augustiner-Chorherren, S. 28f.
34 Lotter, Hostienfrevelvorwurf, S. 545; nach dem Nürnberger Memorbuch: Salfeld, Martyrologium, S. 222 und 149f.
35 Eckert, Hoch- und Spätmittelalter, S. 222f.
36 LexMA IV, Art. Fronleichnam, Sp. 990f.
37 Lotter, Hostienfrevelvorwurf, S. 548f., 582f.
38 Dazu ausführlich Lotter, Hostienfrevelvorwurf, S. 550–559; sowie v.a. Lotter, „König Rintfleisch".
39 Lotter, „König Rintfleisch", S. 389.

jüdischen Memorbücher und Klagelieder, schält sich für den Verlauf eine Abfolge von drei Wellen der Verfolgung heraus: Die erste begann wohl um den 20. April (also zwei Wochen nach Ostern) in Röttingen, einem kleine Städtchen im Taubertal, von wo sie auf benachbarte Orte übergriff, dann folgten von Ende Juni bis Ende Juli die massivsten Pogrome am Main, im Jagst- und Kochertal, sie reichten bis zum Neckar und auf die Fränkische Alb sowie nach Nürnberg, griffen an den Obermain um Bamberg und an die fränkische Saale aus, schließlich bis an die obere Altmühl samt Dinkelsbühl und Nördlingen; vereinzelte Aktionen sind noch bis in den Oktober zu registrieren. Die bekannte Chronologie und die genannten Räume lassen den Schluss zu, dass es sich um verschiedene, keineswegs nur von einer Gruppe getragene Verfolgungen handelte. Nicht zufällig fanden sie aber in der Zeitspanne statt, in der wegen der Auseinandersetzungen um das Königtum zwischen Adolf von Nassau (reg. 1292–Juli 1298) und Albrecht von Habsburg (Juli 1298–1308) der Königsschutz erst nach der militärischen Entscheidung am 2. Juli, der Wahl in Frankfurt am 27. Juli und der Krönung in Aachen am 24. August des Jahres zugunsten Albrechts wieder greifen konnte. Bis dahin dürften mindestens 130, wenn nicht 146 Orte vor allem der Diözesen Würzburg und Bamberg betroffen gewesen sein, und die Schätzungen der Opfer gehen bis in die Größenordnung von insgesamt 5.000 – bis König Albrecht schließlich dem Morden nach seiner Herrschaftssicherung ein Ende gesetzt hatte.

Das Ablaufmuster, das den Gewaltausbruch strukturierte, lässt sich folgendermaßen umreißen: Danach war in Röttingen[40] angeblich eine oder mehrere Hostien gestohlen und an Juden verkauft worden, die sie mit den bekannten Martern traktiert hätten und sich dann der blutenden Hostie entledigen wollten; nach ihrer wunderbaren Entdeckung wurden sie der Untat beschuldigt und – nach einer Version – von einem Anführer namens Rintfleisch und herbeigerufenen Armen vor Gericht gestellt und nach dem Geständnis – wohl unter Folter – verurteilt und verbrannt; das Fanal für die massenweise Tötung der Juden war damit gegeben, die Verfolgung weitete sich schnell auf die Region aus. Freilich muss dabei berücksichtigt werden, dass neben der erkennbaren „Typisierung der Erzählung" nach dem Pariser Muster[41] zahlreiche weitere Versionen überliefert sind, die sich um den Hostienfrevel rankten, deren Motive vom magischen Missbrauch bis hin zur Verhöhnung des christlichen Glaubens reichten. Sie spiegeln den Hintergrund breiter antijüdischer Erzähltraditionen, die inzwischen im Umlauf waren und erklären können, wie aus vermeintlichen Beobachtungen sehr schnell schwerwiegende Vorwürfe und massive Verfolgungen entstehen konnten.

---

40 Ölbild in der Stadtpfarrkirche, farbig in K. Müller, Würzburger Judengemeinde, nach S. 103.
41 Lotter, „König Rintfleisch", S. 396.

Und vor diesem Hintergrund war es kein Zufall, dass primär die örtliche Geistlichkeit die Schuldzuweisungen erhob, die zu den Gewaltakten führten, ja sie gelegentlich sogar inszenierten.[42]

Die Verhaltensweisen der Beteiligten lassen sich verhältnismäßig klar bestimmen:[43] Bei dem Anführer – dem gewählten *princeps*, *capitaneus* oder *dominus verus*, ja selbst *rex* – könnte es sich um einen Metzger gehandelt haben – jedenfalls weniger wahrscheinlich um einen verarmten Niederadeligen als um ein Mitglied der städtischen Führungsschicht –, der jedoch nach seiner eigenen Überzeugung in göttlichem Auftrag handelte und ein Kruzifix als Feldzeichen verwendete. Ihm schlossen sich arme Landleute und Bürger – *rustici et vulgares populi, pauperes*, ein *vulgus plebeium, vulgus oppidi, turba plebeia* – als Heerhaufen an.[44] Nur selten wie in Nürnberg oder Rothenburg konnten die Juden zunächst Schutz finden. In Rothenburg waren offenbar Bürger zumindest zeitweise an der Verteidigung beteiligt, jedoch wurde die Gemeinde dann in drei Verfolgungswellen gänzlich ausgelöscht – ein zeitgenössischer Gedenkstein wahrte die Erinnerung.[45] (Abb. 14)

Auch die Flucht der Juden in die Nürnberger Burg und ihre Verteidigung durch die Träger der Reichsgewalt wie Teile der Bürgerschaft, während vor allem Handwerker gegen sie antraten, erwies sich als aussichtslos, sodass die Familienväter – wie schon in den Kreuzzugsverfolgungen – Frauen und Kinder selbst töteten, um nicht in die Hände der Mörderbanden zu fallen, sondern den Abfall von eigenen Glauben durch die Selbsttötung zu vermeiden und „im gemeinsamen Martertod den Namen des Herrn zu heiligen (*Kiddusch ha Schem*)".[46] Darf man also davon ausgehen, dass noch am ehesten die gehobene Bürgerschaft der städtischen Magistrate bereit war – wie in Uffenheim –, die Juden zu schützen, so versagte doch die Hochkirche: Bischof Manegold von Würzburg war offenbar nur anfangs geneigt, seine Schutzfunktion wahrzunehmen, hier lieferte der städtische Rat die Juden den Schlägern aus, *und keiner blieb übrig in den Zelten Ja'aqovs; zur Schlachtung hat man sie geschleppt* – beklagte der ‚Machsor Saloniki'; insgesamt waren es 841 Juden der Stadt und dazu 100 Flüchtlinge aus den umliegenden Orten.[47] Auch in Bamberg fiel die gesamte Gemeinde mit mehr als 130 Personen dem Massaker zum Opfer, weitere 84 im benachbarten Forchheim.

---

42 So die Einschätzung von Lotter, Hostienfrevelvorwurf, S. 558.
43 Lotter, „König Rintfleisch", S. 415–419.
44 Belege bei Lotter, „König Rintfleisch", S. 415.
45 GJ II, S. 707; Merz, Judenpogrom; die Abb. samt Übersetzung bei Kwasmann, Grabsteine Nr. 1, S. 54–57.
46 Lotter, „König Rintfleisch", S. 416.
47 Dazu K. Müller, Würzburger Judengemeinde, S. 107–110, Zitat S. 110.

**Abb. 14:** Gedenkstein von 1298, Lapidarmuseum, Rothenburg o. d. T.

Dass vorher eine Gerichtsverhandlung stattgefunden haben könnte, in der ein Geständnis durch Folter erzwungen wurde, verschonte sie nicht, aber es gibt auch kein Anzeichen für eine Unterstützung.[48]

Bemerkenswert bleibt demgegenüber, dass die Gemeinden von Augsburg und Regensburg nicht unter den Opfern waren, vielmehr die dortigen städtischen Magistrate ihrerseits den Schutz übernahmen, wie am Beispiel Augsburgs schon gezeigt wurde.[49] (s. Kap. 4) Die Ursache dafür liegt zum einen sicher darin, dass die Verfolgungswelle im Süden an der Donau auslief, zum anderen wird man aber auch davon ausgehen können, dass die inneren Verhältnisse in den Städten eine wichtige Rolle spielten: Während in Würzburg das Ringen um die Stadtherrschaft eine sehr labile Lage schuf, in der die Judengemeinde zum Instrument der

---

48 Lotter, „König Rintfleisch", S. 412; Geldermans-Jörg, Hochstift Bamberg, S. 63f.
49 Vgl. dazu Lotter, „König Rintfleisch", S. 413f.

Auseinandersetzungen wurde, war die Loslösung der Bürgerstadt Augsburg von ihrem bischöflichen Stadtherrn bereits so weit gediehen, dass eine demonstrative Betonung des Judenschutzes als Herrschaftsrecht von Seiten der Bürgerschaft möglich war.[50] In Regensburg dagegen war die konkurrierende Ausübung des Judenschutzes durch König, Bischof und die Herzöge von Niederbayern geeignet, die Bürgerschaft faktisch in die Lücke treten zu lassen.

Nach einer ganzen Reihe von vereinzelten Ereignissen im gesamten Süden des Römisch-Deutschen Reiches brach in den Jahren 1336–1338 die zweite große Verfolgungswelle aus. Sie lässt sich mit der geschilderten von 1298 in vielfacher Hinsicht verbinden, sie unterscheidet sich aber auch deutlich von ihr. Die Bezeichnung als „Armlederverfolgung" – benannt nach ihrem frühen Anführer, Ritter Arnold von Uissigheim aus Franken, der einen ledernen Armschutz trug – verdeckt freilich eher, dass es sich nun um eine noch viel weiter ausgreifende Bewegung handelte, die von Franken über Hessen an den Mittelrhein und die Mosel, seit 1338 auch ins Elsass ausgriff, dazu von Pulkau in Niederösterreich ausgehend in Böhmen und Mähren, der Steiermark und Kärnten einen eigenen Schwerpunkt ausbildete und schließlich in Niederbayern neben Deggendorf um die 20 Orte erfasste.[51] Auch in diesem Fall rechnet man mit etwa 6.000 Opfern. Die Ereignisse verliefen jedoch regional unterschiedlich, die Motive für den Pogrom erscheinen vielfältiger – der enge zeitliche Zusammenhang zeigt aber erneut, wie schnell solche Verfolgungswellen neue generieren konnten. Die Vorgänge in Franken und Niederbayern mögen das verdeutlichen.

Dass der Ausgangspunkt am 28. Juli 1336 wieder in Röttingen im Taubertal lag, mag überraschen.[52] (Abb. 15) Er hatte allerdings einen andersartigen Kontext: Ritter Arnold und sein ‚Bauernheer' agierten vor allem gegen Städte im Taubertal und Maindreieck, ein Jahr später zogen die ‚Judenschläger' wieder in das Gebiet zwischen Jagst und Tauber, ehe sie sich nach Hessen und an den Mittelrhein wandten – es handelte sich somit um ein über die Region hinauswirkendes Ereignis. In Franken war neben einer Reihe von Orten insbesondere Tauberbischofsheim das Ziel, das dreimal erfolglos belagert wurde, ehe es ein Jahr später erobert und die Judenschaft niedergemetzelt wurde; in Kitzingen wehrten sich die Bürger zunächst, wenn auch letztlich vergeblich, während Würzburg diesmal den Judenschutz aufrechterhielt. ‚König Armleder' wurde von einem Würzburger Aufgebot, möglicherweise im Zusammenwirken mit Graf Gottfried von Hohenlohe geschlagen, in einem Prozess vor dem bischöflichen Gerichte zum Tode verurteilt und hingerichtet.

---

50 So auch Mütschele, Augsburg, S. 170.
51 Vgl. dazu Lotter, Hostienfrevelvorwurf, S. 560–571.
52 Dazu ausführlich Arnold, Armledererhebung, passim.

**Abb. 15:** Orte der Armlederverfolgung in Franken 1333

Arnold von Uissigheim, der Anführer, war als Angehöriger eines Rittergeschlechts wenige Jahre vorher 1333 wegen Geleitsbruchs verbannt worden, wurde aber später als eine Art Märtyrer angesehen. Die Frage nach den Motiven bleibt unklar: Einerseits ist von einer angeblichen Missachtung des Sakraments durch die Juden die Rede, von Rache für den gekreuzigten Erlöser, andererseits von Beutegier. Ob mit einer verbreiteten Verschuldung der Region gegenüber den Juden ein kausaler Zusammenhang herzustellen ist, bleibt umstritten.[53] (s. Kap. 3) Insofern besteht auch kein Widerspruch zu der Feststellung, dass soziale und reli-

---

[53] Jenks, Judenverschuldung, lehnt einen Zusammenhang ab, Arnold, Armledererhebung, S. 57–59, zieht es in Erwägung. Vgl. dazu oben Kap. 4.

giöse Beweggründe sich verschränkten und sogar eine Art „sozialer Erhebung" erwogen wird.[54]

Im Südosten brachte man dagegen fast ausschließlich den Hostienfrevel ins Spiel, wie der Fall von Pulkau zeigt, der Signalwirkung für Österreich, Böhmen und Mähren hatte.[55] Und auch die Deggendorfer Ereignisse in Niederbayern scheinen in den gleichen Kontext zu gehören, wenn man die Traditionsbildung in den Mittelpunkt stellt: Danach war ein Hostienfrevel Anlass für die Verbrennung der Juden, und diese Begründung blieb bis in die jüngste Zeit bestehen.[56] *Die heiligen Hostien werden von den Jüden mit einer spitzigen Schuh-/ ahlen bis zur Vergießung des allerheiligsten Bluts gestochen* und *Die heiligen hostien werden von den Jüden bis auf das heilige Blut mit Dornen/ gekratzt und es erscheint unter solcher Marter ein kleines Kinde. Ein solcher/ Dorn ist noch zu sehen*, lauten die Unterschriften unter dem zweiten und dritten aus dem Zyklus der 14 Bilder, die 1710 entstanden sind.[57] (Abb. 16)

Allerdings ist dieser Kontext zu Recht in Frage gestellt worden:[58] Zum einen wurde der Zusammenhang erst in der Chronistik um 1370 hergestellt,[59] zum anderen spricht die Inschrift an einem Pfeiler im nördlichen Seitenschiff der Deggendorfer Kirche keineswegs primär von einem Hostienfrevel, sondern zeigt eine andere Reihenfolge:

*ANNO DOM[IN]I/ MCCCXXXVII/ DES NACHSDE/ TAGS NACH/ SAND MICHELS/ TAG WVRDEN/ DI JVDEN/ ERSLAGEN/ DI STAT/ SI ANZVNDEN/ DO BART/ GOTES LAICHENAM/ FVNDEN DAZ SAH/ ED FRAVEN VND/ MAN DO HVAB MAN/ DAZ GOTSHAUS/ ZE BAVN AN.*[60]

Sollte also die Begründung der Ereignisse des 30. September erst im Nachhinein erfolgt sein, so müsste ein anderes Motiv für den Pogrom geltend gemacht werden. Tatsächlich ist in einer Urkunde Herzog Heinrichs XIV. von Niederbayern vom 14. Oktober 1338 eine andere Spur zu finden: Er verspricht dem Landrichter (d.h. dem herzoglichen Amtsträger) Konrad von Freiberg sowie Rat und

---

**54** Dezidiert Arnold, Armledererhebung, S. 60; vorsichtiger Lotter, Hostienfrevelvorwurf, S. 566f.
**55** Vgl. dazu ausführlich Wiedl/Soukup, Pulkauer Judenverfolgungen, passim.
**56** Dazu ausführlich Eder, „Deggendorfer Gnad", S. 189–288.
**57** Eder, „Deggendorfer Gnad", S. 383–410, Zitat S. 385, Abb. S. 391.
**58** Lotter, Hostienfrevelvorwurf, S. 569–571; ausführlich Kirmeier, Juden, S. 31–59 zum Verlauf, S. 41–59 zu den Hintergründen.
**59** Chronica de ducibus Bavariae, in: Leidinger, Bayerische Chroniken, S. 167: *Eodem anno [1338] orta est suspicio et maxima fama vel pocius infamia de Judeis, quod in sinagogis suis katholicam eukaristiam irriserint et inter alia ludibria spinis acutis usque ad effusionem sangwinis transfixerint.*
**60** Eder, „Deggendorfer Gnad", S. 223–226.

**Abb. 16:** Angeblicher Hostienfrevel in Deggendorf 1337, Bilderzyklus von Philipp Neri Miller, 1710, Bild 2

Gemeinde von Deggendorf, dass er *unnser unnd unnsers Lanndts huldt gahr unnd gennzlich haben gegeben, Darumb sy unnser Juden zue Deckhendorff verprannt und verderbt habent, darzue wollen Wür waß sy derselben Juden, hab genumen habent, oder waß der in Ihr gwallt sei khommen haimlich oder Offenntlich das in die alle also solle beleiben, unnd darzue waß auch sy denselben Juden gellten sollten.* Alle Bürgschaften, Pfandbriefe und Urkunden, die Schulden bei den Juden betrafen, sollten gegenstandslos sein.[61] Damit wird die Verschuldung bei den Juden zum dominanten Faktor. Freilich sprechen verschiedene chronikalische Quellen fast einhellig von einer Heuschreckenplage, die vorausgegangen sei – und damit eine Massenhysterie ausgelöst haben könnte. Auf jeden Fall stimulierte wie in Franken eine Mischung von Motiven den Schritt zur Vernichtung der Judengemeinde. Anders als dort fällt aber ein problematisches Licht auf den Herzog und seine Amtleute vor Ort, den Pfleger der Stadt und die Vitztume seiner Herrschaft: So wurden dem Landshuter Bürger Albrecht von Staudach zur Begleichung einer Schuld Herzog Heinrichs von über 3.000 Pfund Regensburger Pfennigen unter anderem die Erträge aus dem eingezogenen jüdischen Besitztum und dem Verkauf jüdischer Häuser angewiesen.[62] Es erscheint nicht weit hergeholt, wenn man daraus ein ganz konkretes Interesse des Herzogs wie der gehobenen Bürgerschaft seiner Städte an der Abschüttlung der Schulden bei den Juden erschließt, also „erstmals eine überörtliche Judenverfolgung statt[fand], deren Durchführung in der Hand herzoglicher Beamter unter ausdrücklicher Billigung des Landesherrn erfolgte".[63]

Für einen wirtschaftlichen Kontext spricht zudem die Verfolgung in einer Reihe anderer Städte und Orte der Region. Zunächst findet sich die gleiche Begründung wie für Deggendorf in einer zweiten Urkunde des Herzogs für die Hauptstadt des Teilherzogtums Straubing bereits vom 11. Oktober: Auch hier spricht er die Täter von den Schulden frei und überlässt ihnen die Habe seiner Juden – ohne wiederum einen Hostienfrevel zu erwähnen.[64] Berücksichtigt man dabei die als Fragment zufällig erhaltene Schuldenliste aus Straubing aus den unmittelbar vorausgegangenen Jahren 1329/32, so wird dieser Kontext noch plausibler:[65] Die Liste (s. Kap. 4) enthält nicht nur Personen aus dem regionalen Adel und der bürgerlichen Oberschicht der Residenzstadt, sondern die jüdische Vergabe insbesondere von Kleinkrediten zur Überbrückung von aktuellen Illiqui-

---

61 Eder, „Deggendorfer Gnad", S. 199 Anm. 25; Regest bei Wiener, Regesten, S. 121, Nr. 136.
62 Kirmeier, Juden, S. 37f. mit Anm. 9.
63 Kirmeier, Juden, S. 59.
64 Eder, „Deggendorfer Gnad", S. 203–205.
65 Toch, Geld und Kredit, passim.

**Abb. 17:** Die Judenmorde zu Deggendorf und Straubing 1337

ditäten war offensichtlich auch in einem ländlichen Einzugsbereich mit Bauern und lokalen Pfarrern von hoher Bedeutung – sodass die virulente antijüdische Stimmung klare Ansatzpunkte fand. Und was für Straubing zu belegen ist, dürfte auch für Deggendorf Gültigkeit haben.

Wenn der Pogrom weiter in die Region ausstrahlte, zuerst nach Vilshofen, sodann an der Isar über Landau und Dingolfing bis Landshut, der Hauptstadt des niederbayerischen Teilherzogtums,[66] am Inn bis Braunau und Kraiburg sowie in die Märkte und Dörfer im Rott- und Vilstal, dazu als Ausläufer nach Kelheim sowie Cham im Nordgau, ohne dass genauere Nachrichten darüber erhalten geblieben wären[67] (Abb. 17), dann ist das erneut ein Beispiel dafür, wie antijüdische Stimmungen hysterische Züge annahmen. Die Verkettung der latent vorhandenen stereotypen Vorwürfe als Auslöser an einzelnen Orten – die ihrerseits keine herausragenden Gemeinden beherbergten, sondern zu den kleinen Niederlassungen zählten – zeitigten bereits verheerende Wirkungen. Aber sie waren nur die Vorläufer jener weit ausgreifenden Pogromwelle, die sich mit dem Schwarzen Tod in den Jahren 1348/49 im gesamten Römisch-Deutschen Reich verbinden sollte.

---

66 Kirmeier, Juden, S. 38.
67 Salfeld, Martyrologium, S. 241f.; Eder, „Deggendorfer Gnad", S. 208–211, nach dem Mainzer Memorbuch.

# 7 Die Pest-Pogrome 1348–1350 als Wendepunkt

„Pest – Geißler – Judenmorde" – mit dieser Dreiheit der Ereignisketten hat man „das 14. Jahrhundert als Krisenzeit" markiert,[1] als fundamentalen Einschnitt im späten Mittelalter. Erstmals seit der Justinianischen Pest des 6. Jahrhunderts war die Epidemie wieder in Europa zu registrieren und wurde unter dem Namen ‚Schwarzer Tod' vielfach beschrieben. Von der Krim eingeschleppt, ergriff sie über Italien ganz Europa, dezimierte als verheerendster Seuchenzug des Mittelalters die Bevölkerung um etwa ein Viertel und löste einen vielfältigen Wandel aus.[2] Die Wirtschafts- und Sozialgeschichte wertet ihn seit langem als epochenbildend, weil die Strukturen sich grundlegend änderten,[3] und die jüdische Geschichte folgt ihr insofern, als sie die damit zusammenhängende erneute Pogromwelle als einen tiefen Einschnitt in die Lebensverhältnisse deutete.[4]

Die antijüdischen Verfolgungen waren nach ersten lokalen Ereignissen seit dem ausgehenden 13. Jahrhundert zunehmend regional breiter und ihre Motive vielfältiger geworden, nun aber erfassten sie mit bisher ungeahnter Wucht das gesamte Europa: Der Anfang findet sich in Südfrankreich im Frühjahr 1348, von wo der Pogrom nach Spanien ausstrahlte; von Savoyen und dem Genfer See erreichte er im November 1348 die nördliche Schweiz und griff sehr schnell bis zur Jahreswende auf Ost- und Innerschwaben bzw. den Oberrhein und das Elsass über, um sich dann über Thüringen und Sachsen und bis zum Sommer 1350 auch nach Nord- und Ostdeutschland auszuweiten, während gleichzeitig weitere Orte im süddeutschen Raum, am Mittel- und Niederrhein sowie in den Niederlanden erfasst wurden – ohne dass die Wege bislang einer erkennbaren stringenten Logik folgten.[5] Auch wenn die großen Gemeinden des Westens im Mittelpunkt der bisherigen Forschung standen, der Südosten des Reiches mit den Schwerpunkten der jüdischen Siedlung in Schwaben und Franken, aber auch in Altbayern war ebenfalls ganz erheblich davon betroffen.[6]

Die Ereignisketten sind aber nicht nur aus sich selbst heraus zu sehen: Die Jahre 1347–1350 umfassen auch die Zeit der Auseinandersetzungen um den

---

[1] Graus, Pest – Geißler – Judenmorde.
[2] Genannt sei nur beispielhaft Bergdolt, Der Schwarze Tod.
[3] Vgl. neuerdings Kießling/Konersmann/Troßbach, Grundzüge, mit den verschiedenen Aspekten.
[4] Vgl. dazu die zeitliche Gliederung der GJ, deren 2. Teil damit endet.
[5] Nach A. Haverkamp, Judenverfolgungen, S. 35–38; und Graus, Pest – Geißler – Judenmorde, S. 159–167, jetzt Cluse, Chronologie, S. 230–233.
[6] Vgl. die Karte bei J. Müller, „Land der Verfolgung", nach S. 272; bzw. Kirmeier, Juden, S. 67–70.

Königsthron zwischen den Wittelsbachern und Luxemburgern:[7] der Luxemburger Karl von Böhmen war am 11. Juli 1346 zum Gegenkönig gegen den amtierenden, aber nicht zuletzt wegen des Konflikts mit dem Papsttum in die Defensive geratenen Ludwig den Bayern gewählt worden, konnte sich aber erst nach Ludwigs überraschendem Tod am 11. Oktober 1347 durchsetzen, auch wenn die wittelsbachische Partei weitere Kandidaten ins Spiel brachte, unter anderem für kurze Zeit zwischen dem 30. Januar und 24. Mai 1349 Graf Günther von Schwarzburg. Erst 1350 kam es zum Ausgleich der rivalisierenden Dynastien. Wieder muss also die Schwäche des Königtums bzw. das Ringen um die Herrschaft bei der Einschätzung des Pogroms in Rechnung gestellt werden – auch wenn ihr Gewicht umstritten bleibt.[8] Die Gefahr, dass der Judenschutz als Herrschaftselement instrumentalisiert wurde, war jedenfalls gegeben.

Freilich ist in unserem Raum nur in einigen Fällen eine genauere Analyse der Vorgänge möglich. Eine der ersten Städte, die vom Pogrom betroffen war, war die Bischofs- und Reichsstadt Augsburg; an diesem Beispiel wird die Komplexität der Vorgänge gut sichtbar.[9] Der Pogrom ist hier auf den 22. November datierbar: *1348 jaur dau wurden die juden verprant an sant Cecilie tag*, wird man später lapidar in der Chronistik notieren.[10] Es war ein Samstag – der als Sabbat für die Verfolger die Chance bot, die Juden in der Synagoge versammelt vorzufinden. Die Situation in der Stadt war unruhig, denn erst 1340 war ein interner Ausgleich zwischen Rat und Bürgerschaft über die Finanzverwaltung zustande gekommen, der aber nicht ausreichte, wie die spätere Zunfterhebung von 1368 zeigt. Indiz für die inneren Spannungen war ein Versuch des angesehenen und mächtigen Ratsmitglieds Heinrich Portner, zusammen mit seinem Sohn und seiner Klientel gegen den etablierten Rat die Stadtherrschaft an sich zu reißen – eine Art Signorie nach italienischem Vorbild, wie das schon 1303 die Familie Stolzhirsch versucht hatte. Im Januar wurde er jedenfalls mit dem Stadtverweis auf Lebenszeit bestraft, weil er *mit sinen dienern gevarlich gestellet nach der stat toern und hat ouch die edlen luet und die gebur von dem land besent in die stadt darumb, daz er der stat und richen und armen crieg und ufflaeuff und manschlaht schaffen und machen woelt.*[11] Kurz vorher hatte er im Oktober die benachbarte Burg Wellenburg abtreten müssen, weil er hoch verschuldet war, nicht zuletzt bei den Juden. Ein weiterer Unsicher-

---

7 Vgl. Moraw, Verfassung, S. 235–242.
8 Stark gewichtet wird der Thronstreit von A. Haverkamp, Judenverfolgungen, S. 68–91; ablehnend Graus, Pest – Geißler – Judenmorde, S. 232.
9 Dazu Mütschele, Augsburg, S. 274–292; Schimmelpfennig, Christen und Juden, S. 32–34.
10 ChrdtSt, Augsburg 1, S. 220 (Erhart Wahraus), vgl. S. 308 (Anonymus).
11 Meyer, Urkundenbuch Augsburg, Bd. II, Nr. 459, S. 21f.

heitsfaktor bestand darin, dass der Bischofsstuhl umstritten war, denn der amtierende Oberhirte Heinrich – der seinerseits wie die Stadt Ludwig den Bayer unterstützte und deshalb vom Papst nicht anerkannt wurde – war am 30. Mai 1348 von Papst Clemens VI. durch Markward von Randegg ersetzt worden, der sich aber erst Ende des Jahres tatsächlich in der Stadt etablieren konnte.

Die Lage in der Stadt war also in vielerlei Hinsicht undurchsichtig und gewaltträchtig – auch wenn die Pest die Stadt noch nicht erreicht hatte und auch in diesen Jahren nicht erreichen sollte.[12] Dass massive finanzielle Interessen im Spiel waren, ergibt sich aus den nachfolgenden Vorgängen: Abgesehen von den Strafaktionen gegen einige Friedensbrecher, die *ze der zit do die juden geslagen waren [...] dieser stat ihr ere und ir ehrhaftigkeit abgestreckt habent und ir frid und ir friheit abgebrochen habent mit unrechtem gewalt den si in dieser stat freventlich getriben habent,*[13] war insbesondere das Ringen um den Nachlass der ermordeten Juden bezeichnend. Karl IV., von der Stadt seit Januar 1348 anerkannt, war schon am 6. Dezember bereit, dem Schenken Ulrich von Höchstetten für seine Forderung von 200 Mark Silber an ihn – ihm war die Judensteuer seit Oktober 1347 vom König verpfändet worden – jüdische Besitztitel zuzuführen, und am 14. Dezember wies er den Landvogt Friedrich von Teck an, den Rest im königlichen Auftrag zu verwahren – der seinerseits offenbar ebenfalls Ansprüche anmeldete. Die Abwicklung dieser Forderungen zog sich noch bis in den Sommer 1349 hin, bis der Rat die adligen Ansprüche mit 1.200 Silbermark entschädigte. Nun war die Stadt am Zuge: Karl IV. sah sich genötigt, ihr die restlichen Judengüter zuzusprechen, verbunden mit der Zusage, *das wir in alle schuld, ob sy dheine haben an der juden tode, die entleibet sein, uebersehen haben und luterlich vergebn.*[14] Nutznießer war aber nicht nur die Stadt, sondern auch der Bischof, denn schon am 21. Dezember hatte Karl den neuen Bischof und seine Kirche von den Judenschulden befreit – und ihm tags darauf einige überlebende Juden samt ihren Besitzungen überlassen, sodass nun ein Ringen mit der Stadt um die noch ausstehenden Forderungen einsetzte, das schließlich die Stadt 1353 mit einer formellen Schuldentilgung Karls IV. beendete.

Die komplizierten Vorgänge lassen den Schluss zu, dass die Verschuldung bei den kapitalkräftigen Judenfamilien auf allen Seiten zumindest ein gewichtiges Motiv für die Verfolgung darstellte – ansonsten wäre die sich so schnell daran

---

**12** Entgegen der üblichen Annahme von der Pandemie auch in Süddeutschland Kießling, Der Schwarze Tod, passim.
**13** Zit. nach Mütschele, Augsburg, S. 283: Achtbuch, fol. 62 c.
**14** Mütschele, Augsburg, S. 284f., Schimmelpfennig, Christen und Juden, S. 33f.; jeweils nach Meyer, Urkundenbuch Augsburg, Bd. II, Nr. 452ff., 455, 463, 466f., 469; Zitat Nr. 463 S. 24.

anschließende breite Beurkundung nicht zu erklären. Das Datum spricht sogar für eine geplante Aktion – wobei offen bleibt, von wem die Initiative ausging; auf jeden Fall meldeten die potentiellen Profiteure sofort ihre Interessen an, und der neue König war bereit, sie zu befriedigen, schon um in der für ihn zentralen Stadt in Schwaben den nötigen politischen Rückhalt zu erhalten.

Auffällig ist aber auch die Einbindung der Augsburger Vorgänge in eine Regionalität: Im November 1348 spielten sich in den Reichsstädten Memmingen, Kaufbeuren, dazu im wittelsbachischen Landsberg a.L. und im vorderösterreichischen (habsburgischen) Burgau, Ende November/Anfang Dezember in den beiden Reichsstädte Nördlingen und Lindau ebenfalls Verfolgungen ab, über die Jahreswende folgten solche in einigen innerschwäbischen Städten, nicht zuletzt am 30. Januar in der Reichsstadt Ulm.[15] Die ostschwäbische Gruppe – zu der auch Landsberg zu rechnen ist, das über vielfältige Beziehungen nach Schwaben verfügte, auch wenn es zum Herzogtum Oberbayern gehörte – bildete im 14. Jahrhundert eine sich immer mehr verdichtende Städtelandschaft mit Zügen einer Gewerberegion aus, die intensiv wechselseitig vernetzt war.[16] Auch wenn bei vielen der genannten Städte die antijüdischen Aktionen nur in der zeitgenössischen Chronik des Heinrich von Diessenhofen und in den Memorbüchern genannt sind,[17] so ist doch davon auszugehen, dass die engen Beziehungen unter ihnen die Ereignisse mit bestimmt haben: Innerstädtische Unruhen um die Partizipation am Rat waren jedenfalls in den Reichsstädten überall an der Tagesordnung, und sie waren mit wechselseitigen Konsultationen in dieser Frage verbunden. Und wenn Karl IV. am 20. Juni 1349 Memmingen nach Verhandlungen mit den Landvögten von Oberschwaben *sûne und huld* wegen des Mordes an den Juden und des Raubes ihres Besitzes gewährte,[18] dann passt sich das ein in ein Schema einer städtischen Verfolgung, bei der der königliche Schutz versagt hatte.

Im Prinzip galt das auch für Nördlingen, wo die Juden ermordet oder gefangen gesetzt wurden, soweit sie nicht fliehen konnten.[19] Jedoch gestaltete sich hier die Verteilung des jüdischen Besitzes insofern schwierig, als die Grafen von Oettingen ihre Hand darauf legten.[20] Das resultierte aus dem ständigen Bestreben der Grafschaft, den Handlungsspielraum der Reichsstadt einzuengen, wenn man

---

**15** Belege bei A. Haverkamp, Verfolgungen, S. 35f.; Cluse, Chronologie, S. 230–233.
**16** Dazu Kießling, Städtebünde und Städtelandschaften, passim.
**17** GJI/1, S. 145 (Burgau), S. 467 (Landsberg), S. 392 (Kaufbeuren), S. 489 (Lindau) GJ II/2, S. 535 (Memmingen), S. 595 (Nördlingen).
**18** MGH Constitutiones, Bd. 9, Nr. 367, S. 276; vgl. dazu jetzt Fajt/Hörsch, Karl IV., Katalog 14.2., S. 564f.
**19** GJ II/2, S. 595; Voges, Nördlinger Judengemeinde, S. 158–160; Dohm, Nördlingen, S. 56–60.
**20** Vgl. dazu auch L. Müller, Aus fünf Jahrhunderten I, S. 15–17.

sie schon nicht ganz dem eigenen Territorium einverleiben konnte. Ein Element davon war der Judenschutz: Da die Judensteuer seit 1324 an die Grafen verpfändet war (s. Kap. 5), beanspruchten sie jetzt auch den ‚Ertrag'. Sie einigten sich aber am 24. Dezember mit der Stadt darauf, zwar auf die Güter der ermordeten Juden zu verzichten, aber die noch gefangen gehaltenen sollten ihnen ebenso übergeben werden wie die jüdischen Häuser in der Stadt – die sollten allerdings innerhalb von drei Jahren verkauft werden. Zudem sollten ihnen die von Auswärtigen ausgestellten Schuldscheine und Pfänder ausgeliefert werden. Die Grafen wollten die Stadt dafür gegen mögliche Rechtsansprüche ein Jahr lang vertreten; es ging dabei um 1.700 + 300 Pfund Haller Schulden gegenüber Juden und 600 Pfund Haller Erlös aus jüdischem Besitz. Abgeschlossen wurden auch hier die Ereignisse mit einer Urkunde Karls IV. vom 26. März 1349, in der er die Stadt wegen der Gewaltakte an den Juden –Totschlag, Gefangennahme, Wegnahme der Briefe und Güter und der Lossagung von den Schulden – lossprach.[21] Ein zusätzliches Element, das für die Einschätzung spricht, dass es sich im Kern um eine gewaltsame Entschuldung handelte, stellt die Tatsache dar, dass auch die Grafen selbst ihre an ihren Residenzen ansässigen Juden dem Pogrom ausgeliefert hatten – Graf Albrecht, der Sohn des verstorbenen Ludwig IV., erhielt am 18. Dezember nicht nur die Reichspfänder seines Vaters, sondern auch die Güter der Juden, sie seien lebend oder tot[22] – vermutlich waren es solche in Harburg, Oettingen und Wallerstein, sodann auch in Wassertrüdingen.[23] Nimmt man noch dazu, dass die Grafen am 1. Januar 1349 ihre Schulden bei den Nürnberger Juden getilgt bekamen – Karl IV. machte sie *ledig [...] all der schult, di si den Juden ze Noremberch [...] schuldig sein gewest [...]*[24] –, dann lässt sich diese Gesamtstrategie noch wahrscheinlicher machen.

Möglicherweise haben die Pogrome in Schwaben, insbesondere die von Augsburg und Nördlingen, auch in Ulm stimulierend gewirkt, wo zunächst der Schutz wirksam war, den der Rat übertragen erhalten hatte und den er zusammen mit den Grafen von Helfenstein (den Landvögten in Schwaben) ausübte – wenn auch zum Teil von der Bürgerschaft nur widerwillig getragen. Am 30. Januar – wiederum einem Sabbatabend – begann jedoch die Vernichtung der Gemeinde. Wie in den anderen Städten sind auch hier über die Zerstörung der Frauensynagoge und von Teilen der Gemeindebauten wie über den späteren Besitz der jüdischen Haus-

---

21 Die Urkunden als Regesten bei Puchner/Wulz, Urkunden Nördlingen, Nr. 200, 201 und 208.
22 Dertsch/Wulz, Urkunden Oettingen, Nr. 566.
23 So auch Cluse, Chronologie, S. 232 Anm. 59; vgl. A. Haverkamp, Kartenwerk, Karte C 4.4.
24 MGH Constitutiones, Bd 9, Nr. 104 S. 73f., Dertsch/Wulz, Regesten Oettingen Nr. 567; vgl. allgemein zu den Tilgungen Graus, Pest – Geißler – Judenmorde, S. 236–239.

grundstücke – unter denen insbesondere die einflussreiche Ratsfamilie Krafft herausragt – vor allem die Auswirkungen nachzuzeichnen.[25]

Vermutlich bis zum Frühjahr 1349 waren dann noch eine ganze Reihe von weiteren Orten in Schwaben betroffen: Gundelfingen, Dillingen, Lauingen und Aislingen an der Donau, sodann Wertingen und Graisbach (die Burg der gleichnamigen Grafen bei Donauwörth), doch bei ihnen lässt sich nur wahrscheinlich machen, dass sie im gleichen räumlichen und ereignisgeschichtlichen Zusammenhang stattfanden, ohne dass wir über weitere Details informiert wären. Immerhin wird damit unterstrichen, dass für die Ausbreitung der Verfolgung der Charakter einer eng verflochtenen, aufstrebenden wirtschaftlichen Zentrallandschaft an der oberen Donau mit berücksichtigt werden muss.

Die Kommunikation unter den Städten, die in dieser Region nur vermutet werden kann, wird am Falle Würzburg sehr viel deutlicher. Ähnlich wie in Ulm war auch hier die Lage zunächst eher offen:[26] Noch 1344 war Bischof Otto II. von Wolfskeel mit der Bürgerschaft übereingekommen, „die bischöflichen Rechte an den Juden anzuerkennen und am Judenschutz mitzuhelfen".[27] Doch nun fragte der Rat bei anderen Städten nach, wie sie mit der angeblichen Bedrohung durch die Brunnenvergiftung von Juden umgehen wollten. Die Antworten von insgesamt acht – Oberehnheim im Elsass, Breisach, Freiburg i.Br., Straßburg, Frankfurt a.M., Heilbronn, Fulda und Erfurt, also vor allem die an der Rheinschiene gelegenen – haben sich erhalten. Sie fielen zwar durchaus unterschiedlich aus, aber die Mehrheit votierte gegen die Juden, einige hatten die Vernichtung bereits vollzogen. Heilbronn sprach im Februar 1349 immerhin von einem reinen Gerücht, einem *gemain leumunt in aller cristenheit*: Es berichtete vom jüngsten Städtetag in (Schwäbisch) Gmünd über Nachrichten von den Kommunen am Bodensee, dass *etliche stette von Elsas dy selben brief gesant hetten*, in denen von diesem Gerücht erzählt worden sei.[28] Die Verbreitung der Gerüchte und der Aktionen über die wechselseitige Information der Städte untereinander findet hier eine naheliegende, aber dennoch aufschlussreiche Bestätigung. Sie hatte mit dem Tag von Benfeld im Elsass begonnen, wo im Januar 1349 Vertreter der Reichsstädte, adelige Herrschaftsträger und der Bischof von Straßburg übereingekommen waren, dass man keine Juden haben wolle (*de non habendis Iudeis*), wie Mathias von Neuenburg berichtet,[29] und ist dann den Rhein entlang nach Norden bzw.

---

25 Scholl, Ulm, S. 87–97.
26 H. Hoffmann, Judenverfolgung; K. Müller, Würzburger Judengemeinde, S. 117–124.
27 H. Hoffmann, Judenverfolgung, S. 92f.
28 H. Hoffmann, Judenverfolgung, S. 98–103, Zitate S. 101.
29 Schneider, Tag von Benfeld, Zitat S. 258.

über den Bodensee nach Innerschwaben zu verfolgen. Die Regionalität der Ausbreitung des Pogroms entspricht also erneut der Zuordnung der Städte zu einer Städte- bzw. Wirtschaftslandschaft – wobei Würzburg nach wie vor eng an die Rheinschiene angebunden war.

Der Stimmungsumschwung in der Stadt war also vorbereitet. Michael de Leone (gest. 1355), bischöflicher Protonotar und Scholaster des Stifts Neumünster und damit wohl Zeitzeuge der Ereignisse, ging wie selbstverständlich von der Brunnenvergiftung als Faktum aus und folgerte daraus, dass die Bürger zur Tat bereit waren, die Juden sich aber nach einem Gerichtsurteil selbst verbrannten (*Deinde cum incole Herbipolenses iudeos ibidem, propter reatum intoxicationis Christianorum per Judeos perfidos hinc et inde effecte, diutius sustinere non possent, ipsi Iudei Herbipolenses suas domos ibidem de mane incenderunt et se ipsos ac sua combusserunt in eis, per sententiam quidem in iudicio seculari ibidem proterea condempnati ad mortem*).[30] Was vorausgegangen war, war ein starkes Erdbeben schon am 25. Januar 1348, was dazu kam, war ein scharfer Frosteinbruch zwischen dem 19. und 21. April, der die gesamte Weinreben vernichtete, was aber erst im Mai folgte, war der Geißlerzug – auf jeden Fall brach eine massive Panik aus. Was aber letztlich der Auslöser dafür war, dass in der Nacht vom 20. auf den 21. April die furchtbare Gewalt ausbrach, bleibt unklar.[31] Die Selbstverbrennung der Juden, von der Michael de Leone sprach, muss allerdings in Zweifel gezogen werden: Zum einen spricht er kurz vor dieser Stelle von „spontanen Zusammenrottungen und unorgansierten Volkshaufen als Handelnde[n]" (*tam nobiles quam ignobiles [...] turmatim & exercitim congregati ipsos Judeaeos adeo persequuntur*), sodass es durchaus sinnvoll erscheint, wie in Köln, Mainz und Frankfurt an eine nachträgliche Rechtfertigung zu denken, um die Verantwortung abzuwälzen.[32] Die Zahl der Opfer ist unbekannt, wir kennen nur die Namen der Gemeindeoberhäupter.

Sieht das auf den ersten Blick nach einer spontanen Aktion aus,[33] so zeigen urkundliche Quellen eine andere Seite: Karl IV. – der damals noch nicht auf sicherem Boden agierende König – gestand den beiden fränkischen Bischöfen, den Brüdern Friedrich (Bamberg) und Albrecht II. (Würzburg) von Hohenlohe, auf dem Reichstag zu Speyer am 28. März den Verzicht an den Gütern der Juden zu: [...] *were daz deheiner schad geschehe an den Juden, unsern camerknechten, in iren beiden bistumen oder in ir einem, daz wir mit derselben juden gute [...] nicht*

---

30 Zit. nach H. Hoffmann, Judenverfolgung, S. 94.
31 So auch der Tenor von Arnold, Das Beispiel Würzburg, S. 364–367.
32 Baum, Würzburg 1349, S. 376–381, Zitat S. 376; vgl. Graus, Pest – Geißler – Judenmorde, S. 195–207.
33 Vgl. die Definitionen von Graus, Pest – Geißler – Judenmorde, S. 380.

*tvn sullen noch enmv̊gen [...] on iren besundern rat vnd willen.*³⁴ Bischof Albrecht erhielt am selben Tag den Zugriff konkret auf *die juden schůle, kirchhôfe, hůser, hofreit in der stat zu Wirtzburg und auch in allen andern steten und vesten des bystums ze Wirtzburk gelegen, van auch aller juden da selbst husgereit, kleynôde, varendhabe, schuld vorderungen vnd ansprache, und alle ander ihre guet vnd auch alle ander vnser vnd des riches reht daran vnd darzu [...].*³⁵ Damit machte also auch hier der König den Weg für das Massaker frei, das dann in einer labilen Stimmungslage seinen verhängnisvollen Gang auch über Würzburg hinaus nahm: Iphofen, Kitzingen und Lauda dürften zu den Orten des bischöflichen Herrschaftsbereichs gehören, die davon betroffen waren.³⁶

Was für Augsburg und Nördlingen lediglich erschlossen werden kann und für Würzburg zumindest im Falle des Bischofs nachzuweisen ist, ist für Nürnberg noch viel eindeutiger belegbar: die Planung des Pogroms.³⁷ Der Vorgang selbst zeigt insofern Ähnlichkeiten mit dem Augsburgs, als auch hier zunächst die innerstädtischen Spannungen in einem Aufstand gegen den herrschenden Rat kulminiert waren, bei dem die Parteien dem jeweils favorisierten König zugeordnet werden können und an dem offensichtlich die Handwerkerschaft stärker beteiligt war. Doch diese Episode war bereits im Sommer 1349 beendet, und die Stadt begann sich mit Karl IV. zu arrangieren. Hatte der ‚Aufruhrrat' noch den Judenschutz praktiziert, so begann auch hier die „Folterung, Erschlagung und Verbrennung der Juden" an einem Sabbat, dem 5. Dezember 1349.³⁸ Das Wesentliche aber ist, dass die Verfügung über die Besitzungen und Schuldscheine der Juden schon lange vorher begonnen hatte: Am 6. April 1349, noch vor der Anerkennung durch die Stadt, verschrieb Karls IV. Judenhäuser an Arnold von Seckendorff *auf den Fall, wenn die Juden in Nürnberg entleibet würden, oder von dannen fuhren oder sonsten dem Reich heimfielen*. Das blieb kein Einzelfall, denn im Juni folgten ähnliche Übereignungen an den Bischof von Bamberg, den Burggrafen von Nürnberg und Markgraf Ludwig von Brandenburg³⁹ – und kurz darauf erhob man eine außerordentliche Steuer von 1.200 Mark von der jüdischen Gemeinde und überwies sie an den Bischof von Würzburg.⁴⁰

---

34 Monumenta Boica 41, Nr. 137, S. 389.
35 Monumenta Boica 41, Nr. 148, S. 408f.
36 Cluse, Chronologie, S. 232 Anm. 59; GJ II/1, S. 377 (Iphofen), 402 (Kitzingen), 470f. (Lauda).
37 GJ II/2, S. 602–604; im allgemeinen Kontext A. Haverkamp, Judenverfolgungen, S. 53f., 65, 71–73; Graus, Pest – Geißler – Judenmorde, S. 208–213; aus Nürnberger Sicht A. Müller, Nürnberg, S. 30–35; jüngst Müller/Weber, Karl IV. und die Juden, S. 221–224.
38 A. Haverkamp, Judenverfolgungen, S. 53.
39 Dazu jüngst Fajt/Hörsch, Karl IV., Katalog 14.4, S. 566f.
40 Alle Belege bei Graus, Pest – Geißler – Judenmorde, S. 210f.

Der neue, wiederum patrizische Rat (seit 1. Oktober) beteiligte sich an der Aktion und erhielt im Kontext eines königlichen Privilegs vom 2. Oktober, das ihn gegenüber dem ‚Aufruhrrat' absicherte, auch die Zusicherung Karls, *ob daz wer, daz an den Juden doselbist icht geschehe also, daz sie beschedigt wurden wider der burger von dem Rat willen, daz sie des wider uns und unser nachkomen an dem reich nicht entgelten sullen in dheinweis.*[41] Selbst einzelne Patrizier wie der langjährige Bürgermeister, Bankier und Gesandte Ulrich Stromer[42] und der Unternehmer und Stifter des Heilig-Geist-Spitals Konrad Groß ließen sich Häuser aus dem jüdischen ‚Erbe' überschreiben.[43] Nun erfolgte – wiederum abgesichert durch Karl IV.[44] – die Neugestaltung des ökonomischen Zentrums der Stadt: Die bei der Anlage des neuen Marktplatzes hinderlichen Judenhäuser wurden abgerissen, an die Stelle der Synagoge an der Ostseite die Marienkirche aufgeführt – ein Handlungsmuster, das später wieder in Würzburg und Regensburg begegnet. Auch der jüdische Friedhof wurde aufgelassen, die Grabsteine teilweise wiederverwendet, bis heute erkennbar vier als Treppenstufen für den südlichen Turmaufgang von St. Lorenz (Abb. 18).[45] Die Zahl der Opfer gibt das Martyrologium mit 562 Personen an – bei einer geschätzten Gesamtzahl von 1.500–2.000, die die Gemeinde umfasst haben dürfte.[46] Das planmäßige Zusammenwirken von Rat und König – das auch in der Folgezeit den Aufstieg Nürnbergs begleitete – bei der weitgehenden Auslöschung einer der größten Judengemeinden des Reiches war sicher nicht einzigartig, aber es spiegelt in besonders eindeutiger Weise die verhängnisvolle Konvergenz der fiskalischen und machtpolitischen Interessen.

Die Nürnberger Ereignisse hatten bei weitem keine so starke Ausstrahlung in das Umland wie bei Augsburg oder Würzburg, vielmehr stehen sie weitgehend isoliert.[47] Datierbare Vorgänge finden sich in den oberfränkischen Niederlassungen lediglich für Bamberg (nach dem 28. März 1349) und Windsheim (nach dem 19. April 1349), beide also wohl noch vor Nürnberg; zeitlich unklar bleiben Coburg und einige kleinere Orte in Oberfranken sowie die Herrschaftsgebiete der Burggrafen von Nürnberg mit Ansbach und das Hochstift Eichstätt – inwiefern jeweils die Nürnberger Vorgänge dafür die Initialzündung abgaben, ist nicht klar ersichtlich.

---

41 MGH Constitutiones, Bd. 9, Nr. 592, S. 462f.: 1349 Okt. 2.
42 Fleischmann, Rat und Patriziat in Nürnberg, Bd. 2, S. 457–459 (Groß), 944 (Stromer).
43 MGH Constitutiones, Bd. 9, Nr. 617f., S. 481f. vom 19. Nov. 1349: Ulrich Stromer, [...] *durch seine trewe, die er zu uns hat und seiner dinst willen, die er uns und dem Reich getan hat* [...].
44 MGH Constitutiones, Bd. 9, Nr. 616, S. 481, vom 16. Nov. 1349.
45 A. Müller, Nürnberg, S. 35 u. Abb. V.; jetzt Fajt/Hörsch, Karl IV:, Katalog 14.5., S. 567f.
46 A. Müller, Nürnberg, S. 33 bzw. GJ II/2, S. 601.
47 Cluse, Chronologie, S. 234–236.

**Abb. 18:** Jüdische Grabsteine aus dem Friedhof, verwendet als Treppenstufen im Südturm der St. Lorenz Kirche, Nürnberg

In Altbayern lag die Situation insofern anders, als die Städte streng unter landesherrlicher Aufsicht standen, sodass in dieser Phase keine innerstädtischen ‚Bürgerkämpfe' zu verzeichnen waren, auch wenn in den Zeiten der innerwittelsbachischen Streitigkeiten zumindest die Residenzstädte durchaus zu einer gewissen Selbstständigkeit vorstoßen konnten.[48] Die Landesherrschaft in Bayern, die Kaiser Ludwig der Bayer 1341 in seiner Hand vereinigt hatte, lag im Frühjahr 1349 bei der Kaiserinwitwe Margarethe und ihren zwei Söhnen Ludwig V. der Brandenburger und Stephan II. (die Erbansprüche der vier unmündigen Söhne Margarethes aus zweiter Ehe können hier außer Acht bleiben), bis am 12. September 1349 die Landesteilung in Oberbayern (für Ludwig) und Niederbayern (für Stephan) wieder wirksam wurde.[49] Das war deshalb von Bedeutung, weil das landesherrliche Judenregal unbestritten gemeinsam von beiden ausgeübt wurde und die Auseinandersetzungen um die Königswürde zwischen der wittelsbachischen und der luxemburgischen Partei keine direkten Auswirkungen hatten.[50] Dennoch kam es zum Pogrom. In Landshut lässt er sich auf die Tage zwischen dem 17. Februar und dem 29. März datieren, denn zum ersten Termin verpfändete Herzog Stephan ‚seine' Juden an

---

48 Störmer, Stadt und Stadtherr, passim.
49 Straub, Teilherzogtümer, S. 199f.
50 Dazu Kirmeier, Juden, S. 77–80.

Albrecht von Staudach, und sechs Wochen später beauftragten er und sein Bruder Ludwig ihre Dienstleute damit, denselben bei der Eintreibung der Besitztümer der toten Juden im gesamten Herzogtum zu unterstützen; eine gleichlautende Urkunde ermächtigte Staudach zur Eintreibung der Gelder in München.[51] Für Ingolstadt ist eine Datierung vor dem 13. Juni möglich, die Überlieferung der Memorbücher verzeichnet in Niederbayern neben Landshut die Städte Straubing, Burghausen, Wasserburg und Braunau am Inn. Man wird aber davon ausgehen dürfen, dass auch die oberbayerischen Niederlassungen der Juden ausgelöscht wurden, wie das für Landsberg, Weilheim, Aichach, Pfaffenhofen (?) und Rain am Lech belegt ist – während Passau samt dem nahegelegenen adeligen Hals und Salzburg samt seinen Städten Mühldorf und Laufen in geistlicher Hand waren.[52]

Erneut entsteht damit der Eindruck, dass den Landesherren in Kooperation mit ihrem maßgeblichen Finanzier zumindest eine entscheidende Rolle beim Pogrom zuzuschreiben ist. Albrecht von Staudach, der als Bürger von Landshut zu den wichtigsten Geldgebern der Herzöge gehörte und dafür einträgliche Einkünfte aus Maut, Zöllen und Ungeldern erhalten hatte, war ja schon in den Pogrom von 1338 verwickelt. Seit 1344 Vitzum (= *vicedomus*, also Stellvertreter der Landesherrn) bei Rott (im Rott-Tal) dürfte er somit vor allem als „ausführendes Organ" anzusprechen sein,[53] während die Herzöge wohl die Initiatoren waren – und damit ähnlich handelten wie 1338. Welche Bedeutung daneben den Bürgern der Städte beigemessen werden kann, bleibt offen – doch wird man in Rechnung stellen müssen, dass die antijüdische Stimmung als Hintergrund stimulierend wirkte.[54]

Diese Zuordnung auf die Persönlichkeiten der Herzöge wird auch dadurch gestützt, dass in der Oberpfalz, dem Besitz der pfälzischen Linie der Wittelsbacher, die Abläufe schwächer ausfielen.[55] Zwar sind für Neumarkt, Lauf und Hersbruck Verfolgungen in diesen Jahren aus den Martyrologien bekannt,[56] und 1356 gab Karl IV. den Sulzbacher Bürgern ein Privileg, in dem u.a. auch die Forderungen der unlängst verfolgten Juden für ungültig erklärt wurden, doch für Amberg, wo noch 1347 der Aufenthalt von sechs Familien von den Pfalzgrafen

---

51 Zum Verlauf Kirmeier, Juden, S. 67–70; Kirmaier, Landshut, S. 108f.
52 Salfeld, Martyrologium, S. 251; Cluse, Chronologie, S. 231, 232 Anm. 59; A. Haverkamp, Kartenwerk, Karte C 4.4.
53 Kirmeier, Juden, S. 82–84, Zitat S. 84.
54 So auch die Einschätzung von Kirmeier, Juden, S. 86–88.
55 Volkert, Oberpfalz, S. 176–179; wenig ergiebig Wittmer, Oberpfalz, S. 33.
56 Salfeld, Martyrologium, S. 180 (Hersbruck), S. 271 (Amberg, Neumarkt, Hersbruck), S. 281 (Neumarkt, Hersbruck); GJ II/1, S. 13 (Amberg), S. 356 (Lauf), II/2, S. 577 (Neumarkt), S. 812 (Sulzbach).

geregelt wurde, fehlen Nachrichten für die Zeit des Schwarzes Todes.[57] Jedenfalls scheint Pfalzgraf Rudolf I. eine moderatere Judenpolitik betrieben zu haben.[58] Noch günstiger verlief diese Krisenzeit übrigens im Herzogtum Österreich, wo der Landesherr scharf gegen jegliche Beeinträchtigung der Juden in seinen Städten vorging, sodass nur Krems nicht verschont blieb.[59]

Überraschend ist jedenfalls, dass in dieser aufgeheizten Gesamtsituation die Regensburger Gemeinde unbehelligt blieb – ganz ähnlich wie schon 1298 und 1338.[60] Sind letztere noch aus der eher regionalen Verbreitung der Verfolgungswellen erklärbar, so versagt diese Begründung bei den Pestpogromen. Man hat deshalb die Ursache in den Verhältnissen der Stadt selbst gesucht: die hohe Bedeutung jüdischer Familien im Fernhandel habe ein größeres Gewicht in der städtischen Gesellschaft nach sich gezogen und die Weltoffenheit der Bürger habe ein höheres Maß an Akzeptanz bewirkt – aber das galt für die großen Städte am Rhein von Straßburg bis Köln wohl auch. Man hat zudem die Größe und damit das Gewicht der Gemeinde, nicht zuletzt ihr geistiges Potential geltend gemacht – aber das war in den alten Zentren der Schum-Gemeinden mindestens in gleichem Maße gegeben.[61] Aus den Erörterungen der bisherigen Fälle erscheint vielmehr ein anderer Schlüssel eher zu passen: die konkurrierende Handhabung des Judenschutzes durch die politischen Kräfte. Wie bereits geschildert (s. Kap. 6), war er in Regensburg in besonderem Maße komplex angelegt: Neben dem König agierten der Bischof, die Herzöge (von Niederbayern) und der städtische Rat. Da die Königsgewalt weitgehend ausfiel, war es vor allem der Magistrat, der ihn in Anspruch nahm: Am 3. Oktober 1349 versicherte er der jüdischen Gemeinde, *daz wir unser juden hie zu Regenspurch beschirmen und befrieden wellen und sullen, als verr uns leib und gut wird, treweleich an allez gever*, und drohte unnachsichtige Ahndung bei allen Verstößen an; mit der Judengemeinde verbanden sich Bürgermeister, Rat und Gemeinde in einer Schwureinung und unterstrichen dies *als unserr stat ere und notdurft*.[62] „Letztlich [...] war die Judenpolitik ein rechtliches und politisches Problem", und die Stadt musste versuchen „ihre Hoheitsrechte durch[zu]setzen".[63] Genau dieses Argument dürfte entscheidend gewesen sein – die Konstellation in Regensburg war offensichtlich gerade wegen der Komplexität der Verhältnisse

---

57 GJ II/1, S. 13 (Amberg); bei Cham (S. 149) ist es fraglich, ob sich seit dem Pogrom von 1338 Juden wieder angesiedelt haben.
58 So jedenfalls Volkert, Oberpfalz, S. 164–167.
59 Brugger, Von der Ansiedlung bis zur Vertreibung, S. 219f.
60 Dazu ausführlich A. Schmid, Judenpolitik Regensburg, passim.
61 So A. Schmid. Judenpolitik Regensburg, S. 599–608.
62 Zit. nach A. Schmid, Judenpolitik Regensburg, S. 589 und 610.
63 A. Schmid, Judenpolitik Regensburg, S. 610.

günstiger als anderswo; während in Nürnberg die Vorbereitungen anliefen, weil der Pogrom ein Element der neuen Verbindung des patrizischen Rates mit dem neuen König Karl IV. war, konnte Regensburg den Weg in die Unabhängigkeit gegen den bischöflichen Stadtherrn wie den bayerischen Herzog weitergehen – und instrumentalisierte den Judenschutz dafür. Seit 1345 hatten die Stadt und verschiedene Bürger – die Familie Reich, sodann die Gumprecht und Berthold Ingolsteter – die Judensteuer aufgekauft bzw. verpfändet erhalten. Nach einer frühen – entgegen den wittelsbachischen Ambitionen gegenüber der Stadt – Verständigung mit Karl IV. hatte sie im Oktober 1347 ihre Verfügungsrechte von ihm bestätigt bekommen.[64] Und nach der Schwureinung mit der jüdischen Gemeinde ließ sich die Stadt schließlich am 1./2. November 1349 von Ludwig dem Brandenburger und seinen Brüdern (den Inhabern von Oberbayern) sogar noch die Möglichkeit der Vertreibung *mit reht oder ânreht* zusichern – auch in dieser Stadt wurde also die Verfolgung erwogen. Doch deutlicher als hier kann der systematische Erwerb von Rechtstiteln als Aktionsrahmen kaum beschrieben werden: Die städtische Kommune wollte das Sagen haben – und damit nicht zuletzt den städtischen Frieden wahren; die finanziellen Interessen an der Aufrechterhaltung der jüdischen Gemeinde lagen in dieser Situation ohnehin auf ihrer Seite.

Ein ähnlich gelagerter, aber in seiner Wirkung genau entgegengesetzter Fall findet sich mit der Reichsstadt Eger: In ihr lässt sich ein massiver und mehrfache Dimensionen umfassender Gegensatz zwischen dem städtischen Rat und dem vom König eingesetzten Forstmeister und späteren Hauptmann Albrecht XI. Nothaft erschließen, der zudem im Spannungsfeld des römisch-deutschen und böhmischen Königs lag. Er entlud sich möglicherweise im Pogrom von 1350 – der Auslöser war also nicht die Predigt des Minoriten an Gründonnerstag, der *das gepöfel* anstachelte.[65]

Die Spannbreite der Ereignisgeschichten ist also groß. Bei dem Versuch, die Vorgänge zu ordnen und zu begreifen, sind in der Tat zwei ganz verschiedene Grundtypen erkennbar: das spontane Auftreten von antijüdischen Bewegungen mit Pogromcharakter, und die obrigkeitlich geplante Verfolgung der Gemeinden[66] – oder die Verbindung von beiden? Das weitgehende Fehlen der zeitgenössischen regionalen Chronistik lässt eine Entscheidung kaum zu – in Augsburg fehlt sie ganz, für Niederbayern sprechen nur die Mattseer Annalen von der Brunnenvergiftung als *rumor et fama universa* und registrieren als Folge davon die Verbren-

---

64 GJ II/2, S. 679–691; vgl. A. Haverkamp, Judenverfolgungen, S. 81f., mit Einzelbelegen.
65 J. Müller, Eger, passim.
66 So A. Haverkamp, Judenverfolgungen, S. 59–61; ähnlich Graus, Pest – Geißler – Judenmorde, S. 380.

nung von Juden in Salzburg, München *et in aliis infinitis civitatibus*, werden aber nur für Braunau konkret.[67] Die zahlreichen späteren Darstellungen dürften demgegenüber zu sehr an den fixierten Narrativen orientiert sein, um einfach zurückprojiziert werden zu dürfen. Jedenfalls wird damit die Komponente der unkontrollierten Massenhysterie kaum greifbar, dieses Bild ist auf jeden Fall viel zu einseitig, die ältere Vorstellung, die generell von einem ‚Massenmord' des aufgehetzten ‚Pöbels' ausging, nicht haltbar: Zu deutlich wurde die Beteiligung, ja Inszenierung durch die städtischen Oberschichten wie die Machtträger.[68] Die Frage nach den Ursachen und Motivationen für den Ablauf stellt sich somit nochmals neu.

Der entscheidende Unterschied gegenüber den regionalen Verfolgungen von 1298 und 1336/38 bestand zunächst einmal darin, dass ein neues Stereotyp die dominante Rolle einnahm: der Vorwurf der Brunnenvergiftung, wonach die Juden durch Giftsäckchen oder Ähnliches die Brunnen und Quellen verseuchten, um die Christenheit auszulöschen. Ihnen wurde also eine „weitreichend und gut organisierte Aktion" unterstellt, die den Charakter einer ‚Verschwörung' annahm. Aufgekommen in Savoyen und von den dortigen Gerichten verfolgt, verbreitete sich das Gerücht „wie ein Lauffeuer" durch Mitteleuropa und verdrängte die klerikalen Vorwürfe vom Ritualmord und der Hostienschändung.[69] Zwar war das Erzählmuster dieser Legende nicht neu, sondern hatte schon 1321 seine verhängnisvollen Wirkungen entfaltet, wurde jedoch jetzt eindeutig auf die Juden bezogen; nun dominierte es das Geschehen und verband sich spätestens 1349 mit dem Auftreten der Pest – noch bevor die ersten Todesfälle registriert werden konnten. Zwar gab es durchaus auch skeptische Reaktionen – Konrad von Megenberg, der akademische Lehrer in Paris und an der Stephansschule (die Vorstufe der späteren Universität) in Wien, der 1348 nach Regensburg zurückkehrte, wies beispielsweise (wie Papst Clemens VI. in seiner Bulle von 1348) darauf hin, dass auch die Juden von der Pest betroffen seien,[70] doch das tat der Gesamtwirkung des Gerüchts keinen Abbruch. Das Würzburger Beispiel hat gezeigt, wie die Kommunikation der ‚Gerüchteküche' funktionierte. Die Analyse der Rahmenbedingungen zeigt aber auch, dass ein ereignisgeschichtlicher Zusammenhang dieser Faktoren ohnehin nicht herzustellen ist: Zum einen muss daran erinnert werden, dass die erste und verheerendste Pestwelle in diesem süddeutschen Raum gar nicht stattgefunden hatte. Eine genaue Auswertung der direkten Belege über das Auftreten der Seuche bzw. der indirekten Nachweismöglichkeiten über Besitzverzeichnisse,

---

67 MGH Scriptores, Bd. 9, S. 829f.; vgl. Kirmeier, Juden, S. 62.
68 So nach A. Haverkamp auch dezidiert Graus, Pest – Geißler – Judenmorde, S. 215–226.
69 Dazu ausführlich Graus, Pest – Geißler – Judenmorde, S. 299–334, Zitate S. 312, 314.
70 Krüger, Krise der Zeit, S. 866.

Steuerbücher bzw. Rechnungen konnte beweisen, dass vom Raum Augsburg über das Ries bis Nürnberg und Würzburg und selbst in Ober- und zumindest Teilen Niederbayerns, vermutlich auch in der Oberpfalz wie im benachbarten Böhmen der ‚Schwarze Tod' ausblieb, gleichsam ‚weiße Flecken' zu verzeichnen sind.[71] Das Gerücht lief also ins Leere. Aber musste es deshalb eine geringere Wirkung als am Rhein haben? Oder war Würzburg wegen seiner alten Verbindungen dorthin eher die Ausnahme als die Regel im Südosten des Reiches? Zum anderen ist auch das Auftreten der Geißlerzüge, jener von Laien getragenen rituellen Bußbewegung, die die ohnehin aufgewühlte Stimmungslage noch zu verschärfen drohte, nicht mit den Pogromen zu koordinieren, vielmehr tauchten sie in der Regel erst später, manchmal wie in Nürnberg auch lange vorher auf, ohne dass Zusammenhänge zu erkennen wären.[72] Selbst der Wuchervorwurf, der später eine so große Rolle spielte, war in diesen Jahren zwar latent, doch noch nicht gravierend; die Verschuldung von Dynasten wie den Wittelsbachern, von regionalem Adel, Bürgern und Bauern war zwar offensichtlich, doch wird daraus in keinem Fall ein konkretes Motiv ableitbar – das sollte erst im 15. Jahrhundert stärker wirksam werden.

Was bleibt also als Erklärung übrig? Eine Monokausalität lässt sich nicht verifizieren, vielmehr beobachtet man immer wieder ein Bündel von möglichen Motiven, das im Einzelfall unterschiedlich ausfallen konnte: Angst, Besitzgier, Schuldzuweisung.[73] Um den Hintergrund zu erfassen, ist jedoch noch anderes in Rechnung zu stellen. Zum einen die wachsende Judenfeindschaft: Zwar lässt sich nur gelegentlich die zeitliche Fixierung der Verfolgungen auf Sonn- und Feiertage oder vor allem die Karwoche beobachten, an denen diese Haltung besonders virulent werden konnte – während häufiger der Sabbat als Ruhetag der Juden ausgenutzt wurde, um möglichst die gesamte Gemeinde vor Ort zu treffen. Auf jeden Fall aber waren das zunehmende Gewicht der antijüdischen Stereotype und ihre Verbreitung im Vorfeld von Bedeutung; insofern hat man sicher zu Recht die regionalen Verfolgungen der 1330er Jahre als Wendepunkt der antijüdischen Haltungen herausgestellt.[74] Wenn nun dazu als neuer Vorwurf die Brunnenvergiftung als Zeichen einer Verschwörung der Juden gegen die gesamte Christenheit kam, bedurfte es nur eines Funkens, um die latenten Spannungen aufbrechen und in einer Mordaktion expandieren zu lassen.

---

71 Kießling, Der ‚Schwarze Tod' und die ‚Weißen Flecken', passim.
72 Graus, Pest – Geißler – Judenmorde, S. 38–59, 220–222.
73 So auch das Fazit von Graus, Pest – Geißler – Judenmorde, S. 377–389, bes. S. 385; ähnlich A. Haverkamp, Judenverfolgungen, S. 91–93.
74 Vgl. dazu v.a. Wiedl/Sokup, Pulkauer Judenverfolgungen, passim.

**Abb. 19:** Judenverbrennung, Holzschnitt von Michael Wohlgemuth, Nürnberg 1493

Und doch: Jede Erklärung hat ihre Grenzen; es bleibt immer ein Rest an Unerklärbarkeit, denn mit Rationalität lassen sich die Gewaltorgien letztendlich nur bedingt erfassen. Die ‚Fremdheit' der Juden war zur Bedrohung, aus den ‚Anderen' waren Feinde der Christenheit geworden, die es zu vernichten galt. Aus der Gleichsetzung mit Ketzern resultierte auch die Form der Vernichtung: Die Juden landeten auf dem Scheiterhaufen; *dau wurden die juden verprant*, hieß es in der Augsburger Chronistik seit dem ausgehenden 14. Jahrhundert,[75] *sein vil Juden in deutschen landen mit urthail und recht verbrennt und sunst umbracht worden*, notiert Lorenz Fries in seiner Würzburger Chronik 1546.[76] Die typologische Bildhaftigkeit hielt sich ebenfalls noch bis ins Spätmittelalter – etwa in der Darstellung der Schedelschen Weltchronik von 1493 (Abb. 19),[77] und selbst Lorenz Fries ließ in seiner Würzburger Chronik diese Darstellung einbringen, entgegen

---

75 ChrdtSt, Augsburg 1, S. 220 (Wahraus); diese Formel findet sich aber auch in den späteren Chroniken: ChrdtSt, Augsburg 3, S. 1 (Hektor Mülich), S. 459 (Anonymus).
76 Zit. nach H. Hoffmann, Judenverfolgung, S. 93.
77 Schedel, Weltchronik, fol. 230v.

seinem eigenen Text von der (angeblichen) Selbstverbrennung.[78] Formale Untersuchungen und Gerichtsverfahren waren zwar durchaus schon aus Gründen der Legitimation nicht selten,[79] im Südosten des Reiches werden sie aber nicht greifbar – zumindest sind sie nicht überliefert. Verurteilungen gab es im Anschluss an die Verfolgungen nur dafür, dass der städtische Friede gebrochen worden war, wie das in Augsburg so klar überliefert ist: für die Portner an der Spitze, die der Stadt verwiesen wurden, aber auch für zwei Plünderer sowie vier weitere, *darum das sie [...] dieser stat ir ere und ir ehrhaftigkeit abgestrekt habent und ir frid und ihr friheit abgebrochen habent mit unrechtem gewalt [...]*[80] – nicht wegen der Ermordung der Juden. Eine weitergehende Aufarbeitung verhinderten schon die kaiserlichen und landesherrlichen Privilegien.

Zum anderen spielten die politischen Spannungen eine gewichtige Rolle: Die innerstädtischen Kämpfe um die Machtpositionen zwischen Bürgerschaft und (bischöflichen) Stadtherrn, aber auch zwischen den städtischen Gruppierungen um die Partizipation an den Ratsgremien, summierten sich in mehreren Städten gerade in diesen Jahren – in Schwaben wie in Franken. Sie konnten sich wie im Falle Augsburgs zum Tumult steigern, waren aber wie in Nürnberg nicht unbedingt mit dem Pogrom koordinierbar. Gewichtiger erscheint demgegenüber der Streit um den Königsthron zwischen den Wittelsbachern und Luxemburgern, in dem der Schutz und die Verfügung über ihr Eigentum für die Machtpolitik instrumentalisiert wurden – auf Kosten der Juden.[81] Insofern schließt die Verfolgungswelle der Pestjahre unmittelbar an die vorausgehende Phase an, in der einerseits der Judenschutz zu einem fiskalischen Faktor geworden war, die Einkünfte also von der Ausübung der Schutzfunktion abgekoppelt zu werden drohten, andererseits das Judenregal für die Territorialpolitik eingesetzt wurde, die durch Kumulation von Herrschaftsrechten zur Landeshoheit fortschritt. Letztlich ist der Thronstreit in diesen Jahren dafür verantwortlich zu machen, dass der Judenschutz der Reichsspitze nicht mehr funktionierte, im Gegenteil: Vor allem Karl IV. setzte ihn als Objekt ein, um sich die Unterstützung seiner Klientel, nicht zuletzt der Reichsstädte zu sichern, und wurde in Nürnberg zum „kaltblütig agierende[n] Machtpolitiker".[82]

Karl IV. vergab sehr schnell das Recht zu erneuten Niederlassung an seine Klientel, auch wenn die Realisierung manchmal erst nach einiger Zeit erfolgte (s. Kap. 8). Und doch brachten diese Jahre in der Mitte des 14. Jahrhunderts einen

---

78 Baum, Würzburg 1349, S. 374f.; Baum, Quellen, S. 34f.
79 A. Haverkamp, Judenverfolgungen, S. 60f.
80 Zit. nach Mütschele, Augsburg, S. 283: Achtbuch.
81 Dies betont besonders A. Haverkamp, Judenverfolgungen, S. 85–91.
82 So jüngst Jörg R. Müller in J. Müller/A. Weber, Karl IV. und die Juden, S. 224.

massiven Einschnitt. Zunächst einmal bedeuteten sie einen Aderlass für die jüdische Existenz im Römisch-Deutschen Reich: Viele der großen Gemeinden waren entweder völlig ausgelöscht oder doch erheblich reduziert. Insgesamt wurde das neue Siedlungsnetz erheblich dünner, und bald begann eine Phase der Vertreibung (s. Kap. 11). Die Struktur verschob sich in doppelter Hinsicht, zum einen wanderten viele Juden nach Oberitalien und Osteuropa aus, zum anderen verlagerten sich die Niederlassungen der Überlebenden in Richtung des ‚Landes', also der Kleinstädte und Dörfer. Dahinter aber stand eine generelle Marginalisierung und Dämonisierung jüdischer Existenz.

# 8 Wiederansiedlung unter territorialen Vorzeichen

Es erscheint auf den ersten Blick überraschend, dass trotz des ebenso brutalen wie fundamentalen Einschnittes der ‚Pestpogrome' von 1348/50 die Wiederansiedlung der Juden sehr schnell erfolgte: in der Stadt Nördlingen bereits wenige Tage nach dem Pogrom am 31. Dezember 1348, und zwar durch überlebende Juden wie solche, die nun in die Stadt ziehen wollten.[1] Genaueres erfahren wir von Nürnberg: Schon wenige Wochen nach dem verheerenden Pogrom wurden einige Überlebende aufgenommen, darunter am 28. Februar 1349 Fruman aus Oettingen gegen 50 fl. Im Jahr darauf, am 6. September 1350 erhielt der Burggraf das Ansiedlungsrecht, und 1352 folgte ein genereller Aufnahmevertrag für die Stadt, bei dem eine Delegation von Juden mit dem Rat über die Bedingungen verhandelte; er wurde am 26. Mai 1352 von Karl IV. bestätigt.[2] Das war kein Einzelfall, denn auch in Augsburg erhielt Bischof Markward von Randegg schon am 24. Mai 1350 ein Privileg Karls IV., *daz er in sein und seines Gotshus zu Auspurk veste Burg vnd Stete Juden hayme vnd enpfahe, alz vil ir sich vnder in vnd sein Gotshus ziehen vnd setzen wellen vnd er der gehaben mag*,[3] und 1355 konnte auch die Stadt Augsburg eine derartiges Privileg in Empfang nehmen.[4]

Auch in den rheinischen Städten erfolgte die Rückkehr schon in den ersten Jahren nach den Pogromen: in Speyer (1350/52), Trier (1353/54), Mainz (1356).[5] Und wieder waren es vor allem die alten urbanen Zentren der Reichs- und Kathedralstädte, die aufgesucht wurden:[6] Im ersten Jahrzehnt bis 1359 finden sich Belege für die Reichsstädte Rothenburg o.d.T. und Ulm (1354), Nördlingen (1357) und Lindau (1358); im nächsten Jahrzehnt folgten in Franken Windsheim (1360), Schwäbisch Gmünd (1364), in Schwaben allerdings erst in der dritten Dekade Giengen (1375), Memmingen und Kempten (1373) sowie Kaufbeuren (1377). Bei den bischöflichen Zentren waren Forchheim (1356) und Bamberg (1365) die frühesten Orte; für das Bistum Augsburg ist neben Augsburg selbst Dillingen a.d. Donau (1372) zu nennen. Erst einige Jahre später wird Würzburg (1376) greifbar, doch dann verdichteten sich die Niederlassungen in diesem Raum schnell mit Heidingsfeld (1378, damals an Böhmen verpfändet), Ochsenfurt, Obernburg und Lauda (alle 1377) sowie Kitzingen (1380), dazu den kurmainzischen Orten Aschaf-

---

1 Puchner/Wulz, Urkunden Nördlingen, Nr. 202; L. Müller, Aus fünf Jahrhunderten I, S. 17.
2 Belege bei A. Müller, Nürnberg, S. 38f.; GJ II/2, S. 1002.
3 Monumenta Boica 33/II, Nr. 171, S. 171–173.
4 Mütschele, Augsburg, S. 22f., 172; vgl. Schimmelpfennig, Christen und Juden, S. 33f.
5 GJ III/2, S. 787 (Mainz), S. 1385 (Speyer), S. 1471 (Trier).
6 Allgemein dazu Kosche, Erste Siedlungsbelege, passim.

fenburg (1359) und Amorbach (1378) sowie dem Deutschordenszentrum Mergentheim (1375) im Taubertal.[7] Die Bischofssitze Passau (1371) und Eichstätt (1380) folgten später nach.[8]

Auch für das Herzogtum Bayern gab Herzog Ludwig der Brandenburger 1352 grünes Licht für die Wiederaufnahme in Ober- und Niederbayern,[9] sodass wir 1354 die ersten Familien in München – sie erhielten die gleichen Rechte wie vor dem Pogrom[10] – und Ingolstadt feststellen können.[11] Allerdings zeigt der Gesamtbefund in den drei altbayerischen Territorien, die sich aus den Teilungen von 1349/53 unter den Söhnen des 1347 verstorbenen Ludwigs des Bayern herausbildeten, noch ein recht weitmaschiges Netz:[12] In Niederbayern folgten zunächst Burghausen und Erding (beide 1364) sowie Landshut (1365), dann Biburg (1396/97), im oberbayerischen Teil an der Donau Lauingen (1367/68), Pfaffenhofen (1373) und Donauwörth (1383, damals vorübergehend bayerisch). Beim Straubinger Ländchen – eher einem Nebenland dieser Linie, deren Hauptgebiete bis 1425 in den Niederlanden lagen – ist der erste Nachweis 1366 in der Hauptstadt Straubing zu finden und dabei blieb es bis ins 15. Jahrhundert. In der Oberpfalz[13] – die den kurpfälzischen Wittelsbachern unterstand – wurden den Juden seit 1355 günstige Niederlassungsrechte gewährt, sodass wir sie um diese Zeit in Amberg wiederfinden,[14] denen Belege für Neumarkt (1362) und Cham (1368) sowie Velburg (vor 1379) folgten.

Unter den kleineren weltlichen Herrschaftsgebieten waren nur solche am Untermain frühzeitig mit dabei: Wertheim (1377) als Sitz der gleichnamigen Grafen sowie Grünsfeld (vor 1377) in der Grafschaft Rieneck.[15] Bei den Burggrafen von Nürnberg, der späteren Markgrafschaft Ansbach-Bayreuth, waren die ersten Orte Ansbach (1361/64)[16] und Neustadt a.d. Aisch (vor 1375), denen jedoch bald auch Bayreuth, Kulmbach und Hof (alle 1373) folgten – Bayreuth war vor 1348/50 nur bei den Herkunftsnamen von Juden belegt, in Hof gibt es sporadische Nach-

---

7 A. Haverkamp, Kartenwerk, Karte E 4: Erstbelege nach 1350; Jahreszahlen sind dort bis 1379 ausgewiesen.
8 GJ III/1, S. 290 (Eichstätt), III/2, S. 1088 (Passau).
9 Kirmeier, Juden, S. 94.
10 GJ III/2, S. 901.
11 GJ III/3, S. 1794 (Gebietsartikel); Kirmaier, Juden, S. 89f.
12 GJ III/3, S. 1769–1806 (Gebietsartikel).
13 GJ III/3, S. 1914 (Gebietsartikel).
14 GJ III/1, S. 14 (Amberg), S. 204 (Cham), III/2, S. 948 (Neumarkt), S. 1530 (Velburg).
15 GJ III/1, S. 477f. (Grünsfeld), GJ III/2, S. 1586f. (Wertheim).
16 Jehle, Ansbach, Bd. I, S. 224f.

richten seit 1319 und dann wieder 1351 – wobei offenbleibt, ob hier der Pogrom überhaupt stattgefunden hatte.[17]

Schon aus dieser bloßen Zusammenstellung der Orte, an denen sich Juden bis um 1380 wieder niedergelassen hatten, lässt sich, gemessen an der Situation vor den Pestpogromen, aufgrund der insgesamt doch wenigen Niederlassungen ein „Rückzug aus der Fläche" beobachten,[18] andererseits wurden eben vielerorts frühere Ansiedlungen wieder aufgenommen. Gab es keine Scheu gegenüber den Orten der Verfolgung? Eine genauere Untersuchung dieser Vorgänge, soweit sie die Quellen zulassen, lässt verschiedene Motivstränge erkennen: Aus der Sicht der Städte und Herrschaftsträger erwies sich das Bedürfnis nach jüdischen Krediten für die eigene Politik und das Land als dominierend. So blieb die Geldknappheit in Niederbayern, die schon in der 1. Hälfte des 14. Jahrhundert diagnostiziert worden war, ein wichtiger Faktor, denn Ludwig der Brandenburger (reg. 1347–1365) begründete damit die Wiederansiedlung: *um des Gebrechens wegen, das im Landes gewesen um Geld, seit der Zeit die Juden verderbt sind*, und insbesondere Herzog Heinrich der Reiche von Landshut (reg. 1393–1450) setzte weiter auf die Finanzkraft der Juden.[19] Aus der Sicht der Juden selbst war das Anknüpfen an die ehemaligen kultischen Zentren, die Synagogen bzw. Gemeindezentren – soweit sie noch vorhanden waren – und nicht zuletzt die Friedhöfe als Orten der Memoria wohl vielfach entscheidend, ja selbst Vorstellungen von ‚Heimat' spielten möglicherweise in Einzelfällen eine gewisse Rolle. „Selbstgestaltung und Fremdbestimmung" gingen also nicht selten zusammen, zumal die Rahmenbedingungen in dieser Phase über individuelle Schutzverträge durchaus „dem sukzessiven Aufbau von Gemeinden auch förderlich sein konnten".[20]

Die Statistik bestätigt und vertieft diese ersten Eindrücke: Nur 77 Orte waren bis zum Ende des 14. Jahrhunderts[21] zu verzeichnen gegenüber 176, also mehr als dem Doppelten in der Zeit vor 1350. Bei einer genauen Auszählung der Befunde bis in das beginnende 16. Jahrhundert[22] lassen sich 40 % dieser Niederlassungen nach den Pestpogromen auf Orte beziehen, in denen schon vorher Juden nachweisbar sind, und davon wiederum gehörte die Hälfte noch ins 14. Jahrhundert.

---

**17** GJ III/1, S. 60 (Bayreuth), S. 365 (Hof).
**18** Kosche, Erste Siedlungsbelege, S. 247.
**19** Zit. nach Kirmaier, Judenpolitik bayerischer Herzöge, S. 100f.
**20** Dazu anhand rheinischer Beispiele J. Müller, Selbstgestaltung und Fremdbestimmung, Zitat S. 22.
**21** Auswertung von GJ III/1 und 2; auch wenn dabei zu berücksichtigen ist, dass möglicherweise aufgrund jüngster Forschung ihre Zahl etwas höher anzusetzen ist; vgl. Toch, Siedlungsstruktur, S. 30.
**22** Eigene Auswertung von GJ III/1 und 2.

Anders formuliert: das Maß der Kontinuität war außerordentlich hoch; die erlittene Verfolgung hinderte die Betroffenen oder die nachfolgenden beiden Generationen nicht daran, die Orte des Martyriums wieder aufzusuchen – freilich zunächst noch in beschränkter Zahl, denn die neuen Niederlassungen waren wesentlich kleiner als vorher.

Doch die weiteren Entwicklungen brachten eine neue Dynamik. Mit Hilfe einer statistischen Aufnahme der Erstnennungen für den Zeitraum von 1350–1519 lässt sich ein genaueres Profil für den Raum des heutigen Bayern erstellen. Auch wenn diese Zuordnung anachronistisch ist, weil sie die andersartige Herrschaftsstruktur des Spätmittelalters nicht berücksichtigt, so kann sie doch eine präzisere Basis für die Einschätzung der Trends bieten.[23] Schon die Zahl der Orte ist bemerkenswert: Sie macht mit 257 immerhin ein Viertel der Gesamtzahl jüdischer Niederlassungen im Römisch-Deutschen Reich[24] aus – das ist eine beachtliche Größe. Es zeigt sich aber auch, wie sehr die Verdichtung jüdischen Lebens im südöstlichen Bereich erneut voranschritt.

Freilich war die Verteilung sehr ungleich (Abb. 20a):[25] 149 davon lagen in den drei (heutigen) fränkischen Regierungsbezirken, genauer in Unterfranken 43, in Mittelfranken 54 und in Oberfranken 53; ihnen folgte Schwaben mit 41, während in den altbayerisch geprägten Gebieten der Oberpfalz (30), in Oberbayern (17) und Niederbayern (19) zusammen nur 66 Niederlassungen zu verzeichnen sind.

Die sehr viel höhere Dichte in Franken und Schwaben gegenüber den altbayerischen Gebieten geht vor allem auf den Zuwachs im 15. Jahrhundert zurück, der sich nach der ersten Erholungsphase abzeichnete (Abb. 20b). Genau zu diesem Zeitpunkt wurde aber die Ausweisung aller Juden aus den Herzogtümern Bayern-München und Bayern-Landshut wirksam – auf sie wird noch zurückzukommen sein (s. Kap. 11). Demgegenüber stieg in Franken und Schwaben, etwas abgeschwächter auch in der Oberpfalz, die Zahl von neuen Niederlassungen in der gleichen Zeitspanne erheblich an. Sie sorgten für eine nominelle Verbreitung und räumliche Verdichtung der jüdischen Präsenz, die die Verluste in den Pogromen zumindest teilweise wieder ausgleichen konnte.

Sucht man nach Erklärungen, so sind neben der politischen Entscheidung der Herrschaftsträger auch die Entwicklungspotentiale der Regionen heranzuziehen. In der Oberpfalz war der Luxemburger Karl IV. (reg. 1346–1378) bestrebt, eine territoriale Verbindung zwischen Böhmen und dem alten Zentralraum des Rhein-

---

23 Es handelt sich um den Zeitraum, den GJ III erfasst und dokumentiert. Die folgende Statistik basiert auf diesem Material, wenn nicht eigens weiterführende Literatur genannt ist.
24 Toch, Siedlungsstruktur, S. 29f.
25 Zwei Orte sind nicht eindeutig bestimmbar: Neuses und Ehingen.

Main-Gebietes zu schaffen, sodass dieses ‚Neuböhmen' an der Achse zwischen Prag und Frankfurt einen Bedeutungszuwachs erlebte, der sich nicht zuletzt in einer Serie von Stadterhebungen niederschlug. Zudem brachte seit dem 14. Jahrhundert der wirtschaftliche Aufstieg der Montanregion um Amberg im Verbund mit der Metallverarbeitung in Nürnberg und seinem Umland eine Dynamik in die Siedlungsbewegung, die nicht zuletzt die Juden zur Niederlassung motiviert haben mochte. Mittel- und Oberfranken sowie die Oberpfalz erhielten somit wirtschaftsgeschichtlich einen ähnlichen Stellenwert, wie ihn Ostschwaben schon seit dem Hochmittelalter mit seinem Textilgewerbe gewonnen hatte. In Unterfranken setzte sich die Bedeutung als Weinbauregion sowie die Lage an der Verkehrsachse in das Rhein-Main-Gebiet weiter fort, während in Altbayern die Agrarwirtschaft dominant blieb.[26]

Darüber hinaus stellte sich ein ganz anderes und weitgehend neues Element ein: Die jüdischen Niederlassungen bis zur Mitte des 14. Jahrhunderts waren weitgehend städtisch, nur wenige Ausnahmen von anderen Zentralorten, wie herrschaftliche Burgen mit ihren Siedlungen – etwa in der Grafschaft Oettingen, im Burggrafentum Nürnberg oder der Grafen von Wertheim am Main –, ergänzten diese Struktur. Dieses Merkmal stellte sich zunächst auch in der Wiederansiedlung nach der Pogromwelle ein. Doch im 15. Jahrhundert verschob sich das Gewicht in Richtung kleinerer Orte wie Märkte oder Dörfer (Abb. 20c).

Auffällig ist auch hier wieder die unterschiedliche Verteilung über die Regionen:[27] In Ober- und Niederbayern finden sich lediglich Nachweise für jüdische Niederlassungen in Marktorten; das war kein Zufall, denn die Märkte übernahmen in den altbayerischen Herzogtümern als ‚Minderstädte' im Binnenland überall eindeutig urbane Funktionen.[28] Dörfer mit jüdischer Präsenz fehlen hier fast völlig, einzige Ausnahme war der Wallfahrtsort Altötting. In Franken und Schwaben erreichten diese Werte demgegenüber erhebliche Größen – auch wenn gelegentlich darunter Orte wie Wallerstein im Ries sind, das als Residenz einer Linie der Grafen von Oettingen erst später um 1500 Marktstatus erhielt, oder Stadtamhof, der Vorort von Regensburg, der 1496 zur Stadt erhoben wurde. Verortet man die dörflichen Niederlassungen etwas genauer auf der Zeitschiene, so fällt auf, dass ihre Nachweise fast ausschließlich in das 15. und beginnende

---

26 Vgl. dazu Kießling, Wirtschaftsregionen, passim.
27 Die Zuordnung erfolgt jeweils nach dem Status zur Zeit der Erstnennung von Juden, weil damit der früheste Konnex verbunden ist: Die Bestimmung des Status Stadt – Markt – Dorf erfolgte nach den einzelnen Artikeln in: Historische Stätten in Deutschland, Altbayern und Schwaben bzw. Franken; bzw. Spindler/Diepolder, Bayerischer Geschichtsatlas, Karte 22.
28 Vgl. dazu Störmer, Kleinere Städte und Märkte; Liebhart, Marktflecken.

## Die jüdischen Niederlassungen in den Grenzen des heutigen Bayern

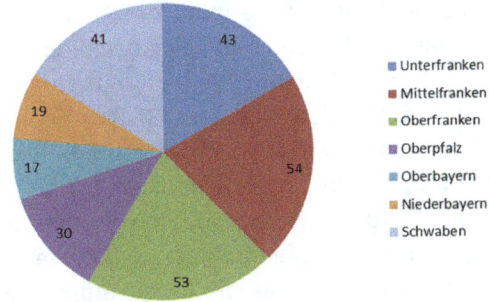

**Abb. 20a:** Räumliche Verteilung nach Regierungsbezirken

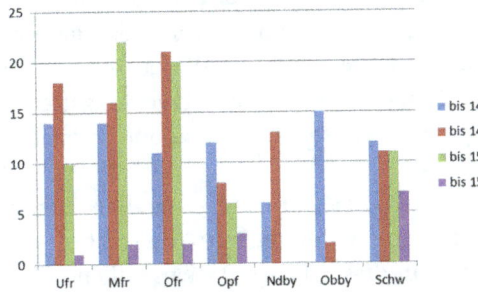

**Abb. 20b:** Zeitliche Verteilung

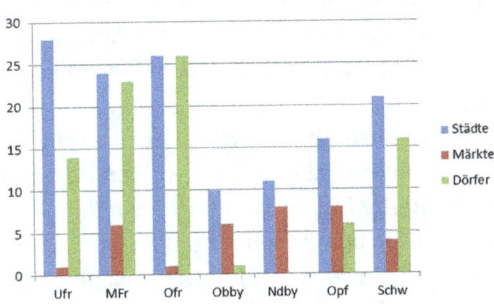

**Abb. 20c:** Verteilung auf Ortstypen

16. Jahrhundert gehören. Diese eindeutige Verschiebung der Siedlungsstrukturen zugunsten der Dörfer ist wohl auf zwei Komponenten zurückzuführen: Einerseits deutet sie an, dass jüdische Niederlassungen offensichtlich als Faktor territorialer Verdichtung zu sehen sind, bei denen auch Amtsorte eine Rolle spielten, andererseits dürfte sie auf die Ausweisung der Juden aus den meisten Reichsstädten zurückzuführen sein (s. Kap. 11), die neben den Kathedralstädten von Anfang an

am stärksten das traditionelle urbane Element repräsentiert hatten. Man war auf Nischen angewiesen, die sich oft nur in Dörfern der kleinen Herrschaften boten.

Vergleicht man diese Befunde für das heutige Bayern mit der Auswertung für den gesamten deutschsprachigen Raum in Mitteleuropa, also dem Römisch-Deutschen Reich einschließlich Böhmen und Mähren, für den Zeitraum von 1350–1517, so ergeben sich klare Parallelen: Von den insgesamt 1.038 Orten, also einem Umfang in der gleichen Größenordnung, wie er vor der Pogromwelle der Mitte des 14. Jahrhunderts vorhanden war,[29] umfasste die Neuansiedlung bis zur Wende zum 15. Jahrhundert 270 Orte mit deutlichen Schwerpunkten in den ersten drei Jahrzehnten bis 1379; davon findet sich knapp die Hälfte in den Orten, die schon vorher jüdische Niederlassungen aufwiesen: Jüdisches Leben knüpfte also generell an die früheren Strukturen an, erschloss aber zusätzlich neue Räume. Dabei hatte sich die Verteilung im Reich geändert, denn der bis 1350 unbestrittene Schwerpunkt an der Rheinschiene verlor sich zugunsten von Niederlassungen in den östlichen Gebieten. Auch der stärkere Zug in die Dörfer und Märkte im 15. Jahrhundert findet seine Entsprechung im generellen Entwicklungstrend, sodass sich bereits allgemein ein Übergang zur Phase des ‚Landjudentums' in der Frühen Neuzeit abzeichnet.[30]

Die nüchterne Statistik ist die eine Seite; sie gibt die generellen Trends wieder. Die andere ist die konkrete Umsetzung in der Realität: Wie sieht dies in den verschiedenen Territorien aus, die ja in dieser Phase im Wesentlichen die Entscheidungen über die Ansiedlung für sich beanspruchten? Deutlich zeichnen sich einige ab, die eine besondere Dynamik entwickelten: die beiden fränkischen Hochstifte Würzburg und Bamberg sowie die weltlichen der Markgrafschaft Ansbach-Bayreuth und der Grafschaft Oettingen. Deshalb soll auf sie zunächst einmal genauer eingegangen werden.

Im Hochstift Würzburg fiel die Wiederansiedlung nicht sehr massiv aus, sind doch zwischen 1350 und 1520 insgesamt nur 22 Orte (im heutigen Bayern!) zu registrieren, von denen wiederum die Hälfte (11) an Standorten vor dem Einschnitt der Pestpogrome anknüpften. Nach den bereits genannten ersten Städten Würzburg (1376), Ochsenfurt (1377) und Kitzingen (1380) sowie anschließend Iphofen (1386) und Seßlach (1390) erfolgte seit Anfang des 15. Jahrhunderts der weitere Ausbau am Maindreieck, aber auch in Richtung Thüringen. Die jüngste Untersuchung deckt die Zusammenhänge genauer auf (Abb. 21):[31] Einerseits

---

**29** Dazu und zum Folgenden Toch, Siedlungsstruktur, S. 29f.: bis 1350 sind in GJ II insgesamt 1.010 Orte aufgenommen, es dürften aber nach Toch 1.100–1.200 gewesen sein.
**30** Toch, Siedlungsstruktur, S. 37f.
**31** Stretz, Franken, S. 38–52.

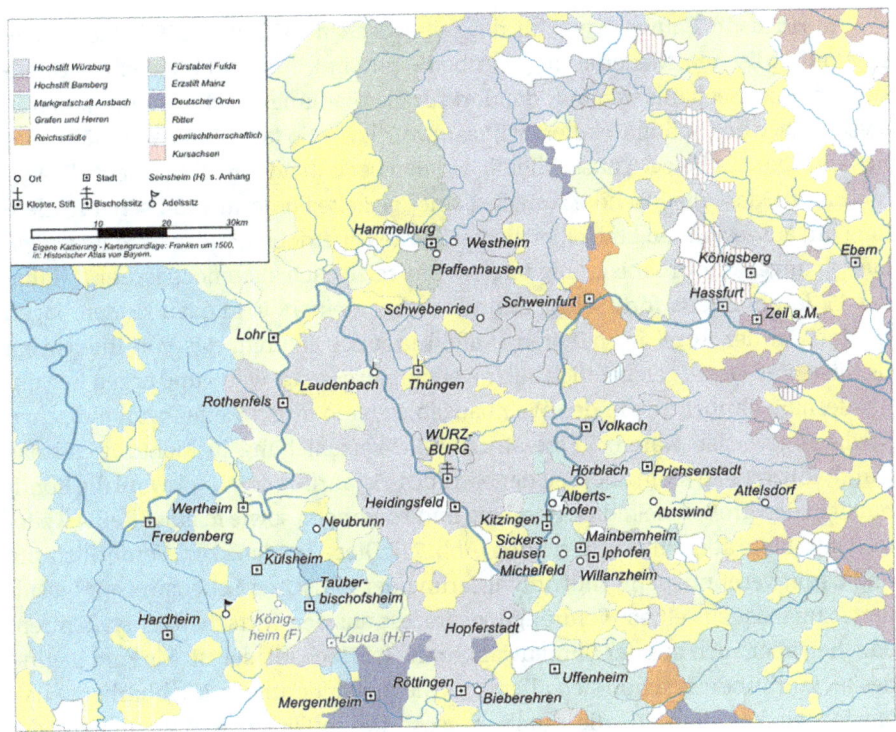

**Abb. 21:** Jüdische Niederlassungen in Main- und Tauberfranken 1451–1500

ist eine Verdichtung in den hochstiftischen Amtsorten (Dettelbach, Ebern, Eltmann, Gerolzhofen, Haßfurt, Homburg a.Main, Klingenberg, Mellrichstadt, Münnerstadt, Seßlach), aber auch im Herrschaftsgebiet der Grafen von Wertheim in Freudenberg sowie in Orten des herrschaftlichen Ausbaus (Breuberg, Neustadt, Schweinberg) zu registrieren – ein Beispiel dafür, dass „in den Enklaven des Hochadels mit zentralörtlichen Funktionen im Hochstift Würzburg [...] häufig jüdische Niederlassungen" zu finden waren. Andererseits spielten ökonomische Faktoren wie die Lage an Fernhandelsstraßen bzw. in Weinbaugebieten und Marktsiedlungen eine Rolle. Nach der Jahrhundertmitte unterbrachen die ersten Ausweisungen 1453 und 1488 die Siedlungskontinuität im Hochstift, während bei der Ritterschaft erstmals Orte mit Juden auftauchen. Sowohl bei ihnen wie beim Hochadel der Grafen von Wertheim, Castell, Henneberg und Schwarzenberg, der Schenken von Limpurg und der Landgrafen von Leuchtenberg setzte nach der Wende zum 16. Jahrhundert eine Stabilisierung ein, womit gleichzeitig die ‚Verländlichung' der Niederlassungen in diesem Raum verbunden war.

Im Hochstift Bamberg, wo für die Zeit zwischen 1350 und 1519 insgesamt 39 Orte mit jüdischen Niederlassungen überliefert sind,[32] deckt eine weitere Untersuchung die Mechanismen auf, die dort für die Siedlungsgeschichte der Juden in dieser Phase des Spätmittelalters wirksam wurden.[33] So lassen in der 2. Hälfte des 14. Jahrhunderts Belege „ausschließlich in den bedeutenderen Amtsorten" die Vermutung zu, dass die Bischöfe zunächst eine „gezielte Förderung jüdischer Ansiedlung [in] ausgewählten landesherrlichen Städten" betrieben,[34] also durchaus noch Zielsetzungen der Urbanisierung folgten. Das setzte sich auch noch in der 1. Hälfte des 15. Jahrhunderts fort, selbst wenn einzelne kleinere Orte dazu kamen, lagen sie doch in der Regel im näheren Umfeld urbaner Zentren, das von intensivem Gemüse- und Obst-, gelegentlich auch Weinanbau geprägt war – und deren Bewohner deshalb ähnlich wie in den Weinbaugebieten am Rhein vielfach auf jüdischen Kredit angewiesen waren.[35] Eine strukturelle Verschiebung in Richtung auf das ‚Land' vollzog sich dann aber seit der Mitte des 15. Jahrhunderts – obwohl die Kontinuität in den größeren Städten Bamberg und Forchheim sowie in einer Reihe weiterer Amtsstädte aufrechterhalten blieb (Abb. 22). Diese Tendenz zur „Verdörflichung und damit verbundene[n] Individualisierung der jüdischen Lebensweise"[36] resultierte zunächst aus einem Verdrängungsprozess aus den wirtschaftlichen Zentren, daneben aber auch aus der Binnenwanderung im Hochstift selbst. Bis zum Beginn des 16. Jahrhunderts schob sich allerdings die Abwanderung in Nachbarherrschaften in den Vordergrund, die durch „verschärfte antijüdische Maßnahmen" der Bischöfe in dieser Zeit ausgelöst wurde. Das Ergebnis war eine Landschaft, in der um 1520 nur noch in wenigen Orten Juden anzutreffen waren.

Schwieriger ist die Einschätzung für die Markgrafschaft der Hohenzollern, handelte es sich doch bei ihr um sehr verschiedene Räume, einerseits dem ‚Niederland' im mittelfränkischen Raum um Ansbach, andererseits dem ‚Oberland', den östlich gelegenen Gebieten um Kulmbach und Bayreuth. Erwachsen aus dem Burggrafentum Nürnberg (der namensgebende Stammsitz wurde 1427 an die Stadt verkauft), seit 1417 (mit dem Erwerb der Mark Brandenburg) Markgrafschaft genannt, entfaltete sich das Territorium der Hohenzollern in zunehmender Dichte,[37] und in diesem Kontext spielte auch das Judentum eine immer wichtigere Rolle.[38]

---

32 Gemäß der Auswertung von GJ III/1 und 2, wie oben.
33 Geldermans-Jörg, Bamberg, S. 56–93.
34 Geldermans-Jörg, Bamberg, S. 74f.
35 Geldermans-Jörg, Bamberg, S. 79f.: mit Bezug auf die Arbeit von Ziwes, Mittelrhein.
36 Geldermans-Jörg, Bamberg, S. 86; vgl. dazu A. Haverkamp, Jewish Quarters.
37 Vgl. zu den Hohenzollern in Franken Gerlich/Machilek, Staat und Gesellschaft, S. 591–600.
38 Haenle, Ansbach; Haenle, Bayreuth; GJ III/3, S. 1965–1977 (Gebietsartikel).

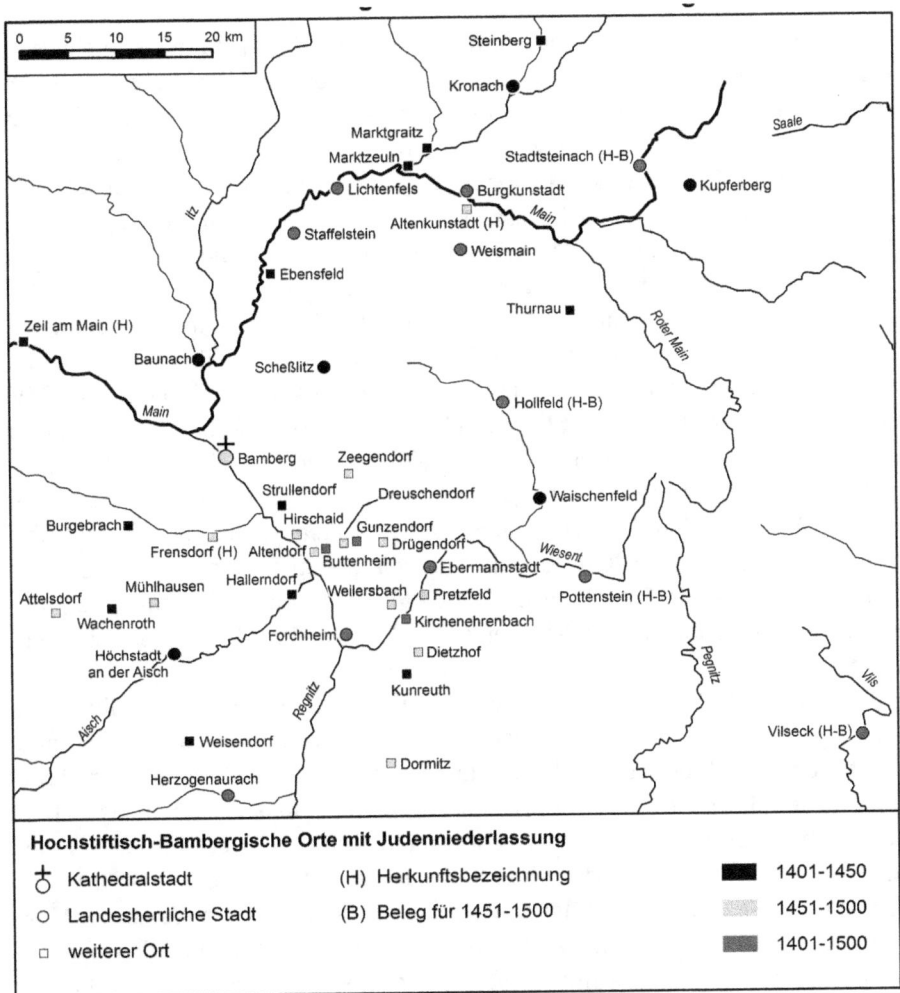

**Abb. 22:** Jüdische Niederlassungen im Hochstift Bamberg 1401–1500

Obwohl den Brüdern Johann II. und Albrecht 1351/55 formell der Judenschutz übertragen wurde (erst 1363 wurden sie dann in den Reichsfürstenstand erhoben), hatte ihre Ansiedlung im Niederland schon eine gewisse Tradition (s. Kap. 2). Nun wurden die Herrschaftszentren Cadolzburg und (seit 1456 Residenzstadt) Ansbach sowie Neustadt a.d. Aisch, Gunzenhausen, Wassertrüdingen, Feuchtwangen, Windsbach und Uffenheim, die schon vor 1350 zu den jüdischen Niederlassungen gehört hatten, wiederbelebt, und zwar teilweise noch im 14. Jahrhundert. Dazu kamen im Laufe des 15. Jahrhunderts weitere 15 Orte, darunter auch der Markt Eysölden (1419) und die kleineren Städte Prichsenstadt (1421), zusammen mit den

Grafen von Oettingen das Kondominium Monheim (1434), sodann Leutershausen (1440), Schwabach (1442) und Erlangen (1459), ansonsten aber eine ganze Reihe von Dörfern. Dieser Ausbau war weitgehend das Werk des Markgrafen Albrecht Achilles (reg. 1437–1486, seit 1464 auch in Brandenburg-Kulmbach), der in seiner sehr rigorosen Expansions- und Territorialpolitik[39] die Juden offenbar als Instrument für die Stärkung der Infrastruktur einsetzte; die Zuwanderung aus dem Hochstift Bamberg im späten 15. Jahrhundert spricht eindeutig dafür, sodass es sogar als ein „Refugium" angesehen werden kann.[40]

Im östlichen Teil, dem ‚Land auf dem Gebirge' (1372 in einer Herrschaftsteilung verselbstständigt), der in dieser Hinsicht vorher kaum in Erscheinung getreten war, wird eine planende Initiative schon früher erkennbar: Nachdem Karl IV. den Judenschutz 1372 auch für Burggraf Friedrich V. bestätigt hatte, stellte dieser 1372 einen Schutzbrief für einen Landesrabbiner und 1373 ein erstes Kollektivprivileg für die drei Niederlassungen in Bayreuth, Kulmbach und Hof aus.[41] Der weitere Ausbau ließ freilich auf sich warten, und erst seit der Mitte des 15. Jahrhunderts kamen vier weitere Niederlassungen in seinen Städten dazu: Pegnitz (1455) sowie Kasendorf und Wonsees (beide 1485), der Markt Kirchenlamitz (1472) sowie, gleichsam als Nachzügler, Creußen (1515). Dörfer sind hier allerdings nicht belegt.

Dass selbst kleinere Herrschaften diesem Trend zur Wiederansiedlung von Juden folgten, wird bei der Grafschaft Oettingen sichtbar. War sie mit ihrem Zentralraum im Ries schon seit dem Ende des 13. Jahrhunderts mit der Förderung erster jüdischer Niederlassungen aufgefallen (s. Kap. 2), so vollzog sich im 15. Jahrhundert eine massive Verdichtung mit weiteren Orten, in denen Juden bis 1520 nachweisbar sind.[42] Neben den Residenzorten Oettingen (1408), Wallerstein (1434) und Harburg (1459) waren es die beiden Städte Wemding (1408) und Monheim (1434, zusammen mit den Markgrafen) sowie die Märkte Marktoffingen (1438) und Dürrwangen (1505), ansonsten aber insgesamt ein Dutzend Dörfer, in denen bis 1520 Nachrichten über dort ansässige Juden überliefert sind. Dieser extreme Befund lässt sich nur aus der Territorialentwicklung der Grafschaft erklären: Während die sog. Ältere Grafschaft des 13. Jahrhunderts sehr weiträumig war, sodass zahlreiche Herrschaftskomplexe aufgrund einer vielfach zufallsbedingten Akkumulation außerhalb des Rieses lagen – nicht zuletzt in Mittelfranken und im östlichen Württemberg –, waren die jüngeren Grafen seit

---

[39] Gerlich/Machilek, Staat und Gesellschaft, S. 594f.
[40] GJ III/3, S. 1968.
[41] GJ III/3, S. 1967; GJ III/1, S. 93f. (Bayreuth), S. 568 (Hof), S. 694f. (Kulmbach).
[42] Nach der Aufnahme GJ III/1 und 2, s. oben.

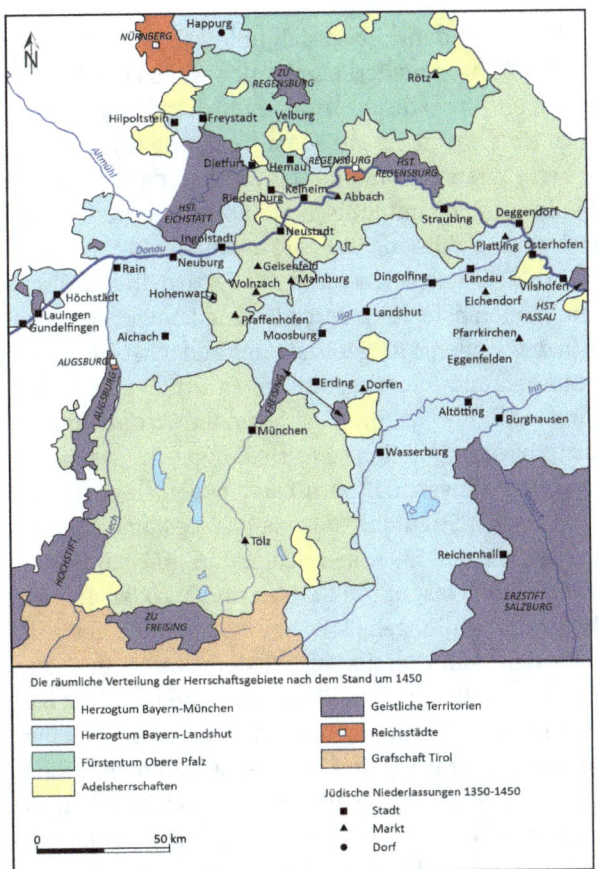

**Abb. 23:** Jüdische Niederlassungen in den bayerischen Herzogtümern 1350–1450

der Mitte des 14. Jahrhunderts bestrebt, eine Herrschaftsarrondierung durchzuführen, bei der Fernbesitzungen abgestoßen und der Rieskessel mit seinen Randhöhen als Kernraum verdichtet wurden. Der Nachteil dieses Prozesses war freilich, dass damit viele Städte verloren gingen – so, abgesehen von den an sie verpfändeten Reichsstädten Aalen und Weißenburg, etwa Ansbach und Wassertrüdingen an die Burggrafen von Nürnberg und später noch 1454 Monheim bzw. 1467 Wemding an das Herzogtum Bayern. Zudem lag mit der Reichsstadt Nördlingen ein urbanes Zentrum als Gegenpol inmitten der Jüngeren Grafschaft.[43] Einer eigenständigen Urbanisierung waren damit deutliche Grenzen gesetzt[44] – und

---

43 Dazu zusammenfassend Kudorfer, Oettingen, S. 44–46.
44 Vgl. dazu aus der Perspektive Nördlingens Kießling, Die Stadt und ihr Land, S. 24–106.

das war offensichtlich auch der Grund dafür, dass sich Juden seit der Mitte des 15. Jahrhunderts vor allem in den Dörfern niederließen. Auch wenn es sich dabei vielfach nur um wenige Familien und sporadische Aufenthalte handelte, denn als Zentrum blieb die Gemeinde in Nördlingen bis 1507 dominant,[45] so war doch die „Verdörflichung" im städtischen Umland ein markantes Zeichen dafür, dass die Grafen ihre Territorialpolitik nicht zuletzt mit jüdischen Kapital bestritten – was sich aus ihrer massiven Verschuldung ablesen lässt (vgl. dazu Kap. 9).[46]

In deutlichem Kontrast zu diesen Beispielen stand die herzoglich-bayerische Politik. Nach der Initiative zur Wiederansiedlung durch Herzog Ludwig den Brandenburger 1352, die vor allem in den größeren Residenzstädten zunächst erfolgreich verlaufen war, geriet sie ins Stocken und erfuhr erst im ersten Drittel des 15. Jahrhunderts eine breite Ergänzung (Abb. 23). Nach wie vor lagen die Orte vor allen in den Territorien Ober- und Niederbayern: Von den 42 Ansiedlungen zwischen 1350 und 1519, waren 16 jüdische Niederlassungen in Bayern-Landshut entstanden, 14 in Bayern-München, lediglich 7 in Bayern-Straubing (das bis 1429 bestand) und 6 in Bayern-Ingolstadt (das bei der Teilung von 1392 eingerichtet und 1447 mit Bayern-Landshut vereinigt wurde). Wenn Juden fast nur in Städten und Märkten ansässig wurden und zudem gut die Hälfte der Siedlungen (24) bereits einen Vorläufer in der Zeit vor den Pestpogromen hatte, dann kann daraus eine Wiederbelebung mit hoher Kontinuität abgeleitet werden. Dabei fällt auf, dass die Schwerpunkte – sieht man von den oberpfälzischen Orten einmal ab – entlang der von den Flüssen bestimmten Verkehrsachsen lagen: an der Donau von den schwäbischen Städten Gundelfingen, Lauingen (beide 1367) und Höchstädt (1434) über Ingolstadt (1355), Kelheim (1381), Straubing (1366), Deggendorf (1415) bis Vilshofen (1425), sodann entlang der Isar von München (1354) über Landshut (1365), Dingolfing (1370), Landau (1415) bis Plattling (1426) sowie am Inn von Wasserburg (1450) über Altötting (1432) bis Burghausen (1364). Der weitaus größte Teil der Orte gehörte um 1450 zum wirtschaftlich stärkeren Bayern-Landshut, im Münchener Teilherzogtum konzentrierten sich die Niederlassungen im nördlichen Sprengel, während im großflächigen südlichen Teil neben München nur noch Tölz erwähnt ist.

Es war die Zeit des Landesausbaus im Innern, d.h. der herrschaftlichen Organisation in sog. Landgerichten und der Verbesserung der urbanen Infrastruktur.[47] Dennoch darf man das numerische Gewicht der Juden nicht überschätzen. Nach der Wiederansiedlung kam jedoch in der folgenden Generation ein Stimmungsumschwung zugunsten der Ausweisung; er begann mit Albrecht III. (reg. 1438–

---

45 Dohm, Nördlingen. S. 159–174.
46 L. Müller, Aus fünf Jahrhunderten I, S. 28–30.
47 Vgl. dazu Kießling, Marktbegriff, S. 128–132.

1460) von München und Straubing 1442 und setzte sich unter Ludwig IX. (reg. 1450–1479) von Landshut 1450 fort.[48] Damit war das Ende jüdischer Existenz in Altbayern eingeläutet (s. Kap. 11).

Ein ähnliches, freilich noch wechselvolleres Schicksal erlebten die Juden in der Oberpfalz, das seit 1329 zum Herrschaftskomplex der wittelsbachischen Pfalzgrafen bei Rhein gehörte.[49] Zunächst unter Pfalzgraf Ruprecht I. (reg. 1353–1390) parallel zur Kurpfalz seit etwa 1355 mit günstigen Ansiedlungsbedingungen versehen, konnten sich die Gemeinden Amberg (1355), Neumarkt (1362) und Cham (1368), die schon vor 1350 existiert hatten, wieder bilden. Unter seinem Neffen Ruprecht II. (reg. 1390–1398) schlug dann der Schutz im Sommer oder Herbst 1390 in eine Vertreibung um, sodass anschließend nur mehr einzelne Juden dort begegnen.[50] Kompliziert wurde die Situation allerdings dadurch, dass seit 1353 König Karl IV. über die Pfandschaft von Ruprecht I. wichtige Teile der Oberpfalz übernehmen konnte, um seine Landbrücke von Prag über Nürnberg nach Frankfurt aufzubauen, was nicht zuletzt auch ökonomische Auswirkungen hatte. In diesem ‚Neuböhmen' werden nun weitere jüdische Niederlassungen greifbar, angefangen von Hersbruck (1355) über Weiden (1388), Erbendorf (1390) bis Neustadt a.d. Waldnaab (1397); in diesen Kontext gehört aber auch Heidingsfeld bei Würzburg (1378). An die Seite der Pfälzer traten die Landgrafen von Leuchtenberg, die als Reichsfürsten jüdische Niederlassungen in ihren Städten Pleystein (1374) und Pfreimd (1379) und später noch im Markt Floß (1416) zuließen.

Freilich konnten die Wittelsbacher schon bald von der Neuorientierung König Karls IV. profitieren, die sich auf Brandenburg richtete, sodass seit den 1370er Jahren ein Rückerwerb begann, der schließlich unter Kurfürst Ruprecht III. (Kurfürst 1398, König 1400-1410) seit 1400 die wesentlichen Teile wieder an die Kurpfalz brachte. Nun setzte eine neue Phase jüdischer Ansiedlungen ein, die im 15. Jahrhundert mit neuen Orten vor allem unter Otto II. (reg. 1461–1499) zu Buche schlug, dann aber 1499 erneut in eine Ausweisung mündete.

Für das mit den Wittelsbachern konkurrierende Haus Habsburg stellte die Markgrafschaft Burgau in Schwaben den einzigen Herrschaftsbereich in unserem Raum dar. Doch nur die beiden Städte Burgau und Günzburg (beide 1434) beherbergten jüdische Niederlassungen,[51] und selbst der dauerhafte Übergang der

---

**48** Kirmaier, Judenpolitik bayerischer Herzöge, S. 95, 100f.
**49** Volkert, Oberpfalz, S. 169–180; GJ III/3, S. 1913–1919 (Gebietsartikel); Volkert, Pfalz und Oberpfalz, S. 55–71.
**50** Gegenüber der Datierung auf 1391 (Volkert, Oberpfalz, S. 186–188) wird jetzt eine frühere vorgezogen: GJ III/3, S. 1917.
**51** GJ III/1, S. 194 (Burgau), S. 478–482 (Günzburg).

Dynastie zur Königswürde mit Friedrich III. (reg. 1452–1493) löste noch keine begünstigenden Wirkungen aus – erst in der Frühen Neuzeit wird dieser Ansatzpunkt eine sehr viel breitere Entfaltung bringen. Nicht zu übersehen ist aber, dass die Herrschaften des ritterschaftlichen Adels Möglichkeiten zur Niederlassung boten. So waren die Herren von Rechberg mit ihren Kleinstädten Weißenhorn (1414) und Neuburg a.d. Kammel (15. Jh.) aktiv,[52] und sie ergänzten damit die nach wie vor bedeutungsvolle Rolle der Reichsstädte als Standorte für ein zentrales Netz größerer Gemeinden. Der Reichsbezug, der schon mit dem verfassungsrechtlichen Status des Adels gegeben war, begünstigte offenbar diesen Trend. Ganz ähnliche Ansätze sind im Hochstift Bamberg mit den Herren von Aufseß (1414), Egloffstein (1418) oder Waldenfels (1421)[53] sowie östlich von Nürnberg mit der Ganerbenschaft der Herrschaft Rothenberg mit Schnaittach (1478) zu beobachten.[54]

Überblickt man die Entwicklungen in den größeren Territorien, so zeigt sich ein widersprüchliches Bild, denn die jüdischen Niederlassungen des Spätmittelalters unterlagen erheblichen Schwankungen. War im Laufe des 14. Jahrhunderts noch fast durchgängig eine Konsolidierung zu erkennen, so nahm die Unsicherheit im 15. Jahrhundert erheblich zu: Die Ausweisungen aus der Oberpfalz 1390 und erneut 1499, aus den bayerischen Herzogtümern 1442/50 sowie die gleichen Tendenzen in den Hochstiften Würzburg und Bamberg gegen Ende des 15. Jahrhunderts stehen der verstärkten Ansiedlungspolitik in Brandenburg-Ansbach bzw. Kulmbach und der Grafschaft Oettingen gegenüber. So schält sich für diese Phase nach dem massiven Einschnitt der Pestpogrome im 15. Jahrhundert ein deutlicher Differenzierungsprozess heraus: Anfangs wirkte offenbar noch die Vorstellung weiter, wonach die Präsenz von Juden als wirtschaftlicher Nutzen gesehen und ihnen damit eine wichtige Funktion beim Ausbau der Infrastruktur in den Territorien zugesprochen wurde. Doch im Kontrast dazu entwickelte offensichtlich die Diskriminierung ein immer stärkeres Gewicht. Neben der Pfalz und Bayern ließen sich auch die Bischöfe von Würzburg und Bamberg darauf ein – ergänzt durch das Erzstift Mainz im westlichen Unterfranken. Demgegenüber konnte die übrige Reichskirche keinen großen Anteil jüdischer Niederlassungen aufweisen: Eichstätt, für dessen Hochstift lediglich in Spalt (1414) ein Nachweis vorliegt, war schon 1445 mit der Ausweisung vorausgegangen;[55] im Hochstift Augsburg lebten lediglich einige Familien in Dillingen, die aber bis zur Mitte des 15. Jahrhunderts bereits abgewandert waren, und die Niederlassung im überschaubaren Hochstift

---

52 GJ III/2, S. 940 (Neuburg), S. 1578 (Weißenhorn).
53 Geldermans-Jörg, Hochstift Bamberg, S. 81.
54 GJ III/2, S. 1327–1329.
55 GJ III/1, S. 290 (Eichstätt), GJ III/2, S. 1381f. (Spalt).

Regensburg, der Markt Wörth, wo 1421–1423 sieben Juden lebten, war zu dieser Zeit an das Herzogtum Straubing verpfändet.[56]

Damit wurde die regionale Migration innerhalb der Territorien bzw. zwischen den Nachbarschaften angeregt – wobei sich erzwungene und freiwillige Migration wohl vielfach mischten, auch wenn sie etwa im Hochstift Bamberg „im Spätmittelalter in ganz entscheidendem Ausmaß fremdbestimmt war", handelte es sich doch vielfach um „Fluchtwanderungen".[57] Wie dieses Beispiel zeigt, war das unterschiedliche Verhalten der Träger des Judenschutzes ein gewichtiger Auslöser für eine Abwanderung in die Nachbarherrschaften, in die Markgraftümer Brandenburg-Ansbach-Kulmbach, in die Reichsstadt Nürnberg bzw. das luxemburgische Böhmen, die in dieser Phase eine judenfreundlichere Politik betrieben.[58] Der herrschaftlich bestimmte Zu- und Abzug, der von der Normensetzung ausging (s. Kap. 9), wurde aber ergänzt durch selbstbestimmte Faktoren. Aus eigenem Antrieb kommende Wanderungen sind nicht zu unterschätzen: Man kennt aus Beispielen von Trier die familiäre Vernetzung und geschäftliche Verbindung an der Rheinschiene von Straßburg bis Köln,[59] kann aber gleichartige Strukturmerkmale auch für die großen Gemeinden im Süden feststellen: So ist etwa das breit gefächerte Geschäftsfeld der Bankiersfamilie Jäcklin von Ulm in den 1370er und 1380er Jahren mit Niederlassungen in Ulm, Nürnberg, Nördlingen, Rothenburg, Konstanz, Zürich, Mainz und Straßburg bekannt, denen im 15. Jahrhundert Abraham Seligmann als Mitglied der jüdischen Hochfinanz folgte.[60] Der Blick in die jüdischen Gemeinden selbst zeigt aber auch, dass sie neben den Herrschaftsträgern selbst über die Zuwanderung von Glaubensgenossen entscheiden wollten: Der hochmittelalterliche Orts- oder Niederlassungsbann (*Cherem ha-jishûv*), der innerjüdisch vielfach diskutiert wurde und der nicht zuletzt auch damit zu tun hatte, inwieweit damit unerwünschte ökonomische Konkurrenz ferngehalten werden konnte (s. Kap. 3), zerfiel freilich im Spätmittelalter, wie der aus Augsburg stammende und später in Erfurt wirkende Rabbi Jakob Weil feststellte. Andererseits nahmen die Sonderabkommen einzelner Juden mit den Herrschaften zu.[61] Die Interferenz zwischen beiden Polen wirkte sich also immer mehr auf die Struktur der Niederlassungen aus.

Das schließt nicht aus, dass die Attraktivität einer Metropole weiterhin eine zentrale Rolle spielte, wie das für Nürnberg aufgezeigt werden konnte: Die Stadt

---

56 GJ III/1, S. 233 (Dillingen), S. 1669 (Wörth).
57 Gilomen, Jüdische Migration, S. 125.
58 Geldermanns-Jörg, Hochstift Bamberg, S. 87f.
59 Burgard, Migration, S. 46–50.
60 Scholl, Ulm, S. 207–245.
61 Ausführlich dazu Gilomen, Jüdische Migration, S. 129–144.

hatte einen enormen Einzugsbereich, wie sich aus den Herkunftsnamen der jüdischen Bürger ablesen lässt, die auf einen Zuzug bis von Straßburg, Zürich, Österreich, ja Norditalien schließen lassen, auch wenn die große Mehrheit aus fränkischen und altbayerischen Orten kam. Bei einer Gesamtbevölkerung zwischen etwa 150 (1449) und 220–250 Seelen (1489) wurden zwischen 1391 und 1499 insgesamt 205 Bürgeraufnahmeakte registriert, davon 83 für fremde und 122 für solche Personen, die in Nürnberg Verwandte hatten.[62] Freilich wurde die Zuwanderung in Krisenzeiten wiederum durch erhebliche Dezimierungen abgelöst: Eine der empfindlichsten war die Abwanderung potenter Bankiers nach den Judenschuldentilgungen König Wenzels Ende des 14. Jahrhunderts (s. Kap. 9) nach Oberitalien, darunter die Familien des Jacob Rapp und des Benedict von Neumarkt: Nachdem sich Jacob Rapp, der beim Aufbau der neuen Gemeinde in Nürnberg eine maßgebliche Rolle gespielt hatte, 1383 gestorben war, sah sich seine Witwe Jutta Rapp samt ihren Söhnen mit der massiven Gefährdung ihrer Existenz konfrontiert. Sie nutzte ihre Verbindungen nach Venedig, um die Schuldentilgung zu umgehen und dort ihre ausstehenden Kapitalien von den Nürnberger Kaufleuten einzutreiben. Sie wich dann zeitweise nach Ancona aus, und einige Familienmitglieder ließen sich in Treviso nieder, wo die Familie im 15. Jahrhundert weiter agierte. Benedict von Neumarkt und seine Söhne gingen ganz ähnliche Wege; er selbst blieb zwar in Nürnberg, aber während der eine Sohn, Salamon, über Venedig nach Triest zog, sollte Jacob wiederum in der Gemeinde Treviso eine wichtige Rolle spielen.[63] Push- und Pullfaktoren mischten sich also in diesen Fällen besonders eindringlich.

Als Gesamtergebnis ist die Tendenz zu einem fundamentalen Strukturwandel festzuhalten: Den großen Gemeinden stand nun die Vielzahl von kleinen und kleinsten Niederlassungen in den Dörfern und Kleinstädten gegenüber, die nur einige wenige Familien umfassten und zudem oft nur sporadisch über wenige Jahre oder eine Generation besetzt waren, weil sie unter den neuen Bedingungen häufig den Wohnort wechselten.[64] Gerade in ihnen spiegelt sich eine wachsende Labilität jüdischer Existenz.

---

[62] GJ III/2, S. 1000–1004, 1009. Vgl. dazu Toch, Soziale und demographische Struktur, passim.
[63] Möschter, Treviso, S. 72–91.
[64] Toch, Siedlungsstruktur, S. 33–35; vgl. dazu aus europäischer Perspektive Toch, The Formation of the Diaspora, S. 76f.; Toch, Juden, S. 245.

# 9 Herrschaftliche Interessen: Verschiebungen und Pervertierungen des Judenschutzes

Die Ambivalenz im Verhalten König Karls IV. bei den Pestpogromen der Mitte des 14. Jahrhunderts, als er einerseits die Verfolgung vielfach erst ermöglichte, andererseits sehr schnell die Wiederansiedlung in den gleichen Orten unterstützte, offenbart die prekäre Lage der Juden, wenn sie auf den obersten Schutzherrn vertrauten. Die Bilanz jüdischer Ansiedlungen nach dem tiefen Einschnitt zeigt aber auch, dass den Territorien neben den Reichsstädten ein immer stärkeres Gewicht zukam, wenn es um die Entscheidungen für oder gegen die jüdische Präsenz ging. Die verfassungsgeschichtlich bedingte Spannung zwischen Reich und Territorien schlug sich somit immer stärker bei der Frage der Ausübung des Judenschutzes nieder. Eine ganz entscheidende Weichenstellung dafür brachte die Goldene Bulle von 1356, eines der ‚Grundgesetze' des Römisch-Deutschen Reiches, die das Recht der Aufnahme von Juden als Regalienrecht den Kürfürsten übertrug:

> Wir setzen fest [...], daß alle Kurfürsten rechtmäßigerweise alle Gold- und Silberbergwerke, auch die Zinn-, Kupfer-, Eisen- und sonstigen Minen sowie alle Salzbergwerke einschließlich aller Judenrechte (nec non iudeos habere) innehaben dürfen (tenere iuste possint et legitime possidere).[1]

Wenn hier die Rechte an den Bergwerken wie die an den Zöllen zusammen mit dem Recht der Ansiedlung von Juden genannt werden, lässt sich daraus die Vorstellung ableiten, dass es in den Augen der Beteiligten vor allem um die fiskalische Nutzung ging.[2] Diese Entwicklung war schon bei Kaiser Ludwig dem Bayern zu erkennen (s. Kap. 5), und so verwundert es nicht, wenn sich dieser Trend nun fortsetzte. So war auch unübersehbar, dass das Schutzverhältnis „verdinglicht", zum „kommerziell einsetzbaren Faktor [wurde], mit dem politische Zielsetzungen des Königshofes verwirklicht werden konnten".[3]

Hatte sich also der Kaiser als oberster Schutzherr aus diesem Herrschaftsbereich zurückgezogen? Noch wirkte der Bezug zu Kaiser und Reich weiter. Zum einen findet er sich erneut bei den Reichstädten als den urbanen Stützpunkten der Reichspolitik, denen der König vielfach das Recht übertrug, Juden aufzunehmen: so etwa in Augsburg, dem Karl IV. 1355 dieses Privileg erteilte, verbun-

---

1 Zit. nach Battenberg, Europäisches Zeitalter, Bd. I, S. 137.
2 So auch Battenberg, Europäisches Zeitalter, Bd. I, S. 137.
3 Battenberg, Europäisches Zeitalter, Bd. I, S. 140.

den mit dem Recht, dass *mit denselben Juden und Judennen niemant wan sie zu schaffen haben suelle,*[4] oder in Nördlingen, das er ausdrücklich anwies und wo dann auch seit 1357 wieder Juden nachweisbar sind.[5] Zum anderen übten die Bischöfe als geistliche Reichsfürsten dieses Recht weiterhin aus – wenn auch, wie in Augsburg oder Regensburg, die inzwischen zu Reichsstädten aufgestiegenen Kommunen das erheblich einschränkten.[6] Doch auch die „Territorialisierung"[7] des Judenrechts zugunsten der Fürsten ist in unserem Raum ebenfalls mehrfach festzustellen: Die Herzöge von Bayern und die Pfalzgrafen bei Rhein übten es ganz selbstverständlich aus und setzten es gegenüber ihren eigenen Städten und Märkten durch, wenn beispielsweise Herzog Stephan II. und seine Söhne 1368 als Stadt- und Judenherren der Stadt Lauingen die Erlaubnis bestätigten, dass sie Juden aufnehmen durften.[8] Die Grafen von Oettingen hatten dieses Regal schon in den 1330er Jahren,[9] die Burggrafen von Nürnberg 1351/55 übertragen bekommen und wandten es dann konsequent auf ihre Untertanen an.

Dennoch fällt auf, dass die bei der Ansiedlung aktivsten Territorialfürsten und -herren eine enge Verzahnung von Territorialpolitik und Reichspolitik betrieben: Sie war sowohl bei Ruprecht I. von der Pfalz gegeben, dessen Zielvorstellungen in enger Verbindung mit Karl IV. standen, als auch bei den Landgrafen von Leuchtenberg, die als Reichsfürsten die ‚neuböhmische' Politik Karls IV. mittrugen.[10] Dies findet seine spätere Parallele bei den Grafen von Oettingen, denn der Reichsdienst war bei ihnen noch im 15. Jahrhundert ein wichtiger Faktor: Graf Ludwig XI. (1370–1440) war Rat und Hofmeister Kaiser Sigismunds.[11] Auch die Burggrafen von Nürnberg konnten ihren Herrschaftsausbau „in steter Einbindung in die Politik des Reichsoberhaupts" erfolgreich durchsetzen, und Albrecht Achilles von Brandenburg-Ansbach-Kulmbach (reg. 1437–1486) wird ein „starkes, mehrfach sogar im Gegensatz zu eigenen territorialen Interessen stehendes reichspolitisches Engagement", insbesondere eine ‚Kaisernähe' zu Friedrich III. zugesprochen.[12] Die angestammte Zugehörigkeit der Juden zum Reich war also bei ihnen zumindest indirekt bis ins 15. Jahrhundert weiter von Bedeutung.

---

4 Meyer, Urkundenbuch Augsburg, Bd. II, Nr. 523, S. 75.
5 GJ III/3, S. 2166; Dohm, Nördlingen, S. 59f.
6 Vgl. Willoweit, Rechtsstellung, S. 2167.
7 So die Grundthese von Battenberg, Reflexionen zur Rechtsstellung.
8 GJ III/1, S. 722f.
9 L. Müller, Aus fünf Jahrhunderten I, S. 11.
10 Volkert, Die kleinen weltlichen Reichsstände, S. 329.
11 Stauber, Oettingen, S. 370.
12 Gerlich/Machilek, Staat und Gesellschaft, S. 579–600, Zitate S. 587, 594.

Dennoch konnten die Juden im Spannungsfeld von Kaiser und Territorialstaaten in prekäre Situationen geraten, wie das 1422 in Franken der Fall war: Am 25. April 1422 schlossen die Bischöfe Friedrich III. von Bamberg und Johann II. von Würzburg, Markgraf Friedrich I. von Brandenburg-Ansbach und sein Sohn Johann in Herzogenaurach einen Vertrag, der vorsah, die ihnen unterstehenden Juden am 9. Mai – bezeichnenderweise einem Sabbat, an dem die Juden in der Regel zu Hause waren und die Synagoge besuchten – gefangen zu setzen und zu enteignen.[13] Dazu sollten alle Geistlichen und weltlichen Personen *das der egenannt Juden oder Judein wer es wer an bereitschaft, pfanden, briuen, registeren, schulden, gelte oder geltsword* anzeigen; die Verpflichtungen sollten dann auf die jeweiligen Landesherren übergehen und anteilig verteilt werden. Um die Eintreibung möglichst ergiebig zu machen, verpflichteten sich die Bischöfe, die geistliche Gewalt für eine umfassende Einschränkung des jüdischen Lebens einzusetzen: Die Juden sollten auf jegliche Zinsnahme verzichten, die Beschäftigung christlicher Dienstboten wurde verboten und die Einhaltung von Kleidervorschriften eingefordert – eine Art „indirekte Exkommunikation". Die Verpflichtung, die Juden aus ihrem Einflussbereich zu vertreiben, schloss diesen Vertrag ab. Die Stoßrichtung dieser Maßnahme galt offensichtlich anderen Herrschaftsträgern des Raumes, nicht zuletzt den Reichsstädten.

Eine derartige rigorose Kehrtwendung in der Judenpolitik wird nur im Kontext der Regionalpolitik verständlich: Die Bestrebungen, einen fränkischen Landfrieden zu schaffen, verbanden sich mit dem mehrfach geäußerten Vorwurf an die Juden, sie würden mit den Hussiten kooperieren, gegen die in diesen Jahren wegen ihrer Einfälle in Franken Krieg geführt wurde, was seinerseits die Formierung einer Opposition gegen Kaiser Sigismund unter Markgraf Friedrich ausgelöst hatte. Es ist kein Widerspruch dazu, wenn die Herrschaftsträger damit eine verstärkte Durchsetzung landesherrlicher Gewalt verbanden, sodass man sogar von einem Bestreben gesprochen hat, „die Juden zu landesherrlichen Kammerknechten" zu machen[14] – die Enteignung spricht für diesen Zugriff, die geplante Ausweisung hätte das freilich gegenstandslos gemacht. Auf jeden Fall gehörte der Judenschutz zu den Elementen, die für die landesherrliche Politik instrumentalisiert wurden.

Dass es nicht zur Vertreibung kam, war dem Eingreifen König Sigismunds zuzuschreiben; er erließ seinerseits als oberster Schutzherr seiner *Cammerknechte* am 20. September ein entsprechendes Mandat und verfügte die Aufhe-

---

**13** Haenle, Ansbach, S. 207–209, das folgende Zitat S. 207; ausführlich dazu Geldermans-Jörg, Hochstift Bamberg, S. 250–264.
**14** Geldermans-Jörg, Hochstift Bamberg, S. 258.

bung des geistlichen Banns gegen widerstrebende Reichsstädte. Die Reichsgewalt konnte sich durchsetzen, die Ausweisung unterblieb.

An diesem Fall wird schlaglichtartig deutlich, wie einerseits das Ringen um den Judenschutz auch aus einer verfassungspolitischen Spannung zwischen Kaiser und Fürsten resultierte, und andererseits die finanzielle Komponente auf beiden Seiten zu Buche schlug. Letztere war als besonders markante Form der Enteignung jüdischen Kapitals nicht neu, hatte doch schon Ludwig der Bayer 1343 dem Burggrafen von Nürnberg eine solche Tilgung tatsächlich gewährt (s. Kap. 5) und auch die habsburgischen Herzöge von Österreich praktizierten sie im 14. Jahrhundert mehrmals in Einzelfällen.[15] Eine besonders spektakuläre und verhängnisvolle Ausformung kam jedoch bei den Judenschuldentilgungen unter König Wenzel (reg. 1376–1400) in den Jahren 1385 und 1390 zustande:[16]

Am 12. Juni 1385 schloss Wenzel mit 37 schwäbischen und fränkischen Reichsstädten – von denen es allerdings bei fünf fraglich und bei elf weiteren sehr fraglich bzw. unzutreffend war, ob sie jüdische Gemeinden in ihren Mauern hatten[17] – ein Abkommen, dass für Schulden gegenüber Juden innerhalb des vergangenen Jahres keine Zinsen zu zahlen waren; ältere sollten nach einem Abzug von einem Viertel der Kapitalien sowie der angefallenen Zinsen getilgt werden. Mussten die Schuldner Zahlungsaufschub erwirken, so war ihnen eine Frist bis 2. Februar 1388 gewährt, allerdings wurden dann 10 % Zinsen fällig, und beim Verstreichen des Termins konnte die zuständige Stadt die Pfänder verkaufen. Die Städte hatten bei dieser Maßnahme das Heft in der Hand, sie konnten bei ihren Bürgern auch die Frist verlängern und bei zahlungsunwilligen Schuldnern die Hilfe des Königs einsetzen. Eine Zusatzurkunde gestand ihnen ausdrücklich zu, die Schulden der Juden selbst einzuziehen – und damit auch nach eigenem Gutdünken zu verfahren, wie das die anschließenden Verhandlungen im Detail belegen.

Wie das in der Regel vor sich ging, soll am Fall Nürnberg kurz geschildert werden:[18] Am 16. Juni wurden die reichen Juden auf die Burg, die weniger Wohlhabenden in einem Keller beim Rathaus gefangen gesetzt. Nach der Beschlagnahme der Schuldbriefe und Pfandschaften sollte eine Kommission – wie vorgesehen – in Verhandlungen mit den Juden die Höhe des Schuldenbetrags festlegen, die

---

**15** Brugger, Landesfürstliche Judenschuldentilgungen.
**16** Dazu Süßmann, Judenschuldentilgungen; Wenninger, Man bedarf keiner Juden mehr, S. 40–48; zur ersten von 1385 ausführlich mit neuen Quellen Hruza, Urkunden König Wenzels.
**17** Die Zahlen nach Hruza, Urkunden König Wenzels, S. 125f., er korrigiert die Angaben bei Süßmann, Judenschuldentilgungen, S. 75–78, der 15 Städte ohne Juden und 6 zweifelhafte Fälle ausmacht.
**18** Dazu Süßmann, Judenschuldentilgungen, S. 63–71; A. Müller, Nürnberg, S. 64–67; Hruza, Urkunden König Wenzels, S. 139–143.

sie der Stadt zu überlassen hatten. Der Rat konnte mehr als 80.000 fl eintreiben und es blieb ihm ein Reinertrag von über 60.000 fl; wie wenig die Juden selbst tatsächlich erhielten, wird schon daraus deutlich, dass die Stadt von den Außenständen einiger Juden in Höhe von zusammen 16.000 fl nur knapp 4.000 fl an sie zurückgab.[19] Zusammen mit Rothenburg, das 11.000 fl, Ulm, das über 17.000 fl, und Augsburg, das etwa 22.000 fl ‚erwirtschaftete', ergeben die von den Juden erpressten Beträge allein 130.000 fl. König Wenzel hatte 40.000 fl von den Städten gefordert und erhalten, aber man kann gemäß den genannten Beträgen schätzen, dass insgesamt das Vierfache bei den Städten selbst landete.[20] Weil Wenzel aber gemäß einer zweiten Urkunde die halbe Judensteuer für die Zukunft zugesichert bekam, verfügte er damit wieder über eine sichere Einnahmequelle. Dennoch wird klar, dass es sich bei diesem Akt um eine extreme Ausbeutung der Juden handelte, der noch „skandalöser" wird, wenn man sich das gezielte Zusammenspiel der Beteiligten vor Augen hält: Die „Petenten und Empfänger bei der Textgestaltung und Ausfertigung der Königsurkunden" hatten einen hohen Anteil, sodass man davon ausgehen muss, dass erst ein „Zusammenspiel von geheimen Verhandlungen, verbindlichen Vereinbarungen, Konzepten und öffentlich ‚exekutiven' Urkunden einen grundsätzlich reibungslosen Ablauf ermöglicht" hat.[21]

Letztlich wird aber auch klar, dass das Unternehmen nicht zuletzt von den Reichsstädten getragen und gegen diejenigen gerichtet war, die bei den Juden verschuldet waren – und das waren die Fürsten. Hintergrund war die Auseinandersetzung im ‚Großen Städtekrieg' der Reichsstädte mit den Fürsten um ihre Autonomie und ihre Stellung im Verfassungsgefüge des Imperiums. Deshalb spricht vieles dafür, dass sie die Initiatoren waren mit dem Ziel, die bei den Juden verschuldeten Fürsten an ihrer empfindlichen Stelle, der fehlenden Finanzkraft, zu treffen. Als sich das Blatt wendete und die Städte 1388 eine militärische Niederlage erlitten, folgte die zweite Judenschuldentilgung – aber diesmal vor allem zugunsten der Fürsten. Die Urkunde König Wenzels vom 15. September 1390 befreite die ‚Fürsten und Herren' samt ihren Untertanen von der Rückzahlung ihrer Schulden bei den Juden, dafür sollten sie dem Reich *einen redlichen dienst* erweisen.[22] Wiederum mussten die Juden ihr Schuldscheine herausgeben und verloren damit auf einen Schlag alle ihre Außenstände an die Beteiligten. Darunter waren vor allem Herzog Friedrich von Bayern, die Bischöfe von Bamberg, Würzburg und Augsburg, die Burggrafen von Nürnberg, die Grafen von Oettingen

---

19 Wenninger, Man bedarf keiner Juden mehr, S. 45.
20 Hruza, Urkunden König Wenzels, S. 144f.
21 Hruza, Urkunden König Wenzels, S. 159.
22 Süßmann, Judenschuldentilgungen, S. 109–125.

und Wertheim; die Reichsstädte spielten in diesem Fall nur mehr eine untergeordnete Rolle, nur Nürnberg, Rothenburg, Weißenburg, Schweinfurt und Windsheim waren einbezogen, aber mit relativ geringen Beträgen. Einer der Gewinner dieser Aktion war aber nicht zuletzt der König: Allein von Herzog Friedrich von Bayern-Landshut, dem Bischof von Würzburg und den Grafen von Oettingen erhielt er je 15.000 fl – Beträge, die freilich in ihrer Höhe nicht immer ganz stimmig erscheinen.[23] Bei Herzog Friedrich von Bayern, einem der Mitverantwortlichen bei der Durchführung der Maßnahmen,[24] ergibt sich dessen hoher Anteil möglicherweise daraus, dass seine Schulden nicht zuletzt bei den großen benachbarten Judengemeinden Regensburg und Nürnberg angefallen waren.[25]

Die gravierenden Wirkungen dieser beiden massiven Eingriffe liegen auf der Hand, denn sie reduzierten die Kapitalkraft der Juden in einem Maße, von dem sie sich lange Zeit nicht mehr erholen konnten. Als Hintergrund wird aber auch sichtbar, dass es primär gar nicht um die Juden ging, sondern um eine politische Auseinandersetzung, deren Opfer die Juden waren. Sie wurden zu Objekten der Politik.

Hatte damit der Zugriff auf die Juden als Finanzquelle einen neuen Höhepunkt erreicht, so blieb er es im 15. Jahrhundert, selbst wenn die krasse Politik der Enteignung von einer etwas milderen Form, nämlich der Besteuerung, abgelöst wurde:[26] Dieses an sich alte Prinzip, das sich aus der Kammerknechtschaft ableitete, war schon in der Matrikel des Jahres 1241 sichtbar geworden, als die Juden zusammen mit den Königsstädten als eine der wichtigen Quellen zur Finanzierung des Reiches erschienen. Und nach dem Interregnum entrichteten sie regelmäßig Jahressteuern an König und Reich – seit Wenzel, wie soeben gesehen, zumindest in Form einer ‚halben Judensteuer'. Darüber hinaus hatte Ludwig der Bayer 1342 den ‚Goldenen Opferpfennig' etabliert, der als Kopfsteuer angelegt war und in Schwaben von allen Juden, die über 12 Jahre alt waren, einen Gulden verlangte (anderswo nur von den Erwachsenen); er wurde auch unter seinen Nachfolgern erhoben. Der Versuch König Sigismunds (reg. 1410–1437), eine neue Steuerquelle in Höhe von 10 % des Vermögens zu etablieren, kam freilich nicht zustande – immerhin konnte man die Gelder 1415/16 von den Juden im Hochstift Passau, von den fränkischen Reichsstädten aber nur in Form einer Pauschale eintreiben. Sigismund ging deshalb dazu über, Sondersteuern zu erheben: Begründet damit, dass er Opfer für die Einheit der Kirche bringe – deshalb auch ‚Konzilssteuer' genannt –, verlangte er 1414–1421 den sog. Dritten Pfennig, also

---

23 Süßmann, Judenschuldentilgungen, S. 112f.
24 GJ III/3, S. 1781 (Gebietsartikel).
25 Kirmeier, Juden, S. 122f.
26 Dazu ausführlich Isenmann, Steuern und Abgaben, S. 2216–2261.

ein Drittel des Vermögens. Die konkreten Erträge resultierten jedoch aus den Verhandlungen vor Ort mit unterschiedlichen Ergebnissen: Augsburg entrichtete 2.800 fl, Ulm gut 933 fl, Rothenburg streckte seiner jüdischen Gemeinde 2.000 fl vor. Damit nicht genug forderte der König 1418 zusätzlich den 30. Pfennig von allen Juden dafür, dass er sich bei Papst Martin V. für die Bestätigung ihrer Privilegien eingesetzt hatte – das ‚Bullengeld'.

1422 begann eine neue Form, nämlich die Einziehung von Beiträgen zur Reichsmatrikel, die auch die Juden als Sondergruppe betraf, beginnend mit den Hussitensteuern von 1422 und 1427, später anlässlich von Reichskriegen wie 1461 gegen Herzog Ludwig von Bayern-Landshut und Pfalzgraf Friedrich oder 1474/75 gegen Herzog Karl den Kühnen von Burgund und nicht zuletzt seit 1470 gegen die Türken, um nur die wichtigsten zu nennen. Zu einer der ergiebigsten Einkünfte wurde jedoch die Krönungsabgabe.[27] Sie wurde 1433 erstmals von Sigismund aus Anlass der Kaiserkrönung mit der Begründung eingefordert, *das im dann die Judischeit durch das gancz Heilig Romisch Rich ein redlich Steur zu geben und in domit ze eren pflichtig ist.*[28] Handelte es sich also offiziell um eine ‚Ehrung', so wird man sie tatsächlich als eine Zwangsabgabe ansprechen müssen, die schon wegen ihrer Höhe, nämlich der Hälfte des Mobiliarvermögens (der *Habe*) als exorbitant erscheint. Wiederum war es aber eine Sache der Verhandlungen der Beauftragten mit den Juden vor Ort, die jeweilige Summe festzulegen, und mehrfach wurde die Abgabe auf den 3. oder 4. Pfennig zurückgenommen, sodass sich eine Spannbreite von 25 %–50 % des Vermögens ergab. Einige Beispiele: Nürnberg bezahlte 4.000 fl, Schweinfurt 700 fl, Bayern-Ingolstadt 1.000 fl, das Hochstift Eichstätt 600 fl; dass auch kleine Niederlassungen betroffen waren, zeigt das Beispiel Oettingen, wo 1434 die drei jüdischen Familien zusammen 100 fl Krönungssteuer ans Reich abführten.[29] Der Nettoertrag wird insgesamt immerhin auf 40.000 fl geschätzt. Auch die Nachfolger auf dem Thron, Albrecht II. und Friedrich III., beharrten auf dieser Forderung, versuchten zwar durch ‚Judentage' die Betroffenen mit einzubinden, setzten aber auch Zwangsmittel ein, um die *Schatzung* zu erhalten.

Der Charakter der ‚Ausplünderung' der Juden ist somit unübersehbar. Der kaiserliche Kämmerer Konrad von Weinsberg, der über lange Zeit an der Spitze des Unternehmens ‚Judensteuern' stand, brachte die Intention auf den Punkt, als er 1438 König Albrecht II. empfahl, den Reichsstädten die Ansiedlung von Juden schon deshalb zu gebieten, damit *sinen Gnaden und dem Riche wol ein merklich*

---

27 Isenmann, Steuern und Abgaben, S. 2231–2244.
28 Battenberg, Europäisches Zeitalter, Bd. I, S. 145f., Zitat S. 146.
29 GJ III/2, S. 1061 (Oettingen), S. 1185 (Regensburg).

*Gülte darusse gingen und des Jares Geltz würden, die zu gemeinem Nutze dinten.*[30] Die Wirkung ging freilich vielfach in die umgekehrte Richtung: viele Juden kehrten den Reichsstädten den Rücken zu, um ihre Vermögen nicht ganz zu verlieren – auch darin liegt eine Ursache für die Abwanderung auf das Land.

Freilich waren König und Reich nicht die einzigen, die die Juden als Finanzquellen nutzten. Auch die Landesherrn und die Städte zogen vielfältige Steuern von ihnen ein. Die Landesherren forderten ihrerseits Schutzgelder und Steuern, die Reichsstädte mit ihrer weitreichenden Autonomie die Entrichtung einer Kopf- oder Vermögenssteuer und zudem die Beteiligung an den Lasten und Pflichten der Bürgerschaft bis hin zu außerordentlichen Abgaben.[31] In der Regel sahen sich die Juden also mit zwei Schutzherren konfrontiert, sei es dem König und der Reichsstadt, sei es dem Territorialherrn und dem städtischen Rat, zu denen im letzteren Fall nicht selten auch noch der König kam und Ansprüche stellte – auch wenn diese dann oft abgewehrt wurden.

Ein gleichermaßen aufschlussreiches wie komplexes Beispiel stellt die Reichsstadt Regensburg dar, sah sich doch die Judengemeinde dort am Ende des 15. Jahrhunderts mit vier politischen Institutionen konfrontiert:[32] Der Herzog von Bayern-Landshut hatte den alten an die Herzöge von Bayern-Straubing verpfändeten Schutz übernommen, der Bischof von Regensburg machte seinerseits Regalitätsrechte geltend, der Kaiser als oberster Schutzherr veranlagte die Gemeinde zu den bereits geschilderten Zahlungen und die Stadt war in die Rolle des faktischen Schutzherrn eingetreten und forderte deshalb ihrerseits Steuern. 1474 und in den folgenden Jahren summierte sich die jährliche Belastung der verschiedenen Posten auf 1.131 fl, dazu kam die vom Kaiser geforderte Kriegssteuer von 4.000 fl – die freilich nicht bezahlt wurde; diese und weitere Zwangsabgaben stürzten die Gemeinde in exorbitante Schulden.

Kehren wir zur verfassungsrechtlichen Seite des Problemkreises Reich vs. Territorien zurück: Die Vorstellung von der Kammerknechtschaft der Juden wirkte weiter, wenn auch im negativen Sinne, denn die Schutzzusage von König und Reich pervertierte zur finanziellen Ausbeutung. Wenn, wie im Falle Frankens 1422, die Eigeninitiative der Fürsten in dieser Hinsicht vom König gestoppt wurde, so vorwiegend aus der Überlegung, ansonsten mit den Kammerknechten eine ergiebige Quelle von Einkünften zur Finanzierung der Reichspolitik zu verlieren. Demgegenüber fielen die anderen Komponenten des Reichsbezuges immer schwächer aus: Eine davon waren die Versuche, eine gemeinsame Organisation

---

30 Battenberg, Europäisches Zeitalter, Bd. I, S. 145.
31 Isenmann, Steuern und Abgaben, S. 2262–2267.
32 Isenmann, Steuern und Abgaben, S. 2269–2273.

aller Juden zu bewerkstelligen. Erscheint die Heranziehung von prominenten Juden für die Umsetzung der Steuerpolitik[33] noch eher als taktisches Instrument, um damit besser in die Vermögensverhältnisse vor Ort einzudringen, so zielte die Einsetzung eines Reichsrabbiners auf die Etablierung einer strukturellen Zuordnung der gesamten Judenschaft auf das Reich.

Einen Anlauf dazu unternahm schon König Ruprecht, als er 1407 Israel von Rothenburg zum ‚Hochmeister des Reiches' ernannte, der sich freilich einem erheblichen Widerstand der Gemeinden gegenübersah.[34] Im Kontext des Konstanzer Konzils versuchte König Sigismund dann 1415 eine eigene Judenordnung zu erlassen, die vor allem darauf abzielte, *der Judischeit, die in unser und des Richs Camer gehoret und unser Camerknechte sind, Friheiten und Nutz vorzuwenden, damit si under unser und des Reichs Schilte vor iren Leidigern gnedichlich bedecket und beschirmet werden.* Der König versuchte dabei vor allem die Steuerbarkeit und die Gerichtsbarkeit für das Reich zentral zu regeln.[35] 1426 „beauftragte König Sigismund Chajim von Landshut, drei der damals bekanntesten Rabbiner zu Reichsrabbinern zu ernennen", so „Jakob Molin in Mainz für das Rheinland und angrenzende Gebiete [...] sowie Natan Eger für den östlichen Teil des Reichs."[36] Weitere Persönlichkeiten waren Chajim Isaak aus Würzburg (1418), Israel Bruna aus Regensburg (1468) und Lewi von Völkermarkt aus Nürnberg (1490) – woraus auch ersichtlich wird, dass dieser Teil des Reichs durchaus von Gewicht war. Die damit verbundene Zielvorstellung war, alle Juden im Reich *für sich heischen, zu laden vnd mit dem iudischen banne vnd rechten zu straffen, zu bannen, zu vrteilen vnd zu bussen,*[37] um die einschlägige Urteilspraxis der Rabbiner zu kontrollieren. Allerdings gelang dies nicht im gewünschten Maße, weil die traditionelle Autonomie der Gemeinden zu stark blieb.

Parallel dazu gelang es nämlich einigen Territorialherren, Landesrabbiner einzusetzen, die für ihren Herrschaftsbereich zuständig sein sollten:[38] Zu den ersten gehörten nicht nur die älteren und gewichtigen wie Pfalzgraf Rudolf I. und das Erzstift Mainz, sondern auch das junge Brandenburg-Kulmbach. Dort erteilte Burggraf Friedrich V. dem *judenmeister* Meier aus Bayreuth 1372 das Privileg, alle Juden, *wo die in allen unsern steten vnd slossen wonent vnd siezen, das sie mit allen laden vnd bannen vnd mit allem iudischen rechten keinem andern Judischen*

---

33 Isenmann, Steuern und Abgaben, S. 2214f.
34 Vgl. dazu Battenberg, Europäisches Zeitalter, Bd. I, S. 151–153.
35 Battenberg, Europäisches Zeitalter, Bd. I, S. 153–155.
36 Breuer-Guggenheim, Die jüdische Gemeinde, S. 2132.
37 Zit. nach Breuer-Guggenheim, Die jüdische Gemeinde, S. 2133.
38 Vgl. dazu Cohen, Landesrabbinate, S. 230–232.

*Meister, der vnter vns nicht wonet und siezet, gehorsam schullen sein, noch von im dheinerley gebot schullen leiden, noch tragen in dheine weise, on des vorgenanten Meiers, vnsers iudenmeisters, wort und willen.*[39] Anfang des 15. Jahrhunderts folgte die Einsetzung eines Rabbinatsgerichtes im Hochstift Bamberg und 1403 im Hochstift Würzburg, dann 1429 für das Herzogtum Bayern-Ingolstadt und 1444 für Bayern-Landshut; 1457 sollte der Rothenburger Rabbiner für das gesamte Hochstift Würzburg zuständig werden.[40]

Wird hier schon die Tendenz greifbar, im Zuge der Herrschaftsverdichtung auch die jeweilige Judenschaft unter das Dach des Territoriums zu ziehen, so erscheint es als Konsequenz aus dem Übergang des Judenregals vom Reich auf die Territorien, dass die Landesherren damit auch die Regelungskompetenz verbanden. Zum entsprechenden Instrument der Ausübung wurde der ‚Schutzbrief', der die Rahmenbedingungen für die Niederlassung formulierte, sich aber formal wie inhaltlich wandelte.[41] Die Herrschaftsträger stellten sowohl Schutzbriefe für die Haushaltungsvorstände einzelner Familien bzw. ganze Gemeinden aus oder sogar kollektive Schutzbriefe für mehrere Gemeinden, wie beispielsweise für Kulmbach, Bayreuth und Hof seit 1373 bzw. für das gesamte Territorium. Üblich war die Festlegung eines Zeitraums, meist 1–6, seltener 8, 10 oder mehr Jahre, während unbefristete die Ausnahme blieben; wer über keinen derartigen Schutzbrief verfügte, war bestenfalls geduldet. Daraus ergab sich notwendigerweise, dass diese Erlaubnis verlängert werden musste; in Nürnberg geschah das normalerweise sogar jedes Jahr, verbunden mit einer Eidesleistung. Und es überrascht auch nicht, dass Schutzbriefe in der Regel nur gegen eine entsprechende Gebühr erteilt wurden. Da auf beiden Seiten bestimmte Interessen ins Spiel kamen, wurden die Bedingungen jeweils ausgehandelt – was bei besonders geschätzten Personen wie Ärzten oder Finanziers auch zu Sonderstellungen führte. Es liegt auf der Hand, dass die Beschränkungen „ein lebhaftes Bewusstseins von der Begrenztheit des Judenschutzes" auslöste.[42]

Inhaltlich deckten diese Schutzbriefe ein breites Spektrum ab.[43] Die charakteristischen Komplexe, die geregelt wurden, waren zunächst die Ansiedlungsbedingungen in den zugewiesenen Orten – nur in der Markgrafschaft Kulmbach-Bayreuth gestand Burggraf Friedrich V. von Nürnberg die freie Niederlassung

---

**39** Monumenta Zollerana IV, Nr. 202, S. 231f. vom 23. Nov. 1372; vgl. Haas, Land ob dem Gebirg, S. 153f.
**40** Breuer/Guggenheim, Die jüdische Gemeinde, S. 2130.
**41** Vgl. dazu Willoweit, Rechtsstellung, S. 2174–2177.
**42** Willoweit, Rechtsstellung, S. 2175.
**43** Dazu ebenfalls Willoweit, Rechtsstellung, S. 2177–2181.

innerhalb des Territoriums zu: sie konnten jederzeit *in ander vnsere Slos oder Stete* ziehen⁴⁴ –, sodann die Festlegung der wirtschaftlichen Tätigkeiten, meistens für die Geldleihe und die Höhe der erlaubten Zinsen sowie die Handhabung der Pfänder und die Hilfestellung bei der Eintreibung der Außenstände und schließlich die Regeln für die Handhabung der Gerichtsbarkeit.

Im Laufe der Zeit nahmen die Schutzbriefe in ihrer Normensetzung den Charakter von eigenen territorialen Judenordnungen an. Sehr gut lässt sich das am Beispiel des Herzogtums Bayern-Landshut erkennen: Hier hatte Herzog Friedrich bereits 1379 ein Privileg ausgestellt, das sein Sohn Heinrich der Reiche 1414, 1417, 1424 und 1428 im Wesentlichen bestätigte.[45] Friedrich gestand den Juden generell zu, *daz wir allen unsern juden, die wir yetzo in unsern Land haben oder fürbas darinn gewinnen die besunder gnad getan haben, das sy all di gutn recht haben sullen, sy die vor von unsen vodern gehabt habend*; besonders angesprochen wurde ein weitreichendes Pfändungsrecht samt dem Gebot an seine Amtsleute, sie bei der Eintreibung von Schulden bzw. Pfändern zu unterstützen; zudem gewährte er ihnen Zollfreiheit für den Transport ihrer Toten auf die Friedhöfe, ansonsten sollten sie die gleichen Zölle wie die Christen entrichten; Recht sollten die Juden aber nur vor dem Hofmeister bzw. den herzoglichen Gerichten suchen. Diverse Individualschutzbriefe, wie sie Herzog Heinrich 1414 für *Sälikmann* und *Susslem* mit ihren Familien in Landshut und 1422 Herzog Johann für den nach Straubing zuziehenden *Michel* ausstellten, ergänzten dieses herzogliche Judenrecht.[46]

Ganz parallel dazu entstanden in den fränkischen Hochstiften seit der Wende zum 15. Jahrhundert territoriale Regelungen: In Würzburg[47] begann die Serie mit Bischof Johann I. von Egloffstein 1403, der den Juden generell persönlichen Schutz und Bewegungsfreiheit sowie Zollfreiheit zugestand. 1408 folgte ein zwischen fünf Juden und dem Bischof ausgehandelter Schutzvertrag, der 1411 für drei Jahre verlängert wurde; er gewährte Steuerfreiheit für die Synagogen, Friedhöfe und Gemeindegebäude und bestätigte die bis dato erlassenen Einzelschutzbriefe, die die Details regelten. Der neue Schutzbrief von 1412 zur Zeit Johanns II. von Brunn, der für drei Jahre ausgestellt wurde, entwickelte bereits eine breitere Palette an Bestimmungen: Die Höhe der zu zahlenden Gelder war in den individuellen Schutzbriefen für einzelne Familien festgelegt, aber er gab die Zusage,

---

44 Der Text der Urkunde vom Juli 1373 Monumenta Zollerana IV, Nr. 212, S. 214; vgl. Haas, Land ob dem Gebirg, S. 156f.; GJ III/1, S. 93f. (Bayreuth), GJ III/2, S. 960 (Neustadt);, vgl. auch Eckstein, Bayreuth, S. 4f.
45 Kirmeier, Juden, S. 94–98.
46 Kirmeier, Juden, S. 96–98.
47 König, Judenverordnungen Würzburg, S. 20–29.

dass keine weiteren Steuern an andere Herrschaftsträger zu entrichten waren. Die Gerichtsbarkeit unterschied wie auch andernorts üblich die Zuständigkeit des Rabbinatsgerichts für innerjüdische Streitigkeiten und der jeweiligen Stadtgerichte für Streitfälle zwischen Juden und Christen. Die Erlaubnis für die Geldleihe auf Pfänder – mit den üblichen Einschränkungen –, aber auch die Unterstützung bei der Durchsetzung ihrer Forderungen vor Gericht, die Möglichkeit der rituellen Schlachtung und schließlich die Regelung des Abzugs vervollständigten den Katalog der Bestimmungen des Privilegs, das 1414 und 1421 verlängert wurde. Der nächste Schutzbrief folgte dann allerdings erst 1445, nun mit einer Festlegung des Zinsfußes und einigen Verbesserungen bei der Gerichtsbarkeit, nicht zuletzt einer Stärkung der Stellung des Rabbiners.

Auch im Hochstift Bamberg war durch eine Serie von Schutzbriefen eine gewisse Kontinuität der Rahmenbedingungen gewährleistet:[48] Die Bischöfe stellten in den Jahren 1400, 1410, 1431 und 1445 vier Generalprivilegien für die Judenschaft des Hochstifts – die *in vnsers Stifts steten, lande vnd gebiete* (so 1414) – aus, die in engem Zusammenwirken mit dem Domkapitel entstanden waren, zumindest einige auch unter Einbeziehung *vnssern juden gemeiniclich*. Sie regelten ganz ähnlich wie in Würzburg den Schutz gegen finanzielle Gegenleistungen, sicherten die Juden gegen weitere Ansprüche ab, setzten Normen für die Pfand- und Kreditgeschäfte – insbesondere den Höchstzinssatz und die Hilfe bei der Eintreibung von Außenständen –, gelegentlich auch für die Fleischverkäufe der jüdischen Metzger, und erließen Vorschriften für die Gerichtsbarkeit und die Handhabung des Abzugs von Juden aus dem Territorium. 1445 wurde sogar der Schutz einer Schule unter der Leitung eines *meisters*, vielleicht sogar einer *Jeschiwa*, einbezogen.[49] Im Vergleich mit anderen lassen sich die Bamberger Schutzbriefe als „verhältnismäßig moderat" einstufen, weil sie offenbar vor allem darauf zielten, die strittigen Problemfelder zu behandeln.[50] Auch im Bambergischen finden sich diverse Individualschutzbriefe als ergänzende Rechtssetzungen, etwa 1455 für den Juden Israel, der in Bamberg eine Taverne und Herberge betrieb und sogar das ungewöhnliche Zugeständnis erhielt, das dort gespielt werden durfte.[51]

Die Häufung von territorialen Schutzbriefen in der 1. Hälfte des 15. Jahrhunderts deutet auf eine parallele Politik der Herrschaftsträger, die wohl mit der Territorialpolitik selbst zu tun hatte: Die Bischöfe von Würzburg und Bamberg mussten sich mit ihren Domkapiteln auseinandersetzen, wollten zudem die

---

48 Geldermans-Jörg, Hochstift Bamberg, S. 227–277; das folgende Zitat S. 228.
49 Geldermans-Jörg, Hochstift Bamberg, S. 103f.
50 Geldermans-Jörg, Hochstift Bamberg, S. 277.
51 Gledermans-Jörg, Hochstift Bamberg, S. 229–232.

Städte, an der Spitze ihre Residenzen, in ihren Selbstständigkeitsbestrebungen bremsen und den stiftischen Adel integrieren – auch wenn das Ergebnis mit einer „steckengebliebenen Arrondierung, der zerlappten und regional ungleichgewichtigen Lage, der vielfachen Rechts- und Anspruchsüberlagerungen in den Grenzzonen" unvollständig blieb.[52] In Altbayern war dieser Prozess auf der Ebene der Teilherzogtümer seit 1392/1402 erfolgreicher verlaufen, gelang es doch, abgesehen von den vielfältigen Auseinandersetzungen der Dynasten untereinander, in den Landesteilen selbst Entwicklungen in Richtung einer Verdichtung von Herrschaft zu vollziehen, die darauf hinausliefen, die „Tendenz zur staatlichen Konzentration" auch gegenüber den Interessen der Landstände – Adel, Klöster und Städten – durchzusetzen.[53] Der Umgang mit jüdischen Ansiedlungen war ein Teil dieser Politik, und zwar ein nicht unwichtiger Teil, weil er nicht zuletzt zu seiner Finanzierung beitrug. Dass die Fürsten damit auch einen deutlichen Gegenpol zu König und Reich setzen wollten, signalisiert der Begriff der ‚landesherrlichen Kammerknechte', der die Politik des Bamberger Bischofs verdeutlichen konnte.

Die Kehrseite der Medaille war freilich, dass die Differenzierung der Rahmenbedingungen von Stadt zu Stadt, von Territorium zu Territorium zunahm und überwölbende, reichsweit gültige Rechtssetzungen außen vor blieben. Der Grad der organisatorischen und rechtlichen Einbindung der Juden in den territorialen Untertanenverband war freilich unterschiedlich: In Franken sind mit den beiden Hochstiften Würzburg und Bamberg eindeutige Anstrengungen feststellbar, und auch die Markgrafschaft Brandenburg-Ansbach-Kulmbach tendierte offenbar in diese Richtung – auch wenn sie nach dem ersten Anlauf von 1372/73 erst 1473 eine neue Ordnung erließ.[54] Die altbayerischen Herzogtümer praktizierten diese Politik ganz ähnlich, während in der Oberpfalz territoriale Regelungen vorerst ausblieben. In Schwaben aber verblieben die Herrschaften noch zu sehr im Stadium von *territoria non clau*sa, als dass die Landeshoheit sich in dieser Weise hätte durchsetzen können – Versuche dazu sind erst im 16. Jahrhundert festzustellen (s. Kap. 15). Trotz dieser Entwicklungen blieben jedoch eigenständige Faktoren jüdischen Lebens erhalten: Die Autonomie der Gemeinden in ihren religiösen Belangen wurde in der Regel nicht angetastet und die eigenständigen übergreifenden Strukturen, die sich in der Vernetzung der Familienverbände und der überlokalen Funktion angesehener Rabbiner für Fragen des Kultes und der

---

52 Vgl. dazu Gerlich/Machilek, Staat und Gesellschaft, S. 553–570, Zitat S. 570.
53 Straub, Teilherzogtümer, S. 274–283, Zitat S. 278; eine grafische Übersicht dazu bei Hartmann, Bayerns Weg, S. 102; die kartographische Darstellung der spätmittelalterlichen Herzogtümer bei Spindler/Diepolder, Bayerischer Geschichtsatlas, S. 20f.
54 Haas, Land ob dem Gebirg, S. 158f.; vgl. Eckstein, Bayreuth, S. 8f.

*Halacha* im Hochmittelalter gebildet hatten, wirkten auch noch im Spätmittelalter in der Phase der Professionalisierung des Rabbinats weiter.⁵⁵

Bleibt als letzter Faktor noch die Frage nach dem Judenschutz der Amtskirche. Hier macht auch der Südosten des Reiches keine Ausnahme davon, dass er zunehmend löchrig wurde. Zwar setzte sich die Reihe der *Sicut-Judeis*-Bullen von Urban V. 1365 bis Martin V. 1419 bzw. 1421 und Eugen IV. 1432 fort, doch war ihre Wirksamkeit davon abhängig, inwieweit die weltlichen Herrscher sie auch tatsächlich aufnehmen und umsetzen wollten. Die Krisenphänomene des Avignonesischen Papsttums (1309–1378) und des Große Schismas (1378–1417) beeinträchtigten jedenfalls ihren Einfluss ganz erheblich. Immerhin hatte Benedikt XIII., im Kirchenrecht sehr bewandert, 1415 in einer ‚Judenbulle' die Verschärfung der Kennzeichnungspflicht und die Trennung jüdischer und nichtjüdischer Wohnviertel in den Städten propagiert und Zwangspredigten vorgeschrieben, was trotz seiner schismatischen Stellung und seiner vor allem auf Spanien orientierten Intention auch im Reich weiterwirkte.⁵⁶ Nicht nur Martin V. hatte 1418 den Juden im Reich ihre Privilegien im Einvernehmen mit König Sigismund, wie gesehen, bestätigt, sondern das Konzil zu Basel (1431–1449) hatte in seinem Dekret *De Iudeis et Neophitis* 1434 die von Benedikt erlassenen Vorgaben aufgegriffen und damit „die bekannten Positionen des 13. Jh. ein[ge]schärft, jedoch nun auch die erhoffte Bekehrung der Juden durch Predigten geistlicher ‚Spezialisten' zu beschleunigen" versucht.⁵⁷ Als Nikolaus von Kues 1451/52 auf seiner Legationsreise nach Deutschland unter anderem auch in seinem Dekret *Quoniam ex iniunctio* die Stellung der Juden thematisierte, vertrat er ebenfalls die tradierten kirchenrechtlichen Positionen und betonte vor allem die Kennzeichnungspflicht und das Wucherverbot – wenn sich auch der Erfolg in Grenzen hielt (s. Kap. 11).⁵⁸ Immerhin siegte in Eichstätt die restriktive Haltung Bischof Johanns III. von Eich, sodass vermutlich die jüdische Siedlung im Hochstift weitestgehend unterbunden wurde.⁵⁹

So erscheint die Mitte des 15. Jahrhunderts insgesamt als ein Einschnitt. So dominant die strukturellen Veränderungen zu Buche schlugen, weil sich Territorien wie Städte im 15. Jahrhundert gegenüber dem Reich in den Vordergrund schoben, die Labilität jüdischer Existenz nahm dadurch trotz verstärkter Tendenz zur Regelung der Rahmenbedingungen eher zu – sie mündete in die vielfältigen Ausweisungen (s. Kap. 11).

---

55 Vgl. dazu mit eher skeptischer Bewertung Breuer, Rabbinat, S. 16f.; positiver Yuval, Juristen, Ärzte und Rabbiner, S. 121–125.
56 Zum Folgenden Eckert, Hoch- und Spätmittelalter, S. 245–252;.
57 Vgl. dazu Moraw, Die Kirche und die Juden, S. 2283–2291, Zitat S. 2289.
58 Geldermans-Jörg, Hochstift Bamberg, S. 282f.
59 GJ III/1, S. 290.

# 10 Jüdisches Leben im Spätmittelalter

*Anno domini 1385 do burden di juden hi zu Nurenberg gevangen und auf den selben tag in Swoben in allez reichs steten. Di juden hi legt man auf di purk gevangen di reichen, und di arm juden in den keler in dem neben rothaws, und di juden ir idleicher taidingt sich selb aus umb gelt, alzo daz der stat von allen hi vard bey 80 000 guldein.*[1]

Mit dieser fast spröden Nachricht hat Ulman Stromer von Nürnberg in seiner zeitgenössischen Chronik, dem ‚Püchel von mein geslecht und von abentewr' der ‚Judenschuldentilgungen' gedacht, die für die Nürnberger wie die anderen reichsstädtischen Judengemeinden von einschneidender Bedeutung waren, stellten sie doch ihre wirtschaftliche Existenz in Frage. Sie trafen die ‚zweiten' Gemeinden nach den verheerenden Pogromen der Jahre 1348/49 ins Mark, sie bedeuteten zwar nicht das Ende, bremsten aber ihre neue Entfaltung ganz erheblich. Nach der Wiederansiedlung hatten die neuen Gemeinden erst nach und nach wieder Konturen gewonnen, nun erlebten sie einen neuen Tiefpunkt – das Bild, das wir von ihnen umreißen können, zeigt dabei eine Reihe von gemeinsamen Zügen, aber auch markante Unterschiede.

Dominierend waren nach wie vor die großen Gemeinden in den Reichsstädten Regensburg, Nürnberg, Augsburg und Ulm, mit gewissem Abstand auch in Rothenburg o.d.T. und Nördlingen sowie in den Kathedralstädten Würzburg und Bamberg. Die Gesamtseelenzahl darf man nun in Nürnberg mit über 300 annehmen, eine Zahl, die auch für Augsburg gelten kann, während Bamberg wohl unter dieser Linie lag; Regensburg dagegen erlaubt als ausgesprochene Großgemeinde noch 1519 Schätzungen um die 600 Seelen.[2] In Innern der Gemeinden vollzog sich ein grundlegender Wandel gegenüber der vorausgehenden Epoche hin zur „Interessen- und Kultgemeinschaft".[3] Während bei den Einrichtungen selbst – Synagoge und Friedhof, Mikwe, Tanz- bzw. Gemeindehaus und Hospital – keine wesentlichen Veränderungen zu beobachten sind, schlug der Übergang stärker auf der personalen Ebene durch, sei es bei der Differenzierung der gesellschaftlichen Struktur, sei es bei der Professionalisierung des Rabbinats. War vor dem Einschnitt der Pestpogrome der Rabbiner mit dem Titel eines *Morenu* noch keineswegs als ordinierter Gemeindeleiter verstanden worden, so wurde er nun immer mehr zum Beruf und zur Institution, und zwar vor allem in Süd- und Ostdeutschland. Nun trat er in eine engere Beziehung zu den jeweiligen örtlichen

---

1 ChrdtSt, Nürnberg 1, S. 25.
2 GJ III/2, S. 1178–1230, hier S. 1180.
3 Vgl. dazu generell Breuer/Guggenheim, Jüdische Gemeinde, Zitat S. 2080.

Gemeinden, ohne dass sich damit aber eine feste Besoldung oder zwingend ihre Leitung verband.⁴ Die breit gefächerte Gesellschaft in diesen größeren Gemeinden zog auch innere Konflikte nach sich. Nicht zuletzt aus den Responsen der Rabbiner, die zur Entscheidung herangezogen wurden, sind die Auseinandersetzungen um die gültigen Gebräuche (*Minhagim*), um die Stellung der *Parnossim* und der Rabbiner zumindest andeutungsweise zu erkennen.⁵ So ist das Leben nur dort in einer gewissen Breite und Tiefe zu verfolgen, wo die Gemeinden den Status als voll ausgebildete *Kahal* erreichten, während die kleineren in den Territorialstädten nur in Ansätzen zu fassen sind, ganz zu schweigen von den *Jischuwim*, den Niederlassungen weniger Familien in den Märkten und Dörfern. Einige Beispiele mögen das erläutern.

In Nürnberg⁶ war nach dem Neubeginn jüdischen Lebens am Ende des Jahres 1349 die Zahl der Familien bis 1359 erst auf 10–12 angewachsen, 1382 zählte man 44 Steuerzahler, das Maximum war 1438 mit 82 erreicht, um seit den 1480er Jahren zunächst auf 20–30 abzusinken; bei der Bevölkerungszählung von 1449 entsprach das rund 150 Personen – im Vergleich zur großen ersten Gemeinde blieb die Zahl also erheblich kleiner. Der Einschnitt war auch topographisch spürbar: Nachdem das alte Viertel zum Marktplatz und die Synagoge zur Marienkirche umgewidmet worden waren, wohnten die Juden nun im Salzmarktviertel am Ostrand der Stadt in insgesamt 16–18 Häusern (1383). Die in der Mehrzahl aber erneut durchaus ansehnlichen mehrstöckigen Gebäude mit dem Zentralbereich von Synagoge und Gemeindebauten – Badhaus, Tanzhaus, Backöfen, Brunnen, Spital sowie dem etwas weiter abgelegenen Friedhof – bildeten ein geschlossenes Areal um einen großen Hof, erreichbar über zwei Torhäuser – dennoch wird man nicht von einem förmlichen Ghetto wie in Frankfurt seit 1462 sprechen können, weil auch einige Christenhäuser darunter waren und umgekehrt das eine oder andere jüdische Haus außerhalb lag.⁷ Da die Stadt es nicht zuließ, die Zahl der Wohnhäuser zu erweitern, stellte sich zeitweise eine sehr hohe Bevölkerungsdichte ein, sodass der Rat dann die Bürgeraufnahme restriktiv handhabte, andererseits gab es aber auch Phasen, in denen er sie sehr offen gestaltete – weil man die Anwesenheit der Juden durchaus zu schätzen wusste. Höhepunkte waren die Jahre zwischen 1390 und 1409 und um die Mitte des 15. Jahrhunderts, als in einer Dekade mitunter 10–15 Auswärtige und manchmal zudem das Doppelte an Bür-

---

4 Dazu Yuval, Rabbiner und Rabbinat, bes. S. 48f.
5 Vgl. dazu Bell, Gemeinschaft, Konflikt und Wandel, passim.
6 GJ III/2, S. 1001–1044; das Folgende, wenn nicht anders angegeben, nach diesem Artikel.
7 A. Müller, Nürnberg, S. 39–41, der dennoch diesen Begriff verwendet.

gerkindern oder -verwandten aufgenommen wurden.⁸ Unter ihnen waren nicht wenige Witwen als Vorstände eines Haushaltes.⁹

Beleuchtet man die soziale Struktur genauer, so zeigen sich einige ganz spezifische Merkmale:¹⁰ Am 14. März 1489 notierte der Stadtschreiber 75 männliche Juden beim Sabbatgebet – die Frauen wurden nicht aufgezeichnet – mit ihrem Status in der Gemeinde: 16 waren Geld- und Pfandleiher, 19 galten als Bedienstete in den Privathäusern, davon 10 Hauslehrer, 11 standen im Dienst der Gemeinde, 17 weitere hatten kein Arbeitsverhältnis, vielmehr handelte es sich um ‚Knaben' oder fremde Studenten, dazu kamen 5 Gäste, 5 Arme im Spital (auch *Seelhaus* genannt) – und lediglich drei waren nicht einzuordnen. Zum einen sorgte somit ein relativ hoher Anteil von Menschen für die Gemeindebedürfnisse, angefangen vom Rabbiner und Vorsänger über den Gemeindediener, Friedhofswärter, Schächter und Bäcker, um nur die wichtigsten zu nennen. „In der Befriedigung ihrer traditionellen religiösen Verpflichtungen allein auf sich selbst angewiesen, muß[te] die kleine jüdische Gemeinde einen ganz bedeutenden Anteil ihrer Bevölkerung für wirtschaftlich nicht produktive Zwecke abzweigen".¹¹ Zum anderen fällt die Größe der Haushalte auf: Ihre Rekonstruktion ergibt einen Durchschnittswert von 4,3 männlichen Personen über 13 Jahre, sodass man also zusammen mit den Frauen wohl mit 7–8 Seelen rechnen muss; freilich lag die Spannbreite zwischen Kleinfamilien mit 4–5 Personen und Großhaushalten mit etwa 15–20 Mitgliedern, in denen neben den Bediensteten vor allem erwachsene Söhne mit ihren Familien auffallen: Sie lebten möglichst lange im Haushalt der Eltern, wenn der Rat das Bürgerrecht nur sehr zögerlich gewährte. Nürnberg war hier kein Sonderfall, denn die Zahlen in Frankfurt fallen ganz ähnlich aus. Neben der hohen Anzahl von Geldverleihern und den Gemeindebediensteten ist eine durchaus beachtliche Zahl von weiteren Beschäftigungen zu erkennen: Joseph der Augenarzt, der 1409/10 und 1429 in Nürnberg lebte, Marquart, der *Judenarzt*, der um 1440 belegt ist, ergänzt durch eine Hebamme, verweisen auf die bekannte hohe medizinische Kompetenz, die auch immer wieder von Christen in Anspruch genommen wurde.¹² Mehrfach finden sich in Nürnberg auch Safran-, Wein- und Obsthändler sowie ein Buchbinder; 1426 war der Erbauer eines Mühlenwerkmodells willkommen, im späten 15. Jahrhundert gab es auch Gold- und Silberschmiede.¹³ Dass

---

8 Toch, Geldhandel Nürnberg, S. 300.
9 Vgl. dazu auch Toch, Die jüdische Frau, S. 41.
10 Dazu Toch, Struktur Nürnbergs, passim.
11 Toch, Struktur Nürnbergs, S. 81f.
12 Vgl. dazu Zimmermann, Jüdische Ärzte, passim.
13 GJ III/2, S. 1005; 1018: Nr. 26 und 31.

man vielfach eine gewisse Breite der Tätigkeiten von Spezialhandwerkern der Leder- oder Metallbereiche bis zum Fenstermacher, Glaser oder Kartenmacher neben dem dominierenden Kapitalverleih zu erwarten hat, ist auch für andere Städten zu berücksichtigen.[14]

Die Gemeindevorsteher, anfangs fünf, dann nur mehr drei bzw. zwei, durchgängig aus den reichsten Familien, fungierten als gewählte Spitzenvertreter im *Judenrat* einerseits nach außen gegenüber dem städtischen Magistrat – bei der Umsetzung der Verordnungen oder bei der Steuererhebung –, andererseits nach innen gegenüber der Gemeinde; zu ihren Aufgaben gehörte nicht zuletzt die Verwaltung einer von Spenden getragenen Fürsorge für Arme und Kranke. Er berief zudem den Rabbiner (*Hochmeister*) – der Rat behielt sich aber seine Bestätigung vor –, der seinerseits dem jüdischen Gericht für innerjüdische Streitsachen vorstand, Eheschließungen und Scheidungen vollzog, die *Jeschiwa* leitete, Entscheidungen im rituellen Bereich fällte und ggf. den Bann verhängte.[15] Aufgrund der schon angesprochenen generellen Tendenz zur Professionalisierung stellte sich ein Monopolanspruch in der Gemeinde ein. Es ist sehr bezeichnend, dass sich in Nürnberg im 15. Jahrhundert – und nicht nur hier, sondern auch in Regensburg – mehrfach erbitterte Streitigkeiten zwischen Rabbinern abspielten, die um die Vorherrschaft in der Stadt rangen. So stritten etwa in den Jahren 1403–1406 Israel und Koppelmann um die Berechtigung, Schüler zu unterrichten; nachdem Israel Nürnberg verlassen musste und nach Rothenburg gezogen war, wurde er 1407 von König Ruprecht zum Hochmeister der deutschen Juden ernannt.[16] Umgekehrt blieb aber das hohe Ansehen einzelner Rabbiner aufgrund ihrer Gelehrsamkeit weiter wirksam, sodass mehrfach auswärtige Anfragen an Nürnberger Rabbiner gerichtet wurden, etwa an Salman Kohen (vor 1417–1444) oder Jakob Margoles (1480–1498).[17] Von R. David Tebel Sprinz ist überliefert, dass er über Augsburg, Salzburg und Bamberg 1449 nach Nürnberg kam, sich dort in eine Vorrangstellung schob und um 1470 nach Polen zog; er „galt als eine der wichtigsten rabbinischen Autoritäten seiner Generation".[18] Blieb Nürnberg also als Sitz bedeutender Gelehrter eine der führenden Judengemeinden des Reiches, so wurden auch umgekehrt bei Rechtsfragen auswärtige Rabbiner angerufen – Zeichen dafür, dass noch keineswegs die Gemeinden zu ‚Amtssprengeln' geworden waren. Dennoch

---

14 Dazu generell Toch, Zur wirtschaftlichen Lage, passim.
15 Vgl. dazu die Charakterisierung von Yuval, Juristen, Ärzte und Rabbiner, S. 121f.
16 Dazu A. Müller, Nürnberg, S. 68f., 76–78; GJ III/2, S. 1013f., 1016; Bell, Gemeinschaft, Konflikt und Wandel, S. 185f.
17 GJ III/2, S. 1016: Nr. 18, S. 1020: Nr. 47.
18 GJ III/2, S. 1014f.

strahlten die Zentren weit in die Region aus, denn aufgrund der jeweiligen Profile der herausragenden Rabbiner mit den unterschiedlichen Methoden der talmudischen Textexegese (*pulpin*, *chilluk*) bildeten sich in Nürnberg wie in Regensburg ganz spezifische *Jeschiwot* (Talmudschulen) aus.[19]

Dass die Nürnberger Juden sich vorwiegend im Geldverleih betätigten, war schon bei der Sozialstruktur erkennbar; darin lag nach wie vor auch das Hauptinteresse der Bürgerstadt an ihrer Niederlassung. Im Laufe der Zeit sind jedoch ganz erhebliche Schwankungen und Veränderungen festzustellen.[20] Das Gewicht wird im Kontext der Judenschuldentilgungen von 1385 und 1390 recht gut greifbar:[21] Gemäß einer Liste von 1385 hatten 34 Juden Außenstände in Höhe von insgesamt 80.986 fl, darunter allein Jekel von Ulm und seine Söhne mit 15.000 fl, Meir von Erfurt und sein Bruder 13.000 fl und Jutta, die Witwe des Jakob Rapp, mit ebenfalls 13.000 fl sowie Jut, die Witwe des Samuel von Basel, und ihre Söhne mit 10.000 fl. Dass die Frauen, und zwar nicht nur als Witwen, eine ganz wichtige Rolle im wirtschaftlichen Bereich der Gemeinde spielten, teilte Nürnberg mit anderen Städten.[22] Unter den Schuldnern finden sich neben der Stadt Nürnberg vor allem ihre Bürger: „Je höher die Anleihen, desto stärker der Anteil der [...] Oberschicht", den Ratsbürgern und der Kaufmannschaft, so lässt sich die Struktur auf eine Formel bringen. Offensichtlich überbrückte man nicht selten fällige Forderungen mit der Methode ‚bei den Juden zu Schaden auf[zu]nehmen', wie es in den Quellen heißt, d.h. man konnte „überfällige Forderungen christlicher Geld- oder Warenkreditgeber zu Lasten des christlichen Erstschuldners gegen hohen Zins bei jüdischen Geldverleihern" bedienen.[23] Unter den Auswärtigen waren Burggraf Friedrich V., die Bischöfe von Bamberg und Würzburg, aber auch Herzog Friedrich von Bayern-Landshut. Sie alle finanzierten ihre Territorial- bzw. Stadtpolitik erheblich mit jüdischen Krediten. Die Liste der Schuldner reichte aber noch weiter in die Kreise des Adels und der Reichskirche in Franken, der Oberpfalz und Nordschwaben hinein. Insgesamt „besaßen die jüdischen Geldleiher Nürnbergs vor denen anderer Städte einen weiten Vorsprung".[24]

Die beiden Judenschuldentilgungen, die das einleitende Zitat aus städtischer Perspektive in Erinnerung bringt, bedeuteten einen massiven Aderlass: Aufgrund des Verlusts an Kapital und der Abwanderung nicht zuletzt der reichen Familien

---

19 Breuer, Das jüdische Mittelalter, S. 62.
20 Dazu ausführlich Michelfelder, Wirtschaftliche Tätigkeit; und Toch, Geldhandel.
21 Dazu ausführlich Toch, Geldhandel, S. 284–299.
22 Vgl. dazu Toch, Die jüdische Frau, S. 43; vgl. Keil, Jüdische Geschäftsfrauen, passim.
23 Toch, Geldhandel, S. 295.
24 Zitate bei Toch, Geldhandel, S. 294, 297.

(s. Kap. 8) „dominierte in der Folgezeit die Schicht der mittelgroßen Geldgeber".[25] Wie die Neuaufnahmen gezeigt haben, setzte der Rat offensichtlich auch weiterhin auf jüdisches Kapital, und die überlieferten Beispielfälle weisen weiterhin eine große Breite vom König über die Stadt selbst, die benachbarten Herrschaftsträger bis zum Landadel auf. Doch verlor es an Bedeutung, sodass sich eine weitere Auswanderungswelle anschloss *uss ursachen, das sie sich nach gestalt der lewfft hie nicht lengger ernern mogen*, wie es in einem Ratserlass von 1476 heißt.[26] Die Stadt selbst trug das ihre dazu bei, denn in den 1470er Jahren ging der Rat dazu über, die Kreditvergabe, vor allem den Pfandverleih, zu erschweren.[27] Die gerichtlich verbrieften oder eingeklagten Judenschulden in den Jahren 1484–1499 bezogen sich auf überwiegend kleine und kleinste Beträge bis 50 fl, die weniger bei der Oberschicht als von Handwerkern, aber auch Bewohnern des ‚Nürnberger Landes', des städtischen Territoriums, benötigt wurden – was in anderen Städten schon seit längerem der Fall war. Die Eingriffe des Rates hatten bereits 1391 begonnen, als er die Höchstzinssätze für Geschäfte mit Nürnbergern festlegte: für Kleinstkredite bis zu einem Pfund Pfennige (mit kurzen Laufzeiten) 1 Pfennig pro Woche, für mittlere bis zu 100 fl nur mehr 1 neuen Heller pro Gulden und Woche (= 13 2/3 % Jahreszins), für längerfristige Darlehen darüber maximal 10 %,[28] die Pfandleihe schränkte er seit Anfang des 15. Jahrhunderts ein. In der Stadtrechtsreformation von 1478/84 verbot er aber die Zinsnahme generell.[29]

Seit Karl IV. 1360 der Stadt das Aufnahmerecht übertragen hatte, leitete der Rat eine umfassende Ordnungsgewalt über die Juden als ‚ihre Bürger' ab – was an sich nicht außergewöhnlich war, denn das ist parallel zu dem sich generell verdichtenden Satzungsrecht des Spätmittelalters zu sehen.[30] Sie schlug sich beim Bürgerrecht (*Judenburckrecht*) mit der geforderten Eidesleistung bzw. der Gewährung eines Geleits für Auswärtige ebenso nieder wie bei der Regelung der wirtschaftlichen Tätigkeitsfelder. Sie galt neben den Geldgeschäften vor allem dem Fleischhandel, der einer besonderen Kontrolle des *magister super carnes Judeorum* unterstand, während der Fischhandel auf dem allgemeinen Standplatz betrieben werden musste; beim Kauf von Eiern und Geflügel wurden dagegen die

---

[25] Toch, Geldhandel, S. 299–306, Zitat S. 299.
[26] Toch, Geldhandel, S. 305.
[27] Toch, Geldhandel, S. 306–309.
[28] ChrdtSt, Nürnberg 1, S. 129: Abdruck des Übereinkommens mit den Juden.
[29] Michelfelder, Wirtschaftliche Tätigkeit, S. 243, ihm folgt A. Müller, Nürnberg, S. 55–62; zusammenfassend GJ III/2, S. 1004f., 1009.
[30] Vgl. dazu die Sammlungen des Projekts ‚Repertorium der Policeyordnungen der Frühen Neuzeit' mit den Bänden Reichsstädte 3: Ulm (2007); 5: Frankfurt am Main (2004).

**Abb. 24:** Anordnung über das Tragen von Judenzeichen in Nürnberg, Eintrag in die Neubauer-Chronik zum Jahr 1451. Text: *Anno 1451 Jar habenn die Judenn angefangenn die gelbenn Ringlein an den kleidern zu Tragen und die Weiber die Blabenn Stramen Auff denn Schlarenn* [die blauen Streifen auf den Schleiern] *das man sy darbey kendt weliche keyßer Friderich in Auferleit hat das sy im Romischen Reich Also musten da hergenn.*

Christen bevorzugt.[31] Deuten somit im wirtschaftlichen Bereich erste Zeichen auf eine Reduktion der Spielräume, so kamen seit der Mitte des 15. Jahrhunderts auch eindeutig antijüdische Elemente ins Spiel, denn nun schwenkte die Stadt auf die generellen kirchlichen Vorschriften ein, beschränkte die Bewegungsfreiheit an christlichen Feiertagen verschärfte die Kleiderordnung und verordnete 1451 das Tragen des Judenzeichens (Abb. 24).

Der obrigkeitlichen Rezeption des Kirchenrechts, das die Kontakte von Juden und Christen zu unterbinden suchte, standen jedoch im Alltagsleben weiterhin Formen der Begegnung gegenüber: So wird für das Jahr 1483 von einer jüdischen Hochzeit berichtet, an der auch eine ganze Reihe von jungen Mitgliedern bedeu-

---

**31** Michelfelder, Wirtschaftliche Tätigkeit, S. 241.

tender christlicher Bürgerfamilien (unter ihnen auch Martin Behaim und Sebald Tucher) teilnahmen – wenn sie anschließend vom Rat mit Stubenarrest bestraft wurden, geschah das aber nicht, weil sie mit Juden getanzt hatten, sondern weil das in der Fastenzeit geschah.[32] R. Weil spricht in einem Responsum sogar davon, dass „die Juden in Nürnberg um des Friedens willen gewohnt waren, auch mit Nichtjuden zu essen".[33] Man muss also wohl auch davon ausgehen, dass die gesellschaftlichen Begegnungen wenige Jahre vor der Austreibung in den gehobenen Kreisen noch durchaus funktionierten.[34]

Dass der Rat die Aufsicht über das jüdische Gericht in Anspruch nahm, lag prinzipiell ebenfalls in der Tendenz seiner Entwicklung zur ‚Obrigkeit', der alle Bürger gegenüberstanden. Für Streitigkeiten zwischen Christen und Juden war ohnehin das Stadtgericht zuständig, das nun aber auch für Juden christliche Zeugen forderte. Dem Schutz vor fremden Gerichten, nicht zuletzt den geistlichen Gerichten der Bischöfe, stand freilich auch das Bestreben gegenüber, die prinzipiell mögliche Appellation an das kaiserliche Hofgericht einzuschränken.[35] Die Entwicklung des Judeneids, der im Prozessgeschehen gefordert wurde, zeigt allerdings auch, dass das Misstrauen gegen die Juden zunahm:[36] Die im Schwabenspiegel noch vorgesehene Form, dass der Eid auf einer Sauhaut abzulegen sei,[37] die damit die Juden diffamierte, wurde in der älteren Fassung des 14. Jahrhunderts zumindest noch in Erwägung gezogen, in der Fassung des Landgerichts Nürnberg war sie so überliefert[38] – ob sie auch tatsächlich in der Praxis so ausgeführt wurde, steht auf einem anderen Blatt. In der Nürnberger Stadtrechtsreformation von 1478/79 – die nach sehr umfangreichen Recherchen zustande kam – war davon zwar nicht mehr die Rede, doch sind dort ausführliche Formulierungen enthalten, dass der Eid – wie auch sonst üblich – auf ein Original des *Pentateuch* zu leisten war. Aber um die Echtheit zu belegen, wurden nun die Prüfungen ausführlich diskutiert, was man wohl nur damit erklären kann, dass deutliche Vorbehalte gegenüber der jüdischen Glaubwürdigkeit bestanden. Ähn-

---

**32** Wenninger, Teilnahme von Christen, S. 51–53.
**33** Bell, Gemeinschaft, Konflikt und Wandel, S. 162f.
**34** Wenninger, Teilnahme von Christen, S. 60.
**35** Dazu auch A. Müller, Nürnberg, S. 46–52.
**36** Dazu ausführlich Kisch, Forschungen, S. 150–159; dazu die Texte S. 172–184; Röll, Zu den Judeneiden, S. 190–195; vgl. auch A. Müller, Nürnberg, S. 52–55.
**37** Magin, Status der Juden, S. 291–295.
**38** Magin, Status der Juden, S. 302; Kisch, Forschungen, S. 178.

liche Entwicklungstendenzen sind vorher schon für Landshut und Straubing[39] und in Augsburg (s. unten) nachzuweisen.[40]

So wird am Beispiel Nürnbergs insgesamt deutlich, dass die zweite Gemeinde nach ihrer anfänglichen Entfaltung immer mehr unter Druck geriet, auch wenn dies erst am Ende des Jahrhunderts zur formellen Ausweisung führte (s. Kap. 11).

In Augsburg war das schon wesentlich früher geschehen. Die dortige neue Gemeindebildung hatte sich im Gegensatz zu Nürnberg am gleichen Ort wie vor dem Pogrom vollzogen: am Südrand der Domimmunität. Dort lagen Synagoge, Tanzhaus und Mikwe – auch hier ohne förmliche Ghettobildung, vielmehr in einem Neben- und Miteinander jüdischer und christlicher Häuser, zumal der Hauserwerb wesentlich leichter möglich war. Der Friedhof lag etwas weiter im Nordwesten außerhalb der Stadtmauer.[41] Die Gemeinde war wieder auf eine stattliche Größe angewachsen: Nachdem schon 1355 insgesamt 23 Steuerzahler verzeichnet wurden, stieg ihre Anzahl bis 1384 auf etwa 65 an, sodass insgesamt wohl mit ca. 400 Personen zu rechnen ist,[42] doch sank sie im 15. Jahrhundert ganz erheblich ab. Gegenüber Nürnberg lässt die Sozialstruktur für Augsburg – zugrunde liegt eine Liste zur Hussitensteuer von 1428 – eine Variante erkennen:[43] In 17 Häusern lebten nur mehr 147 Personen, davon 59 Kinder. Zwar finden wir auch hier gerade bei den Reichen große Haushalte mit mehreren Generationen, aber relativ wenig Personal, man beschäftigte auch christliche Knechte und Mägde, aber nur einen Lehrer im Haushalt des reichen Lämlin, der auch Parnass der Gemeinde war – vielleicht ein Anzeichen dafür, dass die Gemeinde deutlich weniger vermögend war. Andererseits sind zunächst keine Restriktionen gegenüber einer wachsenden Zahl von Familien zu erkennen, vielmehr waren die „Juden in Augsburg freier in der persönlichen Lebensgestaltung".[44]

Auch wirtschaftlich stand die Augsburger Gemeinde deutlich hinter der Nürnberger zurück – das entsprach aber dem Verhältnis der ökonomischen Potentiale der beiden Städte in dieser Phase. Obwohl die Stadt hohen Kreditbedarf hatte, um ihre Verteidigungsanlagen zu bauen bzw. die politischen Auseinandersetzungen zu bewältigen, nahm der Rat selbst nun keine großen Summen mehr als Kredite bei den Juden auf; er hatte mit der Vergabe von Leibgedingen und Ewiggeldern, also Formen des Rentenkaufs, bereits einen Ersatz gefunden und wich zudem

---

**39** Kisch, Forschungen, S. 156.
**40** Magin, Status der Juden, S. 298–300.
**41** Dazu Mütschele, Augsburg, S. 33–51, GJ III/1, S. 40 mit anschließender Korrektur durch Seitz, Topographie.
**42** Mütschele, Augsburg, S. 25–32; bei GJ III/1, S. 40, ist sie mit 200 sicher zu niedrig angesetzt.
**43** Mütschele, Augsburg, S. 144–153.
**44** Mütschele, Augsburg, S. 152.

auf Anleihen anderer Geldgeber aus.[45] Auch die benachbarten Territorialfürsten in Bayern und Tirol spielten spätestens seit Ende des 14. Jahrhunderts als Darlehensnehmer jüdischer Kredite keine Rolle mehr, und Kredite an die Bischofskirche samt Klerus und die Bürgerschaft schlugen mit relativ niedrigeren Beträgen zu Buche. Dieser eklatante Abschwung jüdischer Kreditvergabe in Augsburg ging mit Sicherheit auf die hohen außerordentlichen Zahlungen zurück, die die Stadt vorher von ihnen erhoben hatte: 10.000 fl als Beitrag, um die Forderungen Karls IV. 1374 für den Kauf der Mark Brandenburg zu bedienen, 1381 weitere 5.000 fl im Kontext des Städtekrieges. 1384 erpresste die Stadt gewaltsam eine weitere große Summe: Wie in Nördlingen, Weißenburg und Windsheim *do fieng die stat Auspurg ir juden und si gaben in 22 tusent guldin; darnach in allen steten wurden die juden geschlagen und gefangen*, berichtet der Chronist.[46] Nördlingen ging sogar soweit, eine erneute Verfolgung und Ausweisung durchzuführen.[47] Die Judenschuldentilgungen König Wenzels von 1385 und 1390 folgten – auch wenn sich die Stadt Augsburg gegen die zweite Maßnahme wehrte. Damit waren die jüdischen Ressourcen weitgehend ausgeschöpft. Dass darauf auch in Augsburg offenbar viele Juden abwanderten, lässt sich schon an den jährlichen Steuerbeträgen ablesen.[48] Die Gemeinde hatte an Gewicht verloren.

Ihre Stellung in der jüdischen Welt scheint davon allerdings nur bedingt betroffen gewesen zu sein, nimmt man die rabbinischen Autoritäten zum Maßstab. Seit 1369 gehörte R. Moses Molin, der Vater Jakobs – des *Maharil*, des herausragenden Gelehrten in Mainz –, zur Augsburger Gemeinde und später werden ein Bruder des *Maharil* und ein Sohn dort greifbar – Beispiel einer auch andernorts zu beobachtenden Tendenz zu weitverzweigten „Familienaristokratien".[49] Wenn 1409 R. Koppelmann zusammen mit seinem Bruder aus Nürnberg zuzog – wo er in dem schon genannten Konflikt mit R. Israel gestanden hatte – und 1429 R. Jakob Weil ebenfalls von dort kam,[50] könnte man daraus schließen, dass die Augsburger Gemeinde in der Rangfolge hinter Nürnberg einzuordnen war. Dagegen spricht allerdings, dass Jakob b. Juda Weil (ca. 1390–1453) eine herausragende Persönlichkeit darstellte; er leitete eine *Jeschiwa* und galt „als die hervorragendste

---

45 Dazu und zum Folgenden Müschele, Augsburg, S. 65–99; GJ III/1, S. 41, 44.; Schimmelpfennig, Christen und Juden, S. 35–37.
46 ChrdtSt, Augsburg 1, S. 74f. (Anonymus); GJ III/2, S. 44, spricht von einer „kollektiven Sondersteuer". Möglicherweise muss diese Aktion schon als eine Art Vorläufer der Judenschuldentilgungen König Wenzels gesehen werden.
47 Dohm, Nördlingen, S. 60–70.
48 Mütschele, Augsburg, S. 230–239; GJ III/2, S. 44.
49 Yuval, Rabbiner und Rabbinat, S. 42–44.
50 Mütschele, Augsburg, S. 103–128, hier 112f.

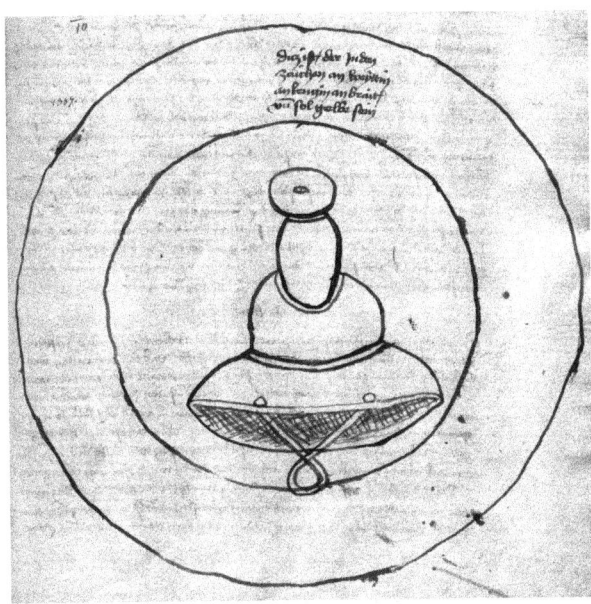

Abb. 25: Judenzeichen in Augsburg, Eintrag in das Missivbuch der Stadt. Text: *Das ist der Juden zaichen an weyttin an lengin an brait und sol gelbe sein*

rabbinische Autorität Deutschlands" in dieser Zeit, die von vielen Gemeinden von Prag und Breslau bis Würzburg, Regensburg, Nürnberg und Ulm angerufen wurde.[51] Die Position Augsburgs innerhalb der Judenschaft des Reiches blieb also trotz ihres ökonomischen Abstiegs gefestigt.

Dennoch verschlechterte sich das Verhältnis zum bürgerlichen Rat sehr viel schneller als in Nürnberg: Der Judenschutz war auch hier de facto an die Stadt übergegangen, gewährte doch das Privileg Karls IV. von 1355 dem Rat, *daz mit denselben Juden und Judenen niemant wan sie zu schaffen haben sülle*, und dementsprechend setzten seine Verordnungen die Rahmenbedingungen.[52] War anfänglich noch eine verhältnismäßig offene Politik erkennbar – so bestanden beispielsweise keine Einschränkungen beim Geldverleih –, so setzte schon in den 1420er Jahren eine Tendenz zu judenfeindlichen Maßnahmen ein: Die Anordnung, dass Juden seit 1425 auf dem Wochenmarkt am Freitag erst ab 10 Uhr morgens einkaufen durften, passte sich ein in die gängige Bevorzugung der ‚eigenen Bürger', ordnete sie damit aber bereits in die Kategorie von ‚Fremden' ein. Seit 1432 bemühte sich die Stadt bei König Sigismund um die Einführung des gelben Rings als Abzeichen und begründete das mit dem lange tradierten,

---

51 Zu ihm GJ III/1, S. 46–48.
52 Mütschele, Augsburg, S. 172–174; Meyer, Urkundenbuch Augsburg, Bd. II, Nr. 410, S. 9f.

bekannten Vorwurf, ihre Kleidung könne mit dem *priesterlichen gewande* verwechselt werden, sodass viele sie deshalb *mit hůtten und kappen abziehen und ruken und ander reverencz* Ehre erwiesen. 1434 hatte der Rat Erfolg – Augsburg war damit eine der ersten Städte, die diese Maßnahme einführte.[53] (Abb. 25)

Bald darauf erschwerte der Rat auch die Verfahrensregeln vor Gericht: Ursprünglich war nach dem Stadtrecht von 1276 wie andernorts ein ‚Judengericht' zuständig, das für Streitfälle eines Christen gegen einen Juden unter dem Vorsitz des Vogtes in der Synagoge tagte und von beiden Seiten besetzt war – im umgekehrten Falle bei Klagen von Juden gegen Christen war das Stadtgericht (ehemals Vogt- bzw. Burggrafengericht) zuständig, wobei die Eidesleistung der Juden, die anfangs keine demütigenden Bestandteile enthielt, wohl schon Ende des 14. Jahrhunderts um solche erweitert wurde. 1436 erfolgte eine Neufassung des Judengerichts, nach der nun das Verfahren auf dem Rathaus ohne jüdische Beteiligung zu verhandeln war. Veranlasst wurde die Novelle von der Geistlichkeit, *daz soellichs wider diw gesatzzt und ordnung der hailigen cristenhait swaerlichen seye, namlichen an den stucke das die cristen in der iudenschůl by den iuden sitzen und recht mit in sprechen süllen.*[54] Beide Neuerungen standen offenbar in einem engen inhaltlichen Zusammenhang mit den Beschlüssen des Konzils von Basel; der Rat griff diese Positionen also auf und zog bereits frühzeitig daraus weitreichende Konsequenzen.[55] Die Ausweisung von 1438 war nur mehr eine weitere Konsequenz.

Während beide Gemeinden, die Nürnberger wie die Augsburger, durch den Aderlass des ausgehenden 14. Jahrhunderts geschwächt, ökonomisch absanken, vollzog sich die zunehmende Distanz zwischen bürgerlicher und jüdischer Gemeinde in einem deutlichen zeitlichen Abstand. Wie sieht das Bild bei den landesherrlichen Städten aus?

Für Landshut, die Residenz der Herzöge von Niederbayern, ist die Quellenlage freilich ungleich dünner, sodass die dortige zweite jüdische Gemeinde auch nach dem Pestpogrom nur in Umrissen erkennbar wird.[56] Immerhin wuchs sie nach der Ansiedlung 1365 von wenigen Familien bis 1450 auf 21 Familien in 14 Häusern an, sodass man mit etwa 150 Personen rechnen darf. Die *Kahal* – wie sie R. Jakob Molin in Mainz nannte, der um eine Entscheidung in einer Anfrage des jüdischen Gerichts gebeten wurde – entwickelte sich mit Synagoge, *Truckhaus* (?) und Badehaus auf dem alten Platz unterhalb der Burg, aber innerhalb der Stadtmauer, sowie einem Friedhof (1380 erwähnt) am Hofberg. Die Gemengelage mit

---

53 Mütschele, Augsburg, S. 159–163, Zitat S. 159.
54 Mütschele, Augsburg, S. 260–269; Meyer, Stadtbuch, S. 52–55; S. 260f. die Novelle von 1436.
55 Jörg, Augsburger Juden, passim.
56 Dazu GJ III/1, S. 711–717; Kirmeier, Juden, S. 94–128; Kirmeier, Landshut, S. 104–109.

**Abb. 26:** *Feifelein, der Juden Chunch.* Randnotiz zum Landshuter Judeneid 1361

Christen beim Ankauf mehrerer Häuser – auch wenn sich die Stadt hier eher restriktiv verhielt und vom Herzog dazu gedrängt werden musste – wich allerdings um 1430 einer stärkerer Separierung.[57] Wenn 1432 der Jude Leser, der in einer engeren Verbindung mit dem Herzogshof stand, Vorstand der Gemeinde war und 1444 auch ‚Judenrichter' wurde, dann bestätigt sich die generelle Beobachtung, dass die soziale Oberschicht die Führungsfiguren der Gemeinde stellte. Das Verhältnis Lesers zum Herzog war sogar so eng, dass ihm bei der Ausweisung angeboten wurde, in Landshut zu bleiben – er zog es allerdings vor, nach Regensburg abzuwandern.[58] Auf der Rechtsebene war die jüdische Seite durchaus gleichberechtigt: Das Hofgericht tagte in ‚Judensachen' paritätisch mit zwei herzoglichen Räten und zwei Juden, bei der Zeugenschaft waren Christen und Juden vorgesehen.[59]

Offenbar gab es in der Gemeinde auch eine Gruppe von gelehrten Männern, denn sie erhielt von Salman Katz in Nürnberg um 1444 eine Abhandlung über das Scheidungsverfahren. 1368 wird zudem *Meister Jakob* genannt, „einer der bedeutendsten Ärzte seiner Zeit", der auch Herzog Stephan II. beriet und eine Rezept-

---

[57] Kirmeier, Juden, S. 119.
[58] Kirmeier, Juden, S. 104.
[59] GJ III/3, S. 1785: Bayern-Landshut (Gebietsartikel).

sammlung hinterließ.[60] Ob allerdings *Feifelein, der Juden Chunch* (König), der in einer Miniatur zum Landshuter Judeneid porträtiert wird (Abb. 26), als Rabbiner zu deuten ist, muss offen bleiben. Immerhin hatte die Gemeinde ein klares Profil, und sie fungierte wohl auch als ‚Vorort' für die übrigen niederbayerischen Niederlassungen. Aber es entwickelte sich daraus keine weiterreichende Struktur für die Judenschaft im Territorium. Dazu war offensichtlich die Präsenz zu gering, das Netz der Niederlassungen zu locker, als dass ein Zusammenschluss von herrschaftlicher wie von jüdischer Seite herbeigeführt worden wäre.

Die Geldleihe, die neben dem herzoglichen Hof und Bürgern der Stadt auch von Adeligen und Bauern der Umgebung in Anspruch genommen wurde, bewegte sich, gemessen an den Beispielen der beiden Reichsstädte, in bescheideneren Rahmen. Die Beträge reichen von wenigen Pfund Pfennigen über meist unter hundert Gulden bzw. Pfund Pfennige bis zu einem Maximalbetrag von 300 Pfd. Pfg. Landshuter Währung, die Paul der Stein zu Mühldorf 1444 von Leser dem Juden von Landshut erhalten hatte – und die er gerichtlich einklagte. Leser und sein Sohn Mosse gehörten zu den Vermögenden der Gemeinde, und bei ihnen waren auch 1448 die herzoglichen Pfleger von Natternberg, Erding und Deggendorf verschuldet.[61] Wenn Herzog Heinrich 1428 im Rahmen seiner Judenordnung den Höchstzinssatz auf 3 Pfg. pro Pfd. Pfg. und Woche bzw. 2 Pfg. pro Gulden und Woche festlegte, so stellte das gegenüber dem ausgehenden 14. Jahrhundert keine Veränderung dar. Dass insgesamt aber die Bedeutung der jüdischen Kreditvergaben zurückging, ergibt sich schon daraus, dass im gleichen Zeitraum der christliche Kapitalverleih immer stärker wurde. Möglicherweise lässt sich daraus ein Faktor für die Ausweisung der Jahrhundertmitte ableiten, denn auch hier wird der Gegensatz zwischen dem Judenschutz des Herzogs und der antijüdischen Stimmung bereits in den 1430er Jahren spürbar (s. Kap. 11).

Die Verhältnisse in München[62] und Straubing[63] unterschieden sich nicht wesentlich von denen in Landshut: In der Größe und inneren Struktur, aber auch in ihrer Ausstrahlung nach außen fielen die Gemeinden ebenfalls hinter die großen der Reichsstädte zurück, blieben im lokalen und regionalen Rahmen – auch herausragende Rabbiner finden sich nicht. Immerhin zeigt die Überlieferung, dass selbst die niederbayerischen Gemeinden eine sehr kunstvolle Buchkultur praktizierten: die sog. Tegernseer *Haggada* – sie war wohl nach der Vertreibung der Gemeinde ans Kloster Tegernsee gelangt –, eine der schönsten

---

60 Zu ihm Assion, Jacob von Landshut.
61 Kirmeier, Juden, S. 102–112; die Beispiele im Anhang I, S. 240–245, Nr. 20, 23, 25, 27.
62 Barzen, Anfänge, S. 30–36.
63 Keim, Straubing, S. 63–67; GJ III/2, S. 1433–1438.

**Abb. 27:** Tegernseer Haggada, Bebilderung durch eine christliche Buchmalereiwerkstatt, vermutlich Passau, um 1478

Handschriften des Spätmittelalters, wurde „sehr wahrscheinlich für die jüdische Gemeinde Passau gefertigt" und „erhielt ihre Illumination von einer christlichen Buchmalereiwerkstätte".[64] (Abb. 27)

---

64 Bilderwelten: Schatzkammer 1, S. 40.

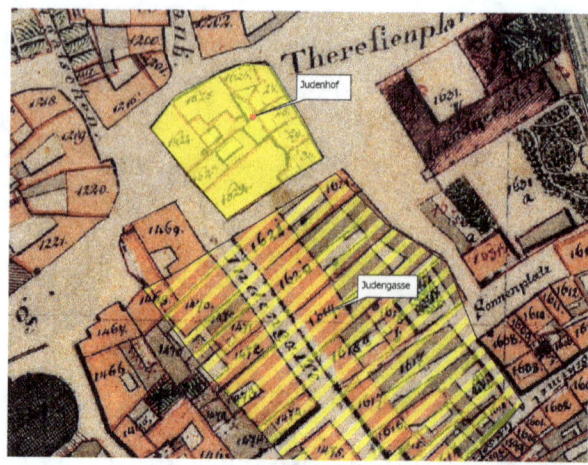

**Abb. 28a:** Das Bamberger Judenviertel, vermutliche Lage im Stadtplan

Freilich wirkte sich auf die bayerischen jüdischen Gemeinden die relative Nähe zu Regensburg aus, das ja die Pogromwelle unbeschadet überstanden hatte (s. Kap. 7). Die Reichsstadt war nach wie vor das Oberzentrum, was sich allein schon daraus ergibt, dass auf dem dortigen Friedhof die meisten Juden aus diesen wittelsbachischen Territorien begraben wurden und „zu keinem Zeitpunkt im Spätmittelalter in diesen Territorien zusammengenommen [...] mehr als doppelt so viele Juden wohnten als in [...] der Reichsstadt". So bildete Regensburg mit den „umliegenden Sekundärzentren", Amberg und Eger im Norden, Straubing und Passau im Osten, Landshut und München im Süden und Ingolstadt im Westen, „ein fast klassisches Modell einer jüd[ischen] Region".[65] Im Netzwerk jüdischer Präsenz spielten die wittelsbachischen Residenzstädte als mittlere Zentren jedenfalls einen wichtigen Part im Südosten des Reiches.

An den beiden fränkischen Kathedralstädten lassen sich weitere Akzente festmachen: In Bamberg[66] hatte sich nach den Pestpogrom zwar eine neue Gemeinde gebildet, die um 1403 mit 35 Haushalten – darunter auch Frauen als besteuerte Vorstände – um die Mitte des 15. Jahrhunderts wohl über 200 Personen umfasste.[67] Die Siedlung im alten Judenviertel am Sand mit etwa 20 Häusern wurde in den 1420er Jahren teilweise ersetzt und ergänzt durch einen ‚Juden-

---

65 GJ III/3, S. 1770f. (Gebietsartikel).
66 Dazu nach GJ III/1, S. 73–81, v.a. Geldermans-Jörg, Hochstift Bamberg; zusammenfassend auch Wunschel, Juden in Bamberg.
67 Geldermans-Jörg, Hochstift Bamberg, S. 94–117.

**Abb. 28b:** Das Bamberger Judenviertel, Ausschnitt aus dem Plan von 1602 (Synagoge markiert)

hof' in marginalerer Lage am Randbereich der Innenstadt (Abb. 28a, 28b).[68] Die alte Synagoge, die vor 1428 zur Marienkapelle umgewandelt wurde, hatte dort nach archäologischen Forschungen einen Nachfolgebau gefunden, und auch die Mikwe musste dort neu eingerichtet werden; erst 1397 ist der Erwerb eines Geländes für den Friedhof am Rand des Stadtgebietes belegt – doch seit den 1470er Jahren erfuhren die Gemeindeinstitutionen bereits wieder einen „erheblichen Niedergang".[69] Wie auch sonst war das Gremium der *Parnossim* mit Mitgliedern angesehener Familien besetzt, wie auch sonst waren die Gemeindebediensteten als Geldleiher tätig und das Rabbinat durch eine Professionalisierung bestimmt, gekrönt von Autoritäten mit weitreichender Wirkung wie dem bereits genannten Jakob Weil, der von Augsburg aus hierher ausgewandert war (1439–1442), oder Moses Minz (1469–1474).[70]

Was sich aber als neuartiges Strukturmerkmal abzeichnete, war das Ausgreifen der städtischen Institutionen in das Hochstift. Neben der Residenzstadt Bamberg konnte lediglich Forchheim mit etwa 100 Personen eine größere Gemeinde ausbilden – auch hier mit einer Synagoge, aber erst nach der Auflassung des Bamberger Friedhofs um 1490 mit einem eigenen Begräbnisplatz. Ansonsten war lediglich Staffelstein als Ort des Domkapitels von gewisser Bedeutung, während die kleinen und kleinsten Niederlassungen völlig auf das Zentrum orientiert blieben – was sich in der kultischen Praxis, angefangen vom Gottes-

---

68 Pfaffenberger, Bamberger Judenviertel, S. 42f.
69 Geldermans-Jörg, Hochstift Bamberg, S. 108.
70 GJ III/1, S. 76.

dienst über die Festkultur bis zum Begräbnis, als unbedingt notwendig erwies. Die Kompetenz der Rabbiner für diese Niederlassungen wies in die gleiche Richtung. Diese noch eher traditionelle Attraktivität des Zentrums wurde jedoch auch auf die jüdischen Verwaltungsstrukturen übertragen: Entscheidender Ansatzpunkt dafür waren die ‚Schoßmeister', die Steuereinheber, deren „Aufgaben- und Kompetenzbereich" seit 1414 „sämtliche jüdische Niederlassungen innerhalb des Hochstifts [umfaßte]." Sie entwickelten sich zur zentralen „Vermittlungsinstanz" zwischen Landesherr und Judenschaft.[71] Was am Ende des 13. Jahrhunderts schon aus den Memorbüchern über den „Vorort" als „Bezirk Bamberg" rekonstruierbar war (vgl. Kap. 3), der auch das Bistum Eichstätt mit umfasste und das benachbarte östliche Bistum Würzburg sowie Orte in der Burggrafschaft Nürnberg einbezog,[72] war zwar im 15. Jahrhundert nicht mehr so breit aufgefächert, dafür verdichteten sich nun die Verbindungslinien zwischen Stadt und (Um-)Land zu einer neuen Zentralitätsstruktur. Sie war offensichtlich aus einer Wechselwirkung von Elementen hochstiftischer und innerjüdischer Verwaltung entstanden, sodass sich hier bereits abzeichnet, was in den folgenden Jahrhunderten als Landesrabbinate und Landjudenschaften zu bestimmenden Faktoren werden sollte.

Dies spiegelt sich nur bedingt auf der ökonomischen Ebene.[73] Die jüdischen Kredite erreichten in Bamberg zwar nie die Höhe der Nürnberger Hochfinanz, umfassten jedoch durchaus beachtliche Beträge. Dabei standen die permanent verschuldeten Bischöfe gar nicht so sehr bei örtlichen Juden in der Kreide als bei denen aus Nürnberg, daneben aber auch aus Coburg und Hildburghausen (in Thüringen), ähnlich wie die Stadt Bamberg, die in der 1. Hälfte des 15. Jahrhunderts bei Juden aus Nürnberg und nicht zuletzt im Würzburger Raum verschuldet war, weit weniger aber Bürger und Adelige. Durch die günstige Quellenlage – vor allem ein ‚Schuldenreduktionsregister' mit über 2.300 Belegen – wird hier die Masse der Kleinkredite und Pfandleihfälle fassbar, die von den Amtleuten des Bischofs bis zum Kleinbürgertum der Stadt und dem „ländlich-bäuerlichen Milieu" in Anspruch genommen wurden. Die Geschäfte – an denen wiederum nicht wenige Frauen als Kreditgeber beteiligt waren – wurden offenbar vor allem in den Marktorten abgewickelt; so bediente etwa Leb von Gröningen im südlichen Halbkreis von 15 km um Bamberg seine Kundschaft.[74] Gegenstände aller Art dienten dabei als Pfänder, und auf dem Land spiegelte sich der bäuerliche Jahreskreis gerade bei kurzfristigen Anleihen.

---

71 Geldermans-Jörg, Hochstift Bamberg, S. 117–127, Zitate S. 121.
72 Vgl. Barzen, Regionalorganisation, passim.
73 Geldermans-Jörg, Hochstift Bamberg, S. 127–184.
74 Geldermans-Jörg, Hochstift Bamberg, S. 152f.

So vielfältig diese Geschäfte im Alltag auch waren, sie wurden durch die Rahmenbedingungen kanalisiert und zunehmend reglementiert und eingeschränkt:[75] Schon im Generalprivileg von 1445 wurde der Höchstzinssatz für Schuldner in der Stadt Bamberg mit 2 Pfg. pro Gulden und Woche (ca. 43 % im Jahr) fixiert, außerhalb jedoch auf 1 Heller pro Pfund und Woche, also deutlich darüber angesetzt. Bald darauf kam es 1447 jedoch zu einer vertraglich festgesetzten Zinsreduktion, die offensichtlich auf kirchlichen Einfluss zurückging (s. Kap. 11). In Verhandlungen zwischen der Stadt Forchheim und der dortigen Judenschaft hatte man sich auf ein Schiedsgericht geeinigt, das die Kreditgeschäfte regeln sollte, was dann auf das gesamte Hochstift ausgedehnt wurde – die Juden waren daran allerdings nicht beteiligt. Das Ergebnis war eine deutliche Reduktion der Zinsforderungen bei den hochstiftischen Untertanen – und zwar vorwiegend vom Land – gegenüber insgesamt 80 jüdischen Kreditgebern: in der Regel um 25 %, aber auch mehr, bis zu 100 %. Aber man war zunächst bestrebt, die Finanzkraft der Juden „nicht über die Maßen zu schwächen oder gar versiegen zu lassen".[76] Doch die Linie der Verschärfungen lässt sich weiter ziehen bis zum formellen Zinsverbot Bischof Rudolfs II. von 1475, das in eine Repressionsphase mündete, die zur Abwanderung vieler Juden aus dem Hochstift Bamberg führte. Während die Verfahren vor dem Landgericht und dem Stadtgericht noch keine Benachteiligung erkennen lassen,[77] und auch das Judengericht, das bei Klagen von Christen gegen Juden vor der Synagoge zusammentrat und aus einem Christen und einem Juden bestand, seit 1400 nicht verändert wurde,[78] wird in der ökonomischen Praxis eine zunehmende Einschränkung sichtbar.

Der Blick auf diese reichsstädtischen und territorialen Gemeinden – auch wenn er nur einzelne typologisch erfassen konnte – eröffnet eine vertiefte Einsicht in die Veränderung der Strukturen jüdischer Existenz. Was sich schon bei der Betrachtung der territorialen Entwicklungen abgezeichnet hatte, wird auf städtischer Ebene noch wesentlich klarer sichtbar: Der Zugriff auf die jüdischen Gemeinden verstärkte sich im Laufe des 15. Jahrhunderts durch eine intensivierte Kontrolle ganz erheblich. Das betraf die Gerichtsbarkeit ebenso wie die Vorschriften zur Geldleihe und zum Pfandverkauf. Besonders deutlich zeigte sich diese Tendenz bei der Vergabe des Bürgerrechts: Wurde sie in Nürnberg noch ganz im Sinne eines Steuerungsinstruments des städtischen Magistrates gehandhabt,

---

75 Zum Folgenden Geldermans-Jörg, Hochstift Bamberg, S. 274–298.
76 Geldermans-Jörg, Hochstift Bamberg, S. 296.
77 So das Fazit von Geldermans-Jörg, Hochstift Bamberg, S. 226, nach ihrer ausführlichen Darlegung der verschiedenen Verfahren vor den verschiedenen Gerichtsinstanzen S. 184–226.
78 GJ III/1, S. 75.

so zeigt eine detaillierte Analyse der Bedingungen für die Aufnahme in Nördlingen, dass sich der Charakter grundsätzlich wandelte.[79] Der anfängliche einfache Eintrag ins Bürgerbuch wurde 1433 mit einer ersten Ordnung verbunden, die „die Juden als Bürger der *stat* und des *heilgen richs*" verstand.[80] Gleichzeitig enthielt die Ordnung eine Reihe von Bestimmungen zum Gerichtsverfahren vor dem städtischen Gericht und zur Geld- und Pfandleihe – ganz wie die territorialen Judenordnungen auch. Dieses Prinzip behielt man in der Folgezeit bei, doch verlagerte sich die Festlegung der Bedingungen immer mehr auf die einzelnen Aufnahmevorgänge selbst, die offensichtlich mit den Juden ausgehandelt wurden, d.h. das Judenbürgerrecht wurde „stärker individualisiert" und erhielt „Vertragscharakter".[81] Als solches musste es immer wieder verlängert werden – konnte aber auch verweigert werden. Ein solches Individualrecht musste freilich zu einer Schwächung der jüdischen Gemeinde führen, denn wenn die einzelnen Familienverbände jeweils eigene Bedingungen aushandeln konnten und wollten, schwand der Wille zum Zusammenhalt. So ist auch in Rothenburg o.d.T. von einer Zustimmung zur Neuansiedlung durch die Gemeinde nicht mehr die Rede, und der Siedlungsbann (*Cherem-ha Jischuv*) hatte nach Einschätzung von R. Israel Bruna aus Regensburg „keine bindende Kraft mehr".[82] Was blieb, war freilich nach wie vor die kultische Praxis des Gottesdienstes und der Memoria ebenso wie die kulturelle Differenz zur christlichen Umwelt.

Was war aus der *concivilitas* des Hochmittelalters geworden? Noch immer wurde in Nördlingen die Formulierung von 1447 verwendet, dass die Juden *alle die freyhait und recht haben vor dem gericht und In der Stat als ander Ir burger*,[83] doch ist nicht zu übersehen, dass die Bedingungen im Laufe der Zeit restriktiver wurden, sei es bei der Dauer des Bürgerstatus, sei es bei der Geldleihe. Auch in Augsburg hatte man die Juden noch als ‚Bürger' bezeichnet; sie waren sogar 1397 dazu verpflichtet worden, das Bürgerrecht zu erwerben.[84] In Ulm aber wurde ihnen dann in den 1460er Jahren nur mehr ein Beiwohnerrecht zugestanden; Felix Fabri, der Ulmer Dominikaner und Geschichtsschreiber der Stadt, meinte konsequenterweise, die Juden seien nicht Mitglieder der Körperschaft der Stadt und deshalb keine Bürger (*concomitativi* [...] *qui non sunt de corpore civitatis nec* [sunt] *cives*).[85] Insofern ist die kritische Relativierung eines ‚Judenbürgerrechts' zutreffend – wenn man sie nicht

---

79 Dohm, Nördlingen, S. 86–140.
80 Dohm, Nördlingen, S. 92.
81 Dohm, Nördlingen, S. 113.
82 Cluse, „Sondergemeinde", S. 50 mit Anm. 119.
83 Dohm, Nördlingen, S. 140.
84 Mütschele, Augsburg, S. 180–196.
85 Scholl, Ulm S. 201f.

generell postuliert, sondern als Tendenz begreift, die sich im 15. Jahrhundert einstellte und zunehmend auf eine Ausgrenzung zulief.[86] Das gilt ganz ähnlich für die Autonomie der Gemeinde, denn „auch für die jüdische Selbstverwaltung verlief die Entwicklung im Spätmittelalter insgesamt sehr ungünstig".[87]

Man könnte das vordergründig einer generellen Entwicklung in der städtischen Kommune zuordnen: Sie normierte ja gleichzeitig auch das Ausbürgerrecht des Adels und der Geistlichen[88] und regelte die Wirtschaft in vielfältigen Markt- und Produktionsordnungen neben und über den Zünften, etwa beim permanenten Kampf gegen den ‚Fürkauf' oder über Höchstpreise für Lebensmittel.[89] Als Element der Verdichtung von Obrigkeit erscheint auch die Unterwerfung der Bürger unter die Gerichtsbarkeit der Stadt – wie sie ganz parallel die Territorien betrieben.[90] Insofern war es konsequent, wenn die Juden in gleicher Weise verpflichtet wurden, und zudem Juden selbst bei innerjüdischen Angelegenheiten nicht selten das städtische Gericht anriefen.[91] Als massiver Eingriff in die Autonomie der jüdischen Gemeinde erscheint freilich die Beseitigung des ‚jüdischen Gerichts', das im Südosten des Reiches mehrfach belegt ist und dessen Besonderheit darin bestand, dass es von Christen und Juden besetzt wurde.[92] In Augsburg geschah das schon 1436, in Regensburg nach einem wegen der Komplexität der Rechts- und Verfassungssituation längeren Vorgang seit den 1470er Jahren.[93] Zu Recht hat man deshalb von einer „Einbindung der Minderheitsgemeinde in den städtischen Bürgerverband" in Form eines nun „komplementären und hierarchischen" Verhältnisses gesprochen.[94] Auch wenn also nicht alle städtischen Maßnahmen per se als Verschlechterung des Status der Juden verstanden werden müssen, sondern als ein Teil des Wandels der kommunalen Ordnung, so zeigen sie doch eine Einschränkung des Bewegungsspielraums und müssen damit als Reaktion auf das Vordringen antijüdischer Haltungen gesehen werden. Letztlich stellten gerade diese die Existenz der Juden in Frage und mündeten in die Ausweisung.

---

**86** Gegenüber Gilomen, Juden in spätmittelalterlichen Städten, S. 11–23, der sie generell skeptisch einschätzt.
**87** Gilomen, Juden in spätmittelalterlichen Städten, S. 23–26, Zitat S. 26.
**88** Vgl. dazu Kießling, Umlandpolitik, S. 302–312.
**89** Vgl. dazu generell Isenmann, Stadt im Mittelalter, S. 978–995; anhand schwäbischer Beispiele Kießling, Die Stadt und ihr Land, passim.
**90** Vgl. dazu Isenmann, Stadt im Mittelalter, S. 480–499.
**91** Willoweit, Rechtsstellung der Juden, S. 2192.
**92** Willoweit, Rechtsstellung der Juden, S. 2190.
**93** Cluse, Judengemeinde in Regensburg, S. 375–384.
**94** Cluse, „Sondergemeinde", S. 51.

# 11 Die Ausweisungen des 15. und beginnenden 16. Jahrhunderts

Am Ende des 15. Jahrhunderts war die Existenz der Juden in Aschkenas aus der Sicht Italiens durchaus labil: Ein dort tätiger Heiratsvermittler warb gegenüber seinem Kunden nicht nur mit der Schönheit der Braut und dem Reichtum ihrer Eltern, sondern auch damit, sie lebe in Deutschland an einem sicheren Ort und nicht in Nürnberg und Regensburg.[1] Man musste also im Römisch-Deutschen Reich gerade in den großen Städten damit rechnen, dass die jüdischen Gemeinden gefährdet waren; persönliche Bedrängnis und Infragestellung ihrer wirtschaftlichen Tätigkeiten waren den Betroffenen gegenwärtig, vor allem aber die Sorge, aus dem bisherigen Wohnsitz ausgewiesen zu werden.

Ein Überblick für das Spätmittelalter macht deutlich, dass in der Tat das 15. und beginnende 16. Jahrhundert zu den Phasen jüdischer Geschichte gehört, in denen vielfältige Formen von „Verfolgung" zu konstatieren waren: Zwar waren die großen Pogromwellen vorbei, nicht aber Fälle von Mord und Totschlag, gewaltsamer Enteignung verbunden mit Gefangennahme, Diskriminierungen – und eben Vertreibungen. Sie erreichten in verschiedenen Wellen ihre Höhepunkte am Anfang des 15. Jahrhunderts, dann wieder in der Mitte und erneut um die Wende zum 16. Jahrhundert.[2] Der Südosten des Reiches machte dabei keine Ausnahme, vielmehr verdichteten sich die Akte der Vertreibung vor allem in den Jahren um 1450 und um 1500, und zwar in den Territorien ebenso wie in kleinen und großen Reichsstädten, aber selbst bei den Niederlassungen in Märkten und Dörfern. Schon die statistische Auswertung der Siedlungsentwicklung (s. Kap. 8) hat ja gezeigt, dass der langsame Übergang zum Landjudentum nicht zuletzt auf die Unsicherheiten jüdischer Existenz in den großen Städten zurückzuführen war, die nicht selten in eine Ausweisung mündeten.

Die Liste der Vorgänge ist lang:[3] Sie begann mit der Kur- und Oberpfalz um 1390, erfasste mit Memmingen, Lindau, Augsburg um 1430/40 vor allem die schwäbischen Reichsstädte, erfuhr mit den bayerischen Herzogtümern – Oberbayern-München um 1442, Niederbayern-Landshut 1450 – einen ersten Höhepunkt, dem das Bistum Eichstätt 1445 an die Seite zu stellen ist. Dann trat in unserem Raum eine gewisse Beruhigung ein, ehe 1470 das Erzstift Mainz und damit vor allem

---

1 Zit. nach Toch, Verfolgungen, S. 2317.
2 Toch, Verfolgungen, S. 2299–2308.
3 Abgesehen von den Einzelhinweisen in GJ III, bietet auch Ziwes, Territoriale Judenvertreibungen, S. 183–187, eine entsprechende Liste.

**Abb. 29:** Bußpredigt des Johannes Capistrano auf dem Domplatz in Bamberg, Tafelbild, Umkreis des Hans Pleydenwurff, 1470/75, Historisches Museum Bamberg

Aschaffenburg sowie 1478 Passau und 1488 die Versuche im fränkischen Bistum Würzburg zusammen mit der Markgrafschaft Ansbach folgten. Massiv wurde die Zahl der Fälle um die Jahrhundertwende: Die Ausweisung 1498 aus dem Herzogtum Württemberg und dem Erzbistum Salzburg an den Flanken wurde begleitet von den Reichsstädten Nürnberg (wohl zusammen mit Windsheim) und Ulm 1499 sowie einigen Orten im Bistum Bamberg. Eine letzte Gruppe betraf erneut die Reichsstädte, angefangen von Nördlingen 1507, Donauwörth 1517, Regensburg 1519 sowie Weißenburg und Rothenburg 1520; Schweinfurt stellte 1554 einen Nachzügler dar. Zu den Dörfern gehörten abgesehen von den flächigen Maßnahmen der Territorien solche, die im Einflussbereich der Städte lagen, beispielsweise 1515 Reichenschwand bei Nürnberg und 1514 Kleinerdlingen bzw. 1537 Ederheim bei Nördlingen. Dieses Datengerüst sagt freilich noch wenig aus über die Motive, die dahinterstanden. Dennoch spielten auch überörtliche Vorgänge eine wichtige Rolle, stellten sie doch den Kontext dar, in dem die Ausweisungswellen erfolgten.

Problematische Wirkungen löste zweifellos die Predigttätigkeit der Bettelorden aus. Besonders einflussreich war der Franziskaner Johannes Capistrano, der 1451–1456 Deutschland bereiste, und mit seinen Bußpredigten die Massen begeisterte. Er zog dabei immer wieder gegen die *cupiditas* zu Felde, griff also den Wuchervorwurf auf und wandte sich gegen die Judenschaft der Städte – auch wenn es nicht immer im Anschluss daran zu antijüdischen Aktionen kam. Im Sommer 1452 trat er auch in Schwaben, Bayern und Franken auf.[4] In Augsburg traf er keine Judengemeinde mehr an,[5] aber als er im August 1452 auf Einladung des Rates auf dem Domplatz in Bamberg predigte, griff er auch die Juden an (Abb. 29) – die offensichtlich zumindest im Hintergrund im Publikum dabei waren – und agitierte zudem gegen die regionalen Herrschaftsträger, die dem Geldverleih Vorschub leisteten.[6]

In Nürnberg mischte er sich bei einem längeren Aufenthalt in verschiedene Streitigkeiten ein, um die kirchliche Position zu verteidigen. Seine viermonatige Predigttätigkeit auf dem Marktplatz vor Tausenden von Zuhörern, zu denen auch die Juden „innerhalb einer besonderen Umschrankung zuhören" mussten,[7] wird ihre Wirkungen nicht verfehlt haben. Ganz Ähnliches gilt für die Predigten des Nürnberger Dominikaners Peter Schwarz, der 1474 in Regensburg unter Anwesenheit des Bischofs und des Klerus sowie der weltlichen Honoratioren eine Folge von sieben Zwangspredigten vor 70 Mitgliedern der dortigen Gemeinde abhielt,

---

4 Dazu Elm, Predigtreise, S. 505, 512f.
5 Vgl. Kießling, Bürgerliche Gesellschaft und Kirche, S. 301.
6 Geldermans-Jörg, Hochstift Bamberg, S. 37f., 280f.
7 A. Müller, Nürnberg, S. 44.

der sich eine Zwangsdisputation anschließen sollte, die allerdings ohne Erfolg blieb.[8] Aber 1478 setzte er in Nürnberg erneut mit Predigten auf dem Spitalkirchhof an, *und er tet 17 predig und predigte darnach an keinem suntag, ursach der gedreng halben. So predigt er an keim Samstag, wann die Jueden wollten nicht kumen. Und er predigt nur allain auss irn puechern und leget es darnach alls teutsch auss*, erzählt der Chronist; wie in Regensburg ließen sich jedoch auch hier keine Rabbiner auf eine Disputation ein. Auch wenn in einem Ratsprotokoll festgehalten wurde, er habe *in ehrbarem und bescheidenem Maße ohne allen Aufruhr und Widerwärtigkeit* gesprochen,[9] so wird man doch den Einfluss auf die Stimmungslage in der Stadt nicht unterschätzen dürfen.

In die gleiche Richtung wirkte die Reise des Nikolaus von Kues, der im November 1450 zum *legaten de latere obir die gantzce dütsche nationen* berufen wurde und in den folgenden beiden Jahren auch die Kirchenprovinzen Salzburg und Mainz besuchte, die den Süden des Reiches abdeckten.[10] Sein Programm richtete sich zum einen auf eine weitreichende Kirchenreform, zum anderen aber auf die Ausrichtung der Reichskirche auf die römische Kurie nach der Phase der großen Konzilien, wozu der Jubelablass von 1450 die Handhabe bot. Unter den Reformdekreten, die er in diesem Kontext formulierte, nahm die Eindämmung der ausufernden Sakramentsverehrung eine wichtige Rolle ein. Sie wurde am 3. Mai 1451 in Bamberg verkündet, aber in Nürnberg schon wieder modifiziert, um die Frömmigkeitspraxis in den Prozessionen nicht zu gefährden.[11] Dieser religiöse Hintergrund war und blieb aber eine latente Gefahr für die jüdische Existenz, lag doch das Stereotyp des Hostienfrevels in dieser geistigen Nähe. Als noch gravierender erwies sich das Judendekret *Quoniam ex iniunctio*, das erstmals auf der Bamberger Synode vom 30. April 1451 publiziert wurde.[12] Es ordnete nicht nur die Pflicht zur Kennzeichnung mit einem gelben Ring für die Männer bzw. zwei blauen Streifen für die Frauen an, sondern verbot gleichzeitig alle Wuchergeschäfte mit Christen. Damit knüpfte Nikolaus von Kues direkt an die Beschlüsse des Basler Konzils von 1434 an, das sich wiederum in der Tradition des 4. Lateranum von 1215 sah. Freilich regte sich in Bamberg und Würzburg Widerspruch. Nürnberg setzte sich an die Spitze und verwies darauf, dass damit die wirtschaftliche Existenz der Juden in Frage gestellt und eine Zulassung anderer Betätigungsfelder zu unliebsamer Konkurrenz führen könnte; der Rat erreichte am Königshof eine Ver-

---

8 Angerstorfer, Spätmittelalter, S. 166.
9 A. Müller, Nürnberg, S. 44f.
10 Meuthen, Legationsreise, mit einer umfassenden Analyse; Zitat S. 421.
11 Meuthen, Legationsreise, S. 459–462.
12 Meuthen, Legationsreise, S. 477–485.

schiebung und letztlich sogar eine Aufhebung des Dekretes. Die Markgrafen von Brandenburg-Ansbach schlugen in die gleiche Kerbe und erwirkten beim Papst die Aufhebung. In Mainz wurde auf der Provinzialsynode zumindest die Kennzeichnungspflicht durchgesetzt, während das Zinsnahmeverbot offenbar modifiziert wurde. Auch wenn die Umsetzung also aus der Sicht des Legaten nicht optimal verlief, so trug insgesamt diese Legationsreise jedenfalls dazu bei, die öffentliche Haltung gegen die Juden weiter zu destabilisieren.

Weiterhin spielten die latenten antijüdischen Stereotype ihre verhängnisvolle Rolle. In drei Wellen 1401, 1428/31 und 1443/48 häuften sich die Ritualmord-Vorwürfe im Bodenseeraum.[13] Verheerende Wirkungen gingen in Süddeutschland zudem von dem Fall eines angeblichen Ritualmords an Simon von Trient 1475 aus,[14] insbesondere in Regensburg: Bischof Heinrich von Absberg wurde auf einer Romreise offensichtlich davon angeregt, auch in Regensburg vorhandene Gerüchte aufzugreifen und die dortige Gemeinde anzuklagen. Im Folgejahr 1476 wurden insgesamt 17 Regensburger Juden eingekerkert und mit dem Vorwurf von angeblichen Ritualmorden konfrontiert. Daraus entwickelte sich ein komplexer Prozess, der bis 1480 andauerte, in dem es aber vor allem um die Rechtslage des Judenschutzes zwischen der Stadt, Herzog Ludwig von Bayern als Pfandinhaber und Kaiser Friedrich III. ging, bei dem die Existenz der gesamten Gemeinde auf dem Spiel stand (s. unten).[15] Die Auswirkungen in Passau gingen sogar noch weiter: Hier folgte auf einen Hostienfrevelvorwurf ein peinliches Gerichtsverfahren, aufgrund dessen dann sechs Mitglieder der Gemeinde verbrannt, vier wegen des Übertritts zum Christentum ‚nur' enthauptet, die restlichen ausgewiesen wurden – an der Stelle der zerstörten Synagoge errichtet man die Kirche St. Salvator.[16]

Neu war eine Verschwörungslegende, die in den Hussitenkriegen in Franken die Runde machte, wonach sich die Juden mit den Hussiten verbündet, ihnen Waffen und Lebensmittel geliefert hätten.[17] Auch wenn die alte Vorstellung, dem Sieg über Edom (= das Römische Reich bzw. seine Nachfolger) über die innere Spaltung der Christenheit nahe zu sein, gerade in diesem Zusammenhang weiter kursierte, so war doch die Realität eher von der Angst vor Ausschreitungen des aufmarschierenden Heeres auf dem Weg nach Franken bestimmt, die unter anderem 1421 in Neustadt a.d. Aisch festzumachen sind.[18] Auf jeden Fall keimte bei den

---

13 Burmeister, medinat bodase, Bd. 2, S. 179–189.
14 Dazu ausführlich Treue, Trienter Judenprozeß.
15 Stern, Regensburger Judenprozeß; Straus, Urkunden und Aktenstücke; zusammenfassend Treue, Trienter Judenprozeß, S. 393–402; Treue, Schlechte und gute Christen, S. 102f.
16 GJ III/2, S. 1089; Kirmeier, Juden, S. 133f.
17 Geldermans-Jörg, Hochstift Bamberg, S. 252; Yuval, Juden, Hussiten und Deutsche, S. 65.
18 Yuval, Juden, Hussiten und Deutsche, S. 68f., 92f.

jüdischen Gemeinden das Trauma des Ersten Kreuzzugs wieder auf: Es wird in dem Sendschreiben des großen R. Jakob Molin ebenso sichtbar wie in der Aufforderung des R. Natan von Eger, der seine Frau angesichts des anrückenden kaiserlichen Heeres sogar ermahnte, beim Eintreten einer aussichtslosen Lage an ihren Kindern den *Kiddush haSchem* zu vollziehen – was wahrscheinlich auch bei der Wiener *Gesera* von 1420 der Fall war.[19] Das Gefühl des Bedrohtseins war offenbar weit verbreitet; es spiegelte sich nicht zuletzt in den vielfältigen Aufforderungen zum Fasten und Sühnegebet, um drohende Verfolgungen abzuwehren.[20]

Vor diesem Hintergrund sind die Vertreibungen also nur die Spitze des Eisbergs, des Phänomens ‚Verfolgung'. Die jeweilige Aktualität der Motive lässt sich dabei freilich nur bei den Fällen genauer fassen, in denen die Überlieferung etwas detaillierter ausfällt.

In der frühesten Gruppe war Augsburg 1438/40 vertreten.[21] Der Beschluss des Kleinen und Alten Rates vom 7. Juli 1438 gibt als Grund an: *[...] von manigerley ursach wegen und sunderlich um des willen, das man an den chantzlen offenlich von in predigte, wievil übels darus kommen, das man si in stetten und ouch anderschwa enthielte und ouch von ungehorsamkeit wegen, die si wider der statt bott und gesatzte in vil wege getaun hätten.*[22] Doch weder der Wuchervorwurf noch die Gesetzesbrüche wurden präzis formuliert, vielmehr die allgemeinen antijüdischen Vorstellungen der Zeit in den Mittelpunkt gerückt. Als Indiz für die aktuelle Situation hat man jedoch zu Recht auf die massiven Auswirkungen einer Hungerkrise gerade in Augsburg verwiesen: Eine klimabedingte Missernte in ganz Europa ließ in Augsburg schon 1437 den Preis für das Schaff Korn in kurzer Zeit von 3 Pfd. auf bis zu 10 Pfd. Pfg. klettern.[23] Die Chronisten registrierten nicht nur die Politik des Rates, der Getreide von Niederösterreich die Donau herauftreideln ließ, sondern auch den Vorwurf des ‚Fürkaufs', also der Preistreiberei durch Horten. Die Interpretation des Ereignisses als Strafe Gottes war allenthalben präsent, zumal noch ein Seuchenzug mit vielen Toten dazu kam, und die aufgeheizte Stimmung war geeignet, sich gegen die Juden zu wenden – gleichgültig, ob der Vorwurf auch auf sie zutraf oder nicht.[24]

---

19 Brugger, Von der Ansiedlung bis zur Vertreibung, S. 221–223.
20 Toch, Verfolgungen, S. 2318f.
21 Dazu GJ III/1, S. 49; nach Frensdorff, Die Augsburger Juden, S. 372–381; Mütschele, Augsburg, S. 294–313, knapp Schimmelpfennig, Christen und Juden, S. 36–38; neuerdings Jörg, Augsburger Juden, S. 80–92.
22 Ediert bei Frensdorff, Augsburger Juden, S. 377f.
23 ChrdtSt, Augsburg 2 (Burkard Zink), S. 159–162; Jörg, Hungerkrisen, S. 309–315; Jörg, Klima, S. 127–132.
24 Vgl. zum generellen Argumentationsmuster in Deutschland und Italien Jörg, Versorgungskrisen.

Man hatte die Juden auf das Rathaus bestellt und ihnen verboten, sich an den König oder jemand anderen zu wenden. Erst nachträglich versuchte der Rat, die Erlaubnis König Albrechts einzuholen, wenn auch vergeblich. Schwierigkeiten machte ihm, dass Haupt Marschall von Pappenheim bzw. seine Erben Pfandschaften beanspruchten – die Forderungen um die teilweise noch ausstehende Judensteuer und den Goldenen Opferpfennig resultierten aus den Versuchen der Verstetigung der Abgaben, die Konrad von Weinsberg initiiert hatte (s. Kap. 9) –, die schließlich 1441 mit der Stadt verglichen wurden. Erst 1456 erkaufte der Rat bei Kaiser Friedrich III. nachträglich die Erlaubnis für den hohen Betrag von 12.000 fl und erhielt dafür ein Privileg für eine künftige Aufnahme von Juden, die er aber nicht mehr einsetzte. Damit war das Ende der jüdischen Gemeinde in Augsburg für lange Zeit besiegelt.

Die jüdische Gemeinde löste sich zwangsweise auf, erhielt immerhin noch eine Zwei-Jahres-Frist zur Veräußerung der städtischen Immobilien und zur Abwicklung der Geschäfte eingeräumt – der Gemeindebesitz wurde vermutlich von der Stadt eingezogen, Grabsteine für den Bau des gotischen Rathauses verwendet. R. Jakob Weil zog sofort nach Bamberg, der Vorsteher Lämlin versuchte die Gemeinde bis zum Ablauf der Frist noch zusammenzuhalten, doch 1440 verließen die letzten Familien die Stadt, einige wanderten in die noch funktionsfähigen Gemeinden wie Ulm, Nördlingen und Rothenburg ab.

Trotz der allgemeinen Hintergründe – der Beschlüsse des Basler Konzils und der daraus erwachsenen antijüdischen Predigten, der Hungerkrise – bedarf die Augsburger Ausweisung doch noch weiterer Aufschlüsse. Blickt man auf den weiteren Umkreis der Region, so wird das Erklärungspotential etwas besser: So datiert die letzte Erwähnung von Kaufbeurer und Kemptener Juden in den ersten Jahrzehnten des 15. Jahrhunderts,[25] die von Memmingen stammt bezeichnenderweise aus dem Jahr 1429, dem Jahr der Ritualmordbeschuldigung von Ravensburg. Letztere war anlässlich einer jüdischen Hochzeit erhoben worden, führte zu einem Verfahren, bei dem am 10. August 1429 mehrere Juden verbrannt, die anderen ausgewiesen wurden, was schließlich in einen Beschluss des Rates mündete, keine Juden mehr aufzunehmen.[26] König Sigismund ließ den Ravensburger Vorgang zwar untersuchen, forderte aber von der Stadt eine hohe Entschädigung und ließ sich das Gut der Juden aushändigen.

Die Wirkungen griffen vor allem im Bodenseeraum um sich: So lassen sich unmittelbar darauf Verfolgungen und Ausweisungen in Buchhorn (= Friedrichs-

---

[25] GJ III/2, S. 607 (Kaufbeuren), 612f. (Kempten); Veitshans, Judensiedlungen, S. 39f., aber ebenfalls ohne Vertreibungsdaten.
[26] GJ III/2, S. 1174f.; zur Überlieferung Dreher, Ravensburg, Bd. I, S. 273–275.

hafen), Lindau und Überlingen sowie in Meersburg festmachen.[27] In Konstanz und Zürich blieb es bei Verhaftungen, doch wurden die betroffenen Juden bald wieder frei gelassen – nachdem Gelder von ihnen erpresst worden waren. Auch Augsburg holte in Ravensburg genauere Erkundigungen ein,[28] auch wenn es selbst noch keine Schlussfolgerungen daraus zog, ähnlich wie Ulm, das die Tat noch als nicht geklärt einstufte.[29] Die Pogromwelle aufgrund ungeprüfter Gerüchte blieb zwar begrenzt, aber der Kult – für den schon 1429 eine Kapelle in Ravensburg errichtet worden war, die Kaiser Sigismund zerstören ließ – lebte weiter und musste vom Bischof von Konstanz mehrmals verboten werden. Dieser Hintergrund kann die antijüdische Stimmung in Augsburg sicher mit erklären, erweist sich aber nicht unbedingt als ausreichend für eine Ausweisung.

Die dynastische Politik des Kaisers mag die ohnehin vorhandene Königsferne Schwabens verschärft und eine antikaiserliche Haltung heraufbeschworen haben, zumal die finanziellen Forderungen des Reiches nach Judensteuern und -abgaben als „Rechtsbrüche des Herrschers" gegenüber der Stadt empfunden werden konnten.[30] Ob die Ausweisung der ‚kaiserlichen Kammerknechte' als städtische Maßnahme eine gegen Sigismund gerichtete Antwort war, bleibt freilich Spekulation. Immerhin schritt Augsburg zur Tat, auch in Kenntnis der Judenpolitik des Kaisers – die ohnehin einen weitgehend fiskalischen Charakter trug.

Dass Ulm, aber auch Nördlingen und Donauwörth diesen Schritt nicht vollzogen, mochte jeweils andere Gründe haben. Am Beispiel von Nördlingen wird aber deutlich, dass die Ausweisung immer wieder eine Option der städtischen Politik war.[31] So kam es schon im Sommer 1384, also sehr früh nach dem Pestpogromen im Vorfeld der ersten Judenschuldentilgung – und parallel zu Weißenburg und Windsheim – zu einer gewaltsamen Aktion gegen die Judengemeinde: *Des Jars erschlugen die von Nördlingen all ir Juden zu tod, Man und Wib und Kind, am Freitag nach Jacobi, und namen in alles ir Gut; und wer in schuldig was, da gab in niemand nichts umb.*[32] Beteiligt waren nicht nur der *Pofel*, sondern auch angesehene Familien, und die Weigerung des Rates bei der Aufarbeitung des Ereignisses, die Güter herauszugeben, zog einen Konflikt mit dem Schwäbischen

---

27 Burmeister, medinat bodase, Bd. 2, S. 179–189; zu den Siedlungen Veitshans, Judensiedlungen, S. 29–35, 42f.
28 Mütschele, Augsburg, S. 305f.
29 Burmeister, medinat bodase, Bd. 2, S. 183.
30 So Mütschele, Augsburg, S. 312.
31 Vgl. dazu neben GJ III/2, S. 986–988; Wenninger, Man bedarf keiner Juden mehr, S. 154–165; Voges, Nördlingen, S. 161–164.
32 So die Augsburger Chronistik: ChrdtSt, Augsburg 3, S. 27 (Hektor Mülich). Zum Ereignis ausführlich L. Müller, Aus fünf Jahrhunderten I, S. 20–27.

Städtebund nach sich. Nach der Wiederansiedlung[33] 1401 sorgten restriktive Maßnahmen in den 1430er Jahren für neue Belastungen, darunter 1437 die Einführung des Judenzeichens – die offenbar dem Augsburger Beispiel folgte. Als 1452 die Fortschreibung des Aufenthalts anstand, entschloss sich der Rat dazu, das Bürgerrecht nicht zu verlängern, um die Geschäfte mit Juden zu beenden – was freilich 1459 wieder aufgehoben wurde, weil Juden aus der umliegenden Grafschaft Oettingen ohnehin in der Stadt präsent waren. Doch legte man ihnen restriktive Bedingungen auf, die bis zum zeitweisen Zinsverbot gingen. Insbesondere seit dem 1470er Jahren sorgten zudem antijüdischen Predigten und Forderungen des bischöflichen Hofes in Augsburg, den gesamten Geldhandel zu unterbinden, dafür, dass die Stimmungslage sich massiv verschlechterte und sich in gewaltsamen Ausschreitungen entlud.

Vor diesem Hintergrund war die dritte und endgültige Ausweisung 1507[34] nur der letzte Akt der Tragödie. Sie erfolgte nach längeren Verhandlungen mit dem königlichen Hof seit 1502 – der Sekretär Maximilians, Caspar Ziegler, und sein Bruder, der Reichsvizekanzler Nikolaus Ziegler, stammten aus der Stadt – gegen eine Zahlung von lediglich 700 fl und sollte mit gleich gerichteten Maßnahmen der Grafschaft Oettingen koordiniert werden, was freilich scheiterte. Die Begründung richtete sich vor allem gegen die wirtschaftlichen Aktivitäten der Juden, bleibt aber ansonsten wiederum sehr allgemein. Im königlichen Mandat vom 27. Oktober 1506 heißt es, die Juden hätten „den Bürgern daselbst und der umwohnenden Landbevölkerung auf Pfänder geliehen und daraus sei manche Leichtfertigkeit, auch Diebstahl und andere Übelthat entstanden; auch sei diese Jüdischeit dem Rath und sundern Personen zu Nördlingen in andere Weg nachtheilig und beschwerlich gewesen".[35] Als Frist wurde ihnen in einem weiteren Mandat der Sonntag Laetare 1507 (14. März) gesetzt, ein sehr knapper Termin, der trotz der Bemühungen der Gemeinde nicht verlängert wurde.

Die Gemeinde von Nördlingen war nicht groß, sie umfasste um 1500 zwölf steuerbare Familien, also wohl an die 100 Personen.[36] Die wirtschaftliche Lage war in diesen Jahren durchaus gut: Die Stadt hatte die Depression der Jahrhundertmitte durch einen Strukturwandel überwunden und die Wirtschaft hatte sich, nicht zuletzt wegen der Pfingstmesse, auf eine regionale Zentralität eingependelt – eine derartige ‚Krise' kann also nicht konstatiert werden.[37] Vielmehr

---

33 Zum Folgenden L. Müller, Aus fünf Jahrhunderten I, S. 60–75.
34 L. Müller, Aus fünf Jahrhunderten I, S. 75–81.
35 L. Müller, Aus fünf Jahrhunderten I, S. 76.
36 GJ III/2, S. 978.
37 Kießling, Die Stadt und ihr Land, S. 158–263.

wird man die fast permanente Abwehrhaltung sehr viel mehr gewichten müssen, die nicht zuletzt kirchlich-religiös bedingt war.

Sie gehörte freilich auch in einen Kontext, in dem viele weitere Städte ihre Ausweisung vollzogen, unter ihnen Ulm und Nürnberg, gefolgt von Donauwörth, das seinerseits im April 1513 bei Nördlingen anfragte, wie dem Rat diese Maßnahme gelungen sei.[38] Diese Welle um die Jahrhundertwende markiert offensichtlich eine weit verbreitete Bereitschaft in den restlichen Reichsstädten, sich nun ihrer Juden zu entledigen. In Ulm waren nach einem Versuch von 1457 seit 1493/94 Bestrebungen im Gang, die schließlich 1498 bei Maximilian zum Erfolg führten. Dabei zeigt eine detaillierte Analyse der Vorgänge, dass der städtische Rat seinerseits den Nürnberger Vorgang zum Vorbild nahm und sich bei der Ausfertigung der notwendigen Urkunden durch die königliche Hofkanzlei sehr eng an deren Vorlagen hielt.[39] Anschließend schickte der Rat Abschriften davon nach Schwäbisch Gmünd und Giengen an der Brenz, die 1500/01 die Ausweisung vollzogen. Insofern wird die Nürnberger Ausweisung zu einem Schlüsselereignis, auf das ein genauerer Blick zu werfen ist.[40]

Die Schilderung der jüdischen Gemeinde hat bereits gezeigt, dass ihre personellen wie finanziellen Ressourcen im Laufe des 15. Jahrhunderts erheblich abgenommen hatten (s. Kap. 10). Die restriktive Politik des Rates hatte schon 1473 zu der Überlegung geführt, *das wir der [Juden] mit fugen gerne loß wern*,[41] doch die Haltung des kaiserlichen Schutzherrn Friedrich III. stand dagegen, sodass diese letzte Konsequenz erst 1498 unter Maximilian durchgeführt werden konnte, wobei der Rat sehr präzis die Abläufe plante. Auffällig ist dabei, dass er sich darum bemühte, nicht selbst als Initiator zu gelten, sondern diese Rolle dem Kaiser zuzuordnen. Er hatte Erfolg damit, wie die Ausstellung von insgesamt sechs Urkunden und deren Vollzug zeigen: einem Befehl an den Nürnberger Magistrat, die Juden auszuweisen, sodann an den Schultheißen Wolfgang von Parsberg, die Immobilien der Juden einzuziehen, dazu die Anordnung an den Rat, den Schultheiß darin zu unterstützen und die Anweisung an die Juden, die Stadt zu verlassen. Darüber hinaus gebot er dem Magistrat, die jüdischen Immobilien zu verkaufen, und dem Schulheiß, diese dem Rat zu übergeben[42] – Maximilian erhielt 8.000 fl aus dem Weiterverkauf von 14 Wohnhäusern samt den Gemeinde-

---

38 Voges, Nördlingen, S. 263f.
39 Scholl, Ulm, S. 339–358.
40 Zum Folgenden neben GJ III/2, S. 1022; A. Müller, Nürnberg, S. 81–85; Wenninger, Man bedarf keiner Juden mehr, S. 145–149; vor allem Toch, Austreibung Nürnberg.
41 Zit. nach Toch, Austreibung Nürnberg, S. 1.
42 Toch, Austreibung Nürnberg, S. 3–5.

bauten, auch wenn der Ertrag nur etwas mehr als 5.500 fl betrug. Eine öffentliche Pfandleihanstalt sollte die entstandene Lücke in der Kreditvergabe schließen.[43]

Die Begründung betonte die Anschuldigung des ungebührlichen Wuchers: Die Juden hätten sich *merklich gemehrt und ubergangen, auch uber hochsten ernst und feris* [Verschreibung für: *fliz*? R.K.]*, so sy deßhalben furkern mit darlehen und in ander weise mannigfaltig boser geverlicher und besonder wucherlicher hendel* betreiben, sie hätten *darumb geverlich betrieglich verschreibung außsprach*[t], die so manchen Bürger um Ehre und Besitz gebracht hätten.[44] Freilich entsprach das keineswegs der Realität, denn die Zahl der Juden war ja gesunken und ihre Geschäftsbeziehungen hatten sich erheblich reduziert. Dennoch mochte die Argumentation, man wolle die Masse der handwerklich arbeitenden Bürger vor einer zu tiefen Verstrickung in die Geldleihe schützen, um damit soziale Unruhe zu vermeiden, plausibel erscheinen, ließ sie sich doch aus der allgemeinen sozioökonomischen Entwicklung in der Stadt ableiten. Es erscheint aber ebenso als plausibel, dass die Formulierung, der Rat wolle nicht *um gesuch* [= Zins, R.K.] *noch wucherlich henndel zuerkhennen noch urteil zu sprechen schuldig sein*,[45] auf die Durchsetzung seiner obrigkeitlichen Kompetenz innerhalb der Stadt gegenüber potentiellen Eingriffen des Kaisers zielte. In der Tat hatten die Eingaben der jüdischen Gemeinde bei Kaiser Friedrich III. vorher mehrfach Erfolg gehabt.[46] Jedenfalls vollzog sich in diesen Jahren eine auffällige Veränderung im Sprachgebrauch, denn zunehmend drangen negative Wendungen in die Verwaltungssprache des Rates ein, die erkennen lassen, dass die Juden aus seiner Sicht immer mehr als Last erschienen.[47]

Dass die Angst vor einer Ausbeutung durch den jüdischen Wucher den öffentlichen Diskurs bestimmte, wird gerade in Nürnberg auf einer anderen Ebene sichtbar: So hatte sich etwa der Dichter Hans Folz mehrfach polemisch darüber geäußert; schon 1480 hatte er in einer fiktiven Rechnung als Flugblatt unter die Leute gebracht, dass ein Bauer für einen versetzten Ring im Wert von 30 Pfg. innerhalb von 20 Jahren einen Schuldenberg von 60.849.403 Pfennigen aufgrund von Zins und Zinseszins aufgehäuft hätte (Abb. 30).[48] Freilich verlor das Motiv vollends an Überzeugungskraft, wenn es von den anderen Städten wörtlich nachgeschrieben wurde: Es handelte sich um eine Stimmung, nicht um die Realität.

---

**43** Wenninger, Man bedarf keiner Juden mehr, S. 148f.; A. Müller, Nürnberg, S. 82.
**44** Zit. nach Toch, Austreibung Nürnberg, S. 17.
**45** Toch, Austreibung Nürnberg, S. 9–15; Zitat in der Edition der Quelle S. 17.
**46** GJ III/2, S. 1021.
**47** Toch, Austreibung Nürnberg, S. 15.
**48** Deneke, Siehe der Stein schreit aus der Mauer, Nr. 4/31, S. 180.

**Abb. 30:** *Die rechung Ruprecht Kolpergers von dem gesuch der iuden auf 30 dn.* Hans Folz, Einblattdruck, Holzschnitt, Nürnberg 1480 (Ausschnitt)

Die Regensburger Ausweisung von 1519 bestätigt den Nürnberger Befund in mehrfacher Weise – auch wenn die dortige Gemeinde einen Sonderfall darstellte: Sie war von den Pogromen des 14. Jahrhunderts verschont geblieben und hatte

**Abb. 31:** Innenansicht der Regensburger Synagoge, Albrecht Altdorfer, Radierung, Regensburg 1519

auch in der Folgezeit zunächst keine nennenswerten Einschränkungen erfahren.[49] Ein wesentlicher Grund dafür war, wie schon erörtert, die komplizierte Rechtslage, in der König/Kaiser, der Herzog von Niederbayern, die Stadt und der Bischof um ihre Rechtspositionen gerungen hatten und die Stadt deshalb ihren Anspruch auf den Judenschutz demonstrativ geltend machte (s. Kap. 7). Noch 1452 hatte sich der Rat für den Verbleib der Juden eingesetzt, als Herzog Ludwig die Vertreibung initiieren wollte. Doch in den 1470er Jahren kippte die positive Haltung: Das zeigte sich in der Zwangspredigt des Dominikaners Peter Schwarz ebenso wie in dem genannten Ritualmordprozess von 1476/80, und es kam um 1507 in einer Denkschrift der Minoriten in der Forderung zum Ausdruck, dass die Juden wegen der *greulich teuflisch wucherisch poshait ausgereut werden* müssten;

---

**49** Zum Folgenden neben GJ III/2, S. 1199–1202; Straus, Regensburg, passim; Wenninger, Man bedarf keiner Juden mehr, S. 165–183; zusammenfassend Angerstorfer, Spätmittelalter, S. 169–172.

**Abb. 32:** Wallfahrt ‚Zur schönen Maria' in Regensburg, Michael Ostendorfer, um 1520

seit 1516 thematisierten Balthasar Hubmaier, der Domprediger, und die Mönche der Bettelorden den Wucher erneut, sodass sich die Gewerbe beim kaiserliche Regiment über die Juden beschwerten.[50] Dass dennoch (noch) keine Ausweisung erfolgte, lässt sich wieder nur mit der komplizierten Rechtslage erklären. Diesmal war es der Kaiser, der sich durchsetzte: Friedrich III. sorgte 1480 für die Freilassung der eingekerkerten Juden – freilich gegen die Zahlung von 10.000 fl. Die gleiche Linie verfolgte Maximilian (reg. 1486/93–1518), nicht zuletzt nachdem er 1503 – im Zuge des Landshuter Erbfolgekriegs – die an Bayern verpfändete Judensteuer wieder übernehmen[51] und damit den Judenschutz wieder voll in Anspruch nehmen konnte, was auch 1513 in einem Privileg für die Gemeinde

---

50 Straus, Urkunden und Aktenstücke, Nr. 833, 845, 762, 950–952, 979, 988, 992f.
51 GJ III/2, S. 1185f.

zum Ausdruck kam – nun allerdings zugunsten des Hauses Österreich.[52] Wenn er in den Jahren seiner Regierungszeit die Vertreibung verhinderte, dann neben den fiskalischen Gründen auch wegen der Behauptung seiner Rechtspositionen. Erst nach Maximilians Tod konnte der Rat sein Vorhaben realisieren – und er tat es umso schneller, um die Thronvakanz auszunutzen, was ihm letztlich auch gelang, denn Karl V. gewährte 1521 die Verzeihung für den Rechtsbruch, doch blieb dem Rat nichts anderes übrig, als die Steuern weiter zu entrichten. Die Ausweisung erfolgte am 21. Februar 1519 und den Juden blieb nur eine Frist von einer Woche; die Häuser fielen an die Stadt, an der Stelle der Synagoge wurde eine Kapelle zur ‚Schönen Maria' errichtet, zu der bald eine viel besuchte Wallfahrt begann (Abb. 31, 32).

Wie lassen sich die Motive im Fall Regensburgs einschätzen? Auffällig ist, dass die Wende in einer Zeit virulent wurde, in der die finanziellen Ressourcen der Judengemeinde ausgeschöpft waren, sie bereits so ausgeblutet war, dass sie kaum mehr zahlungsfähig war. Die Vorwürfe, die im Prozess von 1476/80 aufbrachen, zeigen aber auch, dass die latenten antijüdischen Stereotype dann besonders wirksam wurden, wenn sich eine labile Lage einstellte, bei Regensburg ein gesamtwirtschaftlicher Niedergang – sodass wohl nicht nur die ‚kleinen Leute' als treibende Kraft anzusprechen sind.[53]

Anders formuliert: die Verknüpfung verschiedener Motive zu einem sich wechselseitig steigernden Komplex dürfte gerade im Falle Regensburg zugrunde gelegt werden.[54] Blickt man jedoch auf die Gesamtheit der Austreibungen aus den Reichsstädten, so erscheint als besonders wirksamer Faktor für die tatsächliche Umsetzung, also das Datum, zumindest in der Spätphase um und nach 1500 das politische Spannungsfeld von Kaiser und reichsstädtischer Kommune wesentlich. Dabei spielte einerseits die Frage eine wichtige Rolle, zu wessen Gunsten die Machtverhältnisse gestaltet werden konnten, andererseits aber auch, inwieweit die fiskalischen Nutzungsmöglichkeiten, also die Abschöpfung von Steuern und Sonderabgaben, als rentabel gelten konnten. Demgegenüber war die Ausformung der Verfassung offenbar nicht entscheidend: Das eindeutig patrizische Nürnberg und das eindeutig zünftische Ulm zogen an einem Strang, erwirkten identische Mandate. Allen gemeinsam aber war die zunehmende kirchliche Diffamierung über die Predigt, ob sie nun als bloße Begleiterscheinung gewertet wird oder als

---

52 Dazu Battenberg, Maximilian I., S. 210–212.
53 Dazu neigt Wenninger, Man bedarf keiner Juden mehr, S. 181f., und auch Herde, Gestaltung und Krisis, S. 370f., akzentuiert diesen Aspekte sehr deutlich: „Der revolutionäre Antrieb kam aus den mittleren und unteren Schichten der Bevölkerung".
54 So auch Straus, Regensburg, S. 93, vgl. Herde, Gestaltung und Krisis, S. 391.

religiöse Legitimation. Insofern ist die Kontroverse, ob die politikbestimmenden städtischen Magistrate oder die unteren Bürgerschichten die Initiative ergriffen bzw. die treibende Kraft waren, wohl gar nicht so gewichtig – wie das schon bei den Pestpogromen zu sehen war. Und in gleicher Weise gilt das wohl für die Suche nach dem ‚guten' und dem ‚bösen' König. Im Gegenteil: das Zusammenspiel von städtischen Magistraten und königlicher Kanzlei, das 1498/99 am Fall Nürnberg und Ulm zu erkennen ist, spricht dafür, dass die schichtenspezifische Sicht zu kurz greift – das erinnert sehr stark an die Konstellation bei der Judenschuldentilgung von 1385.

Bleibt die Frage, ob und inwieweit sich die territorialen Ausweisungen davon wesentlich unterschieden, bei denen die Rolle des Kaisers vernachlässigt werden kann. Der frühe Fall der bayerischen Herzogtümer zeigt dies sehr klar, denn Kaiser Friedrich III. warnte zwar vor der beabsichtigten Vertreibung aus Landshut, doch erst 1461 sah sich Herzog Ludwig veranlasst, sein Vorgehen zu verteidigen – ohne weitere Konsequenzen.[55]

Ihm war sein Vetter Albrecht von Bayern-München schon um 1442 vorangegangen, zu dessen Herrschaftsbereich nach dem Erbfall des Teilherzogtums Straubing 1429 auch die ehemalige Residenzstadt gehörte. Die Gefangennahme der Straubinger Juden 1435 durch Herzog Albrecht III. ‚den Frommen' (reg. 1438–1460) wegen angeblicher „religiöser und sittlicher Delikte", möglicherweise aber auch wegen seiner hohen Schulden bei ihnen, und die bald danach wohl 1442 vollzogene Ausweisung aus dem gesamten Teilherzogtum Oberbayern – neben München und Straubing auch Kelheim; die Münchner Synagoge wurde zu einer Marienkapelle – war der erste Akt.[56] Als Hintergrund erscheint dabei der Einfluss der monastischen Reformbewegung, vor allem der Augustinerchorherren mit den Raudnitzer Statuten, die in Indersdorf ein Zentrum fanden, bedeutungsvoll. Er könnte über den Theologen Johannes Keck, der zum Beichtvater Albrechts aufstieg, wirksam geworden sein – und damit möglicherweise als eine Fernwirkung der verheerenden Wiener *Gesera* von 1420 mitgespielt haben.[57]

Bald darauf folgte der zweite Akt im Teilherzogtum Niederbayern.[58] Hier hatte Herzog Ludwig IX. der Reiche (reg. 1450–1479) bereits wenige Wochen nach der Übernahme der Regierung seine antijüdische Haltung offenbart: Am 5. Oktober

---

**55** Kirmeier, Juden, S. 129.
**56** Dazu Kirmaier, Juden, S. 125f.; zusammenfassend Kirmeier, Aufnahme, Verfolgung und Vertreibung, S. 101; GJ III/3, S. 1799 (Gebietsartikel Bayern-München); nur kurze Erwähnung bei Barzen, Anfänge, S. 38.
**57** So Ziwes, Territoriale Judenvertreibungen, S. 174–176.
**58** Dazu Kirmeier, Juden, S. 128–140. Kirmeier, Aufnahme, Verfolgung und Vertreibung, S. 101f.

1450 ließ er die Landshuter Juden gefangen setzen und konfrontierte sie mit der Forderung von 25.000 fl, gewährte ihnen Anfang November mit ihrer Entlassung eine Frist bis Lichtmess 1451 und verwies sie dann innerhalb von drei Tagen des Landes, wobei sie nur ihre persönliche Habe und die Ritualgegenstände aus der Synagoge mitnehmen durften. Betroffen waren davon aber auch die Bewohner der *Jischuwim* in Burghausen, Braunau, Landau a.d. Isar, dazu die Juden, die vorher aus Ingolstadt, Moosburg, Plattling, Pfarrkirchen, Wasserburg und München zugezogen waren,[59] sowie die aus den anderen Landesteilen an der oberen Donau und anderen Orten des ehemaligen Teilherzogtums Ingolstadt (das 1447 an Bayern-Landshut gefallen war). Auch hier hatten wohl antijüdische Predigten – möglicherweise unter Einschluss des Ritualmordvorwurfs – des Mönchs Heinrich Feuchtwanger im vorausgegangenen Jahr 1449 – das Klima verschlechtert, zumal die nochmalige Bestätigung der Privilegien für die Juden von den Dominikanern und dem ehemaligen Inquisitor Heinrich Kalteisen scharf angegriffen wurde.

Die Suche nach den genauen Motiven erweist sich jedoch als schwierig. Auf der einen Seite war sicher die tatsächliche Verschuldung des Hofes – dessen Mitgliedern bei der Ausweisung die gesamten Verpflichtungen erlassen wurden, während ansonsten das Kapital zurückzuzahlen war – und der Landstände ein gewichtiger Grund,[60] während der Vorwurf unangemessener Zinsforderungen aus den Urkunden widerlegt werden konnte.[61] Von Bedeutung war aber sicher auch das Ansteigen der antijüdischen Agitation. Jedenfalls war der Umschwung gegenüber Ludwigs Vater Heinrich XVI. (reg. 1393–1450) markant, der eine kontinuierliche Politik des Schutzes betrieben hatte – auch wenn dahinter nicht unbedingt eine gerne apostrophierte ‚Liebe zu den Juden' gestanden hatte, sondern ein nüchtern kalkuliertes wirtschaftliches Interesse.

Ein Umschlagen der Haltung gegenüber den Juden im letzten Drittel des 15. Jahrhunderts ist auch bei den fränkischen Fürstentümern zu beobachten. In Bamberg gab es zwar kein förmliches Ausweisungsmandat Bischofs Philipp Graf von Henneberg (reg. 1475–1487) von 1478, wie das oft behauptet wurde,[62] doch häuften sich die faktischen Hinweise auf eine solche Intention in den Jahren seit 1475. Abgesehen von den allgemeinen Krisenfaktoren aufgrund von Ernteproblemen und Seuchengefahren und den Nachrichten über den Trienter Ritualmordprozess wurde insbesondere das Zinsverbot für Franken von 1475 richtungwei-

---

59 Kirmeier, Juden, S. 121 Anm. 3, aus den Urgichten.
60 So auch Ziwes, Territoriale Judenvertreibungen, S. 176–178.
61 Kirmeier, Juden, S. 102–112.
62 So noch Eckstein, Bamberg, S. 12f.; kritisch mit neuen Quellen Geldermans-Jörg, Hochstift Bamberg, S. 299–317.

send: Die Initiative dazu ergriff Bischof Rudolf II. von Würzburg, Bamberg griff es auf. In Nürnberg verhinderte allerdings die Intervention Kaiser Friedrichs III. seine Umsetzung, und auch Markgraf Albrecht Achilles von Brandenburg-Ansbach unterband es in seinem Herrschaftsgebiet. Als jedoch Papst Sixtus IV. 1478 mit einem Erlass das Zinsverbot unterstützte und die Predigten des Peter Schwarz es populär machten, kam es zu einer ersten massiven Abwanderung. Doch erst das Mandat des Nachfolgers in Bamberg, Bischof Heinrich III. (reg. 1487–1501), von 1491 mit seinen weitreichenden Beschränkungen läutete das faktische Ende der Juden im Hochstift ein: Es nahm nicht nur die Geldleihe aufs Korn, sondern verfügte zudem die Kennzeichnungspflicht, gebot die Einschränkung des Lebenswandels an christlichen Feiertagen sowie die Kontakte zwischen Juden und Christen – darunter auch die Konsultation der jüdischen Ärzte – und verfügte ein generelles Niederlassungsrecht im Hochstift. Erneut schritt Kaiser Friedrich III. ein, zielte aber wohl vor allem auf finanzielle Entschädigung, weil der Bischof sich die Gemeindeeinrichtungen angeeignet hatte. Das war jedoch wiederum nur möglich, weil die Gemeinde bereits in der Auflösung begriffen war und auch in den landesherrlichen Städten nur noch vereinzelte Juden lebten.

Die Kumulation repressiver Maßnahmen mit einer Kombination von religiösen Motiven mit finanzpolitischen Erwägungen – die Bischöfe standen dabei unter dem Druck ihrer Domkapitel – findet ihre Entsprechung im benachbarten Bistum Würzburg. Hier war die Situation jedoch bereits um die Mitte des 15. Jahrhunderts labil geworden,[63] denn Bischof Gottfried IV. Schenk von Limpurg (reg. 1443–1455) vergab zwar einerseits seit 1442 Schutzbriefe an einzelne Juden und gestand 1445 ein sehr großzügiges kollektives Privileg zu, schwenkte aber im Sommer 1450 mit einer ‚Ordnung und Satzung mit den Juden' auf eine restriktive Linie um, die vor allem die Darlehensvergabe betraf. Dann gebot er sogar eine generelle Ausweisung aus dem Bistum bis zum 22. Februar 1451, die wohl nur partiell durchgeführt wurde. Offenbar wirkte dabei das ‚Judendekret', das Nikolaus von Kues auf seiner Legationsreise in Bamberg verkündet hatte, als Auslöser. Wenn die Bestimmungen aber dann in den Folgejahren abgemildert werden sollten und unter dem Nachfolger Johann III. von Grumbach (reg. 1455–1466) mit Zustimmung des Papstes Calixtus III. ganz aufgehoben wurden, dann nötigte ihn wohl die immer noch als gewichtig empfundene tatsächliche Praxis des Geldverleihs gerade für die einfacheren Bevölkerungsschichten dazu, eine solche Maßnahme nicht überstürzt auszuführen.

---

63 K. Müller, Würzburger Judengemeinde, S. 166–193; König, Judenvorordnungen, S. 24f.: vgl. dazu jüngst Leng, Konkurrenz und Konfessionalismus, S. 65–73.

Doch das Menetekel der drohenden Ausweisung blieb eine Konstante.[64] Bischof Rudolf II. von Scherenberg (reg. 1466–1495) griff die Klagen über den jüdischen Wucher auf und verfügte nicht nur eine rigorose Reduktion der Höchstzinsen, sondern auch eine bürokratische Regelung des Geschäftsverkehrs, machte aber auch gleichzeitig einen Versuch, die Weinbaukrise von 1466 durch kurzfristige Erleichterungen der Kreditvergabe zu bewältigen.[65] Als dann aber der angebliche Ritualmord von Trient in Süddeutschland die Runde machte, stand erneut die Ausweisung aus dem gesamten Bistum zur Debatte – doch wegen der komplexen Herrschaftsverhältnisse war sie wiederum nicht umfassend durchzuführen, und so blieb der Bischof bei seiner Verordnungspolitik. Erst 1488 machte er mit einem Plan, die Herrschaftsträger Frankens zu einem gemeinsamen Vorgehen zu gewinnen, einen neuen Vorstoß: Am 6. Oktober schloss er mit den Markgrafen von Brandenburg eine Vereinbarung zur Ausweisung ab; weitere Herrschaftsträger wurden aufgefordert, ihr beizutreten. Selbst wenn die Maßnahme erneut nicht vollständig durchzusetzen war, so zeigte sie doch deutliche Wirkungen.

Die Kombination einer Umsetzung von antijüdischen Stereotypen mit der Bekämpfung des angeblich so schädlichen jüdischen Geldverleihs war in Würzburg wie in Bamberg bestimmend für die Ausweisungstendenzen; ihnen stand die fiskalische Nutzung entgegen, während der kaiserliche Schutz offenbar kein Gewicht mehr hatte.

Wie aber verhielten sich die Markgrafen von Ansbach und Bayreuth, die 1488 die Absicht des Fürstbischofs geteilt hatten? Für die Abwanderungen aus Bamberg und Nürnberg stellten sie zunächst aufnahmebereite Nischen bereit. Nachdem schon 1422 der Vertreibungsplan von Ansbach mit den fränkischen Bischöfen am Einspruch Kaiser Sigismunds gescheitert war, hatte sich Markgraf Albrecht Achilles (reg. 1440–1486) stärker für die Juden in seinem Territorium eingesetzt. Doch seine Nachfolger Friedrich IV. (reg. 1486–1515) und Siegmund (reg. 1486–1495) schwenkten um: Der Vertrag von 1488 begründete die Austreibung *zu awffung unnd fürderung gemeines nutzs unnser Furstentumb, lannde, lewt unnd unterthan unnd also entlestigung unnd ablaynung entpfangens unnd kunftigs schadens*. Der Vollzug blieb freilich stecken, denn nur die Entschuldung der Untertanen wurde in Angriff genommen, während die Ausweisung „wohl auch wegen des Widerstands am ksl. Hof" ausblieb.[66] Trotz teilweiser Abwanderung blieben vor allem im ‚Unterland' der Markgrafschaft Ansbach – u.a. in Erlangen, Neustadt

---

64 K. Müller, Würzburger Judengemeinde, S. 194–209; König, Judenverordnungen, S. 26f.
65 Vgl. dazu Geldermans-Jörg, Aspekte christlich-jüdischen Zusammenlebens.
66 Dazu GJ III/2, S. 1970–1972, Zitate S. 1971 (Gebietsartikel Nürnberg, Burggrafschaft, und Brandenburg-Ansbach-Kulmbach, Markgrafschaft); Haenle, Ansbach, S. 18–21.

a.d. Aisch, Schwabach und Ansbach selbst – Niederlassungen erhalten, ja es sind sogar neue Anfänge in Kulmbach, Kitzingen, Wassertrüdingen, Eysölden, Prichsenstadt und Feuchtwangen zu registrieren. Sie sahen sich zwar 1515 mit einer neuen Ausweisungsverfügung konfrontiert, die diesmal von den Landständen gegenüber dem jungen Markgrafen Casimir (reg. 1515–1527) und Georg (reg. 1515–1543) ausging und in Hof mit einer Plünderung eingesetzt hatte – das Motiv war nach wie vor vorrangig die Verschuldung der Untertanen, aber die allgemeine antijüdische Stimmung trug das ihre dazu bei. Aber sie wurde nur in einzelnen Orten wirksam, und bald darauf trat mit der Gründung der Gemeinde Fürth 1528 die Judenpolitik in diesem Territorium in eine neue positive Phase.

Ein letztes Fallbeispiel, und zwar für ein Kleinterritorium der Standesherren, kann in der Grafschaft Oettingen nachgezeichnet werden: In deren Herrschaftsgebiet im Ries – seit 1410 mehrfach in verschiedene Linien geteilt[67] – waren im 15. Jahrhundert Juden ansässig, aber wohl nur vereinzelte Familien in verschiedenen Orten.[68] Immerhin erreichten die Ausweisungen Herzog Ludwigs des Reichen von Bayern-Landshut auch diesen Raum, als 1487–1483 das Grafschaftsdrittel von Oettingen-Wallerstein in dessen Hand kam[69] und er ganz konsequent auch hier seine antijüdische Politik umsetzte: Die Juden wurden eingekerkert, nur gegen Verzicht auf ihre Schulforderungen und ihren Besitz wieder freigelassen und dann vertrieben, darunter auch aus den Residenzorten Oettingen und Wallerstein.[70] Als die Reichsstadt Nördlingen ihrerseits 1507 die Grafen zu einer gemeinsamen Aktion überreden wollte, sagten Graf Wolfgang von Oettingen und sein Vetter Joachim von Wallerstein zunächst zu.[71] Ein kaiserliches Mandat von 1510 sollte dies festschreiben: Es verfügte das Verbot einer Aufnahme von Juden und ihre Vertreibung aus einem Umkreis von zwei Meilen um die Stadt Nördlingen. Es richtete sich nicht nur gegen den in der Residenz Wallerstein ansässigen jüdischen Arzt, sondern vor allem gegen die Juden von Kleinerdlingen, einem den Johannitern gehörigen Dorf westlich der Stadt, die dem Schirmrecht der Grafen unterstanden, wo sich einige Familien niedergelassen hatten (allerdings nur bis 1514). Freilich blieb die Insinuation des Mandats ohne Folgen, im Gegenteil: bald darauf entstanden auch in Flochberg und Oberdorf neue Ansiedlungen und in der Folgezeit konnten die Juden im Wallersteiner Grafschaftsteil bleiben.

---

67 Vgl. dazu Kudorfer, Oettingen, Beilage 6.
68 Eine Zusammenstellung der Daten bietet L. Müller, Aus fünf Jahrhunderten I, S. 175–182.
69 Kudorfer, Oettingen, S. 271–273.
70 GJ III/3, S. 1787 (Gebietsartikel Bayern-Landshut).
71 Dazu L. Müller, Aus fünf Jahrhunderten I, S. 78–82.

Beide Beispiele, Brandenburg-Ansbach und Oettingen-Wallerstein, belegen, dass die allgemeine Tendenz zur Ausweisung dort an ihre Grenzen stieß, wo die Herrschaftsinhaber ihre eigenen Interessen verfolgten, während ansonsten, angefangen von den Reichsstädten über die bayerischen Herzogtümer bis zu den fränkischen Bistümern sich die antijüdische Stimmung fast flächendeckend durchsetzte. Überblickt man die dargestellten Fälle auf ihre erschließbaren Motive, so kann zunächst festgehalten werden, dass die Verurteilung und deshalb Beseitigung des ‚jüdischen Wuchers' durchgängig als Begründung herhalten musste. In Deutschland steigerte sie sich offenbar geradezu zu einer antijüdische Phobie, wie das der Franzose Pierre de Forissard 1497 auf den Punkt brachte: Er meinte, „dass selbst die ruhigsten Männer in Aufregung geraten, wenn auf die Juden und ihren Geldwucher die Rede kommt".[72] Faktisch war aber auch erkennbar, dass nach den Entschuldungsaktionen und der Auferlegung immer neuer Steuern und Sonderabgaben auch die großen städtischen Judengemeinden an die Grenze ihrer Zahlungsfähigkeiten gerieten. Der finanzielle Nutzen der Ansiedlung für die Inhaber des Judenschutzes relativierte sich also zunehmend, zumal die Möglichkeiten einer alternativen Kapitalschöpfung in den Städten im 15. Jahrhundert bereits ein erhebliches Maß erlangt hatte.[73] Andererseits zeigt die Strukturveränderung in Richtung kleiner Kredite und Pfandleihe die nach wie vor wichtige Funktion jüdischer Geldleihe für die breiten Schichten der Bevölkerung – aus der freilich auch Klagen über ihre ‚Ausbeutung' kamen. Dass man gerade sie nicht überbewerten darf, ergibt sich aus dem Krisenfall Würzburg 1466, als die jüdischen wie christlichen Darlehensgeber aufgefordert wurden, mit Krediten an die *armenleute* auszuhelfen.[74]

Man hat die Vertreibungswellen des 15. Jahrhunderts in diesem Kontext vorwiegend finanzpolitisch gesehen und unter das Diktum gestellt:[75] *Man bedarf keiner Juden mehr, es sind andere, die wuchern können*, einem Sprichwort des 16. Jahrhunderts. Dennoch ist diese Erklärung wohl zu einseitig. Zum einen übersieht sie, dass die Ablehnung der jüdischen Geldleihe eine Sache der Einschätzung, ja Propaganda war: Sie stand nicht unter dem Signum der „‚Entbehrlichkeit', sondern [der] ‚Schädlichkeit' für die eigene Wirtschaft."[76] Zum anderen wurde deutlich, dass in den verschiedenen zeitlichen Wellen, in denen die Aus-

---

72 Zit. nach Wenninger, Man bedarf keiner Juden mehr, S. 147.
73 Vgl. dazu allgemein zusammenfassend Gilomen, Wirtschaftsgeschichte, S. 115–117; zum ländlichen Bereich Kießling/Konersmann/Troßbach, Grundzüge der Agrargeschichte, Bd. I, S. 176–181.
74 Geldermans-Jörg, Aspekte christlich-jüdischen Zusammenlebens, S. 155, 160f.
75 Wenninger, Man bedarf keiner Juden mehr, S. 262.
76 Gilomen, Juden in den spätmittelalterlichen Städten, S. 29f.; Hervorhebung durch den Autor.

treibungsfälle kumulierten, häufig auf Ereignisse Bezug genommen wurde, die kirchlich-religiöse Motive im Vordergrund sahen, seien es die angeblichen Hostienschändungen und Ritualmorde, seien es die Predigten der Bettelorden oder die Legationsreise des Nikolaus von Kues mit ihren Reformdekreten und Synoden. Sie sorgten für eine zunehmend forcierte antijüdische Grundhaltung, sodass die Ausweisung als konsequente ‚Lösung' immer mehr präsent wurde – und dann auch vollzogen wurde. Die Schutzfunktion des Kaisers mochte dabei fallweise einschränkend oder manchmal sogar verhindernd wirken, doch stand auch sie vorwiegend unter verfassungsrechtlichen Vorbehalten oder einer fiskalischen Maxime – und war demgemäß mit Kompensationszahlungen auszuschalten. Die Königsnähe Frankens – und seit den Habsburgern auch Schwabens –, die den Juden dieser Region noch im 14. Jahrhundert eine ungleich bessere Perspektive für ihre Existenz gegeben hatte, als das in den altbayerischen Herzogtümern der Fall war, spielte keine entscheidende Rolle mehr.

Was blieb nach diesen Vorgängen überhaupt noch an Nischen für das jüdische Leben und Überleben übrig? Die gesamten Reichsstädte fielen ebenso weg wie die altbayerischen Herzogtümer, die fränkischen Bistümer waren erheblich ausgedünnt. Lediglich die Markgrafschaften Ansbach-Bayreuth und Kleinterritorien wie die Grafschaft Oettingen boten beschränkten Unterschlupf. Dazu kamen einige Orte der Oberpfalz, nämlich im Fürstentum Pfalz-Neumarkt-Neunburg, in dem nach 1390 keine Vertreibung mehr stattfand, doch schätzt man die Zahl der dort verstreut lebenden Familien gegen Ende des 15. Jahrhunderts auf nicht mehr als gut zwei Dutzend.[77] Auch sie mussten 1499 nach dem Rückfall an die Kurpfalz das Land verlassen, doch bewilligte Kurfürst Philipp hier wie im Kurpräzipuum (das immer zur Kurpfalz gehört hatte) immerhin noch einige Ausnahmen.[78] Auch in kleineren Herrschaften wie der Grafschaft Abensberg bei Kelheim, die als selbstständige Exklave innerhalb des Herzogtums Oberbayern existierte, konnten sich die Juden bis zum Übergang an Bayern halten.[79] Und in der Grafschaft Pappenheim an der Altmühl, wo Juden unter dem Schutz der Reichserbmarschälle lebten, ist von einer Vertreibung nichts bekannt.[80] Weitere Beispiele waren die Herrschaftsgebiete der Grafen von Wertheim und von Castell in Unterfranken, wo sich Möglichkeiten für Juden fanden, Alternativen zu den restriktiven Maßnahmen der größeren Territorien zu finden.[81] In der Summe spiegelt die Karte der

---

77 GJ III/3, S. 1994–2000.
78 GJ III/3, S. 1917.
79 GJ III/2, S. 1753f.
80 GJ III/2, S. 1084.
81 Stretz, Juden in Franken, S. 36–46.

Niederlassungen für die Jahre zwischen 1501 und 1520 jedoch eindringlich eine massive ‚Entleerung' des Raumes (Abb. 33).[82]

Die gewachsene jüdische Landschaft mit ihren großen städtischen Gemeinden und einem breit gefächerten eigenen ‚Umland' aus kleinen Ansiedlungen war am Ende des Mittelalters weitgehend verschwunden, ihre Strukturen waren aufgelöst. Im Südosten des Reiches gab es nun keine große städtische Gemeinde mehr, die übrig gebliebenen in Frankfurt, Worms und Prag lagen außerhalb. Ob und wie neue Strukturen geschaffen werden konnten, musste sich erst zeigen. Zunächst einmal erhöhte sich die Migrationsquote ganz erheblich. Hatten die Familien, die früh ausgetrieben wurden, noch die Chance, in andere noch stabile städtische Gemeinden umzusiedeln, so wurden die Spielräume spätestens an der Wende zum 16. Jahrhundert immer enger. Manchmal ist ein direktes Ausweichen aus den Städten auf das Land wahrscheinlich zu machen, so etwa bei Nördlingen in die Grafschaft Oettingen, wohl auch bei Nürnberg und Ulm in die benachbarten Territorien,[83] aber es ist nicht durchgängig nachweisbar, weil vielfach der zeitliche Abstand der Überlieferungen zu groß ausfällt. Die statistisch schon für die 2. Hälfte des 15. Jahrhunderts und das beginnende 16. Jahrhundert festgestellte Verlagerung in die Dörfer und Kleinstädte (s. Kap. 8) brachte einen grundlegenden Wandel der Existenz mit sich, denn sie „repräsentiert nicht eine wachsende Bevölkerung, sondern spiegelt eine erzwungene Binnenwanderung wider".[84] Allerdings kann dieser Vorgang nur einen Teil der jüdischen Bevölkerung aufgefangen haben, denn die Zerstörung der großen und mittleren Stadtgemeinden betraf weit mehr Personen, als sich in den übrig gebliebenen Ansiedlungen nachweisen lassen. Viele unternahmen weiträumige Abwanderungen nach Oberitalien – wie sie am Ende des 14. Jahrhunderts exemplarisch für Nürnberg ins Veneto nachgewiesen wurde – und vor allem nach Osteuropa, wo von Litauen bis zur Ukraine die Zeit der jüdischen ‚Schdetl' begann.

---

[82] A. Haverkamp, Kartenwerk, Karte A 4.9: Judenniederlassungen 1501–1520 gegenüber 4.8.: Judenniederlassungen 1451–1500.
[83] Vgl. dazu Toch, Settlement of Jews, S. 76f.
[84] Toch, Juden, S. 245.

Die Ausweisungen des 15. und beginnenden 16. Jahrhunderts —— 187

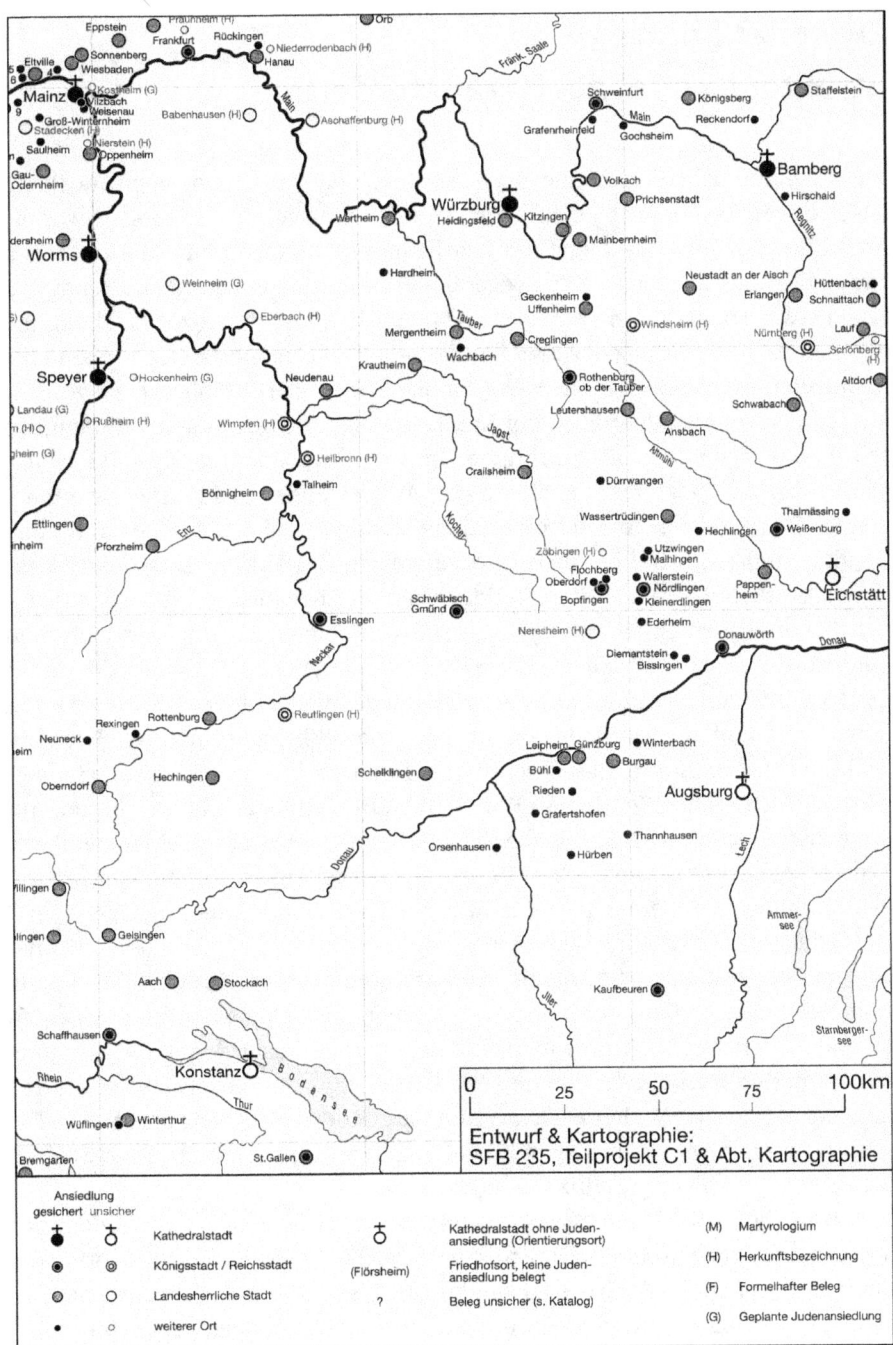

**Abb. 33:** Jüdische Niederlassungen im Süden des Römisch-Deutschen Reiches 1501–1520

# Zwischenbilanz 1:
# Strukturwandel als Herausforderung

Die mittelalterliche Geschichte der jüdischen Gemeinden war auch im Raum des heutigen Bayern durch eine starke Polarisierung geprägt: Einerseits war die Ansiedlung gewollt; sie folgte der schrittweisen Urbanisierung, die nach den wenigen frühen Zentren zeitlich gegenüber der jüdischen Zentrallandschaft am Rhein etwas später, dann aber ebenso dicht ausfiel und damit zur Erschließung des Landes bis in die abgelegenen Landschaften beitrug. Andererseits waren die Gemeinden in verschiedenen Wellen immer wieder der Verfolgung ausgesetzt, angefangen von den Pogromen der Kreuzzüge über die regionalen Verfolgungen seit dem ausgehenden 13. Jahrhundert mit den besonders verheerenden Vorgängen der ‚Pestpogrome' bis hin zu den Ausweisungen des 15. und beginnenden 16. Jahrhunderts. Auf der einen Seite stand eine Akzeptanz des jüdischen Handels und Geldverleihs, mehrfach sorgte die Gewährung einer *concivilitas* in den Kathedral-, Reichs- und Residenzstädten für günstige Lebensbedingungen. Sie ermöglichten eine weitgehend selbstständige Entfaltung des jüdischen Gemeindelebens zu voll entwickelten *Kehillot* mit Synagogen, Gemeindezentren und Friedhöfen. Die Strahlkraft herausragender Intellektueller wie R. Meir von Rothenburg und gelegentlich bis heute erhalten gebliebene Zeugnisse hochentwickelter Schriftkultur in den illuminierten Handschriften erreichte auch im Vergleich zu den großen Zentren an Rhein und Mosel ein beachtliches Niveau. Auf der anderen Seite sahen sich diese Gemeinden hier wie überall einer ständigen Bedrohung gegenüber, artikuliert in den aus der religiösen Differenz erwachsenen antijüdischen Stereotypen, ins Bild gesetzt in der ‚blinden Synagoge' und zur Schau gestellt in diffamierenden Skulpturen, sodass immer wieder Mechanismen der Ausgrenzung ausgelöst wurden. Selbst die ursprünglich als Schutz verstandene Rechtsfigur der Juden als ‚Kammerknechte' des Königs, erwies sich als ambivalent, denn es wurde bald als delegiertes und usurpiertes ‚Judenschutzrecht' von den Territorialherren und Reichsstädten materialisiert und von ihnen und dem König zum Recht der Ausbeutung jüdischen Vermögens pervertiert. Die schrittweise Schlechterstellung mündete in eine von vielen Fürsten und Städten betriebene Ausweisungspolitik.

Dabei blieb die Struktur des zunächst vorwiegend urbanen Judentums bestimmend, auch wenn sich nach dem Einschnitt des 14. Jahrhunderts eine Ergänzung durch ländliche Kleinsiedlungen einstellte, die immer stärker an Gewicht gewannen. Jüdisches Leben wurde damit vielfältiger, sei es durch den Zwang der Umstände, sei es durch die mehr oder weniger freiwillige Suche nach Nischen. Doch die Ausweisungspolitik mit ihrem Höhepunkt um 1500 stellte eine neue massive Zäsur in der deutsch-jüdischen Geschichte dar, gerade in Bayern: Sie brachte eine Entleerung der tradierten Räume, denn nur noch ein Bruchteil der jüdischen Bewohner verblieb im Südosten des Reiches, und die Abwanderung nach Ostmitteleuropa und Oberitalien, die schon nach dem Pestpogromen eingesetzt hatte, erfuhr einen neuen Höhepunkt. Aus der europäischen Perspektive wird dieser Einbruch noch deutlicher: Die Schwerpunkte jüdischer Siedlung verschoben sich nach Osteuropa, für die Aschkenasim in das Königreich Polen-Litauen und für die aus der iberischen Halbinsel vertriebenen Sepharden das östliche Mittelmeer bzw. der Balkan – das Römisch-Deutsche Reich wurde zur Randzone.[1] Der Verlust des tradierten Zentralitätsgefüges, der sich damit verband, war vor allem für den Südosten gravierend: Das Gerüst der *Kehillot* war untergegangen, die ihnen ursprünglich zugeordneten *Jischuwim*, die einfachen Niederlassungen, waren vielfach übrig geblieben. Frankfurt am Main und Worms, die Großgemeinden des Rhein-Main-Gebietes, im Westen und Prag, das Pendant im Osten, blieben zwar nach wie vor Orientierungspunkte für die Juden im Südosten – aber innerhalb dieser Region gab es keine alten Zentren mehr, an denen sich die Tradition und Erinnerungskultur der ‚Heiligen Gemeinde' hätte festmachen können. Die Niederlassung auf dem Land, in Kleinstädten und Dörfern, die sich schon seit längerem als Alternative zur städtischen Gemeinde abzeichnete, konnte nicht mehr primär als pragmatische Entscheidung gelten – etwa wegen der Nähe zum Kundenkreis der Kreditwirtschaft –, sondern sie wurde als „Atomisierung" jüdischer Existenz zum dominanten Phänomen. Das hatte seine Konsequenzen.

Lange Zeit folgte die Forschung dem geistesgeschichtlich geprägten Verdikt, mit dieser Phase des frühneuzeitlichen Landjudentums seien Verfall und Absinken in die Bedeutungslosigkeit verbunden, ein Tiefpunkt der deutsch-jüdischen Geschichte erreicht.[2] Das mag insofern zutreffen, als die kleinen Landstädte und Dörfer die Existenz bestimmten. Es mag auch zutreffen, dass damit das Fehlen von Spitzenleistungen der Schriftkultur gerade in diesen Regionen einherging, mit dem „Rückgang des Thorastudium" eine „‚geistige Leere' in den kleinen Dorfgemeinden herrsche".[3] Doch trotz dieser weitgehenden Marginalisierung jüdischer Geschichte in der ‚Provinz' darf nicht übersehen werden, dass sich von der Basis her neue Entwicklungen anbahnten – zunächst punktuell und zögerlich, dann

---

1 Vgl. dazu Israel, European Jewry, S. 5–34; Battenberg, Europäisches Zeitalter, Bd. I, S. 123–130, 208–238; Battenberg, Juden in Deutschland, S. 1–10.
2 Graetz, Volkstümliche Geschichte, Bd. 6, S. 98–141; noch in jüngerer Zeit Greive, Die Juden, S. 113f.
3 So Breuer, Das jüdische Mittelalter, S. 79 (das Binnenzitat stammt von Eric Zimmer).

sich stabilisierend mit zukunftsträchtigen Implikationen, wenn man die Verhältnisse vor Ort genauer in den Blick nimmt. „Die Entdeckung der Landjuden"[4] ist inzwischen so weit gediehen, dass die Dorf- und Kleinstadtjuden als typologisch wichtige und wirkmächtige Ausformung jüdischer Existenz erkannt werden.[5] Insbesondere die Phase des 17./18. Jahrhunderts hat inzwischen durch zahlreiche Einzelstudien auch in Franken und Schwaben deutlichere Konturen gewonnen. Demgegenüber ist das 16. Jahrhundert weiterhin in vieler Hinsicht ein ‚dunkles Kapitel', dessen Aufhellung durch die Forschung erst in Ansätzen geleistet ist. Insofern ist dieser Phase besondere Aufmerksamkeit zu widmen, war sie doch die Gelenkstelle für die weitere Entwicklung, denn der fundamentale Bruch erforderte die Etablierung neuer Strukturen des Zusammenlebens: den Aufbau neuer Zentralorte, an denen der Gottesdienst gehalten, die Memoria der Verstorbenen gepflegt und die rabbinische Kultur weitergegeben werden konnte. Die Voraussetzungen dafür waren freilich nach wie vor abhängig von der Umwelt, den Herrschaftsträgern und ihrer Bereitschaft zur jüdischen Ansiedlung. Neue Gemeindebildungen konnten sich an Orten vollziehen, die (noch) keine profilierte Urbanität besaßen – wenn die Stabilität der Niederlassung gewährleistet war.

Zum anderen aber mussten die verstreuten Niederlassungen stärker zusammengefasst werden, flächig organisiert und betreut werden. Dass dies in gewisser Weise gleichläufig war mit den Interessen der Herrschaftsträger, die ihrerseits den Ausbau der Territorien in Richtung frühmoderner Staatlichkeit betrieben, begünstigte die Entwicklung zu einer Struktur, bei der Judenschaften und Territorium zur Deckung gebracht werden sollten – einschließlich der Vorstellung, die Juden zu ‚Untertanen' zu machen. Inwieweit damit das Ideal einer autonomen Gemeinde hintangestellt wurde, oder sich durch die ‚Peuplierung' und innere Bevölkerungsvermehrung, verbunden mit einer gemäßigten Reurbanisierung als altes Ideal wieder einstellte, wird genauer zu analysieren sein.

Wegen der Abhängigkeit der jüdischen Existenzmöglichkeiten vom Verhalten der Umwelt stellte aber auch die Reformation einen neuen Faktor dar: Die Vorgaben des kanonischen Rechts und der konziliaren Beschlüsse verloren in den protestantischen Territorien ihre Verbindlichkeit, die Problematik der alltäglichen Infragestellung erfuhr mit der Ablösung von der Papstkirche durch eine reformatorische Neubesinnung die Chance einer alternativen Einschätzung – ob sie tragfähig war, musste sich freilich erst erweisen.

---

4 Richarz, Die Entdeckung der Landjuden; Richarz, Ländliches Judentum.
5 Grundlegend bereits Cahnmann, Dorf- und Kleinstadtjude, passim.

# 12 Reformation und Gegenreformation: die Festschreibung der Koordinaten

Von Martin Luther wurde eine Geschichte erzählt, die zwar erst in den Tischreden im Frühjahr 1540 überliefert ist, die aber auf den Anfang der Reformation zurückverweist: Ihm sei von den Regensburger Juden der Psalm 130 ‚Aus tiefer Not schrei ich zu dir' in hebräischer Schrift, aber in deutscher Sprache, zugesandt worden – *So sehr habe jenen Luther gefallen.*[1] Man vermutet, dass das auf die Phase der Ausweisung 1519 zurückgeht, und die Gemeinde sich Hoffnungen gemacht haben könnte, in Luther einen Fürsprecher zu gewinnen. Bekanntlich war dies vergebens, aber die Anekdote bringt in Erinnerung, dass Luthers verbale Judenfeindschaft nicht von Anfang an bestand, geschweige denn in der aus den späteren Schriften bekannten Aggressivität formuliert worden wäre. Hat die Reformation insgesamt das Schicksal der Juden als einer potentiell verachteten Minderheit grundlegend verändert? Die Frage ist insofern von Bedeutung, als die kirchliche Erneuerung im Südosten des Reiches – abgesehen von den Reichsstädten, die die Ausweisung vollzogen hatten – gerade in den Territorien, in denen Juden geduldet wurden, eingeführt wurde: in der Markgrafschaft Ansbach-Bayreuth, dem Fürstentum Pfalz-Neuburg und Teilen der Grafschaft Oettingen, um nur die wichtigsten zu nennen. Insofern ist es notwendig, das Thema ‚Die Reformatoren und die Juden' in den wichtigsten Strichen zu umreißen und seinen Stellenwert für die Problematik jüdischer Existenz in der Region zu bestimmen.[2]

Bei Luther selbst hat das Verhältnis zu den Juden eine tiefgreifende Wandlung erfahren.[3] Dabei ist jedoch zu berücksichtigen, dass seine Begegnungen und damit persönlichen Erfahrungen mit ihnen sich in sehr engen Grenzen hielten und deshalb kaum ins Gewicht fielen. Vielmehr speiste sich sein Bild von den Juden aus den „literarischen Überlieferungen und biblischen Traditionen" und es bestand aus „Spiegelungen eines von vielen Zeitgenossen geteilten Misstrauens".[4] Sein theologisches Denken resultierte aus dem traditionellen Gegensatz von Kirche und Synagoge, das seit den Kirchenvätern fester Bestandteil klerikaler Argumentation war, allenfalls gemildert aufgrund seiner Polemik gegen die römi-

---

1 Zit. nach Kaufmann, Luthers Juden, S. 33.
2 Für die allgemeine Situation Oberman, Wurzeln des Antisemitismus.
3 Zum Folgenden nach Maurer, Reformation, S. 375–429, jüngst Kaufmann, Luthers Juden; aus jüdischer Sicht knapp zusammenfassend Breuer, Das jüdische Mittelalter, S. 71–74.
4 Kaufmann, Luthers Juden, S. 32–47, Zitat S. 47; diesen Aspekt betonte schon Battenberg, Reformation, S. 318.

sche Kirche – ohne dass er anfangs auf die religiösen Stereotype zurückgegriffen hätte. Vielmehr war seine frühe Schrift ‚Dass Jesus Christus ein geborener Jude sei' von 1523 getragen von der Hoffnung, seine neue Verkündigung des Evangeliums würde die Einsicht unter den Juden steigern und sie aus ihrer ‚Verstocktheit' lösen, und er schlug deshalb sehr moderate Töne der Duldung an, ja er beklagte den Umgang mit ihnen: *Denn sie haben mit den Juden gehandelt, als wären es Hunde und nicht Menschen; haben nichts mehr tun können, denn sie schelten und ihr Gut nehmen [...]*.[5] Auch auf jüdischer Seite war diese Hoffnung nicht fremd, wie Äußerungen des Talmudisten Elieser Ashkenasi belegen, denn er und andere „begrüßten ausdrücklich den neuen Pluralismus der Weltanschauungen, der sich anzukündigen schien, und sahen gar Luther als einen Krypto-Juden an, der durch seinen Bruch mit der alten Kirche notwendigerweise das Judentum zu neuer Höhe führen mußte".[6] Die Überlegung hat einiges für sich, dass das von Luther vertretende Priestertum aller Gläubigen ebenso wie die fundierte Kenntnis der Heiligen Schrift deutliche Parallelen zum eigenen Denken aufwies – daraus aber auch eine Konkurrenzsituation bei der Interpretation erwachsen konnte.[7]

Freilich war aus Luthers Sicht eine solche Bereitschaft zur Versöhnung mit dem Judentum abhängig von ihrer Konversion, sie stand damit unter dem Vorbehalt: *bis ich sehe, was ich gewirckt habe*, wie es in seiner Schrift hieß.[8] Nachdem aber diese Erwartung nicht erfüllt wurde, sondern sich bei ihm in den 1530er Jahren die Einsicht festsetzte, die ‚Verstocktheit' sei zu ihrer *natur worden*, schwenkte Luther auf die repressive Haltung um und steigerte dabei sein grundlegendes Misstrauen zur militanten Abwehr. Die im Winter 1542/43 verfasste Schrift ‚Von den Juden und ihren Lügen' richtete sich nun gegen die „Feinde seines Herrn", die „diabolische, vom Teufel bestimmte Religion", weil er glaubte beweisen zu können, „dass die Juden auf Dauer das Wort des Heils zu hören unfähig, aber auch schuldhaft unwillig waren".[9] Dass in dieser Schrift auch eine Auseinandersetzung um die Auslegung des Alten Testaments im Sinne der Vordeutung auf das Neue Testament mitspielte,[10] erscheint durchaus einleuchtend, aber der Tenor zielte dann doch auf die brutale Unterdrückung des *verworffen, verdampten Volck der Jüden*: die Zerstörung ihrer Synagogen und Wohnhäuser, das Verbot aller wirtschaftlichen Betätigungen und die Empfehlung von Zwangsarbeit, die

---

5 Zit. nach Maurer, Reformation, S. 390.
6 Battenberg, Reformation, S. 315.
7 Battenberg, Reformation, S. 320f.
8 Zit. nach Kaufmann, Luthers Juden, S. 71.
9 Kaufmann, Luthers Juden, S. 110, 112f.
10 Kaufmann, Luthers Juden, S. 113–121.

Vermeidung jeglicher Kontakte und letztlich die Ausweisung – man solle sie *wie die tollen hunde ausjagen.*[11] Und die Prediger sollen das ihre dazu beitragen:

> [...] *da haltet an mit Fleiß bei euren Herrn und Regenten, daß sie ihr Amt bedenken, wie sie Gotte schuldig sind, und die Juden zur Arbeit zwingen, den Wucher verbieten und steuern ihrem Lästern und Fluchen. Denn so sie unter uns Christen die Diebe, Räuber, Mörder, Lästerer und andere Laster strafen, warum sollen die Teufelsjuden frei sein, solches bei uns und wider uns zu üben?*[12]

Nun war er auch bereit, als Beweismittel alle die Stereotype und Invektiven heranzuziehen, die er früher abgelehnt hatte, ja er verschärfte sie noch durch die Schriften ‚Vom Schem Hamphoras' und ‚Von den letzten Worten Davids' im gleichen Jahr, in denen er auch das Bildmotiv der ‚Judensau' an der Wittenberger Pfarrkirche aufgriff.

Eine Erklärung für diese Pamphlete zu finden, fällt schwer: Zwar mögen Luthers persönliche Lebenssituation und die düsteren Visionen der Endzeiterwartung mitgespielt haben, aber es findet sich kein wirklicher äußerer Zwang dafür, sich in einen derartigen „Rausch der Xenophobie"[13] hineinsteigern zu müssen. Zumal zumindest einige Reformatoren anders mit diesem Thema umgingen – wenn auch nicht in Wittenberg, wo nicht nur Philipp Melanchthon Luther weitgehend folgte. Demgegenüber war die Zahl derer, die für eine gewisse Offenheit gegenüber den Juden eintraten, sehr beschränkt.[14] Urbanus Rhegius hatte sich schon in seiner Augsburger Zeit als Prädikant zwischen 1523 und 1530 mit dem Judentum auseinandergesetzt[15] und führte das später fort, als er nach Celle in die Herrschaft Braunschweig-Lüneburg wechselte. Aber auch er sah im Schicksal der Juden die Bestätigung dafür, dass von ihnen *der alte Schleier der Gottlosigkeit und Unwissenheit noch nicht weggezogen ist,* und wollte sie für den wahren Messias gewinnen.[16]

Johann Eberlin von Günzburg, der ehemalige Franziskaner, zählt zu den wenigen protestantischen Figuren, die gegenüber dem Judentum zumindest eine etwas offenere Haltung einnahmen.[17] Nachdem er zunächst im Ulmer Konvent reformatorisch zu predigen begonnen hatte, ging er nach Wittenberg und konnte

---

11 Zitate nach Kaufmann, Luthers Juden, S. 127, 133.
12 Zit. nach Maurer, Reformation, S. 423.
13 Kaufmann, Luthers Juden, S. 132.
14 Zu ihnen Maurer, Reformation, S. 429–434.
15 Nach Zschoch, Urbanus Rhegius, lässt sich bis 1530 noch keine Auseinandersetzung erkennen.
16 Maurer, Reformation, S. 431f.
17 Peters, Johann Eberlin, passim.

seither als „konservativer Schüler Luthers" gelten; dann war er einige Jahre unstet im süddeutschen Raum als Prediger unterwegs, ehe er schließlich seit 1526 als Reformator der Grafschaft Wertheim am Main agierte und als Pfarrer in Leutershausen sein Leben beschloss. In ‚Wolfaria', seinem Entwurf zu einer Utopie, im 11. Kapitel der ‚15 Bundesgenossen' von 1521, plädierte er unter der Überschrift *Von juden vnd haiden* für „Rücksichtnahme auf religiöse Minderheiten":[18]

> *Ob mißglöübig wellen vnder vnß wonen, soll man inen nicht laidts thůn, sunder früntlich halten wie vnsere burger, doch soll man sie zů keiner bürgerlichen eer brauchen oder ampt, sie söllen auch vnsere gesatz vnd glouben nit schmåhen.*[19]

Und in seiner Flugschrift ‚Der Glockenturm' von 1523 wunderte er sich, dass die Juden (noch) nicht bekehrt seien, brachte aber auch Verständnis für ihre Lage auf, dass sie zum Wucher gezwungen seien, weil die Obrigkeiten Steuern aus ihnen herauspressten:

> *Vnnd warumb der möchtig Constantinus nit mit dem thurn zům glauben vil nation gebracht hab, doch so sie mit den juden also fieren, würdt jnen der vngötlich zynß abgon, den sie járlich auß jnen schåtzen, vnd sie also zům wůcher ursachend [...].*[20]

Man wird davon ausgehen dürfen, dass Eberlin diese Einsicht aus seinen Erfahrungen in der Markgrafschaft Burgau mit dem Günzburger jüdischen Zentrum und vielleicht aus den vielen Möglichkeiten auf seinen Reisen durch Süddeutschland schöpfte, Juden im praktischen Leben kennenzulernen. Jedenfalls sticht seine Haltung insofern von der üblichen antijüdischen Position ab, als er zwar in der Tradition der bisherigen Kirche auch die ‚Blindheit' der Juden konstatierte, seine Ausführungen aber vor allem als „Handlungsanweisung zum Umgang mit Altgläubigen" verstanden wissen wollte und dabei auch den Vergleich mit den Juden einfügte.[21]

Bei den Schweizer und oberdeutschen Reformatoren war der christliche Humanismus mit seinem Zentrum in Basel – im Mittelpunkt Erasmus von Rotterdam – tiefer und nachhaltiger, insbesondere bei Wolfgang Capito, dem Reforma-

---

18 Vgl. dazu Oberman, Wurzeln, S. 96f., Wolgast, Utopien, S. 668 mit Zitat.
19 Enders, Eberlin, Schriften, Bd. 1, S. 130.
20 Enders, Eberlin, Schriften, Bd. 3, S. 114; für Peters, Johann Eberlin, S. 373 Nr. 5, gehört diese Schrift zwar zu den „Dubiosa", doch dürften die zahlreichen Anspielungen auf das Lokalkolorit von Günzburg und Leipheim zumindest dafür stehen, dass sie aus dem Umkreis von Eberlin kommt.
21 Stretz, Juden in Franken, S. 69.

tor dieser Bischofsstadt.²² Er wirkte aber über Ulrich Zwingli in Zürich und den Straßburger Reformator Martin Bucer als wichtigem Berater der oberdeutschen Städte bis Augsburg ins östliche Schwaben hinein. Beide stimmten mit Luther in der theologisch bedingten Ablehnung des Judentums überein. Während Zwingli vor allem den Wucher beklagte und die Bibelauslegung bekämpfte, kam Bucer mit seiner eher juristischen Sicht der Dinge – bezogen auf das römische Recht – in der praktischen Konsequenz Luther wohl am nächsten: Auch er plädierte für ein generelles Verbot der Geldleihe und des Handels sowie die Zuweisung zu minderwertigen Arbeiten; die Synagogen sollten ihnen zwar belassen werden, doch waren sie zu obligatorischen Predigten zu verpflichten. Maßgeblichen Einfluss nahm Bucer auf die Erstellung der Judenordnung in Hessen, die zwar nicht ganz so massiv ausfiel, aber immerhin einen deutlich restriktiven Charakter annahm.²³ Damit war – im Gegensatz zu den Schweizern, die in dieser Zeit keine Präsenz von Juden mehr kannten – eine Richtung etabliert, die auch für die Zukunft die Haltung protestantischer Territorien mit bestimmte.

In der Summe ist also davon auszugehen, dass die führenden Reformatoren die grundsätzliche Stellung zum Judentum aus theologischer Sicht nicht revidierten und damit auch bei der Umsetzung in die Lebenswirklichkeit keinen anderen Kurs vorgaben, sondern lediglich mehr oder weniger moderatere Töne anschlugen. Neu dagegen war der mediale Aspekt, denn es handelte sich um einen Diskurs, der zumindest im Ansatz wissenschaftlich orientiert war und über die Druckschriften eine bislang unbekannte Breitenwirkung entfaltete. Die Deutung der Bibel als wesentliche Quelle lenkte das humanistische wie universitäre Interesse auf das Hebräische als eine der ‚heiligen' Sprachen, forcierte das philologische Bemühen – erst bei der Suche nach der der ‚richtigen' Übersetzung schieden sich die Geister.

Die Auswirkungen dieses Diskurses auf das Spannungsfeld zwischen Juden und Christen wurde schon am Beginn des 16. Jahrhunderts im Streit zwischen Reuchlin und Johannes Pfefferkorn deutlich, der sich auf dem publizistischen Feld des Reiches abspielte, aber für das Verständnis des Hintergrundes wichtig wurde.²⁴ Der Konvertit Johannes Pfefferkorn hatte in Köln zwischen 1507 und 1509 verschieden Schriften gegen die Juden erlassen, von denen der ‚Judenspiegel' von 1507 der bekannteste wurde. Sein Ziel, die jüdischen Bücher, insbesondere den Talmud, zu beseitigen – dann würden sie sich bekehren –, wurde von den Kölner

---

22 Dazu Maurer, Reformation, S. 434–445.
23 Battenberg, Judenordnungen Hessen; Battenberg, Reformation, S. 321–333.
24 Vgl. dazu Eckert, Hoch- und Spätmittelalter, S. 278–282; Battenberg, Europäisches Zeitalter, Bd. I, S. 180–184.

Dominikanern unterstützt und mündete schließlich in einem Mandat Kaiser Maximilians an die Juden, alle ihre Bücher zur Prüfung an Pfefferkorn auszuliefern. Als sich darauf ein Protest erhob, beauftragte Maximilian den Mainzer Kurfürsten und Erzbischof Uriel von Gemmingen (reg. 1508–1514), diverse Gutachten einzuholen, von denen sich als einziger Johannes Reuchlin gegen die Einziehung des Talmud wandte. Basierend auf der römisch-rechtlichen Argumentation, dass die Juden das römische Bürgerrecht genössen, verteidigte er in seinem ‚Augenspiegel' den Talmud gegen den Vorwurf einer ‚Schmähschrift'. Der anschließende publizistische Streit zog weite Kreise und wechselseitige Streitschriften nach sich – bis hin zu den satirischen ‚Dunkelmännerbriefen' gegen die Kölner Angriffe aus dem weiteren Umfeld – und ging formal zu Ungunsten von Reuchlin aus, doch war „die wissenschaftliche ‚Öffentlichkeit' für die Frage neu sensibilisiert worden".[25]

Vor diesem Hintergrund ist es aufschlussreich, dass der Umgang mit dem Medium Buch zum Feld werden konnte, in dem auch eine Kooperation möglich war. Der Buchdruck führte in Schwaben in der 1. Hälfte des 16. Jahrhunderts unter maßgeblicher Beteiligung protestantischer Geistlicher zu zwei kurzzeitigen hebräischen Druckereien in Augsburg und Isny, obwohl in beiden Städten zu dieser Zeit keine jüdische Gemeinde mehr vorhanden war – und obwohl in Prag bereits seit 1512 Gerson ben Salomon Kohen hebräisch druckte und in Venedig der Verleger und Drucker Daniel Blomberg seit 1515 den europäischen Markt versorgte.[26] Der aus Böhmen stammende Chajim Schwarz kam nach verschiedenen Stationen 1533 nach Augsburg; erst 1544 zog er über Ichenhausen – einer der frühen Landgemeinden Schwabens mit einer jüdischen Niederlassung – über Hessen nach Lublin weiter. Nachdem ein Vorhaben in Ulm, das auf Initiative von Sebastian Franck angegangen wurde, gescheitert war, schien die bedeutende Druckerstadt Augsburg als geeigneter Platz.[27] Als Mentor fungierte der mit den anderen Straßburgern seit 1531 in Augsburg wirkende Prädikant Bonifatius Wolfart, der zusammen mit dem Patrizier Georg Regel – einem Sympathisanten der nonkonformistischen Protestanten – sich beim Magistrat dafür einsetzte, ihm die Erlaubnis zum Druck hebräischer Werke zu geben. Schwarz wohnte sogar bei Wolfart und druckte bei Silvan Otmar, einer der großen Offizinen der Stadt. In den ersten Jahren 1532–1536 erschienen insgesamt sieben Werke, darunter beispielsweise ein ‚Machsor', der im August 1536 in Mantua verkauft wurde, sodann lassen sich für die Jahre 1541 und 1542 weitere drei Werke nachweisen. Überraschend erscheint, dass sich kurzzeitig sogar das Projekt einer Zusammenarbeit mit Paulus Aemilius Romanus ergab, der

---

25 Battenberg, Europäisches Zeitalter, Bd. I, S. 184.
26 Zum Folgenden ausführlich Künast, Hebräisch-jüdischer Buchdruck, passim.
27 Vgl. dazu detailliert Künast, „Getruckt zu Augspurg", passim.

1538 konvertiert und 1542 nach Augsburg gekommen war, vermittelt durch R. Isaak von Günzburg. Es scheiterte zwar, aber anschließend gab ersterer wohl mit den Typen von Schwarz selbst einige hebräische Drucke heraus.

Auch die Offizin in Isny verdankte ihre Existenz einem protestantischen Pfarrer: Paulus Fagius (Paul Büchlein aus Rheinzabern) erlebte in Straßburg seine entscheidende Entwicklung, und mit Martin Bucer verband ihn – trotz der offenbar gegenteiligen Einschätzungen der Juden – eine enge Freundschaft. Nach seiner Berufung zum Rektor der Lateinschule in Isny und als maßgeblicher Theologe bei der Einführung der Reformation in der Stadt konnte er mit finanzieller Unterstützung des Isnyer Kaufmanns Peter Buffler eine Druckerei einrichten, um damit die Ursprache des Alten Testaments zu verbreiten (*in propaganda lingua Hebraea*). Es gelang ihm sogar, den jüdischen Gelehrten Elijah ben Asher ha-Levi (Elias Levita) aus Venedig zu holen, mit dem zusammen er von 1541–1544 eine Reihe von Drucken, vor allem Ausgaben des Alten Testaments und Kommentare aus der jüdischen Tradition, herausgab – ehe die Offizin nach der Berufung Fagius' nach Straßburg ihr Ende fand.

In beiden Fällen dürfte die Unterbrechung der Buchproduktion in Venedig – die dortige Offizin versorgte ganz Europa – und Prag der Auslöser dafür gewesen sein, dass der Druck hebräischer Literatur nach Oberschwaben verlegt wurde.[28] Gleichermaßen bedeutsam aber erscheint, dass das wissenschaftlich-literarische Interesse in der Lage war, eine wenn auch schmale und kurzzeitig haltbare Brücke zwischen Juden und Christen zu bauen.

Freilich waren es nach wie vor Ausnahmen, wenn sich Stimmen zur Verteidigung der Juden erhoben. Eine der wenigen aus dem Feld der evangelischen Theologen war die des Andreas Osiander, der seine Haltung aus der eigenen Erfahrung wie der wissenschaftlichen Einsicht gewann, wirkte er doch seit 1522 in Nürnberg als Prädikant von St. Lorenz und beriet 1542 Pfalzgraf Ottheinrich bei der Einführung der Reformation in dem 1505 neu geschaffenen Fürstentum Pfalz-Neuburg (Abb. 34).

Als Schüler Reuchlins einer der führenden Hebraisten seiner Zeit, hatte Osiander die rabbinische Tradition schätzen gelernt und sich von Luthers antijüdischen Schriften distanziert – und nicht zuletzt deshalb sein Misstrauen erfahren. Mit diesem Wissen hatte er bereits 1529 in einem Gutachten zum angeblichen Hostienfrevel von Pösing bei Preßburg die Absurdität des Vorwurfs dargelegt, indem er aus dem Alten Testament genau nachwies, dass den Juden die Verwendung von Blut grundsätzlich verboten war, und feststellte, dass „nicht einmal von den verstoßenen Juden aus Haßgefühlen der Verdacht auf Kindesmord angezeigt worden sei, selbst Pfefferkorn habe es nicht verwendet; zudem habe keiner

---

[28] So Künast, Hebräisch-jüdischer Buchdruck, S. 290, 299.

von den Juden, die er konsultiert habe, diese Anschuldigung bestätigt, sodass davon auszugehen sei, dass es sich um *buberey und betrug mit wallfarten und andern falschen wunderwercken"* gehandelt habe. Er setzte somit die rationale Argumentation den Legenden entgegen – und damit stach er von vielen seiner Kollegen ab. Auch wenn zu berücksichtigen ist, das Osiander als Reformator letztlich die Vorstellung teilte, das jüdische Schicksal der Zerstreuung resultiere aus der Ablehnung Jesu als Messias, nahm er „um der wissenschaftlichen Redlichkeit willen die Juden in Schutz" und setzte dafür seine fundierte Kenntnis der hebräischen und der rabbinischen Schriften ein.[29]

Das Gutachten war anonym geblieben und wurde erst im Kontext einer Ritualmordanklage von 1540 in Sappenfeld im Hochstift Eichstätt – vielleicht sogar von Juden beigebracht – möglicherweise im Auftrag von Pfalzgraf Ottheinrich publiziert und trug nicht unwesentlich zur Entlastung der dortigen Judenschaft bei,[30] auch wenn es von Dr. Johannes Eck, dem Professor an der Universität Ingolstadt und bekannten Gegenspieler Luthers, aus einer „tiefe[n] Verwurzelung des christlichen Antijudaimus" in Frage gestellt wurde.[31] Die Haltung Osianders lässt sich nicht zuletzt aus seinen persönlichen Erfahrungen erklären: In Nürnberg wurde er vor allem zu Rate gezogen, wenn es um Taufvorhaben von Juden ging, seltener beriet er die Juden des Umlandes bei Problemen, die sich mit der Nürnberger Ordnungsgewalt ergaben,[32] sodass sich dort seine Verteidigungshaltung herumgesprochen hatte: *waisst das gantz Nürmberg, wie er auf der Cantzel die Juden verfochten hat.* Dieses Verdikt stammte wiederum von Eck, der Osiander nichts weniger vorwarf als dass er nur ein Schwätzer sei: *ain lauter gschwetz, unnütz weschen, und wie sein art ist, jedermann lestern und schmähen und schaden, was stet er sei; und darneben sich hohmachen, mit sein hohtrabenden worten: und ist doch alls nur Sophistrei.*[33]

Die Verteidigungsstrategie der beschuldigten Juden des Altmühltals erhielt jedoch noch einen weiteren Mitstreiter: Josel von Rosheim, den ‚Vorgänger und Befehlshaber der Juden des Reiches'. Er bemühte sich erfolgreich um die Freilassung der von den Marschällen von Pappenheim im Sappenfelder Fall beschuldigten und inhaftierten Juden aus Titting – aufgrund der geteilten Herrschaftsrechte hatten die Pappenheimer Rechte beansprucht, auch wenn die Landesherrschaft Pfalz-Neuburg zustand.

---

**29** Wolf, Osiander und die Juden, S. 59–64, Zitate S. 62; zur Einzelargumentation auch Frey, Ritualmordlüge, S. 177–185.
**30** Ausführlich zur Autorschaft Hägler, Die Christen und die ‚Judenfrage', S. 28–38.
**31** Hägler, Die Christen und die ‚Judenfrage', S. 59–132, Zitat S. 132.
**32** Seebaß, Osiander, S. 82–85.
**33** Zuletzt M. Müller, Pfalz-Neuburg, S. 35–40, Zitate S. 38.

Abb. 34: Andreas Osiander, Jörg Pencz, Ölgemälde, 1544

Dieses Ereignis verweist auf eine grundsätzliche Problematik dieser reformatorischen Jahrzehnte: Auch wenn die Stereotype weiterhin als Muster der Abweisung des ‚Fremden' dienten, so war nun doch auch die Judenschaft bereit, sich stärker dagegen zu wehren und mit den entsprechenden Herrschaftsträgern zu verbinden. Wie in einem Brennspiegel lässt sich die Konstellation der Kräfte an einem weiteren Ereignis im Kontext des Augsburger Reichstags von 1530 ablesen. Wiederum ging es um die Anschuldigungen eines zum Christentum konvertierten Juden, diesmal um Antonius Margaritha.[34] Der Sohn eines Regensburger Rabbiners, der 1521/22 in Wasserburg getauft worden und als Hebräischlehrer

---

34 Vgl. dazu Battenberg, Europäisches Zeitalter, Bd. I, S. 186–188.

1530 nach Augsburg gekommen war, hatte im selben Jahr dort die Schrift ‚Gantz Jüdisch glaub mit sampt ainer gründtlichen und warhafften anzaygunge Aller Satzungen, Ceremonien, Gebetten, Haymliche und offentliche Gebreuch, deren sich dye Juden halten durch das gantz Jahr' in der Offizin von Heinrich Steiner veröffentlicht, in der er das Judentum über die Entschlüsselung der Kabbala zu entlarven vorgab:

> *Haben aber die Juden hye groß Gehaimnus und Cabala, die ich zum Tail entdecken muß; dieweil sye nun yecz under den Christen seynd und wonen, dürfen sy nit mit außgedruckten Worten Jhesum nennen zu verfluchen; [sie] haben aber dysem hailsamen Namen ain schandtlichen namen an sein Statt zugelegt [...]. Sein Name haist auf hebreisch Jeschua.*[35]

Das Buch erfuhr eine schnelle und weite Verbreitung – auch Luther sollte sich später in seiner antijüdischen Schrift aus ihr Material holen –, und da es auch nachzuweisen suchte, dass im Alenu-Gebet am Sabbatende die Christen verflucht und der römisch-deutsche Kaiser (als Nachfolger von Edom; s. oben Kap. 6) angegriffen würden, konnte Margaritha auf dem soeben eröffneten Reichstag Karl V. dazu bewegen, eine Disputation zwischen Christen und Juden anzusetzen. Kein geringerer als Josel von Rosheim übernahm den jüdischen Part, und es gelang ihm, Margarithas Thesen zu widerlegen. Im Gegensatz zum Verlauf des Streites zwischen Reuchlin und Pfefferkorn wurde diesmal Margaritha wegen Unruhestiftung verurteilt und eingekerkert und dann der Stadt verwiesen. Dass ein Jude über einen (konvertierten) Christen in der Öffentlichkeit die Oberhand behielt, konnte als Sensation gewertet werden.

Im Ganzen gesehen, hatte die protestantische Seite bis auf wenige, allerdings bezeichnende Ausnahmen somit keine wirkliche Abkehr von der judenfeindlichen Tradition entwickelt; immerhin zog das humanistische Interesse an der hebräischen Sprache und die damit verbundenen besseren Kenntnisse der jüdischen Schriften einen punktuell fassbaren Wandel nach sich. Auch auf katholischer Seite ist ein gewisser Wandel spürbar, auch wenn die Kontinuitätslinien aus dem Spätmittelalter noch stärker ausfielen. Verband sich mit der Reformkonzeption des Konzils von Trient (1546–1563) eher eine Verschärfung der traditionellen antijüdischen Elemente,[36] so ergaben sich strukturell erhebliche Unterschiede insofern, als nun das Zentrum der Papstkirche in Rom die Koordinaten vorgab, denen die Reichskirche mehr oder weniger folgte. Unverkennbar wird dabei die Rolle

---

35 Zit. nach Battenberg, Europäisches Zeitalter, Bd. I, S. 187.
36 Zusammenfassend Battenberg, Juden in Deutschland, S. 16f.; Eckert, Hoch- und Spätmittelalter, S. 285–290.

der Päpste Paul IV. (reg. 1555–1559) und Pius V. (reg. 1566–1572), beide geprägt von der Verfolgung der ‚Marranen', der zur Taufe gezwungenen Juden nach der Ausweisung von 1492 aus Spanien. Die erste Stufe bestand in einer erneuten Verbrennung des Talmud 1548; die zweite in der Bulle *Cum nimis absurdum* von 1555, die auf die Beschlüsse des 4. Laterankonzils von 1215 zurückgriff und die Isolierung der Juden von den Christen verordnete, konkret die Kennzeichnungspflicht und demütigende Verhaltensformen. Die Begründung: *Da es völlig absurd und unzulässig erscheint, daß die von Gott um ihrer Schuld willen zu ewiger Sklaverei verdammten Juden sich unserer christlichen Liebe und Duldung erfreuen, um uns unsere Gnade in schnöder Undankbarkeit mit Beleidigung zu vergelten, und, statt sich demütig zu ducken, sich an die Macht herandrängen [...]*,[37] legte die verschärfte Abwehrhaltung fest. Praktisch bedeutete das die Einrichtung eines Ghettos in Rom im gleichen Jahr und die Ausweisung aus dem Kirchenstaat mit Ausnahme von Rom und Ancona 1569.

Die Umsetzung dieser Vorgaben nördlich der Alpen lag in der Hand der Bischöfe – und die reagierten durchaus verschiedenartig. Kardinal Otto Truchsess von Waldburg, der Augsburger Oberhirte (reg. 1543–1573) und eifriger Verfechter des Konzils, nahm die Vorgaben auf und setzte sie in einer Vereinbarung mit dem Domkapitel zur Ausweisung der Juden aus seinem Hochstift um, die dann sein Nachfolger Eglof von Knöringen (reg. 1573–1575) kurz nach seinem Regierungsantritt 1574 realisierte. Noch massiver wird dieser Zug bei den Würzburger Bischöfen, denn sie verfolgten seit Friedrich von Wirsberg (reg. 1559–1573) eine gezielte Ausweisungspolitik. Diese Komponente verstärkte sich unter Julius Echter von Mespelbrunn (reg. 1575–1617), der nicht nur die Vertreibung propagierte, sondern auch demonstrative Zeichen setzte: Er gründete 1579 in der Residenzstadt sein neues Spital auf den Boden des alten jüdischen Friedhofs, weihte persönlich die Spitalskirche und taufte im gleichen Jahr noch drei Juden.[38] Er rechtfertigte sich damit, der Friedhof könne gar nicht mehr genutzt werden, da *die sachen itzo als obgemelt geendet und in ein andern, christlichen, gottgefelligen und bessern stand kommen, darbey es Gott dem allmechtigen zu lob und eren und vilen armen durftigen leuten zu gute[n] komme.* „Das Negieren der immer noch lebendigen sakralen Bedeutung des Ortes für die Judenschaften war wohl auch eine religiöse Machtdemonstration: Mit der Zerstörung ihres Friedhofes entzog er den Judengemeinden Frankens einen ihrer zentralen religiösen Erinnerungsorte."[39] Freilich darf

---

**37** Zit. nach Eckert, Hoch- und Spätmittelalter, S. 287.
**38** K. Müller, Würzburger Judengemeinde, S. 315f.; vgl. dazu auch Leng, Konkurrenz und Konfessionalismus, S. 89–91, der ebenfalls die gegenreformatorische Komponente betont.
**39** Beide Zitate aus Ullmann, Julius Echter, S. 357.

auch nicht übersehen werden, dass seine ‚Judenpolitik' auch noch andere Komponenten aufwies. Die Abwehrhaltung war allerdings nicht durchgängig, denn die rheinischen Bistümer, die immerhin lange Zeit die Leitlinien im Römisch-Deutschen Reich vorgegeben hatten, strebten andere Lösungen an: Kurfürst Ernst von Wittelsbach, der Erzbischof von Köln, verwendete das Judenregal im Sinne eines Schutzes und erließ 1592 eine eigene Judenordnung, die Mainzer Kurfürsten verfolgten einen dilatorischen Kurs, in Trier konnte sich das Netz der jüdischen Niederlassungen ausbreiten.[40]

Das seit dem Augsburger Religionsfrieden von 1555 bikonfessionelle Reich lässt sich also keineswegs entlang einer Leitlinie der konfessionellen Ausrichtung in zwei unterschiedliche Lager dividieren, vielmehr bestimmten sowohl ganz persönliche Haltungen wie politisch-herrschaftliche Interessen das jeweilige Bild der Entscheidungen. Etwas anders verhält es sich allerdings bei der Frage nach den Auswirkungen der ‚Konfessionalisierung' seit dem 16. Jahrhundert, also jener von den Obrigkeiten wie den Kirchen der jeweiligen Konfession betriebene Homogenisierung der Untertanenschaft, die nicht nur die dogmatische Fixierung, sondern die gesamte Verhaltensnormierung der Gesellschaft zum Ziel hatte.[41] Sie richtete sich zwar primär gegen die jeweils andere Konfession, doch auch gegen nichtkonforme Minderheiten, seien sie Täufer oder Juden. Was auf katholischer Seite im Hochstift Würzburg unter Julius Echter mit Händen zu greifen ist,[42] wird beispielsweise auf evangelischer Seite in der Grafschaft Wertheim bis herunter zum Verhalten der Geistlichkeit sichtbar, die sich mehrfach über die Schutzjuden beschwerten.[43] Die traditionellen Erzähl- und Wertungsmuster waren jedenfalls bei beiden Konfessionen gegenwärtig und wurden weiter tradiert, sorgten damit aber auch für die Permanenz einer untergründigen Abwehrhaltung, die als Grundströmung nach wie vor zu berücksichtigen ist. Verschiedene Faktoren lassen sich dafür heranziehen.

Einer davon war der Umgang mit der Konversion aus dem Judentum in das Christentum. Wenn die Grenzziehung zwischen den Religionen als dominante Größe zu werten war, dann musste die Grenzüberschreitung als Ausnahmefall erscheinen. Aus jüdischer Sicht war sie ohnehin gleichbedeutend mit dem endgültigen Verlassen der Gemeinde; die „Abscheu gegenüber Konvertiten kann man sich nicht groß genug vorstellen, sie galten als Verräter und auf sie fiel der Haß,

---

40 Zusammengestellt von Ullmann, Julius Echter, S. 360.
41 Vgl. dazu H. R. Schmidt, Konfessionalisierung im 16. Jahrhundert, S. 94–105.
42 So der Tenor bei K. Müller, Würzburger Judengemeinde, S. 278–289.
43 Stretz, Juden in Franken, S. 258–273.

der eigentlich auf die christliche Gesellschaft, Kirche und Obrigkeiten zielte".[44] Aus christlicher Sicht gehörte sie in den Zusammenhang der aus dem Missionsgedanken erwachsenen Bemühungen der Kirchen – und dementsprechend galten Konvertiten als Zeichen der triumphierenden Kirche. Das schlug sich in den anfangs durchaus noch aufwendigen Taufritualen und der Patenschaft hochrangiger Persönlichkeiten nieder. Doch sind auch individuelle Entscheidungen einer Grenzüberschreitung nicht zu übersehen, erfolgten sie aus Glaubensüberzeugung, aus wirtschaftlicher Not oder aufgrund sozialen Aufstiegswillens.[45]

Wegen der wenigen Detailuntersuchungen zu diesem Problemfeld geben allerdings nur zwei Schlaglichter einen gewissen Aufschluss. So wurde die Pfarrei des bereits genannten Juliusspitals in Würzburg zu „einer Art Missions- und speziell Konversionszentrale im Dienst der Gegenreformation", wohl nicht zuletzt deshalb, um die Überlegenheit der katholischen Kirche zu demonstrieren.[46] Tatsächlich sollen zwischen 1680 und 1774 immerhin 171 Taufen von Juden (und Türken) – dazu 1704–1774 noch Konversionen aus anderen Glaubensbekenntnissen – stattgefunden haben, oft von Jugendlichen unter 20 Jahren, die „zum großen Teil der sozialen Unterschicht („Betteljuden") zuzurechnen" waren.[47] Im Falle Bambergs war die Anzahl in etwa gleich hoch: zwischen 1679 und 1799 sind insgesamt 140 Fälle nachweisbar, wobei der Höhepunkt in den 1730er Jahren lag.[48] Die Altersstruktur der Konvertiten reichte hier von Kindern bis zu Erwachsenen, die Motive – soweit sie sich erkennen lassen – lagen in innerfamiliären Konflikten und ökonomischen Haushaltkrisen, doch nicht immer war die Freiwilligkeit gesichert. Ein besonders prominenter Fall war der fürstbischöfliche Leibarzt Adalbert Friedrich Marcus, der 1781 im Beisein des Fürstbischofs Franz Ludwig von Erthal konvertierte und anschließend eine hochgeachtete Führungsrolle im Medizinalwesen Bambergs innehatte.

Dominierte insgesamt eine Haltung, die auf eine mehr oder weniger effektive Abgrenzung zielte, so konnte es nicht ausbleiben, dass die mittelalterlichen Stereotype immer wieder neu evoziert wurden. Auch wenn massive Pogrome nun selten waren, so blieb doch eine latente Judenfeindlichkeit, die in lokalen Vorwürfen immer wieder aufflammen konnte. Vor allem in Franken findet sich eine erhebliche Zahl von Fällen in Dörfern und Märkten, die auf ein ungebrochenes Festhalten an den Legenden verweisen: So hielt sich im würzburgischen

---

44 Ries, Missionsgeschichte, S. 272.
45 Vgl. dazu generell Ries, Missionsgeschichte, S. 294–301.
46 Agethen, Bekehrungsversuche, S. 89f.
47 Wendehorst, Juliuspitalpfarrei, S. 354–360, Zitat S. 357.
48 Schmölz-Häberlein, Bamberg, S. 213–240.

Amt Lauda die alte ‚Volkssage' von der Hostienschändung – die seit dem 13. Jahrhundert dort Verfolgungen ausgelöst hatte (s. Kap. 6). Für ein Bänkelsängerlied, das 1727 in Franken kursierte und Schwabacher Juden beschuldigte, an einem Hund die Kreuzigung Christi nachgespielt zu haben, kulminierend in dem Vers: *Da hängt der Hund der ChristenGOtt*, ließ sich der Kontext genauer ermitteln:[49] Danach verbreitete das ‚Judenlied' sich über die Jahrmärkte und Wallfahrten, gelangte schließlich nach Würzburg, wo Fürstbischof Christoph Franz energisch dagegen einschritt, den Fall untersuchen und entsprechende Verbote publizieren ließ. Es spricht manches dafür, dass das Lied in Augsburg entstanden war, denn dort fand auch die Ritualmordlegende über die Verehrung des Anderl von Rinn in Tirol medialen Eingang. Diese offenbar nach dem Vorbild des Simon von Trient inszenierte Märtyrerlegende wurde nicht nur vom Wiltener Prämonstratenser Ignatio Zach in Augsburg veröffentlicht, sondern verbreitete sich auch über Andachtsbilder und in Wallfahrten von Weilheim über Friedberg bis Genderkingen an der Donau.[50] Die Augsburger Version des ‚Judenliedes' dürfte über verschiedene Stationen nach Franken gewandert sein, obwohl die Vorführung bereits vom Augsburger Rat verurteilt worden war und dann nach dem Willen der Regierung von Ansbach als *Gottsvergeßene[s] ganz unwahrhaffte[s] Lied* unter *scharffe Straff* gestellt werden sollte.[51]

Wenn von derartigen Gerüchten stimulierte Situationen von den Obrigkeiten als gefährliche Unruheherde eingestuft wurden, dann gewinnen die Nachrichten von ähnlichen Vorfällen an Gewicht, und es fällt auf, dass der Ritualmordvorwurf gerade in Franken im 18. Jahrhundert sehr häufig auftrat: Er wurde mehrmals im evangelischen Fürstentum Brandenburg-Ansbach erhoben, so 1654 in Höchstadt, 1656 in Feuchtwangen, 1675 in Großheubach, 1684 im Umland des Hesselberges, 1687 im würzburgischen Gerabronn, 1692 in Euerfeld und Sulzbach, 1693 in Schernau und bei Altdorf, 1715 im Amt Gunzenhausen, 1758 in Markt-Erlbach, dazu in den konfessionell unterschiedlichen ritterschaftlichen Orten im Bamberger Land, nämlich 1746 in Reckendorf, 1785 Wannbach und Muggendorf, 1798 in Küps bei Kronach; 1768 wurden in Bamberg und 1772 in Crailsheim Verhaftungen und Hausdurchsuchungen vorgenommen.[52] Viele dieser Orte lagen in eher abgelegenen Landschaften, andererseits ist eine kon-

---

**49** Erb, Der gekreuzigte Hund, passim.
**50** Dazu neben Erb, Persistenz und Wandel, S. 231; ausführlich Brühl, Tradierung einer Ritualmordlegende.
**51** Erb, Der gekreuzigte Hund, S. 140–148, Zitate S. 147.
**52** Zusammenstellungen bei Rohrbacher/Schmid, Judenbilder, S. 305; Schubert, Arme Leute, S. 159f.; Erb., Der gekreuzigte Hund, S. 119f.

fessionelle Komponente nicht auszumachen, auf jeden Fall ist aber mit der Präsenz der Erzählmuster zu rechnen. Die Obrigkeiten versuchten zwar, dagegen einzuschreiten, doch ließen sich die Legenden nicht unterdrücken, sondern verbreiteten sich weiter, wie ein letzter Fall von 1803 in Ullstadt und Sugenheim im Steigerwald belegt: Es *wurden Briefe, Lieder und eifrig=christlich gesinnte Emissaire ausgeschickt, um alle frommen Christen jener Gegend aufzuhetzen, dieses geträumte Verbrechen an allen Juden fürchterlich zu rächen und alle Israeliten zu vertilgen*; sogar Husarenpatrouillen mussten eingesetzt werden, um die Ruhe wieder herzustellen.[53] Dass auch der Wuchervorwurf allenthalben formuliert wurde, liegt noch eher auf der Hand. Er spielte beim Bamberger Pogrom von 1699 eine entscheidende Rolle (s. Kap. 17), aber auch im Fürstentum Ansbach, wo 1708 eine Kommission unter Leitung des Oberamtmanns von Hohentrüdingen Wackerbart eingesetzt wurde, die vier Jahre lang den angeblichen Wucher der Juden untersuchte – und mit einer außerordentlichen Abgabe von 20.000 fl an den Markgrafen endete.[54] In Bayreuth sprach der Markgraf 1740 von einem *die Untertanen gänzlich aussaugenden Wucher*.[55] Die wirtschaftlichen Notlagen und Versorgungskrisen waren nach wie vor Anlass dafür, dass immer wieder die Suche nach dem Sündenbock einsetzte.

In Schwaben waren diese Stereotypen ebenfalls weiterhin bis ins 18. Jahrhundert präsent. So bemühte etwa Pfarrer Dr. Georg Claudius Kirchbaur anlässlich der Vertreibung der Juden aus dem Fürstentum Pfalz-Neuburg in seiner Predigt zum ‚Festakt' in Monheim sämtliche theologischen Merkmale der Verurteilung des Judentums und sämtliche Erzählmuster von der Ritualmordbeschuldigung über den Hostienfrevel bis zum jüdischen Wucherer und endete mit einer Danksagung an Maria und die Heiligen. Die Verankerung des perfiden Denkens der christlichen Umwelt aber wird in dem ‚feierlichen' Umtrunk mit Schützenfest offenbar, das darauf folgte: Geschossen wurde auf *eine gemahlte Scheiben, worauf fornen ein Jud mit der überschrifft adieu ich raume die Statt, hinter selbem aber eine s.v. Schwein und unter dißer wider ein Jud mit einem in den händ haltenden glaß, den schwein urin auffangend, deme die s.v. Schwein durch die überschrifft zuredet: zum bessten Trunk proficiat.*[56]

Derartige Ereignisse, an denen die tief verankerte Judenfeindschaft aufbrach, wurden begleitet von einer ganzen Reihe von antijüdischen Elementen, die den Alltag zumindest mitbestimmten. So war und blieb physische Gewalt gegen

---

[53] Schubert, Arme Leute, S. 160.
[54] Haenle, Ansbach, S. 68f.
[55] Schubert, Arme Leute, S. 166.
[56] Dazu ausführlich M. Müller, Pfalz-Neuburg, S. 357–364.

Juden ein häufiges Phänomen: Gewalt auf den Straßen, Gewalt in Form von Friedhofsschändungen wie beispielsweise in Kriegshaber, wo im August 1675 auf dem Rückweg von einer Wallfahrt die Schüler des Jesuitengymnasiums das Tor aufbrachen und mehrere Grabsteine beschädigten.[57] Nicht umsonst versprachen die Obrigkeiten immer wieder Schutz gegen jegliche Form von Übergriffen: so etwa ein Würzburger Edikt von 1692, das feststellte, die Juden würden *mit Schlägen übel tractirt, mit Stein verfolgt, ja sogar in ihren eigenen Wohnungen so tags als nachts allbereit angegriffen und trangsaliret*. Und im Bambergischen glaubte 1675 offenbar *das gemeine Landvolk*, dass *dergleichen schwere Thathandlungen und vorgenommene Mordthaten gleichsam unsträflich und keine Lebensstraf nach sich ziehen thäte*.[58] Bei dieser latenten alltäglichen Gefährdung waren umgekehrt von Seiten der Juden Vorsichtsmaßnahmen geboten. Es spricht manches dafür, dass unter den ‚Judenwegen', die in vielen ländlichen Gebieten in den Flurnamen überliefert sind, auch solche waren, die von den Juden vorrangig benutzt wurden, um unliebsame Begegnungen zu vermeiden.[59]

Als demütigend erwies sich zudem die Auferlegung von entehrenden Abgaben: Leibzoll und Würfelzoll. Ersterer wurde immer dann erhoben, wenn ein Jude in ein fremdes Territorium einreiste oder es durchquerte – was aufgrund der herrschaftlichen Vielgestaltigkeit in Franken und Schwaben schon bei den Alltagsgeschäften sehr häufig der Fall war, bedrückend aber erscheinen musste, wenn es sich um den Leichengang zum Verbandsfriedhof handelte. Aus der Person wurde gleichsam eine Ware. Die Hochstifte Bamberg und Würzburg waren hier besonders betroffen, stellte der Leibzoll, der verpachtet wurde, doch eine wichtige Einnahmequelle dar[60] – und die Versuchung, die Zollstellen auf eigenen ‚Judenwegen' zu umgehen, war deshalb besonders groß.[61] Der Würfelzoll wiederum kann als Variante dazu gesehen werden, freilich mit noch deutlicherem antijüdischem Akzent. Er wurde ebenfalls an der Zollstelle gefordert, immer wieder aber auch von verschiedenen Personen auf offener Straße, was nicht selten in handgreiflichen Streit mündete. Nachweise dafür finden sich nicht nur am Rhein und im Alpenraum, sondern auch in Schwaben.[62] Man wird sie wohl so deuten müssen, dass Würfel als gleichsam wertlose Objekte, vielfach als eine

---

[57] Ullmann, Nachbarschaft und Konkurrenz, S. 462.
[58] Zit. nach Schubert, Arme Leute, S. 158.
[59] Rösch, Judenwege, S. 299–308.
[60] Schmölz-Häberlein, Bamberg, S. 60f.; König, Judenverordnungen, S. 161–164, 210–215; zum Markgraftum Ansbach Haenle, Ansbach, S. 108f.; zur Markgrafschaft Burgau Ullmann, Nachbarschaft und Konkurrenz, S. 111f.
[61] Rösch, Judenweg, S. 264–298.
[62] Ullmann, Nachbarschaft und Konkurrenz, S. 462–466.

Art ‚Trinkgeld' galten, und damit als Metapher für die Wertlosigkeit der betroffenen Personen standen, ihre Einforderung schon allein deshalb demütigen sollte. Möglicherweise spielte auch die Karfreitagsszene eine Rolle, als um die Kleider Jesu gewürfelt wurde.[63]

Genug der Beispiele; sie lassen jedenfalls erkennen, dass zu jeder Zeit mit der latenten Abwehr der Juden als ‚Fremden' zu rechnen war. Diese Einschätzung wird unterstrichen durch die „Sprache der Judenfeindschaft", deren Elemente sich bei der Auswertung einschlägiger Texte der Frühen Neuzeit herausdestillieren lassen.[64] Auch in ihnen spiegeln sich weiterhin die Formeln von der Verstocktheit der Juden, ihrer Verantwortlichkeit für den Tod Jesu, der Lästerung des Christentums und ihrer Verbindung mit dem Teufel, in ihnen wurden die mittelalterlichen Stereotype wiederholt. „Die Frühmoderne [hatte] hier nichts wesentlich Neues mehr ‚beizusteuern' und [fungierte] mehr oder weniger nur als ‚Brücke' [in die Moderne, R.K.]."[65] Die inhaltlichen Komponenten des Hasses auf das sich als auserwählt verstehende Volk, die Marginalisierung und Vertreibung als Lösungsmuster blieben ebenso erhalten wie die Absicht, „sie in ihrer geistigen und geistlichen Identität zu treffen", während „die potentielle Forderung nach physischer Vernichtung der Juden offensichtlich einem Tabu unterlag"; damit war und blieb die Judenfeindschaft ein „kulturelles Deutungsmuster".[66] Noch kann man zwar keinen rassisch-völkischen Antisemitismus zugrunde legen, sondern muss nach wie vor von einem religiös verankerten Antijudaismus – auch bei den scheinbar säkularen Motiven wie dem Wuchervorwurf – ausgehen. Doch allein dieser Befund muss auch bei der folgenden Analyse des frühneuzeitlichen Judentums immer wieder in Rechnung gestellt werden.

Andererseits war bei einer andauernden Präsenz jüdischer Niederlassungen und jüdischen Lebens auch eine Herausforderung gegeben, ob nicht die Einstellung gegenüber den religiösen Minderheiten zu überdenken war. Ob sich daraus langfristig auch Ansätze für eine Öffnung ergeben konnten, ob sich vor allem im „entscheidenden Kommunikationsraum im Umgang mit Migration, Fremdheit und konfessioneller Devianz", nämlich in der Kommune als „wichtigste[m] institutionelle[m] Ort" neben Konkurrenz und Diskriminierung auch Verhaltensmuster der Akzeptanz entwickeln konnten,[67] wird noch zu diskutieren sein.

---

63 Vgl. dazu Burmeister, Würfelzoll, S. 61–64.
64 Hortzitz, Sprache der Judenfeindschaft, passim.
65 Hortzitz, Sprache der Judenfeindschaft, S. 566f.
66 Hortzitz, Sprache der Judenfeindschaft, S. 568–571.
67 So die These von Häberlein/Zürn, Minderheiten als Problem, S. 22–34, Zitat S. 27.

# 13 Zwischen Ausweisung und Konsolidierung: die ‚Atomisierung' der Niederlassungen im 16. Jahrhundert

Nach der großen Ausweisungswelle des 15. und beginnenden 16. Jahrhunderts begann die neue Phase des aschkenasischen Landjudentums. Zwar bahnte sich der Übergang bereits in den vorausgehenden Jahrzehnten an, die Zahl der Niederlassungen in dörflichen, märktischen und kleinstädtischen *Jischuwim*, in denen einzelne Familien unterkamen und mehr oder weniger lange lebten, wuchs gegenüber den großstädtischen *Kehillot*, doch nun war dieses Strukturelement im Südosten des Reiches die nahezu ausschließliche Lebensform. Dieser Strukturwandel ging Hand in Hand mit einer massiven Reduktion der Bevölkerungszahlen, sodass diese Siedlungsform mit dem Begriff der ‚Atomisierung' anschaulich belegt wurde.[1] War das einerseits von herrschaftlicher Seite meist durchaus gewollt, so stellte es doch das Vergesellschaftungsideal der autonomen Gemeinde in diesem Rahmen grundsätzlich in Frage.

Freilich ist diese Phase jüdischer Existenz bislang nur bedingt fassbar, weil das hohe Maß an Fluktuation die Nachweise erheblich erschwert und eine Beschreibung ihrer Lebenswirklichkeit nur in Einzelfällen möglich macht – zumal die wissenschaftliche Aufarbeitung bislang erst teilweise erfolgt ist.[2] Um dennoch wenigstens Umrisse erstellen zu können, muss noch mehr als bisher die exemplarische Darstellung gewählt werden.

Die größte ‚Fehlstelle' war zweifellos das Herzogtum Bayern, das nach dem Landshuter Erbfolgekrieg 1504 vereint und über die Primogenitur vor einer Teilung geschützt war. Nach der Ausweisung um die Mitte des 15. Jahrhunderts waren in den altbayerischen Landen kaum mehr Juden zu finden – sieht man von denen ab, die lediglich durchreisten. Freilich wird man auch davon ausgehen dürfen, dass sich von den Rändern her ‚Grauzonen' bildeten, insbesondere mit der Vertreibung der großen Gemeinde von Regensburg 1519, wie das einzelne

---

[1] Der Begriff stammt von Daniel Cohen.
[2] Nach den älteren Darstellungen von jüdischen Autoren: Eckstein, Bamberg, Haenle, Ansbach, und Weinberg, Oberpfalz, sowie L. Müller, Aus fünf Jahrhunderten. Germania Judaica IV, die im Gegensatz zu den ersten Bänden nach Territorien konzipiert wird, liegt bislang nur in einem Beispiel vor: Treue, Hessen-Marburg. Territoriale bzw. räumlich über die Ortsgeschichte weiter ausgreifende Aufarbeitungen für das 16. Jahrhundert sind vor allem für Schwaben vorgelegt worden, für Franken und die Oberpfalz im Gange.

Belege für Pfreimd, Burglengenfeld und Kelheim nahelegen.³ Wohl im Zuge der rigorosen Katholisierung des Herzogtums unter Albrecht V. (reg. 1550–1579) kam es deshalb zu einer Neuauflage der Ausweisung der Juden 1551: Nach einem peinlichen Inquisitionsverfahren gegen vier Juden in München, davon zwei, die sich in Stadtamhof bei Regensburg niedergelassen hatten, wurden sie nur gegen die Zusage, dass sich künftig kein Jude mehr in Bayern niederlassen dürfe, freigelassen – gebilligt durch die Unterschrift von Josel von Rosheim, dem *Schtadlan der Juden des Reiches*.⁴ Und so hielt auch die Landesordnung vom 13. Mai 1553 fest, dass *hinfüran kain Jude noch Jüdin in vnser Fürstthumb weder mit heüßlicher wonung noch gewerbe oder handtierungen mer kommen noch von jemand darinn gedult oder auffgenommen* werden durfte; die Durchreise war „nur mit Geleitschutz, auf dem kürzesten Weg und ohne verzögernden Aufenthalt gestattet. Geschäfte bayerischer Untertanen mit Juden im Ausland wurden für ungültig erklärt."⁵ Mit dieser Abschottung war im Herzog- und (seit 1623) Kurfürstentum Bayern jüdisches Leben bis ins 19. Jahrhundert unmöglich geworden – sieht man von den Hofjudenfamilien in München ab, die aber eine Sonderstellung einnahmen (s. Kap. 17).

Ganz anders sah die Situation in Franken und Schwaben und selbst in der Oberpfalz aus. Für Unterfranken lässt sich die neue Siedlungsstruktur in der Zeit nach der Austreibungsphase genauer fassen. Die Politik der Fürstbischöfe von Würzburg war nach den restriktiven Tendenzen der vorreformatorischen Zeit zunächst weiter zumindest partiell darauf gerichtet, die Rolle der Juden einzudämmen:⁶ Konrad von Thüngen (reg. 1519–1540) war ein „Mann des Kaisers", pendelte aber in seiner Politik zwischen Einschränkung – er verordnete zunächst ein Verbot des Wuchers –, sodann einer Wiederholung des Vertreibungsmandats – das aber nicht oder nur bedingt umgesetzt wurde – und sogar der Erlaubnis zur Ansiedlung in Einzelfällen.⁷ Seine Nachfolger reagierten auf das Drängen der Bürger und des Domkapitels – *dan irye zu vil hie und allenthalben im stift*, heißt es 1541 – eher dilatorisch; ein neues Ausweisungsmandat von 1544 sorgte tatsächlich für Abwanderungen, finanzielle Engpässe dagegen anschließend wieder für die Erlaubnis einzelner Niederlassungen. 1556 sprach das Domkapitel von 300, Bischof Melchior Zobel (reg. 1544–1558) von lediglich 60 Juden

---

3 GJ III/2, S. 1202 mit Anm. 528, S. 1129.
4 Stern, Josel von Rosheim, S. 204f.
5 Zit. nach Heimers, Aufenthaltsverbot und eingeschränkte Zulassung, S. 39.
6 K. Müller, Würzburger Judengemeinde, S. 210–344; das folgende Zitat S. 219.
7 Mit unterschiedlicher Akzentuierung König, Judenverordnungen, S. 102–105; Stretz, Juden in Franken, S. 47.

in der ‚Diözese' (gemeint war wohl das Hochstift) – allerdings werden nur einige Orte greifbar; in der Stadt Würzburg umfasste die Gemeinde 1547 nur mehr acht Familien mit 29 Personen.[8] Als dann die antijüdische Haltung stärker wurde und Bischof Friedrich von Wirsberg (reg. 1558–1573) erneut 1560 die Ausweisung mit kaiserlicher Zustimmung verfügte, wanderten die Juden aus den hochstiftischen Orten tatsächlich weitgehend ab. Freilich verweigerten sich der Adel und die Ritterschaft in ihren Enklaven; sie „machten sich für die Juden stark und avancieren zu deren wichtigsten Bundesgenossen".[9] Julius Echter von Mespelbrunn (reg. 1575–1617) versuchte dann mit aller Macht, die Ausweisung durchzusetzen, wobei für seine ‚Judenpolitik' die Erklärung in einer komplexen „Multikausalität" liegen dürfte.[10] Auf jeden Fall aber verlagerte sich mit diesen Maßnahmen das Gewicht zunächst in die ländliche Sphäre der adeligen Enklaven und Angrenzer. Erst in den 1620er Jahren lockerten die Fürstbischöfe Johann Gottfried von Aschhausen (reg. 1617–1622) und Philipp Adolf von Ehrenberg (reg. 1623–1631) diese restriktive Haltung und ließen Juden auch wieder im Hochstiftsland zu, freilich vorwiegend in kleinen Ansiedlungen.[11] Eine zeitgenössische Statistik von 1621/23 verzeichnete wieder 68 Juden in 13 Orten, davon 22 in ritterschaftlichen, darunter Aub mit neun und Schwanfeld mit zwölf Familien.[12]

Wie sich das Leben in dieser Region konkret realisierte, ist am Beispiel der Grafen von Wertheim gut nachzuvollziehen. Die Grafschaft wurde zur „Siedlungsalternative" – möglicherweise im Kontext der Reformation seiner Herrschaft mit Eberlin von Günzburg (s. Kap. 12):[13] Nachweise finden sich in den Amtsorten – Laudenbach, Freudenberg, Neustadt und Remlingen – sowie zwei Dörfern und einer Burgsiedlung; Wertheim selbst, das bereits 1509 als *Kahal* bezeichnet wurde, war offenbar der Mittelpunkt; 1542 lebte dort mit 30 Personen die Hälfte der in der gesamten Grafschaft nachzuweisenden 58 Juden.[14] Die Ausgewiesenen aus der Umgebung von Nördlingen bis Rothenburg und auch der Markgrafschaft Ansbach fanden hier schon um 1520 Aufnahme, sodass von einer gewissen „Res-

---

8 Bohrer, Würzburg, S. 53.
9 K. Müller, Würzburger Judengemeinde, S. 276.
10 Bejaht von K. Müller, Würzburger Judengemeinde, S. 278–344; demgegenüber negiert König, Judenverordnungen, S. 122–124, diesen Zusammenhang; dem schließt sich Stretz, Juden in Franken, S. 61f. an; dezidiert für die „Multikausalität" tritt ein Ullmann, Julius Echter, S. 357–361, Zitat S. 357.
11 Bohrer, Würzburg, S. 100.
12 Bohrer, Würzburg, S. 122–125.
13 Stretz, Juden in Franken, S. 67–70.
14 Stretz, Juden in Franken, S. 48–51, Zitat S. 48.

tituierung jüdischen Lebens" gesprochen wurde.[15] Auch wenn nach der Jahrhundertmitte die Restriktionen in der kleinen Residenzstadt zunahmen, blieb trotz Fluktuation die Siedlungskontinuität erhalten – und nur in den herrschaftlich umstrittenen Orten Remlingen bzw. Freudenberg und Heidenfeld, also in den Ämtern, die an Würzburg verloren gingen, fanden die Niederlassungen ein (vorläufiges) Ende.[16] Andere Hochadelsfamilien wie die Grafen von Schwarzenberg sind den Wertheimern an die Seite zu stellen. Demgegenüber betrieben die Grafen von Castell in den 1570er Jahren eine Ausweisungspolitik, und die Landgrafen von Leuchtenberg gingen einen „Mittelweg", denn auf Druck des Stadtrates in Grünsfeld ordneten sie dort die Ausweisung an, ließen aber in den umliegenden Dörfern weiterhin die Niederlassung zu. Der Deutsche Orden seinerseits förderte wiederum die Niederlassungen in der Tauberregion.[17]

Die Ritterschaft bot zusätzlich zahlreiche Möglichkeiten:[18] Die Freiherren von Zobel, die mit dem Hochstift Würzburg in Goßmannshofen konkurrierten, verzeichneten 1532 sogar zehn jüdische Haushalte, die Herren von Wolfskeel nahmen 1587 einige Familien in Reichenberg auf. Eine herausgehobene Stellung scheinen die Orte Fechenbach und Reistenhausen am Main unter der Herrschaft der Reichritter Rüth von Kollenberg eingenommen zu haben: Sie erhielten 1566 von Kaiser Maximilian II. ein Privileg von 1555 bestätigt, Schutzjuden in ihre Herrschaft aufnehmen zu dürfen; wenn der Friedhof tatsächlich schon 1542 bestand (*Juden Gartten*), dann wäre das ein Hinweis darauf, dass hier ein Mittelpunkt im Wachsen begriffen war – für den allerdings erst sehr viel später Nachrichten überliefert sind.[19] Zu einer ansehnlichen Gemeinde wurde auch das gemischtherrschaftliche Rödelsee mit einem alten Friedhof, einer Synagoge, einer Mikwe, einem Rabbiner samt Jeschiwa – was allerdings nicht verhinderte, dass die Niederlassung 1615/16 im „Konsens der Kondomini" aufgehoben wurde.[20] Ähnliche Mittelpunktsfunktionen erhielt auch Eibelstadt, wo seit 1583 die Herren von Pappenheim mit ihrem Anteil an der Ortsherrschaft einige Familien ansiedelten, zunächst gegen das Domkapitel von Würzburg als Konkurrenten. Mit dem Kauf des Pappenheimer Besitzes 1620 übernahm letzteres dann deren Juden, die

---

15 Stretz, Juden in Franken, S. 52.
16 Stretz, Juden in Franken, S. 58f.
17 Stretz, Juden in Franken, S. 57f.
18 Dazu die Ortsartikel des Synagogenbandes III, 1. Vgl. dazu auch die Auflistung von Stretz, Juden in Franken, S. 55f., 60.
19 Synagogenband III, 1, S. 395f.
20 Stretz, Juden in Franken, S. 54f., 61.

neben einem Gemeindezentrum mit Synagoge und Mikwe zudem seit 1631/32 über einen Friedhof verfügten.[21]

Eine Sonderstellung zeichnet sich auch für Heidingsfeld in unmittelbarer Nachbarschaft zur Bischofsstadt ab:[22] Die ehemals zu ‚Neuböhmen' gehörige Stadt, die 1508 an das Hochstift Würzburg gekommen war, hatte seit dem ausgehenden Mittelalter auch das Recht, Juden aufzunehmen, was noch 1524 von Kaiser Karl V. bestätigt worden war. Die jüdische Gemeinde hatte sich schon im 15. Jahrhundert gegenüber Würzburg verselbstständigt und genoss einen Sonderstatus, der möglicherweise auch die Aufnahme von aus dem Hochstift Vertriebenen nach sich zog. Um 1570 ist zudem eine Synagoge genannt, wohl der Nachfolgebau der mittelalterlichen, der die Zentralitätsfunktion dieser Gemeinde sichtbar werden ließ. Zwar konnte der Fürstbischof seinen Einfluss in der Stadt immer mehr ausbauen, dennoch blieb die Präsenz von Juden weiterhin bestehen – und führte 1651 schließlich sogar dazu, dass Heidingsfeld Sitz des Oberrabbinats wurde (Abb. 35).

So zeichnen sich in dem Gewirr der Herrschafts- und Rechtsverhältnisse unterschiedliche Tendenzen ab: Einerseits agierte vor allem das Hochstift Würzburg auf der restriktiven Seite – das wandelte sich erst in den 1620er Jahren, wobei es freilich viele Niederlassungen im Kontext der Territorialentwicklung gleichsam „erbte". Andererseits fanden sich gerade beim Adel immer wieder aufnahmebereite Herrschaftsträger. So konnten sich neben der ‚Atomisierung' auch einige zentrale Gemeinden entwickeln; die Gesamtstruktur der Region wies also keinen flächendeckenden Bruch auf, und darauf konnte auch die spätere Konsolidierung aufbauen.

Im Hochstift Bamberg bleibt die Situation des 16. Jahrhunderts demgegenüber unklarer, denn die sporadischen Nachrichten lassen lediglich den Schluss zu, dass sich gegen Ende des 16. Jahrhunderts in einer Reihe von Orten des Hochstifts Bamberg wieder Juden finden. Nach einem frühen Nachweis in Buttenheim – hier teilte 1525 der Bischof den Judenschutz mit den Markgrafen von Ansbach –, finden sich dann in Hirschaid 1579, in Demmelsdorf und Zeckendorf (heute Stadtteile von Scheßlitz) jeweils 1586 wieder Belege. Ansonsten fällt auch hier auf, dass im ausgehenden 16. und beginnenden 17. Jahrhundert eine Reihe von adeligen Enklaven, wie die Herren von Aufseß in Aufseß und die Freiherren von Crailsheim in Walsdorf, Juden aufnahmen.[23] Freiherr Wolf Georg von

---

21 Schicklberger, Eibelstadt, S. 8–51.
22 Synagogenband III, 1, S. 681–688; vgl. König, Judenverordnungen, S. 99–102, 149–154.
23 Eckstein, Bamberg, S. 115–140, bringt für diese Zeit kaum Nachrichten; Dippold, Jüdischen Leben in Franken, S. 27–32, bietet einige Beispiele; ebenso einige Daten in Synagogenband II: Oberfranken.

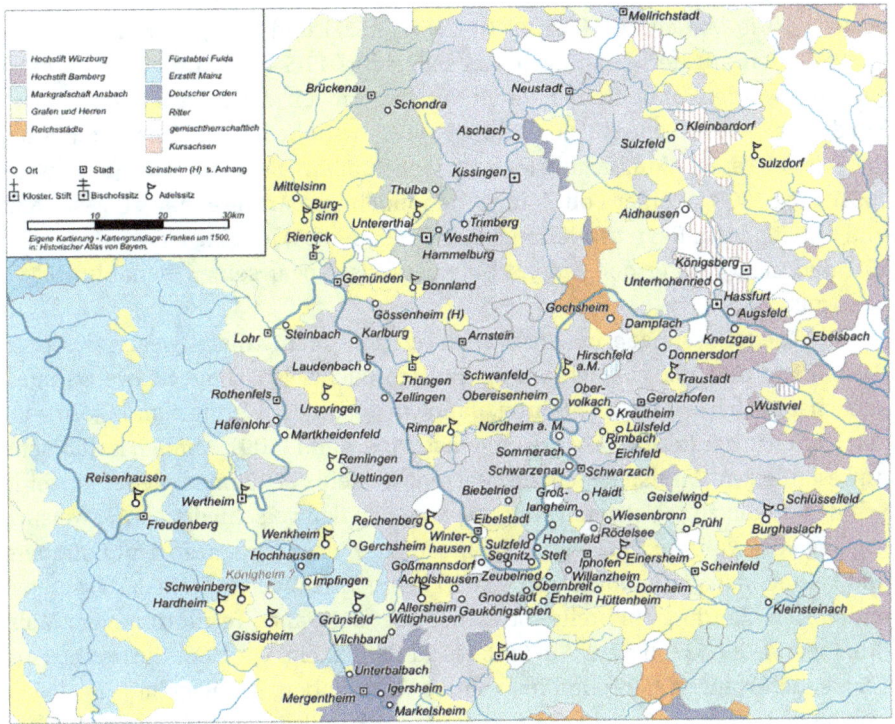

**Abb. 35:** Jüdische Niederlassungen in Main- und Tauberfranken 1551–1600

Schaumberg ließ um 1615 in Schwürbitz, wo bereits 1587 Juden belegt sind, sogar *drey jüdenheußer* [...] *ufrichten*, die Herren von Wiesenthau in Reckendorf folgten 1607, und diese Siedlung umfasste 1624 bereits sieben Familien mit 45 Personen.[24] Diese Beispiele können lediglich andeuten, dass in diesen Jahren eine nicht unbeträchtliche Zunahme der Siedlungen in adeligen Herrschaften erfolgt sein dürfte – die Schilderung genauerer Strukturen erforderten jedoch weitere Untersuchungen.

Auch in den Territorien der Markgraftümer – Ansbach und Bayreuth waren wechselseitig auf ihre Eigenständigkeit bedacht, auch wenn sich mit Georg (reg. 1527–1543) und Georg Friedrich (reg. 1556–1603) zeitweise Personalunionen einstellten[25] – wurde eine Kontinuität der Anwesenheit über das gesamte 16. Jahrhundert durch eine Reihe von Austreibungsmandaten immer wieder in Frage

---

24 Dippold, Konfessionalisierung, S. 35.
25 Endres, Staat und Gesellschaft, S. 758–764.

gestellt.²⁶ Die Markgrafen Casimir (reg. 1515–1527) und Georg waren von ihren Landständen auf den Landtagen von Baiersdorf 1515 und Ansbach 1539 dazu gedrängt worden, ohne freilich damit durchzudringen. Auch die Mandate Georg Friedrichs von 1560, 1564, 1566 und 1583 wurden nur bedingt durchgesetzt. Nach der Zeit der Personalunion ging Markgraf Joachim Ernst von Ansbach (reg. 1603–1623) nach 1608 zu einer Politik über, den Juden ihre Anwesenheit zu gestatten, und Christian von Bayreuth-Kulmbach (reg. 1603–1655) umging eine Ausweisung 1611 dadurch, dass er den Judenschutz zeitweise sogar seiner Gemahlin Maria übertrug.²⁷

Die Niederlassungen im Ansbacher Teil sind nicht zuletzt wegen des politischen Hin und Her vielfach nur sporadisch nachweisbar, mit Schwerpunkten zunächst noch in den 1530er Jahren, dann wieder an der Wende zum 17. Jahrhundert – auch in der Residenz Ansbach selbst (1509, dann 1609). Ähnlich ist jüdische Anwesenheit in Windsbach einzuschätzen, wo seit 1529 immer wieder einzelne Schutzzusagen zu registrieren sind, die aber von den verschiedenen Ausweisungen abgelöst wurden; 1582 wird jedoch berichtet, dass im ganzen Amt Colmberg und Leutershausen (Landkreis Ansbach) keine Juden lebten.²⁸ Niederlassungen finden sich allerdings in breiter Streuung über das ganze Territorium vom Main (Kitzingen 1525/1532) bis zur Alb (z.B. Markt Berolzheim vor 1593, Gunzenhausen 1593, Feuchtwangen 1599) und ins heutige Württemberg (Crailsheim 1524, 1596), wobei wiederum die Anzahl der Familien sich jeweils in engen Grenzen hielt.²⁹ Ein Schwerpunkt lässt sich im östlichen Bereich in und um die beiden Städte Schwabach und Roth, also im traditionellen Wirtschaftsraum von Nürnberg, ausmachen und genauer beschreiben:³⁰ Bezeichnenderweise lebten in beiden Städten im 16. Jahrhundert nur einzelne Familien und der Aufstieg der dortigen jüdischen Gemeinden begann erst nach dem Dreißigjährigen Krieg, während in dem Dorf Georgensgmünd, wo seit der Jahrhundertmitte Juden fassbar sind, ein schnelles Anwachsen zu beobachten ist, sodass 1603 bereits sieben Häuser mit elf Familien und zwei Witwen mit 54 der insgesamt 74 im ansbachischen Oberamt Roth lebenden Personen registriert wurden. Zu dieser Kleinregion gehörte auch Thalmässing im benachbarten Oberamt Stauf und Landeck, wo zusammen mit den benachbarten Orten Aue und Eysölden schon im 15. Jahrhundert Juden siedelten, die um 1600 aber verlassen waren.

---

26 Dazu Haenle, Ansbach, S. 19–24; Eckstein, Bayreuth, S. 14–24.
27 Eckstein, Bayreuth, S. 26–33.
28 Jehle, Kirchliche Verhältnisse, S. 343.
29 Einzelorte bei Haenle, Ansbach, S. 45–51; Synagogenband I (Oberfranken), II (Mittelfranken).
30 Dazu Kuhn, Gemeinden, S. 29–49.

Dass Fürth im Umland Nürnbergs zu einem Zentrum aufsteigen sollte, zeichnete sich in dieser Phase erst langsam ab:[31] Die Ansiedlung zweier getrennter jüdischer Gruppen von Seiten der Dompropstei Bamberg und des Markgrafen Georg von Ansbach – unter Protest der Reichsstadt Nürnberg – erhielt erst 1607 einen Friedhof und 1615/16 die erste Synagoge. In der frühen Zeit bildeten zudem noch Juden im benachbarten (Unter-)Farrnbach eine weitere kleine Siedlungseinheit, die ebenfalls den Nürnberger Markt besuchten – obwohl der Rat seit 1539 seinen Bürgern Geschäfte mit den Juden untersagt hatte. Ein gewisses Pendant entstand östlich von Nürnberg an der Schnittstelle zwischen der städtischen Gewerbelandschaft und dem Oberpfälzer Eisenrevier in der Herrschaft Rothenberg.[32] Seit 1478 im Besitz einer Ganerbenschaft, entwickelte sich seit Anfang des 16. Jahrhunderts in Schnaittach eine Gemeinde, die sich ab den 1570er Jahren mit den Nachbarorten Ottensoos, Hüttenbach und wohl auch schon Forth zu einer beachtlichen jüdischen Siedlungskonzentration mit wohl mehr als 40 Familien erweiterte und auch von der oberpfälzischen Lehensherrschaft in Amberg trotz mehrfacher Anläufe seit 1575 nicht verhindert werden konnte.

Im Bayreuther Teil (zu dem im ‚Unterland' auch Erlangen und der Aischgrund gehörten)[33] dagegen verschwanden die Juden weitgehend, selbst aus der Residenzstadt sind nur vereinzelte Nachrichten überliefert. Hatte Neustadt a.d. Aisch zunächst noch auf Fürsprache der Witwe Anna (von Sachsen, gest. 1512) des Markgrafen Albrecht Achilles Flüchtlinge aus Nürnberg aufgenommen, so wurde auch diese Gemeinde nach ihrem Tod in den Sog der Ausweisungen einbezogen. Die hohe Fluktuation zog besonders labile Verhältnisse nach sich. Dennoch gab es immer wieder Schlupflöcher, vor allem wiederum in den adeligen Enklaven innerhalb des Territoriums, in die man zeitweise ausweichen konnte. In Oberkotzau, einem Rittergut und Markt südlich von Hof, so unterstellte der protestantische Superintendent 1611 bei seiner Invektive gegen die Anwesenheit von Juden im Lande, seien allein 150 untergekommen.[34] Auch wenn die Zahl aus naheliegenden Gründen überhöht sein dürfte, so zeigt sie doch eindringlich die prekäre Situation. Im ‚Unterland' erging am Ende des 16. Jahrhunderts die Klage, Baiersdorf sei völlig von Juden „überbelegt"; hier konnte sich sogar eine Gemeinde mit Synagoge und Friedhof und vielleicht sogar bis zu 350 Personen in 14 Häusern entfalten, für deren Erhalt 1609 Markgraf Christian gegenüber der Landschaft

---

31 Synagogenband I, S. 266–272.
32 Weinberg, Bezirk Rothenberg, S. 1–17.
33 Eckstein, Bayreuth, S. 15f.
34 Eckstein, Bayreuth, S. 33.

eintrat.³⁵ Auch diese Zahl dürfte übertrieben sein, doch weist sie auf eine akzeptierte Insel der Konzentration im Feld der ‚Atomisierung' hin – 1629 wohnten hier allerdings nur noch zwölf Familien; in Bruck bei Erlangen waren es noch sechs, in den übrigen Orten aber wiederum nur einige wenige.³⁶

Sehr viel stärker fiel die Kontinuität in der Grafschaft Oettingen aus, wo schon seit langem Juden lebten (s. Kap. 8):³⁷ Auch wenn mit der Ausweisung aus Nördlingen 1507 insofern ein Bruch eintrat, als die Stadt mit ihrem kaiserlichen Mandat erreicht hatte, dass im Umkreis von zwei Meilen keine Juden geduldet wurden, weigerte sich Graf Martin, das in seinen Wallersteiner Teil zu vollziehen – wobei die Juden auf dessen Schutzzusage pochten: Als der Notar und die Nördlinger Gesandten die im Haus des Wallersteiner Barnossen Falch zusammengekommenen Juden mit dem Mandat konfrontierten, berief Falch sich seinerseits auf die kaiserlichen Zusagen: „er und die seinen wären ebenso gut gefreit als die von Nördlingen". Ganz ähnlich erging es dem Notar in anderen Orten, zum Teil weigerten sich die Juden sogar, Abschriften der Dokumente überhaupt entgegenzunehmen, sodass sich „der Notar genöthigt [sah], dieselben in einen Mauerspalt des Hauses [...] zu legen". Aus diesen Nachrichten lässt sich ableiten, dass 1538 neben dem Residenzort selbst und der Kleinstadt Neresheim in elf Dörfern Juden zu finden waren – freilich wiederum jeweils nur wenige Familien.³⁸ Auch hier war die Fluktuation erheblich, denn am Ende des 16. Jahrhunderts ist etwa die Hälfte dieser Orte nicht mehr verzeichnet, dagegen kamen 15 weitere neu dazu, unter ihnen die – herrschaftlich geteilte – Residenzstadt Oettingen, wobei die Gemeinde allerdings durch die politischen Wechsellagen des Schmalkaldischen Krieges eine zeitweise Auflösung erfuhr. Der Zugang zum Nördlinger Markt war hier jedenfalls eine wichtige Orientierungsgröße, wie die Auflistungen in den Standregistern der Nördlinger Pfingstmesse zeigen.

Eine Entwicklung mit besonders starken Störungen ergibt sich im Territorium Pfalz-Neuburg – das ja erst 1505 nach dem Landshuter Erbfolgekrieg als Entschädigung für die pfälzische Linie der Wittelsbacher entstanden war. Im oberen Herrschaftsteil an der Donau war die mittelalterliche Vorgeschichte nach der Ausweisung aus Bayern-Landshut 1450 abgebrochen – zumindest sind keine Nachweise mehr vorhanden, und das blieb auch so unter dem ersten Pfalzgraf Friedrich.³⁹ Erst mit den Brüdern Ottheinrich (reg. 1522–1559) und Philipp (zus.

---

35 Eckstein, Bayreuth, S. 25.
36 Eckstein, Bayreuth, S. 24f., 33; Haenle, Ansbach, S. 22.
37 Zum Folgenden L. Müller, Aus fünf Jahrhunderten II, S. 81–88.
38 Vgl. L. Müller Aus fünf Jahrhunderten II, S. 89–92; das Zitat S. 90.
39 Hierzu und zum Folgenden nach Volkert, Pfalz-Neuburg, S. 574–576, nun detailliert M. Mül-

bis 1541) werden dann dauerhaft siedelnde Judenfamilien im ‚Oberland' greifbar: 1534 in Titting vier Familien, deren Zahl sich bald auf sieben erhöhte und die sogar einen Friedhof bewilligt bekamen, sowie der Stadt Gundelfingen, wo zwei Familien zumindest zeitweise Zuflucht fanden.[40] Doch zeigt die weitere Entwicklung, wie stark die Fluktuation und wie groß die Variationsbreite der Siedlungstypen ausfiel:[41] Seit 1547/48 sind in Lauingen und Gundelfingen Juden nachweisbar, 1548 in der Residenzstadt Neuburg samt dem benachbarten Bergheim, 1549 in den Hofmark Tapfheim und nach dem Verkauf von Titting 1544 die nach Rennertshofen Umgesiedelten, doch handelte es sich wiederum jeweils lediglich um wenige Familien. Auch in den Oberpfälzer Teilen der Herrschaft sind nur Einzelnennungen überliefert, u.a. in Burglengenfeld und Kallmünz 1541, Schwandorf 1544. Auffällig bleibt aber, dass die insgesamt auf etwa 30 Familien geschätzte jüdische Population im gesamten Fürstentum – also einschließlich der oberpfälzischen Teile – vorwiegend in Städten und Märkten ansässig war, wo sie Anschluss an die nichtagrarische Wirtschaft hatten. Freilich war dieser Neuansatz nicht dauerhaft, denn nachdem der Schutz vom kaiserlichen Statthalter 1548 noch verlängert worden war – Pfalzgraf Ottheinrich galt als protestantischer ‚Kriegsfürst' und hatte seine Herrschaft zeitweise verloren –, erließ Ottheinrich nach der Rückkehr 1552 in sein Land aus „herrschaftpolitischem Kalkül und landständischer Offensive", nicht aber aus protestantisch-religiöser Sicht wie in der Kurpfalz 1556, ein Ausweisungsmandat, das einen Bruch in diesem Territorium für mehr als 60 Jahre bedeutete.[42] Erst nach der Konversion des Landesherrn Wolfgang Wilhelm zum Katholizismus 1614 kam es zur Neuansiedlung, und zwar wiederum vorwiegend in den Städten.[43]

Am größten war die Diskontinuität in Schwaben südlich der Donau: Nach der Ausweisung der bis dahin dominanten reichsstädtischen Gemeinden stellte sich eine völlige Neustrukturierung ein, auch wenn die alte städtische Zentralität noch weiter durchscheint. So belegen die Nennungen in verschiedenen Dörfern im Umland Memmingens – in Amendingen (1522, 1529), Schwaighausen (1529) und Grönenbach (1529) –, dass die Memminger Bürger und Bauern nach wie vor ihrer Kredite bedurften. Einzelne Juden lassen sich hier und an anderen Orten bis über die Mitte des 16. Jahrhunderts nachweisen, dann verlieren sie sich.[44]

---

ler, Pfalz-Neuburg, S. 16–32.
**40** M. Müller, Pfalz-Neuburg, S. 26–32.
**41** M. Müller, Pfalz-Neuburg, S. 44–46.
**42** M. Müller, Pfalz-Neuburg, S. 76–99, Zitat S. 98.
**43** Volkert, Pfalz-Neuburg, S. 582–584; M. Müller, Pfalz-Neuburg, S. 105–112.
**44** Miedel, Memmingen, S. 17–39.

In Mittelschwaben stellte sich demgegenüber bald eine Häufung der ländlichen Niederlassungen ein:[45] Ein erster Hinweis ergibt sich aus einem Mandat der Pfalzgrafen von Neuburg von 1524, das an die Juden zu Günzburg, Burgau, Bissingen, Brenz, (Donau-)Altheim, Binswangen und allen anderen Juden *an unnser Fürstenthumb und Lannd stesende* gerichtet war, die Geschäfte mit den pfälzischen Untertanen machten und sie ggf. vor das kaiserliche Gericht in Rottweil zogen.[46] Daraus ergibt sich, dass in dieser Zeit bereits einige Familien im Bereich der Markgrafschaft Burgau und an der Donau saßen. Einzelnachrichten zu den Marktorten Thannhausen 1529,[47] Ichenhausen und Neuburg a.d. Kammel 1541[48] sowie Binswangen 1539 und Hürben (heute Stadtteil von Krumbach) 1541 folgten.[49] Dazu kam in Oberhausen (heute Stadtteil von Augsburg) 1553 die Niederlassung von zwei Familien unter bischöflichem Schutz; sie wurde veranlasst von Simon von Günzburg, dem Ahnherrn einer der potentesten jüdischen Familien im süddeutschen Raum in dieser Zeit.[50] Der große zeitliche Abstand zwischen der Vertreibung aus Augsburg 1438/40 und diesen Belegen verbietet es jedoch, von einem direkten Ausweichen in die Landgemeinden zu sprechen.

Anders in Ulm: nach der Ausweisung von 1499 finden sich im städtischen Umland, das als ‚Ulmer Winkel' schon seit dem Spätmittelalter intensiv herrschaftlich und wirtschaftlich an die Stadt gebunden war, um 1510 in Winterbach, 1513/14 in Rieden a.d. Kötz, 1515 in Bühl[51] und 1525 in Grafertshofen (heute Stadtteil von Weißenhorn) Nachweise von einzelnen jüdischen Familien. Vollends schlüssig erscheint der Zusammenhang, als spätestens 1540 mit Simon von Günzburg eine Familie in Erscheinung trat, die schon von der Namensgebung – Ulma, Ulmo; später Ullmann – als Zuzügler aus der Reichsstadt anzusprechen sind.[52] In Günzburg hatten schon seit 1434 Juden gewohnt – wie in dem benachbarten namengebenden Städtchen Burgau[53] –, dorthin war um 1440 eine Augsburger Familie zugewandert, später einige aus Ansbach und Ulm. Die Kleinstadt als Zentrum der habsburgischen Markgrafschaft konnte also für Mitglieder aus

---

45 Kießling, Judendörfer, S. 158f., 166–169; Ullmann, Nachbarschaft und Konkurrenz, S. 40–46.
46 M. Müller, Pfalz-Neuburg, S. 21.
47 Stegmann, Thannhausen, S. 23; der frühere Beleg von 1510 ist zweifelhaft.
48 Rohrbacher, Ichenhausen, S. 29.
49 Bosch, Hürben, S. 13f.; der in A. Haverkamp, Kartenwerk, Karte A 4.9. und Ortskatalog, S. 165, erwogene Nachweis von 1504 erscheint allerdings sehr zweifelhaft.
50 Rohrbacher, Ungleiche Partnerschaft, S. 195.
51 GJ III/1, S. 193 (Bühl), GJ III/2, S. 1243 (Rieden), S. 1658 (Winterbach); A. Haverkamp, Kartenwerk: Ortskatalog, S. 136 (Grafertshofen).
52 Dazu Löwenstein, Günzburg; Lang, Ausgrenzung und Koexistenz, S. 243–247; s. Kap. 14.
53 GJ III/1, S. 194.

der reichsstädtischen Gemeinde attraktiv sein, und die Verpfändung des Territoriums an den Augsburger Bischof zwischen 1498 und 1559 war dabei offenbar (noch) kein Hindernis.[54] Nun wurde Günzburg sogar zu einem Zentrum der schwäbischen Judenschaft, denn dort saßen seit 1525 Landesrabbiner, die für die vorderösterreichischen Orte zuständig waren,[55] im benachbarten Burgau lag der Zentralfriedhof für die verschiedenen Niederlassungen, ehe eigene in Neuburg a.d. Kammel (1561), Thannhausen und Ichenhausen (1566/67) und anschließend weitere eingerichtet wurden.[56] (s. Kap. 15) Diese Zentralität dauerte freilich nicht an, denn schon 1617 veränderte die Ausweisung aus der Stadt die Strukturen zugunsten der ‚Judendörfer' in der Markgrafschaft.

Diese Nachrichten über die Anfänge jüdischer Landgemeinden lassen sich jedoch erheblich vertiefen, wenn man alle Nennungen einbezieht, die sich aus den ‚Privilegia contra Iudeos' ergeben, in denen jüdischer Handel und Geldgeschäfte mit den Untertanen einer bestimmten Herrschaft untersagt wurden; solche wurden seit der Mitte des 16. Jahrhunderts vielfältig von Reichsstädten und adeligen Herrschaften beim Kaiser erwirkt,[57] wie das schon am Beispiel der Grafschaft Oettingen zu sehen war. Da die Urkunden in der Regel von Notaren in den Orten verlesen wurden, in denen Juden lebten – auch außerhalb der eigenen Herrschaftsbereiche – und die Familienoberhäupter dazu namentlich geladen wurden, um die Auflagen bekannt zu machen und sie mittels Abschriften darauf zu verpflichten, lässt sich ihre Präsenz damit recht gut erfassen. Erste Auswertungen für Ostschwaben auf der Basis dieser Privilegien für die Herren von Frundsberg in Mindelheim, für die Reichsstädte Ulm, Memmingen und Augsburg sowie für das Kloster Wettenhausen und das Stift Roggenburg im Zeitraum zwischen 1541 und 1599[58] sowie der Fugger von 1566[59] ergeben zum einen eine recht hohe Dichte, zum anderen aber auch eine ebenso hohe Fluktuation im mittelschwäbischen Raum. So wurde beispielsweise das Mindelheimer Privileg von 1542 in zehn Siedlungen verlesen, ein gleichartiges von 1560 erfasste Juden in 16 Orten; bei Memmingen kam es zwischen 1541 und 1559 zu einer erheblichen Verschiebung nach Norden, während die Umlandorte zum späteren Zeitpunkt fast nicht mehr auftauchen. Bei Ulm war dagegen von 1561 zu 1571 eine Konzentration erfolgt, denn von den anfänglich genannten 28 Orten blieben nur 18 übrig – die

---

54 GJ III/1, S. 478–482.
55 Rohrbacher, Medinat Schwaben, S. 95–108.
56 Ullmann, Nachbarschaft und Konkurrenz, S. 93f.
57 Dazu Battenberg, Die „privilegia contra Iudeos", passim.
58 Mix, Die kaiserlichen Privilegien, passim; Ullmann, Siedlungsgeschichte, passim.
59 Kießling/Lengger, Judenverordnungen [erscheint demnächst].

anderen waren also verlassen worden. Die Zahl der betroffenen Familien pro Ort war bescheiden: Im Falle von Mindelheim waren es 1560 in der Regel zwei, drei oder vier, nur in den größeren wie der Stadt Burgau oder dem Markt Thannhausen sieben bzw. neun Familien. Die in den anderen Privilegien genannten Niederlassungen zeigen eine ganz ähnliche Struktur. Die Massierung im städtischen Umland von Memmingen und Augsburg deutet zwar darauf, dass der Marktzugang nach wie vor eine wichtige Rolle spielte – nur im ‚Ulmer Winkel' hatte er sich weitgehend verloren –, doch stellte sich daneben eine breite Streuung im ländlichen Bereich der Markgrafschaft Burgau ein.

Migration war somit ein grundlegendes Phänomen. In manchen Fällen gelingt es, die Juden selbst als Akteure sichtbar zu machen, wenn die *Supplicationen* an die Herrschaftsträger erhalten sind, mit denen sie um Schutzaufnahme ersuchten. Das dabei immer wieder ausgesprochene Motiv war der bessere Standort für die Abwicklung der Geschäfte – am deutlichsten bei Simon von Günzburg, der beim Augsburger Bischof die Vollmacht erlangte, *zwei Hausväter in ihren Flecken Oberhausen, welche auch immer mir gelegen und dazu geeignet seien*, als Partner in dem Vorort von Augsburg zu platzieren. Aber auch der Zuzug von Familienmitgliedern spielte gelegentlich eine Rolle, so 1536 als Sarah Hirslin vor dem Günzburger Rat darum bat: Sie wollte *Iren tochtermann bey Ir in Ire behawsung halten*, jedoch *soll sys gewaltig vnd maister in Ihrem hauss sein* und im Streitfall auch in der Lage sein, *ain andern an sein statt zu Ir zu nehmen*.[60] Doch auch die negative Seite des Problemfelds wird in diesen Vorgängen ersichtlich: Als Simon von Günzburg in den 1580er Jahren zwei Söhne in Pfersee, einem anderen Dorf vor den Toren der Stadt Augsburg, unterbringen wollte, versuchte der Ortsherr, der Augsburger Bürger Martin Zobel, das zu verhindern, musste sich aber geschlagen geben, weil die vorderösterreichische Regierung Habsburgs in Innsbruck eine Ausweisung untersagte und ein kaiserlicher Schutzbrief 1601 die Aufenthaltserlaubnis der Brüder für weitere zehn Jahre verlängerte.[61] Was dem Großfinanzier Simon für seine Familie gelang, wird aber wohl eher die Ausnahme gewesen sein, wenn man die Veränderungen der Siedlungskarte um Memmingen und Ulm dagegenstellt, wo die territorialen Einflussmöglichkeiten der Städte sehr viel ausgeprägter waren.

Aus der Vielzahl der kleinen und kleinsten Niederlassungen schälte sich in diesem Raum Mittelschwabens erst im letzten Drittel des Jahrhunderts eine Gruppe heraus, der eine Existenz auf längere Dauer beschieden war: Neben den schon genannten städtischen Niederlassungen in Burgau und Günzburg sowie in

---

60 Zit. nach Ullmann, Siedlungsgeschichte, S. 179f.
61 Ullmann, Siedlungsgeschichte, S. 182.

den Marktorten Ichenhausen, Thannhausen, Neuburg a.d. Kammel und in den dörflichen Niederlassungen neben Hürben und Binswangen nun auch in Buttenwiesen (1571/72) und Fischach (1573), dazu in den Vorortgemeinden von Augsburg Kriegshaber (um 1570), Pfersee (1569) und Steppach (1584). Hier wirkte die offene Politik der Habsburger in ‚Vorderösterreich' nach der Einlösung der Verpfändung 1559 stimulierend, die bis in die Zeit des Markgrafen Karl (reg. 1609–1618) anhielt. Demgegenüber war der Augsburger Bischof in seinem eigenen Territorium wesentlich restriktiver, denn nach der Duldungsphase in der Markgrafschaft beschloss Otto Truchsess von Waldburg (reg. 1543–1573) bereits 1557/58, also kurz vor Ablauf der Verpfändung der Markgrafschaft, die Ausweisung aus seiner Residenzstadt Dillingen und seinem Ortsanteil von Oberhausen, die dann sein Nachfolger 1574 realisierte – freilich hatten sie in seinem territorialen Herrschaftsbereich nie eine große Rolle gespielt.[62] Die Reichsstifte Wettenhausen, Roggenburg und Ursberg, sowie Kaisheim und St. Ulrich und Afra in Augsburg waren schon vorher – wie gesehen – mit kaiserlichen Privilegien gegen den jüdischen Handel vorgegangen.[63] Erst um 1600 wird überall eine gewisse Konsolidierung erkennbar: Während die Hochstifte ihre Ausweisungen zum Abschluss brachten, verstetigten das hohenzollersche Markgraftum Ansbach und die habsburgische Markgrafschaft Burgau ihre Ansiedlungsbereitschaft, und die kleineren Adels- und die Ritterherrschaften schälten sich als zahlreiche weitere günstige Alternativen heraus – diese Konstellation sollte sich als relativ dauerhaft bis zum Ende des Alten Reiches herausstellen.

Versucht man die Struktur, die sich bis dahin entwickelt hat, auf einen Nenner zu bringen, so könnte man sagen, dass die jüdischen Siedlungen in den verschiedenen Teilregionen auf verschiedenen Ebenen anzuordnen sind: Nur wenige Orte ragten heraus und bildeten Zentren mit einem größeren Einzugsbereich, unter ihnen besonders markant die Territorialstadt Günzburg, im Ansatz auch schon Fürth und Georgensgmünd, aber auch Heidingsfeld und Baiersdorf sowie adelige Vororte wie Wertheim oder der Bezirk Rothenberg. Sie traten an die Stelle der alten städtischen Gemeinden und konnten übergeordnete Funktionen übernehmen. Ansonsten aber lagen die meisten Niederlassungen in den Kleinstädten und Dörfern in unterschiedlicher Dichte, je nachdem, wie die Herrschaftsträger – in Abhängigkeit von den Landständen bzw. Domkapiteln – es zuließen. Auf jeden Fall blieb der Siedlungsgang in der Regel nicht ohne Brüche.

Unterhalb der nachweisbaren längerfristigen Niederlassungen aber findet sich eine Schicht von Orten mit sporadischen Aufenthalten, die nur über indirekte

---

62 Wüst, Judenpolitik geistlicher Territorien, S. 133.
63 Wüst, Judenpolitik geistlicher Territorien, S. 147–152.

Verfahren zu ermitteln ist. Sie zeigt, wie labil viele jüdische Existenzen in der Zeitspanne des ‚langen' 16. Jahrhunderts bis zum Dreißigjährigen Krieg waren: Bedrängt durch die alten antijüdischen Stereotype und die neuen reformatorischen Feindschaften waren sie im gesamten Südosten des Römisch-Deutschen Reiches in Frage gestellt. Vielfach war die Präsenz durch die ‚Konfessionalisierung' vollends suspekt geworden, zielte diese doch auf eine religiöse Homogenisierung der Untertanenschaft und machte deshalb den Aufenthalt von allen ‚Anderen' unmöglich, seien es Lutheraner und Reformierte in katholischen, sei es von Katholiken in protestantischen Territorien – und von beiden christlichen gegenüber jüdischen Minderheiten; und das galt nicht nur für die Reichskirche, sondern auch für das katholische Bayern oder das protestantische Württemberg. Freilich gab es auch Ausnahmen, die ihrerseits vorwiegend aus wirtschaftlichen Gründen gewährt wurden, und darin lag die Chance für die jüdischen Familien, Nischen zu finden, sei es über förmliche Zusagen im Einzelfall, sei es durch bloßes ‚Einsickern' – wie das in den Quellen bezeichnet wurde – in die territoriale Nachbarschaft. Die Labilität, die sich aus den Rahmenbedingungen ergab, zog insgesamt eine weitgehende ‚Atomisierung' nach sich, bei der in der Regel vorwiegend einzelne Familien in breiter Streuung ein Unterkommen finden konnten, allerdings stets bedroht von neuen Ausweisungen – auch wenn Beschlüsse dieser Art vielfach nur teilweise umgesetzt wurden.

Damit hatte sich jüdisches Leben im Südosten des Reiches in das ‚Landjudentum' transformiert – soweit der Begriff eine Phase der Siedlungsformen charakterisiert, die das mittelalterliche urbane Judentum abgelöst hatte. Allerdings gilt der Begriff nicht im absoluten Sinne, wenn man unter ‚Land' nur eine von Dörfern und Weilern bestimmte Struktur mit agrarischer Wirtschaft versteht – denn die war schon seit dem Spätmittelalter nicht mehr gegeben, Stadt und Land waren auf vielfältige Weise miteinander verzahnt und die ‚Urbanisierung' hatte in Teilen das Land bereits erfasst.[64] Dass die Juden die Ansiedlung in ‚Vororten' von größeren Städten – die ihnen verschlossen blieben – sowie in stadtnahen Zonen wie in Räumen gewerblicher Verdichtung oder agrarischer Spezialkulturen bevorzugten,[65] gilt gerade für den Südosten des Reiches. Einschneidender als die verstreute Siedlungsweise musste der Verlust der großen Zentren wirken – im Gegensatz zum westlichen Reichsgebiet, wo mit Worms, mit Frankfurt und der Wetterau weiterhin urbane Lebensformen vorhanden waren und damit Orientierung boten. Denn damit hatten sich die äußeren Umstände ihres Lebens grund-

---

64 Vgl. dazu Kießling/Konersmann/Troßbach, Grundzüge der Agrargeschichte, S. 130–181: „Strukturbildungen".
65 So der Tenor bei Battenberg, Aus der Stadt auf das Land?.

legend verändert – inwiefern das die Lebensformen veränderte, oder ob sie doch nur „quasi-rural" ausfielen,⁶⁶ wird noch zu untersuchen sein (s. Kap. 19).

Wanderbewegungen waren unter solchen Umständen an der Tagesordnung, manchmal als freiwillige Migration aus Gründen der Geschäftsoptimierung, meistens aber erzwungen, um einen neuen und sicheren Wohnplatz zu finden. Immerhin ließ das Agieren im Spannungsfeld der Politik, sei es aufgrund der Konkurrenz von Herrschaftsträgern im Ort, sei es zwischen Orts- und Landesherrn einerseits und der kaiserlichen Gewalt andererseits, auch Spielräume des Handelns zu. Dennoch ist davon auszugehen, dass es in der Regel schwierig war, die religiös-kultische Identität unter solchen Umständen überhaupt aufrechtzuerhalten. Voll ausgebildete Gemeinden konnten nur in Einzelfällen entstehen, deshalb mussten neue Strukturen erst aufgebaut oder organisatorische Alternativen gefunden werden.

---

66 Battenberg, Aus der Stadt auf das Land?, S. 33.

# 14 Innerjüdische Antworten auf die Bedingungen ländlicher Existenz

Mit Josel von Rosheim (Abb. 36) wurde auf Reichsebene eine Führungsfigur sichtbar, die in der Lage war, als Repräsentant für die Judenschaft des gesamten Römisch-Deutschen Reiches zu gelten. Mit ihm wird aber gegenüber der Ebene von Herrschaft und Politik, die jüdisches Leben von außen her bestimmte, auch die Ebene der inneren Organisation und Gestaltung greifbar. Josel war in wenigen Jahren in seiner Heimat Elsass an die Spitze der regionalen Judenschaft aufgestiegen und wurde möglicherweise im Vorfeld des Augsburger Reichstages von 1530 von einer Versammlung der Rabbiner und Gemeindevorsteher in Günzburg 1529 zum *Schtadlan*, zum ‚Vorgänger und Befehlshaber der Juden im Reich' gewählt, und erhielt damit einen Titel, der allerdings nicht als formelles Amt, sondern als „temporäre Funktion" zu verstehen ist.[1] In diesem Zusammenhang entstanden auch die *Takkanot*, ein Zehn-Punkte-Vorschlag als eigenständiger jüdischer Ordnungsentwurf, der für alle verbindlich werden und dem Kaiser vorgelegt werden sollte; auch wenn er ihn nicht mehr erreichte, weil der Reichstag bereits geschlossen war, so wurde er immerhin verschiedenen Reichsständen, darunter auch dem Bischof von Augsburg, dem Landschreiber der Markgrafschaft Burgau und dem Rat der Stadt Ulm, bekannt gemacht.

Dieser Entwurf gehört zu den Versuchen, die seit dem Spätmittelalter auf Reichsebene unternommen wurden, um zu einer einheitlichen Organisation der Judenschaft vorzustoßen (s. Kap. 9). Waren die Initiativen im 15. Jahrhundert noch stark von den fiskalischen Interessen des Kaisers ausgegangen, so erfolgte der jetzige Anlauf nach dem Ende der meisten städtischen Gemeinden aus der Notwendigkeit, den aus den Vertreibungen resultierenden Bruch zu überwinden. Die *Takkanot* zielten vor allem auf die Darlehensgeschäfte und die Gerichtsgewalt und stellten Versuch dar, „das Leben der Juden [...] den veränderten sozialen und wirtschaftlichen Verhältnissen der Umwelt anzupassen"[2] – ein Reformprogramm also, das den Vorwürfen gegen die angeblich suspekten Verhaltensweisen den Wind aus den Segeln zu nehmen suchte.

---

[1] Vgl. dazu Stern, Josel von Rosheim, S. 98–101; Battenberg, Europäisches Zeitalter, Bd. I, S. 187f.; In Zweifel zieht diese Versammlung jüngst Voss, Amt, Funktion und Titel, S. 153–157, Zitat S. 155; vgl. dazu auch Ries, Alte Herausforderungen, S. 106f.
[2] Stern, Josel von Rosheim, S. 100.

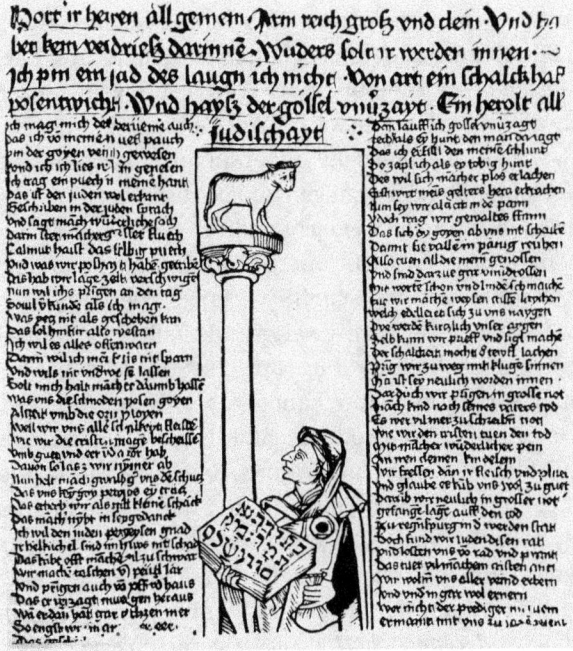

**Abb. 36:** *Josel von Rosheim, ...ein herolt aller jüdischayt*, als Anbeter des Goldenen Kalbs, polemische Darstellung auf einem Flugblatt

Dieser weitsichtige Ansatz wurde in verschiedenen Handlungsfeldern weiter verfolgt:[3] Zum einen sollte die Funktion des Reichsrabbiners mit der Ernennung Samuels 1521 durch Karl V. wiederbelebt werden, der sich immerhin im Laufe der Jahre durchzusetzen wusste und 1542 die *gemein Jüdischeit im gantzen reich* versammelte, um *eine ordenung unter uns zu verabschieden, wie wir uns zu den gemeinen anlagen der Jüdischeit verschetzen sollen* – es ging um die Türkensteuer.[4] Mit Jakob von Roth wurde er zwischen 1559 und etwa 1574, nun aber tatsächlich als oberster Rabbiner, weitergeführt, ließ sich aber letztlich doch nicht verstetigen.

Zum anderen entfaltete Josel als „Anwalt der deutschen Judenschaft" bis zu seinem Tod 1544 eine Führungsrolle nach innen, denn er berief *auf Veranlassung der Rabbiner und Gelehrten des Reiches* und *im Einverständnis mit den Gemeinden*, wie er selbst in seinen Aufzeichnungen feststellte, regelmäßig Versammlungen ein, vielfach in Worms oder Frankfurt.[5] Eines der zentralen Themen war die Abgrenzung gegenüber ‚extraterritorialen' Gerichten; das Problem hatte sich auf

---

3 Zum Folgenden zusammenfassend Ries, Alte Herausforderungen, S. 101–110.
4 Ries, Alte Herausforderungen, S. 102.
5 Stern, Josel von Rosheim, S. 189–206, Zitat S. 203f.

zwei Konferenzen in Frankfurt 1564/65 zugespitzt, weil sich in einem massiven Konflikt zwischen Simon von Günzburg und Nathan Schotten das Frankfurter Rabbinatsgericht und das schwäbische Landesrabbinat als Entscheidungsinstanzen gegenüberstanden. Dass sich die Lösung reichsweiter Vereinbarungen aber auf Dauer nicht durchsetzen ließ, wurde spätestens auf der Frankfurter Rabbinerversammlung von 1603 – „eine Versammlung der geistigen und politischen Führer der jüdischen Gemeinschaften vieler Territorien und Reichsstädte"[6] – offensichtlich.

Diese Versammlung erneuerte zunächst 13 frühere Verordnungen aus dem Jahr 1582/83, die sich erneut vor allen auf wirtschaftliche Fragen bezogen, und fügte ihnen zwei weitere an.[7] Zudem traf man zwei grundsätzliche organisatorische Entscheidungen: Zum einen sollten für innerjüdische Streitigkeiten, bei denen das zuständige Rabbinatsgericht nicht anerkannt wurde, keine ‚fremden' Gerichte angerufen werden – seien es jüdische oder nichtjüdische –, sondern für die Appellation nur mehr die Gerichte in Frankfurt, Worms, Friedberg, Fulda und Günzburg zuständig sein, wobei offensichtlich Fulda für den fränkischen Raum und Günzburg für Schwaben gedacht war.[8] Zum anderen war zur Bestreitung von eigenen Unternehmungen „zum Besten der deutschen Judenheit"[9] eine allgemeine Besteuerung – je 100 Gulden Vermögen ein Pfennig – vorgesehen, die jeweils von einer *versammlung oder landschaft, da juden gesessen durch einen Ausschuss eingesammelt werden* und zu ‚Legstätten' verbracht werden sollten: Frankfurt, Worms, Mainz, Bingen, Friedberg, Schnaittach, Wallerstein und Günzburg. Um den Beschlüssen Nachdruck zu verschaffen, war gegen Verstöße jeweils der Synagogenbann vorgesehen.

Dass diese Beschlüsse zu einem spektakulären reichsweiten Prozess mit der Anklage des ‚Hochverrats' wegen der angeblichen Beanspruchung verfassungsrechtlicher Befugnisse der christlichen Umwelt führten und deshalb lange Zeit fälschlicherweise unter dem Signum ‚Rabbinerverschwörung' in die Geschichtsschreibung eingingen, war die eine Seite.[10] Die andere war das faktische Scheitern des Versuchs, eine reichsweite Organisation jüdischer Instanzen zu erstellen, eine Art Gerichtsverfassung und Steuerordnung, die die traditionelle Autonomie der Gemeinden überwölben und damit die Fähigkeit beweisen sollte, „sich zu organisieren, sich Normen zu setzen und ihre politischen Anliegen in korporati-

---

6 Cohen, Landesrabbinate, S. 223.
7 Vgl. dazu nach Press, Kaiser Rudolf II., S. 247–252; zu den Hintergründen jetzt Klein, Wohltat und Hochverrat, S. 198–209.
8 Brocke/Wilke, Biographisches Handbuch, Bd. I, S. 48f.
9 Press, Kaiser Rudolf II., S. 248.
10 Zur Aufklärung des Falles jetzt mit neuen Quellen Klein, Wohltat und Hochverrat.

ver Form vorzubringen".[11] Dass dabei für die Region am Mittelrhein eine zentrale Rolle vorgesehen war, lag auf der Hand. Für den Südosten des Reiches ohne städtische Zentren ist sie aber auch insofern aufschlussreich, als die Versammlung aus der innerjüdischen Perspektive heraus die aktuellen Hauptorte um 1600 markierte – darauf wird gleich noch zurückzukommen sein.

Dieser Konzeption stand allerdings eine Wirklichkeit gegenüber, die von einer Reihe von grundlegenden Problemen bestimmt war. Die ‚Atomisierung' der Siedlungen, die im Süden des Reiches besonders gravierende Züge annahm und nur wenige kleinräumig angelegte Zentren kannte, stellte die eingespielten Lebensformen in Frage. R. Chajim ben Bezalel von Friedberg (Hessen) charakterisierte 1575 in seinem ‚Sefer Vikuach Majjim Chajjim' die Verhältnisse in Deutschland gegenüber einem weitgehend intakten, auf die Gemeinden und ihre Rabbiner orientierten Leben in Polen ziemlich düster:

> Dort [d.h. in Polen] lebt man nicht [verstreut] auf dem Land, sondern sie wohnen alle in den Gemeinden, und jede Gemeinde hat einen Rabbiner, der ihnen als Gesetzesleh-rer dient, und nur er; und niemand erhebt sich, um an seiner Stelle zu lehren: Aber in diesen Ländern [d.h. in Deutschland], wo die meisten der [jüdischen] Einwohner in Siedlungen [also nicht in ‚Gemeinden'] leben und fern von den Gemeinden sind, kommt es leicht dazu, daß sie darin straucheln; und deshalb muß man sehr darauf achten, daß nicht einer von uns lehrt, der nicht würdig ist zu lehren.[12]

Tatsächlich finden sich eine ganze Reihe von Beispielen „für die oft schwierigen Bedingungen jüdischen religiösen Lebens auf dem Lande":[13] In Franken war gegen Ende des Jahrhunderts mit Mosche Toul tatsächlich ein zweifelhafter ‚Rabbiner' zugange, der recht großzügig mit den Speisevorschriften umging. Er war auch beteiligt, als man im Dorf Acholshausen südlich von Würzburg, einer kleinen Niederlassung mit wenigen Familien, erst eine Torarolle von Eibelstadt holen musste, um am hohen Feiertag überhaupt Gottesdienst halten zu können. In Hochhausen und Impfingen im Taubergrund half man sich wechselseitig aus, um den *Minjan*, die zehn erwachsenen männlichen Teilnehmer am Gottesdienst, zusammenzubringen. Vielfach ging man mit halachischen Vorschriften großzügig um, so etwa beim Schächten von Vieh, sodass die Frankfurter ‚Rabbinerkonferenz' 1603 beschloss, „überall ein[en] qualifizierten Emissär auf das Land" zu entsenden, der „die Messer besehen, Schächter und Prüfer unterweisen und

---

11 Ries, Alte Herausforderungen, S. 110.
12 Zit. nach Rohrbacher, Zur „inneren" Situation, S. 45f.
13 Rohrbacher, Zur „inneren" Situation, S. 38–48, Zitat S. 39; dort auch die folgenden Beispiele; ganz ähnlich Rohrbacher, Jüdische Frömmigkeit.

ihnen Konzessionen erteilen sollte". In Neuburg a.d. Kammel berief sich der verwitwete Moses Krumbach darauf, ein Mitglied des Rabbinatsgerichts habe ihm einen frühzeitigen Termin für die Wiederverheiratung genehmigt – den der Günzburger Landesrabbiner jedoch verweigerte, deshalb den Bann über ihn verhängte und den Beisitzern in Krumbach die Approbation entzog.

Die Chancen für die Vermittlung von religiöser Bildung waren offensichtlich vielfach gering, denn den nötigen Unterricht erteilten in der Regel Wanderlehrer, jüdische Scholaren, die freilich nicht selten unter kümmerlichen Bedingungen lebten – sich damit allerdings auch nicht grundlegend von den Schulen in den christlichen Pfarreien auf dem Lande unterschieden.[14] Die innerjüdischen Antworten waren deshalb darauf gerichtet, das Selbstverständnis der eigenen Lebensform neu zu fundieren. Der öffentliche Druck, der auf die Ausweisungen im ganzen Römisch-Deutschen Reich folgte – wobei nicht vergessen werden darf, dass parallel dazu die Ausweisungen aus Spanien 1492 und Portugal 1496 erfolgten –, aber auch das Auftreten messianischer Figuren wie des aus dem Jemen stammenden David Rebeni, dessen Abgesandter Salomo Molcho sogar 1532 auf dem Regensburger Reichstag erschien, erforderten eine Neubesinnung. Sie ging nicht zufällig von den sephardischen Juden aus und fand in Rabbi Joseph Ephraim Caro aus Toledo einen Repräsentanten. Sein Werk ‚Bet Joseph' über die Fragen des religiösen Lebens, aus dem eine Sammlung von Kommentaren 1564/65 unter dem Titel ‚Schulchan Aruch' (Der gedeckte Tisch) in Venedig gedruckt wurde, etablierte sich auch im aschkenasischen Judentum als Grundlagenwerk. Er fand in R. Moses ben Israel, gen. Isserles, aus Krakau einen adäquaten Partner, dessen Zusammenstellung einzelner rabbinischer Entscheidungen ebenfalls in Venedig 1579 unter dem Titel ‚ha-Mappa' (Das Tischtuch) im Druck erschien.[15]

Doch die Lebensbedingungen erforderten nicht zuletzt die Suche nach neuen Formen des Zusammenschlusses, um wenigstens die wichtigsten Elemente des religiös-kultischen Lebens zu gewährleisten. Eine Form hatte sich schon bei den im 15. Jahrhundert entstandenen vermehrten Niederlassungen auf dem Land ergeben: die Anbindung an eine benachbarte Gemeinde, die über die nötigen Einrichtungen von Synagoge, Friedhof, Mikwe und Rabbinat verfügte. Dass sich solche Mittelpunkte auch im 16. Jahrhundert bildeten, wurde schon bei der Schilderung der Siedlungsgeschichte angeschnitten; die in der Frankfurter Dokumenten von 1603 genannten Orte verweisen auf die tatsächlich bestehenden Verhältnisse, die einer genaueren Analyse bedürfen.

---

14 Vgl. dazu die entsprechenden Beiträge in Flachenecker/Kießling, Schullandschaften.
15 Battenberg, Europäisches Zeitalter, Bd. I, S. 1724–175.

Für den Typus eines kleinstädtischen Zentrums bietet Günzburg in der Markgrafschaft Burgau einen besonders aussagekräftigen Fall. Die Stadt war schon um 1525 Sitz eines Landesrabbiners und in ihr war mit Simon von Günzburg eine der bedeutendsten Familien dieser Zeit ansässig geworden. Freilich haben sich keine Spuren dieser jüdischen Gemeinde in der Stadt erhalten, da sie 1617 mit der Ausweisung des Markgrafen Karl wieder verschwand.[16] Das Fortleben der mittelalterlichen Gemeinde war offensichtlich durch Zuwanderungen Ausgewiesener aus den benachbarten Reichsstädten – wenn auch nicht auf direktem Wege – gestärkt worden, unter ihnen die schon genannte Familie Ulmo/Ulma, der Simon von Günzburg angehörte.[17] Zwar stammte dieser Zweig wohl nicht direkt von dem Arzt Elieser (Lazarus) ab, der um 1534 am Innsbrucker Hof und 1543 beim Bischof von Augsburg tätig war, vielmehr von einem anderen, verwandten Stammvater, der wiederum eng mit Esslingen verbunden war und als vermögender Mann zu gelten hat, doch entfaltete die Günzburger Familie für lange Zeit in Schwaben eine führende Rolle. Simon, ein Großfinanzier, hatte über 40 Jahre lang das Amt des Gemeindevorstehers inne, „unter den Juden Deutschlands eine bemerkenswerte und unter jenen Schwabens Zeit seines Lebens (er starb 1585) wohl die herausragende Gestalt."[18] Auf seine Initiative geht der Friedhof im benachbarten Städtchen Burgau zurück, der bis ins 17. Jahrhundert der einzige in dieser Region blieb. Zeugnisse der Kultur und Gelehrsamkeit sind Handschriften, die in dieser Zeit im Besitz der Familie waren: so vor allem eine Ausgabe des Babylonischen Talmud – einer der wenigen erhaltenen vollständigen Kodizes –, der 1342 in Paris vollendet wurde und seit 1588 nachweislich in der Familie verblieb, sodann ein Pentateuch des Salomon, Sohn des Simon, und nicht zuletzt ein reich illustriertes Gebetbuch mit Szenen einer Beschneidung, des Jakobssegens und einer Hochzeit (Abb. 37), die wohl ein Bild davon abgeben, wie sich die Feste „in der Welt seiner schwäbischen Auftraggeber abspielten".[19]

Vor diesem Hintergrund wird auch verständlich, warum sich in Günzburg der Sitz eines ‚Landesrabbiners' befand – oder auch umgekehrt: warum sich die Familie des Simon von Günzburg dort niederließ. Bereits 1525 wird R. Jona Weil, der Enkel des bekannten R. Jakob Weil, als solcher erwähnt, ihm folgte R. Isaak b. Josef Segal, der wohl zwischen 1530 und seinem Tod 1567/68 in Günzburg wirkte.[20]

---

16 Vgl. Reißenauer, Günzburg, Bd. I, S. 255–258.
17 Löwenstein, Günzburg, S. 25f., 58ff.: Anhang III; Lang, Ausgrenzung und Koexistenz, S. 243–247; Lang, Innen- und Außenperspektiven, S. 122.
18 Rohrbacher, Medinat Schwaben, S. 84–87, Zitat S. 86.
19 Rohrbacher, Medinat Schwaben, S. 87–93, Zitat S. 88.
20 Zu den schwäbischen Landesrabbinern Rohrbacher, Medinat Schwaben, S. 95–106.

Er war es, der mit Chajim Schwarz den jüdischen Buchdruck in Gang zu bringen versuchte und der auch dem Lauinger Augustinerprior Kaspar Ammann bei der Suche nach hebräischer Literatur behilflich war – ein Ergebnis humanistischer Interessen, die Christen und Juden verband (s. Kap. 12). Für seine starke Stellung in Schwaben spricht zudem, dass er in dem bereits genannten, europaweites Aufsehen erregenden Streit mit Nathan Schotten – der sich in Oberhausen bei Augsburg niedergelassen hatte – erfolgreich die Autonomie gegen das Frankfurter Rabbinatsgericht behaupten konnte und 1566 von Kaiser Maximilian II. eine Bestätigung als Landesrabbiner erhielt.[21] R. Jakob Reiner wiederum, einer der Leiter der Talmudhochschule in Mantua, der 1568 gewählt wurde, musste in der ebenfalls schon genannten Auseinandersetzung um die Heiratserlaubnis in Neuburg a.d. Kammel die rechtmäßige Tradition verteidigen. Und R. Isaak Mise'a erstellte zahlreiche Rechtsgutachten für das Alltagsleben, Aufzeichnungen um 1580 spiegeln diese ‚Alltagsgeschäfte', seien es Streitigkeiten in den Gemeinden, seien es Heiratsgenehmigungen, sei es die Aufsicht über den Unterricht der Knaben.[22]

In seine Zeit fällt zudem eine weitere markante Entwicklung jüdischen Lebens in Schwaben: R. Isaak Mise'a verantwortete eine hebräische Druckerei, die sich zwischen 1592 und 1594 im nahen Markt Thannhausen ohne Genehmigung niedergelassen hatte und deshalb von den Burgauer Beamten aufgehoben wurde. Nachdem in Günzburg die Lage für die Juden gegen Ende des Jahrhunderts ohnehin schwieriger wurde, siedelte um 1610 – nach dem Wechsel der Ortsherrschaft an den Reichspfennigmeister – der Landesrabbiner nach Thannhausen um. R. Eliakim Rothenburg, der im Briefwechsel mit vielen Autoritäten stand, unterhielt dort auch eine Jeschiwa, an der 1611 immerhin 28 Schüler gezählt wurden. Die dortige Siedlung war bis 1591 auf 31 Familien in 18 Häusern angewachsen, hatte eine Synagoge und einen ‚Schulhof', also wohl auch Gemeindebauten, bereits seit 1566 einen eigenen Friedhof.[23] Sie bot somit alle Voraussetzungen, das Erbe Günzburgs anzutreten.

Zwei Kleinstädte und eine Marktsiedlung bildeten also in Ostschwaben Zentren jüdischen Lebens mit beachtlicher Ausstrahlung, was nicht nur die Eigenheiten der jüdischen Geographie in dieser Zeit unterstreicht, sondern auch mitunter weitreichende Kontaktnetze spiegelt, unter denen der Austausch mit Oberitalien besonders heraussticht. Jüdisches Leben auf dem ‚Land' war also keineswegs immer als unterentwickelt anzusehen.

---

21 Rohrbacher, Ungleiche Partnerschaft; Lang, Ausgrenzung und Koexistenz, S. 247–253.
22 Rohrbacher, Organisationsformen, S. 148f.
23 Stegmann, Thannhausen, S. 339–343; vgl. Rohrbacher, Medinat Schwaben, S. 103–107; Rohrbacher, Medinot Aschkenas, S. 457f.

**Abb. 37:** Hochzeitsszene aus dem Gebetbuch der Familie Ulma-Günzburg, Deutschland, 1589

Ein weiteres Beispiel dafür ist das unterfränkische Wertheim, auch wenn es 1603 in Frankfurt nicht in die Liste der Zentren einbezogen wurde: Die dortige Gemeinde, seit 1509 als *Kahal* bezeichnet, als Juden aus dem Markgraftum Ansbach und dem Hochstift Würzburg zusammenkamen, um u.a. über die Haltung zu Johannes Pfefferkorn zu beraten,[24] erlebte zunächst durch den Zuzug einen Aufschwung und blieb auch noch intakt, als die Stadt auf eine Beschränkung der Zahl der Familien zielte. Dazu trug nicht zuletzt bei, dass die Familie Öhringer, die ursprünglich aus Rothenburg o.d.T. stammend sich mit Seligmann 1519 unter den Schutz der Grafen von Wertheim begeben hatte, nach der Jahrhundertmitte mit Berle Öhringer, Zolleinnehmer, Schulmeister und *Rabi*, eine bestimmende Rolle einnahm, sich aber auch in das Hochstift Würzburg und nach ganz Franken ausbreitete und verwandtschaftliche Beziehungen nicht zuletzt nach Frankfurt am Main unterhielt.[25] In Wertheim selbst stellte sie Ärzte, Schulmeister und Gemeindevorsteher. Die dortige Gemeinde verfügte nicht nur über eine Synagoge, 1520 wieder aufgebaut und 1592/93 durch einen Neubau ersetzt, sondern schon seit dem Beginn des 15. Jahrhunderts auch über einen Friedhof, auf dem die Juden der gesamten Grafschaft und von außerhalb bestattet wurden. Im Selbstverständnis spiegelte sich die hohe Bedeutung während des Dreißigjährigen Krieges in der Behauptung, es sei im *Römischen Reich keine eltere judische Synagog und Begräbniß nicht zuefinden*.[26]

Nicht immer konnte es sich die Wertheimer Gemeinde leisten, einen eigenen Rabbiner zu bestallen, erst nach 1570 wird eine größere Kontinuität greifbar, freilich mit Schwankungen in der Einschätzung, ob es sich um einen Schulmeister oder um einen approbierten Rabbiner handelte. Dass die Vertretung der Gemeinde nach außen auch die übrigen Niederlassungen in der Grafschaft mit einbezog, lag nahe, doch sie bezog selbst die bereits faktisch an das Hochstift Würzburg übergegangenen Orte mit ein[27] – die tradierten Beziehungsnetze wirkten also zumindest nach innen weiter. Zudem waren hier die Bezeichnungen *provincia tauber* bzw. *tauberer Lant* im Gebrauch, die darauf verweisen, dass Anfang des 17. Jahrhunderts eine übergeordnete jüdische Region unter Einschluss von Niederlassungen im Gebiet des Deutschen Ordens, des Markgraftums und des Hochstifts Würzburg bestand. Für das Wertheimer Rabbinatsgericht ist sogar noch ein weiter reichender Bezirk überliefert: Galten in den Jahrzehnten vor 1600 als Gerichtsorte Wertheim oder Frankfurt – das in gewisser Weise das alte Zentrum Rothenburg

---

24 Stretz, Juden in Franken, S. 49f., 58f.
25 Stretz, Juden in Franken, S. 358–368.
26 Stretz, Juden in Franken, S. 369–371, Zitat S. 371.
27 Stretz, Juden in Franken, S. 376f.

o.d.T. ersetzte –, so beanspruchte der Rabbiner Menachem Menke (gest. 1651) eine Zuständigkeit über die „vier Länder" (*Medinot*) Würzburg, Bamberg, Schwarzenberg und ‚Tauber'.[28] So belegen die verschiedenen Bezugsebenen von Grafschaft und Medinot, dass man die Vereinzelung der Siedlungsstruktur in unterschiedlichen ‚Modellen' erfolgreich zu bewältigen vermochte.

Bei Wallerstein im Ries, 1603 als Sammlungsort für die Steuer vorgesehen, war das weit weniger auffällig, aber doch ebenfalls signifikant. Die Residenz des katholisch gebliebenen Grafschaftsteiles, dessen Inhaber sich gegen die Ausweisung der Juden gestemmt hatte, lag unweit der Reichsstadt Nördlingen und war erst um 1500 zum Markt erhoben worden, um an der wirtschaftlichen Entwicklung teilzuhaben.[29] Die Juden blieben unter Graf Martin (reg. 1520–1549) und seinen Nachfolgern hier bis 1605 unangefochten, und dann nach einer kurzen Infragestellung wieder seit 1614 – wie nun auch im evangelischen Teil Oettingen-Oettingen.[30] Dass Wallerstein als Residenzort auch ihr Mittelpunkt war und blieb, lag nahe; doch die Zuordnung der jüdischen Niederlassungen folgte nicht unbedingt diesem territorialen Muster. So diente der Friedhof, 1510 angelegt, als einziger allen umliegenden Orten noch bis ins 17. Jahrhundert als Grablege.[31] Auch wenn der Bau einer Synagoge erst 1679 bezeugt ist, wirkte doch schon im 16. Jahrhundert mit Moses haLevi Heller Wallerstein (ca. 1517–1600) ein Rabbiner – aus dieser Familie kam übrigens später mit Jomtow Lipmann Heller (1579–1654) ein angesehener Schüler des *Maharal* und Mitglied des weit ausgreifenden Prager Rabbinats.[32] Dass die jüdische Raumstruktur nach eigenem Verständnis nicht der herrschaftlichen entsprechen musste, zeigt wiederum eine Auseinandersetzung, die um die Konkurrenz zweier Rabbiner von einem Wormser Rabbinatsgericht geschlichtet wurde:[33] Der Wallersteiner Rabbinatsbezirk deckte um 1630 die gesamte Teilgrafschaft ab,[34] doch in Pflaumloch, seit 1623 in der Teilgrafschaft Oettingen-Spielberg gelegen, die durch Teilung entstanden war, hatte sich R. Abraham Kohen als Rabbiner niedergelassen, war aber nicht bereit, auf dem vom Landesrabbiner Meier Türklen einberufenen jüdischen Landtag

---

28 Stretz, Juden in Franken, S. 396–400.
29 Vgl. Kudorfer, Nördlingen, S. 102.
30 L. Müller, Aus fünf Jahrhunderten II, S. 81–84.
31 Hofmann, Friedhof Wallerstein; vgl. Cohen, Landjudenschaften, Bd. 3, S. 1626–1629: Vergleich zwischen der Gemeinde Wallerstein und den beiden Oettinger Gemeinden von 1716 Juli 7.
32 Breuer, Das jüdische Mittelalter, S. 78, hier versehentlich dem Fürstentum Ansbach zugeordnet.
33 Zum Fall Ullmann, Regionalgeschichte, S. 34; die Dokumente bei Cohen, Landjudenschaften, Bd. 3, S. 1606–1623.
34 Synagogenband I, S. 530f.; L. Müller, Aus fünf Jahrhunderten II, S. 131f.

in Wallerstein zu erscheinen, „der Verordnungen festzusetzen und alles für die Judenschaft Nötige zu erledigen" hatte;[35] vielmehr war er nach Oettingen in den anderen Grafschaftsteil gezogen, um seine Unabhängigkeit zu bewahren. Das Wormser Schiedsgericht entschied nun, dass er auch weiterhin zur bisherigen Judenschaft gehöre, „denn die Verbindung hat weiterhin festen Bestand", und er müsse „mit der Judenschaft die religiösen und weltlichen Verbindlichkeiten gemeinsam tragen".[36] Damit wurde also die Herrschaftsteilung von 1623 für den Zusammenhalt der Judenschaft als nicht relevant erklärt, vielmehr die tradierte Zuordnung zum Zentrum Wallerstein im Ries aufrechterhalten.

Auch Schnaittach, der dritte Zentralort des Südostens in der Planung von 1603, verfügte als Zentrum des Herrschaftsbezirks Rothenberg über einen Friedhof und eine Synagoge sowie einen Rabbiner. 1529 lebte hier zudem ein ‚Judenschulmeister', den der Nürnberger Prädikant Andreas Osiander für seine Erweiterung der Kenntnisse im Hebräischen und Aramäischen gewinnen wollte. Nach der Erweiterung auf die vier Orte der Herrschaft am Ende des 16. Jahrhunderts benannte man den Bezirk *Medinat Ashpah* und signalisierte damit eine ganz eigene jüdische Kleinregion in der Oberpfalz, die offensichtlich im Selbstverständnis schon um 1600 erhebliches Gewicht hatte.[37]

Der Typus eines Mittelpunktsortes im jüdischen Verständnis war mit diesen Beispielen aber noch keineswegs erschöpft, sondern er reichte weiter bis in die Ebene einfacher Dörfer. Ein besonders markanter Fall war das schon mehrfach genannte unterfränkische Dorf Rödelsee bei Iphofen, das im 16. Jahrhundert eine – durch die herrschaftlichen Verhältnisse bedingte – überraschende Zentralität entfaltete:[38] Seit etwa 1560 bestand eine Synagoge, bald auch eine Mikwe, 1571 ist ein Rabbiner namens Eleasar belegt, dessen guter Ruf dazu führte, dass er eine größere Zahl von Schülern um sich scharen konnte – von bis zu 80 ist die Rede, die sogar aus Frankfurt und Worms kamen –, somit also eine *Jeschiwa* begründete. Das Rabbinatsgericht umfasste die umliegenden Niederlassungen und orientierte sich offensichtlich an dem Einzugsbiet des Friedhofs, auch wenn Bestrebungen der benachbarten Herrschaftsträger, insbesondere des Deutschen Ordens, darauf zielten, die Verbindung ‚seiner' Juden in das fremdherrschaftliche Gebiet zu unterbinden. Der Friedhof[39] war 1563 von einem der Grundherren, Wilhelm Moritz von Heßberg, eingerichtet worden und wurde von den Nieder-

---

35 Cohen, Landjudenschaften, Bd. 3, S. 1612 Nr. 38:2.
36 Zitate Cohen, Landjudenschaften, Bd. 3, S. 1621, Nr. 38:6.
37 Rohrbacher, Organisationsformen, S. 146; zur Ortsgeschichte Weinberg, Bezirk Rothenberg.
38 Dazu Stretz, Juden in Franken, S. 382–387.
39 Stretz, Juden in Franken, S. 400–411.

lassungen *uf fünf meil wegs im Zirkel* (also 37,5 km) genutzt, sein Einzugsgebiet reichte somit in die Territorien der Markgrafschaft Ansbach, des Deutschen Ordens und der Grafen von Schwarzenberg. Der kommunikative Effekt ging allerdings über den gemeinsamen ‚guten Ort' hinaus, denn er band die *umliegende Nachbarschaft* über die Finanzierung zusammen – mit der Auflassung des Würzburger Friedhofs durch die Gründung des Juliusspitals 1574 übernahm er offenbar dessen räumliche Funktion, er wurde gleichsam nach Rödelsee „transformiert". Die immense Bedeutung des Friedhofs als einem Ort der Erinnerung an die Toten, als „Identitätsanker", blieb Rödelsee auch noch, als es seine anderen Funktionen bereits verloren hatte. Auch hier wird mit Beifuß von Rödelsee eine herausragende Führungsfigur fassbar: Er wurde um 1585 als *uberseher, obervogt* bzw. *superattenden*[t] bezeichnet, sammelte die Friedhofsgelder ein und führte zugleich die Handelsgeschäfte des Ortsherren Ernst von Crailsheim.[40]

Dass dies kein Einzelfall war, sondern Friedhöfe eine starke Zentralität entwickelten, zeigen die Beispiele der Friedhöfe von Kleinbardorf im Grabfeld, der 1574 von Georg Christoph von Bibra gestattet wurde, und von Schwanfeld, der 1579 von Konrad von Grumbach zugelassen wurde und die Funktion des Schweinfurter Friedhofs übernahm – und bei dem ebenfalls eine 5-Meilen-Zone als Einzugsgebiet festgelegt wurde. Ganz ähnlich entwickelte sich Georgensgmünd in Mittelfranken:[41] Das Dorf des ansbachischen Kastenamtes Roth war von Besitzungen zahlreicher anderer Grundherren durchsetzt, die am Ausbau interessiert waren und die Aufnahme von Juden forcierten; deren Anteil im Dorf lag um 1600 bereits bei etwa 20 %.[42] Dort gründete Jakob von Roth (gest. vor 1589) aus einem einflussreichen Familienverband von Ärzten und Finanziers, der als langjähriger Reichsrabbiner bereits begegnet ist, um 1580 einen Friedhof,[43] und da wohl schon zu dieser Zeit eine Synagoge bestand, wurde auch dieses Dorf zum religiös-kultischen Mittelpunkt des westlichen Umlandes von Nürnberg. Zu seinem Einzugsbereich gehörten nach und nach nicht nur die Städte Schwabach und Roth sowie Thalmässing, dazu Orte im benachbarten Oberamt Stauf und Landeck, sondern auch die pfalz-neuburgischen Orte Hiltpoltstein und Heideck, auch er überschritt somit die territorialen Grenzen. Friedhöfe waren somit als Zentren der Memoria wie aufgrund der organisatorischen Kooperationen wichtige Elemente der inneren räumlichen Struktur jüdischen Lebens – und das bis zum Ende des Alten Reiches.[44]

---

40 Stretz, Juden in Franken, S. 372–375.
41 Dazu Kuhn, Gemeinden, S. 29–49.
42 Eigler, Schwabach, S. 176.
43 Kuhn, Georgensgmünd, S. 75f.
44 Vgl. dazu auch Daxelmüller, Zur jüdischen Identität, S. 62–66.

Aus diesen Einzelbefunden lässt sich eine Struktur herausschälen, bei der Brüche wie Kontinuitäten erkennbar werden. Einerseits ist unübersehbar, dass das ‚Ideal' der *Kehilla*, der selbstständigen Gemeinde, nach wie vor Gültigkeit hatte – auch wenn es die eindrucksvolle Ausformung des Mittelalters nicht mehr erreichte. Nicht nur die Größenordnung, sondern auch die Anzahl der Elemente selbst fielen bescheidener aus, und dennoch gewinnt man den Eindruck, dass es sich nach wie vor um das Orientierungsziel handelte, das angestrebt wurde.[45] Es handelte sich gleichsam um auf das ‚Land' verlagerte städtische Zentren mit dem Ziel, die religiös-kulturellen wie die gesellschaftlichen Strukturen dort nach dem vorhandenen Muster neu aufzubauen. Dass das Spektrum der Zentren im Gegensatz zum Mittelrhein, wo zumindest Frankfurt, Worms und Friedberg noch vorhanden waren, in unserem Raum von den Kleinstädten Günzburg und Wertheim über die Marktsiedlungen Thannhausen, Wallerstein und Schnaittach bis zu den Dörfern Rödelsee und Georgensgmünd reichte, war den konkreten Herrschaftsverhältnissen und damit äußeren Selektionsmechanismen geschuldet, die erst die Entfaltungsmöglichkeiten zur Verfügung stellen mussten. Damit verband sich aber ein zweites: Die Initiatoren und Träger dieses Neuaufbaus waren sowohl Rabbiner, die über das Ideal des Gelehrten die Traditionen verkörperten, wie *Parnossim*, die über ihre wirtschaftlichen Tätigkeiten Einfluss nach innen in die Gemeinden wie auch nach außen gegenüber den Herrschaftsträgern bis zum Kaiser gewannen. Simon von Günzburg und Jakob von Roth waren Exponenten, aber auch in den kleineren Orten lassen ein Berle Öhringer von Wertheim und selbst ein Beifuß von Rödelsee ganz ähnliche Ansatzpunkte erkennen. Die typische Aufgabenverteilung der Entscheidungen in Lehrfragen wie der innerjüdischen Konflikte im Gericht einerseits und der Verwaltung der Gemeinde andererseits, die in Kooperation von Rabbinern und Parnossim ausgeübt werden mussten, aber auch immer wieder Konkurrenzen nach sich zogen, entsprach durchaus dem generellen Muster.[46] Freilich blieb diesem Zentralitätsgefüge keine Dauer beschert, denn einige wie Günzburg oder auch Rödelsee gingen verloren, andere wie Fürth oder Eibelstadt und Heidingsfeld übernahmen ihre Rollen.

Konnte man mit Friedhöfen und Rabbinatssitzen zumindest noch an die alten Strukturen anknüpfen, so funktionierte die Anbindung von ländlichen Niederlassungen an eine zentrale Gemeinde unter den neuen Umständen der ‚Atomisierung' nicht mehr, die alte Abstufung der Niederlassungen von der *Kehilla* über die ‚Zwischengröße' der *Chawura* zum einfachen *Jischuw* ohne Gemeindeeinrichtung war nicht mehr aufrechtzuerhalten: Die *Kehilla* war auf wenige Fälle

---

45 Vgl. dazu eindringlich Katz, Tradition und Krise, S. 83–115.
46 So Ries, Alte Herausforderungen, S. 110–116.

geschrumpft, die *Chawura* verschwunden und der *Jischuw* dominierte, ja nicht selten lebten einzelne Familien völlig allein.[47] Diese Situation war nur mit neuen ‚Modellen' zu bewältigen: Formen des organisatorischen Zusammenschlusses mussten die ‚Fläche' berücksichtigen, was auf der Ebene von *Medinot*, von ‚Ländern', geschah.[48]

Dieser Terminus hatte freilich vielfältige Bedeutungen. Verwendet wurde er im Kontext der Orte, die 1603 als zentrale Orte vorgesehen waren: Günzburg stand für *Medinat Schwaben*, Schnaittach für *Medinat Aschpa* (hebr. Akronym für die Anfangsbuchstaben der Ortsnamen Ottensoos, Schnaittach, Forth und Hüttenbach) im Bezirk Rothenberg, Wallerstein für *Medinat Ries*. Sie konnten herrschaftlich definiert werden, wie das bei Schnaittach mit dem Bezirk Rothenberg oder im Ries mit der Teilgrafschaft Oettingen-Wallerstein der Fall war. Andere Zuordnungen waren in Unterfranken im Gebrauch: Das ‚Land Tauber' griff in den Würzburger Herrschaftsbereich hinein, und der Anspruch des R. Menachem Menke auf Zuständigkeit in den ‚vier Ländern' reichte bis nach Bamberg.[49] Für das ‚Land Altmühl' fungierte Pappenheim als Mittelpunkt, dem um 1600 offenbar „die jüdischen Gemeinden weiter Teile Mittelfrankens zugerechnet wurden".[50] Die alte Bezeichnung *Medinat bodase* dagegen, die für die Gemeinden um den Bodensee Gültigkeit hatte, „gab es im 16. Jh. nicht mehr, wohl aber in der historischen Erinnerung", denn die Ausweisungspolitik hatte dort diese Struktur zerstört.[51] Und doch deutet sich für den Zusammenhalt noch eine etwas tiefere Dimension an, wenn der *Minhag Schwaben*, die landschaftliche „Ausprägung von Ritus, Brauchtum und religiöser Observanz" – wie sie etwa für den Verzehr von Butter, die von Nichtjuden stammte, diskutiert wurde – für die Identifikation eine nicht unerhebliche Rolle spielte;[52] er bezog immerhin noch im 17./18. Jahrhundert die Siedlungen in Vorarlberg mit ein und wurde getragen von tiefgreifenden personellen Beziehungen.[53] Gestützt wurde diese Organisation durch die Zusammenkunft der Juden auf eigenen ‚Landtagen', die anstehende Probleme, nicht zuletzt zur Umlage gemeinsamer Steuern, zu beraten und die Funktionsträger zu bestimmen hatten. Was in Wallerstein um 1630 üblich war und in Schwaben 1628 zumindest als Zusammenkunft von Vertretern der vier wichtigsten Gemeinden belegt ist, fand auch in anderen Regionen statt – aber es handelte sich dabei in dieser Phase

---

47 Rohrbacher, Jüdische Frömmigkeit, S. 274.
48 Vgl. dazu auch Ullmann, Jüdische Räume, S. 248–253.
49 Stretz, Juden in Franken, S. 395–400.
50 Rohrbacher, Zur „inneren" Situation, S. 55.
51 Burmeister, medinat bodase, Bd. 3, S. 109–11, Zitat S. 110f.
52 Rohrbacher, Medinat Schwaben, S. 82–84, Zitat S. 84.
53 Vgl. Purin, Jüdische „Landschaft"; Graf, Minhag Schwaben.

noch „um recht lose Organisationsformen", man tagte „wohl eher ad hoc, je nach Sachlage und Notwendigkeit".[54]

Bei Schwaben zeigen sich die Schwierigkeiten der räumlichen Abgrenzung besonders deutlich, weil es auf der einen Seite eine große Offenheit besaß, andererseits in einer Wechselwirkung mit der herrschaftliche-politischen Struktur stand:[55] Die Judenschaft im ‚Land zu Schwaben' wurde seit dem ausgehenden 15. Jahrhundert vom Reich her definiert und reichte aus dieser Sicht unter Einschluss von Esslingen und Hechingen weit nach Westen. Erst Anfang des 17. Jahrhunderts engte sich die *Medinat Schwaben* dann zunehmend auf das Kernland der Markgrafschaft Burgau ein, wo nun der Schwerpunkt der Siedlungen lag – und in dieser Ausformung gewann er auch festere Züge, wie sich aus der Inschrift eines Siegels der Gemeinde Kriegshaber ergibt (Abb. 38).

Die starke Affinität der *Medinot* zu den „Rabbinatssitze[n], die vermöge der Autorität ihrer Inhaber ein gewisses Hinterland an sich banden",[56] war jedoch vielfach gegeben. Derartige gebietsorientierte Landesrabbinate waren ohnehin ein generelles Phänomen, das sich im 16. und beginnenden 17. Jahrhundert überall im Reich einstellte, auch wenn die tatsächliche Verbreitung in den Regionen unterschiedlich ausfiel:[57] Nach ersten Vorläufern, wie sie etwa 1372 in Bayreuth oder 1444 in Landshut schon begegneten (s. Kap. 5), die aber noch von landesherrlicher Seite veranlasst waren, wurde diese Funktion mit Jona Weil in Schwaben 1525 wieder relevant, diesmal aber offensichtlich von jüdischer Seite initiiert. Erst nach der Wende zum 17. Jahrhundert lassen sich Landesrabbiner auch in den fränkischen Hochstiften fassen: 1625 auf Bitten der – wieder zugelassenen – Juden im Hochstift Würzburg, denen die ritterschaftlichen Juden um die Mitte des Jahrhunderts mit einem eigenen Landesrabbinat folgten, 1618 zumindest als Wunschvorstellung der bischöflichen und ritterschaftlichen Juden im Bistum Bamberg.[58] Vor diesem Hintergrund war die geschilderte Entwicklung des 16. Jahrhunderts mit ihren sehr informellen Zügen eine Vorstufe, die aber doch eindringlich zeigt, in welche Richtung die tastenden Versuche gingen.

Bei allen diesen Zusammenschlüssen handelte es sich somit noch keineswegs um festgefügte Strukturen ‚amtlichen' Charakters mit fixierten Sprengeln und Amtsinhabern, als vielmehr um von der Aktualität bestimmten Aktionsgrup-

---

54 Rohrbacher, Organisationsformen, S. 146f.
55 Dazu ausführlich und differenziert Lang, Ausgrenzung und Koexistenz, S. 233–264; knapp Lang, Innen- und Außenperspektiven, S. 122–126.
56 Rohrbacher, Zur „inneren" Situation, S. 55.
57 Dazu im Überblick Cohen, Landesrabbinate, S. 230–241.
58 Cohen, Landesrabbinate, S. 240.

**Abb. 38:** Siegel der jüdischen Gemeinde Kriegshaber von 1787 mit der hebr. Inschrift *Medinot Schwaben*

pen, deren Zusammensetzung sich auch immer wieder verändern konnte.[59] Noch stimmten sie häufig nicht mit dem Territorien überein, auch wenn das Interesse der Herrschaftsträger dahin gehen mochte, diese Übereinstimmung herzustellen. Noch hatte die Judenschaft ihre ganz eigene Geographie, gerade im Süden des Reiches, wo die großen Zentren völlig fehlten und die neuen Strukturen erst im Entstehen waren. Insofern hatte das 16. Jahrhundert gerade in der ‚Peripherie' seinen ganz eigenen Charakter, und erst im Laufe des 17. Jahrhunderts, nach der Konsolidierung, verfestigten sich diese Ansätze in den ‚Landjudenschaften' als Verfassungsorganen bzw. den ‚Landesrabbinern' als territorial bestimmten Funktionsträgern (s. Kap. 18).

---

59 Dazu Rohrbacher, Medinot Aschkenas, S. 460–462.

# 15 Reich, Territorien, Reichsritterschaften: Aspekte des Judenschutzes auf drei Ebenen

Wenn Josel von Rosheim, der *Schtatlan* der Judenschaft, sich erfolgreich in einer von Kaiser Karl V. angesetzten Disputation gegen die Anschuldigungen des Antonius Margaritha zur Wehr setzte (s. Kap. 12), könnte der Eindruck entstehen, die alte Verbindung von Kaiser und Judenschaft des Römisch-Deutschen Reiches sei auf dem Augsburger Reichstag von 1530 erneuert worden.[1] Tatsächlich baute auf diesem Zusammenspiel ein Privileg von 1544 auf, in dem Karl V. in Speyer der gesamten Judenschaft des Reiches umfassenden Rechtsschutz gewährte – „das freiheitlichste und großzügigste Privileg, das je den Juden gegeben wurde". Es bestätigte die bisher verliehenen Privilegien, gestand sicheres Geleit zu, verbot die Schließung von Synagogen und die Vertreibung, schützte gegen die Ritualmordbeschuldigung, erlaubte sogar höhere Zinsen für Kredite als den Christen und legte fest, dass kein Judenzeichen außerhalb der Wohnorte getragen werden musste.[2] Dieses Privileg „wurde in der Folgezeit zum Schlüsseltext für die Rechtsstellung der Juden im Reich" – und mehrmals bis ins 18. Jahrhundert bestätigt.[3] Ein 1548 vom Kaiser erlassenes Mandat gebot zudem allen Ständen des Reiches *das ir dieselbe unser gemeine Iudischeit saemtlich und sonderlich bei obbestimpten bepstlichen, gemeiner Concilien, aller unserer Vorfarn am Reiche und unsern gegebenen Freiheiten, Privilegien, Confirmation, Schutz, Schirm und Glait handhabet und genczlich bleiben, des alles geruiglich geprauchen, geniessen* lassen sollten. Es war geeignet, „zumindest dazu bei[zu]tragen, daß die Juden des Reiches sich wieder als geschlossene Gruppe fühlen konnten, die kraft ihrer reichsunmittelbaren Stellung nur dem Kaiser und dessen Gerichten unterstanden".[4]

Nach wie vor war somit das Reich eine vorrangige Bezugsebene für die Judenschaft, es schien sogar, als ob mit dem Privileg von 1544 eine Reaktivierung anstehen könnte, nachdem die Rolle des Kaisers in den Ausweisungen des 15. Jahrhunderts zumindest als zurückhaltend, wenn nicht gar als wirkungslos erschienen war. Andererseits hatte sich mit dem Übergang des Judenregals auf die Fürsten und Herren schon deutlich abgezeichnet, dass die Territorialgewalten ihren Anspruch auf die Regelung jüdischer Niederlassungen weiter verfolgen

---

1 Battenberg, Europäisches Zeitalter, Bd. I, S. 187f.
2 Stern, Josel von Rosheim, S. 160f. mit Zitat; vgl. Battenberg, Europäisches Zeitalter, Bd. I, S. 187–189.
3 Wolgast, Juden als Subjekt, S. 181–183, Zitat S. 183.
4 Beide Zitate Battenberg, Europäisches Zeitalter, Bd. I, S. 189.

und in den Kontext der Verdichtung von Landesherrschaft einbauen würden: Judenschutz konnte als Element der Landesherrschaft instrumentalisiert werden. Freilich wurden gerade im Süden des Reiches, insbesondere in Franken und Schwaben, wo die Territorienbildung aufgrund fehlender Herzogsgewalt in nachstaufischer Zeit vielfach in *territoria non clausa* stecken blieb,[5] sich somit herrschaftliche Gemengelagen der Reichskirche, d.h. der geistlichen Fürstentümer der Hochstifte sowie der Reichsstifte und -klöster und der Deutsche Orden, sowie der weltlichen Grafschaften und der Ritterherrschaften einstellten, als dritte Ebene die mehr oder weniger selbstständigen Ortsherrschaften wirksam, die ebenfalls auf ihre Regelungskompetenz pochten. Das komplexe Gefüge sorgte somit für nachhaltige Konkurrenz und die maßgeblichen Normensetzungen finden sich deshalb nicht nur auf territorialer Ebene, sondern wurden in sehr unterschiedlichen Mischformen und Überlagerungen gefunden – gegenüber der vielfach vertretenen These von der Dominanz des territorialen Judenschutzes ist also Vorsicht geboten.[6]

Die Präsenz des Reiches, die in jüngerer Zeit wieder stärker betont wird,[7] hatte verschiedene Komponenten. So schien mit der Heranziehung zu Steuern und Abgaben, die auch weiter beansprucht wurden, nicht zuletzt das Potential einer reichseinheitlichen Organisation und Normensetzung verbunden zu sein. Die Versuche seit König Ruprecht und Kaiser Sigismund, einen Hochmeister zu etablieren, die dann freilich seit Friedrich III. aufgegeben wurden,[8] waren mit Josels Stellung als Repräsentant der Judenschaft in ungleich gewichtiger Form wieder aufgenommen worden – dabei blieb es bis zu seinem Tod 1554, und das Reichsrabbinat, das ebenfalls seit dem 15. Jahrhundert eine gewisse Tradition ausgebildet hatte, blieb mit R. Jakob ben Chaijm bis 1574 in Worms erhalten.[9] Neuartig aber war, dass nun auf Reichsebene mit Reichspolicey-Ordnungen und Reichsabschieden eigene Handlungsnormen fixiert wurden.[10] Nach längeren

---

**5** Vgl. dazu grundlegend für die bayerischen Verhältnisse die Beiträge in Riedenauer, Landeshoheit, sowie die kartographische Darstellung der territorialen Vielgestaltigkeit des Raumes in Spindler/Diepolder, Bayerischer Geschichtsatlas, S. 30f., die zwar die Verhältnisse im Stichjahr 1789 abbildet, aber in der Aussage über die Verteilung der Rechte durchaus zeitlich zurückprojizierbar ist.
**6** Dies gegenüber Battenberg, Europäisches Zeitalter, Bd. I, S. 177–179; Battenberg, Juden in Deutschland, S. 8–10.
**7** Vgl. etwa die Beiträge in Ehrenpreis/Gotzmann/Wendehorst, Kaiser und Reich.
**8** Battenberg, Europäisches Zeitalter, Bd. I, S. 151–155.
**9** Cohen, Landesrabbinate, S. 224.
**10** Vgl. dazu ausführlich Wolgast, Juden als Subjekt, passim; zusammenfassend Battenberg, Europäisches Zeitalter, Bd. I, S. 178f.

Anläufen seit dem Reichstag von Worms 1521, bei denen es im Rahmen der Erneuerung der Reichspolicey-Ordnung von 1500 vor allem um das Wucherverbot ging, konnte mit der Ordnung von 1530 die erste Normensetzung realisiert werden. Sie stand im Kontext der Bemühungen des Josel von Rosheim als Vorgänger und Befehlshaber der Juden des Reiches um die Reaktivierung des kaiserlichen Schutzes für die Juden und richtete sich gegen die Abwehrbemühungen von Seiten der Reichsstände, die nach wie vor den Wuchervorwurf in den Mittelpunkt stellten. So verfasste der Augsburger Stadtschreiber Dr. Konrad Peutinger im Vorfeld ein Memorandum im Namen von 19 Reichsstädten, darunter auch Augsburg, Memmingen und Ulm, das zum großen Teil auf dem Gutachten für die Reichsstadt Nördlingen in seinen Auseinandersetzungen mit der Grafschaft Oettingen aufbaute.[11] Die dann beschlossene Ordnung stand mit der Kennzeichnungspflicht und dem Wucherverbot noch deutlich in einer restriktiven Tradition.[12] Auf dem Regensburger Reichstag von 1532 setzten sich die Bestrebungen nach verbindlichen reichsrechtlichen Bestimmungen fort – unter maßgeblicher Beteiligung der schwäbischen Kräfte, die ein Verbot des Gangs zum Rottweiler Gericht angestrebt hatten, damit aber nicht durchdrangen.[13] Das Verbot eines Zinssatzes von über 5 % wurde mit dem Druck auf die Herrschaftsinhaber verschärft, das Wucherverbot über die ordentliche Gerichtsbarkeit auch umzusetzen.[14]

Aufgrund von Beschwerden verschiedener Reichsstände über die wirtschaftlichen Tätigkeiten der Juden bestätigte die Reichspolicey-Ordnung von 1548 die einschränkenden Bestimmungen bezüglich des sog. Hehlerprivilegs (s. Kap. 4) zugunsten der Untertanen und forderte die Stände zur Konzeption von Ordnungen auf. Gleichzeitig band sie aber auch das Recht der Ansiedlung von Juden an die Regalien bzw. an die reichsrechtliche Privilegierung: [...] *Setzen, ordnen und wollen Wir, daß fůrohin niemand Juden anzunehmen, oder zu halten gestattet werden soll, dann denjenigen, die von Uns, und dem Heiligen Reich Regalia haben, oder insonderheit derhalben privilegirt seynd.*[15] Aufgrund der zögerlichen Umsetzung mahnte der Reichstagsabschied von 1551 erneut den Vollzug an. Die bisherigen Bestimmungen wurden durch die Verpflichtung zur schriftlichen Fixierung von Verschreibungen und das sog. Cessionsverbot, d.h. das Verbot der Übertragung von Darlehensforderungen von Christen gegen Christen an Juden,

---

11 Vgl. dazu H. Lutz, Peutinger, S. 312; das Memorandum Peutingers, in dem auch die Ansiedlung von Juden thematisiert wurde, vgl. L. Müller, Aus fünf Jahrhunderten II, S. 82–87.
12 Stern, Josel von Rosheim, S. 79–101; Druck: Reichs-Abschiede, Bd. II, S. 340; Frey, Rechtsschutz, S. 151.
13 Vgl. dazu R. Mix, Judenordnung, S. 30f.
14 Reichs-Abschiede, Bd. II, S. 361.
15 Reichs-Abschiede, Bd. II, S. 599; Frey, Rechtsschutz, S. 152.

ergänzt.¹⁶ Eine letzte und breiter angelegte Normensetzung brachte schließlich die Reichspolicey-Ordnung von 1577: Die erneute Bestätigung des Status quo mittels der nun sehr differenzierten Bestimmungen zu den wirtschaftlichen Praktiken der Juden wurde mit der formellen Festlegung des Höchstzinssatzes auf 5 %, den Gebrauch der deutschen Sprache für Schuldscheine und die Nichtigkeit von Verfallspfändern ergänzt. Weitere Regelungen aber blieben ausdrücklich den Reichsständen selbst überlassen: *Doch soll hierdurch den Churfürsten, Fürsten, und Ständen an ihren von uns habenden Kayserlichen Regalien, Privilegien, und zustehenden Gerechtigkeiten, Ordnung zu machen, nichts praejudiciret oder benommen, sondern ihnen vorbehalten seyn.*¹⁷ Damit war zwar die Verschiebung der Normensetzung vom Reich auf die Territorien fixiert – und dennoch blieb der Reichsbezugs für die Juden auch weiterhin eine wichtige Größe und er sollte gerade in den reichsnahen Landschaften nicht unterschätzt werden.¹⁸

Diese Beziehung zu Kaiser und Reich lässt sich im 16. Jahrhundert in verschiedenen Dimensionen festmachen. So erhielten etwa die Ulma-Günzburg eine ganze Serie persönlicher kaiserlicher Schutzbriefe.¹⁹ Das begann mit einem Privileg für den Stammvater Simon, den Großfinanzier und Vorsitzenden der Gemeinde Günzburg, und seinen Bruder Jakob bezeichnenderweise 1544 parallel zum Speyerer Privileg – vermutlich war Simon Mitglied der Gesandtschaft des Josel von Rosheim an den Kaiser, die das Privileg erwirkte. 1565 folgte eine Ausweitung des Schutzbriefs auf den Schwiegersohn Moses seines inzwischen verstorbenen Bruders, dann 1617 für Simons Sohn Salomon und dessen Söhne – und beide beriefen sich auf das erste Privileg von 1544. Die Schutzzusagen waren doppelter Art: Allgemein gewährten sie ihnen samt Familien und Gesinde mit Gütern *frey sicherheit und Glaidt* und garantierte ihnen, dass sie an *selbigen Orten, solang alda die Juden und Judinnen mit vnnserm vnd der obrigkait willen, verbleiben, hausen, oder wohnen werden, an Ihrer handtierung vnnd Ceremonien, Gebreuchen vndd Begrebnussen, wie auch sonsten wider gemainer Judenschaft kayerlichen freyhaitenn, vnnd Reichs Constitutiones kheines wegs beschwert, angefochten, gesperret oder gehindert* werden dürfen, befreite sie vom Tragen der Judenzeichen, sagte ihnen die Klagemöglichkeit vor den kaiserlichen Gerichten zu und bewahrte sie vor unberechtigten Zöllen oder Mauten.

---

16 Reichs-Abschiede, Bd. II, S. 622; Frey, Rechtsschutz, S. 152f.
17 Reichs-Abschiede, Bd. III, S. 389f., Zitat § 7; vgl. Frey, Rechtsschutz, S. 153f.
18 Vgl. dazu für Schwaben Kießling, Schutzherrschaft und Reichsbürgerschaft, passim.
19 Ullmann, Nachbarschaft und Konkurrenz, S. 136–139; Kießling, Schutzherrschaft und Reichsbürgerschaft, S. 106–109.

Derartigen demonstrativ gewährten Vorrechten ist die Praxis an die Seite zu stellen: die Tatsache, dass auch die Juden die Gerichtsbarkeit des Reiches anriefen, um zu ihrem Recht zu kommen. Ein Tor dafür, diesen Rechtsweg zu öffnen, war die römisch-rechtliche Formulierung von den Juden als *cives Romani*; Reuchlin hatte die Rechtsfigur vom römischen Bürgerrecht der Juden in die Tradition des 16. Jahrhunderts eingeführt.[20] Auch wenn sie nur „der Erleichterung des Rechtsverkehrs dienen, nicht [aber] den seit jeher bestehenden Makel der Ehrlosigkeit von den Juden nehmen [sollte]", und sie „mit der Untertanenschaft unter die kaiserliche Gewalt gleichsetzte",[21] so bleibt doch festzuhalten, dass diese Gleichheit (*aequitas*) im Verfahrensrecht vor den Reichsgerichten tatsächlich angewandt wurde. Zum einen wurde damit der Weg zum Hofgericht nach Rottweil geöffnet, das für Streitigkeiten reichsunmittelbarer Parteien auf nicht strafrechtlichem Gebiet zuständig war und oft bei Schuldklagen von Juden angegangen wurde. Im 16. Jahrhundert ist eine Fülle von Klagen überliefert, sie erreichte ihren Höhepunkt vor allem zwischen 1530 und 1570. Um nur ein Beispiel zu nennen: Allein für Memmingen sind zwischen 1529 und 1558 mindestens 57 Verfahren und für Ulm zwischen 1551 und 1560 wiederum mindestens 21 nachzuweisen, an denen Juden als Prozesspartei beteiligt waren.[22]

Der andere Weg war der zum Reichskammergericht und zum Reichshofrat – vielfach in Fortsetzung der Rottweiler Verfahren. Eine erste Auswertung der Prozessakten hat ergeben, dass allein 157 Verfahren vor dem Reichskammergericht ins 16. Jahrhundert fielen, 114 waren in erster Instanz in Rottweil anhängig gewesen. Die meisten waren Schuldprozesse, wobei die beteiligten Juden vorwiegend aus der Markgrafschaft Burgau, dem Raum Memmingen und der Grafschaft Oettingen kamen – also den Schwerpunkten der Siedlung in Ostschwaben. Ein markantes Beispiel dafür ist mit der schon mehrfach genannten Figur des Simon von Günzburg genauer analysiert worden:[23] In den 28 Prozessen vor dem Reichskammergericht, in denen er vorwiegend als Beklagter fassbar wird, stand er den Klagen von zahlreichen Adeligen und Klöstern als Herrschaftsinhabern gegenüber, in der Regel handelte es sich um Appellationsverfahren, deren Vorinstanz die herrschaftlichen Gerichte, vor allem aber das Hofgericht Rottweil waren und bei denen Simon meist Recht bekommen hatte – was nunmehr revidiert werden

---

**20** Vgl. dazu Kisch, Zasius und Reuchlin, S. 23–36; Güde, Die rechtliche Stellung der Juden, S. 47–66, hier S. 48.
**21** Battenberg, Juden in Deutschland, S. 14f.; vgl. dazu ausführlich Battenberg, Von der Kammerknechtschaft zum Judenregal.
**22** Lang, Ausgrenzung und Koexistenz, S. 221–224.
**23** Stampfer, Geschäftspraxis, S. 37–94.

sollte. Franken fiel demgegenüber eher ab, denn von dort wurden nur 83 Fälle mit jüdischer Beteiligung registriert, wobei Appellationen nicht nur von Rottweil, sondern auch von den Gerichten des Hochstifts Bamberg, des kaiserlichen Landgerichts im Burggrafentum Nürnberg sowie der Regierung des Hochstifts Würzburg kamen, unter denen auch Fälle von Beleidigung, Gefangennahme und Folterung, Erpressung und selbst innerjüdische Erbstreitigkeiten waren.[24] Der Reichshofrat wiederum wurde vor allem für die Juden der Reichsritterschaft in Franken und Schwaben wichtig, die sich in einer komplexen konkurrierenden verfassungsrechtlichen Stellung befanden. Zwischen 1559 und 1670 wurden insgesamt 1.250 Verfahren vor ihm mit jüdischer Beteiligung registriert, davon gut die Hälfte in den ersten 20 Jahren (bis 1580); eine Vielzahl von Supliken galten dem Schutz, was wohl als ein Ergebnis des immer stärkeren Zugriffs der Territorialgewalten zu werten ist.[25]

Freilich wurde der reale Bezug im Laufe der Zeit immer schwächer. Immerhin blieb der Gang vor die Reichsgerichte bis zum Ende des Alten Reiches für jüdische Klagen offen; auch wenn die Zahl der Klagen schon während des Dreißigjährigen Krieges zurückging,[26] so blieb der Zugang doch prinzipiell wichtig – und wurde weiter begangen, nicht nur von den Hofjuden, sondern auch von einfachen Schutzjuden.[27] Um nur ein Beispiel herauszugreifen: In Schwabach wurden mehrere Dutzend Prozesse mit Juden vor den Reichshofrat getragen, die sich vielfach auf das Verhältnis zum Hof in Ansbach oder zur Gemeinde in Fürth bezogen, in einigen Fälle aus der zweiten Hälfte des 18. Jahrhunderts ging es um die Handelsbeziehungen nach Frankfurt und Wien, ein ausführlich dokumentierter betraf die Klage des Amson Moses Neuburger gegen Baron von Hofer, einen Reichsritter und Oberstleutnant der Fränkischen Kreistruppen wegen ausstehender Schulden.[28] Zudem war bei Konflikten der Gang zum Kaiserhof nach Wien immer wieder ein Mittel zur Unterstützung der jüdischen Gemeinden vor Ort, selbst in Territorien wie Oettingen, wo der Reichsbezug inzwischen relativ schwach geworden war.[29] Auch der Versuch Kaiser Karls VI. im Jahr 1721, den Goldenen Opferpfennig wieder zu beleben, war am ehesten bei der Klientel der Reichsritterschaften umzusetzen, verlief aber letztlich doch im Sande.[30]

---

24 Ksoll/Hörner, Juden vor dem Reichskammergericht.
25 Staudinger, Handlungsstrategien der jüdischen Elite.
26 Dazu Griemert, Jüdische Prozesse, bes. S. 203–217.
27 Vgl. dazu generell Ehrenpreis/Gotzmann/Wendehorst, Von den Rechtsnormen zur Rechtspraxis, bes. S. 56f.; Ehrenpreis/Wendehorst, Schwabach, S. 34–38.
28 Ehrenpreis/Wendehorst, Schwabach, S. 38–42.
29 Vgl. dazu Kießling, Schutzherrschaft und Reichsbürgerschaft, S. 114.
30 Duchardt, Karl VI., S. 149–167.

Als Besonderheit erscheint die Gruppe der ‚Reichstagsjuden', die unter dem Schutz der Reichserbmarschälle von Pappenheim in Regensburg lebten – in der Stadt, die nach der Vertreibung von 1519 wie die anderen Reichsstädte den Aufenthalt ansonsten sehr restriktiv handhabte.³¹ Erwachsen aus der traditionellen Aufgabe der Pappenheimer, die ‚Vergleitung' der Juden auf den Reichstagen zu gewährleisten, um die Versorgung sicherzustellen, entstand nach der Perpetuierung des Reichstages in Regensburg seit 1663 eine eigene und dauerhafte kleine Gemeinde in der Stadt, die dem Reichsmarschall unterstand. Ihre Anwesenheit wurde in mehreren normativen Regelungen seit 1695 festgeschrieben: Zahlenmäßig beschränkt und in ihrem Bewegungsspielraum relativ eingeengt, durften sie immerhin *ihre Zusammenkünfte, statt der bey ihnen sonsten gewöhnlichen Schulen, an dem Sabath und anderen Feyertagen auch die begehung des Lauberfestes […] in ihren Häusern und von der Gassen abgelegenen Zimmern in geziemender Stille, zu Verhütung aller argerniß und Beschwerden* abhalten. Handelstätigkeit war möglich, die anfangs sehr restriktiven Vorschriften schon wegen der Rücksichtnahme auf die anderen Interessen vor Ort, wurden im Laufe der Zeit gelockert, doch blieb ein „deutlich eingeschränkter Handlungsspielraum".³²

Trotz dieses faktischen Bedeutungsverlustes von Kaiser und Reich pflegten die Juden Frankens und Schwabens offenbar weiterhin ein intensives Reichsbewusstsein; es lässt sich in der Ikonographie sehr gut verfolgen.³³ Schon der kaiserliche Hoffaktor Isaak Ulman in Pfersee ließ sich 1641 von Ferdinand III. in seinem persönlichen Schutzbrief auch das Recht verbriefen, *an Sein oder der Seinigen Häuser, unseren Kayserlichen adler und deß Heiligen Reichß Wappen, zuem Zeugnuß dises unsres kayerlichen Schutz und Handhabung mahlen, an oder auffschlagen* zu dürfen.³⁴ Selbst im kultischen Kontext war die Verwendung des Reichsadlers in Schwaben und Franken durchaus nicht ungewöhnlich. So zeigt ein Toraschild in Kitzingen von etwa 1710/20 zwischen den Tempelsäulen unterhalb der Torakrone einen doppelköpfigen Adler zwischen Fruchtgebinden, und eine Gruppe von Sedertellern Nürnberger Provenienz mit identischen Gravuren von 1773 verwendet ebenfalls den Doppeladler, flankiert von Adam und Eva – hergestellt wohl von einem christlichen Meister, der seine Waren als Kollektionen auf Messen verkaufte. Besonders markant aber wird dieser mentale Reichsbezug auf Toravorhängen des Goldstickers Jacob Koppel Gans aus Höchstadt a.d. Aisch, die in Krumbach und Ichenhausen Verwendung fanden. Ein weiteres Exemplar

---

31 Dazu Strobel, Pappenheim, S. 18–23, 31–37, 61–70.
32 Strobel, Pappenheim, S. 35, nach der *Resolutio* in der Fassung von 1699, das 2. Zitat S. 87.
33 Vgl. dazu Kießling, Die schwäbischen Juden und das Reich, S. 232–246.
34 Kießling, Die schwäbischen Juden und das Reich, S. 239.

**Abb. 39:** Toravorhang mit doppelköpfigem Adler, Jakob Koppel Gans, gestiftet 1772/73, vermutlich aus Pfersee

von 1772/73 hat sich erhalten: Neben den bekannten Motiven der beiden Tempelsäulen und der aufsteigenden Hirsche als Symbol des Stammes Juda prangt unterhalb der Menora der doppelköpfige Adler mit zwei Fischen als Wappen – wohl nicht als Anklang an den Namen des Ortes Fischach in der habsburgischen Markgrafschaft Burgau,[35] sondern als Erinnerungsmerkmal: das „Sternzeichen des unbekannten Stifters" aus Pfersee.[36] (Abb. 39)

Das Reich war also nach wie vor präsent, man fühlte sich *under deß römischen Adlers Flügel*, wie es in einer Supplikation von 1618 anlässlich des Kampfes gegen die Ausweisung aus der Markgrafschaft Burgau in einer Supplikation der

---

**35** Kießling, Die schwäbischen Juden und das Reich, S. 243–254; vgl. Weber, Jüdische Sachkultur, S. 249f.
**36** Vgl. Landsberger, Old-Time Torah-Curtains, S. 381–387; zuletzt Schönhagen, Erinnerung, S. 102f. (Zitat).

*Gemainen Judenschaft* an den Kaiser hieß – die erfolgreich mit dem Schutzprivileg abgeschlossen werden konnte.[37] Auch wenn die Lebenswirklichkeit nun sehr viel mehr von den territorialen und lokalen Vorgaben geprägt wurde, so blieb das Reich doch mental eine feste Größe.

So eindringlich damit die Rolle des Reiches und seiner Institutionen insgesamt ausfällt, so ist doch als generelle Linie festzuhalten, dass die Verlagerung des Judenregals von Kaiser und Reich auf die Territorien, die schon im Spätmittelalter eingesetzt hatte, die Ausbildung einer komplementären Rechtsentwicklung nach sich zog, die sich im Laufe der Zeit verselbstständigte.[38] Denn selbst wenn „sich die Kaiser unter Anerkennung der landeshoheitlichen Rechte bemühten, das Judenregal der Kammerknechtschaft derart unterzuordnen, daß die Landesherren und sonstigen Schutzinhaber nur insoweit als zur Ausübung des Judenschutzes berechtigt angesehen wurden, als nicht übergreifende kaiserliche Rechte über die Juden betroffen waren", so ergab sich daraus doch faktisch eine Reduktion des kaiserlichen Schutzes.[39] Die reichsrechtlichen Bedingungen galten bald als subsidiär, und der Schwerpunkt der Regelungskompetenz verschob sich auf die Ebene der Landesherrschaften.[40] Die Folge war, dass eine Reihe von Territorien eigene umfassende ‚Judenordnungen' erließen; besonders markant erscheint der Fall Hessen, wo seit 1539 mehrere solcher Texte die drei Komplexe Aufenthaltsrecht, wirtschaftliche Tätigkeitsfelder und religiöses Verhalten regelten.[41] Dieses Modell kann freilich nicht einfach auf Franken und Schwaben übertragen werden, vielmehr formten sich aufgrund der sehr verschiedenartigen Strukturen von Herrschaft sehr unterschiedliche Konzepte von ‚Judenordnungen' aus; die Spannbreite reichte von umfassenden und dauerhaften Regelungen bis zu rudimentären und nur kurzfristig gültigen Ansätzen oder gar dem völligen Fehlen umfassender Normensetzungen.

In den fränkischen Hochstiften hatten sich schon im 15. Jahrhundert Serien von Ordnungskonzepten eingestellt (s. Kap. 9). Aufgrund der starken Ausweisungstendenzen im 16. Jahrhundert reduzierte sich deren Bedeutung jedoch ganz erheblich. In Würzburg kam es bis 1617 überhaupt nicht mehr zu einer umfassenden Judenordnung, vielmehr beschränkte sich die Politik der Bischöfe über ihre Zentralbehörden auf einzelne ‚Judenverordnungen' zu jeweils spezifischen Sach-

---

**37** Kießling, Die schwäbischen Juden und das Reich, S. 236f.
**38** Vgl. Battenberg, Privilegierung von Juden, S. 154–156.
**39** Battenberg, Rechtliche Rahmenbedingungen, S. 71.
**40** Rechtsschutz, S. 37.
**41** Battenberg, Judenordnungen; vgl. allgemein Battenberg, Europäisches Zeitalter, Bd. I, S. 177–180.

verhalten, die einer Regelung bedurften – insgesamt 34 Verordnungen wurden erlassen.[42] Abgesehen von den jeweiligen Vorschriften zum Niederlassungs- und Aufenthaltsrecht, die sich aus den Ausweisungsvorhaben ergaben, ging es vor allem um Einschränkungen und Verbote im Geld- und Pfandleihgeschäft, mit denen man auf die Wuchervorwürfe reagierte – nicht zuletzt gegen die Geschäftspraktiken der Juden aus den adeligen Enklaven –, ganz ähnlich wie bei Fragen des Handels und der Betätigung als Ärzte. Die Festlegung der Steuern bzw. Abgaben, angefangen vom Schutzgeld bei der Erteilung von individuellen Schutzbriefen, über den Leibzoll für fremde Juden, die ins Land kamen, bis zu den Vorschriften der Kennzeichnungspflicht, die 1544 eingeführt und 1561 für Durchreisende beibehalten wurden, bestätigen die insgesamt restriktiven Tendenzen. Gleichzeitig wird aber auch sichtbar, dass eine vielfache Verschränkung mit den reichsrechtlichen Bestimmungen stattfand. Auch nach der Wiederansiedlung in den 1620er Jahren verzichtete das Hochstift auf eine zusammenfassende Regelung, kumulierte dagegen im 17./18. Jahrhundert mit steigender Tendenz eine Vielzahl von Einzelerlassen – insgesamt sind zwischen 1617 und 1802 nicht weniger als 163 Verordnungen zu verzeichnen. Sie umfassten den gesamten Bereich der ‚guten Policey', vom Niederlassungsrecht über die Geld- und Pfandgeschäfte sowie den Handel, die Steuern und Abgaben, den Erwerb von Liegenschaften bis zu den Kleidervorschriften – immerhin wurde das Tragen des Judenringes nicht mehr gefordert – und den Lebensbedingungen – etwa das Verbot des Zusammenlebens mit Christen in den Häusern.[43]

Ganz ähnlich gestaltete sich die Situation im Hochstift Bamberg, wo die Ausweisung ebenfalls durchgängig bis in die 1. Hälfte des 17. Jahrhunderts den Grundtenor bischöflicher Politik bestimmte – auch wenn die Umsetzung mehr oder weniger erfolgreich sein mochte.[44] Auch hier erließen die Bischöfe immer wieder Wucherverbote und ordneten die Protokollierung der Geschäftsabschlüsse an, rezipierten also die Reichsgesetzgebung.[45] Auch hier bezog man die Juden in die sich verdichtenden Regelungen der ‚Policey', d.h. die allgemeinen Ordnungsmaßnahmen für die Untertanenschaft, mit ein, die etwa in der Ordnung von 1616 Regelungen der Geschäftspraxis, aber auch zur Kennzeichnungspflicht enthielt.[46] Eine eigene ‚Judenordnung' war wegen der prinzipiell negativen Politik zunächst nicht vorgesehen. Erst nach der Entstehung der Gemeinde in der

---

42 Dazu König, Judenverordnungen, S. 87–169.
43 Ausführlich dazu König, Judenverordnungen, S. 171–236.
44 Vgl. dazu Eckstein, Bamberg, S. 15–17.
45 Eckstein, Bamberg, S. 247f.
46 Eckstein, Bamberg, S. 279f.

Residenzstadt erließ das Hochstift 1644 eine erste Judenordnung und erneuerte sie 1654 bzw. 1672, auch wenn es nach wie vor allem um die Abgaben und die wirtschaftlichen Tätigkeiten ging, während weitergehende Bestimmungen wie der Schutz der Juden vor Angriffen und Beleidigungen in Einzelmandaten publiziert wurden.[47]

Das Markgraftum Ansbach wiederum begnügte sich zunächst mit der Ausstellung von einzelnen Schutzbriefen, die neben den Aufnahmebedingungen die Schutzgelder fixierten und die Handhabung der Kreditvergaben regelten.[48] Erst im 18. Jahrhundert stieß man zu einer umfassenden Konzeption vor: Nach verschiedenen Einzelerlassen seit 1609 kam durch Markgraf Georg Friedrich (reg. 1692–1703) schon bald nach seinem Regierungsantritt 1694 ein erster Generalschutzbrief zustande.[49] Ihm folgte dann 1734 unter seinem Nachfolger Carl Wilhelm Friedrich (reg. 1729–1757) eine breit angelegte Ordnung, die von der Niederlassung über die Steuern, Abgaben und Quartierbelastungen über die Rabbiner-Ordnung bis zu verschiedenen wirtschaftlichen Fragen reichte.[50] Der Bayreuther Teil wurde schließlich 1771 nach dem Übergang zu einer gemeinsamen Regierung 1769 unter Markgraf Alexander neu gefasst.[51] Die Judenordnungen spiegeln somit die späte Bereitschaft, Niederlassungen zu ermöglichen.

Ganz anders sah die Situation in der unterfränkischen Grafschaft Wertheim aus, denn hier folgten die Herrschaftsinhaber schon früh eher dem ‚Modell' einer umfassenden Judenordnung.[52] Nach ersten Regelungen durch einen kollektiven Schutzbrief von 1512 folgten solche für den Handel 1518; sie wurden 1523 und 1528 insofern eingeschränkt, als „alle irregulären bzw. unregulierbaren Handelsformen"[53] untersagt und insbesondere das Hausieren verboten wurde. 1533 wurde zusätzlich die Kennzeichnungspflicht mit einem gelben Ring *in den flecken* – also wohl auf dem Land – auferlegt, ein eigenes Schutz- und Synagogengeld eingeführt und 1536 eingeschärft, unerlaubte Kreditgeschäfte zu unterlassen. 1552 erließ Graf Michael III. erstmals eine eigene Judenordnung, in der die bisherigen Vorschriften zusammengefasst wurden – offensichtlich hatte die Reichspolicey-Ordnung von 1548 ihre Wirkung nicht verfehlt. Die nächsten Regierungen folgten diesem Muster, wobei Graf Ludwig von Stolberg nach dem Herrschaftswechsel von 1562 eine Ordnung erließ, deren Ziel es offensichtlich war,

---

47 Schmölz-Häberlein, Bamberg, S. 50f.
48 Haenle, Ansbach, S. 26f., 31–34.
49 Haenle, Ansbach, S. 59–67, 88f.
50 Jehle, Kirchliche Verhältnisse, S. 333f.
51 Eckstein, Bayreuth, S. 58–61.
52 Stretz, Juden in Franken, S. 104–135.
53 Stretz, Juden in Franken, S. 110.

die Beschwerden der Wertheimer Zünfte aufzufangen und die Ansiedlungsbedingungen möglichst umfassend festzulegen: Sie regelte nicht nur wirtschaftliche, sondern auch die rechtlichen Rahmenbedingungen und bezog religiöse Bestimmungen – das Verbot der Gotteslästerung und das Gebot der Zurückhaltung in der Öffentlichkeit an Sonn- und Feiertagen – mit ein. Zu Recht wurde betont, dass Ludwig von Stolberg damit einen „religiösen, ethischen und juristischen Normen entsprechenden Prozess der Herrschaftsvermittlung inszeniert" habe,[54] den er freilich im Anschluss daran auf Einspruch der Bürgerschaft mit einigen Einschränkungen modifizieren musste. Bezeichnenderweise waren die Juden an der Aushandlung der Bestimmungen selbst beteiligt, und diesen Modus behielt auch Graf Ludwig zu Löwenstein-Wertheim bei seiner Neufassung 1604 bei. Daneben lief freilich die Praxis der individuellen Schutzbriefe weiter, in denen die spezifischen Bedingungen für die Ansiedlung der Familien geregelt wurden, sie sind also als Ergänzung zu sehen. Doch wurden sie im Laufe der Zeit immer stärker vereinheitlicht, weil in den detaillierter werdenden Judenordnungen die wesentlichen Elemente bereits formuliert waren. Beide Instrumente zusammengenommen brachten jedenfalls eine „Verrechtlichung territorialer Judenpolitik" zustande.[55]

Zu diesen unterschiedlichen Befunden in Franken bietet Schwaben weitere Varianten. Dass im Fürstentum Pfalz-Neuburg gar keine Judenordnung zustande kam, ist wohl damit zu erklären, dass das Gewicht der städtischen Normensetzung stärker ausgeprägt war und zudem die ständig wechselnden Situationen zwischen Ansiedlung und Ausweisung keine auf Kontinuität angelegte Ordnung zuließ.[56] Die Grafschaft Oettingen schlug wiederum einen eigenen Weg ein. Sie bediente sich der Form des Schutzbriefs und entwickelte diesen zum zentralen „Herrschaftsmedium"; es diente der „Rechtsvereinheitlichung" und dem „Aufbau eines nivellierten Untertanenverbands", war somit ein Instrument der Modernisierung der frühmodernen Staatlichkeit, in die auch die Judenschaft integriert werden sollte.[57] Die anfängliche Praxis, über Einzelschutzbriefe die Niederlassung zu gewähren, wich seit 1637 generellen Schutzbriefen, die für mehrere Orte in einer Teilgrafschaft erlassen wurden; ihre Laufzeit schwankte zwischen einem und 20 Jahren und konnte so laufend den Gegebenheiten angepasst werden. Dabei nahm ihr Umfang immer stärker zu, weil sie – wie anderswo – die jewei-

---

54 Stretz, Juden in Franken, S. 117.
55 Stretz, Juden in Franken, S. 136–143, Zitat S. 143.
56 M. Müller, Pfalz-Neuburg, S. 140–176, 239–256.
57 Dazu ausführlich Mordstein, Selbstbewußte Untertänigkeit, S. 43–120, Zitate S. 119, Tabelle S. 369–372; zusammenfassend Mordstein, Legislationspraxis, passim.

ligen Inhalte möglichst breit und detailliert als ‚Ordnung'etablieren sollten. Wie in Wertheim schon im 16. Jahrhundert pendelte sich dabei die Praxis ein, die Bestimmungen jedes Mal zwischen den Beteiligten – der Regierung, den christlichen Gemeinden und den Judenschaften – auszuhandeln (vgl. Kap. 19).

Sehr offen gestaltete sich die Situation in der Markgrafschaft Burgau, denn hier blieb die Konzeption einer eigenen Judenordnung nach dem ersten Anlauf stecken.[58] Der Kontext war hier allerdings ein anderer: Am Anfang standen Beschwerden, die sich aus den Kreditgeschäften der Juden ergaben, und sie sollten zwischen den Beteiligten erörtert und in einer Ordnung geregelt werden. König Ferdinand I. (reg. 1531–1564) – der als Habsburger die Markgrafschaft innehatte, auch wenn sie bis 1559 an den Bischof von Augsburg verpfändet war – berief dazu 1533 eine Kommission nach Günzburg ein; beteiligt waren der Bischof von Augsburg, die Reichsstadt Augsburg, die Fugger als Inhaber der Herrschaft Kirchberg-Weißenhorn und Biberbach sowie die Inhaber der Herrschaft Seyfriedsberg – letztere beide standen in einem ungeklärten Rechtsverhältnis zur vorderösterreichischen Markgrafschaft. Einbezogen werden sollte aber auch der Adel – wobei allerdings nicht ganz klar wird, inwieweit er tatsächlich in die Verhandlungen eingriff – und nicht zuletzt die *ausschüss von derselben Judischhait* selbst,[59] die ihre Vorstellungen in einer Supplikation an die vorderösterreichische Regierung in Innsbruck eingebracht hatten. Die Ordnung stellt also ein Verhandlungsergebnis der Beteiligten dar und zielte deshalb nicht auf eine umfassende Regelung, sondern auf die Lösung der Konfliktpotentiale in einer ‚offenen' Herrschaftsregion, in der die Landeshoheit nur sehr schwach ausgebildet war.

Demgemäß fiel auch das Ergebnis aus: In insgesamt lediglich sieben Punkten wurden die Darlehensgeschäfte, die Gerichtszuständigkeit, die Kennzeichnungspflicht und das Recht des Waffentragens thematisiert.[60] Zentraler Bereich war die Handhabung der Kredite, und dabei stand die Praktikabilität einer Kontrolle im Mittelpunkt, weil man ein grundlegendes Verbot nicht durchsetzen konnte – und wollte? Jedenfalls sollten auf der Basis des reichsrechtlichen Wucherverbots die Geschäfte bei den Obrigkeiten protokolliert werden sowie den ‚fremden', d.h. außerhalb sitzenden Juden die Meldepflicht auferlegt werden, wenn sie sich im Territorium aufhalten wollten. Auch mit der Kennzeichnungspflicht folgte die Ordnung dem Reichsrecht, doch in einer Form, die ebenfalls praktikabler war, denn der ‚Gelbe Ring' war nur bei längeren Aufenthalten an einem Ort, nicht aber

---

**58** Vgl. dazu Kießling, Judendörfer, S. 160–164; Mix, Judenordnung Burgau, mit Edition der Ordnung.; Ullmann, Nachbarschaft und Konkurrenz, S. 113–121.
**59** Ullmann, Nachbarschaft und Konkurrenz, S. 114.
**60** Mix, Judenordnung Burgau, S. 32–45.

*auf dem Land*, geboten. Und für das Tragen von Waffen ging es nur um größere, nicht aber um *prettmesser, klaine dolchle vnd waidnerle*, und das wiederum nur innerhalb der Ortschaften. Ein genereller Schutz gegen Beleidigungen und Angriffe sicherte die Bewegungsfreiheit und ungehinderte Geschäftsabwicklung. Was aber die Gerichtsbarkeit betraf, so sollten Konflikte an den *Ordentlichen gerichtsobrigkeiten*, also der Markgrafschaft bzw. der anderen Grafschaften und Herrschaften, ausgetragen werden, nicht aber an *fremde Gerichte* – hier war wohl vor allem die Anrufung des Hofgerichts Rottweil gemeint, das von den Juden gerne aufgesucht wurde, um ausstehende Schulden einzuklagen.

Der Charakter eines ausgehandelten Kompromisses verweist auf die Spannung zwischen den Interessen der Beteiligten, zum einen den reichsrechtlichen Vorgaben, zum anderen den restriktiven Vorstellungen der Aussteller, zum dritten der Judenschaft, die ihre Existenzbedingungen absichern wollte. Immerhin gelang es damit, die ursprüngliche Absicht des benachbarten Adels abzuwehren, alle Juden aus der Markgrafschaft auszuweisen.[61] Die Umsetzung war freilich schwierig; so hatte bereits 1535 König Ferdinand I. zugestanden, dass auch weiterhin die kaiserlichen Gerichte akzeptiert, insbesondere das Hofgericht Rottweil angerufen werden konnte.[62] Bezeichnend erscheint aber auch, dass die Ordnung keine Nachfolger fand. Nach der Rücknahme der Pfandschaft 1559 versuchte Erzherzog Ferdinand II. als Landesherr 1581 nochmals einen Anlauf, doch seine Amtsräte hielten das für undurchführbar, weil das gegen die Interessen der ‚Insassen', die Juden duldeten, nicht durchsetzbar erschien. Dennoch sollten die Judensiedlungen weiter bestehen bleiben. 1587 kam es zu den ‚Interimsverträgen', einem Vergleich in 61 Punkten, in denen die gesamte Rechtssituation (nicht nur bezüglich der Juden) zwischen der Regierung und den ‚Insassen' – kirchliche Institutionen, Adelige, reichsstädtische Bürger – ausgehandelt wurde, was auf eine Teilung des Judenregals mit der Landesherrschaft hinauslief. Die dort wiederum enthaltene Absicht der Ausweisung wurde allerdings nie durchgeführt, im Gegenteil: die Ansiedlungen verstetigten sich. Anfang des 17. Jahrhunderts wurde die Situation noch komplizierter: Markgraf Karl (reg. 1609–1618), der in Günzburg selbst residierte, schwenkte auf die antijüdische Politik der Stadt und einiger Herrschaftsträger ein und verkündete 1617 eine generelle Ausweisung aus der Markgrafschaft. Durchsetzen konnte er das freilich nur in seinen Kameralorten, in denen er auch die Ortsherrschaft innehatte, vor allem in der Residenzstadt Günzburg, denn die Judenschaft erwirkte 1618 ihrerseits ein Privileg Kaiser Mathias', das die Existenz der Niederlassungen in den adeligen Enklaven sicher-

---

61 Mix, Judenordnung Burgau, S. 23f.
62 Ullmann, Nachbarschaft und Konkurrenz, S. 114–116.

te.⁶³ Aber auch ein neuer Versuch von 1651 kam zu keinem besseren Ergebnis.⁶⁴ Die schwache Territorialgewalt und die entsprechende Stärke der Insassen verhinderten eine generelle Regelung.

Damit korrespondierte andererseits das Bestreben dieser Insassen, auf der Basis ihrer Ortsherrschaft, wenn auch im Zusammenwirken mit der landesherrlichen Regierung in Innsbruck, die für die Verwaltung der Markgrafschaft zuständig war, eigene Regelungen für diese jüdischen Niederlassungen auf Ortsebene zu konzipieren, auch wenn dabei keine umfassenden Judenordnungen entstanden, sondern nur Vergleiche und Rezesse für Einzelprobleme.⁶⁵ Der sonst üblichen herrschaftlichen Ebene stand also hier eine kommunale gegenüber. Der Anfang dieser dritten Ebene der Normensetzung ist bereits 1586 für das Dorf Fischach westlich von Augsburg zu erkennen, als für die Inhaber der jüdischen Haushalte die Beteiligung an der Viehweide geregelt wurde; in Buttenwiesen kam es 1604 zu einer ähnlichen Lösung strittiger Fragen, und die anderen ‚Judendörfer' folgten sehr bald nach, wobei die Landes- und Ortsherrschaften als Schlichtungsinstanzen fungierten.⁶⁶ In Thannhausen nahm die jüdische Gemeinde 1611 sogar die Finanzierung einer eigenen Delegation an den Kaiserhof nach Prag auf sich, um dort mit der neuen Ortsherrschaft, dem Reichspfennigmeister Stefan Schmidt von Freihofen, die Bedingungen für die Verlängerung des Judenschutzbriefs mit den Regelungen der Besteuerung direkt auszuhandeln, aber auch die Zustimmung für einen eigenen jüdischen Metzger zu erreichen.⁶⁷ Diese Struktur hielt sich in der Markgrafschaft Burgau auf Dauer, und die einzelnen Herrschaftsträger erließen mit und für ihre Judengemeinden weiterhin eigenen Ordnungskonzepte, quasi Judenordnungen auf Ortsebene, wie das etwa in einem Rezess für Binswangen von 1694 oder in der Dorf- und Policeyordnung für Pfersee von 1750 der Fall war.⁶⁸

Auf den ersten Blick mag diese Konstellation wie ein Sonderfall erscheinen, doch bei genauerem Zusehen finden sich auch in anderen Regionen immer wieder mehr oder weniger umfassende Dorfordnungen, in denen das Verhältnis zur jüdischen Gemeinde geregelt wurde. In den Judendörfern der fränkischen Reichsritterschaft der Freiherren von Seckendorff in Obernzenn und der Freiherren Eichler von Auritz in Dennenlohe wurden im 18. Jahrhundert eigene

---

63 Ullmann, Nachbarschaft und Konkurrenz, S. 71–73.
64 Ullmann, Nachbarschaft und Konkurrenz, S. 113–121.
65 Ullmann, Nachbarschaft und Konkurrenz, S. 130–136.
66 Ullmann, Streit um die Weide, passim.
67 Dazu Voss, Amt, Funktion und Titel des Schtadlan, S. 146f.
68 Ullmann, Nachbarschaft und Konkurrenz, S. 130–136.

Judenordnungen erlassen, bei denen die örtlichen Gemeinden mit der Herrschaft zusammenwirkten und dazu die Landesrabbiner mit heranzogen, um strittige Fragen zu klären. Dabei entstand teilweise eine Mischform von *Takkanot*, die innergemeindliche Angelegenheiten regelten, und Judenordnungen, die das Verhältnis zur Herrschaft und zur christlichen Seite normierten.[69] Ein anderes Beispiel bieten die beiden Dörfer Demmelsdorf und Zeckendorf, in denen verschiedene Grundherrschaften unter der Landeshoheit des Hochstifts Bamberg präsent waren, die für die Konzeption von Dorfordnungen zusammenwirken mussten; die erste in Zeckendorf von 1591 basierte bereits auf der Gemeindegerechtigkeit von Juden und Christen, und dies setzte sich fort bis ins 18. Jahrhundert: 1739 wurden für beide Orte, Zeckendorf und Demmelsdorf jeweils derartige Ordnungen erlassen (s. Kap. 19),[70] Schließlich ist auch im Oberpfälzer Markt Floß im Territorium Pfalz-Sulzbach Ähnliches zu beobachten: Hatte sich ein erster Schutzbrief von 1685 noch auf die wirtschaftlichen Belange der Juden als Warenhändler und Hausierer beschränkt, so widmete sich der zweite von 1744 sehr viel breiter dem Verhältnis zur christlichen Marktgemeinde von der Ausübung der Religion über die Teilhabe an den gemeindlichen Einrichtungen bis zum Erwerb und Bau von Häusern.[71]

Überblickt man die verschiedenen Entwicklungen, so fällt generell auf, dass herrschaftliche Konkurrenz immer wieder Situationen schuf, die Chancen für die Entfaltung jüdischer Niederlassungen boten. Besonders markant fiel das am Falle von Fürth aus.[72] Die Ortsherrschaft in diesem Markt war geteilt: das Domstift Bamberg als Rechtsnachfolger der Vogteiherrschaft, die Markgrafschaft Ansbach als Inhaber des Geleitsrechte und die Reichsstadt Nürnberg über grundherrschaftlichen Besitz der Stiftungen und Bürger. Diese ‚Dreiherrschaft' löste – wie andernorts bei ähnlichen Konstellationen – vielfältige Auseinandersetzungen um die Rechtssituation im Ort aus, wobei die Ansiedlung von Juden als gewichtiges Element in die Argumentation eingesetzt wurde. Den Anfang machte Markgraf Georg: Er erlaubte 1528 zwei Juden und 1537 dem reichen Michel von Dornberg, sich niederzulassen – gegen den Protest von Nürnberg, das nach der Ausweisung von 1498/99 die Juden aus seinem stadtnahen Gebiet fernhalten wollte. Die Bamberger Dompropstei folgte 1556 und forcierte ihrerseits die Ansiedlung, und

---

69 Sowa, Gesetzgebung für Juden, bes. S. 96–100.
70 Schade, Formen jüdischer Ansiedlung, S. 36–42, 59; neuerdings Schmölz-Häberlein, Jüdisches Leben, S. 276–282.
71 Höpfinger, Floß, S. 325–325.
72 Vgl. Deneke, Siehe der Stein schreit aus der Mauer, S. 239–243; Renda, Fürth, S. 225f.; Battenberg, Judenschaft Fürth, S. 8–11; jetzt Ohm, Juden in Fürth, S. 10–17.

1573 erhielt Dompropst Michael von Liechtenstein von Kaiser Maximilian II. ein ausdrückliches Privileg, dass ihm das Recht zur Aufnahme bestätigte. Umgekehrt nahm Markgraf Georg Friedrich bei seiner Ausweisung von 1560 Fürth ausdrücklich aus. Auf diese Weise entstand bald eine stattliche Gemeinde, und weil beide Seiten mit der Ausübung des Judenregals ihre Herrschaftsposition im Ort zu stärken suchten, konnte die Gemeinde schnell anwachsen und nicht selten auch die Konkurrenz ausnützen. So gelang es ihr schon im 17. Jahrhundert, zwei *Parnossim* in die Gemeindeversammlung zu entsenden, also an der Ortsgemeinde zu partizipieren – wie sich das auch in Schwaben andeutete – und im weiteren Verlauf eine relativ ‚liberale' Judenordnung zu erwirken.

Fürth war aber kein Sonderfall, vielmehr zeigt die genauere Analyse von Kleinregionen, dass die Frage der Ansiedlung von Juden vielfach zu Konflikten führte. Dabei waren die zahlreichen Fälle von Kondominaten für die jüdischen Ansiedlungen zwar vorteilhaft, solange in ungeregelten Verhältnissen die Uneinigkeit der Herrschaftsträger ausgenutzt werden konnte, denn in solchen Fällen ließen sich für die Juden Handlungsspielräume nutzen. Sie konnte aber auch schnell zum Risiko werden, wenn sich die Herrschaftsverhältnisse änderten oder die Konstellationen sich anderweitig verschoben.[73] Konflikte zwischen Herrschaftsträgern waren vielfältig: In Remlingen, einem Kondominat der Grafen von Castell und der Grafen von Löwenstein-Wertheim, spitzte sich die Auseinandersetzung zu, weil die Wertheimer Kanzlei in den Ausweisungsbemühungen der Casteller einen *Ingriff in die Regalia* sah und der Fall deshalb zum Streit um die Herrschaftsrechte im Ort eskalierte.[74] In Rödelsee kam es wegen der Judenansiedlung in den 1570er Jahren zu einem besonders komplexen Streit zwischen den Grafen zu Castell und den übrigen Herrschaftsträgern vor Ort. Die verschiedenen Aspekte des Streites spielten sich auf der Ebene der Dorfherrschaft, der Lehensherren und schließlich des Reichskammergerichts ab und wurden zu einem Ringen um die grundsätzlichen Rechtspositionen hochstilisiert – mit dem Ergebnis, dass zu diesem Zeitpunkt die Ausweisung unterblieb, in einer neuen Konstellation 1615 aber dann doch vollzogen wurde.[75]

Breiter angelegt, aber prinzipiell gleichartig, war der Konflikt, der sich bei den Bemühungen der Bischöfe von Würzburg um eine Vertreibung der Juden aus den adeligen Enklaven des hochstiftischen Territoriums in den 1560er und 1570er Jahren ergab, denn hier sah sich eine Vielzahl von Reichsrittern zum Widerstand

---

73 Vgl. dazu im Detail Stretz, Juden in Franken, S. 331–343; generell Stretz, Kondominat und Kondominium, passim.
74 Stretz, Juden in Franken, S. 177–181.
75 Stretz, Juden in Franken, S. 90–101, 190f.

herausgefordert.[76] Auch sie beriefen sich auf ihr Recht, Juden anzusiedeln – und konnten sich behaupten. Dabei wurde in ihrer Argumentation immer wieder deutlich, dass sie damit auch ihre reichsunmittelbare Stellung festigen wollten, also ihre Interessen nicht nur fiskalischer bzw. wirtschaftlicher Natur waren.[77]

Die Ausübung des Judenregals erwies sich somit als eminent politisches Problem, angefangen von der Frage, wer darüber rechtlich und tatsächlich verfügen konnte, über die Frage, wie es als Instrument für die Ordnungspolitik, die ‚gute Policey', eingesetzt werden konnte, bis hin zur Überlegung, ob sich damit auch ein zusätzliches Gewicht in herrschaftlichen Konflikten gewinnen ließ. Das jeweilige Ergebnis konnte je nach Situation unterschiedlich ausfallen, konnte zur Exklusion wie zur Inklusion führen. Die Juden erscheinen unter diesen Gegebenheiten nur auf den ersten Blick lediglich als Objekte von Herrschaft, denn an einigen Stellen wurde sichtbar, dass sie sich auch selbst in dieses Interessengeflecht einbringen konnten.

Was aber die langfristigen Entwicklungstendenzen betrifft, so ergab sich doch eine grundlegende Veränderung: Noch im 16 Jahrhundert war die Offenheit der Normensetzung in Konkurrenz von Reich, Territorien und Ortsherrschaften sehr hoch – sie spiegelt gleichsam die Labilität der Niederlassungen und der Unentschiedenheit über ihre Akzeptanz. Das blieb freilich nicht auf Dauer, denn mit der Phase der Konsolidierung seit Anfang des 17. Jahrhunderts verschoben sich die Gewichte: Während sich der Reichsbezug abschwächte, schoben sich die territorialen Ordnungskonzepte in den Vordergrund. Sie fanden allerdings dort ihre Grenzen, wo geteilte Herrschaft ihre Durchsetzung erschwerte oder gar unmöglich machte – hier dominierte die jeweilige Ortsherrschaft bzw. der Teil, der über den größten Anteil verfügte. Insgesamt ist freilich die Tendenz unverkennbar, im Zuge der Herrschaftsverdichtung, die der Entwicklung der frühmodernen Staatlichkeit auf allen Gebieten entsprach, den obrigkeitlichen Zugriff auch auf die Judenschaften über die Ordnungskonzepte auszudehnen.

---

76 Stretz, Juden in Franken, S. 172f., 179–181.
77 Stretz, Juden in Franken, S. 181–189.

# 16 Peuplierung und Siedlungsverdichtung im 17./18. Jahrhundert

Die neue Normensetzung in den Territorien ist vor allem dadurch zu erklären, dass sich an der Wende zum 17. Jahrhundert Veränderungen in der Siedlungsstruktur einstellten: Trotz aller Unsicherheiten, die nach wie vor die Existenz jüdischer Niederlassungen belasteten, zeichneten sich erste Elemente einer Konsolidierung ab. In Nordwesteuropa und auch im Nordwesten des Reiches wurde die Wiederansiedlung schon seit dem letzten Drittel des 16. Jahrhunderts sehr großzügig gehandhabt, wovon vor allem die portugiesischen Sepharden profitierten, zudem erlebten die Gemeinden der Wirtschaftsmetropole Frankfurt am Main und am Habsburger Hof Kaiser Rudolfs II. in Prag ihren Aufstieg. Auch der intellektuelle Diskurs spielte vorwiegend im sephardischen Bereich, angefangen von Venedig bis Ragusa (Dubrovnik) und Krakau, sodann in Amsterdam, aber nicht zuletzt in Prag, wo R. Juda Löw ben Bezalel, gen. *Maharal* (ca. 1525–1609), zur zentralen Figur wurde.[1] Frankfurt und Prag bildeten damit gleichsam die beiden geographischen und ideellen Pole der Zuordnung für den Süden des Römisch-Deutschen Reiches.[2] Dort signalisierte die Bereitschaft zur Duldung 1608/11 in den Markgraftümern von Ansbach und Bayreuth und seit den 1620er Jahren im Hochstift Würzburg eine Trendwende. Selbst in Schwaben, wo noch 1617 die Ausweisung aus der Markgrafschaft Burgau den neuen jüdischen Mittelpunkt Günzburg zerstörte, war mit der Garantie für die anderen etablierten Niederlassungen in den Dörfern und Märkten durch das Privileg von Kaiser Mathias 1618 der Weg in die Zukunft geöffnet. Auch wenn der Südosten des Reiches somit an der Peripherie lag, zeigen die neuen jüdischen Zentralorte und die damit verbundenen neuen räumlichen Strukturen, dass die Konsolidierung nicht erst eine Wirkung des Dreißigjährigen Krieges war, wie das lange Zeit angenommen wurde,[3] sondern bereits vorher eingesetzt hatte.

Der Große Krieg brachte zwar Einbrüche, bot den Juden aber insgesamt auch Möglichkeiten, ihre wirtschaftlichen Kompetenzen auszuspielen. Dass sich in den Phasen, in denen der Südosten des Reiches zum Kriegsschauplatz wurde – in den Jahren 1631–1635 in Franken und 1632–1635 und nochmals 1645–1648 in

---

[1] Israel, European Jewry, S. 35–52; vgl. Breuer, Das jüdische Mittelalter, S. 77f.
[2] Israel, European Jewry, S. 53–69; Breuer, Frühe Neuzeit, S. 87–90, zu Frankfurt S. 91–97.
[3] Israel, European Jewry, S. 87–123; etwas vorsichtiger Battenberg, Juden in Deutschland, S. 60f.

Schwaben⁴ –, die massiven Bevölkerungseinschnitte durch Truppeneinquartierungen, Zerstörungen und Plünderungen der Soldateska sowie verheerende Seuchen auch auf die Niederlassungen der Judenschaft auswirkten, liegt auf der Hand. Die unmittelbaren Gefährdungen ihrer Existenz konnten teilweise durch eine Flucht in die Städte abgewendet werden: Während Augsburg in diesen Notsituationen seine Mauern den Juden aus dem umliegenden Orten öffnete,⁵ verhielt sich Nürnberg restriktiv und die Juden durften lediglich die materiellen Güter in die Vorstädte Gostenhof und Wöhrd flüchten, ihnen persönlich aber wurde der Zugang in die Stadt verwehrt.⁶ Bamberg nahm dagegen im September 1633 zur Zeit der schwedischen Besatzung einige Familien auf, die aus den benachbarten Gemeinden in den Schutz der Stadt geflohen waren.⁷ Das schwäbische Lauingen wurde sogar von ganzen Gruppen von Juden aus den benachbarter Dörfern der Markgrafschaft Burgau und der Grafschaft Oettingen aufgesucht, aber auch Reichsstädte wie Nördlingen setzten in diesen Fällen mehrfach ihre Aufenthaltsverbote außer Kraft, freilich gegen das Zugeständnis von günstigen Anleihen für den städtischen Rat.⁸

Andererseits gelang es einigen potenten Familien, über die Versorgung von Heeresteilen ihre Stellung zu verbessern – so zumindest in den Großgemeinden. Ein Frankfurter Rabbiner meinte sogar: *Wir haben mit unseren eigenen Augen gesehen und mit unseren eigenen Ohren gehört, daß der lebendige Gott unter uns weilt und uns jederzeit auf wunderweise beisteht. [...] Die Krieger, die seit Jahren durch die Städtchen und Dörfer ziehen, haben uns vielfach schonender als die Nichtjuden behandelt, so daß manchmal diese ihre Hab und Gut bei den Juden in Sicherheit brachten.* Der Zugang zu neuen Wirtschaftssektoren schuf neue Aufstiegspotentiale – während die Verarmung nicht zuletzt auf dem Land die Gefahr des Absinkens in die Ebene der Betteljuden erheblich ansteigen ließ.⁹ Die These, dass beide Kriegsparteien gezielt jüdische Niederlassungen förderten und daraus eine Tendenz zur Neugründung und zum Wachstum jüdischer Populationen resultierte, wie sie bei den Sepharden in Westeuropa und in Norddeutschland festzustellen ist, ist freilich bei den Aschkenas in Süddeutschland nur bedingt zu erkennen.¹⁰ Impulse in den Kriegszeiten waren zwar in den zentralen Orten der größeren Herrschaften wie Bamberg, Ansbach oder Oettingen erfolgt, doch

---

4 Vgl. dazu Endres, Religionsfrieden, S. 486–495; Layer u.a., Gegenreformation, S. 264–271.
5 Baer, Reichstadt Augsburg, S. 114.
6 A. Müller, Nürnberg, S. 95–97.
7 Schmölz-Häberlein, Bamberg, S. 21–24.
8 M. Müller, Pfalz-Neuburg, S. 112–117; Müller, Aus fünf Jahrhunderten II, S. 115–118.
9 Breuer, Frühe Neuzeit, S. 97–100, Zitat S. 99.
10 Israel, European Jewry, S. 87–122, bes. S. 94–104, zu Süddeutschland S. 100f.

andere wie in Pfalz-Neuburg wurden auch bald wieder abgebrochen. Zudem überschnitten sich solche Initiativen mehrfach mit der nach dem Ende des Krieges beginnenden ‚Peuplierungspolitik', die darauf zielte, die Entvölkerung und Zerstörung von Dörfern durch gezielte Maßnahmen wieder aufzufangen – eine indirekte Wirkung des Krieges. Die Ansiedlung von neuen Bauern und Handwerkern auf den wüst gefallenen Höfen und Selden nahm alle willigen Kräfte auf, kamen sie als Nachgeborene oder Knechte aus Dörfern der christlichen Nachbarschaft oder aus den übervölkerten Alpenregionen, als konfessionelle Dissidenten aus konfessionalisierten Territorien wie Salzburg oder Österreich, oder als Juden, die sonst keine Chancen hatten, einen eigenen Haushalt zu gründen. Doch zwingt der Versuch, ein zuverlässiges detailliertes Bild der Siedlungsbewegung zu entwerfen, zur genaueren Analyse der einzelnen Gebiete.

Die Entwicklung in der Pfalzgrafschaft Neuburg a.d. Donau kann als Paradefall für einen Wandel der Politik gelten, denn die ersten (Wieder-)Ansiedlungen in den 1620er Jahren gingen auf eine gezielte wirtschaftspolitische Initiative des Landesherren zurück. Unter den neu gewonnenen jüdischen Bewohnern ragte Abraham von Goldkronach heraus, mit dessen Schutzgewährung Pfalzgraf Wolfgang Wilhelm (reg. 1614–1653) die bisherige Maxime der Dynastie, keine Juden aufzunehmen, in markanter Weise durchbrach: Er vergab an ihn die Münzprägung in Gundelfingen, Höchstädt, Kallmünz und dem Markt Rennertshofen – eine Maßnahme im Kontext der Kipper- und Wipperinflation, einer bewussten Münzverschlechterung aus spekulativen Gründen.[11] Auch wenn sie wenig später wieder eingestellt wurde, stellt dies doch einen wichtigen Neuansatz dar, der weiterwirkte, denn bald folgten weitere Schutzgewährungen vor allem im ‚Oberland' an der Donau, neben den genannten Städten auch in Monheim und wenigen kleineren Niederlassungen auf dem Land. Als weiterer Impuls kann die Unterbringung von Juden der umliegenden Dörfer in diesen Städten gelten, dazu vor allem im Wirtschaftszentrum Lauingen, 1636 zählte man dort 58 Personen. Dies zog freilich keine Dauersiedlungen nach sich, denn um ihre Anwesenheit entbrannte ein langwieriger Streit zwischen der jeweiligen Stadt und der Herrschaft, der zumindest in Lauingen bereits 1653 und in den übrigen Niederlassungen 1671 in eine Teilausweisung mündete.[12] Die Magistrate setzten sich durch, und erst am Ende des 17. Jahrhunderts erfolgte ein neuer Anlauf, der dann bis in die Mitte des 18. Jahrhunderts wirksam blieb, allerdings den Schwerpunkt auf die Städte Höchstädt, Neuburg, Hilpoltstein und vor allem die Kleinstadt Monheim und

---

**11** Vgl. Altmann, Die Kipper- und Wipperinflation in Bayern.
**12** M. Müller, Pfalz-Neuburg, S. 213–220.

ihr Umland verlagerte. Es blieb also bei der jüdischen Gemeindebildung in den Städten – im Gegensatz zu den Nachbarterritorien.

War damit im pfalz-neuburgischen ‚Oberland' immerhin eine markante Belebung erfolgt, so hielten sich im nördlichen, dem Oberpfälzer Teilterritorium, die Zuwachsraten in deutlichen Grenzen. Die Versuche, in Weiden 1637/41 eine Gemeinde zu etablieren – 1637 zähle man 40 Personen –, blieben sporadisch, immerhin war ein halbes Jahrhundert später (1685) der Antrag auf einen Schutzbrief für Sulzbach erfolgreich,[13] parallel zur Niederlassung in Floß 1684, während die Enklave Sulzbürg der Herren von Wolfstein erst seit 1706 entstand.[14] Demgegenüber konnten sich die Gemeinden des Ganerbenbezirks Rothenberg, der 1623 mit der gesamten Oberpfalz an das nunmehrige Kurfürstentum Bayern gefallen war, das aber ungeachtet seiner eigenen judenfeindlichen Politik die alten Rechte bestätigte, trotz mehrfacher Infragestellung behaupten[15] und mit Schnaittach (1669: 20 Familien, 1761: 273 Personen) Ottensoos (1671: 10 Haushalte, 1732: 24 Familien), Forth (1692: 10 Familien, 1746: 70 Personen) und Hüttenbach (1732: 42 Familien) den Aufstieg als kleinterritorialer Verbund von Gemeinden fortsetzen.[16]

Im mittleren und südlichen Schwaben vollzog sich dagegen weniger eine Ausweitung der Siedlungen, als eine Konzentration auf wenige Orte: Auffallend ist zum einen, dass sich die sporadischen Nachweise des 16. Jahrhunderts im Allgäu ganz verflüchtigten, sodass über lange Zeit in Südschwaben keine Juden mehr nachweisbar sind. Demgegenüber schälte sich die Markgrafschaft Burgau als dauerhafter Schwerpunkt heraus:[17] Die sechs Orte des Privilegs von 1617 – Binswangen, Hürben-Krumbach, Ichenhausen, Pfersee, Neuburg a.d. Kammel, Thannhausen –, die allesamt bereits im 16. Jahrhunderts entstanden waren, sowie Buttenwiesen, Fischach, Kriegshaber und Steppach, bildeten den stabilen Kern, der bis ins 20. Jahrhundert Bestand hatte, neu dazu kam nur noch um 1700 Schlipsheim bei Augsburg. Eindeutig der Peuplierungspolitik der Ortsherrschaften waren die Niederlassungen um 1650 in Altenstadt und 1670 in Fellheim, also in zwei reichsritterschaftlichen Herrschaften an der Iller, zuzuschreiben, die auf Grund der Kriegseinwirkungen fast vollständig wüst lagen. Ein signifikantes Anwachsen des jüdischen Bevölkerungsteils erfolgte mitunter tatsächlich schon

---

13 Hartmann, Sulzbach, S. 34.
14 Dazu die Ortsartikel im Synagogenband I.
15 Dazu Weinberg, Bezirk Rothenberg, S. 9–27; Wolff/Tausendpfund, Schnaittach, S. 639–657.
16 Die Zahlen nach den Ortsartikeln Synagogenband II: S. 261 (Forth), 399 (Hüttenbach), 519 (Ottensoos), 592 (Schnaittach).
17 Ullmann, Nachbarschaft und Konkurrenz, S. 40–56, 66–73; Kießling, Judendörfer, S. 166–169. Dazu demnächst auch die Kartierung von Kießling/Ullmann, Jüdische Niederlassungen in Schwaben.

während des Krieges: So wurde etwa in Hürben 1628 ein Friedhof bewilligt, doch nach dem Rückgang auf drei Familien setzte erst danach ein neuer Zuwachs ein, der allerdings langfristig wegen des Widerstandes vor Ort auf zwölf Familien beschränkt wurde.[18] Ähnliches lässt sich für Ichenhausen vermuten, wo nach der Teilung der Ortsherrschaft der Herren vom Stain 1652 „die ‚unterschlossische' und die ‚oberschlossische' Herrschaft auch in ihrer Peuplierungspolitik in Konkurrenz zu einander traten".[19]

Inwieweit diese gezielte Ansiedlung weiterhin durch die Habsburger Kaiser gefördert wurde, lässt sich nicht eindeutig ausmachen, wohl aber begünstigte sie die vorderösterreichische Verwaltung in Innsbruck: Nachdem in einem Vertrag von 1653 ein Ausgleich zwischen der Ansiedlungspolitik von Seiten der Markgrafschaft und den Ausweisungsbestrebungen einiger ‚Insassen' gefunden worden war, wich die Labilität einer Konsolidierung.[20] Nun war die Regierung in Innsbruck auch dauerhaft darum bemüht, die Existenz jüdischer Gemeinden in Burgau zu verteidigen, so im Falle Hürbens 1670 ebenso wie im Falle Ichenhausens 1717[21] – freilich vergebens im Falle Thannhausens 1717/18.[22] Es folgte ein stetiges Anwachsen der jüdischen Bevölkerungsteile, die sich einerseits als ‚Vororte' von Augsburg, andererseits als ländlich orientierte Gemeinden etablierten. Im 18. Jahrhundert stellten sie mehrfach ein Drittel, die Hälfte oder sogar mehr Einwohner. Ein besonders extremes Beispiel war Kriegshaber, wo 1730 den zwölf christlichen Häusern mit elf ‚Seldnern' (Kleinbauern und Handwerkern) und 26 ‚Beisitzern' (Mietern), also 27 Familien, nicht weniger als 68 jüdische Familien in 18 Häusern mit insgesamt 289 Männern, Frauen und Kindern gegenüberstanden.[23] Aus der Minderheit war eine Mehrheit geworden.

Auch in der Grafschaft Oettingen lässt sich ein erster Zuwachs in den Kriegsjahren oder unmittelbar danach feststellen: Nicht nur an der Residenz in Wallerstein, die ja bereits zum jüdischen Mittelpunkt avanciert war, ergab sich eine Steigerung auf 23 Familien im Jahr 1656, sondern auch die Stadt Oettingen selbst erfuhr einen massiven Zuzug, der die Zahl der Familien von fünf in den Jahren 1612/15 auf 36 in den Jahren 1654/55 rapide ansteigen ließ.[24] Die Gemeinde in der Stadt Neresheim diente ebenfalls als Zufluchtsort im Krieg, von einer beachtlichen Zahl von kleineren Niederlassungen in den verschiedenen Dörfern über-

---

18 Sinz, Beiträge Krumbach, S. 261–263; Bosch, Hürben, S. 18f.
19 Rohrbacher, Anfänge Ichenhausen, S. 32.
20 Dazu Ullmann, Nachbarschaft und Konkurrenz, S. 74–76.
21 Höhnle, Burgauer Rezeß.
22 Stegmann, Thannhausen, S. 362.
23 Ullmann, Nachbarschaft und Konkurrenz, S. 345–349.
24 Die Zahlen aus Synagogenband I, S. 527 (Oettingen), 537 (Wallerstein).

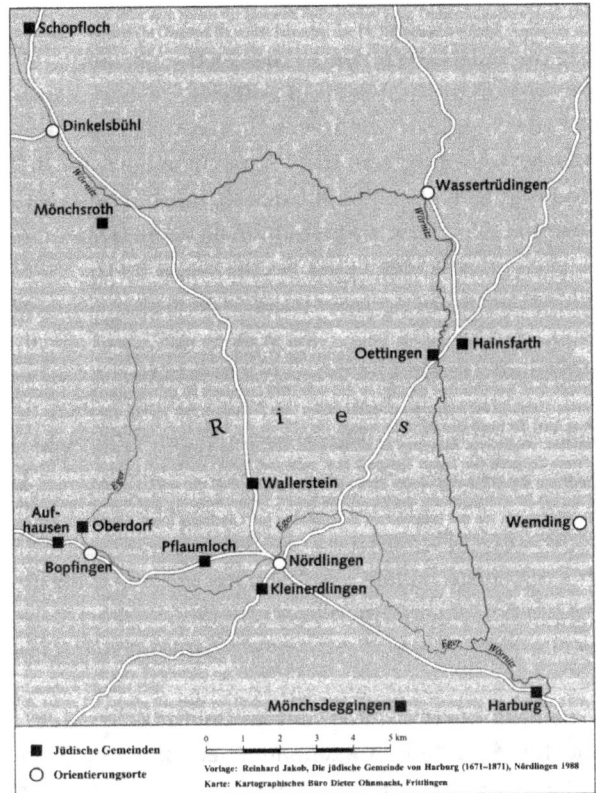

**Abb. 40:** Jüdische Gemeinden in der Grafschaft Oettingen im 17./18. Jahrhundert

dauerten allerdings nicht alle. Nach dem Krieg setzte eine neue unsichere Phase mit Ausweisungsabsichten ein: Während die Linien Oettingen-Oettingen und Oettingen-Spielberg sie bald wieder fallen ließen, wurde sie 1658 im Grafschaftsteil Oettingen-Baldern zumindest teilweise durchgeführt, demgegenüber kam es in der dritten Residenzstadt Harburg 1671 zu einer neuen Niederlassung, die bis 1697 auf 15 Familien anwuchs.[25] Erst seit den 1680er Jahren ging diese Unsicherheit in eine Phase der Stabilität über, die bis ins 19. Jahrhundert andauerte. Die Siedlungsstruktur in den verschiedenen Teilgrafschaften war durch eine Mischung aus kleineren und größeren jüdischen Niederlassungen charakterisiert: im Wallersteiner Teil in den Residenzorten Wallerstein und Harburg, dazu in den Dörfern Mönchsdeggingen und Pflaumloch; im Teil Baldern in den beiden Dörfern Oberdorf und Aufhausen; im Teil Spielberg in Hainsfarth, Mönchsroth,

---

25 Jakob, Harburg, S. 9f.

Schopfloch und Kleinerdlingen; die Residenzstadt Oettingen war herrschaftlich geteilt, sodass sich zwei getrennte jüdische Gemeinden bildeten – die landläufig mit den für Fremde nur schwer verständlichen Termini ‚lutherische' und ‚katholische' Juden benannt wurden, weil sie den konfessionell verschiedenen herrschaftlichen Linien zugeordnet waren. Aufgrund des Wachstums bewegte sich die Größenordnung der Niederlassungen seit der Mitte des 18. Jahrhunderts zwischen 20 und 100 schutzverwandten Familien; sie erreichten also den Gemeindestatus und waren jeweils mit eigenen Synagogen ausgestattet.[26] (Abb. 40)

Eine gewisse Sonderstellung nahm die Deutschordenskommende Ellingen ein:[27] Zwar lag der Schwerpunkt der jüdischen Niederlassungen unter dem Deutschen Orden in der Grafschaft Hohenlohe im Taubertal mit Zentrum in Mergentheim,[28] doch auch am Sitz des Landkomturs für die Ballei Franken in Ellingen war nach einer ersten Erwähnung von 1542 spätestens um 1685 eine Niederlassung entstanden. Sie wuchs zwar bis zum Ende des 18. Jahrhunderts lediglich auf 13 Familien, hatte aber unter sich einflussreiche Hoffaktoren. So ließ Löw Amson 1724 einen repräsentativen Betsaal einrichten und Samuel Landauer 1756 durch den Hofbaumeister eine Synagoge bauen. Der Rabbiner war auch für die übrigen jüdischen Gemeinden des Deutschen Ordens, darunter das westlich gelegene Lauchheim der Kommende Kapfenburg,[29] zuständig, während die Toten vor allem in Treuchtlingen bestattet wurden.

Bei den fränkischen Hochstiften fiel der Neuanfang in Bamberg besonders ins Gewicht; die 1633 in die Residenzstadt Aufgenommenen bildeten einen „stabilen Kern", aus dem im Laufe der folgenden Jahre die Anfänge der neuen Gemeinde erwuchsen; der Anstieg von zunächst zehn Haushalten (1653) erfolgte freilich erst in den 1670er Jahren; 1697 waren 25 Familien zu verzeichnen.[30] In dieser Zeit wandelte sich die bischöfliche Haltung: Während Melchior Otto (reg. 1642–1653) am Anfang seiner Amtszeit noch von einer vorübergehenden Anwesenheit ausging, war Philipp Valentin (reg. 1653/58–1672) 1666 bereit, in einem Mandat *die gesambt Schutzverwandte Judenschafft in dem Hochstifft Bamberg* gegen *allerhandt Schmach- und Schandtwortten [...], auch Steinwürffen und Schlä-*

---

**26** L. Müller, Aus fünf Jahrhunderten II, S. 84–87, 175–182; Mordstein, Selbstbewußte Untertänigkeit, S. 1f., 23–42 mit Karte S. 25; eine detaillierte sozialgeschichtliche Analyse der Gemeinden im Grafschaftsteil Oettingen-Spielberg bei Mordstein, Die ‚Gläsernen Judengemeinden', passim.
**27** Synagogenband II, S. 180–185.
**28** Sauer, Württemberg, S. 37–43.
**29** Sauer, Württemberg, S. 113f.
**30** Schmölz-Häberlein, Bamberg, S. 22–24, Zitat S. 21.

*gen [...] in Stetten oder Dörffern* zu schützen, was sein Nachfolger Peter Philipp (reg. 1672–1683) 1672 und 1675 bestätigte.[31]

Damit war ein stabiler Neuanfang gegeben, der auf das Hochstift ausgriff – aber keineswegs systematisch, sondern eher zögerlich an die Anfänge um die Wende zum 17. Jahrhundert anknüpfend, bei der der Adel die entscheidende Rolle gespielt hatte (s. Kap. 13). Wenn bereits 1619 ein Landesrabbiner und eine Landjudenschaft bestanden, so müssen diese ländlichen Niederlassungen schon damals ein erhebliches Gewicht besessen haben. Einige Beispiele können das belegen:[32] In Bischberg, wo seit 1602 die adeligen Zollner vom Brand die Ansiedlung gestatteten, muss in den Kriegsjahren um 1635 ein massiver Zustrom erfolgt sein, denn es wird berichtet, dass 16 Juden beigesetzt worden seien; 1687 zählte man bereits 51 Juden, die um 1680 über eine Synagoge verfügten. 1617 standen Juden in Frensdorf unter dem Schutz des Marschalk von Ebneth und errichteten 1708/09 die erste Synagoge. In Walsdorf gestatteten die Herren von Crailsheim 1609 die Ansiedlung, und dort lag seit 1632 auch ein Friedhof, der 1676 von den benachbarten Orten Viereth, Trunstadt und Burgebrach mitbenutzt wurde. Diesen adeligen Initiativen standen jedoch nur begrenzte des Hochstifts selbst gegenüber, so in den beiden wichtigsten Städten neben der Residenz: In Kronach konnten die während des Krieges aufgenommenen Juden 1636 einen formellen Schutzbrief erlangen, und die sechs Familien, die sich bis 1641 einstellten, bildeten bis ins 18. Jahrhundert die kleine Gemeinde.[33] Parallel dazu waren auch in Forchheim seit spätestens 1654 wieder sieben Familien ansässig.[34] Möglicherweise gehörte Burgellern dazu, das der Dompropstei unterstand und 1685 immerhin 34 Juden beherbergte.

Die Wende war also bereits seit längerem vorbereitet, und bis gegen Ende des Jahrhunderts nahm die Verdichtung weiter zu: 1699 wird es bei dem – noch zu schildernden (s. Kap. 17) – Aufstand im Hochstift Bamberg nach dem Zeugnis des Meyer Jehuda aus Altenkunstadt zu Plünderungen und Verwüstungen in 36 Orten kommen, von Hirschaid über die Dörfer im Steigerwald, im Aischgrund, am Obermain bis nach Kronach und in die Fränkische Alb.[35] Für das Jahr 1763 entstand eine erste genauere Statistik: Man zählte im Fürstentum Bamberg insgesamt 233 Familien unter landesherrlichem Schutz, die in 18 Orten lebten, davon

---

31 Eckstein, Bamberg, S. 20–22.
32 Die folgenden Daten nach Eckstein, Bamberg, S. 115–140; Dippold, Jüdisches Leben, S. 27–32; Ortsartikel in Synagogenband I.
33 Porzelt, Kronach, S. 223–231.
34 R. K. Kießling, Forchheim, S. 12.
35 Schmölz-Häberlein, Bamberg, S. 203; Endres, Antijüdischer Bauernaufstand, S. 70; vgl. dazu auch die Ortsartikel in Eckert, Jüdisches Leben in der Fränkischen Schweiz, S. 191–631.

130 in den Städten Bamberg (69), Kronach (38) und Forchheim (14); dazu kamen noch 28 Familien, die der Ritterschaft in diesen Orten unterstanden; 93 Haushalte wiesen die neun mediaten, d.h. der bamberischen Vogtei unterstehenden Orte auf, darunter Hallstadt b. Bamberg allein mit 23 Familien; 207 Familien wurden in acht Orten auf ritterschaftlichen Lehen registriert, an der Spitze Weismain mit 85 Familien. Nicht selten lebten sie in gemischtherrschaftlichen Orten: so waren es etwa in Eggolsheim 26 hochstiftische, 14 mediate Juden und ein weiterer zählten zur Ritterschaft, in Scheßlitz standen sechs hochstiftischen zwölf mediatherrschaftliche und 31 ritterschaftliche jüdische Haushalte gegenüber. Die Gesamtzahl belief sich auf 2.518 Seelen – damit war Bamberg zweifellos eine der dichtesten jüdischen Landschaften im süddeutschen Raum, wobei sich stattliche Gemeinden mit einer ganzen Reihe von Kleinstniederlassungen von wenigen Familien mischten.[36]

In der benachbarten Markgrafschaft Ansbach, wo sich die Wende schon Anfang des 17. Jahrhunderts abgezeichnet hatte, fungierte wie bei Bamberg die Residenzstadt als Impulsgeber für die weitere Entwicklung: Nachdem 1609 Markgraf Joachim Ernst die ersten Juden in Ansbach aufgenommen hatte, strömten während des Krieges weitere in die Stadt; 1631 waren es 27 Familien aus insgesamt 10 Orten. Doch auch hier zeigte sich die Bürgerschaft abweisend und beantragte die Ausweisung der *gottlosen wucherlichen Juden*, weil sie Konkurrenz befürchteten: [...] *dass fast Niemand mehr im Handel und Wandel vor ihnen einkommen kann*. Freilich wohnten 1657 nur noch vier Familien, 1675 aber bereits wieder 57 Personen in der Stadt, die in einem Betsaal des Amson Model zum Gottesdienst zusammenkamen – aus der Familie der späteren Hoffaktoren.[37] Die Zuordnung einiger kleiner Niederlassungen in der Nachbarschaft – Leutershausen (Ersterwähnung 1612), Colmberg (1616), Jochsberg (1617), Lehrberg (1672), Windsheim (1688) – zeigt zudem, dass sich die ländliche Basis sukzessive verbreitete.[38]

Die Markgrafen selbst folgten damit einer wirtschaftlichen Interessenpolitik.[39] Wie der Fürst in Pfalz-Neuburg bestellte auch Joachim Ernst (reg. 1603–1625) einen Fürther Juden als Administrator der markgräflichen Münzen zu Roth, Eckersmühle und Fürth, nach dem Krieg gewährte Albrecht (reg. 1649–1667) ihnen wirtschaftliche Freiheiten und Schutz vor persönlichen Angriffen, und auch die Nachfolger gestanden relativ günstige Bedingungen in den Schutzbriefen zu. Dennoch hatte dieser Ansatz keine gezielten neuen Ansiedlungen

---

36 Die Zahlen nach Eckstein, Bamberg, S. 323, Beilage XVIII.
37 Synagogenband II, S. 45, nach Haenle, Ansbach, S. 140f.; Fuchs, Niederlassungen, S. 75f.
38 Jehle, Kirchliche Verhältnisse, S. 338–348.
39 Zum folgenden Haenle, Ansbach, S. 61–69.

auf dem Land zur Folge, vielmehr hatte die politische Wende bereits vorher breit gestreute Niederlassungen ausgelöst (s. Kap. 13). Von ihnen war insbesondere der Aufstieg von Fürth bemerkenswert, denn es erreichte schon bald nicht nur die Spitzenposition des jüdischen Landes Brandenburg-Ansbach im Umland Nürnbergs, sondern ganz Frankens, was aus der bereits geschilderten Konkurrenz verschiedener Herrschaftsträger resultierte (s. Kap. 14). Die außerordentlich günstige Rechtslage für die Juden ließ den jüdischen Bevölkerungsanteil von etwa 70 Personen im Jahre 1655 über *91 mit eigenen Häusern, 100 Familienväter und 180 Beständner* im Jahr 1706[40] bis auf 543 Familien mit 2.673 Personen am Ende des Alten Reiches (1806) anwachsen – das bedeutete immerhin ein gutes Drittel der Einwohnerschaft des Marktes.[41] Dagegen blieben selbst die vorher durchaus beachtlichen städtischen Gemeinden von Roth (1714: 16 Familien) oder Schwabach (1714: 30 Familien) zurück.[42] Dennoch war Schwabach eine der wichtigsten Gemeinden im Markgraftum Ansbach, stellte es doch einen wirtschaftlichen Mittelpunkt in der Nürnberger Gewerbelandschaft dar, der von der Landesherrschaft gefördert wurde – und zog potente Familie wie die Fränkel aus dem Kreis der Wiener Juden an, die sich nach ihrer Ausweisung 1670 auch nach Franken orientierten.[43]

Im Markgraftum Bayreuth gestaltete sich die Entwicklung sehr viel zögerlicher: In der Residenzstadt kam es erst 1759 auf Initiative des Hofbankier Moses Seckel zur förmlichen Zulassung, dann freilich schnell zu einer ansehnlichen Gemeinde, die schon 1760 eine eigene Synagoge erhielt.[44] Die im ‚Unterland gelegene alte Niederlassung Baiersdorf blieb jedoch weiterhin einer der Hauptorte, dazu kam seit 1700 Neustadt a.d. Aisch sowie die Vorstadtniederlassungen Bruck und Büchendorf bei Erlangen, die bereits seit 1653 bzw.1681 bestanden und denen eine Reihe weiterer an die Seite zu stellen waren; die Gesamtzahl summierte sich 1771 zu insgesamt 354 Familien.[45]

Gar nicht in dieses Muster passt dagegen die Situation in Unterfranken. Die Würzburger Bischöfe hielten über das ganze 17. Jahrhundert an ihrer restriktiven

---

**40** Ohm, Juden in Fürth, S. 35; Battenberg, Judenschaft Fürth, S. 10 nimmt demgegenüber für 1720 neben 50 Ansbachischen etwa 300 Bambergergische Familien an; Haenle, Ansbach, S. 179f., rechnet mit 53 Familien unter Ansbacher (1703) und 300–350 Familien unter Bamberger Schutz (1716).
**41** Diese Zahlen nach Battenberg, Judenschaft Fürth, S. 12.
**42** Die Zahlen nach Synagogenband II, S. 539 (Roth), 627 (Schwabach).
**43** Ehrenpreis/Wendehorst, Schwabach, S. 26–29.
**44** Eckstein, Bayreuth, S. 85–104; Synagogenband I, S. 92f. (Bayreuth), Bd. II, S. 190f., 194f. (Erlangen); 448 (Neustadt a.d. Aisch); jetzt auch Habermann, Brückenschlag, passim.
**45** Tabelle bei Eckstein, Bayreuth, S. 122f.

antijüdischen Politik fest, wurden sie doch schon von den Wahlkapitulationen der Domkapitel dazu verpflichtet.[46] Die regelmäßig erlassenen Mandate zur Ausweisung, angefangen von Bischof Johann Gottfried von Aschhausen (reg. 1617–1622) bis zu dem des Domkapitels in der Sedisvakanz von 1673, waren aber nicht mehr in gleicher Schärfe wirksam wie im vorausgehenden Jahrhundert; insofern stellte sich auch hier ein bescheidener Wandel ein. Zum einen galten sie nicht für die Juden, die aufgrund von heimgefallenen Lehen des Adels unter die Landeshoheit des Hochstifts gekommen waren, zum anderen wurden auch die eigentlich Betroffenen keineswegs konsequent vertrieben. Was schon die Statistik von 1621/23 angedeutet hatte, setzte sich fort: Die Zahl der Schutzjuden, also der offiziell aufgenommenen Familien, nahm im Laufe des Jahrhunderts erheblich zu: 1655 wurden 101 gezählt, 1675 waren es bereits 170, 1719 sogar 358, dann blieb sie in etwa auf dem gleichen Stand und erreichte 1796 mit 380 nur wenig mehr – wobei das aufgrund der unvollständigen Überlieferung lediglich Mindestwerte waren.[47] Sehr viel umfangreicher waren demgegenüber die Niederlassungen der Reichsritterschaft, die schon deshalb mehr Personen umfassten, weil die Bereitschaft zur unkontrollierten Aufnahme hoch war. 1796 rechnete man hier mit etwa 1.170 Schutzjuden, denen etwa 500 hochstiftische und aus mediaten Herrschaften gegenüberstanden. Rechnet man die unterschiedlichen Größen der Niederlassungen mit ein, so kommt man auf einen Bevölkerungsanteil von 4,4 % in den hochstiftischen Orten gegenüber 14,3 % in den ritterschaftlichen, in den mediaten und gemischtherrschaftlichen sogar von 17,7 % bzw. 18,7 %.[48]

Diese Statistiken belegen zudem, dass die unterfränkischen Juden fast ausschließlich in Dörfern zu finden waren. Lediglich Heidingsfeld als Vorort Würzburgs spielte weiter eine Sonderrolle mit einem jüdischen Bevölkerungsanteil von immerhin 500 Personen im Jahr 1813, und auch Veitshöchheim und Rimpar gehörten zu den großen, während die Residenzstadt Würzburg – und die Reichsstadt Schweinfurt – nach wie vor verschlossen blieben. Sonst wurde ihre Niederlassung in Marktflecken und Kleinstädten nur selten geduldet, und auch die Anwesenheit in hochstiftischen Amtsstädten stellte die Ausnahme dar. Der Kontrast zwischen ritterschaftlichen und hochstiftischen Niederlassungen war somit augenscheinlich – gemessen an den schwäbischen Landgemeinden war die Streuung sehr viel breiter, doch die einzelnen blieben in der Größe sehr viel bescheidener.

---

46 Dazu König, Judenverordnungen, S. 173–178.
47 König, Judenverordnungen, S. 50–53; die Zahlen nach D. Weger, Hochstift Würzburg, S. 175.
48 Diese Zahlen nach Scherg, Landjudentum, S. 229f.

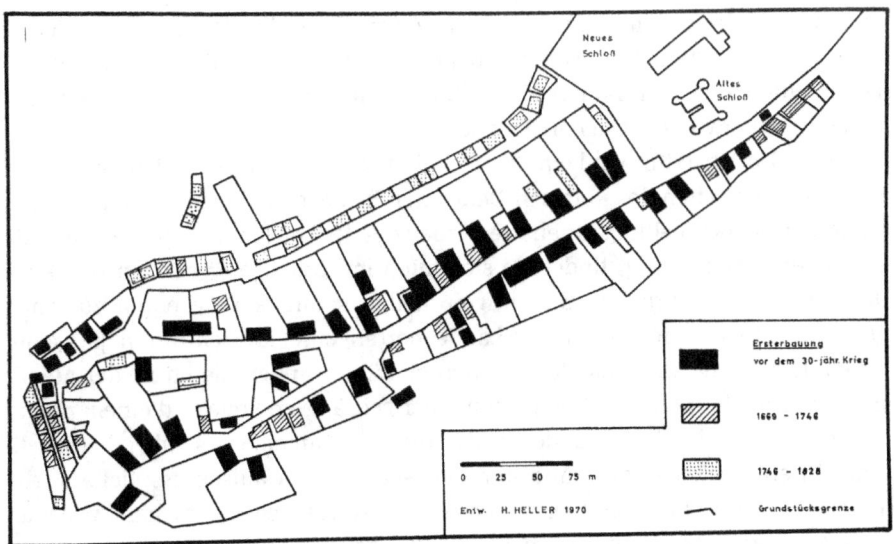

**Abb. 41:** Die bauliche Entwicklung von Sugenheim 1625 bis 1828

Die reichsritterschaftlichen Dörfer im Steigerwald führen die Vorgänge der Peuplierungspolitik besonders deutlich vor Augen.[49] In dieser eher abgelegenen Landschaft hatte der Dreißigjährige Krieg stark gewütet, in manchen Orten waren nur mehr wenige Familien übriggeblieben, sodass die Herrschaftsträger, vor allem eigenständige Reichsritter zwischen den Hochstiften Bamberg und Würzburg bzw. dem Markgraftum Ansbach den Zuzug neuer Siedler forcierten. Neben einer beträchtlichen Binnenwanderung und der Aufnahme von Glaubensflüchtlingen stellten die Juden einen gewichtigen Anteil. Da die Reichsritter seit 1548 den Judenschutz beanspruchen konnten, finden sich schon vor dem Krieg erste Familien in ihren Kleinherrschaften: so 1610 in Mühlhausen unter den Herren von Egloffstein, 1611 in Sugenheim unter den Herren von Seckendorff, 1617 in Adelsdorf unter den Herren von Bibra. Nun wurde die Peuplierung gezielt eingesetzt, sodass beispielsweise in Adelsdorf bis zum Ende des Alten Reiches die 223 Juden 30 % der Gesamtbevölkerung stellten, in Mühlhausen waren es mit 178 wiederum 24 %, in Sugenheim mit 159 immer noch 22 %.[50] Diese außerordentlich hohen Zahlen – die an die schwäbischen Dörfer erinnern – spiegelten sich auch im Ortsbild: In Sugenheim, einem Straßendorf, entstanden zunächst Aus-

---

49 Zum Folgenden Heller, Peuplierungspolitik, passim.
50 Heller, Peuplierungspolitik S. 170f.

bauten im Altdorf, im 18. Jahrhundert wurde eine parallele Häuserzeile errichtet (Abb. 41). Charakteristisch waren dabei die ‚Tropfhäuser' – also kleine und einfache Bauten, deren Grund nur bis zur Dachtraufe reichte, mit sehr geringer oder gar keiner landwirtschaftlichen Nutzfläche.

Diese Dorfstruktur war kein Sonderfall, vielmehr erweist sie sich als typisch für die Landschaften des Römisch-Deutschen Reiches, in denen die Reichsritterschaft eine starke Stellung innehatte: Neben den Beispielen in Schwaben, auf die schon verwiesen wurde, findet sie sich auch im Kraichgau[51] oder in Hessen.[52] Die reichsritterschaftlichen Siedlungen stellen somit den Gegenpol zu jenen Bestrebungen dar, in denen die Landesherren eine Konzentration jüdischer Einwohner gerade zu vermeiden suchten. Sie überwanden die Phase der Atomisierung, freilich unter dem Vorzeichen einer gedrängten Enge und einem potentiellen Absinken in die Armut derer, die dort unterkamen. Dass dabei die fiskalischen Interessen im Vordergrund standen, ist durch eine aufschlussreiche Quelle mit einem ‚Discurs zweyer vom Adel aus der freyen Reich-Ritterschaft/ wie man die Unterthanen tractiren und recht nützlich gebrauchen/ nicht weniger auch/ wie man sich der Juden bedienen solle' zu belegen, der 1670 publiziert wurde. Während der eine von beiden sich grundsätzlich dagegen wendet, Juden aufzunehmen, und „behauptet, daß sie von den Adligen oft höher geschätzt würden als ihre christlichen Untertanen", sieht der andere große Vorteile darin, angefangen von den zahlreichen Abgaben bis hin zu den nützlichen Dienstleistungen etwa als Makler und Nachrichtenvermittler.[53]

Im konkreten Fall konnte das folgendermaßen aussehen: Im reichsritterschaftlichen Markt Ichenhausen in Schwaben war nach dem Burgauer Rezess von 1717[54] an die Ortsherrschaft ein Konsensgeld für die Niederlassung in Höhe von 10 fl (einheiratende Männer 15 fl; Frauen frei) sowie ein einmaliges Bürgergeld (wie die Christen) von 1 ½ fl fällig; das Schutz- oder Herbergsgeld betrug jährlich 3 fl, für den Schutzbrief erhielten die Beamten 1 Hemd bzw. 1 fl bei der Aufnahme (vorher 4 fl), das Totengefälle oder Grabgeld war bis zu 6 fl gestaffelt, an Schächtgeld entrichtete jeder Haushalt 1/2 fl, das Fastnachtsgeld der ledigen jungen Männer wurde pauschal für den Ort mit 30 fl veranschlagt. Dazu wurde als Ersatz für die entgangenen Stolgebühren für den Pfarrer mit 12 kr Person und das Jägergeld für die Markgrafschaft in Höhe von 4 fl vierteljährlich pro Familie veranschlagt.

---

51 Dazu Ullmann, Kraichgau, S. 164–168.
52 Neuerdings Battenberg, Buseckertal, passim.
53 Ediert von Freudenthal, Verfassungsurkunde, S. 53.
54 Brockhoff, Ichenhausen, S. 56.

Das Interesse an der fiskalische Nutzung galt freilich für alle Juden, in welchen Situationen sie auch lebten, denn dass sie erheblichen finanziellen Belastungen ausgesetzt waren, hatte sich gegenüber dem Mittelalter nicht grundsätzlich geändert. Die Steuern und Abgaben fielen von Herrschaft zu Herrschaft zwar im Detail unterschiedlich aus, zeigten aber ein gleichartiges Muster. So wurden in der oettingischen Kleinstadt Harburg im Ries folgende Einzelbeträge für die Haushalte aufgelistet:[55] Das Schutzgeld betrug 1715 15 fl (Witwen die Hälfte), das Consens- und Receptionsgeld bei der Ansässigmachung für Ortsfremde 5 fl, für Einheiratende wiederum die Hälfte; seit 1786 war von jeder überzähligen Familie 3 fl als ,Armenbeitrag' zu entrichten; als Begräbnisgeld waren pro Person 1 fl, für Kinder 30 kr zu entrichten, als Schächtgeld pro Stück Vieh zwischen 6 kr (Schaf) und 30 kr (Rind). Die Gemeinde hatte als Konsensgeld oder Schutzlosung bei der Ausstellung eines neuen Schutzbriefs 1750–1760 eine Pauschale von 2.500 fl zu entrichten, die auf die Haushalte aufzuteilen war, das Gänse- oder Kleppergeld für die Grafschaft (für Reitpferde) wurde mit 100 fl bzw. 12 fl veranschlagt; an Neujahr waren 1713 für die Regierung und ihre Ämter 23 fl fällig, das Synagogengeld betrug 7 fl 10 kr, dem Pfarrer bezahlte man 1740 14 fl als Ersatz für die Stolgebühren. Die Steuern und Hauszinsen waren bei Christen und Juden gleich, anstelle der Frondienste wurden 1767 von jedem Haushalt 2 fl, für einen Hausgenossen 1 fl und für Frauen 30 kr eingehoben.

Und für die Residenzstadt Bamberg lassen sich die Gesamtsummen, die an den bischöflichen Stadtherren und die Kommune flossen, erfassen:[56] Die Gemeinde bezahlte 1730 den beträchtlichen Betrag von 740 fl an Schutzgeldern (pro Haushalt 60 fl, für Witwen die Hälfte), zudem war nach der Erteilung eines Schutzbriefs pro Familie ein Einzugsgeld von 6 fl fällig; 38 fl ,Gansgeld' gingen an die Hofkammer (eine der Martinsgans entsprechende Abgabe), 120 fl an die fürstbischöfliche Obereinnahme. Die Stadt erhielt 370 fl, die Nachsteuer beim Wegzug (die auch bei Christen eingehoben wurde) machte in der Summe 62 fl 30 kr aus, der Beitrag für die Stadtwachenstube 68 fl 45 kr und als Synagogengeld wurden 19 fl eingehoben. Als spezifische weitere Abgaben waren an Neujahrs- und Pferdegeld 1.000 fl fällig, für den Unterhalt des Zuchthauses 150 fl, für den Domdechanten als ,Bergzoll' 50 fl; die Pfarrei St. Martin erhielt 4 fl, Pfarrer und Kaplan 37 fl, dazu 3 fl für Zuckerhüte (wohl als Neujahrsgeschenke). Daraus errechnet sich eine Gesamtbelastung von 3.415 fl 15 kr oder ca. 57 fl pro Haushalt. Besonders erschwerend waren die freilich unregelmäßig fälligen Gelder, die das Domkapitel in den Sedisvakanzen forderte: 1683 erhielt jeder Domkapitular 100 Reichstaler,

---

55 Jakob, Harburg, S. 17–27.
56 Schmölz-Häberlein, Bamberg, S. 53f., 58–64.

1729 ging es sogar um eine außerordentliche Zahlung von 12.000 fl, um die Ausweisung zu verhindern.

Die Hürden für eine Niederlassung und die Dauerbelastungen waren somit relativ hoch und sorgten für eine Zuwanderungsschranke – auch wenn man die erforderlichen Summen mit den christlichen Belastungen noch genauer vergleichen müsste, um sie gewichten zu können. Der gesicherte Status eines Schutzjuden, der vor dem Absinken ins Bettlertum bewahrte, stand jedenfalls keineswegs allen offen (s. Kap. 17).

Als Ergebnis zeichnet sich für den Siedlungsgang bis zum Ende des Alten Reiches allerdings kein signifikanter Einschnitt in der Chronologie der fassbaren Niederlassungen ab. Die Konsolidierung begann bereits um 1600, und der Dreißigjährige Krieg brachte zwar Unterbrechungen durch die Zerstörungen auf dem Land und die Übersiedlungen in die befestigten Städte – die offensichtlich in der Regel akzeptiert wurden, aber nur in wenigen Fällen wie in Ansbach oder Bamberg in eine wirklich dauerhafte Gemeindebildung übergingen. Eine neue Dynamik löste dagegen die Peuplierung der Reichsritterschaft in den Nachkriegsjahren aus, wobei die Juden einen numerisch wichtigen Anteil stellten, der in den folgenden Jahrzehnten für steigende Bevölkerungszahlen sorgte und damit die Dominanz der Lebensform als ‚Landjuden' zementierte. Dennoch lassen sich auch Ansätze für eine ‚Re-Urbanisierung' feststellen, wenn sie auch im Vergleich zum Norden und Westen des Reiches wesentlich bescheidener ausfielen,[57] weil durch das langfristige Verbot der Rückkehr in die Reichsstädte viele urbane Zentren fehlten. So gewannen Residenzstädte wie Bamberg, Ansbach oder Oettingen und Territorialstädte wie die bambergischen Forchheim und Kronach oder die markgräflichen Neustadt a.d. Aisch und Erlangen bzw. die wittelsbachischen an der oberen Donau neues Gewicht und zudem schufen die ‚Vorortgemeinden' um Augsburg, Nürnberg und Würzburg gleichsam urbanen Ersatz.

Die Frage, woher die Menschen für die alten und neuen Niederlassungen kamen, ist allerdings nicht leicht zu beantworten. Kleinräumige Binnenwanderungen sind mehrfach belegt; so stellten etwa Vertriebene von Pfalz-Neuburg 1671 die ersten Familien in Harburg, andere zogen in die Dörfer der Markgrafschaft Burgau. Die Ausweisung aus Wien und Niederösterreich 1670/71 löste zwar vor allem Abwanderungen nach Polen, Böhmen und Mähren bzw. nach Ungarn und ins Osmanische Reich aus, doch fanden auch verschiedene Familien Aufnahme in Fürth und in anderen Territorien des Römisch-Deutschen Reiches.[58] Die massivste Fernwanderung erfolgte jedoch aus Osteuropa: Als der Aufstand des Kosa-

---

57 Vgl. Battenberg, Juden in Deutschland, S. 99f.
58 Staudinger, Zeit der Landjuden, S. 330–337, bes. 334f.

kenführers Bogdan Chmielnicki in ein Pogrom gegen die Juden mündete, das 1647 in der Ostukraine begann, von dort bis nach Litauen ausgriff und erst 1651 niedergeschlagen wurde, um 1654/55 erneut aufzuflammen, zog er eine Massenflucht in den Westen und Süden nach sich, der für viele nicht zuletzt im Reich endete.[59]

Immerhin bleibt festzuhalten, dass die Ausweisungen innerhalb des Südostens selbst sich in engen Grenzen hielten. Sieht man von der *Gesera* aus Wien 1669/70 ab, so spielten sie sich eher im lokalen und kleinregionalen Rahmen ab: Die labile Lage in Pfalz-Neuburg in den Jahren 1653 und 1671 wurde schon erwähnt, ebenso die erfolgreiche Ausweisung der Grafen von Stadion aus dem schwäbischen Thannhausen 1717/18. Im Hochstift Würzburg blieb es weitgehend bei Ankündigungen und wenig effektiven Anläufen. Das entspricht auch den Vorgängen in den Nachbarterritorien: Zwar bemühte sich das Herzogtum Württemberg weiterhin, die jüdischen Niederlassungen in den lehensabhängigen Adelsherrschaften an seinen Grenzen zu beseitigen, doch änderte sich nach dem Dreißigjährigen Krieg wenig an der bis dahin gewachsenen Siedlungsstruktur.[60]

Hatte sich somit ein grundlegender Wandel in der Haltung gegenüber den Juden eingestellt, der sich in den neuen und wachsenden Niederlassungen niederschlug? Hier ist Vorsicht geboten, wie schon die Fortdauer der religiösen Abwehr gezeigt hat (s. Kap. 12). Untersucht man die Motive für die einzelnen Ausweisungen, so wurden die alten Stereotype überlagert von wirtschaftlichen und rechtlichen Aspekten: Als beispielsweise die Freiherren vom Stain in Ichenhausen 1622/23 einen – letztlich gescheiterten – Versuch unternahmen, begründeten sie ihn ganz traditionell mit dem Vorwurf von Wucherzinsen und dem Handel mit Diebesgut, die den guten Ruf des Marktes schädigten, argumentierten aber gleichzeitig auch damit, als Reichsritter über die Judenaufnahme selbst entscheiden zu können. Hundert Jahre später, 1717, waren dagegen ihre Nachkommen bereit, mit der Judengemeinde einen förmlichen Vertrag zu schließen, der sämtliche Differenzen ausglich.[61] Unterschiedliche Interessen zwischen den städtischen Gemeinden und der Landesherrschaft bestimmten das Ringen um die Ausweisung in Pfalz-Neuburg. Während die Juden schon 1636 „in Abstimmung mit dem Landesherrn"[62] für die Erschließung neuer Märkte plädierten, klagte die Bürgerschaft gegen die drohende Handelskonkurrenz. Entscheidend wurde letztlich die verfassungsrechtliche Komponente, nämlich die Beanspruchung

---

59 Israel, European Jewry, S. 120–122; Breuer, Frühe Neuzeit, S. 100–104.
60 Vgl. dazu Lang, Ausgrenzung und Koexistenz, S. 258f.
61 Höhnle, Burgauer Rezeß, passim.
62 M. Müller, Pfalz-Neuburg, S. 121.

der Judenaufnahme von Seiten des Lauinger Rates unter Berufung auf alte Privilegien.[63] Hinter der endgültigen Ausweisung von 1740 standen dann die Landstände als verfassungspolitisches Gegengewicht zur fürstlichen Regierung: In den Ausschüssen bemühten sich die Städte über ihre Gravamina seit den 1720er Jahren um die Ausweisung und brachten vorwiegend die angeblich zerstörerische Wirkung jüdischen Wirtschaftens vor – und hatten damit letztlich Erfolg.[64] Auch in anderen Territorien waren die antijüdisch agierenden Landstände bzw. die Domkapitel in den geistlichen Fürstentümern die treibende Kraft, wobei als „strukturbedingte Konstante" gelten kann, dass sie schon „durch ihre latente Oppositionshaltung gegenüber den Fürsten" motiviert waren.[65] Wenn 1740 auf dem Monheimer Ausweisungsfest die religiösen Stereotype in den Vordergrund traten (s. Kap. 12), so wird doch im Falle langfristiger politischer Vorbereitung die wirtschaftliche Komponente kräftiger akzentuiert. Wirtschaftliche Argumente, die zu neuen politischen Akzenten der Regierungen führten, schoben sich also doch deutlich in den Vordergrund.

---

[63] Ausführlich jetzt dazu M. Müller, Pfalz-Neuburg, S. 101–207.
[64] Dazu M. Müller, Pfalz-Neuburg, S. 317–353.
[65] Dazu umfassend, wenn auch nicht zu den Territorien des Südostens, Laux, Gravamen und Geleit, Zitat S. 348.

# 17 Hofjuden, Landjuden, Betteljuden: die Partizipation an der Wirtschaft und die Differenzierung der jüdischen Gesellschaft

Im Jahr 1699 kam es in Bamberg zu einer der wenigen überlokalen Aufstandsbewegungen der Frühen Neuzeit in Süddeutschland, die Züge eines ausgreifenden Judenpogroms annahmen:[1] In der Stadt waren im April Unruhen ausgebrochen, die sich gegen den Export von großen Mengen Getreide nach Holland richteten, basierend auf einem Geschäft zwischen Bischof Lothar Franz von Schönborn und jüdischen Kaufleuten, weil damit *dem Bürgersmann die Nahrung an dem lieben Brod entzogen und nichts mehr an Korn zu feihln Markth gebracht würde*. Übergriffe auf das Judenviertel in der Stadt richteten sich besonders gegen Löw Natan und Moses Isaak als angebliche Hauptschuldige an diesem Handel. Nach einigen Tagen griff der Aufstand auf die ländlichen Gemeinden des Hochstifts über, aufgebrachte Gruppen plünderten jüdische Häuser und Synagogen, wurde jedoch im Mai/Juni niedergeschlagen. Der Hass war wirtschaftlich motiviert, man beschuldigte die Juden einer marktbeherrschenden Stellung; sie hätten *mit ihrem vermögen und ihrer handtierung derartige seuche und pest dem armen bürgersmann gebracht, das er in höchste armut und äußersten notstand abgestürzt* sei, heißt es in Kronach. Eine der Konsequenzen der hochstiftischen Regierung war deshalb ein Mandat vom Mai 1700, in dem nicht nur eine weitere Vermehrung der Judenschaft im Land verhindert, sondern auch ihre wirtschaftlichen Tätigkeitsfelder auf den Hausier- und Kleinhandel eingeschränkt wurden. Die Begründung, die Juden hätten sich *seit Erneuerung ihres Schutzes vor ca. 50 Jahren ihren Handel mehr, als ihnen damals verstattet worden, in Folge des vielfachen Kriegstroubles ausgebreitet [...]*.[2] Freilich hatte das Verbot nicht lange Bestand, denn schon 1711 sah sich die Regierung zur Lockerung, 1713 sogar zur Aufhebung der Beschränkungen veranlasst, und zwar wegen der Klagen darüber, dass die Versorgung nicht mehr gewährleistet sei.

Dieser Vorgang erscheint in mehrfacher Hinsicht aufschlussreich: Zum einen wurde von den reichen Getreidehändlern in Bamberg bis zu den kleinen Hausierern der Dörfer ein breites Spektrum von Handelstätigkeiten der Juden in der regionalen Wirtschaft angegriffen – nach wie vor waren sie in ihrer Gesamtheit

---

[1] Endres, Antijüdischer Bauernaufstand, passim; jetzt auch Schmölz-Häberlein, Bamberg, S. 199–203.
[2] Zitate Endres, Antijüdischer Bauernaufstand, S. 69, 73, 79.

einer latenten Judenfeindlichkeit ausgesetzt. Zum anderen aber offenbarte sich eine neuartige Ambivalenz der Wahrnehmung, denn die Wiederzulassung zum Handel lässt sich als ein Zeichen sowohl für die inzwischen (wieder) erreichte wirtschaftliche Stellung als auch für die veränderten Aktionsparameter der Politik lesen.

Der Wiederaufbau nach dem Dreißigjährigen Krieg vollzog sich mit mehr oder weniger gezielten Maßnahmen der Wirtschaftslenkung, die unter dem Stichwort ‚Merkantilismus' zusammengefasst werden und deren Schwerpunkt auf der territorialpolitischen Ebene lagen:[3] Die Förderung von Gewerbeniederlassungen, insbesondere von Manufakturen, eine Zollpolitik zur Steuerung des Handelsströme in Richtung auf eine positive Bilanz, die Verbesserung der Infrastruktur, um den Warenverkehr zu stimulieren, gelten als wichtiges Maßnahmenbündel. Hauptziel war es, mit Hilfe einer grundlegenden Modernisierung die Erträge zu steigern und möglichst viel eigenproduzierte Waren zu exportieren, um Geld ins Land zu ziehen. Dass dabei auch jüdische Kaufleute eine Rolle spielten, wurde bereits in der Siedlungsgeschichte andeutungsweise sichtbar. Die gängige begriffliche Differenzierung zwischen den vermögenden und einflussreichen ‚Hofjuden' in den Städten und den ‚Landjuden', den Kleinhändlern und Geldverleihern in den Dörfern, markiert dabei die dominanten Lebenswelten,[4] postuliert aber auch eine Polarisierung, die zwar der Wirklichkeit mit ihren gleitenden Übergängen nicht immer gerecht wird, aber sowohl von der jüdischen wie der christlichen Seite vielfach so wahrgenommen wurde. Deshalb gilt es, den verschiedenen Ebenen des Wirtschaftens, die sich dabei abzeichnen, in ihren Formen und ihrem Stellenwert erst einmal konkret nachzugehen.

An der Spitze der sozialen Stufenleiter entfaltete sich ein breit gefächertes und vernetztes ‚Hofjudentum'. Auch wenn das Phänomen vor allem im 17./18. Jahrhundert zu beobachten ist, so war es doch im Ansatz nichts fundamental Neues, sondern griff Elemente auf, die schon früher von Bedeutung waren. Abgesehen von den potenten Finanziers der Territorialfürsten des Spätmittelalters (s. Kap. 4) waren mit Simon von Günzburg und Jakob von Roth bereits im 16. Jahrhundert herausragende Figuren begegnet, die nicht nur aufgrund ihrer Kapitalressourcen und ihrer familiären Verbindungen über weitreichenden Einfluss verfügten, sondern auch nach innen als Führungspersönlichkeiten der Gemeinden für eine gewisse Sicherheit sorgen konnten. Die Geschäftspraxis Simons, die jüngst entschlüsselt werden konnte, zeigt dabei ein breites Spektrum vom Großkredit von mehreren tausend Gulden über eine mittlere Ebene von 70–300 fl bis zu Kleinkre-

---

[3] Vgl. dazu zusammenfassend Gömmel, Zeitalter des Merkantilismus, S. 1–56.
[4] Vgl. dazu Hödl/Rauscher/Staudinger, Hofjuden und Landjuden, passim.

diten von weniger als 20 fl als Überbrückungshilfen im ländlichen Bereich. Sie belegen, dass die spätmittelalterliche Praxis auch im 16. Jahrhundert weiterhin wirksam war.[5]

Zum neuartigen Element wurde dann allerdings die Zuordnung zu einem fürstlichen ‚Hof'. Begreift man die Hofjuden als eine spezifische Gruppe, „die in einem auf Kontinuität angelegten Dienstleitungsverhältnis zu einem höfisch strukturierten Herrschaftszentrum standen", beinhaltete das auch „Titel, Privilegien und Vorrechte", nicht zuletzt aber eine „Immediatbeziehung zum Herrschaftsinhaber", also enge personale Beziehungen. Auf der Basis einer weitgespannten Verwandtschaft waren sie vielfach allein in der Lage, immense Kapitalien für die Politik aufzubringen und über die reichs- und europaweiten Verbindungen die Bedürfnisse der Höfe zu befriedigen. Dennoch waren sie als Elite Teil der jüdischen Oberschicht und blieben das zumindest bis weit ins 18. Jahrhundert. Neben den herausragenden Zentren sind dabei auch kleinere adelige und bischöfliche Höfe einzubeziehen, „Landhofjuden", die über weite Strecken den Süden des Reiches prägten, denn bei einem generellen „Nord-Süd-Gefälle" kam lediglich dem Kaiserhof in Wien eine übergeordnete Stellung zu, für den die fränkischen und schwäbischen Familien nicht zuletzt als „Zulieferer für die Wiener Hofjuden" fungierten.[6] Wenn somit das Bild – abgesehen vom Extremfall eines Josef Süß Oppenheimer in Stuttgart – vorwiegend von nord- und westdeutschen Beispielen bzw. dem Wiener Hof mit den herausragenden Figuren eines Samuel Oppenheimer oder Samson Wertheimer bestimmt wird,[7] so ist umso mehr zu fragen, wie sich das Phänomen in einer Region darstellt, die über kein eigenes herausragendes Zentrum verfügte.

Dass die ersten Nachrichten von Hoffaktoren in Schwaben und Franken[8] mit den frühen Ansiedlungen in den Residenzstädten zusammenfallen, ist bereits ein Hinweis für ihre herausgehobene Stellung. Ein erstes Beispiel findet sich – wie gesehen – bereits am Beginn des 17. Jahrhunderts in Pfalz-Neuburg mit Abraham von Goldkronach, der „auf Geheiß des Landesherrn" 1621 an die Donau geholt wurde, um dort mit Münzprägungen und der Aufsicht über die Münzwechsler Einfluss auf die grassierende inflationäre Entwicklung zu nehmen.[9] Ähnlich übertrug in Ansbach Markgraf Christian Ernst 1628 einem Fürther Juden die Ver-

---

5 Dazu detailliert Stampfer, Geschäftspraxis, S. 37–44, 89f.
6 So die Definition des Forschungsprojekts bei Ries, Hofjuden, S. 11–39, Zitate S. 16f., 19f.
7 So bei Breuer, Frühe Neuzeit, S. 106–125.
8 Eine materialreiche, aber auch unkritische Zusammenstellung bei Schnee, Hoffaktoren, S. 11–43.
9 M. Müller, Pfalz-Neuburg, S. 105–107.

waltung der Münzstätten in Roth, Eckersmühle und Fürth.[10] Dort ist aber mit einer langfristigeren Wirkung der landesherrlichen Politik zu rechnen, denn die Markgraftümer gehörten zu den Territorien, deren merkantilistische Bestrebungen am stärksten wirksam wurden, deutlich greifbar in der Gewerbeförderung mit Hilfe von Exulanten aus Österreich und französischen Hugenotten.[11] Am Ansbacher Hof entfalteten sich deshalb auch Möglichkeiten für jüdische Hoffaktoren. Zunächst waren es vor allem die Model, vermutlich ein Zweig der Nachkommen des legendären Simon von Günzburg, dessen Enkel R. Mordechai in Oettingen lebte und mit seinen Söhnen einige Hofjuden stellte: Abraham war Hoffaktor in Wien, Simon in Oettingen. Von ihm wiederum stammte Marx (Mordechai) Model (gest. 1709) ab, der als Hof- und Militärlieferant des Markgrafen Friedrich Wilhelm Einfluss gewann und seit den 1680er Jahren größere Ländereien erwerben konnte.[12] Seine Sonderstellung wird in Vergünstigungen wie Steuererlassen oder der Unterstützung bei Schuldeneinforderungen – mit dem bezeichnenden Satz: *damit Uns von dem Model desto sicherer ausgeholfen wird* – ebenso sichtbar wie in der schon 1691 gewährten Zollfreiheit für seinen Warenverkehr.[13] Wie sehr diese Stellung aber auch durch konkurrierende Ansprüche bedroht war, zeigte sich Anfang des 18. Jahrhunderts: Es kam zu einem Ringen mit den Brüdern Elkan und Hirsch Fränkel aus Fürth – die zu den 1670 aus Wien ausgewiesenen Familien gehörten. Ihnen gelang es zwar, die Model zeitweise zu verdrängen, aber dann gerieten sie ihrerseits in die Verstrickungen der Hofpolitik, aus denen sie sich nicht mehr befreien konnten (s. Kap. 19).[14] Seit 1730 übernahm Isaak Nathan Schwabacher in Ansbach die führende Rolle mit der Versorgung der kaiserlichen Armee des fürstlichen Hauses – aber auch er geriet in Schwierigkeiten.[15]

Marx Model stand 1687 auch in Diensten des Bayreuther Landesteils.[16] Ihm folgten dort 1706 Lemlin Salomon von Höchstadt, der in Baiersdorf residierte, sowie dessen beiden Söhne Veit und Salomon.[17] Darüber hinaus waren Beziehungen zu auswärtigen Hofjuden im Spiel, wie sich aus einer Aufstellung beim Regierungsantritt Markgraf Georg Friedrich Carls 1727 ergibt, in der u.a. auch

---

10 Haenle, Ansbach, S. 62.
11 Vgl. dazu Schremmer, Merkantilismus, S. 938–951.
12 Falk Wiesemann, Art. Model, Mordechai (Marx) in: NDB 17, S. 595; vgl. auch Schnee, Hoffaktoren, S. 27f.
13 Haenle, Ansbach, S. 70–73, Zitat S. 71.
14 Dazu ausführlich Haenle, Ansbach, S. 73–82; zusammenfassend Ehrenpreis, Hoffaktoren in Franken, S. 33–35; zu Elkans Prozess Ries, Elkan Fränkel, passim.
15 Schnee, Hoffaktoren, S. 28–31.
16 Eckstein, Bayreuth, S. 64–74.
17 Zu ihnen auch Schnee, Hoffaktoren, S. 33.

die Fränkel von Fürth, die Samson, die Model von Neuburg und Seligmann von Ansbach mit beträchtlichen Beträgen aufgeführt waren.

Nach der Abwanderung zahlreicher Familienmitglieder aus Ansbach gelang es Elias Model mit seinen Söhnen, in Neuburg mit dem Titel des Hoffaktors als Gläubiger der Pfalz-Neuburger Landschaft wie verschiedener Adeliger und Offiziere Fuß zu fassen. Seine besondere Stellung erlangte er durch einen Großkredit von 300.000 fl, der zur Auslösung wittelsbachischer Güter in Polen und Litauen – Erbe der Luise Charlotte Raziwill, der Gemahlin des Kurfürsten Karl III. Philipp – eingesetzt werden sollte. Freilich reichte diese Dienstleistung nicht aus, um weitere landesherrliche Privilegien für die Existenz seiner Familie zu erwirken; ihre Stellung blieb von Unsicherheit geprägt.[18] Selbst im kleinen, bis 1777 selbstständigen Sulzbacher Landesteil nahmen die Pfalzgrafen die Dienste der Familie Schwabacher über mehrere Generationen in Anspruch.[19] Den Anfang machte Nathan Moses – damals bereits Hoffaktor Kurbayerns und der Pfalz – unter Christian August (reg. 1645–1708), wobei er neben Kriegskosten auch persönliche Bedürfnisse des Hofes bediente. Seit 1718 nahm diese Funktion sein ehemaliger Angestellter und Schwiegersohn Jakob Josef vor Ort wahr und wurde dafür 1721 offiziell zum Hofjuden ernannt sowie 1723 mit dem Titel ‚Hoffaktor' versehen. Mit diversen Privilegien ausgestattet, gewann er eine einflussreiche Stellung, die er auch zugunsten der Gemeinden in Sulzbach und Floß einsetzte.[20] Freilich sank die Bedeutung der Familie rapide, als 1777 mit der Übernahme Kurbayerns durch Karl Theodor die Selbstständigkeit des Landesteils endete.

Mit der Erwähnung der Familie von Mordechai Oettingen wurde schon deutlich, dass auch in den kleinen Residenzen der schwäbischen Grafen das Phänomen nicht unbekannt war.[21] Auch hier begann die Reihe mit der Verwaltung der Münzstätte, die Daniel Oppenheimer – 1672 von Graf Albrecht Ernst von Oettingen für 15 Jahre als Hofjude aufgenommen – übertragen wurde, der freilich wegen des Verdachts auf Ausprägung von schlechten Münzen in Verruf kam. Hirsch Neumark, der wiederum in „enger Verbindung" mit Elkan Fränkel zu Ansbach stand, stieg um 1700 zu einer einflussreichen Figur in der Grafschaft auf, ohne dass seine Geschäftsfelder genauer bekannt wären. Aus der Vielzahl weiterer zu Faktoren ernannten Schutzjuden ragte dann 1739 der zum ‚Kabinettsfaktor' ernannte Abraham Elias Model aus Monheim heraus, dem mit der Anweisung an die Regierung, dass bei allen *sich ergebende Negotia und Lieferungen ihm in erster Linie zu übertragen sei*,

---

18 M. Müller, Pfalz-Neuburg, S. 277f.
19 Schnee, Hoffaktoren, S. 13–23.
20 Weinberg, Sulzbach, S. 28–46; Hartmann, Sulzbach, S. 37.
21 Dazu L. Müller, Aus fünf Jahrhunderten II, S. 142–151.

eine Vorrangstellung zuteil wurde.[22] Erneut erscheint also die Vernetzung mit den benachbarten Familien in Neuburg und Ansbach als Wesensmerkmal.

Andere Nachkommen des Simon von Günzburg waren die Ulmann, die in Pfersee, einem Vorort von Augsburg, in der Markgrafschaft Burgau saßen. Über vier Generationen lassen sich Mitglieder der verzweigten Familie als Hoffaktoren verfolgen, und zwar für mehrere Herren:[23] Samuel Ulman wurde zusammen mit seinem Verwandten David ab 1700 im Spanischen Erbfolgekrieg als Agent mit Aufträgen für die Gesellschaft des bekannten kaiserlichen Hoffaktors Samuel Oppenheimer zur Versorgung der kaiserlichen Truppen herangezogen – er kaufte in Augsburg *Matrazenbetter* für die Feldlazarette ein, besorgte für die in Oberitalien liegende Armee riesige Mengen Mehl, Heu, Hafer, Fleisch und Wein. Daneben war er für den Reichsfeldmarschall Ludwig Wilhelm von Baden, den Kommandanten des Heeresteils der ‚Vorderen Reichskreise', zur Unterstützung des Kaisers tätig, der am Oberrhein operierte. Dass daneben auch Geschäfte für die Markgrafschaft Burgau und die Grafschaft Oettingen liefen, zeigt die Option für breite Beziehungen; sie setzten sich bei seinem Sohn Löw Simon d.Ä. fort, der zudem 1732 als bischöflich Augsburger Hoffaktor betitelt wurde. Dessen Sohn Löw Simon Ulman d.J. wiederum war in den 1740er Jahren im Österreichischen Erbfolgekrieg aktiv, belieferte zudem den Kurfürsten Karl III. Philipp von der Pfalz, den Augsburger Bischof und Graf Cajetan Joseph Fugger von Kirchheim sowie den Mainzer Erzbischof – alle Geschäfte waren abgesichert durch formelle Patente. Sie dienten dazu, sich auf dem Augsburger Markt ungehindert bewegen zu können – also ohne den standesmindernden Wachmann, der ansonsten die Juden begleitete –, ja selbst eine Wohnung konnte er 1741 in der Stadt beziehen, was den übrigen Juden der Markgrafschaft streng untersagt war. Der geschäftliche Erfolg war zum einen durch die Anbindung an die Gesellschaft Oppenheimer in Wien gesichert, aber auch durch den Kaiser selbst, dessen Regierung seit 1665 die Markgrafschaft direkt unterstellt war.

Waren die Pferseer Familien – und ganz ähnlich die aus Kriegshaber wie etwa die Mändle, die bei der Beschaffung von Pferden für die stehenden Heere eine wichtige Rolle spielten – als ‚Vorstadtjuden' über den Augsburger Markt in ihre Stellung gelangt, so andere im fränkischen Bischofssitz Bamberg über ihre Wiederansiedlung in der Stadt.[24] Dabei werden bezeichnende Formen von Kooperation erkennbar, die für den Aufstieg in kleineren Residenzen typisch sein

---

[22] L. Müller, Aus fünf Jahrhunderten II, S. 149.
[23] Ullmann, Hoffaktorenfamilie Ulman, S. 167–174.
[24] Dazu nach Schnee, Hoffaktoren, S. 35–39, jetzt ausführlich Schmölz-Häberlein, Bamberg, S. 99–126.

dürften: Zunächst dominierten eher auswärtige Juden in der Funktion der Hoffaktoren. Die Kontakte wurden vom Fürstbischof Lothar Franz von Schönborn (reg. 1693–1729) über seine Personalunion mit dem Mainzer Metropolitansitz (gewählt 1695) initiiert und mit Isaak Kann und seinem Sohn Moses Löw Isaak aus Frankfurt besetzt, die sowohl für den Hof und das Territorium als auch für den Bau von Schloss Pommersfelden tätig wurden; ein zweiter war der Mainzer und Würzburger Hoffaktor Isaak Seckel, der sich vor allem für die Staatsfinanzierung und als Heereslieferant im Spanischen Erbfolgekrieg profilierte. Dann schleusten Bamberger als Hoffaktoren Waren in das reichsweite Aktionsnetz ein, angefangen mit den Brüdern Nathan und Gabriel Heym und dem mit ihnen verschwägerten ‚Hofjuden' Marx Menasse, die zusammen umfangreiche Käufe zur Proviantierung der fränkischen Kreistruppen übernahmen. Herausragende Figur wurde jedoch Moses Isaak Brillin, Sohn eines Rabbiners, der über seine familiäre Vernetzung mit den Oppenheimern und Wertheimern seinen Aufstieg in der Kombination der Residenzen von Mainz und Bamberg vollzog, auch wenn er erst 1706 in Bamberg förmlich zum Hoffaktor ernannt wurde; immerhin konnte er diese Funktion später an seine Söhne weitergeben. Nach einem Einbruch in den 1730er Jahren, als Bischof Friedrich Karl von Schönborn (reg. 1719–1746) die Schuldenlast seines Onkels und Vorgängers reduzieren wollte und zudem Konflikte innerhalb dieser Wirtschaftselite ihre Wirkungen zeigten, sodass nur mehr kleinere Geschäfte als Hoflieferanten möglich waren, stieg mit Seligmann Samuel Hesslein in den Napoleonischen Kriegen wieder eine Familie mit der Versorgung des Hofes und der Reichsarmee in die Spitzengruppe auf.

Im Nachbarbistum Würzburg ist diese Struktur nicht so deutlich ablesbar, was auch daran liegen mag, dass in der Residenzstadt selbst in dieser Phase keine Juden geduldet wurden. Die zeitweise Präsenz von Marx Model aus Ansbach, des Samuel Hirsch aus Heidingsfeld[25] fallen gegenüber den anderen fränkischen Höfen deutlich ab. „Hofjuden waren selten", lautet das jüngste Resümee.[26] Ein Faktor, der ebenfalls dazu beigetragen haben mochte, war wohl die jahrelange Personalunion der Schönborn – schon bei Johann Philipp (reg. 1642–1673) mit Mainz und dann bei Friedrich Karl (reg. 1729–1746) mit Bamberg –, weshalb die beiden alternativen Zentren stärker betont wurden.

Alle diese Beispiele belegen jedenfalls eindrucksvoll, dass die schwäbischen und fränkischen Hoffaktoren vielfach neben lokalen und kleinregionalen Aufgabenstellungen nicht zuletzt eine ‚Zuträgerrolle' für die Finanzpolitik von Kaiser und Reich spielten. In gleicher Weise agierten sie am Hof der Wittelsba-

---

25 Schnee, Hoffaktoren, S. 39f.
26 Scherg, Landjudentum, S. 232.

cher Kurfürsten in München. Besonders spektakulär war dabei die Finanzierung der Hochzeit des Kurprinzen Karl Albrecht mit der habsburgischen Kaisertochter Maria Amalia 1722, die Max Emanuel (reg. 1679–1726) *mit außerordentlichen solennitäten und pracht celebriert wissen* wollte.[27] Als Unterhändler zur Finanzierung der 950.000 fl wurde der Sulzbacher Hoffaktor Noe Samuel Isaak gewonnen – obwohl bis dahin die antijüdische Politik für Bayern charakteristisch war. Noe Isaak wurde zudem mit weiteren Aufträgen wie der Weinlieferung an den Hof für 15 Jahre bedacht, sodass sich die Verbindlichkeiten bis 1726 bereits auf 2.764.639 fl beliefen, deren Rückzahlung freilich nicht mehr gewährleistet war und letztlich in einen schwierigen Prozess mündete, der mit hohen Verlusten endete. In den gleichen Kontext der Finanzierung war 1722 auch der kaiserliche Oberhoffaktor Wolf Wertheimer eingetreten, der Sohn des aus Franken stammenden Samson Wertheimer, der seinerseits Partner von Samuel Oppenheimer war. Er stellte 1722 ein Darlehen von 1,2 Mill. fl bereit und siedelte sogar mit umfassenden Geleit- und Passbriefen des Kaisers von Wien nach München über, wo er zum Hofjuwelier und kurz darauf zum Oberhoffaktor ernannt wurde.[28] Doch auch er geriet wegen der wachsenden Verschuldung des Kurfürsten – die Zahlungsverpflichtungen erreichten allein bei ihm bald 3,5 Mill. fl – in Schwierigkeiten, konnte sich aber 1754 mit einem Vergleich mit Max III. Joseph noch aus der Schlinge ziehen, ehe er 1765 starb und in Augsburg begraben wurde.

Samuel Isaak und Wolf Wertheimer waren nur Exponenten einer Vielzahl von Hoffaktoren, die für die bayerischen Kurfürsten als Kriegslieferanten und Finanziers tätig wurden.[29] Es erscheint aber bezeichnend, dass auf diesem Weg auch Kurbayern wieder Kontakte zu jüdischen Familien aufnahm und im späteren 18. Jahrhundert, vor allem seit Karl Theodor 1777 die Regierung übernahm und von Mannheim nach München wechselte, eine Reihe von ihnen sich in der Stadt nahe der Residenz niederließen. Das städtische Protokoll listete 1788 nicht weniger als 119 Personen auf, darunter den Pretiosenhändler Chaijm Bamberger, Abraham Wolf Wertheimer aus Mannheim, Hirsch Lippmann Pappenheimer, Rabbinersohn aus Pappenheim, und Abraham Uhlfelder aus der Markgrafschaft Bayreuth.[30] Sie alle hatten einen Sonderstatus, und mit ihrer Anwesenheit trugen sie dazu bei, den Weg zur Formierung einer neuen Gemeinde zu ebnen.

Das Risiko, auf das sich die Hoffaktoren mit ihren Geschäften einließen, war groß, die Abhängigkeit von ihren Auftragsgebern zu intensiv, als dass sie davon

---

27 Vgl. dazu Prestel, Hoffaktoren, S. 201–204, Zitat S. 201.
28 Dazu Battenberg, Wolf Wertheimer, bes. S. 243–245.
29 Vgl. Schnee, Hoffaktoren, S. 187–213; zusammenfassend Prestel, Hoffaktoren, S. 203f.
30 Battenberg, Hofjuden in Residenzstädten, S. 318–323.

ausgehen konnten, ihre Darlehen immer vertragsgemäß zurückbezahlt zu bekommen – hier spiegelt sich trotz aller Aufstiegsmöglichkeiten doch nach wie vor eine Unsicherheit jüdischer Existenz, die auf einer tradierten ‚Fremdheit' beruhte. Der bekannte Fall des Josef Süß Oppenheimer am Stuttgarter Hof in Württemberg führte das in extremer Weise vor Augen.[31] Andererseits waren die Vorteile, die diese jüdische Wirtschaftselite aufgrund der ihnen eigenen Vernetzungen und Strategien zu öffnen imstande war, attraktiv genug, um sich ihrer zu bedienen. Diese Ambivalenz blieb aber nicht auf diese hohe Ebene beschränkt, sondern setzte sich nach unten fort, wie das Bamberger Beispiel gezeigt hat. Einen charakteristischen Fall des Übergangs in die jüdische ‚Mittelschicht' wie der Gefährdung stellte Abraham Rost dar, der zwischen den Herrschaftsträgern fast zerrieben wurde.[32] Als Sohn des Rabbiners und Hoffaktors David Rost in Ansbach geboren, wurde er von Markgraf Karl Wilhelm Friedrich zum Faktor ernannt, kam 1747 als ‚Kabinettsfaktor' an den Würzburger Hof, verlegte aber 1748 seinen Wohnsitz in die jüdische Gemeinde Marktbreit, weil er sich in Würzburg nicht sicher fühlte – und in der kleinen Mainstadt dem Fürsten von Schwarzenberg unterstand. Nach dem Tod des Bischofs Anselm Franz von Ingelheim (reg. 1747–1749) geriet er in das Räderwerk konkurrierender Ansprüche, landete schließlich im Gefängnis in Würzburg und zudem wurde ihm von Seiten des Schwarzenbergischen Amtes ein Konkursverfahren auferlegt, gegen das er zwar protestierte, aber bis zum Reichskammergericht klagen musste, wo es freilich zu keinem Urteil kam. Nach der Versteigerung seines Besitzes – vom Silbergeschirr bis zu den Büchern – wechselte er schließlich 1748 an den Hof von Sachsen-Hildburghausen. Soweit seine Geschäfte überliefert sind, war er als Kreditgeber für Adelige, als Kriegslieferant und Makler tätig, repräsentiert also gerade jene Gruppe von ‚Landhofjuden', die das Spektrum jüdischer Geschäftstätigkeit nach ‚unten' öffnete.

Marktbreit war nicht zufällig von Rost als Wohnsitz gewählt worden, denn es war der Ort, an dem die jüdische Beteiligung am „Handelsmerkantilismus" in Franken gut festzumachen ist.[33] Der Fürst von Schwarzenberg baute den Markt in langwierigen Auseinandersetzungen mit dem hochstiftisch-würzburgischen Kitzingen zum Umschlagplatz am Main aus, wo die Waren von den Schiffen auf die Fuhrwerke für den Überlandverkehr umgeladen wurden. Die Initiative dafür scheint von den Erfahrungen des Landesherrn in Wien in Verbindung mit den Oberhoffaktoren Oppenheimer und Wertheimer beeinflusst worden zu sein, denn die Aufnahme von mehreren *Proviant-Juden, so mehrertheils von der Oppen-*

---

31 Vgl. dazu beispielsweise Stern, Jud Süß.
32 Zu ihm Ksoll, Abraham Rost, passim.
33 Schremmer, Merkantilismus, S. 952–955.

*heimerschen und Wertheimerschen Familie und Freundschaft herkommen,*[34] zu Beginn der 1690er Jahre, die den großangelegten Handel mit Lieferungen im Pfälzischen Krieg nach sich zogen, trug erheblich zur Steigerung des Handelsplatzes bei. Tatsächlich wuchs die jüdische Gemeinde schon bis 1703 auf 20 Familien mit 150 Personen an, wobei vor allem den wohlhabenden Sonderrechte eingeräumt wurden, die auch gegenüber den Einsprüchen der christlichen Kaufleute bzw. des Rates im Wesentlichen bis zur Mitte des 18. Jahrhunderts Bestand hatten, denn „der Wettstreit zwischen christlichen und jüdischen Kaufleuten" war „von der Herrschaft bewußt gewollt".[35] Der Ausbau der Infrastruktur im Ort mit Kränen, Lagerhallen und Waagen sowie dem Wegebau am Hafen und die Niedrig-Zoll-Politik machten Marktbreit zu einem zentralen Umschlagplatz für den Handel mit Kolonialwaren, Leder, Metallen, Öl und Fisch vom Rhein nach Franken, Schwaben und bis nach Tirol sowie umgekehrt Eisenwaren aus den Bergbaurevieren der Oberpfalz, Böhmen und Ungarn wie Agrarprodukte Wein, Getreide, Butter und Schmalz, Dörrobst und Zwiebeln (für die Seefahrt) aus der Region flussabwärts. Ansbach nahm die Herausforderung auf und förderte in ähnlicher Weise seit der Mitte des 18. Jahrhunderts das benachbarten Marktsteft – wieder unter Einschluss der Aufnahme von Juden –, und Bamberg zog mit gleichartigen Maßnahmen zur Stärkung des Handels und Transportwesens nach.

Auf der nächsten Ebene folgte die Einbindung der jeweiligen regionalen Judenniederlassungen in den Warenverkehr, nach wie vor begleitet von einer differenzierten Kreditvergabe. Zwar hatten sich mit der Reichsgesetzgebung des 16. Jahrhunderts die Rahmenbedingungen insofern verändert, als mit dem Maximalzins von 5 % und der Protokollierungspflicht sowie dem Cessionsverbot Vorgaben auferlegt wurden, die in die Normensetzung der Territorien weitestgehend übernommen wurden (s. Kap. 15), doch bedeutete das für die Praxis keine wirkliche Einschränkung.

Schon die Aktionsfelder der Hofjuden haben gezeigt, dass die enge Verzahnung mit der städtischen Wirtschaft trotz der Vertreibung aus den Reichsstädten eine wichtige Voraussetzung für ihre Geschäfte war. Und so ist selbst das Eindringen erster jüdischer Unternehmer in diese Sphäre in der Textilstadt Augsburg zu fassen, die sich nach dem Einbruch des Großen Krieges mit der Innovation des Kattundrucks am Ende des 17. Jahrhunderts wieder zu erholen begann und auf einen neuen Höhepunkt zustrebte.[36] Um 1760 war Amsel Isaak Goldschmied

---

34 Vogel, Marktbreit, S. 38.
35 Vogel, Marktbreit, S. 73–87, Zitat S. 86.
36 Vgl. dazu Fassl, Konfession, Wirtschaft und Politik, S. 143–170.

aus Frankfurt als Textilgroßhändler nach Kriegshaber zugewandert; nachdem er anfangs mit dem führenden Unternehmer Johann Heinrich Schüle zusammengearbeitet hatte, verhandelte er mit den Webern direkt über die Lieferung von Rohtextilien und erreichte beim städtischen Magistrat 1774 sogar, selbständig in der Stadt den Baumwoll-, Farbwaren- und Kattunhandel betreiben zu dürfen und damit das Monopol der Bürgerschaft zu durchbrechen.[37]

Umso mehr galt das für die untere Ebene. Da die Zulassung auf dem freien Markt auch den Juden nicht verwehrt werden konnte, waren die städtischen Magistrate dazu übergegangen, den Zugang genau zu regeln. In Augsburg galt seit 1536 neben einer Einlassgebühr die Vorschrift, dass sich Juden bei Besuchen in der Stadt von einem Stadtsoldaten begleiten lassen mussten, und zeitweise (wie etwa 1700) wurde sogar ein striktes generelles Einlassverbot erlassen. Die diskriminierenden Maßnahmen wurden im 18. Jahrhundert zunächst für die Hofjuden gelockert und schließlich seit 1751 schrittweise durch eine ‚Akkordierung' ersetzt, d.h. über fixierte Beträge der Zugang erleichtert.[38]

Dass die Reichsstadt trotz ihrer restriktiven Haltung die Kreditnahme bei Juden faktisch nicht verhindern konnte, wird in einer detaillierten Analyse der Augsburger Verhältnisse schon um 1600 deutlich.[39] Die Stadt hatte 1599 bei Kaiser Rudolf II. ein Privileg erwirkt, das jegliche Geschäfte zwischen Christen und Juden außerhalb der Barzahlung untersagte, und dem Magistrat war daran gelegen, die Maßnahme auch strikt durchzusetzen, indem er zum einen die Insinuierung der Urkunde in den ‚Judendörfern' der Markgrafschaft Burgau veranlasste, zum anderen mit Sanktionen gegen Verstöße antwortete – aber auch mit der Gründung einer städtischen Pfandleihanstalt eine Alternative schaffen wollte. Doch der jüdische Widerstand wurde von der burgauischen Verwaltung unterstützt, und selbst aus der Augsburger Bürgerschaft wurden Proteste gegen das Verbot laut. Die Rekonstruktion der Geschäftspraxis zeigt, dass zum einen gut situierte Augsburger Bürger über einen Makler Beträge bis zu 100 fl von Juden liehen und dafür vor allem Schmuck versetzten. Zum anderen waren kleine Handwerker, auch Frauen, direkt zum Juden nach Pfersee gegangen und hatten dabei nur Kleidungsstücke für Kleinkredite von wenigen Gulden verpfändet. Es gelang dem Rat nicht, diese Geschäfte zu unterbinden, vielmehr hielt dieser Pfandhandel bis ins 18. Jahrhundert weitgehend ungebrochen an.[40]

---

37 Baer, Reichsstadt Augsburg, S. 119f.
38 Dazu Baer, Reichsstadt Augsburg, S. 115f., 121–124.
39 Ullmann, Pfandhandel, passim.
40 Ullmann, Nachbarschaft und Konkurrenz, S. 300–311.

Ganz ähnliche Verhältnisse stellten sich in Nürnberg ein:[41] Der städtische Magistrat zielte zunächst darauf, Juden vom städtischen Markt möglichst fernzuhalten. Dieses Bestreben kulminierte in dem Mandat von 1693, das dafür sorgen sollte, dass die Juden auf dem Weg in die Stadt – wozu ohnehin nur 6–8 Personen pro Wochentag zulassen wurden – überwacht, die Waren registriert und der doppelten Zoll verlangt wurde. Der Viehmarkt im Vorort Gostenhof, der sich als Alternative eingependelte hatte, als der Zugang zum Hauptmarkt 1686 gesperrt worden war, wurde gänzlich aufgehoben – doch vor dem Tiergärtnertor entfaltete sich anschließend offenbar ein spezifischer Markt für jüdische Hausierwaren. So stellte sich immer wieder heraus, dass der Weg des Verbots nur bedingt erfolgreich war, zumal die Schutzherren im Umland, der Bischof von Bamberg und der Markgraf von Brandenburg-Ansbach, sich auf die Seite ihrer Juden stellten; die Erträge aus dem Judenzoll zeigen, dass schon im ausgehenden 17. Jahrhundert mit jährlich 400 Juden in der Stadt zu rechnen war.[42] Nürnberg kämpfte aber nicht nur gegen die Partizipation der Juden am Handel in der Stadt, sondern auch in seinem umfangreichen Landgebiet, das insbesondere die Ansbacher Stadt- und Dorfjuden mit Krediten und einem immer breiter werdenden Warenangebot bedienten – doch auch hier konnten letztlich die Verbote an seine Untertanen, sich mit Juden in Geschäfte einzulassen, nicht durchgesetzt werden.

Verlässt man die Stadtnähe in Richtung auf das flache Land, so ändert sich das Bild. Dass Juden in Franken eine wichtige Funktion im Getreidehandel einnahmen, belegt der einleitend geschilderte Fall Bamberg 1699; doch erstreckten sich ihre Geschäfte auf den gesamten Landwaren- und Viehhandel sowie den Hausierhandel mit Schnitt-, Kurz- und Galanteriewaren, mit Spezereien und Eisenartikeln. „Sie waren gleichsam ein lebendes, wandelndes Warenhaus, das für die Versorgung der ländlichen Bereiche eine wichtige Funktion erfüllte".[43] Für Schwaben ließ sich das detailliert wiederum am Beispiel der Markgrafschaft Burgau im 17./18. Jahrhundert erschließen.[44] Dominant war in den Dörfern wie Binswangen und Buttenwiesen der Viehhandel; er umfasste die gesamte Breite von Pferden über Rinder bis zu Ziegen, verband sich häufig mit der Viehverstellung, d.h. der Versorgung der Tiere durch die Bauern und der Teilung des Nutzens, weil vielfach die nötigen Weideflächen fehlten, und der Gewährung von Kleinkrediten in sehr unterschiedlichen Formen, angefangen von der Ratenzahlung

---

41 A. Müller, Nürnberg, S. 100–112; ihm folgt mit Ergänzungen jüngst Ehrenpreis, Nürnberg, passim.
42 Ehrenpreis, Nürnberg, S. 104.
43 Endres, Juden in Franken, S. 53.
44 Dazu umfassend Ullmann, Nachbarschaft und Konkurrenz, S. 230–344.

im agrarischen Jahresrhythmus bis zur Kompensation von Schulden mit Getreidelieferungen. Die differenzierten Vertragsabschlüsse, die offensichtlich auf die jeweilige Situation abgestimmt waren, wurden von den Beteiligten ausgehandelt, und wenn dennoch Schwierigkeiten auftraten, wurden sie gerichtlich ausgetragen. Die Kredite bewegten sich in der Regel auf einem niedrigen bis mittleren Niveau von 50 fl, erreichten aber bei den größeren Bauern auch die 100 fl-Marke; der Zinssatz von mehrheitlich 17–25 % resultierte aus den meist kurzen Laufzeiten und dem höheren Risiko, weil häufig auf zusätzliche Absicherung durch Hypotheken verzichtet werden musste. Damit füllten die Juden aber eine empfindliche Lücke im ländlichen Geldmarkt, den andere Anbieter wie etwa die Kirchenpflegen, gebunden an das Stiftungsrecht, nicht bieten konnten.

Das zweite Standbein war der Warenhandel, häufig in der bescheidenen Form des Hausierens vollzogen; er stellte gegenüber dem Spätmittelalter eine neue Form dar und konnte als Erwerbsquelle genutzt werden, weil er als ‚unzünftig' galt, da er nicht in einem Laden betrieben, sondern durch das Wandern über Land praktiziert wurde. Freilich lag er damit unterhalb der Grenze der Protokollierungspflicht und ist deshalb im Detail nur schwer erschließbar. Alle überlieferten Nachrichten lassen ihn auf die Formel bringen: *Von einer wahre zuer anderen*,[45] er umfasste also eine breite Palette von Agrarprodukten wie Getreide, Hülsenfrüchte oder Obst über Felle, Häute und Leder bis zu Fertigwaren, die auf dem Land nicht so einfach zu erhalten waren, wie Eisenwaren oder Kleidungsstücke, Zucker und Wachs oder Tabak. Es nimmt nicht wunder, dass in einer Textilregion wie Ostschwaben zudem der Handel mit Garn und Wolle einen gewissen Stellenwert einnahm. Damit übernahmen die Dorfjuden eine unverzichtbare Vermittlungsfunktion: Ihre Waren des städtischen Marktes bedienten die ländliche Nachfrage und umgekehrt gelangte über sie das ländliche Angebot an die Bürger.

Aufschlussreich ist die räumliche Struktur, denn im Laufe der Zeit entwickelte sich ein deutliches Muster: Der Aktionsradius der Landjuden bewegte sich in der Regel bei den Alltagsgeschäften im Umkreis von 12–25 km, erreichte nur punktuell bis zu 60 km – und im Extremfall bezog er auch Messebesuche in Leipzig ein. Er funktionierte offenbar in einer gewissen Absprache der Akteure, denn es zeichnen sich relativ feste Distrikte, *Medine*, zwischen den Vorstadtgemeinden und den Landgemeinden ab. Dass die jüdischen Hausierer dabei auch vielfach eigene Wege gingen, die als ‚Judenwege' apostrophiert wurden, sei es aus Gründen der Sicherheit, sei es in der Gewohnheit der Geschäftsgänge, zeigt eine genauere Untersuchung der Topographie.[46] Auf jeden Fall handelte es sich

---

45 Ullmann, Nachbarschaft und Konkurrenz, S. 312.
46 Rösch, Judenwege, S. 178–221.

gerade beim Hausierhandel vielfach um ein mühsames Erwerbsleben – auch wenn es sicher nicht mehr so extrem ausfiel, wie das bei einem ganz ähnlichen Beispiel aus Hessen überliefert ist, wo Manus von Steinhaus im Frühsommer 1571 in 31 Tagen etwa 600 km zu Fuß zwischen Frankfurt und Schmalkalden unterwegs war, und das noch weitgehend erfolglos.[47] Während die Masse der armen Hausierjuden Frankens, die sich nur mühsam von kleinen Geschäften über Wasser halten konnten, noch in ähnlicher Weise einzuordnen sein dürfte,[48] hatten die schwäbischen Landjuden offenbar zum großen Teil eine etwas stabilere Existenz gefunden. Freilich war auch die keineswegs sicher. Das Schicksal der Ehepaars Simon und Merle Ulman aus Pfersee zeigt, wie schnell bei einer Kombination von Kriegseinwirkungen, Gefährdung des Schutzstatus, familiären Konflikten, Krankheit und geschäftlichen Risiken der Abstieg erfolgen konnte.[49] Und das Schicksal des Isaac Thannhäuser aus Altenstadt an der Iller am Ende des Alten Reiches spricht für Labilität der kleinen Leute: Früh Waise geworden, musste er sich zunächst als Lastenträger bei anderen Händlern verdingen, verdiente schließlich als selbstständiger Hausierer zwischen dem Ulmer Hinterland, dem Bodensee und Allgäu sein kärgliches Brot und verheiratete sich in Fellheim – und hätte sich doch lieber dem Studium zugewandt, was er dann immerhin als Lehrer einigermaßen realisieren konnte.[50]

In den pfalz-neuburgischen kleinstädtischen Gemeinden lässt sich eine gewisse Variante für die wirtschaftliche Funktion der Juden finden, denn aufgrund der Protokolle aus Monheim aus der ersten Hälfte des 18. Jahrhunderts sind die Praktiken sowohl innerstädtisch wie auf dem flachen Land zu verfolgen.[51] Auf der einen Seite sind die Parallelen zu den bisherigen Ergebnissen augenfällig, denn auch ihre Geschäfte spielten sich vor allem in der engeren Umgebung innerhalb von 10–15 km ab und griffen nur dort darüber hinaus, wo die nachbarschaftlichen Juden der Markgrafschaft Burgau, der Grafschaften Oettingen und Pappenheim nicht tangiert waren – sodass wohl Absprachen dahinter gestanden haben dürften (Abb. 42). Die Pappenheimer Juden agierten übrigens ihrerseits in Absprache mit den benachbarten aus der Markgrafschaft Ansbach und der Grafschaft Oettingen, war doch die eigene Herrschaft zu klein, um ausreichende Kundschaft zu finden.[52]

---

47 Toch, Die ländliche Wirtschaftstätigkeit, S. 63–66.
48 Vgl. dazu Schubert, Arme Leute, S. 162–165.
49 Ullmann, Ehepaar Merle, passim.
50 Richarz, Jüdisches Leben, Bd. I, S. 100–113.
51 M. Müller, Pfalz-Neuburg, S. 220–239.
52 Strobel, Pappenheim, S. 165–224, zum Raumbezug bes. 209–224 mit Karte.

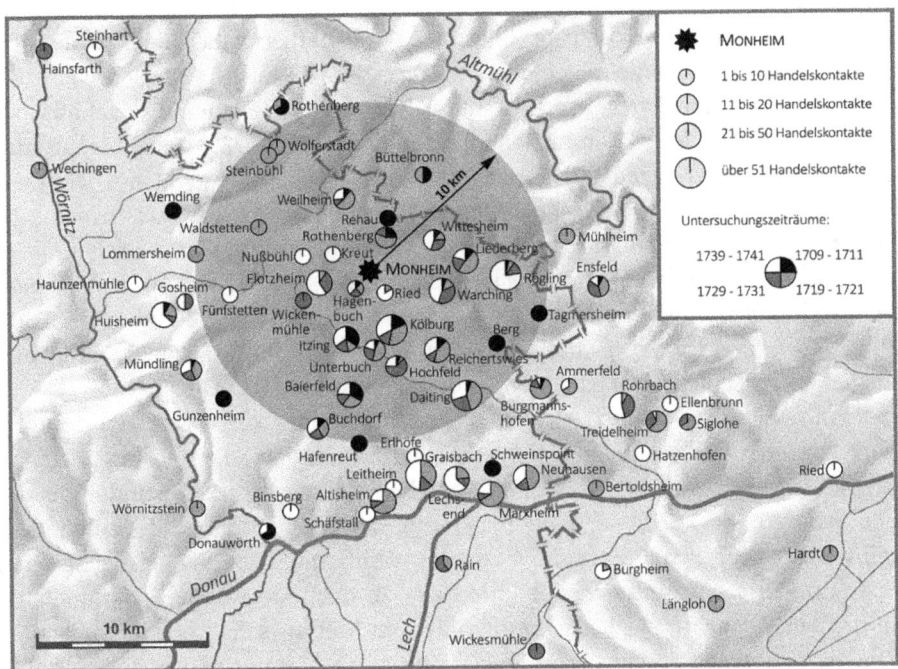

**Abb. 42:** Die Entwicklung des Medins der Monheimer Juden im 18. Jahrhundert

Die Monheimer Protokolle berücksichtigten nur Abschlüsse mit einem Wert von über 10 fl, sodass viele kleine und kurzfristige ‚Notkredite' nicht darunterfielen, die sicher auch hier gegeben wurden. Ansonsten zeigt das Spektrum ganz ähnliche Züge wie im Burgauischen: die Dominanz des Viehhandels – meist Rinder und Pferde, seltener Ziegen und vereinzelt Gänse –, ein weit gefächerter Warenhandel – mit Getreide, Obst, Textilien und Fellen, Edelmetallen und nicht zuletzt Salz, lag Monheim doch an der Verteilerschiene des Reichenhaller Salzes nach Nordwesten – und einem steigenden Anteil an Krediten, kaum jedoch Grundstücken wie Äcker, Wiesen oder Beete. Beim Kreditgeschäft sind zwei Befunde besonders auffällig: Zum einen finden sich unter den Abschlüssen auch ‚Nachfristen', d.h. von christlichen Kaufleuten an Juden abgetretene Forderungen, trotz des reichsrechtlichen Cessionsverbotes; zum anderen lag der Zinsfuß im Gegensatz zu Burgau meist nur bei 5–6 %, was wohl dadurch zu erklären ist, dass vor allem solche Fälle aufgezeichnet wurden, bei denen eine Absicherung durch Pfänder und Immobilien die Regel war.

Die innerhalb der Stadt Monheim getätigten Geschäfte weichen von diesem Muster jedoch insofern ab, als hier das Salz sowie Immobilien und Kredite stärker zu Buche schlugen, die Geschäfte also ein etwas deutlicheres urbanes Profil aufwiesen. Wie breit das Spektrum jüdischen Wirtschaftens tatsächlich war, wird zudem an einem Konkurs des Juden Benjamin von 1715 sichtbar: Er entwickelte durch Kontakte mit Partnern in Neuburg, Harburg und Fürth ein Geschäftsvolumen, das sich schließlich auf einen Schuldenberg von 28.000 fl belief. Für den Stadtschreiber Michael Kirchberger erschien es aber durchaus möglich, das zu bewältigen, da er *ein kluger raffinirter Jud und dahero, wan ihme widerumb erlaubt wäre, seine handelschafft alhier vortsetzen zu dörffen, eine guete hoffnung zu schöpffen, er wurde sich widerum weith bearbeithen, daß er seine weitere Schulden nach und nach abtragen sollte.* Dass sein weiteres Schicksal dennoch nicht so positiv verlief und er nach einem Landesverweis in die Grafschaft Oettingen abwandern musste, stand auf einem anderen Blatt.[53]

In Unterfranken lassen sich viele dieser Phänomene bereits fürs 16. Jahrhundert belegen: der Viehhandel und speziell der Weinhandel, die sich eng mit dem Kredit verbanden.[54] Die Breite der verhandelten Tierarten von den Pferden bis zu den Schafen, die Praxis der Vieheinstellung, die Verbindung von Einzelhandel mit weitreichenderen Beziehungen und der Weinhandel, der im Elsass schon im Spätmittelalter bekannt war,[55] gehörten zu den charakteristischen Merkmalen. In beiden Fällen war die Verflechtung mit dem Kreditgeschäft ebenfalls bereits üblich. Man wird also davon ausgehen können, dass die Strukturen des ländlichen Handels sich bereits zu einer Zeit ausbildeten, als die Gesamtsituation noch sehr viel labiler war. Die spätere Entwicklung bestätigt diese Struktur in vielfältiger Weise, denn die wirtschaftlichen Teile der hochstiftischen Judenverordnungen seit 1617 mit ihren restriktiven Tendenzen, insbesondere den anfänglichen Hausierverboten, spiegeln die auch real erfassbare Breite jüdischen Wirtschaftens.[56] Vor Ort konnte das etwa in Gaukönigshofen nachgewiesen werden, wo Viehhandel und Hausiergeschäfte als die wichtigsten Erwerbsquellen anzusehen waren.[57]

Dass im Bamberger Land eine ganz ähnliche Situation herrschte, lässt sich auf der normativen Ebene bereits in der landesherrliche *Instruction* von 1644 belegen: Sie gestattete den Schutzverwandten generell *allerhand ehrliche Handlungen, Commercien vnd Kauffmanschafft, mit Vieh, Pferd, new vnd alten Wahren*, verbot ihnen aber den ‚Fürkauf', d.h. den Aufkauf von Waren außerhalb des ordentlichen Marktes, sowie das Horten von *Getraidt, Wein, oder sonsten derglei-*

---

53 M. Müller, Pfalz-Neuburg, S. 235–239, Zitat S. 238.
54 Stretz, Juden in Franken, S. 196–257.
55 Mentgen, Elsaß, S. 557–574.
56 König, Judenverordnungen, S. 192–205.
57 Michel, Gaukönigshofen, S. 70–86.

*chen Früchten.* Im Jahr darauf wurden das erlaubte Warensortiment genauer aufgelistet: Gold, Silbergeschmeid, Pfänder, Ringe, Kleinodien, Perlen, alte Kleider, Seide- und Samtwaren, gutes Tuch, Leinwand und Barchent; dazu kam ein ausgedehnter Viehhandel mit Pferden, Rindern und Ochsen. Die Verordnung, die auf den Aufstand von 1699 folgte, erlaubte zwar nach wie vor den Handel mit Textilien, Schmuck, Metallen und Vieh, verbot aber ausdrücklich den mit „Getreide, grünem und dürrem Obst, Samenwerk, Saffran, Süßholz, Schmalz, Hopfen, rohen Häuten, Leder, gemeinem Pelzwerk, Gewürz, Unschlitt, Hanf, Wein, Stahl und Eisen, Wagen- und Räderholz", also vorwiegend Agrarprodukten und Rohstoffen für die Handwerker.[58] Wie in Schwaben war somit eine der Hauptfunktionen der Dorfjuden die Versorgung des Landes mit Waren des nichtalltäglichen Bedarfs und umgekehrt der Aufkauf der landwirtschaftlichen Produkte für den städtischen Markt. Besonderes Augenmerk erfuhren die Gartenwirtschaft in und um Bamberg, die „zu den Hauptexportprodukten des Hochstifts gehörten", aber auch das Getreide als Grundnahrungsmittel, dessen Engpass 1699 den Aufstand ausgelöst hatte.[59]

In städtischen Handel bestätigen sich die Befunde von Augsburg, freilich mit dem Unterschied, dass in Bamberg die Juden den Vorteil der Stadtsässigkeit für sich nutzen konnten.[60] So zeigt sich beim Kreditgeschäft auch hier die gesamte Palette von Kleinbeträgen bis zu ansehnlichen Summen, bedeutsam aber erscheint, dass zumindest in einigen Fällen auch eine wechselseitige Darlehensgewährung zwischen Christen und Juden nachzuweisen ist. Die Beteiligung am ‚Kramwarenhandel' weist die bekannte breite Palette auf, und im 18. Jahrhundert gingen die jüdischen Händler auf exquisite bürgerliche Bedürfnisse ein, angefangen von Textilien aller Art über Lebensmittel und einem breiten Sortiment an Taschenuhren bis zum Geschirr. Hirsch Löw bot 1773 Meißner Porzellan per Annonce im ‚Bamberger Intelligenzblatt' *aus dortiger Fabrique von neustem Gusto, als: Chocolatt= Caffe= und Thee=Zeug, auch Tafel und Desertservices* an, Koppel Seligmann 1791 Liköre, Pomeranzen und Zitronen, Anis, Kümmel, Wacholder und Nelken. Dafür war der Einkauf auf der Leipziger Messe die Regel, wo die Präsenz in den Messeregistern – nicht nur für Bamberger Juden – detailliert nachzuweisen ist,[61] aber auch regionale Messen wie die Nördlinger Pfingstmesse wiesen durchgängig eine hohe jüdische Präsenz auf und sorgten damit

---

58 Schmölz-Häberlein, Bamberg, S. 128f., Zitat S. 129, hier datiert auf 1708, sie korrigiert damit Eckstein, Bamberg, S. 267f. auf 1700; die Instruktion von 1644 ebd., Beilage XV S. 317f.
59 Schmölz-Häberlein, Bamberg, S. 129 (Zitat), 131–135.
60 Schmölz-Häberlein, Bamberg, S. 135–149.
61 Vgl. dazu allgemein Freudenthal, Juden als Messegäste in Leipzig.

für die Vernetzung von Stadt und Land.⁶² Für den Warenhandel der Bamberger Juden waren zudem der bischöfliche Hof und die großen Stifte wie St. Michael wichtige und vor allem permanente Kunden. Und nicht zuletzt beteiligten sich jüdische Kaufleute an der Lotterie, einer neu aufkommenden Mode seit der Mitte des 18. Jahrhunderts.

Die vielfältigen wirtschaftlichen Aktivitäten von Juden in dieser Phase während und vor allem nach der Konsolidierung setzen voraus, dass nicht nur ein hohes Maß an Bedarf von Seiten der christlichen Umwelt gegeben war, sondern auch die Bereitschaft, ihn bei den Juden zu befriedigen. Wie ist ihr Stellenwert bezogen auf die Gesamtwirtschaft einzuschätzen? Im städtischen Kontext ist mit Sicherheit davon auszugehen, dass es beim jüdischen Handel wie beim jüdischen Kredit als Teilelementen der städtischen Wirtschaft vor allem darum ging, durch spezifische Angebote einen Kundenkreis zu finden – das Bamberger Beispiel mag dafür stehen, das Augsburger mit dem lukrativen Kattunmarkt für eine Partizipation am Aufschwung einer wirtschaftlichen Modernisierung. Von einer Monopolstellung ist jedoch ebensowenig auszugehen wie bei den Aktivitäten der Hoffaktoren. Für das Kurfürstentum Bayern hat man den Anteil jüdischen Kapitals an der Schuldenlast des Staates mit 5,2 Mill. fl zu Beginn der Regierungszeit Max Emanuels (reg. 1679–1729) auf 20 % veranschlagt, er sank aber bis 1728 auf 10 %.⁶³

Für den ländlichen Bereich hat die Forschung bislang andere Akzente gesetzt, ging man doch eher von einer ‚symbiotischen' Beziehung speziell zwischen jüdischem Kredit und Viehhandel einerseits und Bauern, Seldnern und Handwerkern andererseits aus, die eine Sonderstellung assoziiert.⁶⁴ Doch ist daran zu erinnern, dass jüdischer Handel sich auch dort in eine sich verdichtende wirtschaftliche Infrastruktur einpassen musste: Er traf auf ein Netz von regionalen ländlichen Märkten, das sich im Spätmittelalter etabliert hatte und in der Frühen Neuzeit weiter ausgebaut wurde,⁶⁵ und er traf auf eine kritische Haltung, in der Juden ebenso mit Misstrauen beobachtet wurden wie Savoyarden, Stümpler und christlich-konfessionell fremde Konkurrenz.⁶⁶ In gleicher Weise

---

62 Vgl. zur allgemeinen Entwicklung der Messe im 17./18. Jahrhundert Steinmeyer, Nördlinger Pfingstmesse, S. 159–167. Er erwähnt allerdings keine Juden, doch Recherchen im Stadtarchiv Nördlingen belegen diese Anwesenheit: frdl. Hinweis von Holger Fedyna, Neresheim, der dazu eine Veröffentlichung plant.
63 Prestel, Hoffaktoren, S. 204.
64 Vgl. dazu Richarz, Viehhandel und Landjuden; ähnlich für Schwaben Kießling, Judendörfer, S. 169–173; generell Battenberg, Juden in Deutschland, S. 30–32, 94–97.
65 Vgl. generell Kießling/Konersmann/Troßbach, Grundzüge der Agrargeschichte, S. 146.
66 Vgl. dazu die Beiträge im Sammelband Holenstein/Ullmann, Minderheiten und Sondergruppen.

war beim Kreditwesen damit zu rechnen, wie jüngst eine aufschlussreiche Studie zu Nordschwaben gezeigt hat:[67] In einem überschaubaren Kleinraum der Grafschaft Oettingen – der aber keineswegs einen Sonderfall darstellt – ergab eine Gegenüberstellung der Hypothekendarlehen aus der Mitte des 18. Jahrhunderts, dass der jüdische Anteil lediglich bei 12 % lag, die Hauptmasse also anderweitig zur Verfügung gestellt wurde, von geistlichen Institutionen wie Heiligenpflegen der Pfarrkirchen, Frühmessstiftungen und Waisenkassen, aber auch besser gestellten Bauern und Handwerkern. Hatte schon die Stadt Augsburg um 1600 als Gegengewicht ein eigenes Pfandleihhaus ins Leben gerufen, so wurde im Hochstift Würzburg für die Bereitstellung von Kapitalien 1691 im ‚Journal von und für Franken' expressis verbis eine antijüdische Motivation bemüht: *Dort sind die Capitalien der milden Stiftungen an die Hochstiftsämter vertheilt worden, um bey jedem voraus eine Notcasse zu errichten, aus welcher die Unterthanen das Nöthige zum Viehankauf gegen landesübliche Zinsen erhalten und in kleinen Summen abtragen können, damit sie nicht genöthigt sind, durch Borgen bey den Juden, in deren Händen der Viehhandel ist, sich vervortheilen zu lassen.*[68] Auch schwäbische Klöster agierten im gleichen Rahmen.[69] Das war zwar nicht neu, denn schon im ausgehenden Mittelalter hatten geistliche Institutionen Darlehen gewährt, wie in Franken nachgewiesen werden konnte,[70] doch hatte sich die Konkurrenz eher verschärft, sodass auf dem breit gestreuten Kreditmarkt auch die Landjuden keine beherrschende Rolle spielen konnten.

Begreift man aber die wirtschaftlichen Beziehungen zwischen Christen und Juden als ein Interaktionsgefüge, in dem beide Seiten gleichberechtigt miteinander agierten, nicht zuletzt bei der Bewältigung von Notfällen, dann hatte das Folgen für das Zusammenleben im Dorf. In der Markgrafschaft Burgau lässt sich wahrscheinlich machen, dass aus der Praxis der komplexen Mischgeschäfte mit Waren und Vieh, verbunden mit Krediten, langfristig „vielleicht in einzelnen Fällen auch spezifische Formen der Nähe und Vertrautheit" entstanden sein mögen. Die Beziehungen gestalteten sich durchaus wechselseitig, denn Juden erhielten bei Bedarf ihrerseits bei Christen Kredite. So nahmen beispielsweise Marum Schmuel und seine Ehefrau Gittel bei einem christlichen Seldner 50 fl zu einem jährlichen Zins von 5 % für die Aussteuer ihrer Tochter Margam auf und verschrieben dafür als Sicherheit *war und pfandt soviel hierzu von nöten, ferner aber die halbe behau-*

---

67 Ullmann, Jüdisch-christliche Kreditnetze, passim.
68 Michel, Gaukönigshofen, S. 79.
69 Spies, Feuerversicherung, Waisen- und Kreditkassen, S. 21–245, am Beispiel schwäbischer Klöster.
70 Lang, Konkurrenz und Konfessionalismus, S. 74–84.

*sung, den halb garten und ein halb krautbeet.* Solche Beziehungen konnten bei den innerdörflichen Netzen durchaus dauerhaft werden, sodass etwa in einem sogar gerichtlich ausgetragenen Streit in Buttenwiesen 1664 der jüdische Händler Veit nach Abschluss eines Vergleichs mit seinem christlichen Kontrahenten zu Protokoll gab, *daß sye gute Freundt under einander bleiben sollen.*[71]

Die Perspektive einer insgesamt breiten Akzeptanz, die sich aus derartigen Befunden in Stadt und Land – auch wenn sie punktueller Natur sind und damit nicht überbetont werden dürfen – abzeichnet, ist die eines Umgangs, der die religiöse und kulturelle Trennung im Alltag hintanstellte, sodass „durch den Kredit als Kontaktmedium" eine Einbindung in die dörfliche Gemeinschaft hergestellt wurde, „die Voraussetzungen für weitere Begegnungen schaffen konnte".[72]

Freilich müssen auch die Grenzen dieser Entwicklung gesehen werden: Die Akzeptanz der wirtschaftlichen Funktionen durch die christliche Mehrheitsgesellschaft war nicht nur dort gefährdet, wo die Konkurrenz als schädlich für die eigenen Interessen erschien, sondern auch dort, wo die Belastungen sich häuften: bei den Betteljuden. Die Grenzmarkierung schien eindeutig: sie lag bei der Zugehörigkeit zu denen, die unter dem formellen Schutz einer Herrschaft standen. Die Hürden für den Erwerb dieses Schutzbriefes und eine Tendenz zur restriktiven Handhabung der Vergabe, um die Zahl der Juden vor Ort nicht zu erhöhen, kennzeichnete in der Regel die territoriale Politik: Im Hochstift Würzburg waren für die Aufnahme im Dorf 1.000 fl, für die in einer Landstadt 1.200 fl erforderlich, und die Tatsache, dass aus dem familiären Nachwuchs nur ein Sohn das Schutzrecht übernehmen konnte, stellte die Existenz in einer Gemeinde für alle anderen in Frage – auch wenn man sie vielfach zu umgehen trachtete, indem sie möglich lange im Familienverband integriert blieben.[73] Im Markgraftum Ansbach waren für die Residenzstadt 1.000 fl, in einer Landstadt oder auf dem Dorf 500 fl Mindestvermögen nachzuweisen.[74] Nicht wenige aus dem Kreis der armen Hausierjuden drohten deshalb zu jener Gruppe von Betteljuden abzusinken, die von Dorf zu Dorf zog, um mittels kurzzeitiger Aufnahme und Verpflegung über die Runden zu kommen. Die Folge war die dauernde Wanderschaft. Erheblichen Zuwachs erhielt sie durch die zahlreichen aus Osteuropa, aus Polen und Böhmen, zugewanderten entwurzelten Juden, die nach den Pogromen des Chmelnicki-Aufstandes von 1648 nach Westen geflüchtet waren. Der Amtmann zu Arnstein im Spessart klagte 1740, regelrechte jüdische Bettlerzüge „zögen aus

---

71 Ullmann, Jüdisch-christliche Kreditnetze, S. 64–69, mit Zitaten S. 65, 69.
72 Ullmann, Jüdisch-christliche Kreditnetze, S. 70.
73 König, Judenverordnungen, S. 39–42.
74 Jehle, Kirchliche Verhältnisse, S. 233.

dem Bamberger Umland alle Monat einmal durch das Amt bis nach Frankfurt und kehrten von dort wieder in ihre Bambergischen Wohnsitze zurück."[75] Trotz immer wieder erlassener Verbote stieg dieses Potential an, und man schätzt ihre Größe am Ende des 18. Jahrhunderts in Franken auf etwa 9.000 Personen,[76] ihren Anteil an der jüdischen Gesamtbevölkerung im 18. Jahrhundert auf 10 %, in Franken und Schwaben sogar noch weit höher auf bis zu einem Viertel.[77] Auch wenn letztere Einschätzung zu hoch sein mag, so weist sie doch auf das massive Problem, das die Betteljuden an der Schwelle zur Moderne darstellten, für die christliche Umwelt wie für die jüdischen Gemeinden.

Die jüdischen Vaganten – die freilich ihre Parallele in den christlichen Bettlern hatten[78] – konnten sich immerhin auf die Fürsorge ihrer jüdischen Gemeinden stützen, die das religiöse Gebot auferlegte und die auch ohne Einschränkungen praktiziert wurde. Bekannt wurde insbesondere die Situation im Reichsdorf Gochsheim bei Schweinfurt. Obwohl selbst zu den armen Gemeinden gehörend unterstützte die Judenschaft jedes Jahr zwischen 1.500 und 2.000 ,Schnorrjuden', organisiert mit sog. *Pletten* (Bilette): Danach hatte jeder Haushaltsvorstand je nach Vermögen Gutscheine zu erwerben, und die ankommenden Juden wurden auf die Haushalte verteilt, wobei jeder Anspruch auf ein Vesperbrot, Abendessen und Frühstück, ein Nachtlager und eine Wegzehrung in Höhe von 1 kr hatte; am Sabbat galt diese Regelung für zwei Tage.[79] Diese Regelungen waren vielfach in den *Takkanot* niedergelegt, etwa 1768 in Bayreuth: Auch hier wurden „Kostbillets" für die durchreisenden Armen ausgegeben, zudem erhielten sie aus der Armenkasse zwischen 5 kr für ein Kind und 10 kr für einen erwachsenen Mann, durften aber erst nach einem halben Jahr wieder vorsprechen – und ihre Namen wurden notiert, um Missbrauch zu unterbinden.[80] In Sugenheim erhielt der Gast gemäß dem Kahlsbuch von 1756 nach dem gleichen System, unter der Aufsicht der *Parnossim* und des *Hekdesch Gabbai*, dem Einnehmer der Gemeinde, aus der Armenbüchse die Bilette für den Mittagstisch.[81] In den schwäbischen Gemeinden der Markgrafschaft Burgau ergibt sich das gleiche Bild: 1676 beschwerte sich der Vogt des Dorfes Pfersee darüber: *Seit Zeiten komen vile vagirenden Juden aus Italien, Polen vnnd ander Orthen vnd 20, 30 und 40 miteinander ankomen, teils öfters Arme [...]*. Sie sollten auf Anweisung der Ortsherrschaft *die politen wie sich*

---

75 Schubert, Arme Leute, S. 169.
76 König, Judenverordnungen, S. 45f.; die Zahl nach Gehring-Münzel, Würzburger Juden, S. 14.
77 Breuer, Frühe Neuzeit, S. 235.
78 Vgl. dazu Schubert, Arme Leute, S. 178–233; Küther, Menschen auf der Straße.
79 Schubert, Arme Leute, S. 169.
80 Eckstein, Bayreuth, S. 95f.
81 Freudenthal, Verfassungsurkunde, S. 45f., 66.

*trefen wird bey 3 fl straff annehmen, damit den Christen dardurch nit ein beschwert ereignen möchte* – ohne dass freilich damit das Problem gelöst werden konnte.[82]

Wie in der christlichen Umwelt, entstanden in dieser sich verschärfenden sozialen Notlage auch eigenständige jüdische Banden, die über gezielten Raub zu überleben suchten.[83] Dieses gesamtdeutsche Phänomen, das einen Schwerpunkt in Westdeutschland hatte, findet sich auch in Franken. Berühmt wurde die Gaunerbande des ‚langen Hoyum' aus Treuchtlingen, die man 1735 verhaften konnte, und deren Haupttäter nach der Untersuchung der gegen sie erhobenen Vorwürfe hingerichtet wurden. Gemäß einem dabei erstellten Verzeichnis hatte sie nicht weniger als 81 Mitglieder, zeigte aber einen engen Zusammenhalt, hielt andererseits die jüdischen Sabbat- und Feiertage ein und konnte sich auf ein Netz von Kontakten in der eingesessenen Dorfarmut stützen.[84] Die Gemeinsamkeiten der sozialen Problemlage zogen nicht selten engere Kontakte mit christlichen Leidensgenossen auf der Basis „vollkommener Gleichberechtigung" nach sich, sodass man von einem „neuen, im paradoxen Sinn selbstemanzipierten Judentyp" gesprochen hat.[85]

Die Strukturen jüdischen Lebens in der Spannbreite zwischen den reichen Hofjuden und Kaufleuten, den Kleinhändlern und Hausierern und den Betteljuden, die in kleinstädtische Gemeinden, Doppelgemeinden und atomisierten Niederlassungen lebten, waren im 18. Jahrhundert an einem Punkt angelangt, der auf einen Umbruch zulief. Die gesellschaftliche Differenzierung schritt voran, und es wurden erste Risse zwischen den Schichten sichtbar, die auf unterschiedliche Identitäten zulaufen konnten – aber ob und wie sehr sie relevant waren, musste die Zukunft erweisen.

---

82 Ullmann, Nachbarschaft und Konkurrenz, S. 371–378, Zitate S. 377.
83 Vgl. dazu die klassische Studie von Glanz, Geschichte des niederen jüdischen Volkes.
84 Schubert, Arme Leute, S. 174–178.
85 Breuer, Frühe Neuzeit, S. 238.

# 18 Von der Autonomie der Gemeinde zum territorialen Verband

In der Phase extremer Labilität im 16. Jahrhundert, die für das süddeutsche Judentum durch Ausweisung und Atomisierung bzw. durch Abwanderung einen Höhepunkt erreicht hatte, konnte der strukturelle Bruch nur mit Mühe überbrückt werden. Was sich um 1600 in ersten Ansätzen abzeichnete, war der Versuch, an den Elementen anzuknüpfen, die vorher bestimmend gewesen waren, als der Übergang in das Landjudentum sich bereits abzeichnete: Die Niederlassungen auf dem Land, die keine Gemeinde ausbilden konnten, schlossen sich den bestehenden *Kehillot* an, was aber gleichzeitig auch bedeutete, dass sie sich den Zentren unterordneten. Die neuen Mittelpunkte, die sich langsam herauskristallisierten, sei es in Kleinstädten, Märkten oder Dörfern, in denen ein Rabbiner wirkte, eine Synagoge oder wenigstens ein Betsaal bestand, ein Friedhof die Toten aufnahm, erfassten jedoch nur bedingt die verstreut lebenden Familien; sie waren weitgehend informeller Natur, nicht selten an die herrschaftlichen Interessen gebunden oder von herausragenden Führungsfiguren getragen. Rabbinatsgerichte und Steuersammelstellen deuteten zwar bereits neue Zentren an, doch um der veränderten Situation auf Dauer Rechnung zu tragen, mussten neue Formen gefunden werden.

Die Lösung, die sich abzeichnete, war der flächige Zusammenschluss. Man hat sie deshalb als „Provinz-*kehilla*" bezeichnet, in der das ‚Modell' der autonomen Gemeinde weiterwirkte, nämlich in den Territorien, „in denen Juden vornehmlich in Dörfern und Kleinstädten siedelten und wo es keine große, zentrale Gemeinde gab" – auch wenn sie „nur begrenzte und unregelmäßige Dienste leisten konnte".[1]

Landesrabbinate hatten sich bereits manchmal formiert, in Schwaben besonders stark, waren jedoch noch keineswegs klar abgegrenzt, geschweige denn flächig organisiert. Zum neuen tragenden Element wurden die ‚Landjudenschaften'; denn sie konnten an die Tradition der Selbstverwaltung anknüpfen. Sie „übernahmen jetzt in den Territorien all die Funktionen, die vorher die lokale Gemeinde erfüllt hatte", und zwar sowohl vom inneren Aufbau wie von den Aufgabenstellungen.[2] Da und dort, etwa in der Grafschaft Wertheim oder in Hessen, ließen sich bereits Vorformen erkennen, wenn durch Zusammenkünfte aktuelle Probleme zu lösen waren. In den 1620er Jahren erfolgte dann der Durchbruch im gesamten Römisch-Deutschen Reich sowie in Polen und Mähren, deren Organisa-

---

[1] Katz, Tradition und Krise, S. 117.
[2] Dazu grundlegend Cohen, Landrabbinate, S. 225–229, Zitat S. 227.

tionsformen möglicherweise sogar anregend gewirkt haben.³ Entscheidend für die Etablierung war die Konvergenz der Interessen, denn – wie bereits zu sehen war (s. Kap. 15) – wollten auch die Landesherrschaften den immer noch lockeren jüdischen Personenverband stärker integrieren und von anderen Bezugssystemen, nicht zuletzt von Kaiser und Reich, abkoppeln. Eine gewisse Vorreiterfunktion dürfte dabei das Elsass gehabt haben, wo Josel von Rosheim 1510 von der *gemeinen jüdischheit* des Unterelsass zum Vorsteher gewählt worden war. Die schnelle Durchsetzung nach dem Dreißigjährigen Krieg kann jedenfalls als Teil der Konsolidierung verstanden werden.

Dabei deuten die ersten Nachweise auf einen längeren Prozess des Aufbaus hin: Im Hochstift Bamberg war bereits 1619 beschlossen worden, ein Landesrabbinat und eine Landjudenschaft einzurichten, und für letztere war bereits vorgesehen, dass sie das Schutzgeld von den einzelnen Familien einziehen sollte.⁴ In Schwaben hatte 1628 die *gemaine Judenschafft der Marggraffschafft Burgaw* einen Ausschuss gebildet, der beim Landesherrn mit einer Klage gegen Eingriffe des Adels in die rabbinische Gerichtsbarkeit auftrat und 1631 erneut gegen die Erhöhung der Zollstätten *und allerhand anderer attentate* anging.⁵ In Brandenburg-Ansbach bestand er sogar schon 1603, als Markgraf Ernst einem namentlich benannten *Außschuß [...] Vollmacht geben haben, dieselben Antzeigung von anderen iren Mitt-Glaubensgenoßen*, die im landesherrlichen Schutz standen, *durch eine zimbliche Anlage einzubringen*, also die Umlage der Abgaben einschließlich der Reichs- und Türken- und Landschaftssteuern zu übernehmen.⁶ Freilich bestand der Anlass für diesen landesherrlichen Befehl an den Kastner zu Roth darin, dass einige der Zusammenkunft fern geblieben waren, sodass davon auszugehen ist, dass „die individuellen Schutzjuden nicht zur Schaffung einer festen Organisation tendierten".⁷ 1625 ist dann eine Zusammenkunft der *vornembsten Juden im Fürstenthumb* als *Landttag* belegt, die vom Rabbiner und einem Ausschuss einberufen wurden. Im Markgraftum Bayreuth dürfte sich eine derartige Landjudenschaft etwa gleichzeitig konstituiert haben, erhielten doch 1611 R. Mose und die Abgeordneten der *Gemaine[n] Judenschafft Oberhalb Gebirgs samt den vnderlendischen Emtern zu Bayersdorff, Neustatt, vnnd doselbst umgesessene*, von Markgräfin Maria einen Schutzbrief.⁸ Im Hochstift Würzburg findet sich

---

3 Vgl. dazu zusammenfassend Breuer, Frühe Neuzeit, S. 189–200.
4 Eckstein, Bamberg, S. 62f.; Schmölz-Häberlein, Bamberg, S. 77f.
5 Ullmann, Nachbarschaft und Konkurrenz, S. 207–224, Zitate S. 208f.
6 Cohen, Landjudenschaften, Bd. 2, S. 1010f. Nr. 21:2; Jehle, Kirchliche Verhältnisse, S. 327–335; nur erwähnt wird der Ausschuss bei Haenle, Ansbach, S. 123f.
7 Cohen, Landjudenschaften, Bd. 2, S. 1012f. Nr. 21:3, der Kommentar des Hrsg. S. 1014.
8 Eckstein, Bayreuth, S. 30–32.

ein erster Hinweis 1625, denn die Eibelstädter Juden beantragten die Bestätigung Nathans als Rabbiner, der *im Stifft Wirzburg under der allgemeinen Judenschafft* für die Zeremonien wie für die Veranlagung zur Steuer *vollkhommenen Gewaltt unndt Macht* haben sollte.[9] Es dürfte kein Zufall sein, dass alle diese ersten Ansätze in einer Zeit datieren, in der die Konsolidierung in förmlichen Landgemeinden in vielen Teilen der Territorien noch ausstand.

Die auffällige Gleichläufigkeit dieser Entwicklung – auch im Vergleich mit anderen in West- und Norddeutschland – sollte allerdings nicht überdecken, dass es durchaus regionale Unterschiede in der Struktur gab: So waren im Hochstift Bamberg und in den Markgraftümern Ansbach und Bayreuth die jüdischen Niederlassungen der mediaten Herrschaften integriert und ihre Mittelpunkte lagen in den Residenzstädten. In der Markgrafschaft Burgau waren nach der Ausweisung von 1617 aus den Städten Günzburg und Burgau ohnehin nur mehr die Judendörfer in Herrschaften des Adels bzw. von Bürgern übriggeblieben. In Unterfranken dagegen stand die Landjudenschaft des Hochstifts den ritterschaftlichen gegenüber, die ihrerseits in eine Landjudenschaft des ‚Oberlands' im Grabfeld und des ‚Unterlands' am Main aufgeteilt waren – was ihre seit langem ausgeprägte Eigenständigkeit samt dem numerischen Gewicht gegenüber dem Würzburger Bischof spiegelte.[10] Andererseits deckte diese Organisationsform nicht überall in gleicher Intensität auch alle Niederlassungen ab, die in Frage kamen. So konnte sich der Ansatz von 1633, der in der Grafschaft Oettingen-Wallerstein bereits bestand,[11] offenbar nicht durchsetzen, vielmehr agierten hier zwar die Ortsgemeinden bei der Wahl des Rabbiners mitunter gemeinsam, blieben ansonsten aber selbstständige Partner der Obrigkeit.[12] Und ob sich in Pfalz-Neuburg eine Landjudenschaft überhaupt ausgeformt hatte, bleibt ebenfalls ungewiss. Zwar handelte 1638 die *gesambte Judenschafft Lauingen, Höchstett und Gundelfingen* im städtischen Verbund gegenüber einem Zugriff der Markgrafschaft Burgau und wandte sich 1637 als *in der Pfälzisch Newburgischen Nachbarschafft sässhafften Judenschafft* an den Augsburger Bischof, um Zugang in seine Residenzstadt Dillingen zu erhalten, doch scheint sich daraus keine dauerhafte Institution entwickelt zu haben.[13] Der Verband in der Ganerbenschaft Rothenberg wiederum stellte eine ganz eigene Organisationsform dar, denn hier unterstellten sich fak-

---

9 Cohen, Landjudenschaften, Bd. 2, S. 863f. Nr. 18:1.
10 Dazu D. Weger, Hochstift Würzburg, S. 136–142.
11 Cohen, Landjudenschaften, Bd. 3, S. 1612 Nr. 38:2.
12 Cohen, Landjudenschaften, Bd. 3, S. 1625–1642 Nr. 38:8–38:14; Mordstein, Selbstbewußte Untertänigkeit, S. 169.
13 M. Müller, Pfalz-Neuburg, S. 140f., 300f.

tisch die übrigen Gemeinden der Führungsrolle Schnaittachs, die vor allem von ihrem ‚Landesrabbinat' getragen wurde; der erste bayerische Schutzbrief von 1696, der für Schnaittach, Ottensoos und Hüttenbach gemeinsam galt, bestätigte jedenfalls dem Rabbinat die Zuständigkeit für innerjüdische Streitigkeiten wie für die Zeremonialfragen – auch wenn das in der Folgezeit von den einzelnen Gemeinden nicht immer akzeptiert wurde.[14]

Auch wenn somit diese Landjudenschaften nicht überall und gleich intensiv wirksam wurden, so deckten sie doch als territoriale Verbände zumindest nach und nach den Großteil der jüdischen Niederlassungen ab und umfassten im 17./18. Jahrhundert die maßgeblichen Gemeinden. Die Spannbreite der Ausformungen, die sich bisher beim chronologischen Überblick abzeichnet, wird jedoch noch deutlicher, wenn man die innere Struktur und die Aufgabenfelder unter die Lupe nimmt, die sie jeweils abdeckten.

Ein differenziertes Bild bietet sich für die Markgrafschaft Burgau.[15] Nach der Unterbrechung des Großen Krieges formierte sich die Landjudenschaft seit 1655 neu und wurde bis zur Jahrhundertwende mehrfach gegen die Behinderung ihrer wirtschaftlichen Tätigkeitesfelder von Seiten der geistlichen Territorien aktiv. Seit Anfang des 18. Jahrhunderts tagte sie regelmäßig – auch wenn die Abstände länger wurden – und dabei werden die Organe und die Personen genauer fassbar. Nun kamen nicht mehr alle schutzberechtigten Mitglieder auf den Landtagen zusammen, sondern nur noch die Delegierten der Gemeinden. An der Spitze stand der Landesbarnoss, der von den Gemeinden ebenso gewählt wurde wie ein Vorstand von vier bis fünf Vertretern, die in der Regel aus den gewichtigeren, weil reicheren Gemeinden kamen: Pfersee stellte beispielsweise 1708 zwei Vertreter, während ärmere wie Fischach, aber auch die kleinen Vorstadtgemeinden Steppach oder Schlipsheim fehlten. Etwas breiter gestreut war die Herkunft der Kassierer, während Pfersee zusätzlich noch auf Dauer den vorsitzenden Rabbiner stellte. Das Übergewicht Pfersees wird noch klarer, wenn man sich die Personen genauer ansieht: 1708 gehörten alle drei – Rabbiner, Vorstand und Kassier – der Familie Ulman an, die bereits als Hofjudenfamilie begegnete. Auch bei den übrigen Mitgliedern der Führungsgremien kamen die Vertreter in der Regel aus den vermögenderen Familien der Ortsgemeinden. Es war eben „ein korporatives Gebilde, in dem die Machtstellung und die Verfügungsgewalten der einzelnen Ämter wesentlich von der Persönlichkeit ihrer Inhaber bestimmt wurden".[16]

---

14 Dazu Weinberg, Rothenberg, S. 81f., und passim; neuerdings Wolff/Tausendpfund, Schnaittach, S. 639–657.
15 Ullmann, Nachbarschaft und Konkurrenz, S. 207–228.
16 Ullmann, Nachbarschaft und Konkurrenz, S. 214.

Freilich konnte das Gremium nicht völlig frei agieren, sondern die beiden leitenden Figuren waren auf die Bestätigung der Regierung in Innsbruck angewiesen: So wurde etwa 1717 der Landesvorstand David von Buttenwiesen von ihr mit der Aufgabe betraut, dass er *die Juden gemainden, wie untereinander die Juden in Ihren particular anligenheiten bey burgaw und anderwethig erhaischenter notturfft nach allß Ein procurator [...] vertretten solle.*[17] Grundlage für den Landtag war ein 1708 von den Landesdelegierten mit der Regierung in Innsbruck geschlossener Vertrag, der in 22 Punkten das gegenseitige Verhältnis regelte, genauer: die Verwaltung und Rechnungsprüfung der Kasse, das Umlageverfahren, aber auch innerjüdische Angelegenheiten wie die Armenfürsorge und die Stellung des Landesrabbiners und selbst die Verpflichtung der Judenschaft, für den *landes Fürsten um dessen mehrere Wachstum und beglücte regierung ein wochentliches Gebet inn aller Gottesforcht zu verrichten.*[18]

Als Hauptaufgabe des Landtags erscheint von Anfang an die Steuererhebung für die Landesherrschaft, das ‚Jägergeld', das von den Schutzjuden eingehoben wurde und dessen Veranlagung Sache der jüdischen Selbstverwaltung war. Schon wegen des geteilten Judenregals zwischen Insassen und Territorialgewalt (s. Kap. 15) kam es immer wieder zu Streitigkeiten der Gemeinden über die Höhe und den Modus der Vermögensschätzung, aber auch die Wahl zu den Führungsämtern offenbarte vielfache Spannungen. Dennoch ist die Bedeutung dieser Institution als Selbstverwaltungskörperschaft nicht zu unterschätzen, repräsentierte sie doch die Zusammengehörigkeit der Gemeinden und eröffnete die Möglichkeit zur Regelung ihrer inneren Belange. Dazu gehörte nicht zuletzt der Umgang mit den Betteljuden, die im 18. Jahrhundert zum Dauerproblem wurden, aber auch das Konzipieren des eigenen Standpunktes bei Fragen wie der Protokollierungspflicht von Geschäftsabschlüssen.

Was für die Landjudenschaft der Markgrafschaft Burgau bezüglich des Aufbaus und der Verhandlungsgegenstände geschildert wurde, gilt prinzipiell auch für die anderen Territorien. Auch in Brandenburg-Ansbach fungierte die Landjudenschaft als zentrales Instrument der Beziehungen zwischen Landesherrschaft und jüdischen Niederlassungen.[19] Kurz nach der Wende zum 18. Jahrhundert wurde allerdings ihr Charakter insofern verändert, als nun die Teilnahme am Landtag, der seit 1677 alle drei bis vier Jahre in Lehrberg tagte, als verpflichtend geboten und damit „der entscheidende Schritt zur Verwandlung von einer von der Judenschaft geschaffenen, voluntären Institution in eine von der Obrigkeit befohlene und von

---

17 Ullmann, Nachbarschaft und Konkurrenz, S. 213.
18 Ullmann, Nachbarschaft und Konkurrenz, S. 210f.
19 Dazu sehr knapp Haenle, Ansbach, S. 120–126; Jehle, Ansbach, Bd. I, S. 94–96.

ihr für ihre fiskalischen Zwecke ausgenutzte" vollzogen wurde.[20] Als später der Landtag an Bedeutung verlor – seit 1753 war keine Versammlung mehr abgehalten worden – wurde dieses Prinzip wieder aufgegriffen: 1762 erging ein Befehl der Regierung an den Landesrabbiner und den Vorstand, einen Landtag einzuberufen, um Missstände abzustellen. 1773 sollte er dann auf vier Orte – Ansbach, Schwabach, Gunzenhausen und Marktsteft am Main, also in jedem der nunmehr vier Distrikte[21] – verteilt werden, um ihn in der Praxis besser vollziehbar zu machen.[22]

Gemäß den Statuten von 1711[23] bestand in Ansbach die Vorstandschaft neben dem Landesrabbiner und dem Oberbarnossen sowie den Landesvorstehern und Mitvorstehern (acht *Parnossim* aus den acht Bezirken[24] und vier *Tuwim*[25]); als Schätzer fungierten wiederum vier Vorsteher (teilweise aus den *Parnossim*) und zwei Mitvorsteher, die jeweils ausgelost wurden, dazu drei Hausväter aus den Vorstandsbeisitzern (*Ikkurim*) und zwei Ersatzmänner. Sie hatten nach detaillierten Vorschriften gemäß den Angaben der ‚Hausväter' den jeweiligen *Erech*, die Steuerumlage, festzulegen. Zudem wurden die Rechnungsführung der Einnehmer und die Rechnungsprüfung geregelt. Darüber hinaus bestätigte der Landtag die bisherigen Talmud-Tora-Statuten, fixierte die Almosengelder für das Heilige Land, regelte die Friedhofsgebühren und die Rolle der *Landdaijanim* (der Unterrabbiner bzw. ‚Judenschaftsrichter'), das Verfahren bei Zuzug und Abzug und selbst den geschäftlichen Umgang an anderen Orten oder mit Fremden – um nur die wichtigsten Bereiche zu nennen. Immer wieder wird jedoch die landesherrliche Aufsicht greifbar, bis hin zum Verbot, fremde Toraschreiber zu beschäftigen und dafür auswärtiges Pergament zu gebrauchen.[26] Dass die Leitungsfunktionen auch hier von den führenden Familien besetzt wurden – 1711 waren es Hirsch Fränkel als Landesrabbiner und sein Bruder Elkan, der Hofjude als Oberbarnoss –, die nicht selten miteinander um ihre Positionen konkurrierten,[27] bestätigt das bereits bekannte Bild.

In Bamberg, wo die Landjudenschaft seit den 1660er Jahren zur festen Einrichtung wurde, entwickelten sie offenbar ebenfalls feste Konturen:[28] So bestand

---

20 Cohen, Landjudenschaften, Bd. 2, S. 1023f. Nr. 21:11, Dekret vom 3. Juni 1704, Zitat Anm. 3.
21 Vgl. Cohen, Landjudenschaften, Bd. 2, S. 1096–1099 Nr. 21:42, vom 5. Jan. 1786.
22 Cohen, Landjudenschaften, Bd. 2, S. 1078 Nr. 21:31 vom 5. Mai 1762; S. 1083–1085 Nr. 21:35 vom 26. Mai 1773.
23 Cohen, Landjudenschaften, Bd. 2, S. 1039–1050 Nr. 21:19.
24 Vgl. dazu die Einteilung von 1762: Cohen, Landjudenschaften, Bd. 2, S. 886–889 Nr. 18:16.
25 Cohen, Landjudenschaften, Bd. 2, S. 1033, Anm. 4.
26 Cohen, Landjudenschaften, Bd. 2, S. 1065 Nr. 21: 25 vom 9. Febr. 1730.
27 Haenle, Ansbach, S. 125f.
28 Schmölz-Häberlein, Bamberg, S. 77–84, bes. S. 78f.

Abb. 43: Typar der Bambergischen Landjudenschaft, Bamberg 18. Jahrhundert, Messing gegossen

der 18-köpfige Ausschuss (seit 1687: 19) aus jeweils vier Deputierten der vier Kreise und tagte regelmäßig in Bamberg. Obervorsteher, Älteste und Beisitzer sowie Vermögensschätzer, Steuereintreiber und Rechnungsprüfer dazu Landschreiber und Landbote, letztere beide fest angestellt, bildeten eine Art ‚Behörde', die auch ein eigenes Siegel führte (Abb. 43).

Die zentralistische Note, die von der führenden Stellung der Bamberger Gemeinde abzuleiten ist, spiegelte sich nicht zuletzt darin, dass im 18. Jahrhundert Hoffaktoren wie Nathan Heym und Isaak Brillin den Obervorsteher stellten. Auch hier war neben den Finanzen die Regelungskompetenz nach innen von Bedeutung: Schon 1678 konzipierte der Landtag eine *Takkana*, eine Regelung des gemeinschaftlichen Lebens, angefangen von der Ausbildung der Knaben bedürftiger Familien, der Unterstützung der Armen und der Banngewalt gegenüber beitragsunwilligen Mitgliedern über die Rahmenbedingungen für die Eheschließung bis hin zu Fragen der Haftung im Falle von Konkursen und die Bestimmungen über auswärtige Juden, die den städtischen Markt besuchten – innerjüdische Konkurrenz war somit ein wichtiges Thema. Und auch hier war die Kontrolle durch die territoriale Verwaltung nicht zu übersehen, ja sie erreichte um die Mitte des 18. Jahrhunderts insofern einen Höhepunkt, als wegen Unregelmäßigkeiten der Kassenführung die fürstbischöfliche Regierung eine umfassende Rechnungsprüfung anordnete, die in eine Neuwahl der Rechnungsführer mündete – doch der inzwischen zutage getretene Schuldenberg war auf Dauer nicht mehr zu bewältigen.[29]

Noch stärker als in Bamberg fiel die Kontrolle in Würzburg aus, denn seit 1719 wurde in der hochstiftischen Regierung ein eigenes ‚Judenamt' eingerichtet, „eine vollkommen moderne Schöpfung", die aus der generellen Zentralisierung der Verwaltung resultierte. Es erhielt die Überwachung der gesamten jüdischen Selbstverwaltung von den Einzelgemeinden bis zur Landjudenschaft übertragen.[30] Die Landjudenschaft selbst wurde von den ‚Landvorgängern' geleitet – hier waren es zunächst acht, seit 1791 nur noch sieben gemäß der Zahl der Distrikte, denen die einzelnen Niederlassungen zugeordnet waren.[31] Sie tagten in der Regel in Heidingsfeld, waren – auch nach der Einschätzung des aufgeklärten Judenamtmanns Röthlein von 1803 – die *Vorsteher und Repräsentanten der Judenschaft*.[32] Sie verhandelten mit den staatlichen Stellen, gaben Gutachten zu den Schutzbriefanträgen ab, schlossen Verträge und trugen die Finanzverwaltung, vor allem den Einzug der Steuern und Abgaben und die Veranschlagung der einzelnen Familienoberhäupter gemäß dem Vermögen, und kamen, da wie in Bamberg nicht besoldet, vor allem aus den vermögenderen Familien. Im Gegensatz zu Schwaben wurden sie allerdings nicht gewählt, sondern vom Landesherrn ernannt, wobei das Vorschlagsrecht der Vorgänger nur bedingt Gewicht hatte, und erschienen deshalb nach innen „beinahe mehr als fürstliche Beamte denn als Mitglieder der Judenschaft", was dann auch nicht selten zu Konflikten führte.[33] Selbst das Gegengewicht der Landdeputierten, wiederum einer pro Kreis, konnte diese Verschiebung von der Selbstverwaltung zur Landesbehörde nicht verhindern, da sie zwar als „Beauftragte der Judenschaft" galten und nach der Verordnung von 1720 gewählt, doch in der Praxis von den Landvorgängern selbst vorgeschlagen und vom Judenamt bestätigt wurden.[34] Dass die Kassenverwaltung zeitweilig ein christlicher Judenamtsaktuar übernahm, unterstreicht die Einbeziehung des ganzen Apparats in die hochstiftische Bürokratie.[35]

---

29 Schmölz-Häberlein, Bamberg, S. 80–84.
30 D. Weger, Hochstift Würzburg, S. 57–63, Zitat S. 58; König, Judenverordnungen, S. 83f.
31 Dazu ausführlich D. Weger, Hochstift Würzburg, S. 31–49; zusammenfassend König, Judenverordnungen, S. 80–83; und Gehring-Münzel, Würzburger Juden, S. 23–26.
32 Gehring-Münzel, Würzburger Juden, S. 25.
33 D. Weger, Hochstift Würzburg, S. 35; ebenso König, Judenverordnungen, S. 81.
34 D. Weger, Hochstift Würzburg, S. 46f.
35 D. Weger, Hochstift Würzburg, S. 64–67.

Beim Landesrabbinat, der zweiten territorialen Institution, die sich seit dem 17. Jahrhundert fast überall einstellte und ebenfalls in den Sog des frühmodernen Staates geriet,[36] verlief die Entwicklung für die herrschaftliche Seite etwas anders. Ihre Inhaber hatten traditionell eine Eigenständigkeit, wie noch im 16. Jahrhundert mitunter deutlich zu sehen war (s. Kap. 14). Aufgrund ihrer Kompetenzen in religiösen Fragen und bei innerjüdischen Rechtsfällen konnten sie ihre persönliche Autorität ausspielen und damit unterschiedliche Dimensionen der Wirksamkeit entfalten, zumal sie überall den Vorsitz in der Landjudenschaft innehatten. Die Stellung des Landesrabbiners hatte sich jedoch insofern verändert, als er nun einen Anstellungsvertrag erhielt und besoldet wurde, seine Funktion somit Amtscharakter annahm. Idealiter kam ihm ein ganzes Bündel an Tätigkeitsbereichen zu: „Als symbolkräftiger Exponent der halachischen Rechtsordnung verband er Funktionsbereiche des Ritualgutachters und geistlichen Gewissensrats, des Theologen, des Richters, des Notars, des Bücherzensors, des Sittenwächters, des Professors für Rechte und des gemeindlichen Beglaubigten, der Repräsentantenwahlen und Steuerschatzung überwachte, Heirats-, Erbschafts- und Vormundschaftsakten aufsetzte und Eidesleistungen abnahm".[37] Der Zugriff der Landesherrschaft auf ihn über die Ernennung und die Bestimmung seiner Kompetenzen war somit besonders dann geboten, wenn die Judenschaft in die territoriale Untertanenschaft eingebunden werden sollte.

Herrschaft integriert und ihre Deckung mit dem Territorium herbeigeführt werden sollte.[38]

Die Zeiten, in denen herausragende Landesrabbiner autonom agierten, waren unter diesen Umständen auch in Schwaben zu Ende.[39] Nach der Auflösung der Günzburger Gemeinde und der Zwischenstation in Thannhausen war das Amt nach der Mitte des 17. Jahrhunderts nach Pfersee in den Einflussbereich der Familie Ulman übertragen worden. Aber nicht mehr der Kaiser selbst, sondern die vorderösterreichische Regierung in Innsbruck nahm Einfluss, und es überrascht nicht, dass damit nun eine Ausrichtung auf das Territorium verbunden war. Die enge Zusammenarbeit mit der Landesregierung in Sachen Steuererhebung bestätigte das Konzept der Einbindung des Rabbinats als territoriale Funktion. Doch das Bestreben der Landesherrschaft richtete sich zudem darauf, die Kompetenzen, insbesondere die Gerichtsautonomie, zu beschneiden. In zwei

---

36 Brocke/Wilke, Biographisches Handbuch, Bd. I, S. 51f.
37 Brocke/Wilke, Biographisches Handbuch, Bd. I, S. 56.
38 Vgl. dazu grundsätzlich Cohen, Landesrabbinate, und generell Breuer, Frühe Neuzeit, S. 195–198.
39 Ullmann, Nachbarschaft und Konkurrenz, S. 194–206.

Mandaten von 1696 und 1708 wurde deshalb ausdrücklich verordnet, dass den *Rabinern die erste Instanz keines weegs indifferenter und generaliter zugestanden werden könne, sondern alleinig auf die bey ihren Jüdischen Ceremonien und Ehesachen halben [...] fürfallenden Casus* zu beschränken sei. Schon das Privileg des Landesrabbiners Löw Oppenheimer vom Oktober 1716 folgte dieser Formel.[40] Die Rechtswirklichkeit passte sich diesem Prinzip an, denn viele Juden riefen nun in der Tat die jeweiligen herrschaftlichen Gerichte vor Ort an – worunter wiederum die Autorität der Rabbiner leiden musste.

Von den beiden fränkischen Markgraftümer gehört Ansbach zu den Territorien, deren Rabbiner zur gleichen Zeit der Kontrolle der Landesherrschaft unterstellt wurden. Der Oberrabbiner, der in Schwabach saß, wurde auch hier von der Judenschaft vorgeschlagen und vom Markgrafen ernannt.[41] Noch 1677 waren dem Landesrabbiner und dem Ausschuss die Jurisdiktion *über ihren jüdischen Ceremonien* sowie *bey dem, was* [sie] *der Billigkeit nach unter den partheyen wird finden und sprechen*, vom Landesherrn bestätigt worden. Damit war freilich neben den eigentlich religionsrechtlichen Gegenständen – die Abhaltung der Gottesdienste, die Heirats-, Scheidungs-, Erbschafts- und Vormundschaftsangelegenheiten –, die unbezweifelt als innere Angelegenheiten der Juden galten, auch und nicht zuletzt die vielfach praktizierten Schiedsverfahren vor Rabbinern gemeint, die im Alltag anstanden. Die *Criminal-, civil-Policey oder andern in unßere Hohe Landes Fürstliche Obrigkeit oder Fraisch einlaufenden, wie auch solche Sachen, die an und für Sich Fiscal- und Strafbar sind*, waren nun jedenfalls ausgenommen.[42] Mit der ‚Verordnung über die Jurisdiktion und die Kompetenzen des Landesrabbiners und der Vorsteher' von 1707 unterstrich die fürstliche Kanzlei diesen Zustand; wenn sie auf Bitten des *Land-Rabbiner Bermann Fränckel auch gesamte Barnossen und Juden-Vorstehere, in Unßern Landen und Fürstenthum* erlassen wurde und *zu Erhaltung guter Ordnung, auch Fried und Einigkeit unter der Judenschaft* dienen sollte,[43] dann beruhte auch sie auf einem Konsens von Herrschaft und Judenschaft. Dieser Status war freilich nicht ungewöhnlich, sondern konnte etwa auch für die gewichtige Gemeinde Frankfurt nachgewiesen werden.[44] Dass dabei dennoch ein umfassendes Paket an Dienstleistungen von Seiten der Landjudenschaft für die einzelnen Schutzjuden übrigblieb, zeigt eine Gebührenordnung von 1744, die Fälle von den Rabbinerentscheidungen über Hei-

---

**40** Ullmann, Nachbarschaft und Konkurrenz, S. 198.
**41** Haenle, Ansbach, S. 122f. mit knappen Notizen; Jehle, Ansbach, Bd. I, S. 96–98.
**42** Cohen, Landjudenschaften, Bd. 2, S. 1019 Nr. 21:7.
**43** Cohen, Landjudenschaften, Bd. 2, S. 1030–1033 Nr. 21:15.
**44** Gotzmann, Jüdische Autonomie, S. 232–273.

ratskontrakte, Inventuren und Teilungen im Erbschaftsfalle bis zum Schächten und zu Schriftsätzen in Klagefällen von Juden gegen Juden aufführte.⁴⁵

Der Bayreuther Landesteil stieß erst spät formell zur Wahl eines Landesrabbiners vor, denn nach der frühen Erwähnung von R. Moses in Baiersdorf trat eine Vakanz ein, die erst Anfang des 18. Jahrhunderts mit einer *Verfassung* und dann 1728 mit der Ernennung des Moses Goldschmidt (Moses Hameln, der Sohn der Glickl von Hameln) überwunden wurde. Erst 1771 wurde der Sitz in die neue Gemeinde Bayreuth verlegt.⁴⁶ Als aber 1769 Markgraf Alexander von Ansbach die Regierung auch in Bayreuth übernahm, war der bürokratische Zugriff angesagt, denn ein umfangreiches Gutachten sollte *keineswegs conditio Judaeorum melior gemachet, sondern nur das herrschaftliche Interesse verbessert werden*.⁴⁷

In Bamberg ist schon aufgrund der anderen Siedlungsstruktur die Stellung des Landesrabbiners etwas anders einzuschätzen, hatte er seinen Sitz doch schon seit 1675 in der Residenzstadt. An seiner Wahl waren die Vertreter der hochstiftischen und der ritterschaftlichen Landgemeinden beteiligt⁴⁸ und demgemäß repräsentierte er die gesamte Judenschaft, während je ein Unterrabbiner für die Gemeinde in der Stadt und für die reichsritterschaftlichen Juden in Zeckendorf fungierten; sie bildeten zusammen das Rabbinatsgericht.⁴⁹ Dessen Kompetenzen hatte Fürstbischof Peter Philipp von Dernbach noch 1680 umfassend definiert: Es hatte *nicht allein in Ceremonial=Sachen nach dem mosaischen Gesetz Erkanntnüß zu geben und allenfalls gegen die ungehorsamen und widerständige mit Bann und anderm dergleichen bey Ihrem gewöhnlichen zwangs Mitteln zu verfahren, sondern auch der Juden Verbrechen, ausgenommen deren Ceremonialfällen, mit zuziehung ihrer vorgänger zu bestrafen, so dann in Civil- und Schuldforderungs-Sachen, da niemand anders als Juden interessieret nach gesagtem Mosaischen Gesetz* zu verhandeln. Lange Zeit blieb es auch dabei, dass zumindest für die Verfahren unter Juden in erster Instanz das Rabbinatsgericht zuständig war. Erst in der 2. Hälfte des 18. Jahrhunderts machte sich hier die Tendenz zur Einschränkung bemerkbar: Die Reform von 1765 legte fest, dass aus seiner Zuständigkeit *alle verbal und realinjurien Händel, Malefiz-, Vieh=mandats= policey-Confiscations=Concurs= und schulden=Austeilungs=Fälle*, dazu auch alles, was dingliches Eigentum betraf, herausgenommen waren.⁵⁰ Für Zeremonialstreitigkeiten sollte ein auswärtiger

---

45 Cohen, Landjudenschaften, Bd. 2, S. 1067–1971 Nr. 21–27.
46 Eckstein, Bayreuth, S. 74–83.
47 Eckstein, Bayreuth, S. 58–61, Zitat S. 58.
48 Zum Prozedere der Wahl, das 1658 festgelegt wurde Eckstein, Bamberg, S. 156.
49 Eckstein, Bamberg, S. 157–160; Schmölz-Häberlein, Bamberg, S. 84–89.
50 Zit., nach Schmölz-Häberlein, Bamberg, S. 89, 92.

Rabbiner hinzugezogen werden, das Rabbinatsgericht aber nur noch Vormundschafts-, Ehe- und Erbschaftsfälle behandeln – und es musste jährlich die Strafgelder abführen und Rechnung darüber legen. Damit war auch Bamberg in die allgemeine Tendenz einer Beschränkung der autonomen Rabbinatsgerichtsbarkeit eingeschwenkt.

In Würzburg verlief die Entwicklung nicht viel anders.[51] Der Oberrabbiner, der nun seit der Mitte des 17. Jahrhunderts in Heidingsfeld seinen Sitz hatte,[52] seit 1768 unterstützt von einem Unterrabbiner, war nominell die höchste Instanz der hochstiftischen Judenschaft; beide wurden von ihr gewählt und vom Bischof bestätigt. Nach langen Auseinandersetzungen unterstellten sich ihm 1772 auch die Juden der ‚unterländischen' Ritterschaft, die schon wegen ihrer Geschäfte in vielfältiger Weise mit dem Hochstift verzahnt waren. Dem Landesrabbiner oblag wie überall die Entscheidungsgewalt in Fragen der religiösen Zeremonien samt den Eheangelegenheiten, dazu die Rechtsprechung in Zivilsachen, an denen nur Juden beteiligt waren, während für Kriminalfälle ausschließlich die hochstiftischen Gerichte zuständig waren. Wie in Bamberg wurde seit 1750 das Rabbinatsgericht jedoch selbst für die Zivilgerichtsbarkeit in Frage gestellt; die Einschränkung auf Streitwerte bis 12 fl war ein erster Schritt. Zur Regelung bei Erbschaftsangelegenheiten mussten jedoch schon 1691 die bischöflichen Beamten bei der Inventarisierung beigezogen werden – was allerdings 1750 wieder aufgegeben wurde, um die hochstiftischen Behörden zu entlasten. Dennoch bleibt auch hier das Bestreben dominant, die Rabbinatsgerichtsbarkeit stärker zu kontrollieren, wofür etwa der Versuch des Judenamtes steht, über die Protokollierung der Gerichtsverhandlungen genaueren Einblick zu erhalten.[53]

Selbst in kleinen Territorien wie der Grafschaft Oettingen sind ähnliche Tendenzen festzustellen: Schon um 1610 war die Regierung in Wallerstein gegen Versuche vorgegangen, die Oettinger Schutzjuden vor auswärtige Rabbiner zu laden. Sie führte Klage gegen die Praxis, dass man *von außerhalb [...] an jüdische Untertanen [...] starke bedrohungen und citationes ausgehen* lasse. Ein Verhör ergab, dass Prager Juden die oettingischen Schutzjuden Abraham Franklin und Cöppel von Neresheim vorgeladen hatten, und dies führte zur Bestrafung Cöppels; die Beamten beriefen sich auf die territorialen Rechte und verwiesen auf den Rechtsweg bei den eigenen Rabbinern.[54] Seit der Mitte des 18. Jahrhunderts war das

---

51 D. Weger, Hochstift Würzburg, S. 8–31; zusammenfassend König, Judenverordnungen, S. 82f., 227–230.
52 Synagogenband III/1, S. 686.
53 D. Weger, Hochstift Würzburg, S. 18f.
54 Vgl. Press, Kaiser Rudolf II., S. 280.

Bestreben der Grafen aber gezielt darauf gerichtet, die Rabbinatsgerichte besser zu kontrollieren, die innerjüdische Schiedsgerichtsbarkeit auf Bagatellfälle bis zu 5 fl zu reduzieren und nur eine Appellation an die Herrschaftsgerichte zuzulassen: Eine übergeordnete Aufsicht durch den ‚Oberbarnossen' sollte *die viele[n] unordnungen und unfüeg* bei den Vormundschaften vermeiden sowie die Gerichtsprotokolle überprüfen, um die Rechtspraxis besser zu überschauen.[55] Auch hier siegte also der Trend zum Ausbau der landesherrlichen Obrigkeit.

Der Zugriff der Territorialgewalten, der (fast) überall die Kompetenzen des Rabbinats in Einklang mit der Landeshoheit zu bringen suchte und damit die tradierte Autonomie reduzierte, gelang jedoch nicht überall vollständig, denn mit herausragenden Rabbinerpersönlichkeiten, deren Ausstrahlung über die Landesgrenzen hinausreichte, konnte – wie das Beispiel Oettingen schon belegt – das Bemühen um die Übereinstimmung von Landesrabbinat und Territorium in Frage gestellt werden. Wenn gelegentlich Landesrabbiner ihre Funktion auch für benachbarte Territorien ausübten wie etwa R. Mendel Rothschild, der 1686 nach seiner Berufung nach Bamberg auch das Rabbinat in Bayreuth und Baiersdorf verwaltete,[56] mochte das erfolgt sein, um die entstandene Lücke zumindest zeitweise zu füllen. Ähnliches gilt für den Schnaittacher R. Samson Abeles, der 1667 auch das Bamberger Amt übernahm. Doch wenn sich aufgrund seines großen Ansehens auch die Gemeinde Neustadt a.d. Waldnaab und *die Gemeinden unter dem fränkischen Stift vom Adel im oberen Markgraftum* – soweit dies die adeligen Herrschaften zuließen – seiner Leitung unterstellten,[57] dann erinnert das an die noch sehr eigenständigen Strukturen des 16. Jahrhunderts. Auch R. Issachar Bärmann, Sohn des David Seckel Fränkel aus Fürth, der 1693 von dort aus nach Schnaittach berufen wurde, verwaltete daneben die Judenschaft in Ansbach, dazu noch in Sulzbürg; und so war das „Rabbinat Schnaittach durch Personalunion mit vielen benachbarten verbunden, eines der angesehendsten in ganz Süddeutschland geworden".[58] 1721 wurde das Schnaittacher Rabbinat sogar mit dem Fürther zusammengelegt, eine Lösung, die sich 1756 wiederholte, als R. Juda Lion Gumpert, der seit 1742 in Schnaittach amtierte, auch in Fürth gewählt wurde und dorthin übersiedelte, aber das Amt in Schnaittach weiter offiziell behielt und die alltäglichen Geschäfte dort einem Unterrabbiner überließ.[59] Bei persönlicher Autorität konnten also weiterhin zeitweise überterritoriale Muster entstehen.

---

55 Mordstein, Selbstbewußte Untertänigkeit, S. 300–314, Zitat S. 309.
56 Eckstein, Bamberg, S. 167.
57 Weinberg, Rothenberg, S. 54; Wolff/Tausendpfund, Schnaittach, S. 643.
58 Weinberg, Rothenberg, S. 77, 84, 86.
59 Weinberg, Rothenberg, S. 117f., 132 143f.

Man wird also nicht fehlgehen, wenn man daraus den Schluss zieht, dass die Tendenz zur Überwachung der gewachsenen jüdischen Autonomie und ihre Unterstellung unter die Landeshoheit zunahmen. Das reichte von der Rechnungsführung über die Einbeziehung von Beamten in die Verfahrensfragen der Landjudenschaften, sei es bei der Verpflichtung zur Teilnahme oder der Einberufung von Landtagen, bis zur Einschränkung der Kompetenzen der Rabbinatsgerichte auf die tatsächlich innerjüdischen Angelegenheiten. Das Judenamt in Würzburg war signifikanter Ausdruck dieser Entwicklung. Aus den jüdischen Gemeinden sollten territoriale Untertanenverbände werden – auch wenn sie im religiösen Bereich ihre Eigenständigkeit behielten. Dass hinter dieser Verschiebung aber nicht nur das Misstrauen der Behörden gegenüber der jüdischen Entscheidungsgewalt stand, vielmehr auch unter den Juden immer wieder Stimmen laut wurden, die auf einen Verfahrensweg bei den ordentlichen Gerichten drängten, wird auf Ortsebene in Schwaben sichtbar, wo die Herrschaftsgerichte in verstärktem Maße innerjüdische Verfahren an sich zogen.[60]

Der Südosten des Reiches hatte dabei keineswegs eine Sonderstellung, vielmehr war das Misstrauen gegenüber der auf dem Talmud basierenden Rechtsprechung generell und erschien mit der Entwicklung der Staatlichkeit nicht vereinbar. Brandenburg-Preußen war in seinem Judenreglement von 1750 sehr rigoros vorgegangen und hatte die Gerichtsbarkeit der Rabbiner in bürgerlichen Rechtssachen beseitigt und die Beteiligten an die ordentlichen Gerichte verwiesen.[61] Überall war die Führungselite der Vorsteher wie der Rabbiner von tiefreichenden Vernetzungen bestimmt, bei denen die Vermögenden und Einflussreichen den Ton angaben – Strukturen, die freilich in der christlichen Umwelt etwa in den Kommunen durchaus ähnlich ausfielen.[62] Die zeitgenössische rational orientierte Kritik, etwa in Bamberg, wo 1797 der Beamte Franz Adolph Schneidawind die innerjüdische Gerichtsbarkeit als „dilettantisch und parteiisch" wertete,[63] wird allerdings nur dann nachvollziehbar, wenn man die zentrale Rolle des Schiedsverfahrens nicht berücksichtigt.

Wenn die Situation von Regierungsseite in Würzburg in der Formel zusammengefasst wurde, es handele sich auch bei der Landjudenschaft um einen ‚Staat im Staate' (*status in statu*),[64] so war das die Sicht des absolutistischen

---

60 Ullmann, Nachbarschaft und Konkurrenz, S. 189–191.
61 Breuer, Rabbinat, S. 19f.
62 Vgl. dazu Kießling, Eingliederung der Reichsstädte, S. 13–16.
63 Schmölz-Häberlein, Bamberg, S. 93.
64 So Regierungsrat Halbritter in seinem Bericht von 1811; zit. nach Gehring-Münzel, Würzburger Juden, S. 27.

Staates, der derartige Sonderstellungen nicht akzeptieren wollte, aber keinesfalls die der Tradition der jüdischen Selbstverwaltung, die mit der Landjudenschaft ein funktionsfähiges Modell gefunden hatte. Die fränkischen Hochstifte wie die Markgraftümer können als Territorien gelten, in denen die Durchsetzung zentralistischer Verwaltungsstrukturen spätestens seit dem 18. Jahrhundert favorisiert wurde. Auch wenn das in den geistlichen Fürstentümern nur bedingt gelang, und sich die Markgrafen zumindest als „absolutistisch gerierende Landesherren" verstanden, auch wenn sie dabei mit der komplizierten herrschaftlichen Gemengelage ringen mussten, blieben doch die Ziele auf die Gewinnung der ‚Territorialsuperiorität', der ‚Landeshoheit' gerichtet.[65] Und in der Markgrafschaft Burgau als Teil Vorderösterreichs waren die Reformen Maria Theresias in den 1750er Jahren ähnlich einzustufen.[66]

Trotz dieser gemeinsamen Tendenzen fiel die Intensität der Umsetzung dieser ‚Modells' von Landjudenschaften und Landesrabbinaten unterschiedlich aus: relativ umfassend bei den größeren Territorien, weniger durchschlagend bei der ‚offenen' Markgrafschaft Burgau, nur in Ansätzen wirksam bei den reichsritterschaftlichen Korporationen und offensichtlich gar nicht in Pfalz-Neuburg bzw. nicht auf Dauer in der Grafschaft Oettingen. Das lag nicht nur daran, dass sich die administrative Modernisierung nur schwer durchsetzen ließ wie bei der Reichsritterschaft, sondern vielmehr auch daran, dass die Struktur der Siedlung das nicht immer erforderte. In Pfalz-Neuburg dominierte die jüdische Gemeindebildung auf städtischer Ebene, also in Fortsetzung der spätmittelalterlichen Traditionen, so stark, dass man von einer „kommunalen Verortung" sprechen konnte.[67] Wenn der Höhepunkt die Landjudenschaften generell um die Mitte des 18. Jahrhunderts erreicht war – was sich schon an der Reihe der Judenlandtage ablesen lässt –, dann wohl auch deshalb, weil im Laufe des weiteren 18. Jahrhunderts die Größe der jüdischen Siedlungen vielfach so stark angewachsen war, dass die Gemeinden vor Ort nicht mehr unbedingt der Stütze eines territorialen Verbundes bedurften, um zu überleben (s. Kap. 19).

---

65 Endres, Staat und Gesellschaft, S. 702–706, Zitat S. 706 („Staatlichkeit"), S. 708–713 (Die geistlichen Fürstentümer), S. 759–763, Zitat S. 763 (Die Markgraftümer).
66 Layer u.a., Weltliche Herrschaftsbereiche, S. 362f.
67 M. Müller, Pfalz-Neuburg, S. 239.

# 19 ‚Stadtjuden' und ‚Dorfjuden':
# Lebensformen in den Ortsgemeinden

In der innerjüdischen Retrospektive erscheinen Schwaben und Franken als unterschiedliche jüdische Landschaften. Der Binswanger Rabbiner Hirsch Fürth, Sohn des Bankiers und Gemeindevorstehers Moses aus Fürth, erinnerte sich um die Mitte des 19. Jahrhunderts:[1]

> *In Schwaben finden wir die Eigentümlichkeit, daß dort die Israeliten nicht wie in Franken oder in der Rheingegend in kleinen Verbänden oder gar vereinzelt wohnen, sondern dass sie stärkere Gemeinschaften bilden, die alle kulturellen Gemeindeeinrichtungen mit den nötigen Kultusbeamten besitzen. Da sind jüdische Gemeinden mit hundert bis zweihundert Familien nichts Seltenes, was in den vorgenannten Provinzen, mit Ausnahme der Stadt, zu den Seltenheiten gehört. [...] der Schwabe betrachtet sie [die Juden, R.K.] nicht im Gegensatz zu seinem feststehenden Glauben, sondern ist sie gewohnt als Handelsleute, als Vermittler in Geschäften und wohl auch bei Heiraten, weil sie jeden Bauern und Söldner, sogar Gütler in allen Orten und den zahlreichen Einzelhöfen kennt. Sodann sind sie die unvermeidlichen Käufer seines Viehs und aller sonstigen Produkte.*

Auch wenn man diese fast als Idylle anmutende Charakterisierung nicht mit der Realität gleichsetzen darf, so deutet sie doch die Spannbreite an, die jüdisches Leben im ausgehenden Alten Reich in der ‚Provinz', abseits der großen Zentren, ausformte, und lässt zumindest für Schwaben für das Zusammenleben mit den Christen der Umwelt die Einschätzung zu, dass sich vor Ort ein weitgehend spannungsfreies Miteinander entwickeln konnte.

In der Realität fand sich das Gegenüber von vollentwickelten *Kehillot* und kleinen *Jischuwim* nicht nur in der regionaler Verteilung in Franken und Schwaben, sondern auch in Franken selbst im Gegenüber von hochstiftischen und ritterschaftlichen Niederlassungen. Das erscheint aber insofern von grundsätzlicher Bedeutung, als sich mit dem Anwachsen vieler kleiner und kleinster Ansatzpunkte zu mehr oder weniger großen Siedlungen der Übergang zur selbstständigen Gemeinde immer öfter einstellte. Daraus wird verständlich, warum sich das Gewicht der Landjudenschaften als territorialen Verbänden am Ende des Alten Reiches eher reduzierte, bedurfte es doch vielfach keiner ortsübergreifenden Organisation mehr, um jüdisches Leben zu praktizieren. Dennoch war die Spannbreite nach wie vor groß: Sie reichte von der herausragenden Gemeinde Fürth über die sich neu formierenden Gemeinden in den Residenzen, Kleinstädten und einigen großen Dörfern bis zu den kleinsten Niederlassungen mit nach wie vor

---

1 Richarz, Jüdisches Leben, Bd. 1, S. 361f.

nur wenigen Familien. Die Handlungsspielräume hingen nach wie vor davon ab, welche Vorgaben die Herrschaftsträger machten, sei es in ihren Judenordnungen, sei es in ihren Schutzbriefen. Dass daraus sehr unterschiedliche Formen resultierten, liegt auf der Hand. Dabei spielten zwei Fragenkomplexe eine Rolle, die ihrerseits wechselseitig verflochten waren: Wie gestalteten sich die Verhältnisse innerhalb der jüdischen Gemeinden selbst und wie ihre Beziehungen zur christlichen Gemeinde, mit der sie im Ort zusammenlebten, Kontroversen ausfochten, aber auch Kompromisse aushandelten – ihnen gilt es zumindest beispielhaft etwas genauer nachzugehen.

Fürth kann zweifellos paradigmatisch dafür stehen, welches Entwicklungspotential in den Niederlassungen steckte, wenn sie auf günstige äußere und innere Bedingungen trafen.[2] Auch wenn der Ausgangspunkt keineswegs überragend war, so hatte doch das konkurrierende Verhalten der ‚Dreiherrschaft' von Bamberg, Ansbach und Nürnberg am Anfang des 17. Jahrhunderts eine Gemeinde mit Friedhof und Synagoge entstehen lassen, die mit einer massiven Peuplierungspolitik in der 2. Hälfte des 17. Jahrhunderts vor allem im Bamberger Ortsteil und nicht zuletzt durch die Aufnahme einiger aus Wien 1670 vertriebener Familien wie den Fränkel erheblich gestärkt wurde (s. Kap. 16). In der Gemeindeordnung von 1652 wurden der Judenschaft bezeichnenderweise bereits erste Elemente der Gemeindezugehörigkeit zugestanden.[3] Nachdem Bamberg nach langem Ringen 1715/17 seine Rechtsposition gegen den Konkurrenten Ansbach durchgesetzt hatte, schuf das von Dompropst Philipp Freiherr von Guttenberg erlassene ‚Reglement für die gemeine Judenschaft in Fürth' von 1719 die entscheidenden Rahmenbedingungen für die weitere Entwicklung.[4] Es basierte auf einem *Accord*, also einer vertraglichen Vereinbarung, und gewährte eine weitreichende Autonomie: Die freie Religionsausübung einschließlich der Errichtung von Synagogen und ‚Sabbatschnüren' – d.h. die Einrichtung eines *Eruw*, einer Ausweitung des Raumes für die Sabbatruhe mit Stangen und Drähten –, die Anstellung christlicher Dienstboten – der ‚Schabbesgojim' – waren das eine; die Wahl der Rabbiner und *Parnossim* und die damit verbundene Rabbinatsgerichtsbarkeit sowie die Entscheidung über den Zuzug (mit einem Mindestvermögen von 5.000 Reichstalern) und der freie Abzug das andere, die Gewährung breiter wirtschaftlicher Betätigung von der Geldleihe und dem Warenhandel bis hin zur Zulassung eigener Musikanten,

---

[2] Dazu ausführlich Haenle, Ansbach, S. 149–173; Renda, Fürth, S. 226–234; Ohm, Juden in Fürth, S. 22–93; Synagogenband II, S. 271–278.
[3] Haenle, Ansbach, S. 154f.; Ohm, Juden in Fürth, S. 26–31.
[4] Haenle, Ansbach, S. 155–161; Battenberg, Fürth, S. 11f.; ausführlich Ohm, Juden in Fürth, S. 84–93.

Barbiere, Schneider und Bäcker das dritte Element. Besonders wichtig war zweifellos die Tatsache, dass die jüdischen Haushaltsvorstände an der Gemeindeversammlung teilnahmen: *Weilen von undenklicher Zeit hero, und in verwichenen Jahren [...] jederzeit, wann eine Gemeind zu Fürth sich versamlet, zwei jüdische Deputierte dazu berufen und alles was [...] in Betrachtung genommen, derer Gutachten beizulegen [...], damit die Judenschaft, welche mit denenselben concuriren und ihre Anlagen gehörig bezahlen, (zumahlen mit der Christen Gemeindrecht, und andre Nutzung zugleich haben) auch wissen möchten, was zum gemeinen Nutzen und Guten geschehe.*[5] Diese weitreichende Formulierung von der gleichberechtigten Stellung in der Gemeinde war freilich, wie sich zeigen wird, gar nicht so selten, wie das bislang eingeschätzt wurde.

Als das Bamberger Domkapitel 1723 seine Eingriffsrechte wieder zu erweitern suchte und als *Obrigkeit freye und unumschränkte Gewalt* beanspruchte, wehrte sich die Judenschaft ihrerseits. Unmittelbarer Anlass war die Erhöhung der Einstandsgelder, die aber mit einer Demonstration von herrschaftlicher Gewalt gegenüber der kapitalkräftigen Familie Ullmann durch das Domkapitel unterstrichen wurde; zudem sollte in der Rechtsprechung durch das Rabbinatsgericht eine Appellation an die Dompropstei eingeführt werden. Die Gemeinde strengte einen Prozess zur Aufrechterhaltung des Reglements beim Reichskammergericht an, der sich bis in die 1760er Jahre hinzog. Auch wenn sie faktisch unterlag, so bleibt doch bemerkenswert, dass sie sehr selbstbewusst den Klageweg einschlug, um die vertraglich gewonnenen korporativen Rechte gegenüber der absolutistischen Politik des Fürstbistums zu verteidigen.[6]

Unter diesen Voraussetzungen konnte die Gemeinde sich tatsächlich entfalten: Äußeres Zeichen war die Errichtung mehrerer Synagogen:[7] Zur *Altschul* von 1615/16 kamen 1687/88 die *Eisigschul*, 1697 die *Neuschul* samt mehreren Stiftungen und Beträumen; 1707/08 fundierte Salomon Eli Issachar Bärmann Fränkel eine *Klaus*, zur gleichen Zeit Gabriel Hirsch Fränkel ein *Haus der Zusammenkunft für Gelehrte*. Mit einem eigenen Spital samt einem hauptamtlichen jüdischen Arzt, einem Chirurgen und einer Hebamme sowie einer Apotheke und 1763 der Gründung eines eigenen Waisenhauses *nach dem guten Beyspiele, welches [wir] in Prag und andre israelitischen Gemeinden und neuerdings in Amsterdam vor Augen haben,*[8] sorgte die Gemeinde umfassend für die sozialen Belange. Die Reihe bedeutender Rabbiner setzte schon früh ein, sodass R. Sabbatai Scheftel

---

5 Zit. nach Ohm, Juden in Fürth, S. 88; vgl. Haenle, Ansbach, S. 158f.
6 Dazu jetzt ausführlich Battenberg, Fürth, S. 21–47, Oppelt, Prozess, passim.
7 Synagogenband II, S. 268–278; Ohm, Juden in Fürth, S. 52–83.
8 Synagogenband II, S. 277.

Horowitz, der 1627 berufen wurde, Fürth als eine *kleine Stadt* charakterisierte, *aber gross wie Antiochia, da dort hervorragende scharfsinnige und wissenkundige Gelehrte* zu finden waren (s. Kap. 18).[9] Als Gründer der Talmudhochschule, die zum Zentrum der Gelehrsamkeit wurde, trug er entscheidend dazu bei, dass zahlreiche bedeutende Schüler ausgebildet wurden.[10] Unterstützt wurde sie 1691 durch eine hebräische Druckerei, die nicht zuletzt die Texte für den Unterricht herstellte. Bezeichnenderweise rief sie der Gemeindevorsteher Salomon Schneior mit seinem Sohn, dem Buchdrucker Josef, ins Leben.[11] So gewann Fürth eine herausragende Stellung als Bildungszentrum für die fränkische Judenschaft. Selbst der protestantische Pfarrer Johann Michael Füssel musste in seinem Reisetagebuch von 1787/91 feststellen: *Ausser 4 großen Synagogen [...] giebt es hier noch mehr als 20 Judenschulen.*[12] Deshalb erscheint es nur konsequent, dass Fürth schon um 1670 eigene Oberrabbiner zugestanden bekam – und damit aus der territorialen Organisation der Markgraftums Ansbach herausgenommen wurde.

Als große und gewichtige Gemeinde mit über 2.000 Personen konnte sie auch in ihrer Struktur an die Traditionen der mittelalterlichen Gemeinden anknüpfen: Repräsentiert wurde sie von einem Rat aus 20 Mitgliedern, aus dem zwölf *Parnossim* gewählt wurden, von denen jeder einen Monat amtierte, dazu drei Almosenpflegern; an der Spitze der Gemeinde stand ein fünfköpfiges Deputiertenkollegium, das nach einem komplizierten Verfahren bestimmt wurde und über die zentralen Gemeindebelange entschied – und es verwundert nicht, dass dabei wiederum ein oligarchisches Regiment entstand, bei dem die Vermögenden und Gelehrten die dominante Rolle spielten. Dennoch richtete sich das Augenmerk der nach innen gerichteten Ordnungsvorstellungen auch auf die Eindämmung eines allzu sehr zur Schau getragenen Luxus: Die *Takkunnoth*, eine Sammlung von Vorschriften von 1728,[13] setzte detaillierte Regeln für die Festkultur, vor allem gegen zu üppige Mahlzeiten und Kleidung, in Kraft – die deutliche Parallelen zu den christlichen Kleiderordnungen und den Gewohnheiten der ‚guten Policey' aufwiesen.[14] Freilich galt diese günstige Lebenssituation nicht für alle, denn neben den ordentlichen Gemeindemitgliedern gab es auch ‚Beisitzer', die „gegen den Willen der Gemeinde und in Mißachtung der [...] Bedingungen vom Ansbacher Markgrafen in Fürth angesiedelt worden waren";[15] ihre Randexistenz

---

9 Löwenstein, Juden in Fürth, S. 174–177.
10 Dazu Rosenfeld, Talmudschule, S. 83–86; Ohm, Juden in Fürth, S. 66–75.
11 Löwenstein, Juden in Fürth, S. 175.
12 Zit. nach Synagogenband II, S. 278.
13 Nach Haenle, Ansbach, S. 174–179; Heymann, Tekunnoth, passim.
14 Vgl. dazu etwa Härter, ‚Gute Ordnung und Policey', S. 209–220.
15 Renda, Fürth, S. 232f.; vgl. Haenle, Ansbach, S. 73–78.

bildete den Übergang zu den wandernden Betteljuden. Das alles bedeutet freilich nicht, dass die Gemeinde volle Akzeptanz genoss, wie das vielleicht die Einführung des Nachtwächterspruches *Ihr lieben Herrn seid munter und wacht*, anstelle des ursprünglichen *Ihr lieben Christen [...]*, signalisieren könnte,[16] und keiner Anfeindung ausgesetzt gewesen wäre. Dagegen sprechen die Hetzpredigten von Vater und Sohn Lochner, den von Nürnberg eingesetzten protestantischen Pfarrern vor und um 1700, die auch auf eine Beseitigung der ‚Sabbatschnüre' und der christlichen Hilfskräfte drängten, oder die mehrfachen Untersuchungen der jüdischen Druckereien auf Werke mit Gotteslästerungen und Schmähungen.[17] Bemerkenswert war auch, dass Elkan Fränkel am Anfang des 17. Jahrhunderts zur einflussreichen Figur aufsteigen konnte, schließlich zum Oberbarnossen der Landjudenschaft ernannt wurde – und dann doch 1712 zur *poena extraordinaria* verurteilt wurde, die aus einer Denunziation und einem daraus abgeleiteten spektakulären Prozess resultierte und mit seinem Tod im Gefängnis endete. Gefährdungen waren nicht nur bei den wirtschaftlich agierenden Hofjuden gegeben, sie konnten gleichermaßen andere Spitzenpositionen erreichen.[18]

Die Frage, warum Fürth einen so stürmischen Aufstieg an die Spitze der fränkischen Judenschaft nahm, hängt sicher primär mit dem verfassungsrechtlichen Status zusammen: Die Rivalität von Bamberg und Ansbach in der entscheidenden Phase der 2. Hälfte des 17. Jahrhunderts war aber nur das eine Element, ein zweites lag wohl in der Obrigkeit der Dompropstei, die als exponierter Würdenträger des Domkapitels mit dem Bischof in der Ausübung der Herrschaft konkurrierte, und ein drittes in der Einstufung der Ortsgemeinde als einem *offenen Marktflecken* für Christen und Juden gleichermaßen, wie es der juristische Vertreter der jüdischen Gemeinde formulierte, d.h. ohne die starke Position eines städtischen Magistrates, der das hätte verhindern können, wie sich das an den geistlichen Residenzstädten ablesen lässt. Die Attraktivität dieses Ortes zu stärken, war offenbar 1719 ein entscheidendes Motiv für den Dompropst.[19] Dass dies funktionierte, zeigt die weitere Entwicklung, dass die Gemeinde aber selbstverständlich auch von der Nähe zu Nürnberg profitierte, steht außer Zweifel, zielten doch die Obrigkeiten mit der Ansiedlung von Juden, niederländischen Protestanten und französischen Hugenotten auf eine gewerbliche Dynamik, die eng mit dem großstädtischen Markt der Nachbarschaft und seiner Gewerbelandschaft verflochten war.[20]

---

16 Haenle, Ansbach, S. 174; Ohm, Juden in Fürth, S. 101f.
17 Renda, Fürth, S. 229f.; Ohm, Juden in Fürth, S. 105f.
18 Ries, Elkan Fränkel, passim.
19 Battenberg, Fürth, S. 24f.
20 Vgl. zusammenfassend Windsheimer, Fürth, S. 31–44.

Der außerordentlichen Entwicklung Fürths ist keine andere Gemeinde an die Seite zu stellen. Zwar hat die Siedlungsbewegung gezeigt, dass ein gewisses Maß an Reurbanisierung für das 17./18. Jahrhundert anzusetzen ist, doch schon in den Residenzstädten bildeten sich keine derart differenzierten Gemeindestrukturen mehr aus. So blieb selbst in Bamberg ihr Wachstum in bescheidenerem Rahmen: Nach langsamem Anstieg, sodass bis zum Ende des 17. Jahrhunderts 25 Haushalte erreicht wurden, folgte im 18. Jahrhundert zwar zunächst eine etwas lebhaftere Phase, in der sich die Zahl auf 69 Schutzjuden mit insgesamt 483 Personen (1763) mehr als verdoppelte, doch mündete sie dann in eine Stagnation.[21] Die Ausformung einer vollgültigen Gemeinde war zwar nie in Frage gestellt, aber sie hatte auch ihre gewollten Grenzen:[22] Da war zunächst – wie auch in vielen anderen Territorien üblich – der beschränkte Zuzug, der in Form von individuellen Schutzbriefen durch den Bischof bzw. das Domkapitel gesteuert wurde; es war nicht nur ein Mindestvermögen erforderlich (1737: 2.000 Reichstaler, 1747: 4.000), sondern auch die Zahl der Haushalte war fixiert.[23] Die Gemeinde konzentrierte sich zwar auf wenige Straßenzüge in der Inselstadt, und es bestand nie ein Ghetto, sondern eine enge Nachbarschaft mit den Christen – auch wenn um 1690 kurzzeitig eine geschlossene Bebauung angestrebt worden war.[24] Im jüdischen Viertel konnte zwischen 1678 und 1694 eine Synagoge errichtet und durch die Bauten des Gemeindezentrums ergänzt werden. Um die privaten Gebetsräume wohlhabender Mitglieder gab es freilich mitunter innere Auseinandersetzungen. Eine Jeschiwa taucht allerdings nur sporadisch auf, und ihre Toten musste die Bamberger Gemeinde auswärts auf den Verbandsfriedhöfen von Demmelsdorf/Zeckendorf bzw. Walsdorf begraben. Abgesehen von dem Pogrom von 1699, der auch in der Stadt zu Plünderungen führte, hielt sich das Konfliktpotential mit den Christen in Grenzen, vielmehr lässt sich eine „zunehmende Verschränkung christlicher und jüdischer Lebenswelten im 18. Jahrhundert" erkennen.[25] Dennoch blieb die untergeordnete Position der Juden in der Stadt eine Konstante; sie konnten zwar den Sabbat begehen und dafür auch auf der Inselstadt einen *Eruw* einrichten, ihre Feste feiern, mussten aber Zurückhaltung üben und sich generell der Situation anpassen, dass die katholische Konfession den öffentlichen Raum für sich beanspruchte.

Da Würzburg selbst keine jüdische Gemeinde duldete, übernahm die in der Nachbarstadt Heidingsfeld die zentrale Funktion in Unterfranken. Sie stellte

---

21 Schmölz-Häberlein, Bamberg, S. 24–27.
22 Schmölz-Häberlein, Bamberg, S. 157–177.
23 Schmölz-Häberlein, Bamberg, S. 54–58.
24 Schmölz-Häberlein, Bamberg, S. 27–42.
25 Schmölz-Häberlein, Bamberg, S. 199–211.

schon 1699 mit 28 Haushalten und 190 Personen, einem Rabbiner, Vorsänger, einem Schulmeister und einem Schulklopfer die größte Gemeinde in der Diözese.[26] Sie wuchs weiter und erreichte 1790 die Größe von 50 Haushalten mit 281 Personen. Daneben stand aber auch noch weitere Gruppe von 17 Familien (1730) unter dem Schutz des Domkapitels im ehemaligen Adelshof der Herren von Eggloffstein bzw. von Guttenberg, die einen eigenen Vorgänger bestimmten – was verständlicherweise zu Kompetenzstreitigkeiten mit dem Vorsteher der Hauptgemeinde führte. Nach der ersten Synagoge von 1698/99 erhielt die Gemeinde 1778/80 einen Neubau, errichtet von Johann Michael Fischer, einem Schüler Balthasar Neumanns und Hofarchitekten des Bischofs, dessen repräsentativer Entwurf aber aufgrund der Einsprüche des Stadtpfarrers und der Bürgerschaft zurückgenommen werden musste.[27] Das Bauvorhaben spiegelt dennoch die Stellung der Gemeinde im Würzburgischen, lebten doch in ihr neben den einfachen Händlern auch einige vermögende, die als Hoffaktoren für den Bischof tätig waren, und ein jüdischer Arzt, der sogar in Würzburg übernachten durfte.[28] Dennoch erscheint die Bürgerschaft hier als massiver Gegenspieler zur jüdischen Gemeinde; sie agierte dauerhaft gegen die Ansiedlung neuer Juden, sie sträubte sich gegen ihre Präsenz in der Öffentlichkeit.

In den beiden markgräflichen Residenzstädten Ansbach und Bayreuth stellte sich die Lage ähnlich ambivalent dar, wobei die späte Etablierung der Gemeinde in Bayreuth ohnehin eine Besonderheit war. Ansbach hatte zwar schon 1657 mit 57 jüdischen Personen die nötige numerische Voraussetzung für eine Gemeinde, verfügte aber 1732 offenbar noch nicht über eine abgesicherte gemeindliche Struktur, da Markgraf Karl Wilhelm Friedrich (reg. 1723–1757) damals verfügte, *die allhier befindliche zwey Juden Schuhlen in eine zu reduciren [...] und zu erbauung derselben, nebst einer Wohnung für einen Vorsinger und Schächter, auch einer Juden Landtags Stube* ein Haus anzuweisen. Der Neubau der Synagoge am südwestlichen Rand der Stadt zog sich allerdings noch bis 1744/46 hin, erhielt dann eine „durchaus anspruchsvolle" Architektur, wenn sich auch in der „graduellen Zurückhaltung der Formensprache" gegenüber den vorhandenen Kirchen die untergeordnete Stellung der Gemeinde zeigt.[29] Selbst die jüdischen Häuser selbst sollten *nicht nahe an den Kirchen oder auf dem Markt gelegen seyn.*[30] Einen Friedhof besaß die Gemeinde ebenfalls nicht, sondern nutzte den Verbandsfried-

---

26 Synagogenband III/1, S. 682f.
27 Synagogenband III/1, S. 688–693.
28 Synagogenband III/1, S. 683–686.
29 Synagogenband II, S. 45–49, Zitat S. 47.
30 Jehle, Ansbach, Bd. I, S. 252.

hof von Bechhofen, der bereits seit Anfang des 17. Jahrhunderts einer Reihe von benachbarten Niederlassungen als Begräbnisplatz diente.[31]

Dass die untergeordnete Position der jüdischen Gemeinde aber nicht unbedingt der Maßstab sein musste, wird an den Gemeinden in den Kleinstädten sichtbar, für die Pappenheim und Pfalz-Neuburg als Beispiele stehen mögen. Die alte Pappenheimer Niederlassung des 16. Jahrhunderts, die nur aus wenigen Familien bestand, war seit der Mitte des 17. Jahrhunderts auf sieben Familien ergänzt worden, erhielt aber erst um die Mitte des 18. Jahrhunderts mit 22–23 Haushalten eine Größe,[32] die eine differenziertere Gemeindebildung möglich machte. Topographisch keineswegs eingeschränkt, verfügten die Juden über Häuser im zentralen Bereich der Kleinstadt, wobei selbst ein Zusammenleben mit den Christen in einem Haus durchaus nicht selten war. Bedeutsam erscheint, dass die Hausbesitzer über das Recht der Teilhabe an der Allmende verfügten, was sowohl in den Einzelschutzbriefen als auch im Rezess von 1692 festgeschrieben war und in Form von Weiderechten und Holzbezug, wenn auch recht bescheiden, genutzt wurde.[33] Unter den Familien stellten wie anderswo einige vermögende die Barnossen – und mit Nathan und Salomon Reutlinger erreichten zwei sogar den Status von Hofjuden.[34]

Die Gemeindestrukturen blieben freilich bescheiden:[35] Eine erste umfassende Ordnung von 1746, die sie *unter sich errichteten* [...], ein aus *39 Puncten bestehende[s] Reglement*, das von der Herrschaft genehmigt wurde, regelte das Begräbnis und Verstöße im Zeremonialbereich, später ergänzt durch Bestimmungen über die Finanzierung der gemeinsamen Belange wie den Schulmeister oder die Verpflegung und Beherbergung der Betteljuden. Doch die Gemeinde begnügte sich anfangs mit einem ‚Rabbi', der sehr häufig als Vorbeter, Lehrer, Schächter und Schulklopfer in einer Person fungierte, aber nicht unbedingt als professioneller Rabbiner anzusprechen war. Von einer Synagoge ist erst 1712 die Rede, wohl einem einfachen Gemeinschaftsraum in einem Haus, das nun nach einem Brand neu errichtet wurde. Umgekehrt war der alte, schon im 16. Jahrhundert belegte Friedhof auch für die benachbarten Niederlassungen im südlichen Brandenburg-Ansbach sowie für die Deutschordensniederlassung Ellingen und wohl auch für Pfalz-Neuburg von Bedeutung. Dennoch wird bei den bescheidenen Verhältnissen auch verständlich, dass zumindest zeitweise eine Anbindung

---

31 Friedhof Bechhofen, S. 97; Synagogenband II, S. 110.
32 Strobel, Pappenheim, S. 88–93.
33 Strobel, Pappenheim, S. 24–31, 38–44, 115–127, 306–308.
34 Strobel, Pappenheim, S. 223–234, 258.
35 Strobel, Pappenheim, S. 247–274f.

an die Landjudenschaft des ‚Bezirks Altmühl' mit den Ansbacher Gemeinden Treuchtlingen und Berolzheim sowie an Ellingen bestand.[36]

Verfügte die Pappenheimer Gemeinde wenigstens über eine eigene Zentralität, so fehlte eine solche in den Städten des Fürstentums Pfalz-Neuburg über lange Zeit. Eine Gemeindebildung war hier erst im 18. Jahrhundert möglich geworden, nachdem die Wiederansiedlung am Ende des 17. Jahrhunderts erfolgt war; doch sie wurde durch die Ausweisung von 1740 bald wieder beendet.[37] Insofern findet sich hier eine wichtige Variante für die Frage nach den Chancen für den Aufbau einer inneren Struktur. Die Größenordnung der Niederlassungen stieg bis 1740 in der Regel auf nicht mehr als 14–18 Haushalte an, blieb also bei etwa 80–100, in Monheim 1730 bei exakt 116 Personen.[38] Dabei war auch in Pfalz-Neuburg die Rechtsgewohnheit üblich, dass die Hausbesitzer an der Gemeindegerechtigkeit teilhatten. In Monheim wurde 1712 bestätigt, dass *alle burgerliche onera alß neben der Churfürstlichen, auch die Stattsteür, Grundzünss, wie auch die auf die wacht und das straiffen, nit weniger bey vorfallenden standes quartieren den berührenden beytrag wie ein haußbesitzer burger contribuiren und bezahlen müeßen.*[39] Und tatsächlich verhandelte die Judenschaft in einer ganzen Reihe von Fällen mit der Stadt über diese ‚bürgerlichen Lasten'. Das von ihr daraus gelegentlich abgeleitete *Recht als ein Burger* wurde freilich von der Stadt abgelehnt, denn sie sei *vermög der gaistlichen recht vor sich selbst von der Christlichen Gemain verworffenes* [Volk, R.K.], *und dahero [...] des Burgerrechts nit fähig.*[40] Das grundsätzliche Misstrauen, das sich auch gegen den Häuserkauf in der Stadtmitte äußerte aus der Angst, *daß halbe Stättl* könnte in jüdische Hand geraten,[41] verhinderte freilich auch nicht, dass um 1710/15 eine Synagoge *aus gemeiner Judenschafft Mittel erbauet* wurde.[42]

Lediglich Ansatzpunkte für eine Synagogengemeinde[43] gab es in Höchstädt und Gundelfingen, wo der Landesrabbiner seinen Sitz fand. In Monheim begann man mit hausinternen Rabbinern, Hauslehrern und Schulmeistern, aber auch einem Vorsänger und Schächter als Angestellten der Gemeinde. Ganz ähnlich vollzog sich in Hilpoltstein der Anlauf um 1726/29 für eine Gebäude in der *form, welchen die Synagogen an den kleinen orthen zuhaben pflegen,* scheiterte aber an

---

36 Strobel, Pappenheim, S. 249f.
37 M. Müller, Pfalz-Neuburg, S. 294–301.
38 M. Müller, Pfalz-Neuburg, S. 213–220, 287–291.
39 M. Müller, Pfalz-Neuburg, S. 256–272.
40 M. Müller, Pfalz-Neuburg, S. 267.
41 M. Müller, Pfalz-Neuburg, S. 279–291.
42 M. Müller, Pfalz-Neuburg, S. 297.
43 M. Müller, Pfalz-Neuburg, S. 294–301.

der Gegnerschaft des Stadtpfarrers und des bischöflich-eichstättischen Ordinariats, sodass die Gottesdienste weiter in einem Wohnhaus abgehalten werden mussten. In allen Fällen aber blieben die Begräbnisse den bereits vorhandenen Friedhöfen in Pappenheim bzw. Georgensgmünd vorbehalten.

Diese Beispiele mögen genügen, um die Spannbreite der Ausformungen städtischer Gemeinden anzudeuten. Es verwundert nicht, dass dabei eine Stufenleiter sichtbar wird: je kleiner die Niederlassung, desto rudimentärer die gemeindliche Struktur. Dennoch scheint nach wie vor das Ideal der autonomen Gemeinde durch, das überall anvisiert wurde und das in Konkurrenz zu den tradierten Strukturen der Zusammengehörigkeit mit den Nachbargemeinden stand, die sich freilich noch bis ins 18. Jahrhundert in der Nutzung der Friedhöfe niederschlug.

Bei den dörflichen Gemeinden finden sich zwar ähnliche Grundtendenzen, doch erwartungsgemäß blieb es oft bei den Anfängen einer Gemeindebildung. Floß im Teilherzogtum Pfalz-Sulzbach stellt schon aufgrund der topographischen Gegebenheiten eine erste Variante dar.[44] Die jüdische Niederlassung war 1684 mit der Ansiedlung von vier Familien entstanden, die vom Fürsten Lobkowitz aus Neustadt a.d. Waldnaab vertrieben worden waren; sie vergrößerte sich im 18. Jahrhundert schnell und umfasste 1735/36 bereits 34 Familien, 1799 insgesamt 42 Haushalte.[45] Für die Regelung des Verhältnisses zur Marktgemeinde wurde der zweite Schutzbrief von 1744 grundlegend, denn er gestattete den Juden, *brod, bier, fleisch, wasser und wayd, auch sonsten dergleichen so gut als anderen bürgeren zu geniesen*, befreite sie sogar von den Quartierlasten für Soldaten; außerdem gestattete man ihnen die Ausübung der Religion, den Kauf und Bau von Häusern und versprach bald einen Friedhof auszuweisen.[46] Freilich waren wegen der topographischen Selbstständigkeit der Judensiedlung auf dem ‚Judenberg' gegenüber der Marktgemeinde im Tal die Kontaktzonen eher gering und beschränkten sich lange Zeit auf die Entrichtung der Abgaben. Während die Weiderechte gar nicht beansprucht wurden, brachte die Marktgemeinde die Frage der Quartierlasten zwar immer wieder zur Sprache, doch die herzogliche Regierung lehnte die Forderung nach Erhöhung entschieden ab, schon um ihre Oberhoheit zum Ausdruck zu bringen.[47] Die jüdische Gemeinde selbst war zunächst auf das Rabbinat Sulzbach orientiert und verselbstständigte sich erst mit der Berufung des Rabbiners Salomon ben David 1736, der zugleich als Vorsinger und Schulmeister fungierte, und errichtete schließlich 1721/22 eine erste

---

44 Höpfinger, Floß, S. 26–31, 117–155.
45 Listen bei Höpfinger, Floß, S. 341–346.
46 Höpfinger, Floß, S. 325–325.
47 Dazu Höpfinger, Floß, S. 116–129.

Synagoge.⁴⁸ Die räumliche Trennung von jüdischer und christlicher Gemeinde verhinderte hier offenbar tiefer greifende Konflikte.

Das Bild in den fränkischen Dörfern fällt unterschiedlich aus, was sich schon bei der Siedlungsgeschichte abzeichnete: Baiersdorf als zeitweiser Sitze des Landesrabbiners von Brandenburg-Bayreuth hatte ein durchaus differenziertes Profil (s. Kap. 14). Doch auch für die beiden Gemeinden Demmelsdorf und Zeckendorf im Bambergischen fällt es ganz ähnlich aus – wobei ungewöhnliche nachbarschaftliche Strukturen entstanden.⁴⁹ In beiden erreichte der jüdische Bevölkerungsanteil bis zum Ende des 18. Jahrhunderts eine erhebliche Größe: in Zeckendorf mit 276 Personen knapp die Hälfte, in Demmelsdorf sogar über 60 % der Gesamtbevölkerung. Beides waren adelige Dörfer unter Bamberger Landeshoheit mit gemischten Grundherrschaften, die zusammen seit 1617 einen Friedhof bekamen, also zu den frühen Bamberger Landgemeinden gehörten. Zeckendorf sollte 1654 zudem Sitz des Landesrabbiners werden, allerdings erfolgte die Wahl von Samuel ben David Moses ha-Levi (1625–1681) aus Polen erst 1661, und bereits 1675 wurde der Rabbinatssitz nach Bamberg verlegt; die Landjudenschaft, deren erste Ansätze seit 1644 fassbar sind, blieb allerdings mit Zeckendorf verbunden.⁵⁰ Eine Synagoge war dort seit Ende des 17. Jahrhunderts vorhanden, freilich zunächst in einem Privathaus, und erst 1727 war ein Neubau vollendet, der 1742/45 nach einem Brand ersetzt wurde, während Demmelsdorf sich kurz darauf mit einer eigenen Synagoge verselbstständigte. Die jeweilige Stellung der Juden im Dorf war durchaus gefestigt, wie die Dorfordnungen belegen:⁵¹ So hielt schon die früheste von 1591 in Zeckendorf fest, die Juden des Klosters Langheim *bey ihrem alten Herkommen zu lassen, wo die hier mehr und mehr in einem Haushalten Verbleiben Dorfen*. 1739 wurde jedenfalls in der neuen Dorfordnung das Verhältnis so geregelt, dass die Juden keine weiteren Christenhäuser zukaufen oder Familien in die vorhandenen hereinnehmen sollten, um zu verhindern, *die jüdischen Familien über die dermahlen vorhandene 34 haushalten an allerhand Lehen höher anwachsen zu lassen.*⁵² Entscheidend für das Zusammenleben aber war, dass die zum Haus gehörige Gemeindegerechtigkeit in Anspruch genommen werden konnte. Das galt zuvörderst für die Viehweide, die bereits 1627 genau geregelt

---

48 Höpfinger, Floß, S. 190, 222–224.
49 Nach Eckstein, Bamberg, S. 115–117; Guth/Groiss-Lau, Jüdisches Leben auf dem Dorf, passim, und jetzt auf neuer Quellenbasis Schmölz-Häberlein, Jüdisches Leben, passim.
50 Dazu und zum Folgenden ausführlich mit neuen Befunden Schmölz-Häberlein, Jüdisches Leben, S. 287–305.
51 Schade, Formen jüdischer Ansiedlungen, S. 36–42, 59; Schmölz-Häberlein, Jüdisches Leben, S. 276–282.
52 Schade, Formen jüdischer Ansiedlungen, S. 36f.

wurde; darüber hinaus erfuhren dann 1739 auch die übrigen Belastungen sowie die Kompensation von Frondiensten durch Ersatzleistungen, aber auch die innerjüdischen Belange wie etwa die Behandlung vagierender Juden eine Regelung. Auch die Ordnung von Demmelsdorf aus dem gleichen Jahr gestand zumindest sechs Juden mit Gemeinderecht die Nutzung der Weide zu. Auf jeden Fall genossen die jüdischen Haushaltsvorstände die Teilnahme an den Gemeindeversammlungen und die Nutzungsrechte der Dorfgenossenschaft, und beide Orte dürfen somit dem Typ der ‚Doppelgemeinden' zugeordnet werden, der in Schwaben so plastisch beschrieben wurde (s. unten).[53] Ob die Ansätze einer Teilhabe an der Dorfverfassung im Hochstift Bamberg die Ausnahme oder die Regel waren,[54] müssten genauere Untersuchungen erst erweisen. Die Häuser selbst waren über die Dörfer verstreut, in der Regel eingeschossige Bauten mit bewohnbarem Dachraum und sehr kleinräumig unterteilten, äußerst bescheidenen Wohnungen; sie spiegeln also die relative Armut der meisten Familien, die vor allem vom Hausier- und Viehhandel lebten,[55] zumindest in einigen Fällen aber auch in weitreichendere Beziehungsnetze eingebunden waren.[56]

Schwieriger dürften die Verhältnisse in vielen Orten des Hochstifts Würzburg mit ihren kleinen Niederlassungen gewesen sein, wie das am Beispiel von Gaukönigshofen ablesbar ist.[57] Das Nebeneinander von jüdischen Niederlassungen im hochstiftischen Dorf – hier bleibt es bis 1759 bei nur einer Familie, erst dann stieg die Zahl bis 1799 auf sieben an – und im adeligen Freihof – dort zählte man 1655 ebenfalls nur eine, 1744 schon vier und 1790 immerhin 13 Familien – zog unterschiedliche Entwicklungen nach sich. Diejenigen, die auf dem adeligen Freihof (seit 1717 der Herren von Rosenbach) lebten, waren von einer Mauer umgeben und damit völlig abgesondert. Eine Partizipation an der Gemeinde wurde jedoch beiden Teilen nicht zugestanden. Zwar konnten die Juden im Dorf – wie auch sonst im Hochstift – Häuser kaufen, mussten aber als Ersatz für die Gemeindelasten im hochstiftischen Teil 2 Rtlr pro Jahr entrichten; die im Freihof bezahlten dagegen für die Nutzung von Wasser und Weide 2 fl. Das langsame Anwachsen des jüdischen Bevölkerungsanteils erlaubte es erst nach der Mitte des 18. Jahrhunderts, das religiöse Leben im Ort zu verselbstständigen. 1768 ist erstmals von einer eigenen Synagoge die Rede, wohl einem bescheidenen Gebetsraum, der 1790 erweitert werden oder einem Neubau weichen sollte; das stieß jedoch

---

53 So auch die Einschätzung von Schmölz-Häberlein, Jüdisches Leben, S. 282.
54 So zumindest Eckstein, Bamberg, S. 117.
55 Schade, Formen jüdischer Ansiedlungen, S. 43–60.
56 Schmölz-Häberlein, Jüdisches Leben, S. 306–314.
57 Michel, Gaukönigshofen, S. 36–70.

auf den Widerstand des Pfarrers, doch da der Bau auf Rosenbachischem Grund stand, konnte er ihn nicht verhindern.[58]

Dieses spannungsreiche Gegenüber von christlicher Gemeinde und Judenschaft brach an mehreren Stellen auf.[59] Der Pfarrer zog gegen die öffentlichen Auftritte der Juden 1768 wie 1793 anlässlich der Einweihung neuer 10-Gebote-Tafeln zu Felde, da sie in einer Prozession zur Synagoge gebracht wurden; er beschwerte sich zudem, dass sich die Juden am Sonntag erdreisteten, *die lebensmittel, als brodweck, wasser zu hohlen* – und das Ordinariat erlegte deshalb den Juden größere Zurückhaltung auf. Grundsätzlich wurde die Auseinandersetzung aber 1773 in einem Streit der Rosenbachischen Juden um Wasser und Weide. Da sie dafür bezahlen mussten, lag es nahe, mit dem Anwachsen des Bevölkerungsanteils das auch von den Neuankömmlingen zu verlangen; problematisch wurde die Situation aber im Sommer 1773, als der Brunnen zu versiegen drohte, weil nun den Juden das Wasserholen ganz untersagt wurde; immerhin konnte ein Vergleich ausgehandelt werden. Während der Pfarrer seine judenfeindlichen Angriffe vielfach einsetzte, verhielt sich die hochstiftische Regierung eher moderat, die Rosenbachische sogar eher judenfreundlich. Dennoch brachte der Kampf um die Ressourcen eine latente antijüdische Haltung zum Vorschein, die den labilen Ausgleich ins Wanken brachte.

Einen seltenen Einblick in das Innere einer Kleingemeinde gestattet die Überlieferung für den ritterschaftlichen Markt Sugenheim der Herren von Seckendorff im Steigerwald. Die Gemeinde bestand um die Mitte des 18. Jahrhunderts aus 12–13 Familien, getrennt nach dem ‚äußeren' und ‚inneren' Schloss gemäß der Zugehörigkeit zu den beiden Linien der Ortsherren, und die schutzverwandten Juden hatten möglicherweise auch hier *alle Gemeinrechte wie andere Untertanen mit wasser, won und waid, Bad, Hebammen und Fleischkaufen*.[60] Eine eigene Synagoge wurde 1756 mit einem Festakt eingeweiht; damals entstand auch das Kahlsbuch, eine Zusammenstellung der ‚festen Ordnung' für das Verhalten in der Synagoge und in der Gemeinde. Danach übernahmen zwei gewählte *Parnasim* die Gemeindeleitung und ein *Hegdesch Gabbai* (Einnehmer) die Verwaltung, während der *Chasan*, der Vorbeter, zugleich Lehrer, Schächter und Schulklopfer, als einziger bezahlter Angestellter fungierte – für einen Rabbiner reichte es nicht. Die notwendigen Gelder wurden durch einen internen *Erech* (Vermögensschatzung) sowie durch weitere Abgaben wie das Eintrittsgeld oder Strafgelder bestrit-

---

58 Michel, Gaukönigshofen, S. 95–99.
59 Michel, Gaukönigshofen, S. 112–141.
60 Freudenthal, Verfassungsurkunde, S. 56, doch zit. nach Haenle, Ansbach, S. 35, wo sich der Sachverhalt aber nicht auf Sugenheim bezieht.

ten. Ganz ähnliche Ordnungen entstanden 1711 in Dennenlohe, das im gleichen Jahre von den Schenken von Castell an die Freiherren Eichler von Auritz verkauft worden war, 1747 im unterfränkischen Niederwerrn, das den Freiherren von Münster gehörte, sowie 1770/72 in Oberaufseß der Herren von Aufseß im Kanton Gebürg in der Fränkischen Alb.[61]

Die verschiedenen Beispiele zu den Gemeindebildungen des 17./18. Jahrhunderts in Franken zeigen deutlich eine Spannbreite vom herausragenden Zentrum bis zur kleinsten Dorfgemeinde. Gemeinsam war das Bestreben, mit dem Wachstum eine Rückkehr zur autonomen *Kehilla* zu versuchen, die mit Synagoge und Rabbinat ihre zentralen religiösen Funktionen ausfüllen konnte, was freilich vielfach erst spät nach der Mitte des 18. Jahrhunderts gelang. Die Bestellung von Gemeindevorständen löste zwar immer wieder typische Konfliktmuster aus – besonders in Floß wirkten sich die Spannungen zwischen den Familienverbänden 1765/68 verhängnisvoll aus, sodass sogar die Territorialregierung eingeschaltet wurde[62] –, doch war sie grundsätzlich überall vorgesehen und wurde auch so praktiziert. Im Hochstift Würzburg wurde der ‚Ortsvorgänger' als Führungsfigur von den Landvorgängern vorgeschlagen oder direkt vom Bischof ernannt und beanspruchte mit der Ausübung des ‚Kleinen Bannes' – der Ausschließung von der Synagoge und der Verhängung kleinerer Geldbußen – vielfach „beinahe absolutistische Herrschergewalt". Die Deputierten, je nach Größe zwei bis sechs gewählte Mitglieder der Gemeinde, die die Beschlüsse mittrugen, dazu ein Pfleger, der die Finanzgeschäfte erledigte, nahmen eher untergeordnete Positionen ein.[63] Das war wohl der stärker bürokratischen Entwicklung im Territorialstaat geschuldet.

Nach außen wirkte die Gemeinde als eigenständiger Personenverband, der vorrangig der Herrschaft unterstand und der christlichen Gemeinde prinzipiell nebengeordnet war – das Abgrenzungsbemühen der Kirche und die Unterordnung unter die christliche Öffentlichkeit waren die Konsequenzen. Dennoch fällt auf, dass mehrfach eine Partizipation an der Ortsgemeinde gegeben war, weil die Gemeindegerechtigkeit am Haus hing. Das war vor allem als Recht auf die Weide für den Viehtrieb von Bedeutung – und gehörte deshalb auch zu den Streitpunkten. Genau dieses Phänomen bedarf aber einer genaueren Analyse, um ihre Bedeutung auszuloten. Die ‚Judendörfer' der Grafschaft Oettingen und der Markgrafschaft Burgau in Schwaben bieten dafür tiefere Einblicke.

---

61 Sowa, Judenordnung, S. 96–98.
62 Höpfinger, Floß, S. 157–160.
63 D. Weber, Würzburg, S. 49–56, Zitat S. 51.

Auch in der Grafschaft Oettingen war nach dem Einbruch des Dreißigjährigen Krieges der Aufbau primär über die Ortsgemeinden erfolgt, die Landjudenschaft verlor schnell an Bedeutung und das System der Schutzbriefe schob sich in den Vordergrund (s. Kap. 15). Bei ihrer Konzipierung wurden die einzelnen Bestimmungen in einem komplexen Verfahren zwischen Herrschaft, Judenschaft und christlicher Untertanenschaft ausgehandelt, die Ergebnisse gewannen somit „Vertragscharakter".[64] Die Judengemeinden waren also Kommunikationspartner, konnten selbstbewusst auftreten und ihre Interessen vielfältig ins Spiel bringen, und vor Ort entstand ein Nebeneinander zweier Gemeinden, einer jüdischen und einer christlichen – auch wenn damit vielfältige Konflikte verbunden waren.[65]

Kern des Problemfeldes war die Gemeindegerechtigkeit, die auch hier an den Häusern hing. Ein bereits 1676–1678 entbrannter lebhafter Streit in der Gemeinde Wallerstein um die Frage, inwieweit die Juden daran teilhatten, gab die Richtung an:[66] Anlass war wieder die Nutzung der Viehweide, die für viele jüdische Viehhändler von existenzieller Bedeutung war, aber mit zunehmender Bevölkerung immer knapper wurde, weshalb die christliche Gemeinde den Juden die Nutzung absprechen wollte. Sie bezog sich letztlich darauf, dass den Juden als Schutzverwandten kein Bürgerrecht zustehe: Sie dürften *der Christen Erden auß lauther Gnadten bewohnen*, seien damit aber auch *mit gewißen Bedingnussen quasi Servi Christianorum* ohne *bürgerlichen Ehren*. Die Judenschaft beharrte auf der Teilhabe an den Gemeindegerechtigkeiten, bot an, *sich unter einander so fridlich und löblich vergleichen* zu können, betonte jedoch, *daß wür ebenfahlß Eur Hochgräff[liche] Exc[e]ll[enz] gehorsame unterthanen seint*, weil sie mit dem Erwerb ihrer Häuser alle *oneribus* – also Quartierlasten, Zug- und Wachdienste, Weg- und Stegarbeiten – mittrügen und deshalb auch die Nutzungsrechte beanspruchen dürften. Die Obrigkeit entschied nach der Rechtslage und gestand zu, die hausbesitzenden Juden dürften so viel Vieh auf die Weide treiben als *einem Christen, so dergleichen besitzen, zue kommt*. Die nachfolgenden Schutzbriefe nahmen das auf, so etwa der von 1690, der den Juden *in genere aller gemeindsgerechtigkeiten*, insbesondere die *Trieb-, Trab und Weydbesuchungen* zugestand; freilich sollten sie das *gebührend und bescheidenlich* gebrauchen – was sicher gegen die Auswirkungen eines ausgreifenden Viehhandels gerichtet war.

Die grundsätzliche Frage nach dem Verhältnis von christlicher und jüdischer Gemeinde, die an diesem Fall sichtbar wird, wurde mehrmals aufgeworfen, etwa beim Holzbezug aus dem Harburger Gemeindewald 1739/40 – auch wenn

---

64 Mordstein, Selbstbewußte Untertänigkeit, S. 121–176, Zitat S. 173.
65 Mordstein, Selbstbewußte Untertänigkeit, S. 177–319.
66 Mordstein, Selbstbewußte Untertänigkeit, S. 280–288.

‚Stadtjuden' und ‚Dorfjuden' —— 327

**Abb. 44 a+b:** Die Synagoge und das Rabbinerhaus von Ichenhausen, 1781/82

er diesmal zu Ungunsten der jüdischen Gemeinde ausging.[67] Insgesamt deutet die Einschätzung, dass die Obrigkeit „die Funktion eines Schiedsrichters" übernahm, die Tragweite dieser Vorgänge an.[68] Die inneren Angelegenheiten der Gemeinden blieben dabei unangetastet: die Wahl der Barnossen und der Rabbiner durch die Vertreter der Ortsgemeinden, die Bestellung der Gemeindebediensteten, die Abläufe in der Synagoge. Die Gemeindeordnung von Harburg von 1672 spiegelt diese Autonomie – ein eigenes Ortsrabbinat war jedoch nicht vorgesehen, vielmehr war der jeweilige Landesrabbiner zuständig, und das blieb so bis ins 19. Jahrhundert, obwohl die Gemeinde seit 1671 über einen Friedhof verfügen konnte und 1720 eine erste Synagoge errichtete.[69] Der repräsentative Neubau von 1754 demonstrierte das Selbstbewusstsein der Gemeinde, stellte es doch eines der markantesten Gebäude im Ort dar.[70]

Noch ausgeprägter erscheint das Auftreten der jüdischen Gemeinde in den Dörfern der *Medinat* Schwaben in der Markgrafschaft Burgau.[71] Einige grundsätzliche Beobachtungen zum Ortsgefüge und zum Alltagsleben mögen das zunächst illustrieren. Ein hoher Anspruch einiger Gemeinden in Schwaben spiegelt sich in den Synagogenbauten, denn um 1800 entstand eine Reihe von repräsentativen spätbarocken bzw. klassizistischen Bauwerken, die ein gleichwertiges Gegenüber zu den christlichen Kirchen bildeten. Von der Kunstgeschichte als eigener herausragender Typus von Dorfsynagogen eingeordnet, war die von Ichenhausen aus den Jahren 1781/82, bei der die Baumeister Joseph Dossenberger oder Thaddäus Rief in Erwägung gezogen wurden, die im christlichen Kirchenbau dieser Region tätig waren. Ergänzend dazu entstand zur gleichen Zeit ein repräsentatives Rabbinatsgebäude (Abb. 44a, 44b).[72] Sie waren Ausdruck einer Lebensform, die Gleichwertigkeit demonstrieren wollte und sollte, auch wenn das bischöfliche Ordinariat – wie in Franken schon angesprochen – darauf drängte, dass Synagogen – *Tempel zu ihrer Superstition* – wie Bauernhäuser auszusehen hätten und insbesondere keine *langen Fenster*, also kein Aussehen wie Kirchen haben sollten.[73]

Dies steht in deutlichem Kontrast zu den fränkischen Dorfsynagogen, die bis zum Ende des Alten Reiches das bescheidene Äußere von Wohnhäusern behielten, das von der christlichen Mehrheit vorgegeben war, etwa in Mühlhausen bei

---

67 Ausführlich dazu Mordstein, Konflikt, passim.
68 Mordstein, Selbstbewußte Untertänigkeit, S. 297.
69 Jakob, Harburg, S. 88f. (Edition S. 190–193), 92–101.
70 Vgl. dazu auch Synagogenband I, S. 461–463.
71 Dazu im Überblick Kießling, Judendörfer; Kießling, „Fremde" in einer christlichen Umwelt.
72 Hammer-Schenk, Synagogen, S. 24–28; vgl. die entsprechenden Artikel im Synagogenband I; neuerdings Schönhagen/Hazan, Ma tovu, S. 59–83.
73 Kießling, Judendörfer, S. 178f.

Abb. 45: Synagoge von Mühlhausen b. Bamberg, mit Rabbinerwohnung und Schule, 1756

Bamberg der Herren von Egloffstein 1756[74] (Abb. 45) – eine Grenze, die nur in Ausnahmefällen wie den Zentren Fürth und Heidingsfeld oder der Residenzstadt Ansbach überschritten wurde.[75]

Inwiefern hinter den repräsentativen Synagogenbauten auch unterschiedlich Sozialstrukturen der jüdischen Gemeinden standen, muss freilich offenbleiben. Zwar ist nachweisbar, dass die schwäbischen Vorortgemeinden von Pfersee und Kriegshaber auch über wohlhabende Haushalte verfügten und zahlreiche Dienstboten hielten, während die Juden der ländlichen Gemeinden wie Buttenwiesen nur ärmliche Häuser bewohnten und keine Hilfskräfte beherbergen konnten,[76] also auf den unteren Ebenen der sozialen Stufenleiter standen. Doch für Hürben, Ichenhausen und Altenstadt lassen sich keine dezidierten Aussagen darüber machen, ob die Gemeinden materiell so gut situiert waren, dass sie sich diese Bauten eher leisten konnten als andere. Vielleicht war doch ein gewisses Maß an

---

74 Groiss-Lau, Jüdische Landgemeinden in Franken, S. 120–135.
75 Berger-Dittscheid, Synagogen in Schwaben und Franken, passim.
76 Ullmann, Nachbarschaft und Konkurrenz, S. 366–371.

Selbstbewusstsein oder Prestigedenken mit im Spiel, das auch in dem bekannten Bild als gleichberechtigtes Gegenüber der christlichen und jüdischen Gemeinden zum Ausdruck kommt, das anlässlich der Vereinigung der beiden Ortsteile von Ichenhausen 1784 gemalt wurde,[77] und sich in einer hebräischen Hausinschrift von 1763 an einem jüdischen Wohnhaus zeigte, die in einer barocken Kartusche an die Zerstörung des Tempels erinnerte – in Abwandlung des halachischen Gebots, aber in deutlichem Anklang an den herrschaftlichen Schlossbau.[78]

Das schloss keineswegs aus, dass die Konflikte mit den christlichen Kirchengemeinden vor Ort in Schwaben in ganz ähnlicher Weise aufbrachen wie überall: die Auseinandersetzungen mit den Pfarrern um die Sonntagsheiligung wegen der Geschäftstätigkeit, um die Forderung nach zurückgezogenem Verhalten der Juden bei Prozessionen und in der Karwoche, und nicht zuletzt im Streit um den *Eruw* und die Sabbatmägde.[79] Auch hier ging es um die Besetzung des öffentlichen Raumes im Dorf, den nach wie vor der christliche Teil für sich beanspruchte, der aber auch von jüdischer Seite tangiert wurde: Spannte man mit Drähten und Stangen einen *Eruw*, der in die Straßen reichte, oder gestaltete man einen Hochzeitszug einschließlich der im aschkenasischen Bereich üblichen Trauungszeremonie unter offenem Himmel oder die Überführung neu gestifteter Torahandschriften in die Synagoge als Festzug, dann war der Konflikt nicht fern – und wurde sehr häufig auch ausgetragen.[80] Dennoch war das alltägliche Miteinander im Dorf weit verbreitet, die enge Nachbarschaft, gemeinsames Wohnen bis hin zum Wirtshausbesuch und zur gemeinsamen Teilnahme an Festen war auch in den Dörfern der Herrschaft Pappenheim an der Altmühl mehrfach zu verfolgen.[81] Eine detaillierte Untersuchung zu den unterfränkischen Grafschaften Wertheim und Castell hat zudem sehr eindringlich gezeigt, dass dieser Umgang von Juden und Christen im Dorf schon im 16. und beginnenden 17. Jahrhundert zwar von „religiöser Differenz", aber auch von einer „großen Nähe" aufgrund der Wohnsituation und der wirtschaftlichen Kontakte geprägt war.[82] Man wird somit die Grenzen zwischen Juden und Christen auf dieser Ebene nicht überschätzen und die Formen des Zusammenlebens nicht unterschätzen dürfen.

Wenn allerdings das Nebeneinander sich zu gleichgewichtigen Gemeinden entwickelte, dann hatte das offenbar weiterreichende Konsequenzen – wiede-

---

77 Kießling, Huldigungstafel, S. 341–343, 627.
78 Brockhoff, Ichenhausen, S. 60, zur Interpretation Riemer, Das jüdische Haus, S. 62f.
79 Kießling, Judendörfer, S. 173–179.
80 Vgl. dazu auch Ullmann, Jüdische Räume, S. 254–259.
81 Hüttenmeister, Alltägliches Miteinander, passim.
82 Stretz, Jüdisch-christliche Koexistenz, passim.

rum wird das in besonders markanter Weise in der schwäbsichen Markgrafschaft Burgau sichtbar, nun in der Dorfverfassung.[83] Schon das kollektive Organ bildete dies ab, denn die *Parnossim* wurden in den christlichen Quellen oftmals schlicht als ‚Judenvierer' bezeichnet – entsprechend den christlichen Führungsfiguren der Dorfgemeinde – und die christliche wie die jüdische ‚Teilgemeinde' führte ihre eigenständige Rechnungsführung, übte die polizeiliche Disziplinar- und Aufsichtsgewalt über ihre Mitglieder aus und organisierte die Steuer- und Abgabenkollektion an die Herrschaft. Das zeitgenössische Verständnis der Parallelität wurde dadurch vertieft, dass die Vierer und Barnossen nach ihrer Wahl in einigen Dörfern zum gleichen Zeitpunkt und nach dem gleichen Verfahren, also in einem gemeinsamen Rechtsakt, durch die örtliche Gerichtsherrschaft in ihren Amtsfunktionen bestätigt und ernannt wurden. Die Juden hatten zudem das Recht, an den jährlichen Gemeindeversammlungen teilzunehmen und ihre Wünsche und Forderungen vorzubringen – sie waren Gemeindemitglieder. Ausdruck des Gegenübers dieser beiden handlungsfähigen Rechtskörperschaften waren nicht zuletzt Verträge zwischen den beiden Gemeinden, die sich aus dem unterschiedlichen Regelungsbedarf ergaben.

Am Hausbesitz hing die Aufnahme in die ‚Nutzungsgenossenschaft' der jeweiligen Gemeinden, d.h. die Teilhabe an den gemeindlichen Einrichtungen, aber auch die Erfüllung aller anderen Rechte und Pflichten. Anlässlich eines konkreten Streitfalls am Anfang des 18. Jahrhunderts verschaffte sich der Biburger Vogt als Vertreter der Markgrafschaft Burgau Informationen über die Praxis: Danach hatten die jüdischen Haushaltvorstände in Fischach *alle Gerechtigkeit in der Gemeindt gleich andere unterthanen*, mussten lediglich die Zahl der zugelassenen Tiere beachten; für Thannhausen bestätigt der Vogt, dass die jüdischen Hausbesitzer *über 3 strangen im gemeinen Krautgarten samt anderen gemeindplätzen* verfügen konnten – für den Anbau von Gemüse und anderen Nutzpflanzen; in Binswangen werden neben der Weide auch die Nutzungsrechte am Wasser genannt. Wenn dieser Zugang zum Gemeindeeigentum immer wieder zum Gegenstand von Auseinandersetzungen wurde, dann deshalb, weil im Laufe der Zeit die Ressourcen immer knapper wurden und so – ganz ähnlich wie unter den christlichen Dorfbewohnern selbst auch – immer wieder neu geregelt werden mussten.

Da die Nutzungsrechte nach dem dörflichen Rechtsverständnis mit dem Gemeindepflichten untrennbar verbunden waren, mussten auch die Gemeindelasten gemeinsam getragen werden: gemeindliche Abgaben wie Truppeneinquartierungen oder Weg- und Stegarbeiten. Für letztere leisteten die Juden aber

---

[83] Dazu Kießling/Ullmann, Doppelgemeinden, S. 521–531, mit den Einzelnachweisen; Ullman, Nachbarschaft und Konkurrenz, S. 382–393.

oft nur eine finanzielle Entschädigung, weil in der Regel der Samstag dafür vorgesehen war. Als beispielsweise in Pfersee 1718 umfangreiche Arbeiten am Bau eines Dammes an der Wertach nötig wurden, um Überschwemmungen zu verhindern, weigerten sich die Juden zunächst: Während der christliche Teil damit argumentierte, dass sie [also die Juden] *der Schar Arbeit an der Wertach gleich denen Christen* zu behandeln seien, *in Betrachtung* [dass] *ihre[r] Häuser im dorf nicht weniger vor diesen schädlichen Fluß beschirmet werden*, verwies die jüdische Gemeinde darauf, dass man ohnehin die Gemeindearbeiten jährlich bezahle – auch hier einigte man sich schließlich auf eine Fixierung des Anteils in Höhe von 25 fl. Was die Quartierlasten in Kriegszeiten betraf, so wurde in Kriegshaber 1717 festgelegt, dass künftig die *burgauischen Juden so bißhero wenig beygetragen, fürohin 1 fl simplo 16 kr und die übrigen Christen 34 kr* zu übernehmen hatten.

Bei solchen Abgabenpflichten entzündete sich der Streit oft am Zahlenverhältnis zwischen Juden und Christen, und wenn die Zunahme der jüdischen Haushalte das Wachstum der christlichen Gemeindeteile überstieg, forderten letztere vielfach eine Neufestlegung: So klagten die Christen in Buttenwiesen 1693, dass sie jeweils zwei Drittel in die Gemeindekasse beizutragen hätten, während die Judenschaft nur ein Drittel leiste, es seien aber nun im Dorf *bald mehrers Juden als Christen* – in der Gemeindeordnung von 1697 wurde dann konsequenterweise der Anteil der Juden auf 50 % erhöht.

Es nimmt nicht wunder, dass das Ringen um die Rechtspositionen in den Gemeinden sich auch auf die Bestimmung der ‚Ehaftgewerbe' erstreckte: die Hirte, Schmiede und Bäcker. Beim Hirten war die Bestellung insofern brisant, weil sich damit auch das Recht auf die Viehbeschau verband – eine wichtige Aufgabe wegen der zahlreichen Viehseuchen. Während sich bei den Diensten des Dorfschmiedes kaum Schwierigkeiten einstellten, war beim Dorfbäcker die Einhaltung die Vorschriften für die koschere Zubereitung der Speisen zu beachten. Deshalb bürgerte sich in Binswangen ein, dass die Juden ihr Brot an bestimmten Tagen gebacken bekamen.

Die Funktionen und Aktionsfelder im Dorf lassen sich als ‚Doppelgemeinden' verstehen: Der parallele Aufbau der beiden Religionsgemeinschaften und die parallelen Verwaltungsstrukturen waren über die Nutzungsgemeinde miteinander verbunden und standen als solche, sich partiell überlagernd, unter der jeweiligen Orts- bzw. Landesherrschaft. Berücksichtigt man zudem, dass auch die dörflichen Gerichte sich zunehmend mit Fällen beschäftigten, die innerjüdische Angelegenheiten betrafen,[84] dann wird die Konvergenz der beiden Gemeinden unter dem Dach der Herrschaftsträger noch um einen Faktor dichter – zumal

---

84 Ullmann, Nachbarschaft und Konkurrenz, S. 189f.

die wirtschaftliche Zusammenarbeit vielfältige Kontakte im Alltag nach sich zog (s. Kap. 17).

Was dieser Entwicklung aber ihre Dynamik verlieh, war die Argumentation der Konfliktparteien. Anhand eines Grundsatzstreites zwischen der jüdischen und christlichen Gemeinde Pfersee konnte nachgewiesen werden, dass bei dem Ringen um die Gleichberechtigung im Dorf – es ging konkret um die Teilhabe am Erlös beim Verkauf einer Viehweide in den Jahren 1703–1712 – die ganze Palette von Argumentationsstrategien aufgefahren wurde, die in dieser Zeit zur Verfügung stand:[85] So bemühte die jüdische Partei zum ersten die von den gelehrten Juristen des 16. Jahrhunderts eingebrachte Lehre vom römischen Bürgerrecht der Juden, die Rechtsgleichheit im juristischen Verfahren erforderte, *wann man die Juden einstmahls recepirt, sie de populo Romano et de eodem corporos civitatis wordten [...] und denen civibus Romanis gleichgeachtet*. Zum anderen erhielt die territoriale Judenschutzgesetzgebung der Markgrafschaft aus ihrer Sicht dadurch neues Gewicht, dass sie aus einem juristischen Vergleich von 1653 ableitete, *daz die Juden denen Christen in allen habendten oder noch erlangendten rechten, Gerechtigkheitten, Imunitäten, Privilegien gleich gehalten werden*. Und schließlich zog man aus dem Alltag den Schluss, dass die jüdischen Haushaltsvorstände in der *Praxis*, d.h. *in genueßung der Gemaindtsrechten und Gerechtigkeiten denen Christen gleich gehalten* würden, d.h. an den dörflichen Gemeingütern partizipiert und deshalb auch in diesem Fall Anspruch darauf hätten.[86] Dass diese Argumente von der Gegenseite ebenso grundsätzlich in Frage gestellt und dabei auf die Kammerknechtschaft und die Minderberechtigung jüdischer Existenz verwiesen wurde, lag nahe, waren doch diese Argumentationsfiguren in der kirchlichen Tradition immer wieder bestätigt worden. Dennoch scheint an diesem sehr gut dokumentierten Fall das hohe Selbstbewusstsein und die daraus resultierende Vorstellung von der prinzipiellen Gleichheit von Juden und Christen auf, sodass die Juden im 18. Jahrhundert in der Lage waren, bei dem inzwischen konsolidierten – und in diesem Fall auch durch potente Familien verkörperten – Status der Gemeinden die Gleichberechtigung einzufordern.

Was am Beispiel Schwabens so deutlich vor Augen steht, ist jedoch nur bedingt als Ausnahme zu sehen. Auch wenn die Forschungen hier vielfach noch rudimentär sind, so finden sich doch eine ganze Reihe von Orten, in denen ganz ähnliche Verhältnisse zu erwarten sind: In Leutershausen bei Ansbach hatten die Juden „wie andere Bürger Gemeinderecht, samt Hut und Weid, und mussten alle gemeindlichen Lasten tragen. Entsprechend hatten sie zum Bürgerrecht Pflicht zu

---

[85] Ullmann, Ressourcen, passim.
[86] Zitate Ullmann, Ressourcen, S. 86, 92, 96.

leisten, wie andere Bürger auch"; ebenso im benachbarten Colmberg.[87] In Forth in der Herrschaft Rothenberg waren nach dem Rechnungsbuch von 1628 Juden und Christen an den Gemeinschaftsaufgaben im Dorf gleichberechtigt beteiligt, „trugen demnach gemeinsam Lasten und Aufgaben und genossen gemeinsam die daraus entstandenen Vergünstigungen", ein ‚Judenschultheiß' vertrat die Interessen der Judenschaft und die Rechnungslegung wurde mit einem gemeinschaftlichen Mahl abgeschlossen.[88] Eine erste Bestandsaufnahme im deutschen Süden zeigt, dass in einer ganzen Reihe von Territorien die jüdische Teilhabe an den Gemeindenutzungen gegeben war, darunter neben den schon genannten Beispielen Brandenburg-Ansbach auch in Pfalz-Neuburg und Pfalz-Sulzbach.[89]

Gegen Ende des 18. Jahrhunderts hatte sich also die jüdische Landschaft insgesamt grundlegend verändert. Das Ideal der autonomen Gemeinde, der *Kehilla*, war nach wie vor die Zielvorstellung, die man anpeilte, und es war in einer Reihe von Städten und Dörfern auch wieder erreicht. Das setzte eine Dynamik in Gang, die nicht nur das flächige Konzept der territorialen Organisation der Landjudenschaften zumindest teilweise wieder aushebelte. Dort, wo sich auch zahlenmäßig große Gruppierungen einstellten und ‚Doppelgemeinden' entstanden, die den Status der Minderheit hinter sich ließen, ergaben sich jedenfalls neue Konsequenzen: Hier konnte sich eine durch Verträge abgesicherte wechselseitige Akzeptanz entwickeln, die immerhin so weit reichte, wie es das Verfassungs- und Rechtssystem des Alten Reiches zuließ.

---

[87] Jehle, Kirchliche Verhältnisse, S. 344, 345.
[88] Daxelmüller, Jüdische Identität in Franken, S. 58.
[89] Mordstein, Konflikt, S. 303–308.

# 20 Im Spannungsfeld von volkstümlicher Orthodoxie und Haskala

Als Simon Höchheimer, *im schönen großen Dorfe Veitshöchheim* geboren, um das Jahr 1780 sich bei seinem Landesherrn Fürstbischof Franz Ludwig von Erthal um eine Stelle bewarb, um Reformen für seine jüdischen Mituntertanen – die Gründung eines Arbeits- und Armenhauses und die Verbesserung der jüdischen Erziehung – durchzuführen, kam er nicht zum Zuge. Er begann ein unstetes Wanderleben, blieb seit 1773 in Berlin im Umkreis von Moses Mendelssohn, um sich dann nach dem Medizinstudium und weiteren Stationen schließlich 1806 in Fürth niederzulassen. Als Anhänger der *Haskala*, der jüdischen Aufklärung, widmete er sich immer wieder den Fragen jüdischer Existenz, ja er galt als *Würzburgs Mendelsohn*, auf jeden Fall als „aufgeklärter Kopf".[1] Und doch fasste er erst spät in seiner Heimat Franken wirklich Fuß. Konnten seine Ideen in Franken nicht greifen?

Seine Stellung wird am ehesten verständlich, wenn man Höchheimer seinem eigenen Umfeld der jüdischen Gemeinden in Dörfern und Kleinstädten gegenüberstellt, deren Leben in den traditionellen Bahnen ablief, die mit dem Signum einer „volkstümlichen Orthodoxie" belegt worden sind: „Ihre jüdische Bildung war meist minimal, jedoch waren sie gewissenhaft in der Beachtung der jüdischen Gesetze und Gebräuche. Sie waren fromm ohne Prunk und Pathos. [...] ihre Gesetzestreue war in elementarer Gottesfurcht verankert und durch einen tiefen Respekt vor früheren und zeitgenössischen Gelehrten Rabbinern gefestigt"[2] – hatten aber auch eine gewisse „Abneigung gegenüber Neuerungen wie Universitätsstudium und akademische Berufe".[3] Die Ausrichtung des Alltags, die Rhythmen der Lebensstationen, des Sabbats und des Fest- und Feiertagskalenders[4] gehörten ebenso zu den internalisierten Bestandteilen der Lebensform wie die Kleidung und die jiddische Sprache. Gelegentlich wurde dies sogar von der Obrigkeit den Christen als vorbildlich vorgestellt, wenn etwa der Nördlinger Rat in einen Erlass von 1695 einrückte, [...] *daß die blinden und verstockten Juden ihren Sabbath mit höherer Andacht hielten als solche der wahren Religion*

---

1 Och, Haskala in Franken, S. 63f., 68f., Zitate S. 63.
2 Breuer, Jüdische Orthodoxie, S. 48.
3 Breuer, Jüdische Religion und Kultur, S. 75f.
4 Dazu am Beispiel Schwabens Kießling, Juden und Christen im konkurrierenden Zeittakt, passim.

*zugethane, aber laulichte und kaltsinnige Christen, die des christlichen Namens unwürdig seien.*[5]

Und doch standen diese beiden Pole nicht einfach unversöhnlich gegenüber, sondern waren durch Brücken miteinander verbunden: Zum einen hielten auch die *Maskilim*, die jüdischen Aufklärer, noch bis weit ins 19. Jahrhundert an der jüdischen Religion fest, noch war die Konversion kein bestimmendes Thema, zum anderen reichte das Ideal der rabbinischen Gelehrsamkeit bis in die dörfliche Welt: In ihrem Testament bestimmte 1750 Rechel, die Witwe des Toraschreibers Schmuel aus Reichenberg in Unterfranken, den Hauptteil ihres Nachlasses dafür, aus dem „Erlös den am Ort lebenden Reb Elias zu ihrem Gedenken den Talmud studieren [zu] lassen".[6]

Die aus der Siedlungs- und Herrschaftsgeschichte resultierende Struktur ohne herausragende städtische Zentren, aus der sich ein vorrangig kleinstädtisch-dörfliches Leben ergab, verstärkte diesen generellen Kontrast von Aufklärung und Traditionsorientierung – trotz einer gewissen Reurbanisierung im Laufe des 18. Jahrhunderts. Insofern konnte Fürth die Funktion als spirituelles Zentrum übernehmen, während sich ansonsten die Spitzen der Landesrabbinate noch lange in dörflich-kleinstädtischen Gemeinden fanden: in Heidingsfeld, Baiersdorf, Schnaittach, Wallerstein und Pfersee. Dies spiegelt sich etwa ganz konkret im Verlauf der Reise des jüdischen Gelehrten und Rabbiners Chaijim Joseph David Asulai, der 1754 aus Palästina nach Europa gesandt wurde, um Spenden für die dortigen bedrängten Gemeinden zu sammeln: Er besuchte, von Italien über Verona und Innsbruck kommend, die Gemeinden Pfersee, Buttenwiesen, Harburg und Oettingen, um dann über Wassertrüdingen, Ansbach und Fürth weiter nach Frankfurt zu reisen.[7]

In dieser räumlichen Struktur entfaltete sich die jüdische Kultur in einer ganz eigenständigen Weise: Auch wenn das Vorhandensein einer jüdischen ‚Volkskultur' umstritten ist – die Abgrenzung einer christlichen Volks- und Elitenkultur wird in der Forschung berechtigterweise ebenfalls in Zweifel gezogen –, so gab es doch einige spezifische Merkmale: Wallfahrten zu den Gräbern herausragender Gelehrter, selbst „eine Art der Heiligenverehrung", die sich um Legenden rankten. Messianische Bewegungen fanden eher in den einfacheren Schichten ein Echo als bei den Gelehrten. Und „das gewissenhafte tägliche ‚Schulgehen' (Beteiligung am öffentlichen Gebet in der Synagoge) und das allmorgendliche Tefillinlegen (Gebetsriemen)" waren weit verbreitet – auch wenn sie „keine Zeichen besonde-

---

5 L. Müller, Aus fünf Jahrhunderten I, S. 106 Anm. 1.
6 Wilke, Landjuden und andere Gelehrte, S. 69f.
7 Gier, Reisen und Reisende 3, S. 424–431; Ullmann, Jüdische Räume, S. 247f.

**Abb. 46:** Sabbath vor der Synagoge in Fürth, kolor. Kupferstich, um 1800

rer Frömmigkeit waren",⁸ sondern eher auf das Einhalten von festverankerten Traditionen verweisen. Die Orientierung am ‚Sefer Chassidim' (dem ‚Buch der Frommen'), das im Mittelalter entstandene und nach wie vor verbreitete Kompendium für die richtigen Verhaltensweisen, war ein weiteres Merkmal, ob das Werk nun den „Versuch einer exklusiven Gruppe" darstellt, „gewisse Formen und Ausdrücke einer Volksfrömmigkeit zu idealisieren und zu normieren", wenn auch mit einer „eigenartigen[n] Mischung von allgemeingültiger Halacha und eigenbrötlerischem frommen Tun",⁹ oder eher dazu gedacht war, „einen neuen Typus des Frommen (*Chasid*) herauszukristallisieren", um „das religiöse Empfinden der Menschen zu vertiefen", also gleichsam eine pietistische Haltung zu propagieren.¹⁰ (Abb. 46)

Für den Gottesdienst und den Alltag hatte jedenfalls das regionale Brauchtum einen hohen Stellenwert, war es doch Ausdruck eines Festhaltens an der eigenen

---

8 Breuer, Jüdische Religion und Kultur, S. 70f.
9 Breuer, Jüdische Religion und Kultur, S. 75f.
10 Gruenwald, Sefer Chasidim, S. 120.

Identität, auch wenn das „mehr gefühlsmäßig empfunden als verstandesmäßig erfaßt war".[11] Bezeichnend dafür ist der Kommentar eines Bamberger Rabbiners auf die Verwunderung eines aus Polen zugewanderten Kollegen über „seltsame aschkenasische Bräuche": *Ich kenn sehr gut den Charakter der Gemeindeältesten in Deutschland [...]. Sie opfern sich auf für die Erhaltung eines jeden Brauchs, und selbst wenn er überhaupt weder einen vernünftigen Grund hat, noch sich auf eine Quelle in unserem Schrifttum stützen kann, hüten sie ihn mehr als eine in der Tora verankerte religiöse Pflicht.*[12] Vielfach handelte es sich bei diesen *Minhagim* um die Gestaltung des Gottesdienstes, etwa das Einfügen synagogaler Poesie, also den aus dem Mittelalter stammender *Pijjutim*, oder auch das Festhalten „alter Melodien, vor allem am sogenannten *Trop* des musikalischen Vortrags der Bibel", die „zur richtigen Zeit und an der richtigen Stellen gesungen werden, wie es überliefert war".[13]

Aber auch die Verwendung von Hochzeitssteinen im Rahmen der Zeremonien zur Eheschließung scheint dazuzugehören: in der Regel an der Südseite der Synagoge eingelassene Steinskulpturen mit Segenssprüchen, an die vom Bräutigam ein Glas geworfen wird. Sie finden sich in Franken – etwa in Höchberg oder Laudenbach – und am Rhein, aber nicht in Schwaben.[14] Zum Selbstverständnis der Gemeinde gehörte es, dass der Vorbeter zweimal im Jahr, am Sabbat vor dem Wochenfest und vor dem Fasttag des 9. Aws das Martyrologium des *Memorbuchs* vortrug, die Erinnerung an die Verstorbenen, insbesondere die Opfer von Verfolgungen, dass aber auch am Sabbat zumindest einiger Verstorbener aus der eigenen Gemeinde gedacht wurde.[15] Diese Memorbücher, meist aufwändig von geübten Schreibern erstellt, gehörten zu den Schätzen der Gemeinde, wie dies nicht zuletzt für die fränkischen und schwäbischen Gemeinden überliefert ist. Sie bestanden nach einem reich gestalteten Titelblatt, dem ein liturgischer Teil mit Gebeten zum Sabbat folgte, dann dem Nekrologium, das neben einem allgemeinen Teil auch die lokalen Verstorbenen auflistete, und schließlich einem Martyrologium.[16] So sind allein in Franken nach den ersten Vorläufern Aub und Eibelstadt aus der 1. Hälfte des 17. Jahrhunderts in fast 70 Gemeinden Memorbücher überliefert, Fürth war mit allein sechs Exemplaren „die an Memorbüchern reichste deutsche Gemeinde", darunter das kostbare der Klaussynagoge, das die Familie Fränkel aus Wien mitgebracht hatte.[17] Das Vermächtnis des Fürther Oberrabbiners Bärmann Fränkel

---

11 Breuer, Jüdische Religion und Kultur, S. 76.
12 Zit. nach Breuer, Jüdische Religion und Kultur, S. 75.
13 Breuer, Ausdruckweisen aschkenasischer Frömmigkeit, S. 104f.
14 Frdl. Hinweis von Nathanael Riemer, Potsdam; eine Veröffentlichung ist vorgesehen.
15 Pomerance, Memorbücher, S. 101, 105.
16 Weinberg, Memorbücher, S. 3–16.
17 Pomerance, Memorbücher, S. 98f.

sorgte auch dafür, dass nach seinem Tod 1708 zahlreiche Memorbücher in seinem Rabbinatsbezirk neu angelegt wurden.[18]

Ausdruck dieser traditionsorientierten Haltung waren nicht zuletzt die Synagogengebäude selbst.[19] Auch wenn wie in Heidingsfeld gegen Ende des 18. Jahrhunderts ein neuer repräsentativer Bau entstand, so blieb doch die Ausstattung sehr traditionell: die zentrale Stellung des *Almemor*, die Trennung von *Männerschul* und vergittertem Frauenbereich, lassen den Schluss auf eine „wertbewusst konservativ an dem althergebrachten Ritus" festhaltende Gemeinde zu; auch das handgeschriebene Gebetbuch von 1730/35, das zur Einweihung erworben wurde, und der seidene Toravorhang deuten in die gleiche Richtung. Die Gemeinde Höchberg in Unterfranken hielt zwar – gezwungener Maßen – an ihrem Bau von 1721 fest, der von außen einem stattlichen Haus glich, besaß aber einen prachtvollen steinernen Almemor, und die silbernen Toraaufsätze aus Augsburg sowie der goldbestickte Toravorhang mit -mantel von 1716 sprechen die gleiche Sprache der Tradition, die sich zudem in den individuellen Einzelbetpulten niederschlug.

Kostbare Toravorhänge waren mehrfach in den schwäbischen Dorfsynagogen zu finden, deren äußere Gestaltung mit ihrer klassizistischen Architektur in Ichenhausen, Altenstadt und Hürben ein hohes Maß an Selbstbewusstsein nach außen demonstrierten (vgl. Kap. 19).[20] Die reiche Ausstattung der schwäbischen Synagogen belegt die Zuwendung der Gemeindemitglieder an ihren religiösen Mittelpunkt:[21] Unter ihnen stechen insbesondere die kunstvollen Toravorhänge der jüdischen Goldsticker Elkone Naumburg aus Fürth und Jakob Koppel Gans aus Höchstadt a.d. Aisch mit ihren feststehenden ikonographischen Elementen des Salomonischen Tempels heraus, die sie als „Metapher für den Tempelgottesdienst" und damit als Verweis auf das zu erwartende „messianische Zeitalter" verstehen lässt.[22] Sie wurden ergänzt durch das wertvolle silberne Kultgerät der Toraschilder Augsburger Gold- und Silberschmiede des 18. Jahrhunderts, die einen künstlerischen Höhepunkt darstellen, Stiftungen der dörflichen Eliten der Augsburger Vorortgemeinden und dabei wiederum besonders der Familie Ulmo/Ulman(n) (s. Kap. 18) sowie der Bruderschaften, vor allem der *Chewra Kaddischa* oder der *Talmud-Tora*. Ihnen entsprachen aber auch die häuslichen Kultgeräte wie Kidduschbecher, Besomimbüchsen oder Chanukkaleuchter aus Augsburger Werkstätten (Abb. 47). Wenn sie allerdings seltener als etwa in Frankfurt gefertigt

---

18 Weinberg, Memorbücher, S. 11.
19 Zum folgenden A. Weber, Altfromm und/oder aufgeklärt?, S. 133–140.
20 A. Weber, Altfromm und/oder aufgeklärt?, S. 140–144.
21 A. Weber, Jüdische Sachkultur, S. 246–260.
22 A. Weber, Synagogenausstattungen, S. 191.

wurden, dann lässt sich das mit dem Zurücktreten des Privaten gegenüber dem hohen Stellenwert der Gemeinde und der Synagogen erklären, sie waren „Ausdruck einer Solidargemeinschaft", die im ländlichen Bereich offenbar stärker ausgeprägt war als in den großstädtischen Zentren.[23]

Ganz ähnlich lässt sich die Situation in Franken charakterisieren, wo in Höchberg und Veitshöchheim, in Demmelsdorf und Memmelsdorf wertvolle gleichartige Vorhänge erhalten sind, wobei sich dort eine dritte Stickerei festmachen lässt, die allerdings nicht genauer verortet werden kann; aus ihnen spricht der gleiche Kontext einer Stiftungsmentalität der Eliten wie der Bruderschaften, und auch die Toraschilder aus der Nürnberger Produktion stellen eine Parallele zu den schwäbischen Befunden dar, wenn sie auch nicht ganz das künstlerische Niveau der Augsburger erreichten.[24]

Die Synagoge war zugleich ‚Lehrhaus' – nicht umsonst hieß sie landläufig ‚die Schul'. In ihr fand die Unterweisung in die Gesetze und Bräuche statt, und auch der *Scheliach Zibbur*, der Vorbeter, gehörte in der Regel zu den Gelehrten der Gemeinde – wenn kein Rabbiner die Vermittlung übernehmen konnte. Dieses Gelehrtentum speiste sich nahezu ausschließlich aus der Religion, im Mittelpunkt stand der Talmud und dessen Auslegung, während man sich ansonsten „mit dem Studium des Pentateuch und Raschis Kommentar, narrativ-moralisierenden Partien aus dem Talmud und der ihm parallelen Literatur, volkstümlichen Gesetzessammlungen, Erbauungsliteratur" begnügte.[25] Alle diese Elemente verweisen darauf, dass die in den ländlich-kleinstädtischen Gemeinden lebenden Juden tief in einer jüdischen Kultur verwurzelt waren, die sie intensiv pflegten, aber nicht unbedingt auch intensiv reflektierten.

In diesen Kontext passt sich das Bildungswesen ein. Nach wie vor war das Bildungsideal von der Abfolge geprägt: *im fünften Jahre zur Bibel, im zehnten zur Mischna, im fünfzehnten zur Gemara*, „woraufhin sich den Fortgeschrittenen das unbegrenzte Feld der Kommentarliteratur eröffnete"; institutionell gebunden an den *Cheder* (Stube), die *Talmud Tora* (Religionsschule) und die *Jeschiwa* (hohe Schule) und daneben in größeren Gemeinden das Lehrhaus für die Weiterbildung.[26] Die *Jeschiwa* war „beherrscht von der Ehrfurcht vor der Autorität des Alten, die keinen Zweifel an der Weisheit und Wahrheit ihrer Aussprüche aufkommen ließ". Doch „gerade aus einer tiefen Pietät vor der Überlieferung fühlte man sich verpflichtet, jedes kleinste Steinchen im grandiosen Bau des Talmud und

---

23 A. Weber, Jüdische Sachkultur, S. 260–263.
24 A. Weber, Synagogenausstattungen, S. 191–205.
25 Breuer, Jüdische Religion und Kultur, S. 72.
26 Wilke, Rabbinerausbildung, S. 15.

**Abb. 47:** Kidduschbecher, Augsburg, Silber, Mitte 18. Jahrhundert

seiner Erklärer zu prüfen und zu rechtfertigen".[27] Und dabei lebten Lehrer und Schüler eng zusammen – wie in den Bursen der christlichen Universität –, wobei freilich nicht nur die Anziehungskraft, sondern der Ort, an dem die Jeschiwa sich entfaltete, sehr viel mehr von der Gelehrsamkeit ihres Leiters abhing und deshalb sehr viel geringere institutionelle Züge annahm. Für unseren Raum ist zu beachten, dass die *Jeschiwot* ihrerseits eine Hierarchie bildeten, in der von den hier vorhandenen Hochschulen lediglich Fürth zumindest die zweite Reihe besetzte, während die wenigen weiteren am unteren Rand positioniert waren: nachgewiesen sind am Ende des 18. Jahrhunderts eine in Bamberg und ein Lehrhaus in Schwabach.[28]

Die Unterrichtung der Kinder ist sehr viel schlechter zu fassen, zumal in den kleinen Gemeinden. Generell ist davon auszugehen, dass der Elementarunterricht bereits mit drei bis vier Jahren mit dem Lernen des hebräischen Alphabetes begann, sich dann auf die Tora richtete, dann folgte die Einführung in die ein-

---

[27] Breuer, Ausdruckweisen aschkenasischer Frömmigkeit, S. 110f.
[28] Wilke, Rabbinerausbildung, S. 61, 64f., 73.

zelnen Gesetze anhand der Mischna und wurde mit der *Bar Mizwa* mit 13 Jahren abgeschlossen.[29] Die konkrete Umsetzung erfolgte vielfach mit Privatlehrern, meist Studenten der *Jeschiwot*, nicht selten solchen, die aus Osteuropa kamen und sich damit durchzuschlagen versuchten, daneben aber auch gemeindlichen Einrichtungen. Eine Reihe von Nachrichten aus dem nordschwäbischen Ries und seiner Umgebung gibt einige Hinweise: In Monheim waren 1730 in vier Haushalten solche Privatlehrer angestellt, im benachbarten Wallersteiner Landesteil der Grafschaft Oettingen erlaubten die Schutzbriefe jeweils nur zwei bis drei Schulmeister, sie durften aber nur ledig sein und wurden gleichsam als Dienstboten gehalten. In der Kleinstadt Harburg bietet die Gemeindeordnung von 1672 genauere Einblicke: *Sol schuldig sein die Gemeine Judenschaft einen schul meister undt ein Vorsinger auf undt an zue nehmen […]*; der Unterricht begann mit einer halben Stunde für die Kleinsten, *biß daß kindt in der biebul lernen kann alß dann solle der vater schuldig sein daß kindt ein Stundt an zue dingen […]*, der Unterricht wurde also mit dem Alter gesteigert.[30] 1680 erhielt David Aring aus Treuchtlingen als erster Schulmeister sein Entgelt zum Teil aus der Gemeindekasse, zum Teil aus Beiträgen der betroffenen Haushalte. Um die Mitte des 18. Jahrhunderts arbeiteten bereits drei Lehrer bei einer jüdischen Bevölkerung von etwa 300 Personen in der Stadt.[31] Offen bleibt, ob mit den *kindt* nicht nur die Jungen, sondern auch die Mädchen gemeint waren, sah doch der *Sefer Chassidim* vor, dass die Väter ihre Töchter mit den wichtigsten Elementen der Religion vertraut machten – die sie als Ehefrauen im Haushalt auch benötigten.

Daneben müssen trotz der eindeutigen Konzentration auf die religiöse Erziehung für die Praxis erforderliche, ergänzende Materien wie die deutsche Sprache und das Rechnen sowie andere Wissensbereiche eine Rolle gespielt haben. So brachte Thomas Schaaf, der an der Dillinger Universität studiert hatte, jüdischen Kindern in Neresheim bei, *teutsch zu schreiben* – wurde freilich 1594 deswegen vom Oberamt Wallerstein bestraft. Im 18. Jahrhundert war es dagegen schon üblich, denn selbst der Rabbiner Benjamin-Wolf Spiro aus Pfersee schickte seine Kinder nach Augsburg, um entsprechende Kenntnisse zu erwerben, und als das Oberamt Burgau im benachbarten Kriegshaber 1789 einen christlichen Lehrer für die jüdischen Kinder anstellen wollte, war der Bedarf gering, da *die meisten Juden gut rechnen und schreiben* könnten.[32] Im Fürth lernten offenbar um 1782 jüdische Kinder das Lesen und Schreiben in den ‚Armen- und Gemeindeschulen',

---

29 Jakob, Judenschul und jüdische Schule, S. 55.
30 Jakob, Harburg, S. 190.
31 Jakob, Harburg, S. 63f., 101f.; Jakob, Judenschul und jüdische Schule, S. 52f., 58f.
32 Jakob, Judenschul und jüdische Schule, S. 56f.

auch wenn sie unter der Aufsicht der lutherischen Geistlichkeit standen. Auch hier wollte ein konvertierter Jude als Lehrer jüdischen Schülern das Hochdeutsche beibringen und begründete das damit, dass bisher die Juden ihre Kinder zu diesem Zweck auswärts unterrichten ließen[33] – ob er damit Erfolg hatte, sei dahingestellt, wurden doch Konvertiten von den Gemeinden in der Regel strikt abgelehnt. Die Pragmatik sorgte also ganz offensichtlich – wie auch anderswo[34] – dafür, dass die profanen Kulturtechniken nicht übersehen wurden. Inwieweit jüdische Hauslehrer ihrerseits auch Einführungen in die ‚neuen' Wissenschaften anboten, wie das für einige norddeutsche Gemeinden bekannt ist,[35] bleibt freilich unklar. Immerhin wird mit dem Hauslehrer Moses Philippsohn, der in Burgkunstadt unterrichtete und im Haus des Feibelmann Wertheimer in Bayreuth dessen Bibliothek nutzen konnte, die ihm eine neue Welt öffnete, eine Vermittlerfigur greifbar.[36]

Generell ging die Kenntnis der hebräischen Sprache ohnehin stark zurück und das Jiddische schob sich in den Vordergrund.[37] Auch wenn man dafür anfangs die Frauen im Blick haben mochte – weshalb es als *Weiber-Teitsch* bezeichnet wurde –, so setzte sich das Jiddische doch auch allgemein nach und nach in der Praxis durch; seit Mitte des 18. Jahrhunderts wurden beispielsweise Protokolle der Landjudenschaften so verfasst. Aber auch Bibelübersetzungen und Sittenbücher wie das 1703 in Frankfurt am Main von Jechiel Michal Epstein publizierte Werk ‚Der gerade Weg in die künftige Welt' (‚Derech hajaschar la'olan haba'), eine Zusammenfassung der Religionsgesetze, und Andachtsliteratur sowie Prosaerzählungen folgten, und selbst ein Gebetbuch erschien 1718 in Prag in der Übersetzung. Das Urteil, dass die westjiddische Literatur „viel zur Hebung der jüdischen und allgemeinen Bildung der Juden im Alten Reich beigetragen" habe, für alle „die die hebräische Sprache nicht mehr und die hochdeutsche Sprache noch nicht beherrschten",[38] signalisiert einen langsamen Wandel.

Dennoch erreichte die hebräische Buchproduktion in der ‚Provinz' auch im Südosten des Reiches einen hohen Standard. Hatten schon die Ansätze des 16. Jahrhunderts in Schwaben die Lücken gefüllt, die sich kurzzeitig in den großen Zentren Prag und Venedig auftaten, so entfaltete sich nun in Sulzbach ein neuer und langwähriger Druckort, ja „keine zweite hebräische gleichzeitige Offizin hat sich vielleicht in deutschen Ländern einen derartig festgegründeten Ruf und

---

33 Ehrenpreis, Hoffaktoren in Franken, S. 39f.
34 Breuer, Frühe Neuzeit, S. 229, 231.
35 Graetz, Jüdische Aufklärung, S. 285f.
36 Och, Haskala in Franken, S. 70f.
37 Breuer, Frühe Neuzeit, S. 210–212.
38 Breuer, Frühe Neuzeit, S. 213.

Ruhm bei den Volksmassen erobert, wie die Sulzbacher Druckereien. Ihre Popularität war von etwa 1730–1830 unerschütterlich";[39] insgesamt verließen nicht weniger als 701 Drucke die dortigen Offizinen.[40] Die erst 1666 entstandene jüdische Siedlung, die durch Wiener Exulanten seit 1670 anwuchs, erhielt schon im gleichen Jahr einen Rabbiner. Dahinter stand die Person des Landesherrn, Pfalzgraf Christian August (reg. 1641–1708), dessen starkes Interesse für die jüdische Kabbala die Förderung der Gemeinde an seiner Residenz gewährleistete.[41] Ihm ist auch die Gründung der Druckereien zuzuschreiben,[42] denn nach dem ersten Anlauf durch Isaak Kohen ben Jehuda (Jüdels) aus Prag 1669 erhielt 1684 Moses Bloch ein Privileg für eine weitere Offizin, die dann seine Söhne fortsetzten, ehe Aharon ben Uri Lipmann aus der Familie Fränkel und dessen Nachkommen sie weiter betrieben. Moses druckte 1684 eine Prachtausgabe des ‚Sohar', des klassischen Werks der Kabbala, an der nicht zuletzt der Herzog und sein Kanzler Christian Knorr von Rosenroth[43] beteiligt waren.

Die nachfolgenden Schwerpunkte lagen dann allerdings auf der jüdischen Gebrauchsliteratur: Gebetbücher (Abb. 48) und *Haggadot* als „Verkaufsschlager", Kalender und Erbauungsliteratur, Erzählsammlungen, aber auch Handbücher für Hausfrauen und Schächter.[44] Verschiedene Werke waren zweisprachig angelegt, im Gelehrten-Hebräisch für die Gebildeten und in jiddischer Übersetzung für Frauen, Kinder oder einfache Leute. Selbst an eine Ausgabe des babylonischen Talmud wagte man sich heran, zunächst seit 1694 von Teilen, dann seit 1755 einer Gesamtausgabe, die freilich in einen „Verlegerkampf" mit der Amsterdamer Offizin der Props mündete.[45] Die Kunden saßen aber nicht nur im deutschsprachigen Raum, sondern auch in Osteuropa. Sulzbach versuchte also, „sich gegenüber den großen Druckstätten zu emanzipieren" und neben Amsterdam, Prag und Venedig „eine neue Art von Drucken, die frei blieb von Lokalkolorit und Stilauflagen und zudem erschwinglich war", durchzusetzen.[46] Gegenüber dieser hohen Produktionsquote blieb auch die Druckerei in Fürth zurück, die von Mordechaj Model aus Ansbach 1691 eingerichtet wurde, auch wenn sie sich im 18. Jahrhundert mit weiteren Offizinen vorwiegend auf rabbinische Schriften

---

39 Weinberg, Die hebräischen Druckereien, S. 3 (Vorrede).
40 Zum Folgenden auch Tamari, Sulzbach, passim, bes. S. 53; knapp Tamari, Druckereien.
41 Dazu Weinberg, Sulzbach, S. 11–21; Synagogenband I, S. 290f.
42 Dazu Weinberg, Die hebräischen Druckereien, S. 9–98; das Verzeichnis der Drucke im Anhang S. 104–167, sowie die weiteren Drucke (bis Nr. 602) bei Weinberg, Ergänzungen, S. 11–16.
43 Dazu Kilcher, Kabbala in Sulzbach.
44 Tamari, Druckereien Sulzbachs, S. 203.
45 Tamari, Sulzbach, S. 57f.
46 Tamari, Sulzbach, S. 63.

**Abb. 48:** Isaak Kohen ben Jehuda: ‚Birkat haMazon', Sulzbach. Abraham Lichtenthaler [1669], Haus- und Tischgebete

ausrichtete, ganz zu schweigen von dem kleinen Druckort Wilhermsdorf im Ansbachischen.

War es vor allem die „sekundäre Intelligenz" – Lehrer, Vorsänger, Schächter, Prediger, Mystiker –, die auf dem Land „für die Verbreitung und Erhaltung des Judentums" sorgte,[47] und spielten die jeweils vorhandenen lokalen bzw. regionalen Traditionen dabei in der Praxis eine wesentliche Rolle, so waren es die Rabbiner, die weiterhin den religiösen Diskurs trugen. Doch während sich an den großen Zentren des aschkenasischen Judentums wie mit R. Jacob Emden in Altona, „einer der größten Autoritäten des 18. Jahrhunderts", erste Öffnungen gegenüber den neuen Wissenschaften einstellten,[48] blieben die fränkischen und schwäbischen Rabbiner weitgehend traditionsorientiert.

In Franken hatte sich die Betreuung durch Rabbiner im Laufe des 17./18. Jahrhunderts entscheidend verbessert:[49] Amtierte 1607 offenbar nur ein Rabbiner in

---

47 Breuer, Jüdische Religion und Kultur, S. 73.
48 Breuer, Frühe Neuzeit, S. 223–228, Zitat S. 226.
49 Wilke, Die rabbinische Kultur Frankens, S. 75–84.

Fürth, mussten sich die Würzburger Juden in dieser Zeit nach Fulda wenden, so hatte die Entwicklung der Gemeinden die Berufung zahlreicher Rabbiner nicht nur auf der Ebene der Landjudenschaften, sondern auch in den größeren Gemeinden möglich gemacht. Unter den Flüchtlingen aus Polen und Litauen nach dem verheerenden Pogrom des Kosakenaufstandes unter Bogdan Chmielnicki 1648 waren auch zahlreiche Gelehrte, sodass deren Tradition nun in Fürth ein größere Rolle spielte;[50] und unter den 1670 aus Wien Vertriebenen war Bärmann Fränkel (gest. 1708), der als Landesrabbiner eine herausragende Stellung einnahm und in seinem Testament Kapital für das von ihm gestiftete Lehrhaus, die *Jeschiwa* der Klaus-Synagoge, zur Verfügung stellte (s. Kap. 19). Mit der ‚Dynastie' Fränkel wurde zudem die Vorrangstellung Fürths in ganz Franken etabliert, besetzte sie doch zeitweise auch die Ansbacher und Würzburger Landesrabbinate, ähnlich wie später die Familie Berlin, von der zwei Mitglieder in Bamberg und Bayreuth wirkten. Die „vielköpfige Gelehrtenschaft" mit dem Rabbinatskollegium und den Lehrern an den *Jeschiwot* kann als Träger für „ein loses Bündel von religiös motivierten Bildungs- und Wohlfahrtsanstrengungen" begriffen werden, „verteilt über diverse Gebäude, zu dem die verschiedenen Einrichtungen und Privatpersonen der Gemeinde freiwillige Beiträge leisteten". Die Attraktivität war immerhin so groß, dass der Prager Oberrabbiner R. Jecheskel Landau „die angebotene Fürther Stelle erst nach längerer Bedenkzeit ablehnte".[51]

Aber selbst in Schwabach, das den Sitz des Landesrabbinats der Markgrafschaft Ansbach von Fürth übernahm,[52] waren im späten 18. Jahrhundert europaweite Berufungen festzustellen: Hier amtierten bis 1771 Josua Heschel aus Lemberg und von 1771 bis 1781 Aron Mosessohn aus Glogau, die durch Kommentarwerke berühmt wurden, und als letzter Landesrabbiner zwischen 1780 und 1792 Juda-Löb Lemberger, der vorher lange in Mähren tätig war. In Bayreuth dagegen kam mit David Dispeck ein neuer Zug zum Tragen, denn er, geboren in der Region, wurde nach langen Jahren der Lehre im Ausland, insbesondere an der *Jeschiwa* von Metz, 1784 zum Landesrabbiner in Baiersdorf berufen.[53] In Bamberg[54] ist in gleicher Weise R. Moses Broda zu würdigen, der 1718 als Sohn eines Prager Rabbiners berufen wurde und 1733 nach Worms abwanderte, im dortigen Memorbuch wegen „seiner Frömmigkeit und Demut, seine[r] gründli-

---

[50] Vgl. dazu ausführlich Löwenstein, Fürth, S. 153–203; jetzt auch Ohm, Juden in Fürth, S. 66–75.
[51] Zitate aus Wilke, Die rabbinische Kultur Frankens, S. 79–81.
[52] Berthold-Hilpert, Schwabach, S. 14f.; Wilke, Die rabbinische Kultur Frankens, S. 76f.
[53] Wilke, Die rabbinische Kultur Frankens, S. 82; Brocke/Wilke, Biographisches Handbuch, Bd. I, S. 252 Nr. 0317. Eine einfühlsame Biographie bei Vogel, R'David Diespeck, passim.
[54] Zusammenstellung der Biographien bei Eckstein, Bamberg, S. 160–181.

chen Gelehrsamkeit und Belesenheit" gerühmt wurde. Er fand später in seinem Schwager R. Joseph Breslau, Verfasser mehrerer gelehrter Werke, in den Jahren 1743–1752 einen Nachfolger.[55]

Über Gelehrsamkeit und Ausstrahlungskraft verfügten in Schwaben[56] R. Henoch Sundel, der 1660 belegt ist; er kam nach dem Chmielnicki-Aufstand über Prag und Amsterdam nach Schwaben, und von ihm ist ein umfangreiches schriftstellerisches Werk – homiletische Vorträge und Responsen – überliefert, das von seinem Sohn R. Jehuda Löb herausgegeben wurde, der ihm im Amt nachfolgte. Damit war das schwäbische Landesrabbinat immerhin eingebunden in die aschkenasische Gelehrsamkeit, auch wenn in dieser Phase keine *Jeschiwa* mehr existierte.

Somit zeichnet sich durchaus ein Bild von rabbinischer Gelehrsamkeit ab, denen manche Privatlehrer an die Seite zu stellen sein dürften, die in den jüdischen Häusern und gelegentlich auch in gemeindlichen Schulen unterrichteten und damit zusammen ein beachtliches Netz jüdischer Bildung knüpften. Von einem generellen Verfall jüdischer Kultur in der ländlich-kleinstädtischen Provinz kann also nicht die Rede sein, vielmehr handelte es sich um eine von einigen bedeutenden Figuren getragene, in die europäische Tradition eingebundene Gelehrsamkeit, die sich nach unten in eine vereinfachte, popularisierte Kultur verbreitete – wie sie durchaus auch auf christlicher Seite aufscheint, wenn man von den großen Bildungszentren in die Fläche geht. Der Gesamttenor war freilich auf die Bewahrung der Tradition gerichtet, und in einer derartigen Konstellation hatten die Impulse der Aufklärung einen schweren Stand. Konnten sie überhaupt greifen?

Die bekannten fundamentalen Einschnitte der jüdischen Aufklärung, der *Haskala*, spielten sich bekanntlich in Norddeutschland, vor allem Berlin, ab.[57] Moses Mendelssohn sorgte als die große Führungsfigur seit den 1750er Jahren für die entscheidenden Impulse: mit der Übersetzung des Pentateuch ins Deutsche und seiner Kommentierung im *Bi'ur* als „kollektivem" Werk in den Jahren 1773–1783 wollte er „der christlich-rationalen Deutung der Bibel eine jüdisch-rationale entgegensetzen", die in „ein durch Tradition und Offenbarung [...] geheiligtes Segment der jüdischen Kultur, ins Studium der Bibel, nonkonformistisch, rationalistische Maßstäbe einzubringen" suchte.[58] Wenn Mendelssohns Wohnhaus und nicht die Synagoge zum Mittelpunkt eines neuen Diskurses wurde, der

---

55 Eckstein, Bamberg, S. 169–173.
56 Ullmann, Nachbarschaft und Konkurrenz, S. 199–202.
57 Zum Folgenden vor allem Graetz, Jüdische Aufklärung, S. 251–350; und neuerdings umfassend Feiner Haskala, passim.
58 Graetz, Jüdische Aufklärung, S. 287–295, Zitate S. 289, 293.

zudem nicht mehr von den Rabbinern, sondern von Intellektuellen, den *Masikilim*, getragen wurde, die sich durch wissenschaftliches Interesse und Freundschaft verbunden sahen, dann bedeutete das einen grundlegenden Bruch mit den Strukturen jüdischen Denkens. Ziel des philosophischen Diskurses war es, wissenschaftliche Erkenntnis und jüdischen Glauben zusammenzusehen, miteinander zu versöhnen.

Zur Bewegung einer „Maskilischen Republik" wurde dieser Ansatz allerdings erst dadurch, dass sie sich über Vereine, Zeitschriften und Buchdruck eine „neue Öffentlichkeit" schuf und damit einen innerjüdischen ‚Kulturkampf' eröffnete. Dabei ging es zum einen um eine Anbindung der ‚heiligen' hebräischen Sprache an diesen Diskurs, zum anderen um die selbstverständliche Verwendung der deutschen Sprache als Wissenschaftssprache und schließlich um die Konsequenzen im täglichen Leben der jüdischen Gemeinden.[59] Zunächst lehnte man sich 1755 mit dem Organ ‚Kohelet musar' (‚Der Moralprediger') an die ‚Moralischen Wochenschriften' der Umwelt an, griff dann aber weiter aus, um das Hebräische zur Literatursprache zu machen und mit ‚Ha me'assef' (‚Der Sammler') seit 1784 ein eigenständiges Sprachrohr zu schaffen, und nutzte zudem das Theater als Bühne für die Propagierung der neuen Ideenwelt. Zum wichtigen Instrument wurde die Schule. Unter der Rezeption der generellen pädagogischen Neuorientierung dieser Jahre entwickelte insbesondere Naftali Herz Wessely ein Reformkonzept, um „die Verknüpfung jüdisch-traditioneller mit säkularer Bildung" zu leisten, aber auch der „Anpassung des Bildungsprogramms an die seelische und geistige Entwicklung des Kindes" gerecht zu werden.[60] Die Gründung von Reformschulen seit 1778 von Berlin, Breslau, Dessau bis Frankfurt (1804) sollte vor allem den unbemittelten Familien Bildungsmöglichkeiten bieten, während die wohlhabenderen nach wie vor Hauslehrer bevorzugten. Doch gerade bei ihnen stellten sich auch erste Zeichen einer Akkulturation ein – die in den berühmten Berliner Salons einen ersten Höhepunkt erreichten.[61]

Die geistige Emanzipation erfasste anfangs freilich nur eine kleine Gruppe vorwiegend in Preußen, die schnell auf den Widerstand der orthodoxen Rabbiner traf, aber umgekehrt wiederum zur Zielscheibe der Kritik wurde. Die politische Ebene wurde mit der Schrift des preußischen Spitzenbeamten, des ‚Kriegsrats' Christian Wilhelm Dohm von 1781 ‚Über die bürgerliche Verbesserung der Juden' erreicht, der mit einem Reformkonzept auf eine grundlegende Revision der immer noch prekären Rechtstellung der Juden zielte, und dessen Ideen unter

---

[59] Dazu ausführlich Feiner, Haskala, S. 233–454.
[60] Graetz, Jüdische Aufklärung, S. 336.
[61] Vgl. dazu Berghahn, Grenzen der Toleranz, S. 232–262.

dem Einfluss der Edikte Kaiser Josephs II. seit 1782 und der bürgerlichen Gleichstellung in der Französischen Revolution 1791 auch Breitenwirkung erzielten. Mit einer zumindest partiellen Radikalisierung stießen die *Maskilim* nach dem Tod Mendelssohns 1786 nicht zuletzt bis zur Frage nach dem Wesen des Judentums vor: Die Überprüfung der Grundlagen ging schließlich so weit, selbst die Zeremonialgesetze in Frage zu stellen und an eine ‚Religion der Vernunft' anzupassen. „Die ewigen Wahrheiten, das Wesen, wurden höher, die Form, das ausschließlich die Juden verpflichtende Gesetz hingegen niedriger bewertet. Beide Teile, ähnlich wie Körper und Seele, blieben weiterhin verbunden, aber die ewigen Wahrheiten, als Kern einer Religion der Vernunft, wurden dominierend".[62]

Es spricht vieles dafür, „eine Transformation auf zwei verschiedenen Ebenen und in unterschiedlichen Rhythmen" zu konstatieren:[63] Während eine Minderheit von aufklärerischen Reformern mit Hilfe der Philosophie und der säkularen Wissenschaften eine neue geistige Grundlage schaffen wollte und auf einer publizistischen Diskursebene operierte, vollzog sich ein langsamer Wandel in den alten Gemeinden vor Ort, auch abseits der großen Zentren. Damit stellt sich die Frage, wann und wie diese Entwicklungen eine Randzone wie den Südosten des Alten Reiches erfassten. Für die *Haskala* lassen sich drei potentielle Einfallstore ausmachen: Regensburg, Fürth und Würzburg. Für den kulturellen Wandel in den Gemeinden wird man weiter ausgreifen und insbesondere die Hofjuden unter die Lupe nehmen müssen.

R. Isaak Alexander (1722–1802) in Regensburg war eine Einzelfigur, wenn auch eine mit erstaunlich weitreichenden Überlegungen.[64] 1770 als Rabbiner gewählt – es handelte sich allerdings nicht um eine städtische Gemeinde, sondern um die Reichstagsjuden, die unter dem Schutz der Pappenheimer und des Kurfürsten von Sachsen standen[65] (s. Kap. 18) –, öffnete er sich der Philosophiegeschichte und studierte intensiv Gottfried Wilhelm Leibniz und Christian Wolff: Seine Schriften in deutscher Sprache ‚Von dem Daseyn Gottes, die selbstredende Vernunft' und ‚Von der Freyheit des Menschen' suchten die jüdische Bibelauslegung mit den Maßstäben der Vernunft zu verbinden, und mit ‚Salomo und Joseph II.' stellte Isaak einen Regentenvergleich an, der in beiden Platons Ideal des ‚Philosophen als König' verkörpert sah[66] – der Beitrag wurde 1784 in der Zeitschrift ‚Ha me'assef' sehr lobend herausgestellt. Auch Friedrich Nicolai würdigte

---

62 Graetz, Jüdische Aufklärung, S. 332.
63 Dazu Graetz, Jüdische Aufklärung, S. 351–355, Zitat S. 355.
64 Heuer, Isaak Alexander, passim; Brocke/Wilke, Biographisches Handbuch, Bd. I, S. 139f.
65 Strobel, Pappenheim, S. 31–38, 44–48, 61–70, 81–85.
66 Edition der Schriften durch Speicher, Isaak Alexander.

Alexander als unerwartet aufgeschlossenen Rabbiner.[67] Mit der Schrift ‚Verein! Der Mosaischen Gesetze mit dem Talmud in zwey Abhandlungen verfasst' von 1786 führte er dann nicht nur in die Bedeutung des Talmud ein, sondern verteidigte die hebräische Sprache und forderte die Christen auf, sich mit ihm und den hebräischen Schriften intensiver zu beschäftigen:

> *Wenn nun ein jeder die interessante Sache der Ebräischen Sprache genau einsehe, und sich der Mühe anvertraute, Besitzer dieses Kleinod zu werden, und dem Grund des Werths genau erforschen, so würde die reiche Ausbeute, die daran verwendete Zeit köstlich belohnen. [...]*

Die Aussicht auf ein tieferes und vorurteilsloses Verständnis des Judentums sei jedenfalls möglich, denn

> *Wie viele böse Anschläge wären vereitelt worden, was für Uebel, Unheil und falsch gegründete Vorwande hätten in ihren Vorhaben ersticken müßen, wenn die ebräische Sprache, allgemeiner gewesen wäre, weil nur dann ein jeder selbst eingesehen, wie viele unschuldige Vorwürfe und Beschuldigungen, was für gefährliche, ungeräumte der Gottheit und der holden Religion so entgegengesetzte Straflasten, das Haus Jakob unter dem despotischen Joche höchst ungerecht ertragen muste – Paßion und Reli-gionshaß, hätten niemals jene Eroberungen gemacht, welche sie in ältern Zeiten mit dem zu ihrem Vortheil gewünschten Erfolge ausgeführt haben.*[68]

Die Kontakte mit der Berliner Haskala blieben jedoch offensichtlich sporadisch und in Regensburg fand R. Alexander, soweit ersichtlich, kein Echo.

In Franken lässt sich demgegenüber zumindest in Umrissen eine breitere Einbindung in das Netzwerk der *Haskala* erkennen.[69] Der eingangs genannte Simon Höchheimer steht dabei zweifellos im Zentrum, offenbart sich doch in seinem Lebenslauf die Zuspitzung der Fronten zwischen Traditionalisten und Reformern besonders stark.[70] Er selbst folgte anfangs noch dem ‚klassischen' Bildungskanon als *jüdischer Orthodox und gelehrter Talmudist*, wie er sich selbst charakterisierte,[71] mit dem Ziel, Rabbiner zu werden, doch er ging schon 1774–1780 nach Berlin, wandte sich der *Haskala* zu und versuchte anschließend eine Anstellung in der bischöflichen Verwaltung in Würzburg mit klaren Akzenten: „zur Bekämpfung der Armut im Allgemeinen und der der jüdischen Nation im Besonderen sowie zur

---

67 Feiner, Haskala, S. 226, 291.
68 Zit. nach Speicher, Isaak Alexander, S. 210, 215f.
69 Dazu Och, Haskala in Franken, S. 64–71.
70 Nach Och/Renda, Simon Hochheimer; jetzt Grossmann, Würzburgs Mendelssohn.
71 Aus seinen autobiographischen ‚Skizzen meines früheren Lebens', zit. nach Grossmann, Würzburgs Mendelssohn, S. 37.

Reform des jüdischen Bildungs- und Schulwesens".[72] Bezeichnenderweise kam er nicht zum Zuge, eine direkte Einbindung jüdischer Reform war offenbar nicht gewünscht. Höchheimer setzte aber weiterhin auf die Erneuerung, nun erneut in Berlin, dann mit dem Studium der Medizin, und vertrat sie konsequent bis zu seinem Tod. Die Abschnitte seines Lebens in Franken – eine neue Rückkehr 1786, eine weitere 1792/93 – blieben allerdings wieder nur Episoden, und erst seit 1802 in Würzburg, dann seit 1806 als Arzt in Fürth, konnte er eine tiefere Wirksamkeit entfalten.

Andere Figuren des Reformlagers berührten Franken sehr viel mehr am Rande.[73] Aaron Halle-Wolfssohn aus Halle, der 1760 mit der Familie nach Fürth gezogen war, von dort den Sprung nach Berlin gemacht und als Beiträger der Zeitschrift ‚Ha me'assef' bzw. ab 1792 als Lehrer an der Reformschule in Breslau bzw. 1807 in Berlin im Hause der Bankiersfamilie Beer zu den *Maskilim* zu stoßen – auch er kehrte erst 1813 nach Fürth und Bamberg zurück. Demgegenüber blieb Marcus Elieser Bloch aus der Nähe von Ansbach, der über Hamburg zum Mendelssohnkreis in Berlin kam und sich dann der Naturgeschichte verschrieb, Franken fern.

Zeichnet sich damit auch Fürth immerhin als mögliches Einfallstor ab, so wird das neben diesen vorwiegend wissenschaftlich orientierten Juden auch in einer Führungsfigur aus der Handelswelt wie Elkan Henle sichtbar, der später maßgeblichen Einfluss auf die öffentliche Diskussion nahm (s. Kap. 21). Auch wenn sie eher zu den „Randfiguren" zu zählen sind, gehörten weiterhin der Bayreuther Kaufmann Emanuel Osmund, der mit Jean Paul in Verbindung stand, und der Kaufmann Simon Sommerhausen aus dem benachbarten Niederwerrn, für den ebenfalls Kontakte zu Mendelssohn belegt sind, zu diesem Kreis.

Eine begrenzte Offenheit in der Begegnung von Christen und Juden spiegelt sich zudem in den Verbindungen zur Wissenschaft an den Universitäten Altdorf und Würzburg:[74] In Altdorf – der Nürnberger Universität – hatte die Beschäftigung mit dem Judentum schon eine gewisse Tradition, setzten sich doch die Theologen Johann Christoph Wagenseil (1633–1705) und Gustav Georg Zeltner (1672–1738) mit der rabbinischen Literatur auseinander. Wagenseil beherbergte sogar zeitweise den aus Prag stammenden Gelehrten R. Beer Perlhefter, der ihn in die jüdische Literatur einführen sollte. Beer war seinerseits in der Gelehrtenwelt vernetzt, zeigte zeitweise eine gewisse Sympathie für die messianische Bewegung und lehrte später in Mantua an der *Jeschiwa* des R. Abraham Rovigo,

---

72 Grossmann, Würzburgs Mendelssohn, S. 79–97, Zitat S. 90.
73 Och, Haskala in Franken, S. 71–73.
74 Dazu Och, Haskala in Franken, S. 73–77.

konnte aber in Franken nicht Fuß fassen und kehrte nach Prag zurück.[75] Wagenseil seinerseits blieb zwar bei der Judenmission als Konsequenz, kämpfte aber gegen die Absurdität der Ritualmordlüge.[76] Trotz einer gewissen Zwiespältigkeit in der Beurteilung seines Verhältnisses zu jüdischen Gelehrten, ergibt sich doch aus seinem Briefwechsel eine hohe Wertschätzung von jüdischer Seite und damit „spiegeln sich in den Dokumenten konkrete Aspekte des wechselseitigen Kultur- und Wissenstransfers zwischen jüdischen und christlichen Gruppen wider".[77]

Zwei Schüler Zeltners dagegen traten eine Generation später mit herausragenden Werken an die Öffentlichkeit: Der Uttenreuther Pfarrer Johann Georg Christoph Bodenschatz (1717–1792) legte 1748/49 ein kenntnisreiches, wenn auch nicht vorurteilsfreies vierbändiges Werk über die ‚Kirchliche Verfassung der heutigen Juden' vor.[78] Johann Jacob Rabe (1710–1798), der in Ansbach die geistliche Laufbahn einschlug und zunächst dritter ‚Stadtkaplan' (Pfarrer), dann auch Scholarch und schließlich Superintendent wurde,[79] erstellte in den Jahren 1760–1763 eine Übersetzung der *Mischna*, die sogar Mendelssohn anerkennend würdigte, und sah sich damit als „Vermittler zwischen Juden und Christen", ging es ihm doch darum, *die Geseze und Rechte desselben, wie solche in ihrem Corpore Juris, wie wir es nennen können, in dem Talmud enthalten sind, mehr bekannt zu machen und ins Licht zu setzen.*[80] Auch wenn er die Position der lutherischen Orthodoxie nicht verließ, so war er doch bestrebt, der christlichen Umwelt eine adäquate Informationsgrundlage zu bieten, und legte ein Werk „von nüchterner Sachlichkeit" vor.[81]

An der Würzburger Universität war die katholische Aufklärung mit Bischof Adam Friedrich von Seinsheim (reg. 1755–1779) und insbesondere Franz Ludwig von Erthal (reg. 1779–1795) zum Durchbruch gekommen.[82] Zur zentralen Figur für das Verhältnis zu den Juden – die in der Stadt selbst allerdings immer noch nicht geduldet wurden, sondern nur Kammern für ihre Waren einrichten durften[83] – wurde Franz Oberthür (1745–1831), Professor für Dogmatik und Polemik (!), philanthropisch gesinnt und „einem humanitär-irenischen Christentum verpflich-

---

75 Dazu ausführlich abwägend Riemer, Lebensweg von R. Beer.
76 Zu ihm Bobzin, Judenfeind oder Judenfreund?
77 Riemer, Gelehrtennetzwerke, Zitat S. 111.
78 Vgl. dazu Heinrich, Bodenschatz' ‚Kirchliche Verfassung der heutigen Juden'.
79 Zu Leben und Werk Eberhardt, Johann Jacob Rabe; Stemberger, Mishna-Übersetzung.
80 Eberhardt, Johann Jacob Rabe, S. 670–673, Zitat S. 672f.
81 Stemberger, Mishna-Übersetzung, S. 120.
82 Baum, Bildungswesen und Geistesleben, S. 368–376.
83 Baum, Jüdische Geschichte, S. 769.

tet", der sich vor allem dem Sozial- und Bildungswesen widmete.[84] Auch er wird sich später im modernen Bayern mit einer Denkschrift für die Verbesserung der fränkischen Juden einsetzen. Und er war einer der Förderer Simon Höchheimers, andere der Domherr Friedrich Graf von Stadion und der Philosoph Matern Reuß, die Regierungsräte Frhr. von Würzburg und Franz Ludwig von Fichtel, Joseph Karl Theodor von Eberstein, Thurn und Taxisscher Hofmeister – zumindest trugen sie sich in das schon erwähnte Stammbuch Höchheimers ein.[85]

In der traditionsorientierten jüdischen Welt mit Fürth als Hochburg blieb in diesen Jahren jedoch die strikte Ablehnung der *Haskala* noch dominant.[86] Die Pentateuch-Übersetzung des Mendelssohnkreises wurde zwar nicht verboten, doch die Distanz dazu war unübersehbar. Ein bezeichnender Fall kann das in nuce demonstrieren: Mosche Steinhardt, der Sohn des Gemeinderabbiners Josef Steinhardt in Fürth, setzte schon sehr früh auf „die Erlösung der Wissenschaft".[87] Er hatte 1765 für die jiddische Übersetzung von Bachia ibn Pakudas' Werk ‚chavot ha-levavot' eine in hebräischen Buchstaben gesetzte deutsche Übersetzung mit eigenem Kommentar beigefügt, knüpfte damit also an die Argumentation des Mendelssohnkreises mit der Wertschätzung der Veröffentlichungen in deutscher Sprache an. Noch weitergehend aber war, dass er in diesem Zusammenhang schrieb: *Unter anderem empfehle ich, die Astronomie des Kopernikus zu übernehmen*, weil er sie als vernünftig einschätzte und sie mit den Glaubensgrundlagen vereinbar hielt. Aber: *Ich halte mich allein an die Vernunft, und wer mich widerlegen will, dem werde ich alles beweisen.* Sein Vater hatte zwar zur Veröffentlichung die bis dahin übliche und notwendige rabbinische Approbation der Schrift ausgestellt, doch 1773 sah er sich – in dem Klima des orthodoxen Fürth nicht überraschend, aber doch in der Vehemenz der Sprache – zu einem scharfen Verdikt veranlasst: *Meine ganze Beschwerde gilt jenen, die unsere Tora zu etwas Zufälligem und Nebensächlichem machen und sich die ganze Zeit mit schalen und unnützen Dingen beschäftigen, mit Philosophie und Naturwissenschaften dieser Welt. [...] Welcher Dumme wird ihren stinkenden Worten glauben, die nur Abscheu erregen und abstoßen?* Härter konnte die Kritik nicht ausfallen, und das Beispiel dokumentiert in seiner Zuspitzung die Problematik der Konfrontation, die in Fürth im ausgehenden 18. Jahrhundert herrschte.

Doch der Befund lässt sich über Fürth hinaus erweitern, denn die Landesrabbiner in Schwaben und Franken in den Jahren um 1790 bildeten ein dichtes Netz

---

84 Grossmann, Würzburgs Mendelssohn, S. 79–92, Zitat S. 90.
85 Schnabel, Skizzen einer neuen Belehrungsart?, S. 103–107.
86 Dazu Och, Haskala in Franken, S. 79–82.
87 Feiner, Haskala, S. 87–90; das Zitat entstammt der Kapitelüberschrift.

der Orthodoxie.[88] Nur mehr wenige gehörten zu dem Kreis der aus Osteuropa Berufenen, die in hohem Ansehen für ihre Gelehrsamkeit standen und die Spitze der Hierarchie bildeten – deren Wirkungsorte im Westen und Norden des Reiches lagen.[89] Meschullam Kohn in Fürth stammte aus Rawicz (Großpolen), war über verschiedene Stationen in Altona und Polen 1789 nach Fürth berufen worden; Ascher Löw in Wallerstein aus Minsk hatte seine Ausbildung in Metz erhalten, wurde 1783 Landesrabbiner der würzburgischen Ritterschaft in Niederwerrn, ehe er 1784 nach Wallerstein wechselte, woher sein Schwiegervater stammte. Benjamin-Wolf Spiro in Pfersee war aus einer Rabbinerfamilie in Böhmen über das Landesrabbinat in Oettingen nach Burgau gekommen.[90] Die übrigen waren jedoch bereits im Lande geboren und verwandtschaftlich miteinander verbunden: So amtierte beispielsweise Jakob Katzenellenbogen (gest. 1795) zwischen 1765 und 1795 in Oettingen; er war ein Enkel des Schwabacher Landesrabbiners Moses ben Saul und Sohn des Wallersteiner Rabbiners Pinchas. Sein eigener Sohn Pinkas wurde 1792 wiederum zum Nachfolger seines Schwiegervaters, des ansbachischen Oberlandesrabbiners Juda-Löb Lemberger, Ortsrabbiner in Schwabach, und erhielt 1794 das dortige Distriktsrabbinat übertragen.[91]

Diese enge Vernetzung sorgte sicher auch dafür, dass die konservativen Rabbiner ihre Distanz zu den Reformideen gemeinsam verteidigen konnten, wie das zumindest an einigen Punkten zutage tritt. So trat der Ansbacher Landesrabbiner Salomon-Schalom Ullmann, Sohn des Gemeindevorstehers aus Fürth, 1791 „aus Abscheu gegen die kulturelle Assimilation des deutschen Judentums" von seinem Amt zurück und ging nach Ungarn. Von Jakob Katzenellenbogen, dem Landesrabbiner von Oettingen, ist überliefert, dass er aus Anlass einer Hochzeit in Altona von seinem Verwandten Kohn aufgefordert wurde, „weitere Rabbiner für den Kampf zu gewinnen"; gemeint war als Ziel des Kampfes eine Schrift des Saul Berlin, die sich im Gewand der traditionellen Responsenliteratur für eine umfassende Reform des Religionsgesetzes aussprach.[92] Im benachbarten Wallerstein hatte sich unter Ascher Löw seit 1791 eine Kontroverse mit der Regierung entwickelt, in der die frühe Beerdigung revidiert werden sollte – was auch die *Maskilim* aufgriffen und 1787 Marcus Herz in Berlin zu einer scharfen Ablehnung der Tradition geführt hatte, die aber wiederum den Widerstand der konserva-

---

[88] Das Folgende unter Auswertung der Biographien von Brocke/Wilke, Biographisches Handbuch.
[89] Vgl. Wilke, Rabbinerausbildung, S. 84–89.
[90] Brocke/Wilke, Biographisches Handbuch, Nr. 0951, S. 541f. (Kohn), Nr. 1148, S. 616f. (Löw), Nr. 1187, S. 1686.
[91] Brocke/Wilke, Biographisches Handbuch, Nr. 894, 895, S. 516–518.
[92] Feiner, Haskala, S. 422–424.

tiven Rabbiner heraufbeschwor.[93] Ascher Löw wandte sich strikt gegen jede Änderung, *solange sie* [die Juden, R.K.] *das Recht besässen, nach Glaubens- und Ceremonienwesen ihrer Väter verfahren zu dürfen. Nie könne ein solches Recht der tolerirten Nation streitig gemacht werden, ohne die heiligen Gesetze der Toleranz zu entehren.*[94] Diese wenigen Schlaglichter mögen genügen, um die kontroversen Positionen zu markieren, die sich in Franken im ausgehenden 18. Jahrhundert gegenüberstanden.

Eine andere Facette des Problems, inwieweit die Rezeption der Aufklärung auch einen mentalen und gesellschaftlichen Wandel in unserer Region auslöste, bringt erneut die Hofjuden ins Spiel, stellten sie doch eine Gruppe dar, in der sich die Akkulturation gegenüber ihrer christlichen Umwelt auf pragmatischer Ebene in langsamen, aber doch erkennbaren Schritten als Transformationsprozess in Richtung ‚Moderne' vollzog.[95] Freilich ist das Problem in seiner regionalen Dimension noch nicht wirklich geklärt, deshalb muss sich die Antwort auf wenige Indizien beschränken. Nimmt man als Kriterien den Übergang in der Verwendung der Umgangssprache von Jiddischen zum Hochdeutschen, die Beschäftigung mit der aufgeklärten Literatur und die Teilnahme am öffentlichen Leben, die Übernahme des Habitus der bürgerlichen Oberschicht in Kleidung, Wohnung und Verhalten, dann sind bis zum Beginn des 19. Jahrhunderts die Befunde zweifellos widersprüchlich.

Ein aufschlussreiches Beispiel bietet die Situation in der Gemeinde Hohenems in Vorarlberg – die zwar räumlich abgelegen erscheint, aber aufgrund ihrer Genese eng mit *Medinat* und *Minhag* Schwaben verbunden war.[96] Die Hofjudenfamilie Levi, mit der die Familie des bischöflichen Hofjuden Ephraim Ulmann in Pfersee bei Augsburg verwandtschaftlich verknüpft war, gehörte zweifellos in den Kreis der jüdischen Oberschicht und nahm eine führende Stellung in der Gemeinde ein, legte dabei aber unterschiedliche Verhaltensmuster an den Tag.[97] Auf der einen Seite standen Stiftungen an die Synagoge und die *Chewra Kaddischa*, die Beerdigungsbruderschaft, die Unterrichtung der Kinder im Hebräischen und im Talmudwissen – sie sollten *blos nicht neumodisch* werden –, die das Festhalten an der Tradition markieren. Auf der anderen Seite hat sich ein Porträt des Lazarus Josef Levi von 1795 erhalten, das ihn bartlos und in bürgerlicher Kleidung zeigt (Abb. 49).

---

93 Feiner, Haskala, S. 415–422.
94 L. Müller, Aus fünf Jahrhunderten II, S. 133–136.
95 Vgl. dazu Ries, Hofjuden als Vorreiter?
96 Vgl. Purin, Landjudentum; Graf, Hohenems und Sulz; vgl. Ullmann, Jüdische Räume, S. 248–250.
97 Grabherr, Hofjuden auf dem Lande, passim.

Zudem ist das Verzeichnis einer Familienbibliothek überliefert, in der die überwältigende Mehrheit der 46 Titel der Belletristik, Ratgeber- und Reiseliteratur sowie der Philosophie – darunter auch ein Werk von Kant – zuzuordnen waren und nur ganz wenige wie die ‚Ritualgesetze der Juden' von Moses Mendelssohn und ein *taitsch-jitisch Gebetbuch* der jüdischen Religion. Dass die Gemeinde dann 1813 auch eine jüdische Lesegesellschaft gründete, die offensichtlich auf die kurz vorher eingerichtete nichtjüdische in Feldkirch antwortete und deren Mitglieder nicht nur aus den Familien der Hofjuden, sondern auch von Angestellten der Firmen kamen, unterstreicht, dass die Aufgeschlossenheit gegenüber Neuem zu einem wichtigen Faktor geworden und der Akkulturationsprozess bereits vorangekommen war – beinhaltet aber auch den Befund, dass es durchaus noch Grenzziehungen zur Umwelt gab. Es ist zu erwarten, dass die Situation in den Augsburger Vorortgemeinden, also bei den Verwandten der Levi, den Ullmann in Pfersee, nicht viel anders, ja wohl noch ausgeprägter ausfiel. Inwieweit auch in den fränkischen Territorien ähnliche Prozesse im Gang waren, lässt sich derzeit noch nicht genauer einschätzen, dürfte aber wahrscheinlich sein.[98] Sicher vollzog sich der Wandel in den kleinen Territorien und ihren Residenzen langsamer, war sehr viel mehr „den Zufällen persönlicher Kontakte und den individuellen Interessen autodidaktischer Studien am Ende des 18. Jahrhunderts vorbehalten". Insgesamt jedoch kam den Hofjuden generell eine Übergangsrolle zu, denn sie waren zum einen „traditionsstabilisierend", schlossen aber eine „zeitgemäße Modernisierung der Tradition nicht aus"; sie eröffneten gleichsam „ein Experimentierfeld für ‚Akkulturation'", agierten aber sehr viel pragmatischer aus ihrer Lebens- und Wirtschaftssituation heraus als die *Maskilim*.[99]

Auch wenn die Verbindungslinien zur norddeutschen *Haskala* also nicht zu unterschätzen sind, und sich erste Anzeichen einer Akkulturation auf der Ebene der Hofjuden einstellten, so kann doch für die Zeit bis zur politischen und territorialen Neuordnung 1803/06 in Franken und Schwaben nur von ersten Anzeichen einer Rezeption gesprochen werden. Die Ursachen sind zweifellos in den strukturellen Voraussetzungen zu suchen: Die trotz erster Reurbanisierungsansätze nach wie vor dominante Struktur kleinstädtisch-ländlicher Siedlungen hemmte den intellektuellen Austausch und sorgten dafür, dass selbst die inzwischen wieder selbstständig gewordenen Gemeinden vorwiegend im lokalen und kleinregionalen Kontext lebten – und dort in ihrem Festhalten an der „volkstümlichen Orthodoxie" ihre innere Sicherheit aufrechtzuerhalten suchten.

---

[98] Skeptischer Ehrenpreis, Hoffaktoren in Franken, S. 37–39.
[99] Ries, Hofjuden als Vorreiter?, Zitate S. 46, 62f.

# Im Spannungsfeld von volkstümlicher Orthodoxie und Haskala — 357

**Abb. 49:** Lazarus Josef Levi aus Hohenems (Vorarlberg), Porträt von H. Kraneck 1795

# Zwischenbilanz 2:
# Pragmatismus oder Aufklärung?

Geht man von der Stellung Frankens und Schwabens in der jüdischen Aufklärung aus, dann bestand zweifellos ein hohes Defizit: Es gab Ansätze zur Rezeption, aber auch massive Widerstände – die Region(en) erscheinen als tiefe ‚Provinz'. Doch das ist nur die eine Seite der spezifischen Strukturen des frühneuzeitlichen ‚Landjudentums', die andere Seite findet sich im Leben vor Ort. Die Vielgestaltigkeit der Phänomene und Strukturen erfordert eine differenzierte Sicht, die zum einen die ideengeschichtliche Seite, zum anderen die politisch-herrschaftlichen Entwicklungen und zum dritten die Pragmatik der Lebensbewältigung vor Ort berücksichtigen muss.

Zunächst ist festzuhalten, dass die Einstellungen zum Judentum im ‚konfessionellen Zeitalter' keinem grundlegenden Wandel unterworfen wurden. Die wenigen gegenläufigen Ansätze der Frühreformation gingen in der Etablierung der reformatorischen Kirchen ebenso unter wie sie von der katholischen in der Gegenreformation nach dem Tridentinum bestätigt wurden: Die Juden wurden von beiden nach wie vor als ‚verstocktes Volk' und als ‚Christusmörder' eingestuft und damit dem Missionsziel unterworfen bzw. in der Praxis mit den gängigen Stereotypen belastet – auch wenn sich die obrigkeitliche Abwehr nun dagegen stellte. Die Wirklichkeit holte die theologische Duldungsformel immer wieder ein – auch dann, als nach dem Dreißigjährigen Krieg der modus vivendi sich zugunsten einer stärkeren Akzeptanz verändert hatte.

In der Normensetzung wirkten die verschiedenen politisch-herrschaftlichen Ebenen ineinander: ein relativ hohes Maß an Reichspräsenz im Vergleich zu anderen Regionen des Römisch-Deutschen Reiches, die sich nicht nur in den Rahmenrichtlinien des Reichsrechts und in der Reichsgerichtsbarkeit, sondern auch in einem ausgeprägten Reichsbewusstsein der Juden selbst niederschlug, dann auf einer zweiten Ebene die wenn auch in unterschiedlichem Grad einsetzende und sich vertiefende Implementierung von Ordnungskonzepten in den Territorien und schließlich drittens die Regelungen der Ortsherrschaften, insbesondere der Reichsritterschaften, die vielfach in Konkurrenz erlassen wurden oder zumindest ergänzend wirkten. Ausweisungen wurden seltener, blieben aber nicht aus, vollzogen sich mit wenigen Ausnahmen in unblutigen Abläufen, aber doch in diskriminierender Weise wie noch relativ spät in Pfalz-Neuburg 1740.

Die stimulierende Wirkung des jüdischen Handels und der Kreditvergabe auf den verschiedenen Ebenen trug dazu bei, die Akzeptanz zu erhöhen: Obwohl das Hofjudentum sich an den kleinen Residenzen in Franken und Schwaben nur ergänzend entfalten konnte, waren ihre Träger in eine umfassende Vernetzung eingebunden, sei es zur Versorgung ‚ihrer' Höfe, sei es als Zulieferer auf Reichsebene. Abwehrmaßnamen wie im Bamberger Aufstand 1699 wichen schnell der Wiederzulassung zu den Märkten, um die Defizite zu kompensieren.

Die Hofjuden übernahmen die Gelenkstellen zwischen Herrschaft und Gemeinde; sie trugen aufgrund ihrer herrschaftlich privilegierten Positionen und den Führungsrollen in den Gemeinden zweifellos zur Stabilisierung bei, zumal sich damit eine gewisse Reurbanisierung einstellte, die den Mangel an Zentren zwar nicht ausgleichen, aber doch mildern konnte. Damit korrespondierte ein demographisches Wachstum und daraus wiederum resultierte eine Restrukturierung auch der dörflich-kleinstädtischen Gemeinden – das Ideal der *Kehilla* wurde zumindest partiell, etwa in Schwaben und in Teilen Unter- und Mittelfrankens, wieder erreichbar. Insofern kann von einer gewissen Konsolidierung seit dem 17. Jahrhundert gesprochen werden. Andererseits war der Zustrom von Flüchtlingen aus dem Osten und die Ausgrenzung Nachgeborener bei der Niederlassung als formelle Schutzjuden mit dafür verantwortlich, dass sich die Sozialstruktur zwischen den beiden Polen der Hofjuden und der Betteljuden stärker ausdifferenzierte und das Ideal der Gemeindeeinheit aufzubrechen drohte.

Diese generellen Entwicklungstendenzen finden sich in Franken und Schwaben ebenso wie in anderen Regionen des Reiches,[1] doch ihre Dynamik scheint sich nicht in gleichem Maße wie im Norden und Westen entfaltet zu haben. Der Verlust an Zentren und die zumindest teilweise extreme ‚Atomisierung' des 16. Jahrhunderts behinderte offenbar die Wege zur Modernisierung. Einige Tendenzen lassen jedoch die Zielrichtungen eines langfristigen Wandels erkennen: So war die territoriale Judenpolitik darauf gerichtet, die jüdischen Niederlassungen über die herrschaftliche Kontrolle einzupassen und in den territorialen Untertanenverband zu integrieren. Die Landjudenschaften und Landesrabbinate, die seit der ersten Hälfte des 17. Jahrhunderts entstanden, um die extreme Vereinzelung zu überwinden, d.h. die kleinen Niederlassungen organisatorisch zu verklammern und damit wieder zu funktionsfähigen Einheiten zu machen – ein Vorgang, der aus dem Konsens von Herrschaft und Judenschaften erwachsen war –, brachte die eigenständigen Elemente jüdischer Geographie zunehmend in Übereinstimmung mit den territorialen Gegebenheiten. Gleichzeitig mit dieser herrschaftlichen und bürokratischen Verdichtung – in Parallele zu den ‚absolutistischen' Bestrebungen der frühmodernen Staatlichkeit – verloren die Gemeinden aber auch an eigenständigen Kompetenzen, was sich insbesondere in der Stellung der Rabbiner äußerte, deren Spruchtätigkeit auf die zeremoniale und

---

[1] Vgl. Breuer, Frühe Neuzeit, S. 228–239.

ehe- und erbrechtliche Ebene eingeschränkt wurde, während die zivil- und strafrechtlich relevanten Fälle der territorialen Gerichtsbarkeit angegliedert wurden.

Auch diese Entwicklungen waren in anderen Regionen gegeben.[2] Die Einschätzung dessen, wie sie für die grundsätzliche Frage nach der Zuordnung zu den beiden Polen von „Integration und Segregation" zu werten sind, ist freilich umstritten.[3] Auf der einen Seite ist die theologische Vorgabe der ‚Verstocktheit' gleichsam als unverrückbar einzustufen und war damit Zeichen der Segregation. Andererseits sind die Entwicklungsfaktoren langer Dauer als Zeichen des Wandels unverkennbar: Dazu gehören sowohl die zunehmende Behandlung der Juden als ‚Untertanen', die den Normen territorialer Politik unterworfen wurden wie andere auch, sei es in der Handhabung der ‚policeylichen' Vorschriften, sei es in der gerichtlichen Praxis. Selbst die innere Differenzierung jüdischer Lebensformen deutet darauf hin, das „eine weitgehend intakte Einheitsgesellschaft der Schutzjuden" am oberen wie unteren Rand auszufransen begann und Akkulturationsphänomene auftraten – auch wenn die „immanenten religiösen Grenzen der identitätsbildenden talmudischen Gebote und auch der örtlichen *minhagim*" weiterhin wirksam blieben.[4]

Blickt man jedoch auf die alltagspraktische Seite, dann sind trotz des Fehlens von flächendeckenden Zentralorten, von denen ansonsten die Impulse zur Veränderung ausgingen, auch in dieser ‚Provinz' weiterreichende Entwicklungsmomente auf der Ebene der Ortsgemeinden zu erkennen. Die in Schwaben und zumindest teilweise in Franken gewährte Partizipation jüdischer Haushalte an der Allmende, also an der Nutzungsgenossenschaft der politischen Gemeinden, bei der die Vorstände der jüdischen Haushalte gleichberechtigt in der Dorfgenossenschaft agierten, mit ihnen ‚hegten und legten', also über gleiche Rechte und Pflichten verfügten, gab den Anstoß zum Aufbau paralleler Strukturen. Die jüdische Präsenz im Dorf, stellenweise besonders unterstrichen durch die innergemeindlichen Einrichtungen, nicht zuletzt die Architektur der Synagogen und das Ringen um die Öffentlichkeit markierten einen Anspruch auf Gleichberechtigung. Hier ist in gewisser Weise an die Parallele bikonfessioneller Städte und Dorfgemeinden zu erinnern, in denen diese wechselseitige Akzeptanz von Gemeindeteilen in einem, wenn auch mühsamen Prozess eingeübt wurde. Diese Entwicklung kann als ein pragmatischer Weg zur Emanzipation gewertet werden, dessen Gewicht nicht zu überschätzen sein dürfte.[5] Wenn sich diese Entwicklung vor

---

[2] Breuer, Frühe Neuzeit, S. 187–201.
[3] So Battenberg, Zwischen Integration und Segregation, passim.
[4] Dies betont Battenberg, Zwischen Integration und Segregation, S. 437–442, Zitate S. 437, 441.
[5] Kießling, Weg zur Emanzipation?; Ullmann, Ressourcen, S. 98f.

allem in Schwaben verfolgen lässt, aber wohl auch in einer ganzen Reihe anderer Kleinregionen im Süden und Südwesten des Reiches Relevanz gewonnen haben dürfte, während die norddeutschen Territorien davon offenbar eher unberührt blieben, könnte das mit den langdauernden Traditionen jüdischer Präsenz zu tun haben. Auf jeden Fall kann unter diesen Umständen nicht mehr von den Juden als einer ‚Randgruppe' der Gesellschaft gesprochen werden,[6] die tendenzielle ‚Ehrlosigkeit' wurde abgestreift – immerhin eine der zentralen Wertvorstellungen der frühmodernen Gesellschaft.[7] Zweifellos war dieser Weg nicht überall in gleichem Maße umsetzbar. In Franken dürfte er sporadischer realisierbar gewesen sein, immerhin herausragend in Fürth, war aber auch in verschiedenen Dörfern nachweisbar, während in anderen wiederum die ‚Randständigkeit' der Juden noch sehr viel deutlicher sichtbar wurde.

Die Wirkungen der *Haskala* waren demgegenüber bescheiden. Trotz einer gewissen Vorbereitungsphase durch die Bereitschaft an den intellektuellen Zentren von Altdorf und Würzburg, jüdische Wissenstraditionen besser zu verstehen, blieben die wenigen *Maskilim* bzw. Adepten der *Haskala* Randfiguren. Das Selbstverständnis der ‚volkstümlichen Orthodoxie' dominierte in den kleinen Gemeinden, und die großen, allen voran Fürth, bzw. die Funktionsstellen der Landrabbiner formierten ein wirksameres Bollwerk ‚traditioneller Orthodoxie' gegen die Infragestellung ihres Traditions- und Selbstverständnisses, das in den großen Städten in Aschkenas unter dem Signum „Der Zeitenwende entgegen" beschrieben wurde.[8] Hier wirkte sich der Charakter der ‚Provinz' entscheidend aus, sodass zunächst noch offenblieb, in welchem Maße und wann aufklärerisches Gedankengut Relevanz im Umbruchsprozess der Emanzipation gewinnen konnte – auch wenn um die Jahrhundertwende erste Stimmen laut wurden, die auf eine praktische Reform zielten, um die Lebensumstände zu erleichtern.

Diese Entwicklungslinien waren freilich nicht alle zukunftsträchtig, denn die fundamentalen Umwälzungen der Napoleonischen Ära schnitten sie weitgehend ab, und ob und wie sie wieder aufgenommen wurden, unterlag völlig neuen Rahmenbedingungen.

---

6 Vgl. dazu die entsprechende Passage in der Einführung.
7 Ullmann, Kontakte und Konflikte, passim.
8 Vgl. Breuer, Frühe Neuzeit, S. 223–228, 243–247.

# 21 Neue Koordinaten im modernen bayerischen Staat

Am 26. Januar 1801 formulierte ein Reskript von Kurfürst Max IV. Joseph aus Pfalz-Zweibrücken, der 1799 das Erbe in Kurbayern angetreten hatte, eine weitreichende Einschätzung, was das Schicksal der Juden in seinem Territorium betraf: Es sei seine

> schon frühere Überzeugung bestätigt worden, daß die Juden nach ihrer dermaligen Verfassung dem Staate offenbar schädlich seien. Es ist derhalben bei Sr. Churfürstl. Durchlaucht der landesväterliche Wunsch rege geworden, daß dieser unglücklichen Menschenklasse, welche in beträchtlicher Anzahl in den Churfürstlichen Erbstaaten vorhanden sind, und ohne ungerecht und grausam zu sein, aus demselben nicht mehr verbannt werden kann, mehrere Nahrungsquellen ohne Nachteil der Churfürstlichen christlichen Unterthanen eröffnet, und überhaupt eine solche Einrichtung getroffen werden möchte, durch welche sie allmählich zu nützlichen Staatsbürgern erzogen würde und die Würdigkeit dazu erlangen könnte.[1]

Diese Vorgabe sollte die weitere Diskussion um den Status der Juden bestimmen – zumal das kurz darauf am 26. August 1801 erlassene Toleranzedikt, das die Voraussetzung des katholischen Glaubens für die Ansässigmachung beseitigte und damit die seit dem 16. Jahrhundert gültige Katholizität des Territoriums beendete, ausdrücklich nicht für die Juden gelten sollte.[2]

Dem Kurfürstentum selbst unterstanden zu dieser Zeit allerdings erst wenige Juden: die Münchner Hoffaktoren, sodann in dem ehemaligen Fürstentum Pfalz-Sulzbach die Gemeinden in der Residenzstadt Sulzbach sowie in Sulzbürg, Floß und im Bezirk Rothenberg; die des Fürstentums Pfalz-Neuburg waren 1740 ausgewiesen worden (s. Kap. 16). Insofern handelte es sich zunächst um eine kleine Minderheit von zusammen gut 1.000 Personen. Die Juden waren damals wegen des Güterhandels in der Oberpfalz ins Visier der christlichen Majorität und damit der Behörden geraten – er wurde schon 1799 verboten –, und der Entzug der Hoffaktorenpatente im gleichen Jahr signalisierte die Bereitschaft der Regierung zum Neuanfang.[3] Das Reskript von 1801 vollzog die Weichenstellung für die Zukunft, denn es wurde zur Grundlage für die weitere Politik – und damit auch für die in den anschließenden Jahrzehnten einbezogenen Gemeinden der neugewonnenen Territorien in Franken und Schwaben.

Der fundamentale Wandel, der sich mit dem Napoleonischen Zeitalter in der europäischen Staatlichkeit vollzog, brachte auch für die Juden generell eine

---

1 Zit. nach Schwarz, Juden in Bayern, S. 98f.
2 Schwarz, Juden in Bayern, S. 100f.
3 Schwarz, Juden in Bayern, S. 93–97.

völlig neue Situation.[4] Zum einen gab die revolutionäre Neuordnung mit dem Beschluss der Französischen Nationalversammlung von 1791, den Juden das volle Bürgerrecht zu gewähren, einen wichtigen Anstoß für ein grundsätzliches Überdenken ihrer Rechtsstellung auch im Reich, zum anderen bedeutete das Revirement der territorialen Grenzen eine völlig neue Zuordnung der Juden in Franken und Schwaben auf die neue Staatlichkeit des modernen Bayern.

Die entscheidenden Schritte der Gebietsveränderung[5] begannen nach dem Frieden von Lunéville 1801, der im Reichsdeputationshauptschluss von 1803 als Entschädigung für die an Frankreich abgetretenen linksrheinischen Gebiete die Säkularisation der Reichskirche und die Mediatisierung der Reichsstädte vorsah. Während letztere seit langem keine Juden mehr beherbergten, wurden mit den bischöflichen Hochstiften sowie den Reichsklöstern und Reichstiften Territorien aufgehoben und in den bayerischen Staat eingebaut, die zahlreiche jüdischen Gemeinden umfassten: neben Teilen von Eichstätt vor allem die fränkischen Besitzungen von Bamberg und Würzburg mit ihren zahlreichen jüdischen Niederlassungen – freilich musste Würzburg schon mit den Friedensschlüssen von Brünn und Preßburg 1805 an den Erzherzog Ferdinand von Toskana abgetreten werden und kam erst 1814 endgültig an Bayern, nun zusammen mit dem Fürstentum Aschaffenburg aus dem alten Mainzer Erzstift, das seit 1803 in der Hand des Kurfürst-Erzkanzlers Karl Theodor von Dalberg (1744–1817) als eigenständiger Teil seiner komplexen Besitzungen geführt worden war.[6] Der zweite Zuwachs an jüdischen Siedlungen ergab sich aus der Mediatisierung von 1806, die wiederum aus der Gründung des Rheinbundes unter dem Protektorat Napoleons resultierte: Hier schlugen vor allem die Besitzungen der kleinen Reichsfürsten, der Reichsgrafen und Ritterschaften in Franken, aber auch die schwäbische Grafschaft Oettingen und die Ritterschaften an der Iller mit weiteren jüdischen Gemeinden zu Buche. Zudem musste Österreich im Ländertausch von 1806 die Markgrafschaft Burgau abtreten und Preußen gab das Markgraftum Ansbach gegen das niederrheinische Herzogtum Berg an Bayern ab; Bayreuth folgte durch Kauf 1810 mit den Pariser Verträgen. Der mit dem Wiener Kongress 1814/15 und seinen Folgeverträgen abgeschlossene ‚Länderschacher' hatte einen Staat geschaffen – seit 1806 war Bayern zudem Königreich und damit souverän –, der sich mit einer völlig neuen Situation konfrontiert sah, was den Umgang mit der jüdischen Minderheit betraf, nachdem er seit der Mitte des 15. Jahrhunderts (fast) keine Juden mehr in seinem Territorium kannte.

---

4 Vgl. dazu Battenberg, Europäisches Zeitalter, Bd. II, S. 85–109.
5 Vgl. dazu Weis, Begründung des modernen bayerischen Staates, S. 1–44; dazu die Karten bei Spindler/Diepolder, Bayerischer Geschichtsatlas, S. 36.
6 Vgl. zu dieser Phase Post, Kurmainz, S. 450–499.

**Tab. 1:** Anzahl der Juden in den Kreisen des Köngreichs Bayern 1813–1832

| Kreis | 1813 Ansässige | | 1822 Ansässige | | Davon betr. Familien | | | 1826 – 1832 Seelenzahl | | |
|---|---|---|---|---|---|---|---|---|---|---|
| | Familien | Seelen | Familien | Seelen | Feldbau | Handwerke | Handel | 1826 | 1829 | 1832 |
| Isarkreis | 38 | 210 | 89 | 498 | 1 | — | 88 | 702 | 853 | 922 |
| Unterdonaukreis | — | — | 1 | 12 | — | — | 1 | 4 | 12 | 9 |
| Oberdonaukreis | 1 355 | 6 840 | 855 | 4 226 | 107 | 92 | 313 Haus. | 4 538 | 4 914 | 4 767 |
| Regenkreis | 121 | 820 | 120 | 742 | 4 | 1 | 56 Haus. | 716 | 732 | 728 |
| Rezatkreis | 2 262 | 11 872 | 2 784 | 14 191 | 88 | 27 | 562 Haus. | 14 706 | 14 617 | 14 528 |
| Illerkreis | 317 | 2 506 | | | | | | | | |
| Mainkreis Obermainkr. | 1 256 | 7 400 | 1 398 | 6 246 | 26 | 11 | 426 Haus. | 6 602 | 6 672 | 6 666 |
| Salzachkr. | | | | | | | | | | |
| Untermainkreis | — | — | 4 316 | 17 017 | 26 | 11 | 1188 Haus. | 17 301 | 17 769 | 17 914 |
| Stadt Augsburg | 7 | 56 | | | | | | | | |
| Rheinkreis | — | — | 2 000 | 10 470 | — | 17 | | 12 998 | 13 927 | 14 473 |
| Innkreis (Innsbruck) | 7 | 52 | | | | | | | | |
| | 5 363 | 29 756 | 11 563 | 53 402 | 252 | 159 | | 57 567 | 59 496 | 60 007 |

Die vorhandene Struktur jüdischer Siedlungen im neuen Königreich, die als Ergebnis der jahrhundertelangen Entwicklung nun übernommen wurde, wird in ihrem Ungleichgewicht in den ersten Bestandsaufnahmen der Ära König Max' I. (reg. 1799–1825) sichtbar: Die Statistiken der bayerischen Regierung – Graf Maximilian von Montgelas ließ generell detaillierte Erhebungen zur Zusammensetzung und Betätigung der Bevölkerung erstellen – ergeben bereits für das Jahr 1813 (ohne Tirol) einen jüdischen Anteil von insgesamt 5.304 Familien mit 29.756 Personen, nach dem Zugang Würzburgs und Aschaffenburgs waren es 1822 (ohne die Pfalz) 9.563 Familien mit 42.932 Personen (Tab. 1).[7]

Die Verteilung auf die Regionen – 1822 bezogen auf die Kreise, die 1808 nach französischem Vorbild in Form einer rein rationalen Gliederung des Königreiches eingerichtet wurden – spiegelt diese Situation wider (Abb. 50): Während

---

7 Schwarz, Juden in Bayern, S. 350.

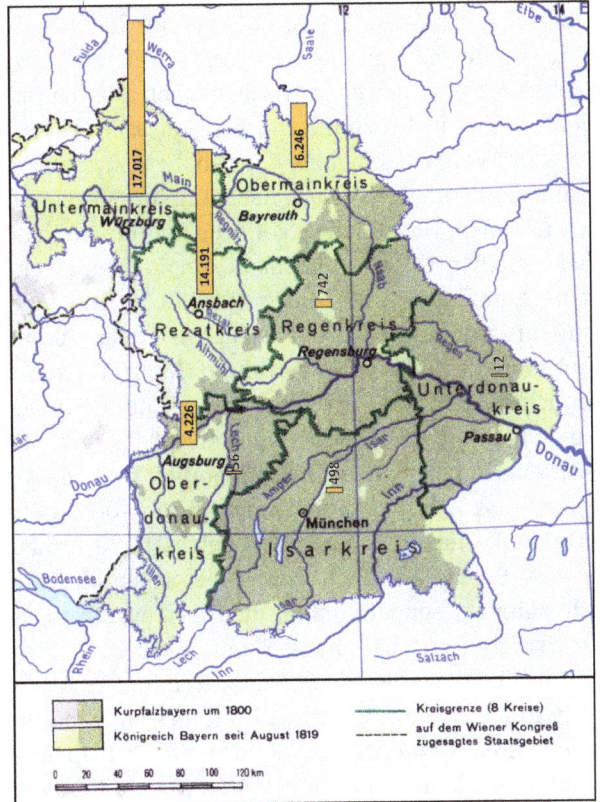

**Abb. 50:** Verteilung der Juden auf die Kreise im Königreich Bayern 1822

in den altbayerischen Territorien seit der Mitte des 15. Jahrhunderts praktisch keine Juden mehr lebten und sich in der Oberpfalz nur wenige Gemeinden halten konnten, massierten sich die Gemeinden und Niederlassungen in Franken und Schwaben – Ergebnis einer langen historischen Entwicklung. Allein in Mainfranken gab es 292 Siedlungen, von denen 92 bis zu 50 Mitglieder, 138 bis zu 125 und lediglich 62 Siedlungen mehr Mitglieder hatten.[8] Neu waren nur wenige Niederlassungen, unter ihnen allerdings drei mit ganz eigenen Akzenten: in der Hauptstadt München, in der Reichsstadt Augsburg sowie in der Bischofsstadt Würzburg. Sie weisen darauf hin, dass gerade in dieser Phase des politischen Umbruchs eine beachtliche Dynamik bestand, in der die aufgestiegenen und aufsteigenden jüdischen Familien verstärkt auf eine Neufundierung ihrer Existenz in den Städten zielten. Die Urbanisierung meldete sich erstmals deutlicher zu Wort.

---

[8] Krug, Juden in Mainfranken, S. 52f.

Die Aufnahme von drei jüdischen Familien im Jahre 1803 in der Stadt Augsburg – noch war sie Reichsstadt – war insofern ein spektakulärer Schritt, als damit eine jahrhundertelange Abwehrhaltung aufgegeben wurde.[9] Jakob Obermayer, Simon Wallersteiner und Henle Ephraim Ullmann, alle drei kaiserliche Hoffaktoren und ‚Akkordjuden' aus der Vorstadtgemeinde Kriegshaber, suchten im Februar 1803 beim Magistrat um ein *förmliches Domicil* nach, um ihre Geschäfte in der Stadt besser betreiben zu können. Obwohl die städtische Kaufmannschaft dagegen Sturm lief, hatten sie letztlich Erfolg, denn nicht nur Ratskonsulent Johann Melchior Hoscher plädierte dafür, weil sie *gerade so gut Wechselgeschäfte* betrieben wie christliche Kaufleute, sondern auch in der Lage seien, ein hohes Darlehen für die in Finanznot befindliche Stadt zu gewähren. Nicht ‚Toleranz' begründete diesen ungewöhnlichen Schritt der Stadtregierung, sondern „Pragmatismus und [die] ihr zugrunde liegenden fiskalischen Interessen".[10] Immerhin war das Prinzip durchbrochen, keine Juden in der Stadt zu akzeptieren, und damit war der erste Schritt dazu getan, dass sich nach und nach eine neue Gemeinde bilden konnte – Augsburg tat ihn als erste der ehemaligen Reichsstädte. Genau besehen, waren freilich diese drei Bankiersfamilien nicht die einzigen, die nun ihren festen Sitz in der Stadt nahmen, sondern schon mehrfach waren unerlaubte Übernachtungen zu registrieren und 1798 hatte Simon Jacob Levi sogar den Antrag auf ein Mietverhältnis für eine jüdische Garküche gestellt. Die Praxis der stillschweigenden Duldung in den Jahren des Krieges und des wirtschaftlichen Engpasses erforderte offenbar ein Umdenken.[11] Nachdem das Prinzip aber offiziell durchbrochen war, profitierten in den folgenden Jahren weitere Familien davon, sei es durch eine temporäre Aufenthaltserlaubnis, sei es per königlichem Erlass; 1813 waren es bereits 13.[12]

Ganz ähnlich erscheinen die Anfänge der neuen Gemeinde in Würzburg,[13] denn auch hier steht die finanzielle Potenz einer Familie im Mittelpunkt, die offenbar gezielt im Rahmen der Säkularisation Immobilien ankaufte und damit das fiskalische Interesse der Landesregierung befriedigte. Mit dem Aufstieg in Handelsgeschäften hatte die Familie Hirsch aus Gaukönigshofen auch die Stadthöfe der Klöster Ebrach und Oberzell übernommen, und 1806 gewährte König Max I. Joseph zudem die rechtliche Freizügigkeit, die den förmlichen Eintritt in

---

9 Vgl. zum Folgenden Dotterweich/Reißner, Finanznot und Domizilrecht, passim.
10 Dotterweich/Reißner, Finanznot und Domizilrecht, S. 293–299, Zitat S. 293.
11 Hirsch, Augsburg während der Emanzipationszeit, S. 306–312; Joisten-Pruschke, Juden in Augsburg, S. 298–301.
12 Detailliert dazu Joisten-Pruschke, Juden in Augsburg, S. 301–333.
13 Gehring-Münzel, Würzburger Juden, S. 77–119.

die Hofjudenschaft begründete. In der nachfolgenden Phase des Großherzogtums Toskana fungierte Jakob Hirsch dann als Hofbankier und Kreditgeber für den Adel, was ihm letztlich 1818 in der nun wieder bayerischen Zeit die Nobilitierung einbrachte. Diese Initialzündung mit großzügiger Gewährung des Wohnrechts durch den Großherzog zog weitere jüdische Familien an, sodass sich 1807 bereits 16, dann im Jahre 1814 insgesamt 29 und drei Jahre später sogar 34 in der Stadt niedergelassen hatten – in der Regel mit Schutzbriefen aus anderen Orten, aber bald auch solche ohne Schutzbriefe. Bei der Anlage der Matrikel im Sommer 1817 wurden freilich nur 25 von ihnen akzeptiert, 1823 kamen noch vier weitere dazu.

Die Situation in München stellte sich im Prinzip nicht viel anders dar, doch hatte bereits seit Beginn des 18. Jahrhunderts die Ansiedlung jüdischer Hoffaktoren eingesetzt, die Aufenthaltsrechte in der Residenzstadt genossen.[14] Boten anfangs die Genehmigungen der kaiserlichen Statthalterschaft im Spanischen Erbfolgekrieg diese Möglichkeit, so sprach Kurfürst Max Emanuel selbst 1718 seinem Pferdelieferanten Joseph Mändle aus Kriegshaber den ersten Hofschutz aus, und bald folgten Bedienstete und Familienangehörige. Auch Max Emanuels Nachfolger hielten an der Praxis der Duldung fest, und 1750 hob Max III. Joseph sogar das immer noch gültige generelle Aufenthalts- und Gewerbeverbot auf. Die Hofjuden lebten freilich nach wie vor in Gasthäusern im Stadtteil ‚Im Tal' – 1750 waren es neun Haushalte mit 20 Personen –, wobei die Unterkunft des Simon Wolf Wertheimer gleichsam den Mittelpunkt bildete; in seiner Wohnung konnte 1763 auch eine erste Betstube eingerichtet werden. Mit Kurfürst Karl Theodor von der Pfalz (reg. 1777–1799) änderte sich diese eher sporadische Präsenz jedoch schlagartig: Mit ihm zogen nach den schwäbischen und fränkischen nun auch Mannheimer und Sulzbacher Hoffaktoren zu, die Präsenz verstetigte sich immer mehr. Zu den traditionellen Geschäften wie der Belieferung der Münze mit Edelmetallen und der Versorgung der Armee traten zunehmend der Handel mit Schmuck, Juwelen und kostbaren Stoffen in der Stadt, sodass sich im Bürgertum der Widerstand formierte, der jedoch von der Landesregierung weitgehend ignoriert wurde. Im Gegenteil: 1781 wurde der Zugang zur Jakobidult für auswärtige Juden gelockert, zudem 1784 die Niederkunft von Jüdinnen erlaubt – die bis dahin zur Geburt nach Kriegshaber bei Augsburg ausweichen mussten – und 1786 die Feier des Laubhüttenfestes gestattet, freilich *in möglichster Stille und Beyseitigung alles Lärmens und Excess*; trotz der Einsprüche des Stadtpfarrers durften die jüdischen Familien zudem *bey ihren Gebräuchen in Begrabung ihrer verstorbenen Sekt-Verwandten* bleiben, also die Zeremonien abhalten, mussten aber die Toten

---

14 Heimers, Aufenthaltsverbot und eingeschränkte Zulassung, S. 43–57.

wiederum auf dem Friedhof von Kriegshaber bestatten. Die Gemeinde blieb somit informeller Natur, eine Regelung in Form einer eigenen Judenordnung wurde zwar seit 1782 angepeilt, aber sie kam nicht zustande – obwohl die Zahl 1798 auf immerhin 38 Haushalte mit 191 Personen angewachsen war. Trotz einer Reihe von durchaus vermögenden Familien „blieben die Juden in München bis zum Ende des 18. Jahrhunderts eine Randgruppe".[15]

Diese Situation fand also Max IV. Joseph aus der pfälzischen Nebenlinie Zweibrücken-Birkenfeld vor, als er 1799 in seine neue Residenzstadt München kam. Er konnte zwar auf Erfahrungen mit den Judengemeinden im eigenen Territorium Pfalz-Zweibrücken zurückgreifen,[16] legte aber zunächst eine gewisse Unentschiedenheit an den Tag:[17] Sein leitender Minister Maximilian von Montgelas hatte in den 1780er Jahren „viel Sympathie für die Israeliten und Mitleid mit ihnen wegen ihrer Geschichte voller Verfolgungen und Tragik" gehegt.[18] Doch bei der Staatsbildung schlug man schnell einen ganz anderen Weg ein.

Nachdem die alten Patente der Hoffaktoren für erloschen erklärt waren, lebten viele der Familien in der Ungewissheit über ihren Schutz, doch eine generelle Ordnung für die Münchener Juden ließ auf sich warten. Lediglich Aaron Elias Seligmann erhielt noch 1799 das Bürgerrecht für sich und seine Söhne und Schwiegersöhne – die kurfürstliche Anleihe bei ihm für die Besoldung der Truppen machte das unumgänglich. Als dann endlich das Ergebnis der Beratungen vorlag, das Regulativ vom 17. Juni 1805, hatte sich das eingangs zitierte Erziehungskonzept durchgesetzt: nur 70 Familien wurden anerkannt, die restlichen 37 sollten die Stadt verlassen – aber die Gewährung der staatsbürgerlichen Gleichheit wurde nun abhängig von der Bewährung für den Staat. Die restriktive Linie hatte gesiegt, und damit war eine wichtige Leitlinie für die weitere Politik vorgegeben.

Die drei Fälle von Augsburg, Würzburg und München machen erneut deutlich, dass die jüdische Elite der Hoffaktoren und Bankiers in der Lage war, die lange Zeit der Abwehr, die in den wichtigsten Typen städtischer Zentren – kurfürstliche Residenz, Bischofsstadt und Reichsstadt – herrschte, zu durchbrechen; die fiskalischen Interessen überwogen, die Grenzen waren an wichtigen Stellen durchlässiger geworden. Vor diesem Hintergrund ausgesprochen pragmatischer Politik wird die Auseinandersetzung über die Grundsatzfragen verständlich, die sich in den gleichen Jahren vor allem in Franken entfaltete. Sie stand ihrerseits im

---

15 Heimers, Aufenthaltsverbot und eingeschränkte Zulassung, S. 45.
16 Vgl. dazu R. Scholl, Judenrecht im Herzogtum Pfalz-Zweibrücken.
17 Löffelmeier, Wege in die bürgerliche Gesellschaft, S. 59–63.
18 Weis, Montgelas, Bd. II, S. 599.

Kontext des generellen Diskurses in den deutschen Territorien und nahm dabei die jüngeren französischen Entwicklungen – die Einschränkungen im napoleonischen ‚décret infâme' von 1808 gegenüber der 1791 gewährten revolutionären Gleichstellung – auf; sowohl die aufgeklärte Bürokratie beteiligte sich daran mit ihren Einschätzungen wie die jüdische Seite mit Bittschriften.[19] Nach der territorialen Neuordnung drehte sich auch und gerade in Bayern der Diskurs nun vor allem um die ‚bürgerliche Verbesserung', wobei eine breite Palette von Meinungen präsentiert wurde.[20]

Zunächst knüpfte man an die Schriften einiger Vorläufer in den 1790er Jahren mit Überlegungen zur Bewältigung ganz praktischer Probleme an, die in Würzburg und Bamberg unter Bischof Franz Ludwig von Erthal (reg. 1779–1795) und in der Hardenbergischen Reform für die Markgraftümer entwickelt worden waren. So hatte der Gochsheimer Buchhändler Joseph Isaak 1790 in der Zeitschrift ‚Journal von und für Franken' Gedanken zur Lösung des Problems der Betteljuden vorgelegt. Gegenüber dem vom bischöflich-würzburgischen Judenamtmann Friedrich Adam Joseph Röthlein verfassten Gutachten über die ‚Einführung einer Armen-Policey unter der diesfürstlichen Judenschaft', in dem er für eine *gänzliche Ausschaffung des fremden jüdischen Bettel-Gesindels* plädierte, wollte Isaak eine zentrale Einrichtung schaffen, die die jüdische Tradition des gemeindlichen Plettenwesens ersetzen sollte. Beide waren sich aber darin einig, als positive Maßnahme ein *Erziehungs-Institut* zu gründen, das *zum Besten der [...] armen jüdischen Jugend* wirken sollte. Ihre politische Relevanz gewannen die Reformvorstellungen 1792, als eine ‚Vorstellung der ganzen Fürther Judenschaft und aller Jüdischen Einwohner in Franken an den Fränkischen Kreiskonvent' dafür eintrat, generell die Zulassung zu den bislang verbotenen Erwerbszweigen zu ermöglichen und den Leibzoll gänzlich abzuschaffen – was freilich ohne greifbares Ergebnis blieb.[21] Auch Simon Höchheimer begann konkret 1792 mit ‚Unmaßgeblichen Gedanken in Betreff der Judenzollzeichen im Würzburger Land'; es ging dabei um die Praxis der Einhebung des Durchgangszolls für fremde Juden, insbesondere der Reichsritterschaft, die reformiert werden sollte – doch Höchheimers durchaus gemäßigte utilitaristische Reformvorstellungen wurden von der Verwaltung abgelehnt.[22]

---

**19** Vgl. dazu Jersch-Wenzel, Rechtslage und Emanzipation, S. 26–32.
**20** Vgl. dazu Seiderer, Die „bürgerliche Verbesserung", passim; Gehring-Münzel, Würzburger Juden, S. 35–45.
**21** Seiderer, Die „bürgerliche Verbesserung", S. 43–51, Zitate S. 47.
**22** Grossmann, Würzburgs Mendelssohn, S. 188–239.

Die aufgeklärte preußische Regierung unter Karl August Frhr. von Hardenberg, die 1791 die Markgraftümer übernommen und ihrerseits eine grundlegende Reform in Gang gesetzt hatte,[23] bot insofern einen weiteren Impuls mit den schon vom preußischen Staatsrat Christian Wilhelm Dohm angestoßenen Vorschlägen ‚Über die bürgerliche Verbesserung der Juden' von 1781. Dohms Konzept, als Verteidigungsschrift für die Elsässer Juden entstanden, hatte inzwischen weite Verbreitung gefunden und wurde nun nach Franken getragen. Er ging in seiner Verbindung von „Humanität, Aufklärung und Staatszweck" davon aus, dass Ursache und Wirkung zu vertauschen seien: *Alles, was man den Juden vorwirft, ist durch die politischen Verfassung, in der sie itz leben bewirkt, und jede andre Menschengattung in dieselben Umstände versetzt, würde sich sicher eben derselben Vergehungen schuldig machen.* Zum anderen war er als aufgeklärter preußischer Beamter darauf orientiert, die Juden zu ‚nützlichen Staatsbürgern' zu erziehen und das war nur durch die Gewährung der Bürgerrechte zu erreichen: *Unsern festgegründeten Staaten muß jeder Bürger willkommen sein, der die Gesetze beobachtet und durch seinen Fleiß den Reichtum vermehrt.*[24] Die Konsequenz war die rechtliche Gleichstellung unter Wahrung einer religiösen Selbstständigkeit, ja selbst unter Einschluss von gemeindlicher Autonomie. Hardenbergs Reskript vom 16. April 1792 sah zumindest entsprechende Maßnahmen vor, doch rückten sie während der Koalitionskriege gegen das revolutionäre Frankreich in den folgenden Jahren in den Hintergrund und wurden erst danach wieder aufgenommen. Nun riet jedoch die aufgeklärte Bürokratie zur Vorsicht: Als die Kreisdirektoren 1799 zur Stellungnahme aufgefordert wurden, wie sie eine Erhöhung der Aufnahmehürden einschätzten, war der Schwabacher Vertreter Johann Jakob Cella entschieden der Meinung, dass die Zahl der Juden zu vermindern sei, gestand ihnen aber gleichzeitig zu, so *gut wie andere Einwohner* behandelt zu werden, nahm also das Motiv der Gleichberechtigung durchaus ernst. Auch sein Crailsheimer Kollege Johann Bernhard Fischer sprach sich gegen die Benachteiligung aus religiösen Gründen aus und wollte ihnen die bürgerlichen Rechte zugestehen, doch mit dem Ziel, sie *zu nützlichen Gliedern des Staats* zu machen.[25] Immerhin, das Motiv war damit angeschlagen.

Mit dem Umbruch des Jahres 1803 setzte der öffentliche Diskurs erneut ein, diesmal mit Stimmen sowohl aus dem jüdischen Lager wie auch von Seiten der christlichen Aufklärung.[26] Elkan Henle, Kaufmann und Wechselhändler in

---

23 Endres, Staat und Gesellschaft, S. 772–782.
24 Dazu Möller, Aufklärung, Judenemanzipation und Staat, Zitate S. 46, 53, 55.
25 Seiderer, Die „bürgerliche Verbesserung", S. 58–60, Zitat S. 58.
26 Dazu auch Treml, Judenemanzipation, S. 252–254.

Fürth,[27] der nur als *Privatmann [...], welcher nach ehemaliger Sitte nur bis zum zwanzigsten Lebensjahre das Studium des Talmud frequentiert hatte, seine Stimme erhob,*[28] drängte nun mit einer Schrift ‚Ueber die Verbesserung des Judenthums' im Anschluss an Dohm auch auf eine Reform in Franken:

> *Daß der Jude dem Staate nicht wie andre Bürger nüzet, ist warlich nicht seine Schuld. Nicht nur daß der Staat die Bürgerpflichten von ihm nicht heischt, und sich mit Duld= und Schuzgeldern, erhöhten Sporteln, Stempelgeldern u. dgl. begnüget, und der Jude seiner Seits – da er das Bürgerrecht nicht genießt – sich zu Bürgerpflichten nicht verbunden hält, sondern noch mehr, der Staat nimmt sie von ihm nicht an, und leistete er auch alles, was ist seine Hofnung? [...] Freilich kann der verhaßte Name Geduldeter, nicht gerechtfertigt werden. Der Mensch duldet den Menschen: das heißt er läßt ihm das Leben. Obgleich dies nur Sinnesverwechslung ist, daß man unter Duldung der jüdischen Religion, Duldung der Juden, verstehet, so ist doch diese Sinnesverwechslung allgemein, und die Behandlung darnach oft so passend, daß der Jude sich nur geduldet fühlt. Wäre der Juden als Mensch geachtet, man würde längst seine Besserung beabsichtiget und erreicht haben, und warlich dies verdienen die Juden als Juden weit eher, als wenn sie alle an Einem Tage zum Christenthum übergingen.*[29]

Seine Konsequenz: *Es ist wohl kein Zweifel, daß nur die Hinwegräumung des Drucks, der erniedrigenden Unterscheidung, kurz nur das Naturalisiren der Juden der erwarteten Absicht ganz entsprechen kann.* Er dachte dabei freilich primär an den Juden, der *nothwendig eine reine, von schädlichen Gebräuchen entledigte Religion üben, welche sich mit allen andern Religionen verträgt und vereinbaren läßt,*[30] und hielt deshalb eine ganze Reihe von inneren Reformmaßnahmen für notwendig; das zielte gegen die Orthodoxie der Rabbiner und der Landjuden. 1811 legte er zudem Vorstellungen ‚Über die Verfassung der Juden im Königreich Baiern und die Verbesserung derselben zum Nutzen des Staats' vor, in denen er die Vereinbarkeit von jüdischer Religion und Staatsbürgertum propagierte. Er widmete sie Maximilian von Montgelas mit der Bitte, daran wie im französischen Synhedrin, den Napoleon einberufen hatte, auch reformfreudige Juden zu beteiligen – was freilich bezeichnenderweise nicht eingelöst wurde.

Simon Höchheimer wiederum, der Arzt und Anhänger der *Haskala*, der nun mit seiner Schrift ‚Gedanken über Verbesserung der Jüdischen Nation' von 1803 die rechtliche Gleichstellung für die Juden anmahnte, verband sie ebenfalls mit

---

[27] Zu seiner Biographie Treml, Elkan Henle, passim; vgl. zum Kontext Ohm, Juden in Fürth, S. 134–140.
[28] Aus seiner späteren Schrift ‚Die Stimme der Wahrheit' von 1827, zit. nach Och, Haskala in Franken, S. 66.
[29] Henle, Ueber die Verbesserung des Judenthums, S. 13–15.
[30] Henle, Ueber die Verbesserung des Judenthums, S. 19f.

einem Erziehungsprozess, nämlich wenn sie sich *sittlich und moralisch gebildet und dem Staate tauglich gemacht* hätten.[31] Sein Kampf gegen die rabbinische Orthodoxie, sein Plädoyer für ein modernes jüdisches Erziehungswesen, seine Forderung nach Beseitigung der Stellung der Juden als ‚Staat im Staate' gipfelte in der Euphorie:

> *Vielfältiges Heil dem Politiker, der dem Staatskörper seine kranken Glieder gesund, seine verwilderte Menschen zahm macht. Diese Arbeit ist etwas mühsam, aber der Mühe wert: der Menschheit, Menschen, Menschen ihre Menschheit, und dem Staate Menschen mit Menschheit zu geben.*[32]

Die Stimmen aus der christlichen Umwelt blieben demgegenüber zwiespältig. Franz Oberthür, der Dogmatiker an der Würzburger Universität, ergriff zwar im Namen der Vorsteher der fränkischen Judenschaft das Wort, und seine Zukunftsvorstellungen waren gegen die bisherigen Einschränkungen jüdischer Lebensformen gerichtet, forderten erneut die Verbesserung des jüdischen Armen- und Bildungswesens, doch glaubte er die Ziele der Judengemeinden „zum Ärger seiner Auftraggeber" abschwächen zu müssen, denn diese hatten nach dem französischen Modell das sofortige volle Bürgerrecht angestrebt.[33] Auch Oberthür wollte eine schrittweise Emanzipation, eine *Erleichterung ihres sie schwer drückenden Looses*, legte aber das „Hauptgewicht seiner Forderungen [...] auf die Erziehung".[34] Seine Vorbehalte gegenüber einer vollen rechtlichen Gleichstellung resultierten im Endeffekt aus einem „Programm zur künftigen Bekehrung der Juden zum Christentum".[35] Demgegenüber war der Ansbacher Gymnasiallehrer Georg Friedrich Daniel Göß aus dem evangelischen Lager davon überzeugt, dass die Juden von *Nationalstolz* und *unvertilgbarem Haß gegen Fremde* geprägt seien, und war deshalb skeptisch, „ob sie überhaupt zur ‚moralischen Besserung' fähig seien".[36]

Die anschließende Phase des Großherzogtums Würzburg unter der Herrschaft des Ferdinand von Toskana von 1806–1814 sah durchaus eine Fortsetzung des Diskurses innerhalb der aufgeklärten Beamtenschaft.[37] Die Reformkonzepte,

---

31 Seiderer, Die „bürgerliche Verbesserung", S. 53.
32 Grossmann, Würzburgs Mendelssohn, S. 368–376, Zitat S. 369.
33 Treml, Judenemanzipation, S. 251; Gehring-Münzel, Würzburger Juden, S. 43–45; vgl. auch Schwarz, Juden in Bayern, S. 108f.
34 Grossmann, Würzburgs Mendelssohn, S. 364–366, Zitate S. 365.
35 Seiderer, Die „bürgerliche Verbesserung", S. 54f.
36 Seiderer, Die „bürgerliche Verbesserung", S. 56–58, Zitat S. 56f.
37 Gehring-Münzel, Würzburger Juden, S. 49–68.

die sich nicht nur auf die ehemaligen hochstiftischen, sondern auch die reichsritterschaftlichen Juden bezogen, die der Souveränität des Staates unterworfen wurden, gingen auch hier vom Erziehungsmodell aus, wie es Christian Dohm entworfen hatte. Insbesondere die Entwürfe des Ernst von Halbritter (1775–1836) für die Landesdirektion, die eine „großzügige Gewährung weitgehender Rechte mit rigorosen Erziehungsmaßnahmen des Staates" verband, zielte sowohl auf die Beseitigung der jüdischen Autonomie als auch auf eine grundlegende Assimilation des jüdischen Glaubens; er war also nicht bereit, „den Juden als Juden zu emanzipieren".[38] Andererseits war er bereit, die Ausnahmegesetze und Abgaben zu beseitigen, freie Berufswahl zuzugestehen – soweit die christliche Mehrheitsgesellschaft nicht gefährdet wurde – und die gleiche Besteuerung als Untertanen einzuführen. Doch auch dieser Entwurf scheiterte letztlich an der Ablehnung des Staatsrats Johann Michael von Seuffert, dem der Großherzog in seiner Skepsis darin folgte, dass dieses Erziehungskonzept überhaupt erfolgreich sein konnte. Und so blieb es bei der Reduzierung der finanziellen Belastungen, insbesondere 1806 der Beseitigung des Leibzolls und 1807 der Gelder, die für die Marktbesuche in der Stadt Würzburg eingehoben wurden, während die bisherigen Abgaben, die aus dem Judenschutz resultierten, beibehalten blieben. Die Reform, die mit gewichtigen Stimmen eingesetzt hatte, war also weitgehend im Sande verlaufen.

In Schwaben, genauer: in der zu Vorderösterreich gehörenden Markgrafschaft Burgau und in den Judendörfern an der Iller, blieb der Diskurs schon wegen des ländlichen Charakters jüdischer Niederlassungen aus. Die Toleranzpatente Josephs II., die seit 1781 einen differenzierten, in einer relativ großen Spannbreite von Zugeständnissen und restriktiven Bestimmungen pendelnden Reformkurs beschritten hatten,[39] bezogen Vorderösterreich nicht mit ein,[40] sodass in den dortigen Gemeinden kein Einschnitt erkennbar wird. Immerhin hatte der Augsburger Ratskonsulent Johann Melchior Hoscher in seiner Stellungnahme zur Aufnahme der jüdischen Wechselhändler mit dem Satz eingegriffen: *Wer noch glauben mag, daß die jüdische Religion selbst ihre Anhänger auffordere, die sogenannten Goims zu betrügen, der habe noch wenig Schritte hin zu toleranten Gesinnungen gemacht.*

Lässt man die Stimmen Revue passieren, so fällt auf, dass der revolutionäre, wenn auch inzwischen abgeschwächte Ansatz Frankreichs zwar aufgenommen wurde, aber nicht durchdrang. Von einer bedingungslosen und sofortigen Gleichberechtigung auf der Basis der Menschenrechte wollten nur wenige ausgehen,

---

**38** Gehring-Münzel, Würzburger Juden, S. 54–56.
**39** Karniel, Toleranzpolitik, passim; Lind, Juden in den habsburgischen Ländern, S. 394–407.
**40** Lind, Juden in den habsburgischen Ländern, S. 397.

die Mehrheit der aufgeklärten Juden wie Christen folgte dem Erziehungskonzept einer schrittweisen Gewährung unter der Voraussetzung der Akkulturation. Vor diesem Hintergrund nimmt es nicht wunder, wenn dieser Ansatz auch die Ministerialbürokratie bestimmte. Schon das Basisgutachten der Generallandesdirektion, das Christoph von Aretin – der aufgeklärte Spitzenbeamte, Generallandesdirektionsrat und spätere Direktor der Hofbibliothek – 1803 erstellte, setzte auf die ‚Nützlichkeit' für den Staat und sah die ‚Schädlichkeit' „in den mangelhaften Gesetzen, dann in dem starren Isolationismus und in den staatszweckwidrigen Sitten und Gebräuchen der Israeliten".[41] Aretins Vorstellungen gingen vom Status quo aus, wonach keine Vermehrung der Stellen in den bisherigen Orten und keine Ausweitung auf andere Orte erfolgen sollte; er akzeptierte zwar die innerjüdische Organisation, wollte aber die Ausbildung der Kinder in die christlichen Schulen verlagern und plädierte dafür, die wirtschaftlichen Tätigkeiten in Richtung Landwirtschaft und nichtzünftige Gewerbe zu lenken.

Dennoch war man in der Verwaltung bestrebt, die bisherigen Erfahrungen mit in den Blick zu nehmen. Ende 1806 wurden die Mittelbehörden aufgefordert, ihrerseits Gutachten zu erstellen, und solche gingen im Sommer aus dem Oberdonaukreis, dem Rezat-, Regen- und Altmühlkreis ein. Das Bild erschien einheitlich: „Alle diese Berichte fußen auf der Anschauung, die Juden seien dem Staate schädlich und müssten vor ihrer Gleichstellung mit den übrigen Untertanen des Staates erst entsprechend ‚gebessert' werden".[42]

Freilich gilt das nicht in dieser Ausschließlichkeit, wenn man eine Ebene tiefer geht, wie sich im Falle Schwabens anhand der Berichte der Land- und Patrimonialgerichte genauer verfolgen lässt.[43] Die Stellungnahme des Landgerichts Wertingen fiel im Tenor anders aus als die zentralen Gutachten: Der Landrichter schilderte detailliert die schwierige wirtschaftliche und soziale Lage der Juden, um gleich zu ergänzen: *so wir überhaupts der Judenschaft das Zeugniß geben können, daß sie ihren Armen nicht unbedeutende Unterstützung leisten* und zudem *bei den gemeinschaftlichen Abgaben [...] die ärmeren wo nicht ganz doch größtentheils erleichtert werden*. Die Orientierung auf den Handel ergebe sich daraus, dass die traditionelle Lebensweise nichts anderes zulasse. Doch der Landrichter sah beim Blick in die Zukunft die Chance auf eine Verbesserung der Lage durch die Aufhebung von Beschränkungen, d.h. konkret, *wenn sie Hoffnung haben, auf bürgerliche Gewerbe sich in andere Ortschaften ansässig machen zu dürfen, ja, manche dürften sich vielleicht auch der Medizin und anderen Wissenschaf-*

---

41 Schwarz, Juden in Bayern, S. 102–107, Zitat S. 104.
42 Schwarz, Juden in Bayern, S. 128.
43 Dazu Kießling, Pragmatische Emanzipation, S. 177–184.

ten widmen.⁴⁴ Die Erfahrungen vor Ort, die offenbar den Tenor seiner Stellungnahme bestimmte, waren vorsichtiger, abwägender.

Das Gesamtgutachten, das Nepomuk von Raiser, Kanzleidirektor im bayerischen Generalkommissariat des Oberdonaukreises, verfasste, atmet demgegenüber den Geist grundsätzlicher Ablehnung; seine Position stand unter der Formel [...] *weil es gefährlich wäre, die Kette des groß gewachsenen Sklaven zu lösen.*⁴⁵ Bei der Bestandsaufnahme der bisherigen Verhältnisse in der Markgrafschaft Burgau und den übrigen Herrschaften registrierte er auf der einen Seite zwar die bedrückende Existenz der Juden, eine permanente Ausbeutung unter den ehemaligen Herrschaftsträgern und eine religiös bedingte Verachtung und Ablehnung, meinte aber auf der anderen Seite:

> *Aber auch ihre eigene bisherige Verfassung machte sie zur Last des Staats. Herangewachsen ohne den erforderlichen Schulunterricht, ohne phisische, und moralische Bildung, von den Vätern nur in der Kunst des Übervortheilens, und im Wucher unterrichtet, stellten sie sich durch die ängstlich beobachteten Sonderbarkeiten ihres Religionssystems als unbrauchbare Auswüchse der menschlichen Gesellschaft dar.*
> *[...] Sie kannten daher auch keine Bürgerpflicht, und scheinen oft selbst bestimmt dahin belehrt zu seyn, daß es nicht Unrecht wäre, sich gegen die Bedrückungen der Gojim durch List, Verstellung, und Betrug zu rächen.*
> *Ihr ängstlicher Religionswahn, ihre buchstäbliche Gesetzesbeobachtung, und Isolierung qualifizierte sie weder zum Bauren, noch zum Tag- und Handwerker, noch zum Soldaten.*⁴⁶

Seine Empfehlungen fielen deshalb entsprechend hart aus. Zwar forderte er, dass alle spezifischen Judenabgaben – mit Ausnahme der grundherrlichen Lasten und der Gewerbegebühren – aufgehoben und die Juden der normalen landesherrlichen Besteuerung unterliegen sollten, doch dominant blieb bei ihm das rigorose Erziehungskonzept: zwar eine Öffnung der Bildungsinstitutionen und der gewerblichen Berufe, aber Beseitigung der Autonomie der Gemeinden und der Rabbinatsgerichtsbarkeit sowie eine veränderte Gestaltung der Gottesdienste, eine hierarchische innere Organisation mit Rabbinern, die ihrerseits *wissenschaftlich gebildet* sein, d.h. in Bayern Philosophie und orientalische Sprachen studiert haben sollten.

Was für Gesamtbayern nun folgte, waren zunächst Einzelmaßnahmen, typisch für die Übergangssituation:⁴⁷ 1804 die Öffnung der öffentlichen niederen und höheren Schulen für jüdische Kinder, 1806/08 die Auflösung der Judenkorporationen in Bamberg und Ansbach, 1807 das generelle Verbot des Güterhandels,

---

44 Zit. nach Kießling, Pragmatische Emanzipation, S. 181.
45 Filser, Effektivität bayerischer Judenpolitik, S. 249–253.
46 Zit. nach Kießling, Pragmatische Emanzipation, S. 182.
47 Schwarz, Juden in Bayern, S. 110–112, 121–137.

1807 die Aufhebung des besonders umstrittenen Leibzolls und die Einführung der Militärdienstpflicht, 1812 das Verbot des Haushierhandels – während die Rabbinatsgerichtsbarkeit noch bis zur Gesamtreform im Judenedikt belassen wurde.

Der Weg, den dann die Entwürfe für das Judenedikt in der Ministerialbürokratie seit 1808 bis zur Beschlussfassung am 6. Mai und königlichen Genehmigung am 16. Juni nahmen,[48] zeigt, dass die Verschärfung der Grundsätze bereits früh einsetzte: Schon das Gutachten der Ministerialpolizeisektion von 1811 nahm die Differenzierung Aretins in „gebildete" und „ungebildete" Juden mit der Begründung zurück, „dass gegenwärtig kein Jude des vollen und unbeschränkten Genusses des Staatsbürgerrechtes fähig sei".[49] Und Johann Nepomuk Graf von Welsberg, der im Februar 1812 unter Umgehung des Ministeriums des Innern auf Antrag Montgelas' beauftragt wurde, die Leitung der Vereinigten Sektionen des Geheimen Rates für die weitere Beratung zu übernehmen, formulierte in seinem umfangreichen Entwurf eindeutig restriktiv:

> *Die Juden sind im Hinblick auf ihre derzeitigen Verhältnisse dem Staate schädlich. Es ist also nicht wünschenswert, sehr viele Juden im Staate zu haben. Ihre Zahl darf also nicht vermehrt werden. [...] Es klagen die Juden, es klagen die Christen. Beiden soll geholfen werden. Das einzige Mittel aber dazu ist die Verbesserung der Juden. [...] Seine Majestät will eine Verbesserung der Juden in der Weise, daß sie allmählich zu nützlichen Staatsbürgern erzogen werden.*[50]

Der Südtiroler Welsberg konnte zwar keine konkreten Erfahrungen mit jüdischen Gemeinden vorweisen, griff aber zur Vorbereitung auf die Akten bis in die ersten Anfänge der Reformära Bayerns seit 1799 zurück, und auch die bis dahin entstandenen Edikte anderer deutscher Staaten –Württemberg 1808, Baden 1809 und Preußen 1812 – wurden zu Rate gezogen. Dennoch blieb der restriktive Grundton bis zur Endfassung erhalten.

Das Ergebnis, das (vordatierte) ‚Edikt, die Verhältnisse der jüdischen Glaubensgenossen im Königreiche Baiern betreffend' vom 10. Juni 1813, das als Verfassungsgesetz die alten, vielfältigen Rechtsverhältnisse ablöste, griff entsprechend tief in die vorhandenen Strukturen ein, spiegelte es doch die grundlegenden Vorbehalte, schrieb weitreichende Beschränkungen fest und unterwarf die Gemeinden über die Einbeziehung des Kultusbereichs in die Grundsätze des Staatskirchenrechts einer staatlichen Kontrolle:[51] Die Bestimmungen über den

---

48 Ausführlich dazu Schwarz, Juden in Bayern, S. 127–180.
49 Schwarz, Juden in Bayern, S. 133.
50 Schwarz, Juden in Bayern, S. 163.
51 Edition der verschiedenen Fassungen bei Schwarz, Juden in Bayern, S. 341–348.

Erwerb des Bürgerrechts (*Indigenat*) als erster Regelungsbereich war von der Matrikel des jeweiligen Ortes bestimmt. Es musste bei der Polizeibehörde erworben werden (§§ 1–3), war verbunden mit der Annahme eines Familiennamens und der Ablegung eines Untertaneneids (§§ 4–10); die Einwanderung fremder Juden war untersagt (§ 11). Das Ziel dieser Maßnahme war unmissverständlich: *Die Zahl der Judenfamilien an den Orten, wo sie dermal bestehen, darf in der Regel nicht vermehrt werden, sie soll vielmehr nach und nach vermindert werden, wenn sie zu groß ist* (§ 12). Neue Orte waren nicht vorgesehen. Der zweite Komplex galt der Regelung der wirtschaftlichen Tätigkeitsfelder. Um eine Neuorientierung anzuregen, sollten Ausnahmen von der rigorosen Festschreibung der Zahl bei der Übernahme wünschenswerter Erwerbsformen erfolgen können: bei der Gründung von Fabriken und dem Einstieg in den Großhandel; beim Erwerb des Meisterrechts in einem ordentlichen Handwerk; beim Betreiben einer Landwirtschaft (§§ 15–17). Doch der Immobilienbesitz und der Güterhandel wurden eingeschränkt (§§ 18-19), und insbesondere der sog. *Hausier-, Not- und Schacherhandel* nur mehr als Übergang zugestanden (§ 14, 20). Einen fundamentalen Einschnitt bedeuteten die Auflösung der Judenkorporationen und der Anschluss der bestehenden jüdischen an die politischen Gemeinden (§ 21–22). Die Garantie der Gewissensfreiheit innerhalb des Status einer *Privatkirchengesellschaft* wurde gewährleistet (§ 23), erlaubte aber erst bei mindestens 50 Familien die Bildung einer *kirchlichen Gemeinde* (§ 23–24) mit gewähltem Ortsrabbiner (oder Substituten). Deren Ernennung sollte allerdings durch die General-Kreis-Kommissariate erfolgen und war mit besonderen Anforderungen verbunden, nicht zuletzt mussten sie *wissenschaftlich gebildet* sein (§ 26–29). Die Funktionen des Rabbiners wurden *ausschließlich auf die kirchlichen Verrichtungen beschränkt*, und damit war die traditionelle Rabbinatsgerichtsbarkeit aufgehoben (§ 30). Im Rahmen des öffentlichen Schulwesens war die Errichtung eigener Schulen ebenso an geprüfte Lehrer gebunden wie das *Studium der jüdischen Gottesgelehrtheit* an den vorbereitenden Besuch einer *öffentlichen Studienanstalt* (§ 32–34).

Die Einschätzung des Judenedikts unterlag im Laufe der Zeit einem deutlichen Wandel. Mochte es auf den ersten Blick als entscheidender Schritt zur Emanzipation gesehen worden sein, so wurde schon bald die Kritik laut und die Forderung nach Revision erhoben. Der spätere Rückblick geschah jedenfalls nur mehr mit Vorbehalten: 1910 formulierte Adolph Eckstein die Einschränkung: [...] *wenn nicht der mittelalterliche Geist neue Formen der Erhaltung gefunden und neue Schranken an Stelle der gesunkenen aufgerichtet hätte.*[52] Manchen erschien es

---

**52** Dr. A[dolph] Eckstein: Festschrift zur Einweihung der neuen Synagoge in Bamberg, Bamberg 1910, S. 24.

als „zwar noch unvollkommen und durchdrungen vom mittelalterlichen Geist", wurde aber doch insofern positiv gewürdigt, als „es die Juden aus der Erniedrigung früherer Zeiten [führte] und sie zu Staatsbürgern [erhob]".[53] Wesentliche Züge waren in der Tat aus der Tradition des vorausgehenden territorialen Judenschutzes übernommen, und zudem ist zu berücksichtigen, dass es im Kontext einer insgesamt konservativen Wirtschafts- und Sozialpolitik stand.[54] Bei einem Vergleich mit anderen Judenedikten der neuen deutschen Mittelstaaten[55] fällt jedoch die Einschränkung stärker ins Gewicht: Es war „in einem Maße restriktiv, daß es dem Geist des Absolutismus näher stand als dem des Konstitutionalismus und etatistischem Nützlichkeitsdenken stärker verpflichtet war als dem Toleranzgedanken".[56] Dominant ist die Bevormundung jüdischer Existenz durch den Montgelas'schen „Staatsabsolutismus", resultierte sie doch aus dem gleichen Ansatz, der auch Adel, Kirche und Städte rigoros der zentralistischen Verwaltung unterwarf.[57] In diesem Kontext war jegliche Sonderstellung obsolet, also auch ein spezifisches ‚Judenrecht'. Die logische Konsequenz war aber auch die Beseitigung des eigenständigen ‚jüdischen Rechts' innerhalb der Gemeinden, und das hieß nichts weniger als das Ende der Phase einer weitgehenden Autonomie. „Nicht ein humanitäres Toleranzideal, sondern das praktische Bedürfnis nach stärkerer staatlicher Integration aller Bevölkerungsteile" lag der „gesamten Religionspolitik", und damit auch der „Behandlung religiöser Minderheiten wie der Juden", zugrunde.[58]

Das bayerische Judenedikt von 1813 wurde 1818 in die Konstitution des Königreichs Bayern einbezogen – insofern wurde sein Verfassungsrang vertieft: Es gewährte die rechtliche Gleichstellung bzw. versprach sie zumindest als Ziel, es übte Druck aus, sich von den historisch gewachsenen eigenständigen Strukturen des Wirtschaftens und der damit verbundenen Lebensformen zu lösen. Die anerkannten Juden erhielten in den politischen Gemeinden das Wahlrecht – bezeichnenderweise mit Ausnahme der *Juden, welche sich vom Nothandel ernähren* – und damit die Möglichkeit zur Partizipation an der Willensbildung zumindest auf der unteren Ebene.[59] Aber das Edikt zerbrach die (noch vorhandenen Elemente der)

---

53 Schwarz, Juden in Bayern, S. 13.
54 Brandt, Judenemanzipation, S. 19f.
55 Vgl. dazu Volkow, Die Juden in Deutschland, S. 17–20; vgl. auch Rürup, Emanzipation, S. 23f.; Jersch-Wenzel, Rechtslage und Emanzipation, S. 37f.
56 Treml, Judenemanzipation, S. 256.
57 Zum Begriff und Sachverhalt umfassend Demel, Der bayerische Staatsabsolutismus, passim.
58 Demel, Der bayerische Staatsabsolutismus, S. 564.
59 Dokumente, Bd. III/3, Nr. 67, S. 160–174; Nr. 68, S. 174–178, Gemeindewahlordnung vom 5. Aug. 1818: Gemeindeedikt vom 17. Mai 1818, Zitat S. 175 Art. 7.

Autonomie als Religionsgruppe, unterstellte die Juden im Religionsedikt vom 26. Mai 1818 *nach den über ihre bürgerlichen Verhältniße bestehenden besonderen Gesetzen und Verordnungen*,[60] also der Aufsicht des Staates, und unterwarf sie einer ‚Verkirchlichung', verstand sie somit als eine „bloße Konfession, analog zu den christlichen Konfessionen".[61] Immerhin verschaffte der Status einer ‚Privatkirchengesellschaft' zumindest die Möglichkeit einer organisatorischen Festigung und Strukturierung über die Ortsgemeinde hinaus.

Der Ansatz, den Zustand der Übernahme aus den neu erworbenen Gebieten zunächst einmal mit dem Instrument der Matrikel geographisch und topographisch einzufrieren, um über das Erziehungskonzept eine schrittweise inhaltliche Angleichung jüdischer Existenz an die Mehrheitsgesellschaft zu erreichen, war als langfristiger Prozess angelegt und von staatlicher Seite auferlegt. Konnte er auch zu einem Beitrag werden, der die Emanzipation beförderte? Im Kern war der Begriff der ‚Emanzipation' eine zeitgenössische Bezeichnung für den Vorgang der rechtlichen Gleichstellung, also den Übergang von einer unter spezifischem Recht stehenden Existenz in eine gleichberechtigte Staatsbürgerschaft – das bayerische Innenministerium hatte 1818 weiterhin Bedenken gegen *eine augenblickliche gänzliche emancipation der Israeliten*.[62] Aber er kann auch umfassender verstanden werden, weil er eingebettet war in eine Transformation, als ein – metaphorisch verstandener – Weg „Aus dem Ghetto in die bürgerliche Gesellschaft".[63] Damit beinhaltete er mehrere Komponenten: einen rechtlichen der personalen Gleichstellung im Staatsverband, einen sozioökonomischen der Einbindung in die Struktur der Gesellschaft und Wirtschaft und einen religiös-kulturellen der Anpassung an die dominante Mehrheit. Ob man ihn nur unter dem Dach der ‚Emanzipation' sieht oder unter dem Doppelbegriff von ‚Emanzipation' und ‚Assimilation' bzw. besser: ‚Akkulturation', erscheint dabei zweitrangig, jedenfalls war er „Teil eines größeren Prozesses", nicht nur weil damit als Schlagwort der Zeit auch andere Vorgänge wie die Stellung der Frau oder die Bauernbefreiung subsumiert wurden,[64] sondern auch der Kontext von Aufklärung und Modernisierung angesprochen ist. Der Weg, der damit vorgezeichnet war, wird im Folgenden genauer auszumessen sein.

---

60 Dokumente, Bd. III/8, Nr. 110, S. 391–399, Zitat S. 392 § 25.
61 Brenner/Jersch-Wenzel/Meyer, Deutsch-jüdische Geschichte, Bd. II, Einleitung S. 10.
62 So vor allem Rürup, Emanzipation, S. 159–166, Zitat S. 160.
63 Katz, Aus dem Ghetto, passim.
64 Vgl. dazu das Forschungsgeschichtliche Resümee von Volkov, Die Juden in Deutschland, S. 102–106.

# 22 Der mühsame Weg der Emanzipation

Als die Etablierung des modernen bayerischen Staates mit der Verfassung von 1818 fürs erste abgeschlossen war, bedeutete das für die jüdischen Gemeinden bzw. Niederlassungen nur den Anfang eines mühsamen Weges zur vollständigen Emanzipation – der erst mit dem Kaiserreich von 1871 abgeschlossen wurde. Wie stark die Spannung zwischen den beiden Polen der Akzeptanz und der Abwehr aber nach wie vor ausfiel, wurde bereits 1819 sichtbar: Auf der einen Seite erhoben sich im Kontext des ersten bayerische Landtags, der am 4. Februar vom König eröffnet wurde, Stimmen, die eine Weiterführung des Emanzipation forderten,[1] zum anderen brachen im Sommer die antijüdischen Hep-Hep-Unruhen aus, bei denen Würzburg am 2. August als Auslöser und erstes Zentrum eine unrühmliche Führungsrolle einnahm.[2] Wie konnte eine derartige Widersprüchlichkeit in den Verhaltensweisen entstehen?

Der erste Landtag gemäß der Verfassung von 1818 musste sich erst noch in seine Rolle als Gegenüber zum König und seiner ihm allein verantwortlichen Regierung einüben: Da sich noch keine Parteien gebildet hatten, sondern nur lockere Gruppierungen, lebte die Behandlung der anstehenden Fragen – sehr viel zentraler als das Judenproblem waren allerdings das Steuerbewilligungsrecht und die Militärgesetzgebung – von der Meinungsführung einzelner Abgeordneter. Der Anstoß zur Behandlung der ‚Judenfrage' ging von der Intention des Königs aus, der eine *gänzliche Gleichstellung der Juden mit den christlichen Unterthanen in allen civilrechtliche Verhältnissen* versprach. Mit der Vorbereitung eines Gesetzes beauftragte der Staatsrat Anfang 1819 das Innenministerium, und an ihr war auch eine Vertretung der bayerischen Juden bereit mitzuwirken; Samson Wolf Rosenfeld, der damaligen Rabbiner von Uehlfeld, legte eine eigene Denkschrift vor.[3] In den Landtagsverhandlungen selbst spielten verschiedene Aspekte eine Rolle, die grundsätzliche Frage nach der prinzipiellen staatsbürgerrechtlichen Gleichstellung blieb freilich letztlich unbeantwortet. Immerhin hatten sich gewichtige Stimmen an die Kammer der Abgeordneten gewandt, unter ihnen Salomon Hirsch, der erst 1803 in Würzburg aufgenommen worden war. Er forderte im Kontext einer ausführlichen historischen Argumentation und der Kritik am Judenedikt in Gegenüberstellung zur bayerischen Verfassung von 1818 unverblümt *die Menschen- und Bürgerrechte* für die Juden und kam zu dem Ergebnis:

---

1 Ausführlich Ludyga, Rechtsstellung der Juden, S. 45–105.
2 Vgl. dazu Gehring-Münzel, Würzburger Juden, S. 121–133, sowie im Einzelnen unten.
3 Ludyga, Rechtsstellung der Juden, S. 48f., Zitat S. 48; Schwarz, Juden in Bayern, S. 213–216.

*Indem ich zu gleicher Zeit aus Ueberzeugung, alle übrigen Mittel gegen jene Gebre-chen, welche noch den Zustand der Israeliten drücken, bloß für PALLIATIV, ihre EMANCIPATION aber ALLEIN für gründlich heilend, aus den angeführten Gründen, erachte, wiederhole ich schließlich meine unterthänigste Bitte, deren endliche Gewährung nicht nur auf das Wohl meiner Glaubensgenossen, sondern auch des ganzen Staates von unverkennbarem Einfluß seyn wird.*[4]

Als maßgeblicher Verfasser der Schrift galt der Würzburger Jurist Professor Sebald Brendel, der sich auf die bayerische Verfassung ebenso berief wie auf die in Frankreich und Amerika gewonnenen Erfahrungen der vollen Gleichberechtigung.[5] Andererseits verstummten auch diejenigen nicht, die die Lösung des Problems mit der Assimilation der Juden verbanden. Michael Alexander Lips, der Volkswirtschaftler in Erlangen, mahnte mit der Gleichstellung der Pflichten und Lasten auch die Gewährung aller Rechte an – *So kann und darf in Zukunft auch nicht darnach gefragt werden, ob der Bürger, Staatsdiener etc. Christ oder Jude sey* – doch damit verbanden sich die Vorbehalte:

*Ein Theil derselben [der Juden, R.K.] wird vermöge seiner Kenntnisse und Bildung sogleich zu andern Geschäften überzugehen bereit und im Stande seyn, und diesem müßte das vollkommenste Staatsbürgerrecht offen stehen; bei einem andern wird nicht ohne politischen Zwang verfahren werden können; und bei noch andern würde politischer Zwang nicht ohne Ungerechtigkeit angewandt werden. [...] Diesem ältern Theile der lebenden Generation werden wir also größtentheils müssen treiben lassen, was er bisher getrieben, und dabei nur durch Vollziehung der vorhandenen Gesetze zu hindern haben, dass er bei diesem Geschäfte so wenig als möglich schädlich wird.*[6]

Doch das Echo unter den Abgeordneten war gering, „eine ernsthafte Erörterung der Gleichberechtigung von Juden erfolgte nicht".[7] Der liberale Staatsrechtler der Universität Würzburg und spätere Bürgermeister Wilhelm Joseph Behr, der prinzipiell die allgemeinen, unveräußerlichen Menschenrechte vertrat, zu denen auch die Juden gehörten – *Die Israeliten seyen Menschen, und hätten als solche Menschen-Rechte* –, kritisierte die Bestimmungen des Ediktes, die die soeben gewährten Rechte wieder einschränkten, und verlangte die freie wirtschaftliche Entfaltung. Aber auch er forderte die Assimilation und unterstützte dafür die *Versammlung der aufgeklärteren Juden*, die sie von den Hindernissen befreien sollten, *welche ihrem Verschmelzen mit andern Staats-Genossen im Wege stünden.*[8] Bei

---

4 Kampmann, Petition des Salomon Hirsch, Zitate S. 430 und S. 418, 434.
5 Gehring-Münzel, Würzburger Juden, S. 128f.; Kampmann, Petition des Salomon Hirsch, S. 420, 424.
6 Ludyga, Rechtsstellung der Juden, S. 91f.
7 Ludyga, Rechtsstellung der Juden, S. 93.
8 Gehring-Münzel, Würzburger Juden, S. 125–127, Zitate S. 126f.

vielen Abgeordneten war demgegenüber die Abwehr der ‚Fremden' nach wie vor entscheidend – bis hin zur antijüdischen Polemik, wie sie etwa der Jurist Thomas August Scheuring mit seiner Schrift ‚Das Staatbürgerrecht der Juden' der Denkschrift Hirschs gegenüberstellte.[9]

Größeres Gewicht erhielt in den Kammerverhandlungen – und das ist nicht überraschend angesichts der tiefsitzenden Vorurteile – der ‚Hausier-, Not- und Schacherhandel', dessen Verbot schon das Edikt herausgestellt hatte. Bereits im Vorfeld sorgte eine Serie von Eingaben und Anträgen dafür, die längst eingeschlagenen Wege weiter zu verfolgen: Marktverbote und Einschränkungen der Warenpalette, Verdrängungsversuche aufgrund angeblicher Verstöße gegen Vorschriften. Die Beschwerden kamen aus ganz Bayern, interessanterweise aber nicht zuletzt aus Altbayern, wo ihre Präsenz ja gering war. Zu den schärfsten antijüdischen Stimmführern gehörte Joseph von Utzschneider, 1818–1821 Bürgermeister von München, die Abwehr gegen die unliebsame Konkurrenz artikulierten in den Verhandlungen eine ganze Reihe von Kaufleuten und Händlern wie Johann Lorenz von Schaezler, der Augsburger Bankier, und es fanden sich nur wenige wie der protestantische Stadtpfarrer und Dekan in Bamberg Ernst Anton Claus oder der Apotheker und Magistratsrat Johann Friedrich Trott aus Ansbach, die dem Hausierhandel als Versorgungsfunktion des flachen Landes auch positive Seiten abgewinnen konnten. Rechtsstaatliche Gründe leitete der Abgeordnete Martin Haffner aus der Verfassung ab: weil *jedem Einwohner Sicherheit seiner Person, seines Eigentums und seiner Rechte* zuständen, habe er auch das *unveräußerliche Recht, durch einen beliebigen Geschäfts-Zweig sich seine Subsistenz zu sichern*.[10] Doch im Endeffekt verlief die Diskussion im Sande, die Ablehnung war fast durchgehend – und das passte zur generellen Tendenz, in den Juden eine Gefahr für die angestrebte Liberalisierung der Gewerbeverfassung zu sehen.[11] Ganz ähnlich verhielt es sich mit den Bestimmungen zur Ansässigmachung und Verehelichung in den Gemeinden, die sich mit der Matrikel verbanden und bei denen sich viele Gemeinden gegen die Eingriffe des Staates wehrten – zumindest gab es keine gewichtige Stimme, die sich für eine Aufhebung einsetzte.[12]

Das Ergebnis des ersten bayerischen Landtags musste für die Juden enttäuschend sein. Zwar wurde ein Antrag auf Revision des Judenedikts mehrheitlich angenommen, doch: „Das Ziel der Mehrheit der Abgeordneten bildete keine recht-

---

[9] Gehring-Münzel, Würzburger Juden, S. 129–131; Ludyga, Rechtsstellung der Juden, S. 99–102.
[10] Ludyga, Rechtsstellung der Juden, S. 50–75, Zitate S. 66.
[11] Ludyga, Rechtsstellung der Juden, S. 74.
[12] Ludyga, Rechtsstellung der Juden, S. 75–82.

liche Besserstellung, sondern eine weitere rechtliche Beschränkung der Juden". Wenn der König im Abschied vom 22. Juli einen umfassenden Gesetzesentwurf in Aussicht stellte, dann bedeutete das nicht unbedingt, dass die Umsetzung bald erfolgen sollte. Immerhin hatte die Debatte eine nicht zu unterschätzende Wirkung, denn die Öffentlichkeit war nun endgültig mit dem Thema konfrontiert.[13] Freilich hatte sich inzwischen der Tenor gewandelt: die Aufklärung war einer konservativen Grundeinstellung gewichen. Die von den Romantikern Achim von Arnim und Clemens Brentano ins Leben gerufene ‚Christlich-deutschen Tischgesellschaft' von 1810/11 bzw. in ihrer Nachfolge die ‚Christlich-germanischen Tischgesellschaft' von 1816 waren Juden versperrt, im öffentlichen Diskurs traten antijüdische Züge in der Vordergrund, sei es bei dem Berliner Historiker Christian Rühs, sei es bei dem Jenaer Philosophen Jakob Friedrich Fries – zu ihnen gehörte eben auch der Erlanger Nationalökonom Michael Alexander Lips.[14]

Als Wilhelm Joseph Behr am 3. August vom Landtag in München nach Würzburg zurückkehrte und einen großen Empfang erhielt, waren die Hep-Hep-Unruhen in der Stadt schon im Gang, eine neue massive antijüdische Aufstandsbewegung, die sich bald regional ausweiten sollte – benannt nach dem Ruf, dessen Deutung freilich unklar bleibt und von einer Nachahmung der Ziegenlockens als Spottelement über die Anklänge an Hep für ‚Hebräer' bis zur Erinnerung an den angeblichen Schlachtruf der Kreuzfahrer *Hierosolyma est perdita* (Jerusalem ist verloren) reicht.[15] Am Abend vorher hatte sich in der Domgasse erstmals eine Menschenmenge unter Hep-Hep-Rufen zusammengerottet, die Polizei wurde durch Militär verstärkt und konnte die Unruhe noch beenden. Doch am Abend des 3. August und in den folgenden Tagen richtete sich die Gewalt gezielt gegen einzelne Juden, die in der Stadt auftauchten, und gegen die dort vorhandenen ‚Judenkammern', in denen die Händler ihre Waren unterbrachten, da sie nicht über Nacht in der Stadt bleiben konnten. Die ‚Augsburger Allgemeine' berichtete:

> *Gassenjungen und sonst verdorbenes Gesindel [...] zogen von einer Judenwohnung zur anderen, zertrümmerten in Eile Fenster, Läden und Thüren, rissen die Handels-firma* [die Firmenschilder, R.K.] *ab, zerstörten Waaren und Hausgeräte; geraubt und geplündert wurde wenig [...].*[16]

---

13 Ludyga, Rechtsstellung der Juden, S. 103f., Zitat S. 103.
14 Jersch-Wenzel, Rechtslage und Emanzipation, S. 38–41.
15 Zum Verlauf in Würzburg ausführlich Gehring-Münzel, Würzburger Juden, S. 133–153, danach das Folgende; zum Gesamtphänomen Katz, Hep-Hep-Verfolgungen, passim; und Rohrbacher, Gewalt im Biedermeier, S. 95–105.
16 Zit. nach Gehring-Münzel, Würzburger Juden, S. 140.

Die Juden flüchteten, zum Teil unter dem Schutz von Soldaten aus der Stadt, die meisten in das benachbarte Heidingsfeld, Oberrabbiner Bing mit seinen Schülern nach Weikersheim, Familie Hirsch nach Ansbach, der als judenfreundlich eingestufte Professor Brendel wegen einer Morddrohung nach Bamberg. Der massive Einsatz des Militärs beendete diesen Gewaltausbruch am 4. August, die Maßnahmen der Stadtregierung wurden vom König am 6. August gebilligt – der Magistrat sah vorwiegend ‚fremdes Gesindel' verantwortlich, obwohl auch nachweislich Handwerksgesellen und Lehrjungen aus der Stadt unter den verhafteten Akteuren waren.

Doch nun griffen die Ereignisse über die Stadt hinaus: In Heidingsfeld kam es zu Brandstiftungen, in Bamberg am 8./9. August zu Ausschreitungen, in Bayreuth zu Zusammenrottungen, in Sommerach wurde am 18. August die Synagoge verwüstet, und auch in Rimpar

> [...] drang ein Haufe Pöbel in die Synagoge selbst ein, zerschnitt die Gebetbücher, riß den Vorhang von der Lade herab, worin sich die Thora befindet, schleppte ihn auf die Straße hinaus, zertrümmerte die Leuchter, und trieb anderen schändlichen Unfug.[17]

Kleinere Vorfälle wurden in Burgkunstadt und Memmelsdorf registriert, ansonsten aber blieben sie auf Franken beschränkt: In Regensburg gab es lediglich *Spuren einer Gährung gegen die Juden*, in München hatte es mit der Drohung sein Bewenden, gegen sie am Versöhnungstag vorzugehen; überraschend erscheint, dass in ganz Schwaben keine Hinweise überliefert sind, die auf eine größere Unruhe deuten könnten. Freilich handelte es sich insgesamt vor allem um städtische Ereignisse, selbst wenn man in Rechnung stellen mag, dass die ländlichen Vorfälle nicht immer ingleichem Maße aktenkundig wurden, wie das Beispiel des Oberamts Künzelsau belegen kann.[18] Wohl aber lassen sich die Verfolgungen in etwa 30 Städten im weiteren Umkreis verfolgen: in Frankfurt (Abb. 51) und Hessen, in Baden und im württembergischen Franken, in Sachsen, Mecklenburg und in den preußischen Rheinprovinzen; sogar Ostpreußen war betroffen, besonders Hamburg und selbst Kopenhagen.[19]

Die Suche nach einer Erklärung für dieses Phänomen des erneuten und räumlich weit reichenden Gewaltausbruchs am Anfang des 19. Jahrhunderts hat verschiedenen Antworten gefunden. Auf der einen Seite werden die strukturellen Ursachen betont: die generelle Massenarmut mit den „letzten Krisen

---

**17** Bericht der Großherzoglich Hessischen Zeitung, zit. nach Rohrbacher, Gewalt im Biedermeier, S. 104.
**18** So auch die Einschätzung von Rohrbacher, Gewalt im Biedermeier, S. 125.
**19** Vgl. dazu Rohrbacher, Gewalt im Biedermeier, S. 105–124, Karte S. 127.

**Abb. 51:** Hep-Hep-Unruhen 1819 in Frankfurt (mit antijüdisches Akzent), Johann Michael Voltz, Kupferstich, Nördlingen 1819

vom type ancien",[20] die insbesondere durch die Hungerkrise von 1816/17 eine Verschärfung erfahren hatte und sich dabei – wie auch früher – auf die Juden als vermeintliche Sündenböcke richtete. Freilich war die Teuerung im Sommer 1818 bereits vorbei – und der Anteil der Juden am Getreidehandel war ohnehin in dieser Zeit gering,[21] im Gegensatz zu 1699, als der letzte regionale Pogrom wegen des Getreideexports ausgebrochen war (s. Kap. 17). Insgesamt erscheinen diese strukturellen Ursachen eher unspezifisch und eine tragfähigere Erklärung ist in den Städten selbst zu suchen[22] – und gerade Würzburg ist dafür ein geeignetes Fallbeispiel.[23]

---

[20] Vgl. dazu insbesondere Abel, Massenarmut, S. 54–58; neuerdings G. Müller, Hunger in Bayern, passim.
[21] Vgl. zur Diskussion Rohrbacher, Gewalt im Biedermeier, S. 132f.; G. Müller, Hunger in Bayern, S. 134–138.
[22] Diesen Ansatz wählt zu Recht Rohrbacher, Gewalt im Biedermeier, S. 137–156.
[23] Dazu detailliert Gehring-Münzel, Würzburger Juden, S. 153–171; Gehring-Münzel, Emanzipation, S. 73–81.

Als durchgängiges Motiv darf hier der Konkurrenzneid der christlichen Kaufleute gelten, die sich allein schon wegen ihrer Mehrheit im Magistrat und Gemeindekollegium eine dominante Rolle der Meinungsführung verschaffen konnten – auch wenn sie sich nicht direkt zu antijüdischen Aktionen hinreißen ließen, sondern dies den einfachen Leuten überließen. Die Unruhe im städtischen Zunftbürgertum richtete sich nicht zuletzt gegen die Neuerung, dass seit dem jüdischen Wohnrecht auch die Einrichtung ‚offener Läden' möglich war und damit die bis dahin übliche Einschränkung, lediglich ‚Judenkammern' zuzulassen, aufgehoben wurde. Eine ‚Gesellschaft der Guten und Gerechten' drohte dem Weinhändler Blatt am 5. September 1819 in einem anonymen Brief:

> *Unsere altherkömmlichen ehrenwerthe fränkische Gesetze gebieten, keinen Juden einen öffentlichen Laden zu gestatten, dies sind Rechte, die wir von unseren Vorfah-ren geerbt und unseren Nachkommen zu behaupten schuldig sind.*[24]

In diesen Kontext ist sicher auch die Privilegierung der Bankiersfamilie Hirsch einzuordnen, deren Immobilienkäufe und die freie Niederlassung seit 1803 die Praxis des restriktiven Umgangs mit Juden unterlaufen hatte; nicht zufällig gehörte der Ebracher Hof zu den Gebäuden, bei denen alle Fenster eingeworfen wurden.[25] „Widerruf des bayerischen Judenedikts von 1813 sowie der Zuzugserlaubnis für Juden nach Würzburg, d.h. mit einem Wort ihre Rückführung auf den alten, voremanzipatorischen Zustand – so lautete die Botschaft der Würzburger ‚Hep-Hep'-Unruhen an die bayerische Regierung" – zumal die Angliederung Würzburgs an Bayern 1814 generell von „deutlicher Antipathie, ja sogar Haß" begleitet war.[26] Bemerkenswert bleibt, dass die Würzburger Professoren und die Studentenschaft sich an keiner Stelle aktiv gegen die Juden wandte – im Gegensatz zu Heidelberg – und erst im späteren Nachklang am 1. September 1819 ein derartiges Flugblatt kursierte, das sich aber an die Ermordung Kotzebues durch Ludwig Sand anlehnte und nicht aus der Burschenschaft der Stadt erwachsen war.

Diese enge Verzahnung der Würzburger Hep-Hep-Unruhen mit der lokalen Situation war keineswegs ungewöhnlich, wie die Beispiele Frankfurt am Main und Hamburg eindringlich zeigen, wo ähnliche Konstellationen, die auf eine Überwindung der einschränkenden Lebenspraxis zielten, auf die massive Gegenwehr der eingesessenen christlichen Bevölkerung stießen, sei es der Spaziergang

---

24 Zit. nach Gehring-Münzel, Würzburger Juden, S. 159.
25 Rohrbacher, Gewalt im Biedermeier, S. 141; ähnlich die Einschätzung von Erb/Bergmann, Nachtseite der Judenemanzipation, S. 220–222.
26 Gehring-Münzel, Würzburger Juden, S. 158, 160f.; anders Richarz, Jüdische Studenten und Akademiker, S. 119f.

der Juden auf der Wallpromenade, sei es der Besuch der Kaffeehäuser an der Alster.[27] Dennoch ist gerade in Bayern unübersehbar, dass die Veränderungen jüdischer Existenz, gegen die vehement zu Felde gezogen wurde, nicht nur vor Ort in den Hep-Hep-Unruhen aufbrachen, sondern auch auf der übergeordneten Ebene des ersten Landtags, also in einem grundsätzlichen Diskurs ihre Parallelen fanden. Dennoch blieb Würzburg das einzige wirkliche Unruhezentrum in Franken und Bayern, denn die Situation in München blieb verhalten, obwohl die Bildung einer neuen Gemeinde im Gang war, in Augsburg war von Unruhen nichts zu spüren – obwohl die Aufnahme von neuen potenten Familien in der Stadt ganz parallel seit 1803 vollzogen worden war. Dass es in ganz Schwaben erstaunlich ruhig blieb, lag offensichtlich daran, dass hier die Konfliktsituation als erheblich schwächer empfunden wurde. Die Konstellation vor Ort war das Eine, die Steigerung zum Unruhepotential das Andere.

Was aber in diesen Anfangsjahren des Judenedikts in Bayern eine zentrale Rolle spielte, war die grundlegende Frage nach dessen Umsetzung in der Praxis. Auch wenn die Erstellung der Matrikel sich über mehrere Jahre hinzog, die Fortschreibung und damit die Überlieferung in den einzelnen Teilregionen Bayerns schon aufgrund der Verwaltungsvorgänge auch unterschiedlich ausfiel, so bleibt sie doch für die Zeit bis zur Aufhebung 1861 eine der grundlegenden Quellen zu den jeweiligen konkreten Verhältnissen vor Ort.[28] An ihr lässt sich auch die Problematik genauer verfolgen, wie die Handhabung über die Zeit und in den verschiedenen Landesteilen tatsächlich verlief.

Geht man zunächst davon aus, dass die primäre Intention des Edikts darin bestand, den Status quo zu erhalten, dann war die Gewährung des Indigenats der erste Schritt dazu und der schlug sich in der Gewährung einer Stelle in der Matrikel nieder.[29] Nach Abschluss des Verfahrens – das sich mitunter länger hinzog als vorgesehen und zweifellos auch Mängel aufwies – ergab sich eine sehr unterschiedliche Quote: Während in den ländlichen Bereichen die Zahl der Nichtimmatrikulierten sehr niedrig ausfiel – in Schwaben etwa 4,6 %, im Obermainkreis ohne die Städte Bayreuth und Bamberg 9,1 %, in der Rhön 9,9 % – war sie in einigen Städten sehr viel höher: in München lag der Anteil bei 31 %, in Würzburg bei 24,3 %, in Bamberg bei 14,5 %.[30] Auch wenn die Gründe dafür unterschied-

---

**27** Rohrbacher, Gewalt im Biedermeier, S. 141–147.
**28** Vgl. dazu die Veröffentlichung von Rechter, Die Judenmatrikel für Mittelfranken; sowie die Edition Staatsarchiv Bamberg, Die ‚Judenmatrikel' 1824–1861 für Oberfranken; und die Listen bei Rosenstock, Die unterfränkischen Judenmatrikeln.
**29** Dazu jetzt Mehler, Matrikelbestimmungen, S. 37–105.
**30** Mehler, Matrikelbestimmungen, S. 77.

lich gewesen sein dürften – sei es, dass die Betroffenen die Bedingungen nicht erfüllten, sei es, dass sie auf ihren Herkunftsort verwiesen oder einfach übersehen wurden –, so wurden sie doch nicht als ‚Ausländer' behandelt und abgeschoben, sondern in der Regel weiterhin geduldet. Das spiegelt sich auch bei den Fällen, in denen die Normalzahl verändert wurde. Das Edikt sah vor, dass dort, wo die Zahl als *zu groß* eingestuft wurde, eine Reduktion erfolgen sollte. Am Beispiel der Gemeinde Floß zeigt sich jedoch, dass die vorgesehene Verringerung von den vorhandenen 64 Familien auf 40 nicht erfolgte,[31] in Bamberg wurde dagegen die Matrikelzahl von 69 auf 77 erhöht, in Augsburg wurde die geringe Zahl von 14 Stellen wenigstens um eine angehoben, in Regensburg ebenfalls nach und nach um drei.[32] Hier deutet sich also eine gewisse Bereitschaft der Behörden an, sich mit den Gegebenheiten vor Ort abzufinden.

Gerade die Zahl der Neuimmatrikulierten spiegelt eine gewisse Dynamik im Laufe der Zeit.[33] Sie erfuhr in Franken, aber auch in den Städten München, Bamberg und Regensburg in den frühen 1830er Jahren einen ersten und dann in den 1850er Jahren erneut einen Höhepunkt. Das korrespondiert zum einen mit einer erhöhten Heiratsquote, zum anderen aber wurde die Normalzahl in einer Vielzahl von Orten mehrmals heraufgesetzt. Besonders ausgeprägt war das in München der Fall, wo die sogenannte ‚Aufnahme über die Matrikelzahl ohne Nummer' zwar zunächst „nur als Ausnahme vorgesehen [war]", dann jedoch „zum Regelfall" wurde.[34] Kann man hier noch von einem Ausnahmefall sprechen, der auf die Attraktivität der Hauptstadt zurückzuführen ist, so war in Augsburg offenbar seit 1850 eine liberalere Handhabung von Seiten der Kommune die Ursache.[35] Doch auch auf dem flachen Land stellte sich diese Veränderung ein, wie in Unterfranken, wo die Kreisregierung 1832 meinte, dass *in manchen Orten je[t]zt Judenfamilien [sind], wo vor der Einführung des Edikts gar keine oder nur äußerst wenige waren; fast allenthalben ist die Normalzahl vom Jahre 1817 überschritten*.[36] In Schnaittach wiederum zeigte sich der Magistrat in den 1820er Jahren großzügig, während das Landgericht Lauf sich restriktiv verhielt.[37] Für die Phase zwischen 1825/26 und 1834/35 ergab sich insgesamt eine Erhöhung um fast ein Drittel (31 %), was nur auf eine großzügige Erteilung der Ansässigmachung durch die Behörden zurückgeführt werden kann. Demgegenüber sank deren Anteil in den Folgejahren

---

31 Vgl. dazu Höpfinger, Floß, S. 37–40.
32 Mehler, Matrikelbestimmungen, S. 103f.
33 Mehler, Matrikelbestimmungen, S. 108–147.
34 Kilian, München, S. 31–46, Zitat S. 39.
35 Hirsch, Situation, S. 308.
36 Zit. nach Mehler, Matrikelbestimmungen, S. 130.
37 Tausendpfund/Wolf, Schnaittach, S. 32–40.

wieder auf Werte von 7–10 % ab – wie sie auch in Schwaben gegeben waren –, bei einem Durchschnittswert in Gesamtbayern von 8,5 %.³⁸

Gegen Ende der Matrikelzeit kam als neues Element eine wenn auch bescheidene Urbanisierung dazu: seit 1850 wurde die Ansiedlung in Nürnberg erlaubt, seit 1860 in Nördlingen und seit 1861 in Kitzingen als der einzigen städtischen Neuansiedlung in Unterfranken; 1862 kehrte jüdisches Leben nach Neumarkt in der Oberpfalz zurück;³⁹ in Bamberg meldete die ‚Allgemeine Zeitung des Judenthums' schon 1852 über die Lage der Juden in Bayern: *Die Uebersiedlungen der reichen Israeliten von den Dörfern in die großen Städte mehren sich immer mehr.*⁴⁰

Das Bild bleibt somit uneinheitlich, denn zum einen sind deutliche zeitliche Phasen zu unterscheiden, zum anderen aber auch regionale Unterschiede nicht zu übersehen. Auch wenn damit der ursprüngliche restriktive Ansatz bei der Anlage der Matrikel sich mehrfach relativierte, sich im Laufe der Jahrzehnte sogar ein gewisser Wandel zu einer moderateren Handhabung einstellte, so bleibt doch dieser vorwiegend statistische Zugriff auf die Ansiedlungspolitik des modernen bayerischen Staates noch vordergründig, wenn man nicht auf die tiefer gehenden Verhaltensformen eingeht. Eine grundlegende Untersuchung der Verhältnisse in Schwaben hat ergeben, dass genau diese Bemühungen um eine Matrikelstelle wegen der zahlreichen jahrelangen vergeblichen Eingaben zu erheblichen Irritationen führte: Für die betroffenen Juden bedeutete das eine „andauernde Diskriminierungserfahrung"; der Vorsteher der Hürbener Gemeinde war 1832 überzeugt, dass *diese Gesetzgebung es war, welche Vorurtheil & Gehässigkeit gegen unsere Glaubensgenossen hervorrief u. da, wo diese schon bestanden, den Stempel der Gesetzlichkeit aufdrückte.* Sie sahen sich „als Bürger zweiter Klasse gebrandmarkt und fühlten" sich „auf eine Stufe mit Haustieren gestellt".⁴¹

Und wie verhielt es sich mit der anderen grundlegenden Motivation des Edikts, die auf eine Veränderung der Wirtschafts- und Lebensformen der Juden zielte, sie von der bisher üblichen Erwerbsstruktur abzuziehen? Die Haltung der oberfränkischen Polizeibehörden, der Landgerichte und Stadtkommissariate, war von tiefer Skepsis gegenüber dieser ‚Erziehung der Juden' bis hin zur vehementen Ablehnung geprägt: Der Banzer Landrichter Dr. Martin Aschenbrenner sah die Juden zwar *in ein unnatürliches Verhältniß gedrängt* und plädierte dafür, die *Gesellschaft* werde die Entwicklung mit *Geduld tragen müssen.* Doch der Bamberger Polizeidirektor Johann Schauer war „ein blindwütiger, impulsiver Vor-

---

38 Mehler, Matrikelbestimmungen, S. 134.
39 Hirn, Jüdisches Leben, S. 151f.
40 Zit. nach Mehler, Matrikelbestimmungen, S. 146.
41 Ried, Zeit des Umbruchs?, S. 303–362, Zitate S. 352f., 360.

kämpfer der zur Staatsdoktrin erhobenen, auf Nützlichkeitsstreben verkürzten Aufklärung"; er erkannte weiter in den Juden primär eine Gefahr für den Staat: *Gleich dem Krebse frißt diese Nation in dem Geblüte der Nation um sich* – und lehnte sogar das Edikt insgesamt ab.[42]

Die konkrete Umsetzung lässt sich freilich nur mit Hilfe von Analysen vor Ort genauer eruieren. Wiederum für Schwaben haben Mikrostudien gezeigt, dass die Chancen für eine Umstellung keineswegs günstig waren.[43] Zunächst einmal wiesen die Werte der demographischen Entwicklung in den Judendörfern eindeutig nach oben – entgegen den Intentionen. So stieg beispielsweise die Zahl der Juden im ehemals reichsritterschaftlichen Fellheim a.d. Iller von 360 Personen im Jahr 1807 auf 539 im Jahre 1840. Die Matrikelzahl für Fellheim lag 1812 jedoch bei 78 Stellen, und diese Zahl wird auch später immer wieder genannt, blieb also weitgehend unverändert – auch wenn daneben wohl noch weitere Familien im Ort lebten.[44] Das Hauptgewerbe der Fellheimer Juden lag beim Hausierhandel und blieb es weitgehend auch nach dem Erlass des Edikts. Zwar lassen sich einige Fälle verfolgen, in denen Juden ein Handwerk erlernten – immerhin bis 1835 vier als Schuster und zehn als Schneider –, doch nur zwei konnten sich aufgrund der Übersetzung des Handwerks und der Klage der christlichen Meister über die anstehende Konkurrenz auch als solche niederlassen; immerhin einer, Seligmann Thannhauser, konnte seinerseits Lehrlinge ausbilden. Ansonsten waren die in einem Handwerk nachweisbaren Juden lediglich im Nebenerwerb als Glaser oder Buchbinder, nicht zuletzt aber als Bäcker und Metzger für die eigenen Bedürfnisse tätig. In der Landwirtschaft verfügte nur einer über einen Besitz von zwölf Tagwerk Baugrund, also zumindest über eine Bewirtschaftung, wie sie die kleinbäuerlichen Selden aufwiesen. Die Folge war eine drängende soziale Not in der jüdischen Gemeinde, angefangen von den beengten Wohnverhältnissen über die mangelnde Fähigkeit, überhaupt den gemeindlichen Beitrag zu leisten, bis zur Notwendigkeit, eine Unterstützung in Anspruch nehmen zu müssen.

Dabei gingen die bayerischen Behörden mit entsprechenden Anträgen in den schwäbischen Judendörfern an der Iller – neben Fellheim auch Altenstadt und Osterberg – sehr unterschiedlich um.[45] Während Juden wie Jakob Heilbronner, der eine Handelskonzession für Textilien und den Nachweis des Erlernens der deutschen Buchhaltung erbringen konnte, 1828 problemlos in eine frei gewordene Matrikelstelle eingewiesen wurde und die Erlaubnis zur Eheschließung erhielt, und

---

42 Dippold, Haltung fränkischer „Polizeibehörden", Zitate S. 410f., 412f.
43 Ried, Jüdisches Leben auf dem Lande, passim.
44 Vgl. dazu Ried, Fellheim, S. 38–40, 51–61.
45 Filser, Effektivität bayerischer Judenpolitik, S. 257–268.

Isaak Bach aus Altenstadt sich 1840 *außer Matrikel* als Textilgroßhändler niederlassen konnte, wurde die Aufnahme in die Matrikel anderen, die diese Belege nicht beibrachten, verwehrt. Das Ziel des Staates, den *Hausier-, Not- und Schacherhandel* zu bekämpfen – der 1777 noch vom Ortsherren Frhr. von Reichlin-Meldegg in Fellheim ohne weiteres zugestanden worden war – führte zu zahlreichen Kontrollen und Einschränkungen, sei es in Abgrenzung geduldeter Handelsdistrikte, sei es mit dem Verbot, die ordentlichen Märkte zu besuchen. Das Überwechseln in die gewünschten Berufsfelder der Landwirtschaft und des Gewerbes erwies sich vielfach als schwierig: In Altenstadt kämpften die drei Söhne des Salomon Kahn um die Anerkennung außerhalb der Matrikel, Moritz Kahn musste sogar zwischen 1835 und 1837 vier Anläufe unternehmen – bis sein Vater ihm schließlich seine Matrikelnummer überließ. Fabriken zu gründen, war ohnehin wegen des erforderlichen Kapitals kaum möglich, sodass dieser Weg nur Raphael Gerstle in Fellheim 1836 gelang – wenn auch nur für eine begrenzte Zeit. Die Praxis, eine neue Existenz aufzubauen, war also immer wieder mit erheblichen Einschränkungen belastet.

Das Auf und Ab wie die Schwierigkeiten, die von Seiten der Bürokratie mit der Matrikelgewährung verbunden waren, müssen mit der politischen Entwicklung des Emanzipationsgeschehens verknüpft werden. Insgesamt erwiesen sich die Versuche, über die Gesetzgebung zu einer Revision des Judenedikts vorzustoßen, über lange Jahrzehnte als unzureichend bzw. vergeblich:[46] Konnte der Landtag zunächst ohnehin keine eigene Gesetzesinitiative entfalten, sondern war auf die Vorlagen der Regierung angewiesen, so waren die Abgeordneten zudem mehrheitlich kaum zu Zugeständnissen bereit. Schon in der zweiten Sitzungsperiode von 1822, die mit der Forderung einer Versammlung von Juden konfrontiert wurde, die Ansässigmachung zu erleichtern, kam nicht einmal bis zu einer Gesetzesvorlage, und auch die weitere Behandlung des Hausierhandels brachte keine wesentliche Veränderung. Auch der Landtag von 1825 mit dem zentralen Anliegen der Sozialgesetze über Heimat, Ansässigmachung und Verehelichung, das die politische Gemeinde generell zum Angelpunkt der Existenz machte, angefangen vom Wohnrecht bis zur Fürsorge in Not, bezog zwar die Juden mit ein, bestätigte ihnen also die Zugehörigkeit zur Gemeinde, behielt aber die einschränkenden Voraussetzungen des Ediktes bei.[47] Mit dem ersten Landtag des neuen Königs Ludwig I. (reg. 1825–1848) verband sich 1827/28 eine weitere Hoffnung, ließ der König doch einen weitreichenden Gesetzentwurf ausarbeiten:[48]

---

46 Zum Folgenden bereits Schwarz, Juden in Bayern, S. 228–242; jetzt ausführlich Ludyga, Rechtsstellung, S. 108–225.
47 Ludyga, Rechtsstellung, S. 108–128.
48 Zit. nach Ludyga, Rechtsstellung, S. 131.

> *Den isr. Staatsangehörigen stehen im ganzen Umfange des Königreiches neben gleichen Pflichten auch gleiche politische und bürgerliche Rechte mit den christlichen Einwohnern zu. Alle entgegenstehenden gesetzlichen und hieraus begründeten Sonderbestimmungen für Israeliten treten demnach außer Wirksamkeit.*

Doch die Vorlage an die Ständeversammlung unterblieb. „Der Landtagsabschied schenkte Juden keine Beachtung."⁴⁹

Die Phase der Stagnation, in der die Anläufe einer liberalen Minderheit unter den Abgeordneten für eine Revision sich an den Vorbehalten der Mehrheit brachen, schien mit dem neuen, liberalen Landtag von 1831 nach der Julirevolution beendet. Die Abstimmung am 5. November 1831 sprach sich für eine *genaue Revision der über die Verhältnisse der jüdischen Glaubengenossen bestehenden Verordnungen* aus, und die Übereinstimmung mit der Kammer der Reichsräte veranlasste Gabriel Riesser, den unermüdlichen „Vorkämpfer der jüdischen Emanzipation",⁵⁰ sogar, diesen Schritt als *deutsches Seitenstück zum 27. September 1791* (dem revolutionären Beschluss der Französischen Nationalversammlung) zu feiern.⁵¹ Doch zog er erneut keine Konsequenz nach sich. Dies änderte sich auch auf den folgenden Landtagen nicht, vielmehr erstarrte die bayerische Politik in der Ära des Karl August von Abel als Minister des Innern seit 1837 in einer konservativ-katholischen Wende und die Emanzipationsdiskussion versandete in „Restauration und Hoffnungslosigkeit".⁵² Das Ergebnis des Landtagsabschieds von 1846 fiel entsprechend vage aus: *Wir haben vor, die Frage, ob und welche Abänderung der über die Verhältnisse der israelitischen Glaubensgenossen in unserem Königreiche bestehenden Gesetzgebung zeitgemäß und ein Bedürfnis sei, in reife Erwägung nehmen zu lassen* – es blieb nach wie vor unverbindlich; eine wie auch immer geartete grundlegende Verbesserung stand weiterhin aus.⁵³

Bei der Einschätzung dieses permanenten Zögerns auf der politischen Ebene darf nicht übersehen werden, dass die Stimmungslage in der Öffentlichkeit inzwischen deutlich ambivalente Züge angenommen hatte. Einerseits wurde der Diskurs weiterhin von den bekannten antijüdischen Stereotypen begleitet. Als besonders spektakulärer Fall entpuppte sich die ‚Damaskus-Affäre' – die Ermordung eines Kapuziner-Priors 1840, der den Juden zur Last gelegt wurde –, die wie in ganz Europa so auch in Schwaben und Franken neue Beschuldigungen von

---

49 Ludyga, Rechtsstellung, S. 140.
50 Meyer, Deutsch werden, jüdisch bleiben, S. 241–244.
51 Ludyga, Rechtsstellung, S. 164f.
52 Ludyga, Rechtsstellung, S. 184, als Stichworte der Überschrift; vgl. dazu auch Schwarz, Juden in Bayern, S. 250–274.
53 Ludyga, Rechtsstellung, S. 222.

Ritualmorden auslöste: 1845 berichtete die Presse von der angeblichen Entführung eines jüdischen Mädchens in Fremdingen im Fürstentum Oettingen-Spielberg und von einem ähnlichen Vorfall in Thalmässing im Hochstift Eichstätt, die beide ganz nach dem Muster der frühneuzeitlichen Ereignisse abliefen.[54] Zudem kam es in Baden, Württemberg und Franken in den 1840er Jahren zu antijüdischen Unruhen – die „Nachtseite der Judenemanzipation" brach sich immer wieder Bahn.[55] Sie kulminierten im März 1848 im Odenwald und steigerten sich in Oberfranken zu gewaltsamen Übergriffen, sodass jüdische Familien nach Bamberg flüchteten, *Männer, Weiber und Greise [...]; ihre wenigen Habseligkeiten mit sich führend, verließen sie die Heimath, froh das nackte Leben gerettet zu haben*, berichtete die Presse, und in der Rhön registrierte man *eine bedenkliche Stimmung gegen die Juden.*[56] Andererseits trug die gesellschaftliche Entwicklung zu einer deutlichen Steigerung des jüdischen Selbstbewusstseins bei. Man begegnete sich vor Ort inzwischen vielfach auf Augenhöhe, und jüdische Vertreter starteten in Augsburg und Würzburg mehrfach Versuche, sich zu versammeln, um ihren Forderungen nach Gleichstellung Nachdruck zu verleihen.[57] Dieser Gegensatz von Anfeindung und selbstbewusstem Auftreten spitzte sich in den Revolutionsjahren zu, denn im Gegensatz zu den genannten antijüdischen Ausschreitungen auf dem Land wurde die jüdische Beteiligung an den Barrikadenkämpfen und in den Parlamenten in Deutschland überall begrüßt und die Gemeinsamkeit bis zum Gedenken an die ‚Märzgefallenen' feierlich beschworen.[58]

Mit der Revolution kam auch in Bayern wieder Bewegung in die politische Diskussion. Der Reformlandtag vom März 1848 mit seinen Verfassungsänderungen brachte insofern ein Zugeständnis, als nun den Juden das Wahlrecht zur Ständeversammlung und die Zulassung zu den Schwurgerichten zugestanden wurde – und die beiden ersten Landtagsabgeordneten, die Juristen Dr. David Morgenstern und Dr. Fischel Arnheim, entwickelten konsequent eine Initiative zur Verbesserung der Rechtslage.[59] Die Arbeit an einem Gesetzentwurf, den König Maximilian II. (reg. 1848–1864) dem Landtag vorlegte und der erneut *den israelitischen Staatsangehörigen fortan im ganzen Umfange des Königreiches bei gleichen Pflichten auch gleiche staatsbürgerliche (politische) und bürgerliche Rechte mit den christlichen Einwohnern* in Aussicht stellte, löste vom 10.–14. Dezember 1849 eine Grundsatz-

---

54 Erb, Judenfeindschaft, passim.
55 Erb-Bergmann, Nachtseite der Judenemanzipation, S. 251–261.
56 Rohrbacher, Gewalt im Biedermeier, S. 210–215, Zitate S. 212, 214.
57 Vgl. dazu Gehring-Münzel, Würzburger Juden, S. 443–456.
58 Vgl. dazu Brenner, Zwischen Revolution und rechtlicher Gleichstellung, S. 288–298.
59 Ludyga, Rechtsstellung, S. 236–243.

debatte aus, die erneut die gegensätzlichen Positionen aufeinander prallen ließ.⁶⁰ Liberale Vertreter wie der oberbayerische Gutsbesitzer Friedrich Adam Graf von Hegnenberg-Dux und Gustav Frh. von Lerchenfeld sowie Anhänger der Linken aus der Pfalz, aber auch gemäßigt Konservative wie der Augsburger Bürgermeister Georg von Forndran standen den Ultramontanen gegenüber, von denen Dr. Anton Ruland, Pfarrer von Arnstein in Unterfranken, und Dr. Johann Nepomuk Sepp, der dezidiert antisemitische Historiker an der Universität München, sich besonders gegen die Vollendung der Emanzipation zu profilieren suchten. Während die Liberalen sich der *Forderung der Zeit* stellen wollten, gemäß der bayerischen Verfassung dem Grundsatz zu folgen, *Gleichheit des Gesetzes und vor dem Gesetze zur Wahrheit* zu machen, und die *Staatsklugheit* zum *Wohle des ganzen Landes* als Maßstab bemühten, setzten Ruland und Sepp an der Spitze der kirchlich-konservativen Kreise auf die Wirkung der alten Vorurteile und verschärften sie durch massive antijüdische Invektiven – nicht zuletzt wegen angeblicher antichristlicher Passagen des Talmud, die der Würzburger Rabbiner Seligmann Bär Bamberger freilich mühelos widerlegen konnte.⁶¹ Sie beschworen die drohende Verelendung der Bauern und glaubten, vor einem *Grab der Rechte und Freiheiten des Volkes* warnen zu müssen. Auch der ehemalige Professor für orientalische Sprachen in Landshut und München Dr. Joseph Franz von Allioli, nun Dompropst von Augsburg, betonte im Rahmen seiner romantischen Wirtschaftsauffassung, dass die Juden keine produktive Rolle spielen könnten, vielmehr die Gefahr der *Oberherrschaft über die Christen* bestehe, *indem sie, jede körperliche Anstrengung verabscheuend, alle Erwerbsquellen an sich reißen und mit List und Schlauheit die Gesetzte zu umgehen oder unwirksam zu machen wissen,* sodass daraus *die Verarmung der christlichen Bevölkerung* resultiere.⁶² Demgegenüber distanzierte sich der konservative Kirchenhistoriker Ignaz von Döllinger, Wortführer des katholischen Görres-Kreises, von den antijüdischen und antisemitischen Hasstiraden und sprach sich für die *Emanzipation der Israeliten* als eine *soziale Nothwendigkeit* aus.⁶³ Das Ergebnis der Abstimmung in der Kammer der Abgeordneten war immerhin eindeutig: Mit 91 zu 40 Stimmen wurde der Gesetzentwurf angenommen – die uneingeschränkte Emanzipation schien gelungen.

Doch was nun folgte, war ein ‚Adressensturm', mit dem die Kammer der Reichsräte als zweite gesetzgebende Instanz konfrontiert wurde. Er ging von

---

60 Ausführlich dazu Ludyga, Rechtsstellung, S. 243–281, Zitat S. 243; Gehring-Münzel, Würzburger Juden, S. 443–494.
61 Dazu Gehring-Münzel, Würzburger Juden, S. 477–480.
62 Völk, Etappe des Emanzipationsprozesses, S. 19–23; vgl. Ludyga, Rechtsstellung, S. 270.
63 Zit. nach Ludyga, Rechtsstellung, S. 250–259, Zitate S. 250, 252, 254, 258.

einem Aufruf des ‚Volksboten' aus, einem ultramontanen Blatt, das noch im Dezember mit einer Aufforderung an die Öffentlichkeit trat: *[...] Jetzt gilt's für die Bürger und Bauern aller Gemeinden im ganzen Land sich augenblicklich zu rühren. Noch haben wir eine Reichsratskammer! Sie muß erfahren, was die Gesinnung des bayerischen Volkes ist; also unverweilt Adressen, Adressen aus allen Gemeinden! [...]*[64] Mit der Erfahrung im Hintergrund, dass eine derartige Adressbewegung schon 1846 die Kirchenpolitik unterstützt hatte und 1848 gegen die Einführung der Grundrechte durch die Frankfurter Nationalversammlung eingesetzt worden war, begann der Münchner ‚Verein für konstitutionelle Monarchie und religiöse Freiheit' eine Kampagne gegen das Emanzipationsgesetz, dem sich andere anschlossen und die von den katholischen ‚Piusvereinen' aufgenommen und in die Breite getragen wurde. Nicht weniger als 627 Adressen[65] mit insgesamt 79.121 Unterschriften – das waren immerhin 1,8 % der bayerischen Bevölkerung – gingen bei der Kammer der Reichsräte ein, zwei Drittel davon votierten gegen das Gesetz insgesamt, das restliche Drittel für eine Einschränkung, die eine Ansässigmachung den Gemeinden vorbehalten, die Juden nicht zu Staats-, Gemeinde- und Kirchenämtern zulassen und zudem den Schacherhandel ‚verpönen' sollte.[66] Auch wenn die Argumentation in der Kammer der Reichsräte stärker von juristischen Überlegungen ausging, so war doch die Vorstellung von Bayern als einem ‚christlichen Staat' – was immer darunter verstanden wurde – auch hier die dominante Größe, die zur Ablehnung des Gesetzes führte und mit einem Stimmenverhältnis von 30 : 6 eindeutig ausfiel.

Es erscheint bezeichnend, dass sowohl die Stimmenverteilung in der Abgeordnetenkammer und in der Kammer der Reichsräte wie die Adressen selbst regional ganz spezifisch verteilt waren (Tab. 2): Bei den Abgeordneten kamen die Ablehnungen vorwiegend aus Oberbayern (11 Stimmen), Niederbayern (12) und der Oberpfalz (8), also von dort, wo nur wenige oder gar keine Juden lebten; in Schwaben lag das Verhältnis noch bei zehn Nein- gegen sechs Ja-Stimmen; in den drei fränkischen Regierungsbezirken fanden sich dagegen nur insgesamt zwei Gegenstimmen – also dort, wo die Mehrheit der Juden lebte. Ganz ähnlich sah die Verteilung der Adressen aus: Die Hälfte kam wiederum aus Ober- und Niederbayern, während die fränkischen Regierungsbezirke in weitem Abstand

---

64 Zit. nach Remlein, Landtag und Judenemanzipation, S. 175.
65 Zur genauen Ermittlung der Zahl Völk, Etappe des Emanzipationsprozesses, S. 44f.: Danach werden gegenüber der Aufstellung in den Landtagsverhandlungen weitere bis zum 5. März berücksichtigt.
66 Erstmals dazu Harris, The people speak!, passim; dann Remlein, Landtag und Judenemanzipation, S. 175–184.

**Tab. 2:** Anteil der Adressen bzw. Unterschriften im Vergleich zu den jüdischen Einwohnern in den Regierungsbezirken Bayerns

| Regierungsbezirk | Anteil der Adressen (in %) | Anteil der Unterschriften (in %) | Anteil der jüdischen Bevölkerung (in %) |
|---|---|---|---|
| Oberbayern | 31,7 | 31,7 | 1,6 |
| Niederbayern | 18,3 | 22,8 | 0 |
| Oberpfalz | 12,5 | 13,1 | 1,8 |
| Oberfranken | 2,3 | 2.7 | 14,3 |
| Mittelfranken | 5.0 | 4.8 | 27,3 |
| Unterfranken | 15.7 | 11.7 | 38,8 |
| Schwaben | 14,5 | 13,3 | 16,1 |

folgten – wobei die vorwiegend katholischen Regierungsbezirke Unterfranken und Schwaben gegenüber dem weitgehend protestantischen Mittel- und Oberfranken nochmals stärker zu Buche schlugen. Diese eindeutig aus der Katholizität ableitbare Dominanz der Ablehnung findet ihre Bestätigung darin, dass das Innenministerium gemäß einer Umfrage zu der Feststellung kam, „daß die eingesandten Petitionen nirgends spontan im Volk entstanden waren, sondern daß die judenfeindliche Stimmung von Priestern, ultramontanen Vereinen, Gemeindevorständen und einigen Beamten hervorgerufen wurde".[67]

Analysiert man die regionalen Voten etwas genauer, so ist für Schwaben mit seiner eher komplexen Struktur ein differenziertes Bild zu gewinnen.[68] 93 Adressen mit insgesamt 10.565 Unterschriften stammten aus dem Regierungsbezirk Schwaben und Neuburg, an denen 254 Korporationen beteiligt waren. Dabei fiel die Dichte sehr unterschiedlich aus: Während etwa das Landgericht Zusmarshausen mit 17 Adressen besonders herausstach, gab man im Allgäu und an der Donau sowie in den kreisunabhängigen Städten (mit Ausnahme Augsburgs) überhaupt kein Votum ab. Nur eine einzige stammte aus einem Ort, in dem Juden ansässig waren – und sie blieb bei der vagen Feststellung, dass die christlichen Gemeindemitglieder sich [...] *hinsichtlich der Emanzipation der Juden an Regensburg Stadt=Amhof und derer Umgegend, der nemlichen Meinung an*[schließen].[69] Eine entscheidende Rolle spielten die katholischen Vereine aufgrund der Initiativen der katholischen Geistlichkeit, doch wurden mehrfach Textvorlagen von anderen

---

67 Remlein, Landtag und Judenemanzipation, S. 179.
68 Völk, Etappe des Emanzipationsprozesses, S. 45–101; neuerdings Ried, Zeit des Umbruchs?, S. 221–250.
69 Ried, Zeit des Umbruchs?, S. 241.

Gemeinden einfach übernommen – ein schlagender Beweis für die These von der Inszenierung. In die gleiche Kerbe schlug die Interpellation des Fürsten Ludwig von Oettingen-Wallerstein, der „das Innenministerium darauf aufmerksam [machte], unter welch dubiosen Bedingungen die Adressen gegen die Gleichstellung der Juden zustande kamen und durch welch obskure Methoden Unterschriften dazu ergaunert wurden".[70] Nicht nur Beamte nutzten dafür ihre Autorität und luden mitunter Gemeindevorsteher vor, um ihnen solche Adressen nahezulegen.

Gegenaktionen für die Emanzipation waren selten, aber sie blieben nicht aus: So entstand etwa in Hürben bei Krumbach ein Votum für die Emanzipation, das aus der eigenen Erfahrung schöpfte und deshalb *aus vollem Herzen die vollständige Gleichstellung mit den christlichen Glaubensgenossen des Königreiches* wünschte:

> *Wir haben uns aus Auftrag der christlichen Einwohnerschaft der Gemeinde Hürben, die mit Israeliten seit Jahrhunderten friedlich, einig und zufrieden zusammenwohnt, es für unsere Pflicht gehalten, in die vielen unlauteren Stimmen jener Adressen gegen die Emanzipation der Israeliten eine lautere Stimme für dieselbe zu mischen. [...]*
> *Seit der Promulgation der Verfassung von 1818 wurden die Israeliten in Hürben von den christlichen Gemeindegliedern daselbst mit Gemeinde- und Ehren-Ämtern betraut, [...]. Hieraus wird unzweideutig das gegenseitige Vertrauen und die wechselseitige Anhängigkeit der Christen und Israeliten hervorgehen.*
> *Die Gleichberechtigung der Israeliten mit den Christen ist hiernach ein Gebot der Gerechtigkeit und christlichen Humanität, aber auch ein Gebot der Nationalwirtschaft.*[71]

Die Stellungnahme stand in engem Zusammenhang mit einer ‚Denkschrift zur Abwehr', die der Ortsrabbiner Hayum Schwarz verfasste und in 150 Exemplaren in Druck gehen ließ[72] – neben den Schriften von Hirsch Aub aus München, Dr. Lazarus Adler aus Kissingen und Seligmann Bär Bamberger aus Würzburg eine der wenigen aus dem flachen Land, die sich gegen die Vorwürfe wandte. Im Mittelpunkt stand bei Schwarz der Talmud – den auch Dompropst Allioli angegriffen hatte –, und in sehr sachlicher und kenntnisreicher Weise widerlegte er die Vorwürfe, indem er den Fragen nachging, was der Talmud über den *Nächsten* aussage, was er über die *Pflichten gegen Nichtisraeliten*, was er *über Gewerbsamkeit überhaupt, besonders aber über Feldbau* lehre und wie er *die Pflichten gegen Staat und Vaterland* einschätze. Er schloss mit dem Wunsch:

> *Möchte doch nunmehr aufgehen die Sonne des Glückes, und stets heller empor-leuchten das segensverbreitende Licht der Wahrheit, der Humanität und der brüder-lichen Eintracht.*

---

70 Völk, Etappe des Emanzipationsprozesses, S. 88–90, Zitat S. 88.
71 Völk, Etappe des Emanzipationsprozesses, S. 81f.
72 Völk, Etappe des Emanzipationsprozesses, S. 84–88.

> *Möchte doch stets walten ein Geist der Liebe unter allen Menschen! ‚Haben wir denn nicht Alle einen Vater? Hat nicht uns Allesamt ein Gott erschaffen, warum sollten wir treulos sein, Bruder gegen Bruder?' (Mal. 2.10)*

Nach der Ablehnung der Gesetzesvorlage ließ das Innenministerium einen ‚Bericht über die Volksstimmung' erstellen, der von der großen Mehrheit der christlichen Bevölkerung *freudig* aufgenommen wurde, während andere wie das Allgäu *mit befremdender Theilnamslosigkeit* davon Kenntnis nahmen. Dass die Juden Schwabens enttäuscht waren, lag auf der Hand: *Der Israelite ist consternirt, aber schweigsam. Das Schweigen ist oftmals auch eine Sprache. Die Hoffnung haben sie nicht aufgegeben*, hieß es im Bericht des Landgerichtes Günzburg, in dem die Judendörfer der ehemaligen Markgrafschaft Burgau lagen; und im Landgericht Neuburg *äußerte neulich ein Jude [...]: Die Verwerfung der Emanzipation in der Kammer der Reichsräthe könne er nicht ertragen – er werde alle seine Kapitalien künden und nach Amerika auswandern.*[73] Dazu passt auch, dass die ansonsten bei den jüdischen Gemeinden üblichen Bekundungen der Königstreue, die in den ersten Jahrzehnten des 19. Jahrhunderts in vielen Fällen zu registrieren waren, sich schon seit den 1830er Jahren deutlich abgekühlt hatten.[74]

Weitere Schritte auf dem Weg in die Emanzipation ließen in der Phase der Reaktion, die der Revolution folgte, auf sich warten, im Gegenteil: die Entwicklung schlug in die Gegenrichtung aus – wiederum in Parallele zu den anderen deutschen Mittelstaaten.[75] Zwar konnten auf dem Landtag von 1851/52 wenigstens noch Ausnahmeregelungen im Bereich des bürgerlichen Rechts beseitigt werden, doch die grundsätzliche Frage der Gleichberechtigung wurde nach wie vor ausgespart, auf dem folgenden Landtag von 1853/55 stand sogar die Aberkennung des Wahlrechts zur Debatte – was im Deutschen Bund freilich keinen Einzelfall darstellte –, zudem sollten 1852 das Austragen bestellter Waren (gegen das Hausieren gerichtet) und 1853 der Viehhandel verboten werden, und so scheiterte 1855/56 auch ein weiterer Anlauf zur Revision der Ansässigmachung.

Erst mit der Regierungsumbildung von 1859 wurde endlich eine Liberalisierung möglich. Eine umfangreiche Petitionsbewegung aus den jüdischen Gemeinden Frankens konfrontierte den neuen Landtag von 1859/61 mit der Forderung nach Gleichstellung, die vom Abgeordneten Adolph Paur in einem Entwurf zur Aufhebung der Beschränkungen für Juden bei der Ansässigmachung und der

---

73 Völk, Etappe des Emanzipationsprozesses, S. 89–101, Zitate S. 99f.
74 Ried, Zeit des Umbruchs?, S. 158–165.
75 Zur Situation generell Brenner, Zwischen Revolution und rechtlicher Gleichstellung, S. 298–302; zum Folgenden nach Schwarz, Juden in Bayern, S. 284–295; Gehring-Münzel, Würzburger Juden, S. 494–525; Ludyga, Rechtsstellung, S. 281–322.

Eröffnung von Gewerbebetrieben gebündelt wurden, und sie fand die überwiegende Zustimmung: Der berüchtigte Matrikelparagraph des Judenedikts fiel dann im Landtagsabschied vom 10. November 1861: *Die gemäß der §§ 12, 13 und 18 Absatz 1 des Ediktes vom 10. Juni 1813, die Verhältnisse der israelitischen Glaubensgenossen betreffend, rücksichtlich Ansässsigmachung und des Gewerbsbetriebes der Israeliten in den Provinzen diesseits des Rheines bestehenden Beschränkungen sind aufgehoben.*[76] Der fünfzigjährige Kampf gegen die Matrikel war damit zu einem erfolgreichen Ende gebracht, die Begeisterung in den jüdischen Gemeinden war groß. Die Würzburger Gemeinde sah sich veranlasst, dem bayerischen König den *tiefgefühltesten, herzinnigsten Dank für die Allerhöchst ihren israelitischen Unterthanen hiedurch erwiesenen Wohlthaten* auszusprechen. *Sie hat uns endlich unsere Menschenwürde und Bürgerehre zurückgegeben [...] und uns unsern christlichen Mitbürgern ebenbürtig an die Seite [ge]stellt [...].*[77] Mit der neuen inneren Freizügigkeit konnte nun eine neue Mobilität einsetzen, und das führte alsbald zu einer grundlegenden Umstrukturierung der jüdischen Niederlassungen (s. Kap. 24).

Die Aufarbeitung der restlichen Beschränkungen folgte schnell:[78] Das ‚Gesetz über die Gewerbefreiheit' von 1868 gestand die freie Ausübung allen Staatsangehörigen *ohne Unterschied [...] des Glaubensbekenntnisses* zu, das ‚Gesetz über Heimat, Verehelichung und Aufenthalt' vom gleichen Jahr hob das Einwanderungsverbot für ‚fremde Juden' auf, im folgenden Jahr 1869 wurde der besondere Judeneid beseitigt und erfolgte die Zulassung von Juden zum Richteramt – nur die Neujahrsgelder für die christliche Geistlichkeit blieben noch bis 1881 bestehen. Mit dem Reichsgesetz vom 22. April 1871 wurde dann nach dem Beitritt des Königreichs Bayern zum Deutschen Reich formell die Emanzipation auf Reichsebene wirksam.

Der bayerische Weg zur Emanzipation war zweifellos langwierig und dornenreich: Der restriktive Ansatz des Edikts von 1813, der für viele Juden mehr eine negativ konnnotierte Fixierung ihrer Existenz bedeutete als einen wirklichen Schritt zur staatsbürgerlichen Gleichberechtigung, der mit seinem Erziehungskonzept den Zwang zur Assimilation auferlegte – und ihn doch im konkreten Fall wiederum eher verweigerte –, konnte erst weiterentwickelt werden, als der politische Anstoß von außen durch die revolutionären Impulse erfolgte. Für die Ständeversammlung – und das galt ganz ähnlich für Baden, Württemberg oder Hessen – war die Gewährung der Rechtsgleichheit in der Regel mit dem Wandel

---

76 Zit. nach Ludyga, Rechtsstellung, S. 320 Anm. 615.
77 Zit. nach Gehring-Münzel, Würzburger Juden, S. 521.
78 Vgl. dazu Ludyga, Rechtsstellung, S. 326–340.

des Judentums selbst verbunden, sodass „mit den Mitteln der Emanzipationspolitik die jüdische Lebenswelt, so wie man sie bisher kannte, zum Verschwinden gebracht werden sollte", etwas zugespitzt formuliert: „Der Idealtypus des ‚Israeliten' war im Sinne der Landtagsdebatten der ‚entjudete Jude'", wobei man vor allem das Negativbild der ‚Hausier- und Schacherjuden' auf dem Land im Auge hatte, die ohnehin die weit überwiegende Mehrheit stellten.[79]

Der liberale Anlauf von 1831 scheiterte und der sehr viel grundlegendere von 1849 blieb in Teilelementen stecken. Insofern konnte der abgebrochene Weg zur ‚pragmatischen Emanzipation', wie er im 18. Jahrhundert eingeschlagen worden war, auch keinen Ersatz finden, der weitergeführt hätte. Wie in den anderen deutschen Staaten brachte die Revolution von 1848/49 auch in Bayern zwar kurzzeitige Impulse in Richtung Emanzipation, aber letztlich doch keinen Wendepunkt: „Das Drama von 1848 bestärkte jedes Lager in seiner eigenen Position".[80] Die anschließende konservative Wende verzögerte die Emanzipation weiter bis zur Reform von 1861 bzw. 1868/69, als sie bereits überfällig geworden war. Und so lässt sich mit Recht summieren, dass „[...] die Fortschritte in der Emanzipation stets in Korrespondenz mit sich steigernden Gegenkräften [standen]".[81] Die Widerstände kamen zwar nach wie vor aus der traditionellen Abwehr von Konkurrenz, wurden aber überhöht in einem Verständnis des ‚christlichen Staates', worunter vorwiegend eine katholisch-konservative Verbindung von Thron und Altar, vielfach zudem ein romantisch-verklärter Agrarstaat, verstanden wurde. Sie grenzten den ‚Fremden' aus und dämonisierten ihn im Zerrbild des zunehmend rassistisch interpretierten ‚Volkes' – wobei die Extremhaltungen bezeichnenderweise vor allem in den Teilregionen gepflegt wurden, wo gar keine Juden lebten. Die zunehmende Verschiebung des Verständnisses von Judentum von der Religionszugehörigkeit zur ‚in sich abgeschlossenen fremden Nation', zum ‚gesonderten Volksstamm'[82] leistete dabei nicht zuletzt dem Eindringen rassistischer Elemente Vorschub.

---

79 Rürup, Landbevölkerung in den Emanzipationsdebatten, Zitate S. 124f.
80 Vgl. dazu Volkow, Juden in Deutschland, S. 35–42, 107–112, Zitat S. 111.
81 Treml, Judenemanzipation, S. 259.
82 Rürup, Landbevölkerung in den Emanzipationsdebatten, S. 132.

# 23 Die jüdischen Gemeinden zwischen Staat, Tradition und Reform

Im unterfränkischen Gaukönigshofen entzündete sich in den 1830er Jahren ein tiefgreifender Konflikt zwischen der jüdischen Gemeinde und den staatlichen Behörden über die unterschiedlichen Vorstellungen und Entscheidungsbefugnisse um die Anstellung des Religionslehrers und Vorsängers.[1] Die Gemeinde favorisierte Sandel Stern, der nicht ‚heimatberechtigt' war und zudem nicht die behördliche Prüfung durchlaufen hatte, auch nach seiner Ablehnung durch die Behörden, wogegen sich der offizielle von der Kreisregierung ernannte Maier Strauß wandte, der wiederum aus verschiedenen Anlässen in einen Streit mit der Gemeinde verstrickt war. Gegenstand war die gemeinsame Religionsschule von Gaukönigshofen und dem benachbarten Acholshausen; aber die Entscheidung der Regierung wurde von der Kultusgemeinde als oktroyiert empfunden und deshalb vehement abgelehnt. Die Konsequenz war weitreichend: Die Gaukönigshofener Juden protestierten nicht nur mit einem Gesuch, den Lehrer zu entlassen, sondern schlossen sich mit den Nachbargemeinden Alersheim, Aub, Bütthard, und Tauberrettersheim im Landgericht Röttingen zusammen und baten die königliche Regierung, *Anordnungen über unsere kirchlichen Verhältnisse und unseren Religionsunterricht gnädigst ein[zu]stellen und seiner Majestät [...] dem König unsere allerunterthänigste Bitte vorzulegen, die Anordnung und Leitung unseres Religionsunterrichtes und unserer kirchlichen Verhältnisse einem israelitischen geistlichen Collegium zu uebergeben*, da die bisher getroffenen Entscheidungen der jüdischen Tradition, wie sie gepflegt wurde, zuwiderliefen.[2]

Der Streit spiegelt eine neue Erfahrung, die das Judenedikt von 1813 brachte: Zum einen legte es fest: *Alle in dem Königreiche noch bestehenden Judencorporationen werden aufgelöst, die Corporationsdiener entlassen und die Corporationsschulden unter jene Distrikte, welche bisher jede Corporation gebildet haben, mit völliger Sicherstellung der Gläubiger verteilt* (§ 21). Die Landjudenschaften des 17./18. Jahrhunderts waren damit aufgelöst. Zum anderen wurde die Autonomie der Gemeinden aufgehoben: Die Juden *bilden keine eigenen Judengemeinden, sondern schließen sich an die christlichen Bewohner des Ortes in Gemeindeangelegenheiten an, mit welchen sie nur eine Gemeinde ausmachen. Sie theilen mit den übrigen Bewohnern die Gemeinderechte und Verbindlichkeiten*, insbesondere die Nutzung der Gemeindegründe und waren damit vollberechtigte *Gemeinde-*

---
1 Michel, Gaukönigshofen, S. 212–238.
2 Michel, Gaukönigshofen, S. 212f.

*mitglieder* (§ 22). Es entsprach zudem dem bürokratisch-statistischen Ansatz der neubayerischen Verwaltung, wenn nur bei einer Mindestzahl von 50 Familien *es ihnen gestattet war, eine eigene kirchliche Gemeinde zu bilden und an einem Orte, wo eine Polizeibehörde besteht, eine Synagoge, einen Rabbiner und eine eigene Begräbnisstätte zu haben* (§ 24).[3]

Damit war ein Bruch des jahrhundertelangen Ideals der autonomen Gemeinde vollzogen[4] und zugleich das Wiedererstarken unterbrochen, das sich im Laufe des 18. Jahrhunderts abgezeichnet hatte – nachdem die Konstruktion der Landjudenschaften die Phase der ‚Atomisierung' kompensiert und überwunden hatte. Demgegenüber wurde nun der Anschluss an die vorhandenen Gemeindestrukturen verordnet, wobei ‚Gemeinde' im Denken des Montgelas-Systems nicht Selbstverwaltung bedeutete, sondern die unterste Ebene der Staatlichkeit.[5] Wie alle korporativen Sonderrechte mit dem ‚Staatsabsolutismus' in Frage gestellt waren, die des Adels ebenso wie die der Kirchen[6] und der städtischen Kommunen, so nun auch die Autonomie der jüdischen Gemeinden. Freilich war spätestens seit der 2. Hälfte des 18. Jahrhunderts auch bereits sichtbar geworden, dass die Führungsfiguren der Gemeinde nicht mehr unbestritten waren. Die Kritik innerhalb der jüdischen Gemeinden wandte sich gegen das ‚Regiment' der *Parnossim*, und die tradierte Führungsrolle der Rabbiner wurde nicht nur von den Territorien beschnitten, sondern auch von den Gemeindemitgliedern selbst unterlaufen. Unter diesen Voraussetzungen musste ein Neuaufbau erfolgen – auch wenn er unter dem Vorzeichen staatlichen Aufsichtsrechts stand.

Schon wegen des dominanten Erziehungsansatzes, den das Edikt verkündete, verband der moderne bayerische Staat damit weitreichende Forderungen. Ein Regierungsreferent sah 1821 das Problem vor allem *in der inneren religiösen Lehre und Verfassung* des Judentums:

> *Daß die wohltätige Absicht der Regierungen und der Zwecke ihrer Gesetze wesentlich nur aus dem Grund noch nicht in einem noch mehr befriedigenden Grade erreicht wurde, liegt daran, weil diese Gesetze nicht die erforderlichen Impulse zur Verbesserung des inneren Zustandes der Juden enthalten und deshalb die innere Reform der Israeliten mit der äußeren nicht gleichen Schritt hielt.*[7]

---

3 Zit. nach Schwarz, Juden in Bayern, S. 246.
4 Vgl. dazu auch Katz, Tradition und Krise, S. 83–210; Lenhard, Volk oder Religion?, S. 55–69.
5 Dazu Weiss, Integration der Gemeinden, S. 86–120; zusammenfassend Kießling, Stadt in Bayern, S. 38–40; Hecker, Die bayerischen Gemeinden, S. 41–44.
6 Dazu Demel, Staatsabsolutismus, S. 271–329.
7 Zit. nach Schwarz, Juden in Bayern, S. 210f.

Die darin ausgesprochene Erwartung, sich von dem Leben nach der *Halacha* wie von der jüdischen Tradition talmudischer Gelehrsamkeit zu distanzieren, also einer umfassenden Akkulturation zuzuwenden, war freilich auch der innerjüdischen Diskussion nicht fremd. Hatte die *Haskala* schon im ausgehenden 18. Jahrhundert Überlegungen dazu angestellt, so ging der Diskurs darüber nach der Jahrhundertwende in Bayern weiter: So kursierte in der Münchner Gemeinde die Meinung, *daß manche Rabbiner die deutsche Sprache durchaus nicht kennen, nie eine wissenschaftliche Bildung erhielten, also unfähig sind, auf die Erziehung und den Unterricht der Jugend zu wirken, daß sie es vielmehr zum besonderen Geschäfte machen, jede hellere Idee im Keime zu ersticken [...], Verfolgung gegen aufgeklärte Brüder zu predigen und sich dem Fanatismus hinzugeben [...].*[8] Freilich kam diese Stimme aus dem städtischen Milieu; auf dem Land, in den Dörfern und Kleinstädten, war die ‚volkstümliche Orthodoxie' nach wie vor dominant und blieb es bis weit über die Jahrhundertmitte – und weil diese Lebensform der Landjuden durch die Matrikel festgeschrieben blieb, konnte ein Wandel nur sehr langsam vonstattengehen. So entstand eine doppelte Spannung: Dem Druck von ‚außen', von Seiten des Staates, entsprach ein solcher von innen, von Seiten urbaner Führungsgruppen; dem Assimilationszwang antwortete eine zumindest partielle Bereitschaft zur Veränderung der eigenen Lebenswelt.[9]

Der im Edikt von 1813 vorgesehene Status des Judentums war der einer *Privatkirchengesellschaft* gemäß dem Religionsedikt von 1809 (§ 23); er wurde nahezu wörtlich in die Beilage der Verfassung von 26. Mai 1818 übernommen[10] und besaß bis 1918 Gültigkeit. Diese Positionierung zwischen dem öffentlich-rechtlichen Status der drei christlichen Konfessionen und den nicht genehmigten Religionsgesellschaften, die keinerlei Rechte hatten, verschaffte dem Judentum zwar eine Reihe von eigenständigen Elementen im Spannungsfeld von öffentlichem und privatem Recht, doch bedurften sie im Laufe der Zeit erst noch einer Klärung.[11]

Einerseits war die organisatorische Regelung an vielen Stellen noch offen: So gab es keine organisatorische ‚Gesamtjudenschaft' für das Königreich im hierarchischen Sinne – wie sie etwa bei der evangelischen Kirche vorgesehen war –, und Bestrebungen dazu in den 1830er Jahren blieben stecken. Andererseits war die Bildung von jüdischen *kirchlichen Gemeinden* vorgesehen, freilich nicht in Form ‚vormoderner' Prägung, sondern in der Form von ‚Kultusgemein-

---

**8** Zit. nach Schwarz, Juden in Bayern, S. 208.
**9** So auch die generelle Einschätzung bei M. Meyer, Jüdische Gemeinden im Übergang, S. 106–111.
**10** Dokumente, Bd. III/8, S. 354f.; Edition S. 391–399, II. Abschnitt.
**11** Dazu und zum Folgenden Penßen: Jüdische Religionsgesellschaften, S. 252–279.

den' – ein Terminus, der sich zunehmend durchsetzte. Die statistische Grenze von 50 Familien zog aber auch die Notwendigkeit nach sich, regionale Verbände zur Verwaltung eines Friedhofs oder für die Betreuung durch einen Rabbiner zu gründen – freilich wiederum nicht in Form von korporativen Landjudenschaften. Die Gemeinden selbst waren gemäß dem Religionsedikt anfänglich *nicht als eine öffentliche Corporation [...] geachtet* (§ 36). Das fand seinen Ausdruck schon darin, dass Gemeindebedienstete – Rabbiner, Schächter, Religionslehrer etc. – keine öffentlichen Amtsträger waren, sondern ihre Anstellungsverträge mit den Gemeinden schlossen. Selbst das Besteuerungsrecht, womit die Finanzierung der Gemeindeeinrichtungen gesichert werden konnte, war umstritten. So wurde den Gemeinden zwar zugestanden, ihre inneren Angelegenheiten im Bereich des Kultus zu regeln – etwa Synagogenordnungen zu erlassen –, doch blieb die Frage nach der Durchsetzung der *Kirchendisciplin*, an der dem Staat durchaus gelegen war, lange unklar. Erst die Ministerialentschließung von 1863 entschied einige dieser Fragen und stärkte damit die Stellung der Gemeinden: Ihre Anerkennung wurde vom Vorhandensein einer Synagoge mit Torarollen, einer Religionsschule, einer Mikwe, der Versorgung mit koscherem Fleisch und der Möglichkeit für ein ritualmäßiges Begräbnis abhängig gemacht – und wenn diese Voraussetzungen nicht mehr gegeben waren, griff das Gebot an die Niederlassung, sich mit einer anderen *israelischen Genossenschaft zu vereinigen*. Zudem musste [j]*ede israelitische Familie sowie jeder einzeln stehende Israelite* der Kultusgemeinde vor Ort angehören, es galt also der ‚Parochialzwang'.[12] Immerhin setzte sich bis zum Ende des 19. Jahrhunderts die Auffassung durch, „dass die jüdischen Gemeinden nach bayerischem Recht Körperschaften des öffentlichen Rechts seien".[13]

Die Gemeindebildung vor Ort vollzog sich mitunter relativ schnell, wie am Beispiel von München gut nachvollziehbar wird:[14] Hatte man schon seit 1805 Vorsteher samt Deputierten gewählt und mit Hesekiel Hessel einen Rabbiner bestimmt, so erfolgte mit dem Edikt Anfang 1815 die Neukonstitution als Gemeinde. Die Leitung sollte nun beim Rabbiner und zwei Substituten liegen, dem bald darauf ein Dreierausschuss beigegeben wurde. Dass der Rabbiner an der Spitze stand, war ein Novum in der jüdischen Tradition, das auch prompt auf Widerstand stieß – und 1829 auch tatsächlich revidiert wurde, sodass er nun aus der Verwaltung ausschied. Gemäß dem Edikt hatte der Rabbiner jedoch seine spezifische Gerichtsbarkeit verloren – was die Gemeinde akzeptierte. Zur Finanzierung der Gemeindeangelegenheiten wurde eine Umlage festgelegt, von der sowohl der

---

12 Heimberger, Die staatskirchenrechtliche Stellung, S. 403–405.
13 Penßen, Jüdischen Religionsgesellschaften, S. 276.
14 Kilian, München, S. 105–113.

Rabbiner wie der Schächter und Synagogendiener bezahlt wurden, während der Lehrer noch auf eine feste Besoldung verzichtete. Die Anlage eines Friedhofs in Sendling folgte schon 1816, der Bau der Synagoge zog sich freilich noch hin; sie konnte erst 1826 eingeweiht werden. Die schnelle Abwicklung der Gemeindebildung darf aber nicht übersehen lassen, dass sie sich unter der Aufsicht des Staates vollzog: Schon bei den ersten Wahlen war ein Vertreter der Polizeidirektion präsent, und die Bestätigung der Gemeindeorgane samt Rabbiner durch das Generalkommissariat des Isarkreises schloss den Gründungsvorgang ab.

Mochte die Situation in München als Residenzstadt noch eine besondere sein, so wird die Rolle des Staates im Fall von Würzburg sehr viel deutlicher greifbar. Die Konstituierung der Gemeinde vollzog sich hier erst seit 1828, als bereits weitere Normen von der staatlichen Verwaltung gesetzt worden waren.[15] Dass nach der ersten Ansiedlung jüdischer Familien seit 1803 (s. Kap. 21) die gemeindlichen Einrichtungen noch fehlten, ließ sich leicht überwinden, da die reichen Familien private Gebeträume einrichten und die nötigen Gelder für Vorsänger und Rabbiner aufbringen konnten. Angeregt vom Magistrat der Stadt schritt die Regierung jedoch 1828, gestützt auf das Edikt und begründet mit dem Vorwurf *heimlicher Zusammenkünfte*,[16] zur Schließung der Privatsynagogen, löste damit freilich auch Protest aus, der jedoch in das Vorhaben eines Synagogenbaus, finanziert durch die Familienvorstände, mündete. Freilich verzögerte sich die Realisierung, weil Moses Seidel sich den Beschlüssen der Gemeindeversammlung verweigerte – woraus bezeichnenderweise ein Grundsatzstreit über jene Frage nach dem öffentlich-rechtlichen Charakter der jüdischen Gemeinde entstand, der die unsichere Rechtssituation spiegelt. Gleichzeitig brach damit aber auch die innere Spannung zwischen Traditionalisten und Reformanhängern auf. Erst 1836 kam es zu einer Lösung, als die Regierung des Untermainkreises die Konstituierung der Gemeinde mit Statuten über die Leitungsgremien und das Finanzwesen einschließlich der Anstellung von Vorsänger und Religionslehrern genehmigte. Die Staatlichkeit hatte die Oberhand behalten, die Gemeinde entstand unter ihrer Aufsicht.

Handelte es sich bei München und Würzburg um ‚neue' Gemeinden, so kann Fürth als bedeutendstes ‚altes' Zentrum gelten, dessen Übergang in den modernen bayerischen Staat besondere Bedeutung haben musste, war es doch die Hochburg der Orthodoxie und des Traditionsbewusstseins.[17] Bezeichnenderweise entzündete sich der Gegensatz an der Rabbinerwahl nach dem Tod

---

15 Gehring-Münzel, Würzburger Juden, S. 285–298.
16 Zit. nach Gehring-Münzel, Würzburger Juden, S. 291.
17 Dazu Synagogenband II, S. 279–291.

des amtierenden R. Salomon Kohn 1819: Der traditionell orientierte Gemeindevorstand verschob die Neubesetzung des Oberrabbinats wegen der Bestimmung des Ediktes, der Kandidat müsse ein Universitätsstudium absolviert haben – was prompt die Intervention der staatlichen Stellen nach sich zog, weil sich der städtische Magistrat an die Regierung des Rezatkreises wandte, da *[...] der orthodoxe Kahal, dem Licht und Aufklärung als Greul der Verwüstung erscheint, nie für die gute Sache etwas thun werde, wenn nicht der Impuls von Seiten der h. Kreißstelle gegeben wird.* Freilich scheiterte die folgende Wahl von 1821, denn die Behörde versagte dem Kandidaten R. Josua ben Beer Herzfeld (1758–1846) aus Rawicz (Provinz Posen)[18] die Anerkennung. Erst 1830 war dann die Nominierung des Dr. Isaak Loewi (1803–1873), einem Einheimischen aus Adelsdorf b. Erlangen,[19] immerhin einem dezidierten Reformer, erfolgreich. Doch da die Voten der fünf Gemeindevorsteher und des elfköpfigen Verwaltungsausschusses gespalten waren, entschied letztlich wiederum die Regierung, sodass im März die Einweisung in das Amt stattfinden und er schon kurz darauf eine Synagogenordnung durchsetzen konnte.[20] Auch die Neugestaltung des Schulwesens blieb strittig, denn die schon 1810 gegründete gemeindliche Schule mit zwei Religionslehrern sah sich mit Privatlehrern konfrontiert – was die Regierung veranlasste, den Privatunterricht massiv einzuschränken. Die staatliche Aufsicht lenkte also auch hier die Entscheidungen.

Und die zahlreichen bereits seit langem existierenden ‚alten' Gemeinden in den Kleinstädten und auf dem Land? Hier ist zunächst in Rechnung zu stellen, dass das Ministerium noch im Dezember 1813 feststellte, dass sich die Bestimmungen des Edikts über die Voraussetzungen für die Errichtung von Gemeinden nicht auf die bereits vorhandenen bezogen.[21] In Schwaben waren nur mehr wenige, dafür aber meist ansehnliche und vollständige Gemeinden übrig geblieben: Freilich gewinnt man nur selten einen tieferen Einblick in die Vorgänge vor Ort wie bei Gaukönigshofen in Franken. Das dort erkennbare Ideal der autonomen Gemeinde war offensichtlich auch weiterhin ein Faktor, der im Bewusstsein der Juden vor Ort eine entscheidende Rolle spielte. Freilich dürfen diese Konfliktfälle auch nicht überbewertet werden. Sieht man vom Sonderfall Floß in der Oberpfalz ab, wo die Integration in die Marktgemeinde wegen der topographischen Abgeschlossenheit der jüdischen Siedlung auf dem Berg nicht vollzogen wurde und deshalb die alten Gremien der Gemeindevertretungen nahezu bruchlos weiterge-

---

18 Brocke/Wilke, Biographisches Handbuch, Bd. I. 1, S. 0428 Nr. 0703.
19 Brocke/Wilke, Biographisches Handbuch, Bd. I. 2, S. 0630 Nr. 1168.
20 Synagogenband II, S. 280, 283–285.
21 Heimberger, Die staatsrechtliche Stellung, S. 93.

führt werden konnten,²² so hat man in der Regel den Übergang in die bayerische Staatlichkeit nicht als allzu gravierend empfunden, was die organisatorischen Vorgaben betraf.

Das lässt sich am Beispiel der oettingischen Gemeinden genauer verfolgen, bei denen sich insofern eine spezifische Situation einstellte, als die Grafen von Wallerstein als Standesherrn eine verfassungsrechtliche Sonderstellung zugestanden bekommen hatten,²³ deshalb ihre Vorrechte auch nach 1813 bezüglich der Aufnahme neuer Juden aufrecht erhielten und ihre grund- und gutsherrlichen Abgaben weiter in Anspruch nahmen. Die Gemeinde Harburg klagte dagegen, zusammen mit Wallerstein und Mönchsdeggingen, verlor zunächst aber aufgrund einer richterlichen Entscheidung, und erst mit der Revolution von 1848 wurden die Rechte in einem Vergleich von 1852 abgelöst.²⁴ Vor diesem Hintergrund wird verständlich, dass der Übergang in die bayerische Herrschaft nur zögerlich vonstattenging: So amtierte der noch 1802 gewählte Barnoss Jakob Lipmann Hechinger bis zu seinem Tod und wurde erst vier Jahre später 1832 durch einen neuen Vorstand ersetzt – der nun gemäß dem Edikt nur mehr einschränkte Befugnisse hatte.²⁵ Das Rabbinat musste 1828 von der Regierung des Rezatkreises erst angemahnt werden, weil die Kultusgemeinde sich dagegen sträubte, und bezeichnenderweise versuchte der Fürst, das alte Landesrabbinat in Wallerstein wieder zu beleben. Erst 1837 wurde es mit dem gebürtigen Harburger Elkan Selz (1808–1881) besetzt, der alle Voraussetzungen dafür mitbrachte, die von den Behörden erwartet wurden: Er hatte in Würzburg studiert und war bei Samson Wolf Rosenfeld in Bamberg am rabbinischen Seminar ausgebildet worden.²⁶

Stand damit die jüdischen Kultusgemeinde Harburg in einer komplexen Wechselbeziehung mit der Herrschaft und der staatlichen Behörde, so zeigen die Wallersteiner Statuten von 1854 immerhin den Status einer Kultusgemeinde, wie er vom Edikt vorgesehen war:²⁷ *Dem Cultus=Vorstande ist die Wahrung der Interessen der Cultusgemeinde und die Beobachtung der im Königreich geltenden Gesetze und Verordnungen zur Pflicht gemacht*, heißt es einleitend. Geleitet wurde sie vom gewählten Ersten Vorstand mit zwei Kassierern und zwei Deputierten – der aber *der competenden Behörde zur Bestätigung anzuzeigen war* –, dazu einem Ausschuss von sechs Bevollmächtigten, die die *Gesamtgemeinde* ver-

---

22 Höpfinger, Floß, S. 117–120, 155–172.
23 Vgl. dazu allgemein Gollwitzer, Standesherren, S. 72–96.
24 Jakob, Harburg, S. 42–44.
25 Jakob, Harburg, S. 86–92.
26 Brocke/Wilke, Biographisches Handbuch, Bd. I. 2, S. 809f. Nr. 1656.
27 Ich danke Miriam Friedmann, Augsburg, dafür, dass sie das Dokument aus dem Fürstliche Oettingischen Archiv, Harburg, zur Verfügung gestellt hat.

traten. Er hatte die Verwaltung *des Cultus-Vermögens und des Unterrichtes* sowie die *Oberaufsicht der Wohltätigkeits-Stiftungen* zu übernehmen und hatte darüber jährlich vor der Gemeinde Rechnung zu legen. Die Finanzierung in einem *Cultus-Fonds* erfolgte durch vermögensrelevante Umlagen und diente zur Anstellung der *Cultus- und Kirchen-Bediensteten*. Dazu kam die Aufgabe, eine *Synagogen-Ordnung* aufzustellen und bei Bedarf zu ändern. Mit diesen Statuten war auch Wallerstein in die Bahnen der Gesetzmäßigkeit eingeschwenkt.

Traten aber innerhalb der Kultusgemeinde Konflikte auf, so war wiederum die Zusammenarbeit mit den Behörden durchaus nicht ungewöhnlich.[28] Im mittleren Schwaben war zwischen 1820 und 1831 mit der Besetzung von sieben der acht Rabbinate eine neue Generation eingezogen, die ihre Loyalität gegenüber dem Königreich beschworen hatte, auch wenn sie eher dem traditionell orthodoxen Lager zuzurechnen war, darunter auch profilierte wie Hayum Schwarz (1800–1875), der seit 1827 in Hürben,[29] und Aaron Guggenheimer (ca.1793–1863), der seit 1820 in Pfersee amtierte.[30] Auch David Weisskopf (1798–1882), der dann 1847 in Wallerstein gewählt und zwei Jahre später Bezirksrabbiner wurde, zudem eine kleine eigene *Jeschiwa* gründete, kam aus der konservativen Schule Abraham Bings in Würzburg.[31] Aber alle gerieten in mehr oder weniger harte Konflikte mit ihrer Gemeinde, wenn sie Veränderungen anstrebten. Im Falle der Versteigerung der Synagogenehren während des Gottesdienstes, der vielfach zu Unruhe führte und deshalb von Rabbinern wie dem Fellheimer Dr. Marx Hayum Seligsberg (1799–1877) – seit 1830 im Amt und ebenfalls der Orthodoxie zuzuordnen[32] – unterbunden werden wollte, regelte schließlich die Regierung die Modalitäten. Die Gemeinde wandte sich massiv dagegen, und zwar nicht nur wegen des finanziellen Verlustes, sondern *daß es [...] der weltlichen Macht gestattet sey, in das Innere unserer Kirche einzudringen und hier Anordnungen zu treffen, namentlich wenn solche dahin zielen, einen Theil unseres Kultes, der schon über 2000 Jahre zählt, zu unterdrücken.*

So ergibt sich aus diesen konkreten Fällen, dass Reformfragen auch in den alten Landgemeinden keine rein innerjüdische Angelegenheit mehr waren, sondern zu den Bereichen gehörten, in denen der Staat sein Aufsichtsrecht in umfassender Weise geltend machte. Doch obwohl sie die Kontrolle in vieler Hin-

---

**28** Vgl. dazu auch Wiesemann, Rabbiner und jüdische Lehrer, S. 282f.
**29** Brocke/Wilke, Biographisches Handbuch, Bd. I. 2, S. 801f. Nr. 1631; zu seiner Tätigkeit in Hürben Auer, Hayum Schwarz, passim.
**30** Brocke/Wilke, Biographisches Handbuch, Bd. II. 1, S. 392f. Nr. 0623, mit Kritik an der unklaren Einordnung von Hirsch, Aaron Guggenheimer, S. 60–63.
**31** Brocke/Wilke, Biographisches Handbuch, Bd. I. 2, S. 892f. Nr. 1853.
**32** Brocke/Wilke, Biographisches Handbuch, Bd. I. 2, S. 808f. Nr. 1654.

sicht in Anspruch nahm, zielte die bayerische Regierung zunächst nicht darauf, eine umfassende behördliche Organisation der jüdischen ‚Privatkirchengesellschaft' aufzubauen. Im Gegensatz etwa zum Königreich Westfalen, wo Israel Jacobson ein jüdisches Konsistorium etablierte, um „für ein Höchstmaß an religiöser Einheitlichkeit in den verschiedenen Gemeinden zu sorgen", oder auch in Baden und Württemberg, wo man bestrebt war, Strukturen zu schaffen, „die denen der christlichen Konfessionen sehr ähnlich waren",[33] beließ es Bayern anfangs bei den Eingriffen in die Rabbinerausbildung und in das Schulwesen, um den gewünschten Erziehungsprozess voranzubringen. Erst in den 1820er Jahren kam es zum Versuch einer organisatorischen Neuordnung auf übergemeindlicher Ebene.[34] Ein erster Schritt war die Einrichtung von Distriktsrabbinaten: 1824/15 eingeführt, um die Betreuung kleiner Ortsgemeinden, die sich keinen eigenen Rabbiner leisten konnten, zu gewährleisten, entstanden sehr unterschiedliche Strukturen, die zudem erst nach und nach umgesetzt wurden:[35] Ursprünglich wohl 48 an der Zahl (mit höheren Zahlen in Franken[36]), dann seit 1853 mit 39 ‚Sprengeln' verteilten sie sich gemäß der Dichte der jüdischen Siedlungen.[37]

Dahinter stand die weiterhin unterschiedliche Siedlungsstruktur: Bei 13 Orten mit 855 Familien ergab sich im Oberdonaukreis (d.h. Schwaben südlich der Donau) 1822 eine Durchschnittsgröße von über 65,8 Familien, neun hatten eine Synagoge, acht einen eigenen Rabbiner.[38] Nicht ganz auf so wenige Gemeinden konzentriert war die Situation im nördlich anschließenden Ries. Im Untermainkreis zählte man dagegen 1835 jüdische Niederlassungen in 215 Orten mit durchschnittlich lediglich 17,3 Familien, deshalb hatten damals auch nur 130 den Status von Kultusgemeinden mit Synagogen, die übrigen mussten sich mit den Nachbarn zusammenschließen, um Gottesdienste halten zu können. Aber nur neun Rabbiner versorgten sie, während 109 Kultusbedienstete als Vorsänger, Schächter, Synagogendiener, oft in Ämterkumulation, wirkten.[39] Diese beiden Landschaften bildeten die Pole in der Spannbreite der Siedlungstypen und Gemeindestrukturen innerhalb Bayerns.

Doch im Laufe der Jahrzehnte, vor allem mit der Binnenwanderung nach der Aufhebung der Matrikel, schrumpfte mit der Verkleinerung der Gemeinden

---

33 Vgl. dazu Meyer, Jüdische Gemeinden im Übergang, S. 111–118; aus juristischer Sicht ausführlich Penßel, Jüdische Religionsgemeinschaften, passim.
34 Dazu Schwarz, Juden in Bayern, S. 242–250.
35 Dazu ausführlich Heimberger, Die staatsrechtliche Stellung, S. 244–257.
36 Korrektur nach Mehler, Fränkische Landjuden, S. 84.
37 Wilke, Einleitung in: Brocke/Wilke, Biographisches Handbuch, Bd. I. 1, S. 87.
38 Schwarz, Juden in Bayern, S. 350, vgl. Ried, Judenpolitik, S. 80.
39 Wiesemann, Rabbiner und jüdische Lehrer, S. 278.

auch die Zahl der Bezirksrabbinate. Unterfranken wurde 1839 in sechs Distrikte auf der Basis jeweils mehrerer Landgerichte (der damaligen unteren Verwaltungsbezirke) eingeteilt. In Oberfranken bestanden zum Teil einfache Personalunionen, so etwa in Bayreuth und Bamberg, während sich die Gemeinden Burghaslach und Georgensgmünd förmlich mit Schwabach zusammenschlossen und sich 1883 sogar der ehemals gewichtige Rabbinatsdistrikt Schnaittach[40] angliederte. In der Oberpfalz blieben lediglich Sulzbürg und Regensburg übrig. In Oberbayern bestand zunächst nur die Kultusgemeinde München (Ingolstadt, dessen Gemeinde erst 1862 entstand, wurde 1892 München zugeteilt[41]), und in Schwaben schlossen sich die Orte südlich der Donau nach und nach dem von der größten Gemeinde in Ichenhausen gewählten Rabbiner an, während die 1861 neu gebildete Gemeinde Augsburg eigenständig blieb. Das Ganze kann somit nicht als systematisch angelegtes, flächendeckendes System verstanden werden, sondern als situationsbestimmter Zusammenschluss zur Betreuung der Gemeinden – so unterschiedlich gegenüber den pragmatisch aufgebauten Strukturen des 18. Jahrhunderts war das Ergebnis gar nicht (s. Kap. 20). Dennoch fällt auch auf, dass gegen Ende des Jahrhunderts sich die Urbanisierung auch in diesen Strukturen durchsetzte: So löste sich beispielsweise Nürnberg 1866 von Fürth, sein Rabbinatsbezirk umfasste zunächst nur die Stadt, bezog aber später Thalmässing und Eichstätt mit ein.[42] (Bad) Kissingen und Kitzingen[43] wurden Sitze der Distriktsrabbinate, die ehemals auf den Land angesiedelt waren, und als Schweinfurt 1864 seine neue Gemeinde gründete, wurde zugleich das Rabbinat von Niederwerrn mit seinen 26 Gemeinden in die Stadt verlegt.[44]

Der schleppende Fortgang der Emanzipation und die beharrenden Elemente der Orthodoxie mochten den Anstoß dafür gegeben haben, doch noch organisatorische Rahmenbedingungen zu schaffen, um größere Fortschritte für die innere Reform zu erzielen – das war ein zentrales Thema der Jahrzehnte bis zur Jahrhundertmitte. Israel Hirsch Pappenheimer, Vorstand der Münchner Kultusgemeinde, plädierte dafür, ein Konsistorium als Leitungsinstrument für die ‚kirchlichen' Angelegenheiten über den Kreis- und Bezirksrabbinaten einzurichten, also doch eine hierarchische Struktur aufzubauen, die jeweils von den Verwaltungen zu kontrollieren waren. An der Diskussion um diesen Plan waren einerseits Gutachten der Kreisregierungen, anderseits Stellungnahmen von jüdischer Seite beteiligt:

---

40 Weinberg, Rothenberg, S. 178.
41 Synagogenband I, S. 352.
42 Freudenthal, Nürnberg, S. 63.
43 Dazu Schwinger, Kitzingen, S. 49f.
44 U. Müller, Schweinfurt, S. 7f.

Hofjuwelier Eduard Marx aus München wollte sich mit einem traditionellen Oberrabbinat für die Leitung begnügen, Regierungs- und Kreisschulrat Johann Baptist Graser von der Regierung des Obermainkreises als Gegenpol wollte demgegenüber nicht nur eine Behördenhierarchie, sondern sehr viel mehr, nämlich damit das *Kultus und Kirchenwesen* [...] *von allen Mängeln gereinigt sehen*; er wandte sich nicht zuletzt gegen die Talmudbildung und meinte sogar die Verlegung des Sabbats auf den Sonntag fordern zu müssen. Während sich die übrigen Kreisbehörden der Einführung eines bürokratischen Aufbaus anschlossen und sich der reformorientierte R. Joseph Aub (1804–1880) von Bayreuth[45] wie der bereits bekannte Elkan Henle aus Fürth schon deshalb für eine solche Lösung einsetzten, weil es nur dann „zu der wünschenswerten Reinheit und Einheit innerhalb des jüdisches Kultus kommen" könne, ergab sich in Schwaben das gegenteilige Bild, denn dort sahen „nur wenige Judengemeinden [...] in der Errichtung einer Oberbehörde einen Nutzen".[46] In den ansehnlichen und stabilen Gemeinden waren die Vorbehalte aufgrund einer tradierten Autonomievorstellung anscheinend am größten.

Der anschließende Versuch des Ministeriums, in Kreisversammlungen Lösungen für neue Strukturen und inhaltliche Zielvorstellungen zu entwickeln, stand offensichtlich noch unter dem Vorzeichen einer eher liberalen Politik: Sie wurden Anfang 1836 einberufen, von kgl. Kommissären begleitet und von den Rabbinern, geprüften Lehrern und je einem Vertreter der Kultusgemeinden beschickt.[47] Die vorgegebenen Aufgabenstellungen umfassten zum einen, *die Glaubensformeln oder Grundartikel der Kultusgemeinden*, die *Lehrbücher oder Vorschriften* des Religionsunterrichts zu registrieren und bei *Abweichungen in den Glaubenslehren* [...] *eine Vereinigung der Gemeinden zu versuchen, sich auf ein Lehrbuch und eine Synagogenordnung für den Kreis zu verständigen*, über die *Gestaltung des israelitischen Kirchenwesens, namentlich über die Art u. Weise der Aufstellung einer kirchlichen Oberbehörde* [...] *zu äußern*, und sich *über die Theilnahme der israelitischen Schüler an der schriftlichen Schularbeit an Sabbathtagen auszusprechen*, also einer Kernfrage der Sabbatheiligung.[48] Dieses Vorhaben erwies sich freilich nicht als tragfähig: Das Mammutprogramm war kaum zu bewältigen, das Meinungsspektrum im Spannungsfeld von Reform und Orthodoxie war zu unterschiedlich, als dass ein Konsens zu erzielen gewesen wäre – und

---

45 Brocke/Carlebach, Biographisches Handbuch, Bd. II. 1, S. 152–154 Nr. 0068; ausführlich Dippold, Bayreuth; Wilhelm, Joseph Aub.
46 Schwarz, Juden in Bayern, S. 246f.
47 Dazu am fränkischen Beispiel Groiss-Lau, Kreisversammlungen, passim.
48 Zit. nach Groiss-Lau, Kreisversammlungen, S. 157.

die Verhandlungen verliefen in den verschiedenen Kreisversammlungen auch unterschiedlich: Während eine straffe Gestaltung in Mittelfranken immerhin bis zu einer Synagogenordnung vorstieß, zerbrach in Unterfranken der anfängliche Konsens sehr schnell, wobei sich meist die reformwilligen Lehrer und die orthodoxen Gemeindevertreter gegenüberstanden, während die Rabbiner in die Defensive gerieten. In Schwaben kam es wegen der beschlossenen und von der Regierung des Oberdonaukreises 1837 genehmigten Synagogenordnung mehrfach zu Auseinandersetzungen in den Gemeinden, weil zumindest Teile dagegen protestierten – bis hin zu einem Prozess vor dem Patrimonialgericht in Fellheim.[49]

Doch der in den Kreisversammlungen aufscheinende innerjüdische Diskurs ließ erkennen, dass der Reformflügel mit den staatlichen Vorstellungen eine Verbindung eingehen konnte, hatten doch ihre Vertreter selbst bereits teilweise ein Bildungsprogramm durchlaufen, mit dem der Staat seine Ziele umzusetzen versuchte. Die Formulierung des Ediktes, wonach die Rabbiner nicht nur *der deutschen Sprache hinreichend mächtig*, sondern auch *wissenschaftlich gebildet* sein sollten (§ 27), und zudem *die Erlaubnis zum Studium der Gottesgelehrsamkeit* davon abhängig machte, dass sie an *einer öffentlichen Studienanstalt [...]* erworbene *hinreichende Vorbereitungskenntnisse* nachweisen konnten (§ 34), führte zu Auslegungsproblemen, wie der Studiengang zu gestalten sei. Am deutlichsten wurde das im Gegenüber von Würzburg und Fürth.[50] In Würzburg entwickelte R. Abraham Bing (1752–1841)[51] das Modell einer Verbindung von jüdischer Gelehrsamkeit und universitärem Studium, einer bis dahin für Rabbinerkandidaten als unvereinbar geltenden Kombination.[52] Aus einer angesehenen Frankfurter Familie stammend und selbst dort ausgebildet, seit 1798 Landesrabbiner in Heidingsfeld, siedelte Bing 1814 in die Stadt Würzburg über, wo seine *Jeschiwa* zu einem intellektuellen Zentrum aufstieg, deren Ruf weit über Franken hinausstrahlte: Einer seiner bedeutendsten Schüler war Isaac Bernays, der „Pionier [der] modernen Orthodoxie", der von Hamburg aus wirkte.[53] Bings Studenten standen einerseits in der von ihm selbst vermittelten orthodoxen Tradition – der selbst die Anerkennung aus Fürth nicht versagt wurde –, nahmen andererseits aber auch das Angebot der Universität wahr, wo sie sich für ‚Orientalischen Philologie' und Philosophie einschrieben und ansonsten Vorlesungen der katholisch-theologi-

---

49 Ried, Auswirkungen, S. 173.
50 Wilke, Rabbinerausbildung, S. 302–322, 357–390.
51 Brocke/Wilke, Biographisches Handbuch, Bd. I. 1, S. 192–194 Nr. 0153.
52 Zu seiner Tätigkeit als Rabbiner Gehring-Münzel, Würzburger Juden, S. 347–358.
53 Brocke/Wilke, Biographisches Handbuch, Bd. I. 1, S. 188–191 Nr. 0145; Lenhard, Volk oder Religion?, S. 204–207.

schen Fakultät besuchten. Aus dieser Schule ging eine erste Gruppe von „akademisch gebildeten Rabbinatskandidaten" hervor, die „in den Gemeinden auf einen breiten Konsens zählen [konnten]".⁵⁴ Die Akzeptanz dieses Modells des Übergangs und Kompromisses sowohl von Seiten der Universität – einschließlich ihrer Studenten – als auch von Seiten des Staates sicherte ihren Erfolg.

In Fürth blieb dieser Prozess der Öffnung und Anpassung aus – und mündete in die Konsequenz der Schließung, was wiederum eindringlich zeigt, dass die letzte Entscheidung bei den staatlichen Behörden lag.⁵⁵ Schon die Ausgangslage war ungleich ungünstiger: Die ausbleibende Wiederbesetzung des Rabbinats 1821 hatte bereits die Widerstände gegen die Orthodoxie offenbart, sodass mit Wolf Hamburger zwar „der unbestritten bedeutendste Talmudgelehrte Westdeutschlands" die Leitung übernehmen konnte, aber eben nur kommissarisch amtierte.⁵⁶ Wolf Hamburger (1770–1850), aus der Familie Fränkel stammend, der „Lieblingsschüler' seines Vorgängers Kohn, sah sich nicht nur der vernichtenden Kritik des Fürther Magistrats gegenüber, sondern vor allem den Kreisschulräten Johann Georg Nehr aus Ansbach, einem ehemaligen protestantischen Pfarrer, und seinem oberfränkischen Kollegen Johann Baptist Graser aus Bayreuth, denen dieser Hort der Orthodoxie ein Dorn im Auge war – und an dem dennoch „in den 1820er Jahren so gut wie alle bayerischen Rabbinats- und Lehramtskandidaten" ihre Ausbildung erhalten hatten.⁵⁷ Das Ziel der bayerischen Schulräte, aus der altehrwürdigen Jeschiwa *eine höhere jüdische Lehranstalt* zu machen, *bey welcher vollbefähigte, vorschriftsmäßig geprüfte und durch öffentliche Anstellung befugte Lehrer ihr Amt verwalten, und welche auch ihren von allerhöchster Stelle genehmigten Leseplan und ihre vorschriftsmäßigen Lehrbücher erhalten müßte,*⁵⁸ wurde jedoch noch dadurch kompliziert, dass das Innenministerium, von keinem Geringeren als Baron Amschel Meyer von Rothschild angerufen, sich zunächst auf die andere Seite stellte, sodass die Schließung als ‚Winkelschule' zunächst noch abgewendet werden konnte. Wolf Hamburger argumentierte weiter ganz traditionsorientiert: „Das rabbinische Studium sei kein Ausbildungsgang, sondern eine religiöse Pflicht des Juden; hieraus ergebe sich, daß eine Jeschiwa *dem höhern Studium des Talmuds und der Gesetzbücher ausschließlich gewidmet sei* und die

---

54 Wilke, Rabbinerausbildung, S. 321.
55 Dazu Wilke, Rabbinerausbildung, S. 357–390; Wilke, Bayerische Bildungspolitiker gegen den Talmud, passim.
56 Wilke, Rabbinerausbildung, S. 358; zu ihm Brocke/Wilke, Biographisches Handbuch, Bd. I. 1, S. 411–413 Nr. 0663.
57 Wilke, Rabbinerausbildung, S. 357.
58 Zit. nach Wilke, Rabbinerausbildung, S. 371.

Schüler ihre Lehrer *nach Gutdünken* wählen dürften."[59] So musste auch der Neuansatz einer reformierten Rabbinerschule – 1827 von den Gemeindevorstehern initiiert, um den Standort Fürth mit 18 Lehrern und immer noch etwa 100 Schülern –, der als Teil des städtischen Gymnasiums mit einer Kombination von allgemeinbildenden Fächern und Talmudstudium konzipiert war, ebenso scheitern wie ein von Regierungsrat Wünsch – dem Nachfolger des Kreisschulrates Graser – 1828 vorgelegter Studienplan. Das Ringen zwischen den staatlichen Behörden mit ihrem Machtanspruch auf Kontrolle des Bildungswesens, den liberalen Juden aus den städtischen Gemeinden und den dezidierten Verteidigern der talmudischen Lehrauffassung mündete um 1830 in die endgültige Auflassung. Dennoch blieb Wolf Hamburger bei seiner Haltung, gab weiterhin sein Wissen an Schüler weiter – aber Fürth hatte seine geistige Führungsrolle in der jüdischen Bildung verloren.

Andere Zentren konnten sich in Bayern gegenüber diesem Zweigestirn von Würzburg und Fürth nicht etablieren. Der Vorschlag eines Rabbiners – möglicherweise Moses Hechheimer (1755–1835), seit 1793 Landes- und seit 1825 Bezirksrabbiner[60] –, in Ansbach eine *Bildungsanstalt für israelitische Theologen* einzurichten, die auf eine Kombination von gymnasialen und rabbinisch-theologischen Kenntnissen hinauslief, blieb auf dem Papier.[61] Möglicherweise hatte die wirtschaftliche Krise der Stadt, die auch zu einem empfindlichen Rückgang des jüdischen Bevölkerungsanteils führte,[62] einen derartigen Plan nicht umsetzen lassen. In München, wo sich die Gemeinde 1815 bereits gebildet hatte, waren zwar ausgesprochen reformorientierte Führungsfiguren am Ruder; der Hauptstadteffekt konnte sich jedoch ebenso wenig auswirken wie die Universität Impulse auslösen, die erst 1826 von Landshut übersiedelte, während sie in Würzburg schon in fürstbischöflichen Zeiten die Begegnungen von Juden und Christen stimuliert hatte (s. Kap. 20).

So hing es an einzelnen Gemeinden und nicht zuletzt ihren Rabbinern und Lehrern, ob und inwieweit sie sich den Reformvorstellungen öffnen wollten. Die nach dem Edikt vorgesehene Überprüfung der akademische Ausbildung zukünftiger Rabbiner durch die Kreisschulräte (seit 1825 unter Beteiligung auch eines Rabbiners) wurde zwar sehr verschieden gehandhabt und nicht selten zu Gesinnungsprüfungen im Sinne der Staatsauffassung benützt; dennoch blieben die

---

59 Wilke, Rabbinerausbildung, S. 372.
60 Brocke/Wilke, Biographisches Handbuch, Bd. I. 1, S. 416f. Nr. 0673.
61 Wilke, Rabbinerausbildung, S. 304.
62 Biernoth, Ansbachs jüdische Gemeinde, S. 128f.

Unterschiede auch nach der Einführung eines ‚Konkurses' erheblich.[63] Vor allem in Franken erhielt die Reformbewegung in einigen Rabbinerpersönlichkeiten Gewicht:[64] Herausragend war etwa Samson Wolf Rosenfeld aus Uehlfeld (1783–1862).[65] Er amtierte seit 1808 und wurde 1821 zum Distriktsrabbiner mit 15 Gemeinden ernannt,[66] führte bereits Reformen für den Gottesdienst ein, veranlasste einen neuen Synagogenbau – der nun repräsentative Formen annahm und im März 1818 festlich im Beisein der königlichen Landrichter eingeweiht wurde – und machte sich auf Landesebene mit Denkschriften zum Wortführer der ‚bürgerlichen Verbesserung'. Als er 1826 als Stadt- und Distriktsrabbiner nach Bamberg wechselte, setzte er sein Programm fort: Er predigte als erster Rabbiner Bayerns regelmäßig auf Deutsch, gründete einen ‚Israelitischen Leseverein' und mit seiner Zeitschrift ‚Das Füllhorn' das erste jüdische Wochenblatt in Deutschland (1835–1837); innergemeindlich führte er eine Feiertagsschule und gab Religionsunterricht am Gymnasium. Ihm an die Seite zu stellen ist Dr. Lazarus Adler (1810–1886),[67] 1840–1852 Distriktsrabbiner in Kissingen, der als gemäßigter Reformer eingestuft wird und in den Jahren 1837–1839 ‚Die Synagoge. Zeitschrift zur Belehrung und Erbauung für Israeliten' herausgab. Von Joseph Aub, seit 1829 Distriktsrabbiner in Bayreuth, war schon die Rede; auch er gehörte in den Augen der bayerischen Regierung zu den lobenswerten gemäßigten Reformern – auch wenn er in seiner Gemeinde anfangs auf großen Widerstand stieß, konzedierte der Stadtmagistrat doch, er habe *den Cultus auf eine zweickmäßige Weise verbessert und durch Einführung der Predigt einen wesentlichen Fortschritt zum Wohl der hiesig israelitischen Gemeinde gemacht*. Er betätigte sich 1846/47 zudem publizistisch mit seiner Wochenschrift ‚Sinai' – ging dann allerdings 1852 nach Mainz.[68] Die Kreisversammlungen von 1836 hatten aber auch gezeigt, dass sich selbst im ländlichen Bereich durchaus Stimmen aus dem Reformlager zu Wort meldeten;[69] so wurde etwa 1840 in Obbach (später nach Niederwerrn verlegt) R. Meier Lebrecht (gest. 1894) aus Memmelsdorf zum Bezirksrabbiner gewählt, der zu diesem Kreis gezählt werden kann.[70]

---

63 Wilke, Rabbinerausbildung, S. 444–456.
64 Dazu Wiesemann, Rabbiner und jüdische Lehrer, S. 280f.
65 Brocke/Wilke, Biographisches Handbuch, Bd. I. 2, S. 751–753 Nr. 1504; Wiesemann, Samson Wolf Rosenfeld, passim.
66 Blume, Uehlfeld, S. 9, 749f.
67 Brocke/Wilke, Biographisches Handbuch, Bd. I. 1, S. 128–130 Nr. 0019.
68 Vgl. Dippold, Joseph Aub, S. 85–88, Zitat S. 86.
69 Groiss-Lau, Kreisversammlungen, S. 182.
70 Brocke/Wilke, Biographisches Handbuch, Bd. I. 2, S. 577f. Nr. 1046; Mehler, Die fränkischen Landjuden, S. 88.

Die Ausdrucksformen lassen sich wiederum am besten in den städtischen Gemeinden verfolgen: im Synagogenbau und in der Gestaltung der Gottesdienste – wobei sich bezeichnenderweise das Ringen um die adäquate Umsetzung in heftigen Disputen niederschlug. Ein besonders ausgeprägtes Beispiel dafür ist München.[71] War der Neubau der Synagoge an der Theatergasse (später Westenriederstraße) von 1824/26 äußerlich noch unauffällig, so erinnerte er doch mit der klassizistischen Innengestaltung, entworfen von Hofbaurat Jean Bapiste Métivier, an einen antiken Tempel und setzte damit eigenständige Akzente. Israel Hirsch Pappenheimer und Eduard Marx, die beiden Administratoren der Kultusgemeinde,[72] vollzogen dann mit einer Synagogenordnung 1825 „die Annäherung an die Gepflogenheiten des christlichen Gottesdienstes sowie die als allgemein verbindlich angesehenen bürgerlichen Normen".[73] Darin wurde *ehrfurchtsvolle Stille* verordnet, die *in der Synagoge während des Gottesdienstes herrschen* sollte: *Alles Zusammenstehen in der Synagoge, und vor derselben auf der Straße, ist verboten*, vielmehr galt: *Beim Eintreten in die Synagoge begiebt sich jeder auf seinen Platz, und bleibt daselbst in Ordnung und Anstand, bis der Gottesdienst zu Ende ist.*[74] Der Kontrast zu den althergebrachten Gewohnheiten war offensichtlich. Die Einführung eines Gebetbuchs in deutscher Übersetzung 1827 – das *in dieser Art in Deutschland noch nicht vorhanden war* – sollte eine *wärmere Teilnahme des Herzens am Gebete* auslösen und wurde von der Gemeinde akzeptiert.[75] Offener Streit entstand dann allerdings 1832, als Eduard Marx zusammen mit dem Rabbiner Hirsch Aub einen Synagogenchor gründete *nach dem Beispiele anderer Orte wie Paris und Wien*, zu dessen Aufgabe auch der Vortrag bisher gesprochener Gebete gehörte – das war ein deutlicher Bruch mit der Tradition, es drohte die Spaltung der Gemeinde. Doch es gelang dem Rabbiner Hirsch Aub (1796–1875),[76] dem Cousin des Bayreuther Rabbiners, seit er 1825 gewählt und 1828 bestätigt worden war, die beiden Parteien in der Gemeinde zusammenzuhalten.

Predigt, Synagogengesang und Orgel, würdevolle Andacht; die Adaption des christlichen, vor allem des evangelischen Gottesdienstes als Akkulturationsprozess war zumindest in den städtischen Gemeinden im Gange. Auch die ‚Konfirmation' – die ihrerseits bei den Protestanten erst im 18. Jahrhundert üblich geworden war – als rituelle Aufnahme in die Gemeinde war R. Wolf Rosenberg in Bamberg

---

71 Löffelmeier, Wege in die bürgerliche Gesellschaft, S. 68–74; Heusler, Die Synagoge an der Westenriederstraße, S. 31–64.
72 Vgl. zu den beiden Kilian, München, S. 376f. (Marx), 384f. (Pappenheimer).
73 Löffelmeier, Wege in die bürgerliche Gesellschaft, S. 72.
74 Zit. aus dem Original nach Heusler, Die Synagoge an der Westenriederstraße, S. 47.
75 Löffelmeier, Wege in die bürgerliche Gesellschaft, S. 32.
76 Brocke/Wilke, Biographisches Handbuch, Bd. I. 1, S. 151f. Nr. 0067; Kilian, München, S. 121–132; Kilian, Rabbiner Hirsch Aub, S. 109–112.

 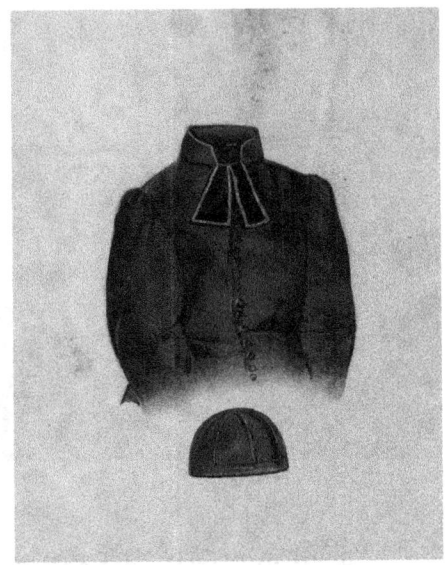

**Abb. 52a+b:** Münchner Rabbinerornat, 19. Jh. Federzeichnung bzw. lavierte Kohlezeichnung

ein Anliegen.[77] Als äußeres Zeichen der ‚Verkirchlichung' des Reformjudentums kann zudem gewertet werden, dass Hirsch Aub einen Ornat trug, der sich deutlich an den katholischen Priesterhabit anlehnte – während sein Vetter in Bayreuth sich am protestantischen Talar orientierte. Beide standen damit keineswegs allein, vielmehr tendierten die meisten Rabbiner seit den 1830er Jahren dazu, eine gewisse Einheitlichkeit der Amtskleidung anzustreben, um damit sowohl die eigene Würde zu betonen als auch gegenüber den christlichen Amtsträgern ihre Gleichwertigkeit zu demonstrieren.[78] Wenn man sich dabei in Ober- und Mittelfranken dem evangelischen Talar anglich, im katholischen München und ländlichen Schwaben eher dem Priesterornat, so war das auch ein geeignetes Mittel, die Bereitschaft zur Akkulturation in ihrer jeweiligen Umwelt zum Ausdruck zu bringen. Freilich wurde das von evangelischer Seite mehrfach scharf moniert, sodass das Innenministerium sich 1833 gezwungen sah, ein Verbot der Übernahme des protestantischen Talars auszusprechen, während andererseits der Münchner Ornat erlaubt und sogar zum Vorbild erhoben wurde.[79] (Abb. 52a, 52b)

---

77 Wiesemann, Samson Wolf Rosenfeld, S. 79.
78 Vgl. dazu Schubert, Liturgie als Politik, S. 558–560 zu Bayern.
79 Ausführlich dazu Zeiß-Horbach, Rabbinertalar, passim; Wallis, Hirsch Aub, S. 10–13.

**Abb. 53a:** Synagoge von Binswangen, 1836/37, Gesamtansicht

Für das jüdische Selbstverständnis bedeuteten diese Schritte jedoch nicht nur eine äußerliche Anpassung, sondern einen tiefgreifenden Einschnitt, der auf breiter Ebene im aschkenasischen Judentum dieser Zeit diskutiert wurde:[80] Die dabei angestrebte Neufundierung des Judentums nach den Anläufen der Aufklärung führte in Auseinandersetzung mit der Tradition zu einer Vielfalt von Ansätzen im Spannungsfeld von „Volk oder Religion",[81] dessen Spektrum von einer Verbindung des Offenbarungsglaubens mit der Moderne über die Historisierung und damit Relativierung der talmudischen Überlieferung bis zur radikalen Infragestellung der messianischen Erwartung mit der Rückkehr nach Palästina reichte. Forderten die Reformer eine fundamentale Neubestimmung des Judentums als einer Religion neben der christlichen, somit die „Religionalisierung des Judentums"[82] – sie beschränkten sie sich damit ganz auf die religiöse Komponente – so bedeutete das auch die Bereitschaft zur Akkulturation im Alltag und damit die Relativierung der Abstammungsgemeinschaft und der ‚Gesetzestreue' als Grundlagen der eigenen Identität. Damit einher ging aber auch eine „Beförderung des religiösen Gefühls",[83] die wiederum nicht zufällig vor allem dem Protestantismus abgewonnen wurde, der sich seinerseits gegen die Tradition der römischen Kirche formiert hatte. Dennoch blieb der Gedanke, dass die Basis des Judentums in seiner Ethnizität zu suchen sei, eine Grundkonstante, die in mannigfaltigen

---

80 Vgl. dazu den Überblick bei Meyer, Jüdisches Selbstverständnis, 135–176.
81 Lenhard, Volk oder Religion?, passim.
82 Lenhard, Volk oder Religion?, S. 154–157.
83 Lenhard, Volk oder Religion?, S. 163–168.

**Abb. 53b:** Synagoge von Binswangen, 1836/37, Eingangsportal (nach der Restaurierung, 2004)

Variationen als Nation ‚Volk', ‚Stamm', ja sogar ‚Rasse' von jüdischer Seite festgehalten wurde.[84] Dieser Diskurs spielte sich freilich nicht in Bayern ab, sondern in den großen Zentren Norddeutschlands; aber er ging selbstverständlich auch an Bayern nicht vorbei, sondern wurde dort teilweise rezipiert, teilweise aber auch vehement abgelehnt – und er sah sich dabei nach wie vor mit den massiven staatlichen Vorgaben konfrontiert.

Das spiegelte sich wiederum im Äußeren: Die Synagogenarchitektur Bayerns folgte seit den 1830er Jahren dem ‚Maurischen Stil'. Nach einer längeren Tradition der Rezeption seiner Stilelemente für die Synagogen, „um dem Kultbau einen eigenen Charakter zu verleihen", wurde er vor allem in Dorf- und Kleistadtsynagogen verwendet und erst später für die Großstädte übernommen. Freilich hatte das ambivalente Züge, denn dem jüdischen Wunsch nach eigenständiger Architektur stand die Abgrenzungstendenz der christlichen Umwelt gegenüber,

---

[84] So das Fazit von Lenhard, Volk oder Religion?, S. 351–360.

das Judentum als orientalische ‚Nation' sehen.[85] Die spezifische Anwendung dieser Sicht kam in der Tat nicht aus den Gemeinden als Auftraggebern bzw. von ihren Architekten, sondern wurde von der Politik verordnet: Da es keine eigene Architekturtradition für Synagogen gab – den Dorfsynagogen wurde Zurückhaltung auferlegt, die repräsentativeren folgten dem Kirchenbau der Umwelt (s. Kap. 20) –, ließ König Ludwig I. von Friedrich von Gärtner (1791–1847), dem Leiter der Obersten Baubehörde, im Kontext des Historismus spezifische Elemente für die Synagogen entwerfen, die derartigen Vorstellungen von der ‚Eigenart' des Judentums entsprachen. Schon bei der Würzburger Synagoge wurde auf königliche Anweisung in der Überarbeitung des Entwurfs die ‚orientalische Herkunft' markiert, damit aber auch die ‚Andersartigkeit' der jüdischen ‚Nation' herausgestellt.[86] Nach dem Prototyp im pfälzischen Ingenheim von 1830–1832 wurde das Konzept in einer Reihe von schwäbischen Dorfsynagogen umgesetzt: Die früheste von 1836/37 in Binswangen demonstrierte in den Hufeisenbögen und Kleeblattfenstern nach außen den ‚orientalischen' Charakter, unterstrichen durch den Abschluss der Fassade mit den beiden Tafeln der Zwölf Gebote und der ehernen Schlange, ergänzt im Innern durch die ägyptischen Palmettenkapitelle der Säulen, die die Empore trugen – die Rekonstruktion hat dieses Gesamtbild wiedererstehen lassen (Abb. 53). Es folgten ganz ähnliche Gestaltungen 1856/57 in Buttenwiesen, 1859/60 in Hainsfarth, immerhin mit einigen Elementen 1859/60 in Fellheim, während der Plan in Kriegshaber um 1845/48 nicht realisiert wurde.[87] Zwar wurden nun zahlreiche Synagogen errichtet – ohne jegliche finanzielle Unterstützung des Staates –, doch ihre stilistische Charakterisierung „als Absetzung vom Profanbau und vom christlichen Kirchenbau"[88] demonstrierte zugleich die Distanz zu den Menschen, die in ihnen beteten.

Dieser architektonische Ansatz war wohl bereits einer Kehrtwende in der Politik geschuldet, die der Weiterentwicklung der Reform schnell Grenzen setzte. König Ludwig I. beschritt diesen Weg selbst in seinen romantischen Vorstellungen von der Wiederbelebung der bayerischen Stämme als Form der Erinnerungskultur bis hin zur Verfassungspolitik, etwa der Umbenennung der Kreise, verbunden mit der Wiederbelebung der Katholizität des Landes, etwa in den Orden.[89] Seinen politischen Niederschlag fand das 1837 mit der Berufung von Karl August von Abel (1788–1859) zum Leitenden Minister in der Nachfolge des liberalen

---

85 Hammer-Schenk, Synagogen, S. 251–309.
86 Gehring-Münzel, Würzburger Juden, S. 305–307.
87 Schönhagen/Hazan, Ma Tovu, S. 85–113.
88 Schickel, Typisierung und Stilwahl, S. 66; vgl. im Katalogteil S. 309f.: Ingenheim, Kriegshaber.
89 Vgl. dazu umfassend Körner, Staat und Geschichte, S. 105–224.

Fürsten Ludwig von Oettingen-Wallerstein und der Etablierung des konservativ-katholischen ‚Systems Abel', das sich nicht zuletzt auf die Politik gegenüber den jüdischen Gemeinden auswirkte. Mit dem ‚Neologenreskript' vom Oktober 1838 wendete sich das Blatt: Während die Reformer nun in den Verdacht gerieten, nur Unruhe zu schaffen, wollte der König nur mehr *gründliche gebildete und zugleich den echten mosaischen Glaubenslehren und Zeremonialsatzungen treu anhängende, nicht verderblicher Neologie huldigende Candidaten als Rabbiner* berufen und bestätigt wissen.[90] Die Folge davon war, dass auch die Kontakte mit den Reformbewegungen außerhalb Bayerns unterbunden wurden: Einigen Gemeinden wie München, Bayreuth, Redwitz, Kissingen untersagten die Behörden die Teilnahme an der gesamtdeutschen Rabbinerversammlung 1844 in Braunschweig, in einer Vielzahl anderer Kultusgemeinden von Fellheim in Schwaben bis Burgpreppach in Franken protestierten die Rabbiner ihrerseits gegen die deutschlandweite Zusammenkunft und ihren Versuch, ein gemeinsames liberales Reformprogramm aufzustellen.[91] Bayerns Gemeinden orientierten sich in der Mehrzahl weiterhin an der Tradition.

Zur Leitfigur der süddeutschen Orthodoxie wurde nun Seligmann Bär Bamberger (1807–1878).[92] 1840 gegen den erbitterten Widerstand der ‚Liberalen' zum Würzburger Distriktsrabbiner gewählt, machte er das Würzburger Bildungszentrum zur bestimmenden Institution für den Rabbinernachwuchs. Die neue Generation verstand sich aber entgegen der ‚Altorthodoxie' nicht mehr nur als Vertreter der Talmudgelehrsamkeit, sondern sie stand den ‚modernen' Bildungsbestrebungen aufgeschlossener gegenüber und verhielt sich auch nicht mehr so distanziert zu ihren Gemeinden.[93] Bamberger war nicht zuletzt Lehrer und Erzieher, er kümmerte sich um die Landgemeinden und die praktische Seelsorge. Er gründete 1862/64 die ‚Israelitische Lehrerbildungsanstalt' in Würzburg, die für lange Zeit die Ausbildung von Kultusangestellten und Lehrern bestimmte. Ergänzend traten ihr die Präparandenanstalten in Höchberg (1861), Schwabach (1875) und Burgpreppach (1877) an die Seite, die – mit Internaten ausgestattet – die Schüler auf die nachfolgende Lehrerausbildung vorbereiteten.[94]

---

90 Zit. nach Groiss-Lau, Kreisversammlungen, S. 173; vgl. auch Wiesemann, Rabbiner und jüdische Lehrer, S. 281f.
91 Wiesemann, Rabbiner und jüdische Lehrer, S. 282f.; Meyer, Jüdisches Selbstverständnis, S. 171–175 mit Karte.
92 Brocke/Wilke, Biographisches Handbuch, Bd. I. 1, S. 167–170, Nr. 0103; Gehring-Münzel, Würzburger Juden, S. 358–378.
93 Vgl. dazu allgemein, Breuer, Jüdische Orthodoxie, S. 215–226.
94 Flade, Würzburg, S. 133–141; Breuer, Jüdische Orthodoxie, S. 104–106; Prestel, Schul- und Erziehungswesen, S. 284–290, 330–356.

Die Umsetzung vor Ort vollzog sich durch die Absolventen. Da keine ‚landeskirchliche' Struktur entstanden war, in der generelle Richtlinien hierarchisch von oben nach unten verordnet werden konnten und auch auf Dauer keine ‚Synoden' als kommunikative Gesamtorgane abgehalten wurden, die Beschlüsse hätten fassen können, blieb es bei der an Personen gebundenen Weitergabe, bei der die Lehrer eine zentrale Rolle spielten. Einer davon war Simon Krämer aus Schnaittach, der 1831 als geprüfter Lehrer in Altenmuhr seine Stelle antrat:[95] Er gehörte zu den Pädagogen, die – ähnlich wie David Schweizer in Cronheim und Simon Epstein in Gunzenhausen – in Mittelfranken ihre Aufgabe darin sahen, nicht nur den gewünschten Religionsunterricht zu erteilen, sondern *deutsche, von germanischem Bürgersinn durchdrungene Staatskinder für das Vaterland zu erziehen*, wie er gegenüber der Behörde zum Ausdruck brachte, also konkret die deutsche Sprache zu vermitteln und Allgemeinwissen zu lehren, *um die Isolierung und äußere Unterscheidung der Juden* zu überwinden – unterstützt von liberalen Rabbinern wie Isaak Loewi aus Fürth, aber im Widerstreit mit den Dorfbewohnern. Zudem hielt er Vorträge am Sabbat und an den Feiertagen, schrieb für die ‚Israelitischen Annalen' sowie die ‚Allgemeine Zeitung des Judenthums' und verfasste eine Reihe von fränkischen Dorfgeschichten, die den Weg in die aufgeklärte bürgerliche Gesellschaft thematisierten. Er repräsentiert eine neue, durchaus selbstbewusste Schicht, die zwar häufig im Konflikt mit Gemeinden über die materielle Basis ihrer Existenz standen, aber dennoch „aus ihrer subalternen Stellung heraustraten" und zunehmend „selbständig Neuerungen im Unterricht und im Gottesdienst einführten".[96]

Dieser typische Antagonismus von traditionsorientierten Dorfjuden und ambitionierten Lehrern war entstanden, als der bayerische Staat mit seinem ‚Erziehungsprogramm' bei der Schulbildung ansetzte.[97] Im Gegensatz zu den nord- und westdeutschen Zentren der *Haskala*, wo die Reformschulen des ausgehenden 18. Jahrhunderts wie die ‚Freie Schule' von Berlin, die Institute in Breslau, Dessau und Seesen oder das ‚Jüdische Philanthropin' in Frankfurt einen gewichtigen Impuls für die Erneuerung der jüdischen Bildung nicht zuletzt für die ärmeren Schichten setzten,[98] blieb es in Bayern bei privaten Gründungen. Vor allem in München waren sie seit 1807 als Elementarschulen angelegt, zielten aber auch auf eine höhere Ebene und stellten exklusive Einrichtungen vorwiegend für die Oberschicht dar. Auf Breitenwirkung ausgerichtet war wiederum das

---

95 Zu ihm Wiesemann, Simon Krämer, passim.
96 Wiesemann, Rabbiner und jüdische Lehrer, S. 284.
97 Zum Folgenden grundlegend Prestel, Schul- und Erziehungswesen, S. 75–98.
98 Zusammenfassend Graetz, Jüdische Aufklärung, S. 344–350.

staatliche Reformprogramm: Schon 1804 verordnete Kurfürst Max IV. Joseph die Schulpflicht für jüdische Kinder und die Prüfung der jüdischen Lehrer, um den bis dahin üblichen Privatunterricht durch ein zentralistisch angelegtes, kontrolliertes Schulwesen zu ersetzen. Das Edikt von 1813 nahm den *öffentlichen Schulbesuch* für jüdische Kinder auf, sah allerdings auch vor, dass die Kultusgemeinden *eigene Schulen* einrichten konnten, freilich auf eigene Kosten und nur mit *vorschriftsmäßig gebildete[n] und geprüfte[n] Lehrer[n]*, die an *den allgemeinen Lehrplan* gebunden waren (§ 33).[99] Damit war sowohl der Besuch der allgemeinen Elementarschulen – bei selbstständigem Religionsunterricht – als auch die Einrichtung eigener jüdischer Schulen, unterhalten von den Kultusgemeinden, möglich. Da der Staat aber die Kontrolle des Religionsunterrichts beanspruchte, ordnete er seit 1828 die Ausbildung der Lehrer an einem Seminar an und überprüfte die Einstellung. Seine Auffassung vom Religionsunterricht orientierte sich, wie nicht anders zu erwarten, an einer „gereinigte[n]' jüdische Religion", d.h. ohne „die nach Ansicht des emanzipatorischen Staates überflüssigen Gesetze und Gebote".[100] Insbesondere Johann Baptist Graser, Pädagoge und Theologe, der 1804 zum Oberschulrat und Studienkommissär in Franken ernannt worden war und seit 1810 im Obermainkreis wirkte, kritisierte die jüdischen Religionsschulen, forderte die staatliche Aufsicht und in seinem Bildungskonzept eine stärkere Berücksichtigung der Allgemeinbildung, um „die Kluft zwischen Christen und Juden" zu schließen.[101]

Die Umsetzung war freilich ein längerfristiger Prozess. Die erste jüdische Elementarschule entstand zwar schon im Oktober 1814 in Uehlfeld, 1829 ergänzt durch eine Religionsschule,[102] doch ansonsten folgten die ca. 180 Gründungen in meist ländlichen Gemeinden erst nach und nach. 1870 wurden noch 56,3 % der Kinder in jüdischen Elementarschulen unterrichtet, dann verlagerte sich das Gewicht, denn 1911/12 besuchten bereits 72,4 % die christlich-konfessionellen Schulen.[103] Eine Übersicht für Mittelfranken von 1840 zählt allein 55 jüdische Schulen, davon aber 39 Religionsschulen, in Oberfranken waren es um 1870 immerhin noch neun jüdische Elementarschulen sowie 33 Religionsschulen mit Schülern aus 66 Orten.[104] Neben den gemeindlichen Initiativen finden sich auch private – nicht nur in München, sondern zuweilen auch auf dem Land –, und seit

---

99 Schwarz, Juden in Bayern, S. 348.
100 Prestel, Schul- und Erziehungswesen, S. 91.
101 Dazu Ebner, Jüdische Schulen, S. 362–368, Zitat S. 365.
102 Blume, Uehlfeld, S. 13f.
103 Die Zahlen nach Prestel, Schul- und Erziehungswesen, S. 92f.
104 Ebner, Jüdische Schulen, S. 352–357; Guth, Schulwesen. S. 248f.

den 1870er Jahren verfolgten die Vereine *Adas Israel und Ohel Jakob* damit die Interessen der neoorthodoxen Gruppen in München und Nürnberg.[105]

Jüdischer Unterricht vollzog sich also in sehr unterschiedlichen Formen; die vielfältigen Konstellationen innerhalb der Kultusgemeinden und im Gegenüber mit der christlichen Umwelt zogen unterschiedliche Lösungen nach sich: Während die liberalen Gemeinden dazu neigten, die Absonderung zu vermeiden, befürchteten orthodoxe wie in Ansbach eine Vernachlässigung der religiösen Unterweisung, was in Floß wiederum die Gemeinde veranlasste, trotz der gemeinsamen Elementarschule für einen eigenen Religionsunterricht zu sorgen. In Altenstadt an der Iller kam es zur Gründung einer eigenen jüdischen Elementarschule, weil die jüdischen Kinder in der gemeinsamen Schule angefeindet wurden – die allerdings, wie vielfach nach dem Rückgang der Bevölkerungsanteile seit den 1860er Jahren, als eine eigene Schule nicht mehr aufrechtzuerhalten war.[106]

Versucht man ein Ergebnis zu formulieren, so bleibt zunächst festzuhalten, dass der Neubeginn, der sich für die innere Struktur der jüdischen Gemeinden mit der Formierung des modernen bayerischen Staates in der Ära Montgelas über das Judenedikt einstellte, zweifellos einen tiefen Einschnitt gegenüber der vorausgehenden Ära bedeutete: Der Verlust der Autonomie – die nach wie vor im jüdischen Selbstverständnis als eine Art Idealform der Vergesellschaftung gesehen wurde –, musste zugunsten des verstärkten Eingriffes der Staatlichkeit aufgegeben werden. Die innerjüdischen Reformbestrebungen, die sich im 18. Jahrhundert in der *Haskala* zu Wort meldeten, gingen nun in eine neue Konstellation ein: Sie sahen sich nicht nur mit der traditionellen Alt-Orthodoxie konfrontiert, sondern bildeten nun ein Dreieck, denn mit dem Streben der neuen Staatlichkeit nach Einfluss auf die Inhalte und die Kontrolle bei der Ausführung kam ein gewichtiger Faktor dazu. Freilich ging die Gegenüberstellung von orthodoxem Landjudentum und reformfreudigem Stadtjudentum nicht ganz auf, weil es nach wie vor an prägenden intellektuellen Zentren fehlte, die vorangehen konnten und vorangingen. Insofern wurde Bayern nun zwar auch zu einer eigenen, weil staatlich geprägten jüdischen ‚Landschaft', aber es blieb weiterhin durch einen gewissen ‚provinziellen' Zuschnitt bestimmt, der zwar die Anregungen von außen aufnahm, aber nur bedingt gewichtige Beiträge in den grundlegenden Diskurs einbrachte.

---

105 Prestel, Schul- und Erziehungswesen, S. 130–139.
106 Prestel, Schul- und Erziehungswesen, S. 99–113.

# 24 Wirtschaftlicher Wandel und Urbanisierung

Das dritte Ziel, das mit dem Edikt von 1813 erreicht werden sollte, war der Wandel der jüdischen Gesellschaft. Die gewünschte Abkehr vom ‚Schacher- und Nothandel' hin zu ‚produktiven' Berufen in Gewerbe und Landwirtschaft als Vorbedingung für die Emanzipation war wesentlicher Teil des ‚Erziehungsprogramms'. Sie traf auf die bereits im Gang befindliche gesellschaftliche Differenzierung in den jüdischen Gemeinden, in denen die Spannbreite von der privilegierten Elite der Hofjuden bis zum wandernden Hausierer reichte, der sich nur mühsam über Wasser halten konnte, um nicht in die Unterschicht der vagierenden Betteljuden abzusinken (s. Kap. 19).

Die Rahmenbedingungen für die Wirtschaft waren zunächst allerdings keineswegs besonders günstig für eine dynamische Entwicklung, vielmehr war Bayern – wie die meisten Staaten des Deutschen Bundes im Europa des Wiener Kongresses – eher eine Region der Stagnation und des Pauperismus, bewegte sich also weiter in den Bahnen der Vormoderne. Bayern zählte zu den deutschen Staaten, in denen die Industrialisierung „erst spät und punktuell einsetzte", und erst um 1840 hatte die Entwicklung „ein Stadium erreicht, das es erlaubt, vom Beginn der Industrialisierung zu sprechen".[1] Dennoch wäre es unzureichend, das neue Bayern als reinen Agrarstaat einzuordnen, vielmehr standen den landwirtschaftlichen Verdichtungszonen des Getreidebaus in Altbayern und des Weinbaus am Untermain differenzierte protoindustrielle Gewerbelandschaften gegenüber – in Schwaben und Oberfranken geprägt vom Textilgewerbe, in der Oberpfalz und im Nürnberger Land vom Eisengewerbe –, die ein bemerkenswertes wirtschaftliches Potential aufwiesen,[2] und als solche bereits in der Voremanzipationszeit durchaus beachtliche Erwerbsmöglichkeiten auch für die jüdischen Gemeinden geboten hatten (s. Kap. 17). Die ‚eingefrorene' Siedlungsstruktur des Matrikelwesens ließ freilich keine großen Spielräume für selbstbestimmte Aktionen bzw. Reaktionen auf die Veränderungen in der Umwelt, vielmehr schlug zunächst einmal das demographische Wachstum zu Buche, das in den Dörfern und Kleinstädten nicht selten überproportional ausfiel und damit die Relationen des jüdischen Bevölkerungsanteils gegenüber den christlichen weiter verschob.[3] Die Dynamik setzte erst mit der Migrationswelle der 1860er Jahre voll ein, die mit der Urbanisierung den Übergang in das Bürgertum der Industriege-

---

1 Götschmann, Wirtschaftsgeschichte, S. 13f.
2 Kießling, Wirtschaftslandschaften, passim.
3 So Jersch-Wenzel, Bevölkerungsentwicklung, S. 65, für Preußen; das gilt aber auch für Bayern.

**Tab. 3:** Die jüdische Bevölkerung in Bayern 1848

Der III. Ausschuß hatte unterm 18. Oktober 1849 beschlossen, vom Ministerium des Innern eine genaue Übersicht über die Entwicklung der Bevölkerungszahl der Israeliten, ihre Verteilung auf die einzelnen Kreise, ihre Berufe seit dem Jahre 1813 zu erholen, die am 30. Oktober ausgearbeitet war (KdA 1849/50 Beilage Bd. III, S. 4 ff)

| Regierungsbezirke | Israeliten sind ansäßig (1848) ||||||||||||||
|---|---|---|---|---|---|---|---|---|---|---|---|---|---|---|
| | Familienzahl ||| | | | | | Auf Not- und Schacherhandel ||| | | |
| | In der Grenze der Matrickel | über die ordentliche Matrickelzahl | ohne Eintrag in die Matrickel | Gesamt-Familienzahl | Seelenzahl, auch mit auswärts dienenden Familien-Mitgliedern | Auf Groß- und Detailhandel mit ordentlicher Buchführung | Auf ordentl. Gewerbe und Handwerke | Auf selbständigen Betrieb der Landwirtschaft | Kramhandel ohne ordentl. Buchführung | Auf Viehhandel | Auf ordentl. Schacherhandel | Summa der drei Rubriken | Als Rabbiner, Lehrer, Vorsänger und Schächter | Auf andere als vorgen. Erwerbszweige |
| Oberbayern | 61 | 74 | 17 | 152 | 663 | 49 | 48 | 6 | — | — | — | — | 6 | 46 |
| Niederbayern | — | — | — | — | — | — | — | — | — | — | — | — | — | — |
| Pfalz | — | — | — | 3 182 | 15 574 | — | 636 | 80 | —* | —* | —* | 2 126* | —** | 340*** |
| Oberpfalz u. Regensburg | 117 | 19 | 15 | 151 | 774 | 39 | 35 | 2 | 34 | — | 21 | 55 | 7 | 2 |
| Oberfranken | 1 090 | 117 | 106 | 1 313 | 6 017 | 198 | 417 | 135 | 117 | 81 | 78 | 276 | 56 | 247 |
| Mittelfranken | 2 166 | 159 | 237 | 2 562 | 11 451 | 607 | 523 | 189 | 284 | 166 | 233 | 683 | 95 | 335 |
| Unterfranken und Aschaffenburg | 3 015 | 236 | 284 | 3 535 | 16 255 | 347 | 1 004 | 453 | 307 | 454 | 348 | 1 109 | 147 | 475 |
| Schwaben u. Neuburg | 1 242 | 105 | 127 | 1 474 | 6 764 | 366 | 346 | 139 | 93 | 53 | 122 | 268 | 61 | 294 |
| Summa | 7 691 | 710 | 786 | 12 369 | 57 498 | 1 606 | 3 009 | 1 004 | 835 | 754 | 802 | 4 517 | 372 | 1 739 |

Bemerkungen:
\* alle aus Handel sich Nährenden.
\*\* nicht angegeben.
\*\*\* die aus Ökonomie und Handel sich Nährenden.
Ausscheidung der einzelnen Rubriken nicht durchführbar.

München, den 30. Oktober 1849

sellschaft ermöglichte. Und so wirkten zunächst die unterschiedlichen historisch gewachsenen Strukturen der verschiedenen jüdischen Kleinregionen in Franken und Schwaben weiter, bei denen der ländlich-kleinstädtische Handel, nicht zuletzt aber das für die lokale Versorgung so wichtige, aber nun verpönte Hausieren die meisten Existenzen bestimmte.

Hatte der staatliche Kampf gegen den Not- und Schacherhandel Erfolg? Auf den ersten Blick suggerieren die Statistiken einen solchen durchaus: 1822 hatten die Behörden Werte verzeichnet, wonach im schwäbischen Oberdonaukreis bei 855 Familien 313 als Hausierer (36,6 %) einzustufen waren, im Obermainkreis bei 1.398 Familien 426 (30,5 %), im Untermainkreis zählte man bei 4.316 Familien 1.188 Hausierer (26,5 %), im Rezatkreis bei 2.784 Familien immerhin noch 562 (20,2 %), sodass man insgesamt von einem Viertel bis einem Drittel der Haushalte ausgehen darf, die dieser Erwerbs- und Lebensform zugerechnet wurden. Die Zahlen des Jahres 1848 zeigen demgegenüber eine deutlich sinkende Tendenz: Von insgesamt 12.369 Familien wurden mit 4.517 nur mehr ein gutes Viertel (27,4 %) der Kategorie ‚Not- und Schacherhandel' zugeordnet, davon waren wiederum 754 im Viehhandel, 802 mit „ordentlichen Schacherhandel" eingetragen, und lediglich 835 (6,7 %) wurden unter der Kategorie „Kramhandel ohne ordentliche Buchführung" verzeichnet (Tab. 3). Dabei ergaben sich erneut erhebliche Unterschiede: Während in Unterfranken der Anteil der Händler bei insgesamt einem knappen Drittel (31,4 %) und die unterste Kategorie des Nothandels mit 8.7 % höher als der Durchschnitt lag, in Mittelfranken immerhin

## Verteilung der Berufe 1848

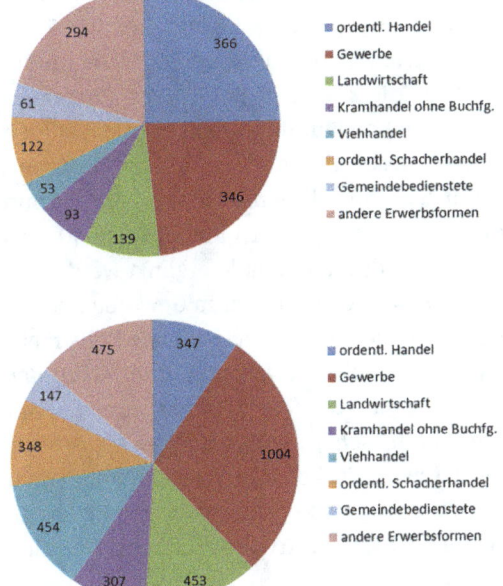

**Abb. 54a:** Schwaben

**Abb. 54b:** Unterfranken

noch bei 26,6 % bzw. 11,1 %, lagen in Schwaben die Werte mit 18,1 % bzw. 6,3 % nun erheblich darunter.[4] (Abb. 54a, 54b)

Dabei ist allerdings zu berücksichtigen, dass der Begriff des ‚Not- und Schacherhandels' polemischer Natur war, und die Abwertung allen den Formen des Erwerbs galt, die nicht den Normen der Mehrheitsgesellschaft entsprachen, obwohl der Viehhandel und die Versorgung des flachen Landes mit Waren des nichtalltäglichen Bedarf durch die Hausierer grundlegende und wichtigen Bedürfnisse erfüllten. Zum anderen sind die erhobenen Zahlen nur mit Einschränkungen als realistisch anzusehen: Die wirtschaftlichen Gewohnheiten insbesondere auf dem Land waren schon immer davon geprägt, dass jüdische Händler ein gemischtes Angebot von Waren und Dienstleistungen bevorzugten, das eine Zuordnung zu einer bestimmten Kategorie des Erwerbs höchstens nach Schwerpunkten zuließ, sodass auch die offiziell gewünschten ‚produktiven' Erwerbsformen von Landwirtschaft und Handwerk, soweit sie in der Statistik verzeichnet

---

4 Schwarz, Juden in Bayern, S. 349.

waren, in der Realität wohl selten in reiner Form auftraten. Bricht man die Beobachtungen von der statistischen Ebene herunter auf die Verhältnisse vor Ort, so wird das deutlich: In Schwaben hatte das Generalkommissariat in der Konskription von 1807/08 überall nur *Handelsjuden* vorgefunden, die lediglich in Gärten und Ackerparzellen dazu noch für ihre eigenen Bedürfnisse Lebensmittel produzierten.[5] Gemeint waren damit Hausierer, die während der Woche unterwegs waren – und mehr schlecht als recht davon leben konnten. Doch auch die Zahlen in den späteren Jahrzehnten fielen nicht wesentlich anders aus: In Altenstadt waren 1832 unter den 57 Familien 20 Hausierer, in Fellheim 1836 von 78 immerhin 23, in Buttenwiesen 1851 von den 90 Gemeindemitgliedern immer noch 40. Das gute Drittel, das registriert wurde, muss aber durch die Fälle ergänzt werden, in denen die Haushalte zwar offiziell zur Landwirtschaft und zum Gewerbe übergegangen waren, diese Erwerbsform jedoch für sie keine entscheidende Rolle mehr spielte: [...] *alle solche Ansiedler soweit sie dem Amte bekannt sind haben den Betrieb der Oekonomie oder ihres Gewerbes ganz oder doch größtentheils und zwar in wenig Jahren aufgegeben u. zu ihrem Hauptgeschäft, Viehhandel, Geldgeschäfte oder andern Handel mit Artikeln aller Art gewählt*, konstatierte das Landgericht Wertingen 1848. Eine nachhaltige Veränderung der Berufsstruktur hatte somit nicht stattgefunden, eine handwerkliche oder gar agrarwirtschaftliche Tradition sich keineswegs ausgebildet.

Schwaben war damit kein Sonderfall. In Franken waren die Verhältnisse sogar noch extremer:[6] Hier rechnete man am Beginn des 19. Jahrhunderts mit zwei Dritteln der Haushalte, die im Bereich ‚Handel' tätig waren; auch hier spielte der Viehhandel eine tragende Rolle, und das Metzgerhandwerk hatte – wie auch anderswo und schon seit langem – nur deshalb eine über die eigene Versorgung hinausgehende Aufgabe, weil die Juden gemäß der Speisegesetze gezwungen waren, die nicht koscheren Teile zu veräußern. Man kann die Linien sogar noch weiterziehen, denn am Beginn des 20. Jahrhunderts waren noch immer mehr als die Hälfte der Juden (55 %) dem Sektor ‚Handel und Verkehr' zuzuordnen, darunter nach wie vor der Viehhandel mit etwa einem Viertel der Haushalte. Allerdings zeigt der Wandel vom Hausierer zum Inhaber eines Ladengeschäfts mit Warenlager, durchaus auch mit gehobenem Sortiment, eine langfristige Tendenz zum ökonomischen Aufstieg. Doch sollte nicht übersehen werden, dass in der Gesamtgesellschaft Bayerns zu dieser Zeit mit 69 % der Beschäftigten immer noch der weitaus größte Teil im Sektor Land- und Forstwirtschaft seinen Lebensunterhalt verdiente. Dieses Auseinanderklaffen der wirtschaftlichen Orientierungen – man

---

5 Ried, Fellheim, S. 161–166.
6 Zum Folgenden Mehler, Fränkische Landjuden, S. 78–84.

kann in der Tat von einer „Funktionspolarisierung" sprechen[7] – gehört freilich bereits in den Kontext des gesamtgesellschaftlichen Wandels von der Agrar- zur Industriegesellschaft.

Den Gegenpol zu den Verhältnissen auf dem Land stellten die wenigen großen Städte mit jüdischen Gemeinden dar, allen voran die drei Großstädte, in denen sich erst Anfang des 19. Jahrhunderts neue Niederlassungen gebildet hatten, weil sich die privilegierten Hoffaktorenfamilien durchsetzen konnten und damit die Entwicklung bestimmten. In Würzburg hatte sich bis zur Jahrhundertmitte ein erhebliches Wachstum eingestellt: 1851 waren 50 Familien ansässig, die Personenzahl hatte knapp 500 erreicht, der Anteil an der Gesamtbevölkerung blieb aber mit 1,7 % noch moderat. 63 weitere Familien hatten nur eine temporäre Aufenthaltsgenehmigung, d.h. einen minderen Status, der immer wieder von der Polizeibehörde genehmigt werden musste, weil die Abwehrhaltung des Bürgertums anhielt, um den Zustrom aus den umgebenden Landgemeinden zu bremsen.[8] Dass bei den regulären jüdischen Bürgern der Anteil derer, die einen ‚ordentlichen' Handel betreiben, mit knapp der Hälfte (46,7 %) sehr hoch ausfiel, überrascht nicht, waren doch die Aufnahmebedingungen seit 1808 darauf gerichtet, während der ‚Not- und Schacherhandel' lediglich mit 7,8 % zu Buche schlug, ähnlich hoch wie Handwerk und Gewerbe (8,9 %), während sich unter der Kategorie ‚sonstige Erwerbszweige', die mit einem Drittel (33,3 %) sehr hoch ausfiel, vor allem Rentiers, nicht zuletzt Witwen, verbargen. Die Würzburger Gemeinde konnte als insgesamt gut situiert gelten, und diese Struktur hielt sich im Wesentlichen bis in die Zeit der Reichsgründung von 1871.[9] Daneben waren ‚Wechselhändler' im Geldgeschäft tätig, zu denen eben auch viele als ‚Rentner' und ‚Privatiers' ausgewiesene Juden gehörten; ihr Kundenkreis umfasste die Einwohner der Stadt wie den unterfränkischen Adel, während die Kleinkredite und die Pfandleihe vorwiegend von landsässigen Juden bedient wurden, die ihre Geschäfte in der Stadt abwickelten.

An der Spitze standen die von den früh zugezogenen Familien geführten Bankhäuser wie das von Moses und Jakob Hirsch, aber auch neue Gründungen wie die 1829 von ‚Abraham Hirsch Mayer und Co' und kurz darauf die von Lyon Mayer aus der folgenden Generation. Freilich konnten sich diese Banken nicht auf Dauer halten, sei es, dass die Inhaber nach Frankfurt übersiedelten wie Moses Jedel, sei es, dass sie sich der Industrie zuwandten wie die Nachkommen von Joel Jakob von Hirsch. Dieser Joel Jakob (später Julius) von Hirsch (1789–1876) hatte

---

7 Mehler, Fränkische Landjuden, S. 79.
8 Gehring-Münzel, Würzburger Juden, S. 179–196.
9 Gehring-Münzel, Würzburger Juden, S. 196–216.

lange eine Spitzenposition inne[10] und folgte mit seinen Kunden von den Staatsanleihen und dem königlichen Haus bis zum regionalen Adel zunächst ganz der traditionellen Linie. Aber mit der Beteiligung an der Gründung der bayerischen Hypotheken- und Wechselbank 1834 sowie der Investition in Verkehrsprojekte ging er auch neue Wege; dazu gehörten der Ludwigs-Donau-Main-Kanal und die 1841 gegründete Maindampfschifffahrtsgesellschaft bzw. die Eisenbahn, die 1858 mit der Ludwig-Westbahn, einer zentralen Strecke zwischen Nürnberg und Würzburg, die Anbindung an Frankfurt und die Rheinregion eröffnete. Die Münchener Linie seines Bruders Joseph (1805–1885) engagierte sich ihrerseits bei der Bayerischen Ostbahn, und dessen Sohn Moritz, der 1829 nach Brüssel gezogen war, gründete 1869 die Gesellschaft ‚Orientalischen Ostbahnen', die das Projekt des Orientexpress von Paris nach Konstantinopel – genannt der ‚Türkenhirsch' – ins Leben rief, und investierte darüber hinaus in industrielle Unternehmungen in ganz Europa. Weitere innovative Impulse waren bereits von Joel Jakob mit der Gründung von Fabriken und dem Engagement in der Landwirtschaft ausgegangen: eine Wollverarbeitung mit wasserkraftbetriebenen Spinnmaschinen auf den Gütern, die zu Gereuth gehörten, eine Zuckerfabrik auf der Basis des Anbaus von Rüben, die Verbesserung der Viehzucht mit importierten Rassen zur Steigerung des Milchertrags.[11]

An dieser Familie lässt sich paradigmatisch der Wandel der jüdischen Oberschicht festmachen: In der traditionellen Gruppe der Hoffaktoren aufgestiegen, waren die Hirsch über die Einrichtung von Privatbanken in die großbürgerliche Welt übergegangen. Der Erwerb von repräsentativem, auch mit Herrschaftsrechten ausgestattetem Grundbesitz wie des Rittergutes Gereuth in den Haßbergen als Stammsitz 1815, ergänzt durch die Gewährung des Adelstitels 1818, legten die Grundlage dafür, die unter den nachfolgenden Generationen ausgebaut und mit der Komponente des Unternehmertums in moderne Großprojekte, insbesondere die Eisenbahn, verstärkt wurde. Dass die familiäre Absicherung durch Ehen mit anderen jüdischen Bankiersfamilien, zunächst in Würzburg, dann aber im deutschen und europäischen Rahmen gesucht wurde, verbindet sie wiederum mit dem traditionellen Heiratsverhalten früher jüdischer Hoffaktoren.

Der Übergang zum traditionellen Handel war freilich fließend. Joel Jakob Hirsch selbst war am Großhandel beteiligt, gründete 1830 eine Firma für ‚Holländer Schiffbauholz', die beispielsweise im ersten Jahr bereits 5.000 Eichenstämme aus dem Spessart im Wert von mehr als 200.000 fl in die Niederlande lieferte. Konsequenterweise, wenn auch erst mit königlicher Unterstützung, wurde er

---

[10] Dazu Gehring-Münzel, Würzburger Juden, S. 218–230; ein knapper Überblick bei Bosl, Hirsch-Gereuth, passim.
[11] Gehring-Münzel, Würzburger Juden, S. 268–271, 276f.

1843 als eines der zwölf Gründungsmitglieder in die Handelskammer von Unterfranken und Aschaffenburg berufen.[12] Ansonsten richtete sich die jüdische Beteiligung vor allem auf den Textilsektor und nach der Mitte des Jahrhunderts auf den Wein. Die Einbindung jüdischer Kaufleute in den Handelsverein war allerdings lange umstritten und wurde erstmals 1827 von dem Textilgroßhändler Moses Jakob Kahn durchgesetzt. Umso massiver fielen die Widerstände gegen die auswärtigen Juden aus, auch wenn sie einen ‚ordentlichen' Handel betrieben und ihre Warenlager in ‚Judenkammern' unterbrachten. Der Einstieg in die Handwerke blieb dagegen unterentwickelt, obwohl die restriktive Haltung der Zünfte von Seiten der Regierung zumindest in einigen Fällen aufgebrochen wurde; seit den 1830er Jahren fiel die Aufnahme in die neuen Gewerbevereine besser aus, doch gelang es nur wenigen, sich tatsächlich auch niederzulassen, immer noch vielfach in unzünftigen Sparten als Gold- und Silbersticker, Optiker oder Bortenmacher – und weiterhin als Metzger.[13]

In München war die Ausgangssituation vergleichbar, hatte doch auch hier die Gemeindebildung ihr Vorspiel in der Ansiedlung von Hoffaktoren des 18. Jahrhunderts (s. Kap. 21).[14] Insofern waren auch hier die aus diesen Familien stammenden Bankiers führend: etwa Aron Elias Seligmann, der die Staatsfinanzierung in den Napoleonischen Kriegen ganz wesentlich getragen hatte und 1814 als erster Jude in Bayern als Freiherr von Eichthal in den Adelsstand erhoben wurde, und Jakob von Hirsch aus der Würzburger Familie, der sich 1821 niederließ. Dennoch gingen ihre Zahl und ihr Gewicht als Bankiers schon im dritten Jahrzehnt erheblich zurück, während ihre Stellung im Handel einen Aufschwung erlebte: Vielfach waren die Hof- bzw. Heereslieferanten in den Großhandel übergewechselt, und demgemäß stellten sie zusammen mit dem Detailhändlern etwa die Hälfte der Münchner jüdischen Gewerbetreibenden – wobei auch in der Landeshauptstadt die Konzessionierung wegen der Einsprüche des einheimischen Bürgertums gegen die ungewünschte Konkurrenz erhebliche Schwierigkeiten bereitete.

Das Wachstum der jüdischen Bevölkerung in der Stadt ging einerseits auf die Neuverleihung von Matrikelnummern zurück, andererseits seit 1825 auf die Aufnahme ohne Nummer, die bis 1861 immerhin in 144 Fällen gewährt wurde, sodass 1840 bereits 1.423 jüdische Einwohner mit vollem Bürgerrecht und als ‚Insassen' gezählt wurden.[15] Das schlug sich nicht zuletzt in einem steigenden Anteil von Handwerkern nieder: Von lediglich einigen wenigen (3,3 %) der Erwerbsperso-

---

12 Zum Handel insgesamt Gehring-Münzel, Würzburger Juden, S. 238–261, hier S. 245f.
13 Gehring-Münzel, Würzburger Juden, S. 261–266.
14 Zum Folgenden Kilian, München, S. 57–93.
15 Kilian, München, S. 17–46, 339.

nen nach der Matrikelerteilung stieg die Zahl in München und der Vorstadt Au auf insgesamt 80 (21,7 %) im Jahr 1832, und zwischen 1840 und 1860 wurden weitere 37 (32,4 %) im Sektor ‚Handwerk und Fabrikanten' aufgenommen, darunter die Schneider und Schuhmacher mit einem relativ hohen Anteil von einem Drittel[16] – freilich wiederum mit der Einschränkung, dass viele von ihnen zum Handel tendierten. Die ‚Fabrikanten' bewegten sich vorwiegend im Bereich Parfümerie, Bijouterie und Seifenherstellung, spielten jedoch für die städtische Wirtschaft keine prägende Rolle. Der ‚Unterstützungsverein für israelitische Ackerbau- und Handwerklehrlinge in Bayern', der nach der Fürther Pioniergründung von 1824 zwei Jähre später auch in München eine Niederlassung erhielt, blieb allerdings hinter den Erwartungen zurück.[17] Dennoch war der Weg in die bürgerliche Gesellschaft auch für diesen neuen Mittelstand erfolgreich.

In Augsburg verlief die Entwicklung gebremster: Zwar standen auch hier die Zugeständnisse der Stadt für eine Niederlassung der Wechselhäuser Westheimer & Straßburger, Henle Ephraim Ullmann und Jakob Obermayer gegen ein ansehnliches Darlehen 1803 am Anfang, denen weitere folgten, sodass die Matrikel 1814/15 mit 13 Nummern vorwiegend Bankiers und Händler auswies – aber auch den Garkoch Simon Levi –, doch bis 1861 wurden lediglich weitere 15 Stellen gewährt.[18] Ihre Inhaber stammten nun jedoch aus umliegenden Vorstadtsiedlungen oder aus schwäbischen Dörfern, während eine Reihe von Mitgliedern der finanziellen Oberschicht abwanderte. Immerhin gehörten Arnold von Eichthal und Isidor Obermayer 1835 zu den Mitbegründern der Bayerischen Nationalbank, die beiden Familien beteiligten sich zudem an der Finanzierung des Eisenbahnbaus und stiegen seit 1853 auch in Industrieprojekte wie die Baumwollspinnerei, die Maschinenfabrik oder die Gasbeleuchtung ein; 1840 erhielt Sigmund Kohn aus Ichenhausen nach mehrjährigem Kampf die Zulassung für seine Tuchfabrik.[19] Der strukturelle Wandel in Richtung Mittelstand war unübersehbar – ergänzt durch einige Lehrer, Schüler und Lehrlinge ohne Niederlassungsrecht –, doch blieb die jüdische Niederlassung bis 1861 noch unterhalb der Schwelle einer Gemeindebildung.

Aus diesen drei Beispielen ergibt sich übereinstimmend, dass die städtischen Siedlungen bzw. Gemeinden durchaus auf dem Weg des ‚Eintritts in die bürgerliche Gesellschaft' waren. Da sie alle ‚junge' Gründungen waren, musste jedoch keine Umorientierung stattfinden. Deshalb soll die Probe auf diese Befunde mit

---

**16** Kilian, München, S. 83f., dazu die Listen S. 347–353.
**17** Kilian, München, S. 89–93.
**18** Joisten-Pruschke, Augsburg, S. 295–334.
**19** Hirsch, Juden in Augsburg, S. 139f.

Fällen ergänzt werden, in denen ‚alte' Gemeinden mit den neuen Anforderungen konfrontiert wurden: dem Bischofssitz Bamberg und aufgrund seiner herausragenden Bedeutung dem Zentrum Fürth.

Bamberg musste wie Würzburg den Funktionsverlust der fürstbischöflichen Residenz und des Hofes, dazu der Universität kompensieren, die beide für den jüdischen Handel von hoher Bedeutung waren. Die tradierte Wirtschaftsstruktur als Handelszentrum bot jedoch Möglichkeiten, die Funktionsverluste aufzufangen und weiterzuentwickeln: Von den 1814 eingetragenen 69 Matrikelstellen mit 278 Personen – sie wurden bis 1850 auf 76 erhöht –, war nur mit Amschel Elkan Wassermann seit 1849 ein bedeutenderes Bankhaus vor Ort. Demgegenüber blieb der Anteil des Handels wie überall sehr hoch, doch deckten die 1818 registrierten 78 *Handelsjuden* das gesamte Spektrum bis zu den Hausierern ab. Als besonders zukunftsträchtig erwies sich der Hopfenhandel, der aus der langen Tradition der Bamberger Gartenkultur gegen Mitte des 19. Jahrhunderts aufblühte, sorgte doch der Ludwig-Donau-Main-Kanal von 1841 und der Anschluss an das Eisenbahnnetz 1844 für eine weiträumige Vermarktungsmöglichkeit; demgemäß stieg die Anzahl der Hopfenhändler von elf im Jahre 1851 über 33 (1857) auf 77 im Jahr 1878.[20] Der jüdische Anteil war beträchtlich, er reichte von den Großhändlern Dessauer, Ehrlich, Lessing, Morgenroth und Rosenwald bis herunter zu den kleinen Händlern, die als Alleinunternehmer lediglich einen *jährlichen Umsatz von 25–30 Zentnern* verbuchen konnten.[21]

Neben diesem Schwerpunkt waren weitere Firmen mit einer breit gestreuten Warenpalette in etwa 20 Branchen zu verzeichnen, und zudem stellten sich erste Fabrikationen ein. In die Bierherstellung, die als weiterer Schwerpunkt der städtischen Wirtschaft zu gelten hatte, stieg der Hopfengroßhändler Simon Lessing allerdings erst 1885 ein, dessen ‚Frankenbräu' bald exportfähig wurde.[22] Das Villenviertel der 1860er Jahre in der Hainstraße und insbesondere die Villa des Hopfenhändlers Carl Emanuel Dessauer (1844–1908), die 1883/85 im Stil des Historismus erbaut wurde, verkörpern den repräsentativen Lebensstil des jüdischen Großbürgertums sehr eindringlich.[23] (Abb. 55a, 55b) Die zahlreichen Hausierer nahmen demgegenüber relativ rasch ab: Hatten 1821 noch 31 die Konzession dafür erhalten, so waren es 1835/36 nur mehr zehn und 1853 nur mehr drei, die aber schon älter als 70 Jahre waren; die Mehrzahl war zu kleinen Ladenbesitzern geworden, nur wenigen aber war der Aufstieg in den Großhandel gelungen. Der

---

20 Kestel, Unternehmertum, S. 109–116.
21 Fichtl, Kleinhandel, S. 121.
22 Kestel, Unternehmertum, S. 112f.
23 Zsigmond, Villa Dessauer, passim.

**Abb. 55a:** Jüdisches Bamberg im 19. Jahrhundert. Hainstraße mit Villen und Kastanienbepflanzung, 1874

Übergang in das Handwerk blieb demgegenüber rudimentär: Einzelne Goldarbeiter, Porzellanmaler, Sattler, Tuchmacher, Rotgerber, Uhrmacher, Weber und Zinngießer erzielten mit einem Meisterbrief eine Matrikelstelle – und einige Frauen konnten sich als Putzmacherinnen niederlassen.[24]

So wuchsen auch in Bamberg die jüdischen Familien in die bürgerlichen Wirtschaftsformen hinein, ohne freilich in dem Maße an den innovativen Prozessen der Industrialisierung teilzuhaben, wie das in den Großstädten der Region der Fall war – dafür war Bamberg als Mittelstadt trotz aller urbanen Elemente doch zu klein.

Der andere Beispielfall Fürth kann ja nicht nur als das ‚bayerische Jerusalem', das Zentrum der Orthodoxie, apostrophiert werden, sondern er baute als Wirtschaftsstandort auf einer gewachsenen Struktur auf, dessen jüdischer Anteil sehr hoch war.[25] Als größte jüdische Gemeinde stellte Fürth mit 2.385 Personen bei 10.063 Einwohnern im Jahr 1820 ein knappes Fünftel der Bevölkerung, ein Anteil, der zwar bei steigendem Wachstum bis 1870 mit 3.250 Personen auf

---

24 Fichtl, Kleinhandel, S. 119–121.
25 Dazu speziell Schraudolph, Fürth, passim; Ohm, Fürth, S. 159–249; zusammenfassend Windsheimer, Fürth, S. 53–108.

**Abb. 55b:** Friedrich Geb zu Hannover, Ansicht der Villa Dessauer, Erkerseite, 1883/85

13,3 % absank, aber nach wie vor gewichtig blieb. Gewerbe und Handel prägten die Wirtschaft seit langem. Dass im Jahr 1819 den 68 christlichen Händlern 97 jüdische gegenüberstanden, davon 37 im Schnittwaren- und elf im Wolltuchhandel tätig waren, acht mit Manufakturwaren, elf mit Juwelen- und Pretiosen sowie sechs mit Glaswaren handelten, 13 im Wechselgeschäft standen, dazu zahlreiche Spezereihändler mit einem jüdischen Anteil von etwa der Hälfte zu verzeichnen waren, mag nicht überraschen.[26] Dass jedoch nach einer Statistik von 1851 nicht nur 14 Fabrikanten, sondern auch 41 Handwerker und 27 ‚freie Handwerker', also nicht zunftgebundene wie Glasschleifer, Vergolder arbeiteten,[27] zeigt die Verankerung in einem Erwerbssektor, der neben der bekannten regionalen Textil- und Metallverarbeitung zu den innovativen Bereichen gehörte: In der Industrialisierung seit der Mitte des Jahrhunderts wurde die Spiegelherstellung durch die Fabrikation von Möbeln und Bronzefarben sowie die Produktion von Zichorie als Kaffee-Ersatz ergänzt, womit nicht wenige Firmen mit hohen Exportquoten,

---

26 Die Zahlen nach Schraudolph, Fürth, S. 30–32.
27 Diese Zahlen nach Endres, Fürth, S. 78f.

nicht zuletzt in die USA, aufstiegen.[28] Die meisten Firmengründer stammten aus Franken, davon etwa die Hälfte aus jüdischen Kaufleute- und Händlerfamilien.[29] Wolf Bechmann beispielsweise, Sohn des Schreiblehrers Nathan Hirsch Bechmann, kam über die Stationen einer Handlungslehre und als Handlungsgehilfe zur Selbstständigkeit, als er 1847 die Konzession und Matrikelstelle seines künftigen Schwiegervaters Meyer Offenbacher-Oppenheimer übertragen erhielt. Ende der 1860er Jahre stieg er auch in die Herstellung ein, und seine Söhne erweiterten den Firmenkomplex durch eine eigene Glashütte zu einem exportfähigen Unternehmen.[30]

Ganz ähnlich vollzog sich der Weg im Produktionsbereich der Metallschlägerei, die ebenfalls schon im 18. Jahrhundert heimisch geworden war und nun auf die Bronzefarbenherstellung ausgeweitet wurde. Auch hier wurde der Weg von jüdischen Unternehmern begangen: Ein Beispiel dafür ist Georg Benda, der aus dem Glas-, Spiegel- und Manufakturwarengeschäft seines Vaters kam, dann kaufmännische Erfahrungen in Holland und Hessen sammelte. Er wollte zunächst in die Tabakmanufaktur einsteigen, wechselte dann aber 1824 mit einer eigenen Matrikelstelle in die Bronzefarbenherstellung und erwarb bereits 1825 ein eigenes Patent dafür. Der Betrieb entfaltete sich nach seinem Tod unter seiner Frau Rebecca und dem Schwiegersohn Max Neubauer aus Forth bei Erlangen zur Fabrikgröße mit 52 Arbeitern im Jahr 1866.[31] Die Zichorienkaffeerösterei schließlich begann 1812 mit dem getauften Juden Georg Joseph Scheurer, Sohn des Samuel Neckarsulmer, und zehn Jahre später Julius Joel Cohn aus einer Fürther Familie, der sich mit der Berechtigung zur Mandelkaffeeherstellung eine Matrikelstelle erwarb, aber bis zu seinem Tod 1842 wohl nur ein Kleingewerbe betrieb. Seine Witwe heiratete dann den Kaufmannssohn Aaron Feistmann, der 1843 als Kaffeesurrogathersteller die Niederlassung erhielt und eine Fabrik errichtete, 1854 über 60 Beschäftigte verfügte und 1861 auch eine Dampfmaschine installierte.[32]

Der Weg vom Handel zur Fabrikation, der bei den jüdischen Familien – freilich nicht nur bei ihnen – in Fürth so eindringlich zu verfolgen ist, demonstriert generell, dass die ‚Stadt' der Ort des Wandlungsprozesses war, wobei man an den jeweils ganz spezifischen Vorgaben der städtischen Wirtschaftsentwicklung anknüpfen konnte. Viele mochten auf der handwerklichen bzw. kleinbetrieb-

---

**28** Schraudolph, Fürth, S. 37–56; zu den jüdischen Unternehmern jetzt auch Ohm, Juden in Fürth, S. 178–196.
**29** Schraudolph, Fürth, S. 198, 222; Ohm, Fürth, S. 205, 233f.
**30** Schraudolph, Fürth, S. 77f.
**31** Schraudolph, Fürth, S. 95–102.
**32** Schraudolph, Fürth, S. 146–155; Ohm, Fürth, S. 207f.

lichen Ebene stehen geblieben sein, doch den Weg ins Bürgertum des 19. Jahrhunderts gingen alle Beteiligten. Das kam selbstverständlich den Vorstellungen des Staates gemäß dem Edikt entgegen und erfuhr deshalb vielfache administrative Unterstützung. Die Wirkungen für einen grundlegenderen Wandel der Wirtschaftsstruktur sind jedoch noch weiter zu verfolgen, denn es erscheint symptomatisch, dass damit der Druck auf die Städte generell zunahm, wieder Juden aufzunehmen. Seit dem Umbruch der Revolution – trotz der Ablehnung der Emanzipation 1849 und der Restauration der Folgejahre – mehrten sich die ersten Schritte in dieser Richtung:

Der markanteste Fall war zweifellos Nürnberg, und man wird wohl nicht fehlgehen, wenn man die Konkurrenz des benachbarten Fürth dabei als Stimulans in Rechnung stellt.[33] Die restriktive Handhabung der jüdischen Präsenz in der Regnitz-Stadt hatte sich zunächst auch in der bayerischen Zeit fortgesetzt. Zwar war der Aufenthalt tagsüber nicht zu unterbinden und er wurde auch von zahlreichen Juden nicht nur aus dem benachbarten Fürth, sondern auch aus der Region lebhaft genutzt, um als Hausierer, aber auch als *Waren-und Wechsel-Sensale* (Makler) für Fürther Kaufleute Bestellungen aufzunehmen. Mehrfache Anträge auf die Zulassung von Garküchen lehnte freilich der Magistrat ebenso ab wie die Einrichtung von Warenlagern in Gasthäusern – die Kaufleute behielten gegen die drohende Konkurrenz die Oberhand. Freilich konnte man einen zeitweisen Aufenthalt aus verschiedenen Gründen nicht verhindern, doch die erste förmliche Aufenthaltserlaubnis erhielt schließlich erst Josef Kohn aus Markt Erlbach nach mehrjährigen Verhandlungen durch Magistratsbeschluss vom 24. Mai mit knapper Mehrheit und der Bestätigung des Innenministerium vom 21. Juli 1850: Er erfüllte die formalen Bedingungen des Ediktes, beabsichtigte er doch eine Unternehmensgründung. Nun war der Damm gebrochen und die Zentralität der Stadt wurde wirksam: 1857 zähle man bereits 47 Familien mit 210 Personen – auch wenn nur acht eingebürgert wurden –, die Bildung der Gemeinde kam 1857 über die Zwischenlösung eines ‚Israelitischen Religionsvereins' mit der formellen Gründung einer Kultusgemeinde 1862 zustande.

Die hohe wirtschaftliche Potenz der vor allem aus dem Umland der Stadt Zugewanderten stellte sich schnell ein:[34] Mit dem ersten Bürger Josef Kohn war der Hopfengroßhandel präsent, der die Stadt zu einem der größten Hopfenhandelsplätze der Welt machte – Anfang des 20. Jahrhunderts mit nahezu 300 jüdischen Firmen. Sein Bruder Anton gründete eine Privatbank, die zeitweilig zur

---

33 A. Müller, Nürnberg, S. 147–163.
34 Dazu neben A. Müller, Nürnberg, S. 177–180; eine Aufstellung der Nürnberger jüdischen Firmen bei Jochem, Nürnberg, S. 23–67; knapp Seiderer, Entwicklungslinien, S. 169f.

größten Bayerns wurde, im Ausschuss der 1869 eingerichteten Handelsbörse saßen mit Meyer Cohn und I. E. Wertheimer zwei jüdische Bankhäuser. Den Übergang von der traditionellen Metallwarenherstellung zur industriellen Fertigung trugen jüdische Firmen wie die 1886 von Karl Marschütz gegründeten Hercules-Werke und die Gebrüder Bing aus Memmelsdorf für Haushaltwaren und Blechspielzeug. Ignaz Bing, der über den Kleinhandel seit 1865 in der Stadt präsent war, stieg nach der Wirtschaftskrise von 1873 in die Spielwarenherstellung ein, in der ihm Adolph Kahn (Schuco), Dr. Erlanger (Trix) folgten. Die Gebrüder Rosenfelder riefen die Papierfabrik der Camelia-Werke, Heimann und Landenberger die Medicus-Schuhfabrik ins Leben. Dies sind nur besonders herausragende Beispiele für die innovativen Impulse, die nun von den jüdischen Unternehmern ausgingen. Die Großstadt mit ihrer langen Gewerbe- und Handelstradition bot das Sprungbrett für den Aufstieg, der im ländlichen Milieu nicht in gleicher Weise gegeben war.

Der Sog der Städte nahm zu, und die damit verbundenen Ausbaumöglichkeiten bewogen nach und nach auch andere, ihm nachzugeben und die Vorteile der Liberalisierung der Wirtschaft zu nutzen, die antijüdischen Vorbehalte beiseite zu schieben. In Schwaben[35] setzte das Zugeständnis der Ansiedlung für einzelne Personen in Nördlingen 1860 ein; der rasante Zuwachs – 1871 zählte man hier bereits 176 Personen – vollzog sich auf Kosten der Judendörfer im Ries.[36] Memmingen folgte 1862, Kempten 1869; beide Niederlassungen konstituierten sich schließlich 1875 als gemeinsame Kultusgemeinde, die von Ichenhausen aus betreut wurde.[37] Die meisten Zuwanderer in die beiden Städte kamen aus den benachbarten Dörfern Fellheim, Osterberg und Altenstadt.[38] Kempten konnte seit der Jahrhundertmitte als aufstrebende Industriestadt im Allgäu gelten, die anziehend wirkte,[39] Memmingen zog mit dem Eisenbahnanschluss 1863 mit einem Schwerpunkt im Textilsektor nach.[40] In Franken war das nicht anders: In Kitzingen am Main, wo die alte Gemeinde noch im 18. Jahrhundert ausgewiesen worden war, zogen die Juden seit 1865 aus den benachbarten Dörfern Mainstockheim, Rödelsee, Frankenwinheim und anderen Orten zu, sodass 1871 bereits wieder 97 Juden dort wohnten, genau zu der Zeit, als mit dem Eisenbahnanschluss 1864/65 die ökonomische Entfaltung möglich wurde, wobei der Schwer-

---

35 Dazu Filser, Der Zug in die Städte, S. 33f.
36 Voges, Anfänge, S. 149.
37 Synagogenband I, S. 489 (Kempten), 504f. (Memmingen).
38 Filser, Kempten, S. 108–111; Hoser, Memmingen, S. 339f.
39 Lienert, Kempten, S. 12–20.
40 Hoser, Memmingen, S. 739f.

punkt jüdischen Wirtschaftens landschaftsbezogen im Weinhandel lag.[41] Und in Schweinfurt, wo seit 1814 einige Familien zugezogen waren, die aber auf großen Widerstand stießen, war ebenfalls erst 1863 mit dem vermehrten Zuzug eine Gemeindebildung möglich,[42] in einer Zeit, als die erste Industrialisierungswelle bereits eingesetzt hatte, zählte man doch 1865 bereits 26 Fabriken und verfügte über einen Eisenbahnanschluss.[43] In der Oberpfalz gehörte Weiden zu den Neugründungen dieser Phase. Die 1858 belegte Anwesenheit des aus Fürth stammenden Regensburger Simon Meier Loewi, der seit 1840 den Holzhandel im großen Stil in der Oberpfalz betrieb,[44] wird in den Zusammenhang mit der Einrichtung einer Dampfschneidesäge im Umland gestellt; wiederum war es die Anbindung an die Ostbahn des bayerischen Eisenbahnnetzes 1863, die das ohnehin schon fassbare Wachstum weiter stimulierte und für den Zuzug der Flosser Juden in die aufstrebende Industriestadt Weiden sorgte.[45] Amberg erschien nach der Gründung einer Reihe von Industriebetrieben sowie dem traditionellen Bergbau, die wirtschaftliche Möglichkeiten boten, erneut attraktiv, und auch in Neumarkt stand der Zuzug der Gebrüder Salomon und Wolf Oettinger sowie Josef Goldschmidts 1862 aus Sulzbürg im Kontext der Verschiebung des Stadtcharakters zur Industriestadt, sodass seit dem Eisenbahnanschluss (1871) und den ersten Fabrikgründungen die Neubildung einer jüdischen Gemeinde möglich wurde.[46]

Die Phase einer eingefrorenen Siedlungsstruktur, die nur geringe, wenn auch einige markante Veränderungen erfahren hatte, wich also mit der Aufhebung des Matrikelparagraphen einer Phase der breiten Migration vom Land in die Stadt, nicht selten zunächst von den Dörfern in die nahen Mittelstädte und dann in die Großstädte – ein Vorgang, der die Urbanisierung schon immer gekennzeichnet hatte. Damit reduzierte sich aber auch die massive Auswanderung, die seit den 1830er Jahren vor allem als erzwungenes Ausweichen gegenüber der restriktiven Politik der verweigerten Emanzipation eingesetzt hatte. In Schwaben hatte die Kurve in den 1830er Jahren einen ersten Höhepunkt erreicht, schnellte dann seit 1852 als Antwort auf die erneute Restauration wieder rapide in die Höhe und erreichte 1855 ein Maximum, wobei die meisten Auswanderer die USA als Ziel anvisierten.[47] Ein ganz paralleles Bild ergibt sich für Mainfranken, für das Leopold Sonnemann aus Höchberg bei Würzburg aus seiner Erinnerung festhielt: *Um die Mitte*

---

41 Brandt, Kitzinger Synagoge, S. 16–18; Schwinger, Kitzingen, S. 33–45, 81–86.
42 U. Müller, Schweinfurt, S. 7f.
43 U. Müller, Schweinfurt, S. 5, 101.
44 Zu ihm Wittmer, Regensburger Juden, S. 187–189.
45 S. Schott, Weiden, S. 52–55.
46 Wittmer, Oberpfalz bis 1918, S. 77f.; Hirn, Jüdisches Leben, S. 151–157.
47 Maidl, Überseewanderung, S. 88–91.

*der dreißiger Jahre erklang unter den bayerischen Israeliten überall der laute Ruf: Nach Amerika! Namentlich das jüngere Geschlecht war des geistigen und materiellen Drucks, welcher unter dem Regiment Abel [...] auf der israelitischen Bevölkerung lag, endlich müde geworden und fing an auszuwandern [...].* Erstmals sank die Zahl der Juden in Unterfranken trotz des Geburtenüberschusses, und eine jüdische Petition schätzte die Gesamtzahl derer, die das Königreich Bayern auf diesem Weg verließen, seit den 1830er Jahren auf 10–12.000 Personen – freilich zunächst nicht aus der Stadt Würzburg selbst, wo erst die Ablehnung des Gesetzes durch die Kammer der Reichsräte 1849 eine gewisse Bereitschaft zur Emigration auslöste.[48]

Die ‚Bavarian Jews' galten als „eine Art Gründerelite" für die ‚American Jewish History' – auch wenn darunter viele aus anderen süddeutschen Regionen waren –, die vielfach auf der Basis ihrer heimatlichen Ausbildung und oft im Familienverband zum bürgerlichen Mittelstand aufstiegen.[49] Auch wenn im ländlichen Bereich Unterfrankens nicht immer die fehlenden Matrikelstellen den Schritt der Auswanderung auslösten,[50] so war doch das politische Klima davon bestimmt, über diesen Weg eine aussichtsreichere Zukunft zu finden – und nicht nur bei den Juden.[51] Unter ihnen waren etwa Henry Mack und Löw Stix aus Demmelsdorf, die um 1840 in Cincinnati eine neue Existenz aufbauten.[52] Bekannte Karrieren bildeten dabei die Chancen ab: Nathan Michael Ries aus Hainsfarth, der als Gerber schon in den frühen 1830er Jahren den Weg über den Ozean antrat, zum Multimillionär aufstieg und zahlreiche Stiftungen tätigte,[53] der Erfinder der Jeans, Levi Strauss aus Buttenheim bei Bamberg, der 1853 dem ‚Goldrush' nach Kalifornien folgte und in den Textilhandel einstieg,[54] Carl Laemmle aus Laupheim, der 1884 auswanderte und in Hollywood als Filmproduzent reüssierte. Darüber sollte aber nicht übersehen werden, dass diese Auswanderer auch für die religiöse Prägung der jungen Gemeinden Weichen stellten: Zwar hatten sie noch die eher traditionelle Orientierung der bayerischen Landgemeinden mitgebracht, spielten jedoch bald eine wichtige Rolle bei der neuen reformorientierten „akkulturierten Religiosität", wie sie etwa die Rabbiner David Einhorn und seine Schwiegersöhne Emil Hirsch und Kaufmann Kohler aus Fürth verkörperten.[55]

---

48 Gehring-Münzel, Würzburger Juden, S. 193–196, Zitat S. 193.
49 Wilhelm, Emigration, S. 169, 174–176.
50 So Mehler, Matrikelbestimmungen, S. 105–108.
51 Vgl. zur Bevölkerungsgeschichte und Auswanderung Götschmann, Wirtschaftsgeschichte, S. 148–164.
52 Motschmann, Demmelsdorf, S. 129–143.
53 Seitz, Nathan Michael Ries, passim.
54 Schaub, Levi Strauss, S. 37–58.
55 Wilhelm, Emigration, S. 178f.

Mit der Aufhebung der Matrikel verlor dieser alternative Weg dann freilich an Gewicht gegenüber der Möglichkeit, in die Städte abzuwandern – und die ländlichen Gemeinden schrumpften. So ging in Altenstadt an der Iller der jüdische Bevölkerungsanteil schon seit der Mitte des Jahrhunderts von 403 Personen (1834) über 250 (1854) auf 93 (1900) zurück,[56] in Buttenwiesen reduzierte sich die Zahl der Familien etwas später und langsamer von 78 im Jahr 1856 über 67 (1880) und 56 (1901) auf 44 im Jahr 1911.[57] Die kleine Gemeinde Mönchsdeggingen im Ries löste sich bereits 1879 auf, die von Osterberg – erst 1802 ins Leben gerufen – war bis 1908 auf eine einzige Familie abgesunken.[58] In Oberfranken schrumpfte das alte Zentrum Schnaittach von 61 Familien im Jahr 1825 bis um 1880 um ein Drittel, die Gemeinden Pretzfeld (1866), Tüchersfeld (1871), Oberweilersbach (1876) und Egloffstein (1900) lösten sich bis zur Jahrhundertwende ganz auf, Heiligenstadt wurde 1902 mit Aufseß vereinigt.[59] Die für Franken erhobenen Zahlen bestätigen diese Entwicklung auch im Großen: So lebten 1852 insgesamt rund 25.300 Juden in den Gemeinden unter 2.000 Einwohnern, 1875 waren es nur mehr 16.300; machte das zum ersten Zeitpunkt einen Anteil von 79 % der jüdischen Bevölkerung im Regierungsbezirk aus, so betrug er zum zweiten Zeitpunkt nur mehr 55 % – und der Trend hielt weiter an.[60]

Die Auswirkungen auf die ökonomischen Verhältnisse fielen jedoch nicht überall gleichartig aus: Während einerseits die überlieferten Erwerbsmöglichkeiten des Vieh- und Hausierhandels – wie gesehen – weiter das Gerüst darstellten und eher auf weiterhin prekäre Existenzformen verweisen, gelang es Einzelnen, in die gewerbliche Produktion einzusteigen, wobei Schwaben wiederum eine gewisse Sonderstellung eingenommen haben könnte: Über den Weg in die Stadt vollzog Samuel Kohn aus Steppach, einem Vorort von Augsburg, schon 1834/37 mit seiner Tuchfabrikation seinen Aufstieg – und konnte sie gegen den Widerstand des dortigen Gewerbes durchsetzen.[61] Strukturell bedeutsamer waren die Entwicklungen auf dem Land selbst. So fand in Ichenhausen nicht nur der Übergang zu offenen Läden für Textilien und Spezereien, Eisenwaren oder auch Preziosen oder Leder statt, sondern 1865 eröffnete Nathan Heilbronner ein Bankhaus, die Gebrüder Michael und Hermann Sulzer gründeten schon 1852/56 eine Kleiderfabrik, die für die Herrenkonfektion zahlreiche Heimarbeiter beschäftigte,

---

56 Rose, Altenstadt, S. 21–24.
57 Lammfromm, Buttenwiesen, S. 39.
58 Ecker-Offenhäuser: Osterberg, S. 187.
59 Wolf/Tausendpfund, Tüchersfeld, S. 218; sowie die weiteren Ortsartikel in diesem Band zur Fränkischen Schweiz.
60 Mehler, Fränkische Landjuden, S. 69–73.
61 Richarz, Jüdisches Leben in Deutschland 1, S. 275–282.

zum größten Arbeitgeber des Marktortes wurde und in das gesamte Deutschland lieferte.⁶² Den ‚klassischen' Aufstieg vollzog Moses Samuel Landauer aus Hürben:⁶³ Als Sohn eines Hausierers erhielt er mit der Ansässigmachung 1831 auch die Konzession für das Weberhandwerk und zwei Jahre später für die ‚Fabrikfertigung' mit Handwebstühlen, deren Produkte vor allem in die Dörfer der Umgebung vertrieben wurden, ehe durch die Beschäftigung von Landwebern – die jahrhundertelange Tradition in Schwaben nutzend – die Produktion gesteigert und der Absatz auf die benachbarten Städte von Augsburg und Stuttgart bis Frankfurt a.M. und das Rheinland sowie Berlin und Schlesien ausgeweitet werden konnte. Die Umstellung auf die mechanische Produktion mit Wasserkraft im benachbarten Neuburg a.d. Kammel folgte seit 1847 und später in Hürben selbst, sodass 1875 insgesamt 200 Webstühle liefen; der Sitz der Firma war freilich schon 1868 nach Augsburg verlegt worden.

Die Perspektiven reichten durchaus weiter in die Bemühungen um die Verbesserung der Infrastruktur: In Harburg gelang es den Juden unter Führung der Kaufmannsfamilie Nebel, die Trasse der Süd-Nord-Bahn von Donauwörth nach Nördlingen an den Ort zu ziehen, in Fischach bildete sich 1891 ein Komitee mit hoher jüdischer Beteiligung, das die Eisenbahnverbindung herstellen wollte, in Buttenwiesen ging es unter dem Vorstand Leopold Reiter 1895 um das gleiche Vorhaben; die Lokalbahn wurde als ‚Judenrutsche' apostrophiert, da sie nicht zuletzt dem Viehhandel zugutekam.⁶⁴ Erneut bestätigt sich damit der Befund, dass die Kleinregionen in Bayern durchaus unterschiedliche Entwicklungsmomente aufwiesen. Die ausgeprägtere Dynamik in Schwaben basierte einerseits auf einer kompakteren Siedlungsstruktur der jüdischen Gemeinden und konnte andererseits auf der Verdichtung des Raumes als Gewerbelandschaft aufbauen.

Generell begann mit der Urbanisierung nun auch in Bayern eine neue Phase des Judentums: die Wiederaufnahme des alten Strukturelements städtischer Gemeindebildung – nun allerdings unter dem Vorzeichen der staatlich gesetzten Rahmenbedingungen. Der Zollverein von 1834 gab erste Impulse für Handel und Industrie, doch erst die Gewerbefreiheit und Freizügigkeit der 1860er Jahre verstärkte die Chancen für die Juden, diese Impulse nicht nur aufzunehmen, sondern auch durch eigene Initiativen mitzugestalten. Dass Bayern nun auch „auf dem Weg zum Industriestaat" war und den „Wandel" von Gesellschaft und Wirtschaft

---

62 Madel-Böhringer, Ichenhausen, S. 109–125.
63 Richarz, Jüdisches Leben in Deutschland 1, S. 283–288; zur Fabrikgeschichte Römer, Schwäbische Juden, S. 98–104.
64 Römer, Schwäbische Juden, S. 62–65.

vollzog,[65] ist jedenfalls zu einem bedeutsamen Teil den jüdischen Unternehmern zuzuschreiben, ja in manchen Bereichen kam ihnen „eine Pionierfunktion" zu[66] – und das nicht nur in den Städten, sondern auch auf dem Land, wenn die Voraussetzungen dafür gegeben waren. Der wirtschaftliche Aufstieg, der sich den Bankiers und Kaufleute bot, erweiterte dabei die traditionelle Oberschicht mit einer neuen Gruppe von Unternehmern, aber er setzte sich auch in der Bildung einer jüdischen Mittelschicht der kleinen Ladenbesitzer oder Handwerker fort – eine Erscheinung, die Bayern mit den anderen Wirtschaftsregionen teilte.[67] Diese Entwicklung verband sich mit einer neuen Positionierung in der Gesellschaft, der ‚Verbürgerlichung', bei der sich nicht nur die Faktoren der Integration verstärkten, sondern die auch eine umfassende Akkulturation der Lebensform nach sich zog.

---

65 Götschmann, Wirtschaftsgeschichte, S. 76–272.
66 Jersch-Wenzel, Bevölkerungsentwicklung, S. 95.
67 Vgl. dazu Jersch-Wenzel, Bevölkerungsentwicklung, S. 84–95.

# 25 Integration und Akkulturation: Wege in die bürgerliche Gesellschaft

Die Historiographie Fürths geht mit einem gewissen Stolz davon aus, dass die dortige jüdische Gemeinde in vieler Hinsicht eine Pionierrolle bei der Akkulturation des 19. Jahrhunderts einnahm: das Dreigestirn David Morgenstern, Heinrich Brentano und Salomon Berolzheimer kann dafür stehen.[1] 1849 wurde mit David Morgenstern der erste jüdische Abgeordnete in den bayerischen Landtag gewählt.[2] Er stammte aus Büchenbach bei Erlangen, studierte in Erlangen und Würzburg Jura, trat dann in den praktischen Beruf als Anwalt ein und kam über Bamberg nach Fürth in die Kanzlei von Dr. Grünsfeld. Als Landtagsabgeordneter setzte er sich engagiert für die jüdischen Belange ein, gab aber dann seine parlamentarische Laufbahn auf. Wegen seiner „radikalen Gesinnung" erhielt er allerdings keine Zulassung als selbstständiger Rechtsanwalt und nahm deshalb im Nürnberger Bankhaus Cohn eine Stelle an, wechselte aber bald in die Wirtschaft. Seine politische Laufbahn begann er mit der Gründung des demokratischen Fürther Volksvereins sowie als Mitglied in der Sozialdemokratie, und 1869 wurde er zum Gemeindebevollmächtigten in Fürth gewählt, wo er bis 1878 wirkte. Dr. Heinrich Brentano übernahm 1865 die Königliche Realschule in Fürth und war damit der erste jüdische Schulrektor in Bayern. Er hatte seine Laufbahn 1835 als Leiter des ‚Privaterziehungsinstituts für Knaben christlicher rund israelitischer Konfession' begonnen, das sich bald auf Einspruch der Kirche auf eine jüdische Schule reduzierte, wurde 1849 ‚Lehramtsverweser' an der Gewerbeschule und 1863 *in Anerkennung seiner verdienstvollen Leistungen* zum ordentlichen Lehrer ernannt.[3] Salomon Berolzheimer wiederum war der erste Handelsrichter in Bayern. Zudem wurden in Fürth 1847 die ersten jüdischen Rechtsanwälte zugelassen: Die Nachricht, „Justizminister H[err] v. Maurer wolle Rechtsgelehrte jüdischen Glaubens zur Advokatur zulassen", betraf Dr. Grünsfeld, der schon seit längerem aktiv war, wenn er auch „fast nur christliche Clienten und sogar nur ein christliches Hilfspersonal" hatte, sowie „[Dr. Philipp] Feust und [Dr. Samuel] Berlin in Fürth, Olesheimer und Obermeier aus Ansbach".[4]

---

[1] Ohm, Fürth, S. 243.
[2] I. Sponsel, David Morgenstern, passim; Ohm, Juden in Fürth, S. 196f.
[3] Mümmler, Dichter, Denker, Demokraten, S. 30–33; vgl. Ohm, Juden in Fürth, S. 1732f.
[4] Monatsbericht des [Simon] K[rämer] in: Der Orient 8 (1847), S. 274–276, hier 274f. (Internetausgabe: digitale Sammlungen UB Frankfurt am Main, Judaica; Zugriff 15.3.2018).

Politische Partizipation, Übernahme von Funktionsstellen im öffentlichen Leben, Eintritt in die akademischen Berufe, dazu Teilhabe an der öffentlich zur Schau gestellten Kunst, das waren Marksteine für die Akzeptanz wie die Akkulturation, die sich um die Mitte des 19. Jahrhunderts deutlich sichtbar abzeichneten. Denn der Wandel, der sich im Judentum abspielte, war nicht nur eine Frucht des Drucks von außen, der als Pendant zur ‚Emanzipation' die Forderung nach ‚Assimilation', nach Anpassung an die Umwelt stellte, sondern er vollzog sich auch von innen als eigenständiger Weg in die Moderne, zeigte sich in „Veränderungen in Stil und Struktur des deutsch-jüdischen Lebens".[5]

Dabei liegen die Anfänge dieses Phänomens schon weit früher, als es die Daten aus Fürth suggerieren mögen, und zwar auch im politischen Bereich: Nicht erst die Gewährung des Wahlrechts im Kontext der Revolution von 1848 sowohl auf der gesamtdeutschen Ebene für das Frankfurter Parlament als auch für die Kammer der Abgeordneten im bayerischen Landtag ermöglichte die Mitwirkung in den politischen Gremien, sondern schon die Verfassung von 1818 sah im Gemeindeedikt die Zuwahl jüdischer Bürger vor, freilich gebunden an einen Zensus und keinesfalls gültig für diejenigen, die Not- und Schacherhandel betrieben.[6] Die Umsetzung war allerdings nicht selbstverständlich. So wurden selbst in Fürth bei den ersten Wahlen auf kommunaler Ebene keine Juden berücksichtigt, obwohl das in der vorbayerischen Zeit durchaus üblich gewesen war. Die Folge waren erhebliche Irritationen, und Bürgermeister Bäumen berichtete: *Nur missfällige Blicke waren es, mit welchen man den Magistrat schon um dessen Willen ansah, weil die bei der [...] Wahl zu Gemeindestellen umgangen worden* waren.[7]

Doch das war nicht überall der Fall, denn für Schwaben ergibt sich ein anderes Bild:[8] Ichenhausen, das 1818 noch zu den Gemeinden mit magistratischer Verfassung zählte (wenn auch nur wenige Jahre bis 1821, dann wurde es wieder Ruralgemeinde), hatte in seinem Magistrat von acht Mitgliedern vier jüdische, und im Gremium der Gemeindebevollmächtigten saßen weitere neun neben 15 Katholiken; hier bestand eine „lange, manchmal bis 1933 ungebrochene Kontinuität der Teilhabe von Juden an den politischen Gemeindevertretungen". Sie findet sich auch in Hürben, wo die jüdischen Bürger sogar 1822 sämtliche Gemeindebevollmächtigen stellten; sie waren auch in den folgenden Jahren immer präsent, und 1874 konnte der Fabrikant Moses Samuel Landauer auf 30

---

5 Volkov, Juden in Deutschland, S. XIV.
6 Dokumente, Bd. III/3, Nr. 67, S. 165, 168: Gemeindeedikt.
7 Ohm Fürth, S. 214f.; die Feststellung, dass die Juden kein Wahlrecht hatten, ist so nicht richtig.
8 Dazu Hetzer, Beteiligung, der Juden, passim.

Jahre Tätigkeit in diesem Gremium zurückblicken.[9] In Buttenwiesen, Fellheim, Fischach und Altenstadt war es nicht viel anders. Diese Situation resultierte wohl nicht nur aus den numerischen Verhältnissen, weil der christliche und jüdische Gemeindeanteil vielfach als gleichrangig einzustufen waren, sondern auch aus der schon in der Vormoderne etablierten Gemeindegerechtigkeit. Hier wirkten also die eingespielten Traditionen weiter, und sie wurden bei der Vermögensaufteilung der Allmende im 19. Jahrhundert vielfach zugrunde gelegt.

Dass diese Verhältnisse freilich keineswegs überall üblich waren, zeigt sich schon im Ries, wo die Juden nicht einmal in den Städten Oettingen und Harburg oder im Markt Wallerstein diesen Status erreichten.[10] Auch in Franken stand der Fall Fürth nicht allein; im unterfränkischen Gaukönigshofen nahmen zwar die Juden an den Gemeindeversammlungen teil, doch dauerte es bis 1864, bis der erste jüdische Bürger in ein Gemeindeamt gewählt wurde.[11] Die anfänglich distanzierte Haltung in Fürth änderte sich erst um die Mitte des 19. Jahrhunderts, als 1851 mit Salomon Berolzheimer der erste Jude zum Gemeindebevollmächtigten gewählt wurde[12] und seit 1869 der Arzt Dr. Samson Landmann als Vorsitzender fungierte; 1878 kamen dann von den zehn Magistratsräten vier aus der jüdischen Gemeinde und von den 30 Gemeindebevollmächtigten immerhin elf.[13] Selbst in München wurde erst 1869 mit dem Kaufmann Moritz Guggenheimer eine, freilich dann sehr profilierte Persönlichkeit als Gemeindebevollmächtigter gewählt, zwei Jahre später übernahm er den Vorsitz. Zusammen mit Siegmund Henle, der 1871 für zehn Jahre Landtagsabgeordneter der Liberalen für München wurde, erhielt er von Ludwig II. den persönlichen Adel verliehen, beide waren also gewichtige Vertreter im öffentlichen Leben.[14]

Auch in den jungen städtischen Kultusgemeinden Schwabens kam die Partizipation naturgemäß sehr spät zum Zuge: Augsburg sah erstmals 1863 einen jüdischen Gemeindebevollmächtigten, seit 1869 waren es dann jeweils einer oder zwei von insgesamt 42 Mitgliedern – wie in Nürnberg oder Ulm. Trotz der geringen Zahl erscheint diese Mitarbeit in der Kommunalpolitik als „eine gelungene Variante der Integration".[15] Wie weit die Anerkennung reichen konnte, zeigt auch eine herausragende Figuren wie Carl Obermayer: Als Sohn des Bankiers und ersten jüdischen Bürgers Isidor Obermayer trat er 1842 in die Matrikelstelle ein

---

9 Auer, Einbindung der Juden, S. 117f.
10 Vgl. Jakob, Harburg, S. 173.
11 Michel, Gaukönigshofen, S. 239f.
12 Scharf, Zwischen Integration und Ablehnung, S. 113.
13 Ohm, Fürth, S. 247.
14 Pyka, Werden einer großstädtischen Gemeinde, S. 103f.
15 Hetzer, Beteiligung der Juden, S. 79f.

und stand der 1861 gegründeten Kultusgemeinde vor, wirkte zudem als nordamerikanischer Handelskonsul, stieg im Dienst der bayerischen Landwehr auf und bewarb sich mit einem eigenen Programm für die Landtagswahlen als Kandidat für die Abgeordnetenkammer, kam allerdings nicht zum Zuge.

Dass die Revolution von 1848/49 diesen Bestrebungen gewichtige Impulse gab, liegt auf der Hand. Doch es war nicht nur das Wahlrecht selbst, das nun generell für die Juden durchgesetzt wurde, sondern auch die aktive Beteiligung am Revolutionsgeschehen. Einige Beispiele mögen das belegen: Als Politiker der ‚Bewegungspartei' engagierte sich Adolf Leo Kronacher als Journalist in Augsburg und stellte sich auf die Seite der radikalen Arbeiter und Handwerksgesellen. In Ichenhausen wurde der Tabakfabrikant Aaron Schwab „zum politischen Meinungsführer" im Märzverein, und auf der Großkundgebung auf dem Schlossplatz trat der Sohn des Rabbiners, Heinrich Hochheimer, als Redner auf, der schon mehrfach die *deutsche Volksfreiheit* für die Juden angemahnt hatte. Zu den gemäßigten gehörte Ludwig Binswanger, der in Osterberg aufgewachsen war und dort öffentlich für die Grundrechte der Paulskirche warb – inzwischen Mediziner an der Universität Tübingen, ehe er 1850 in der Schweiz als ‚Irrenarzt' tätig wurde. Wiederum fällt das Engagement zumindest Einzelner nicht nur in der Stadt, sondern auch in den ‚Judendörfern' auf, auch wenn die Mehrzahl, wie im Ries, schon aus Gründen der Sorge um antijüdische Ausschreitungen eher Zurückhaltung übte.[16]

Auch wenn die Verhältnisse in Schwaben nicht ohne weiteres auf die anderen Landschaften in Bayern übertragen werden können, so bleibt doch festzuhalten, dass das Hineinwachsen der Juden in die politischen Strukturen schon in der Vormärzzeit einsetzte. Noch deutlicher wird das, wenn man ihre Mitwirkung in den Vereinen in den Blick nimmt, die für die Vergesellschaftung in der bürgerlichen Welt des 19. Jahrhunderts einen gewichtigen Faktor darstellten. Daran beteiligten sich Juden sehr schnell, indem sie einerseits die Form des Vereinslebens aus der christlichen Umwelt übernahmen, andererseits aber auch über die Mitgliedschaft in überkonfessionellen Vereinen den Anschluss suchten.[17]

Die jüdische Tradition kannte seit langem eigene Organisationen mit sozialkaritativer Ausrichtung, vor allem die *Chewra Kaddischa*, die Beerdigungsbruderschaft, aber auch Stiftungen für die Bildungseinrichtungen sowie die Fürsorge für die Armen und Waisen, und im Laufe des 19. Jahrhunderts wurden sie in vielfältiger Form den Notwendigkeiten der sozialen Entwicklung angepasst und

---

16 Jakob, Harburg, S. 180f.
17 Vgl. dazu allgemein Toury, Soziale und politische Geschichte, S. 211–236; Volkow, Juden in Deutschland, S. 92–94.

erweitert.[18] In Fürth, der größten bayerischen Gemeinde, war diese Tradition vor allem im 18. Jahrhundert besonders gepflegt worden, und dies setzte sich nun weiter fort, wobei vor allem im ausgehenden 19. Jahrhundert die großen Stiftungen getätigt wurden.[19] Schon wesentlich früher begann die jüdische Gemeinde damit, eigene gesellige Vereine zu gründen. Schon 1801 entstand der Verein ‚Erholung', der zur *Erweiterung nützlicher Kenntnisse und erlaubter Zerstreuung* als Lesegesellschaft gedacht war, ganz parallel zur ‚Harmonie' von 1809, die auf christlicher Seite die gebildeten Stände zusammenrief. Bis um 1830 finden sich fünf weitere jüdische Vereine dieser Art – Geselligkeit wurde somit auch zum Element der jüdischen Oberschicht. Als Indikator für die Akzeptanz in der städtischen Gesellschaft kann demgegenüber gewertet werden, wenn bürgerliche Vereine auch Juden als Mitglieder aufnahmen. Die bürgerliche Gesellschaft ‚Casino', die seit 1818 *erheiternde und gesellige Zusammenkünfte, musikalische Unterhaltungen, angemessene Lektüre und alle polizeilich nicht verbotenen Spiele* anbot, nahm bereits Juden auf, und der 1843 ins Leben gerufene ‚Gewerbeverein' war bestimmungsgemäß religionsunabhängig.[20]

In Würzburg begann sich der Kontakt über die bürgerlichen Vereine in gleicher Weise anzubahnen: Während die 1802 gegründeten ‚Harmonie'-Gesellschaft offenbar auf Dauer keine Juden aufnahm, sodass die jüdische Gemeinde 1835 ihren eigenen Geselligkeitsverein ‚Casino' ins Leben rief, beteiligten sich in den 1830er Jahren zumindest wohlhabende Juden am ‚Historischen Verein für Unterfranken und Aschaffenburg' oder am ‚Kunstverein für Frauen', und zu den Gründungsmitgliedern des ‚Neuen Würzburger Kunstvereins' im gleichen Jahr zählte auch der jüdische Maler Fritz Bamberger. Selbst in der Studentenverbindung ‚Nassovia' schrieben sich 1831 zwei Söhne des Joel Jakob von Hirsch ein. Auch die Freimaurerloge ‚Zu den zwei Säulen am Stein' von 1871 hatte jüdische Mitglieder.[21]

Ganz ähnlich war die Struktur des Vereinslebens in München ausgeprägt.[22] Die nach innen gerichtete Vereinskultur wies ein typisches Muster auf: die *Chewra Talmud Tora*, die auf die Pflege des Talmudstudiums ausgerichtet war, machte 1806 den Anfang, 1816 folgte – nach der Anlage eines Friedhofs – die *Chewra Kaddischa*, beide wurden 1828 zum ‚Frommenverein' zusammengelegt. Ergänzungen aktueller Art stellten dann der ‚Frauenverein' von 1830 dar, der sich in Not befind-

---

**18** Dazu generell Foerster, Wohlfahrtsvereine; Schmitt, Vereine in Fürth, passim.
**19** Ohm, Fürth, S. 225–228, 243–247; ausführlich Ohm, Juden in Fürth, S. 204–229.
**20** Scharf, Zwischen Integration und Ablehnung, S. 113f.
**21** Flade, Würzburger Juden, S. 117f., 130f.
**22** Kilian, München, S. 132–146; Löffelmeier, Wege in die bürgerliche Gesellschaft, S. 85–87.

lichen Frauen und Mädchen der Gemeinde, insbesondere den Wöchnerinnen zuwandte, und 1839 der ‚Holzverein' zur Unterstützung der Bedürftigen – ganz parallel zur christlichen Seite. Für die Geselligkeit wurde 1841 die ‚Concordia' ins Leben gerufen, deren Zweck wie anderswo die *anständige frohe und ungezwungene Unterhaltung durch Konversation, Lektüre, harmonischen Gesang, Musik, Tanz, Billard, Karten- und Brettspiele, jedoch mit Ausnahme von Hazardspielen, welche nach den bestehenden Gesetzen durchaus nicht gestattet werden können,* darstellte.[23] Sie erfreute sich großer Beliebtheit nicht nur etablierter Familien der jüdischen Gemeinde. Seit den 1840er Jahren war die Teilnahme an dem reichen Vereinsleben für die Oberschicht vielfach möglich, im ‚Schachkränzchen' lag ihr Anteil bei einen Viertel und Juden wurden auch in die verantwortliche Leitung einbezogen.[24] Andererseits nahmen der bürgerliche Geselligkeitsverein ‚Frohsinn' von 1813 und der ‚Bürgerverein', in dem die Gewerbe vertreten waren, keine jüdischen Mitglieder auf – die Integration hatte also auch ihre Grenzen und man bevorzugte durchaus auch die getrennten Lebenskreise. Auffällig ist jedoch, dass die Mitgliedschaft im Bereich der Künste schon früh einsetzte: 1802 waren vier Juden aus den bekannten Bankiersfamilien an der Gründung des Geselligkeitsvereins ‚Museum' beteiligt, 1825 wurde der erste Jude in den ‚Kunstverein' aufgenommen, und dies spiegelt nicht zuletzt eine intensive Beteiligung am kulturellen Leben, die vor allem seit der zweiten Hälfte des 19. Jahrhunderts in vielfältiger Weise von den bildenden Künsten über die Musik bis zur Literatur reichte.[25]

Würde man erwarten, dass primär die städtische Lebensform diesen so wichtigen Vorgang der Integration entscheidend förderte und so bis in die kleinstädtischen Verhältnisse etwa in Neumarkt in der Oberpfalz zu verfolgen ist,[26] so steht dem der Befund entgegen, der wiederum in den schwäbischen Dörfern zu registrieren ist. In dem schon genannten Hürben – das erst 1902 mit dem Markt Krumbach vereinigt wurde – lässt sich diese Integration über das Vereinswesen seit den 1830er Jahren detailliert belegen: Neben den traditionellen jüdischen Vereinigungen, der *Chewra Kaddischa* und dem 1836 gegründeten ‚Israelitischen Frauenverein', verfügte das Dorf mit einem Wohltätigkeitsverein für Holzverteilung, dem ‚Brautausstattungsverein' und dem 1850 genannten, leider nicht genauer bestimmbaren ‚Wohltätigkeitsverein für Industrie und Humanität' über ein breites Spektrum an Fürsorgeinstitutionen. Religionsübergreifende Vereine wurden auch

---

23 Kilian, München, S. 144.
24 Kilian, München, S. 171–173.
25 Vgl. die zahlreichen Belege bei Gleibs, Juden im Leben Münchens.
26 Vgl. dazu Hirn, Jüdisches Leben, S. 215.

hier bereit in den 1830er Jahren ins Leben gerufen, so 1837 der Gewerbeverein, in dem neben den Vertretern der zünftischen Handwerke schon im ersten Jahr ein jüdischer Seifensieder und ein Lebzelter zu den Mitgliedern gehörten.[27] Im Kontext der Revolution von 1848 wirkten Nathan Landauer und Israel Kahn an führender Stelle im Märzverein mit. Aber auch die Feuerwehr sah 1862 bei ihrer Gründung vier jüdische Mitglieder, und beim Turnverein war 1863 wiederum Nathan Landauer beteiligt – die Liste ließe sich fortsetzen, nicht zuletzt mit dem klassischen Geselligkeitsverein ‚Concordia', der allerdings erst 1888 mit einem Faschingsball überliefert ist. Auch in dieser Beziehung war Hürben kein Sonderfall, vielmehr finden wir ähnliche Verhältnisse in Fischach.[28] Das Muster gleicht also dem der Städte und es belegt erneut, dass gerade in den ‚Judendörfern', in denen der jüdische Bevölkerungsanteil hoch war – er lag in Hürben bis 1860 bei über der Hälfte der Haushalte und Einwohner[29] – das Zusammenleben der beiden Religionsgruppen sich weitgehend auf Augenhöhe abspielte. In der Retrospektive liest sich das in Binswangen für die Revolutionszeit, als die Dorfbewohner sich wegen der Zehnterhebung gegen den Pfarrer stellten, sogar fast als Idylle:[30]

> *Da meinten sie nun, wenn sie einen solchen Herrn wie den Rabbiner haben könnten, das wäre ihr Mann, es wäre schade, daß er nicht ihr Pfarrer sei. Während sich aber der Pfarrer wegen der herrschenden feindseligen Gesinnung nicht aus dem Hause wagte, ging der Rabbiner ganz gegen seine sonstige Gewohnheit in der politisch aufgeregten Zeit täglich in den ‚Adler', um die Zeitung zu lesen. Als er sich anstandshalber das Glas Bier dabei geben ließ, sagte der Adlerwirt, der wußte, das Hirsch kein Biertrinker war, das habe er nicht nötig, er mache sich die größte Ehre daraus, wenn der Herr Rabbiner nur bei ihm einkehre, das wäre auch den Gästen weit lieber als der Pfarrer mitsamt seinem untertänig wedelnden Schulmeister, die gut daran täten, sich nicht sehen zu lassen.*

Auch in der bayerischen Rhön ist zumindest für die Kleinstädte überliefert, dass „die Belege für die Mitgliedschaft in Vereinen zahlreich (sind)". Zu den Gründern des ‚Bürgervereins' in Brückenau, einem Geselligkeitsverein, gehörten 1842 auch zwei jüdische Kaufleute, und in den Kommunalparlamenten finden sie sich als gewählte Vertreter, in der Regel unter den Liberalen und Demokraten. Doch gehört diese Entwicklung bereits schwerpunktmäßig in die zweite Hälfte des 19. Jahrhunderts.[31] Im bescheidenen Gaukönigshofen in Unterfranken werden jedoch die ersten übergreifenden Vereinsbildungen erst spät datierbar

---

27 Auer, Vereinswesen, passim.
28 Piller, Fischach, S. 334–340.
29 Bosch/Bloch, Hürben, S. 35–39.
30 Richarz, Jüdisches Leben in Deutschland, S. 361.
31 Mehler, Entstehung eines Bürgertums, S. 202–213.

und zudem in deutlich anderer Form: So hatte die Feuerordnung von 1873 die Juden noch eindeutig in der minderen Rolle der Zuträger gesehen, 1882 bei der Gründung der Freiwilligen Feuerwehr waren dann fünf als Mitglieder dabei und übernahmen schließlich beim Stiftungsfest 1908 eine gleichberechtigte Rolle.[32] So gesehen, hatten sich die Judendörfer Schwabens offenbar früher an den städtischen Mustern ausgerichtet als zumindest ihre Pendants in Teilen Frankens. Die stark gewerblich geprägte sozioökonomische Struktur, die ohnehin die ‚Urbanität' gefördert hatte und die der jüdischen Existenz immer affin war, wirkte sich offensichtlich auf dem ‚flachen Land' besonders stark aus.

Selbstverständlich sind die Beteiligungen an den interreligiösen Vereinen kein Beweis für eine konfliktlose Harmonie, sondern spiegeln nur Schritte zur Integration. Sie wurden begleitet von Auseinandersetzungen um die Dominanz vor Ort in Fortsetzung der Konfrontationen, die sich in der vorbayerischen Zeit ausgebildet hatten – auch im ländlich-kleinstädtischen Milieu. Sie mussten nicht zwangsläufig in die offene antijüdische Aktion münden, wie das bei den Hep-Hep-Unruhen der Fall war, aber sie prägten den Alltag in den unterschiedlichen Rhythmen der Fest-und Feiertagskalender, der Wochenabläufe mit der Sabbat- bzw. Sonntagsheiligung. In Fischach dauerten die Streitigkeiten über den *Eruw* und die wirtschaftlichen Tätigkeiten der Juden noch bis in die 1840er Jahre an, dann verloren sie sich.[33] Die Akzeptanz des jüdischen Lebens setzte sich durch, und das lässt die Vermutung zu, dass die Intensität der Begegnungen gerade auf dem Land vor Ort zu hoch war, als dass die latenten antijüdischen Stereotype hätten Dominanz gewinnen, und die Prägungen der Vormoderne waren offensichtlich zu stark, als dass sie hätten unterdrückt werden können.

Verlagert man die Beobachtung allerdings auf die Ebene des philosophisch-theologischen Diskurses zwischen Christen und Juden, ist nicht zu übersehen, dass die Distanz weiterhin wirksam blieb. Auf der Grundlage der Reflexion über das Judentum von Herder und Kant bis zu Hegel und Schleiermacher nahmen die christlichen Theologen nach wie vor die Überlegenheit ihres Glaubens in Anspruch, sodass sie auf jüdischer Seite die polemische Gegenthese provozierte.[34] Das wurde für Bayern nicht zuletzt deshalb relevant, weil das Konzept des ‚christlichen Staates', das die Einbeziehung von Juden ausschloss, von Friedrich Julius Stahl wirksam formuliert wurde. Stahl (1802–1861), der als Julius Jolson aus einer orthodoxen Familie in Unterfranken stammte, war schon 1819 zum evangelisch-lutherischen Glauben übergetreten und hatte ab 1832 in Erlangen

---

32 Michel, Gaukönigshofen, S. 318–320.
33 Piller, Fischach, S. 301–305, 308f.
34 Dazu M. A. Meyer, Judentum und Christentum, S. 178–200.

und Würzburg Staats- und Kirchenrecht sowie Rechtsphilosophie gelehrt, war im Landtag wegen seiner Kritik am Haushalt nur 1837 präsent, wechselte aber 1840 nach Berlin, wo er zu einem der Wortführer des Konservatismus wurde.[35] In der konservativ-katholischen Politik der Regierung Abel wurde dieses Konzept besonders relevant, da weder der König noch der leitende Minister es zuließen, „daß man den ‚christlichen Charakter' des Staates antastete", und deshalb keine Verbesserung des Rechtsstatus der Juden in Angriff nehmen wollten.[36] (s. Kap. 22)

Vor diesem Hintergrund sind nicht zuletzt die Wege in die akademische Bildung zu sehen. Als Aufstiegskanal in das Bürgertum galten sie für die christliche Seite der Gesellschaft schon lange, und insofern lag es für die jüdischen Familien auf der Hand, ihn ebenfalls zu nutzen, sofern sie sich den Wissenschaften öffnen wollten. Doch bis zur Mitte des Jahrhunderts standen dem Erfolg erhebliche Vorbehalte entgegen, sodass man jüdische Karrierewillige entweder völlig ablehnte oder sie doch erheblich behinderte. Obwohl das Judenedikt vorsah, *Judenkinder beider Geschlechter [...] gleich jenen Unserer übrigen Unterthanen zum öffentlichen Schulbesuche in Städten und auf dem Lande* anzuhalten und ihnen den *Zutritt zu allen höheren Lehranstalten* zu öffnen (§ 32),[37] blieb die darin liegende Konsequenz für die berufliche Umsetzung lange Zeit verschlossen. Zwar hatte Erlangen schon im 18. Jahrhundert die Aufnahme jüdischer Studenten praktiziert, dennoch hielt sich ihre Zahl im Vormärz noch in Grenzen: Am stärksten war der Besuch in München, wo 1842 von 23 Studenten die Rede war – bei einer Frequenz von etwa 1.800 – und sich 1834–1838 immerhin 25 Rabbinatskandidaten zur Prüfung meldeten. Würzburg verfügte gerade in dieser Hinsicht über die Besonderheit, dass das Universitätsstudium – in der Regel unter dem offiziellen Dach der ‚orientalischen Philologie' – mit dem Talmudstudien in der *Jeschiwa* des Rabbiners Abraham Bing verbunden werden konnte (s. Kap. 23). Erlangen dagegen blieb als protestantische Universität hinter diesen beiden zurück, 1848 verzeichnete man hier lediglich sieben jüdische Immatrikulationen, die meisten in der Medizin.[38] Für den Aufstieg in die akademischen Berufe innerhalb des Staates war freilich zunächst die Taufe die Voraussetzung, Verwaltung, Justiz, Universität und das Lehramt an höheren Schulen waren verschlossen – die Betonung des christlichen Staates verhinderte dies bis 1848.

---

**35** Kraus, Hans-Christof, „Stahl, Friedrich", in: NDB 25 (2013), S. 32f.; Füßl, Stahl, S. 117, streift die bayerischen Jahre nur kurz.
**36** Gollwitzer, Karl von Abel, S. 524.
**37** Schwarz, Juden in Bayern, S. 348.
**38** Richarz, Studenten und Akademiker, S. 113–121.

Deutlich wird das etwa bei den Medizinern in Würzburg: Sigmund Julius Beer scheiterte nach siebenjährigem Bemühen 1824 mit seiner Bewerbung als Privatdozent an der dortigen Universität, obwohl er in Heidelberg und an der Sorbonne in Paris promoviert worden war. Die antijüdische Argumentation der Fakultät und des Senats war unübersehbar. Die Fakultät meinte in einer Stellungnahme, *nur ein Jude [könne] so unverschämt seyn, zu behaupten, daß [...] die Fächer Psychologie, Anthropologie und die Lehre vom thierischen Magnetismus gar nicht oder [...] unvollständig vorgetragen würden.* Als sich 1859 Hirsch Silberschmitt um eine Privatdozentur bewarb, hatte sich das Klima wenigstens insoweit verändert, als ihm zumindest in der Absage bestätigt wurde, dass er als *ein tüchtiger junger Mann* bekannt sei.[39] Jakob Herz aus Baiersdorf, der in Bayreuth das Gymnasium besucht hatte, dann in Erlangen Medizin studierte und dort promoviert wurde, wurde bei seinem Habilitationsgesuch 1854 noch mit dem Bescheid konfrontiert, dass *nur ein Christ vollberechtigter Lehrer an einer Bildungsanstalt höchster Art sein* könne, und bekam seine Lehrerlaubnis als Chirurg und Anatom – er wollte nicht konvertieren, um eine Professorenstelle zu erhalten – erst nach dem persönlichen Eingreifen König Maximilians II. 1869 und wurde damit zum ersten jüdischen Ordinarius in Bayern ernannt.[40]

Projiziert man diese Beispielfälle auf die statistischen Gesamtzahlen, so wird eine deutliche Verbesserung nach der Mitte des 19. Jahrhunderts sichtbar.[41] Bis dahin gelang es nur vier getauften Juden, eine Professur zu erringen, aber selbst bei ihnen war Kritik nicht unüblich, der Widerstand kam sowohl von staatlicher Seite wie aus den Fakultäten. Bis 1918 lassen sich dann insgesamt 46 Professoren bilanzieren, die entweder Juden, Getaufte oder Christen jüdischer Herkunft waren – meist jedoch nur als außerordentliche und Honorarprofessuren.[42] Doch auch nach der Mitte des Jahrhunderts kamen die Ernennungen erst langsam in Gang und erreichten erst nach 1890 in München einen deutlichen Schub, während Erlangen auf die restriktive Haltung Würzburgs eingeschwenkt war – wohl Ausdruck der Tatsache, dass die beiden fränkischen Universitäten konfessionell geprägt blieben. Ein Beispiel dafür ist der Historiker Henry Simonsfeld (1852–1913).[43] Als Sohn eines ausgewanderten Kaufmanns aus Ottensoos in Mexiko geboren, studierte er in München, arbeitete an dortigen Schulen und

---

39 Gehring-Münzel, Würzburger Juden, S. 277–284, Zitat S. 282.
40 Habrich, Koppel (Jakob) Herz, passim; Breisach, Jüdische Universitätsprofessoren, S. 105 (Zitat), zur Karriere, S. 259–263.
41 Breisach, Jüdische Universitätsprofessoren, S. 103–108, 259–269.
42 Breisach, Jüdische Universitätsprofessoren, S. 445.
43 Breisach, Jüdische Universitätsprofessoren, S. 296–298; Weigand, Henry Simonsfeld, passim.

verdiente dann sein Brot an der Königlichen Hof- und Staatsbibliothek, habilitierte sich 1878 an der Universität, wurde Mitglied der Bayerischen Akademie der Wissenschaften, blieb aber 20 Jahre Privatdozent. Erst nach der Konversion 1894 wurde er 1898 zum außerordentlichen Professor ernannt – „mühsam und nur gegen die größten Widerstände"[44] – und 1912 zum Ordinarius. Gesellschaftlichen Anschluss fanden selbst diese Professoren nur selten, Einheiraten in ortsansässige Professorenfamilien fanden nicht statt, vielmehr blieben sie dem jüdischen Kaufmannsmilieu verbunden, aus dem sie in der Regel stammten, meist außerhalb Bayerns gebürtig – es blieb also ein hohes Maß an Distanz.

Als besonders abweisend erwies sich das Militär. Während die Wehrpflicht für Juden schon 1805 verfügt wurde – allerdings durch Freikauf auch vermieden werden konnte –, gelang die Aufnahme in das Offizierskorps im 19. Jahrhundert überhaupt nur insgesamt sechs bayerischen Juden. Die Reihe begann mit Isidor Marx aus Treuchtlingen, der zunächst in München die übliche Kaufmannslehre antrat, dann aber 1813 als Korporal in die Reservearmee zur Verteidigung Bayerns eintrat und es bis zu seinem Abschied 1847 immerhin bis zum Hauptmann I. Klasse brachte.[45] Doch bei genauerem Zusehen zeigen sich in seiner Laufbahn mehr Hindernisse als Förderungen, vor allem als König Ludwig I. 1842 die Ordre erließ, „die seit langem bestehende Anordnung, Juden von richterlichen Funktionen im Staate fernzuhalten, auch auf den Militärdienst zu übertragen".[46] Die Folge war eine massive Zurücksetzung im Dienst, die er zwar für seine Person revidieren konnte, aber dann doch wegen gesundheitlicher Beschwerden 1847 als „felddienstuntauglich" in den Ruhestand versetzt wurde; immerhin ernannte ihn 1851 Max II. noch zum Major. Sein Sohn Maximilian, der die gleiche Laufbahn einschlug, erlebte Ähnliches: Zunächst wurde ihm die Aufnahme in das Kadettenkorps verweigert, dann aber für den sich abzeichnenden Krieg von 1866 als Unterleutnant in Dienst gestellt. Aber auch seine Laufbahn endete beim Hauptmann, und auch er wurde aus gesundheitlichen Gründen 1886 verabschiedet, nachdem die Kritik immer massiver geworden war. Vieles spricht für die Vermutung, der „eigentliche Grund für die Zurückstellung und die frühzeitige Pensionierung war die Religionszugehörigkeit"[47] – offenbar schätzte man jüdische Offiziere nur bei drohender Kriegsgefahr.

Für den Zugang zu öffentlichen Ämtern und akademischen Berufen bedurfte es der liberalen Anstöße der Revolution. Nun erst konnten Juden Anwälte, ab 1861

---

44 Weigand, Henry Simonsfeld, S. 192.
45 Kilian, München 176–181; Braun, Offiziere, passim.
46 Braun, Offiziere, S. 97.
47 Braun, Offiziere, S. 99.

auch Notare und Richter werden, denn nun öffnete sich der Staatsdienst jüdischen Bewerbern.[48] So blieb für manchen als Alternative zunächst – wie auch sonst im übrigen Deutschland – nur die Publizistik in Presse, Verlagswesen und Buchhandel.[49] Das erklärt die Präsenz im frühen Zeitungswesen, wenn etwa der Jurist Dr. Salomon Haenle aus Heidingsfeld 1841 die Redaktion der ‚Neuen Würzburger Zeitung' übernahm und dann ähnlich, wie das in Schwaben der Fall war, im Umkreis der Revolutionsereignisse aktiv wurde.[50] Für das Verlagswesen gilt Leopold Ullstein (1826–1899) aus Fürth als Paradefall: Als Sohn des Papiergroßhändlers Hajum Hirsch Uhlmann übernahm er mit seinen Brüdern das Geschäft des Vaters, wechselte dann aber in die Messestadt Leipzig und schließlich nach Berlin, wo er sich seit 1877 mit dem Kauf einer Druckerei im Zeitungswesen etablieren konnte.[51] Ludwig Rosenthal aus Fellheim an der Iller, dessen Vater schon dort einen Kunsthandel betrieb, widmete sich demgegenüber vor allem den antiquarischen Büchern, siedelte aber nach München über, wo er einen weltweit agierenden Handel aufbaute.[52] Eine Parallele dazu findet sich später in Buttenwiesen, wo Louis Lamm (1871–1943), der Sohn des Synagogendieners Max, aufwuchs und dann in Berlin und Amsterdam Antiquariate gründete.[53] Eine eher schillernde Figur, die in die künstlerische Lebensform überging, war dagegen Moritz Gottlieb Saphir (1795–1858).[54] Aus Ungarn stammend hatte er sich über Prag, Wien und Berlin als Theaterkritiker und Journalist einen Namen gemacht, als er 1829 nach München übersiedelte. Mit seiner Zeitschrift ‚Der Bazar für München und Baiern', der das Hoftheater kritisch begleitete, fiel er freilich in Ungnade und wurde ausgewiesen, kehrte aber nach einem kurzen Aufenthalt in Paris mit königlicher Erlaubnis 1831 wieder an die Isar zurück, rief den ‚Deutschen Horizont' ins Leben, ein eher unterhaltendes Blatt – zog aber dann nach 1836 den Aufenthalt in Wien vor. Allein die Spannbreite dieser Karrieren signalisiert die breiter gewordenen, aber keineswegs einfachen Aufstiegschancen, sobald die gesetzlichen Beschränkungen der Mobilität gefallen waren.

Die Akzeptanz von Seiten der Umwelt beim Eintritt in die bürgerliche Gesellschaft über die Karriereleiter in Wissenschaft und öffentlichem Dienst war das eine, die Bereitschaft zur Akkulturation das andere. Bemühten sich Juden um

---

[48] Richarz, Studenten und Akademiker, S. 178–188, zu Bayern S. 182f.; Schwarz, Juden in Bayern, S. 254f.
[49] Generell dazu Richarz, Studenten und Akademiker, S. 202–206.
[50] Gehring-Münzel, Würzburger Juden, S. 283f.
[51] Ohm, Fürth, S. 23; Mümmler, Dichter, Denker, Demokraten, S. 121–125.
[52] Vgl. dazu Angermaier u.a., Die Rosenthals.
[53] Steber, Regionalhistoriographie, S. 207f.
[54] Puschener, Saphir, passim; Löffelmeier, Wege in die bürgerliche Gesellschaft, S. 79–81.

den Eintritt in die Welt der Literatur, so brachten sie die eigene Welt zur Sprache, sowohl kritisch als auch affirmativ, sowohl an das eigene jüdische Publikum wie das ihrer Umwelt gewandt. Schon Simon Höchheimer, einer der fränkischen *Maskilim* (s. Kap. 20), der sich als Arzt in Fürth niedergelassen hatte, hatte sich in seinem ‚Spiegel für Israeliten' gegen die karikaturhafte Verzerrung des Judenbildes gewandt, gegen die er das Ziel verfolgte, „die ‚Gebrechen' innerhalb des Judentums zu beleuchten, ihm einen ‚Spiegel' vorzuhalten und Heilmittel vorzuschlagen".[55] Leopold Stein aus Burgpreppach, 1835–1843 Rabbiner in Altenkunstadt und Burgkunstadt, ehe er nach Frankfurt zog, widmete sein Drama ‚Hans Ehrlich oder: die Feste' dem reformorientierten – und deshalb vom orthodoxen Teil der Gemeinde abgelehnten – Fürther Oberrabbiner Isaak Loewi. Das Stück richtete sich gegen jede Art von Fanatismus in der Auseinandersetzung von Tradition und Moderne.[56] Im traditionsgeladenen Zentrum Fürth wurde also auch über das Theater Aufklärung betrieben, wobei das Publikum nicht nur unter den Juden zu suchen war.[57]

Erzählende Literatur von Rang findet sich demgegenüber in Bayern kaum. Sicher wurde auch Berthold Auerbach (1812–1882) aus Horb am Neckar, der „zu seinen Lebzeiten zu den populärsten deutschen Schriftstellern" gehörte, mit seinen ‚Schwarzwälder Dorfgeschichten' (1843) geschätzt, einer stilisierten Schilderung der Dorfjuden.[58] Immerhin versuchte Simon Krämer, der Lehrer in Franken (s. Kap. 23), neben seiner publizistischen Tätigkeit mit Romanen und Erzählungen *Bausteine zu unserer Volksliteratur* zusammenzustellen, so die ‚Bilder aus dem jüdischen Volksleben' (1845), ‚Jüdische Erzählungen" (1851) und ‚Israelitische Erzählungen' (1862). Die vor allem im fränkischen Dorfmilieu angesiedelten Handlungen richteten sich vor allem an die Jugend, um sie beim Judentum zu halten. In ‚Die Schicksale der Familie Hoch. Ein Lesebuch zunächst für das jüdische Volk und seine reifere Jugend' (1839), formulierte er programmatisch: [...] *es ist hohe Zeit, das Volk darauf aufmerksam zu machen, ihm Waffen zur ‚Notwehr' in die Hand zu geben und es für seinen Glauben und vornehmlich für den Glauben an den Einzigen so zu begeistern, daß es ihm alle irdischen Vortheile willig zum Opfer bringt.*[59]

Die Sorge um den Verlust der jüdischen Identität, die aus diesen Worten spricht, verstärkte sich im weiteren Verlauf des 19. Jahrhunderts durch die gene-

---

55 Strauss, Purimspiel, S. 87–91, Zitat S. 88.
56 Strauss, Purimspiel, S. 103–109.
57 Vgl. dazu Heymann, Fürther Juden und „Ihr" Theater, passim.
58 M. Meyer, Deutsch werden, jüdisch bleiben, S. 227–231.
59 Zit. nach Wiesemann, Simon Krämer, S. 125f.

rellen Tendenzen der Säkularisierung, die sich nicht zuletzt aus den radikalen Reformansätzen ergaben: *Damals hatte die öffentliche Beredsamkeit nur eine Stätte, die Kanzel, heute hat die Predigt die Concurrenz der politischen Rede, der belehrend-unterhaltenden Vorträge jeglicher Art zu bestehen*, lautete die Klage eines Rabbiners.[60] Man hat deshalb – in Parallele zur christlichen Seite der Gesellschaft – darauf verwiesen, dass der Rückzug der religiösen Tradition auf den privaten Bereich an Bedeutung gewann: „Das Heim, Zufluchtsort der Familie, würde, so hoffte man, auch zum Zufluchtsort für das Judentum werden".[61] Das seit 1858 erscheinende ‚Jüdische Volksblatt', oder seit 1864 ‚Der Freitagabend', die jüdischen Kalender und Jahrbücher sollten die passende Lektüre dazu liefern. Die Vernachlässigung der *Halacha* und der Sabbatheiligung war sicher in den Städten weiter verbreitet als auf dem Land, doch muss man auch hier mit erheblichen Unterschieden rechnen, die sich aus der konkreten Situation ergaben, sei es der Einflussnahme von einzelnen Rabbinern und Lehrern, sei es aus der schieren Größe der Gemeinden im Verhältnis zu ihren Nachbarn.[62] Selbst wenn es sich auf dem Land immer noch weitgehend um eine ‚Volksfrömmigkeit' handelte, die mehr auf Tradition als auf der Kenntnis der religiösen Texte basierte, die sich am Jahreszyklus, an den Zeremonien des Lebens, an den Nahrungsritualen orientierte, waren die Unterschiede in der Praxis offenbar erheblich. So tendierten Unterfranken, das nördliche Württemberg und Schwaben eher zum Traditionalismus, während in Oberfranken die Gewohnheiten lockerer gehandhabt wurden. Beeindruckendes Zeugnis dafür ist bis heute die Laubhütte aus dem schwäbischen Fischach, die der Kolonialwarenhändler und ‚Kaffeeschenk' Jakob Deller gegen Mitte des 19. Jahrhunderts anfertigen ließ.[63] (Abb. 56)

Am besten nachvollziehbar aber wird die mehr oder weniger schnelle und tiefgreifende Akkulturation in der materiellen Kultur der Friedhöfe, denn die Gestaltung der Grabmäler selbst macht im Laufe des 19. Jahrhunderts einen grundlegender Wandel sichtbar, zum einen in der Aufnahme von stilistischen Elementen aus der christlichen Begräbniskultur, zum anderen in der Verwendung der deutschen Sprache für die Inschriften, ein Prozess der in den Städten schon bald nach 1800 einsetzte.[64] Auf dem Verbandsfriedhof im mittelfränkischen Georgensgmünd lässt sich das im ländlichen Bereich sehr gut beobachten: Die Anpassung an die Rahmenbedingungen der Bestattungen – nicht zuletzt bei

---

60 Zit. nach M. Meyer, Jüdische Identität, S. 340.
61 M. Meyer, Jüdische Identität, S. 341.
62 Dazu Lowenstein, Jüdisches religiöses Leben, passim.
63 Synagogenband I, S. 447.
64 Vgl. dazu generell Hüttenmeister, Friedhöfe jüdischer Landgemeinden, S. 235–241, 247f.

der Frage des Zeitpunktes, der traditionsgemäß möglichst bald nach dem Tod stattfinden sollte – erfolgte nur zögerlich als „konservative Assimilation";[65] die Übernahme stilistischer Elemente bei der Gestaltung der Grabsteine kam ebenfalls nach einfachen Adaptionen klassizistischer Formen erst in der zweiten Jahrhunderthälfte mit der historisierenden Ikonographie stärker zum Tragen.[66]

Doch „selbst die traditionellen Landjuden waren vor dem Eindringen der Moderne nicht völlig gefeit".[67] Dieser Weg wird etwa bei Eduard Silbermann sehr gut nachvollziehbar:[68] Aufgewachsen in den 1850er Jahren im bambergischen Ort Bischberg, war seine Familie noch ganz eingebunden in den Lebens- und Festkreis der jüdischen Gemeinde, wobei das Zusammenleben mit den Christen ohne große Reibungsverluste, mitunter auch in alltäglichen Kontakten ablief. Als sich nach dem Fall des Matrikelparagraphen 1861 die eher liberal gesinnte Mutter mit ihrem Wunsch nach einem Umzug in die Stadt Bamberg durchsetzen konnte, begann auch die Angleichung an das städtische Leben: Besuche im Theater, der samstägliche Weg zur Brotzeit in den Bierkellern, insgesamt die Beobachtung einer *laxere*[n] *Observanz*, auch wenn nach wie vor galt: *der ‚Verkehr' im eigentlichen Sinne mit der christlichen Bevölkerung fand nicht statt, abgesehen von den zufälligen Begegnungen an öffentlichen Orten.*

Gerade in den Städten spielten die Kontakte zwischen Juden und Nichtjuden in der Gesellschaft eine zunehmend wichtige Rolle. Sie waren beispielsweise in Würzburg durchaus vielfältig: *Nehmen doch [...] hochgestellte Personen keinen Anstand, den Einladungen der Israeliten zu Gabelfrühstücken, Diners und Soirées Folge zu geben*, stellte die Würzburger Regierung schon 1848 fest.[69] Und die bereits geschilderte Geselligkeit auf Vereinsebene mochte das auch in gewisser Weise institutionalisieren. Wie tief sie reichte, lässt sich freilich nur schwer einschätzen. Ein Indiz dafür mag der Umgang mit der eigenen jüdischen Tradition sein, der sich beispielsweise im Purimfest verfolgen lässt. Schon im 18. Jahrhundert setzte die Kritik am Purimspiel ein, das vielfach in Privathäusern aufgeführt und – ähnlich den christlichen Fastnachtsspielen – oft sehr derbe Komödien darstellte.[70] Im Fürstentum Ansbach beging man das Fest üblicherweise besonders aufwändig: Es bot „zu gegenseitigen reichen Geschenken, Maskeraden und Comedienscherz Veranlassung, und es sind eigene im s.g. Jüdisch-Deutsch

---

65 Kuhn, Geschichte des jüdischen Friedhofs, S. 95–120, Zitat als Überschrift.
66 Dietrich, Grabsteine, S. 186–204.
67 Lowenstein, Jüdisches religiöses Leben, S. 227.
68 Richarz, Jüdisches Leben, Bd. I, S. 160–176, die folgenden Zitate S. 173f.
69 Vgl. dazu Gehring-Münzel, Würzburger Juden, S. 443–456.
70 Vgl. dazu Strauss, Purimspiel, S. 94–98.

**Abb. 56:** Laubhütte des Kolonialwarenhändlers Jakob Deller, Fischach, Mitte 19. Jahrhundert

verfaßte Possen vorhanden, die an diesem Tage aufgeführt wurden, und deren Kenntniß wohl manchen Beitrag zur Sittengeschichte der Juden aus jener Zeit liefern würde".[71] Von Joseph Herz aus Fürth ist ein Text überliefert, der Einblick in die Inhalte gibt: Seine Version ‚Esther oder die belohnte Tugend', das 1828 erschien, war besonders erfolgreich und wurde deshalb 1854 nochmals aufgelegt, „nun in lateinischer Schrift und durch Fußnoten erläutert"; wobei „die Sprache, ein deftiger Dialekt der Fürther Gegend, zeigt, daß Herz für fränkische Juden geschrieben hat", dabei „freilich den Konzepten der jüdischen Aufklärung verpflichtet" blieb.[72] Allerdings erschienen auch manchen Juden „die öffentlichen Maken-Umtriebe" dabei unpassend und sie setzten 1828 ein Verbot des Magistrats durch, weil *diese mit dem Zeitgeiste unvereinbarliche Belustigung nur Störung der öffentlichen Ordnung herbeiführt*.[73] Wie sich das konkret abspielte, wird allerdings nur an wenigen Stellen sichtbar.[74] Während anderswo das Fest zur Errettung zum Kristallisationspunkt für gewaltsame Konfrontationen zwischen Christen und Juden werden konnte, verlief es in Schwaben offenbar in der

---

71 Haenle, Ansbach, S. 175.
72 Strauss, Purimspiel, S. 99–103, Zitate S. 100 und 103.
73 Ohm, Juden in Fürth, S. 169.
74 Vgl. dazu Kießling, Zeittakt, S. 189f.

Regel friedlich und blieb im häuslichen Bereich – die Überlieferung ist lediglich in Thannhausen mit einem Schwank greifbar –, in Sugenheim im Steigerwald wurde ausdrücklich die „ausgelassene Freude[...] auf das Haus beschränkt und für die Straße verboten". Doch ein Ereignis aus Hohenems von 1811 belegt schlaglichtartig, dass sich nun die Verbindung mit der christlichen Umwelt einstellen konnte.[75] Dort hatte sich eine Faschingsgesellschaft gebildet, an der Christen und Juden gleichermaßen beteiligt waren: Im Laufe des Tages hatte ein Umritt stattgefunden, bei dem einige Juden mit Masken, darunter auch Beamtenuniformen, aufgetreten waren. Als es auf dem abendlichen Ball erneut zu derartigen Zurschaustellungen kam, entstand ein Streit, der zur Anzeige führte, weil man darin nicht nur das ungerechtfertigte Tragen von Uniformen sah, sondern auch eine Beleidigung des bayerischen Königs – Vorarlberg war damals von Bayern besetzt. Die gemeinsame Veranstaltung, die sich aus der Alltagssituation des Zusammenlebens ergab, war spannungsgeladen und konnte von der Freude am Spott auf die Obrigkeit in einen Konflikt umschlagen.

War Akkulturation zu dieser Zeit somit noch labil, so veränderte sich das im Laufe des Jahrhunderts zugunsten einer Konvergenz der Feiertagserlebnisse. Erinnert sei nur an die Verbindung von Chanukka und Weihnachten, die in Berlin und Wien schon am Beginn des Jahrhunderts aufscheint und als ‚Weihnukka' bis zum Ende des Jahrhunderts allgegenwärtig wurde[76] – wohl auch in Bayern, wie das aus entsprechenden Berichten zu erschließen ist.[77] Jedenfalls war um und nach der Jahrhundertwende die gesellschaftliche Begegnung vielfach selbstverständlich geworden. Aus München gibt es die Einschätzung von Rahel Straus:

*Selbst die orthodoxen Juden [...] waren, ich möchte fast sagen, katholisch beeinflußt [...]. Man ging zum Rabbiner zum Lernen, aber schon im Frack, denn man ging von dort zur Redoute. Beim Fasching wurden Freundschaften geschlossen, gesellige Beziehungen geknüpft, die den Karneval überdauerten. Dort war auch die Stelle und Quelle so vieler Mischehen, gerade im jungzionistischen Kreis.*

Freilich konstatierte sie auch eine gewisse *Fremdheit und ein sich Fremdfühlen, das wohl gegenseitig war.*[78]

Integration und Akkulturation waren komplexe Vorgänge, die sich keineswegs über einen Kamm scheren lassen: War generell gesehen die Dynamik des Wandels innerhalb des Judentums erfolgreich und nahm er insbesondere nach

---

75 Burmeister, Hohenemser Purim.
76 Richarz, Weihnukka, passim.
77 Daxelmüller, Jüdisches Alltagsleben, S. 273.
78 Zit. nach Niewyk, Selbstverständnis der Juden, S. 374.

der Jahrhundertmitte an Gewicht zu, so ergab sich doch am Ende beim Eintritt in das Kaiserreich ein sehr differenziertes Gesamtbild: Einer weitreichenden Verbürgerlichung, die sich in der Partizipation an der politischen Willensbildung wie im Vereinswesen niederschlug, standen die Vorbehalte gegenüber, die sich in den ‚geschlossenen' Gesellschaften des Militärs und an den Universitäten noch lange hielten. Unübersehbar blieb eine Distanz im staatlichen Bereich, partiell hielt sie auch im öffentlichen Leben an, während die privaten Begegnungsräume zwar zahlreicher wurden, aber das ‚Unter-sich-Bleiben' nach wie vor zu den bestimmenden Verhaltensweisen gehörte. Daneben sind recht unterschiedliche Geschwindigkeiten zu sehen, mit der diese Vorgänge abliefen: Während in den großen Städten – wie auch sonst – der kulturelle Wandel deutlich spürbar wurde, blieben die ländlichen Bereiche noch länger in der Tradition verankert; doch zeichnen sich auch Landschaften ab, in denen der Wandel schneller und umfassender ablief.

# 26 Akzeptanz und neuer Antisemitismus im Kaiserreich

Die Einweihung der Nürnberger Synagoge am 8. September 1874 war ein gesamtstädtisches Ereignis von hoher Symbolkraft. Man war sich offenbar einig darin, dass die jüdische Gemeinde Teil der Stadtgesellschaft geworden war:[1]

> *Alle hervorragenden Personen unserer Stadt, die Träger von Amt und Würden im königl. und städtischen Dienst, die illustren Vertreter der Künste und Wissenschaften und ihrer Institute, die Matadoren der Großindustrie und des Handels, die höchsten Offiziere, aber auch der einfachste Bürger von geachtetem Namen – sie alle waren Ehrengäste [...],*

schrieb die ‚Nürnberger Stadtzeitung'. Bemerkenswert war dabei nicht zuletzt, dass der amtierende Bürgermeister der Stadt, Otto Frh. von Stromer, beim Festessen an die historische Situation erinnerte, als sein Vorfahre Ulrich Stromer den Pogrom 1348 mit betrieben hatte, doch

> [g]egenüber der mittelalterlichen Anschauung sei man jetzt allgemein zu der Erkenntniß gekommen, daß die Lösung der sogenannten Judenfrage gleichen Schritt mit der Entwicklung und Vermehrung der Gesittung und Humanität bei Nationen und Einzelnen halte.

Gustav Josephthal, der Vorsitzende der Kultusgemeinde, wertete bei der Schlüsselübergabe das Gotteshaus als

> *ein monumentales Gebäude, [...], würdig der Stadt, in deren Mauern es zum Himmel ragt, laut kündend die ächte Duldsamkeit, welche die Bekenner verschiedenen Glaubens in Frieden neben einander wohnen läßt.*

Die Emanzipation der Juden schien vollendet, sie waren in der bürgerlichen Gesellschaft angekommen. Die Architektur des neuen Gebäudes wurde als ein gelungenes Beispiel eigenständiger Kultur gewertet, das dem christlichen Kirchenbau ein adäquates Gegenüber geschaffen habe. Dabei sah man den ‚maurischen Stil', den der Stuttgarter Architekt Adolf Wolff gewählt hatte, im Einklang mit der Theorie und den in der zweiten Hälfte des 19. Jahrhunderts in vielen Großstädten – Leipzig, Stuttgart, Berlin, Köln, Frankfurt, Wien – realisierten Synagogen.[2] Der „Gedanke der Charakterisierung von Gebäudegattungen durch his-

---

1 Eissenhauer, Die Nürnberger Synagoge, S. 353f., dort auch die folgenden Zitate.
2 Vgl. Hammer-Schenk, Synagogen, S. 265–309.

**Abb. 57:** Synagoge Nürnberg, 1870–1874, Ansicht von Südwesten

torische Stilformen" beförderte in den Gemeinden die Vorstellung, „sich einem Baustil zuwenden zu können, der sie als eine eigenständige Religionsgemeinschaft charakterisiere", aber „nicht als eine nationale Absonderung, sondern als ein Aspekt der wachsenden Freiheit".[3] Nicht mehr der Oktroy der königlichen Baubehörde als Zeichen der Abgrenzung wie in den 1830er Jahren (s. Kap. 23) stand nun Pate, sondern das Selbstverständnis des Judentums: „Der maurische Stil war ein exponiertes Zeichen der Emanzipation [...]."[4] (Abb. 57)

Nürnberg war nur der Exponent einer ganzen Welle von Neubauten, die in den Städten nach der Wiederbegründung von Gemeinden errichtet wurden. Dabei blieb der maurische Stil nicht immer das Vorbild, vielmehr wurde nun auch die Neuromanik, weniger die Neugotik, für den Synagogenbau rezipiert, gerade um mit der Nähe zum Kirchenbau die Verbundenheit mit der deutschen

---

3 Hammer-Schenk, Synagogen, S. 309.
4 Eissenhauer, Die Nürnberger Synagoge, S. 359.

Nation sichtbar umzusetzen.⁵ So realisierte Albert Schmidt die neue Synagoge in München 1884–1887 in bewusster Abkehr vom maurischen Stil, denn er *hat gar keine Beziehung zum Judentume, und kann somit weder Ausdruck der Nationalität geben, noch ist er der Ausdruck der Zeit, bei einem Bauwerke, welches der deutsche Jude im 19. Jahrhundert, als ebenbürtiger Bürger des Deutschen Reiches [...] errichtet.*⁶ Umgesetzt wurde das etwa in der Kitzinger Synagoge von 1883, die neben einer Doppelturmfassade zahlreiche romanische Bauformen verwendete, ähnlich in Gunzenhausen (1882/83), in Kronach (1883) und Schweinfurt (1888) sowie in Straubing (1907), der einzigen Synagoge dieser Phase in Niederbayern.⁷ In Schwaben⁸ begann diese Serie mit Nördlingen: Die Planung erfolgte seit 1884, und es entstand ein repräsentatives Gebäude nach dem Kitzinger Vorbild mit Doppelturmfassade und ostorientiertem Innenraum, zu dessen *Tempelweihe* 1886 geladen wurde. Memmingen folgte 1907/09; die Gemeinde löste sich auch hier vom neomaurischen Stil und kombinierte barocke Bauelemente mit modernen Formen. Zum Höhepunkt wurde schließlich die Augsburger Synagoge von 1914/17 nach den Plänen von Fritz Landauer und Heinrich Lömpel, die einen Gebäudekomplex entwarfen, der einerseits die Straßenfront „zu einem Element des Augsburger Stadtbildes machen und die Gemeinde als einen Teil der deutschen Gesellschaft repräsentieren sollte", zum anderen in seinem Innenraum „dem byzantinischen Kuppelschema" folgte und ein „theologisches Bildprogramm" schuf, „das einzigartig für Synagogen dieser Zeit ist" und „das Bauwerk als Haus des Glaubens aus[deutet]".⁹ Diesem Bauwerk an die Seite zu stellen ist am ehesten die neue Regensburger Synagoge von Josef Koch und Franz Spiegel von 1911/12, die barock-klassizistische Formen mit modernen verbindet und „den epochalen Wechsel vom traditionsbewussten Historismus zur perspektivreichen mit Optimismus rezipierten Moderne anschaulich [macht]".¹⁰

Wie in Nürnberg waren die Einweihungsfeiern überall verbunden mit der Zuversicht der Gemeinden, damit die Akzeptanz der jeweiligen Gesellschaft erreicht zu haben. Nicht nur in den Festreden klang dies an, wenn etwa Gemeindevorsteher Dr. Heidecker in Regensburg daran erinnerte, dass sie in einer Zeit erfolge, *in welcher der Jude geachtet in der Welt, im anerkannten Wettstreit unter den Völkern in Handel und Gewerbe, in Kunst und Wissenschaft, in den freien*

---

5 So Purrmann, Architektur der Synagogen, S. 39f.
6 Zit. nach Purrmann, Architektur der Synagogen, S. 40f.
7 Dazu ausführlich Unterholzner, Straubinger Juden, S. 29–62.
8 Schönhagen/Hazan, Ma Tovu, S. 115–137.
9 Knufinke, Synagoge in Augsburg, S. 37.
10 Synagogenband I, S. 271.

*Berufen sich des Schutzes der Regierung ebenso wie jeder andere Untertan anderen Glaubens erfreut* [...].[11] Häufig war sie auch Anlass dafür, sich der Geschichte der eigenen Gemeinde zu erinnern, sie von den Anfängen im Mittelalter bis zur eigenen Gegenwart nachzuzeichnen, um damit die inzwischen gewonnene Position deutlich zu markieren, und in der Regel waren es die Rabbiner selbst, die den Rückblick übernahmen: in Bamberg Dr. Adolph Eckstein 1910 mit seiner Schrift ‚Die isr[aelitische] Kultusgemeinde Bamberg von 1803–1853', in Schweinfurt Dr. Salomon Stein 1914, in Regensburg war es 1913 der Sohn des Rabbiners, in Memmingen gedachte 1909 der Lehrer Julius Miedel mit seiner Abhandlung über ‚Die Juden in Memmingen' des Anlasses der Einweihung der Synagoge, und in Augsburg Dr. Richard Grünfeld 1917 mit einem ‚Gang durch die Geschichte der Juden in Augsburg'.[12]

Damit war auch in Bayern die Aufarbeitung der eigenen Geschichte angekommen – nachdem die ‚Wissenschaft des Judentums' schon mit Leopold Zunz in den 1820er Jahren eingesetzt und mit Markus Jost und Abraham Geiger sich weiter etabliert hatte.[13] Nun widmeten sich vor allem die Rabbiner der lokalen Geschichte. Herausragende Figuren waren dabei etwa Dr. Salomon Stein (1866–1934),[14] der Sohn eines Viehhändlers aus Nordheim v.d. Rhön, der in Würzburg studiert hatte und 1890 zum Distriktsrabbiner in Schweinfurt gewählt wurde. Theologisch eher zur orthodoxen Richtung zu zählen, beschäftigte er sich in mehreren Arbeiten mit der Geschichte der Schweinfurter Juden und wirkte 1898 bei der Gründung des ‚Vereins für jüdische Geschichte und Kultur' mit. Noch weiter griff Dr. Adolph Eckstein (1857–1935) aus.[15] Er stammte aus Ungarn und war über die Ausbildung in Berlin 1888 zum Stadt- und Distriktsrabbiner in Bamberg gewählt worden. Liberal geprägt, trat er als Vorsitzender des ‚Vereins für jüdische Geschichte und Literatur' historiographisch mit grundlegenden Arbeiten über die Region Bamberg und Bayreuth, aber auch darüber ausgreifend über Gesamtbayern hervor und bemühte sich mit der Studie ‚Der Kampf der Juden um ihre Emanzipation in Bayern' von 1905, ihre Eigeninitiative herauszustellen: *Selbst haben die Juden, wenigstens in Bayern, ihre Sache in die Hand genommen.*[16] Eher randständig erscheint demgegenüber auf den ersten Blick das Interesse eines dritten Vertreters der jüdischen Historiographie, Dr. Magnus Weinberg (1867–

---

11 Zit. nach Synagogenband I, S. 273.
12 Wiesemann, Geschichtsbewußtsein, S. 328; Kießling, Synagogen und Friedhöfe, S. 262–265.
13 Vgl. Meyer, Jüdisches Selbstverständnis, S. 136–145.
14 Brocke/Carlebach, Biographisches Handbuch, Bd. II. 2, S. 586–588 Nr. 2599; Müller, Salomon Stein, passim.
15 Brocke/Carlebach, Biographisches Handbuch, Bd. II. 1, S. 167–169.
16 Zit. nach Wiesemann, Geschichtsbewußtsein, S. 330.

**Abb. 58a:** Berolzheimerinum in Fürth, Gesamtansicht, Stiftung des Heinrich Berolzheimer, 1904

1943),[17] der aus Hessen kam und seit 1895 als Bezirksrabbiner in Sulzbürg und Neumarkt sowie seit 1911 in Sulzbach wirkte,[18] ehe er 1931 nach Regensburg wechselte. Seine Arbeiten zur Oberpfalz, zu den Gemeinden am Rothenberg bei Nürnberg, zu Floß und Sulzbürg, um nur die wichtigsten zu nennen, widmeten sich endlich auch dem Landjudentum, das bis dahin – und noch sehr viel länger – unter dem Verdikt der Bedeutungslosigkeit gestanden hatte.[19] Ihnen an die Seite zu stellen ist in Schwaben Leopold Löwenstein, der Bezirksrabbiner im badischen Mosbach (1843–1923),[20] der neben der Kurpfalz und Württemberg sich mit ‚Günzburg und die schwäbischen Judengemeinden' (1899/1912) beschäftigte sowie der ‚Geschichte der Juden in Fürth' (1908, 1912) zuwandte. Mit Louis Lamm aus Buttenwiesen, dem späteren Verleger in Berlin, der seine Arbeiten über die jüdischen Friedhöfen in Schwaben unter dem Titel ‚Zur Geschichte der Juden im bayerischen Schwaben' publizierte, reichte diese Aufarbeitung bis in die kleinen Gemeinden hinein.[21] Auch wenn es sich nicht um weit ausgreifende und umfassende historiographische Werke handelte, die dabei entstanden, so spiegelten sie doch eine neue Dimension des Selbstverständnisses, das nach innen in die Gemeinden, aber auch nach außen in die Gesellschaft wirken konnte. Sie bildeten den Auftakt für eine regional angelegte Geschichtskultur, die sich in den folgenden Jahrzehnten in Bayern entfaltete. Ihr begegnete ein zur

---

17 Brocke/Carlebach, Biographisches Handbuch, Bd. II. 2, S. 641–643.
18 Vgl. Hirn, Jüdisches Leben, S. 171–174.
19 Vgl. dazu auch Wiesemann, Geschichtsbewußtsein, S. 329.
20 Brocke/Carlebach, Biographisches Handbuch, Bd. II. 2, S. 410–412 Nr. 2400.
21 Kießling, Synagogen und Friedhöfe, S. 261–263.

Abb. 58b: Berolzheimerianum in Fürth, Lesesaal, Stiftung des Heinrich Berolzheimer, 1904

gleichen Zeit erwachendes Interesse der nichtjüdischen Geschichtsschreibung des Bildungsbürgertums auf derselben regionalen Ebene, etwa in den schwäbischen Städten und im Ries, das auf ein wechselseitiges Verständnis schließen ließe – wären da nicht Elemente der Distanz, die vor einer allzu harmonischen Einschätzung warnten; die „Integrationskraft des Regionalen" schien begrenzt, die Vorstellung, dass die Juden doch auch „‚Fremde', ‚Nichtdeutsche'" seien, dass sie „eine eigene ‚Nation' bildeten", war auch bei den liberalen Historikern nicht zu überlesen.[22]

Als Ausdruck der vollzogenen Integration in die städtische Gesellschaft waren sicher einige Stiftungen gedacht, die von finanziell potenten Juden dotiert wurden und sich nicht mehr primär an die jüdische Gemeinde richteten, sondern an die Gesamtstadt. Besonders markant zeigte sich das in Fürth bei einer herausragenden Figur wie Heinrich Berolzheimer (1836–1906): Aus einer Familie stammend, die über Berolzheim nach Fürth eingewandert war, konnte er eine Bleistiftfabrikation aufbauen und zusammen mit Leopold Illfelder mit der ‚Eagle Pencil Company' in den USA internationale wirtschaftliche Erfolge verbuchen.[23] 1888 nach Fürth zurückgekehrt und nach Nürnberg übergesiedelt, entfaltete Heinrich eine rege Mäzenatentätigkeit für den Städtezwilling Fürth und Nürnberg, bei der nicht weniger als eine Million Mark in die Pflege der Naturwissenschaft, der Kunst und der Volksbildung flossen. Berühmt wurde besonders das ‚Berolzheimerianum' in Fürth, eine öffentliche Bibliothek mit Lesehalle und Vortragssaal für alle Bürger, das kurz nach seinem Tod 1904

---

22 Dazu ausführlich Steber, Regionalhistoriographie, S. 204–217, Zitat S. 217.
23 Berthold-Hilpert, Geschenkt!, passim; vgl. Ohm, Juden in Fürth, S. 207–209.

eröffnet wurde (Abb. 58a, 58b). *Er wusste, dass es gilt, die Kluft, welche sich heute zwischen verschiedenen Klassen unseres Volkes öffnet, zu verflachen und auszufüllen*, würdigte Bürgermeister Kutzer sein Werk anlässlich seines Todes. Das Pendant in Nürnberg war das Künstlerhaus, das 1910 eingeweiht wurde, sowie das ein Jahr später fertiggestellte und nach dem Prinzregenten benannte ‚Luitpoldhaus' für die Sammlungen der ‚Naturhistorischen Gesellschaft', ebenfalls mit Bibliothek und Lesesaal ausgestattet. Die Ehrenbürgerwürde in beiden Städten, der Titel Kommerzienrat und der Michaelsorden dritter und vierter Klasse waren Zeichen dafür, dass ihm die Anerkennung für sein Werk ebenfalls öffentlich zuteil wurde.

Andere Familien traten ihm an die Seite und gaben dem Stadtbild Fürths ihr Gepräge: Der Centaurenbrunnen, 1890 gestiftet von Magistratsrat Joseph Pfeifer Morgenstern, dem Bruder des Landtagsabgeordneten, versinnbildlichte die erste deutsche Eisenbahn, und ein Jahr später folgte die Dotation eines *öffentlichen Springbrunnens [...] zur Verschönerung der Stadt* von Dr. Wilhelm Königswarter (1809–1887), schließlich 1908 der König-Ludwig-Brunnen zur Erinnerung an den Besuch Ludwigs II. im Jahr 1866, den Alfred Nathan (1879–1922) der Stadt verehrte.[24] Alle diese Persönlichkeiten waren bereits mit sozialen und kulturellen Stiftungen hervorgetreten, aber es erscheint bezeichnend für das Selbstverständnis des jüdischen Großbürgertums, dass es sich auch im öffentlichen Raum verankert sehen wollte. Mit ihren Monumenten legten sie gleichzeitig das Bekenntnis zur eigenen Stadt, zum bayerischen Staat und nicht zuletzt zur wittelsbachischen Monarchie ab,[25] sodass aus ihrer Sicht die Integration als vollendet erscheinen mochte.

War es letztlich die Urbanisierung jüdischer Existenz, die auf diesen Wegen tatsächlich die Integration in die bürgerliche Gesellschaft vollendete? Die Wege in die Zukunft schienen jedenfalls geebnet – doch bedarf die Beurteilung ihrer Erfolgschancen einer Einbettung in die gesamtgesellschaftlichen Entwicklungen. Der grundlegende Wandel durch Migration, demographische Transition und die spezifische jüdische Absorption über Taufen und Mischehen sorgten auch in Bayern für eine massive strukturelle Veränderung, die vor dem Hintergrund der zwangsweisen Zementierung staatlicher Ordnungsmaßnahmen eher noch stärker ausfiel als im Norden des Deutschen Reichs.[26] Zunächst fällt auf, dass die Zunahme der gesamten jüdischen Bevölkerung in der zweiten Hälfte des

---

24 Ohm, Fürth, S. 243–247; Ohm, Juden in Fürth, S. 226.
25 Vgl. dazu auch Mümmler, Haus Wittelsbach, S. 144–147.
26 Vgl. dazu die Entwicklungen auf Reichsebene bei Richarz, Entwicklung der jüdischen Bevölkerung, S. 13–38.

**Tab. 4:** Die Juden in den bayerischen Regierungsbezirken (ohne Rheinpfalz) 1867–1900

| Regierungsbezirk | 1867 | | 1871 | | 1880 | | 1900 | |
|---|---|---|---|---|---|---|---|---|
| | Anzahl | % | Anzahl | % | Anzahl | % | Anzahl | % |
| Oberbayern | 2.154 | 5,9 | 3.033 | 7,9 | 5.090 | 12,1 | 9.076 | 20,2 |
| Niederbayern | 36 | 0,1 | 111 | 0,3 | 183 | 0,4 | 294 | 0,7 |
| Oberpfalz | 1.045 | 2,8 | 1.221 | 3,2 | 1.435 | 3,4 | 1.472 | 3,3 |
| Oberfranken | 4.129 | 11,2 | 4.045 | 10,6 | 4.024 | 9,5 | 3.322 | 7,4 |
| Mittelfranken | 10.522 | 28,6 | 10.830 | 28,4 | 12.138 | 28,8 | 13.111 | 29,3 |
| Unterfranken | 14.400 | 39,1 | 14.573 | 38,2 | 14.939 | 35,4 | 13.641 | 30,4 |
| Schwaben | 4.512 | 12,3 | 4.369 | 11,4 | 4.362 | 10,4 | 3.904 | 8,7 |

19. Jahrhunderts moderat blieb, denn ihr Anteil nahm bei dem ansonsten rasanten Wachstum erheblich ab: Er sank von 1,2 % im Jahr 1852 auf 0,8 % im Jahr 1910.[27]

Nach wie vor blieb aber die Verteilung von den historischen Voraussetzungen bestimmt, nach denen die Schwerpunkte in Franken und Schwaben lagen, während in den altbayerischen Gebieten kaum Juden lebten (Tab. 4): Die sehr niedrigen niederbayerischen Zahlen basieren zu einem erheblichen Teil auf Straubing, das nach der Niederlassung vereinzelter Familien erst 1896/97 zur Gründung einer Kultusgemeinde vorstoßen, sich aber dann stabilisieren konnte (1907: 112 Personen) und der die kleineren Gruppen in Landshut (45), Passau (48), Vilshofen (21), Deggendorf (15) und Plattling (13) angeschlossen wurden.[28] Die rapide steigenden Zahlen für Oberbayern waren vor allem der Entwicklung Münchens geschuldet (1867: 2.097; 1900: 8.739; 1910: 11.083 Personen), während die neuen Gemeinden von Eichstätt (1867: 27, 1910: 46 Personen) und Ingolstadt (1867: 21, 1910: 102 Personen) kaum ins Gewicht fielen.[29] Sehr viel markanter war die bereits geschilderte Migration in die Städte.

Die Auswanderung blieb zwar weiterhin wirksam und erfasste nicht zuletzt viele nachziehende Familienmitglieder, hatte aber ihren Höhepunkt bereits überschritten und wurde durch die Zuwanderung aus dem Osten aufgrund der Pogrome in Russland seit den 1880er Jahren nur bedingt kompensiert, weil nur ein kleiner Teil tatsächlich im Lande blieb. Der Hauptstrom der Binnenmigration richtete sich auf die urbanen Zentren in der Region selbst (Tab. 5). Der Verstädte-

---

27 Mehler, Grundzüge der demographischen Entwicklung, S. 506.
28 Unterholzner, Straubinger Juden, S. 18–25.
29 Die Zahlen nach Synagogenband I zu den einschlägigen Ortsartikeln.

**Tab. 5:** Verteilung der Juden auf Ortsgrößenklassen im Vergleich zur Gesamtbevölkerung 1875–1910 (in Prozent, mit der Rheinpfalz)

| Einwohnerzahl der Kommunen | Juden 1875 | 1900 | 1910 | Gesamtbevölkerung 1875 | 1900 | 1910 | Differenz 1875 | 1900 | 1910 |
|---|---|---|---|---|---|---|---|---|---|
| 1 bis unter 2.000 | 48,4 | 29,0 | 21,6 | 73,2 | 60,4 | 55,3 | -24,8 | -31,4 | -33,7 |
| 2.000 – 5.000 | 13,4 | 11,7 | 9,6 | 8,9 | 9,8 | 10,3 | 4.5 | 1,9 | -0,7 |
| 5.000 – 20.000 | 10,5 | 11,2 | 10,8 | 7,9 | 7,5 | 8,4 | 2,6 | 3,7 | 2,4 |
| 20.000 – 100.000 | 21,0 | 21,3 | 21,4 | 6,0 | 10,0 | 10,8 | 15,0 | 11,3 | 10,6 |
| > 100.000 | 6,8 | 26,8 | 36,5 | 4,0 | 12,3 | 15.3 | 2,8 | 14,5 | 21,2 |

rungsgrad – bezogen auf die Siedlungen mit über 2.000 Einwohnern – erreichte bei der jüdischen Bevölkerung um die Jahrhundertwende mit 71 % bereits einen sehr hohen Wert, während er für die sonstige Bevölkerung mit knapp 40 % auf eine noch über weite Strecken agrarisch-ländliche Struktur verweist. Wenn dabei der mittel- und großstädtische Anteil (20.000 bis über 100.000 Einwohner) knapp die Hälfte abdeckte und allein die vier größten Gemeinden München, Nürnberg, Fürth und Würzburg mit einem guten Drittel zu Buche schlugen, dann wird verständlich, wie sehr sich der Grundcharakter jüdischen Lebens gewandelt hatte: Nun bestimmte auch in Bayern das städtische Leben die Entwicklung, das Landjudentum konnte sich nur noch in Restgruppen halten. Die dramatische Veränderung spiegelt sich in den Zahlen: 1875 lebten Juden noch in 716 Kommunen, 1910 waren es nur mehr 643 und ihre durchschnittliche Größe sank von 28 auf 17 Personen[30] – wobei allerdings erhebliche Unterschiede in der Ausdünnung zu berücksichtigen sind, denn nicht zuletzt die schwäbischen Gemeinden konnten ihre Stabilität noch bewahren. Die Zahl der Kultusgemeinden, d.h. der tatsächlich funktionsfähigen und damit vom Staat anerkannten jüdischen Gemeinden, lag jedoch 1907 nur mehr bei 311, weil zahlreiche Kleinstgemeinden zusammengeschlossen werden mussten. Bezeichnenderweise waren gleichzeitig die Zahl der Rabbinatsdistrikte erheblich reduziert und ihre Sitze in die Städte verlegt worden (s. Kap. 23).

Mit dieser strukturellen Verschiebung verband sich eine Veränderung der demographischen Grunddaten. Zum einen sanken die Geburten- und Sterbeziffern – wie auch sonst im Reichsgebiet: Die Geburtenziffer fiel bei den Juden von Werten um 32 Promille im Jahr 1876 auf 13 im Jahr 1913, während sie sich bei der Gesamtbevölkerung lediglich von 42 auf 28 Promille reduzierte; die Sterbeziffer

---

30 Mehler, Grundzüge der demographischen Entwicklung, S. 508–525.

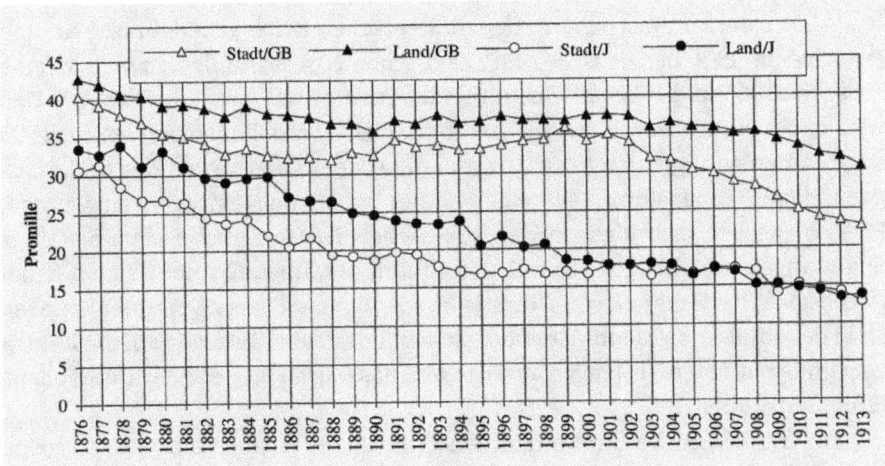

**Abb. 59 :** Geburten- und Sterbeziffern der Juden und der Gesamtbevölkerung in Bayern 1876–1913

lag bei den Juden 1876 bei etwa 18 und fiel bis 1913 auf etwa 13 Promille, während sie bei der Gesamtbevölkerung von 30 auf 17 sank; dabei folgte jeweils das Land der Stadt in deutlichem Abstand, die Werte näherten sich erst seit der Jahrhundertwende auf dem tieferen Niveau an.[31] Da auch die Zahl der Eheschließungen geringer ausfiel und sich erst um 1870 an das Niveau der übrigen Bevölkerung anglich, signalisiert diese Entwicklung bei der jüdischen Bevölkerung ein früheres und schnelleres Auftreten des ‚demographischen Übergangs', der den Weg in die Moderne kennzeichnete, als bei der christlichen Umwelt (Abb. 59). Die jüdischen Familien können somit in gewisser Weise als Vorreiter des Wandels angesprochen werden.

Der dritte Vorgang des gesellschaftlichen Wandels betraf eine spezifisch jüdische Entwicklung: die Absorption durch Taufe und Mischehen.[32] Konversion zum christlichen Glauben war zwar seit jeher gegeben, doch trotz Emanzipation und Akkulturation waren nach wie vor Behinderungen zu überwinden, wenn man in den Staatsdienst eintreten wollte – und deshalb waren karrierebedingte Übertritte zum Christentum weiterhin in erheblicher Zahl zu verzeichnen. Andererseits erleichterte die Zivilehe seit ihrer Einführung per Reichsgesetz 1875 auch in Bayern die Möglichkeit der wechselseitigen Partnerwahl von Juden und Chris-

---

31 Mehler, Grundzüge der demographischen Entwicklung, S. 513f., Graphiken 3–5.
32 Vgl. dazu Richarz, Entwicklung der jüdischen Bevölkerung, S. 19–22.

ten.³³ Die Zahl der ‚Mischehen' stieg im Deutschen Reich generell rasch an und erreichte um 1900 bereits 8,5 %, 1914 aber schon 20,4 %; für Bayern rechnet man zwischen 1886 und 1924 mit einem rapiden Anstieg auf das Siebenfache.³⁴ Man wird dabei freilich davon ausgehen dürfen, dass dieses Phänomen vor allem in den Städten zu registrieren war, während auf dem Land wegen der traditionsgebundenen Lebensform sehr viel seltener Mischehen eingegangen wurden. Freilich ergaben sich auch in den städtischen Häusern daraus mannigfaltige Spannungen innerhalb der Familien, und ihre Bewältigung spielte sich in einer „wechselseitige Dynamik von Öffnung und Schließung" als „typischen Kennzeichen der ethnischen Identität der deutschen Juden" ab.³⁵ Bezogen auf die Kultusgemeinden ist jedenfalls davon auszugehen, dass sie an den ‚Rändern' erhebliche Einbußen erlitten.

Für die berufliche Struktur in den Gemeinden ergaben sich jedoch keine grundlegenden Veränderungen gegenüber den vorausgehenden Jahrzehnten mehr, die entscheidenden Weichenstellungen hatten sich bereits seit der Mitte des Jahrhunderts vollzogen. Nach wie vor dominierte der Sektor Handel und Verkehr mit über 50 % der Beschäftigten (1882: 54,37 %, 1907: 54,44 %), gefolgt von Industrie und Handwerk (1882: 11,76 %, 1907: 15,02 %), dazu einer steigenden Tendenz im öffentlichen Dienst und den freien Berufen – Ärzte, Anwälte, Journalisten etc. – (1895: 5,73 %, 1907: 6,0 %), während die Zahlen für die Landwirtschaft weiter abnahmen (1882: 9,71 %, 1907: 2,66 %), was sicher mit der Migration in die Städte zusammenhängt.³⁶

Die jahrhundertelange weitgehend erzwungene Affinität zum Handel setzte sich fort, doch zeigte sich erneut, dass jüdische Initiativen weiterhin für innovative Vorgänge sorgten: So spielten etwa die jüdischen Betriebe bei der fabrikmäßigen Herstellung von Konfektionsware im Textilbereich und in der Lederverarbeitung eine herausragende Rolle, und Juden brachten um die Jahrhundertwende die bereits in den USA und Frankreich praktizierte neue Form des Kaufhauses in die Städte: Nach der ersten Gründung 1882 in Gera und neben der Etablierung von Hermann Tietz (‚Hertie') 1904 in Berlin waren Niederlassungen zusammen mit seinem Neffen Oskar in Nürnberg (‚Weißer Turm') schon 1886 sowie seines Bruders Leonhard 1901 in Fürth und 1905 in München erfolgt; und neben ihnen finden sich auch neu aufsteigende Häuser wie das Zentral-Kaufhaus des Hugo

---

33 Meiring, Mischehe, S. 90.
34 Meiring, Mischehe, S. 94f. Tab. 1.
35 Meiring, Mischehe, S. 120–125, Zitat S. 124.
36 Dazu Lohr, Die wirtschaftliche Tätigkeit, S. 397–399.

Landauer in Augsburg 1906.³⁷ Demgegenüber ging die führende Stellung bei den Privatbanken deutlich zurück, da sich die staatlichen und die Aktienbanken in den Vordergrund schoben – in denen aber nun vielfach jüdische Angestellte leitende Stellungen übernahmen. Auf dem Land waren die Einzelhändler weiterhin auf dem Weg zu kleinen und mittleren Ladengeschäften, doch bildeten die langtradierten Zweige des Vieh- und Landwarenhandels nach wie vor tragende Säulen. Für die Sozialstruktur war das insofern bedeutsam, als die Nutzung der Aufstiegschancen zur Ausbildung eines breitgefächerten wirtschaftlichen und bildungsbürgerlichen Mittelstandes mit einem hohen Anteil an Selbstständigen führte. Demgegenüber blieb die Arbeiterschicht relativ klein. Gegenüber der noch um die Jahrhundertmitte weit verbreiteten Armut der Kleinstadt- und Dorfjuden bedeutete das insgesamt eine erhebliche Besserstellung. Neu war aber auch, dass immer mehr Frauen neben der traditionellen Mithilfe in familiären Betrieben nun auch in typische ‚Frauenberufe' – als Lehrerinnen, Kindergärtnerinnen oder Sozialarbeiterinnen – einstiegen oder eigene Läden eröffneten.³⁸

Blickt man etwas genauer in die Gemeinden, so zeigt sich zudem, dass das urbane Judentum nicht mehr so selbstverständlich unter dem Zeichen der tradierten *Kehilla* stand, also der autonomen Gemeinde unter der Führung von Gemeindevorstehern und Rabbinern, sondern dass sie als Kultusgemeinde eingebettet in eine kommunale Körperschaft unter staatlicher Aufsicht stand. Im Inneren steigerten sich die Spannungen, vielfach ließ sich die Spaltung nicht mehr vermeiden, seit die Reformdiskussion verschiedene Richtungen im Spannungsfeld von Liberalismus und Orthodoxie anbot. Diese Divergenz brach nun gerade in den Großgemeinden der städtischen Zentren mehrfach auf. Schon bei der Einweihung der neuen Synagoge in Nürnberg wurde offenbar, dass ihre Konzeption als Reformarchitektur nicht von der Gesamtgemeinde getragen wurde,³⁹ denn kurz darauf konstituierte sich eine orthodoxe Gegenbewegung:⁴⁰ Nachdem seit den 1860er Jahren wegen der Einrichtung einer *Mikwe* erhebliche Meinungsverschiedenheiten aufgetreten waren, distanzierte sich nun eine Gruppe von 32 Familien (bei einer Gesamtzahl von 521 Familien!) von der dort gewählten Synagogenordnung des R. Moritz Levin (1843–1914),⁴¹ die gegenüber der von Rabbiner Dr. Loewi eingeführten Ordnung weitere Modernisierungen, insbesondere ein deutschsprachiges Gebetbuch vorsah, und forderte 1874 einen eigener Betsaal. Gemeindevorsteher

---

37 Zu den Landauer Römer, Schwäbische Juden, S. 116–120.
38 Richarz, Berufliche und soziale Struktur, S. 42f.
39 So auch Eissenhauer, Die Nürnberger Synagoge, S. 365.
40 Dazu Freudenthal, Kultusgemeinde Nürnberg, S. 91–116; A. Müller, Nürnberg, S. 171f.
41 Brocke/Wilke, Biographisches Handbuch, Bd. I. 2, S. 596 Nr. 1099.

Gustav Josephthal verteidigte die neue Ordnung – *die fortschreitende Zeit bringt auch für die nicht radikalen Bekenner des Judentums neue Reformbedürfnisse*[42] – und gewährte den gewünschten Betsaal zum Frühgottesdienst und an hohen Feiertagen. Dennoch schlossen sich die Orthodoxen Ende 1875 zu einem eigenen Verein *Adas Israel* zusammen und bauten 1902 sogar eine eigene Synagoge, die ihre Eigenständigkeit unterstrich. Der Versuch, eine Revision des Judenedikts für die Gründung einer eigenen Gemeinde zu erreichen, scheiterte freilich, weil eine formelle Abspaltung, wie sie in Preußen durch das Austrittsgesetz von 1876 möglich geworden war, in Bayern nicht gewährt wurde; aber es kam immerhin 1908 ein Vertrag zustande, aufgrund dessen der Verein nun seine Gottesdienste und rituellen Einrichtungen selbstständig verwalten konnte.

Noch ausgeprägter war die innere Differenzierung der Gemeinde in München.[43] Hatte R. Hirsch Aub noch die unterschiedlichen Kräfte zusammenhalten können, so waren bei den Gemeindewahlen 1871, die ganz unter dem Zeichen *Fortschritt* standen, die Gegensätze aufgebrochen: die Konservativen erlebten einen Einbruch. Der im gleichen Jahr neu gewählte Rabbiner Dr. Joseph Perles (1835–1894)[44] – Absolvent des ersten Jahrgangs des jüdisch-theologischen Seminars in Breslau –, was als „Kompromiß zwischen den verschiedenen Interessengruppen" gedeutet wurde, plädierte dezidiert für *Fortschritt und freiheitliche Entwicklung*,[45] verhinderte aber auch nicht ein umfassendes Reformprogramm, das die Orthodoxen in die Defensive zwang. Die Spaltung erfolgte mit der Neuplanung der inzwischen zu klein gewordenen Synagoge: Der Neubau an der Herzog-Max-Straße, eröffnet 1887 mit Orgel und Chor, war auch hier ein gesamtstädtisches Ereignis.[46] Die Orthodoxen sollten das alte Gebäude an der Westenriederstraße erhalten, und mit der Berufung von Heinrich Ehrentreu (1854–1927)[47] als eigenem Lehrer und Rabbiner 1885 formierte sich eine Art ‚Sondergemeinde' *Ohel Jakob* (Zelt Jakobs), die schließlich auch zum Bau einer eigenen Synagoge in der Herzog-Rudolf-Straße schritt.[48]

Die traditionelle Form der Gemeinde war in den Großstädten ins Wanken geraten: Der Richtungsstreit zwischen Reform und Orthodoxie war kaum mehr zu überbrücken, die Vielfalt schlug sich nicht nur im Diskurs, sondern auch in den Strukturen der Gemeinden nieder – soweit sie die jüdische Bevölkerung

---

42 Zit. nach Freudenthal, Kultusgemeinde Nürnberg, S. 94.
43 Pyka, Werden einer großstädtischen Gemeinde, S. 94–103.
44 Brocke/Wilke, Biographisches Handbuch, Bd. I. 2, S. 697–699 Nr. 1375.
45 Pyka, Werden einer großstädtischen Gemeinde, S. 97.
46 Dazu genauer Weger, Herzog-Max-Straße, S. 65–83.
47 Brocke/Carlebach, Biographisches Handbuch, Bd. II. 1, S. 170f. Nr. 2116.
48 Dazu ausführlich Angermair, Ohel Jakob, S. 141–156.

überhaupt noch erfasste.⁴⁹ Inzwischen waren zudem die Rahmenbedingungen andere geworden: Der Beitritt Bayerns zum Deutschen Reich 1871 – ein innenpolitisch hoch umstrittener Vorgang – hatte neben der Übernahme der vollen Emanzipation durch das Reichsgesetz von 1871 auch die Zuordnung der Juden an die Staatlichkeit durch eine reichspolitische Ebene ergänzt, anders formuliert: die regionalen Faktoren wurden nun durch die des Kaiserreiches überwölbt. Auch wenn bayerische Vertreter auf der politischen Ebene des Reiches keine markante Rolle spielten,⁵⁰ so darf daraus nicht der Schluss gezogen werden, das Reichsbewusstsein sei ihnen fremd geblieben und sie hätten sich ganz auf ihre bayerische Identität beschränkt, im Gegenteil: die nationale Orientierung auf das Kaiserreich wurde zu einer mentalen Grundkonstante. So gehörte beispielsweise Adolph Eckstein zur „glaubensliberalen und zugleich nationalbewußten Richtung [...], die repräsentativ für die Hauptströmung im deutschen Judentum" war.⁵¹ Er würdigte 1902 die ‚bayerischen Parlamentarier jüdischen Glaubens' im Landtag, angefangen von den ersten Vertretern Dr. David Morgenstern und Dr. Fischel Arnheim, über Justizrat Wolf Frankenburger von den Freisinnigen als Vertreter Nürnbergs, den Pfälzer Simon Levi, selbst die kritischen Töne des Freisinnigen Hofrat Siegmund von Henle mit dem Münchner Mandat, bis zu Justizrat Wolfgang Gunzenhäuser, dem Vertreter des Wahlkreises Fürth-Erlangen und zur sozialpolitischen Kompetenz des Kommerzienrats Carl Maison aus München – bezeichnenderweise aber mit Ausnahme von Gabriel Löwenstein aus Nürnberg, dessen Zugehörigkeit zur Sozialdemokratie er offenbar missbilligte und nur mit einer Anmerkung bedachte: eine Partei, *die mit dem Judentum und mit welcher das Judentum keine Gesellschaft hat*. Es ging ihm offensichtlich darum, mit den Landtagsmitgliedern die Präsenz des Judentums im politischen Raum und die Kompetenz ihrer Vertreter als Bereicherung herauszustellen, mit denen aber gleichzeitig auch die aktuellen Angriffe abgewehrt werden konnten, und schloss deshalb mit den selbstbewussten Sätzen:⁵²

> *Die Zeichen der Zeit erwecken den Anschein, als würde der Kampf um die Emanzipationsrechte, den wir lange schon beendet geglaubt hatten, ein Kulturkampf, weil ein Kampf um die idealsten Güter und Errungenschaften der ganzen Nation, wieder aufgenommen werden müssen. Möge die nachfolgende Generation bei diesem Kampfe auf die Vorbilder der Vergangenheit blicken, möge sie blicken auf „die bayerischen Parlamentarier jüdischen Glaubens!"*

---

49 Vgl. dazu generell Lowenstein, Gemeinde, S. 123–127.
50 Vgl. dazu Pulzer, Rechtliche Gleichstellung, S. 160–165, 172–185.
51 Wiesemann, Geschichtsbewußtsein, S. 330.
52 Eckstein, Parlamentarier jüdischen Glaubens, S. 45, 47.

Bei aller Verankerung im liberalen politischen Lager, in dem die Juden in Bayern auf kommunaler und Landesebene vorwiegend agierten, war die Sorge, in ihrer patriotischen Haltung in Zweifel gezogen zu werden, in diesen Jahren wieder präsent. Und so nimmt es nicht wunder, dass Eckstein 1914 zu denen gehörte, die die Euphorie des Kriegsbeginns in einem flammenden Bekenntnis zum Kaiserwort „Auf Gott vertrauen und feste um sich hauen!" aufgriffen und mit dem Alten Testament zu untermauern suchten.[53]

Ecksteins Position entsprach in vieler Hinsicht der Haltung des jüdischen Bürgertums in Bayern. War die anfängliche jüdische Zustimmung zur Reichsgründung Bismarcks über die Sympathie mit der Nationalliberalen Partei gegeben, und hatte man selbst den konservativen Richtungswechsel von 1878 mit Distanz registriert, so entwickelte man doch in einer „etwas entspannteren Atmosphäre eine starke Heimatverbundenheit, die unter anderem durch ein gesundes Mißtrauen gegenüber dem zahlenmäßig überlegenen preußischen Junkertum gekennzeichnet war."[54] Während die jüdischen Liberalen in den Städten eher zur Linken neigten – nach der Spaltung der Nationalliberalen vor allem zu den Freisinnigen, erst spät und zögerlich dagegen zur Sozialdemokratie –, so wurde sogar die These erwogen, Teile der bayerischen Judenschaft, insbesondere die Orthodoxen auf dem Land, hätten um die Jahrhundertwende eine gewisse Nähe zur konservativen Politik und damit zum katholischen Zentrum gefunden[55] – trotz der Tendenzen zu antijüdischen Angriffen, die dem politischen Katholizismus eigen waren, wie sich in den Emanzipationsdebatten gezeigt hatte. Die Ursache dafür wird man zum einen tatsächlich speziell auf dem Land in der Nähe des Zentrums zu den landwirtschaftlichen Genossenschaften und Kreditvereinen suchen dürfen, die „einen direkten Zugriff auf die Interessen jüdischer Viehhändler, Geldverleiher und Kaufleute" hatten.[56] Zum anderen ist aber auch die politische Situation in Bayern zu berücksichtigen, denn die ‚Bayerische Zentrumspartei', die 1887 aus der ‚Patriotenpartei' zu einer Sektion der Zentrumspartei im Reich geworden war, verfügte als Mehrheitspartei im Landtag nach wie vor über starken Einfluss. Sie war zwar nach wie vor klerikal geprägt, doch nach der Beendigung des Kulturkampfes mit der Regierung Johann von Lutz 1890 nahm sie ihre Aggressivität zurück und „ausgesprochen volkparteiliche Züge" an, auch wenn sie in ihrem Programm weiter betonte, *daß das Christentum die wahre dauernde Grundlage unserer Staaten ist und allein die gesellschaftlichen Schäden und*

---

53 Wiesemann, Geschichtsbewußtsein, S. 330.
54 Niewyk, Selbstverständnis der Juden, S. 373–376, Zitat S. 373f.
55 Toury, Die politischen Orientierungen, S. 259f.
56 Niewyk, Selbstverständnis der Juden, S. 376.

*Gebrechen unserer Zeit zu heilen vermag,* versicherte sie doch das Festhalten am *religiösen Friede*[n] *im Lande.*[57] Das hinderte freilich den Zentrumsführer Dr. Georg Heim nicht dran, 1901 mit dem Antrag im Landtag aufzutreten, die Zahl der Juden an bayerischen Gerichten zu reduzieren, wofür er eine Mehrheit fand. Offensichtlich wollte er die Erfolge des antiklerikalen radikaleren ‚Bayerischen Bauernbundes' eindämmen,[58] der vor allem in Franken antisemitische Parolen gegen die angeblich dominanten wirtschaftlichen Positionen des Judentums zum Schaden des ländlichen Mittelstandes anstimmte.[59]

Die Sorge Ecksteins und der deutschen Juden allgemein bezog sich auf den inzwischen erstarkten neuen Antisemitismus, der die Kehrseite der erreichten Emanzipation darstellte. Die verschiedenen Aspekte der Integration haben schon gezeigt, dass Risse im Firniss der euphorisch gemalten Bilder nicht zu übersehen waren, die nicht zuletzt im Alltag sichtbar wurden. So war etwa die Kunstwelt Münchens von derartigen Spannungen und Widersprüchen tangiert: Beispielsweise hatte Max Liebermann, seit 1878 in München, mit seinem von Kennern gefeierten Bild ‚Christus im Tempel' auf der III. Internationalen Kunstausstellung 1879 den Protest auf katholischer Seite ausgelöst, der bis in den Landtag reichte. Der zwölfjährige Jesus wurde als „häßlicher Judenjunge" bzw. die Rabbiner als „schmierige Schacherjuden" klassifiziert mit dem Ziel, das Bild dieses „Herrgottschänders" aus der Ausstellung zu entfernen.[60] Der Fall zog weitere Kreise bis nach Berlin und veranlasste Adolf Stoecker zu einer Invektive, die bereits in die Etablierung des neuen Antisemitismus gehörte.[61] Eine besonders markante und komplexe Widersprüchlichkeit war mit Richard Wagner verbunden. Seine bekannte Schrift über ‚Das Judentum in der Musik' von 1850, in der er den Juden die Fähigkeit absprach, *die tiefe, Herz und Seele ergreifende Wirkung auf uns hervorzubringen, welche wir von der Kunst erwarten* – obwohl Wagner von der Förderung Giacomo Meyerbeers profitiert hatte – und die in dem Urteil kulminierte, der gegenwärtige Verfall sei auf die *Verjudung der modernen Kunst* zurückzuführen,[62] konnte nicht verhindern, dass Wagner, massiv gefördert durch König Ludwig II., bei der Verwirklichung seines Traums von Bayreuth als Musikmetropole einen Kreis um sich scharte, an dem auch jüdische Künstler wie etwa der Pianist Joseph Rubin-

---

57 Möckl, Die Prinzregentenzeit, S. 189–227, Zitat S. 221f.; zusammenfassend Albrecht, Reichsgründung, S. 376, 400–402.
58 Albrecht, Reichsgründung, S. 341f.
59 Hochberger, Bauernbund, S. 120f.
60 Gleibs, Juden im kulturellen und wissenschaftlichen Leben Münchens, S. 63f.
61 Pyka, Das Werden einer großstädtischen Gemeinde, S. 107f.
62 Zit. nach M. A. Meyer, Deutsch werden, jüdisch bleiben, S. 257f.

stein beteiligt waren.[63] Unter ihnen ragte insbesondere Hermann Levi heraus, der jüdische Musiker aus Gießen, der über Saarbrücken, Mannheim und Karlsruhe zum gefeierten Operndirigenten aufgestiegen war und seit 1872 als Hofkapellmeister in München wirkte. Er besorgte 1878 die Uraufführung des ‚Rings der Nibelungen' sowie viele Separatvorstellungen für den König und dirigierte 1882 auf ausdrücklichen Wunsch des Monarchen auch die Uraufführung des ‚Parsifal', und ihn verband ein „vielschichtiges und spannungsreiches Verhältnis mit seinem Idol Richard Wagner, dessen Frau Cosima und dem Bayreuther Kreis".[64] Zwiespältigkeit gehörte jedenfalls zu den Erfahrungen jüdischer Existenz dieser Zeit. Autobiographisch und literarisch gestaltete sie der Schriftsteller Jakob Wassermann (1873–1934), der in Fürth aufgewachsen war, dann in München und Wien lebte.[65] Wenn er seine ‚Heimat' Franken thematisierte, etwa in dem Roman ‚Die Juden von Zirndorf' (1897) und den ‚Fränkischen Erzählungen', so wusste er sein „Lob der Heimat stets mit Kritik an provinzieller Enge, Spießertum und Intoleranz zu verbinden".[66]

Die Integration war also schon brüchig, bevor der neue Antisemitismus sich seit Ende der 1870er Jahren ausformte.[67] Seit dem Berliner Antisemitismusstreit der Jahre 1879–1881 war die offene Feindschaft gegen die Juden wieder aufgebrochen, und dabei ging es nicht mehr ‚nur' um die traditionelle christliche Judenfeindschaft, die sich in den antijüdischen Stereotypen äußerte, die letztlich durch eine Konversion zum Christentum überwunden werden sollte, sondern um die neue rassisch begründete Ablehnung der jüdischen Existenz schlechthin.[68] Nachdem Wilhelm Marr den Begriff ‚Antisemitismus' popularisiert und der Berliner Hofprediger Adolf Stoecker ihn mit seiner ‚Christlich-sozialen Arbeiterpartei' zum politischen Programm erhoben hatte, stellte der Historiker Heinrich von Treitschke mit seinem Aufsatz ‚Unsere Aussichten' die jüdische Identität grundsätzlich in Frage. Er sprach auch dem emanzipierten Judentum die Zugehörigkeit zur deutschen Nation ab, ordnete die Juden in die Reihe der Reichsfeinde ein, konfrontierte sie mit der Konsequenz einer vollständigen Assimila-

---

**63** Brenner, Zwischen Revolution und rechtlicher Gleichstellung, S. 323f.; zu Rubinstein vgl. Baedeker, Rubinstein, passim.
**64** Paul, Hermann Levi, Zitat S. 167; vgl. dazu auch Zelinsky, Der Dirigent Hermann Levi, passim; Mösch, Hermann Levi und Bayreuth, passim.
**65** Vgl. dazu die Biographie von Kraft, Jakob Wassermann; Texte bei Rodewald, Wassermann.
**66** Och, Zion, Heimat, Golus, S. 188–190, Zitat S. 189.
**67** Statt einer umfangreichen Literaturliste nur Battenberg, Europäisches Zeitalter, Bd. II, S. 175–207; zur Forschungssituation Volkov, Juden in Deutschland, S. 47–53, 117–121.
**68** Nach Boehlich, Der Berliner Antisemitismusstreit, nun teilweise korrigierend und vertiefend die Quellenedition Krieger, Der „Berliner Antisemitismusstreit".

tion. Seine Invektive gipfelte in dem berüchtigten Satz: „Die Juden sind unser Unglück!" Auch wenn er vorwiegend einen ‚Kulturantisemitismus' vertrat, so war doch die Berufung auf die ‚jüdische Eigenart' und damit die „Verdinglichung und Naturalisierung gesellschaftlich vermittelter Verhältnisse" ein verhängnisvolles Konstrukt.[69] Zwar stellten sich 75 renommierte nichtjüdische Persönlichkeiten, darunter der Historiker Theodor Mommsen, vehement dagegen, und auch von jüdischer Seite kamen Proteste, doch die Wirkung der damit ausgelösten Debatte blieb immens. Der Hintergrund dafür war mehrschichtig: Die wirtschaftliche Depression nach der Gründerkrise 1873, die Wende der politischen Konstellation, mit der Bismarck 1878 von den Liberalen zu den Konservativen umschwenkte, getragen von der Landwirtschaft und Schwerindustrie, und die Propagierung von ‚Reichsfeinden' – Sozialdemokratie und Katholizismus – war die politische Seite, die Angst vor dem fundamentalen Wandel in Wissenschaft und Gesellschaft in Richtung ‚Moderne' und damit dem Verlust der tradierten Strukturen und Werte das andere. Bei der Suche nach Sündenböcken glaubten viele nicht zuletzt bei den Juden fündig zu werden, die in der Öffentlichkeit inzwischen eine sehr viel größere Rolle spielten als in vergangenen Zeiten. Die inzwischen publizistisch verbreitete Vorstellung von der Minderwertigkeit der jüdischen ‚Rasse', wonach „die Unterschiede zwischen Juden und Nichtjuden biologisch determiniert und nicht behebbar seien", erhielt großen Zulauf.[70] Ziel war also nicht nur, die Emanzipation rückgängig zu machen, sondern die Juden aus der Gesellschaft auszumerzen. Auch wenn der Antisemitismus in der Parteipolitik seinen Höhepunkt in den 1890er Jahren überschritten zu haben schien, so war doch seine Verbreitung als Ideologie ungebrochen, griff in verschiedenen Bewegungen von den Studenten bis zum ‚Wandervogel' um sich, fand in den Interessenverbänden vom ‚Bund der Landwirte' und dem Deutschnationalen Handlungsgehilfenverband' bis zum ‚Alldeutschen Verband' seinen Platz.[71] Er wurde zum „kulturellen Code", einem „Bündel von Ideen, Werten und Normen, das im ersten Jahrzehnt des Reichs entstanden war, von einer dafür prädisponierten Gesellschaft absorbiert worden [war] und zu einer einzigartigen, weitverbreiteten Kultur [wurde]"; er war „ein ständiger Begleiter des aggressiven Nationalismus und Anti-Modernismus".[72]

Die jüdische Seite antwortete nach einer ersten Phase der Verunsicherung mit der Gründung des ‚Centralvereins deutscher Staatsbürger jüdischen Glaubens'

---

[69] Vgl. dazu Lenk: Der Antisemitismusstreit, S. 118–121, Zitat S. 120.
[70] Vgl. dazu Pulzer, Die Wiederkehr des alten Hasses, S. 194–206, Zitat S. 200.
[71] Pulzer, Die Wiederkehr des alten Hasses, S. 231–248; vgl. dazu auch Jochmann, Struktur, passim.
[72] Volkow, Antisemitismus als kultureller Code, Zitate S. 13.

und der ‚Zionistischen Vereinigung für Deutschland'.[73] Der ‚Centralverein'[74] war 1893 aus dem zwei Jahre vorher ins Leben gerufenen überkonfessionellen ‚Verein zur Abwehr des Antisemitismus' erwachsen und hatte sein Zentrum in Berlin. Mit der Publikation ‚Schutzjuden oder Staatsbürger' gab Raphael Löwenfeld den Anstoß dazu, die Verteidigung der jüdischen Belange selbst in die Hand zu nehmen und für Schutz zu sorgen. Der Verein wuchs tatsächlich seinerseits zu einer Massenorganisation mit etwa 40.000 Mitgliedern an, darunter auch viele korporative, hatte freilich mit seiner starken Affinität zum liberalen assimilierten Bürgertum auch Schwierigkeiten, die Orthodoxen einzubinden. Sein Ziel war es, „Vorurteil, Diskriminierung und feindselige Propaganda schonungslos, aber auf dem Boden unbedingter Treue zum Reich und zur deutschen Nation" zu bekämpfen,[75] Erfolge konnte er vor allem damit verbuchen, auf die systematische Anwendung des Strafgesetzbuches zu drängen, was immerhin um die Jahrhundertwende zu mehr als hundert Gerichtsverfahren führte; zudem unterstützte er geeignete jüdischen Kandidaten bei den Wahlen. Als er sich an der Jahrhundertwende „vom ‚Abwehrverein' zum ‚Gesinnungsverein'" wandelte,[76] indem er das Schächten ebenso verteidigte wie den jüdischen Religionsunterricht, konnte er auch die Orthodoxie stärker an sich binden, und trug auf diese Weise erheblich dazu bei, das Selbstbewusstsein der Gemeinden zu stärken. Schwieriger war demgegenüber das Verhältnis zum Zionismus: Hatte der anfangs noch durchaus ganz ähnliche Strukturen, so stieß er mit Theodor Herzl und seinem ‚Judenstaat' (1896), der die Lösung in einem Nationalstaat in Palästina suchte, bereits auf den breiten Widerstand der deutschen Judenschaft. Mit der Radikalisierung in der ‚Zionistischen Vereinigung für Deutschland' seit 1897 und dem nun offen propagierten jüdischen Nationalismus zerbrach die Gemeinsamkeit und wurde zum erbitterten Gegeneinander.[77]

Die Relevanz dieser komplexen Vorgänge für Bayern erscheint freilich auf den ersten Blick eher gering. Im Gegensatz etwa zu Köln und Baden, wo eigene regionale Abwehrvereine entstanden,[78] blieb Bayern auf Abstand. Es gehörte auch nicht zu den Landesverbänden des ‚Centralvereins', die vor 1914 gegründet wurden.[79] Im Gegenteil: schon dessen militantes Auftreten stieß im eher „libe-

---

73 Vgl. Volkov, Juden in Deutschland, S. 122–129.
74 Dazu ausführlich Barkai, Centralverein, S. 19–54.
75 Paucker, Abwehrstrategie, passim, zusammenfassend Pulzer, Reaktion, S. 248–255, Zitat S. 254.
76 Barkai, Centralverein, S. 35–48, Zitat S. 42.
77 Vgl. Löwenstein, Ideologie und Identität, S. 287–301.
78 Borut, Die jüdischen Abwehrvereine, S. 476–483.
79 Paucker, Abwehrstrategie, S. 490.

ralen Milieu Bayerns" auf Zurückhaltung, wohl nicht zuletzt wegen der „Vernachlässigung des Dorfjudentums". Immerhin war seit 1895 in München bei Studenten der Verbindung ‚Licaria' ein gewisses Echo zu verzeichnen, das aber erst 1905 mit dem Juristen Ludwig Holländer zur Gründung einer Münchner Ortsgruppe führte – er selbst wechselte freilich schon 1908 als Syndikus des ‚Centralvereins' nach Berlin.[80]

Dabei war der Antisemitismus auch in Bayern durchaus präsent:[81] Seit 1891 trat der ‚Deutsch-Soziale Verein' mit seiner Zeitschrift ‚Deutsches Volksblatt – bayerische antisemitische Zeitschrift für Stadt und Land' auf; er knüpfte an die christlich-konservativen Positionen mittelständiger Politik an und verlangte die Aufhebung der Emanzipation sowie den Ausschluss der Juden von allen öffentlichen Ämtern. Gegenüber einer radikalen Abspaltung unter dem Namen ‚Antisemitische Volkspartei München' formierte sich die ‚Bayerische (antisemitische) Volkspartei' mit einem betont föderativen, aber auch antimilitaristischen Charakter neu, konnte aber neben der bayerischen Hauptstadt nur in wenigen weiteren Städten – Würzburg, Nürnberg, Weiden, Haßfurt – Fuß fassen. Unter dem Namen ‚Christlich-soziale Vereinigung' gelang es ihr 1905 durch Wahlabsprachen mit dem Zentrum, in München Andreas Wagner in das Gemeindekollegium zu bringen – ansonsten aber blieb ihr Einfluss wegen innerer Spannungen im Vergleich zum Reich eher gering. Dafür dürfte nicht zuletzt der politische und mentale bayerisch-preußische Gegensatz mit verantwortlich gewesen sein, zumal das bayerische Zentrum inzwischen auch auf antisemitische Parolen nicht mehr verzichtete.

In diesen Kontext passte es auch, dass der 1. Zionistische Weltkongress 1897 nicht in München stattfand.[82] Theodor Herzl ging davon aus, dass seine Vorstellung von der jüdischen ‚Nation' in die Staatlichkeit führen müsse und für den ersten Kongress als Initialzündung *eine imposante Kundgebung des Zionismus* mit *Delegierten aus allen Ländern* München prädestiniert sei. Dass es dann doch nicht dazu kam, lag an der Ablehnung des Planes auf doppelter Ebene: Zum einen wandte sich die Vorstandschaft der Münchner Gemeinde selbst dagegen; nach Meinung von Sigmund Raff, einem ihrer führenden Mitglieder, sei *die ganze Mache nur dazu angetan, Wasser auf antisemitischen Mühlen zu liefern*, sodass sie konkret *zunächst uns bayerischen Juden schaden* werde.[83] Der Vorstand sah eine

---

80 Niewyk, Selbstverständnis der Juden, S. 170; Pyka, Das Werden einer großstädtischen Gemeinde, S. 119.
81 Dazu Tiedemann, Erscheinungsformen des Antisemitismus, passim.
82 Dazu Brenner, Hauptstadt des Zionismus, passim.
83 Brenner, Hauptstadt des Zionismus, S. 43.

„Gefahr für die Integrationsbestrebungen der Münchner und bayerischen Juden", nachdem ihnen auch die Presse *die Liebe und Anhänglichkeit zu ihrem Vaterlande* abgesprochen hatte.[84] Rabbiner Cosmann Werner und die jüdische Gemeinde legten dem Kongress „so viele Hindernisse in den Weg [...], daß er nach Basel verlegt werden mußte".[85] Zum anderen wandte sich aber auch der ‚Allgemeine Rabbinerverband in Deutschland' dagegen, und zwar sowohl durch seine liberalen wie orthodoxen Mitglieder, denn auch er fürchtete, dass mit dem zionistischen Programm die Bemühungen um die Akzeptanz des assimilierten Judentums untergraben würden, wenn man eine eigene jüdische ‚Nation' propagierte: *Das Judentum verpflichtet seine Bekenner, dem Vaterlande, dem sie angehören, mit aller Hingebung zu dienen und dessen nationale Interessen mit ganzem Herzen und mit allen Kräften zu fördern.*[86] Längst hatte man von dem messianischen Glauben an die Rückkehr nach Palästina Abschied genommen und voll auf die Integration gesetzt.

Dennoch fasste der Zionismus im Laufe der Zeit auch in den bayerischen Städten Fuß, wenn auch mit Verzögerung und geringerem Gewicht: Seit 1901/02 bildete sich mit einigen Studenten eine eigene Ortsgruppe in München, seit 1905 vom Ehepaar Rahel und Elias Straus geleitet, wenn auch von der Gemeinde mit Misstrauen bis Ablehnung belegt.[87] Und auch in Regensburg konstituierte sich im November 1902 eine Vereinigung, die das Basler Programm übernahm und Veranstaltungen zur Vorbereitung der Besiedlung Palästinas anbot.[88] In Nürnberg kam es dagegen erst 1905 zur Gründung, 1907 hatte die Partei dort aber bereits 75 Mitglieder, darunter auch Ostjuden in der Vorstandschaft.[89]

Die Zuwanderung von ‚Ostjuden' brachte seit dem ausgehenden 19. Jahrhundert einen weiteren neuen Faktor in die Ausformungen jüdischen Lebens, der bald die öffentliche Debatte über das Judenbild mitbestimmen sollte – wobei schon bald die Verwendung des Begriffes selbst auf negative Assoziationen zielte. Wenn auch im Vergleich zu Preußen und Berlin sehr viel schwächer, waren doch wegen der Pogrome in Russland seit den 1880er Jahren und der prekären wirtschaftlichen Lage Juden aus Ost(mittel-)europa, insbesondere Galizien, auch in Bayern eingewandert; ihre Gruppe wurde während des Ersten Weltkrieges durch angeworbene oder zwangsweise verschleppte Arbeiter noch stärker; freilich war

---

84 Angermeier, Eine selbstbewußte Minderheit, S. 118.
85 Niewyk, Selbstverständnis der Juden, S. 571; Löwenstein, Ideologie und Identität, S. 290.
86 Brenner, Hauptstadt des Zionismus, S. 45, 47.
87 Angermeier, Eine selbstbewußte Minderheit, S. 119f.
88 Wittmer, Regensburger Juden zwischen Monarchie und Diktatur, S. 110f.
89 Kußmaul, „Ostjuden", S. 210–212.

das Deutsche Reich dabei vielfach nur Durchgangsland mit den Zielen in Westeuropa und den USA.[90] Für die Gesamtzahl sind nur Schätzungen möglich: Rechnet man damit, dass von den rund 100.000 Eingewanderten nur 55–60.000 in Deutschland blieben, so war der Anteil in Bayern mit 3.000–4.000 Personen vergleichsweise gering.[91] Doch konzentrierte er sich vor allem auf die Großstädte und hier wiederum auf München und Nürnberg-Fürth, wo die Zuwanderung schon seit den 1890er Jahren begonnen hatte und dann vor allem seit der Jahrhundertwende zu Buche schlug. Allein in München stellten sie bald einen Anteil von über einem Viertel der jüdischen Bevölkerung (1910: ca. 3.000 oder 27 %),[92] in Nürnberg betrug 1916 ihre Zahl bereits 1.226, das entsprach einem Anteil von 15,7 %.[93] Sie gaben in München der Isarvorstadt um den Gärtnerplatz ebenso ein eigenes Gepräge[94] wie in Nürnberg den südlichen Arbeitervierteln, vor allem Gostenhof,[95] während in den übrigen fränkischen Städten von Rothenburg bis Hof, Dinkelsbühl bis Bayreuth nur vereinzelte jüdische Immigranten eingebürgert wurden.[96] Bei aller sozialen Differenzierung der dauerhaften Zuwanderer, da nicht wenigen über die Bildungsbestrebungen ein beachtlicher gesellschaftlicher Aufstieg gelang, blieb doch die generell prekäre Existenz das bestimmende Merkmal. Sie brachten aber auch eine am Chassidismus orientierte Religiosität und eine traditionsverhaftete Lebensweise mit, und diese ‚Staedl'-Kultur war Ausgangspunkt für eine selbstbewusste Eigenständigkeit – aus der die Orthodoxie neue Impulse erhielt.[97] Mit eigenen Betstuben und einer organisatorischen Verankerung in eigenen Vereinen, seien sie religiös oder sozialkaritativ konzipiert, stießen sie aber nicht nur auf den Widerstand der Behörden – Sondergemeinden waren ja generell nicht zugelassen –, sondern auch der etablierten städtischen Kultusgemeinden, und die innergemeindliche Konfliktsituation konnte erst nach dem Krieg entschärft werden.

Die Präsenz der Ostjuden war schon wegen ihres Erscheinungsbildes oft der Anlass dafür, dass in den betroffenen Städten der ‚alltägliche Antisemitismus'

---

90 Dazu ausführlich Maurer, Ostjuden, S. 46–81; dazu jüngst Keil/Rauscher/Staudinger, Migration mitteleuropäischer Juden, S. 1–183.
91 Maurer, Ostjuden, S. 65f.
92 Cahnmann, Juden in München, S. 31f.; Meining, Wege an die Isar, S. 34–37.
93 Kußmaul, „Ostjuden", S. 180.
94 Kalter, Ostjuden in München; S. 392–394; Meining, Jüdisches Leben (vorwiegend zur späteren Zeit); Meining, Betstuben und Synagogen, S. 168–173; Weger, Reichenbachstraße, S. 176–179.
95 Ausführlich Kußmaul, „Ostjuden", S. 180–213.
96 Kußmaul, „Ostjuden", S. 164.
97 Vgl. dazu auch Breuer, Orthodoxie, S. 322–328.

zunahm.[98] Doch selbst auf dem Land, wo man sich lediglich auf ‚normale' Begegnungen beziehen konnte, fielen die persönlichen Erfahrungen sehr unterschiedlich aus, wie Beispiele aus Franken belegen.[99] Durchwegs harmonisch waren die Erinnerungen eines Hermann Klugmann im unterfränkischen Wiesenbronn: *Das Verhältnis zwischen den beiden Bevölkerungsteilen war ein sehr gutes und überbrückte die Grenzen der konfessionellen Zugehörigkeit*, was konkret hieß, dass Juden und Lutheraner ihre Feste oft gemeinsam feierten, dass „freundschaftliche Beziehungen" mit gegenseitigen Besuchen bestanden, und das setzte sich auch in seiner beruflichen Laufbahn als Lehrer in Burgpreppach und Höchberg fort. Julius Frank dagegen erfuhr in Steinbach an der fränkischen Saale den „sozialen Abstand", der kein *wahrhaftes Gemeinschaftsgefühl* aufkommen ließ, während er in seinen Jahren als Gymnasiast in Kitzingen die Kontaktbereiche etwas günstiger empfunden hatte.[100] Offenbar wirkte der gemeinsame Schulbesuch ausgleichend, während bei sozialer und ökonomischer Differenz die Vorurteile schneller präsent waren. Frank empfand jedenfalls, dass die katholische Prägung durch die Passionsgeschichte für einen „latenten Antisemitismus" verantwortlich war, der einen *Dauerbestandteil des bäuerlichen Fühlens* darstellte.[101]

Derartigen Alltagserfahrungen steht aber eine deutliche Zunahme des Antisemitismus im öffentlichen Diskurs gegenüber. Was generell im Deutschen Reich galt, galt auch in Bayern – wenn auch nicht in der preußischen Zuspitzung. So finden sich in der lokalen Presse Regensburgs Überschriften wie *jüdische Provokationen*, oder *Die Verjudung des deutschen Theaters*, es war von *Schacherjuden* oder *Zeitungsjuden* die Rede, man übernahm antisemitische Artikel der ‚Berliner Börsenzeitung' und der ‚Kreuzzeitung'.[102] In Würzburg, wo schon 1866 Krawalle wegen der Bierpreiserhöhung antijüdisch gewendet worden waren, suchten in der Judenschaft die Antwort auf den alltäglichen Antisemitismus in der Abgrenzung in eigenen jüdischen Vereinen und Organisationen – ein Strukturelement, das sich bald überall einstellte, wobei Bayern sich nicht von anderen Regionen des Reiches unterschied.[103] Da die Würzburger Burschenschaften und Corps seit den 1880er Jahren der antisemitischen Haltung breiten Raum gewährten, stellten sich 1884–1896 drei jüdische Verbindungen dagegen. 1898 folgte eine

---

**98** Volkov, Jüdisches Leben, S 166–180; polemisch zugespitzt Rohrbacher, Kaiserreich und Weimarer Republik.
**99** Maurer, Beziehungen zwischen Juden und Nichtjuden, S. 159–161, Zitate S. 159.
**100** Maurer, Beziehungen zwischen Juden und Nichtjuden, S. 1163f.; vgl. Franks Erinnerungen bei Richarz, Jüdisches Leben in Deutschland 2, S. 190–200.
**101** Maurer, Beziehungen zwischen Juden und Nichtjuden, S. 163 (Zitate), 172.
**102** Wittmer, Regensburger Juden zwischen Monarchie und Diktatur, S 109f.
**103** Lowenstein, Gemeinde, S. 136–148; Breuer, Orthodoxie, S. 243–254, 328–337.

eigene Frankenloge des ‚Unabhängigen Ordens *B'ne B'riss*', einer internationalen Organisation mit dem Ziel der Festigung jüdischer Tradition, die bereits 1843 von deutschen Auswanderern in den USA gegründet worden war. Auch die Jugendbewegung spaltete sich: Da im ‚Wandervogel' offenbar Hürden aufgerichtet waren, rief man auf jüdischer Seite schon vor 1914 Ortsgruppen des ‚Jüdischen Jugendvereins' und 1917 des ‚Jüdischen Wanderbundes Blau Weiß' ins Leben.[104] Ähnliche Tendenzen lassen sich in München festmachen. Die Niederlassung des *B'ne-B'riss*-Ordens setzte sich für die armen Gemeindemitglieder ebenso ein wie für die mittellosen Ostjuden. Zu den eigenständigen Gruppierungen gehörte die Studentenverbindung ‚Jordania', die dem Zionismus nahestand, der ‚Verein jüdischer Akademiker', der Turn- und Sportbund *Esra*, der Jugendwanderbund ‚Blau-Weiß' und der ostjüdisch geprägte Jugendverein zielten in die gleiche Richtung.[105] Diese Beispiele, die durch weitere ergänzt werden könnten, belegen die sich verstärkende Tendenz zur Aufwertung eigener jüdischer Organisationsformen – auch wenn etwa bei den zahlreichen Gründungen von später bedeutenden Fußballvereinen an der Jahrhundertwende jüdische Sportler noch eine wichtige Rolle spielten.[106]

Die Euphorie der 1870er Jahre, die bei der Einweihung der Nürnberger Synagoge und anderswo allenthalben spürbar war und artikuliert wurde, stellte nur die eine Seite des facettenreichen Bildes der Kaiserzeit dar. Zu ihm gehörte auch die Skepsis, inwieweit die Integration tatsächlich als tragfähig eingestuft werden konnte. Der neue aggressive Antisemitismus, der sich ausbreitete und bis in den Alltag hineinwirkte, rief als Antworten eine Neo-Orthodoxie nach innen bzw. eine stärkere Abschottung nach außen bis hin zur zionistischen Propagierung einer Alternative in Palästina hervor. Die jüdische Existenz erwies sich erneut als labil, und das löste bei nicht wenigen tiefgreifende Ernüchterung aus.

Dabei war die Situation in Bayern nicht nur ein Abbild der allgemeinen Entwicklung, sondern sie wurde von spezifischen Faktoren bestimmt, die sich in den Orientierungen der Judenschaften spiegelten. Wie sich bei der (noch) christlichen Mehrheitsgesellschaft eine komplexe Kombination von lokalen bzw. kleinregionalen Traditionen ausmachen lässt, die sich mit dem Bekenntnis zur erfolgreichen Integration in das bayerische Königreich verbanden, das seinerseits in gewisser Konkurrenz zum Reichsbewusstsein stand,[107] so wirkten auch bei den jüdischen Gemeinden verschiedene Komponenten zusammen. Oszillierte

---

104 Flade, Würzburger Juden 159–169; Flade, Juden in Würzburg, S. 218–233.
105 Angermaier, Eine selbstbewußte Minderheit, S. 122f.
106 Schulze-Marmeling, FC Bayern, S. 20–39.
107 Am Beispiel Schwabens Steber, Ethnische Gewissheiten, S. 33–70.

das Selbstverständnis zwischen der Beschränkung auf die religiöse Identität und der ethnisch begründeten Vorstellung vom ‚jüdischen Volk', so war die politische Zuordnung von einem Spannungsfeld der Zugehörigkeit zu Bayern und dem Kaiserreich bestimmt. Erstere beruhte nicht zuletzt auf einer dynastischen Anhänglichkeit – die Fürther Brunnenstiftungen waren ebenso Ausdruck dafür wie die Kontakte der jüdischen Oberschicht zum Haus Wittelsbach, die Orden und Ehrenzeichen, die ihnen öffentliche Anerkennung verliehen, sogar der gelegentliche Einsatz der Monarchie für persönliche Karrieren. All das kompensierte zumindest teilweise die nach wie vor vorhandenen diskriminierenden Elemente der Alltagserfahrung und schwächte die Formen des neuen Antisemitismus ab, die ansonsten das Klima vergifteten. In mancher Hinsicht entsprach dies der Erinnerungskultur der Dynastie selbst, die in der Kaiserzeit neben der Betonung der eigenen Tradition auch ihre integrative Funktion gegenüber den ‚Neubayern' in Franken und Schwaben anstrebte[108] – und die fränkischen und schwäbischen Juden nach dem Abschluss der Emanzipation mit dem Staat versöhnte.

Die zunehmend gewichtiger werdende Komponente des Reiches, die sich in der Gründung reichsweiter Organisationen – an der Spitzes des Centralvereins, dann des Zentral-Comites für die russischen Juden, des Gemeindeverbands, des Verbands der Vereine für jüdische Geschichte und Literatur, aber auch des deutschen Zweiges des *B'ne-B'riss*-Ordens – niederschlug, überwölbte das Bewusstsein der regionalen Zugehörigkeit und zudem schuf der darüber hinausreichende Zionismus mit dem Ziel eines eigenen Nationalstaates eine ganz neue Orientierung[109] – und doch gewannen gerade sie für die bayerischen Juden nicht die gleiche Relevanz wie anderswo. Die Analyse der reichsweiten Organisationen, die in den 1890er Jahren entstanden waren und bis auf wenige Ausnahmen in Berlin ihr Zentrum hatten und behielten, bestätigt den regionalen Befund, dass in der südlichen ‚Provinz', vor allem in Bayern, Skepsis vorherrschte, von der ‚Zentrale' aus bevormundet zu werden; erst im Laufe der Zeit reduzierte sich dieses Gefälle vom Zentrum zur Peripherie, weil man im Zuge des Übergangs von den Honoratiorenvereinigungen zu den Massenverbänden auf diese Provinz angewiesen war.[110] Für die Kaiserzeit jedenfalls erscheint es bezeichnend, dass die Regionalität nach wie vor ein bestimmendes Element geblieben war.

---

**108** Vgl. dazu Körner, Staat und Geschichte, S. 233–243, 276–295.
**109** Vgl. dazu Lowenstein, Gemeinde, S. 136–143.
**110** Borut, The Province versus Berlin, bes. S. 139f.

# 27 Entfremdung und Rückbesinnung in der Weimarer Republik

Das Ende des Deutschen Kaiserreichs und des bayerischen Königsreichs im November 1918 bedeutete einen weiteren fundamentalen Einschnitt, der die Rahmenbedingungen für die in Bayern lebenden Juden erneut veränderte. Schon das ‚Kriegserlebnis' hatte zu einem tiefgreifenden Wandel geführt. Die anfängliche Euphorie, gemeinsam gegen den ‚Feind' zu ziehen und damit die volle Anerkennung als ‚deutsche Juden' zu erreichen, war einer neuen Skepsis gewichen, die aus der Erfahrung an der Front wie in der Heimat resultierte – und sie erfasste nicht nur Führungspersönlichkeiten wie Leo Baeck oder Martin Buber, sondern reichte bis zu den einfachen Soldaten: Unteroffizier Julius Marx aus einem oberschwäbischen Dorf notierte schon am 8. Oktober 1914 in seinem Tagebuch von der Front in Frankreich:[1]

> *Seit einiger Zeit kann ich es ja mit Händen greifen, daß man mich als Juden scheel ansieht. Bei Kriegsbeginn schien jedes Vorurteil verschwunden, es gab nur noch Deutsche. Nun hört man wieder die alten verhallten Redensarten. Und plötzlich ist man einsam inmitten von Kameraden, deren Not man teilt, die einem ans Herz gewachsen sind, mit denen man für die gemeinsame Sache marschiert.*

Etwas anders und nicht ganz so gravierend war das Erlebnis Paul Lebrechts, des Nürnberger Kaufmanns im 28. Bayerischen Infanterieregiment, in Frankreich und an der Ostfront – vielleicht wegen seines Alters und seiner assimilierten Lebensform –, denn er „[fühlte sich] als Teil der Frontgemeinschaft und [genoss] das Kameradschaftsgefühl", er „wollte seine *Pflicht erfüllen* und als Jude nicht anders als andere behandelt werden"; er „erlebte relativ wenig Antisemitismus", es gelang ihm sogar, entsprechende Ansätze zurückzuweisen.[2] Die jeweiligen persönlichen Erfahrungen waren zweifellos breit gefächert, doch die negativen erscheinen charakteristisch für die allgemeine Stimmungslage.

Schon wegen des besonders betonten nationalen Engagements zu Kriegsbeginn und im Fronteinsatz musste die im Oktober 1916 vom preußischen Kriegsminister angeordnete ‚Judenzählung' eine verheerende Wirkung auslösen. Sie berief sich zwar auf Beschwerden aus der Bevölkerung, *dass eine unverhältnis-*

---

[1] Marx, Kriegstagebuch, S. 32, der Hinweis auf seine Herkunft S. 96f.; vgl. auch das Zitat bei Mendes-Flohr, Im Schatten des Weltkrieges, S. 20; und Crouthamel, Paul Lebrechts Kriegstagebuch, S. 120.
[2] Crouthamel, Paul Lebrechts Kriegstagebuch, S. 108, 112, 117.

*mäßig große Anzahl wehrpflichtiger Angehöriger des israelitischen Glaubens vom Heerdienst befreit sei, oder sich von diesem unter allen nur möglichen Vorwänden drücke,* zeigte bei ihrer Durchführung aber deutlich antisemitische Züge.[3] Die Versuche des ‚Centralvereins' wie des ‚Verbands der deutschen Juden', die im Heer fassbaren Vorfälle aufzudecken und zu korrigieren und nun auch gegen die ‚Judenzählung' anzugehen, blieben freilich im Wesentlichen wirkungslos.[4] Sie führten jedoch bei vielen Juden zu einer mentalen Wende, zu einer „Umorientierung ihrer Identität", sei es dass sie eine erneute Hinwendung zum Judentum auslösten, sei es dass sie die Suche nach der Alternative im Zionismus bestärkten.[5]

Auch beim eingesessenen assimilierten jüdischen Bürgertum Bayerns mündete das wie etwa bei Adolph Eckstein 1917 in die vehemente Verteidigung der patriotischen Haltung:

*Wir wollen unsere Pflicht leisten gleich allen unseren Mitbürgern und fordern unser Recht als Deutsche und als Juden. Beides aus sittlichen und patriotischen Gründen. Gleichviel aus welchen Absichten und zu welchem Zwecke eine Zählung vor oder hinter der Front gefordert und vorgenommen wurde, gleichviel auch wie die gleich einer wächsernen Nase drehbare Statistik ausfallen mag, der Schaden der dadurch in politischen und moralischen Beziehungen bereits angerichtet wurde, ist nicht wieder gut zu machen. Unsere gezählten Kriegsteilnehmer haben die Empfindung, wie wenn ihnen, ungeachtet der Feuertaufen und Bluttaufen, die sie empfangen, der gelbe Schandfleck angeheftet worden wäre.*[6]

Später wird er unter dem Titel ‚Haben die Juden in Bayern ein Heimatrecht?' nicht nur die jüdischen Teilnehmer samt ihren Auszeichnungen und den Toten auflisten, sondern auch nachdrücklich die jahrhundertelange Partizipation an der *bayerisch-deutschen Schicksalsgemeinschaft*, an der *Sprachgemeinschaft, Kulturgemeinschaft und Willensgemeinschaft* beschwören.[7]

Die Dissimilation erhielt durch die Revolution von 1918/19 noch zusätzlich Nahrung, registrierte man doch in weiten Kreisen des deutschen Bürgertums die Beteiligung von Juden an führender Stelle, gerade in Bayern. Dort hatte die Revolution Kurt Eisners am 7. November 1919 nach der Etablierung eines doppelten und deshalb konkurrierenden Verfassungssystems – neben den Gremien

---

3 Zit. nach Ullrich, „Judenzählung", S. 218.
4 Ullrich, „Judenzählung", S. 219–233.
5 Mendes-Flohr, Im Schatten des Weltkrieges, S. 16–22, Zitat S. 21.
6 Dr. A. Eckstein, Aus der Seele unserer jüdischen Kriegsteilnehmer, in: Im deutschen Reich. Zeitschrift des Centralvereins deutscher Staatsbürger jüdischen Glaubens, XXIII. Jg. 1917, Nr. 2, S. 65–69, Zitat S. 68f.
7 Eckstein, Haben die Juden in Bayern ein Heimatrecht?, 2. Aufl. 1929.

der Soldaten-, Arbeiter- und Bauernräte wurde im Januar 1919 ein Parlament gewählt – zur Zuspitzung in zwei aufeinander folgenden Räteregierungen des April 1919 – einer aus den Zentralrat erwachsenen und einer anschließend von Kommunisten geprägten – geführt, die dann Anfang Mai von Reichstruppen und Freiwilligenkorps niedergeschlagen wurde, sodass die inzwischen nach Bamberg ausgewichene parlamentarische Regierung nun sicher agieren konnte.[8] Unter den Trägern dieser Revolutionsereignisse waren nicht wenige Juden, die Spitzenpositionen einnahmen. Um nur die wichtigsten zu nennen: Kurt Eisner, der Journalist aus Berlin, der schon während des Jahres 1918 in der Streikbewegung eine aktive Rolle gespielte hatte und am Abend des 7. November die Revolution ausrief, als Ministerpräsident mit dem Rätemodell eine Alternative zur parlamentarischen Form der Demokratie propagierte, aber mit den Wahlen des Januar seinen politischen Rückhalt verlor – und am 21. Februar auf dem Weg zum Landtag, wo er seinen Rücktritt erklären wollte, dem Attentat des Grafen Arco auf Valley zum Opfer fiel. Gustav Landauer, der Schriftsteller aus einer Karlsruher Familie, der sich als Anarchist verstand, in die erste Räterepublik eintrat und in die zweite hineingezogen wurde – und nach deren gewaltsamem Ende am 2. Mai im Gefängnis Stadelheim erschlagen wurde. Erich Mühsam, der Schriftsteller aus Berlin, der die Radikalisierung im Zentralrat vorantrieb, aber dann doch nicht als Volksbeauftragter bestellt wurde – und im Juli vom Standgericht München zu 15 Jahren Festungshaft verurteilt wurde. Ernst Toller, gebürtig im Bezirk Bromberg, der als Freiwilliger im bayerischen Heer an der Front gedient hatte, sich schon im Januar 1918 an der Streikbewegung beteiligte, in der ersten Räterepublik als Vorsitzender des Zentralrats, in der zweiten als Kommandant der ‚Roten Armee' fungierte – und zu fünf Jahren Festungshaft verurteilt wurde. Eugen Leviné, in Petersburg geboren und nach dem Studium in Deutschland in der internationalen Arbeiterbewegung tätig, der von der KPD nach München entsandt wurde und zusammen mit Max Levien (der nicht Jude war) die angebliche ‚Scheinräterepublik' durch eine kommunistische ersetzte – und, zum Tode verurteilt, am 6. Juni hingerichtet wurde.[9]

Inwiefern waren sie Juden? In der Wahrnehmung von außen wurden sie mühelos als solche identifiziert. Thomas Mann notierte in seinem Tagebuch schon am 7. November 1918: *München, wie Bayern, regiert von jüdischen Literaten. Wie lange wird es sich das gefallen lassen? [...] Das ist Revolution! Es handelt*

---

**8** Zum Forschungsstand Hürten, Revolution und Weimarer Republik, S. 440–470; zur Situation in München Rudloff, Zwischen Revolution und Gegenrevolution.
**9** Zu ihrer Rolle in der Revolution ausführlich Angress, Revolutionszeit, S. 234–299.

*sich so gut wie ausschließlich um Juden.*[10] Und der Historiker Friedrich Meinecke formulierte aus der Retrospektive: *Zu denen, die den Becher der ihnen zugefallenen Macht gar zu rasch und gierig an den Mund führten, gehörten auch viele Juden. Nun erschienen sie allen antisemitisch Gesinnten als die Nutznießer der deutschen Niederlage und Revolution.*[11] Freilich waren sie keine bekennenden gläubigen Juden, beriefen sich auch nicht auf ihre jüdische Herkunft als wesentlichem Element ihrer politischen Biographie. Kurt Eisner hatte sich schon früh aus seiner jüdischen Verankerung gelöst, er „verstand sich nicht mehr als Jude und verhielt sich auch nicht mehr so"; was ihn an das Judentum band und von einer Konversion abhielt, war allenfalls die „Solidarität mit der Minderheit", die zur dezidierten Forderung nach einer Demokratisierung der Gesellschaft führte.[12] Am ehesten dürfte die Herkunft aus dem Judentum noch für Gustav Landauer Bedeutung behalten haben: Zwar praktizierte auch er nicht mehr die Religion – in Krumbach, dem Geburtsort seiner Frau, wo sich das Ehepaar während des Krieges aufhielt, war man in der jüdischen Gemeinde der Meinung, „daß die Landauers, die *allerdings geborene Juden* gewesen seien, *wie die Heiden* gelebt hätten, *aber in keinerlei Beziehung zum Judentum* gestanden und weder *eine Kirche* [!], noch eine Synagoge je betreten hätten".[13] Und doch war Gustav Landauer eng mit Martin Buber befreundet, und es gelang ihm sogar, Buber im Februar 1919 nach München zu holen, wo er eine *tiefbewegende Woche* verbrachte und häufig mit Eisner zusammentraf, aber auch zu dem Urteil kam: *Das Ganze eine namenlose jüdische Tragödie.*[14] Jedenfalls war das Judentum für die Revolutionäre kein wesentliches Element ihres Denken und Handelns – außer man konstatiert generell eine erhöhte Aufmerksamkeit der linken jüdischen Intellektuellen für den Sozialismus und Internationalismus. Sie waren wohl vor allem Idealisten, dezidiert gegen die Anwendung von Gewalt, freilich auch überzeugt davon, dass die Gesellschaft einen fundamentalen Wandel vollziehen müsse.

Im realen Judentum fanden sie keinen wirklichen Rückhalt. Im Gegenteil: Die Münchner jüdische Gemeinde wehrte sich entschieden gegen die Zielsetzungen und Aktionen der Revolutionäre.[15] Der langjährige Vorsitzende des ortho-

---

10 Zit. nach Specht, Zerbrechlicher Erfolg, S. 139.
11 Zit. nach Angress, Revolutionszeit, S. 301.
12 Grau, Kurt Eisner, S. 49–56, Zitate S. 52, 55.
13 Angress, Revolutionszeit, S. 266. Die in Krumbach ansässige andere Familie Landauer war zu dieser Zeit bereits abgewandert; die letzten Beerdigungen für diese Familie fanden für das Ehepaar Hirsch (1902, 73 Jahre) und Mina (1918, 85 Jahre) statt; Bosch/Bloch, Friedhof Krumbach-Hürben, S. 394f., 574.
14 Mendes-Flohr, Im Schatten des Weltkriegs, S. 32f.
15 Vgl. dazu etwa die persönlichen Erinnerungen von Birnbaum, Juden in der Münchner Rä-

doxen Gemeindeteils, Sigmund Fraenkel, distanzierte sich zu Pessach 1919 in einem Brief von den jüdischen Beteiligten Mühsam, [Arnold] Wadler, Neurath, Toller und Landauer:

> *Wir Münchner Juden [...] schwiegen, weil wir fürchteten, unsere Glaubensgemeinschaft zu schädigen, wenn wir Sie in der Öffentlich abschüttelten. [...] Der heutige Tag, an dem Tausende und aber Tausende von aufreizenden antisemitischen Flugblättern in Münchens Straßen verteilt wurden, zeigt mir mit aller Deutlichkeit die Größe der Gefahr, die nicht die Bekenner unserer Glaubensgemeinschaft, sondern das Judentum selbst bedroht, wenn die große Masse von Münchens werktätiger Bevölkerung die erhabenen Lehren und Dogmen der jüdischen Religion in ideellen Zusammenhang mit den bolschewistischen und kommunistischen Irrlehrern bringt, die Sie seit Wochen den durch die viereinhalbjährige Kriegsdauer zermürbten und verwirrten Volksmassen predigen.*[16]

Die Stimmungslage in der Gemeinde ging in ihrer Kritik sogar so weiter: Alfred Neumeyer, der Neffe des langjährigen Vorsitzenden der Gemeinde, also aus einer einflussreichen konservativen Familie, bescheinigte den ‚Weißen' Truppen im Frühjahr 1919, sie hätten „München von dem revolutionären *Alpdruck einer uns als unmöglich und unwirklich erscheinenden Epoche* befreit", und trat später selbst in das Freikorps Epp ein.[17]

Das waren nicht die einzigen jüdische Stimmen, die sich gegen die Revolution wandten. Nach einer anfänglichen abwartenden Haltung stellte sich bei den meisten Juden eine Beunruhigung wegen des wachsenden Antisemitismus ein. Die ‚Allgemeine Zeitung des Judentums', immerhin „eine der ältesten und renommiertesten des deutschen Judentums", erwartete die volle Anerkennung und Gleichstellung im neuen staatlichen Gefüge, begrüßte auch die Beteiligung *vieler Juden an dem neuen Regiment* [der Weimarer Republik, R.K.], warnte aber auch, dass *unter den Feinden der Revolution und der Republik [...] die antisemitische Strömung überhand* nehmen könnte, und wies den Vorwurf zurück, *daß die Revolution von den Juden gemacht sei.*[18] Und ‚Im deutschen Reich', dem Organ der Centralvereins, „[klang] mit der Verschärfung des Antisemitismus" der „patriotische Ton dieser Zeitschrift ab und gab einer von Trauer und Enttäuschung durchsetzten Abwehrhaltung statt".[19]

---

terepublik, passim.
**16** Specht, Zerbrechlicher Erfolg, S. 140f.; der Brief ist abgedruckt bei Lamm, Vergangene Tage, S. 373–375.
**17** Zit. nach Specht, Zerbrechlicher Erfolg, S. 145.
**18** Zit. nach Angress, Revolutionszeit, S. 144.
**19** Angress, Revolutionszeit, S. 145f.

Die Wirkungen der Münchner Ereignisse waren in Bayern jedenfalls verheerend, denn die Revolution wurde zum Trauma des gesamten Bürgertums, und insbesondere in den Radikalisierungen der Rätebewegung glaubte der aggressive völkische Antisemitismus genug Beweismaterial zu finden, um umso vehementer gegen das Judentum zu agitieren. Geflissentlich übersah man dabei, dass dem ‚roten Terror' – in der Geiselerschießung im Luitpoldgymnasium vom 30. April, die sowohl von Toller wie von Leviné verurteilt wurde – ein ungleich massiverer ‚weißer Terror' mit sehr viel mehr, zum Teil willkürlichen Opfern gefolgt war. Selbst ein demokratischer Geist wie Ernst Müller-Meiningen schrieb dazu: *Es waren in der Hauptsache jene landfremden Elemente, die mit ihrer Regiekunst, ihrer Zungengewandtheit, ihre Skrupellosigkeit die Massen zu ködern wußten, – um dann zu verschwinden, wenn es gefährlich wurde*, um in einer Anmerkung zu konkretisieren: *Die starke Beteiligung des Judentums an der Revolution lässt sich nicht leugnen. […] Ebenso selbstverständlich, daß sie einen außerordentlich starken antisemitischen Zug ins deutsche Volk brachte.*[20] Und auch ein gegenüber der Heimattümelei kritischer Geist wie Ludwig Thoma ließ sich in seinen Artikeln im ‚Miesbacher Anzeiger' 1920/21 auf antisemitische Tiraden ein.[21] Zunächst agitierte er gegen die Publizisten und Revolutionspolitiker: *Wolff, der Harden, der Jacobsohn, der Kraus* [alle bekannte Publizisten], *neben den Levi[e]n, Levine, Toller, Mühsam, Bela Kun und so vielen andern – die haben das Feuer des Rassenhasses angefacht. Das sind die Brandstifter […]*;[22] dann vor allem gegen die Ostjuden, insbesondere das *galizisch verhunzt[e]* Berlin und den Einfluss der Juden in Handel und Gewerbe, in Theater und Kunst.[23]

Dabei hatten sich die Rahmenbedingungen für die jüdischen Gemeinden nach dem Ende der Monarchie zunächst einmal verfassungsrechtlich grundlegend gebessert. Sowohl die Weimarer Reichsverfassung vom 11. August 1919 wie die bayerische Verfassung, die auf parlamentarischer Basis durch die Regierung Hoffmann am 14. August 1919 in Bamberg beschlossen worden war, hatten die letzten rechtlichen Ungleichheiten beseitigt. So sah § 6 keinen *Unterschied der Geburt, des Geschlechtes, des Glaubens und des Berufes* für die Staatsbürgerschaft vor, gewährte das uneingeschränkte Wahlrecht (§ 8) und beseitigte die Schranken im öffentlichen Bereich: *Die Staatsbürger sind nach Maßgabe der Gesetzte zu den öffentlichen Ämtern zuzulassen, wenn sie ihre Befähigung hierfür nachweisen. Nur Tüchtigkeit und Würdigkeit sollen für die Verleihung der Ämter maßgebend sein*

---

[20] Zit. nach Angress, Revolutionszeit, S. 298.
[21] Vgl. dazu Rösch, Ludwig Thoma als Journalist, S. 297–318.
[22] Volkert, Ludwig Thoma, S. 17–19 Nr. 2.
[23] Volkert, Ludwig Thoma, S. 482f.

(§ 12). Sie gewährleistete die *volle Glaubens- und Gewissensfreiheit* (§ 17).[24] Ob der in der Weimarer Reichsverfassung (§ 137 Abs. 5) verwendete Begriff der *Religionsgesellschaften*, die den öffentlich-rechtlichen Status erhielten, vom Judentum in Anspruch genommen werden konnte, war zwar zunächst noch nicht abschließend geklärt, der Status des 19. Jahrhunderts wirkte somit noch weiter. Er wurde dann aber 1921 vom Ministerium dem ‚Verband Bayerischer Israelitischer Gemeinden' zugestanden, der 1920 gegründet worden war, und damit auch den Gemeinden selbst – wie das am Ende des 19. Jahrhunderts faktisch schon gegeben war (s. Kap. 21).[25] Alfred Neumeyer, der Vorsitzende der jüdischen Gemeinde München, der den Verband ins Leben gerufen hatte,[26] schloss seine Ansprache bei der Gründungsversammlung mit den mahnenden, aber auch zuversichtlichen Worten:

> [...] *Wir wollen uns vereinigen zur Festigung nach innen und zur Abwehr nach außen, wir wollen unseren notleidenden Gemeinden die Gewähr auf Hilfe geben [...], wir wollen [...] die Eigenkraft pflegen und damit zur allgemeinen Bildung, Gesittung und Religiosität beitragen, wir wollen die reichen, konservativen, die staaterhaltenden Kräfte aufzeigen, die im Judentum gelegen sind, und sie dem Vaterlande dienstbar machen,*
> *wir wollen den Blick auf das Ganze gerichtet, die Gegensätze zu überbrücken suchen und hierdurch Ehre und Ansehen dem jüdischen Namen bringen [...].*[27]

Bedeutete diese neue verfassungsrechtliche Grundlage formalrechtlich eine gute Basis für die Entfaltung des Judentums als Glaubensgemeinschaft, so verhinderte freilich die Abwehrhaltung des Antisemitismus vielfach eine Umsetzung vor Ort.

Dafür waren nicht zuletzt die politischen Entwicklungen der neuen Republik verantwortlich, denn die aus der Revolution erwachsene politische Reaktion wurde schnell zum Programm und traf bald auch die jüdische Existenz. Schon in der kurzen Phase vom März 1920 bis September 1921, in der Gustav von Kahr als Ministerpräsident amtierte, hatte er im Fall des Moses Laus aus Przemysl den Zuzug nach Bayern damit kommentiert, dass *die Einreise von Ostjuden ganz besonders unerfreulich sei.*[28] Er unterstützte damit die Propagierung einer ‚Ostjudengefahr', die in der Stadt insbesondere der Polizeipräsident Ernst Pöhner – unter ausdrücklicher Berufung auf die Zeit der Räteregierung – zusammen mit dem Leiter der Politischen Abteilung Wilhelm Frick durchsetzen wollte, schei-

---

24 Dokumente, Bd. III/2, Nr. 80 S. 178–193.
25 Penßel, Jüdische Religionsgemeinschaften, S. 278f.
26 Vgl. Neumeyer, Alfred Neumeyer, S. 235–237.
27 Abgedruckt bei Lamm, Vergangene Tage, S. 379.
28 Meining, Ein erster Ansturm, S. 64.

terte aber noch am Widerstand des Innenministeriums.[29] Im Spätherbst des Jahres 1923 bot sich eine neue Gelegenheit, das Ziel einer Ausweisung aufzugreifen und durchzusetzen, als nach dem Ende der parlamentarischen Regierung Eugen Ritters von Knilling Gustav von Kahr als Generalstaatskommissars mit außerordentlichen Vollmachten eingesetzt wurde. Kahrs Politik der ‚Ordnungszelle Bayern' sammelte nicht nur die ‚vaterländische Verbände' gegen die Berliner Regierung Stresemann,[30] sondern er ging in Bayern mit der Verkündigung des Ausnahmezustands und der Aufhebung einiger Grundrechte gegen linksgerichtete Kräfte vor und griff das alte Anliegen der Ausweisung von Ostjuden wieder auf:[31] Instrument dafür war eine ‚Wuchergesetzgebung', die noch aus den Kriegszeiten stammte, und am 13. Oktober in neue Maßnahmen mündete, die Schutzhaft und Aufenthaltsbeschränkungen vorsahen. Sie zielten auf die Ausweisung von Ostjuden nach Polen, und tatsächlich wurde das nach wenigen Tagen mit 60 Familien aus München kurzfristig praktiziert, es wurden Hausdurchsuchungen angeordnet und einige Personen gefangengesetzt. Der daraus resultierende Konflikt mit der Republik Polen wurde bewusst in Kauf genommen, nicht zuletzt um die Reichsregierung unter Druck zu setzen – das Konfliktpotential zwischen Bayern und dem Reich war umfangreich und grundsätzlicher Natur, die Ausweisung der Juden war nur ein Element. Einsprüche wegen der fragwürdigen Begründungen erhoben nicht nur die Betroffenen, sondern auch der ‚Landesverband Bayern Jüdischer Frontsoldaten' und die Münchener jüdische Gemeinde, doch sie wurden zurückgewiesen. Auch in Nürnberg waren bereits 1920 derartige Ausweisungen vorbereitet, damals allerdings noch von der Stadtverwaltung als ungesetzlich verhindert worden, und auch die Bestrebungen von 1923 blieben in Nürnberg verhalten.[32] Generell schien erst mit dem Rücktritt des Generalstaatskommissars am 17. Februar 1924 eine Lösung der Ausweisungsfrage möglich, sie kam schließlich mit der neuen seit Juli amtierenden Regierung unter Ministerpräsident Heinrich Held im März 1925 zustande, der die Verordnungen des Generalstaatskommissariats zusammen mit der Aufhebung des Ausnahmezustands außer Kraft setzte.

Trotz des glimpflichen Endes waren die Wirkungen dieser Ausweisung vielfältig: Zwar ist es nicht möglich, die genaue Zahl der Betroffenen festzu-

---

[29] Meining, Ein erster Ansturm, S. 60–67.
[30] Vgl. dazu Hürten, Revolution und Weimarer Republik, S. 471–489; Rudloff, Auf dem Weg zum „Hitler-Putsch".
[31] Nach Maurer, Ostjuden, S. 246f., 405–416, 434f., 452–459; ausführlich Pommerin, Ausweisung, passim.
[32] Kußmaul, „Ostjuden", S. 173–180.

machen, denn viele Familien zogen es vor, ‚freiwillig' auszureisen, sodass die dokumentierten Fälle nur einen Ausschnitt geben, doch sie belegen immerhin, dass in München die Spannbreite von einem angesehen Schuhfabrikanten wie Israel Hauser – der schließlich auf juristischem Wege die Umsetzung verhindern konnte – bis zum kleinen Trödler wie Moritz Kohn reichte.[33] Langfristig verhängnisvoll erscheint aber, dass sie einen „regierungsamtlichen Antisemitismus" offenbarte,[34] der schon wegen der Nähe von Kahrs über die vaterländischen Verbände zur frühen NSDAP und seiner Verstrickung in den Hitlerpusch sich in einer neuen Dimension präsentierte.

Die Reaktion der Öffentlichkeit war problematisch: Zwar wandte sich der Erzbischof, Kardinal Michael Faulhaber, in seiner Allerseelenpredigt 1923 – später nahm er allerdings eine sehr viel ambivalentere Haltung ein – gegen die Judenhetze: *Nicht der Haß kann die Not lindern, auch nicht der Haß gegen die Juden [...]. Kein Mensch soll verhungern oder erfrieren in diesem Winter, kein Leben soll zerstört werden, auch nicht das Leben eines Juden, denn es ist etwas Wertvolles, wie jedes menschliche Leben.*[35] Doch die Presse hielt sich zurück oder zeigte Verständnis für das Vorgehen gegen *Lästige Ausländer* wie die ‚Münchner Neuesten Nachrichten' oder artikulierte die bekannten Vorurteile wie die ‚München-Augsburger Abendzeitung'.[36] Weil sich nicht zuletzt mit dem Hitlerputsch vom 9. November das antijüdische Klima verschärft hatte, breitete sich in der jüdischen Gemeinde die Verunsicherung aus, waren doch in derselben Nacht einige Repräsentanten verhaftet und gedemütigt worden. Und der alltägliche Antisemitismus war überall spürbar: Am Laubhüttenfest war es zu Ausschreitungen gekommen, an der Universität herrschte ein *sehr wüster Antisemitismus*, berichtete Gershom Scholem in einem Brief an seine Eltern. Die Agitation erfasste nicht nur die Burschenschaften, sondern auch die Professoren[37] – die Stadt wurde zu einem Zentrum der völkischen Bewegung.[38] Doch auch nach der Beruhigung in der Ära des Ministerpräsidenten Heinrich Held aus der ‚Bayerischen Volkspartei' seit 1924 blieb eine gewisse Spannung, die sich nicht zuletzt darin äußerte, dass der bayerische Landtag 1930 das Schächten von Tieren verbot – nachdem bereits 1925 eine breit gestreute Kampagne gestartet worden war – und damit erstmals

---

33 Bokovoy, „Lästige Ausländer", dokumentiert ausführlich den Fall Hauser; zur Gesamtzahl ebd. S. 106f.
34 Ophir/Wiesemann, Gemeinden, S. 20.
35 Zit. nach Bokovoy, „Lästige Ausländer", S. 115.
36 Bokovoy, „Lästige Ausländer", S. 112–114.
37 Specht, Zerbrechlicher Erfolg, S. 152f.
38 Vgl. dazu die Sammelbände Bauer u.a., München – „Hauptstadt der Bewegung"; und jüngst Nerdinger, München und der Nationalsozialismus.

trotz energischer Proteste der jüdischen Organisationen eine gesetzliche Einschränkung der Religionsfreiheit verfügte.[39]

Auf jüdischer Seite ging der Kampf gegen den Antisemitismus weiter und korrespondierte mit einer Rückbesinnung auf die eigene Tradition bis hin zu einer „Renaissance" des Judentums, um das Selbstverständnis zu stärken.[40] Hatte sich schon nach der Jahrhundertwende ein Wandel innerhalb des ‚Centralvereins' vom ‚Abwehrverein' zum ‚Gesinnungsverein' abgezeichnet, so vollzog sich nun eine grundsätzliche Relativierung des liberalen Verständnisses, das im 19. Jahrhundert bestimmend gewesen war und mit der Doppelung von Emanzipation und Akkulturation das Judentum auf eine ‚Konfession' beschränkt hatte. Die Wiederentdeckung als einer „Gemeinde, deren Basis die gemeinsame Ethnizität und nicht mehr der individuelle Glaube" war, die sich in der Betonung als ‚Stammesgemeinschaft' und ‚Schicksalsgemeinschaft' äußerte, sowie „die Betonung nichtrationaler Element in der jüdischen Religion" mit einer Neubesinnung auf den Offenbarungsglauben sowie ein „romantisierender Antimodernismus der jüdischen Jugendbewegung" erscheinen als kennzeichnende Elemente, um das Trauma zu überwinden, das Weltkrieg und Revolution heraufbeschworen hatten.[41] Die Konsequenz lag in einem neuen Verständnis der Gemeinde,[42] im Anknüpfen an die traditionelle *Kehilla* der Vormoderne, der nahezu autonomen Gemeinde, die den Einzelnen als Teil einer Gemeinschaft verstanden und sich in der Regelung des Zusammenlebens wie der Befriedigung der religiösen wie sozialen Bedürfnisse realisiert hatte. Die inzwischen auf die religiöse Komponente reduzierte ‚Kultusgemeinde' sollte zum einen in einer demokratisierten und politisierten ‚Volksgemeinde' aufgehoben werden – so wie in der ‚Jüdischen Volkspartei' als einer Vereinigung von Zionisten, Ostjuden und Orthodoxen, die den traditionellen Liberalen gegenüberstand.[43] Zum anderen sahen Leo Baeck und Max Dienemann als Vorsitzende der Rabbinervereinigung ihre Aufgabe aber auch darin, den Zusammenhalt der Gemeinde über ihre Einrichtungen zu stärken und zur „Kulturgemeinde" umzuformen.

So spielte sich die Existenz der jüdischen Gemeinden in einem Spannungsfeld ab, das von den beiden gegensätzlichen Polen eines wachsenden und immer aggressiver werdenden Antisemitismus einerseits und einer Rückbesinnung auf die jüdischen Traditionen andererseits bestimmt wurde. Dabei ist in Rechnung zu

---

39 Dazu auch Barkai, Centralverein, S. 193f.
40 Brenner, Jüdische Kultur, passim, der Begriff S. 32.
41 Brenner, Jüdische Kultur, S. 47–51, Zitate S. 50f.
42 Brenner, Jüdische Kultur, S. 63–78.
43 Zum Verbandswesen im Überblick Zimmermann, Die deutschen Juden, S. 28–35.

stellen, dass der generelle Rückgang der jüdischen Bevölkerung das Bewusstsein schuf, in die Defensive zu geraten; man sprach sogar vom ‚Untergang des Judentums', denn die Überalterung durch den Rückgang der Geburtenrate, die Austritte aus der Gemeinde und den Religionswechsel, die wachsende Zahl der ‚Mischehen' und weitere Emigrationswellen reduzierten nicht nur die Gesamtzahlen, sondern signalisierten eine problematische demographische Entwicklung.[44] Die teilweise krisenhaften Situationen hatte man schon im September 1917 durch die Gründung der ‚Zentralwohlfahrtsstelle der deutschen Juden' als Dachverband für die verschiedenen sozialen Einrichtung aufzufangen versucht.[45] In Bayern kam die weitere Verschiebung vom Land in die Stadt dazu: Zählte man 1910 noch 46.097 jüdische Personen, so waren es 1925 nur mehr 41.295, davon wohnten allein in den fünf größten Gemeinden insgesamt 24.639 Mitglieder (München 10.068, Nürnberg 8.603, Fürth 2.504, Würzburg 2.261, Augsburg 1.203), also 60 %; nimmt man die nächsten neun größeren Gemeinden (Bamberg 972, Aschaffenburg 643, Bad Kissingen 504, Regensburg 478, Kitzingen 421, Schweinfurt 414, Ichenhausen 356, Coburg 316, Bayreuth 304) mit nochmals 4.408 Personen oder 10,7 % ebenfalls aus der Gesamtsumme heraus, so bleibt nur mehr ein Viertel für die kleinstädtischen und dörflichen Gemeinden.[46]

Der Schwund wirkte sich also vor allem auf die Struktur der Landgemeinden aus. Zwar konnten die meisten ihren Status als Kultusgemeinden halten – ihre Gesamtzahl reduzierte sich lediglich von 206 im Jahr 1910 auf 198 im Jahr 1933 – aber der jüdische Anteil in den Dörfern schrumpfte ganz erheblich und vielfach konnte der *Minjan*, die Mindestzahl der religionsgesetzlich notwendigen Männer für den Gottesdienst, nicht mehr aufrechterhalten werden. So lebten in Oberfranken in den 1920er Jahren nur noch in einem guten Dutzend Orten mehr als zehn Juden – im 19. Jahrhundert waren es noch 34 gewesen, die über mindestens sieben Matrikelstellen verfügt hatten.[47] Selbst der zeitweilige Sitz eines Distriktsrabbinats Burgebrach, das 1906 vom Bamberg aus verwaltet wurde, hatte 1925 nur mehr fünf Juden aufzuweisen, und die Synagoge wurde 1927 verkauft.[48] Der ‚Verband Bayerischer Israelitischer Gemeinden' versuchte zwar, die armen Gemeinden zu unterstützen und die massiven Auswirkungen der Hyperinflation des Krisenjahres 1923 mit den Vermögensverlusten wenigstens einigermaßen aufzufangen. Zudem regelte er die Gehälter der Rabbiner und Gemeindebediens-

---

44 Zimmermann, Die deutschen Juden, S. 12–14.
45 Vgl. dazu den Gesamtüberblick Hering u.a., Zentralwohlfahrtsstelle.
46 Ophir/Wiesemann, Gemeinden, S. 15,19.
47 Guth, Landgemeinden Oberfranken, S. 393.
48 Guth, Landgemeinden Oberfranken, S. 115–128.

teten, beriet sie in der Verwaltung, richtete Landesinstitutionen für soziale und kulturelle Zwecke ein und schlichtete Streitigkeiten, sorgte damit für den Zusammenhalt des Judentums im gesamten Land und übernahm die Vertretung gegenüber dem Staat.[49] Den generellen Rückgang der jüdischen Bevölkerung Bayerns konnte er nicht aufhalten.

Doch wie gestalteten sich die Verhältnisse in den einzelnen Gemeinden? Beim Versuch, sie etwas genauer auszuleuchten, fällt das Bild für die großen städtischen Gemeinden erwartungsgemäß sehr viel differenzierter aus als für die kleinstädtischen und dörflichen. München spielte zweifellos schon aufgrund seines Status als politisches Zentrum eine herausragende Rolle:[50] Sein reiches Vereinsleben sowohl in der Gemeinde selbst wie bei der Beteiligung in der Gesamtstadt hielt bis 1933 an, freilich mit Ausnahme der Sektion des Alpenvereins, die schon 1924 Juden ausschloss.[51] Dass sich die Beziehungen zwischen den verschiedenen Gruppierungen veränderten, zeichnete sich schon früh ab: Die Distanz der etablierten Gemeinde zu den Ostjuden wurde abgebaut; die Erfahrung einer zunehmend feindlichen Umwelt führte beide in einer *Gemeinschaft des Leids* zusammen, wie das Jakob Reich, der Vorsitzende des 1918 von ihm gegründeten ‚Gesamtausschusses der Ostjuden', formulierte.[52] In der Gemeindevertretung – konstituiert nach dem neuen Verhältniswahlrecht, das nun auch den Frauen Stimmrecht gewährte – gewannen auch Orthodoxe und Zionisten Sitze und relativierten die bislang dominierende liberale Mehrheit; Elias Straus, Vorsitzender der Zionistischen Partei und angesehener Rechtsanwalt, wurde sogar zum Vizepräsidenten gewählt. Die 1921 gegründete Münchner Ortsgruppe der ‚Jüdischen Volkspartei' setzte sich für eine stärkere Beachtung der Tradition und speziell für eine Verbesserung der Lage der Ostjuden ein. Sie wollte die Kultusgemeinde zur ‚Volksgemeinde' umformen und demgemäß sollte auch der neue Rabbiner nicht nur *gemeindlicher Ritualbesorger* sein, sondern *Vertreter der Bedürfnisse der jüdischen Gesamtheit* – so Sigbert Feuchtwanger in einem Artikel des ‚Jüdischen Echo', dem Presseorgan der Zionisten.[53] Mit dem liberalen Rabbiner Leo Baerwald (1883–1970) – einem gebürtigen Böhmen, der in München aufgewachsen und im Rabbinerseminar in Breslau ausgebildet worden war und als Feldrabbiner in der bayerischen Armee gedient hatte[54] – und den Gemeindevertretern Elias Straus und Alfred Neumeyer[55] – er

---

49 Ophir/Wiesemann, Gemeinden, S. 15–19.
50 Specht, Zerbrechlicher Erfolg, S. 141–156.
51 Dazu Cahnmann, Juden in München, S. 45–47.
52 Zit. nach Pommerin, Ausweisung, S. 81.
53 Specht, Zerbrechlicher Erfolg, S. 144f.
54 Brocke/Carlebach, Biographisches Handbuch, Bd. II. 1, S. 47f. Nr. 1983.
55 Vgl. Neumeyer, Alfred Neumeyer, passim.

war Richter am Obersten Landesgericht und kam aus dem liberalen Bürgertum – gelang eine Kooperation der verschiedenen Flügel.

Neue Impulse suchten die Idee einer jüdischen Renaissance im Gemeindeleben konkret umzusetzen: 1920 wurde die *völlig brachliegende* Bibliothek wiederbelebt, sie sollte nicht mehr nur Spezialliteratur für Gelehrte bieten, sondern über die Vermittlung moderner Werke zum Judentum hinführen.[56] 1925 schloss sich die Gemeinde der ‚Lehrhaus'-Bewegung an, die über die Erwachsenenbildung – einer Parallele zur Volkshochschule – die „systematische Wiederaneignung jüdischen Wissens" zu betreiben suchte, *um uns [zu] lehren, warum und wozu wir es sind*. Sie war in Frankfurt von Franz Rosenzweig mit dem Ziel entwickelt worden, *Mittel- und Kernpunkt für das jüdische Leben des jüdischen Menschen* zu werden.[57] Ein Jahr später übernahm Ludwig Feuchtwanger, der Bruder des Schriftstellers, die Leitung in München. Auch die jüdische Schule erhielt eine neue Aufgabenstellung, ging es nun doch vorwiegend darum, die Sensibilität für die jüdischen Belange zu fördern. Ursprünglich 1924 vom orthodoxen Gemeindeteil *Ohel Jakob* als Volksschule eingerichtet und als Alternative zum allgemeinen Bildungsweg gedacht, stieg die Schülerzahl bald an, weil auch liberale Familien ihre Kinder dorthin schickten.[58] Sieht man diese neuen Impulse zusammen mit den zahlreichen sozialen Einrichtungen, die schon vor dem Krieg ins Leben gerufen worden waren, so lässt sich tatsächlich davon sprechen, dass die jüdische Gemeinde zu einer eigenen ‚Stadt in der Stadt' wurde.[59]

München verstand sich nun auch immer mehr als jüdisches Zentrum für ganz Bayern. Um eine Breitenwirkung der neuen Orientierung zu erreichen, wurde die ‚Bayerische Israelitische Gemeindezeitung' gegründet; wiederum Ludwig Feuchtwanger machte sie seit 1930 zu einem wichtigen Kommunikationsorgan, vermittelte sie doch neben den Nachrichten für die Kultusgemeinden allgemeine Beiträge zu jüdischen Themen. Und ein Museums-Verein unter der Leitung von Theodor Harburger widmete sich der Erfassung und Sammlung von jüdischen Ritualgegenständen in ganz Bayern – ein bis heute äußerst wertvolles Inventar über die reichhaltige Synagogenkultur, die nach wie vor auch und nicht zuletzt die Landgemeinden aufweisen konnten. Man wollte damit ein ‚Landesmuseum für jüdische Altertümer' in München vorbereiten, das dann allerdings nicht mehr zustande kam, wohl aber 1930 eine Ausstellung ‚Jüdische[r] Kult-Geräte und Ein-

---

[56] Brenner, Jüdische Kultur, S. 70.
[57] Brenner, Jüdische Kultur, S. 83–113, Zitate S. 83, 88.
[58] Brenner, Jüdische Kultur, S. 73: vgl. Prestel, Jüdisches Schul- und Erziehungswesen, S. 130–137.
[59] So Specht, Zerbrechlicher Erfolg, S. 154–156.

richtungen für Synagoge und Haus'.[60] Für eine Wiederbelebung der jüdischen Musik sorgte seit 1927 der musikalische Leiter der Gemeinde Heinrich Schalit, der „fruchtbarste Vertreter dieses neuen Ansatzes"; er hatte im Krieg wegen des wachsenden Antisemitismus das Judentum wiederentdeckt und setzte es nun musikalisch um, griff dabei orientalische und ostjüdische Vorbilder auf und war „der erste, der sich dem enormen Prestige [Louis] Lewandowskis entgegenstemmte", der seit den 1870er Jahren von Berlin aus die synagogale Musikkultur bestimmt hatte.[61] München stieg letztlich in diesen Jahren neben Berlin und Frankfurt zu einem weiteren geistigen Zentrum für die jüdische Welt auf.

Das alles spielte sich jedoch in einer Stadt ab, die vor dem Hintergrund der gesamtpolitischen Entwicklung in Bayern zum Sammelbecken konservativer, antirevolutionärer und völkischer Kräfte wurde. Sie erhielt „die Rolle des Gegenpols zur Reichshauptstadt Berlin" zugewiesen und war nach ihrem Profil als weitgespanntem kulturellem Zentrum der Jahrhundertwende – man denke nur an Thomas Manns Wort: ‚München leuchtet' – auf dem Weg zur von den Nationalsozialisten propagierten und später zum Mythos erhobenen ‚Hauptstadt der Bewegung'.[62] Hier inszenierte Adolf Hitlers seinen Aufstieg und setzte bewusst auf eine massive Präsenz in der Stadt, um sich zu etablieren.[63] Die jüdische Gemeinde erfuhr diese Gefahr, als beim Putsch vom November 1923 Rabbiner Baerwald entführt und mit der Waffe bedroht wurde, als Rahel Straus am 10. November die Hetzreden eines Julius Streicher am Sendliger-Tor-Platz erlebte.[64]

In Nürnberg finden sich ganz ähnliche Entwicklungstendenzen.[65] Auch hier zogen neben den Liberalen die Orthodoxen und Zionisten in die Gemeindevertretung ein. Einerseits genoss Rabbiner Dr. Max Freudenthal (1868–1937), seit 1907 im Amt, als Vertreter der liberalen Richtung auf bayerischer wie gesamtdeutscher Ebene zwar hohe Anerkennung,[66] andererseits wurde der orthodoxe Verein *Adas Israel* zwar in einem Vertrag von 1922 in die Gemeindeorganisation integriert, blieb aber selbständig in seiner inneren Verwaltung und behielt mit Dr. Abraham Isaak (auch Arnold) Klein (1875–1961) seinen eigenen Rabbiner,[67] der

---

60 Ediert in der dreibändigen Ausgabe Harburger/Assulin, Inventarisation; zum Museumswesen; und zur Ausstellung Purin, Theodor Harburger, passim.
61 Brenner, Jüdische Kultur, S. 175f.
62 Hockerts, Warum München?, passim.
63 Dazu Joachimsthaler, Hitlers Eintritt in die Politik; jüngst Longerich, Hitler, München und die Frühgeschichte der NSDAP.
64 Specht, Zerbrechlicher Erfolg, S. 152f.
65 Dazu A. Müller, Nürnberg, S. 205–210; A. Schmidt, Scheinbare Normalität, S. 286–292.
66 Brocke/Carlebach, Biographisches Handbuch, Bd. II. 1, S. 200–203 Nr. 2157.
67 Brocke/Carlebach, Biographisches Handbuch, Bd. II. 1, S. 331 Nr. 2292.

eine eigene *Jeschiwa* betreute[68] und ein vielfältiges Engagement in der Öffentlichkeit entwickelte. Der Zionismus konnte sich nun unter dem Vorsitz von Dr. Liebstädter stärker entfalten, wenn er auch in der Gesamtgemeinde eine Minderheit blieb. Die neue angestrebte Gemeinsamkeit wurde mit der Gründung einer dreiklassigen jüdischen Volksschule durch den Verein *Adas Israel* 1921 sichtbar, hatte sie doch zum Ziel, *unsere Kinder zu guten Juden und treuen hingebungsvollen Staatsbürgern zu erziehen,* und mündete 1926 in eine Gemeindeschule mit 160 Schülern in acht Klassen und sechs Lehrern.[69] Dazu kam eine Sprachenschule für Neu-Hebräisch, eine eigene Gemeindebibliothek und seit 1921 das ‚Nürnberg-Fürther israelitische Gemeindeblatt' mit einem breiten Informationsangebot – gewichtige Elemente, die auf ein Einschwenken der Gemeinde auf die Linie einer kulturellen Verselbstständigung innerhalb der Stadt hinweisen. Zusammen mit den sozialen Einrichtungen, dem Altersheim, einem Schwesternheim und einem Mädchenstift sowie den breiten Angeboten des 1913 gegründeten Sportvereins *Bar Kochba* und der *Esra*-Gruppe, die seit 1923 in Sulzbürg ein Landheim unterhielt,[70] wollte sie dem wachsenden Antisemitismus in der Stadt Paroli bieten, der in Nürnberg mit Julius Streicher und seinem rassistischen Kampfblatt ‚Der Stürmer' seit 1923 besonders präsent war.[71]

Die Nachbargemeinde Fürth, die gegenüber der relativ jungen Gemeinde Nürnberg auf eine lange und herausragende Lehrtradition zurückschauen konnte, hatte zwar nach der Aufhebung der *Jeschiwa* einen bemerkenswerten wirtschaftlichen Aufstieg erlebt, doch im Inneren blieb sie gespalten:[72] Die liberale Mehrheit gestand erst 1932 im Vorstand neben ihren eigenen fünf Vertretern nur einem Orthodoxen und einem Zionisten einen Sitz zu, versagte aber den Ostjuden das Wahlrecht, was schon 1927 zu einem heftigen Streit zwischen den Einheimischen und den Zugewanderten geführt hatte. Dem liberalen Oberrabbiner in der Hauptsynagoge – der *Altschul* – Dr. Siegfried Behrens (1876–1942),[73] der nach verschiedenen Stationen in Norddeutschland und einem Rabbinat in Göttingen 1923 gewählt worden war und auch das Bezirksrabbinat innehatte, stand der orthodoxe Dr. Jehuda Breslauer (1894–1983) gegenüber, der aus Posen stammte und nach der Zwischenstation Kiel im gleichen Jahr 1923 die Leitung des Vereins *Schaumre Hadaß* übernahm, der als Zentrum die *Neuschul* innehatte. Die

---

68 Prestel, Schul- und Erziehungswesen, S. 135.
69 Prestel, Schul- und Erziehungswesen, S. 135f.
70 Dazu Hirn, Jüdisches Leben, S. 74–77.
71 A. Müller, Nürnberg, S. 190–195.
72 Ophir-Wiesemann, Gemeinden, S. 179–181.
73 Brocke/Carlebach, Biographisches Handbuch, Bd. II. 1, S. 66f. Nr. 2004.

übrigen Synagogen galten als Privaträume mit Ausnahme der im Waisenhaus, die intern genutzt wurde.[74] Die zahlreichen Stiftungen mit vorwiegend sozialer Zielsetzung und einige orthodox geprägte Vereine verwiesen noch auf die tradierten Strukturen. Zu ihnen gehörte auch die jüdische Realschule,[75] gegründet 1862, um die traditionelle religiöse Erziehung durch eine profane höhere Bildung zu ergänzen. Auch wenn auf staatliches Drängen der Religionsunterricht nach und nach eingeschränkt wurde, blieb die Schule doch eine von einem Verein getragene orthodox geführte Anstalt – die damit auch für Kinder aus den Landgemeinden und nicht zuletzt aus Nürnberg attraktiv war und seit 1928 auch Mädchen aufnahm. Der Höhepunkt war 1934 erreicht, als insgesamt 197 Schüler, davon 118 auswärtige, gezählt wurden. Demgegenüber folgten die Ortsgruppen der neuen Jugendverbände in den verschiedenen Ausformungen sowie die Sportgruppen, vielfach mit denen der Nürnberger Gemeinde vernetzt, offensichtlich den neuen Impulsen, die Gestaltung des Lebensumfeldes in die eigenen Hände zu nehmen.

In Würzburg hielten sich die Liberalen und Orthodoxen in der Gemeindevertretung in etwa die Waage, während die Zionisten und die ihnen nahestehenden Ostjuden deutlich in der Minderheit blieben.[76] Dem 1919 gewählten Rabbiner Siegmund Hanover (1880–1964) – der als Bezirksrabbiner auch die Landgemeinden zu betreuen hatte –, in Wandsbeck geboren und in Halberstadt und Hamburg ausgebildet,[77] gelang es jedoch, trotz der verschiedenen Richtungen *den Geist der Versöhnung in die Verhandlungen der Verwaltung hineinzutragen*, wie ein Mitglied des Gremiums es formulierte,[78] und die Gemeinde für eine Reihe von Initiativen im Bereich der Bildung zu gewinnen. Die Konstellation der unterschiedlichen Lebensformen spiegelte sich auch hier in den Jugendgruppen – der orthodoxen *Esra*, dem zionistischen Wanderbund ‚Blau-Weiß', dem liberalen ‚Neutralen Jugendbund' –, wofür die Gemeinde 1928 ein eigenes Haus als Treffpunkt erwarb, sowie in den jüdischen Sportvereinen und in den Studentenverbindungen. Doch auch in Würzburg ist diese kulturelle Erneuerung und organisatorische Abschottung als Antwort auf die antisemitischen Strömungen zu sehen.[79] Der ‚Deutschvölkische Schutz- und Trutzbund' unter der Führung des Kreis- und Gauleiters Otto Hellmuth forcierte in den Jahren 1919–1923 die antisemitische Propaganda, und der im Sommer 1923 gegründete ‚Bund Frankenland' schwenkte bald auf die

---

74 Berthold-Hilpert, Synagogen Fürth, passim.
75 Ausführlich Prestel, Schul- und Erziehungswesen, S. 243–267.
76 Vgl. dazu Flade, Juden in Würzburg, S. 186–210.
77 Brocke/Carlebach, Biographisches Handbuch, Bd. II. 1, S. 271f. Nr. 2224.
78 Flade, Würzburger Juden, S. 187.
79 Ausführlich dazu Flade, Juden in Würzburg, S. 234–355; knapp Flade, Würzburger Juden, S. 237–256.

Linie der NSDAP ein. Die Spannungen kulminierten im März 1929 in einem neuen angeblichen Ritualmordfall von Manau bei Hofheim – in Bamberg war es 1926 und in Nürnberg 1929 zu ähnlichen Beschuldigungen gekommen[80] – und im ‚Habima-Skandal' 1930/31, einer gewalttätigen Auseinandersetzung, die sich an dem Auftritt einer russischen hebräischsprachigen Theatergruppe im Würzburger Stadttheater entzündete. Der örtliche ‚Centralverein' versuchte in all diesen Fällen mit einem Aufklärungsprogramm dagegen zu arbeiten – freilich ohne tiefgreifenden Erfolg.

In den jüdischen Großgemeinden zeichnet sich somit insgesamt ab, dass die Abwehr des immer breiter werdenden Antisemitismus neben dem liberalen, assimilierten ‚verbürgerten' Judentum nicht zuletzt den orthodoxen Gruppierungen neuen Auftrieb gab. Das galt auch für kleinere Gemeinden: In Kitzingen hatte sich die konservative Orientierung mit dem Rabbiner Immanuel Adler (1840–1911)[81] gehalten; sie mündete 1905 in einen eigenen Verein *Ez Chajim*, der sich gegen die Liberalisierung wendet und der *Pflege und Verbreitung jüdischen Gesetzes ganz besonders unter den hiesigen jungen Leuten* widmete.[82] Das fand unter seinem Nachfolger Dr. Joseph Wohlgemuth, der seit 1912 amtierte,[83] insofern eine Fortsetzung, als die Gemeinde in den 1920er Jahren sowohl dem ‚Bund gesetzestreuer jüdischer Gemeinden' beitrat – das taten in Bayern seit 1920 mehr als hundert Gemeinden – als auch der ‚Vereinigung der Sabbathfreunde'. In Bamberg hielt 1912 der Verein *Adas Israel* seine eigenen Gottesdienste ab.[84] In Regensburg vollzog eine strenggläubige Gruppe von Familien im benachbarten Hermannsberg (Gemeinde Wiesent) die Abgrenzung gegenüber der liberal geprägten Gemeinde,[85] und in Augsburg nutzte der konservative Teil die ehemalige Vorortsynagoge Kriegshaber, ohne freilich eine förmliche Vereinsgründung damit zu verbinden.[86]

Doch wie gestaltete sich diese Entwicklung in den Kleinstadt- und Landgemeinden? Wenigstens ein Beispiel mag die Situation auf der Ebene der Kleinstädte sichtbar machen: In Weiden in der Oberpfalz, wo die jüdische Gemeinde erst in den 1860er Jahren entstanden war, um 1900 mit 124 Seelen bei knapp 10.000 Einwohnern noch relativ klein ausfiel, bis 1933 auf immerhin 168 Per-

---

80 Wiesemann, Ritualmordbeschuldigung, passim.
81 Brocke/Wilke, Biographisches Handbuch, Bd. I. 1, S. 127 Nr. 0015.
82 Schwinger, Kitzingen, S. 51f., 57–59, 77–81, Zitat S. 77.
83 Schwinger, Kitzingen, S. 93–99, 158–164.
84 Synagogenband I, S. 81.
85 Wittmer, Oberpfalz von 1919 bis 1933, S. 127f.
86 Frdl. Hinweis von Souzana Hazan, Augsburg, auf der Basis von Zeitzeugenberichten; vgl. Schwierz, Steinerne Zeugnisse, S. 249f.

sonen bei 22.775 Einwohnern anstieg,[87] konnten die inneren Strukturen noch erhalten werden. Ein Synagogenverein hatte für die religiöse Betreuung gesorgt, ehe 1895 die Kultusgemeinde anerkannt wurde, die seit 1927 die 25 Juden in Erbendorf mit einbezog. Einen eigenen Rabbiner konnte sich die Gemeinde freilich nicht leisten; seit 1911 gehörte Weiden zum Distriktsrabbinat Regensburg,[88] das in dieser Phase durchweg von konservativen Persönlichkeiten besetzt wurde. Alle seine Rabbiner waren im Hildesheimerschen Seminar in Berlin ausgebildet worden – seit 1881/82 Dr. Seligmann Meyer (1853–1925),[89] ab 1927 Dr. Harry Levy (1893–1978)[90] und dann Dr. Magnus Weinberg (1867–1943),[91] der bereits seit 1895 in Sulzbürg und Neumarkt amtierte –, spielten aber mit ein bis zwei Besuchen des Rabbiners im Jahr keine prägende Rolle. Die Führung der Gemeinde lag vielmehr beim örtlichen Religionslehrer, Vorsänger und Schächter Emanuel Strauß, der von 1895 bis in die NS-Zeit mit kurzen, bürokratisch bedingten Unterbrechungen amtierte. Obwohl auch er zu den Strenggläubigen gehörte, blieb die Mehrheit eher liberal, *freidenkend*, wie Rabbiner Dr. Seligmann Meyer das mit Bedauern bezeichnete. Und doch war sie eine vollgültige Gemeinde.[92] Seit 1903 verfügte sie über eine eigene Elementar- und Religionsschule – entgegen dem Trend zum Rückbau, sodass seit 1924 in der Oberpfalz nur noch in Regensburg und Weiden eigenständige jüdische Schulen bestanden. Die Lehrer hatten alle das Seminar in Würzburg absolviert, insbesondere Emanuel Strauß, dem 1916 auch der Religionsunterricht an den höheren Schulen übertragen wurde. 1901 löste sich die Gemeinde mit einem eigenen Friedhof endgültig von der ‚Muttergemeinde' Floß. Armenkasse und *Chewra Kaddischa* sowie ein entsprechender Frauenverein wirkten nach innen, einer Ortsgruppe des ‚Centralvereins' gehörten 1923 praktisch alle selbstständigen Mitglieder der Gemeinde an, und auch der ‚Reichsbund jüdischer Frontsoldaten' war präsent, während die Zionisten offenbar erst nach 1933 Fuß fassen konnten.

Der Antisemitismus war mit der frühen Gründung einer Ortsgruppe des ‚Deutschvölkischen Schutz- und Trutzbundes' seit 1920 präsent und agitierte in Versammlungen, mit Flugblättern und Handzetteln, ehe dann die frühe NSDAP-Ortsgruppe diese Funktion übernahm und erheblichen Zulauf gewann. Obwohl der ‚Centralverein' auf Initiative des Lehrers Strauß mit Beschwerden und poli-

---

87 Schott, Weiden, S. 56f.
88 Dazu Schott, Weiden, S. 98–108.
89 Brocke/Carlebach, Biographisches Handbuch, Bd. II. 2, S. 433f. Nr. 2427.
90 Brocke/Carlebach, Biographisches Handbuch, Bd. II. 2, S. 382f. Nr. 2356.
91 Brocke/Carlebach, Biographisches Handbuch, Bd. II. 2, S. 641–643 Nr. 2658.
92 Schott, Weiden, S. 77–97.

zeilichen Anzeigen gegen Verleumdungen vorzugehen versuchte und auch Ermahnungen der Regierung in Regensburg an den Stadtrat erfolgten, konnten selbst vereinzelte gewaltsame Ausfälle gegen Juden in der Stadt nicht verhindert werden. Die aus der Retrospektive formulierte Einschätzung, das Zusammenleben in Weiden sei „gut bis sehr gut gewesen", erscheint somit eher als nachträgliche Verklärung.[93] Trotz der vielfachen Integration im Vereinsleben und der Akkulturation im Alltag, trotz gelegentlicher Kontakte an den jeweiligen Festtagen blieb auch hier ein gesellschaftliches Nebeneinander bestehen.[94]

Geht man auf die Ebene der Dörfer, so wird das Problem sehr viel größer, empirisch fundierte Aussagen zu machen, denn gerade für die Weimarer Zeit gibt es nur wenige Untersuchungen; immerhin finden sich in einer breiter ausgreifenden Analyse einige wichtige Hinweise.[95] So ist etwa die Einschätzung, dass sich auf dem Dorf im Vergleich zur Stadt die Orthodoxie länger und umfassender erhalten habe, die noch für das 19. Jahrhundert weitgehend zugetroffen haben dürfte, für die 1920er Jahre nicht so ohne weiteres fortzuschreiben. Nicht nur die Tatsache, dass die Säkularisation des Lebens generell auch die ländlichen Gemeinden erreicht hatte, wie manche Rabbiner klagten, spricht dafür, sondern auch die Beobachtung, dass die Schließung von jüdischen Schulen und damit das Fehlen der Lehrer als Vermittler des Wissens um die jüdische Lebensform ebenso dazu beigetragen haben. Was aber weitgehend erhalten blieb, waren die Feier der Feste des Lebenszyklus – Beschneidung, *Bar Mizwa*, Heirat und Begräbnis – sowie die Gottesdienste an den hohen Feiertagen in der Synagoge, denn sie gehörten auf jüdischer Seite ebenso zur ‚Dorfkultur' wie auf christlicher Seite. Diese Einschätzung, die prägnant in der Formel zusammengefasst wurde: „Die Religiosität war sachbezogen, ohne ästhetische Verbrämung oder theatralische Musikalität, nicht so sehr eine Sache der Hingabe als die Erfüllung einer Pflicht",[96] wird man auch für Franken, Schwaben und die Oberpfalz übernehmen dürfen. Ein gewichtiges Indiz war die Benutzung der *Mikwe*: Denn für Bayern wurde – im Gegensatz zu manchen westdeutschen Provinzen – noch 1926 eine stattliche Anzahl von Ritualbädern gezählt: in Unterfranken 97 in 112 Gemeinden, in Mittelfranken 39 in 45, in Schwaben 11 in 13 Gemeinden.[97] Als ähnliches Indiz darf die Ausstattung der Synagogen mit wertvollen Kultgegenständen gelten, die Theodor Harburger,

---

93 Schott, Weiden, S. 157–170.
94 Schott, Weiden, S. 143–149.
95 Vgl. zum Folgenden Borut, Religiöses Leben der Landjuden, S. 239–241.
96 Cahnmann, Der Dorf- und Kleinstadtjude, S. 181–187, Zitat S. 181.
97 Borut, Religiöses Leben der Landjuden, S. 235, nach der ‚Bayerischen Israelitischen Gemeindezeitung'.

wie bereits angedeutet, in den Jahren 1926–1932 dokumentierte: Er besuchte nicht weniger als 213 Orte und belegte seine Funde aus 128 davon mit Fotografien. Die Ausstattung mit wertvollen Ritualgegenständen – die schon im 16. Jahrhundert eingesetzt hatte und noch im 19. Jahrhundert nachklang – war also überall noch vorhanden. Harburger ging es nicht zuletzt darum, „diejenigen religiösen Traditionen zu dokumentieren, welche so lange das Leben dieser Gemeinden geprägt hatten", deren Objekte nun aber wegen der schrumpfenden oder gar sich auflösenden kleinen Landgemeinden verloren zu gehen drohten.[98]

Nur für einzelne Gemeinden erlaubt der derzeitige Forschungsstand Einblicke. Eine davon ist Aschbach südwestlich von Bamberg:[99] Es hatte sich mit 60 jüdischen Einwohnern (1925) noch beachtlich gehalten und verfügte über eine Synagoge, die erst 1907 erweitert worden war. Als 1914 der zuständige orthodoxe Rabbiner Eduard Ezechiel Goitein von Burgkunstadt starb und das Bezirksrabbinat aufgelöst wurde, wollte die Gemeinde ein eigenes Rabbinat ins Leben rufen, das zum *Kristallisationspunkt für die sonst dem allmählichen Untergang verfallenden gesetzestreuen Kultusgemeinden des Regierungsbezirks Oberfranken und des nördlichen Mittelfrankens* werden sollte – man dachte an einige Nachbargemeinden und wollte Dr. Klein von *Adas Israel* in Nürnberg als Rabbiner gewinnen. Doch der Plan traf auf Widerstände bei den Rabbinern Dr. Eckstein von Bamberg und Dr. Freudenthal von Nürnberg; nicht zuletzt verweigerten sich die für einen Zusammenschluss vorgesehenen Nachbargemeinden Trabelsdorf und Burgebrach, während das in Frage kommende Ermreuth zu weit entfernt war. So trat die Gemeinde 1919 dem ‚Bund gesetzestreuer jüdischer Gemeinden Deutschland' und 1920 dem Kitzinger Rabbinat bei. Der Gottesdienstplan mit *1mal täglich; an Sabbaten und Festtagen [...] dreimal* belegt immerhin eine tief verankerte Religiosität. Freilich nahmen nur noch wenige Kinder am Religionsunterricht teil, die jüdische Elementarschule musste schon 1923 wegen mangelnder Schülerzahl geschlossen worden. Der Vorgang mutet fast wie ein letztes Aufbäumen gegen die Säkularisierungstendenzen an, die nun auch die Landgemeinden erfasst hatten. Jedenfalls verlief die Trennungslinie zwischen Observanz und Liberalität auch zwischen den Dörfern einer Kleinregion.

Der Fall blieb anscheinend eine Besonderheit, doch weisen einige Nachrichten darauf, dass auch andere Dorfgemeinden als orthodox galten: Das alte jüdische Zentrum Schnaittach, dem sich seit 1932 die Nachbargemeinden Forth, Hüttenbach und Ottensoos anschlossen – sie alle gehörten in der Vormoderne

---

98 Vgl. dazu Weber, Fotosammlung, S. 29–37, Zitat S. 36.
99 Guth, Landgemeinden Oberfranken, S. 77–92, hier S. 80f.; Synagogenband I, S. 56–65, hier S. 57f., 60f.

zur Herrschaft Rothenberg –, verfügte nicht nur über Synagoge, Schule, Ritualbad und Friedhof, sondern war Sitz des ‚Bundes der gesetzestreuen israelitischen Gemeinden Bayern'.[100] Und das schwäbische Fischach galt in der Mehrheit seiner jüdischen Bürger als orthodox, hatte neben den sonstigen Vereinen eine Ortsgruppe des Verbands *Agudas Jisrael* und des Jugendvereins *Esra*.[101]

Was sich in diesen Jahren in den Dörfern im Alltag abspielte, ist allerdings nur schwer zu rekonstruieren. Immerhin gewähren Beobachtungen für das unterfränkischen Gaukönigshofen einen gewissen Eindruck:[102] Das jüdische Leben war noch von einer traditionsorientierten Lebensform gekennzeichnet, auch wenn einzelne Familien, insbesondere die Jugend, zuweilen am Sabbat ausscherten. Immerhin hatte man sich einen strenggläubigen Lehrer ausgewählt, der auch die Gottesdienste hielt. Der ökonomische Konnex der jüdischen Viehhändler mit den Bauern bedingte auch ein gewisses Spannungsverhältnis, und die sozialen Kontakte zwischen Christen und Juden blieben verhalten und überwanden die ‚Fremdheit' nur bedingt.

Für das schwäbische Altenstadt a.d. Iller lassen überlieferte Erinnerungen den Schluss zu, dass es unter den Mitgliedern der Judengemeinde deutliche Unterschiede in der Beachtung der Speisevorschriften wie der Sabbatruhe gab, dass sich aber auch ein Generationsgefälle mit zunehmend schärferen Bruchlinien einstellte. Die Identität der jüdischen Gemeinschaft wurde dabei jedoch nicht aufgelöst; so praktizierte man das Schächten noch bis zum bayerischen Verbot von 1930, beging die hohen Feste und die familiären Ereignisse in traditioneller Weise – nur selten unter wechselseitiger Beteiligung der beiden Religionsgruppen. Demgegenüber war die Beteiligung der Juden am Vereinsleben durchgängig üblich geworden, man vermied jedoch hier wie in der Gemeindepolitik exponierte Stellungen – in dieser Beziehung scheint nicht mehr das Prestige der Gleichberechtigung, sondern die Sorge vor der Verunglimpfung eine Rolle gespielt zu haben, die sich möglicherweise aus ersten Ausschreitungen – einem Einwurf eines Synagogenfensters, einer Friedhofsschändung – ableiten lässt. Die Synagoge war „selbstverständlich ins öffentliche Leben einbezogen", doch es blieb bei der „Akzeptanz rituell bedingter, unterschiedlicher Traditionen".

Was allerdings auffällt, ist die Würdigung der Gefallenen des Weltkrieges. Nicht nur der Beitritt zu den ‚Krieger- und Veteranenvereinen' galt als Beweis für den Stolz der Teilnahme am Kriegseinsatz – entgegen den Vorwürfen von den ‚Drückebergern' –, sondern die aktive Beteiligung am Totengedenken in

---

100 Ophir/Wiesemann, Gemeinden, S. 224.
101 Ophir/Wiesemann, Gemeinden, S. 466f.
102 Michel, Gaukönigshofen, S. 375–426.

Kriegerdenkmälern auf den jüdischen Friedhöfen oder den Tafeln in den Synagogen verband sich mit dem Bekenntnis zum Deutschtum, dass *Vaterlandsliebe und Heldenmut von jeher dem jüdischen Glaubensvolk zu eigen waren. Demgemäß wolle der deutsche Staatsbürger jüdischen Glaubens nicht nur das Wohlergeben des Vaterlands mitgenießen, sondern auch für letzteres in der Stunde der Gefahr mit Gut und Blut einstehen,* wie Hauptlehrer Hermann Rose das 1925 anlässlich der Einweihung in Altenstadt wünschte.[103]

Die Zeit der Weimarer Republik war also eine Phase der Widersprüche: Auf der einen Seite vollendete die Verfassungsgebung auf der Reichs- wie der Landesebene die rechtliche Gleichstellung und garantierte den Kultusgemeinden ihre Selbstverwaltung. Unter diesen Rahmenbedingungen hatte die ‚jüdische Landschaft' Bayern weitere spezifische Elemente verloren und mündete ein in eine generelle ‚deutsche' Entwicklung. Die Präsenz von jüdischen Vertretern in den politischen Entscheidungsgremien wie die Partizipation am gesellschaftlichen Leben in den örtlichen Vereinen schien problemlos, die Öffnung des Zugangs zu den akademischen Funktionen und öffentlichen Ämtern ließ die Integration als abgeschlossen erscheinen. Auf der anderen Seite hatte der Weltkrieg die Risse aufbrechen lassen, die auch im 19. Jahrhundert die Emanzipation als nur bedingt belastbar erscheinen ließen, auch wenn sie öffentlich propagiert worden waren; die tradierten Vorurteile erfuhren eine Wiederbelebung auch in den Kreisen, mit denen man glaubte problemlos verkehren zu können – selbst wenn sich die Kontakte zwischen ‚Deutschen' und ‚Juden' vorwiegend auf formeller Ebene abspielten. Doch der rassische Antisemitismus, der sich in organisierten Formationen der Parteien wie Verbände aus der Zeit des Kaiserreichs weiter entfaltete, radikalisierte sich gerade in Bayern, wo das Trauma der Räterepubliken in der Verurteilung als Produkt ‚jüdischer Herrschaft' besonders gravierend wirkte: Der restriktive Ansatz der Regierung von Kahr, erst als Ministerpräsident, dann als Generalstaatskommissar, kulminierend im Hitlerputsch, öffnete die Schleusen massiver ‚Judenhetze'. Sie beschleunigte die schon um die Jahrhundertwende erkennbare Rückbesinnung auf ein jüdisches Selbstverständnis in Formen der Orthodoxie wie – wenn auch schwächer – des Zionismus, freilich vorwiegend in den Städten, während in den Dörfern die tradierten Lebensformen noch eher lebendig geblieben waren. Die Erfahrung der Akzeptanz war deutlich fragwürdiger, die Angriffe waren massiver geworden.

---

[103] Sommer, Altenstadt, S. 16–39, Zitate S. 28, 34, 39. Vgl. Rose, Altenstadt, S. 31–35.

# 28 Ausgrenzung und Verfolgung im NS-System

Die Feststellung, dass mit der ‚Machtergreifung' der NSDAP am 30. Januar und der ‚Gleichschaltung' seit dem Frühjahr 1933 eine neue Phase der jüdischen Geschichte begann, erscheint im Rückblick auf das Ende in der Schoa banal. Zwar hatte es seit dem Auftauchen der ersten Siedlungen immer wieder katastrophale Pogrome gegeben, in denen Gemeinden zerstört, ihre Mitglieder ermordet und ihr Vermögen konfisziert wurde, doch die letztlich europäische Dimension einer industriellen Todesmaschinerie im Holocaust war zweifellos ein Novum in der Geschichte. So könnte man Zweifel anmelden, ob die Perspektive der Regionalgeschichte überhaupt geeignet ist, die Analyse dieser Phase der jüdischen Geschichte anzugehen: Die Etablierung des Herrschaftssystems, die Durchsetzung seiner Zielvorstellungen, wurde vom Zentrum Berlin aus vollzogen und für die Analyse der Umsetzung in der Verfolgung und Vernichtung der jüdischen Gemeinden als konstitutivem Teil dieses Systems erscheint der lokale und regionale Zugriff zu eng gefasst. Wenn dennoch im Folgenden der Versuch gemacht wird, dann wegen der gerade in der jüngeren Forschung betonten Einsicht, dass das NS-System keineswegs klar strukturiert und organisiert worden sei, vielmehr in der ‚Polykratie' die konkreten Abläufe aufgrund der vielfältigen Kompetenzüberschneidungen und konkurrierenden Ansprüche sehr unterschiedlich ausfallen konnten.[1] Insofern erscheint es durchaus sinnvoll, gerade die jüdische Geschichte dieser Zeit auch von der Region her zu beschreiben.

Bayern hatte schon insofern eine besondere Stellung, als München als ‚Hauptstadt der Bewegung' sowie Nürnberg als ‚Stadt der Reichsparteitage' dezidiert propagandistische Aufwertungen mit Vorbildcharakter zugeschrieben erhielten. Zwar war nach der ‚Machtergreifung' des 30. Januar und der Reichstagsbrandverordnung vom 28. Februar – der Grundlage für die Etablierung der NS-Diktatur und des Zwangssystems der Ausgrenzung – die Regierungsübernahme Bayerns am 16. März 1933 erfolgt und mit den Maßnahmen der ‚Gleichschaltung' nach dem Ermächtigungsgesetz des neu gewählten Reichstags vom 23. März die föderative Struktur beseitigt, doch die konkrete Umsetzung schuf eigene Strukturen. Die besondere Situation in Bayern zeichnete sich schon in der personellen Zusammensetzung der Führungsfiguren ab:[2] Gegenüber dem Reichsstatthalter Franz von Epp (seit April 1933) – der die Leitung der Freikorps

---
[1] Vgl. dazu etwa Möller/Wirsching/Ziegler, Nationalsozialismus in der Region; Ruck/Pol, Regionen im Nationalsozialismus.
[2] Vgl. dazu Ziegler, Bayern im NS-Staat, S. 514–531.

bei der Niederschlagung der Räterepublik im Mai 1919 innehatte – und dem Kabinett unter Ministerpräsident Ludwig Siebert, die beide nur über wenig Macht verfügten, wurden die Parteioberen zu den eigentlichen Machtträgern. Ernst Röhm als Führer der SA mit den ‚Sonderkommissaren' – bis zu seiner Entmachtung im Sommer 1934 – und Heinrich Himmler, Reichsführer der SS und seit 1936 ‚Chef der Deutschen Polizei' und damit der Gestapo, waren in Bayern zu den Spitzenpositionen aufgestiegen,[3] und von den Gauleitern entwickelten insbesondere Adolf Wagner von München-Oberbayern in der Verbindung von politischen und Parteifunktionen oder Julius Streicher in Franken über die Propaganda jeweils ihr ganz eigenes Machtprofil, während die Stellung der Gauleiter in Schwaben oder Unterfranken schwächer ausfiel.[4] Die Institutionalisierung von Dachau als erstem Konzentrationslager bereits im März 1933, um die zahlreichen willkürlich verhafteten ‚Schutzhäftlinge' unterzubringen, das dann seit April in die Hände der SS überging, erfolgte bezeichnenderweise in Bayern.

Die Gleichschaltungsmaßnahmen im gesellschaftlichen Bereich und die Etablierung der rassisch begründeten ‚Volksgemeinschaft', die Hand in Hand mit der Ausgrenzung und Verfolgung der politischen Gegner wie der Gruppierungen der ‚Fremden' gingen, trafen auf eine immer noch differenzierte Struktur der jüdischen Gemeinden. Die Urbanisierung hatte zwar das lange dominante kleinstädtisch-dörfliche Muster erheblich abgeschwächt, doch blieb eine große Zahl an ländlichen Siedlungen erhalten, sodass die beiden Pole der Großstadtgemeinden und Judendörfer weiterhin das Bild prägten. Gerade dieses Spannungsfeld gilt es im Folgenden genauer auszuloten.

Zunächst ist jedoch festzuhalten, dass der jüdische Bevölkerungsanteil insgesamt weiter rückläufig war: Zählte man 1925 noch 41.295 Personen, so waren es 1933 nur mehr 35.452. Auswanderungen hatten daran neben den rein demographischen Defiziten weiter einen gewichtigen Anteil; die restriktiven Maßnahmen des Staates, wachsender Antisemitismus und die Auswirkungen der Weltwirtschaftskrise hatten als Push-Faktoren gewirkt. Die Folge war eine Überalterung in den Gemeinden. Und bei den Verbliebenen setzten sich die Trends weiter fort, wie die Auswertung der statistischen Daten für 1933 belegt. Bei der räumlichen Verteilung schien sich zwar gegenüber der bisherigen Entwicklung eine Veränderung einzustellen, denn der Regierungsbezirk Oberbayern schob sich deutlich in den Vordergrund; Niederbayern war dagegen weiterhin nur mit einem sehr geringen Anteil vertreten, die Zahl der jüdischen Bewohner in der Oberpfalz blieb

---

[3] Vgl. dazu Ziegler, München als politisches Zentrum, S. 212–219, sowie die anschließenden Porträts der NS-Akteure S. 219–234.
[4] Dazu Ziegler, Gaue und Gauleiter, S. 154–156.

ebenfalls bescheiden, während sich die Massierungen nach wie vor in Franken und Schwaben befanden (Abb. 60a).[5]

Das Bild erhält jedoch ganz andere Konturen, wenn man die großen Gemeinden – München, Nürnberg, Würzburg, Augsburg sowie Aschaffenburg, Fürth, Bamberg und Regensburg – herausnimmt und das restliche Drittel (33,1 %), also die mittel- und kleinstädtischen sowie die dörflichen Niederlassungen in ihrer Verteilung betrachtet (Abb. 60b): Am dichtesten waren sie nach wie vor in Unterfranken, denn sie stellten die Hälfte aller registrierbaren Nennungen, gefolgt von Mittel- und Oberfranken sowie Schwaben.

Viele dieser Niederlassungen waren inzwischen jedoch noch kleiner geworden: Unter zehn Personen lebten in 45 Orten, davon lagen sechs in der Oberpfalz, je sieben in Oberfranken und Mittelfranken, 22 in Unterfranken und drei in Schwaben (Abb. 60c). Die Zahl der Kultusgemeinden war zwar 1933 mit 198 noch relativ hoch, doch ist das darauf zurückzuführen, dass eine offizielle Auflösung schon aus Traditionsbewusstsein nur selten erfolgte.[6] Nimmt man aber an, dass erst eine Größe von 20 Personen im Ort die notwendige Mindestzahl für die Gottesdienste mobilisieren konnte, so war über ein Drittel (91 von 260) an der Grenze der Gemeindebildung angelangt, und ein weiteres gutes Drittel (97) zählte zu den zwar noch lebensfähigen, aber doch noch recht bescheidenen Gemeinden (Abb. 60d).

Dass zwischen den beiden Polen der wenigen Großgemeinden und den immer noch zahlreichen Kleinansiedlungen und kleinen Gemeinden erhebliche Unterschiede in den Lebensformen bestanden, liegt auf der Hand. Wie wirkte sich das auf die Verfolgungsmaßnahmen des NS-Systems aus? Kann man von der These ausgehen, dass die unmittelbare Nachbarschaft vor Ort, wie sie sich über die Jahrhunderte entwickelte hatte, immer noch die Akzeptanz des Zusammenlebens von Juden und Christen bzw. Nichtjuden befördern und damit als Element einer Resistenz gegenüber den Maßnahmen der Verfolgung erweisen konnte – oder griff man überall, ähnlich den mittelalterlichen und frühneuzeitlichen Pogromen, bereitwillig die latenten Stereotype im neuen ideologischen Gewand auf, sodass die antijüdischen bzw. antisemitischen Aktionen keineswegs an dieser Grenze halt machten?

Bei einer Antwort auf diese Fragen ist sicher auch zu berücksichtigen, dass diese jüdischen Niederlassungen in konfessionell sehr unterschiedliche Räumen auch auf ein unterschiedliches politisches Verhalten trafen: An den Wahlen zum Landtag im April 1932 ist abzulesen, dass in den Regionen mit protestantischer

---

5 Die Grafiken basieren auf den Zahlen bei Ophir/Wiesemann, Gemeinden, passim.
6 Ophir/Wiesemann, Gemeinden, S. 19.

Mehrheit die NSDAP die meisten Stimmen erhielt – in Oberfranken insgesamt 44,2 %, in Mittelfranken 45,6 %, herausragend die Bezirksämter Gunzenhausen (67,9 %), Ansbach (68,4 %), Uffenheim (71,3 %), Neustadt a.d. Aisch (74,2 %) und Rothenburg o.d. Tauber (80,2 %) –, während sie in den überwiegend katholischen Gebieten in Schwaben (30,7 %), Oberbayern (24,6 %), Niederbayern (21,4 %), Unterfranken (25 %) und der Oberpfalz (20,5 %) hinter der ‚Bayerischen Volkspartei' zurückblieb.[7] Inwieweit diese größere Anfälligkeit der Protestanten bzw. stärkere Zurückhaltung der Katholiken gegenüber der NS-Ideologie sich auch gegenüber der Verfolgung von Juden auswirkte, wird zu überprüfen sein. Immerhin fällt auf, dass der ‚alte' Antjudaismus religiöser Prägung, der mit seiner Aktualisierung der Stereotype immer wieder aufbrach, sich vor allem dort mit dem ‚neuen' rassischen Antisemitismus vermischte, wo die Propaganda besonders aktiv wurde, wie in Franken, dem Gau Streichers.[8] In Rothenburg o.d. Tauber, wo er 1936 zum Ehrenbürger ernannt wurde, verpflichtete die Stadt sogar lokale Künstler, um in einer Serie von *Mahntafeln* antijüdische Motive vor Augen zu führen.[9]

Bekanntlich setzten die ersten gesetzgeberischen Maßnahmen[10] gegen die jüdische Bevölkerung schon wenige Tage nach dem Ermächtigungsgesetz ein, um dann stetig erweitert und rigoros bis zur völligen Ausschaltung vorangetrieben zu werden. Sie galten zum einen ihrer Verdrängung aus den öffentlichen Positionen, und das bedeutete den Ausschluss aus den inzwischen bevorzugten Berufsfeldern. Am Anfang stand das euphemistisch betitelte ‚Gesetz zur Wiederherstellung des Berufsbeamtentums' vom 7. April; trotz der von Reichspräsident Hindenburg veranlassten Entschärfung für Kriegsteilnehmer zog es in Bayern die Entlassung von etwa 400 Staatsbeamten nach sich.[11] Die ‚Umformung der Justiz' kündigte Justizminister Hans Frank im Münchner Justizpalast am 1. April mit den Worten an: *Das Hakenkreuz weht über der bayerischen Justiz und nie mehr wird es wieder heruntergeholt werden, es sei denn über unsere Leichen.*[12] Mit dem ‚Gesetz über die Zulassung zur Rechtsanwaltschaft' vom 7. April wurde die Tätigkeit der jüdischen Anwälte eingeschränkt, ihm folgten weitere Diskriminierungen bis zum gänzlichen Ausschluss im September 1938.[13] Das gleiche erfuhren

---

7 Die Zahlen nach Hartmann, Bayerns Weg, S. 500–502.
8 Vgl. dazu Kershaw, Reaktionen auf die Judenverfolgung, S. 289f.
9 D. Bauer, Rothenburg, S. 280–282; mit Bildmaterial D. Bauer, Antisemitismus, S. 168–174.
10 Auf die Einzelnachweise der Gesetze und Verordnungen im Reichsgesetzblatt wird im Folgenden verzichtet, um den Anmerkungsapparat nicht anschwellen zu lassen.
11 Raim, Verfolgung der fränkischen Juden, S. 200.
12 R. Weber, Das Schicksal der jüdischen Rechtsanwälte, S. 66–72, Zitat S. 69.
13 Ausführlich dazu R. Weber, Das Schicksal der jüdischen Rechtsanwälte, S. 95–146.

Ausgrenzung und Verfolgung im NS-System — 513

## Die Anzahl der Juden in den Regierungsbezirken Bayerns 1933

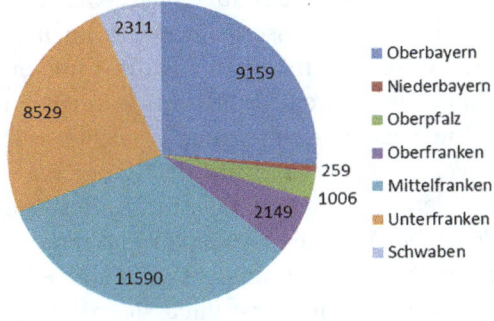

**Abb. 60a:** Gesamtzahlen der Personen

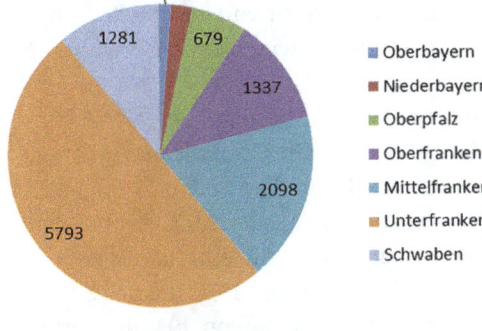

**Abb. 60b:** Gesamtzahlen ohne Großstädte

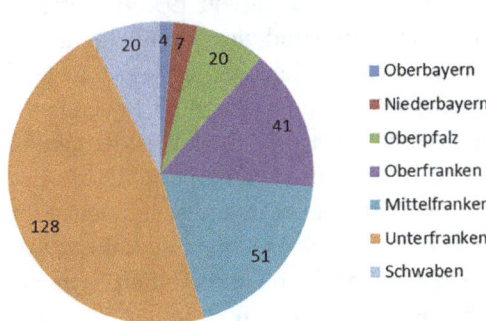

**Abb. 60c:** Zahl der Niederlassungen

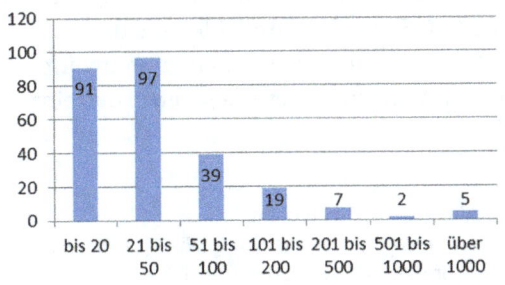

**Abb. 60d:** Verteilung nach der Größe der Niederlassungen

die Ärzte: Eine Verordnung vom 22. April verweigerte ihnen die Zulassung zu den Krankenkassen, bald übte die Reichsärztekammer Druck auf die ‚arischen' Patienten aus, sich nicht mehr bei Juden behandeln zu lassen, untersagte ihnen die Vertretung ‚deutscher' Ärzte – beispielsweise in Nürnberg und Fürth –, und mit der ‚Vierten Verordnung zum Reichsbürgergesetz' vom 25. Juli 1938 wurde ihnen die Approbation ganz entzogen.[14] Die gleiche Ausgrenzung erreichte auch weitere Funktionsträger wie etwa die Vorstände der Industrie- und Handelskammern. Der Ausschluss aus dem kulturellen Leben kam mit der Institutionalisierung der Reichskulturkammer im November 1933, die mit der Zwangsmitgliedschaft in ihren Untergliederungen sämtliche Bereiche von der Presse über Film, Musik, Theater und Rundfunk bis zu Literatur und Kunst umfasste; nach und nach wurde überall die jüdische Mitgliedschaft verweigert. All diese gesetzlichen Maßnahmen wurden zwar auf Reichsebene initiiert, ihr Vollzug spielte sich aber regional unterschiedlich intensiv ab – und München wie Nürnberg erwiesen sich dabei nicht selten als Vorreiter.

Auf einer anderen Ebene, die stärker auf öffentliche Wirkung zielte, lag der gewaltträchtige reichsweite Boykott jüdischer Geschäfte, den die Machthaber am 1. April 1933 inszenierten und dem weitere insbesondere seit 1935 folgten. Die ‚Nürnberger Gesetze' von 1935 mit der rechtlichen Ausgrenzung aus der ‚Volksgemeinschaft' schufen dann die Voraussetzungen für die systematische Verfolgung; sie fielen in eine kurze Spanne zwischen 1934 und 1937, die das System – nicht zuletzt, um die Wirkung der Olympischen Spiele von 1936 in Berlin zu sichern – als Beruhigung verstanden wissen wollte und die viele Bürger auch so werten mochten. Dass dies eine verhängnisvolle Illusion war, zeigte sich im Frühjahr 1938, als die Ausschreitungen wieder voll einsetzten und im November im Pogrom der ‚Reichskristallnacht' ihren Höhepunkt erreichten.[15] Diese generell angelegten Einzelschritte benennen freilich nur die Stationen der Verdrängung und Entrechtung; wie ihre konkrete Umsetzung vor Ort und die zahlreichen Einzelaktionen der Partei, insbesondere der SA und SS, ausfielen, bedarf einer differenzierten Skizzierung der Vorgänge in den einzelnen Landschaften Bayerns.

In Franken war die antijüdische Stimmung durch den ‚Stürmer' früh aufgeheizt worden, jenem rassistischen Kampfblatt, das von Julius Streicher herausgegeben wurde und Auflagen bis zu 800.000 Exemplare erreichte, und dessen Verbreitung durch die ‚Stürmerkästen', die in den Ortschaften aufgestellt wurden, noch gesteigert wurde. Die Zeitung hetzte nicht nur gegen die Juden in den einzel-

---

14 Drecoll/Schleusener/Winstel, Verfolgung jüdischer Ärzte, passim.
15 Zu den Vorgängen detailliert in den einzelnen Orten jeweils Ophir/Wiesemann, Gemeinden. Die Edition der einschlägigen Quellen bei Broszat, Bayern in der NS-Zeit, Bd. I, S. 427–486.

nen Gemeinden, sondern präsentierte zudem die alten antijüdischen Stereotype in immer neuen Varianten: Sonderausgaben thematisierten ‚Ritualmorde' und ‚Rassenschande',[16] ergänzt durch Jugend- und Kinderbücher sowie Spiele aus dem Streicherschen Verlag.[17] Der propagandistische Effekt in seinem eigenen Gau war gravierend,[18] was sich im Falle von Gunzenhausen ganz besonders massiv zeigte.[19]

Bereits in den späten Jahren der Weimarer Republik waren dort erste gewaltsame antisemitische Aktionen gestartet worden, ehe sie am 25. März 1934, einem Palmsonntag, in einem beispiellosen Pogrom kulminierten: Die SA stürmte die Gastwirtschaft des Juden Simon Strauß, verprügelte den Sohn und brachte Angehörige der Familie ins Gefängnis. Anschließend zogen, aufgehetzt von einer Rede des SA-Obersturmbannführers Karl Bär, ganze Trupps von 50 und mehr Leuten durch den Ort mit Rufen *Die Juden müssen raus, raus mit den Juden!* Man schätzte die beteiligte Menschenmenge auf insgesamt 1.000–1.500 Personen; 35 jüdische Bürger wurden festgenommen und misshandelt, zwei von ihnen kamen zu Tode. Trotz eines Gerichtsverfahrens gegen die Rädelsführer und Beteiligten in Ansbach auf Anweisung des Reichsinnenministeriums – die öffentliche Meinung im Ausland ließ das opportun erscheinen – kam es im Juli nochmals zu einer gewaltsamen Racheaktion des SA-Führers Bär gegen die Familie Strauß, bei der er Simon Strauß erschoss und den Sohn schwer verletzte; er wurde nun wegen Mordes angeklagt und verurteilt, während die Mittäter vom 25. März in der Wiederaufnahme des Verfahrens Freisprüche erhielten.

Gunzenhausen war eine noch intakte und mit 184 Personen relativ große Landgemeinde, verfügte über eine Synagoge samt Gemeindehaus, Mikwe und Friedhof sowie eine jüdische Schule und hatte ein differenziertes Vereinswesen. Die Folge des Pogroms war jedoch, dass bis 1938 nicht weniger als 115 Mitglieder der Gemeinde die Stadt verließen, sodass (die sonstigen Todesfälle mit gerechnet) im November 1938 nur mehr 64 Juden dort lebten, als der nächste Pogrom mit Zerstörungen der Synagoge und der Häuser die Restgemeinde ganz auflöste.

Das besonders brutale Vorgehen der SA in der mittelfränkischen Kleinstadt markiert den extremen Pol des Geschehens; es war in hohem Maß auf den SA-Führer Bär zurückzuführen, sodass es ein Einzelfall blieb. Doch das dort sichtbar gewordene antisemitische Potential fand eine ganze Reihe von Parallelen, auch

---

**16** Rohrbacher/Schmid, Judenbilder, S. 355–359.
**17** Barkai, Etappen der Ausgrenzung, S. 220f.
**18** Vgl. dazu etwa Wager, Der Stürmer, passim.
**19** Ophir/Wiesemann, Gemeinden, S. 187–190; Kershaw, Reaktionen auf die Judenverfolgung, S. 295f.

wenn die Ereignisse in anderen Orten nicht ganz so massiv verliefen: So veranstalteten etwa in Markt Berolzheim die SA und SS einen Umzug, an dessen Spitze ein Jude mit einem Plakat um den Hals marschieren musste, verfolgt vom Gelächter der Einwohner;[20] in Rothenburg o.d.T. unternahm die SA schon im März 1933 einen Überfall auf das Haus der Familie Mann, beschimpfte sie – *Ihr gehört alle an den Galgen ihr Betrüger* –, verhaftete die Männer und beschlagnahmte die Geschäftsbücher, um Erpressungen nachzuweisen;[21] in Heidenheim am Hahnenkamm fand im Juli 1933 eine antijüdische Kundgebung statt, bei der sieben Personen *zu ihrem Schutz* festgenommen wurden;[22] in Feuchtwangen wurde der Bankier David Gunzenhäuser 1936 verhaftet, seine Frau in *Schutzhaft* genommen, beide wurden zwar bald wieder freigelassen, aber sofort ausgewiesen.[23] Eine Vielzahl von weiteren Fällen von Beleidigungen, Misshandlungen und Zerstörungen an Häusern lassen sich auch in Oberfranken anführen.[24] Offensichtlich hatte sich in vielen Kleinstädten und Dörfern eine feindselige Stimmung in weiten Kreisen der Bevölkerung ausgebreitet, die von Rädelsführern mobilisiert werden konnte – wobei die Ortspolizei nur teilweise dagegen einschritt, weil sie meist selbst zu den Sympathisanten gehörte.

In der katholischen Bischofsstadt Eichstätt erfuhren die insgesamt gut integrierten und wirtschaftliche gut situierten Juden zwar „nicht jene Aggressivität und Gewaltbereitschaft" wie in der protestantischen Nachbarschaft, doch verunsicherten die judenfeindlichen Aktionen bis 1938 fast alle so sehr, dass sie die Abwanderung vorzogen; die katholische Kirche verhielt sich jedenfalls distanziert.[25] Insofern gewinnt das Bild aus Franken von 1935, in dem am Ortseingang neben dem Kreuz eine Tafel mit der Aufschrift: *Juden sind hier nicht erwünscht* aufgestellt wurde, geradezu symbolischen Charakter (Abb. 61). Das Bezirksamt Neustadt a.d. Aisch registrierte 1936 den Wandel der Einstellung in weiten Kreisen der Bevölkerung: *Während man früher für die verfolgten Juden in nicht mißzuverkennender Weise Stellung dort nahm, hört man jetzt schon Stimmen ‚wenn sie nur bald alle draußen wären!'* Und tatsächlich schlugen die Abwanderungen aus den jüdischen Landgemeinden schon in diesen Jahren beträchtlich zu Buche.

In Schwaben zeigte der Antisemitismus in der Anfangszeit des NS-Systems bis 1934 demgegenüber keine gleichartige Vehemenz.[26] Es gab Friedhofsschän-

---

20 Ophir/Wiesemann, Gemeinden, S. 196f.
21 D. Bauer, Rothenburg, S. 265f.
22 Ophir/Wiesemann, Gemeinden, S. 192.
23 Ophir/Wiesemann, Gemeinden, S. 172.
24 Dazu Raim, Verfolgung der fränkischen Juden, S. 200–204.
25 Vollmer Die Juden [Eichstätt], Zitat S. 119.
26 Zofka, Judenverfolgung in Schwaben, S. 172.

Abb. 61: Ortseingang zu einem Dorf in Franken, 1935

dungen in Binswangen, Fischach, Harburg und Krumbach, es gab Boykottaufrufe in Illerreichen-Altenstadt und antijüdische Demonstrationen in Oettingen; in Buttenwiesen kam es zu einer Verhaftung wegen angeblicher Beleidigung, und Israel Lammfromm beging Selbstmord nach einer Hausdurchsuchung und Beschlagnahme seiner Geschäftsbücher.[27] Doch die Abwanderung hielt sich im Gegensatz zu den mittelfränkischen Gemeinden insgesamt in Grenzen, der Druck auf die jeweiligen Gemeinden wurde offenbar nicht als so stark empfunden, dass das Verlassen des Ortes angebracht erschien. Besonders deutlich wird das in Ichenhausen: Diese größte jüdische ländliche Niederlassung Bayerns mit immer noch über 300 Mitgliedern in einer Kleinstadt – die Stadterhebung war erst 1913 erfolgt – von etwa 2.500 Einwohnern, war Sitz eines Bezirksrabbiners und wies eine differenzierte innere Struktur auf, angefangen von der ‚Heiligen Bruderschaft' bis zum Altenheim, mit Ortsgruppen des ‚Reichsbundes jüdischer Frontsoldaten', des ‚Centralvereins' und des ‚Jüdischen Nationalfonds', mit Jugendverein und Sportbund. Die Gemeinde wehrte sich schon im Vorfeld des NS-Regimes gegen die antisemitische Propaganda, und als im Mai 1933 die Juden aus dem allgemeinen Sportverein ausgeschlossen wurden, antworteten sie mit dem Austritt von 65 Mitgliedern aus der Ortsgruppe des Frauenbunds für das Rote Kreuz. Die Boykottaufrufe am 1. April – von SA-Wachen kontrolliert – veranlassten die Einwohner auswärts einzukaufen, sodass sich langfristig enorme ökonomische Auswirkungen einstellten: *Ichenhausen [...] bezeichnet sich selbst als sterbende Stadt, da in den dortigen Geschäften die Leute nicht mehr einkaufen wollen, sie gehen nach Günzburg, oder Ulm; unter dieser Ableitung der Käufer leiden damit*

---

27 Ophir/Wiesemann, Gemeinden, S. 463.

*auch die Geschäfte von Christen*, hieß es im Lagebericht des Regierungspräsidenten vom Dezember 1935.[28] Die Gesamteinschätzung: „bis zum Novemberpogrom von 1938 blieben in I[chenhausen] die Beziehungen zwischen den Juden und Nichtjuden im allgemeinen jedoch gut",[29] ist nicht zuletzt auf das Verhalten des Ortsgruppenleiters der NSDAP zurückzuführen, der „zur Honoratiorenschaft der Kleinstadt gehörte" und auch von der ‚Deutschen Arbeitsfront' wegen seiner *unzuverlässigen Haltung* gegenüber den Juden angeprangert wurde.[30] So erscheint Ichenhausen gleichsam als Gegenpol zu den Vorgängen in Gunzenhausen; beide Fälle markieren eine große Spannbreite in den Verhaltensweisen auf dem Lande.

Die andersartige Situation in Schwaben gegenüber Mittelfranken ist sicher auf mehrere Faktoren zurückzuführen: So mochte die protestantische Mehrheit in Franken zugänglicher für die Hetzpropaganda eines Julius Streicher gewesen sein, während das katholische schwäbische Land einem Gauleiter Wahl unterstand, der zu den weniger aggressiven, eher gemäßigten zählte. Auch wenn die Legende vom ‚guten Gauleiter' inzwischen widerlegt ist,[31] bleibt doch bezeichnend, dass er die *Nachäffung fränkischer Methoden* als *lächerlich* ablehnte.[32] Freilich wird man die Rolle der jeweiligen Geistlichkeit nicht überbewerten dürfen, denn ausgesprochener Widerstand gegen die Rassepolitik des NS-Systems und die damit verbundenen Einschränkungen jüdischer Existenz in Predigten war bei beiden Konfessionen selten, vielmehr dominierte Zurückhaltung, ja Gleichgültigkeit.[33] So wird man auch in Rechnung stellen müssen, dass die ‚Judendörfer' Schwabens schon wegen der Größe des jüdischen Anteils und nicht zuletzt wegen der langjährigen Erfahrungen als jüdisch-christliche ‚Doppelgemeinden' ein höheres Maß an wechselseitiger Akzeptanz entwickelten.

Geringes Verständnis bei der ansässigen Bevölkerung fand die Propaganda anfangs überall dort, wo der Verlust von engen wirtschaftlichen Kontakten nachteilig wirkte. Insbesondere der Viehhandel ließ sich über Jahre nur teilweise unterbinden – und das war auf dem Land nach wie vor eine Domäne der Juden.[34] Eine Statistik des bayerischen Viehhändlerverbandes verzeichnete im Juli 1934 in Unterfranken unter 881 Mitgliedern allein 607 Juden (69 %), in Mittelfranken standen 596 christlichen Mitgliedern immerhin noch 250 jüdische

---

28 Broszat, Bayern in der NS-Zeit, Bd. I, S. 456.
29 Ophir/Wiesemann, Gemeinden, S. 471f.
30 Zofka, Judenverfolgung in Schwaben, S. 173.
31 Vgl. Ziegler, Gauleiter, S. 155; Gotto, Augsburger Oberbürgermeister, S. 97.
32 Kershaw, Reaktionen auf die Judenverfolgung, S. 294.
33 Kershaw, Reaktionen auf die Judenverfolgung, S. 309–317.
34 Kershaw, Reaktionen auf die Judenverfolgung, S. 295–297; Wiesemann, Viehhändler, passim.

gegenüber (30 %),³⁵ in Oberfranken waren es 504 zu 124 (20 %), in Schwaben 997 zu 128 (11 %).³⁶ Die Ausschaltung der jüdischen Viehhändler offenbarte eine grundlegende Diskrepanz zwischen Ideologie und Wirtschaftspraxis, denn das über lange Zeit aufgebaute Vertrauen als Basis der Geschäftsbeziehungen hielt die Wirkung der antisemitischen Propaganda in Grenzen. So bestand etwa im Kreis Hammelburg/Bad Kissingen durchaus erhebliches antisemitisches Potential auch im ländlichen Umfeld – freilich ohne Anwendung von Gewalt –, doch konnten sich relativ viele der jüdischen Viehhändler noch lange halten: bis 1941 waren immerhin 40 % in ihren Heimatorten verblieben.³⁷ Eine umfassende Studie zu Mittelfranken konnte zeigen, dass die bereits weitgehend zum Mittelstand aufgestiegenen und dem Modernisierungsprozess aufgeschlossenen jüdischen Viehhändler nicht nur bei den Bauern, sondern auch in den Kommunen, insbesondere den kleinstädtischen Viehmärkten, „das volle institutionelle Vertrauen", das sie vor 1933 genossen, auch in den Jahren der Verfolgung noch als Potential einsetzen konnten, sodass sie trotz aller Schikanen noch ihre Geschäften machten – und Hugo Walz aus Gunzenhausen beispielsweise noch bis 1936 keine Einbußen erlitt.³⁸

Gegen ihre Ausgrenzung sprachen hier wie auch in anderen Regionen zum einen die günstigeren Preise samt der Gewährung von Krediten, zum anderen war die Aufrechterhaltung der Versorgung der Großstädte nur durch sie gewährleistet, sodass Verbote der Marktbeschickung oft bald wieder zurückgenommen wurden. Selbst Parteimitglieder konnten sich dem Angebot jüdischer Viehhändler nicht immer entziehen, und Bürgermeister stellten deshalb auch anfangs gerne Bestätigungen für ihre Gewissenhaftigkeit aus, um sie gegen den Vorwurf der Übervorteilung zu schützen. Eine systematische Erhebung der Gestapo von 1937 brachte zutage, dass *allein im Regierungsbezirk Schwaben-Neuburg noch über 1500 Bauern in den Jahren 1936/37 mit jüdischen Viehhändlern in Geschäftsverbindungen gestanden haben*. Sie sah die Ursache darin, dass ihnen *jegliches Rassebewußtsein* fehlte, und *gerade in den Gegenden, wo nach wie vor der politische Katholizismus seine Herrschaft ausübt, die Bauern von den Lehren des streitbaren, politischen Katholizismus so infiziert sind, daß sie gegen jede Erörterung des*

---

**35** Nach Fischer, Ökonomisches Vertrauen, S. 31–35, waren 1929/30 lediglich 430 Viehhändler registriert, davon 160 (37,21 %) Juden – die Diskrepanz gegenüber den Zahlen Wiesemanns beruht auf den unterschiedlichen Quellen, da Fischer das ‚Bayerische Adreßbuch für Industrie, Handel und Gewerbe' zugrunde legt, somit die Kleinstbetriebe nicht erfasst.
**36** Wiesemann, Viehhändler, S. 288f.
**37** Drecoll, Fiskus als Verfolger, S. 250–257.
**38** Fischer, Ökonomisches Vertrauen, Zitat S. 199, zu Walz S. 254; vgl. dazu auch Fischer, Viehhändler in Rothenburg; Fischer, Viehhändler in Mittelfranken.

*Rasseproblems taub sind.* Der religiöse Gegensatz war eben immer noch die einfachste Erklärung. Der Reichsnährstand sollte deshalb solche Bauern von allen Begünstigungen ausschließen.[39] Erst das Reichsgesetz vom Juli 1938 entzog den Juden das Aufkäufergewerbe – aber noch immer verfügten in Bayern etwa 300 jüdische Viehhändler über eine Konzession.

Wie stark wirtschaftliche Motive generell die Haltung beeinflussten, wird am Beispiel des Landkreises Alzenau in Unterfranken sichtbar, das durch zahlreiche Zigarrenfabriken geprägt war – fast alle 29 Fabriken waren in jüdischer Hand und boten insgesamt 2.206 weiblichen und 280 männlichen Arbeitern Verdienstmöglichkeiten. *Die Bevölkerung weiß diese Arbeitsgelegenheit zu schätzen und legt kein Gewicht darauf, ob der Unternehmer Arier oder Jude ist,* hieß es im Oktober 1935 im Bericht des Bezirksamtes.[40] Und selbst in Oberbayern, wo nur ganz vereinzelt Juden auf dem Land lebten, stieß die Aufstellung von Schildern mit Aufschriften wie *Juden sind hier nicht erwünscht* auf Ablehnung, fürchtete man doch in den Fremdenverkehrsorten, dass damit Besucher abgeschreckt werden könnten. Andererseits richteten sich seit Juli 1935 in Bad Kissingen Maßnahmen gegen eine ‚Überschwemmung mit Juden', denen Reglementierung für jüdische Pensionen 1937 folgten, bis die jüdischen Kurgäste spätestens Anfang 1939 völlig ausgeschlossen wurden.[41]

Der Spielraum für die jüdischen Gemeinden und Organisationen wurde bei dem wachsenden Druck des NS-Systems im Laufe der Jahre immer enger.[42] Die Gemeinden mussten wegen der zunehmenden Verarmung ihrer Mitglieder – Wirkungen der Boykottpolitik und der ‚schleichenden Enteignung' – ihre Unterstützung immer mehr ausdehnen. Um sie in der praktischen Selbsthilfe zu stärken, war im September 1933 die ‚Reichsvertretung deutscher Juden' als freiwilliger Dachverband aller jüdischen Organisationen gegründet worden – unter Mitwirkung auch der bayerischen Großgemeinden, die ihre alte Furcht vor einer Dominanz der Berliner Gemeinde hintanstellten.[43] Alfred Neumeyer, Vorsitzender des bayerischen Verbands, mahnte die Einbeziehung der *Rabbiner als der geistigen Führer [...] zudem des Lehrerstand[es] und [der] soziale[n] Arbeit* an, wollte die Orthodoxie und die Zionisten berücksichtigt sehen, um eine *Gemeinschaftsarbeit* zum *Wohl des Ganzen* zu erreichen.[44] Die Gründung gelang – trotz der

---

39 Wiesemann, Viehhändler, S. 391; Broszat, Bayern in der NS-Zeit, Bd. I, S. 466f.
40 Kershaw, Reaktionen auf die Judenverfolgung, S. 299.
41 Beck/Walter, Jüdisches Leben in Bad Kissingen, S. 83–98.
42 Dazu Ophir/Wiesemann, Gemeinden 26f.
43 Vgl. dazu Barkai, Organisationen und Zusammenschluß, S. 250–271; ausführlich Barkai, Centralverein, S. 301–341; Plum, Deutsche Juden, S. 49–69.
44 Zit. nach Plum, Deutsche Juden, S. 50.

anfänglichen Distanz der Orthodoxen und Zionisten –, und die Reichsvertretung unter der Leitung des Berliner Rabbiners Leo Baeck und des Geschäftsführer Otto Hirsch aus Württemberg trat als Stimme der deutschen Judenschaft den Repräsentanten des NS-Systems mit dem Ziel gegenüber, die Bedrohung der Gemeinden abzuschwächen oder Modalitäten des wechselseitigen Verhältnisses zu finden – ohne freilich wirklich gehört zu werden, geschweige denn grundlegende Verbesserungen erzielen zu können. Als nach dem Erlass der Nürnberger Gesetze die Ausgrenzung nicht mehr zu übersehen war, konnten die ideologischen Differenzen zwischen den Liberalen, Zionisten und Orthodoxen hintangestellt werden, sodass die praktische Hilfestellung – Schulwerk, Kulturaufbau, Unterstützung der Bedürftigen und der Auswanderungswilligen – in den Vordergrund trat. Da die Auswanderung immer mehr als einziger Ausweg erschien, lenkten auch die national Gesinnten wie der ‚Reichsbund jüdischer Frontsoldaten' ein, zumal die Zionisten nun erheblichen Zulauf erhielten.

Ansonsten erschienen für viele verunsicherte Landbewohner die großen Stadtgemeinden als Orte der Zuflucht – sie mussten eine Lage meistern, die sich ohnehin auch für sie immer mehr verschärfte. So war München gegenüber den eher untergeordneten Vorgängen in der ‚Provinz' von Anfang an die exponierte Stadt für die judenfeindlichen Aktionen. „Hier wurden antijüdische Maßnahmen erdacht und umgesetzt, die für den Rest des Reiches Modellcharakter erhielten." Hier vertrat man die Vorstellung, dass *die Hauptstadt der Bewegung in der Behandlung der Judenfrage richtunggebend für das übrige Reich sein soll*, wie es im Juli 1938 in einem Schreiben an den Oberbürgermeister Fiehler formuliert wurde.[45] Demgemäß gerieten sowohl die große und differenzierte jüdische Gemeinde mit ihren zahlreichen Einrichtungen als auch die jüdischen Firmen und Kulturschaffenden seit Januar 1933 ins Visier der antisemitischen Propaganda, nach der ‚Machtübernahme' auch der Bayerischen Politischen Polizei (der späteren Gestapo) und einer willfährigen Stadtverwaltung.[46] Das gewaltsame Vorgehen war das eine: Dem Boykott jüdischer Geschäfte mit seinen gewaltsamen Ausschreitungen in der zentralen Aktion des 1. April 1933 folgte im Mai 1935 ein neuer Höhepunkt, getragen vorwiegend von der SS und Parteigliederungen, freilich begleitet von einer zumindest partiellen Missbilligung der Bevölkerung. Die schleichende Enteignung und Ausgrenzung war das andere: Die fehlenden Aufträge aus öffentlicher Hand, die Anprangerung von Menschen, die in jüdischen Geschäften einkauften mit der Konsequenz ausbleibender Kunden, der

---

45 Beide Zitate aus Heusler, Verfolgung und Vernichtung, S. 161.
46 Hanke, München, S. 114–157; vgl. auch die persönlich gefärbte Darstellung von Cahnmann, Juden in München, S. 55–71.

zunehmende Druck auf die Geschäftsinhaber, ihre Kaufhäuser und Läden, ihre Fabriken bis hin zum gerade in München so bedeutenden internationalen Kunsthandel an Nichtjuden zu verkaufen – was unter dem Begriff der „schleichenden Verdrängung" als generellem Phänomen gefasst wird[47] – zogen die Verarmung breiter Kreise der jüdischen Bevölkerung nach sich.

Die Gemeindeleitung hatte noch 1933 auf der Einhaltung der Rechtspositionen beharrt, und tatsächlich gehörten die jüdischen Gemeinden zu den wenigen Institutionen, die nicht der ‚Gleichschaltung' unterworfen wurden, sondern ihre bisherige Selbstverwaltung zunächst weiter praktizieren konnten – man hat deshalb von einer „paradoxen Erscheinung" gesprochen, dass „der diffamierten und verfolgten jüdischen Minderheit [gestattet] wurde, was allen anderen verboten war".[48] Unter dem Druck der Ereignisse waren die Gemeindemitglieder nun noch stärker als in der Weimarer Zeit bereit, über Absprachen Liberale, Zionisten und Orthodoxe in den Gemeindevertretungen zusammenzuführen – in Nürnberg ging die Verschiebung sogar so weit, dass 1937 ein Gleichgewicht von Liberalen und Nicht-Liberalen erreicht wurde.[49] Freilich mussten sich die Münchner Gemeindevertreter, an ihrer Spitze weiterhin Dr. Alfred Neumayer, immer mehr mit der Reduzierung ihrer Handlungsräume auseinandersetzen. Heinrich Himmler verfügte schon im Juli 1933 und im März 1934 ein Verbot für *jede Betätigung jüdischer Organisationen, soweit diese nicht rein religiöser oder caritativer Art* waren. Zwar wurde das nach einigen Monaten wieder aufgehoben, doch die bedeutende soziale Organisation des *B'ne-B'riss*-Ordens blieb bezeichnenderweise davon ausgenommen.[50] Dabei sah sich die Gemeinde auch mit der Frage konfrontiert, wie sie die Fürsorge ihrer Mitglieder, angefangen von der Lebensmittel- und Kleiderversorgung über die Beschäftigungsmöglichkeiten bis zur Unterbringung, die immer schwieriger wurde, bewältigen konnte.[51]

Die Situation in den anderen Großstadtgemeinden stellte sich mit Modifikationen ganz ähnlich dar. Gauleiter Julius Streicher nutzte seine Stellung als ‚brauner Zar' für einen massiven Einsatz gegen die Juden in Nürnberg:[52] den Boykott gegen die Ladengeschäfte, die Ausschaltung der Juden aus den öffentlichen Funktionen und Dienstleistungen als Ärzte, Rechtsanwälte und Publizisten, bis hin zur Verhaftung und Einlieferung von zahlreichen Juden in das KZ Dachau,

---

47 Vgl. dazu Barkai, Vom Boykott zur „Entjudung", S. 65–121, der Begriff S. 117.
48 Barkai, Organisation und Zusammenschluß, S. 249.
49 Borut, Jüdisches Leben in Franken, S. 224f.
50 Zit. nach Borut, Jüdisches Leben in Franken, S. 221.
51 Hanke, München, S. 104–113, 158–162, 245–272.
52 Dazu A. Müller, Nürnberg, S. 211–229, 267–270.

wo bereits viele von ihnen zu Tode kamen, sodann die ‚schleichende Arisisierung' in der Wirtschaft. Zwar versuchte die jüdische Gemeinde mit Sammlungen zu lindern, was die Politische Polizei am August 1934 mit einem Verbot belegte, dann mit der Gründung eines eigenen ‚Hilfswerks' 1935 Unterstützung zu leisten, doch viele sahen nur noch in der Auswanderung eine Lösung, sodass bis 1937 der jüdische Bevölkerungsanteil auf fast die Hälfte zurückging.

Die Antworten auf die immer schärfere Ausgrenzung war nicht zuletzt eine Rückbesinnung auf die eigene Identität, die Belebung der eigenen Kultur – und damit setzten sich die Neuorientierungen der Weimarer Republik fort. Ein Merkmal war die Rückkehr zu den traditionellen jüdischen Ritualen, zu vermehrten Gottesdienstbesuchen und zur Einhaltung der Festkultur wie dem Laubhüttenfest oder Chanukka; Malka Schmucker aus Nürnberg etwa erinnerte sich, dass *der kleine siebenarmige Leuchter mehr und mehr in den Vordergrund [rückte], bis 1935 der Christbaum ganz fehlte*.[53] Der Wille, die ideologischen Gräben, die so lange trennend gewirkt hatten, auch in der Praxis vor Ort zu überbrücken, zeigte sich bei den jüdischen Schulen.[54] Die im Gesetz vom 25. April erlassene Einschränkung des Besuchs jüdischer Kinder auf den allgemeinbildenden Schulen und Universitäten auf 1,5 % der Neuaufnahmen war der äußere Anlass. Die Sorge der Reichsvertretung richtete sich darauf, die jüdischen Schulen als Instrumente für die Bildung weiter zu stärken – reichsweit verdoppelte sich ihre Zahl bis 1937 und erfasste etwa 60 % der jüdischen Kinder, wobei sehr viel Wert auf die Verbindung von jüdischen und deutschen Inhalten gelegt wurde; die von der Reichsvertretung erlassenen Lehrpläne wollten dieses *doppelte Urerlebnis* vermitteln.[55] Die Münchner Gemeinde konnte sich schon 1934 dazu durchringen, die beiden Schulen ihrer liberalen Mehrheit und der orthodoxen Gruppierung *Ohel Jakob* in einer gemeinsamen Volksschule zusammenzuführen, die dann aufgrund der von der Stadtschulbehörde – auch auf Reichsebene – initiierten Bestrebungen zum Ausschluss aller jüdischen Schüler aus den allgemeinbildenden Schulen der Stadt 1936 zur alleinigen Volksschule für die jüdischen Kinder und Jugendlichen wurde, während die Alternative des Privatunterrichts immer mehr der Einengung verfiel.[56]

Die Situation in Nürnberg war ganz ähnlich:[57] Als die Gemeindeverwaltung im März 1934 die jüdische Volksschule eröffnete, war der bis dahin getrennte

---

53 Borut, Jüdisches Leben in Franken, S. 231.
54 Vgl. dazu generell Vollnhals, Jüdische Selbsthilfe, S. 341–363.
55 Mendes-Flohr, Jüdisches Kulturleben, S. 290f.
56 Hanke, München, S. 250–263.
57 A. Müller, Nürnberg, S. 264–266; Ophir/Wiesemann, Gemeinden, S. 208; Borut, Jüdisches Leben in Franken, S. 237f.

Unterricht für die Kinder der Liberalen und der Orthodoxen des Vereins *Adas Israel* aufgehoben. Die gemeinsame Schule in einem umgebauten Fabrik- und Bürogebäude mit ihren acht Klassen der Volksschule, dazu drei Klassen Berufsschule für insgesamt 350 Schüler, bot mit drei Aufbauklassen auch Fächer der Mittelstufe an und verfügte zudem über Lehrwerkstätten, in denen Umschulungskurse für Erwachsene angeboten wurden. Den erzwungenen Rückzug aus dem allgemeinen Schulwesen kommentierte der Vorsitzende der Gemeinde, Franz Rosenzweig, bei der Eröffnung mit sorgenvollen Worten: *Dieses Haus ist ein Asyl für unsere jüdischen Kinder, welche aus den allgemeinen Bildungsstätten mit sichtbarer und unsichtbarer Gewalt hinausgedrängt, aus einer Umwelt, mit der wir durch tausenderlei Fäden verbunden, herausgerissen wurden.*[58] Dabei wuchs die Schülerzahl an: Sie begann 1933/34 mit 350 Schülern und erreichte 1936/37 mit 370 in der Volks- und 150 in der Berufsschule einen Höhepunkt. Gleiches gilt für die Einrichtung in Würzburg, die 1936 immerhin 180 Schüler verzeichnen konnte.[59] Auf der Gegenseite wurde die Verdrängung der jüdischen Kinder aus den allgemeinen Schulen der Städte – neben Nürnberg auch in Fürth, Coburg, Gunzenhausen, Treuchtlingen, Bamberg[60] und Dinkelsbühl – gemäß einem Bericht des Regierungspräsidenten von Ober- und Mittelfranken vom Januar 1937 als weitgehend abgeschlossen eingeschätzt: *Damit sind insgesamt 700 Judenkinder unter sich und nicht mehr in den allgemeinen Volksschulen. Rund 200 Judenkinder – auf die verschiedenen Volksschulen des ganzen Regierungsbezirkes verstreut – besuchen noch öffentliche Volksschulen neben arischen Kindern.*[61]

In die gleiche Richtung einer Rückbesinnung auf die eigenen Wurzeln suchte die Reichsvertretung die Aufgabenstellung für die Jugendverbände zu lenken: Auch hier entwickelte sie mit Martin Buber an der Spitze ein Programm, das auf die Vermittlung der Grundlagen des Judentums ausgerichtet war und gleichzeitig in Schulungskursen die Vorbereitung für die Auswanderung nach Palästina betrieb – die vom NS-System schon deshalb toleriert wurde, weil es in diesen Jahren noch an der Auswanderung interessiert war.[62] Einige der insgesamt 94 Ausbildungszentren in Deutschland lagen auch in Bayern: In Bamberg gelang es der zionistischen Ortsgruppe der *Hechaluz*, schon 1932 ein *Chaluz*-Heim für *6 junge Leute* einzurichten, die in der Landwirtschaft und Gärtnerei Lehrstellen bekamen – *die Unternehmung, die immerhin in den jetzigen schweren Zeiten ein*

---

58 Zit. nach A. Müller, Nürnberg, S. 266.
59 Flade, Würzburger Juden, S. 284–286.
60 Dazu ausführlich Mistele, Bamberg, S. 35–42.
61 Zit. nach Borut, Jüdisches Leben in Franken, S. 240.
62 Mendes-Flohr, Jüdisches Kulturleben, S. 282–289.

*Wagnis bedeutet, ist die erste dieser Art in Bayern.*⁶³ Ein weiteres Heim entstand in Regensburg.⁶⁴ In Nürnberg, das noch 1933 über acht Jugendvereine verfügte – die liberalen ‚Kameraden', Pfadfinder, die orthodoxen Gruppen *Esra* und *Agudas Jisrael*, die zionistischen Verbände *Habonim* und *Hechaluz*, die religiös-zionistischen Vereinigungen *Bachad* und *Misrachi* –, bot *Hechaluz* Vorbereitungen für die Auswanderung an, *Esra* sah den Ausbau des Landheims in Sulzbürg für diesen Zweck vor.⁶⁵ Im August 1935 entstand ein *Bet Chaluz* in Augsburg für 30–40 Jugendliche, die als Gärtner und Handwerker angelernt wurden; es war das größte in Bayern, ergänzt durch zwei *Hachschara* (landwirtschaftliche Ausbildungslager) auf dem Gut Bannaker im Südwesten des städtischen Umlandes und in der Landgemeinde Fischach.⁶⁶

Mit der rigorosen Durchsetzung des Berufsverbots über die Reichskulturkammer wurden die Grenzen für jüdische Kulturschaffende immer enger gezogen, bis Goebbels im November 1935 verkünden konnte: *Die Reichskulturkammer ist heute judenfrei.* Die jüdischen Gemeinden reagierten darauf schon 1933 mit einer eigenen Organisation: dem ‚Kulturbund deutscher Juden' – bezeichnenderweise 1935 in ‚Jüdischer Kulturbund' umbenannt, weil das Adjektiv ‚deutsch' für eine jüdische Organisation nicht geduldet wurde. In Berlin ins Leben gerufen, wollte er zum einen eine Beschäftigung für stellungslose jüdische Künstler bieten, zum anderen betonte er programmatisch die eigenen Wurzeln, wenn auch mit einer befohlenen Beschränkung auf rein jüdische Themen, Mitarbeiter und Publikum.⁶⁷ Anfang 1934 entstanden die ersten Niederlassungen in Bayern.⁶⁸ Für München ergriff der Komponist und Dirigent Erich Erck (Künstlername für Erich Eisner) die Initiative, entwickelte ein Programm für Vorträge und Arbeitsgemeinschaften, Musik und Theater sowie die Bildende Kunst, das auch Anfang 1934 genehmigt wurde; bald entstanden eigene Sektionen in Aschaffenburg, Augsburg, Bad Kissingen, Bamberg, Fürth, Kitzingen, Nürnberg und Würzburg. Trotz der scharfen Kontrolle durch das Ministerium und die Politische Polizei (Gestapo) entfaltete der Bund in München vor allem mit Ercks Orchester ein anspruchsvolles Programm und fand mit dem Puppentheater, das Schauspiel- und Opern-

---

63 Mistele, Bamberg, S. 18.
64 Ophir/Wiedemann, Gemeinden, S. 89.
65 A. Müller, Nürnberg, S. 272, Ophir/Wiesemann, Gemeinden, S. 206f.
66 Ophir/Wiesemann, Gemeinden, S. 457; Schönhagen, Die zweite Gemeinde, S. 243f.
67 Dazu ausführlich Dahm, Kulturelles und geistiges Leben, S. 83–102; Mendes-Flohr, Jüdisches Kulturleben, S. 273–281.
68 Dazu Bonard, Die gefesselte Muse, S. 11–22; vgl. Heusler, Verfolgung und Vernichtung, S. 171–174.

aufführungen ersetzte, mit Stücken wie ‚Der Golem' von Alfons Rosenberg bei seinem jüdischen Publikum große Resonanz.[69] (Abb. 62).

Auch in Nürnberg versuchte man auf diesem Weg das kulturelle Leben zumindest noch intern aufrechtzuerhalten. Der dortige Kulturbund veranstaltete Vorträge von renommierten Wissenschaftlern wie Guido Kisch und Rabbinern wie Leo Baeck zum tieferen Verständnis des Judentums, und die Synagogenkonzerte „auf hohem künstlerischem Niveau" lassen sich bis Ende 1938 rekonstruieren.[70] Die Wirkungen reichten über die Großstadtgemeinden Nürnberg-Fürth und Regensburg bis in die Kleinstadt Weiden in der Oberpfalz.[71] Gleiches ist für Würzburg überliefert, wo die Ortsgruppe des Kulturbundes seit 1935 mit einem umfassenden Programm von Vorträgen, Konzerten und Aufführungen aktiv wurde, dem sich auch kleinere Gemeinden wie die von Bad Kissingen anschlossen,[72] und in Augsburg, wo der Dirigent Walter Teutsch mit Chor und Orchester ein besonders Profil entwickelte; Rabbiner Walter Jacob definierte die Aufgabe des örtlichen Angebotes: *Wir müssen auf jede Weise bemüht bleiben, eine geistige Lebendigkeit in unserer Mitte zu erhalten.*[73]

Schon 1935 wurden dann allerdings *sämtliche kulturellen jüdischen Vereinigungen zur leichteren Erfassung und zentralen Überwachung* im ‚Reichsverband der jüdischen Kulturbünde in Deutschland' zusammengefasst und mit der Auflage versehen, *dass in den örtlichen Kulturbünden assimilatorische Bestrebungen unterdrückt werden* und der jeweilige *Vorstand sich aus zionistischen bzw. staatszionistischen Kreisen zusammensetzt.*[74] Auch hinter dieser Maßnahme stand die Intention des NS-Systems, die Juden völlig aus der ‚Volksgemeinschaft' auszugrenzen. Doch selbst damit war nach dem Novemberpogrom 1938 eine Fortsetzung nicht mehr möglich; die Ortsgruppen lösten sich auf, so wie der Reichsverband insgesamt liquidiert wurde – die Weichenstellungen wiesen nun in eine andere Richtung.[75]

Eine etwas andere Funktion übernahmen die Sportvereine: Hatten vor allem die Zionisten schon seit der Jahrhundertwende gegen den wachsenden Antisemitismus jüdische Alternativen ins Leben gerufen (s. Kap. 26), so schufen in der Weimarer Republik erste nicht ideologisch ausgerichtete, sondern kooperativen Vereine und Gruppen in den Gemeinden eine integrative Wirkung gemäß dem

---

69 Dazu Bonard, Die gefesselte Muse, S. 26–29.
70 A. Müller, Nürnberg, S. 270–272.
71 Schott, Weiden, S. 207f.
72 Flade, Würzburger Juden, S. 294f.; Borut, Jüdisches Leben in Franken, S. 228.
73 Ophir/Wiesemann, Gemeinden, S. 442, 456; Schönhagen, Die zweite Gemeinde, S. 245 mit Zitat.
74 Zit. nach Bonard, Die gefesselte Muse, S. 20.
75 Vgl. dazu ausführlich Dahm, Kulturelles und geistiges Leben, S. 223–267.

**Abb. 62:** Der Golem, der Rabbi und der Weidenkönigbaum, Figuren zu ‚Der Golem' von Alfred Rosenberg, 1934, Puppentheater München

Verständnis „im praktischen Sport spielt [...] Weltanschauung kaum eine Rolle". Jedenfalls wurde der Sport für die jüdische Jugend in diesen Jahren ein generell beliebtes Betätigungsfeld, vielfach sogar die einzige Möglichkeit.[76] Seit 1933 folgte der Ausschluss der Juden aus dem allgemeinen Vereinsleben; und das bedeutete auch die Abkehr von ihrer selbstverständlichen Mitgestaltung in den Turn- und Sportvereinen bis in die Ebene der Kleinstädte und Dörfer. Besonders spektakulär war in München der Rücktritt des prominenten Präsidenten des FC Bayern, Kurt Landauer, am 22. März wegen der *staatspolitische*[n] *Neugestaltung der Verhältnisse in Deutschland*, dem bald, gestützt auf die Einführung des ‚Arierparagraphen' bei den Sport- und Turnvereinen vom April 1933, weitere folgten.[77] So gab auch der 1. FC Nürnberg seine lange Zeit ‚neutrale' und international aus-

---

[76] Borut, Juden im deutschen Sport, S. 85–91, Zitat S. 84.
[77] Heusler, Verfolgung und Vernichtung, S. 269; vgl. dazu auch Schulze-Marmeling, FC Bayern.

gerichtete Haltung auf, sein jüdischer ungarischer Trainer Jenö Konrad zog sich schon 1932 nach antisemitischen Angriffen zurück und Ende April 1933 schloss der Verein seine jüdischen Mitglieder aus, *aus der Überzeugung heraus, alles tun zu müssen, um auch insoweit den Bestrebungen der nationalen Regierung auf Schaffung eines deutschen Volksstaates gerecht zu werden.*[78]

Im Zuge der Gleichschaltung blieb es nicht aus, dass die internen jüdischen Sportvereine dem genannten Polizeiverbot von 1933/34 unterworfen wurden – was im Januar 1934 der Sportbeauftragte des Reichssportkommissars bei der bayerischen Staatsregierung dahingehend interpretierte, dass nur mehr *ganz allgemeine* Sportvereine erlaubt waren.[79] Aus den bisherigen meist zionistisch ausgerichteten Vereinen *Makkabi* und *Bar Kochba* oder den Sportabteilungen des ‚Reichsbundes jüdischer Frontsoldaten' wurden deshalb überall in Bayern ‚neutrale' Jüdische Turn- und Sportvereine: JTUS. In München mussten deshalb schon im Sommer 1933 die Vereine in den erlaubten ‚Itus' überführt werden.[80] In gleicher Weise untersagte die Politische Polizei in Nürnberg dem Sportverein *Bar Kochba* jegliche Betätigung, der im März noch sein 25-jähriges Bestehen mit einem Schauturnen gefeiert hatte. Immerhin beteiligte sich seine Nachfolgeorganisation ‚Itus' dann 1935 höchst erfolgreich an den Leichtathletikmeisterschaften der jüdischen Vereine, ehe er im Frühjahr 1939 aufgelöst wurde.[81] Das gleiche Schicksal erlitt der erst 1934 neu gegründete ‚Jitus Fürth', 1936 umbenannt in ‚Jüdischer Sport-Club Fürth' JSC, der mit seinen 600 Mitgliedern als einer *der bedeutendsten Vereine im jüdischen Sport in Deutschland* galt, wie die Gemeindezeitung stolz vermerkte.[82]

Eigenes jüdisches Leben aufrechtzuerhalten, wurde somit immer schwieriger, zumal die Anforderungen an die Gemeinden zur Unterstützung verarmter Mitglieder wuchsen. Zwar war die Reichsvertretung bemüht, über den ‚Zentralausschuss für Hilfe und Aufbau' die Organisation der Selbsthilfe zu koordinieren und Zuschüsse zu gewähren,[83] aber die Hauptlast blieb bei den Gemeinden. Sie versuchten über örtliche Wohlfahrtsämter die vorhandenen Potentiale zu leiten und zu koordinieren, konkret durch Anstellung von Arbeitslosen oder Darlehen für den Mittelstand Überbrückungen möglich zu machen oder durch Vorbereitungs- und Umschichtungskurse die Voraussetzungen für die Auswanderung

---

[78] Siegler, 1. FC. Nürnberg, S. 13–28, Zitat S. 14.
[79] Dazu Borut, Jüdisches Leben in Franken, S. 232–234.
[80] Ophir/Wiesemann, Gemeinden, S. 49.
[81] A. Müller, Nürnberg, S. 272f.
[82] Sponsel/Steiner, Jüdisches Sportleben in Fürth, S. 90–94, Zitat S. 93.
[83] Vgl. dazu ausführlich Vollnhals, Jüdische Selbsthilfe, S. 314–329.

oder für neue berufliche Möglichkeiten zu verbessern – neben dem bereits seit längerem aktiven landwirtschaftlichen Ausbildung der *Hechaluz*, auf die schon hingewiesen wurde. Freilich waren die Gemeindefinanzen bald nicht mehr in der Lage, die Aufgaben zu bewältigen – viele wurden zu ‚Notstandsgemeinden' –, zumal sie seit März 1938 der Verlust des Status als Körperschaften des öffentlichen Rechts nur mehr privatrechtlich agieren konnten. Freiwillige Leistungen wie die ‚Jüdische Winterhilfe' versuchten die Lücken zu schließen – in Bayern registrierte man 1936/37 4.397 Hilfsbedürftige, was knapp 16 % der jüdischen Bevölkerung entsprach, 1938/39 waren es 3.428 bzw. 21 %.[84]

Wieder gestalteten sich auch in dieser Beziehung die Verhältnisse in München und Nürnberg besonders schwierig: In Nürnberg war schon im April 1933 die ‚Israelitische Wohlfahrtstelle' aus dem Zusammenschluss der Nürnberger Wohlfahrtsverbände ausgeschlossen worden, und der Versuch, über Sammlungen finanzielle Mittel zu beschaffen, wurde abgelehnt. Die Gemeinde versuchte, völlig auf sich gestellt, ihre Fürsorge aufrechtzuerhalten und mit ‚Notstandsküchen' den Mangel wenigstens zu lindern.[85] In München, das als größte bayerische Gemeinde wegen des Zustroms Hilfsbedürftiger besonders belastet war, bemühte sich die städtische Kommune mit Oberbürgermeister Fiehler an der Spitze sogar besonders darum, die öffentliche Fürsorge „nach dem Grundsätzen nationalsozialistischer Weltanschauung auszulegen", wonach *Nichtarier dem arischen Volkgenossen auf allen Gebieten der Fürsorge unbedingt gleichgestellt werden* müssten. So griff die Stadtverwaltung nicht nur auf jüdische Stiftungen zu, sondern entschied sich im November 1938, die Leistungen des Wohlfahrtsamtes ganz einzustellen – noch ehe die reichsrechtliche ‚Verordnung über die öffentliche Fürsorge der Juden' dies generell verfügte.[86] Auf diesem Feld der Wohlfahrt spielten die politischen Gemeinden ohnehin eine entscheidende Rolle, sorgten sie doch schon seit einigen Jahren für die Ausgrenzung der Juden.[87]

Diese Maßnahmen gehörten bereits in den Kontext jenes Pogroms im November 1938, das unter dem euphemistischen Namen ‚Reichskristallnacht' in die Geschichte eingegangen ist und einen tiefen Einschnitt für das Judentum in Deutschland bedeutete.

---

84 Vgl. Vollnhals, Jüdische Selbsthilfe, S. 365–411, die Zahlen S. 409.
85 Borut, Jüdisches Leben in Franken, S. 235.
86 Hanke, München, S. 263–273, Zitate S. 264f.
87 Vgl. dazu Gruner, Öffentliche Wohlfahrt.

# 29 Stufen der Entrechtung auf dem Weg zur Schoa

Adolf Wagner formulierte am Nachmittag des 8. November im Rahmen einer ‚Führertagung' im Circus Krone die Ziele seiner Politik in seinem ‚Traditionsgau München–Oberbayern':[1]

> *Ich glaube daher, daß es an der Zeit ist, daß auch wir in unserem Gau größere Aktivität in der Judenfrage entwickeln [...]. Es ist natürlich ganz klar, daß es im Dritten Reich keine Gewalttätigkeiten mehr geben darf. Das ist unser nicht würdig. [...] Und wir wissen auch, daß es sinn- und zwecklos ist, daß wir uns in den Mitteln vergreifen, Fensterscheiben einwerfen oder Geschäfte einrennen oder ähnliche Dinge. [...]*
>
> *Das hält uns aber nicht ab, umso ernsthafter auf dem ordnungsmässigen, auf dem rechtmässigen Weg durchzusetzen, daß der Jude verschwindet. Und wir können das z.B. dadurch, daß wir ihm ganz klar und eindeutig erklären, daß wir ihn nicht mehr haben wollen. Und eine solche Erklärung, meine Parteigenossen, hat keinen Sinn, wenn ich sie ausspreche von diesem Podium, sondern Ihr habt sie als meine Beauftragten draußen in den Ortsgruppen, in den Dörfern und Märkte auszusprechen, habt das Judentum aufzufordern, die Dörfer und Märkte zu verlassen. [...] Bei diesem Vorgehen wäre es unser unwürdig, wenn etwa wir die Mittel wären dafür, daß nun irgendeiner sich an jüdischen Gut oder jüdischen Vermögen bereichert. [...]*

Die Wucht der anschließenden antijüdischen Pogrome offenbarte dann allerdings einen Zerstörungswillen, der trotz gegenteiliger Behauptungen des NS-Systems, die vom ‚spontanen Volkszorn' sprachen, eine reichsweit angelegte Inszenierung war.[2] Formell galten die Ausschreitungen als Antwort auf das Attentat des in Paris lebenden siebzehnjährigen polnischen Jude Herrschel Grynszpan, der in der Deutschen Botschaft den der NSDAP angehörenden Legationssekretär Ernst Eduard vom Rath am 7. November 1938 lebensgefährlich verletzt hatte, sodass er am 9. November starb.[3] Sie waren am Abend des 8. November von Joseph Goebbels in seiner Rede im Alten Rathaus von München anlässlich der Erinnerung der ‚Alten Kämpfer' an den Putsch des Jahres 1923 initiiert worden, als er, ermächtigt von Adolf Hitler, unmissverständlich zu Aktionen gegen die Juden aufrief. Noch in der Nacht sorgte die telefonische Verbreitung allenthalben dafür, dass die Parteigliederungen sofort und am folgenden Tag zur Aktion schritten: Was folgte, waren Zerstörungen, Brandstiftungen, Plünderungen – obwohl offiziell untersagt –, dazu Massenverhaftungen – die allerdings zunächst nicht beabsichtigt, aber von Himmler und Heydrich aus eigener Entscheidungsgewalt

---

[1] Zit. nach Modert, Motor der Verfolgung, S. 145.
[2] Ausführlich dazu Heusler/Weger, „Kristallnacht", S. 40–48; vgl. auch Gross, November 1938, S. 44–48.
[3] Zum Forschungsstand Gross, November 1938, S. 11–31.

**Abb. 63:** Abbruch der Hauptsynagoge an der Herzog-Max-Straße in München, Juni 1938

mit der Gestapo betrieben wurden. Trotz des Abbruchs der gesamten Maßnahmen am Mittag des 10. November dauerten die Gewaltexzesse noch mehrere Tage an.[4] Die Wirkungen waren verheerend, und so steht „[d]as Jahr 1938 für eine neue Dimension der Gewalt gegen Juden, für den Übergang von der Diskriminierung und Entrechtung zur systematischen Verfolgung, Beraubung und Vertreibung."[5]

In München hatte der Pogrom allerdings ein ‚Vorspiel', denn die Hauptsynagoge in der Herzog-Max-Straße war bereits am 9. Juni 1938 abgebrochen worden (Abb. 63), die Gemeinde konnte nur mit Mühe vorher die Torarollen und Ritualgegenstände retten.[6] Die Gewaltaktionen und Plünderungen in der Nacht vom 9. auf den 10. November waren vielfältig:[7] Zahlreiche Geschäfte, Kaufhäuser und Betriebe wurden zerstört – anschließend blieben sie geschlossen. HJ-Abteilungen der Gruppe ‚Hochland' erpressten verschiedene Kaufleutefamilien zur Zahlung hoher Geldsummen als ‚Sühneleistungen', unter ihnen die Bernheimer, Inhaber des renommierten Kunst- und Einrichtungshauses am Lenbachplatz, und erbeuteten auf diese Weise insgesamt nicht weniger als 129.983,62 Reichsmark.

---

4 Allgemein dazu Gross, November 1938, S. 51–65.
5 Gross, November 1938, S. 9.
6 Dazu der Augenzeugenbericht Oestreich, Die letzten Stunden.
7 Dazu Heusler/Weger, „Kristallnacht", S. 49–138.

Mindestens ein jüdischer Bürger, der Kaufmann Joachim (Chaim) Bosch, wurde ermordet, eine ganze Reihe jüdischer Männer in der Nacht und an den folgenden Tagen verhaftet und in Lastwagen in das Konzentrationslager Dachau verbracht, wo einige an den Folterungen starben. Die Zerstörungswut richtete sich selbstverständlich auch gegen die jüdische Gemeinde selbst: die beiden noch intakten Synagogen wurden in Brand gesteckt, die meisten Einrichtungen zerstört und ihr Inventar beschlagnahmt. Die Gemeinde musste ihre Zuflucht in einer ehemaligen Tabakfabrik suchen und dort einen Betsaal einrichten.

Der Fall München findet seine Parallele in Nürnberg, denn auch hier begann schon vor der ‚Reichskristallnacht' der zerstörerische Zugriff auf die Synagogen.[8] Im Juni 1938 sollte die Kultusgemeinde *freiwillig dem Abbruch der Hauptsynagoge zustimmen*, und als sie sich weigerte, erfolgten am 10. August die Enteignung und der Abbruch des Gebäudes. Der Novemberpogrom begann ab Mitternacht des 10. November mit der Zerstörung und Plünderung der Geschäfte am Hauptmarkt, der Brandstiftung in der orthodoxen Synagoge, und richtete sich dann vor allem gegen Juden in deren Wohnungen; 160 wurden in Gefängnisse getrieben, die Männer unter 60 Jahren ins KZ Dachau – sie wurden erst nach Wochen wieder frei gelassen –, mindestens 26 Todesopfer und Selbstmorde waren zu beklagen.

Die Vorgänge in Augsburg folgten dem gleichen Muster.[9] Am frühen Morgen des 10. November erzwang sich ein Trupp junger Männer in Zivil – allesamt Mitglieder der SS – Zugang zur Synagoge, legte Feuer, das (wegen der Gefahr des Übergreifens auf Nachbargebäude) durch die Feuerwehr gelöscht wurde. Die kostbare Ausstattung wurde vernichtet, die Torarollen am folgenden Tag auf einen Lastwagen geladen – wobei die Gestapo den jüdischen Gefangenen, die das zu leisten hatten, zum Spott das Tragen von Gebetsmänteln auferlegte. In der Stadt selbst war noch in der Nacht die Verhaftung *fast aller Augsburger jüdischer Männer* gefolgt, die zunächst in das Untersuchungsgefängnis gebracht wurden, später alle unter 70 Jahren in das KZ Dachau. Auch hier wurden die Wohnungen und Geschäfte verwüstet und geplündert, der alte Friedhof in Kriegshaber und der jüngere am Südrand der Stadt geschändet – Gauleiter Wahl, der sich bei der Synagoge eingefunden hatte, verhinderte das alles nicht, und wollte wohl auch nicht das infame Gerücht unterbinden, das sich schnell verbreitete, die jüdische Gemeinde habe den Brand selbst gelegt.

---

**8** Dazu und zum Folgenden A. Müller, Nürnberg, S. 236–245; Hamburger, Pogromnacht, passim; vgl. auch zusammenfassend Lehnert, Juden in Nürnberg, S. 44–48.
**9** Neben Ophir-Wiesemann, Gemeinden, S. 457–459, neuerdings Immenkötter, Reichskristallnacht, S. 13–17.

Andere städtische Gemeinden erfuhren ein ähnliches Schicksal. In Würzburg war neben der Verwüstung der Synagoge und der Wohnungen auch das Lehrerseminar betroffen.[10] In Kitzingen brannte die Synagoge, die jüdische Schule, Geschäfte und Wohnungen wurden verwüstet, zahlreiche Männer verhaftet, gedemütigt und ins KZ Dachau verbracht.[11] Im Bamberg folgte der Brandstiftung in der Synagoge – sie wurde später gesprengt –, die Verwüstung der gemeindeeigenen Gaststätte ‚Weiße Traube' und jüdischer Wohnungen; 81 Personen aus der Stadt und 26 aus den Landgemeinden wurden ins Gefängnis eingeliefert und anschließend in das KZ Dachau überführt.[12] In Regensburg steigerten sich die brutalen Einzelaktionen zum inszenierten Synagogenbrand und zu einer Verhaftungsaktion der SA-Standarte mit Zerstörung von Wohnungen, anschließender Demütigung der Juden im ‚Schandmarsch' durch die Stadt und einem Abtransport von 26 Männern ins Gerichtsgefängnis, 35 weiteren ins KZ Dachau.[13] In Memmingen folgten dem organisierten Abbruch der Synagoge die Verhaftung von 23 jüdischen Mitbürgern und die Demolierung ihrer Wohnungen.[14] Viele weitere Beispiele in anderen Städten ließen sich anführen.

Die Pogrome machten jedoch an den Stadtgrenzen keineswegs halt, sondern griffen auch auf die Landgemeinden über. Und doch ergeben sich erneut landschaftliche Unterschiede, stellt man die Ereignisse in Franken und Schwaben gegenüber.

Besonders aggressive Formen nahmen sie in Mittel- und Oberfranken an, wo die Regierungspräsidenten die Zerstörung von 42 Synagogen, 115 Geschäften und 594 Wohnungen bilanzierten.[15] Das Vernichtungswerk führte in der Regel zur völligen Auflösung der Landgemeinden. Ein typisches Beispiel ist Burghaslach, seit 1932 zum Bezirksrabbinat Kitzingen gehörig, wo im November 1938 noch 39 Juden lebten.[16] Am Morgen des 10. November gab der SS-Sturmbannführer von Neustadt a.d. Aisch den Befehl aus, die Synagoge und die Häuser der Juden zerstören zu lassen. Auch wenn sich der Bürgermeister und Gendarmerieführer widersetzt haben sollen, drangen SA-Leute aus Burghaslach und Umgebung in die Synagoge ein, vernichteten die Ritualgegenstände und setzten sie in Brand. Die Feuerwehr sorgte wiederum lediglich dafür, dass die benachbarten Gebäude

---

10 Ophir/Wiesemann, Gemeinden, S. 446f., ausführlich Flade, Würzburger Juden, S. 312–327.
11 Schwinger, Kitzingen, S. 292–326.
12 Mistele, Bamberg, S. 41–63.
13 Nach Wittmer, Regensburger Juden, S. 315–336; jetzt Bierwirth, Ausgrenzung und Verfolgung, S. 242–251; Bierwirth, Schandzeit, S. 53–82.
14 Ausführlich Hoser, Memmingen, S. 224–235.
15 Kershaw, Reaktionen auf die Judenverfolgung, S. 327.
16 Ophir/Wiesemann, Gemeinden, S. 164–166.

nicht gefährdet wurden. Alle jüdischen Wohnungen und Läden wurden zerstört, die gesamten Familien festgenommen und erst nach zwei Tagen wieder frei gelassen; die meisten verließen den Ort noch bis zum Ende des Jahres, zum Teil wurden sie dazu gezwungen, die letzten folgten bis Februar 1940. In der ausgebrannten beschlagnahmten Synagoge richtete ein Funktionär der NSDAP eine Werkstätte ein.

Dass die Aktionen von außen initiiert wurden, ist häufig nachzuweisen. Manchmal, wie in Ansbach, ordnete sie die Gauleitung in Nürnberg über den Oberbürgermeister, der auch Kreisleiter der NSDAP war, direkt an und beauftragte die SA mit der Durchführung.[17] Doch auch die Beteiligung der Einwohner ist mehrfach belegt. Besonders aggressiv agierten sie in Treuchtlingen:[18] Der Pogrom wurde zwar von der SA in Gang gesetzt – wiederum auf Anweisung aus der Nürnberger Zentrale –, die zunächst die Synagoge in Brand steckte, doch dann zogen Gruppen zu den jüdischen Wohnungen. „Zwar bildeten die SA-Männer den Kern der Schlägertrupps, aber die übrigen Männer, Frauen und Jugendlichen [...] beteiligten sich ebenfalls an den Zerstörungen, feuerten die Schläger zu weiteren Taten an, beschimpften die jüdischen Nachbarn und plünderten die Geschäfte," sodass fast alle Juden so schnell wie möglich den Ort verließen.[19] Auch in Markt Berolzheim und Windsbach beteiligten sich Einwohner vor Ort.[20] Der Topos ‚von außerhalb' kommender Rädelsführer der Parteigliederungen erweist sich als zu einseitig, da sie „fast stets auf die Hilfe von Ortskundigen angewiesen waren, sei es, dass ihnen der Weg zur Synagoge oder zum Bethaus gewiesen wurde oder dass ihnen Listen mit zur Verhaftung vorgesehenen ortsansässigen Juden übergeben wurden."[21]

Die jüdische Landschaft in Mittelfranken fand damit ihr Ende. Manche Gemeinden hatten sich schon im unmittelbaren zeitlichen Vorfeld des Pogroms aufgelöst: Rothenburg o.d.T. meldete Ende Oktober der Partei, die Abwanderung der letzten Juden – die schleichende Arisierung hatte sie bewirkt –,[22] sodass sich der Pogrom wie in Thalmässing, Bechhofen oder Uehlfeld nur mehr gegen die verlassenen Synagogen wendete. In vielen anderen Gemeinden zogen diejenigen, die noch ausgeharrt hatten, die großen Städte vor oder wanderten aus. Insgesamt 21 Orte waren bis zur Jahreswende 1938/39 verlassen, Mittelfranken

---

17 Ophir/Wiesemann, Gemeinden, S. 160.
18 Wildt, Volksgemeinschaft, S. 330–335; vgl. auch neuerdings Keller, Treuchtlingen, S. 119–125.
19 Wildt, Volksgemeinschaft, S. 331; basierend auf den Akten des Gerichtsverfahrens von 1946 und Augenzeugenberichten.
20 Nach Ophir/Wiesemann, Gemeinden, S. 197, 243.
21 So Raim, Verfolgung der fränkischen Juden, S. 210.
22 D. Bauer, Rothenburg, S. 282–290.

war, wie Streicher es beabsichtigt hatte, bis auf einige wenige Ausnahmen – vor allem Nürnberg-Fürth, daneben (bis 1940) Ansbach und Erlangen (bis 1943) – ‚judenfrei'; die jahrhundertelange Tradition der Landjuden war in dieser Region vernichtet.

Die Ablaufmuster in den ‚Judendörfern' Schwabens glichen auf den ersten Blick denen in Franken:[23] SA-Trupps fuhren mit Lastwagen auf – sie kamen von Augsburg, in Ichenhausen und Krumbach-Hürben aus Günzburg –, demolierten Geschäfte, Wohnhäuser und vor allem die Synagogen, zerrissen Gebetbücher und zerstörten Betstühle; wertvolle Kultgegenstände – Torarollen und -vorhänge, Möbel – sowie die Gemeindearchive wurden aufgeladen und weggefahren. Brandschatzung war die Regel, man vermied sie nur dort, wo angrenzende Gebäude gefährdet waren. Die jüdischen Mitbürger wurden aus ihren Häusern geholt, geschlagen und bespuckt; in Fischach mussten sie Zylinder aufsetzen und selbst ihre Synagoge und das Gemeindehaus ausräumen, in Krumbach die Männer Davidsterne oder eine Glocke umhängen und jüdische Lieder singen. Verhaftungen und die Einlieferung in Gefängnisse oder der Abtransport nach Dachau folgten. Auch die Beteiligung der ansässigen Bevölkerung ist in Fellheim und Ichenhausen belegt. Allerdings fanden die Ereignisse nicht überall schon am 10. November statt, in Altenstadt erst am Abend des Folgetages, in Fischach sogar einige Tage später; dort hatte der Bürgermeister die Brandstiftung der Synagoge mit den Worten abgelehnt: *wir sind keine Mordbrenner.*[24] Und auch in Schwaben lösten die Gewaltakte eine Abwanderung jüdischer Familien aus – aber es blieben doch noch einige in den jeweiligen Orten, sei es, dass ihnen die nötigen finanziellen Mittel fehlten, sei es freiwillig. Das Ziel, die Region ‚judenfrei' zu machen, das in Franken so vehement propagiert wurde, war in Schwaben nicht in letzter Konsequenz verfolgt worden. Ob dahinter die langjährigen Erfahrungen des Zusammenlebens mit der nichtjüdischen Bevölkerung standen oder die katholische Kirche für eine stärkere Distanz gegenüber den Gewaltmaßnahmen sorgte, lässt sich freilich bislang nicht genauer fassen.

Für Unterfranken und die Oberpfalz liegen ganz ähnliche Ergebnisse wie in Schwaben vor, wonach die zahlreichen Einzelaktionen gegen die in den Dörfern und Städten lebenden Juden, ihre Synagogen und Gemeindeeinrichtungen nicht zur völligen Vertreibung führten.[25] Insbesondere im katholischen Unterfranken gab es mehrfach Proteste gegen das Verhalten der Aktionstrupps. In Lohr sei man

---

23 Das Folgende aus Berichten bei Ophir/Wiesemann, Gemeinden, S. 461–478.
24 Piller, Fischach, S. 452f.; Kershaw, Reaktionen auf die Judenverfolgung, S. 331.
25 Neben Ophir/Wiesemann, Gemeinden, S. 247–451; Schultheis, Mainfranken, in den entsprechenden Passagen zur Ereignisgeschichte mit ausführlichen Zitaten aus den amtlichen Berichten.

*über diese Greueltaten sehr aufgebracht gewesen*, in Gaukönigshofen zeigte man *Abscheu*, in Höchberg „protestierten die Bauern gegen 16 auswärtige SA-Männer, die an der Inbrandsetzung der Synagoge beteiligt waren und bekundete Bedauern über das Vorgefallene".[26] Doch überwogen offensichtlich ökonomische Argumentationen die humanen Wertvorstellungen. Mehrfach sind „wütende Äußerungen" über die Zerstörungen bezeugt, etwa in den Bezirken Neustadt a.d. Saale und Bad Brückenau: *Die Ortsbewohner von Oberelsbach und auch der Ortschaften in der näheren Umgebung haben sich immer noch nicht ganz beruhigt über die Zerstörungen, die von ihnen als sinnlos bei der allgemeinen Knappheit der Rohmaterialien bezeichnet werden*, hieß es über das Wüten der SA-Abteilung in den Wohnungen der Juden. Und in der Oberpfalz meldete eine Gendarmerie-Station, dass man zwar die Beschädigungen an den Synagogen hingenommen habe, aber empört wegen der *Zertrümmerung der Auslagenfenster und der sonstigen Einrichtungen, die letzten Ende auch wieder deutsches Volksvermögen sind und die Zertrümmerung dem Sinne des Vierjahresplanes widerspricht*.[27]

Die Gesamteinschätzung, dass „die wilden Ausschreitungen und Zerstörungen selbst von vielen Parteigenossen und NS-Sympathisanten scharf verurteilt [wurden]", weil damit eine „unnötige Vernichtung von Werten" verbunden war, und zudem insbesondere im ländlichen Bereich auch Anteilnahme aufscheinen konnte, zeigt zwar die Grenzen des ‚dynamischen Antisemitismus', doch die sich an die Pogrome anschließenden gesetzlichen Restriktionen wurden wiederum vielfach „mit Verständnis aufgenommen".[28] Dennoch ist nicht zu übersehen, dass die Intensität der Vorgänge und Wirkungen regional unterschiedlich ausfiel.

Dass die Novemberpogrome in Stadt und Land einen massiven Einschnitt in das jüdische Leben darstellten, aber gleichzeitig von den Spitzen des NS-Systems als Auftakt für weitergehende Maßnahmen verstanden wurden, machte die Zusammenkunft am 12. November im Reichsluftfahrtministerium deutlich: Sie war darauf gerichtet, die Auswanderung und die Enteignung der Juden zu forcieren, die im Reich Verbliebenen zu isolieren; eine Flut von Vorschriften sollte jüdisches Leben immer stärker einschränken und den Gemeinden ihre Existenzgrundlage nehmen.[29] Schon die ‚Strafen', mit denen paradoxerweise die Juden für die Zerstörungen des Pogroms haftbar gemacht wurden, demonstrierten die völlige Rechtlosigkeit, die inzwischen auf der Tagesordnung stand: Die Betroffenen mussten nicht nur die Schäden selbst reparieren lassen, sondern der Versi-

---

26 Kershaw, Reaktionen auf die Judenverfolgung, S. 330f.
27 Beide Zitate nach Kershaw, Reaktionen auf die Judenverfolgung, S. 333.
28 Kershaw, Reaktionen auf die Judenverfolgung, S. 335f.
29 Gross, November 1938, S. 67–76.

cherungsschutz wurde zugunsten des Reiches beschlagnahmt und die Gemeinden erhielten zudem eine *Sühneleistung* von 1 Mrd. Reichsmark auferlegt, dessen Einzug letztlich sogar 1,127 Mrd. einbrachte.[30]

So erweisen sich die Pogrome nur als erste Stufe in einem umfassenden Prozess der rassisch begründeten Diskriminierung und Ausgrenzung, die im Laufe der folgenden Jahre systematisch bis zur Vernichtung weiterentwickelt wurde. Die Rechtsgrundlage war bereits in den Nürnberger Gesetzen vom 15. September 1935 geschaffen worden, die zusammen mit den zahlreichen Ausführungsverordnungen – nicht weniger als an die 2.000 wurden bis 1942 erlassen – die Ausgliederung aus der ‚Volksgemeinschaft' konkretisierten. Das ‚Reichsbürgergesetz' entzog den Juden – und anderen rassisch als ‚minderwertig' eingestuften Menschen – die *Staatsangehörigkeit* und machte sie zu Bürgern zweiter Klasse, das ‚Gesetz zum Schutze des deutschen Blutes und der deutschen Ehre' mit dem Verbot der Eheschließung, des intimen Verkehrs und der Anstellung von weiblichen Hausangestellten diskriminierte sie. Aus dem jeweiligen Gebrauch der von den Definitionen Betroffenen – die berüchtigte rassische Begrifflichkeit von *Volljuden*, *Halbjuden* und *Vierteljuden* wurde seit 1938 von Hitler durch die Kategorien der *privilegierten* und *nichtprivilegierten* Mischehen ergänzt – resultierte die verhängnisvolle Einbeziehung der *Mischlinge*, auch wenn sie selbst keine Verbindung mit dem Judentum hatten oder haben wollten.[31] Waren sie zunächst generellen Repressalien der ‚Nichtarier' ausgesetzt, so wurden sie mit Kriegsausbuch bald in die verschärfte Rassenpolitik und teilweise noch in die Deportationen einbezogen.

Ihre Geschichte ist für Bayern noch nicht geschrieben, doch ist davon auszugehen, dass auch hier die andernorts gemachten Beobachtungen über die wachsende Gefährdung und das individuelle Ringen um die Ausnahmeregelungen zutrafen.[32] Der 1933 in Berlin gegründete ‚Reichsverband christlich-deutscher Staatsbürger nichtarischer oder nicht rein arischer Abstammung', der 1936 in ‚Paulus-Bund. Vereinigung nichtarischer Christen' umbenannt wurde, distanzierte sich vehement vom Judentum und bekannte sich dezidiert zur deutschen Nation – auch wenn er nur eine Minderheit mit seinem ‚Mitteilungsblatt' erreichte.[33] Die meisten zogen es vielmehr vor, möglichst unauffällig zu bleiben, um nicht in die Fänge der Verfolgung zu geraten.

Der zweite Akt der Entrechtung bestand in den ‚Arisierungen'. Dieser zeitgenössische Begriff – häufiger wurde ‚Entjudung' verwendet – bezeichnete alle

---

30 Barkai, Etappen der Ausgrenzung, S. 217.
31 Gruchmann, „Blutschutzgesetz", passim; knapp Nerdinger, München, S. 170f.
32 Vgl. dazu B. Meyer, „Jüdische Mischlinge", für Hamburg.
33 Cohn, Paulus-Bund, passim.

Formen des Übergangs jüdischen Vermögens in ‚arische' Hand, angefangen von Betrieben, Immobilien, Wohnungen bis zu Wertgegenständen und Schmuck, es handelte sich also um eine umfassende Enteignung, gleichzeitig aber auch um einen fundamentalen gesellschaftlichen Vorgang, bei dem viele profitierten.[34] Den ‚freiwilligen', freilich unter Druck erfolgten Verkäufen und Abtretungen, die bereits bis Ende 1937 einen hohen Anteil des jüdischen Vermögens erreicht hatten, folgte eine systematische Enteignung, weil Hermann Göring als ‚Beauftragter für den Vierjahresplan' damit volkswirtschaftliche Ziele verfolgte:[35] Mit der ‚Verordnung über den Einsatz des jüdischen Vermögens' vom 3. Dezember 1938 ordnete er die Erfassung des gesamten jüdischen Vermögen an und öffnete es dem Zugriff, um *den Einsatz [...] im Einklang mit der deutschen Wirtschaft sicherzustellen.* Sein Ziel war klar: *Bei der Arisierung der Wirtschaft ist der Grundgedanke, folgender: Der Jude wird aus der Wirtschaft ausgeschieden.*[36] Zusammen mit der ‚1. Verordnung zur Ausschaltung der Juden aus dem Wirtschaftsleben' vom 12. November, das ihnen die Ausübung von Gewerben völlig untersagte – nachdem schon am 6. Juli den Maklern und Hausierern die Lizenz entzogen worden war –, setzte nun die zwangsweise Liquidierung der restlichen Einzelhandelsgeschäfte, die Einziehung des Immobilienbesitzes und schließlich die Übernahme des Eigentums an Banken und der Großindustrie ein.

Einzeluntersuchungen ergeben dabei ein unterschiedliches Bild: In München[37] hatte es 1933 noch 2.252 selbstständige jüdische Gewerbetreibende gegeben, bis Februar 1938 waren es nur mehr 1.745; schlug die Phase zwischen 1933 und 1937 noch mit relativ geringen Zahlen in den Größenordnungen von zusammen 5 % (1934) bis 8 % (1937) pro Jahr zu Buche, so folgte 1938 ein sprunghafter Anstieg auf 63 %.[38] Nachdem sich bereits im Sommer 1938 ein ‚Arbeitskreis für Judenangelegenheiten' bei der Industrie- und Handelskammer gebildet hatte, an dem neben den Kammern auch die ‚Deutsche Arbeitsfront', der Gauwirtschaftsberater und ein Vertreter des ‚Sonderbeauftragten für Wirtschaftsangelegenheiten der Hauptstadt der Bewegung' und weitere Institutionen beteiligt waren, geriet das Verfahren der ‚Zwangsarisierung' zunehmend zu einem „Neben- und Gegeneinander verschiedener Instanzen von Partei, Staat, Stadt und den Industrie- und Handelskammern".[39] Als letzte Instanz war zwar die Regierung von Oberbayern

---

34 Vgl. dazu Rappl, Präzisierung, S. 18–21.
35 Grundlegend Barkai, Vom Boykott zur „Entjudung", S. 128–146.
36 Zit. nach Rappl, Präzisierung, S. 17, 26.
37 Nach Hanke, München, S. 222–245; jetzt Rappl, „Arisierungen" in München; umfassend Selig, „Arisierung"; Einzelfälle bei Baumann/Heusler, München arisiert.
38 Selig, „Arisierung", S. 93.
39 Selig, „Arisierung", S. 37–70, Zitat S. 41.

vorgesehen und mit der Abwicklung war die privatwirtschaftliche Treuhandstelle AG beauftragt, aber zentrale Bedeutung entwickelte in München – entgegen den Forderungen Görings, der den Staat als entscheidende Ebene ansah – die Partei selbst, angefangen vom Gauwirtschaftsberater Hans Bucher über die ‚Vermögensverwertung München GmbH' bis zur ‚Dienststelle des Beauftragten des Gauleiters für ‚Arisierung".[40] Und so finden sich unter den Nutznießern neben „skrupellosen Profiteuren" nicht zuletzt auch „verdiente Parteigenossen" und so manche Aktion verstand sich als „Freundschaftsdienst".[41] Bis zum Abschluss 1943 waren über die Stelle des Treuhänders des Regierungspräsidenten 214 Kaufverträge über jüdisches Grundeigentum vollzogen worden, über den ‚Beauftragten des Gauleiters' aber mehr als die doppelte Zahl, nämlich 442; der Gesamtwert wurde amtlicherseits mit 45 Mill. Reichsmark beziffert.[42]

Hinter diesen Zahlen verbergen sich tiefgreifende menschliche Schicksale; wenigstens zwei Beispiele mögen die Spannbreite andeuten: Zu den Fällen großer Vermögen gehörten etwa das Kaufhaus Uhlfelder im Rosental,[43] das um 1930 etwa 1.000 Mitarbeiter beschäftigte und mit seinem umfassenden Warenangebot vor allem bei den niedrigen Einkommensschichten beliebt war; Max und seine Schwester besaßen zudem mehrere Wohnhäuser und eine Sammlung von Kunstobjekten. Als ideologisch besonders bekämpfter Betrieb geriet das Kaufhaus in der Pogromnacht des 9./10. November ins Visier der Parteigliederungen, Max Uhlfelder und sein Sohn wurden verhaftet und für einige Wochen ins KZ Dachau verbracht. Schon seit 1935 hatte er sich um einen Verkauf bemüht, doch die Entscheidung über die Alternative Arisierung oder Liquidierung zog sich im Behördendschungel hin, nun wurde sie mit der Auflösung der Firma abgeschlossen. Der Warenbestand wurde sogleich zu Schleuderpreisen veräußert, die Geschäftsgebäude aber erst 1943 verkauft. Max Uhlfelder musste nicht nur dieser Enteignung zusehen, sondern auch der Beschlagnahmung seiner privaten Kunst- und Wertgegenstände wegen der von ihm betriebenen Auswanderung – er selbst wurde im Mai 1940 ausgebürgert –, die Grundstücke wechselten anschließend den Besitzer, das noch vorhandene Vermögen wurde zugunsten des Reiches eingezogen.

Ein kleines Textilhandelsunternehmen in der Hand von Sigmund und Max Feuchtwanger lag in Giesing.[44] Es konnte sich zunächst noch halten, geriet

---

40 Dazu Modert, Motor der Verfolgung, S. 161–170.
41 Selig, „Arisierung", S. 79–92.
42 Selig, „Arisierung", S. 73.
43 Schmieder, Kaufhaus Uhlfelder, passim.
44 Kramer, Kein Sonderfall, passim.

dann aber im Dezember 1938 in die Mühle der zwangsweisen Arisierung, hatten die Inhaber doch vermutlich während der KZ-Haft im Novemberpogrom die Gewerbeabmeldung unterschreiben müssen. Im Mai 1939 übermittelte ihnen die Treuhandverwaltung die Nachricht über die Liquidation, die Räume gingen an ein ‚arisches' Wäschegeschäft. Sie selbst mussten im Oktober ihre angemietete Wohnung verlassen und in eine ‚Judenhaus' umziehen; die Auswanderung gelang ihnen nicht mehr, vielmehr wurden sie im November mit dem ersten Transport von München nach Kaunas (Litauen) gebracht und dort bald darauf ermordet.

In Nürnberg war die ‚Arisierung' durch das rigorose Vorgehen des Gauleiters Julius Streicher unter der Parole *Franken voran* früh vorbereitet und vorangetrieben worden.[45] So setzte er beispielsweise 1937 einen Weihnachtsboykott in Gang, der vom Einzelhandel Frankens lebhaft begrüßt wurde; er trug nicht zuletzt dazu bei, dass die ‚schleichende Arisierung' bereits vor dem Novemberpogrom weitreichend umgesetzt war. In der Presse „häuften sich die Annoncen Nürnberger Firmen, die bekundeten, jetzt in arischen Besitz übergegangen zu sein".[46] Und auch hier richtete die Gauleitung – der Stellvertreter Streichers Karl Holz und der Gauwirtschaftsberater Otto Strobl, der auch Präsident der Industrie- und Handelskammer war – eine ‚Arisierungsstelle' ein, die unter Umgehung der Regierung von Ansbach und an den Weisungen des Reichswirtschaftsministeriums vorbei rücksichtslos für die eigenen Interessen agierte: Die jüdischen Unternehmer wurden in die Diensträume der DAF geladen und mit Gewalt gezwungen, ihre Unterschrift unter Kaufverträge zu setzen, mit denen sie ihre Immobilien lediglich zu 10 %, manchmal sogar nur zu 5 % des Einheitswertes abgaben. In einer parallelen Aktion wurden andere Wertobjekte, etwa Automobile und Klaviere, zu Schleuderpreisen an ‚alte Kämpfer' und Mitarbeiter veräußert. Sogar Hermann Göring sah sich veranlasst, eine Kommission zur Überprüfung dieser Vorgänge einzusetzen, sodass der Erwerb von mindestens 569 Grundstücken im Wert von 12–15 Mill. Mark rückgängig gemacht werden musste, um anschließend ‚normal' arisiert zu werden – freilich ohne dass die ursprünglichen Besitzer etwas davon erhielten.

Ein bezeichnender Fall war das Kaufhaus ‚Weißer Turm', ehem. Hermann Tietz & Co, dessen Besitzer Theo Hartner zwar als ‚Arier' galt, aber mit einer Jüdin verheiratet war und als ‚Judenknecht' von der Gauleitung in ein Zwangsverfahren verwickelt wurde, in dem ein Mitglied der SS in die Geschäftsleitung

---

45 Nach A. Müller, Nürnberg, S. 219–229, 245–251; Wollenberg, Enteignung, S. 164–181; jetzt Henkel/Dietzfelbinger, Nürnberg und Fürth; ausführlich Janetzko, Unternehmen in Bayern, S. 143–164, 251–299.
46 Wollenberg, Enteignung, S. 172.

eingesetzt, ein Aufsichtsrat etabliert und die Scheidung von seiner Frau gefordert wurden. Spektakulärer erschienen im Nachhinein die Übernahme des Wäscheversandhauses von Karl Joel durch Josef Neckermann 1938 – Joel erhielt von dem Verkaufspreis nichts und musste nach dem Krieg in einem langwierigen Prozess um eine Entschädigung streiten –,[47] und ganz ähnlich die Gewinne des Gustav Schickedanz für sein Versandhaus ‚Quelle'.[48]

Julius Schleicher überzog mit seiner besonders brutalen Politik in Nürnberg und der damit verbundenen Korruption seine Stellung, die Klagen gegen ihn mündeten in ein Parteiverfahren, das im Februar 1940 seine Amtsenthebung verfügte. In der Folgezeit bestimmte die Gestapo das Feld, die mehrfach Übergriffe der Partei abwehrte und vom örtlichen Vorsitzenden des ‚Centralvereins' Walter Berlin sogar als *eines der wenigen Bollwerke, das zwischen ihnen* [den Juden] *und der nackten Gewalt stand*, bezeichnet wurde, was sich freilich im weiteren Verlauf als wenig tragfähig erwies.[49]

Gegenüber diesen Plünderungsaktionen konnte für Augsburg zumindest anfangs eine (relativ!) gemäßigte Haltung der Parteileitung unter dem Gauleiter Karl Wahl wie dem Augsburger Oberbürgermeister Josef Mayr konstatiert werden:[50] „Aus taktischen Gründen lavierte Wahl zwischen den Erwartungen der Staats- und Parteiführung einerseits, die zunächst auf eine Zurückhaltung in der ‚Judenfrage' drängte, sowie der Parteibasis andererseits, die klare Maßnahmen zur Ausgrenzung und Verdrängung der Juden aus Wirtschaft und Gesellschaft forderte" – was freilich auch anderen Akteuren Möglichkeiten ließ; immerhin „waren die Handlungsspielräume jüdischer Unternehmer bei ‚Arisierungsverhandlungen' in Augsburg vor 1938 größer als andernorts". Nach dem Novemberpogrom änderte sich das, denn durch Inhaftierungen gefügig gemacht, mussten sie sich den Bedingungen eines radikaleren Kurses beugen; allerdings kam es „innerhalb der NSDAP" nicht in gleichem Maße „zu Korruption und Bereicherung" wie andernorts.[51] In Zahlen ausgedrückt ergibt sich folgendes Bild: Von den 169 jüdischen Firmen und Betrieben waren bis November 1937 erst zwölf Betriebe ‚arisiert', allein in den ersten zehn Monaten des Jahres 1938 jedoch weitere 29, ehe mit der ‚Zwangsarisierung' seit Dezember 1938 binnen weniger Monate die letzten Geschäfte geschlossen wurden.

---

47 Radlmaier, Neckermann, passim.
48 Zinke, Schickedanz, passim.
49 B. Meyer, Handlungsspielräume, S. 73–79.
50 Nach den Skizzen von Hirsch, Verdrängung; Janetzko, ‚Arisierung'; jetzt ausführlich Janetzko, Unternehmen in Bayern, S. 99–127, 211–239.
51 Zitate Janetzko, Unternehmen in Bayern, S. 99, 127, 232.

Betroffen war allein im Textilbereich die gesamte Spannbreite von den Großbetrieben der Spinnerei und Webereien Kahn & Arnold sowie Landauer über die Großhandlungen wie die der Gebr. Heymann bis zu Einzelhandelsgeschäften wie das für Herren und Knabenbekleidung von Moritz Marx. Die Firma ‚Wäschefabriken Augsburg A.G.' war eine der bedeutenden. Entstanden aus einem Zusammenschluss der Firmen Friedmann & Dannenbaum mit Lammfromm & Biedermann konnte sie mit über 100 Beschäftigten täglich bis zu 1.000 Hemden fertigen.[52] Im Juli 1938 mussten die Inhaber, die Geschwister Friedmann, die Firma zu einem Niedrigpreis zwangsverkaufen, die Familie Ludwig Friedmann verlor ihre gutbürgerliche Wohnung und wurde schließlich in ein ‚Judenhaus' eingewiesen, den persönlichen Besitz mussten sie weitestgehend abliefern; dann folgten weitere Zwangsabgaben und die Beschlagnahme von Wertpapieren. Am Abend des 7. März 1943 nahm sich das Ehepaar Selma und Ludwig Friedmann das Leben, um der Deportation am folgenden Tag zu entgehen.

Schon am 12. Januar 1939 meldete der Regierungspräsident: *In Augsburg sind sämtliche jüdischen Gewerbebetriebe nunmehr entweder aufgelöst, abgewickelt oder gewerbepolizeilich abgemeldet* – es bestand nur mehr eine jüdische Gaststätte.[53] Unter den Käufern zeichnet sich wiederum die bekannte große Spannbreite von ‚gutwilligen Geschäftsleuten' bis zu ‚skrupellosen Profiteuren' ab, aber auch die Kommunalverwaltung spielte eine nicht unwichtige Rolle – in der Regel zu Ungunsten der jüdischen Verkäufer.[54] Sehr viel radikaler erscheinen demgegenüber die Vorgänge in Memmingen, wo Kreisleiter Schwarz im Zusammenwirken mit der Kommune erheblich größeren Druck auf die jüdischen Unternehmer ausübte – obwohl die Stadt im Gau Schwaben lag.[55]

Auch in Bamberg zeigt die Statistik, dass die Arisierung nach eher verhaltenen Vorjahren 1938 ihren Höhepunkt erreichte:[56] Konnten sich von den insgesamt 308 jüdischen Betrieben bis zum April 1938 noch mehr als die Hälfte halten, so waren im Gesamtjahr 1938 nicht weniger als 167 von der Liquidation und Arisierung betroffen, vor allem Fabriken und der Großhandel. Auch hier spielte die Partei mit dem Kreiswirtschaftsberater Friedrich Kuhn, der wiederum zugleich Geschäftsführer der Bamberger Industrie- und Handelskammer war, als Motor eine zentrale Rolle. In Regensburg setzten die Enteignungen beim Kaufhaus Tietz

---

52 Zur Familiengeschichte frdl. Hinweise von Miriam Friedmann, Augsburg; vgl. dazu den Dokumentarfilm „Die Stille schreit" von Josef Pröll und Miriam Friedmann, 2019.
53 Zit. nach Hirsch, Verdrängung, S. 155.
54 Die Zahlen nach Janetzko, ‚Arisierung', S. 169, die Einschätzung ebd. S. 180–183.
55 Janektzko, Unternehmen in Bayern, S. 80–99, 188–211.
56 Schaible, „Entjudung der Wirtschaft", passim; die folgende Zahlen S. 137f.

im April 1935 ein und waren bis Februar 1939 abgeschlossen; insgesamt lassen sich 43 Fälle der Zwangsarisierung nach dem Novemberpogrom fassen, wobei von den Profiteuren – meist aus der Partei – in der Regel nur noch 20–50 % des Wertes bezahlt wurden.[57]

Der Vergleich zeigt die erheblichen Unterschiede in den Abläufen, insbesondere was die Ausübung des Druckes auf die jüdischen Unternehmer betraf, bis hin zur Anwendung physischer Gewalt.[58] Entscheidend dafür war die jeweilige Konstellation der beteiligten Kräfte von Staat und Kommunen, der Parteiführung und der Industrie- und Handelskammern – und ihre jeweiligen Verflechtungen. Insgesamt freilich war das Ergebnis ein fundamentaler Einschnitt in das Wirtschaftsleben der Städte, denn bis 1939 waren die jüdischen Geschäfte und Fabriken entweder verschwunden oder in andere Hände übergegangen, die Inhaber enteignet und marginalisiert, mussten die Erlöse doch auf ein Sperrkonto einbezahlt werden, von denen die ‚Judenvermögensabgabe' und im Auswanderungsfall die Kosten abgebucht wurden und auf die die Inhaber nur begrenzten oder keinen Zugriff hatten. Es erscheint in diesem Kontext schon fast gespenstisch, dass der Versuch der politischen Gemeinden, jüdische Friedhöfe zu übernehmen, an juristischen Problemen der Durchführung scheiterte, sodass sie in der Regel erhalten blieben,[59] wie etwa am Fall Memmingen detailliert nachzuweisen ist.[60]

Wie diese Enteignung in den kleineren Städten und den noch vorhandenen ländlichen Gemeinden ablief, ist zumindest an Beispielen zu rekonstruieren. Ganz parallele Vorgänge wie in den Großstädten sind in der Kleinstadt Weiden in der Oberpfalz nachzuweisen:[61] Dem Viehgroßhändler Leopold Engelmann, Vorsitzender der jüdischen Gemeinde, wurde sein Grundbesitz in der Stadt und in ihrem Umland ebenso durch Kaufverträge abgepresst, nachdem er im KZ Dachau und im Gestapogefängnis in München gefügig gemacht worden war, wie Leo und Moritz Sterzenbach ihr Wohn- und Geschäftshaus in der Innenstadt. Insgesamt waren nach dem Novemberpogrom bis Mitte des Jahres 1939 nicht weniger als 17 Anwesen ‚arisiert', wobei die Kommune über ihren Oberbürgermeister zu den treibenden Kräften gehörte. Er trat aber auch als Privatmann wie andere Bürger in Konkurrenz zur Stadt auf, sodass der Regierungspräsident von Niederbayern und der Oberpfalz in seinem Monatsbericht vom Dezember 1938 feststellte, dass

---

57 Angerstorfer, Chronik der Verfolgung, S. 180, 189; Bierwirth, „Zwangsarisierung", S. 252–256; detaillierte Fallbeispiele in Bierwirth, Schandzeit, S. 83–158.
58 Vgl. dazu insbesondere Janetzko, Unternehmen in Bayern, S. 300–326.
59 Dazu Wirsching, Jüdische Friedhöfe, passim.
60 Wirsching, Jüdische Friedhöfe in Schwaben, S. 260–262.
61 Schott, Weiden, S. 258–266.

die Bewerber *sich erbittert bekämpfen und verdrängen* wollten.[62] In der Marktgemeinde Floß[63] – aus der sich die Weidener Gemeinde einmal rekrutiert hatte –, wo ohnehin nur drei jüdische Geschäfte bestanden, übernahm ein Kaufmann vor Ort das Bekleidungshaus von Adolf Eisenmann, weil er dessen gute Umsätze für sich gewinnen wollte, während das Schnittwarengeschäft von Ernst Ansbacher liquidiert wurde und das Herrenkonfektionsgeschäft von Hugo Wilmersdörfer sich bereits aufgelöst hatte. Die Beseitigung der wirtschaftlichen Konkurrenz war somit das entscheidende Motiv, physische Gewalt war anscheinend nicht im Spiel. Selbst in kleineren Orten finden sich Beispiele: In Allersberg (Kreis Hilpoltstein) war die Draht-, Lametta- und Metallgespinstefabrik der Familie Geierhoefer Opfer der Arisierung, initiiert vom Kreisleiter der NSDAP. Die Besitzer wurden gezwungen, die Firma und das Wohnhaus zu verkaufen, und auch hier floss ein ansehnlicher Gewinn in die schwarzen Kassen der Partei, aus denen eine ganze Reihe von Profiteuren bedient wurde.[64]

In den ländlichen Gemeinden spielte die Arisierung der land- und forstwirtschaftlichen Güter eine wichtige Rolle, verfügten doch vor allem die Viehhändler über entsprechende Grundstücke als Weideland. Der jüdische Gesamtbesitz lag in Bayern bei 5.774 ha in 2.122 Besitzeinheiten, gestreut von der Wiesenparzelle bis zum Gutshof; freilich stellte man im Dezember 1940 die Maßnahme ein, als etwa die Hälfte verkauft worden war. Die Behörden gaben als Grund dafür die *Struktur des Grundbesitzes* an, also die *Unzahl von kleinen und kleinsten Betrieben und Parzellen*. Doch die Vorgänge verliefen, was die konkurrierenden Interessen der Beteiligten an dem „Bereicherungsgeschäft" betraf, ganz parallel zu denen in Industrie und Gewerbe.[65] In Unterfranken, wo mit Gauleiter Hellmuth wie in Schwaben ein eher ‚gemäßigter' Parteifunktionär die antisemitische Verfolgungen in Grenzen hielt und dem Gauwirtschaftsberater sowie den Ortsbauernführern überließ, sollte die Bayerische Bauernsiedlungs-GmbH die Arisierung der Grundstücke überwachen.[66]

Dennoch war die Wirkung für die Betroffenen in den ‚Judendörfern' gleichermaßen einschneidend wie in den Städten. Im unterfränkischen Gaukönigshofen[67] wurden bis Ende des Jahres 1938 die Geschäfte – der Viehhandel, Läden für Gemischtwaren und Manufakturwaren – geschlossen, einschließlich der

---

62 Schott, Weiden, S. 264.
63 Höpfinger, Floß, S. 314–317.
64 Raim, Verfolgung der fränkischen Juden, S. 205f.
65 Verse-Herrmann, Land- und Forstwirtschaft, S. 67f., 108f., 122–143.
66 Drecoll, Fiskus als Verfolger, S. 55–59, 236–241.
67 Michel, Gaukönigshofen, S. 538–547.

Enteignung des Großviehs, der Futtermittel und der Maschinen sowie der Pkws. Die Zwangsverkäufe der Gewerbebetriebe und Grundstücke zugunsten der ‚Bayerischen Bauernsiedlung' folgten im März 1939; der Bürgermeister fungierte als Zwangsverwalter. Immerhin erhöhte das Finanzamt Ochsenfurt den weit unter Wert angesetzten Erlös bei den Gebrüdern Mainzer auf etwa zwei Drittel des Schätzwertes – wobei freilich die Kosten für die ‚Flurbereinigung' hier wie bei allen anderen noch in Abzug kamen. Über dasselbe Verfahren erwarb die Kommune im Juni die Synagoge und die Gemeindebauten für ihre Bedürfnisse. Immerhin konnte die jüdische Restgemeinde – Ende 1939 lebten noch zwölf Männer im Ort – im Haus des Isaak Bach nach Absprache mit dem christlichen Nachbesitzer, mit dem er in gutem Verhältnis stand, noch Gottesdienste abhalten.[68]

Auch wenn aus diesen Beispielen noch keine endgültigen Schlüsse zu ziehen sind, so markieren sie doch ein Gefälle zwischen den großstädtischen zu den dörflichen Vorgängen: Der Einsatz von physischer Gewalt bei der Enteignung des Besitzes blieb in den kleineren Kommunen meist aus, und auch die finanzielle Entschädigung war auf dem Land höher als in den Großstädten. Vielleicht geht man nicht fehl, wenn man dahinter ein größeres Maß an Akzeptanz sieht, das zumindest fallweise noch bis in die Phase der systematischen Verfolgung des Terror-Systems weiterwirkte. Letztlich blieben jedoch diese graduellen Unterschiede marginal, verhinderten nicht die Zerstörung der jüdischen Siedlungen und die Ermordung ihrer Bewohner bis in die kleinsten Niederlassungen. Die permanente Dämonisierung des Judentums, die sich im Zerrbild des Ahasver – seit 1940 als Film ‚Der Ewige Jude' gezeigt – verdichtete,[69] tat ihre Wirkung.

Noch schien es einen Ausweg zu geben: die Auswanderung.[70] Der wachsende Druck auf die jüdischen Bürger, der sie von der Verdrängung aus dem öffentlichen Leben, vom Boykott ihrer Geschäfte über die Zerstörungen, Verhaftungen und Misshandlungen im ‚Radauantisemitismus' bis zur systematischen Enteignung ihres Besitzes in ihren Lebensumständen immer stärker einschnürte, beschleunigte die Bereitschaft, das Land zu verlassen – freilich: *Es war nie Auswanderung, immer nur Flucht.*[71] War nach der ersten Welle 1933 in den Folgejahren ein relativer Rückgang zu verzeichnen – er spiegelt die zögernde Haltung der Juden mit der Hoffnung auf eine Verbesserung ihrer Lage in der scheinbaren ‚Schonzeit' –, so folgte nun nach den Erfahrungen des Novemberpogroms

---

68 Michel, Gaukönigshofen, S. 536f.
69 Vgl. dazu Barkai, Etappen der Ausgrenzung, S. 223f.
70 Dazu Wetzel, Auswanderung, S. 412–498; zusammenfassend Barkai, Jüdisches Leben, S. 226–228.
71 Wetzel, Auswanderung, S. 413–417.

**Tab. 6:** Abnahme der jüdischen Bevölkerung in Bayern 1933–1939

| Regierungsbezirk | 6.6.1933 | % | 17.5.1939 | % | Abnahme in % |
|---|---|---|---|---|---|
| Oberbayern | 9.522 | 26,9 | 4.873 | 33,2 | 48,8 |
| Niederbayern | 293 | 0,8 | 116 | 0,8 | 60,4 |
| Oberpfalz | 1.004 | 2,8 | 427 | 2,9 | 57,5 |
| Oberfranken | 2.133 | 6,0 | 956 | 6,5 | 55,2 |
| Mittelfranken | 11.631 | 32,8 | 3.523 | 24,0 | 69,7 |
| Unterfranken | 8.520 | 24,0 | 3.461 | 23,6 | 59,4 |
| Schwaben | 2.359 | 6,7 | 1.328 | 9,0 | 43,7 |
| **gesamt** | **35.452** | **100,0** | **14.684** | **100,0** | **59,6** |

die Massenflucht. Diese generelle Entwicklung in Deutschland findet sich auch in Bayern: Die massive Abnahme in den verschiedenen Regierungsbezirken war unterschiedlich – am stärksten in Mittelfranken, am geringsten in Schwaben –, sie reduzierte die jüdische Bevölkerung in Bayern zwischen 1933 und 1939 um mehr als die Hälfte (Tab. 6).[72]

Bis zum 1. August 1941 sank die Zahl nochmals um ein Drittel auf 9.835 Personen (davon allein 3.291 in München und 1.866 in Nürnberg).[73] Dieser Einschnitt war vom NS-System beabsichtigt, hieß es doch im Jahresbericht des Sicherheitsdienstes für das Jahr 1938: *Während in der Zeit von 1.1. bis 8.11.1938 versucht wurde, die Judenschaft durch Gesetze und Verordnungen endgültig aus sämtlichen deutschen Lebensgebieten auszuschließen, wurde die völlige Ausschaltung der Juden aus allen Gebieten des öffentlichen und privaten Lebens durch die Aktion vom 9./10.11.1938 praktisch verwirklicht.*[74] Der Einschnitt hatte aber bereits eine strukturelle Konsequenz: Der Novemberpogrom bedeutete partiell das Ende der Phase des Landjudentums, denn in Mittelfranken war, wie gezeigt, der gesamte ländliche Bereich verlassen, in den anderen Regionen waren die Kleinstädte und Dörfer erheblich ausgedünnt. Die Binnenwanderung in die großen Städte München und Nürnberg-Fürth, aber beispielsweise auch nach Frankfurt am Main, war ein erster Schritt, die Flucht der zweite.

---

72 Ophir/Wiesemann, Gemeinden, S. 24f.; aufschlussreich sind die Zahlen für die einzelnen Gemeinden ebd.
73 Die Zahlen nach Ophir/Wiesemann, Gemeinden, S. 24f.; Wiesemann, Judenverfolgung, S. 431; vgl. Kershaw, Reaktionen auf die Judenverfolgung, S. 319.
74 Zit. nach Kershaw, Reaktionen auf die Judenverfolgung, S. 325.

Tab. 7: Die Entwicklung der jüdischen Auswanderung aus Bayern seit 1933[1]

| | 1933 | 1934 | 1935 | 1936 | 1937 | 1938 2) | 1938 3) | 1938 4) | 1939 | 1940 | 1941 | 1942 | 1943 | 5) | 6) | 7) | zus. | in % |
|---|---|---|---|---|---|---|---|---|---|---|---|---|---|---|---|---|---|---|
| Palästina | 140 | 141 | 129 | 164 | 96 | 74 | 18 | 35 | 179 | 9 | 4 | 1 | | | 34 | 701 | 226 | 1951 | 15,4 |
| England 8) | 20 | 11 | 11 | 27 | 30 | 24 | 15 | 26 | 610 | 8 | 4 | | | | 9 | 176 | 572 | 1543 | 12,4 |
| andere europ. Länder | 258 | 99 | 79 | 81 | 81 | 87 | 19 | 60 | 272 | 27 | 7 | 3 | 4 | | 22 | 1050 | 411 | 2560 | 20,2 |
| USA | 31 | 125 | 70 | 313 | 570 | 646 | 137 | 280 | 571 | 198 | 180 | 4 | | | 119 | 637 | 1030 | 4911 | 38,7 |
| andere außereurop. Länder | 5 | 19 | 25 | 73 | 82 | 60 | 41 | 25 | 268 | 60 | 23 | 5 | | | 5 | 274 | 253 | 1218 | 9,6 |
| Land unbekannt | 28 | | 16 | 13 | 15 | 3 | 13 | 29 | 1 | 2 | 4 | | | | 27 | 292 | 47 | 492 | 3,7 |
| zusammen | 456 | 423 | 314 | 674 | 872 | 906 | 233 | 439 | 1929 | 303 | 220 | 17 | 4 | | 216 | 3130 | 2539 | 12675 | 100,0 |
| | | | | | | | 1578 | | | | | | | | | | | | |

1) Das statistische Material über die Auswanderung ist zum Teil nur lückenhaft erhalten geblieben (z.B. für die größten Gemeinden München und Nürnberg, für einige Gemeinden (z.B. für Fürth) fehlt es ganz. Dennoch lassen sich aus den in der Tabelle enthaltenen Angaben die allgemeinen Trends der Auswanderung in genügender Weise ablesen.
2) bis 9.11.
3) ab 10.11.
4) Monat unbekannt
5) Jahr unbekannt
6) Teilergebnis der Auswanderung aus München (1.3.1933-16.5.1938)
7) Teilergebnis der Auswanderung aus Nürnberg (1.2.1933-31.12.1939)
8) Hierbei sind auch die wenigen Auswanderer nach Irland und Schottland aufgeführt.

In den ersten Jahren lagen die Ziele vor allem in Palästina und den europäischen Ländern, erst seit 1937 kippte diese Verteilung zugunsten der USA (Tab. 7).

Palästina war schon wegen des Gedankens der Rückkehr in das Gelobte Land dominierend, doch kamen politische Gründe dazu: Die Reichsregierung erleichterte im *Haavara*-Abkommen von 1933 den Kapitaltransfer, um die jüdische Auswanderung zu stimulieren, weil die anderen Staaten sich zunehmend dagegen abschotteten, und gleichzeitig den Absatz deutscher Waren dort zu ermöglichen, um den dringend benötigten Devisenzustrom wenigstens an dieser Stelle nicht zu gefährden.[75] So gewährte sie sogar der zionistischen Bewegung, vor allem der ‚Zionistischen Vereinigung' in 39 Gemeinden, wegen des Auswanderungsziels Palästina noch – wenn auch überwachte – Bewegungsspielräume, und akzeptierte im Juli 1935 eine Konferenz des Landesverbandes in München. Als nach den Novemberpogromen die Auswanderungswelle anschwoll, spitzte sich das Problem zu, ob und inwieweit die westlichen Staaten bereit waren, jüdische Flüchtlinge aufzunehmen. Als Teillösung mochten die ‚Kindertransporte' gelten, die zwischen Dezember 1938 und dem Kriegsbeginn nach Großbritannien stattfanden.[76] Für die

---

[75] Vgl. dazu Barkai, Vom Boykottkampf zur „Entjudung", S. 111–117.
[76] Gross, November 1938, S. 101–106.

Eltern wurden die Bedingungen immer schwieriger und die materiellen Verluste immer größer. Die ‚Reichsfluchtsteuer' – eine Abgabe der Regierung Brüning von 1931, um die Kapitalflucht einzudämmen – wurde in der NS-Zeit zum Instrument der Ausbeutung ausgebaut, um zusätzliche Gelder abzuschöpfen. Für viele, die ihre Anstrengungen darauf gerichtet hatten, das Land zu verlassen, und die Verkaufserlöse aus der ‚Arisierung' dafür verwenden wollten, bedeutete das jedoch, sich einem langwierigen bürokratischen Verfahren auszusetzen, und als 1939 die Auswanderungszentrale in Berlin eingerichtet wurde, mussten sich die Antragsteller ihrer vollständigen Ausplünderung unterwerfen, um den nötigen Pass zu erhalten – bis 1941 die Auswanderung gänzlich gestoppt wurde.[77]

Als fundamentaler Einschnitt erwies sich der Novemberpogrom zudem für die Struktur der jüdischen Selbstverwaltung. Als im März 1938 der Status der Gemeinden als Körperschaften des öffentlichen Rechts aufgehoben wurde, war das Ende der unabhängigen jüdischen Gemeinden gekommen, die über die Jahrhunderte zum Ideal jüdischen Lebens gehört hatten und selbst im modernen Staat des 19. Jahrhunderts zumindest in der Form der ‚Kultusgemeinden' noch gültig waren. Doch auch alle anderen Organisationsformen waren davon betroffen: Der ‚Centralverein' musste seine Tätigkeiten einstellen,[78] alle anderen jüdischen Organisationen wurden geschlossen. Seit Juli 1939 trat die neue ‚Reichsvereinigung der Juden in Deutschland' als Dachverband für die noch vorhandenen Restgemeinden an die Stelle der ‚Reichsvertretung'. Konnte man sie vordergründig als Nachfolgeorganisation begreifen, weil die gleichen Repräsentanten sie leiteten und sie in ähnlicher Weise Koordinationsfunktionen übernahmen, so war sie in Wirklichkeit nichts anderes als ein von der Gestapo kontrollierter Zwangsverband, der nahezu alle Aufgaben übertragen bekam, angefangen von der Verwaltung der ehemaligen Gemeindeeinrichtungen, insbesondere des Schulwesens, über die Auswanderungshilfe bis zur Fürsorge. Das hieß nun immer mehr für den Lebensunterhalt der Mitglieder zu sorgen; der Verband erhielt dafür die Restvermögen der aufgelösten Gemeinden, der Stiftungen und Organisationen sowie Zuwendungen von den ‚Auswanderungsabgaben', vor allem aus den Sperrkonten und Restvermögen der Deportierten, die die Gestapo in eigener Regie verwaltete.[79] Eigenständige Gestaltungsmöglichkeiten gab es nur mehr in einem sehr engen Rahmen, es war die Verwaltung des Mangels und der Ausbeutung.

---

77 Barkai, Selbsthilfe im Dilemma, S. 314.
78 Barkai, Centralverein, S. 355–368.
79 Vgl. dazu Barkai, Im mauerlosen Ghetto, S. 337.

Für die knapp 15.000 Juden, die in Bayern noch verblieben waren, begann wie anderswo eine Zeit des „mauerlosen Gettos", geprägt von einer bis dahin nicht gekannten Unterdrückung – aber „[i]hr weiteres Schicksal wurde außerhalb von Parteikreisen kaum noch zur Kenntnis genommen und erörtert"; in den Berichten über die Stimmungslage taucht die ‚Judenfrage' nur selten auf.[80] Diese Phase begann bei den Wohnverhältnissen, denn zu den ‚Arisierungen' gehörte nun auch die Vertreibung der Juden aus ihren angemieteten Wohnungen.[81] Seit Frühjahr 1939 wurde die *Entmietung* aus *arischem Hausbesitz* betrieben; wiederum übernahm die Stadt München dabei eine Führungsrolle, um einerseits ihre eigene Wohnungsnot zu bewältigen, andererseits um Ersatz für Bauvorhaben als ‚Hauptstadt der Bewegung' Platz zu schaffen, soweit ‚arische' Einwohner vom Abriss von Wohngebäuden betroffen waren. Nachdem das Reichsarbeitsministerium diesem Drängen im Februar 1939 stattgegeben hatte, erging am 30. April 1939 das ‚Gesetz über Mietverhältnisse mit Juden', das die Kündigung zugunsten von Nichtjuden ermöglichte, für München (und Berlin sowie Wien) im September 1940 ergänzt durch den Zugriff auf Wohnungen jüdischer Vermieter. Bis zum Juni 1943 wurden auf diese Weise insgesamt 1.100 Wohnungen aus ‚arischem' und 350 aus jüdischem Hausbesitz neu vergeben; Stadtverwaltung und Gauleitung arbeiteten dabei intensiv zusammen. Die betroffenen jüdischen Familien mussten in ‚Judenhäuser' umziehen, in denen sie dicht gedrängt zusammenlebten – im April 1941 gab es 264 derartige Wohnungen für insgesamt 3.410 Personen, ehe im Frühjahr desselben Jahres in Milbertshofen eine Barackensiedlung als Internierungslager errichtet wurde; ein weiteres Massenquartier war das Kloster der Barmherzigen Schwestern in Berg am Laim. In anderen Städten war es nicht viel anders: In Regensburg lebten die noch etwa 250 Juden in drei Gebäuden und dem jüdischen Altersheim,[82] in Augsburg dienten die Rabbinerwohnung im Synagogengebäude und einige Häuser in der Stadt als Wohnraum für die noch etwa 200 Juden,[83] und in Würzburg die drei Altersheime für etwa 350 Personen und sogar das Friedhofsgebäude.[84] Selbst die 16 noch in Weiden lebenden Juden waren gezwungen, im umgebauten Leichenhaus zu wohnen – lediglich eine Familie konnte Unterkunft in einem arisierten Haus finden.[85] Wieder waren ‚Ghettos' der Rahmen für die Existenz geworden – freilich in einer der schlimmsten Formen, und das nur für eine kurze Frist.

---

80 Kershaw, Reaktionen auf die Judenverfolgung, S. 226–342, Zitat S. 337.
81 Haerendel, Zwangsveräußerung, S. 117–125.
82 Bierwirth, „Zwangsarisierung", S. 256.
83 Hirsch, Juden in Augsburg, S. 145.
84 Flade, Würzburger Juden, S. 330f.
85 Schott, Weiden, S. 26971f.

Doch sogar die Grenzen dieser geringen Bewegungsspielräume zog das NS-System seit September 1939 immer enger.[86] Die Kennzeichnungspflicht mit dem ‚J' in der Kennkarte im Juli 1938, die ‚Zusatznamen' Israel und Sara seit Januar 1939, die Einführung des ‚Gelben Flecks', des Judensterns, im September 1941[87] markierten die formelle Ausgrenzung. Letztere veranlasste den Vorstand der Kultusgemeinde Nürnberg zur Anmahnung eines *möglichst unauffälligen* Verhaltens, einem 11-Punkte-Katalog unter dem Leitgedanken: *Zeige Dich in der Öffentlichkeit so wenig wie möglich!*[88] War schon seit langem der Aufenthalt in Schwimmbädern und Parks untersagt, so konnten Juden seit April 1942 keine Verkehrsmittel mehr benutzen. Für den – ohnehin nur begrenzten – Einkauf von Lebensmitteln waren ihnen eigene Läden mit knappen Öffnungszeiten zugewiesen, seit Kriegsbeginn mit Lebensmittelmarken, deren Rationen eingeschränkt waren, seit 1942 ganz ohne Fleisch, Geflügel, Fisch, Obst, Eier, Milch und Konserven; Kleider oder Schuhe waren ohnehin tabu – von den gesperrten Bankkonten durften monatlich nur 150 Mark abgehoben werden. Für den Winter 1942 waren zugunsten der Soldaten in Russland *alle entbehrlichen Kleidungstücke*, insbesondere solche aus Wolle sowie Pelze, abzuliefern – und die Nürnberger Gemeindeleitung mahnte: *Wir erwarten, daß die Mitglieder ihre Garderobe und Schränke genauestens prüfen, daß auch nicht das kleinste Pelzstück mehr vorhanden ist. Nichtbeachtung wird mit schwersten staatspolizeilichen Maßnahmen geahndet.*[89] Auch Skier und Skiausrüstungen sollten an die Front gehen. Weitere Verbote bedeuteten tiefgreifende Einschnitte in das alltägliche Leben: Rundfundgeräte waren abzuliefern, Zeitungen und Zeitschriften durften nicht gekauft, keine Bücher aus Leihbüchereien mehr entliehen werden, Fernsprechanschlüsse wurden eingezogen, selbst das Benutzen von öffentlichen Telefonzellen war untersagt – jegliche Kommunikationsmöglichkeit war damit unterbunden. Wertvollere Geräte wie Schreibmaschinen, optische Instrumente, selbst Fahrräder wurden konfisziert – aber auch das Halten von Haustieren und das Kaufen von Blumen untersagt.

Zudem wurden viele noch Arbeitsfähige zur Zwangsarbeit, meist in der Rüstungsindustrie, verpflichtet, deren Plätze oft über weite Entfernungen nur mühsam zu erreichen waren, in der Regel verbunden mit dem erniedrigenden Verhalten von Seiten der Mitarbeiter und Vorgesetzten. Von den Löhnen kam nicht allzu viel bei ihnen an, da sie nicht nur die Hälfte oder ein Drittel des regu-

---

86 Dazu allgemein Barkai, Vom Boykottkampf zur „Entjudung", S. 183–186; zu Nürnberg A. Müller, Nürnberg, S. 275–277; eine detaillierte Dokumentation bei Mistele, Bamberg, S. 70–80.
87 Vgl. Kwiet, Stufen der Ausgrenzung, S. 814–631.
88 A. Müller, Nürnberg, S. 276.
89 Zit. nach Barkai, Vom Boykottkampf zur „Entjudung", S. 185.

lären Lohnes erhielten, sondern auch mit der höchsten Steuerklasse und einer ‚Sozialausgleichsabgabe' belastet wurden.[90] Ein Beispiel dafür war das Lager in Milbertshofen, das die betroffenen Juden in Zwangsarbeit selbst errichten mussten, und zwar unter harten Bedingungen und das ohne jeglichen Lohn.[91] Das Leben wurde zunehmend unerträglich.

Die Maßnahmen des NS-Zwangssystems ebneten die lokalen und regionalen Unterschiede ein, und das steigerte sich im Dorf manchmal bis zur Absurdität: Auch im schwäbischen Fischach galten nach dem Beginn des Krieges am 1. September 1939 Ausgehbeschränkungen für Juden, die der Gemeinderat im März 1940 billigte; dazu gehörte das Verbot der Benutzung von Fahrrädern. Von der Kennzeichnungspflicht sah man zwar zunächst ab, „da im Dorf jeder die Juden kenne", doch seit Januar 1942 zwang ein Schreiben des Reichsinnenministers auch hier das Tragen des Judensterns.[92] So bleibt nur die Gesamteinschätzung: „Alles war darauf berechnet, den verfemten, gesellschaftlich isolierten Juden auch den kurz bemessenen Rest ihres Lebens so unerträglich wie möglich zu machen".[93] Und die örtlichen Verantwortlichen der Reichsvertretung, die ehemaligen jüdischen Gemeindevorstände, waren nichts anderes mehr als Erfüllungsgehilfen, bestrebt, die Not wenigstens zu kanalisieren, wenn sie schon nicht gemildert werden konnte. Die Leiterin des Münchner Massenquartiers in Berg am Laim notierte am 26. Juli 1942: *Mein Leben ist zur Hölle geworden; ich schleppe mich nur noch mühsam durch die Tage. Woche für Woche kommen am Freitag die Listen der zu Deportierenden, und nicht nur Alte, die nach Theresienstadt kommen, auch nach Polen gehen die Deportationen weiter.*[94]

Die massiven Einschränkungen standen bereits im Kontext der Schoa, der Vernichtung jüdischen Lebens im Herrschaftsbereich des NS-Systems, wie sie seit September 1939 anvisiert, im Oktober 1941 dann im großen Stil umgesetzt[95] und in der Wannsee-Konferenz vom Januar 1942 als ‚Endlösung der Judenfrage' festgeschrieben worden war.[96] Die Deportationen mit der Verschleppung derer nach Ostmitteleuropa, die dem NS-System nicht mehr durch die Flucht entkommen konnten, begannen in Bayern im November 1941 – bürokratisch bis ins Ein-

---

90 Barkai, Vom Boykottkampf zur „Entjudung", S. 175–177; Kwiet, Stufen der Ausgrenzung, S. 574–596.
91 Strnad, Zwischenstation, S. 77–104.
92 Piller, Fischach, S. 454.
93 Barkai, Vom Boykottkampf zur „Entjudung", S. 185.
94 Zit. nach Heusler, Verfolgung und Vernichtung, S. 181.
95 Zum Forschungsstand Gruner, Deportation der Juden, passim.
96 Aly, „Endlösung", S. 327–367.

zelne geregelt.⁹⁷ Sie waren mit einer letzten Ausbeutung verbunden, denn nach der 11. Verordnung zum Reichsbürgergesetz fiel das Vermögen bei der ‚Abschiebung' dem Deutschen Reich zu, da gleichzeitig die Staatsbürgerschaft aberkannt wurde. Die Verwaltung und Verwertung des Eigentums der Deportierten – von den Bankguthaben und Wertpapieren bis zu Möbeln und Haushaltswaren – wurde ab 1941 den Finanzbehörden zugeschlagen, in Bayern waren es die Oberfinanzdirektionen in München und Nürnberg.⁹⁸ Unter dem Decknamen ‚Aktion 3' „begann nun ein beispielloser Raubzug am verbliebenen Restbesitz der Verfolgten", denn bei der Versteigerung konnten erneut viele „ihre Schnäppchen machen" und sie „spülte der Finanzverwaltung Millionenbeträge in die Kassen".⁹⁹

In München erfolgte die Deportation von den Sammellagern Milbertshofen und Berg am Laim aus.¹⁰⁰ Der erste Transport datiert am 20. November 1941, 35 weitere folgten, und für die meisten der 3.450 Männer, Frauen und Kinder, davon 2.559 aus München und 891 aus anderen Orten, bedeutete das den Weg in den Tod. Allein beim ersten Transport wurden etwa tausend am Güterbahnhof Milbertshofen mit dem Zielort Kaunas in Litauen ‚abgefertigt', wo sie wenige Tage später erschossen wurden – eine „spontane Maßnahme", „die ohne zentrale Ermächtigung aus Berlin auf Initiative der lokalen Dienststellen angeordnet wurden", eine „Vorstufe zur industriellen Massentötung".¹⁰¹ Weitere Transporte erfolgten am 4. April 1942 nach Piaski bei Lublin bzw. am 13. März 1943 nach Auschwitz, wo das Schicksal der Menschen sich im Dunkeln verliert. Nur aus kleinen Gruppen von meist 50 Personen setzten sich die Transporte nach Theresienstadt zusammen, das offiziell als ‚Altersghetto' deklariert wurde; allein in den 24 Transporten im Sommer 1942 wurden insgesamt 1.195 Juden dorthin deportiert.¹⁰² Von den insgesamt 1.550, die von München eingeliefert wurden, kehrten nur 160 zurück, viele kamen dort und in den Vernichtungslagern um; der letzte Transport ging am 23. Februar 1945 ab mit 31 Männer und Frauen sowie Kindern aus ‚Mischehen', die bislang noch unbehelligt geblieben waren.¹⁰³

München war zugleich Sammelstelle für die benachbarten Städte und Gemeinden in Altbayern und Schwaben.¹⁰⁴ So sind in Augsburg sieben Depor-

---

**97** Dazu Benz, Deportation und Ermordung, passim, mit Einzelschicksalen aus Würzburg.
**98** Dazu ausführlich Kuller, Finanzverwaltung und Judenverfolgung, passim.
**99** Tobias, „fiskalische Arisierung", S. 31.
**100** Dazu jetzt Strnad, Zwischenstation, S. 105–152.
**101** Heusler, Fahrt in den Tod, die Liste S. 14, Zitate S. 20; die Zahlen nach dem neuesten Stand von Strnad, Deportationen.
**102** Dazu detailliert Strnad, Zwischenstation, S. 122–131.
**103** Heusler, Verfolgung und Vernichtung, S. 182–184; Strnad, Zwischenstation, S. 102.
**104** Dazu auch Strnad, Zwischenstation, S. 148f.; vgl. die Tabelle bei Strnad, Deportationen S. 94f.

tationen registriert: im November 1941 nach Riga, im April 1942 nach Piaski, Ende Juli und Anfang August nach Theresienstadt, im März 1942 nach Auschwitz, Anfang Januar und im Februar 1943 nochmals nach Theresienstadt. Allein für den Anfang April 1942 von München abgehenden Transport nach Piaski sind 433 Juden aus den verschiedenen Gemeinden Schwabens verzeichnet. Sammeltransporte gingen mit der Eisenbahn nach München, so etwa einer am 31. März 1942 von Memmingen über Mindelheim, unter denen auch Juden aus Altenstadt und Fellheim waren. In Regensburg wurden noch Juden aus der Stadt selbst (ca. 103–106) und der Oberpfalz (110) sowie Niederbayern (davon 11 aus Landshut und 21 aus Straubing) zugefügt.[105] Unter den zahlreichen kleineren Transporten nach Theresienstadt bestanden die am 31. Juli und 5. August fast ausschließlich aus Augsburger Juden.[106]

Für Nürnberg lassen sich zwischen November 1941 und Januar 1944 sieben Deportationen mit insgesamt 1.631 Personen belegen, die größten im November 1941 nach Riga und im März 1942 nach Izbica (Kreis Lublin), sowie drei nach Theresienstadt (im September 1942; Juni 1943 und Januar 1944), einer im Juni 1943 nach Auschwitz. Wie München für Südbayern war Nürnberg Sammelstelle für Franken. Beispielsweise umfasste der Transport vom 24. März 1942 nach Izbica Juden aus Nürnberg (426), Fürth (224) und unterfränkischen Orten (208).[107] Gleiches gilt für den Transport vom 10. September 1942 nach Theresienstadt; von den 1000 Personen kamen die meisten aus Nürnberg (550), Fürth (180), Bamberg (128)[108] und Würzburg (142). Die mainfränkischen Juden durchliefen zunächst die Sammelstellen Würzburg und Kitzingen, um von dort über das Sammellager Nürnberg-Langwasser in die Großtransporte eingegliedert zu werden.[109] Während die erste Deportation am 27. November 1941 202 Würzburger Juden umfasste, waren es in der zweiten am 25. März aus Kitzingen und der dritten am 25. April 1942 vor allem die Landjuden der Region. Gleiches galt für die drei Deportationen nach Theresienstadt im September 1942 und im Juni 1943: bei der ersten wurden wieder in Regensburg drei weitere Waggons mit 117 Frauen und Männern, die noch von der Gemeinden geblieben waren, angehängt.[110]

Die Abfahrt des Transports vom 10. September 1942 aus Nürnberg war an der Fäkalienverladestelle vorgesehen – ein gewollt entwürdigender Platz, wie er auch

---

105 Gottwald/Schulle, „Judendeportationen", S. 191; Römer, Leidensweg, S. 41, 96.
106 Gottwald/Schulle, „Judendeportationen", S. 305.
107 Gottwald/Schulle, „Judendeportationen", S. 185f.
108 Vgl. Mistele, Bamberg, S. 86–118.
109 Dazu ausführlich H. Schott, Deportationen, S. 80–138; Schultheis, Mainfranken, S. 524–617; Schwinger, Kitzingen, S. 428–514.
110 Bierwirth, Schandzeit, S. 186–188.

anderswo festgelegt wurde.[111] Die Gestapo, die ansonsten in Nürnberg gegenüber den willkürlichen Aktionen der Partei als eher ‚korrekt' eingestuft wurde, führte die Vorbereitung der Deportationen mit großer Härte durch.[112] Über den Weg in das Sammellager auf dem Reichsparteitagsgelände im November 1941 berichtete der Gemeindesekretär Bernhard Kolb, wie die Menschen ihres restlichen Besitzes beraubt wurden, den sie in den Wohnung lassen mussten, wie sie die Baracken erst einmal ausstatten mussten, wie sie sich einer Leibesvisitation unterziehen mussten und ihr Gepäck durchsucht und ausgeplündert wurde, wie sie nach drei Tagen – in denen ein Gottesdienst am Freitag auf der Lagerstraße zugestanden wurde – mit kleinem Handgepäck zu dem einen Kilometer entfernten Bahnhof marschieren mussten. *Die Straße entlang standen die SS-Posten mit hohnlachenden Gesichtern, Filmapparate hielten den ‚Auszug der Juden' für die Nachwelt fest.*[113]

Insgesamt erlitten mindestens 8.376 Personen aus Bayern das Schicksal der Deportation.[114] Nur selten ist es über Aufzeichnungen und nachträgliche Erinnerungen in Einzelheiten zu verfolgen: Herbert Mai aus Würzburg berichtet, wie er vom Güterbahnhof Aumühle – auch dort gefilmt von Beauftragen der Gestapo (Abb. 64) – über Nürnberg in das Lager ‚Jungfernhof' bei Riga kam, dem anschließenden Erschießungskommando entrinnen konnte, auch das Lager Stutthof und den Todesmarsch der Häftlinge am Kriegsende überlebte. Das Tagebuch des Ernst Ruschkewitz, der am 31. März 1945 im KZ Buchenwald starb, erzählt seinen Aufenthalt vom 19. November 1942 bis 3. März 1944 in Auschwitz,[115] das von Arnold Erlanger aus Ichenhausen, wie er Auschwitz und Buchenwald überlebte und in Flossenbürg befreit wurde.[116]

Mit der Deportation und Ermordung waren die jüdischen Gemeinden ausgelöscht – nur wenige ihrer Mitglieder überlebten die KZs und Vernichtungslager oder konnten sich im Verborgenen durchschlagen. Die jahrhundertelange Existenz jüdischer Gemeinden in Bayern mit ihren spezifischen Phasen in den verschiedenen Regionen, mit ihren Entfaltungen und Verfolgungen, mit ihrem Ringen um Akzeptanz und Emanzipation, mit ihrem Willen zur Selbstbehauptung in ihrer eigenen Religion und Kultur trotz Assimilation und Akkulturation war in einem verbrecherischen Regime untergegangen. Bemerkenswert erscheint,

---

111 Gottwald/Schulle, „Judendeportationen", S. 322–326.
112 B. Meyer, Handlungsspielräume, S. 73–79.
113 A. Müller, Nürnberg, S. 281.
114 Vgl. Ziegler, Bayern im NS-Staat, S. 615–617.
115 Flade, Würzburger Juden, S. 343–384.
116 Erlanger, Ein Schwabe überlebt Auschwitz.

**Abb. 64:** Der Weg in die Vernichtungslager: Würzburg, Güterbahnhof Aumühle, 25. April 1942

dass die Augsburger Gemeinde sich gegen ihre Zerstörung in besonderer Weise wehrte: Sie teilte mit den Deportationen bis 1943 das Schicksal der anderen, versuchte aber gleichsam virtuell noch einige Jahre weiterzuleben, denn der letzte Rabbiner Ernst Jacob, der seinerseits nach dem Novemberpogrom über England in die USA ausgewandert war, hielt über seine Rundbriefe ‚An meine Gemeinde in der Zerstreuung' bis 1949 unter dem Motto: *Wir wollen wenigstens seelisch verbunden bleiben*, den Kontakt zu den Überlebenden aufrecht, die in der ganzen Welt verstreut waren.[117]

---

[117] Römer, Rundbriefe; vgl. auch Jacob, Rabbi Dr. Ernest I. Jacob, passim; Römer, Bewährt im Untergang.

# Zwischenbilanz 3:
# Entwicklungslinien in der Moderne

Die staatliche Neuordnung im Napoleonischen Zeitalter bedeutete für die jüdischen Gemeinden nur sehr bedingt einen Neuansatz. Zwar erfolgte mit dem Judenedikt – wie auch sonst die Konzeption der ‚Modernisierung' der Ära Montgelas, die dem Streben nach Souveränität geschuldet war – eine Vereinheitlichung der bis dahin kleinräumigen Niederlassungen, doch die anfänglich sichtbare Dynamik – in den neuen städtischen Gemeinden von München, Augsburg und Würzburg – wich schnell einer restriktiven Politik, in der sehr viel mehr der Status quo festgeschrieben wurde, als dass eine systematische Weiterentwicklung Platz gegriffen hätte. Das ließ ließ sich in vier Strängen verfolgen:

Zum ersten verhinderte das ‚Erziehungskonzept' als dominante Vorstellung – nicht nur in Bayern – eine zügige Vollendung der Emanzipation. Schon die Auswirkungen, die sich aus der Zementierung der jüdischen Strukturen im ‚Matrikelparagraphen' ergaben, erschienen nicht nur den Juden selbst als eine Rückkehr zu den voremanzipatorischen Verhältnissen. Und so zog sich das Ringen im Auf und Ab der gesamtpolitischen Vorgänge von Vormärz, Revolution und Restauration bis in die 1860er Jahre hin, wie das im Spiegel der Landtagspolitik sichtbar wurde. Dabei verschob das Edikt das Gegenüber von Staat und Gemeinden zugunsten der staatlichen Eingriffe. Hatten sich die Obrigkeiten über die Jahrhunderte nicht in die inneren Angelegenheiten der jüdischen Gemeinden eingeschaltet, so wurde das jetzt zum Programm. Die Eingliederung in die politische Struktur des staatlichen Verwaltungssystems beließ ihnen nur mehr die kultischen Funktionen, sie wurden zu ‚Kultusgemeinden'.

In diese Konstellation waren zum zweiten die Bestrebungen zur inneren Reform des Judentums selbst schon deshalb eingebettet, weil das ‚Erziehungskonzept' des aufgeklärten Staates den Wandel einforderte und nur die weitgehende Assimilation akzeptieren wollte. Die eigenen jüdischen Ansätze der *Haskala* standen nicht nur der traditionellen Alt-Orthodoxie gegenüber, sondern beide Strömungen bildeten nun mit der staatlichen Einflussnahme auf die Inhalte und die Kontrolle bei der Ausführung der Reform eine Dreieckskonstellation. Die Konstruktion des Judentums als ‚Privatkirchengesellschaft' hinderte den Staat aber nicht daran, einen Angleichungsprozess einzufordern; er verlief auf der personellen Ebene über die Rabbiner und Lehrer, die zu Instrumenten des Wandels ausersehen waren, auf der inhaltlichen über das Bildungs- und Erziehungswesen, dessen Aufbau in Parallele und Verschränkung mit dem christlichen vollzogen wurde, und auf der strukturellen über die Prüfung der Kandidaten sowie ihre Kontrolle durch das Verwaltungshandeln. Die ‚Verkirchlichung' des Judentums war allerdings von Seiten der Bürokratie wie der Reformer gewollt: Die Neuerungen von den Formen des Gottesdienstes bis zur Repräsentation in der Architektur lassen sich als Wille zur Gleichwertigkeit wie als Bereitschaft zur Anpassung deuten, um die Gleichberechtigung zu erhalten. Im Inneren der neuen Kultusgemeinden ergab sich jedoch ein Spannungsfeld mit mehreren Konfliktfeldern und Bruchlinien: Das Beharrungsvermögen der Alt-Orthodoxie lag zunächst noch weitgehend bei den Rabbinern alter Schule, aber auch bei den Mitgliedern der Gemeinden, die ihre Traditionen pflegten und die Entscheidungsprozesse über ihre Führungskräfte in der Hand behalten wollten – insofern waren die Kontinuitäten in der Praxis noch relativ ausgeprägt und äußerten sich in Widerständen gegen Neuerungen sowohl gegenüber der Bürokratie wie den Reformern. Die Betonung der Religiosität bedeutete jedoch auch eine Reduktion der Auffassung vom Judentum als einem eigenständigen ‚Volk' bzw. einer ‚Nation', die mit der Religion untrennbar verbunden war, zugunsten einer ‚Konfession'.

Zum dritten erfuhr die Integration in die wirtschaftliche und gesellschaftliche Entwicklung erhebliche Verzögerungen. Die Transformation wurde in Bayern nicht nur generell durch eine späte Industrialisierung gebremst, sondern auch durch die verhinderte Emanzipation. Bis zur Jahrhundertmitte lassen sich jedenfalls keine grundlegenden Wandlungen in der Berufsstruktur der jüdischen Bevölkerung festmachen, der gewünschte Übergang vom Hausierhandel in die Landwirtschaft und das Gewerbe blieb weitgehend aus, nur die Oberschicht konnte in die frühe Industrialisierung einsteigen. Erst nach der Liberalisierung der 1860er Jahre, insbesondere nach der Aufhebung des Matrikelparagraphen 1861 sorgte eine stürmische Migration für eine massive Abwanderung vom Land in die Stadt, und mit dem Urbanisierungprozess verband sich ein wirtschaftlicher Aufstieg in den Mittelstand, bei dem sich das Innovationspotential jüdischer Unternehmen besonders markant abzeichnete.

Der ‚Weg in die bürgerliche Gesellschaft' war zum vierten aufgrund dieser Parameter steinig, die Integration verlief eher verhalten. Im staatlichen und öffentlichen Bereich durch Restriktionen vielfach verhindert, erwiesen sich neben dem wirtschaftlichen vor allem der kulturelle und der publizistische Sektor als wirksame Aufstiegskanäle. Die Mitwirkung im Vereinswesen sorgte immerhin für eine partielle Integration, die Präsenz im gesellschaftlichen Leben galt als nicht zu unterschätzender Ort der Begegnung, die Akkulturation in der Alltags- und Festkultur schritt im Zuge der allgemeinen Säkularisation voran.

Bei alledem war gerade in Bayern aufgrund der eingefrorenen Siedlungsstruktur das Gefälle zwischen Stadt und Land ein lange wirksames Strukturmerkmal, das selbst nach der Urbanisierung noch weiterwirkte. Auf längere Dauer gesehen verliefen jedoch die Veränderungsprozesse unterschiedlich schnell, auch wenn die Erfahrungswelt der Dorf- und Kleinstadtjuden mit ihren Schwerpunkten in

Franken und Schwaben auch noch die Mitglieder der wachsenden großstädtischen Gemeinden, vor allem München und Nürnberg, bestimmte, fühlten sich doch die Zuzügler noch lange von der Lebensweise auf dem Land geprägt.[1] Schon deshalb greift die einfache Formel von der liberalen und wandlungsfähigen Großstadtgemeinde vs. orthodoxer traditioneller Landgemeinde nicht immer, vielmehr gab es zahlreiche Schattierungen und Übergänge.

Mit der Gründung des Kaiserreiches schien der Weg in die bürgerliche Gesellschaft erfolgreich abgeschlossen – zumindest feierte man in den 1870er Jahren euphorisch den vollen Erfolg der Integration. Die Rechtsgleichheit war hergestellt, Erfolge in der Wirtschaft waren vielfach zu registrieren, die Akkulturation schien gelungen – bezeichnenderweise war die mentale Orientierung am deutschen Nationalstaat mit einer bayerischen, speziell wittelsbachischen Komponente angereichert worden. Bei genauerer Betrachtung sind allerdings erste Brüche nicht zu übersehen: Die Wirkungen des neuen, rassischen Antisemitismus – verbalisiert etwa im Berliner Antisemitismusstreit – breiteten sich auch in Bayern aus.[2] Die in der Regel ohnehin immer vorhandene religiös und kulturell bedingte Distanz zwischen Juden und Nichtjuden verschärfte sich nun zu einer Tendenz der Abschottung, die vor allem bei gesellschaftlichen Begegnungen, in den Vereinen, ihren Niederschlag fand. Die Brüchigkeit des Emanzipations- und Integrationsprozesses wurde offensichtlicher. Sie korrespondierte mit dem Abbröckeln an den Rändern der Gemeinden wegen der Konversionen und ‚Mischehen', die Abspaltungen in neoorthodoxen und zionistischen Gruppen schwächten sie, die ‚Ostjuden' brachten ein neues, vielfach als ‚fremd' angesehenes Element ein – auch wenn das Ideal der *Kehilla* mit ihren eigenständigen Einrichtungen nicht aufgegeben wurde. Freilich spiegelt die religiöse Differenzierung auch ein „neues Selbstbewusstsein", nicht zuletzt aufgrund der „Heimkehr zum Judentum", wie das Hermann Cohen formulierte.[3] Doch die Einbindung Bayerns in das Kaiserreich als Nationalstaat verschärfte die Alternative Assimilation in die deutsche Nation vs. Verselbstständigung als eigene Nation mit der Konsequenz der Abwendung vom Kaiserreich im Zionismus zu einer Zerreißprobe.

Nach dem Ersten Weltkrieg war die formale Zuordnung der Juden in unserer Region nicht mehr das Königreich Bayern, sondern die Weimarer Republik, deren demokratischer Ansatz schon aufgrund der eher zentralistischen Verfassung stärker zur Wirksamkeit hätte kommen müssen. Doch die spezifische Ausformung der Revolution von 1918 mit den beiden Räterepubliken im April 1919, für

---

[1] Vgl. Cahnmann, Dorf- und Kleinstadtjude, S. 169–179.
[2] So auch Monika Richarz, in: Lowenstein u.a., Deutsch-Jüdische Geschichte, Bd. III, S. 381f.
[3] Volkov, Juden in Deutschland, S. 59–66, Zitat S. 65.

die eine ‚jüdische' Verantwortlichkeit deklariert wurde und die als Trauma eine scharfe Verurteilung auslöste und zudem im Hitlerputsch kulminierte, prägte in der Folge die Rahmenbedingungen doch wiederum stark landesspezifisch. Das galt insbesondere für München, das von einem Ort kulturell vielfältiger Urbanität zu einer völkischen ‚Hauptstadt der Bewegung' mutierte, und für Nürnberg, das als ‚Stadt der Parteitage' samt den frühen Aktionen des ‚Stürmer' zu einem agitatorischen Zentrum des NS-Systems wurde, lässt sich freilich bis in die Kleinstädte und Dörfer in einem aggressiver werdenden Antisemitismus greifen. Die jüdische Antwort war jedoch nicht unproblematisch: In der Bereitschaft zur Besinnung auf die „jüdische Kultur",[4] im „Ringen um Authentizität" setzten die Gemeinden zwar ihre eigenständigen Akzente,[5] betonten zudem ihre Eigenständigkeit gegenüber dem ‚Wasserkopf Berlin',[6] doch damit tendierten zumindest die Großstadtgemeinden auch dazu, sich von der Gesamtgesellschaft abzuschließen. In den Landgemeinden findet sich diese Tendenz abgeschwächter und nur insofern, als einige sich ausdrücklich zur konservativen Form bekannten, ansonsten aber eher an der tradierten Eigenständigkeit festhielten.

Selbst in der Zeit des Nationalsozialismus war dieses Landjudentum in Bayern noch präsent und keineswegs eine nur marginale Erscheinung, auch wenn mit dem demographischen Schwund und der Abwanderung viele Gemeinden nun ihre Existenzfähigkeit einbüßten. Freilich erscheint es bemerkenswert, dass der Druck der NS-Propaganda und der Verfolgungen, der ohnehin je nach personeller und struktureller Konstellation unterschiedlich intensiv in Erscheinung trat, sich auch differenziert auswirkte: Während in Mittelfranken die Landgemeinden schon 1938 an ihr Ende gekommen waren, blieben sie vor allem in Unter- und Teilen Oberfrankens sowie in Schwaben noch in Resten bestehen. Mit dem fundamentalen Einschnitt der Novemberpogrome und den folgenden immer aggressiveren Diskriminierungen und Dämonisierungen, mit der wirtschaftlichen Ausbeutung und Ausgrenzung der Juden aus der ‚Volksgemeinschaft' wurden allerdings alle noch spürbaren regionalen und lokalen Eigenständigkeiten eingeebnet – und mit den Deportationen in die KZs und Vernichtungslager waren das Judentum und seine Kultur ausgelöscht.

---

4 Vgl. Zimmermann, Die deutschen Juden, S. 37–46.
5 Brenner, Jüdische Kultur, S. 145 als Überschrift.
6 Zimmermann, Die deutschen Juden, S. 110f.

# 30 Neubeginn und Ausblick

Konnte es nach der Auslöschung des deutschen und europäischen Judentums in der Schoa am Ende des Krieges und mit der Befreiung Deutschlands von der NS-Diktatur überhaupt noch eine Geschichte des deutschen Judentums geben, geschweige denn eine Geschichte der Juden in Bayern?[1] Der fundamentale Bruch, der sich tief in die Mentalität der (wenigen) Überlebenden eingeprägt hatte, sei es, dass sie aus den KZs befreit wurden, die Todesmärsche überstanden oder ihre Verstecke verlassen konnten, musste eine kaum überbrückbare Distanz zum Ort ihres bisherigen Lebens als dem ‚Land der Täter' auslösen. Noch größer war die Distanz bei denjenigen, die aus Osteuropa nach Deutschland flüchteten, entweder als Überlebende der KZs oder aufgrund der erneut einsetzenden Verfolgungen etwa in Polen. Sie lebten hier vorübergehend als DPs, als *Displaced Persons*, die meisten begriffen das jedoch lediglich als Durchgangsstation nach Palästina bzw. seit 1948 in den neuen Staat Israel oder in die USA und nach Südamerika. Zudem waren die politischen Rahmenbedingungen bis zur Gründung der Bundesrepublik 1949 von den Besatzungsmächten geprägt, unter denen allerdings die amerikanische und damit Bayern – das sich immerhin schon seit Dezember 1946 als ‚Staat' mit eigener Verfassung begreifen konnte – als günstig für die jüdischen Überlebenden erwies: Hier konnten die DPs die relativ beste Versorgung bis zur Auswanderung erwarten. Insofern wurde eine „Dialektik der Mainlinie"[2] gegenüber der britischen Besatzungszone wirksam, wo eine größere Zurückhaltung praktiziert wurde – die französische und sowjetische spielten dafür kaum eine Rolle –, sie wurde zur wichtigen Strukturgrenze. Während im Nordwesten die ‚deutschen' Juden gegenüber den osteuropäischen dominierten, war es im Südosten umgekehrt: Schon wegen ihrer Überzahl bestimmten die aus Osteuropa stammenden DPs hier zunächst die weitere Entwicklung.

Als ganz wesentliche Komponente aber erwies sich, dass die internationalen jüdischen Organisationen als Interessenvertretungen erheblichen Einfluss gewannen.[3] Die generelle Entschlossenheit, *mit dem schier heiligen Zorn der Juden nach der Katastrophe [...] das ‚Land der Mörder' auf immer zu meiden*, somit Deutschland mit dem ‚Bann' zu belegen, war vom ‚Jüdischen Weltkongress' noch im Sommer 1948 bekräftigt worden. Damit drohten auch diejenigen, die sich in Deutschland aufhielten, gleichsam aus der Judenschaft ausgeschlossen zu

---

1 Vgl. dazu die Überlegungen von Zimmermann, Die deutschen Juden, S. 134f.
2 Diner, Im Zeichen des Banns, S. 44.
3 Diner, Im Zeichen des Banns, S. 20–31.

werden – trotz ihres Protests gegen die Behandlung *als zu ächtende ‚Parias'*. Die Konsequenz des Banns lag jedoch auch darin, dass sich diese Organisationen, immerhin Vertretungen des jüdischen Volkes, als Erben des durch den Genozid „erbenlos gewordenen jüdischen Eigentums" verstanden, was sich konkret nicht zuletzt im Anspruch auf die Einrichtungen der ehemaligen Gemeinden niederschlug[4] – wogegen etwa die Gemeinden Augsburg und Fürth lange prozessierten.[5] Diese inneren Spannungen zwischen der ‚Jewish Restitution Successor Organization' (IRSO) und der ‚Jewish Cultural Reconstruction' (JCR) einerseits und den Vertretern des schon 1947 gegründeten ‚Landesverbandes Israelitischer Kultusgemeinden in Bayern' sowie den anderen Landesverbänden in Deutschland andererseits sollten noch Jahre andauern.

Bayern spielte zwar insofern eine zentrale Rolle, als München in dieser Zeit als Sitz von jüdischen Organisationen die „funktionale Hauptstadt jüdischer Präsenz in Deutschland" war, aber darin bald Konkurrenz bekam: 1950 wurde nicht zufällig Düsseldorf zum Sitz des ‚Zentralrats der Juden in Deutschland' bestimmt, und 1951 verlegte die IRSO ihre Zentrale für die Restitution und Wohlfahrt nach Frankfurt, das immer mehr zum neuen jüdischen Zentrum der Bundesrepublik avancierte.[6]

So gesehen kam den regionalen, auf Bayern bezogenen Faktoren keine wirklich entscheidende Bedeutung für die weitere Entwicklung zu, das Hauptgewicht lag vielmehr auf der nationalen und internationalen Ebene – und war zudem von den Rahmenbedingungen des Kalten Krieges mitbestimmt. Das gilt nicht zuletzt für den Neubeginn der Gemeinden, der ohnehin nur zögernd vonstattenging, weil die wenigen Überlebenden sowie Rückkehrer einerseits und die DPs andererseits sich nur schwer zusammenfanden.

Der tiefe Bruch der Schoa wirkte in den Vorgängen um 1945 nach.[7] Die äußerst prekäre Situation für die Verfolgten des NS-Systems während des Vordringens der alliierten Truppen begann damit, dass sie unter neuen Strapazen von den Vernichtungslagern nach Westen und Süden seit Sommer 1944 in die ohnehin überfüllten KZs in Flossenbürg und dann nach Dachau getrieben wurden, wobei die Todesraten rapide empor schnellten. Die Befreiung von Flossenbürg am 20. April, von Dachau am 29. April, von Mauthausen am 3. Mai kam

---

4 Diner, Im Zeichen des Banns, Zitate S. 20f., 23, 28.
5 Dazu Brenner, Bayerisch-Schwaben, S. 290–292; zu Fürth Berthold-Hilpert, Jüdisches Leben in Franken, S. 207f.; generell auch Grossmann/Lewinski, Zwischenstation, S. 42.
6 Dazu Diner, Im Zeichen des Banns, S. 31–43, 46–49; Zitat S. 38.
7 Dazu generell Königseder/Wetzel, Lebensmut im Wartesaal; Brenner, Nach dem Holocaust, S. 13–116.

für viele zu spät. Für die Überlebenden galt jedoch, was ein amerikanischer Situationsbericht im Herbst 1945 in der Formel zusammenfasste: *Sie sind befreit, aber nicht frei*, denn die meisten Juden wurden nun wie die anderen DPs zum großen Teil in Lagern untergebracht.[8] Zunächst waren sie in der Minderheit gegenüber den Millionen von ehemaligen Kriegsgefangenen aus den verschiedenen europäischen Volksgruppen, insbesondere aus der Sowjetunion – die aber bald im Zuge der Repatriierung die Lager wieder verließen. Doch dann strömten neue jüdische Flüchtlinge aus Osteuropa ein, die meisten aus Polen, die einer neuen Pogromwelle zu entkommen suchten und in der amerikanischen Besatzungszone einen „Rettungshafen" fanden, was nicht zuletzt auf den Sonderbeauftragten Earl G. Harrison aus Philadelphia zurückging, dessen Bericht über die Situation zu einer wesentlichen Verbesserung der Unterbringung und Versorgung führte.[9] Bald wurden Überlebende wie Flüchtlinge von der UNRRA (United Nations Relief and Rehabilitation Administration), dann von IRO (International Refugees Organization) versorgt und von ‚Joint' (American Joint Distribution Committee) sowie anderen Organisationen unterstützt.[10]

Man schätzt die Gesamtzahl der jüdischen DPs in Bayern auf etwa 130.000; für ihre Unterbringung entstanden mindestens 60 Lager, die größten in Feldafing und Föhrenwald, Pocking, Reichenhall, Landsberg, Leipheim und Ulm sowie in Windsheim und Fürth; in der Oberpfalz finden sie sich dagegen nur in Vilseck und Windischeschenbach, während die DPs dort ansonsten in den Städten, Regensburg und kleineren Orten, unterkamen.[11] (Abb. 65) In den Städten selbst hatten bis Ende 1946 über 46.400 von ihnen in 143 Gemeinden Zuflucht gefunden. Allein 7.648 waren es im April 1948 in München, aber selbst in der Kleinstadt Weiden, wo nach dem Krieg lediglich drei Juden wohnten, sich dann einige Überlebende des Todesmarsches von Flossenbürg niederließen, setzte der Zustrom osteuropäischer Juden im Herbst 1945 ein, sodass im Dezember 1946 mit 643 Personen im Stadtkreis ein Höhepunkt erreicht war.[12] Von Regensburg wurden wiederum 18 jüdische DP-Lager und 13 Gemeinden in Niederbayern und der Oberpfalz betreut.[13]

Eine gewisse Entlastung für die vielfach überbelegten Lager stellten die *Hachscharot* und *Kibbuzim* dar, die wiederbelebt wurden, um über die landwirtschaftli-

---

8 Brenner, Nach dem Holocaust, S. 13–18, Zitat S. 18.
9 Dazu ausführlich Königseder/Wetzel, Lebensmut im Wartesaal, S. 35–46; Grossmann/Lewinsky, Zwischenstation, S. 67–95, Zitat S. 74.
10 Dazu ausführlich Wetzel, München, S. 69–143; Königseder/Wetzel, Lebensmut im Wartesaal, S. 58–80.
11 Vgl. dazu Brenner, Impressionen Oberpfalz, S. 233–241.
12 Ausführlich dazu Schott, Weiden, S. 373–442.
13 Die Zahlen nach Grossmann/Lewinsky, Zwischenstation, S. 84–86.

Abb. 65: Zentren jüdischer Displaced Persons in der amerikanischen Besatzungszone

che Ausbildung Auswanderer nach Palästina vorzubereiten. Eine ganze Reihe lag in Franken, eines davon, der Kibbuz Nili, in der Nähe Nürnbergs auf dem ehemaligen Landgut Pleikershof von Julius Streicher.[14] Manche *Kibbuzim* waren in die Lager integriert, so etwa der in Greifenberg bei Landsberg – einem ehemaligen SS-Erholungsheim –, in einem anderen bei Deggendorf an der Donau bildete man Matrosen für eine zukünftige israelische Flotte aus. In der amerikanischen Zone gab es bis Ende Mai nicht weniger als 278 *Kibbuzim* mit 16.342 Mitgliedern.[15]

Das Leben in den DP-Lagern entwickelte sich vielfältig und in einer ganz spezifischen Form.[16] Insgesamt lebte „für einige Jahre noch einmal eine auto-

---

[14] Tobias, Vorübergehende Heimat, S. 135–206, bes. S. 143–150; Tobias, Streicher-Hof, passim.
[15] Grossmann/Lewinsky, Zwischenstation, S. 92.
[16] Vgl. dazu Peck, Jüdisches Leben; Wetzel, München; vgl. Königseder/Wetzel, Lebensmut im Wartesaal, S. 99–172; Tobias, Franken 1945 bis 1949; Eder, Landsberg am Lech; Brenner, Impres-

nome jüdische Kultur auf, deren Bedingungen sich grundlegend von denen im Vorkriegseuropa unterschieden, deren Ausdrucksformen jedoch aus dem zerstörten Schtetl übernommen wurden".[17] Die Kommunikation in jiddischer Sprache spricht ebenso dafür wie beispielsweise die Aufrechterhaltung chassidischer Traditionen in Föhrenwald und Pocking. Dies war durchaus so gewollt, denn „ohne Rückgriff auf die europäische Vergangenheit aschkenasisch-jüdischer Kultur [...] konnte sich kein nationales jüdisches Selbstverständnis herausbilden".[18] Freilich entstand damit eine „autonome Gesellschaft".[19] Sie versorgte sich mit den wichtigen Nachrichten, bot Unterhaltung und Bildung über eigene lokale jiddischsprachige Zeitungen wie *Befraijung* (München), *Dos fraije Vort* (Feldafing), die *Landsberger Lagercajtung* oder *Der Najer Moment* (Regensburg) sowie als Zentralorgan die Wochenschrift *Undzer Veg*. Ein eigenes Elementarbildungswesen entstand, als mit den Zuwanderern aus Osteuropa die Zahl der Kinder zunahm; 1946 gab es in der amerikanischen Besatzungszone 66 Schulen mit insgesamt 11.240 Schülern sowie 62 Kindergärten. Inhaltlich orientierte man sich immer stärker an dem Modell, das in Palästina entwickelt worden war, und schloss dabei die berufliche Bildung mit ein. Das Studium konnte an der UNRRA-Universität im Deutschen Museum in München, aber auch an den bestehenden Universitäten absolviert werden. In den Lagern selbst sorgten eigene Bibliotheken – wie beispielsweise die *Volksuniversität* Landsberg – für Weiterbildung; Laientheater und professionelle Bühnen wie das jiddische Theater in München nahmen spezifische Stoffe auf, thematisierten aber auch den Holocaust, Orchester und Sportvereine sorgten für Unterhaltung.

Ein besonderes Zentrum dieser spezifischen jüdischen Kultur bildete sich naheliegender Weise in München, dem Zentrum der DPs, mit Presse, einem hebräischen Gymnasium, Theater und Film[20] und einer eigenen Historischen Kommission, die nicht zuletzt eine Dokumentation von Ritualgegenständen und Fotos bis zur Zeugenbefragung aufbaute. Dort wurde im Sommer der Rabbinische Rat für die amerikanische Zone gegründet, geleitet von Samuel A. Snieg, dem Oberrabbiner der orthodoxen jüdischen Gemeinden in Bayern. Die Trennung von der Umwelt, dem ‚Land der Täter', ließ sich freilich nicht absolut aufrechterhalten, vor allem nicht in den Städten:[21] Auf dem Schwarzmarkt – in München war

---

sionen Oberpfalz, S. 233–241.
**17** Brenner, Nach dem Holocaust, S. 18–47, Zitat S. 29.
**18** Grossmann/Lewinsky, Zwischenstation, S. 101.
**19** Grossmann/Lewinsky, Zwischenstation, S. 95–112, Zitat als Überschrift.
**20** Wetzel, München, S. 276–337; Wetzel, Nachkriegszeit, S. 517–526.
**21** Grossmann/Lewinsky, Zwischenstation, S. 113–121.

es die Möhlstraße[22] – wurde gehandelt, viele nahmen die ärztliche Versorgung der Deutschen in Anspruch, bei den Studenten an der Universität stellten sich persönliche Kontakte ein – was wiederum nicht selten das Aufflammen antisemitischer Vorurteile nach sich zog.

*Sche'erit Hapleta* (der Rest der Überlebenden) organisierte sich auch politisch in einer Selbstverwaltung der Lager.[23] In der amerikanischen Besatzungszone übernahmen noch in den Außenlagern des KZs Dachau in Kaufering Verschleppte aus Kaunas (Litauen) die Führung. Das oberbayerische Kloster St. Ottilien wurde zu einem Zentrum, denn seit Oktober 1945 war das dortige Komitee offiziell als Interessenvertretung der DPs anerkannt, und der Zusammenschluss der Regionalkomitees führte am 1. Juli 1945 zum ‚Zentralkomitee der befreiten Juden in Bayern' unter dem Präsidenten Zalman Grinberg. Im Januar 1946 kamen im Münchener Rathaus erstmals die Vertreter aus der ganzen amerikanischen Zone zusammen, und am 25. Juli fand in St. Ottilien die erste Konferenz der Überlebenden aus ganz Deutschland statt. Aus diesen vielfältigen Ansätzen entwickelte sich in München ein institutioneller Rahmen, der als zentrale Verwaltungsstelle für die jüdischen Flüchtlinge generell galt.

Das Jahr 1948 kann als Wende für die jüdischen DPs gelten:[24] Auf der einen Seite zog die Eskalation des Kalten Kriegs eine Umorientierung der Besatzungspolitik nach sich mit der Bereitschaft, die politische Verantwortung stärker auf Deutschland zu übertragen, zum anderen löste die Gründung des Staates Israel im Mai 1948 in den Lagern eine Welle der Euphorie für eine selbstbestimmte Zukunft im ‚Gelobten Land' aus und zudem lockerten die USA ihre bis dahin noch restriktiven Einwanderungsrichtlinien. Das vorrangige Ziel einer Auswanderung wurde damit realisierbar. Bis zum September 1948 lebten nur mehr etwa 30.000 jüdische DPs in Deutschland; zahlreiche Lager wurden geschlossen, Landsberg im Oktober 1950, Feldafing im Mai 1951; das letzte im oberbayerischen Föhrenwald (einem Stadtteil von Wolfratshausen) blieb allerdings noch bis zum Februar 1957 bestehen. Nicht immer erfolgte die Schließung der Lager problemlos, empfanden sie doch diejenigen, die aus persönlichen Gründen in Deutschland bleiben wollten, und diejenigen, die sich nicht zur Auswanderung entschließen konnten, als eine erneute Abschiebung. Nicht wenige zogen vorübergehend in nahegelegene Städte, auch in kleinere wie Cham in der Oberpfalz, wo die Zahl bis Anfang 1949 auf 250 Personen anstieg, freilich auch schnell wieder abnahm. Man

---

[22] Wetzel, München, S. 338–345.
[23] Dazu Königseder/Wetzel, Lebensmut im Wartesaal, S. 81–98; Brenner, Nach dem Holocaust, S. 47–62; Grossmann/Lewinsky, Zwischenstation, S. 95–97.
[24] Zum Folgenden Grossmann/Lewinsky, Zwischenstation, S. 139–152.

sprach von *Hard-Core*-Fällen – die wiederum nicht selten von ihrer Umgebung als fragwürdige Subjekte beargwöhnt wurden.

Das Schicksal der jüdischen DPs war somit ein relativ kurzfristiges Phänomen. Es überschnitt sich mit der Neugründung jüdischer Gemeinden, die eher auf Dauer angelegt waren, und deren Initiatoren aus sehr unterschiedlichen Gruppen kamen: Überlebende der KZ, Menschen, die in Verstecken der Schoa entgehen konnten oder aus ‚privilegierten Mischehen' stammten, die von der Verfolgung ausgenommen worden waren. Die ungünstige demographische Struktur – Überalterung und damit auch eine niedrige Geburtenrate – belastete die weitere Entwicklung zusätzlich.[25] Im Frühjahr 1949 zählte man insgesamt lediglich noch etwa 4.800 Juden in Bayern, davon waren 4.500 DPs, und nur 300 stammten aus eingesessenen Familien; Ende 1950 stieg diese Zahl wegen der Rückkehrer aus dem Exil oder solchen, die in Israel keine Heimat fanden, zwar wieder an, 1955 aber waren es nur mehr knapp 3.000 Personen.[26] Die Gemeindebildung war somit eine Angelegenheit von wenigen und erreichte in Bayern bis 1948 lediglich ein knappes Dutzend – sieht man von den zahlreichen kleinen Orten ab, in denen vorübergehend DPs oder wenige Rückwanderer lebten, die aber zu keiner Gemeindebildung vorstoßen konnten, verlangte doch die Satzung des Landesverbandes dafür *mindestens 25 Angehörige der jüdischen Religionsgemeinschaft, darunter ein*[en] *Minjan*.[27] Meist waren es Städte, in denen die jüdischen Gemeinden eine lange Tradition hatten, aber da nur wenige darauf zurückgreifen konnten, war der Konflikt zwischen den Gruppen vorprogrammiert. Die Lösungen fielen unterschiedlich aus.

Am kompliziertesten war die Situation in München, wo sich verschiedene Gruppierungen gebildet hatten:[28] Zum einen war es, wie gesehen, das Zentrum der *Sche'erit Hapleta*: Im Umkreis der Institutionen für die DPs wurde Bogenhausen zu einem eigenen ostjüdisch geprägten Viertel und dazu kam das städtische Camp in Neu-Freimann; man rechnete 1946 mit 6–7.000 Personen. Zum anderen waren es ‚deutsche' Juden, die aber eher verstreut in der Stadt lebten; die Zahl derer, die vor dem Krieg der Gemeinde angehört hatten, wird für den März 1946 immerhin mit 796 angegeben. Die Initiative für die Neugründung der Gemeinde lag bei ihnen – und sie wurde schon im Juli 1945 vollzogen: An der Spitze standen der Kinderarzt Julius Spanier und der Rechtsanwalt Siegfried Neuland, Aaron

---

25 Vgl. dazu ausführlich Maòr, Wiederaufbau, S. 1–68.
26 Maòr, Wiederaufbau, S. 19 (1949), Wetzel, München, Anhang 2.
27 Maòr, Wiederaufbau, S. 70.
28 Dazu nach Wetzel, München 5–23; jetzt Kauders/Lewinski, Neuanfang mit Zweifeln, S. 185–199.

Ohrenstein wurde als erster Rabbiner eingesetzt und mit der Wiedererrichtung der zerstörten Synagoge in der Reichenbachstraße erhielt sie auch ein lokales Zentrum. Doch die Spannungen zwischen den deutschen und osteuropäischen Juden bestimmten lange das innere Leben: So regte Spanier an, das Wahlrecht auf diejenigen zu beschränken, *die 1938 bereits in Deutschland einer jüdischen Gemeinde angehört haben.*²⁹ Der potentielle Ausschluss der DPs veranlasste das Zentralkomitee wiederum, der Gemeinde die Hilfsgüter zu verweigern; erst nach längerem Hin und Her sprang schließlich das ‚Bayerische Hilfswerk für die von den Nürnberger Gesetzen Betroffenen' ein, eine Lösung, die anschließend auf die übrigen Gemeinden in Bayern ausgedehnt wurde. Doch das Ringen in der Münchner Gemeinde hielt an; noch in den Vorstandwahlen von 1957 kam es zu erbitterten Streitigkeiten zwischen den verschiedenen Gruppierungen um die Anerkennung der Wahlergebnisse, und erst in den 1960er Jahren lösten sich diese Spannungen auf.³⁰

In Augsburg war zwar die Präsenz der DPs nicht so stark, doch die Gegensätze fielen keineswegs geringer aus, sie kulminierten vielmehr in zwei parallelen Gemeindegründungen.³¹ Bereits im Juli 1945 fanden die Wahlen zur ‚Jüdischen Vereinigung' statt, einem Zusammenschluss der deutschen Juden und Konvertiten, die allerdings im Dezember in das Zentralkomitee des ‚Bayerischen Hilfswerks' eingegliedert wurden. Im Mai 1946 gründeten dann etwa 20 deutsche Juden die Israelitische Kultusgemeinde mit Hugo Schwarz an der Spitze des Vorstands, der freilich einer hohen Fluktuation unterlag – ohne Berücksichtigung der übrigen in Augsburg lebenden Juden. Beide Gruppierungen versuchten, die Alltagsprobleme zu bewältigen und zumindest an den Feiertagen Gottesdienste zu halten – aber erst 1957 konnte man sich zu einer gleichberechtigten Teilhabe an einer Gemeinde durchringen.

Eine Lösung mit unterschiedlichen Ausrichtungen fand sich in den beiden benachbarten jüdischen Gemeinden von Nürnberg und Fürth.³² Das traditionsreiche Fürth – der anfangs größten fränkischen Gemeinde mit 349 Mitgliedern, mehrheitlich polnischer Herkunft – pflegte unter seinem Rabbiner David Kahane Spiro eine orthodoxe Ausrichtung.³³ Im Februar 1946 schritt er zur Gemeindegründung, präsentierte eine Vorstandsliste vorrangig aus DPs, die deutschen

---

**29** Zit. nach Wetzel, München, S. 10.
**30** Dazu auch Brenner/Frei, Konsolidierung, S. 168.
**31** Dazu jetzt Brenner, Bayerisch-Schwaben, S. 287–292; Schönhagen, Gehen? Oder Bleiben!, S. 18–34.
**32** Zu den beiden Städten zusammenfassend Brenner/Frei, Konsolidierung, S. 169–171.
**33** Dazu Berthold-Hilpert, Nachkriegsgeschichte, S. 363–374; Berthold-Hilpert, Jüdisches Leben in Franken, S. 199–204; Brenner, Wiederaufbau, S. 265–269.

Juden waren zeitweise jedoch nur mit einer Person vertreten. Spiro wollte 1949 sogar Mitglieder, die in Mischehe lebten, ausschließen. Der von 1947–1950 als Vorsitzender amtierende Jean Mandel aus einer um die Jahrhundertwende von Galizien zugewanderten Familie versuchte die Gegensätze zu überbrücken. Spiro rechnete allerdings mit einer lediglich kurzfristigen Dauer der Gemeinde und richtete ihr Augenmerk auf die Unterstützung der Siedlungen in Israel – im Gegensatz zu den einheimischen Fürther Juden, unter ihnen Jean Mandel. Die Differenzen zwischen den beiden Gruppen wurden noch 1950 in den Vorstandswahlen zugunsten der ehemaligen DPs entschieden – der neue Präsident Leo Rosenthal führte sogar das Jiddische als offizielle Sprache der Sitzungen ein[34] –, und erst 1954 erhielten die Alteingesessenen die Mehrheit, nun erneut unter Jean Mandel, der bis zu seinem Tod 1974 in dieser Position blieb, allerdings in einer schrumpfenden Gemeinde.

In Nürnberg dagegen dominierten die deutschen Juden, sei es, dass sie in ‚Mischehe' überlebt hatten, sei es, dass sie aus Theresienstadt zurückkehrten.[35] Ebenfalls schon im Dezember 1945 bildete sich ein eigener Vorstand mit Dr. Julius Nürnberg, Adolf Hamburger und Paul Baruch – ohne Osteuropäer. Es gelang der Gemeinde, sich zu verstetigen: mit eigenen Vereinen, einem ‚Jüdischen Gemeindeblatt', und für den Gottesdienst suchte man liberale und orthodoxe Elemente des Ritus zu einem Ausgleich zu führen, etwa durch die Verwendung eines Gebetbuches aus der Vorkriegszeit, das durch neue Texte angereichert wurde.

Die Anfänge in Regensburg waren besonders stark von den osteuropäischen Juden geprägt; im Juni 1946 war ihre Gesamtzahl auf 1.863 angewachsen.[36] So verwundert es auch nicht, dass anfangs deren Organisationen dominierten. Sie fanden sich zum einen im ‚Centralverband der Religiösen Juden im Regierungsbezirk Niederbayern/Oberpfalz' zusammen; daneben bildete sich eine ‚Jews Congregation' und die ‚Jewish Community – Jüdische Gemeinde' als die größte mit ursprünglich 350 Mitgliedern, deren Zahl dann auf etwa 1.200 anstieg.[37] Nach dem Abklingen der anfänglichen hohen Fluktuation, kam im Juli 1950 die Gründung der Israeltischen Kultusgemeinde' zustande – fast ausschließlich von ehemaligen DPs, die in der Stadt geblieben waren, geleitet von dem aus Polen stammenden Vorsitzenden Jakob Parasol und dem aus Israel zurückgekehrten

---

34 Berthold-Hilpert, Nachkriegsgeschichte, S. 373.
35 Nach A. Müller, Nürnberg, S. 297–302; und Lehnert, Juden in Nürnberg, S. 56ff.; jetzt Brenner, Wiederaufbau, S. 269–274.
36 Pelzer, Neubeginn S. 31–36, 43–45; Hilmer, Die Nachkriegsgemeinden, S. 130–138; Himmelstein, Brücke zwischen Gestern und Morgen, S. 299–303, 318f.
37 Zu ihr auch Smolorz, Displaced Persons, S. 130f.

Chaim Schwerdt sowie Rabbiner Yakob Simcha Avidor. Ganz parallel dazu lagen die Ansatzpunkte für die Gemeinden Hof, Bayreuth und Bamberg fast ausschließlich bei den DPs; als 1951 die Kultusgemeinde Bamberg gegründet wurde, stammten lediglich zwei ihrer Mitglieder aus Bamberg selbst.[38] In Straubing wiederum konnte das Gemeindeleben, das mit den DPs im Frühsommer 1945 in der notdürftig wiederhergestellten Synagoge begonnen hatte, seit 1946 unter der Leitung von Stefan Schwarz wieder gestaltet werden, ebenfalls mit vorwiegend polnischen Juden, aber auch einigen Alteingesessenen, die heimgekehrt waren.[39]

Die Beispiele eröffnen den Blick auf das Spannungsfeld, das in den frühen Gemeinden Bayerns herrschte und nur schwer zu überwinden war. Unterschiedliche Herkunft und Schicksale trafen aufeinander, die Menschen waren durch unterschiedliche kulturelle Traditionen geprägt und vertraten unterschiedliche Zukunftsvorstellungen, die ihrerseits auf unterschiedlichen Auffassungen vom Judentum basierten. Aber aus beiden Gruppen schälte sich nach und nach ein Kreis heraus, der sich eine neue Existenz aufbauen wollte – trotz neuer antisemitischer Vorfälle und Äußerungen im Alltag oder gar der Wiederbelebung antijüdischer Stereotype wie in Memmingen an Ostern 1947.[40]

Zu Recht hat man für München darauf hingewiesen, dass „die ideologischen Gegensätze aus der Weimarer Zeit auch das Klima nach 1945 prägen konnten", denn das Gegenüber von traditionell orientierten Ostjuden und assimilierten deutschen Juden drohte schon die großstädtischen Gemeinden seit der Wende zum 20. Jahrhundert zu zerreißen.[41] Diese Beobachtung lässt sich wohl verallgemeinern; überall suchten die deutschen Juden an den untergegangenen alten liberalen und ‚verbürgerten' Gemeinden anzuknüpfen, während die osteuropäischen DPs eher der Orthodoxie zugewandt blieben. Auch organisatorisch orientierte man sich am Prinzip der Einheitsgemeinden, wie sie vor 1933 bestanden hatten. Der ‚Landesverband der Israelitischen Kultusgemeinden Bayerns' umfasste allerdings in den 1950er Jahren nur mehr ein gutes Dutzend Gemeinden gegenüber den knapp 200 am Ende der Weimarer Republik, und das in einer deutlichen Polarisierung der Größenordnung zwischen der Großgemeinde München und den bescheidenen restlichen Gemeinden von Amberg und Würzburg bis Passau (Tab. 8).[42]

---

38 Gehringer, Ende und Neubeginn, S. 213.
39 Unterholzner, Straubinger Juden, S. 146–151.
40 Brenner, Nach dem Holocaust, S. 78–87.
41 So Kauders/Lewinsky, Neuanfang mit Zweifeln, S. 197.
42 Die Zahlen differieren allerdings gegenüber anderen Darstellungen, weil die Erhebungen offensichtlich sehr unterschiedliche Grundlagen aufwiesen.

**Tab. 8:** Abnahme der jüdischen Bevölkerung 1933–1939

| Städte | Gemeindemitglieder 1948 | -mitglieder 1952 | -mitglieder 1955 | -mitglieder 1959 |
| --- | --- | --- | --- | --- |
| Amberg | 220 | 114 | 70 | 68 |
| Augsburg | 70 | 71 | 122 | 153 |
| Bamberg | 67 | 83 | 76 | 75 |
| Bayreuth | – | – | 28 | 29 |
| Fürth | 350 | 267 | 190 | 166 |
| Hof | – | – | 35 | 44 |
| Lindau | 42 | – | – | – |
| München | 3.300 | 1.800 | 1.847 | 2.284 |
| Nürnberg | 165 | 181 | 199 | 203 |
| Passau | – | – | 48 | 36 |
| Regensburg | 330 | 184 | 158 | 174 |
| Straubing | 100 | 90 | 82 | 78 |
| Weiden | – | 65 | 46 | 47 |
| Würzburg | 108 | 77 | 72 | 108 |
| **gesamt** | **4.752** | **2.932** | **2.973** | **3.465** |

Die Verteilung folgte dabei offensichtlich zwei unterschiedlichen Kategorien: Vorrangig war die Wiederbelebung der urbanen Gemeinden, wie sie sich im 19. Jahrhundert herausgebildet hatten. Neugründungen lagen dagegen bevorzugt im östlichen Bayern – in Amberg schon 1946, später in Hof und Bamberg, in Bayreuth offiziell erst 1956[43] –; sie entstanden bei den nahegelegenen DP-Lagern bzw. gingen auf den Zustrom aus Ostmitteleuropa zurück.[44] Was aber nun fehlte, war die traditionelle Breite der Landgemeinden, da nur ganz vereinzelt frühere Gemeindemitglieder dorthin zurückkehrten. Und so wurden den größeren Städten ganze Landstriche zugeordnet: Während in der Oberpfalz neben Regensburg noch in Amberg und Weiden, in Niederbayern in Passau und Straubing Gemeinden entstanden, gehörte zu Augsburg der gesamte Regierungsbezirk Schwaben von Lindau bis Nördlingen, zu Würzburg das gesamte Unterfranken, zu Nürnberg zunächst Mitglieder von Ansbach bis Lichtenfels, von Bayreuth bis Weißenburg.[45] Die alte differenzierte Siedlungsstruktur mit ihrer räumlichen

---

43 Vgl. dazu Mayer, Bayreuths jüdische Gemeinde, S. 204f.
44 Vgl. dazu Brenner, Wiederaufbau, S. 274–279; Brenner, Impressionen Oberpfalz, S. 233–245; vgl. unten.
45 Maòr, Wiederaufbau, S. 72, dazu Anlage IV.

Verdichtung im Spannungsfeld von großstädtischen Gemeinden und kleinen ländlichen Niederlassungen gehörte der Vergangenheit an.

Mit dieser sehr ‚ausgedünnten' Struktur konnte das Gewicht auf nationaler Ebene – mit Ausnahme von München – nicht sehr stark ausfallen, als im Juli 1950 der übergeordnete Zusammenschluss mit Gemeinden aus den anderen Besatzungszonen in Form „einer losen Interessengemeinschaft" stattfand; dem ‚Zentralrat der Juden in Deutschland' wurde nun auch die Aufgabe zugeordnet, für die Judenheit in Deutschland zu sprechen.[46] Die Gründung der Bundesrepublik als demokratischer Staat war vollzogen, die letzten Organisationen der jüdischen DPs lösten sich auf, die ‚Jewish Agency' zog sich aus Deutschland zurück – die in Deutschland verbliebenen Juden bedurften einer repräsentativen Vertretung im politischen Raum. Das Selbstverständnis im Zentralrat ging nun eindeutig in die Richtung einer Integration in den deutschen Staat. *Der Gedanke, dass die Juden in Deutschland nichts mehr zu suchen haben und sofort Deutschland verlassen müssen und ihre Gegenwart eine Notlösung ist, ist hinfällig geworden*, formulierte Generalsekretär Hendrik George van Dam die Position; auch bei ihm war ein Anknüpfen an Weimarer Zeit erkennbar: *Seine Einstellung war diejenige der deutschen Juden, die in einer früheren Epoche gelebt hatten, in der Zeit Rathenaus. Die dazwischenliegenden Jahre hatten zwar zu van Dams Wissen beigetragen, nicht aber seine Perspektive verändert.*[47]

Dennoch blieb die Distanz zur Umwelt dominant, die Mitglieder der jüdischen Gemeinden lebten zurückgezogen in einer „abwesenden Anwesenheit", die nur langsam zugunsten einer auch öffentlich vertretenen Zukunftsperspektive im Lande überwunden wurde.[48] Ihre primäre Zielrichtung musste zunächst auf die Versorgung ihrer Mitglieder gerichtet sein, von denen sehr viele krank oder gebrechlich waren, und erst nach und nach griffen die Maßnahmen zur Entschädigung. Zwar wurde schon im Oktober 1945 ein ‚Staatskommissariat für die Betreuung der Juden in Bayern' geschaffen (seit September 1946 ‚Staatssekretariat für rassisch, religiös und politisch Verfolgte'), das mit der Bildung eines Sonderfonds im August 1946 eine ‚Wiedergutmachung' anvisierte, doch erst die Entschädigungsgesetzgebung der amerikanischen Besatzungszone mit dem Gesetz Nr. 59 der US-Militärregierung vom November 1947 und dem Entschädigungsgesetz vom August 1949 schuf eine dauerhafte Grundlage.[49] Dr. Philipp Auerbach, der aus einer Hamburger Familie stammend Auschwitz überlebt hatte und über

---

46 Brenner, Nach dem Holocaust, S. 111–116; Brenner/Frei, Konsolidierung, S. 153–163.
47 Zit. nach Brenner/Frei, Konsolidierung, S. 160f.
48 Diner, Im Zeichen des Banns, S. 44–66, das Zitat als Überschrift S. 44.
49 Umfassend dazu die Darstellung von Goschler, Wiedergutmachung.

die britische Zone nach Bayern gelangt war, wo er seit 1947 auch als Präsident des Landesverbandes fungierte, verfocht als Staatssekretär mit Vehemenz, aber wirkungsvoll, die Interessenvertretung für die betroffenen Juden, verstrickte sich allerdings auch in den rechtlichen Regelungen, sodass er sich mit einer Anklage der bayerischen Justiz konfrontiert sah und in einem aufsehenerregenden Prozess 1951/52 verurteilt wurde – und sich im August 1952 das Leben nahm.[50]

In der Folgezeit mündete das Problem der ‚Wiedergutmachung' – ein Begriff, der problematisch, aber in diesen Jahren nicht nur gebräuchlich war, sondern auch akzeptiert wurde – in die Kompetenz des Bundes, der das komplexe Problem mit dem Gesetz vom August 1953 zu lösen versuchte, sich freilich noch 1979 mit abschließenden Verhandlungen konfrontiert sah. Sie umfasste nicht nur die Rückerstattung von geraubtem Vermögen, sondern auch die Entschädigung für Eingriffe in die Lebenschancen bis hin zur juristischen Rehabilitierung. Wie schwierig die konkrete Durchführung war, wie langfristig sich die Verfahren hinzogen und mit wie vielen psychischen Belastungen sie verbunden waren, ist freilich nur an den einzelnen Fällen zu sehen oder zu erahnen.[51]

Das Leben in den Gemeinden blieb bis in die 1980er Jahre durch eine Isolation gegenüber ihrer Umwelt und eine „bürokratische Patronage" nach innen geprägt, war also in der Hand einer „kleinen Führungsgruppe", die auch die Ressourcen mit ihrem Verwaltungsapparat verteilen konnte.[52] Es litt zudem unter einem Mangel an Rabbinern, die ihrerseits nach wie vor im Spannungsfeld von orthodoxen und liberalen Auffassungen standen.[53] Nur wenige deutschsprachige kamen aus dem Exil zurück und „manche kehrten Deutschland enttäuscht wieder den Rücken".[54] In Bayern waren anfangs die in Osteuropa ausgebildeten in der Mehrheit; sie schlossen sich 1954 kurzzeitig in einer ‚Vereinigung für Toratreues Judentum' zusammen, doch erneut waren die Spannungen nicht zu übersehen. Zu den Konservativen gehörten Nathan Zanger in Amberg oder Yakob Simcha Avidor in Regensburg, der als Oberrabbiner von Niederbayern, Oberfranken und der Oberpfalz amtierte, vor allem aber eine halachische Autorität wie David Kahane Spiro in Fürth.[55] In München war mit Dr. Aaron Ohrenstein – er

---

50 Zu seiner Biographie Ludyga, Philipp Auerbach, passim.
51 Vgl. dazu die entsprechenden Beiträge bei Herbst/Goschler, Wiedergutmachung, und Hockerts/Kuller, Nach der Verfolgung; zur Gesamteinschätzung Hockerts, Wiedergutmachung in Deutschland.
52 Bodemann, Staat und Ethnizität, S. 65f.
53 Dazu allgemein Levinson, Religiöse Richtungen, passim.
54 Brenner/Frei, Konsolidierung, S. 186–192, Zitat S. 186; Brenner, Nach dem Holocaust, S. 105f.
55 Zu ihm Berthold-Hilpert, Nachkriegsgeschichte, S. 365–367.

stammte aus einer polnische Familie, war aber noch vor dem Krieg in Deutschland ausgebildet worden – ein Rabbiner gewonnen worden, der sich um die Integration der verschiedenen Gruppen bemühte und deshalb im Oktober 1947 zum Landesrabbiner in Bayern gewählt wurde – wegen der Verstrickung in die Auerbach-Affäre allerdings dann 1955 entlassen wurde.[56]

Freilich war die Situation alles andere als einfach. „[D]ie Gemeinden alten Stils mit eigenem Rabbiner, Kantor, Religionslehrer usw. [sind] fast völlig verschwunden, [...] und die Synagogen dienen häufig eher der Zusammenführung der spärlichen Anzahl der noch vorhandenen Juden zu kulturellen Veranstaltungen als der eigentlichen religiösen Andacht", meinte der Fürther Religionslehrer Hugo Nothmann.[57] Tägliche Gottesdienste konnte man nur in den beiden größeren Gemeinden von München und Fürth feiern, anfangs in provisorisch eingerichteten Betsälen oder den wiederhergestellten Synagogen. Erst in den 1980er Jahren folgten Neubauten in Nürnberg oder Hof.

Bei der Etablierung der Gemeinden kristallisierte sich erneut München als Mittelpunkt heraus.[58] Die Prägung durch die osteuropäischen Juden hielt weiter an, immerhin kehrten einige Münchner zurück: der Religionsphilosoph Fritz Rosenthal – nun unter dem Namen Schalom Ben-Chorin – zumindest in mehreren Besuchen, auf Dauer aber Walter Feuchtwanger, der Neffe des Schriftstellers; in der kulturellen Szene der Regisseur Fritz Kortner und die Schauspielerin Therese Giese, für einige Jahre nahm auch Kurt Landauer seine Funktion als Präsident des FC Bayern wieder auf,[59] um nur einige zu nennen. An die Spitze der Gemeinde trat 1970 Dr. Hans Lamm, auch er ein gebürtiger Münchner, der schon Übersetzer bei den Nürnberger Prozessen gewesen war, dann als Kulturdezernent des Zentralrats und Gründer des jüdischen Ner-Tamid-Verlags tätig wurde und seit 1961 für die Stadt München arbeitete.[60] Die konservative religiöse Orientierung dominierte im Gemeindezentrum an der Reichenbachstraße. Dort und an anderen Orten entstanden ein Kindergarten und eine Grundschule, Einrichtungen für den Religionsunterricht, eine Frauenorganisation, eine Jugendgruppe und ein Seniorenheim, der Sportverein *Makkabi* und die Loge *B'ne B'riss*, dazu zwei jüdische Wochenzeitungen, die zumindest bis in die späten 1970er Jahre geführt wurden; sie belegen ein vielfältiges soziales und kulturelles Engagement. Von einem Pro-

---

56 Vgl. Wetzel, München, S. 7–9.
57 Brenner/Frei, Konsolidierung, S. 186.
58 Dazu Brenner, Aufbruch in die Zukunft, S. 213–222.
59 Schulze-Marmeling, FC Bayern, S. 271–278.
60 Dazu ausführlich Sinn, Hans Lamm, S. 111–179.

visorium war nicht mehr die Rede, vielmehr feierte Moses Lustig, der Herausgeber der ‚Münchener Jüdischen Nachrichten', 1971 das Ergebnis fast euphorisch:

> *Wahrscheinlich gab es noch nie in der Geschichte eine so geartete soziale Gemeinschaft, die vom Nullpunkt angefangen in ein Organisationsleben hineingezogen wurde und langsam zu einem differenzierten und vielfarbigen Leben, wenn auch in einer Vorhalle der normalen Existenz, sich entwickeln konnte, wie die jüdische Gemeinschaft in Bayern und, in ihrem Kernpunkt, in München.*[61]

Das Werden der anderen Gemeinden folgte im Prinzip den gleichen Parametern, wenn auch in der Ausformung etwas bescheidener. Nach München wuchs Augsburg zur nächstgrößten Gemeinde heran.[62] Hier begann man 1957 mit der Einrichtung eines ‚Kulturhauses', einem Clubraum zur Begegnung, einer Religionsschule und einem Kindergarten, dann einem Festsaal im alten Gemeindegebäude. 1959 folgte die Gründung eines ‚Jüdischen Frauen-Vereins', der auch die Aufgaben der *Chewra Kaddischa* übernahm, und der Wiederaufbau der zerstörten Friedhofshalle. Für die Gottesdienste diente die erweiterte ‚Werktagssynagoge' als ‚Kleine Synagoge'. Mit den 1957 neu gewählten Vorsitzenden Ludwig Müller und Julius Spokojny – erstmals waren die ostjüdischen Gemeindemitglieder in den Wahlprozess einbezogen – kam endlich die Konsolidierung der Gemeindeführung zustande: Spokojny, der aus Polen stammte, verschiedene KZs überlebt hatte und über das DP-Lager Landsberg nach Augsburg gekommen war, bekleidete das Amt des Vorsitzenden bis 1996. Als langjähriges Mitglied des Bayerischen Senats und auch im Zentralrat gehörte er zu den Gemeindevertretern, die auch Kontakte nach außen suchten, und zu seinen Erfolgen gehörte nicht zuletzt die Wiederherstellung der Großen Synagoge, deren Restaurierung 1985 abgeschlossen werden konnte.[63] (Abb. 66) Die Religionsschule, in der sich der Nürnberger Joshua Scheindling, aus Israel zurückgekehrt, auch um sechs Kinder aus Neu-Ulm kümmerte, sollte in den 1960er Jahren sogar zu einem Internat ausgebaut werden, was allerdings an finanziellen Fragen scheiterte. Im Januar 1962 erreichte die Gemeinde mit 248 Mitgliedern ihren ersten Höhepunkt, unter ihnen auch Mieczyslaw Pemper aus Krakau, der an der Rettung der dortiger Juden – bekannt durch den Film ‚Schindlers Liste' – mitgewirkt hatte.[64] Auch sie konnte als etabliert gelten, ein gewisses Maß an Normalität hatte sich eingestellt.

---

[61] Zit. nach Brenner, Aufbruch in die Zukunft, S. 221.
[62] Dazu Brenner, Bayerisch-Schwaben, S. 292–294; Schönhagen, Zukunft im Land der Täter?, S. 13–55.
[63] Dazu Grab, 10 Jahre Wiedererrichtung der Synagoge, S. 12–77.
[64] Pemper, Mitarbeiter bei Schindler, passim.

**Abb. 66:** Festzeitung der Israelitischen Kultusgemeinde Schwaben-Augsburg anlässlich der Wiederherstellung der Synagoge 1985

Von den mittelfränkischen Städten konnte sich auf Dauer vor allem Nürnberg profilieren.[65] Mit seinen etwa 270 Gemeindemitgliedern hatte sie ein differenziertes Vereinsleben aufgebaut, angefangen vom Sportverein ‚TuS Bar Kochba', einem Frauenverein und einem Zionistischen Verein. Arno Hamburger, der in der ‚Jüdischen Brigade' aus Palästina nach Nürnberg zurückgekehrt war,[66] und Dr. Shlomo Levin traten freilich seit 1972 als Vorsitzende in eine scharfe Kontroverse zwischen liberaler und orthodoxer Ausrichtung, ehe mit dem neuen Gemeindezentrum mit Synagoge, Verwaltungsräumen und Seniorenheim 1984 die Entwicklung als gesichert gelten konnte.

---

65 Brenner, Wiederaufbau, S. 272–274.
66 Zu ihm Eisenstein, Arno Siegfried Hamburger, passim.

Die Bedeutung von einzelnen Führungsfiguren wird vor allem im Würzburger Wiederaufbau[67] in der Person von David Schuster greifbar, der – seine Familie stammte aus Bad Brückenau – 1956 aus Israel zurückkehrte und ab 1958 ganze 40 Jahre lang Gemeindevorsitzender war.[68] Das Altersheim, das als erste Unterkunft gedient hatte, wurde ausgebaut, 1970 daneben eine neue Synagoge errichtet. Ganz ähnlich verdanken die Gemeinde in Hof schon ihre Entstehung und dann auch ihren weiteren Ausbau dem in Krakau geborenen Wolf Weil, der als „,Schindlerjude' in der bayerischen Provinz" gelandet war,[69] und die Gemeinde in Bayreuth Josef Gothart, der von 1981 bis zu seinem Tod 1999 die Leitung innehatte.[70]

Dass aber in den kleinen Gemeinden die Verhältnisse bescheiden blieben, zeigen die Städte der Oberpfalz:[71] War sie in Regenburg mit ihren über 100 Mitgliedern in den 1970er Jahren noch ansehnlich, so bewegten sie sich in Amberg und Weiden mit jeweils um die 50 Mitgliedern schon an der unteren Grenze. Die traditionelle Lebensform, angefangen von der koscheren Küche – das Fleisch wurde von auswärts bezogen – über die Einhaltung des Sabbats und der Feiertage bis zur Liturgie der Gottesdienste, wurde durch die orthodoxen Rabbiner gewährleistet, die allerdings in Regensburg nur bis 1969, in Amberg bis 1971 amtierten. Religionsunterricht erteilte in den kleinen Gemeinden ein Wanderlehrer, da nur noch wenige Kinder in Weiden, Amberg, Cham und Hof zu unterrichten waren. Doch die Gemeinden schrumpften und sogar ihre Auflösung drohte.

In der differenzierten Gesamtsituation in Bayern konnte nun immerhin für die größeren Gemeinden das gelten, was für die Juden in Deutschland insgesamt festgestellt wurde: „die jüdische Gemeinschaft von 1970 [lebte] nicht länger in Abgeschiedenheit vom Rest der Gesellschaft [...], sondern war Teil der Bundesrepublik geworden".[72] Das spiegelt sich in den generellen Trends der sozialen und wirtschaftlichen Entwicklung, wonach die Zahl der Beschäftigten wieder zunahm und sich die Integration in die aufstrebende Mittelschicht auch in den jüdischen Gemeinden vollzog, auch wenn „es der gegenüber der Zeit davor auf ein geradezu homöopathisches Maß gesunkene Anteil an der Gesamtbevölkerung von vornherein unmöglich [machte], dass Juden in irgendeinen Wirtschaftszweig eine spezielle Bedeutung erhalten konnten".[73]

---

67 Flade, Würzburger Juden, S. 385–410; Flade, Würzburger Juden von 1919 bis zur Gegenwart, S. 541–545; Brenner, Wiederaufbau, S. 274f.
68 Ries/Flade, David Schuster; zur Gemeinde S. 58–82.
69 Brenner, Nach dem Holocaust, S. 165–168, Zitat S. 165; Brenner, Wiederaufbau, S. 277f.
70 Mayer, Bayreuths jüdische Gemeinde, S. 207–211.
71 Brenner, Impressionen Oberpfalz, S. 242–246.
72 Goschler/Kauders, Positionierungen, S. 303.
73 Vgl. dazu Goschler/Kauders, Positionierungen, S. 301f., Zitat S. 302.

Die Öffnung gegenüber der Umwelt und deren Anteilnahme am Gemeindeleben, wenn sie in Festakten des Gedenkens an den Pogrom vom November 1938 oder bei der Einweihung renovierter Synagogen Präsenz zeigte,[74] war das eine. Die Teilhabe am politischen Leben das andere,[75] wobei vor allem der Zentralrat der Juden eine führende Rolle übernahm. Die Einforderung der Solidarität mit Israel stellte dabei einen Kernpunkt dar, der auch im Leben der Gemeinden zentrale Bedeutung hatte. Dabei konnte es nicht ausbleiben, dass die junge Generation – im Kontext der allgemeinen Aufbruchbewegung der 1968er Jahre – auch die Grundlagen des jüdischen Selbstverständnisses zur Diskussion stellte und das Spannungsfeld von Religion, Ethnizität und Schicksalsgemeinschaft neu ausloten wollte.[76] Allerdings lagen die Zentren dafür erneut eher außerhalb Bayerns: für den Aufbruch der Jugend vor allem in der Metropole Frankfurt am Main – immerhin war München mit der 1980 erstmals erscheinenden Zeitschrift ‚Cheschbon' an der Diskussion beteiligt[77] –, die Konfrontation zwischen Orthodoxen und Liberalen auf überregionaler Ebene in der Rabbinerkonferenz und die Konflikte um die Beziehungen zur Außenwelt im Zentralrat. Und die neue ‚Jüdische Theologische Hochschule' wurde 1979 in Heidelberg gegründet; der Lehrstuhl für Jüdische Geschichte an der Universität München folgte erst 1997.

Als immer wieder neue Bedrohung musste der jeweils aktuelle Antisemitismus empfunden werden. Sein wellenartiges Aufflammen, das sich vor allem an konkreten Ereignissen entzündete, fand zwar in Bayern keine so spektakulären Anlässe wie im westlichen Deutschland, doch die Schmierereien und Friedhofsschändungen markierten, dass auch hier ein latentes Potential vorhanden war und bei Gelegenheit aufbrechen konnte.[78] Das ‚Komitee zur Bekämpfung des Antisemitismus', das bereits im November 1947 in München gegründet worden war und aus dem in der Nachfolge zahlreiche ‚Gesellschaften zur christlich-jüdischen Zusammenarbeit' erwuchsen, sahen ihre Aufgabe im interreligiösen Dialog und traten seit 1952 mit der ‚Woche der Brüderlichkeit' an die Öffentlichkeit. Doch erst die Aufarbeitung der NS-Vergangenheit, die nicht zuletzt durch die studentische Jugend in den späten 1960er Jahren eingefordert wurde, mündete in den Versuch einer auf Breitenwirkung zielenden „Erziehung nach Auschwitz".[79] Freilich meldete sich der Antisemitismus auch weiterhin zu Wort, so in der von

---

74 Zum Augsburger Beispiel Schönhagen, Fremd im eigenen Land?, passim; zu München Kauders/Lewinsky, Neuanfang mit Zweifeln, S. 205–208.
75 Vgl. dazu Goschler/Kauders, Positionierungen, S. 303–330.
76 Vgl. dazu den Sammelband Brumlik, Jüdisches Leben.
77 Goschler/Kauders, Positionierungen, S. 324f.
78 Vgl. dazu Brenner/Frei, Positionierungen, S. 250–293.
79 Brenner/Frei, Positionierungen, S. 280–287.

Gerhard Frey herausgegebenen ‚Soldatenzeitung' sowie bei den ‚Republikanern' um Franz Schönhuber in München. Und mit den terroristischen Anschlägen erhielt er eine neue Dimension: 1970 auf dem Flughafen Riem, kurz darauf in einer Brandstiftung im Altenheim der jüdischen Gemeinde, bei der sieben Tote zu beklagen waren, sodann in der Schändung von Kultgegenständen in der Hauptsynagoge und schließlich im September 1972 mit der Ermordung von israelischen Sportlern bei den Olympischen Spielen.[80] Das Gefühl der Bedrohung stellte sich ein und nur mühsam wurde ein Weg zum Zusammenleben gefunden, in dem die Existenz der jüdischen Gemeinden als gesichert gelten konnte.[81]

Eine „Zwischenbilanz" des Jahres 1998 unter der Überschrift „Epilog oder Neuanfang?" kommt nach einem Überblick über die jüdische Geschichte nach 1945 zu einem zwar vorsichtigen, aber doch deutlich hoffnungsvollen Ergebnis: Gegenüber der lang dominierenden Skepsis, ob jüdisches Leben aufgrund der eher schrumpfenden Zahlen in den Gemeinden auf Dauer eine Zukunft haben würde, sei ein „Bewußtseinswandel" zu beobachten, festzumachen an der veränderten Begrifflichkeit des Selbstverständnisses: Aus ‚Juden in Deutschland' seien vorwiegend ‚deutsche Juden' geworden.[82] Und mit den wachsenden Zahlen der Gemeindemitglieder werde eine positive Zukunftsperspektive immer deutlicher spürbar.

Der Hintergrund dieser Veränderung war eine neue und ungeahnt hohe Zuwanderungswelle aus der Sowjetunion bzw. ihren Nachfolgestaaten.[83] Schon seit den 1950er Jahren hatte sich die Auswanderung ethnisch-religiöser Minderheiten von dort verstärkt und 1989/90 sprunghaft erhöht; seit Anfang der 1990er Jahre war Deutschland bereit, russische Juden in größerer Zahl aufzunehmen und setzte dafür 1991 Verfahrensregeln in Kraft – sie entsprachen dem Gesetz über die ‚Kontingentflüchtlinge' von 1980, das für die ‚Boat-People' in Vietnam entwickelt worden war –, um dem besonderen, aus humanitären Gründen gewährten Status Rechnung zu tragen und den Betroffenen ihren Aufenthalt und die materielle Unterstützung zu gewährleisten. Die Bundesverwaltung ordnete sie nach einem bestimmten Schlüssel den verschiedenen Ländern zu, die ihrerseits die Aufnahmeorte bestimmten. In Bayern waren es die bereits bestehenden Gemeinden, lediglich in Erlangen wurde 1997 eine neue Gemeinde gebildet. Das bedeutete einen willkommenen Zuwachs für die Gemeinden des Landesverbandes von insgesamt 1.434 (1989) auf 8.705 (2017), dazu für München (und Oberbayern) von

---

80 Brenner, Aufbruch in die Zukunft, S. 209–211.
81 Vgl. dazu allgemein Goschler/Kauders, Positionierungen, S. 340–374.
82 Brenner, Epilog oder Neuanfang, S. 179–182, Zitate S. 179, 181.
83 Dazu Weiss/Gorelik, Zuwanderung, S. 379–404.

Tab. 9: Die jüdischen Gemeinden in Bayern 1989–2017

| Stadt | Gemeindemitglieder 1989 | Gemeindemitglieder 2000 | Gemeindemitglieder 2017 |
|---|---|---|---|
| Amberg | 74 | 220 | 105 |
| Augsburg | 199 | 980 | 1.324 |
| Bamberg | 106 | 689 | 684 |
| Bayreuth | 39 | 387 | 508 |
| Erlangen | – | 299 | 105 |
| Fürth | 179 | 397 | 325 |
| Hof | 36 | 311 | 358 |
| Nürnberg | 316 | 945 | 2.274 |
| Regensburg | 117 | 562 | 1.001 |
| Straubing | 141 | 1.515 | 846 |
| Weiden | 48 | 308 | 231 |
| Würzburg | 179 | 921 | 944 |
| **Summe** | **1.434** | **7.534** | **8.705** |
| München | 4.050 | 7.868 | 9.365 |

4.050 auf 9.365 Mitglieder – wobei alle jene Zuwanderer unter den ca. 30.000 nicht berücksichtigt sind, die nicht in die Gemeinden aufgenommen wurden.[84] Profitieren konnten davon auch die kleinen Gemeinden (Tab. 9).

Die Wirkung war immens: Innerhalb weniger Jahre stiegen die Mitgliederzahlen der Gemeinden nicht nur auf ein Vielfaches, sondern die Strukturen veränderten sich grundlegend, brachten doch die Zuwanderer ganz eigene und andersartige Lebenserfahrungen und Einstellungen mit. Das blieb allerdings nicht ohne innere Widersprüche, denn sie hatten als ethnisch-jüdische Minderheit wegen Benachteiligungen und dem Gefühl der Bedrohung ihre alte Heimat verlassen, wurden nun aber trotz ihrer europäischen Herkunft – vorwiegend aus der Ukraine und Russland – von den inzwischen alteingesessenen Gemeindemitgliedern als ‚Fremde' gesehen, zumal die jüdische Komponente ihrer Identität nicht unbedingt besonders ausgeprägt war.[85] Die neuen innergemeindlichen Spannungen beruhten auf unterschiedlichem kulturellem Hintergrund, aber, anders als in den ersten Jahren der Nachkriegsgemeinden, nicht so sehr auf unterschiedlichen Ausrichtungen des Judentums – und trotzdem vollzog sich im Laufe der Jahre ein

---

[84] Mitgliederstatistik der Zentralwohlfahrtsstelle der Juden in Deutschland e.V., Frankfurt am Main 2018 (Internet).
[85] Weiss/Gorelik, Zuwanderung, S. 404–418; zu Nürnberg Antipow, Erinnerungsnarrative, passim; zu Augsburg Wrasse/Schönhagen, Im Übergang, S. 32–58, 68–87.

Prozess des Ausgleichs, bei dem die Neuangekommenen auch Führungspositionen übernahmen.

Zudem sorgte die quantitative Vergrößerung der Gemeinden auch für eine neue Konsolidierung: Es entstanden neue Synagogen, städtebaulich besonders eindrucksvoll in München in den Jahren 2003–2006 mit einem Komplex von Synagoge, Gemeindezentrum, Kindergarten, Grundschule und Museum. Die Vorsitzende der Gemeinde, Charlotte Knobloch, formulierte ihr Credo bei der Eröffnung: *Wir haben gebaut, wir blieben, denn wir gehören hierher.*[86] (Abb. 67)

Und die Gebäude füllten sich mit Leben: etwa in Augsburg ganz selbstverständlich mit Deutschunterricht, Berufsberatung und Seniorenbetreuung, aber auch mit einem Schachclub, einem Filmclub, einer Bibliothek, einem Kinderchor und mit einer Gemeindezeitung ‚Der Anzeiger' als Kommunikationsmedium.[87]

Als eine der Folgen dieser jüngsten Entwicklung stellte sich eine neue Vielfalt an religiösen Gruppierungen ein. In München bildete sich neben dem traditionellen Zentrum in der Hauptsynagoge 1995 ein eingetragener Verein ‚Liberale Gemeinde Beth Schalom', und seit 1988 hatte sich die chassidische ‚Chabad-Lubawitsch-Bewegung' etabliert.[88] In Augsburg übernahm nach der Phase der orthodoxen Ausrichtung mit Henry Brandt ein liberaler Rabbiner die Betreuung.[89] Während man am Main „an die ‚Würzburger Orthodoxie' der alten Gemeinde anschließen konnte", und sich in Fürth, Hof und Bayreuth die „traditionelle, vielfach osteuropäisch geprägte Orthodoxie der Nachkriegszeit" durchsetzte, orientierten sich Regensburg und Weiden nun am liberalen Judentum, Nürnberg und Erlangen wiederum verbanden liberale und konservative Elemente – und in Bamberg wurde die erste Rabbinerin Dr. Antje Yael Deusel, in Nürnberg geboren und in Potsdam ausgebildet, angestellt.[90]

Doch ist nicht zu übersehen, dass die bayerischen jüdischen Gemeinden mit den neuen Entwicklungsmomenten auch in ein anderes Orientierungsraster eingetreten waren. Bayern war zu einer untergeordneten Bezugsgröße geworden – auch wenn seine Gemeinden mit Charlotte Knobloch aus München 2006–2010 und seit 2016 mit Dr. Josef Schuster aus Würzburg Präsidenten des Zentralrats der Juden in Deutschland stellten. Hatte in der Nachkriegszeit schon die nationale und internationale Politik das jüdische Leben entscheidend mitbestimmt, so war mit den Kontingentflüchtlingen eine weitere Dimension eröffnet worden. Fundamental

---

[86] Zit. nach Brenner, Ein neues deutsches Judentum?, S. 421.
[87] Wrasse/Schönhagen, Im Übergang, S. 60–67.
[88] Brenner, Aufbruch in die Zukunft, S. 218.
[89] Wrasse/Schönhagen, Im Übergang, S. 24f., 96–98.
[90] Brenner, Impressionen Oberpfalz, S. 246; Brenner, Wiederaufbau, S. 282.

**Abb. 67:** Die neue Hauptsynagoge Ohel Jakob am Jakobsplatz in München, 2006

anders aber waren nun die Siedlungsstrukturen gegenüber den vorausgehenden Jahrhunderten: Die Vielzahl und Vielfalt jüdischer Gemeinden von den kleinsten Niederlassungen weniger Familien über die ‚Judendörfer' und die Gemeinden der Klein- und Mittelstädte bis zu denen der (damals) großen urbanen Zentren waren mit der Schoa verschwunden und stellten sich auch mit der neuen Zuwanderung nicht mehr ein. Damit gehörten das vielfältige jüdische Leben, die breitgefächerte Präsentation jüdischer Kultur, die Beiträge zum Aufbau und zur Verdichtung der Infrastruktur, zur wirtschaftlichen Versorgung des ‚flachen Landes' der Vergangenheit an – sie wurden zum Gegenstand der ‚Erinnerungskultur'.

Die früheste, wenn auch eher administrative Zuwendung erfuhren die jüdischen Friedhöfe, waren sie doch weitgehend in die Obhut der jeweiligen Gemeindeverwaltungen übergegangen – weil ihre Entfremdung und Zerstörung während der NS-Zeit nicht mehr zustande gekommen war. Insofern stellen sie „den ältesten und geschlossensten Bestand jüdischer Kulturdenkmäler auf deutschem Boden dar". Die Initiative zur Instandhaltung ging von der Staatsregierung aus, die zunächst 1948 und dann 1954 eine Bestandsaufnahme anordnete, und nach der bundesdeutschen Regelung 1957 wurde man sich einig: *Die jüdischen Friedhöfe sollen im deutschen Landschaftsbild so erhalten werden, wie es vor 1933 war.*[91] In den Denkmallisten Bayerns fanden bis in die 1990er Jahre etwa 100 Friedhöfe ihren Niederschlag,[92] nach einer Dokumentation des Jahres 1988, die von der

---

91 Wirsching, Jüdische Friedhöfe in Deutschland, Zitate S. 2, 40; vgl. zu Schwaben Wirsching, Jüdische Friedhöfe in Schwaben.
92 Lübbeke, Denkmale, S. 102.

Landeszentrale für politische Bildungsarbeit herausgegeben wurde, waren es insgesamt sogar 171, davon 45 KZ-Friedhöfe, und weitere 29 ‚fossile', weil nicht mehr auffindbare.[93]

Die Synagogen – immerhin 65 standen 1994 auf den Denkmalslisten[94] – traten demgegenüber sehr viel später in die öffentliche Aufmerksamkeit. Soweit sie nicht von den Nachkriegsgemeinden wieder hergerichtet und benutzt wurden, waren sie weiter zweckentfremdet, als Warenlager oder Werkstätten verwendet, zu Feuerwehrhallen oder Wohnhäuser umgebaut – oder ganz abgerissen worden, wie das noch 1955 in Altenstadt a.d. Iller geschah,[95] weil die Beteiligten – hier wie anderswo – „die Geschichte negierten, ihr zumindest eine Bedeutungslosigkeit zuschrieben".[96] Erst in den 1980er Jahren begann ein Umdenken; im Zusammenhang mit der Aufarbeitung der NS-Vergangenheit stellte sich eine Sensibilität für die untergegangene Kultur der Dorfjuden ein, viele Synagogen wurden nach und nach restauriert, an den Orten der verschwundenen Gebäude Gedenksteine errichtet.[97] Mit der historischen Erforschung des lange vergessenen ‚Landjudentums'[98] ergaben sich neue Einsichten in die Bedeutung der ländlichen Gemeinden, und die Erinnerungskultur mündete in Gedenkschriften, in erste Würdigungen[99] bis hin zu dem opulenten Projekt ‚Mehr als Steine', von dem seit 2007 drei Bände erschienen: Es solle „Zeugnis ablegen für die einst blühende jüdische Existenz in Bayern und dieser Vergangenheit gedenken", formulierte Meier Schwarz, der Direktor des ‚Synagogue Memorial Jerusalem', die Zielsetzung.[100] Die große Nürnberger Ausstellung ‚Siehe der Stein schreit aus der Mauer' von 1988[101] löste eine öffentliche Aufmerksamkeit für das Thema aus. Die Einrichtung spezieller jüdischer Museen sollte sie auf Dauer gewährleisten. War das erste bayerische Projekt in Augsburg noch ganz auf die Objekte jüdischer Religiosität ausgerichtet – die Sammlung von Ritualgegenständen, wie sie in der Weimarer Republik von Harburger begründet worden war, wurde in den Räumen

---

93 Schwierz, Steinerne Zeugnisse, S. 14f.
94 Lübbeke, Denkmale, S. 102.
95 Zu Schwaben hierzu Kießling, Synagogen und Friedhöfe, S. 272–278.
96 So Jeggle, Was bleibt?, S. 492.
97 Vgl. dazu Lohr, Ehemalige Synagogen, passim.
98 Vgl. Richarz, Entdeckung des Landjudentums.
99 So an verschiedenen Beispielen in den Beiträgen bei Bauch, Denkmäler jüdischer Kultur.
100 Kraus/Hamm/Schwarz, Mehr als Steine... . Synagogen-Gedenkband Bayern, hier Bd. I, S. 15.
101 Deneke, Siehe der Stein schreit aus der Mauer; dazu die Aufsatzbände Treml, Geschichte und Kultur.

der Augsburger Gemeinde der Öffentlichkeit präsentiert[102] –, so wandelte sich auch dieses mediale Feld zugunsten einer breiteren Thematisierung von Geschichte und Kultur des Judentums in Bayern. Nicht nur die Neugestaltung des Augsburger Museums 2001 mit seinen Teilen über die Geschichte der Augsburger wie der schwäbischen Landgemeinden spricht dafür,[103] sondern auch das 1990 begründete ‚Jüdische Museum Franken-Fürth & Schnaittach', das einerseits die Geschichte der fränkischen Landgemeinden, andererseits die Schoa zum Gegenstand hat,[104] während das ‚Jüdische Museum München' im Gemeindekomplex am Jakobsplatz – nach seinen Vorläufern an der Reichenbachstraße – sich neben der Geschichte der jüdischen Gemeinde München vielfältigen historischen wie aktuellen Themen widmet.[105] Die institutionelle Verankerung dieser Auseinandersetzung mit der jüdischen Vergangenheit ist zudem durch das ‚Netzwerk Historische Synagogenorte in Bayerisch-Schwaben', das ‚Johanna Stahl Zentrum' für jüdische Geschichte und Kultur des Bezirks Unterfranken mit Ausstellungen und Veranstaltungen sowie in Mittelfranken mit der Tagungsreihe der ‚Franconia Judaica' gegeben.

Während die reale Geschichte der jüdischen Gemeinden in Bayern zunehmend in eine nationale und internationale Geschichte eingebettet sein wird, ist die regionale jüdische Geschichte in Bayern zumindest in der Erinnerungskultur vielfältig präsent geworden.

---

**102** Dazu Ansbacher, Zeugnisse Jüdischer Geschichte und Kultur; Rump, Jüdisches Kulturmuseum Augsburg.
**103** Jetzt dokumentiert in Schönhagen, Das jüdische Kulturmuseum Augsburg-Schwaben.
**104** Berthold-Hilpert/Purin, Jüdisches Museum Franken.
**105** Fleckenstein/Purin, Jüdisches Museum München.

# Nachwort

Als Michael Brenner vor einigen Jahren auf mich zukam, ob ich eine Gesamtdarstellung der ‚Jüdischen Geschichte in Bayern' für die Reihe ‚Studien zur Jüdischen Geschichte und Kultur in Bayern' schreiben wollte, habe ich zwar zunächst gezögert, ein so umfassendes Werk anzugehen. Dass ich dann doch gerne zugesagt habe, lag an den eigenen Erfahrungen mit dem Thema: Das an meinem Augsburger Lehrstuhl in den 1990er Jahren ins Leben gerufene Forschungsprojekt zum ‚Landjudentum in Schwaben' hatte eine ganze Reihe von Studenten interessiert aufgenommen; nach und nach waren zahlreiche Qualifikationsschriften entstanden, und ich hatte ohnehin vor, einmal ein Fazit zu ziehen – für das Landjudentum dieser schwäbischen Region. Einen derartigen Ansatz nun auf das gesamte heutige Bayern auszuweiten, bedeutete zweifellos eine Herausforderung: Es hieß, einen Raum in den Blick nehmen, der viele Traditionsstränge jüdischen Lebens zeigte, zumal wenn man die gesamte Zeitspanne vom Mittelalter bis zur Gegenwart behandeln wollte. Sich dieser Aufgabe zu stellen, erschien jedoch schon deshalb sinnvoll, weil bislang eine solche Zusammenschau des Forschungsstandes fehlte. Aber auch die häufige Erfahrung, dass die ältere jüdische Geschichte, insbesondere die des Mittelalters und der Frühen Neuzeit, nur wenigen bekannt ist – sieht man von einigen Spezialisten ab –, motivierte mich, über die Ergebnisse der eigenen Forschergruppe hinaus eine vergleichende Darstellung für die verschiedenen bayerischen Landschaften zu wagen.

Dass meine Bemühungen um die ‚Jüdische Geschichte in Bayern' nun vorgelegt werden können, verdanke ich vielen: Zunächst dem Team an meinem Lehrstuhl, den Studierenden und Doktoranden, die in zahlreichen Seminaren mit mir über die ‚Jüdische Geschichte' nachdachten und von denen anschließend einige, gestützt auf fundierte Archivrecherchen, so manchen unbekannten Aspekt ans Licht förderten und mit ihren jeweils eigenen Sehweisen zu einem differenzierten Bild beitrugen – zahlreiche Passagen dieses Buches beruhen auf ihren Forschungen. Und dieser Kreis ist noch erheblich auszuweiten, lebt die Wissenschaft doch vom Dialog: sei es in Form von Vorträgen an der Universität und vor interessierten Kreisen der Öffentlichkeit, die mir Anlass dafür gaben, Linien auszuziehen und Muster zu zeichnen, sei es in Form von Tagungen zur Jüdischen Geschichte, die mir Gelegenheit boten, andere Forschungserfahrungen aufzunehmen, die eigenen zu Thesen zuzuspitzen und das Echo abzuwägen.

Besonderen Dank schulde ich denen, die sich direkt um das vorliegende Buch verdient gemacht haben. Freunde und Kollegen haben das Ganze oder große Teile gelesen und mit ihrem Rat begleitet: Michael Brenner hat sich als Spezialist für die jüngere deutsch-jüdische Geschichte des Teils über das 19./20. Jahrhundert angenommen, Sabine Ullmann hat mit ihrem Sachverstand die Teile über das Mittelalter und die Frühe Neuzeit mit wertvollen Kommentaren versehen. Meinen amerikanischen Kollegen und Freunden Thomas Max Safley und Lee Palmer Wandel verdanke ich anregende Fragen und Beobachtungen, die mich in zahlreichen Gesprächen während der vergangenen Sommer immer wieder in die Spur brachten. Miriam Friedmann und Friedhelm Katzenmeier gewährten mir nicht nur Einsicht in die von ihnen recherchierten Materialien, sondern gaben mir zudem das Gefühl, dass das Sammeln, Reden und Schreiben über Juden und Christen in einer Freundschaft vertieft wurde.

Ein Buch wird freilich erst daraus, wenn auch die äußeren Umstände stimmen. Dass die beiden Herausgeber der Reihe meine über das anvisierte Maß hinaus angewachsene Vorlage akzeptiert und sich für eine Veröffentlichung in der vorliegenden Form entschieden haben, war nicht nur beruhigend, sondern zeigt auch ein nobles Verständnis für den Prozess des Schreibens. Danken möchte ich darüber hinaus allen, die mir Hilfestellungen geboten haben: den Mitarbeitern der Universitätsbibliothek und der Staatsbibliothek Augsburg für die Erfüllung meiner zahlreichen Wünsche nach Büchern; Christoph Cluse vom Arye Maimon Institut Trier und Souzana Hazan vom Jüdischen Kulturmuseum Augsburg für die unkomplizierte Unterstützung bei der Beschaffung von Bildern und Karten sowie Angela Schlenkrich für ihren professionellen Einsatz beim Korrekturlesen und der Vorbereitung des Registers und Jochen Bohn für die Erstellung neuer Kartenskizzen. Mein Dank gilt nicht zuletzt den Mitarbeitern des Verlags, Julia Brauch und Maximilian Strnad, für die umsichtige und verständnisvolle Zusammenarbeit bei der Drucklegung.

Einige Jahre gingen ins Land, bis es so weit war, dass das Buch erscheinen konnte. Umsorgt hat mich in dieser Zeit meine Familie; freilich haben alle oft den Ehemann, Vater, Großvater am Schreibtisch gesehen; sie mögen es mir verzeihen, dass die Zeit für sie häufig knapp bemessen war – wenn sie das Buch nun in Händen halten. Ich widme es meinen Enkeln Maximilian und Konstantin, die es lesen und verstehen mögen, wenn sie erwachsen sind – in der Hoffnung, dass das in einem Umfeld geschieht, in dem nicht Rassenwahn, sondern die Bereitschaft für das Verständnis des Anderen ihr Erleben prägt.

Bonstetten b. Augsburg, Ostern/Pessach 2019                          Rolf Kießling

# Bibliographie

## Quellenverzeichnis

Baum, Hans-Peter (Hg.): Quellen zu Judenverfolgungen von 1147 bis 1938. In: Hans-Peter Baum/ Ulrich Wagner (Hg.): Zeugnisse jüdischer Geschichte in Unterfranken. Würzburg 1987, S. 19–58.

Blessing, Werner K./Kießling, Rolf/Schmid, Anton (Hg.): Dokumente zur Geschichte von Staat und Gesellschaft in Bayern, Abteilung III: Bayern im 19. und 20. Jahrhundert:
- Bd. 2: Die bayerische Staatlichkeit. München 1966.
- Bd. 3: Regierungssystem und Finanzverfassung. München 1977.
- Bd. 4: Regierungs- und Verwaltungshandeln. München 1977.
- Bd. 8: Kultur und Kirchen. München 1983.

Cohen, Daniel J. (Hg.): Die Landjudenschaften in Deutschland als Organe jüdischer Selbstverwaltung von der frühen Neuzeit bis ins neunzehnte Jahrhundert. Eine Quellensammlung. 3 Bde. Jerusalem-Göttingen 1996–2001.

Dertsch, Richard/Wulz, Gustav (Hg.): Die Urkunden der Fürstl. Oettingischen Archive in Wallerstein und Oettingen 1197–1350. Augsburg 1959.

Die Chroniken deutscher Städte vom 14. bis ins 16. Jahrhundert, hg. durch die Historische Kommission bei der Bayerischen Akademie der Wissenschaften:
- Die Chroniken der schwäbischen Städte: Augsburg 1. Leipzig 1865, ND Göttingen 1865.
- Die Chroniken der schwäbischen Städte: Augsburg 2. Leipzig 1866, ND Göttingen 1965.
- Die Chroniken der schwäbischen Städte: Augsburg 3. Leipzig 1892, ND Göttingen 1965.
- Die Chroniken der fränkischen Städte: Nürnberg 1. Leipzig 1862, ND Göttingen 1961.

Enders, Ludwig (Hg.): Johann Eberlin von Günzburg, Sämtliche Schriften. 3 Bde. Halle 1896–1902.

Fraenkel, Avraham/Gros, Avraham/Lehnardt, Peter Sh. (Hg.): Hebräische liturgische Poesien zu den Judenverfolgungen während des Ersten Kreuzzugs. Wiesbaden 2016.

Gier, Helmut: Reisen und Reisende in Bayerisch-Schwaben und seinen Randgebieten in Oberbayern, Franken, Württemberg, Vorarlberg und Tirol. Bd. 3. Weißenhorn 2015.

Haverkamp, Eva (Hg.): Hebräische Berichte über die Judenverfolgungen während des Ersten Kreuzzugs. Hannover 2005.

[Hirschmann, Gerhard] (Hg.): Die Nürnberger Bürgerbücher. Bd. I: Die Pergamentenen Neubürgerlisten 1302–1448. Nürnberg 1974.

Laschinger, Johannes (Hg.): Denkmäler des Amberger Stadtrechts. Bd. I: 1034–1450. München 1994.

Leidinger, Georg: Bayerische Chroniken des XIV. Jahrhunderts, Hannover-Leipzig 1918.

Meyer, Christian (Hg.): Das Stadtbuch von Augsburg, insbesondere das Stadtrecht vom Jahre 1276. Augsburg 1872.

Meyer, Christian (Hg.): Urkundenbuch der Stadt Augsburg. 2 Bde. Augsburg 1874/1878.

Mittelalterliche Schatzverzeichnisse. Erster Teil: Von der Zeit Karls des Großen bis zur Mitte des 13. Jahrhunderts, hg. vom Zentralinstitut für Kunstgeschichte in Zusammenarbeit mit Bernhard Bischoff. München 1967.

Monumenta Boica Bd. 41: Monumenta Episcopatus Wirziburgensis 1344–1351, München 1872.
- Bd. 33/II: Monumenta episcopatus Augustani. München 1842.

Monumanta Germaniae Historica,
- Legum Sectio IV: Constitutiones et Acta publica imperatorum et Regum,
    - Bd. 3: Inde ab A. MCCLXXIII. vsque ad A. MCCXCVIII., bearb, von Jakob Schwalm, Hannover-Leipzig 1904–1906.
    - Bd. 9: Dokumente zur Geschichte des Deutschen Reiches und seiner Verfassung 1349, bearb. von Margarete Kühn, Weimar 1974–1983.
- Scriptores, Bd. 9, Hannover 1869, ND Stuttgart 1968.

Monumenta Zollerana. Bd. 4: Urkunden der Fränkischen Linie 1363–1378. Berlin 1858.

Neubauer, Adolf (Hg.): Hebräische Berichte über die Judenverfolgung während der Kreuzzüge. Berlin 1892, ND Hildesheim 1997.

Neuere und vollständigere Sammlung der Reichs-Abschiede [...] sammt den wichtigsten Reichs-Schlüssen [...]. In Vier Theilen. Franckfurt am Mayn 1747.

Pfister, Doris (Bearb.): Dokumentation zur Geschichte und Kultur der Juden in Schwaben, 3 Bde., Augsburg 1993.

Puchner, Karl/Wulz, Gustav (Hg.): Die Urkunden der Stadt Nördlingen 1233–1349. Augsburg 1952.

Regesten Kaiser Ludwigs des Bayern (1314–1347) nach Archiven und Bibliotheken geordnet:
- Heft 5: Menzel, Michael (Bearb.): Die Urkunden aus den Archiven und Bibliotheken im Regierungsbezirk Schwaben (Bayern), Köln, Weimar, Wien 1998.
- Heft 10: Eisenzimmer, Mirjam (Bearb.): Die Urkunden aus den Archiven und Bibliotheken Mittel- und Oberfrankens. Köln, Weimar, Wien 2015.

Rosenstock, Dirk (Bearb.): Die unterfränkischen Judenmatrikeln von 1817. Eine namenkundliche und sozialgeschichtliche Quelle. Würzburg 2008.

Salfeld, Siegmund (Hg.): Das Martyrologium des Nürnberger Memorbuches. Berlin 1898.

Schedel, Hartmann: Weltchronik 1493 [2]. Das Buch der Chroniken: kolorierte und kommentierte Gesamtausgabe der Weltchronik von 1493; nach dem Original der Herzogin Anna Amalia Bibliothek Weimar, hg. von Stephan Füssel, Köln u.a. 2013.

Schultheiß, Werner (Hg.): Satzungsbücher und Satzungen der Reichsstadt Nürnberg aus dem 14. Jahrhundert. Nürnberg 1965.

Staatliche Archive Bayerns/Gesellschaft für Familienforschung in Franken (Hg.): Die ‚Judenmatrikel' 1824–1861 für Oberfranken. Nürnberg 2017.

Stadtarchiv Nürnberg (Hg.): Nürnberger Urkundenbuch, Bd. I. Nürnberg 1959.

Straus, Raphael (Hg.): Urkunden und Aktenstücke zur Geschichte der Juden in Regensburg 1453–1738. München 1960.

Volkert, Wilhelm (Hg.): Das Rechtsbuch Kaiser Ludwigs des Bayern von 1346. München 2010.

Weinrich, Lorenz (Hg.): Quellen zur deutschen Verfassungs-, Wirtschafts- und Sozialgeschichte bis 1250. Darmstadt 1977.

Wiesemann, Falk: Judaica bavarica. Neue Bibliographie zur Geschichte der Juden in Bayern. Essen 2007.

# Literaturverzeichnis

Abel, Wilhelm: Massenarmut und Hungerkrisen im vorindustriellen Deutschland. Göttingen 1972.
Abulafia, Anna Sapir: Christen und Juden im hohen Mittelalter: Christliche Judenbilder. In: Cluse (Hg.): Europas Juden im Mittelalter, S. 33–44.
Abulafia, David: Der König und die Juden – Juden im Dienst des Herrschers. In: Cluse (Hg.): Europas Juden im Mittelalter, S. 60–71.
Agethen, Manfred: Bekehrungsversuche an Juden und Judentaufen in der frühen Neuzeit. In: Aschkenas 1 (1991), S. 65–94.
Albrecht, Dieter: Von der Reichsgründung bis zum Ende des Ersten Weltkrieges (1871–1918). In: Spindler/Kraus/Schmid (Hg.): Handbuch der bayerischen Geschichte. Bd. IV, 1, S. 319–439.
Altmann, Hans Christian: Die Kipper- und Wipperinflation in Bayern (1620–1623). Ein Beitrag zur Strukturanalyse des frühabsolutistischen Staates. München 1976.
Aly, Götz: „Endlösung". Völkerverschiebung und der Mord an den europäischen Juden. 2. Aufl. Frankfurt am Main 1995.
Ammann, Hektor: Die Anfänge der Leinenindustrie des Bodenseegebietes. In: Alemannisches Jahrbuch 1 (1953), S. 251–313.
Ammann, Hektor: Die wirtschaftliche Stellung der Reichsstadt Nürnberg im Spätmittelalter. Nürnberg 1970.
Angermair, Elisabeth (Hg.): Beth ha-Knesseth – Ort der Zusammenkunft. Zur Geschichte der Münchner Synagogen, ihrer Rabbiner und Kantoren. München 1999.
Angermair, Elisabeth: Die orthodoxe Religionsgemeinschaft Ohel Jakob und ihre Synagoge an der Herzog-Rudolf-Straße. In: Elisabeth Angermair (Hg.): Beth ha-Knesseth, S. 141–164.
Angermair, Elisabeth: Eine selbstbewußte Minderheit (1892–1918). In: Bauer/Brenner (Hg.): Jüdisches München, S. 110–136.
Angermair, Elisabeth u.a. (Hg.): Die Rosenthals. Der Aufstieg einer jüdischen Antiquarsfamilie zu Weltruhm. Wien, Köln, Weimar 2002.
Angerstorfer, A[ndreas]: Die Anfänge. In: Waldherr (Hg.): „Stadt und Mutter in Israel", S. 13–15.
Angerstorfer, A[ndreas]: Rabbinisches Gericht und Talmudschule. In: Waldherr (Hg.): „Stadt und Mutter in Israel", S. 47–51.
Angerstorfer, Andreas: Die Disputation zwischen Juden und Christen in Regensburg zur Zeit Bischof Michaels (942–972). In: Waldherr (Hg.): „Stadt und Mutter in Israel", S. 145–153.
Angerstorfer, Andreas: Die Orientreise des R. Petachjah aus Regensburg. In: Waldherr (Hg.): „Stadt und Mutter in Israel", S. 154–160.
Angerstorfer, A[ndreas]: Die Regensburger Juden im Spätmittelalter (13.–15. Jhdt.). In: Waldherr (Hg.): „Stadt und Mutter in Israel, S. 161–172.
Angerstorfer, Andreas: Rabbi Jehuda ben Samuel he-Hasid (um 1140–1217). In: Treml (Hg.): Geschichte und Kultur der Juden in Bayern. Lebensläufe, S. 13–20.
Angerstorfer, Andreas: Von der Judensiedlung zum Ghetto in der mittelalterlichen Reichsstadt Regensburg (bis 1519). In: Treml (Hg.): Geschichte und Kultur der Juden in Bayern. Aufsätze, S. 161–172.
Angerstorfer, Andreas: Regensburg als Zentrum jüdischer Gelehrsamkeit im Mittelalter. In: Brenner/Höpfinger (Hg.): Die Juden in der Oberpfalz, S. 9–26.
Angerstorfer, Andreas: Chronik der Verfolgung: Regensburger Juden während des Nationalsozialismus. In: Brenner/Höpfinger (Hg.): Die Juden in der Oberpfalz, S. 183–196.

Angerstorfer, Andreas: Die Regensburger Talmudschule – Strahlkraft jüdischer Gelehrsamkeit. In: Himmelstein (Hg.): Jüdische Lebenswelten in Regensburg, S. 30–45.
Angress, Werner T.: Juden im politischen Leben der Revolutionszeit. In: Mosse/Paucker (Hg.): Deutsches Judentum in Krieg und Revolution, S. 137–315.
Ansbacher, B. M.: Zeugnisse jüdischer Geschichte und Kultur. Jüdisches Kulturmuseum Augsburg. Augsburg 1985.
Antipow, Lilia: „Ich hatte mir die letzte Granate auf die Brust gelegt". Erinnerungsnarrative und Identitätskonstruktionen jüdischer Zuwander/innen aus der ehemaligen Sowjetunion in Nürnberg. In: Kluxen/Krieger (Hg.): Geschichte und Kultur der Juden in Nürnberg, S. 421–454.
Arnold, Klaus: Die Armledererhebung in Franken 1336. In: Mainfränkisches Jahrbuch für Geschichte und Kunst 26 (1974), S. 35–62.
Arnold, Klaus: Pest – Geißler – Judenmorde. Das Beispiel Würzburg. In: Rödel/Schneider (Hg.): Strukturen der Gesellschaft im Mittelalter, S. 358–369.
Assion, Peter: Jacob von Landshut. Zur Geschichte der jüdischen Ärzte in Deutschland. In: Sudhoffs Archiv 53 (1969), S. 270–291.
Auer, Herbert: Die Einbindung der Juden in das öffentliche Leben und das Vereinswesen in der Gemeinden Hürben/Krumbach. In: Fassl (Hg.): Geschichte und Kultur der Juden in Schwaben. [Bd. I], S. 117–127.
Auer, Herbert: Hayum Schwarz, der letzte Rabbiner in Hürben. In: Fassl (Hg.): Geschichte und Kultur der Juden in Schwaben. Bd. II, S. 65–80.
Aufgebauer, Peter/Schubert, Ernst: Königtum und Juden im deutschen Spätmittelalter. In: Burghartz, Susanna u.a. (Hg.): Spannungen und Widersprüche. Gedenkschrift für František Graus. Sigmaringen 1992, S. 273–314.
Baedeker, Peer: Ein Jude sucht Erlösung bei Richard Wagner. Joseph Rubinstein (1847–1884). In: Mayer/Piontek (Hg.): Jüdisches Bayreuth, S. 119–128.
Baer, Wolfram: Zwischen Vertreibung und Wiederansiedlung. Die Reichsstadt Augsburg und die Juden vom 15. bis zum 18. Jahrhundert. In: Kießling (Hg.): Judengemeinden in Schwaben im Kontext des Alten Reiches, S. 110–127.
Bahlcke, Joachim/Leng, Rainer/Scholz, Peter (Hg.): Migration als soziale Herausforderung. Historische Formen solidarischen Handelns von der Antike bis zum 20. Jahrhundert. Stuttgart 2011.
Barkai, Avraham: Etappen der Ausgrenzung und Verfolgung bis 1939. In: Barkai/Mendes-Flohr/Lowenstein (Hg.): Aufbruch und Zerstörung 1918–1945, S. 193–224.
Barkai, Avraham: Im mauerlosen Ghetto. In: Barkai /Mendes-Flohr/Lowenstein (Hg.): Aufbruch und Zerstörung 1918–1945, S. 319–342.
Barkai, Avraham: Jüdisches Leben unter der Verfolgung. In: Barkai /Mendes-Flohr/Lowenstein (Hg.): Aufbruch und Zerstörung, 1918–1945, S. 225–248.
Barkai, Avraham: Organisationen und Zusammenschluß. In: Barkai /Mendes-Flohr/Lowenstein (Hg.): Aufbruch und Zerstörung 1918–1945, S. 249–271.
Barkai, Avraham: Selbsthilfe im Dilemma „Gehen oder Bleiben?". In: Barkai /Mendes-Flohr/Lowenstein (Hg.), Aufbruch und Zerstörung 1918–1945, S. 301–318.
Barkai, Avraham: Vom Boykott zur „Entjudung". Der wirtschaftliche Existenzkampf der Juden im Dritten Reich 1933–1943. Frankfurt am Main 1988.
Barkai, Avraham/Mendes-Flohr, Paul/Lowenstein, Steven M. (Hg.): Aufbruch und Zerstörung 1918–1945 (Deutsch-jüdische Geschichte in der Neuzeit, hg. im Auftr. des Leo-Baeck-Instituts von Michael A. Meyer. Bd. 4). München 1997.

Barkai, Avraham: „Wehr Dich!". Der Centralverein deutscher Staatsbürger jüdischen Glaubens (C.V.) 1893–1938. München 2002.
Barzen, Rainer: Regionalorganisation jüdischer Gemeinden im Reich in der ersten Hälfte des 14. Jahrhunderts. In: A. Haverkamp (Hg.): Geschichte der Juden im Mittelalter von der Nordsee bis zu den Südalpen. Teil 1: Kommentarband, S. 293–366.
Barzen, Rainer: „Kehillot Schum": Zur Eigenart der Verbindungen zwischen den jüdischen Gemeinden Mainz, Worms und Speyer bis zur Mitte des 13. Jahrhunderts. In: Cluse/A. Haverkamp/Yuval (Hg.): Jüdische Gemeinden und ihr christlicher Kontext in kulturräumlich vergleichender Betrachtung, S. 389–404.
Barzen, Rainer: Anfänge im Mittelalter (1229–1442). In: Bauer/Brenner (Hg.): Jüdisches München, S. 21–38.
Barzen, Rainer Josef: Ländliche jüdische Siedlungen und Niederlassungen in Aschkenas. Vom Hochmittelalter bis ins 16. Jahrhundert. Typologie, Struktur und Vernetzung. In: Aschkenas 21 (2011), S. 5–35.
Bastian, Franz: Oberdeutsche Kaufleute in den älteren Tiroler Raitbüchern 1288–1370. (1931), ND Aalen 1973.
Battenberg, Friedrich: Judenordnungen der frühen Neuzeit in Hessen. In: Heinemann (Hg.): Neunhundert Jahre Geschichte der Juden in Hessen, S. 83–122.
Battenberg, Friedrich: Das europäische Zeitalter der Juden. Zur Entwicklung einer Minderheit in der nichtjüdischen Umwelt Europas. 2 Bde. Darmstadt 1990.
Battenberg, Friedrich: Das Reichskammergericht und die Juden des Heiligen Römischen Reiches. Geistliche Herrschaft und korporative Verfassung der Judenschaft in Fürth im Widerspruch. Wetzlar 1992.
Battenberg, Friedrich: Hofjuden in Residenzstädten der frühen Neuzeit. In: Mayrhofer/Oppl (Hg.): Juden in der Stadt, S. 297–325.
Battenberg, Friedrich: Die Juden in Deutschland vom 16. bis zum Ende des 18. Jahrhunderts. München 2010.
Battenberg, J. Friedrich: Reformation, Judentum und Landesherrliche Gesetzgebung. Ein Beitrag zum Verhältnis des protestantischen Landeskirchentums zu den Juden. In: Andreas Mehl (Hg.): Reformatio et reformationes. Festschrift für Lothar Graf zu Dohna zum 65. Geburtstag. Darmstadt 1989, S. 315–346.
Battenberg, J. Friedrich: Rechtliche Rahmenbedingungen jüdischer Existenz in der Frühneuzeit zwischen Reich und Territorium. In: Kießling (Hg.): Judengemeinden in Schwaben im Kontext des Alten Reiches, S. 53–79.
Battenberg, J. Friedrich: Zwischen Integration und Segregation. Zu den Bedingungen jüdischen Lebens in der vormodernen christlichen Gesellschaft. In: Aschkenas 6 (1996), S. 421–454.
Battenberg, J. Friedrich: Aus der Stadt auf das Land? Zur Vertreibung und Neuansiedlung der Juden im Heiligen Römischen Reich. In: Richarz/Rürup (Hg.): Jüdisches Leben auf dem Lande, S. 9–36.
Battenberg, J. Friedrich: Die Privilegierung von Juden und der Judenschaft im Bereich des Heiligen Römischen Reiches deutscher Nation. In: Barbara Dölemeyer/Heinz Mohnhaupt (Hg.): Das Privileg im europäischen Vergleich. Bd. 1. Frankfurt am Main 1997, S. 139–190.
Battenberg, J. Friedrich: Die „privilegia contra Iudeos". Zur Privilegienpraxis der römisch-deutschen Kaiser in der Frühen Neuzeit. In: Barbara Dölemeyer/Heinz Mohnhaupt (Hg.): Das Privileg im europäischen Vergleich. Bd. 2. Frankfurt am Main 1999, S. 85–115.

Battenberg, J. Friedrich: Ein Hofjude im Schatten seines Vaters – Wolf Wertheimer zwischen Wittelsbach und Habsburg. In: Ries/Battenberg (Hg.): Hofjuden – Ökonomie und Interkulturalität, S. 240–255.

Battenberg, J. Friedrich: Von der Kammerknechtschaft zum Judenregal. Reflexionen zur Rechtsstellung der Judenschaft im Heiligen römischen Reich am Beispiel Johannes Reuchlins. In: Hödl/Rauscher/Staudinger (Hg.): Hofjuden und Landjuden, S. 65–90.

Battenberg, J. Friedrich: Die Juden in der oberhessischen Ganerbenschaft Buseckertal. In: Hirbodian/Stretz (Hg.): Juden und ländliche Gesellschaft in Europa, S. 119–143.

Battenberg, J. Friedrich: Kaiser Maximilian I. (1493–1519) und die Juden. In: Zeitschrift für die Geschichte des Oberrheins 164 (2016), S. 205–221.

Bauch, Hubert (Hg.): Denkmäler jüdischer Kultur in Bayern. Bayerisches Landesamt für Denkmalpflege. München 1994.

Bauer, Daniel: Antisemitismus in Rothenburg ob der Tauber (1933–1945). In: Kluxen/Krieger (Hg.): Geschichte und Kultur der Juden in Rothenburg o.d.T., S. 161–178.

Bauer, Daniel: Die nationalsozialistische Herrschaft in Stadt und Land Rothenburg ob der Tauber 1933–1945. Eine regionalgeschichtliche Untersuchung. Würzburg 2017.

Bauer, Richard/Brenner, Michael (Hg.): Jüdisches München. Vom Mittelalter bis zur Gegenwart. München 2006.

Bauer, Richard u.a. (Hg.): München – „Hauptstadt der Bewegung". Bayerns Metropole und der Nationalsozialismus, München 2002.

Baum, Hans-Peter: Die Vernichtung der jüdischen Gemeinde in Würzburg 1349. In: Dieter Rödel/Joachim Schneider (Hg.): Strukturen der Gesellschaft im Mittelalter. Interdisziplinäre Mediävistik in Würzburg. Wiesbaden 1996, S. 370–384.

Baum, Hans-Peter: Bildungswesen und Geistesleben (ca. 1525–1815). In: Wagner (Hg.): Geschichte der Stadt Würzburg. Bd. II, S. 351–381.

Baum, Hans-Peter: Jüdische Geschichte. In: Wagner (Hg.): Geschichte der Stadt Würzburg. Bd. II, S. 762–772.

Baumann, Angelik/Heusler, Andreas (Hg.): München arisiert. Entrechtung und Enteignung der Juden in der NS-Zeit. München 2004.

Beck, Hans-Jürgen/Walter, Rudolf (Hg.): Jüdisches Leben in Bad Kissingen. Bad Kissingen 1990.

Bell, Dean Phillip: Gemeinschaft, Konflikt und Wandel. Jüdische Gemeindestrukturen im Deutschland des 15. Jahrhunderts. In: Kießling/Ullmann (Hg.): Landjudentum im deutschen Südwesten während der Frühen Neuzeit, S. 157–191.

Bendick, Claudia: *Daz übel daz sie lebent*. Antijudaismus in Predigten Bertholds von Regensburg (1210–1272). In: Arne Domrös/Thomas Bartoldus/Julian Voloj (Hg.): Judentum und Antijudaismus in der deutschen Literatur im Mittelalter und an der Wende zur Neuzeit. Ein Studienbuch. Berlin 2002, S. 31–60.

Benz, Wolfgang (Hg.): Die Juden in Deutschland 1933–1945. Leben unter nationalsozialistischer Herrschaft. 2. unveränd. Aufl. München 1989.

Benz, Wolfgang: Deportation und Ermordung. In: Treml (Hg.): Geschichte und Kultur der Juden in Bayern. Lebensläufe, S. 491–501.

Bergdolt, Klaus: Der Schwarze Tod in Europa. Die große Pest und das Ende des Mittelalters. 3. durchges. Aufl. München 1995.

Berger, Joel: Rabbi Meir ben Baruch von Rothenburg – Sein Leben und Wirken. In: Merz u.a (Hg.): Zur Geschichte der mittelalterlichen jüdischen Gemeinde in Rothenburg ob der Tauber, S. 201–208.

Berger-Dittscheid: Jüdische Gemeinden und Synagogen in Franken und Schwaben im 18. und 19. Jahrhundert. In: Dietmar Schiersner/Georg Seiderer (Hg.): Schwaben und Franken. Regionalgeschichte im Vergleich. Konstanz 2019 (i. Vorb.).

Berghahn, Klaus L.: Grenzen der Toleranz. Juden und Christen im Zeitalter der Aufklärung. Köln 2000.

Berthold-Hilpert, Monika: Die frühe Nachkriegsgeschichte der jüdischen Gemeinde Fürth. In: Menora. Jahrbuch für deutsch-jüdische Geschichte 9 (1998), S. 361–380.

Berthold-Hilpert, Monika: „Ihnen fernerweit gönnen ihre Synagogen und andere Nebenschulen, so viel selbige benöthiget". Synagogen in Fürth (17. bis 20. Jahrhundert). In: nurinst 1 (2002), S. 97–112.

Berthold-Hilpert, Monika: Jüdisches Leben in Franken nach 1945 am Beispiel der Gemeinde Fürth. In: Och/Bobzin (Hg.): Jüdisches Leben in Franken, S. 197–212.

Berthold-Hilpert, Monika: Das Land- und Distriktsrabbinat Schwabach – Ein Überblick. In: Kluxen/Hecht (Hg.): Der Rabbinatsbezirk Schwabach, S. 9–22.

Berthold-Hilpert, Monika: Geschenkt! Der Unternehmer und Mäzen Heinrich Berolzheimer. In: Kluxen/Krieger (Hg.): Geschichte und Kultur der Juden in Nürnberg, S. 271–284.

Berthold-Hilpert, Monika/Purin, Bernhard (Hg.): Jüdisches Museum Franken – Fürth und Schnaittach. Jüdisches Museum Franken. München 1999.

Biernoth, Alexander: Ansbachs jüdische Gemeinde im 19. Jahrhundert. In: Kluxen/Hecht (Hg.): Juden in Franken 1806 bis heute, S. 111–130.

Bierwirth, Waltraud: „Die Firma ist entjudet". Schandzeit in Regensburg 1933–1945. Regensburg 2017.

Bierwirth, Waltraud: Jahre der Ausgrenzung und Verfolgung. In: Himmelstein (Hg.): Jüdische Lebenswelten in Regensburg, S. 230–251.

Bierwirth, Waltraud: „Zwangsarisierung" und Vernichtung. In: Himmelstein (Hg.): Jüdische Lebenswelten in Regensburg, S. 252–268.

Bilderwelten – Buchmalerei zwischen Mittelalter und Neuzeit. Katalogband zu den Ausstellungen in der Bayerischen Staatsbibliothek. Luzern 2016.

Birnbaum, Immanuel: Juden in der Münchner Räterepublik. In: Lamm (Hg.): Vergangene Tage, S. 369–371.

Bittner, Elvira/Steininger, Rita (Hg.): Jüdisches München. Auf den Spuren jüdischen Lebens in München vor 1938. München 2014.

Blume, Gisela Naomi: Uehlfeld. Jüdisches Leben und Häuserchronik. Nürnberg 2017.

Blumenkranz, Bernhard: Die Judenpredigt Augustins. Ein Beitrag zur Geschichte der jüdisch-christlichen Beziehungen in den ersten Jahrhunderten. Paris 1973.

Blumenkranz, Bernhard: Patristik und Hochmittelalter. In: Rengstorf/von Kortzfleisch (Hg.): Kirche und Synagoge. Bd. I, S. 84–135.

Bobzin, Hartmut: Judenfeind oder Judenfreund? Der Altdorfer Gelehrte Johann Christoph Wagenseil. In: Och/Bobzin (Hg.): Jüdisches Leben in Franken, S. 33–51.

Bodemann, Y. Michal: Staat und Ethnizität: Der Aufbau der jüdischen Gemeinden im Kalten Krieg. In: Brumlik (Hg.): Jüdisches Leben in Deutschland seit 1945, S. 49–69.

Boehlich, Walter: Der Berliner Antisemitismusstreit. Frankfurt am Main 1965.

Bohrer, Markus: Die Juden im Hochstift Würzburg im 16. und am Beginn des 17. Jahrhunderts. Diss. Freiburg i.B. 1922.

Bokovoy, Douglas: „Lästige Ausländer": ein Ausweisungsfall aus der Isarvorstadt. In: Bokovoy/Meining (Hg.): Versagte Heimat, S. 101–130.

Bokovoy, Douglas/Meining, Stefan (Hg.): Versagte Heimat. Jüdisches Leben in Münchens Isarvorstadt, 1914–1945. München 1994.

Bonard, Waldemar (Hg.): Die gefesselte Muse. Das Marionettentheater im Jüdischen Kulturbund 1935 – 1937. München 1994.

Boockmann, Hartmut/Moeller, Bernd/Stackmann, Karl (Hg.): Lebenslehren und Weltentwürfe im Übergang vom Mittelalter zur Neuzeit. Politik – Bildung – Naturkunde – Theologie. Göttingen 1989.

Bork, Ruth: Zur Politik der Zentralgewalt gegenüber den Juden im Kampf Ludwigs des Bayern um das Reichsrecht und Karls IV. um die Durchsetzung seines Königtums bis 1349. In: Evamaria Engel (Hg.): Karl IV. Politik und Ideologie im 14. Jahrhundert. Weimar 1982, S. 30–73.

Borut, Jacob: The Province versus Berlin? Relations between Berlin and the other Communities as a Factor in German Jewish Organisational History at the End of the Nineteenth Century, in: Leo Baeck Institute. Yearbook 44 (1999), S. 127–142.

Borut, Jacob: Die jüdischen Abwehrvereine zu Beginn der neunziger Jahre des 19. Jahrhunderts. In: Aschkenas 7 (1997), S. 467–494.

Borut, Jacob: Religiöses Leben der Landjuden im westlichen Deutschland während der Weimarer Republik. In: Richarz/Rürup (Hg.): Jüdisches Leben auf dem Lande, S. 231–248.

Borut, Jacob: Juden im deutschen Sport während der Weimarer Republik. In: Brenner/Reuveni (Hg.): Emanzipation durch Muskelkraft, S. 81–96.

Borut, Yaakov: Jüdisches Leben in Franken während des Nationalsozialismus. In: Brenner/Eisenstein (Hg.): Die Juden in Franken, S. 219–250.

Bosch, Erwin: Die Entwicklung der jüdischen Gemeinde. In: Erwin Bosch/Esther Bloch/Ralph Bloch (Hg.): Der jüdische Friedhof von Krumbach-Hürben. Augsburg 2017, S. 13–42.

Bosch, Manfred (Hg.): Alemannisches Judentum. Spuren einer verlorenen Kultur. Eggingen 2001.

Bosl, Erika: Die Familie von Hirsch-Gereuth im 18. und 19. Jahrhundert, Bankiers. In: Treml (Hg.): Geschichte und Kultur der Juden in Bayern. Lebensläufe, S. 63–69.

Bosl, Karl: Die Sozialstruktur der mittelalterlichen Residenz- und Fernhandelsstadt Regensburg. Die Entwicklung ihres Bürgertums vom 9.–14. Jahrhundert. München 1966.

Brandt, Harm-Hinrich: Das Problem der Judenemanzipation in Bayern im 19. Jahrhundert. In: Harm-Hinrich Brandt/Hans Steidle/Ingrid Eyring (Hg.): Emanzipation und Diskriminierung. Beiträge zu Einzelfragen jüdischer Existenz, Würzburg 1988, S. 9–26.

Brandt, Harm-Hinrich: Hundert Jahre Kitzinger Synagoge. Zur Geschichte des Judentums in Mainfranken. Würzburg 1984.

Brandt, Harm-Hinrich (Hg.): Zwischen Schutzherrschaft und Emanzipation. Studien zur Geschichte der mainfränkischen Juden im 19. Jahrhundert. Würzburg 1987.

Braun, Rainer: Die Offiziere Isidor und Maximilian Marx (1789–1862 und 1842–1916). In: Treml (Hg.): Geschichte und Kultur der Juden in Bayern. Lebensläufe, S. 95–100.

Brechenmacher, Thomas/Szulc, Michał: Neuere deutsch-jüdische Geschichte. Konzepte – Narrative – Methoden. Stuttgart 2017.

Breisach, Thomas: Jüdische Universitätsprofessoren im Königreich Bayern. Neuried 2000.

Brenner, Bernhard: Ludwig der Bayer, ein Motor für die Urbanisierung Ostschwabens? Zu den Auswirkungen herrscherlicher Städtepolitik auf die Entwicklung der schwäbischen Städtelandschaft im ausgehenden Mittelalter. Augsburg 2005.

Brenner, Michael: Neubeginn mit Fragezeichen. Der Wiederaufbau der jüdischen Gemeinden Frankens. In: Brenner/Eisenstein (Hg.): Die Juden in Franken, S. 265–282.

Brenner, Michael: Zwischen Revolution und rechtlicher Gleichstellung. In: Brenner/Jersch-Wenzel/Meyer (Hg.): Emanzipation und Akkulturation, S. 287–325.
Brenner, Michael: Am Beispiel Weiden. Jüdischer Alltag im Nationalsozialismus. Würzburg 1983.
Brenner, Michael: Nach dem Holocaust. Juden in Deutschland 1945–1950. München 1995.
Brenner, Michael: Jüdische Kultur in der Weimarer Republik. München 2000.
Brenner, Michael: Propheten des Vergangenen. Jüdische Geschichtsschreibung im 19. und 20. Jahrhundert, München 2006.
Brenner, Michael: Epilog oder Neuanfang? Fünf Jahrzehnte jüdischen Lebens im Nachkriegsdeutschland. Eine Zwischenbilanz. In: Tribüne – Zeitschrift zum Verständnis des Judentums 37 (1978), S. 174–185.
Brenner, Michael: Warum München nicht zur Hauptstadt des Zionismus wurde – Jüdische Religion und Politik um die Jahrhundertwende. In: Michael Brenner/Yifʻat Vais (Hg.): Zionistische Utopie, israelische Realität. Religion und Nation in Israel. München 1999, S. 39–52.
Brenner, Michael: Aufbruch in die Zukunft (1970–2006). In: Bauer/Brenner (Hg.): Jüdisches München, S. 209–223.
Brenner, Michael: Impressionen jüdischen Lebens in der Oberpfalz nach 1945. In: Brenner/Höpfinger (Hg.): Die Juden in der Oberpfalz, S. 231–248.
Brenner, Michael: Ein neues deutsches Judentum? In: Brenner (Hg.): Geschichte der Juden in Deutschland von 1945 bis zur Gegenwart, S. 419–434.
Brenner, Michael: Jüdisches Leben in Bayerisch-Schwaben nach 1945. In: Brenner/Ullmann (Hg.): Die Juden in Schwaben, S. 287–296.
Brenner, Michael (Hg.): Geschichte der Juden in Deutschland von 1945 bis zur Gegenwart. Politik, Kultur und Gesellschaft. München 2012.
Brenner, Michael/Eisenstein, Daniela F. (Hg.): Die Juden in Franken, München 2012.
Brenner, Michael/Frei, Norbert: 1950–1967: Konsolidierung. In: Brenner (Hg.): Geschichte der Juden in Deutschland von 1945 bis zur Gegenwart, S. 153–293.
Brenner, Michael/Höpfinger, Renate (Hg.): Die Juden in der Oberpfalz. München 2009.
Brenner, Michael/Jersch-Wenzel, Stefi/Meyer, Michael A. (Hg.): Emanzipation und Akkulturation 1780–1871 (Deutsch-jüdische Geschichte in der Neuzeit, hg. im Auftr. des Leo-Baeck-Instituts von Michael A. Meyer. Bd. 2). München 1996.
Brenner, Michael/Reuveni, Gideon (Hg.): Emanzipation durch Muskelkraft. Juden und Sport in Europa. Göttingen 2006.
Brenner, Michael/Ullmann, Sabine (Hg.): Die Juden in Schwaben. Geschichte der Juden in Schwaben. München 2013.
Brenner, Michael/Weiss, Yfaat (Hg.): Zionistische Utopie, israelische Realität. Religion und Nation in Israel. München 1999.
Breuer, Mordechai: Jüdische Orthodoxie im Deutschen Reich 1871–1918. Sozialgeschichte einer religiösen Minderheit. Frankfurt am Main 1986.
Breuer, Mordechai: Ausdruckweisen aschkenasischer Frömmigkeit in Synagoge und Lehrhaus. In: Grözinger (Hg.): Judentum im deutschen Sprachraum, S. 103–116.
Breuer, Mordechai: Tausend Jahre aschkenasisches Rabbinat – der Werdegang einer Institution. In: Carlebach (Hg.): Das aschkenasische Rabbinat, S. 15–23.
Breuer, Mordechai: Das jüdische Mittelalter. In: Breuer/Graetz (Hg.): Tradition und Aufklärung, S. 19–82.

Breuer, Mordechai: Frühe Neuzeit und Beginn der Moderne. In: Breuer/Graetz (Hg.): Tradition und Aufklärung, S. 85–247.
Breuer, Mordechai: Jüdische Religion und Kultur in den ländlichen Gemeinden 1600–1800. In: Richarz/Rürup (Hg.): Jüdisches Leben auf dem Lande, S. 69–78.
Breuer, Mordechai/Graetz, Michael (Hg.): Tradition und Aufklärung 1600–1780 (Deutsch-jüdische Geschichte in der Neuzeit, hg. im Auftr. des Leo-Baeck-Instituts von Michael A. Meyer. Bd. 1). München 1996.
Breuer, Mordechai/Guggenheim, Yacov: Die jüdische Gemeinde, Gesellschaft und Kultur. In: Germania Judaica, III, 3, S. 2079–2138.
Breuer, Tilmann (Hg.): Stadt Bamberg. Kaulberg, Matern und Sutte. Die Kunstdenkmäler von Bayern. Stadt Bamberg. Bd. V, 3. 2. München 2003.
Breuer, Tilmann/Gutbier, Reinhard/Ruderich, Peter: Jakobsberg und Altenburg. Die Kunstdenkmäler von Bayern. Bd. V, 3. 3. München 2008.
Brocke, Michael/Wilke, Carsten (Hg.): Biographisches Handbuch der Rabbiner, Teil 1: Die Rabbiner der Emanzipationszeit in den deutschen, böhmischen und großpolnischen Ländern 1781–1871. 2 Bde. München 2004.
Brocke, Michael/Carlebach, Julius (Hg.): Biographisches Handbuch der Rabbiner, Teil 2: Die Rabbiner im Deutschen Reich 1871–1945. 2 Bde. München 2009.
Brocke, Michael/Pomerance, Aubrey/Schatz, Andrea (Hg.): Neuer Anbruch. Zur deutsch-jüdischen Geschichte und Kultur. Berlin 2001.
Brockhoff, Evamaria (Hg.): Juden auf dem Lande, Beispiel Ichenhausen. Katalog. München 1991.
Broszat, Martin/Frölich, Elke/Wiesemann, Falk (Hg.): Bayern in der NS-Zeit. Bd. I: Soziale Lage und politisches Verhalten der Bevölkerung im Spiegel vertraulicher Berichte. München 1977.
Brugger, Eveline: „So sollen die brief ab und tod sein." Landesfürstliche Judenschulden-tilgungen im Österreich des 14. Jahrhunderts. In: Aschkenas 20 (2012), S. 329–341.
Brugger, Eveline: Von der Ansiedlung bis zur Vertreibung – Juden in Österreich im Mittelalter. In: Brugger/Keil/Lichtblau (Hg.): Geschichte der Juden in Österreich, S. 123–227.
Brugger, Eveline: Urkunden zum jüdischen Kreditgeschäft im mittelalterlichen Österreich. In: A. Haverkamp/J. Müller (Hg.): Verschriftlichung und Quellenüberlieferung, S. 65–82.
Brugger, Eveline/Wiedl, Birgit (Hg.): Ein Thema – zwei Perspektiven. Juden und Christen in Mittelalter und Frühneuzeit. Innsbruck 2007.
Brugger, Eveline/Keil, Martha/Lichtblau, Albert (Hg.): Geschichte der Juden in Österreich. Wien 2013.
Brühl, Bettina: Andreas von Rinn. Zur Tradierung einer Ritualmord-Legende in Bayerisch-Schwaben. In: Fassl (Hg.): Geschichte und Kultur der Juden in Schwaben. Bd. III, S. 69–93.
Brumlik, Micha (Hg.): Jüdisches Leben in Deutschland seit 1945. Frankfurt am Main 1986.
Bühl, Charlotte/Fleischmann, Peter (Hg.): Festschrift Rudolf Endres. Zum 65. Geburtstag gewidmet von Kollegen, Freunden und Schülern. Neustadt (Aisch) 2000.
Burgard, Friedhelm: Zur Migration der Juden Mitteleuropas im Wandel vom Mittelalter zur Neuzeit. In: A. Haverkamp/Ziwes (Hg.): Juden in der christlichen Umwelt während des späten Mittelalters, S. 41–57.
Burgard, Friedhelm (Hg.): Liber Amicorum et Amicarum für Alfred Heit. Beiträge zur mittelalterlichen Geschichte und geschichtlichen Landeskunde. Trier 1996.
Burgard, Friedhelm/Haverkamp, Alfred/Mentgen, Gerd (Hg.): Judenvertreibungen in Mittelalter und früher Neuzeit. Hannover 1999.

Burghartz, Susanna u.a. (Hg.): Spannungen und Widersprüche. Gedenkschrift für František Graus. Sigmaringen 1992.
Burkhardt, Johannes/Safley, Thomas Max/Ullmann, Sabine (Hg.): Geschichte in Räumen. Festschrift für Rolf Kießling zum 65. Geburtstag. Konstanz 2006.
Burmeister, Karl Heinz: Hohenemser Purim, eine jüdische Fasnacht im Jahre 1811. In: Schriften des Vereins für Geschichte des Bodensees und seiner Umgebung 105 (1987), S. 141–137.
Burmeister, Karl Heinz: Der Würfelzoll, eine Variante des Leibzolls. In: Aschkenas 3 (1993), S. 49–64.
Burmeister, Karl Heinz: Zur Geschichte der Juden am Bodensee 1200–1618. 3 Bde. Konstanz 1994–2001.
Cahnmann, Werner J.: Der Dorf- und Kleinstadtjude als Typus. In: Zeitschrift für Volkskunde 70 (1974), S. 169–193.
Cahnmann, Werner J.: Die Juden in München 1918–1943. In: Lamm (Hg.): Vergangene Tage, S. 31–78.
Carlebach, Julius (Hg.): Das aschkenasische Rabbinat. Studien über Glaube und Schicksal. Berlin 1995.
Caro, Georg: Sozial- und Wirtschaftsgeschichte der Juden im Mittelalter und der Neuzeit. 2 Bde. (1920/1924); ND Hildesheim 1964.
Cluse, Christoph: Zur Chronologie der Verfolgungen zur Zeit des „Schwarzen Todes". In: A. Haverkamp (Hg.): Geschichte der Juden im Mittelalter von der Nordsee bis zu den Südalpen.Teil 1: Kommentarband, S. 223–242.
Cluse, Christoph: Stadt und Judengemeinde in Regensburg im späten Mittelalter: Das „Judengericht" und sein Ende. In: Cluse/A. Haverkamp/Yuval (Hg.): Jüdische Gemeinden und ihr christlicher Kontext, S. 365–386.
Cluse, Christoph: Die mittelalterliche jüdische Gemeinde als „Sondergemeinde" – eine Skizze. In: Peter Johanek (Hg.): Sondergemeinden und Sonderbezirke in der Stadt der Vormoderne. Köln 2004, S. 29–51.
Cluse, Christoph: Zu den räumlichen Organisationsformen von Juden im christlichen Umfeld. In: Franz Irsigler (Hg.): Zwischen Maas und Rhein. Beziehungen, Begegnungen und Konflikte in einem europäischen Kernraum von der Spätantike bis zum 19. Jahrhundert; Versuch einer Bilanz. Trier 2006, S. 285–296.
Cluse, Christoph (Hg.): Europas Juden im Mittelalter. Internationales Symposium. Trier 2004.
Cluse, Christoph/Haverkamp, Alfred/Yuval, Israel J. (Hg.): Jüdische Gemeinden und ihr christlicher Kontext in kulturräumlich vergleichender Betrachtung. Von der Spätantike bis zum 18. Jahrhundert. Hannover 2003.
Codreanu, Silvia: Das jüdische Viertel am Neupfarrplatz in Regensburg. Jüdischer Alltag aus der Sicht der neuesten Ausgrabungen. In: Egon Wamers/Fritz Backhaus (Hg.): Synagogen, Mikwen, Siedlungen. Jüdisches Alltagsleben im Lichte neuer archäologischer Funde. Frankfurt a. M. 2004, S. 117–128.
Codreanu-Windauer: Regensburg: Archäologie des mittelalterlichen Judenviertels. In: Cluse (Hg.): Europas Juden im Mittelalter, S. 465–478.
Codreanu-Windauer, Silvia/Hoernes, Martin/Retter, Arno/Schnieringer, Karl/Wintergerst, Eleonore: Die städtebauliche Entwicklung Regensburgs von der Spätantike bis ins Hochmittelalter. In: P. Schmid (Hg.): Geschichte der Stadt Regensburg. Bd. 2, S. 1013–1053.

Codreanu-Windauer, Silvia/Müller-Reinholz, Peter/Päffgen, Bernd: Das jüdische Viertel im mittelalterlichen Regensburg und die Ausgrabungen am Neupfarrplatz. In: Himmelstein (Hg.): Jüdische Lebenswelten in Regensburg, S. 14–27.

Codreanu-Windauer, Silvia/Wanderwitz, Heinrich: Das Regensburger Judenviertel. Geschichte und Archäologie. In: Schmid (Hg.): Geschichte der Stadt Regensburg. Bd. 2, S. 607–633.

Cohen, Daniel J.: Die Entwicklung der Landesrabbinate in den deutschen Territorien bis zur Emanzipation. In: A. Haverkamp (Hg.): Zur Geschichte der Juden im Deutschland des späten Mittelalters und der frühen Neuzeit, S. 221–242.

Cohen, Jeremy: The Friars and the Jews. The Evolution of Medieval Anti-Judaism. Ithaca and London 1982.

Cohn, Werner: Bearers of a Common Fate. The „Non-Aryan" Christian „Fate-Comrades" of the Paulus-Bund, 1933–1939. In: Leo Baeck Institute. Year Book 33 (1988), S. 327–366.

Crouthamel, Jason: Paul Lebrechts Kriegstagebuch. In: Heikaus/Köhne/Crouthamel (Hg.): Krieg! 1914–1918; Juden zwischen den Fronten, S. 105–132.

Dahm, Volker: Kulturelles und geistiges Leben. In: Benz (Hg.): Die Juden in Deutschland 1933–1945, S. 75–267.

Daxelmüller, Christoph: Stadt –Land – Dorf. Anmerkungen zur jüdischen Identität in Franken vom 16. bis 20. Jahrhundert. In: Brenner/Eisenstein (Hg.): Die Juden in Franken, S. 51–68.

Daxelmüller, Christoph: Jüdisches Alltagsleben im 19. und 20. Jahrhundert am Beispiel Unterfrankens. In: Treml (Hg.): Geschichte und Kultur der Juden in Bayern. Aufsätze, S. 287–298.

Demel, Walter: Der bayerische Staatsabsolutismus 1806/08–1817. Staats- und gesellschaftspolitische Motivationen und Hintergründe der Reformära in der ersten Phase des Königreichs Bayern. München 1983.

Deneke, Bernward (Hg.): Siehe, der Stein schreit aus der Mauer. Geschichte und Kultur der Juden in Bayern; eine Ausstellung des Germanischen Nationalmuseums und des Hauses der Bayerischen Geschichte im Germanischen Nationalmuseum Nürnberg. Nürnberg 1988.

Dietrich, Dagmar: Kunsthistorische Einordnung und Würdigung der Grabsteine. In: Kuhn/Dietrich/Schickel/Haugg (Hg.): Jüdischer Friedhof Georgensgmünd, S. 147–204.

Diner, Dan: Im Zeichen des Banns. In: Brenner (Hg.): Geschichte der Juden in Deutschland von 1945 bis zur Gegenwart, S. 15–66.

Dippold, Günter: Konfessionalisierung am Obermain. Reformation und Gegenreformation in den Pfarrsprengeln von Baunach bis Marktgraitz. Staffelstein 1996.

Dippold, Günter: *Nur mit Kraft und Gewalt kann gegen diese verstockte Nation gewirkt werden*. Die Haltung fränkischer „Polizeibehörden" zu Juden im frühen 19. Jahrhundert. In: Bühl/Fleischmann (Hg.): Festschrift Rudolf Endres, S. 404–416.

Dippold, Günter: Bayreuth zwischen Orthodoxie und Reform. Der Rabbiner Dr. Joseph Aub und seine Zeit. In: Mayer/Piontek (Hg.): Jüdisches Bayreuth, S. 83–89.

Dippold, Günter: Jüdisches Leben in Franken – ein Überblick. In: Hanemann (Hg.): Jüdisches in Bamberg, S. 13–39.

Dirlmeier, Ulf: Heinrich der Löwe und ‚die Wirtschaft'. In: Johannes Fried/Otto Gerhard Oexle (Hg.): Heinrich der Löwe. Herrschaft und Repräsentation. Ostfildern 2003, S. 293–309.

Dohm, Barbara: Juden in der Reichsstadt Nördlingen während des späten Mittelalters: Studien und Quellen. Trier 2012.

Dommel, Herbert: Geschichtlicher Abriß über Juden in Bechhofen an der Heide. In: Der jüdische Friedhof Bechhofen an der Heide. Eine Einführung. Ansbach 2013, S. 13–20.

Dörner, Dieter: Die neuzeitlichen Judengemeinden in Amberg. In: Brenner/Höpfinger (Hg.): Die Juden in der Oberpfalz, S. 119–137.
Dorninger, Maria: „Von dem grossen vberschlag deß Judischen Wuchers"? Notizen zum Bild des (Wucher-)Juden im (Spät-)Mittelalter. In: Aschkenas 20 (2010), S. 479–504.
Dotterweich, Volker/Reißner, Beate: Finanznot und Domizilrecht. Zur Aufnahme jüdischer Wechselhäuser in Augsburg 1803. In: Kießling (Hg.): Judengemeinden in Schwaben im Kontext des Alten Reiches, S. 282–305.
Drecoll, Axel: Der Fiskus als Verfolger. Die steuerliche Diskriminierung der Juden in Bayern 1933–1941/42. München 2009.
Drecoll, Axel/Schleusener, Jan/Winstel, Tobias (Hg.): Nationalsozialistische Verfolgung der jüdischen Ärzte in Bayern. Die berufliche Entrechtung durch die Vierte Verordnung zum Reichsbürgergesetz von 1938. München 1998.
Dreher, Alfons: Geschichte der Reichsstadt Ravensburg und ihrer Landschaft von den Anfängen bis zur Mediatisierung. Weißenhorn 1972.
Duchardt, Heinz: Karl VI., die Reichritterschaft und der „Opferpfennig" der Juden. In: Zeitschrift für Historische Forschung 10 (1983), S. 149–167.
Eberhardt, Barbara: Johann Jacob Rabe und seine deutsche Mischnaübersetzung. In: Gudrun Litz/Heidrun Munzert/Roland Liebenberg (Hg.): Frömmigkeit – Theologie – Frömmigkeitstheologie. Contributions to European church history. Festschrift für Berndt Hamm zum 60. Geburtstag. Leiden 2005, S. 665–685.
Ebner, Robert: Jüdische Schulen und Bildungseinrichtungen in Franken in der ersten Hälfte des 19. Jahrhunderts. In: Jahrbuch für fränkische Landesforschung 58, S. 349–370.
Ecker-Offenhäuser, Ute: Jüdisches Leben in Osterberg – die Entwicklung der israelitischen Kultusgemeinde. In: Fassl (Hg.): Geschichte und Kultur der Juden in Schwaben. Bd. II, S. 175–188.
Eckert, Paul Willehald: Hoch- und Spätmittelalter. Katholischer Humanismus. In: Rengstorf/von Kortzfleisch (Hg.): Kirche und Synagoge. Bd. 1, S. 210–306.
Eckert, Toni u.a. (Hg.): Jüdisches Leben in der Fränkischen Schweiz. Erlangen 1997.
Eckstein, A[dolph]: Geschichte der Juden im ehemaligen Fürstbistum Bamberg. Bamberg 1888, ND 1985.
Eckstein, Adolph: Beiträge zur Geschichte der Juden in Bayern. 1. Die bayerischen Parlamentarier jüdischen Glaubens. Bamberg [1902].
Eckstein, A[dolph]: Geschichte der Juden im Markgrafentum Bayreuth. Bayreuth 1907.
Eckstein, A[dolph]: Festschrift zur Einweihung der neuen Synagoge in Bamberg. Bamberg 1910, ND 2002.
Eckstein, Adolph: Haben die Juden in Bayern ein Heimatrecht? 2. Aufl. Berlin 1929.
Eder, Angelika: Flüchtige Heimat. Jüdische Displaced Persons in Landsberg am Lech 1945 bis 1950. München 1998.
Eder, Manfred: Die „Deggendorfer Gnad". Entstehung und Entwicklung einer Hostienwallfahrt im Kontext von Theologie und Geschichte. Deggendorf 1992.
Eder, Manfred: Drei Kritiker der „Deggendorfer Gnad" aus drei Jahrhunderten. Johann Heinrich von Golling (um 1733–1802), Ludwig Steub (1812–1888) und Karl (P. Gunther) Krotzer (1920–1994). Deggendorf 2016.
Ehrenpreis, Stefan: Jüdische Hoffaktoren in Franken – Wegbereiter der Emanzipation? In: Kluxen (Hg.): Judentum und Aufklärung in Franken, S. 27–41.
Ehrenpreis, Stefan: Juden in der Reichsstadt Nürnberg 1500–1750. In: Kluxen/Krieger (Hg.): Geschichte und Kultur der Juden in Nürnberg, S. 107–132.

Ehrenpreis, Stefan/Gotzmann, Andreas/Wendehorst, Stephan: Von den Rechtsnormen zur Rechtspraxis. Ein neuer Zugang zur Rechtsgeschichte der Juden im Heiligen Römischen Reich? Eine Projektbeschreibung. In: Aschkenas 11 (2001), S. 39–58.

Ehrenpreis, Stefan/Gotzmann, Andreas/Wendehorst, Stephan (Hg.): Kaiser und Reich in der jüdischen Lokalgeschichte. Berlin, Boston 2013.

Ehrenpreis, Stefan/Wendehorst, Stephan: Schwabach, der Kaiser, das Recht und die Juden. Ein Fallbeispiel für die „imperialen Rahmenbedingungen" frühneuzeitlicher jüdischer Geschichte. In: Kluxen/Hecht (Hg.): Der Rabbinatsbezirk Schwabach, S. 23–42.

Eigler, Friedrich: Schwabach. München 1990.

Eisenstein, Daniela F.: Arno Siegfried Hamburger, s. A. (1923–2013). In: Kluxen/Krieger (Hg.): Geschichte und Kultur der Juden in Nürnberg, S. 455–465.

Eissenhauer, Michael: Die Nürnberger Synagoge von 1874 zwischen Emanzipation und Assimilation. In: Treml (Hg.): Geschichte und Kultur der Juden in Bayern. Aufsätze, S. 353–367.

Elm, Kaspar: Johannes Kapistrans Predigtreise diesseits der Alpen (1451–1456). In: Boockmann/Moeller/Stackmann (Hg.): Lebenslehren und Weltentwürfe im Übergang vom Mittelalter zur Neuzeit, S. 500–519.

Endres, Rudolf: Die Juden in Fürth. In: Fürther Heimatblätter 31,4 (1981), S. 73–85.

Endres, Rudolf: Ein antijüdischer Bauernaufstand im Hochstift Bamberg im Jahre 1699. In: Berichte des historischen Vereins Bamberg 117 (1981), S. 67–81.

Endres, Rudolf: Zur Geschichte der Juden in Franken. In: Archiv für Geschichte von Oberfranken 69 (1989), S. 49–61.

Endres, Rudolf: Staat und Gesellschaft. Zweiter Teil: 1500–1800. In: Spindler/Kraus/Schmid (Hg.): Handbuch der bayerischen Geschichte. Bd. III, 1, S. 702–782.

Endres, Rudolf: Vom Augsburger Religionsfrieden bis zum Dreißigjährigen Krieg. In: Spindler/Kraus/Schmid (Hg.): Handbuch der bayerischen Geschichte. Bd. III, 1, S. 473–495.

Engelbrecht, Wilfried: Ein obszönes Sandsteinschwein. Das antijüdische Schmähbild am Chor der Bayreuther Stadtkirche. In: Mayer/Piontek (Hg.): Jüdisches Bayreuth, S. 27–34.

Epple, Alois: „Unsere jüdischen Herzen jauchzten ob der deutschen Siege". Die Landjuden in Bayerisch-Schwaben und der Erste Weltkrieg. In: nurinst 7 (1914), S. 73–86.

Erb, Rainer: Judenfeindschaft und Volksaberglaube. Zwei Ritualmordbeschuldigungen im Ries. In: Zeitschrift des Historischen Vereins für Schwaben 82 (1989), S. 175–185.

Erb, Rainer: Der gekreuzigte Hund. Antijudaismus und Blutaberglaube im fränkischen Alltag des frühen 19. Jahrhunderts. In: Aschkenas 2 (1992), S. 117–150.

Erb, Rainer: Persistenz und Wandel antijüdischer Vorurteile im 18. und frühen 19. Jahrhundert. In: Kießling (Hg.): Judengemeinden in Schwaben im Kontext des Alten Reiches, S. 217–245.

Erb, Rainer/Bergmann, Werner: Die Nachtseite der Judenemanzipation. Der Widerstand gegen die Integration der Juden in Deutschland 1780–1860. Berlin 1989.

Erlanger, Arnold: Ein Schwabe überlebt Auschwitz. Arnold Erlanger aus Ichenhausen. Augsburg 2002.

Fassl, Peter: Konfession, Wirtschaft und Politik. Von der Reichsstadt zur Industriestadt, Augsburg 1750–1850. Sigmaringen 1988.

Fassl, Peter (Hg.): Geschichte und Kultur der Juden in Schwaben [Bd. I]. Sigmaringen 1994.

Fassl, Peter (Hg.): Geschichte und Kultur der Juden in Schwaben. Bd. II: Neuere Forschungen und Zeitzeugenberichte. Sigmaringen 2000.

Fassl, Peter (Hg.): Geschichte und Kultur der Juden in Schwaben. Bd. III: Zwischen Nähe, Distanz und Fremdheit, Augsburg 2007.
Feiner, Shmuel: Haskala – jüdische Aufklärung. Geschichte einer kulturellen Revolution. Hildesheim 2007.
Fichtl, Franz: Jüdischer Kleinhandel in Bamberg. In: Hanemann (Hg.): Jüdisches in Bamberg, S. 117–124.
Fichtl, Franz (Hg.): „Bambergs Wirtschaft judenfrei". Die Verdrängung der jüdischen Geschäftsleute in den Jahren 1933 bis 1939. Geschichtswerkstatt. Bamberg 1998.
Filser, Karl: Zur jüngeren Geschichte der Juden in Kempten. In: Fassl (Hg.): Geschichte und Kultur der Juden in Schwaben [Bd. I], S. 105–116.
Filser, Karl: „…weil es gefährlich wäre, die Kette des groß gewachsenen Sklaven zu lösen". Lokalstudie zur Effektivität bayerischer Judenpolitik in der ersten Hälfte des 19. Jahrhunderts. In: Kießling (Hg.): Judengemeinden in Schwaben im Kontext des Alten Reiches, S. 249–281.
Filser, Karl: Der Zug in die Städte. In: Gernot Römer (Hg.): Fast ein normales Leben, S. 31–38.
Fischer, Hermann: Die verfassungsrechtliche Stellung der Juden in den deutschen Städten während des 13. Jahrhunderts. (1931), ND Aalen 1969.
Fischer, Stefanie: Ein Beispiel für Landjuden? Jüdische Viehhändler in Mittelfranken (1919–1939). In: Aschkenas 21 (2013), S. 107–142.
Fischer, Stefanie: Vertraute Handelspartner – geächtete Handelspartner. Jüdische Viehhändler in Rothenburg o.d.T. und Umgebung 1919–1939. In: Kluxen/Krieger Julia (Hg.): Geschichte und Kultur der Juden in Rothenburg o.d.T., S. 99–125.
Fischer, Stefanie: Ökonomisches Vertrauen und antisemitische Gewalt. Jüdische Viehhändler in Mittelfranken 1919–1939. Göttingen 2016.
Flachenecker, Helmut: Eine geistliche Stadt. Eichstätt vom 13. bis zum 16. Jahrhundert. Regensburg 1988.
Flachenecker, Helmut/Kießling, Rolf (Hg.): Städtelandschaften in Altbayern, Franken und Schwaben. Studien zum Phänomen der Kleinstädte während des Spätmittelalters und der Frühen Neuzeit. München1999.
Flachenecker, Helmut/Kießling, Rolf (Hg.): Schullandschaften in Altbayern, Franken und Schwaben. Untersuchungen zur Ausbreitung und Typologie des Bildungswesens in Spätmittelalter und Früher Neuzeit. München 2005.
Flachenecker, Helmut/Kießling, Rolf (Hg.): Wirtschaftslandschaften in Bayern. Studien zur Entstehung und Entwicklung ökonomischer Raumstrukturen vom Mittelalter bis ins 19. Jahrhundert. München 2010.
Flade, Roland: Juden in Würzburg 1918–1933. Würzburg 1985.
Flade, Roland: Die Würzburger Juden. Ihre Geschichte vom Mittelalter bis zur Gegenwart. Würzburg 1987.
Flade, Roland: „Jene, einem rebenreichen Weinstock verglichene Gemeinde". Zur Situation der Juden im mittelalterlichen Würzburg. In: Treml (Hg.): Geschichte und Kultur der Juden in Bayern. Aufsätze, S. 173–180.
Flade, Roland: Die Würzburger Juden von 1919 bis zur Gegenwart. In: Wagner (Hg.): Geschichte der Stadt Würzburg. Bd. III/1, S. 529–545.
Fleckenstein, Jutta/Purin, Bernhard (Hg.): Jüdisches Museum München. Museumsführer/Jewish Museum Munich. München u.a. 2007.
Foerster, Cornelia: Wohlfahrtsvereine und Sozialpolitik im deutschen Judentum. In: Treml (Hg.): Geschichte und Kultur der Juden in Bayern. Aufsätze, S. 339–351.

Freitag, Werner/Kißener, Michael/Reinle, Christine/Ullmann, Sabine (Hg.): Handbuch Landesgeschichte. Berlin, Boston 2018.
Frensdorff, F.: Die Augsburger Juden im 15. Jahrhundert. In: Chroniken deutscher Städte. Augsburg 2, S. 372–381.
Freudenthal, Max: Die israelitische Kultusgemeinde Nürnberg 1874–1924. Nürnberg 1925.
Freudenthal, Max: Die Verfassungsurkunde einer reichsritterschaftlichen Judenschaft. Das Kahlsbuch von Sugenheim. In: Zeitschrift für die Geschichte der Juden in Deutschland 1 (1929), S. 44–68.
Freudenthal, Max: Juden als Messegäste in Leipzig. In: Geschichte und Leben der Juden in Leipzig. Festschrift zum 75jährigen Bestehen der Leipziger Gemeindesynagoge. Leipzig 1933, S. 16–27.
Frey, Sabine: Rechtsschutz der Juden gegen Ausweisungen im 16. Jahrhundert. Frankfurt a.M. 1983.
Frey, Winfried: Ritualmordlüge und Judenhass in der Volkskultur des Spätmittelalters. Die Schriften Andreas Osianders und Johannes Ecks. In: Peter Dinzelbacher/Hans-Dieter Mück (Hg.): Volkskultur im europäischen Mittelalter. Stuttgart 1987, S. 177–197.
Fried, Johannes: Die Wirtschaftspolitik Friedrich Barbarossas in Deutschland. In: Blätter für deutsche Landesgeschichte 120 (1984), S. 195–239.
Fried, Pankraz: Die Staufer in Ostschwaben und am Lechrain. In: Stadt Augsburg (Hg.): Die Staufer in Augsburg, Schwaben und im Reich. Augsburg 1977, S. 7–42.
Fried, Pankraz: Augsburg unter den Staufern (1132–1268). In: Gottlieb u.a. (Hg.): Geschichte der Stadt Augsburg, S. 127–134.
Friedel, Birgit: ...in vico judeorum sita... Jüdische Spuren in Nürnberg vor dem Jahr 1296. In: Kluxen/Krieger (Hg.): Geschichte und Kultur der Juden in Nürnberg, S. 61–93.
Fröhlich, Elke/Broszat, Martin (Hg.): Bayern in der NS-Zeit. Bd. II: Herrschaft und Gesellschaft im Konflikt. München, Wien 1979.
Füßl, Wilhelm: Friedrich Julius Stahl (1802–1861). Vom bayerischen Juden zum preußischen Konservativen. In: Treml (Hg.): Geschichte und Kultur der Juden in Bayern. Lebensläufe, S. 117–120.
Gehringer, Horst: Ende und Neubeginn der jüdischen Gemeinde in Bamberg. In: Hanemann (Hg.): Jüdisches in Bamberg, S. 209–215.
Gehring-Münzel, Ursula: Emanzipation. In: Flade (Hg.): Die Würzburger Juden, S. 61–141.
Gehring-Münzel, Ursula: Vom Schutzjuden zum Staatsbürger. Die gesellschaftliche Integration der Würzburger Juden; 1803–1871. Würzburg 1992.
Geissler, Klaus: Die Juden in Deutschland und Bayern bis zur Mitte des vierzehnten Jahrhunderts. München 1976.
Geldermans-Jörg, Kathrin: „Als verren unser geleit get". Aspekte christlich-jüdischer Kontakte im Hochstift Bamberg während des späten Mittelalters. Hannover 2010.
Geldermans-Jörg, Kathrin: *Satzung der cristen gein den Juden* (1466). Aspekte christlich-jüdischen Zusammenlebens im Hochstift Würzburg anlässlich einer akuten Krisensituation. In: Hirbodian/Jörg/Klapp/J. Müller (Hg.): Pro multis beneficiis. Festschrift für Friedhelm Burgard, S. 147–162.
Gerlich, Alois/Machilek, Franz: Staat und Gesellschaft. Erster Teil: bis 1500. In: Spindler/Kraus/Schmid (Hg.): Handbuch der bayerischen Geschichte. Bd. III, 1, S. 538–701.
Germania Judaica.
    Bd. I: Von den ältesten Zeiten bis 1238, hg. von I. Elbogen/ A. Freimann/H. Tykocinski, Tübingen 1963.

Bd. II: Von 1238 bis zur Mitte des 14. Jahrhunderts, hg. von Zvi Avneri, 2 Teilbde.: [Ortsartikel A-Z], Tübingen 1968.
Bd. III: 1350 – 1519, hg. von Arye Maimon/Mordechai Breuer/Jacov Guggenheim, 3 Teilbde.,
Teilband 1 und 2: Ortschaftsartikel, Tübingen 1987/1995.
Teilband 3: Gebietsartikel, Einleitungsartikel und Indices, Tübingen 2003.
Gilomen, Hans-Jörg: Die ökonomischen Grundlagen des Kredits und die christlich-jüdische Konkurrenz im Spätmittelalter. In: Brugger/Wiedl (Hg.): Ein Thema – zwei Perspektiven, S. 139–169.
Gilomen, Hans-Jörg: Juden in den spätmittelalterlichen Städten des Reichs. Normen, Fakten, Hypothesen. Trier 2009.
Gilomen, Hans-Jörg: Jüdische Migration in die Städte im Spätmittelalter. „Ganz Israel ist füreinander verantwortlich beim Tragen der Last des Exils". In: Bahlcke/Leng/Scholz (Hg.): Migration als soziale Herausforderung, S. 123–148.
Gilomen, Hans-Jörg: Wirtschaftsgeschichte des Mittelalters. München 2014.
Glanz, Rudolf: Geschichte des niederen jüdischen Volkes in Deutschland. Eine Studie über historisches Gaunertum, Bettelwesen und Vagantentum. New York 1968.
Gleibs, Yvonne: Juden im kulturellen und wissenschaftlichen Leben Münchens in der zweiten Hälfte des 19. Jahrhunderts. München 1981.
Goldhagen, Daniel Jonah: Hitlers willige Vollstrecker. Ganz gewöhnliche Deutsche und der Holocaust. 9. Aufl. Berlin 1996.
Gollwitzer, Heinz: Die Standesherren. Die politische und gesellschaftliche Stellung der Mediatisierten 1815–1918. Ein Beitrag zur deutschen Sozialgeschichte. 2. durchges. und erg. Aufl. Göttingen 1964.
Gollwitzer, Heinz: Ein Staatsmann des Vormärz: Karl von Abel. 1788–1859: Beamtenaristokratie – monarchisches Prinzip – politischer Katholizismus. Göttingen 1993.
Gömmel, Rainer: Die Entwicklung der Wirtschaft im Zeitalter des Merkantilismus 1620–1800. München 1998.
Goschler, Constantin: Wiedergutmachung. Westdeutschland und die Verfolgten des Nationalsozialismus (1945–1954). München 2009.
Goschler, Constantin/Kauders, Anthony: Positionierungen. In: Brenner (Hg.): Geschichte der Juden in Deutschland von 1945 bis zur Gegenwart, S. 295–378.
Götschmann, Dirk: Das Oberpfälzer Eisenrevier. In: Flachenecker/Kießling (Hg.): Wirtschaftslandschaften in Bayern, S. 55–77.
Götschmann, Dirk: Wirtschaftsgeschichte Bayerns. 19. und 20. Jahrhundert. Regensburg 2010.
Gotto, Bernhard: Der Augsburger Oberbürgermeister Josef Mayr in der NS-Zeit. In: Wirsching (Hg.): Nationalsozialismus in Bayerisch-Schwaben, S. 89–125.
Gottlieb, Gunther u.a. (Hg.): Geschichte der Stadt Augsburg von der Römerzeit bis zur Gegenwart. 2. Aufl. Stuttgart 1985.
Gottwaldt, Alfred B./Schulle, Diana: Die „Judendeportationen" aus dem Deutschen Reich 1941–1945. Eine kommentierte Chronologie. Wiesbaden 2005.
Gotzmann, Andreas (Hg.): Juden, Bürger, Deutsche. Zur Geschichte von Vielfalt und Differenz 1800–1933. Tübingen 2001.
Gotzmann, Andreas: Jüdische Autonomie in der Frühen Neuzeit. Recht und Gemeinschaft im deutschen Judentum. Göttingen 2008.
Grab, Peter (Hg.): 10 Jahre Wiedererrichtung der Synagoge Augsburg – 10 Jahre Gründung des Jüdischen Museums Augsburg-Schwaben. Augsburg 2001.

Grabherr, Eva: Hofjuden auf dem Lande und das Projekt der Moderne. In: Ries/Battenberg (Hg.): Hofjuden – Ökonomie und Interkulturalität, S. 209–229.
Graetz, Heinrich: Volkstümliche Geschichte der Juden. 6 Bde. (1923), ND München 1985.
Graetz, Michael: Jüdische Aufklärung. In: Breuer/Graetz (Hg.): Tradition und Aufklärung, S. 251–350.
Graf, Esther: Die jüdischen Gemeinden Hohenems und Sulz und der Minhag Schwaben. In: Bosch (Hg.): Alemannisches Judentum, S. 12–17.
Grau, Bernhard: Kurt Eisner. 1867–1919; eine Biographie. München 2001.
Graus, František: Randgruppen der städtischen Gesellschaft im Spätmittelalter. In: Zeitschrift für Historische Forschung 8 (1981), S. 385–437.
Graus, František: Pest – Geissler – Judenmorde. Das 14. Jahrhundert als Krisenzeit. 3. unveränd. Aufl. Göttingen 1994.
Greive, Hermann: Die Juden. Grundzüge ihrer Geschichte im mittelalterlichen und neuzeitlichen Europa. Darmstadt 1980.
Griemert, André: Zwischen Krieg und Frieden – Jüdische Prozesse am Reichshofrat unter Ferdinand III. Judischheit teutscher Nation, der Kaiser und der RHR. In: Ehrenpreis/Gotzmann/Wendehorst (Hg.): Kaiser und Reich in der jüdischen Lokalgeschichte, S. 198–238.
Groiss-Lau, Eva: Die jüdischen Landgemeinden Zeckendorf-Demmelsdorf. In: Guth/Eckel/Merz (Hg.): Jüdisches Leben auf dem Dorf, S. 15–33.
Groiss-Lau, Eva: Diskurse über den Wandel auf dem Lande anlässlich der israelitischen Kreisversammlungen im Königreich Bayern (1836). In: Herzig/Horch/Jütte (Hg.): Judentum und Aufklärung, S. 150–177.
Groiss-Lau, Eva: Jüdische Landgemeinden in Franken zwischen Aufklärung und Akkulturation. In: Och/Bobzin (Hg.): Jüdisches Leben in Franken, S. 115–155.
Gross, Raphael: November 1938. Die Katastrophe vor der Katastrophe. München 2013.
Grossmann, Atina/Lewinsky, Tamar: Zwischenstation. In: Brenner (Hg.): Geschichte der Juden in Deutschland von 1945 bis zur Gegenwart, S. 67–152.
Grossmann, Karl-Heinz: Würzburgs Mendelssohn. Leben und Werk des jüdischen Aufklärers Simon Höchheimer (1744–1828). Würzburg 2011.
Grözinger, Karl E. (Hg.): Judentum im deutschen Sprachraum. Frankfurt am Main 1991.
Gruchmann, Lothar: Das „Blutschutzgesetz" vom 15. September 1933. Entstehung, Anwendung und rechtsgeschichtliche Bedeutung. In: Treml (Hg.): Geschichte und Kultur der Juden in Bayern. Aufsätze, S. 469–478.
Gruenwald, Ithamar: Normative und volkstümliche Religiosität im Sefer Chasidim. In: Grözinger (Hg.): Judentum im deutschen Sprachraum, S. 117–126.
Gruner, Wolf: Öffentliche Wohlfahrt und Judenverfolgung. Wechselwirkungen lokaler und zentraler Politik im NS-Staat (1933 – 1942). München 2009.
Gruner, Wolf: Von der Kollektivausweisung zur Deportation der Juden aus Deutschland (1938–1945). Neue Perspektiven und Dokumente. In: Kundrus/B. Meyer (Hg.): Die Deportation der Juden aus Deutschland, S. 21–62.
Grünfeld, Richard: Ein Gang durch die Geschichte der Juden in Augsburg. Festschrift zur Einweihung der neuen Synagoge in Augsburg am 4. April 1917. Augsburg 1917.
Guede, Wilhelm: Die rechtliche Stellung der Juden in den Schriften deutscher Juristen des 16. und 17. Jahrhunderts. Sigmaringen 1981.
Guggenheim, Yacov: *A suis paribus et non aliis iudicentur*: Jüdische Gerichtsbarkeit, ihre Kontrolle durch die christliche Herrschaft und die *obersten rabi gemeiner Judenschafft im*

*heilgen Reich.* In: Cluse/A. Haverkamp/Yuval (Hg.): Jüdische Gemeinden und ihr christliche Kontext, S. 405–439.

Guggenheim, Yacov: Die jüdische Gemeinde und Landesorganisation im europäischen Mittelalter. In: Cluse (Hg.): Europas Juden im Mittelalter, S. 86–106.

Guth, Klaus (Hg.): Jüdische Landgemeinden in Oberfranken. (1800–1942); ein historisch-topographisches Handbuch. Bamberg 1988.

Guth, Klaus: Jüdisches Schulwesen auf dem Land. Religions-, Elementar- und Feiertagsschulen in Franken (1804–1870). In: Archiv für Geschichte von Oberfranken 70 (1990), S. 231–250.

Guth, Klaus/Eckel, Elisabeth/Merz, Jürgen (Hg.) (1999): Jüdisches Leben auf dem Dorf. Annäherungen an die verlorene Heimat Franken. Petersberg 1999.

Haas, Helmut: Die Lage der Juden des 14./15. Jahrhunderts im Land ob dem Gebirg. In: Archiv für Geschichte von Oberfranken 81 (2001), S. 153–171.

Häberlein, Mark/Zürn, Martin (Hg.): Minderheiten, Obrigkeit und Gesellschaft in der Frühen Neuzeit. Integrations- und Abgrenzungsprozesse im süddeutschen Raum. St. Katharinen 2001.

Häberlein, Mark/Zürn, Martin: Minderheiten als Problem der historischen Forschung. Einleitende Überlegungen. In: Häberlein/Zürn (Hg.): Minderheiten, Obrigkeit und Gesellschaft in der Frühen Neuzeit, S. 9–41.

Habermann, Sylvia: Der Brückenschlag zwischen Judentum und Landesherrn. Unter Markgraf Friedrich errichtete Moses Seckel 1760 die Synagoge. In: Mayer/Piontek (Hg.): Jüdisches Bayreuth, S. 35–41.

Habrich, Christa: Koppel (Jakob) Herz (1816–1871), Mediziner und „ordentlicher Universitätsprofessor". In: Treml (Hg.): Geschichte und Kultur der Juden in Bayern. Lebensläufe, S. 143–150.

Haenle, Siegfried: Geschichte der Juden im ehemaligen Fürstenthum Ansbach. Ansbach.

Haerendel, Ulrike: Der Schutzlosigkeit preisgegeben: Die Zwangsveräußerung jüdischen Immobilienbesitzes und die Vertreibung der Juden aus ihren Wohnungen. In: Baumann/Heusler (Hg.): München arisiert, S. 105–126.

Hägler, Brigitte: Die Christen und die ‚Judenfrage'. Am Beispiel der Schriften Osianders und Ecks zum Ritualmordvorwurf. Erlangen 1992.

Hamburger, Arno: Die Pogromnacht vom 9. auf den 10. November in Nürnberg. In: Wollenberg (Hg.): „Niemand war dabei und keiner hat's gewußt". Die deutsche Öffentlichkeit und die Judenverfolgung 1933–45, S. 21–25.

Hammer-Schenk, Harold: Synagogen in Deutschland: Geschichte einer Baugattung im 19. und 20. Jahrhundert (1780–1933). Hamburg 1961.

Hanemann, Regina (Hg.): Jüdisches in Bamberg. Petersberg 2013.

Hanke, Peter: Zur Geschichte der Juden in München zwischen 1933 und 1945. München 1967.

Haenle, S[iegfried]: Die Juden im ehemaligen Fürstenthum Ansbach. Ansbach 1867.

Harburger, Theodor/Assûlîn, Hadassä (Hg.): Die Inventarisation jüdischer Kunst- und Kulturdenkmäler in Bayern. 3 Bde. Fürth 1998.

Harris, James F.: The people speak! Anti-Semitisms and emanzicaption in nineteenth-century Bavaria. Ann Arbor 1994.

Härter, Karl: ‚Gute Ordnung und Policey' des Alten Reiches in der Region: Zum Einfluß der Reichspoliceygesetzgebung auf die Ordnungsgesetzgebung süddeutscher Reichsstände. In: Kießling/Ullmann (Hg.): Das Reich in der Region während des Mittelalters und der frühen Neuzeit, S. 187–223.

Hartmann, Johannes: Geschichte der jüdischen Gemeinde Sulzbach. In: Hartmann/Vogl (Hg.): Ehemalige Synagoge Sulzbach, S. 31–49.
Hartmann, Johannes/Vogl, Elisabeth (Hg.): Ehemalige Synagoge Sulzbach. Festschrift zur Eröffnung am 31. Januar 2013. Sulzbach-Rosenberg 2013.
Hartmann, Peter Claus: Bayerns Weg in die Gegenwart. Vom Stammesherzogtum zum Freistaat heute. 2. überarb. und erg. Aufl. Regensburg 2004.
Haverkamp, Alfred: Die Juden im mittelalterlichen Trier. In: Kurtrierisches Jahrbuch 19 (1979), S. 5–57.
Haverkamp, Alfred (Hg.): Zur Geschichte der Juden im Deutschland des späten Mittelalters und der frühen Neuzeit. Stuttgart 1981.
Haverkamp, Alfred: Die Judenverfolgungen zur Zeit des Schwarzen Todes im Gesellschaftsgefüge deutscher Städte. In: A. Haverkamp (Hg.): Zur Geschichte der Juden im Deutschland des späten Mittelalters und der frühen Neuzeit, S. 27–93.
Haverkamp, Alfred: Erzbischof Balduin und die Juden. In: Franz-Joseph Heyen/Johannes Mötsch (Hg.): Balduin von Luxemburg. Erzbischof von Trier – Kurfürst des Reiches 1285–1354. Festschrift aus Anlass des 700. Geburtsjahres. Mainz 1985, S. 437–483.
Haverkamp, Alfred: The Jewish Quarters in German Towns during the Later Middle Ages. In: Ronnie Po-chia Hsia/Hartmut Lehmann (Hg.): In and out of the Ghetto: Jewish-Gentile Relations in Late Medieval and Early Modern Germany. New York 1995, S. 13–28.
Haverkamp, Alfred: „Concivilitas" von Christen und Juden in Aschkenas im Mittelalter. In: Jütte/Kustermann (Hg.): Jüdische Gemeinden und Organisationsformen von der Antike bis zur Gegenwart, S. 255–275.
Haverkamp, Alfred (Hg.): Juden und Christen zur Zeit der Kreuzzüge. Sigmaringen 1999.
Haverkamp, Alfred: Einführung. In: A. Haverkamp (Hg.): Juden und Christen zur Zeit der Kreuzzüge, S. IX–XX.
Haverkamp, Alfred: Juden und Städte – Verbindungen und Bindungen. In: Cluse (Hg.): Europas Juden im Mittelalter, S. 72–85.
Haverkamp, Alfred: Neue Forschungen zur mittelalterlichen Geschichte (2000–2011). Festgabe zum 75. Geburtstag des Verfassers. Hg. v. Christoph Cluse. Hannover 2012.
Haverkamp, Alfred: Beziehungen zwischen Bischöfen und Juden im ottonisch-salischen Königreich bis 1090. In: Anna Esposito u.a. (Hg.): Trier – Mainz – Rom. Stationen, Wirkungsfelder, Netzwerke. Festschrift für Michael Matheus zum 60. Geburtstag. Regensburg 2013, S. 45–87.
Haverkamp, Alfred: „Kammerknechtschaft" und „Bürgerstatus" der Juden diesseits und jenseits der Alpen während des späten Mittelalters. In: Brenner/Ullmann (Hg.): Die Juden in Schwaben, S. 11–40.
Haverkamp, Alfred: The Beginning of Jewish Life North of the Alps with Comparative Glances at Italy (ca. 900–1100). In: Anna Maria Pult Quaglia (Hg.): "Diversi angoli di visuale" fra storia medievale e storia degli ebrei. In ricordo di Michele Luzzati. Atti del Convegno (Pisa, 1–3 febbraio 2016). Ospedaletto 2016, S. 85–102.
Haverkamp, Alfred (Hg.): Geschichte der Juden im Mittelalter von der Nordsee bis zu den Südalpen. Kommentiertes Kartenwerk. Hannover 2002:
Teil 1: Kommentarband
Teil 2: Ortskatalog
Teil 3: Karten
Haverkamp, Alfred/Müller, Jörg R. (Hg.): Verschriftlichung und Quellenüberlieferung. Beiträge zur Geschichte der Juden und jüdisch-christlichen Beziehungen im spätmittelalterlichen Reich (13./14. Jahrhundert). Peine 2014.

Haverkamp, Alfred/Ziwes, Franz-Josef (Hg.): Juden in der christlichen Umwelt während des späten Mittelalters. Berlin 1992.
Haverkamp, Eva: „Persecutio" und „Gezerah" in Trier während des Ersten Kreuzzuges. In: A. Haverkamp (Hg.): Juden und Christen zur Zeit der Kreuzzüge, S. 34–71.
Hecker, Hans-Joachim: Die bayerischen Gemeinden im 19. und 20. Jahrhundert. In: Krenn/Stephan/Ulrich Wagner (Hg.): Kommunalarchive – Häuser der Geschichte, S. 41–55.
Heikaus, Ulrike/Köhne, Julia Barbara/Crouthamel, Jason (Hg.): Krieg! 1914 – 1918. Juden zwischen den Fronten. Berlin 2014.
Heil, Johannes: Verschwörung, Wucher und Judenfeindschaft oder: die Rechnung des Antichristen – Eine Skizze. In: Aschkenas 20 (2010), S. 395–413.
Heil, Johannes: Von Italien an den Rhein und zurück: Migration, soziale Mobilität und kultureller Wandel bei den aschkenasischen Juden (950–1500). In: Bahlcke/Leng/Scholz (Hg.): Migration als soziale Herausforderung, S. 101–121.
Heil, Johannes: Der Maharam – Rabbi Meir von Rothenburg und seine Schule. In: Kluxen/Krieger (Hg.): Geschichte und Kultur der Juden in Rothenburg o.d.T., S. 33–46.
Heimberger, Joseph: Die staatskirchenrechtliche Stellung der Israeliten in Bayern. 2. stark veränderte u. erw. Aufl. Tübingen 1912.
Heimers, Manfred Peter: Aufenthaltsverbot und eingeschränkte Zulassung (1442–1779). In: Bauer/Brenner (Hg.): Jüdisches München, S. 39–57.
Heinrich, Gerda: Bodenschatz' *Kirchliche Verfassung der heutigen Juden* – Interkulturelle Mittlerschaft und frühe emanzipatorische Ansätze. In: Och/Bobzin (Hg.): Jüdisches Leben in Franken, S. 69–84.
Heller, Hartmut: Die Peuplierungspolitik der Reichsritterschaft als sozialgeographischer Faktor im Steigerwald. Erlangen 1971.
Henkel, Matthias/Dietzfelbinger, Eckart (Hg.): Entrechtet. Entwürdigt. Beraubt. Die Arisierung in Nürnberg und Fürth. Petersberg 2012.
Henle, Elkan: Ueber die Verbesserung des Judenthums. Frankfurt a.M. 1803.
Herbst, Ludolf/Goschler, Constantin (Hg.): Wiedergutmachung in der Bundesrepublik Deutschland. München 1989.
Herde, Peter: Gestaltung und Krise der christlich-jüdischen Verhältnisse in Regensburg am Ende des Mittelalters. In: Zeitschrift für bayerische Landesgeschichte 22 (1959), S. 359–395.
Hering, Sabine/Lordick, Harald/Maierhof, Gudrun/Stecklina, Gerd (Hg.): 100 Jahre Zentralwohlfahrtsstelle der Juden in Deutschland (1917–2017). Brüche und Kontinuitäten. Frankfurt am Main 2017.
Herzig, Arno/Horch, Hans Otto/Jütte, Robert (Hg.): Judentum und Aufklärung. Jüdisches Selbstverständnis in der bürgerlichen Öffentlichkeit. Göttingen 2002.
Hetzer, Gerhard: Die Beteiligung von Juden an der politischen Willensbildung in Schwaben 1818–1871. Erfolge und Fehlschläge eines Integrationsprozesses. In: Fassl (Hg.): Geschichte und Kultur der Juden in Schwaben [Bd. I], S. 73–91.
Heuer, Renate: Isaak Alexander (1722? –1800), Rabbiner zu Regensburg, „unser ausgezeichneter thorakundiger Herr und Meister Morenu hoRav Eisik, Sein Licht leuchte". In: Treml (Hg.): Geschichte und Kultur der Juden in Bayern. Lebensläufe, S. 37–42.
Heusler, Andreas: Die Synagoge an der Westenriederstraße. In: Angermair (Hg.): Beth ha-Knesseth – Ort der Zusammenkunft, S. 31–64.
Heusler, Andreas: Fahrt in den Tod. Der Mord an den Münchner Juden in Kaunas (Litauen) am 25. November 1941. In: „...verzogen, unbekannt wohin". Die erste Deportation von Münchner Juden im November 1941, hg. vom Stadtarchiv München. Zürich 2000, S. 13–24.

Heusler, Andreas: Verfolgung und Vernichtung (1933–1945). In: Bauer/Brenner (Hg.): Jüdisches München, S. 161–184.
Heusler, Andreas/Weger, Tobias: „Kristallnacht". Gewalt gegen die Münchner Juden im November 1938. München 1998.
Heymann, Werner J. (Hg.): Kleeblatt und Davidstern. Aus 400 Jahren jüdischer Vergangenheit in Fürth. Emskirchen 1990.
Heymann, Werner J.: Tekunnoth. In: Heymann (Hg.): Kleeblatt und Davidstern, S. 77–79.
Heymann, Werner J.: Die Fürther Juden und „ihr" Theater. In: Heymann (Hg.): Kleeblatt und Davidstern, S. 167–172.
Hilmer, Ludwig: Die Nachkriegsgemeinden (1945 bis heute). In: Waldherr (Hg.): „Stadt und Mutter in Israel", S. 130–138.
Himmelstein, Klaus (Hg.): Jüdische Lebenswelten in Regensburg. Eine gebrochene Geschichte. Regensburg 2018.
Himmelstein, Klaus: Brücke zwischen Gestern und Morgen. Jüdische Displaced Persons in Regensburg. In: Himmelstein (Hg.): Jüdische Lebenswelten in Regensburg, S. 266–319.
Hirbodian, Sigrid/Jörg, Christian/Klapp, Sabine/Müller, Jörg R. (Hg.): Pro multis beneficiis. Festschrift für Friedhelm Burgard. Forschungen zur Geschichte der Juden und des Trierer Raums. Trier 2012.
Hirbodian, Sigrid/Stretz, Torben (Hg.): Juden und ländliche Gesellschaft in Europa zwischen Mittelalter und Früher Neuzeit (15.–17. Jahrhundert). Kontinuität und Krise, Inklusion und Exklusion in einer Zeit des Übergangs. Wiesbaden 2016.
Hirn, Hans Georg: Jüdisches Leben in Neumarkt und Sulzbürg. Neumarkt i.d. OPf 2011.
Hirsch, Hans K.: Die wirtschaftliche Verdrängung der Juden in Augsburg. In: Fassl (Hg.): Geschichte und Kultur der Juden in Schwaben [Bd. I], S. 147–176.
Hirsch, Hans K.: Zur Situation der Juden in Augsburg während der Emanzipationszeit. In: Kießling (Hg.): Judengemeinden in Schwaben im Kontext des Alten Reiches, S. 306–323.
Hirsch, Hans K.:. Juden in Augsburg. In: Günther Grünsteudel/Günter Hägele/Rudolf Frankenberger (Hg.): Augsburger Stadtlexikon 2. völlig neu bearb. und erheblich erw. Aufl. Augsburg 1998, S. 135–145.
Hirsch, Hans K.: Der Rabbiner Aaron Guggenheimer. Ein Beitrag zum religiösen Alltagsleben in jüdischen Landgemeinden Mittelschwabens im 19. Jahrhundert. In: Fassl (Hg.): Geschichte und Kultur der Juden. Bd. II, S. 53–63.
Hochberger, Anton: Der Bayerische Bauernbund 1893–1914. München 1991.
Hockerts, Hans Günter: Wiedergutmachung in Deutschland. Eine historische Bilanz 1945–2000. In: Vierteljahreshefte für Zeitgeschichte 49 (2001), S. 161–214.
Hockerts, Hans Günter: Warum München? Wie Bayerns Metropole die ‚Hauptstadt der Bewegung' wurde. In: Nerdinger (Hg.): München und der Nationalsozialismus, S. 387–397.
Hockerts, Hans Günter/Kuller, Christiane (Hg.): Nach der Verfolgung. Wiedergutmachung nationalsozialistischen Unrechts in Deutschland? Göttingen 2003.
Hödl, Sabine/Rauscher, Peter/Staudinger, Barbara (Hg.): Hofjuden und Landjuden. Jüdisches Leben in der frühen Neuzeit. Berlin 2004.
Hoffmann, Hermann: Die Würzburger Judenverfolgung von 1349. In: Mainfränkisches Jahrbuch für Geschichte und Kunst 5 (1953), S. 91–114.
Hofmann, Rolf. Der jüdische Friedhof von Wallerstein. In: Rieser Kulturtage 12 (1998), S. 139–152.
Hofmann, Rolf: Das Landesrabbinat Wallerstein. Bedeutende rabbinische Persönlichkeiten des 18. und 19. Jahrhunderts. In: Jahrbuch des Historischen Vereins für Nördlingen und das Ries 31 (2006), S. 355–378.

Höhnle, Susanne: Ortsherrschaft und jüdische Gemeinde als Vertragspartner: Der Burgauer Rezeß von 1717 für Ichenhausen. In: Kießling/Ullmann (Hg.): Landjudentum im deutschen Südwesten während der Frühen Neuzeit, S. 58–79.

Holenstein, André/Ullmann, Sabine (Hg.): Nachbarn, Gemeindegenossen und die anderen. Minderheiten und Sondergruppen im Südwesten des Reiches während der frühen Neuzeit. Tagung der Gesellschaft Oberschwaben. Epfendorf 2004.

Höpfinger, Renate: Die Judengemeinde von Floß 1684 – 1942. Die Geschichte einer jüdischen Landgemeinde in Bayern. Kallmünz 1993.

Hoppe, Andreas: Raum und Zeit der Städte. Städtische Eigenlogik und jüdische Kultur seit der Antike. Frankfurt a. M. 2011.

Hörmann, Michael: Die Augustiner-Chorherren in Augsburg im Mittelalter. Bottrop 1932.

Hortzitz, Nicoline: Die Sprache der Judenfeindschaft in der frühen Neuzeit (1450–1700). Untersuchungen zu Wortschatz, Text und Argumentation. Heidelberg 2005.

Hoser, Paul: Die Geschichte der Stadt Memmingen. Vom Neubeginn im Kpönigreich Bayern bis 1945. Stuttgart 2001.

Hruza, Karel: *Anno domini 1385 do burden die iuden…gevangen*. Die vorweggenommene Wirkung skandalöser Urkunden König Wenzels (IV.). In: Karel Hruza/Paul Herold (Hg.): Wege zur Urkunde – Wege der Urkunde – Wege der Forschung. Beiträge zur Diplomatik des Mittelalters. Wien-Köln-Weimar 2005, S. 117–167.

Hundsnurscher, Franz/Taddey, Gerhard (Hg.): Die jüdischen Gemeinden in Württemberg und Hohenzollern. Stuttgart 1966.

Hürten, Heinz: Revolution und Zeit der Weimarer Republik. In: Spindler/Kraus/Schmid (Hg.): Handbuch der bayerischen Geschichte. Bd. IV, 1, S. 440–499.

Hüttenmeister, Nathanja: Alltägliches Miteinander oder getrennte Gemeinden: Das Leben im Dorf am Beispiel der pappenheimischen Herrschaften. In: Kießling/Rauscher/Rohrbacher/Staudinger (Hg.): Räume und Wege, S. 107–120.

Hüttenmeister, Nathanja: Friedhöfe jüdischer Landgemeinden in der Frühen Neuzeit. In: Hirbodian/Stretz (Hg.): Juden und ländliche Gesellschaft in Europa, S. 233–251.

Immenkötter, Herbert: Zur sog. Reichskristallnacht in Augsburg. In: Burkhardt/Safley/Ullmann (Hg.): Geschichte in Räumen, S. 13–22.

Irsigler, Franz: Jahrmärkte und Messesysteme im westlichen Reichsgebiet bis ca. 1250. In: Peter Johanek/Heinz Stoob (Hg.): Europäische Messen und Märktesysteme in Mittelalter und Neuzeit. Köln1996, S. 1–33.

Isenmann, Eberhard: Steuern und Abgaben. In: GJ III/3, S. 2208–2281.

Isenmann, Eberhard: Stadt im Mittelalter 1150–1550. Stadtgestalt, Recht, Verfassung, Stadtregiment, Kirche, Gesellschaft, Wirtschaft. Köln 2012.

Israel, Jonathan I.: European Jewry in the Age of Mercantilism 1550–1750. Oxford 1985.

Jacob, Walter: Rabbi Dr. Ernest I. Jacob – Leitfigur der Augsburger Juden in zwei Welten. In: Benigna Schönhagen/Franz Kimmel (Hg.): Die Augsburger Synagoge – ein Bauwerk und seine Geschichte. Augsburg 2010, S. 69–76.

Jakob, Reinhard: Die jüdische Gemeinde von Harburg (1671–1871). Nördlingen 1988.

Jakob, Reinhard: Judenschul und jüdische Schule. Zur Bildungsgeschichte der Juden in Schwaben vor Moses Mendelsohn. In: Fassl (Hg.): Geschichte und Kultur der Juden in Schwaben [Bd. I], S. 45–61.

Janetzko, Maren: Die ‚Arisierung' von Textileinzelhandelsgeschäften in Augsburg am Beispiel der Firmen Heinrich Kuhn und Leeser Damenbekleidung GmbH. In: Wirsching (Hg.): Nationalsozialismus in Bayerisch-Schwaben, S. 153–183.

Janetzko, Maren: Die „Arisierung" mittelständischer jüdischer Unternehmen in Bayern 1933–1939. Ein interregionaler Vergleich. Ansbach 2009.

Jeggle, Utz: Judendörfer in Württemberg. 2. erw. Neuaufl. Tübingen 1999.

Jeggle, Utz: Was bleibt? Die Erbschaft der Dorfjuden und der ‚Judendörfer'. In: Bosch (Hg.): Alemannisches Judentum, S. 489–496.

Jehle, Manfred: Ansbach. Die markgräflichen Oberämter Ansbach, Colmberg-Leutershausen, Windsbach, das Nürnberger Pflegamt Lichtenau und das Deutschordensamt (Wolframs-)Eschenbach. München 2009.

Jehle, Manfred: Kirchliche Verhältnisse und religiöse Institutionen an der oberen Altmühl, Rezat und Bibert. Klöster, Pfarreien und jüdische Gemeinden im Altlandkreis Ansbach im Mittelalter und in der Neuzeit. Ansbach 2009.

Jenks, Stuart: Judenverschuldung und Verfolgung von Juden im 14. Jahrhundert: Franken bis 1349. In: Vierteljahresschrift für Sozial- und Wirtschaftsgeschichte 65 (1978), S. 309–356.

Jersch-Wenzel, Stefi: Rechtslage und Emanzipation. In: Brenner/Jersch-Wenzel/Meyer (Hg.): Emanzipation und Akkulturation, S. 15–56.

Jersch-Wenzel, Stefi: Bevölkerungsentwicklung und Berufsstruktur. In: Brenner/Jersch-Wenzel/Meyer (Hg.): Emanzipation und Akkulturation, S. 57–95.

Joachimsthaler, Anton: Hitlers Eintritt in die Politik und die Anfänge der NSDAP. In: Bauer u.a. (Hg.): München – „Hauptstadt der Bewegung", S. 71–82.

Jochem, Gerhard: Mitten in Nürnberg. Jüdische Firmen, Freiberufler und Institutionen am Vorabend des Nationalsozialismus. Nürnberg 1998.

Jochmann, Werner: Struktur und Funktion des deutschen Antisemitismus. In: Mosse/Paucker (Hg.): Juden im Wilhelminischen Deutschland 1890–1914, S. 389–477.

Joisten-Pruschke, Anke: Die Geschichte der Juden in Augsburg während der Emanzipationszeit 1750–1871. In: Rolf Kießling (Hg.): Neue Forschungen zur Geschichte der Stadt Augsburg. Augsburg 2011, S. 279–349.

Jörg, Christian: Teure, Hunger, Großes Sterben. Hungersnöte und Versorgungskrisen in den Städten des Reiches während des 15. Jahrhunderts. Stuttgart 2008.

Jörg, Christian: *So wir warm sollen han, so komen kelten*. Klima, Witterungsextreme und ihre Relevanz für die europäischen Hungerjahre um 1438. In: Rolf Kießling (Hg.): Umweltgeschichte in der Region. Konstanz 2012, S. 111–137.

Jörg, Christian: Unter dem Druck der Versorgungskrisen. Christen und Juden während der Hungersnöte des ausgehenden Mittelalters – ein Überblick in westmitteleuropäischer Perspektive. In: Aschkenas 23 (2013), S. 7–26.

Jörg, Christian: Zwischen Basler Konzil, Königtum und reichsstädtischen Interessen. Kennzeichnung und Ausweisung der Augsburger Juden in europäischen Zusammenhängen. In: Brenner/Ullmann (Hg.): Die Juden in Schwaben, S. 63–92.

Jütte, Robert/Kustermann, Abraham P. (Hg.): Jüdische Gemeinden und Organisationsformen von der Antike bis zur Gegenwart. Köln, Wien 1996.

Kalesse, Claudia: Bürger in Augsburg. Studien über Bürgerrecht, Neubürger und Bürgen anhand des Augsburger Bürgerbuchs I (1288–1497). Augsburg 2001.

Kalter, Max: Hundert Jahre Ostjuden in München, 1880–1980. In: Lamm (Hg.): Vergangene Tage, S. 392–399.

Kampmann, Christoph: Die Petition des Salomon Hirsch und die Würzburger „Hepp-Hepp"-Krawalle von 1819: Zur frühen Verwendung des Begriffs „Judenemanzipation" in der publizistischen Debatte. In: Bühl/Fleischmann (Hg.): Festschrift Rudolf Endres, S. 417–434.

Karniel, Joseph: Die Toleranzpolitik Kaiser Josephs II. Gerlingen 1986.
Katz, Jakob: Aus dem Ghetto in die bürgerliche Gesellschaft. Jüdische Emanzipation 1770–1870. Frankfurt am Main 1986.
Katz, Jakob: Die Hep-Hep-Verfolgungen des Jahres 1819. Berlin 1994.
Katz, Jakob: Tradition und Krise. Der Weg der jüdischen Gesellschaft in die Moderne. München 2002.
Kauders, Anthony D./Lewinsky, Tamar: Neuanfang mit Zweifeln (1945–1970). In: Bauer/Brenner (Hg.): Jüdisches München, S. 185–208.
Kaufmann, Thomas: Luthers Juden. 3. durchgesehene Auflage. Stuttgart 2017.
Keil, Martha: Namhaft im Geschäft – unsichtbar in der Synagoge: Die jüdische Frau im spätmittelalterlichen Aschkenas. In: Cluse (Hg.): Europas Juden im Mittelalter, S. 344–354.
Keil, Martha: Gemeinde und Kultur – Die mittelalterlichen Grundlagen jüdischen Lebens in Österreich. In: Brugger/Keil/Lichtblau (Hg.): Geschichte der Juden in Österreich, S. 15–122.
Keil, Martha/Rauscher, Peter/Staudinger, Barbara (Hg.): Neuland – Migration mitteleuropäischer Juden 1850–1920.
Keim, Josef: Juden im mittelalterlichen Straubing. In: Jahresbericht des historischen Vereins für Straubing und Umgebung 65 (1962), S. 62–69.
Keller, Walter E. (Hg.): Jüdisches Leben in Treuchtlingen. Geschichte und Geschichten. Treuchtlingen 2010.
Kershaw, Ian: Antisemitismus und Volksmeinung. Reaktionen auf die Judenverfolgung. In: Fröhlich/Broszat (Hg.): Bayern in der NS-Zeit. Bd. II, S. 281–348.
Kestel, Christian: Händler – Fabrikanten – Bankiers. Jüdisches Unternehmertum in der Bamberger Wirtschaft des 19. Jahrhunderts. In: Hanemann (Hg.): Jüdisches in Bamberg, S. 109–116.
Kießling, Rolf: Bürgerliche Gesellschaft und Kirche in Augsburg im Spätmittelalter. Augsburg 1971.
Kießling, Rolf: Die Stadt und ihr Land. Umlandpolitik, Bürgerbesitz und Wirtschaftsgefüge in Ostschwaben vom 14. bis ins 16. Jahrhundert. Köln 1989.
Kießling, Rolf: „Fremde" in einer christlichen Umwelt. Die schwäbischen Judengemeinden vor der Emanzipation. In: Römer (Hg.): Fast ein normales Leben, S. 21–30.
Kießling, Rolf (Hg.): Judengemeinden in Schwaben im Kontext des Alten Reiches. Berlin 1995.
Kießling, Rolf: Zwischen Vertreibung und Emanzipation – Judendörfer in Ostschwaben während der Frühen Neuzeit. In: Kießling (Hg.): Judengemeinden in Schwaben im Kontext des Alten Reiches, S. 154–180.
Kießling, Rolf: *Under des Römischen Adlers Flügel*. Die schwäbischen Juden und das Reich. In: Rainer A. Müller (Hg.): Bilder des Reiches. Sigmaringen 1997, S. 221–253.
Kießling, Rolf: Kleinstädte und Märkte als regionalpolitische Instrumente. Ostschwaben vom 14. bis zum 16. Jahrhundert. In: Flachenecker/Kießling (Hg.): Städtelandschaften in Altbayern, Franken und Schwaben, S. 243–288.
Kießling, Rolf: Städtebünde und Städtelandschaften im oberdeutschen Raum. Ostschwaben und Altbayern im Vergleich. In: Monika Escher/Alfred Haverkamp/Frank G. Hirschmann (Hg.): Städtelandschaft, Städtenetz, zentralörtliches Gefüge. Ansätze und Befunde zur Geschichte der Städte im hohen und späten Mittelalter. Mainz 2000, S. 79–116.
Kießling, Rolf: Umlandpolitik im Spiegel der städtischen Einbürgerungen während des späten Mittelalters. In: Rainer Christoph Schwinges (Hg.): Neubürger im späten Mittelalter. Migration und Austausch in der Städtelandschaft des alten Reiches (1250–1550). Berlin 2002, S. 289–315.

Kießling, Rolf: Die Landjuden als religiöse Sondergruppe. In: Holenstein/Ullmann (Hg.): Nachbarn, Gemeindegenossen und die anderen, S. 357–363.

Kießling, Rolf: Zwischen Stadt und Dorf? Zum Marktbegriff in Oberdeutschland. In: Peter Johanek/Franz-Joseph Post (Hg.): Vielerlei Städte. Der Stadtbegriff. Köln 2004, S. 121–143.

Kießling, Rolf: Der Schwarze Tod und die Weißen Flecken. Zur Großen Pest von 1348/49 im Raum Ostschwaben und Altbayern. In: Zeitschrift für bayerische Landesgeschichte 68 (2005), S. 519–539.

Kießling, Rolf: Zwischen Schutzherrschaft und Reichsbürgerschaft: Die schwäbischen Juden und das Reich. In: Kießling/Ullmann (Hg.): Das Reich in der Region während des Mittelalters und der frühen Neuzeit, S. 99–122.

Kießling, Rolf: Die jüdischen Gemeinden. In: Spindler/Kraus/Schmid (Hg.) Handbuch der Bayerischen Geschichte IV, 1, S. 357–384.

Kießling, Rolf: Die Eingliederung der Reichsstädte in das moderne Bayern und die Entstehung eines neuen Stadttypus. In: Rainer A. Müller (Hg.): Das Ende der kleinen Reichsstädte 1803 im süddeutschen Raum. München 2007, S. 6–28.

Kießling, Rolf: Synagogen und Friedhöfe – schwäbische Juden als ‚Fremde' in der Region. In: Rolf Kießling/DietmarSchiersner (Hg.): Erinnerungsorte in Oberschwaben. Konstanz 2009, S. 249–286.

Kießling, Rolf: Wirtschaftslandschaften in Bayern – eine Einführung. In: Helmut Flachenecker/ Rolf Kießling (Hg.): Wirtschaftslandschaften in Bayern. Studien zur Entstehung und Entwicklung ökonomischer Raumstrukturen vom Mittelalter bis ins 19. Jahrhundert. München 2010, S. 1–14.

Kießling, Rolf: Gab es einen pragmatischen Weg zur Emanzipation? Die jüdischen Gemeinden in Schwaben an der Schwelle zur Moderne. In: Brenner/Ullmann (Hg.): Die Juden in Schwaben, S. 175–199.

Kießling, Rolf: Die Huldigungstafel von Ichenhausen. In: Katharina Weigand/Jörg Zedler (Hg.): Ein Museum der bayerischen Geschichte. München 2015, S. 341–359.

Kießling, Rolf: Die Stadt in Bayern, Franken und Schwaben – vom Mittelalter bis zur Schwelle des modernen Staates. In: Krenn/Stephan/Wagner (Hg.): Kommunalarchive, S. 9–40.

Kießling, Rolf: Juden und Christen im konkurrierenden Zeittakt. Zum Umgang mit den Alltagsabläufen in den schwäbischen Judengemeinden im 17./18. Jahrhundert. In: Dietmar Schiersner (Hg.): Zeiten und Räume – Rhythmus und Region. Konstanz 2016, S. 179–201.

Kießling, Rolf: Oberschwaben. In: Freitag/Kißener/Reinle/Ullmann (Hg.): Handbuch Landesgeschichte. Berlin, S. 375–391.

Kießling, Rolf/Ullmann, Sabine: Christlich-jüdische „Doppelgemeinden" in den Dörfern der Markgrafschaft Burgau während des 17./18. Jahrhunderts. In: Cluse/A. Haverkamp/Yuval (Hg.): Jüdische Gemeinden und ihr christlicher Kontext in kulturräumlich vergleichender Betrachtung, S. 513–534.

Kießling, Rolf/Ullmann, Sabine (Hg.): Landjudentum im deutschen Südwesten während der Frühen Neuzeit. Berlin 1999

Kießling, Rolf/Ullmann, Sabine (Hg.): Das Reich in der Region während des Mittelalters und der frühen Neuzeit. Konstanz 2005.

Kießling, Rolf/Ullmann, Sabine: Jüdische Niederlassungen in Schwaben. In: Hans Frei/Gerhard Hetzer/Rolf Kießling (Hg.), Historischer Atlas von Bayerisch-Schwaben, 6. Lieferung, Augsburg 2019 (im Druck).

Kießling, Rolf/Rauscher, Peter/Rohrbacher, Stefan/Staudinger, Barbara (Hg.): Räume und Wege. Jüdische Geschichte im Alten Reich; 1300–1800. Berlin 2007.

Kießling, Rolf/Konersmann/Frank/Troßbach Werner (Hg.): Grundzüge der Agrargeschichte. Bd. I: Vom Spätmittelalter bis zum Dreißigjährigen Krieg (1350–1650). Köln, Weimar, Wien 2016.

Kießling, Rolf/Lengger, Werner (Hg.): Judenverordnungen in der Markgrafschaft Burgau (i.Vorb.).

Kießling, Rolf Kilian: Juden in Forchheim. 300 Jahre jüdisches Leben in einer kleinen fränkischen Stadt. Forchheim 2004.

Kilcher, B. Andreas: Kabala in Sulzbach. Zu Knorr von Rosenroths Projekt der Kabbala Denudata. In: Brenner/Höpfinger (Hg.): Die Juden in der Oberpfalz, S. 69–86.

Kilian, Hendrikje: Rabbiner Hirsch Aub (1796–1875) und Familie. In: Treml (Hg.): Geschichte und Kultur der Juden in Bayern. Lebensläufe, S. 109–112.

Kilian, Hendrikje: Die jüdische Gemeinde in München, 1813–1871. Eine Großstadtgemeinde im Zeitalter der Emanzipation. München 1989.

Kirmeier, Josef: Aufnahme, Verfolgung und Vertreibung. Zur Judenpolitik bayerischer Herzöge im Mittelalter In: Treml, (Hg.): Geschichte und Kultur der Juden in Bayern. Aufsätze, S. 95–104.

Kirmeier, Josef: Die Juden und andere Randgruppen. Zur Frage der Randständigkeit im mittelalterlichen Landshut. Landshut 1988.

Kirmeier, Josef: Juden im mittelalterlichen Landshut. In: Thomas Stangier (Hg.): 1204 und die Folgen. Zu den Anfängen der Stadt Landshut, Landshut 2002, S. 103–112.

Kisch, Guido: Forschungen zur Recht- und Sozialgeschichte der Juden in Deutschland während des Mittelalters. 2. erw. Aufl. Sigmaringen 1978.

Kisch, Guido: Zasius und Reuchlin. Eine rechtsgeschichtlich-vergleichende Studie zum Toleranzproblem im 16. Jahrhundert. Stuttgart 1961.

Klein, Birgit E.: Wohltat und Hochverrat. Kurfürst Ernst von Köln, Juda bar Chajjim und die Juden im Alten Reich. Hildesheim 2003.

Kluxen, Andrea M. (Hg.): Judentum und Aufklärung in Franken. Würzburg 2011.

Kluxen, Andrea M./Hecht, Julia (Hg.): Juden in Franken 1806 bis heute. Ansbach 2007.

Kluxen, Andrea M./Hecht, Julia (Hg.): Der Rabbinatsbezirk Schwabach. Ansbach 2009.

Kluxen, Andrea M./Krieger, Julia (Hg.): Antijudaismus und Antisemitismus in Franken. Ansbach 2. Aufl. 2009.

Kluxen, Andrea M./Krieger Julia (Hg.): Geschichte und Kultur der Juden in Rothenburg o.d.T. Ansbach 2013.

Kluxen, Andrea M./Krieger, Julia (Hg.): Geschichte und Kultur der Juden in Nürnberg. Würzburg 2014.

Knufinke, Ulrich: Auf der Suche nach einer jüdischen Architektur – die Synagoge in Augsburg und ihre Zeit. In: Schönhagen/Kimmel (Hg.): Die Augsburger Synagoge, S. 13–39.

König, Imke: Judenverordnungen im Hochstift Würzburg (15.–18. Jh.). Frankfurt am Main 1999.

Königseder, Angelika/Wetzel, Juliane: Lebensmut im Wartesaal. Die jüdischen DPs (displaced persons) im Nachkriegsdeutschland. Frankfurt am Main 1995.

Körner, Hans-Michael. Staat und Geschichte in Bayern im 19. Jahrhundert. München 1992.

Körner, Hans M./Schmid, Alois (Hg.): Historische Stätten, Bayern I: Altbayern und Schwaben. Stuttgart 2006.

Körner, Hans M./Schmid, Alois (Hg.): Historische Stätten, Bayern II: Franken. Stuttgart 2006.

Kosche, Rosemarie: Erste Siedlungsbelege nach 1350 – Siedlungsnetz und „jüdische" Perzeption. In: A. Haverkamp (Hg.): Geschichte der Juden im Mittelalter von der Nordsee bis zu den Südalpen. Kommentarband, S. 243–247.

Kraft, Thomas: Jakob Wassermann. Biografie. München 2008.
Kramer, Nicole: Kein Sonderfall – Die Firma Sigmund Feuchtwanger. In: Baumann/Heusler (Hg.): München arisiert, S. 87–104.
Kraus, Andreas: Civitas Regia. Das Bild Regensburgs in der deutschen Geschichtsschreibung des Mittelalters. Kallmünz 1972.
Kraus, Wolfgang/Hamm, Bernd/Schwarz, Meier (Hg.): Mehr als Steine... Synagogen-Gedenkband Bayern.
   Bd. I: Oberfranken, Oberpfalz, Niederbayern, Oberbayern, Schwaben. Lindenberg 2007.
   Bd. II: Mittelfranken. Lindenberg 2010.
   Bd. III, 1: Unterfranken. Lindenberg 2015.
Krenn, Dorit-Maria/Stephan, Michael/Wagner, Ulrich (Hg.): Kommunalarchive – Häuser der Geschichte. Quellenvielfalt und Aufgabenspektrum. Würzburg 2015.
Kreuzer, Georg: Augsburg als Bischofsstadt unter den Saliern und Lothar III. (1024–1133). In: Gottlieb u.a. (Hg.): Geschichte der Stadt Augsburg, S. 121–127.
Kreuzer, Georg/Ritter, Franz (Hg.): Ichenhausen. Von den Anfängen bis zur Gegenwart. Stadtgeschichte in zwei Bänden. Ichenhausen 2007.
Krieger, Karsten: Der „Berliner Antisemitismusstreit" 1879–1881. Eine Kontroverse um die Zugehörigkeit der deutschen Juden zur Nation; kommentierte Quellenedition. München 2003.
Krüger, Sabine: Krise der Zeit als Ursache der Pest. Der Traktat ‚De Mortalitate in Alamannia' des Konrad von Megenberg. In: Festschrift für Hermann Heimpel zum 70. Geburtstag. Bd. 2, Göttingen 1972, S. 839–883.
Ksoll, Margit: Abraham Rost, Hoffaktor. In: Treml (Hg.): Geschichte und Kultur der Juden in Bayern. Lebensläufe, S. 49–52.
Ksoll, Margit/Hörner, Manfred: Fränkische und schwäbische Juden vor dem Reichskammergericht. In: Treml (Hg.): Geschichte und Kultur der Juden in Bayern. Aufsätze, S. 183–197.
Kudorfer, Dieter: Nördlingen. München 1974.
Kudorfer, Dieter: Die Grafschaft Oettingen. Territorialer Bestand und innerer Aufbau (um 1140 bis 1806). Kallmünz 1985.
Kugelmann, Cilly (Hg.): Weihnukka. Geschichten von Weihnachten und Chanukka. Eine Ausstellung des Jüdischen Mueseums Berlin. Berlin 2006.
Kuhn, Peter/Dietrich, Dagmar/Schickel, Gabriele/Haugg, Markus (Hg.): Jüdischer Friedhof Georgensgmünd. München 2006.
Kuhn, Peter: Die Geschichte des jüdischen Friedhofs in Georgensgmünd. In: Kuhn/Dietrich/Schickel/Haugg (Hg.): Jüdischer Friedhof Georgensgmünd. München 2006, S. 21–146.
Kuhn, Peter: Zur Geschichte und Topographie der in Georgensgmünd bestattenden jüdischen Gemeinden. In: Kuhn/Dietrich/Schickel/Haugg (Hg.): Jüdischer Friedhof Georgensgmünd, S. 12–49.
Kuller, Christiane: Finanzverwaltung und Judenverfolgung. Die Entziehung jüdischen Vermögens in Bayern während der NS-Zeit. München 2008.
Künast, Hans-Jörg: „Getruckt zu Augspurg". Buchdruck und Buchhandel in Augsburg zwischen 1468 und 1555. Berlin 1997.
Künast, Hans-Jörg: Hebräisch-jüdischer Buchdruck in Schwaben in der ersten Hälfte des 16. Jahrhunderts. In: Kießling/Ullmann (Hg.): Landjudentum im deutschen Südwesten während der Frühen Neuzeit, S. 277–303.
Kundrus, Birthe: Die Deportation der Juden aus Deutschland. Pläne – Praxis – Reaktionen 1938–1945. Göttingen 2004.

Kußmaul, Sibylle: Die „Ostjuden" in Nürnberg 1880 – 1933. Eine Minderheit zwischen Ausweisung und Assimilation. In: Mitteilungen des Vereins für Geschichte der Stadt Nürnberg 84 (1997), S. 149–224.
Küther, Carsten: Menschen auf der Straße. Vagierende Unterschichten in Bayern, Franken und Schwaben in der zweiten Hälfte des 18. Jahrhunderts. Göttingen1983.
Kwasmann, Theodore: Die mittelalterlichen jüdischen Grabsteine in Rothenburg ob der Tauber. In: Hilde Merz u.a (Hg.): Zur Geschichte der mittelalterlichen jüdischen Gemeinde im Rothenburg ob der Tauber, S. 35–180.
Kwiet, Konrad: Nach dem Pogrom: Stufen der Ausgrenzung. In: Benz (Hg.): Die Juden in Deutschland 1933–1945, S. 545–659.
Lamm, Hans (Hg.): Vergangene Tage. Jüdische Kultur in München. erw. und durchges. Ausg. des 1958 ersch. Buches „Von Juden in München – Ein Gedenkbuch". München, Wien 1982.
Lammfromm, Israel: Chronik der Markt-Gemeinde Buttenwiesen. (1911), ND Buttenwiesen 2011.
Landsberger, Franz: Old-Time Torah-Curtains. Apropos a New Acquisition of the Jewish Museum in New York. In: Hebrew Unio College Annual XIX (1945/46), S. 353–387.
Lang, Stefan: Ausgrenzung und Koexistenz. Judenpolitik und jüdisches Leben in Württemberg und im „Land zu Schwaben" (1492–1650). Ostfildern 2008.
Lang, Stefan: Zwischen Reich und Territorium. Innen- und Außenperspektiven jüdischen Lebens im „Land zu Schwaben" in der frühen Neuzeit. In: Brenner/Ullmann (Hg.): Juden in Schwaben, S. 115–131.
Laschinger, Johannes: Judenpogrome in Weiden und Amberg 1938. In: Verhandlungen des Historischen Vereins für die Oberpfalz und Regensburg 128 (1988), S. 185–227.
Laux, Walter Stephan: Gravamen und Geleit. Die Juden im Ständestaat der Frühen Neuzeit (15.–18. Jahrhundert). Hannover 2010.
Layer, Adolf/Fried, Pankraz/Lengger, Werner: Von der Gegenreformation bis zur Eingliederung in Bayern. In: Spindler/Kraus/Schmid (Hg.): Handbuch der bayerischen Geschichte. Bd. III, 2, S. 260–284.
Layer, Adolf u.a.: Weltliche Herrschaftsbereiche. In: Spindler/Kraus/Schmid (Hg.): Handbuch der bayerischen Geschichte. Bd. III, 2, S. 347–434.
Lehnert, Herbert: Juden in Nürnberg. In: Liane Zettl (Hg.): Juden in Nürnberg. Geschichte der jüdischen Mitbürger vom Mittelalter bis zur Gegenwart. Nürnberg 1993, S. 4–55.
Leng, Rainer: Konkurrenz und Konfessionalismus. Juden im Hochstift Würzburg an der Wende vom Spätmittelalter zur Frühen Neuzeit. In: Kluxen/Krieger (Hg.): Antijudaismus und Antisemitismus, S. 60–92.
Lengle, Peter: Handel und Gewerbe bis zum Ende des 13. Jahrhunderts. In: Gottlieb u.a. (Hg.): Geschichte der Stadt Augsburg, S. 166–170.
Lenhard, Philipp: Volk oder Religion? Die Entstehung moderner jüdischer Ethnizität in Frankreich und Deutschland 1782–1848. Göttingen 2014.
Lenk, Kurt: Der Antisemitismusstreit oder: Antisemitismus der „gebildeten Leute". In: Kluxen/Krieger (Hg.): Antijudaismus und Antisemitismus in Franken, S. 109–122.
Levinson, Pnina Navé: Religiöse Richtungen und Entwicklungen in den Gemeinden. In: Brumlik (Hg.): Jüdisches Leben in Deutschland seit 1945, S. 140–171.
Liebeschütz, Hans: Synagoge und Ecclesia. Religionsgeschichtliche Studien über die Auseinandersetzung der Kirche mit dem Judentum im Hochmittelalter. Heidelberg 1983.
Liebhart, Wilhelm: Zwischen Dorf und Stadt: der altbayerische Marktflecken im Spätmittelalter. In: Herbert Knittler (Hg.): Minderstädte, Kümmerformen, gefreite Dörfer. Stufen zur Urbanität und das Märkteproblem. Linz 2006, S. 279–304.

Lienert, Ralf. Geschichte der Juden in Kempten. Kempten 1998.
Lind, Christoph: Juden in den habsburgisches Ländern 1670–1848. In: Brugger/Keil/Lichtblau (Hg.): Geschichte der Juden in Österreich, S. 339–446.
Litt, Stefan: Juden in Thüringen in der Frühen Neuzeit (1520–1650). Köln u.a. 2003.
Löffelmeier, Anton: Wege in die bürgerliche Gesellschaft. In: Bauer/Brenner (Hg.): Jüdisches München, S. 58–88.
Lohr, Otto: Die wirtschaftliche Tätigkeit der Juden von 1870 bis 1933. In: Treml (Hg.): Geschichte und Kultur der Juden in Bayern. Aufsätze, S. 397–409.
Lohr, Otto: Ehemalige Synagogen in Bayern als Erinnerungsorte, Museen und Begegnungsstätten – Entwicklungen im Umgang mit Denkmälern jüdischer Geschichte. In: Hartmann/Vogl (Hg.): Ehemalige Synagoge Sulzbach, S. 17–23.
Lohrmann, Klaus: Bemerkungen zum Problem „Jude und Bürger". In: Mayrhofer/Oppl (Hg.): Juden in der Stadt, S. 145–165.
Longerich, Peter: Hitler, München und diie Frühgeschichte der NSDAP. In: Nerdinger (Hg.): München und der Nationalsozialismus, S. 398–407.
Lotter, Friedrich: Hostienfrevelvorwurf und Blutwunderfälschung bei den Judenverfolgungen von 1298 („Rintfleisch") und 1336–1338 („Armleder"). In: Fälschungen im Mittelalter. Internationaler Kongreß der Monumenta Germaniae Historica, München 16.–19. September 1986. Bd. 5: Fingierte Briefe. Frömmigkeit und Fälschung. Realienfälschungen. Hannover 1988, S. 533–583.
Lotter, Friedrich: Die Judenverfolgung des „Königs Rintfleisch" in Franken um 1298. In: Zeitschrift für Historische Forschung 15 (1988), S. 385–422.
Lotter, Friedrich: „Tod oder Taufe". Das Problem der Zwangstaufen während des Ersten Kreuzzuges. In: A. Haverkamp (Hg.): Juden und Christen zur Zeit der Kreuzzüge, S. 107–152.
Lotter, Friedrich: „Der Gerechte wird seine Hände im Blut der Gottlosen waschen". Die Reaktivierung des theologischen Antijudaismus im Psalmenkommentar des Bruno von Würzburg. In: Aschkenas 10 (2000), S. 43–115.
Lowenstein, Steven M./Mendes-Flohr, Paul/Pulzer, Peter/Richarz, Monika (Hg.): Umstrittene Integration 1871–1918 (Deutsch-jüdische Geschichte in der Neuzeit, hg. im Auftr. des Leo-Baeck-Instituts von Michael A. Meyer, Bd 3), München 1997.
Lowenstein, Steven M.: Die Gemeinde. In: Lowenstein/Mendes-Flohr/Pulzer/Richarz (Hg.): Umstrittene Integration, S. 123–150.
Lowenstein, Steven M.: Ideologie und Identität. In: Lowenstein/Mendes-Flohr/Pulzer/Richarz (Hg.): Umstrittene Integration, S. 278–301.
Lowenstein, Steven M.: Jüdisches religiöses Leben in deutschen Dörfern. Regionale Unterschiede im 19. und frühen 20. Jahrhundert. In: Richarz/Rürup (Hg.): Jüdisches Leben auf dem Lande, S. 219–229.
Löwenstein, Leopold: Zur Geschichte der Juden in Fürth. 3 Teile in 1 Bd. (1909–1913), ND Hildesheim 1974.
Löwenstein, Leopold: Günzburg und die schwäbischen Gemeinden. In: Blätter für jüdische Geschichte und Litteratur 1–3 (1899/1900–1902).
Lübbeke, Wolfram: Denkmale jüdischer Vergangenheit in Bayern. In: Bauch (Hg.): Denkmäler jüdischer Kultur in Bayern, S. 102–112.
Ludyga, Hannes: Philipp Auerbach (1906–1952). „Staatskommissar für rassisch, religiös und politisch Verfolgte". Berlin 2005.

Ludyga, Hannes: Die Rechtsstellung der Juden in Bayern von 1819 bis 1918. Studie im Spiegel der Verhandlungen der Kammer der Abgeordneten des bayerischen Landtags. Berlin 2007.
Lutz, Heinrich: Conrad Peutinger. Beiträge zu einer politischen Biographie. Augsburg 1958.
Madel-Böhringer, Claudia: Zur wirtschaftlichen Situation Ichenhausens im 19. Jahrhundert. In: Kreuzer/Ritter (Hg.): Ichenhausen. Bd. 1, S. 109–125.
Magin, Christine: „Wie es umb der iuden recht stet". Der Status der Juden in spätmittelalterlichen deutschen Rechtsbüchern. Göttingen 1999.
Maidl, Peter: Aspekte der Überseewanderung bayerisch-schwäbische Juden im 19. Jahrhundert – dargestellt anhand von Selbstzeugnissen, nebst einigen Anmerkungen zum Forschungsstand und ersten quantitativen Ergebnissen. In: Fassl (Hg.): Geschichte und Kultur der Juden in Schwaben. Bd. II, S. 87–113.
Maier, Gregor: Händler, Ärzte, Bauarbeiter. Die wirtschaftlichen Tätigkeitsfelder der Augsburger Juden 1276–1348. In: Brenner/Ullmann (Hg.): Die Juden in Schwaben, S. 41–62.
Maòr, Harry: Über den Wiederaufbau der Jüdischen Gemeinden in Deutschland seit 1945. Mainz 1961.
Marx, Julius: Kriegstagebuch eines Juden. (1939), ND Frankfurt a. M. 1964.
Maurer, Trude: Ostjuden in Deutschland 1918–1933. Hamburg 1986.
Maurer, Trude: Beziehungen zwischen Juden und Nichtjuden: Beobachtungen zur Alltagsgeschichte Frankens. In: Och/Bobzin (Hg.): Jüdisches Leben in Franken, S. 157–175.
Maurer, Wilhelm: Die Zeit der Reformation. In: Rengstorf/von Kortzfleisch (Hg.): Kirche und Synagoge. Bd. I, S. 363–452.
Mayer, Bernd/Piontek, Frank (Hg.): Jüdisches Bayreuth. Gesellschaft für Christlich-Jüdische Zusammenarbeit Bayreuth. Bayreuth 2010.
Mayer, Bernd: Vom frostigen Nebeneinander zum versöhnten Miteinander. Bayreuths jüdische Gemeinde in der Stadtgesellschaft von 1945 bis 2010. In: Mayer/Piontek (Hg.): Jüdisches Bayreuth, S. 201–214.
Mayrhofer, Fritz/Oppl, Ferdinand (Hg.): Juden in der Stadt. Linz/Donau 1999.
Mehler, Richard: Die Entstehung eines Bürgertums unter den Landjuden in der bayerischen Rhön vor dem Ersten Weltkrieg. In: Gotzmann (Hg.): Juden, Bürger, Deutsche, S. 193–216.
Mehler, Richard: Grundzüge der demographischen Entwicklung der bayerischen Juden in der Kaiserzeit 1871–1914. In: Zeitschrift für bayerische Landesgeschichte 65 (2002), S. 501–533.
Mehler, Richard: Auf dem Weg in die Moderne. Die fränkischen Landjuden vom frühen 19. Jahrhundert bis zum Ende der „Weimarer Republik". In: Kluxen/Hecht (Hg.): Juden in Franken 1806 bis heute, S. 67–98.
Mehler, Richard: Die Matrikelbestimmungen des bayerischen Judenediktes von 1813. Historischer Kontext, Inhalt, Praxis. Würzburg 2011.
Meining, Stefan: Wege an die Isar. In: Bokovoy/Meining (Hg.): Versagte Heimat, S. 27–40.
Meining, Stefan: Erster Ansturm der Antisemiten: 1919–1923. In: Bokovoy/Meining (Hg.): Versagte Heimat, S. 53–74.
Meining, Stefan: Jüdisches Leben in der Isarvorstadt. In: Bokovoy/Meining (Hg.): Versagte Heimat, S. 131–152.
Meining, Stefan: Betstuben und Synagogen. In: Bokovoy/Meining (Hg.): Versagte Heimat, S. 165–180.
Meiring, Kerstin: Die christlich-jüdische Mischehe in Deutschland 1840–1933. Hamburg 1998.
Mendes-Flohr, Paul: Im Schatten des Weltkrieges. In: Barkai/Mendes-Flohr/Lowenstein (Hg.): Aufbruch und Zerstörung, S. 15–36.

Mendes-Flohr, Paul: Jüdisches Kulturleben unter dem Nationalsozialismus. In: Barkai/Mendes-Flohr/Lowenstein (Hg.): Aufbruch und Zerstörung, S. 272–300.
Mentgen, Gerd: Studien zur Geschichte der Juden im mittelalterlichen Elsaß. Hannover 1995.
Mentgen, Gerd: „Die Juden waren stets eine Randgruppe!". Über eine fragwürdige Prämisse der aktuellen Judenforschung. In: Burgard (Hg.): Liber Amicorum et Amicarum für Alfred Heit, S. 393–412.
Mentgen, Gerd: Herausragende jüdische Finanziers im mittelalterliche Straßburg. In: Friedhelm Burgard (Hg.): Hochfinanz im Westen des Reiches 1150–1500. Trier 1996, S. 75–100.
Merz, Hilde u.a (Hg.): Zur Geschichte der mittelalterlichen jüdischen Gemeinde im Rothenburg ob der Tauber. Rothenburg o.T. 1993.
Merz, Hilde: Die mittelalterliche jüdische Gemeinde in Rothenburg o.d.T. In: Merz u.a (Hg.): Zur Geschichte der mittelalterlichen jüdischen Gemeinde im Rothenburg ob der Tauber, S. 9–28.
Merz, Hilde: „Mit bitterer Seele eine bittere Klage…". Über die Wiederauffindung und Identifizierung des Gedenksteins zum Judenpogrom in Rothenburg ob der Tauber 1298. In: Merz u.a (Hg.): Zur Geschichte der mittelalterlichen jüdischen Gemeinde im Rothenburg ob der Tauber, S. 29–34.
Meuthen, Erich: Die deutsche Legationsreise des Nikolaus von Kues 1451/52. In: Boockmann/Moeller/Stackmann (Hg.): Lebenslehren und Weltentwürfe im Übergang vom Mittelalter zur Neuzeit, S. 421–499.
Meyer, Beate: Handlungsspielräume regionaler jüdischer Repräsentanten (1941–1945). Die Reichsvereinigung der Juden in Deutschland und die Deportationen. In: Kundrus/Meyer (Hg.): Die Deportation der Juden aus Deutschland, S. 63–85.
Meyer, Beate: „Jüdische Mischlinge". Rassenpolitik und Verfolgungserfahrung 1933–1945. 4. Aufl. München 2015.
Meyer, Michael A.: Jüdische Gemeinden im Übergang. In: Brenner/Jersch-Wenzel/Meyer (Hg.): Emanzipation und Akkulturation, S. 96–134.
Meyer, Michael A.: Jüdisches Selbstverständnis. In: Brenner/Jersch-Wenzel/Meyer (Hg.): Emanzipation und Akkulturation, S. 135–176.
Meyer, Michael A.: Judentum und Christentum. In: Brenner/Jersch-Wenzel/Meyer (Hg.): Emanzipation und Akkulturation, S. 177–207.
Meyer, Michael A.: Deutsch werden, jüdisch bleiben. In: Brenner/Jersch-Wenzel/Meyer (Hg.): Emanzipation und Akkulturation, S. 208–259.
Meyer, Michael A.: Jüdische Identität in den Jahrzehnten nach 1848. In: In: Brenner/Jersch-Wenzel/Meyer (Hg.): Emanzipation und Akkulturation, S. 326–359.
Michel, Thomas: Die Juden in Gaukönigshofen, Unterfranken (1550–1942). Stuttgart 1988.
Michelfelder, Gottfried: Die wirtschaftliche Tätigkeit der Juden Nürnbergs im Spätmittelalter. In: Stadtarchiv Nürnberg (Hg.): Beiträge zur Wirtschaftsgeschichte Nürnbergs. Bd. 1. Nürnberg 1967, S. 236–260.
Miedel, Julius: Die Juden in Memmingen. Aus Anlaß der Einweihung der Memminger Synagoge verfaßt. Memmingen 1909.
Mikosch, Gunnar: Von jüdischen Wucherern und christlichen Predigern. Eine Spurensuche. In: Aschkenas 20 (2010), S. 415–437.
Mistele, Karl H.: Das Ende einer Gemeinde. Juden in Bamberg 1930–1942. Bamberg 1988.
Mix, Rosemarie: „Wider der Juden und Jüdinen wuocherliche gesuoch, Conträct und handlungen". Die kaiserlichen Privilegien für die Reichsstädte Ulm, Memmingen und Augsburg und die geistlichen Territorien Wettenhausen und Roggenburg als restriktive

Maßnahmen gegenüber den Juden der Markgrafschaft Burgau in der zweiten Hälfte des 16. Jahrhunderts. Zulassungsarbeit Universität Augsburg (masch.) 1993.
Mix, Rosemarie: Die Judenordnung der Markgrafschaft Burgau von 1534. In: Kießling/Ullmann (Hg.): Landjudentum im deutschen Südwesten während der Frühen Neuzeit, S. 23–57.
Möckl, Karl: Die Prinzregentenzeit. Gesellschaft und Politik während der Ära des Prinzregenten Luitpold in Bayern. München 1972.
Modert, Gerd: Motor der Verfolgung. Zur Rolle der NSDAP bei der Entrechtung und Ausplünderung der Münchner Juden. In: Baumann/Heusler (Hg.): München arisiert, S. 145–175.
Möller, Horst: Aufklärung, Judenemanzipation und Staat. Ursprung und Wirkung von Dohms Schrift ‚Über die bügerliche Verbesserung der Juden'. In: Horst Möller/Andreas Wirsching (Hg.): Aufklärung und Demokratie. Historische Studien zur politischen Vernunft. München 2003, S. 43–66.
Möller, Horst/Wirsching, Andreas/Ziegler, Walter (Hg.): Nationalsozialismus in der Region. Beiträge zur regionalen und lokalen Forschung und zum internationalen Vergleich. München 2009.
Moraw, Peter: Die Kirche und die Juden. In: GJ III/3, S. 2282–2297.
Moraw, Peter: Von offener Verfassung zu gestalteter Verdichtung. Das Reich im späten Mittelalter 1250 bis 1490. Frankfurt am Main 1989.
Mordstein, Johannes: Selbstbewußte Untertänigkeit. Obrigkeit und Judengemeinden im Spiegel der Judenschutzbriefe der Grafschaft Oettingen 1637–1806. Epfendorf 2005.
Mordstein, Johannes: Ein Jahr Streit um drei Klafter Holz. Der Konflikt zwischen Bürgerschaft und Judengemeinde im schwäbischen Harburg um die Teilhabe der Juden an den Gemeinderechten 1739/40. In: Holenstein/Ullmann (Hg.): Nachbarn, Gemeindegenossen und die anderen, S. 301–324.
Mordstein, Johannes: *daß wür ebenfahlß Eur Hochgräffliche Exzellenz gehorsame unterthanen seint*. Partizipation von Juden an der Legislationspraxis des frühmodernen Staates am Beispiel der Grafschaft Oettingen1637–1806. In: Kießling/Rauscher/Rohrbacher/Staudinger (Hg.) Räume und Wege, S. 79–106.
Mordstein, Johannes: Die ‚gläsernen Judengemeinden' – Die statistische Beschreibung der Judenschaft in der Grafschaft Oettingen-Spielberg 1757. In: Burkhardt/Safley/Ullmann (Hg.): Geschichte in Räumen, S. 23– 47.
Mösch, Stephan: „Leidens- und Friedenszeit". Zum Verhältnis zwischen Hermann Levi und Bayreuth. In: Mayer/Piontek (Hg.): Jüdisches Bayreuth, S. 129–148.
Möschter, Angela: Juden im venezianischen Treviso (1389–1509). Hannover 2008.
Mosse, Werner E.: Die Juden in Wirtschaft und Gesellschaft. In: Mosse/Paucker (Hg.): Juden im Wilhelminischen Deutschland 1890–1914, S. 57–113.
Mosse, Werner E./Paucker, Arnold (Hg.): Deutsches Judentum in Krieg und Revolution 1916–1923. Ein Sammelband. Tübingen 1971.
Mosse, Werner E./Paucker, Arnold (Hg.): Juden im Wilhelminischen Deutschland 1890–1914. Ein Sammelband. Tübingen 1976.
Motschmann, Josef. Von Demmelsdorf nach Cincinnati. Henry Mack und Louis Stix – zwei bedeutende Persönlichkeiten in „Jerusalem am Ohio". In: Guth/Eckel/Merz (Hg.): Jüdisches Leben auf dem Dorf, S. 129–143.
Müller, Arnd: Geschichte der Juden in Nürnberg 1146–1945. Nürnberg 1968.
Müller, Gerald: Hunger in Bayern 1816–1818. Politik und Gesellschaft in einer Staatskrise des frühen 19. Jahrhunderts, Frankfurt am Main u.a. 1998.

Müller, Jörg R.: Eger – Eine jüdische Gemeinde im Spannungsfeld von Bayern, Böhmen und Reich während des 14. Jahrhunderts (i. Vorb.).

Müller, Jörg R.: Einleitung. In: A. Haverkamp (Hg.): Geschichte der Juden im Mittelalter von der Nordsee bis zu den Südalpen. Teil 1: Ortskatalog, S. 9–29.

Müller, Jörg R.: Zur mittelalterlichen Siedlungsgeschichte der Juden im schwäbischen Raum. In: A. Haverkamp (Hg.): Geschichte der Juden im Mittelalter von der Nordsee bis zu den Südalpen. Teil 2: Kommentarband, S. 99–127.

Müller, Jörg R.: *Eretz geserah* – „Land der Verfolgung": Judenpogrome im *regnum Teutonicum* in der Zeit von etwa 1280 bis 1350. In: Cluse (Hg.): Europas Juden im Mittelalter, S. 259–273.

Müller, Jörg R.: Juden in den Chroniken christlicher Autoren des späten 13. und des 14. Jahrhunderts: Bilder und Vorstellungen. In: A. Haverkamp/J. Müller (Hg.): Verschriftlichung und Quellenüberlieferung, S. 275–314.

Müller, Jörg R./Weber Andreas: Karl IV. und die Juden. In: Jiří Fajt/Markus Hörsch (Hg.): Kaiser Karl IV. 1316–2016. Ausstellungskatalog. V Praze 2016, S. 218–225.

Müller, Karlheinz: Die Würzburger Judengemeinde im Mittelalter. Von den Anfängen um 1100 bis zum Tod Julius Echters (1617). Würzburg 2004.

Müller, Karlheinz: Würzburg: Der größte Fund aus einem mittelalterlichen Judenfriedhof – weltweit. In: Cluse (Hg.): Europas Juden im Mittelalter, S. 455–464.

Müller, Karlheinz/Schwarzfuchs, Simon/Reiner (Rami) Abraham (Hg.): Die Grabsteine vom jüdischen Friedhof in Würzburg aus der Zeit vor dem Schwarzen Tod (1147–1346). Ha-Matsevot shel bet ha-ʿolamin ha-Yehudi be-Virtsburg mi-lifne zeman ha-magefah ha-sheḥorah (1147–1346). Würzburg, Stegaurach 2011.

Müller, Karlheinz: Die Geschichte des mittelalterlichen Friedhofs der Juden in Würzburg. In: Müller/Schwarzfuchs/Abraham (Hg.): Die Grabsteine vom jüdischen Friedhof in Würzburg, S. 175–211.

Müller, L[udwig]: Aus fünf Jahrhunderten. Beiträge zur Geschichte der jüdischen Gemeinden im Riess. Teil I. In: Zeitschrift des Historischen Vereins für Schwaben und Neuburg 25 (1898), S. 1–124.

Müller, L[udwig]: Aus fünf Jahrhunderten. Beträge zur Geschichte der jüdischen Gemeinden im Riess. Teil II. In: Zeitschrift des Historischen Vereins für Schwaben und Neuburg 26 (1899), S. 81–182.

Müller, Monika: Judenschutz vor Ort. Jüdische Gemeinden im Fürstentum Pfalz-Neuburg. Augsburg 2016.

Müller, Rainer A. (Hg.): Das Ende der kleinen Reichsstädte 1803 im süddeutschen Raum. München 2007.

Müller, Uwe: Schweinfurt. Erfurt 1998.

Mümmler, Manfred: Das Haus Wittelsbach und die israelitische Gemeinde zu Fürth. In: Heymann (Hg.): Kleeblatt und Davidstern, S. 140–148.

Mümmler, Manfred: Dichter, Denker, Demokraten. Die Stadt Fürth war eine Station auf ihrem Lebensweg; siebzehn Biographien. Emskirchen 1991.

Mütschele, Sabine: Juden in Augsburg 1212–1440. Stuttgart 1996.

Nerdinger, Winfried (Hg.): München und dem Nationalsozialismus. Katalog des NS-Dokumentationszentrums München. 2. durchges. Aufl. München 2015.

Nerdinger, Winfried/Gruhn-Zimmermann, Antonia/Bauer-Buzzoni, Ulrike (Hg.): Romantik und Restauration. Architektur in Bayern zur Zeit Ludwigs I. 1825–1848. Ausstellung der Architektursammlung der Technischen Universität München und des Münchner Stadtmuseums. München 1987.

Neumeyer, Alexander: Alfred Neumayer (1867–1944), Richter und Vorsitzender des Verbandes Israelitischer Kultusgemeinden in Bayern bis 1941. In: Treml (Hg.): Geschichte und Kultur der Juden in Bayern. Lebensläufe, S. 235–242.

Niewyk, Donald L.: Das Selbstverständnis der Juden und ihre Beteiligung am politischen Leben des Kaiserreiches und der Weimarer Republik. In: Treml (Hg.): Geschichte und Kultur der Juden in Bayern. Aufsätze, S. 369–385.

Oberman, Heiko A.: Wurzeln des Antisemitismus. Christenangst und Judenplage im Zeitalter von Humanismus und Reformation. 2. durchges. Aufl. Berlin 1983.

Och, Gunnar: Zion, Heimat, Golus – Jakob Wassermann zwischen jüdischer Selbstbesinnung, Assimilation und Antisemitismus. In: Och/Bobzin (Hg.): Jüdisches Leben in Franken, S. 177–195.

Och, Gunnar: Haskala in Franken. Protagonisten, Ideen, Kontexte. In: Kluxen (Hg.): Judentum und Aufklärung in Franken, S. 63–83.

Och, Gunnar/Renda, Gerhard: Simon Höchheimer (1744–1828), Arzt und Schriftsteller. In: Treml (Hg.): Geschichte und Kultur der Juden in Bayern. Lebensläufe, S. 43–47.

Och, Gunnar/Bobzin, Hartmut (Hg.): Jüdisches Leben in Franken. Würzburg 2002.

Oestreich, Carl: Die letzten Stunden eines Gotteshauses. In: Lamm (Hg.): Vergangene Tage, S. 447–448.

Ohm, Barbara: Fürth. Geschichte der Stadt. Fürth 2007.

Ohm, Barbara: Geschichte der Juden in Fürth. Fürth 2014.

Ophir, Baruch Z./Wiesemann, Falk: Die jüdischen Gemeinden in Bayern 1918–1945. Geschichte und Zerstörung. München, Wien 1979.

Oppelt, Wolfgang: „.... es sich gar nicht geziemen oder reimen wolte, daß unterthanen wider ihre vorgesezte Obrigkeit protestiren". Aus einem Prozeß der Fürther Judenschaft gegen den Bamberger Dompropst im 18. Jahrhundert. In: Heymann (Hg.): Kleeblatt und Davidstern, S. 55–75.

Patschovsky, Alexander: Das Rechtsverhältnis der Juden zum deutschen König (9.–14. Jahrhundert). In: Zeitschrift der Savigny-Stiftung für Rechtsgeschichte. Germanistische Abteilung 110 (1993), S. 331–371.

Paucker, Arnold: Zur Problematik einer jüdischen Abwehrstrategie in der deutschen Gesellschaft. In: Mosse/Paucker (Hg.): Juden im Wilhelminischen Deutschland, S. 479–548.

Paul, Ina Ulrike: Hermann Levi (1839–1900), der erste „Parsifal"-Dirigent. In: Treml (Hg.): Geschichte und Kultur der Juden in Bayern. Lebensläufe, S. 163–171.

Peck, Abraham J.: Jüdisches Leben in Bayern nach 1945. Die Stimme von She'erit Hapletah. In: Treml (Hg.): Geschichte und Kultur der Juden in Bayern. Aufsätze, S. 505–515.

Pelzer, Kathrin: Neubeginn des jüdischen Lebens in Regensburg 1945–1950. Magisterarbeit Universität Regensburg 1998.

Pemper, Mieczyslaw: Zwangsarbeiter bei Göth, Mitarbeiter bei Schindler, Zeuge und Übersetzer in den NS-Prozessen der Nachkriegszeit – ein Zeitzeugenbericht. In: Fassl (Hg.): Geschichte und Kultur der Juden in Schwaben. Bd. II, S. 379–399.

Penßel, Renate: Jüdische Religionsgemeinschaften als Körperschaften des öffentlichen Rechts. Von 1800 bis 1919. Köln 2014.

Peters, Christian: Johann Eberlin von Günzburg ca. 1465–1533. Franziskanischer Reformer, Humanist und konservativer Reformator. Gütersloh 1994.

Pfaffenberger, Stefan: Wo einst „die Judenschule ist gewest". Archäologische und bauhistorische Befunde zum zweiten Bamberger Judenviertel. In: Hanemann (Hg.): Jüdisches in Bamberg, S. 41–48.

Piller, Michael: Fischach. Geschichte einer mittelschwäbischen Marktgemeinde. Weißenhorn 1981.
Pitz, Ernst: Europäisches Städtewesen und Bürgertum. Von der Spätantike bis zum hohen Mittelalter. Darmstadt 1991.
Plum, Günter: Deutsche Juden oder Juden in Deutschland? In: Benz (Hg.): Die Juden in Deutschland 1933–1945, S. 35–74.
Pomerance, Aubrey: Die Memorbücher der jüdischen Gemeinden in Franken. In: Brenner/ Eisenstein (Hg.): Die Juden in Franken, S. 95–113.
Pommerin, Reiner: Die Ausweisung von „Ostjuden" aus Bayern 1923. In: Bokovoy/Meining (Hg.): Versagte Heimat, S. 75–100.
Porzelt, Christian: Jüdisches Leben in der bambergischen Amtsstadt Kronach 1636–1802/03. In: Schmölz-Häberlein (Hg.): Jüdisches Leben in der Region, S. 219–247.
Post, Bernhard: Judentoleranz und Judenemanzipation in Kurmainz. 1774 – 1813. Wiesbaden 1985.
Press, Volker: Kaiser Rudolf II. und der Zusammenschluß der deutschen Judenheit. Die sogenannte Frankfurter Rabbinerverschwörung von 1603 und ihre Folgen. In: A. Haverkamp (Hg.): Zur Geschichte der Juden im Deutschland des späten Mittelalers und der frühen Neuzeit, S. 243–293.
Prestel, Claudia: Jüdische Hoffaktoren in Bayern. In: Treml (Hg.): Geschichte und Kultur der Juden in Bayern. Aufsätze, S. 199–207.
Prestel, Claudia: Jüdisches Schul- und Erziehungswesen in Bayern 1804 – 1933. Tradition und Modernisierung im Zeitalter der Emanzipation. Göttingen 1989.
Pulzer, Peter: Die Reaktion auf den Antisemitismus. In: Lowenstein/Mendes-Flôr/Pulzer/ Richarz (Hg.): Umstrittene Integration, S. 249–277.
Pulzer, Peter: Die Wiederkehr des alten Hasses. In: Lowenstein/Mendes-Flohr/Pulzer/Richarz (Hg.): Umstrittene Integration, S. 193–247.
Pulzer, Peter: Rechtliche Gleichstellung und öffentliches Leben. In: Lowenstein/Mendes-Flohr/ Pulzer/Richarz (Hg.): Umstrittene Integration, S. 151–192.
Purin, Bernhard: Landjudentum im süddeutschen Raum. Die jüdische „Landschaft" im 17. und 18. Jahrhundert. In: Eva Grabherr (Hg.): Juden in Hohenems. „... eine ganz kleine jüdische Gemeinde, die nur von den Erinnerungen lebt!" Katalog des Jüdischen Museums Hohenems. Hohenems, Bregenz 1996, S. 23–28.
Purin, Bernhard: Theodor Harburger und das jüdische Museumswesen in Bayern. In: Harburger/ Assûlîn (Hg.): Die Inventarisation jüdischer Kunst- und Kulturdenkmäler in Bayern, Bd. I, S. 51–82.
Purrmann, Frank: Zur Architektur der Synagogen in Bayern. In: Kraus/Hamm/Schwarz (Hg.): Mehr als Steine... Bd. III, 1, S. 19–28.
Puschner, Uwe: Moritz Gottlieb Saphir (1795–1858), „Vom kunstrichterstuhlherabdie leutevernichtenwoller". In: Treml (Hg.): Geschichte und Kultur der Juden in Bayern. Lebensläufe, S. 101–108.
Pyka, Marcus: Das Werden einer großstädtischen Gemeinde (1848–1892). In: Bauer/Brenner (Hg.): Jüdisches München, S. 89–109.
Radlmaier, Steffen: Neckermann und der Wäschejude. Wie Karl Joel um sein Lebenswerk gebracht wurde. In: Henkel/Dietzfelbinger (Hg.): Entrechtet. Entwürdigt. Beraubt, S. 91–101.
Raim, Edith: Die Verfolgung und Vernichtung der fränkischen Juden in der NS-Zeit. In: Brenner/ Eisenstein (Hg.): Die Juden in Franken, S. 199–218.

Rappl, Marian: „Arisierungen" in München. Die Verdrängung der jüdischen Gewerbetreibenden aus dem Wirtschaftsleben der Stadt 1933 – 1939. In: Zeitschrift für bayerische Landesgeschichte 63 (2000), S. 123–184.

Rappl, Marian: „Unter der Flagge der Arisierung…, um einen Schundpreis zu erraffen". Zur Präzisierung eines problematischen Begriffs. In: Baumann/Heusler (Hg.): München arisiert, S. 17–30.

Rechter, Gerhard: Die Judenmatrikel 1813 bis 1861 für Mittelfranken. In: Kluxen/Hecht (Hg.): Juden in Franken 1806 bis heute, S. 37–52.

Reiner, Abraham (Rami): The Role and Significance of the Titels written on the Tombstones in the Würzburg Cemetery. In: K. Müller/Schwarzfuchs/Reiner (Hg.): Die Grabsteine vom jüdischen Friedhof in Würzburg, S. 235–262.

Reißenauer, Franz: Günzburg. Geschichte einer schwäbischen Stadt. Augsburg 2009.

Remlein, Karl-Thomas: Der Bayerische Landtag und die Judenemanzipation nach der Revolution 1848. In: Brandt (Hg.): Zwischen Schutzherrschaft und Emanzipation, S. 139–208.

Renda, Gerhard: Fürth, das „bayerische Jerusalem". In: Treml (Hg.): Geschichte und Kultur der Juden in Bayern. Aufsätze, S. 225–236.

Rengstorf, Karl Heinrich/Kortzfleisch, Siegfried von (Hg.): Kirche und Synagoge. Handbuch zur Geschichte von Christen und Juden. Darstellung mit Quellen. 2 Bde. München 1988.

Richarz, Monika: Der Eintritt der Juden in die akademischen Berufe. Jüdische Studenten und Akademiker in Deutschland 1678–1848. Tübingen 1974.

Richarz, Monika (Hg.): Jüdisches Leben in Deutschland:
Bd. 1: Selbstzeugnisse zur Sozialgeschichte 1780–1871. Stuttgart 1976.
Bd. 2: Selbstzeugnisse zur Sozialgeschichte im Kaiserreich. Stuttgart 1979.

Richarz, Monika: Viehhandel und Landjuden im 19. Jahrhundert. Eine symbiotische Wirtschaftsbeziehung in Südwestdeutschland. In: Menora. Jahrbuch für deutsch-jüdische Geschichte 1 (1990), S. 66–88.

Richarz, Monika: Die Entdeckung der Landjuden. Stand und Probleme ihrer Erforschung am Beispiel Südwestdeutschlands. In: Landjudentum im süddeutschen- und Bodenseeraum. Dornbirn 1992, S. 11–21.

Richarz, Monika: Berufliche und soziale Struktur. In: Lowenstein/Mendes-Flohr/Pulzer/Richarz (Hg.): Umstrittene Integration, S. 39–68.

Richarz, Monika: Die Entwicklung der jüdischen Bevölkerung. In: Lowenstein/Mendes-Flohr/Pulzer/Richarz (Hg.): Umstrittene Integration, S. 13–38.

Richarz, Monika: Ländliches Judentum als Problem der Forschung. In: Richarz/Rürup (Hg.): Jüdisches Leben auf dem Lande, S. 1–8.

Richarz, Monika: Weihnukka – Das Weihnachtsfest im jüdischen Bürgertum. In: Cilly Kugelmann (Hg.): Weihnukka. Geschichten von Weihnachten und Chanukka. Eine Ausstellung des Jüdischen Museums Berlin. Berlin 2006, S. 87–99.

Richarz, Monika/Rürup, Reinhard (Hg.): Jüdisches Leben auf dem Lande. Studien zur deutsch-jüdischen Geschichte. Tübingen 1997.

Ried, Clauia: Die Auswirkungen des bayerischen Judenedikts von 1813 auf die schwäbischen Landjudengemeinde Fellheim. Magisterarbeit Universität Augsburg 2005 (masch.)

Ried, Claudia: Jüdisches Leben auf dem Land im Wandel. Zu den Auswirkungen des bayerischen Judenedikts von 1813 auf schwäbische Landjudengemeinden. In: Brenner/Ullmann (Hg.): Die Juden in Schwaben, S. 155–174.

Ried Claudia: Zeit des Umbruchs? Die Auswirkungen des bayerischen Judenedikts auf die schwäbischen Landjudengemeinden. Diss. Universität Augsburg 2018 (masch.).

Riedenauer, Erwin (Hg.): Landeshoheit. Beiträge zur Entstehung, Ausformung und Typologie eines Verfassungselements des Römisch-Deutschen Reiches. München 1994.

Riemer, Nathanael: Zwischen christlichen Hebraisten und Sabbatianern – der Lebensweg von R. Beer und Bil Perlhefter. In: Aschkenas 14 (2004), S. 163–201.

Riemer, Nathanael: Gelehrtennetzwerke und Wirtschaftsbeziehungen zwischen Juden und Christen im Umfeld des Barockgelehrten Johannn Christoph Wagenseil. In: Jahrbuch für fränkische Landesforschung 74 (2014), S. 87–112.

Riemer, Nathanael: Das jüdische Haus in seiner Materialität. In: Nathanael Riemer (Hg.): Einführungen in die materiellen Kulturen des Judentums. Wiesbaden 2016, S. 31–72.

Ries, Rotraud: Bilder und Konstruktionen über einen Grenzgänger. Der Prozeß gegen den ansbacher Hofjuden Elkan Fränkel 1712. In: Häberlein/Zürn (Hg.): Minderheiten, Obrigkeit und Gesellschaft in der Frühen Neuzeit, S. 317–338.

Ries, Rotraud: Hofjuden als Vorreiter? Bedingungen und Kommunikationen, Gewinn und Verlust auf dem Weg in die Moderne. In: Herzig/Horch/Jütte (Hg.): Judentum und Aufklärung, S. 30–64.

Ries, Rotraut: Hofjuden – Funktionsträger des absolutistischen Territorialstaates und Teil der jüdischen Gesellschaft. Eine einführende Positionsbestimmung. In: Ries/Battenberg (Hg.): Hofjuden – Ökonomie und Interkulturalität, S. 11–39.

Ries, Rotraud: Alte Herausforderungen unter neuen Bedingungen? Zur politischen Rolle der Elite in der Judenschaft des 16. und beginnenden 17. Jahrhunderts. In: Hödl/Rauscher/Staudinger (Hg.): Hofjuden und Landjuden, S. 91–141.

Ries, Rotraud: ‚Missionsgeschichte und was dann?' Plädoyer für eine Ablösung des kirchlichen Blicks. In: Aschkenas 15 (2005), S. 271–301.

Ries, Rotraud/Battenberg, J. Friedrich (Hg.): Hofjuden – Ökonomie und Interkulturalität. Die jüdische Wirtschaftselite im 18. Jahrhundert. Hamburg 2002.

Ries, Rotraud/Flade, Roland: David Schuster. Blicke auf ein fränkisch-jüdisches Leben im 20. Jahrhundert. Würzburg 2010.

Ries, Rotraut/Denz Rebecca (Hg.): Mitten unter uns: Landjuden in Unterfranken vom Mittelalter bis ins 20. Jahrhundert. Würzburg 2015.

Rödel, Dieter/Schneider, Joachim (Hg.): Strukturen der Gesellschaft im Mittelalter. Interdisziplinäre Mediävistik in Würzburg. Wiesbaden 1996.

Rodewald, Dierk: Jakob Wassermann 1873–1934. Ein Weg als Deutscher und Jude. Bonn 1984.

Roeck, Bernd: Außenseiter, Randgruppen, Minderheiten. Fremde im Deutschland der frühen Neuzeit. Göttingen 1993.

Rohrbacher, Stefan: Kaiserreich und Weimarer Republik – Horte innigster deutsch-jüdischer Symbiose? In: Geschichte in Wissenschaft und Unterricht 43 (1992), S. 681–687.

Rohrbacher, Stefan: Gewalt im Biedermeier. Antijüdische Ausschreitungen in Vormärz und Revolution (1815–1848/49). Frankfurt/Main 1993.

Rohrbacher, Stefan: Medinat Schwaben. Jüdisches Leben in einer süddeutschen Landschaft in der Frühneuzeit. In: Kießling (Hg.): Judengemeinden in Schwaben im Kontext des Alten Reiches, S. 80–109.

Rohrbacher, Stefan: Organisationsformen der süddeutschen Juden in der Frühneuzeit. In: Jütte/Kustermann (Hg.): Jüdische Gemeinden und Organisationsformen von der Antike bis zur Gegenwart, S. 137–149.

Rohrbacher, Stefan: Stadt und Land: Zur „inneren" Situation der süd- und westdeutschen Juden in der Frühneuzeit. In: Richarz/Rürup (Hg.): Jüdisches Leben auf dem Lande, S. 37–58.

Rohrbacher, Stefan: Ungleiche Partnerschaft. Simon Günzburg und die erste Ansiedlung von Juden vor den Toren Augsburgs in der Frühen Neuzeit. In: Kießling/Ullmann (Hg.): Landjudentum im deutschen Südwesten während der Frühen Neuzeit, S. 192–219.

Rohrbacher, Stefan: Die jüdischen Gemeinden in den Medinot Aschkenas zwischen Spätmittelalter und Dreißigjährigem Krieg. In: Cluse/Haverkamp/Yuval (Hg.): Jüdische Gemeinden und ihr christlicher Kontext in kulturräumlich vergleichender Betrachtung, S. 451–463.

Rohrbacher, Stefan: „Er erlaubt es uns, ihm folgen wir". Jüdische Frömmigkeit und religiöse Praxis im ländlichen Alltag. In: Hödl/Rauscher/Staudinger (Hg.): Hofjuden und Landjuden, S. 271–282.

Rohrbacher, Stefan: Die Anfänge der jüdischen Gemeinde zu Ichenhausen im 16. Jahrhundert. In: Kreuzer/Ritter (Hg.): Ichenhausen. Bd. 1, S. 29–33.

Rohrbacher, Stefan/Schmidt, Michael: Judenbilder. Kulturgeschichte antijüdischer Mythen und antisemitischer Vorurteile. Reinbek bei Hamburg 1991.

Röll, Walter: Zu den Judeneiden an der Schwelle zur Neuzeit. In: A. Haverkamp (Hg.): Zur Geschichte der Juden im Deutschland des späten Mittelalters und der frühen Neuzeit, S. 163–204.

Römer, Gernot: Schwäbische Juden. Leben und Leistungen aus zwei Jahrhunderten. Augsburg 1990.

Römer, Gernot: Bewährt im Untergang – Benno Arnold und das Ende der jüdischen Gemeinde. In: Schönhagen/Kimmel (Hg.): Die Augsburger Synagoge – ein Bauwerk und seine Geschichte, S. 77–81.

Römer, Gernot (Hg.): Fast ein normales Leben. Erinnerungen an die jüdischen Gemeinden Schwabens. Ausstellung der Stiftung Jüdisches Kulturmuseum Augsburg Schwaben. Augsburg 1995.

Römer, Gernot (Hg.): „An meine Gemeinde in der Zerstreuung". Die Rundbriefe des Augsburger Rabbiners Ernst Jacob 1941 – 1949. Augsburg 2007.

Römer, Gernot/Römer, Ellen: Der Leidensweg der Juden in Schwaben. Schicksale von 1933 bis 1945 in Berichten, Dokumenten und Zahlen. Augsburg 1983.

Rösch, Barbara: Der Judenweg. Jüdische Geschichte und Kulturgeschichte aus Sicht der Flurnamenforschung. Göttingen 2009.

Rose, Hermann: Geschichtliches der israelitischen Kultusgemeinde Altenstadt. Altenstadt 1931. Wiederabdruck in: Landkreis Neu-Ulm (Hg.): Altenstadt und Osterberg. Geschichte jüdischer Gemeinden im Landkreis Neu-Ulm. Neu-Ulm 2001.

Rosenfeld, Mosche N.: Talmudschule und jüdische Erziehung in Fürth. In: Heymann (Hg.): Kleeblatt und Davidstern, S. 80–93.

Ruck, Michael/Pohl, Karl Heinrich (Hg.): Regionen im Nationalsozialismus. Nationalsozialismus in der Region. Bielefeld 2003.

Rudloff, Wilfried: Zwischen Revolution und Gegenrevolution: München 1918 bis 1920. In: Bauer u.a. (Hg.): München – „Hauptstadt der Bewegung", S. 31–36.

Rudloff, Wilfried: Auf dem Weg zum „Hitler-Putsch": Gegenrevolutionäres Milieu und früher Nationalsozialismus in München. In: Bauer u.a. (Hg.): München – „Hauptstadt der Bewegung", S. 97–104.

Rusam, Hermann: „Judensau"-Darstellungen in der plastischen Kunst Bayerns. Ein Zeugnis christlicher Judenfeindschaft. In: Begegnungen. Zeitschrift für Kirche und Judentum. Sonderheft. Hannover 2007.

Rump, Hans-Uwe: Jüdisches Kulturmuseum Augsburg. 2. überarb. Aufl. München 1990.

Rürup, Reinhard: Emanzipation und Antisemitismus. Studien zur „Judenfrage" in der bürgerlichen Gesellschaft. Göttingen 1975.

Rürup, Reinhard: Die jüdische Landbevölkerung in den Emanzipationsdebatten süd- und südwestdeutscher Landtage. In: Richarz/Rürup (Hg.): Jüdisches Leben auf dem Lande, S. 121–138.

Sauer, Paul: Die jüdischen Gemeinden in Württemberg und Hohenzollern. Denkmale, Geschichte, Schicksale. Stuttgart 1966.

Schade, Regina: Formen jüdischer Ansiedlungen und Bauten in den Gemeinden Zeckendorf und Demmelsdorf. In: Guth/Eckel/Merz (Hg.): Jüdisches Leben auf dem Dorf. Annäherungen an die verlorene Heimat Franken, S. 35–63.

Schaible, Sylvia: Das Jahr 1938: Die „Entjudung" der Wirtschaft" wird vorangetrieben und reguliert. In: Fichtl (Hg.): „Bambergs Wirtschaft judenfrei", S. 135–170.

Schaible, Sylvia: Der 9. November1938 und seine Folgen: „Bambergs Wirtschaft judenfrei". In: Fichtl (Hg.): „Bambergs Wirtschaft judenfrei", S. 172–189.

Scharf, Heike: Zwischen Integration und Ablehnung. Jüdische und antijüdische Vereine in Fürth 1871 – 1914. In: nurinst 1 (2002), S. 113–126.

Scherg, Leonhard: Die Epoche des Landjudentums. In: Kolb/Krenig (Hg.): Unterfränkische Geschichte, S. 227–243.

Schich, Winfried: Würzburg im Mittelalter. Studien zum Verhältnis von Topographie und Bevölkerungsstruktur. Köln 1977.

Schickel, Gabriele: Typisierung von Stilwahl im Sakralbau. In: Nerdinger/Gruhn-Zimmermann/Bauer-Buzzoni (Hg.): Romantik und Restauration. Architektur in Bayern zur Zeit Ludwigs I. 1825–1848, S. 54–67.

Schicklberger, Franz: Aus der Geschichte der Juden in Eibelstadt. Eibelstadt 2003.

Schimmelpfennig, Bernhard: Christen und Juden im Augsburg des Mittelalters. In: Kießling (Hg.): Judengemeinden in Schwaben im Kontext des Alten Reiches, S. 23–38.

Schmid, Alois: Die Judenpolitik der Reichsstadt Regensburg im Jahre 1349. In: Zeitschrift für bayerische Landesgeschichte 43 (1980), S. 589–612.

Schmid, Diethard: Das Regensburger Judenviertel – Topographie und Geschichte im Licht der jüngsten Ausgrabungen. In: Mayrhofer/Oppl (Hg.): Juden in der Stadt, S. 167–198.

Schmid, Peter: Regensburg. Stadt der Könige und Herzöge im Mittelalter. Kallmünz 1977.

Schmid, Peter (Hg.): Geschichte der Stadt Regensburg. Bd. 1 u. 2. Regensburg 2000.

Schmid, Peter: Ratispona metropolis Bioariae. Die bayerischen Herzöge und Regensburg. In: Schmid (Hg.): Geschichte der Stadt Regensburg. Bd. 1, S. 51–101.

Schmid, Peter: Civitas regia. Die Königsstadt Regensburg. In: Schmid (Hg.): Geschichte der Stadt Regensburg. Bd. 1, S. 102–147.

Schmieder, Julia: Das Kaufhaus Uhlfelder. In: Baumann/Heusler (Hg.): München arisiert, S. 127–144.

Schmidt, Alexander: Scheinbare Normalität. Drei Skizzen zur Geschichte der Nürnberger Juden 1918 bis 1938. In: Kluxen/Krieger (Hg.): Geschichte und Kultur der Juden in Nürnberg, S. 285–313.

Schmidt, Heinrich Richard: Konfessionalisierung im 16. Jahrhundert. München 2010.

Schmitt, Brigitte: Jüdische Vereine in Fürth – Juden in Fürther Vereinen. Die Beteiligung der jüdischen Bürger Fürths am Vereinsleben des 19. Jahrhunderts. In: Heymann (Hg.): Kleeblatt und Davidstern, S. 186–199.

Schmölz-Häberlein, Michaela: Juden in Bamberg (1633–1802/03). Lebensverhältnisse und Handlungsspielräume einer städtischen Minderheit. Würzburg 2014.

Schmölz-Häberlein, Michaela (Hg.): Jüdisches Leben in der Region. Herrschaft, Wirtschaft und Gesellschaft im Süden des Alten Reiches. Baden-Baden 2018.

Schmölz-Häberlein, Michaela: Jüdisches Leben in fränkischen Landgemeinden Zeckendorf und Demmelsdorf im 17. und 18. Jahrhundert. In: Schmölz-Häberlein (Hg.): Jüdisches Leben in der Region, S. 267–329.

Schmuck, Johann: Ludwig der Bayer und die Reichsstadt Regensburg. Der Kampf um die Stadtherrschaft im späten Mittelalter. Diss. Regensburg 1991.

Schnabel, Werner Wilhelm: Skizzen einer neuen Belehrungsart? Simon Höchheimer präsentiert seine Philothek. In: Kluxen (Hg.): Judentum und Aufklärung in Franken. Würzburg, S. 85–108.

Schnee, Heinrich: Die Hoffinanz und der moderne Staat. Bd. 4: Hoffaktoren an süddeutschen Fürstenhöfen nebst Studien zur Geschichte des Hoffaktorentums in Deutschland. Berlin 1963.

Schneider, Reinhard: Der Tag von Benfeld im Januar 1349: Sie kamen zusammen und kamen überein, die Juden zu vernichten. In: Burghartz, Susanna u.a. (Hg.): Spannungen und Widersprüche. Gedenkschrift für František Graus, S. 255–272.

Schnur, David: Juden und Gerichtsbücher am Beispiel der Reichsstadt Frankfurt am Main (1330–1400). In: A. Haverkamp/J. Müller (Hg.): Verschriftlichung und Quellenüberlieferung, S. 217–273.

Scholl, Christian: Die Judengemeinde der Reichsstadt Ulm im späten Mittelalter. Innerjüdische Verhältnisse und christlich-jüdische Beziehungen in süddeutschen Zusammenhängen. Hannover 2012.

Scholl, Rochus: Juden und Judenrecht im Herzogtum Pfalz-Zweibrücken. Frankfurt am Main u.a. 1996.

Schönhagen, Benigna: Die zweite jüdische Gemeinde von Augsburg 1861–1943. In: Brenner/Ullmann (Hg.): Die Juden in Schwaben, S. 225–249.

Schönhagen, Benigna: Gehen? oder Bleiben! Lebenswelten osteuropäischer und deutscher Juden in der Nachkriegszeit, 1945–1950; Katalog der gleichnamigen Ausstellung des Jüdischen Kulturmuseum Augsburg-Schwaben. Augsburg 2012.

Schönhagen, Benigna: Zukunft im Land der Täter? Jüdische Gegenwart zwischen „Wiedergutmachung" und „Wirtschaftswunder", 1950–1969; Katalog der gleichnamigen Ausstellung des Jüdischen Kulturmuseum Augsburg-Schwaben. Augsburg 2013.

Schönhagen, Benigna (Hg.): Das Jüdische Kulturmuseum Augsburg-Schwaben 2006–2018. Lindenberg 2018.

Schönhagen, Benigna (Hg.): Eine Erinnerung ist eine Erinnerung ist eine Erinnerung? Judaica aus dem Umfeld der Synagoge Kriegshaber. Berlin 2018.

Schönhagen, Benigna/Hazan, Souzana (Hg.): „Ma Tovu…". „Wie schön sind deine Zelte, Jakob …". Synagogen in Schwaben. München 2014.

Schönhagen, Benigna/Kimmel, Franz (Hg.): Die Augsburger Synagoge – ein Bauwerk und seine Geschichte. Augsburg 2010.

Schott, Herbert: Die ersten drei Deportationen der mainfränkischen Juden. In: Albrecht Liess/Herbert Schott (Hg.): Wege in die Vernichtung. Die Deportation der Juden aus Mainfranken 1941–1943. München 2003, S. 73–166.

Schott, Sebastian: „Weiden a mechtige kehille". Eine jüdische Gemeinde in der Oberpfalz vom Mittelalter bis zur Mitte des 20. Jahrhunderts. 2. verb. Aufl. Pressath 2003.

Schrafstetter, Susanna: Flucht und Versteck. Untergetauchte Juden in München – Verfolgungserfahrung und Nachkriegsalltag. Göttingen 2015.

Schraudolph, Erhard: Vom Handwerksort zur Industriemetropole. Industrialisierung in Fürth vor 1870. Ansbach 1993.
Schreckenberg, Heinz: Die christlichen Adversus-Judaeos-Texte (11.–13. Jh.). Mit einer Ikonographie des Judenthemas bis zum 4. Laterankonzil. Frankfurt am Main 1988.
Schreckenberg, Heinz: Christliche Adversus-Judaeos-Bilder. Das Alte und Neue Testament im Spiegel der christlichen Kunst. Frankfurt am Main 1999.
Schremmer, Eckart: Gewerbe und Handel zur Zeit des Merkantilismus. In: Spindler/Kraus/Schmid (Hg.): Handbuch der bayerischen Geschichte Bd. III, 1, S. 931–955.
Schubert, Anselm: Liturgie als Politik. Der Rabbinertalar des 19. Jahrhunderts zwischen Emanzipation und Akkulturation. In: Aschkenas 17 (2007), S. 547–563.
Schubert, Ernst: Arme Leute, Bettler und Gauner im Franken des 18. Jahrhunderts. Neustadt a.d. Aisch 1983.
Schuegraf, J. R.: Geschichte des Domes von Regensburg und der dazugehörigen Gebäude. 2 Bde. Regensburg 1847/1848.
Schuller Manfred: Das Fürstenportal des Bamberger Domes. Bamberg 1993.
Schultheis, Herbert: Juden in Mainfranken 1933–1945. Bad Neustadt a.d. Saale 1980.
Schulz, Knut: Denn sie lieben die Freiheit so sehr. Kommunale Aufstände und Entstehung des europäischen Bürgertums im Hochmittelalter. Darmstadt 1992.
Schulz, Knut: Handwerk, Zünfte und Gewerbe. Mittelalter und Renaissance. Darmstadt 2010.
Schulze-Marmeling, Dietrich: Der FC Bayern und seine Juden. Aufstieg und Zerschlagung einer liberalen Fußballkultur. Göttingen 2011.
Schwarz, Stefan: Die Juden in Bayern im Wandel der Zeiten. München-Wien 1963.
Schwierz, Israel: Steinerne Zeugnisse jüdischen Lebens in Bayern. Eine Dokumentation. 2. überarb. Aufl. Bamberg 1992.
Schwinger, Elmar: Von Kitzingen nach Izbica. Aufstieg und Katastrophe der mainfränkischen Israelitischen Kultusgemeinde Kitzingen. Kitzingen 2009.
Seebaß, Gottfried: Das reformatorische Werke des Andreas Osiander. Nürnberg 1967.
Seiderer, Georg: Die „bürgerliche Verbesserung der Juden" im Spiegel der fränkischen Publizistik. In: Kluxen (Hg.): Judentum und Aufklärung in Franken, S. 43–61.
Seiderer, Georg: Entwicklungslinien jüdischer Geschichte in Nürnberg von der Wiederansiedlung bis zur Weimarer Republik. In: Kluxen/Krieger (Hg.): Geschichte und Kultur der Juden in Nürnberg, S. 165–179.
Seitz, Reinhard H.: Nathan Michael Ries/Michael Reese (1815–1878), ein amerikanischer Pionier aus Hainsfarth. In: Treml (Hg.): Geschichte und Kultur der Juden in Bayern. Lebensläufe, S. 135–142.
Seitz, Reinhard H.: Zur Topographie der älteren Judengemeinden in Augsburg und Lauingen (Donau). In: Fassl (Hg.): Geschichte und Kultur der Juden in Schwaben [Bd. I], S. 19–35.
Selig, Wolfram: „Arisierung" in München. Die Vernichtung jüdischer Existenz 1937–1939. Berlin 2004.
Siegler, Bernd: Eine Fahrkarte nach Jerusalem. Der 1. FC Nürnberg wird „judenfrei". In: nurinst 3 (2006), S. 13–34.
Sinn, Andrea: „Und ich lebe wieder an der Isar". Exil und Rückkehr des Münchner Juden Hans Lamm. München 2008.
Sinz, Heinrich: Beiträge zur Geschichte des ehemaligen Marktes und der nunmehrigen Stadt Krumbach (Schwaben). Krumbach 1940.
Smolorz, Roman P.: Displaced Persons (DPs). Autoritäten und Anführer im angehenden Kalten Krieg im östlichen Bayern. 2. verb. u. erw. Aufl. Regensburg 2009.

Sommer, Karin: Die Juden von Altenstadt. Zum Alltagsleben in einem Judendorf von ca. 1900 bis 1942. München 1982. Magisterarbeit München 1982. Wiederabdruck in: Landkreis Neu-Ulm (Hg.): Altenstadt und Osterberg. Geschichte jüdischer Gemeinden im Landkreis Neu-Ulm. Neu-Ulm 2001.

Sowa, Oliver: Judenordnung, Judenstatut, Takkanot – Gesetzgebung für Juden in der fränkischen Reichsritterschaft. In: Schmölz-Häberlein (Hg.): Jüdisches Leben in der Region, S. 77–100.

Specht, Heike: Zerbrechlicher Erfolg (1918–1933). In: Bauer/Brenner (Hg.): Jüdisches München, S. 137–160.

Speicher, Anja: Isaak Alexander. Schriften. Ein Beitrag zur Frühaufklärung im deutschen Judentum. Frankfurt am Main 1998.

Spies, Martina: Feuerversicherung, Waisen- und Kreditkassen bei ostschwäbischen Reichsklöstern vor der Säkularisation und ihre Auflösung. München 2007.

Spindler, Max/Kraus, Andreas/Schmid, Alois (Hg.): Handbuch der bayerischen Geschichte.
  Bd. II: Das alte Bayern. Der Territorialstaat vom Ausgang des 12. Jahrhunderts bis zum Ausgang des 18. Jahrhunderts. 2. überarb. Aufl. München 2003.
  Bd. III, 1: Geschichte Frankens bis zum Ausgang des 18. Jahrhunderts. 3. neu bearb. München 1997.
  Bd. III, 2: Geschichte Schwabens bis zum Ausgang des 18. Jahrhunderts. 3. neu bearb. Aufl. München 2001.
  Bd. III, 3: Geschichte der Oberpfalz und des bayerischen Reichskreises bis zum Ausgang des 18. Jahrhunderts. 3. überarb. Aufl. München 1995.
  Bd. IV: Das neue Bayern. Von 1800 bis zur Gegenwart.
  1. Teilband: Staat und Politik 2. völlig neu bearb. Aufl. München 2003.
  2. Teilband: Innere Entwicklung und kulturelles Leben. 2. völlig neu bearb. Aufl. München 2007.

Spindler, Max/ Diepolder, Gertrud (Hg.): Bayerischer Geschichtsatlas. München 1969.

Spindler, Max/Kraus, Andreas: Grundzüge des Wandels. In: Spindler/Kraus/Schmid (Hg.): Handbuch der bayerischen Geschichte. Bd. II, S. 53–75.

Sponsel, Ilse: David Morgenstern (1814–1882), der erste jüdische Landtagsabgeordnete in Bayern. In: Treml (Hg.): Geschichte und Kultur der Juden in Bayern. Lebensläufe, S. 129–134.

Sponsel, Udo/Steiner, Helmut: Jüdisches Sportleben in Fürth 1933–1938. In: nurinst 1 (2002), S. 85–96.

Stampfer, Claudius: Der jüdische Finanzier Simon von Günzburg. Die Geschäftspraxis anhand seiner vor dem Reichskammergericht geführten Prozesse (1540–1581). Masterarbeit Kath. Universität Eichstätt-Ingolstadt 2018 (masch.).

Stauber, Reinhard: Die Grafen und Fürsten von Oettingen. In: Spindler/Kraus/Schmid (Hg.): Handbuch der bayerischen Geschichte. Bd. III, 2, S. 367–375.

Staudinger, Barbara: „Gelangt an euer kayserliche Majestät mein allerunderthenigstes Bitten". Handlungsstrategien der jüdischen Elite am Reichshofrat im 16. und 17. Jahrhundert. In: Hödl/Rauscher/Staudinger (Hg.): Hofjuden und Landjuden, S. 143–183.

Staudinger, Barbara: Die Zeit der Landjuden und der Wiener Judenstadt 1496–1670/71. In: Brugger/Keil/Lichtblau (Hg.): Geschichte der Juden in Österreich, S. 229–337.

Staudinger, Barbara: Nur am Rande der Gesellschaft? Die jüdische Minderheit zwischen Abgrenzung und Integration im frühneuzeitlichen Österreich. In: Brugger/Wiedl (Hg.): Ein Thema – zwei Perspektiven, S. 67–89.

Steber, Martina: Ethnische Gewissheiten. Die Ordnung des Regionalen im bayerischen Schwaben vom Kaiserreich bis zum NS-Regime. Göttingen 2010.

Steber, Martina: Jüdische Geschichte und bürgerliche Regionalhistoriographie im bayerischen Schwaben zwischen Kaiserreich und NS-Regime. In: Brenner/Ullmann (Hg.): Die Juden in Schwaben, S. 201–223.

Steffes-Maus, Claudia: Juden im mittelalterlichen Rothenburg o.d.T. Das Beziehungsgefüge von Stadt, Reich, jüdischer Gemeinde und Individuum. In: Kluxen/Krieger (Hg.): Geschichte und Kultur der Juden in Rothenburg o.d.T., S. 11–31.

Steffes-Maus, Claudia: Juden vor dem Rothenburger Landgericht während der ersten Hälfte des 14. Jahrhunderts. In: A. Haverkamp/J. Müller (Hg.): Verschriftlichung und Quellenüberlieferung, S. 173–215.

Stegmann, Bernhard: Aspekte christlich-jüdischer Wirtschaftsgeschichte am Beispiel der Reichsgrafschaft Thannhausen. In: Kießling/Ullmann (Hg.): Landjudentum im deutschen Südwesten während der Frühen Neuzeit, S. 336–362.

Steinmeyer, Heinrich: Die Entstehung und Entwicklung der Nördlinger Pfingstmesse im Spätmittelalter mit einem Ausblick ins 19. Jahrhundert. Nördlingen 1960.

Stemberger, Günter: Die Mishna-Übersetzung von Johann Jacob Rabe. In: Peter Schäfer/Irina Wandrey (Hg.): Reuchlin und seine Erben. Forscher, Denker, Ideologen und Spinner. Ostfildern 2005, S. 111–125.

Stern, Moritz: Der Regensburger Judenprozess 1478–1480. Berlin 1935.

Stern, Selma: Josel von Rosheim. Befehlshaber der Judenschaft im Heiligen Römischen Reich Deutscher Nation. München 1959.

Stern, Selma: Jud Süss. Ein Beitrag zur deutschen und zur jüdischen Geschichte. München 1973.

Störmer, Wilhelm: Stadt und Stadtherr im wittelsbachischen Altbayern des 14. Jahrhunderts. In: Wilhelm Rausch (Hg.): Stadt und Stadtherr im 14. Jahrhundert. Entwicklungen und Funktionen. Linz/Donau 1972, S. 257–282.

Störmer, Wilhelm: Kleinere Städte und Märkte im mittelalterlichen Altbayern südlich der Donau. In: Flachenecker/Kießling (Hg.): Städtelandschaften in Altbayern, Franken und Schwaben, S. 39–80.

Straub, Theodor: Bayern im Zeitalter der Teilungen und der Teilherzogtümer (1347–1450). In: Spindler/Kraus/Schmid (Hg.): Handbuch der bayerischen Geschichte. Bd. II, S. 199–288.

Straus, Raphael: Die Judengemeinde Regensburg im ausgehenden Mittelalter. Auf Grund der Quellen kritisch untersucht und neu dargestellt. (1932) ND Heidelberg 1979.

Straus, Raphael: Regensburg und Augsburg. Übers. von Felix N. Gerson. Philadelphia 1939.

Strauss, Jutta: Purimspiel und Familiengemälde – Theaterstücke von Fürther Juden aus dem 18. und 19. Jahrhundert. In: Och/Bobzin (Hg.): Jüdisches Leben in Franken, S. 85–114.

Stretz, Torben: Jüdisch-christliche Koexistenz in den Dörfern ausgewählter Grafschaften Frankens während des 16. und 17. Jahrhunderts. In: Aschkenas 21 (2013), S. 37–78.

Stretz, Torben: Juden in Franken zwischen Mittelalter und Früher Neuzeit. Wiesbaden 2016.

Stretz, Torben: *Dorfs Herrschaften aneinander hetzen*? Kondominat und Kondominium und ihre Bedeutung für jüdisches Siedeln und Leben anhand fränkischer Beispiele. In: Hirbodian/Stretz (Hg.): Juden und ländliche Gesellschaft in Europa, S. 97–118.

Strnad, Maximilian: Zwischenstation „Judensiedlung". Verfolgung und Deportation der jüdischen Münchner 1941–1945. München 2011.

Strnad, Maximilian, Die Deportationen aus München. In: Münchner Beiträge zur jüdischen Geschichte und Kultur 8 (2014), S. 76–97.

Strobel, Till: Jüdisches Leben unter dem Schutz der Reichserbmarschälle von Pappenheim 1650–1806. Epfendorf 2009.
Stromer, Wolfgang von (Hg.): Venedig und die Weltwirtschaft um 1200. Sigmaringen 2000.
Süßmann, Arthur: Die Judenschuldentilgungen unter König Wenzel. Berlin 1907.
Tamari, Ittai J.: Sulzbach – eine der bedeutendsten hebräischen Druckereien Europas. In: Brenner/Höpfinger (Hg.): Die Juden in der Oberpfalz, S. 53–68.
Tamari, Ittai J.: Über die jüdischen Druckereien Sulzbachs. In: Hartmann/Vogl (Hg.): Ehemalige Synagoge Sulzbach, S. 202–204.
Tausendpfund, Walter/Wolf, Gerhard Philippp: Die jüdische Gemeinde von Schnaittach. Aus dem wechselvollen Leben der Juden im Herrschaftsgebiet Rothenberg. In: Altnürnberger Landschaft 30 (1981) (Sonderheft).
Thomas, Heinz: Ludwig der Bayer (1282–1347). Kaiser und Ketzer. Regensburg, Graz 1993.
Tiedemann, Eva-Maria: Erscheinungsformen des Antisemitismus in Bayern am Beispiel der Bayerischen Antisemitischen Volkspartei und ihrer Nachfolgeorganisationen. In: Treml (Hg.): Geschichte und Kultur der Juden in Bayern. Aufsätze, S. 387–396.
Tobias, Jim G.: Der Kibbuz auf dem Streicher-Hof. Zur Geschichte der jüdischen Kollektivfarmen 1945–1948. In: Menora. Jahrbuch für deutsch-jüdische Geschichte 9 (1998), S. 381–399.
Tobias, Jim G.: Vorübergehende Heimat im Land der Täter. Jüdische DP-Camps in Franken 1945–1949. Nürnberg 2002.
Tobias Jim G.: Jüdische Displaced Persons in Franken 1945 bis 1949. In: Brenner/Eisenstein (Hg.): Die Juden in Franken, S. 251–263.
Tobias Jim G.: „…zugunsten des Reiches vereinnahmt." Die fiskalische „Arisierung" in Nürnberg – Eine Spurensuche mit Hindernissen. In: nurinst 4 (2008), S. 29–48.
Toch, Michael: Der jüdische Geldhandel in der Wirtschaft des Deutschen Spätmittelalters: Nürnberg 1350–1499. In: Blätter für deutsche Landesgeschichte 117 (1981), S. 283–310.
Toch, Michael: Die soziale und demographische Struktur der jüdischen Gemeinde Nürnbergs im Jahre 1489. In: Jürgen Schneider (Hg.): Wirtschaftskräfte und Wirtschaftswege. Festschrift für Hermann Kellenbenz. Bd. 5. Stuttgart 1981, S. 79–91.
Toch, Michael: Geld und Kredit in einer spätmittelalterlichen Landschaft. Zu einem unbeachteten hebräischen Schuldenregister aus Niederbayern (1329–1332). In: Deutsches Archiv für Erforschung des Mittelalters 38 (1982), S. 499–550.
Toch, Michael: *umb gemeyns nutz und notturft willen*. Obrigkeitliches und jurisdiktionelles Denken bei der Austreibung der Nürnberger Juden 1498/99. In: Zeitschrift für Historische Forschung 11 (1984), S. 1–21.
Toch, Michael: Siedlungsstruktur der Juden Mitteleuropas im Wandel vom Mittelalter zur Neuzeit. In: A. Haverkamp/Ziwes (Hg.): Juden in der christlichen Umwelt während des späten Mittelalters, S. 29–39.
Toch, Michael: Die jüdische Frau im Erwerbsleben des Spätmittelalters. In: Julius Carlebach (Hg.): Zur Geschichte der jüdischen Frau in Deutschland. Berlin 1993, S. 37–48.
Toch, Michael: Zur wirtschaftlichen Lage und Tätigkeit der Juden im deutschen Sprachraum des Spätmittelalters. In: Kießling (Hg.): Judengemeinden in Schwaben im Kontext des Alten Reiches, S. 39–50.
Toch, Michael: Die ländliche Wirtschaftstätigkeit der Juden im frühmodernen Deutschland. In: Richarz/Rürup (Hg.): Jüdisches Leben auf dem Lande, S. 59–67.
Toch, Michael: The Formation of a Diaspora: The Settlement of Jews in the Medieval German Reich. In: Aschkenas 7 (1997), S. 55–78.
Toch, Michael: Die Juden im mittelalterlichen Reich. München 1998.

Toch, Michael: Wirtschaft und Verfolgung: Die Bedeutung der Ökonomie für die Kreuzzugspogrome des 11. und 12. Jahrhunderts. Mit einem Anhang zum Sklavenhandel der Juden. In: A. Haverkamp (Hg.): Juden und Christen zur Zeit der Kreuzzüge, S. 253–285.

Toch, Michael: Die Verfolgungen des Spätmittelalters (1350–1550). In: GJ III/3, S. 2298–2327.

Toch, Michael: Jüdisches Alltagsleben im Mittelalter. In: Historische Zeitschrift 278 (2004), S. 329–345.

Toch, Michael: Juden. In: Michael Borgolte (Hg.): Migrationen im Mittelalter. Ein Handbuch. Berlin u.a. 2014, S. 239–250.

Toch, Michael (Hg.): Wirtschaftsgeschichte der mittelalterlichen Juden. Fragen und Einschätzungen. Berlin 2016.

Toch, Michael: Economic Activities of German Jews in the Middle Ages. In: Toch (Hg.): Wirtschaftsgeschichte der mittelalterlichen Juden, S. 181–210.

Toury, Jacob: Die politischen Orientierungen der Juden in Deutschland. Von Jena bis Weimar. Tübingen 1966.

Treml, Manfred (Hg.): Geschichte und Kultur der Juden in Bayern. Aufsätze. München 1988.

Treml, Manfred (Hg.): Geschichte und Kultur der Juden in Bayern. Lebensläufe. München 1988.

Treml, Manfred: Von der „Judenmission" zur „Bürgerlichen Verbesserung". Zur Vorgeschichte und Frühphase der Judenemanzipation in Bayern. In: Treml (Hg.): Geschichte und Kultur der Juden in Bayern. Aufsätze, S. 247–265.

Treml, Manfred: Elkan Henle (1761–1833), ein Vorkämpfer für die Judenemanzipation. In: Treml (Hg.): Geschichte und Kultur der Juden in Bayern. Lebensläufe, S. 59–62.

Treue, Wolfgang: Schlechte und gute Christen. Zur Rolle von Christen in antijüdischen Ritualmord- und Hostienschändungslegenden. In: Aschkenas 2 (1992), S. 95–116.

Treue, Wolfgang: Der Trienter Judenprozeß. Voraussetzungen – Abläufe – Auswirkungen (1475–1588). Hannover 1996.

Treue, Wolfgang: Landgrafschaft Hessen-Marburg. Tübingen 2009.

Ullmann, Sabine: Zwischen Fürstenhöfen und Gemeinde: Die jüdische Hoffaktorenfamilie Ulman in Pfersee während des 18. Jahrhunderts. In: Zeitschrift des Historischen Vereins für Schwaben 90 (1997), S. 159–185.

Ullmann, Sabine: Kontakte und Konflikte zwischen Landjuden und Christen in Schwaben während des 17. und zu Anfang des 18. Jahrhunderts. In: Backmann, Sibylle/Ullmann, Sabine/Künast, Hans-Jörg/Tlusty, B. Ann (Hg.): Ehrkonzepte in der frühen Neuzeit. Identitäten und Abgrenzungen. Berlin 1998, S. 288–315.

Ullmann, Sabine: Nachbarschaft und Konkurrenz. Juden und Christen in Dörfern der Markgrafschaft Burgau 1650 bis 1750. Göttingen 1999.

Ullmann, Sabine: Der Streit um die Weide. Ein Ressourcenkonflikt zwischen Christen und Juden in den Dorfgemeinden der Markgrafschaft Burgau. In: Häberlein, Mark (Hg.): Devianz, Widerstand und Herrschaftspraxis in der Vormoderne. Studien zu Konflikten im südwestdeutschen Raum (15.–18. Jahrhundert). Konstanz 1999, S. 99–136.

Ullmann, Sabine: ‚Leihen umb fahrend Hab und Gut'. Der christlich-jüdische Pfandhandel in der Reichsstadt Augsburg. In: Kießling/Ullmann (Hg.): Landjudentum im deutschen Südwesten während der Frühen Neuzeit, S. 304–335.

Ullmann, Sabine: Das Ehepaar Merle und Simon Ulman in Pfersee. Eine jüdische Familie an der Grenze zum Bettlertum. In: Häberlein/Zürn (Hg.): Minderheiten, Obrigkeit und Gesellschaft in der Frühen Neuzeit, S. 269–291.

Ullmann, Sabine: Der Kraichgau als jüdische Landschaft während der Frühen Neuzeit. In: Kurt Andermann/Christian Wieland (Hg.): Der Kraichgau. Facetten der Geschichte einer Landschaft. Epfendorf 2008, S. 155–176.

Ullmann, Sabine: Jüdische Räume im Reich und in Schwaben während der Frühen Neuzeit. In: Waltraud Schreiber (Hg.): Raum und Zeit. Orientierung durch Geschichte. Neuried 2009, S. 239–264.

Ullmann, Sabine: Regionalgeschichte und jüdische Geschichte der Frühen Neuzeit in interdisziplinärer Perspektive. In: Jahrbuch für Regionalgeschichte 28 (2010), S. 17–36.

Ullmann, Sabine: Gemeinsam genutzte Ressourcen von Juden und Christen – eine Chance zur Integration? In: Aschkenas 23 (2014), S. 77–100.

Ullmann, Sabine: Siedlungsgeschichte als Migrationsgeschichte. Zur Entwicklung der jüdischen Niederlassungen in Schwaben während des 16. und 17. Jahrhunderts. In: Reinhard Baumann/Rolf Kießling (Hg.): Mobilität und Migration in der Region. Konstanz 2014, S. 163–186.

Ullmann, Sabine: *daß sye gute Freundt under einander bleiben sollen?* Jüdisch-christliche Kreditnetze in der ländlichen Gesellschaft während der Frühen Neuzeit. In: Hirbodian/Stretz (Hg.): Juden und ländliche Gesellschaft in Europa, S. 51–72.

Ullmann, Sabine: Julius Echter von Mespelbrunn und die Juden – Motive und Funktionen seiner Politik. In: Wolfgang Weiß (Hg.): Fürstbischof Julius Echter (†1617) – verehrt, verflucht, verkannt. Aspekte seines Lebens und Wirkens anlässlich des 400. Todestages. Würzburg 2017, S. 341–361.

Ullrich, Anna: „Nun sind wir gezeichnet" – Jüdische Soldaten und die „Judenzählung" im ersten Weltkrieg. In: Heikaus/Köhne/Crouthamel (Hg.): Krieg! 1914–1918; Juden zwischen den Fronten, S. 215–238.

Ullrich, Volker (Hg.): Die Goldhagen-Kontroverse. Hamburg 1996.

Ulshöfer, Kuno: Zur Situation der Juden im mittelalterlichen Nürnberg. In: Treml (Hg.): Geschichte und Kultur der Juden in Bayern. Aufsätze, S. 147–160.

Unterholzner, Anita: Straubinger Juden – jüdische Straubinger. Straubing 1995.

Veitshans, Helmut: Die Judensiedlungen der schwäbischen Reichsstädte und der württembergischen Landstädte im Mittelalter. 2 Bde. Tübingen 1970.

Verse-Herrmann, Angela: Die „Arisierungen" in der Land- und Forstwirtschaft 1938–1942. Stuttgart 1997.

Vogel, Georg: Der schwarzenbergische Verkehrs- und Handelsplatz Marktbreit am Main von 1648–1740 und die fränkische Verkehrs- und Handelspolitik. Würzburg 1933.

Vogel, Ilse: Des Höchsten Liebling, mein Freund. Morenu haRav R'David Diespeck (1715–1793). Eine Biographie und Familiengeschichte, Würzburg 2015.

Voges, Dietmar-Henning: Die Reichsstadt Nördlingen. 12 Kapitel aus ihrer Geschichte. München 1988.

Voges. Dietmar-H.: Die Anfänge der Nördlinger Judengemeinde im 19. Jahrhundert. In: Fassl (Hg.): Geschichte und Kultur der Juden in Schwaben. Bd. II, S. 144–160.

Volk, Otto: Wirtschaft und Gesellschaft am Mittelrhein vom 12. bis zum 16. Jahrhundert. Wiesbaden 1998.

Völk, Sonja: Die versuchte ‚staatsbürgerliche und bürgerliche Gleichstellung der israelitischen Glaubensgenossen' 1848/49 – eine Etappe des Emanzipationsprozesses in ihrem schwäbischen Kontext. Zulassungsarbeit Universität Augsburg 1999 (masch.).

Volkert, Wilhelm: Die Juden im Fürstentum Pfalz-Neuburg. In: Zeitschrift für bayerische Landesgeschichte 26 (1963), S. 560–605.

Volkert, Wilhelm: Die Juden in der Oberpfalz im 14. Jahrhundert. In: Zeitschrift für bayerische Landesgeschichte 30 (1967), S. 161–200.

Volkert, Wilhelm: Ludwig Thoma. Sämtliche Beiträge aus dem „Miesbacher Anzeiger" 1920/21. München-Zürich 1989.

Volkert, Wilhelm: Der Judenartikel im Rechtsbuch Kaiser Ludwigs des Bayern. In: Karl Borchardt/Ekkehart Tittmann (Hg.): Städte, Regionen, Vergangenheiten. Beiträge für Ludwig Schnurrer zum 75. Geburtstag. Würzburg 2003, S. 127–147.

Volkert, Wilhelm: Staat und Gesellschaft. Erster Teil: Bis 1500. In: Spindler/Kraus/Schmid (Hg.): Handbuch der bayerischen Geschichte. Bd. II, S. 536–624.

Volkert, Wilhelm: Pfalz und Oberpfalz bis zum Tod König Ruprechts. In: Spindler/Kraus/Schmid (Hg.): Handbuch der bayerischen Geschichte. Bd. III, 3, S. 52–71.

Volkert, Wilhelm: Die kleinen weltlichen Reichsstände. In: Spindler/Kraus/Schmid (Hg.): Handbuch der bayerischen Geschichte. Bd. III, 3, S. 327–340.

Volkov, Shulamit: Antisemitismus als kultureller Code. 2. durch ein Reg. erw. Aufl. München 2000.

Volkov, Shulamit: Zur Einführung. In: Shulamit Volkov/Elisabeth Müller-Luckner (Hg.): Deutsche Juden und die Moderne. München 1994, S. VII–XXIII.

Volkov, Shulamit: Die Juden in Deutschland 1780–1918. 2. verb. Aufl. München 2000.

Vollmer, Veronika: Die Juden. In: Christiane Hoth/Markus Raasch (Hg.): Eichstätt im Nationalsozialismus. Katholisches Milieu und Volksgemeinschaft. Münster 2017, S. 79–102.

Vollnhals, Clemens: Jüdische Selbsthilfe bis 1938. In: Benz (Hg.): Die Juden in Deutschland 1933–1945, S. 314–412.

Voss, Rebekka: „Habe die Mission treu erfüllt und begehre meinen Lohn darum". Amt, Funktion und Titel des Schtadlan und ihre Wahrnehmung in der Frühen Neuzeit. In: Klein, Birgit E./Ries, Rotraud/Schostak, Désirée (Hg.): Selbstzeugnisse und Ego-Dokumente frühneuzeitlicher Juden in Aschkenas. Beispiele, Methoden und Konzepte. Berlin 2001, S. 139–166.

Wager, Melanie: Warenhausjude, Wäschejude, Autojude – Der Stürmer und die Arisierung. In: Henkel/Dietzfelbinger (Hg.): Entrechtet. Entwürdigt. Beraubt, S. 17–39.

Wagner, Ulrich (Hg.): Geschichte der Stadt Würzburg.
   Bd. II: Vom Bauernkrieg 1525 bis zum Übergang an das Königreich Bayern 1814. Stuttgart 2004.
   Bd. III/1: Vom Übergang an Bayern bis zum 21. Jahrhundert. Stuttgart 2007.

Waldherr, Gerhard (Hg.): „Stadt und Mutter in Israel". Jüdische Geschichte und Kultur in Regensburg. Regensburg 1989.

Wallis, Marie-Luise: Hirsch Aub – Porträt eines Rabbiners. In: Hirsch Aub – Porträt eines Rabbiners. München 2018, S. 1–17.

Wanderwitz, Heinrich: Studien zum mittelalterlichen Salzwesen in Bayern. München 1984.

Weber, Anette: Synagogenausstattungen als Dokumente jüdischen Lebens auf dem Lande in Franken und Schwaben im 18. Jahrhundert. In: Richarz/Rürup (Hg.): Jüdisches Leben auf dem Lande, S. 189–206.

Weber, Anette: Ein Dokument jüdischer Heimatkunde aus Bayern. Zur Entstehung und Bedeutung der Fotosammlung Theodor Harburgers. In: Harburger/Assûlîn (Hg.): Die Inventarisation jüdischer Kunst- und Kulturdenkmäler in Bayern, S. 23–42.

Weber, Anette: Jüdische Sachkultur in burgauischen Landgemeinden bis zur Emanzipation. In: Kießling/Ullmann (Hg.): Landjudentum im deutschen Südwesten während der Frühen Neuzeit, S. 235–273.

Weber, Anette: Altfromm und/oder aufgeklärt? Zur Entwicklung von Landsynagogen und Gemeindekultur in der Zeit der Aufklärung und Emanzipation. In: Kluxen (Hg.): Judentum und Aufklärung in Franken, S. 131–155.
Weber, Max: Wirtschaft und Gesellschaft. Grundriß einer verstehenden Soziologie. Studienausgabe, hg. von Johannes Winckelmann. 5. Aufl. Tübingen 1980.
Weber, Reinhard: Das Schicksal der jüdischen Rechtsanwälte in Bayern nach 1933. München 2006.
Weger, David: Die Juden im Hochstift Würzburg während des 17. und 18. Jahrhunderts. Würzburg 1920.
Weger, Tobias: Mittelalterliche Synagoge und frühneuzeitlicher Betraum. Episoden jüdischen Lebens vor 1800. In: Angermair (Hg.): Beth ha-Knesseth – Ort der Zusammenkunft, S. 23–30.
Weger, Tobias: Die Synagoge an der Herzog-Max-Straße. In: Angermair (Hg.): Beth ha-Knesseth – Ort der Zusammenkunft, S. 65–118.
Weger, Tobias: Die Synagoge an der Reichenbachstraße. In: Angermair (Hg.): Beth ha-Knesseth – Ort der Zusammenkunft, S. 176–195.
Weigand, Wolf: Henry Simonsfeld (1852–1913), Historiker in München. In: Treml (Hg.): Geschichte und Kultur der Juden in Bayern. Lebensläufe, S. 189–194.
Weinberg, M[agnus]: Die hebräischen Druckereien in Sulzbach (1669–1851). Frankfurt am Main 1904.
Weinberg, M[agnus]: Die hebräischen Druckereien in Sulzbach. Verbesserungen und Ergänzungen. Frankfurt a. M. 1923.
Weinberg, Magnus: Der Bezirk Rothenberg (Schnaittach, Ottensoos, Hüttenbach, Forth). Sulzbürg 1909.
Weinberg, Magnus: Herzogtum Sulzbach (Sulzbach und Floss). München 1926.
Weinberg, Magnus: Sulzbürg. München 1927.
Weinberg, Magnus: Die Memorbücher der jüdischen Gemeinden in Bayern. Frankfurt a. Main 1937.
Weis, Eberhard: Montgelas. 2 Bde. München 1988/2005.
Weis, Eberhard: Die Begründung des modernen bayerischen Staates unter König Max. I. (1790–1825). In: Spindler/Kraus/Schmid (Hg.): Handbuch der bayerischen Geschichte IV, 1, S. 1–128.
Weiss, Josef A.: Die Integration der Gemeinden in den bayerischen Staat. Zur Entstehung der kommunalen Selbstverwaltung in Bayern (1799–1818). München 1986.
Weiss, Yfaat/Gorelik, Lena: Die russisch-jüdische Zuwanderung. In: Brenner (Hg.): Geschichte der Juden in Deutschland von 1945 bis zur Gegenwart, S. 379–418.
Wendehorst, Alfred: Die Juliuspitalpfarrei und ihre Bedeutung für die Gegenreformation. In: Friedrich Merzbacher (Hg.): Julius Echter und seine Zeit. Gedenkschrift aus Anlaß des 400. Jahrestages der Wahl des Stifters der Alma Juli zum Fürstbischof von Würzburg am 1. Dezember 1573. Würzburg 1973, S. 317–373.
Wenninger, Markus J.: Man bedarf keiner Juden mehr. Ursachen und Hintergründe ihrer Vertreibung aus den deutschen Reichsstädten im 15. Jahrhundert. Wien 1981.
Wenninger, Markus: Die Siedlungsgeschichte der innerösterreichischen Juden im Mittelalter und das Problem der „Juden"-Orte. In: Veröffentlichungen des Verbandes österreichischer Geschichtsvereine 25 (1985), S. 190–217.
Wenninger, Markus J.: Zu Friesach im Jahr 1124: Vi[ll]a Iudeorum oder Via Iudeorum? Die Neuinterpretation einer Urkunde und ihre Folgen für die frühe Geschichte der Juden im Ostalpenraum und für die Geschichte der Stadt Friesach. In: Johannes Grabmeyer (Hg.): 800 Jahre Stadt Friesach. Klagenfurt 2015, S. 341–366.

Wenninger, J. Markus: Juden als Münzmeister, Zollpächter und fürstliche Finanzbeamte im mittelalterlichen Aschkenas. In: Toch (Hg.): Wirtschaftsgeschichte der mittelalterlichen Juden, S. 121–138.

Wenninger, Markus J.: *als etlich kristen lüt ... mit dien Juden getantzet hant*. Über die Teilnahme von Christen an jüdischen Festen im Mittelalter. In: Aschkenas 26 (2016), S. 37–67.

Wetzel, Juliane: Jüdisches Leben in München. 1945 – 1951. Durchgangsstation oder Wiederaufbau? München 1987.

Wetzel, Juliane: Jüdische Kultur im Bayern der Nachkriegszeit. In: Treml (Hg.): Geschichte und Kultur der Juden in Bayern. Aufsätze, S. 517–526.

Wetzel, Juliane: Auswanderung aus Deutschland. In: Benz (Hg.): Die Juden in Deutschland 1933-1945, S. 413–498.

Wiedl, Birgit: *Confraternitas eorum quod in vulgari dictitur zhunft*. Wirtschaftliche, religiöse und soziale Aspekte von Handwerkszünften im Spiegel ihrer Ordnungen. In: Brugger/Wiedl (Hg.): Ein Thema – zwei Perspektiven, S. 234–252.

Wiedl, Birgit: Laughing at the Beast: The Judensau: Anti-Jewish Propaganda and Humor from the Middle Ages to the Early Modern Period. In: Albrecht Classen (Hg.): Laughter in the Middle Ages and Early Modern Times. Epistemology of a Fundamental Human Behavior, its Meaning and Consequences. New York 2010, S. 325–364.

Wiedl, Birgit: Jüdisches Geld in der Kriegsfinanzierung Friedrichs des Schönen. In: Aschkenas 20 (2010), S. 371–393.

Wiedl, Birgit/Soukup, Daniel: Die Pulkauer Judenverfolgungen (1338) im Spiegel österreichischer, böhmischer und mährischer Quellen. In: Helmut Teufel u.a. (Hg.): Juden in Böhmen und Mähren im Mittelalter. Samuel Steinherz zum Gedenken. Prag 2016, S. 125–153.

Wiesemann, Falk: Judenverfolgung und nichtjüdische Bevölkerung 1933 – 1944. In: Broszat/Frölich/Wiesemann (Hg.): Bayern in der NS-Zeit. Bd. I, S. 427–486.

Wiesemann, Falk: Juden auf dem Lande: Die wirtschaftliche Ausgrenzung der jüdischen Viehhändler in Bayern. In: Detlev Peukert/Jürgen Reulecke (Hg.): Die Reihen fast geschlossen. Wuppertal 1981, S. 381–396.

Wiesemann, Falk: Deutsche Nation und bayerische Heimat. Zum Geschichtsbewußtsein der Juden in Bayern. In: Treml (Hg.): Geschichte und Kultur der Juden in Bayern. Aufsätze, S. 327–338.

Wiesemann, Falk: Rabbiner und jüdische Lehrer in Bayern während der ersten Hälfte des 19. Jahrhunderts. Staat – Reform – Orthodoxie. In: Treml (Hg.): Geschichte und Kultur der Juden in Bayern. Aufsätze, S. 277–286.

Wiesemann, Falk: Samson Wolf Rosenfeld (1780–1862), Rabbiner in der Emanzipationszeit. In: Treml (Hg.): Geschichte und Kultur der Juden in Bayern. Lebensläufe, S. 76–83.

Wiesemann, Falk: Simon Krämer (1808–1887), ein jüdischer Dorfschullehrer in Mittelfranken. In: Treml (Hg.): Geschichte und Kultur der Juden in Bayern. Lebensläufe, S. 121–128.

Wiesemann, Falk: Nationalsozialismus und ländlicher Antisemitismus. Eine Ritualmordbeschuldigung in Franken 1929-1937. In: Volker Ackermann/Bernd-A. Rusinek/Falk Wiesemann (Hg.): Anknüpfungen. Kulturgeschichte – Landesgeschichte – Zeitgeschichte. Gedenkschrift für Peter Hüttenberger. Essen 1995, S. 221–234.

Wildt, Michael: Volksgemeinschaft als Selbstermächtigung. Gewalt gegen Juden in der deutschen Provinz 1919 bis 1939. Hamburg 2007.

Wilhelm, Cornelia: Die Emigration der fränkischen Juden im 19. Jahrhundert nach Amerika. In: Brenner/Eisenstein (Hg.): Die Juden in Franken, S. 169–180.

Wilhelm, Cornelia: „Der entschiedenste Reformer unter Bayerns Rabbinern". Joseph Aub kam 1829 als Pionier einer neuern Generation nach Bayreuth. In: Mayer/Piontek (Hg.): Jüdisches Bayreuth. Bayreuth 2010, S. 90–96.
Wilke, Carsten: Landjuden und andere Gelehrte. Die rabbinische Kultur Frankens vom 12. zum 20. Jahrhundert. In: Brenner/Eisenstein (Hg.): Die Juden in Franken, S. 69–93.
Wilke, Carsten: Bayerische Bildungspolitiker gegen den Talmud. Das Ende der „sogenannten jüdischen Hochschule zu Fürth". In: Michael Brocke/Aubrey Pomerance/Andrea Schatz (Hg.): Neuer Anbruch. Zur deutsch-jüdischen Geschichte und Kultur. Berlin 2001, S. 113–126.
Wilke, Carsten: „Den Talmud und den Kant". Rabbinerausbildung an der Schwelle zur Moderne. Hildesheim 2003.
Willoweit, Dietmar: Vom Königsschutz zur Kammerknechtschaft. Anmerkungen zum Rechtsstatus der Juden im Hochmittelalter. In: Quellen und Forschungen zur Geschichte des Bistums und Hochstifts Würzburg 38 (1988), S. 71–89.
Willoweit, Dietmar: Die Rechtsstellung der Juden. In: GJ III/3, S. 2165–2207.
Windsheimer, Bernd: Geschichte der Stadt Fürth. München 2007.
Wirsching, Andreas (Hg.): Nationalsozialismus in Bayerisch-Schwaben. Herrschaft – Verwaltung – Kultur. Ostfildern 2004.
Wirsching, Andreas: Jüdische Friedhöfe in Deutschland 1933–1945. In: Vierteljahreshefte für Zeitgeschichte 50 (2002), S. 1–40.
Wirsching, Andreas: Jüdische Friedhöfe in Schwaben 1933–1945. In: Brenner/Ullmann (Hg.): Die Juden in Schwaben, S. 251–262.
Wittmer, Siegfried: Geschichte der Regensburger Juden zwischen Absolutismus und Liberalismus. In: Verhandlungen des Historischen Vereins für die Oberpfalz und Regensburg 127 (1987), S. 95–120.
Wittmer, Siegfried: Geschichte der Regensburger Juden im Zeitalter des Liberalismus und Nationalismus zwischen 1841 und 1902. In: Verhandlungen des Historischen Vereins für die Oberpfalz und Regensburg 128 (1988), S. 81–112.
Wittmer, Siegfried: Geschichte der Regensburger Juden zwischen Monarchie und Diktatur, 1903–1935. In: Verhandlungen des Historischen Vereins für die Oberpfalz und Regensburg 128 (1988), S. 113–148.
Wittmer, Siegfried: Geschichte der Regensburger Juden von 1936 bis 1938. In: Verhandlungen des Historischen Vereins für die Oberpfalz und Regensburg 128 (1988), S. 149–184.
Wittmer, Siegfried: Geschichte der Regensburger Juden von 1939 bis 1945. In: Verhandlungen des Historischen Vereins für die Oberpfalz und Regensburg 129 (1989), S. 77–137.
Wittmer, Siegfried: Juden in der Oberpfalz von den Anfängen bis 1918. In: Verhandlungen des Historischen Vereins für die Oberpfalz und Regensburg 132 (1992), S. 27–92.
Wittmer, Siegfried: Juden in der Oberpfalz von 1919 bis 1933. In: Verhandlungen des Historischen Vereins für die Oberpfalz und Regensburg 133 (1993), S. 125–156.
Wittmer, Siegfried: Regensburger Juden. Jüdisches Leben von 1519 bis 1990. Regensburg 1996.
Wittmer, Siegfried: Mittelalterliche Judengemeinde. Kulturelles Leben. In: Schmid (Hg.): Geschichte der Stadt Regensburg, S. 634–655.
Wolf, Gerhard Philipp: Osiander und die Juden im Kontext seiner Theologie. In: Zeitschrift für bayerische Kirchengeschichte 53 (1984), S. 49–77.
Wolf, Gerhard Philipp/Tausendpfund, Walter: Tüchersfeld und der „Judenhof". In: Eckert u.a. (Hg.): Jüdisches Leben in der Fränkischen Schweiz, S. 191–220.
Wolf, Gerhard Philipp/Tausendpfund, Walter: Schnaittach – Landesrabbinat. In: Eckert u.a. (Hg.): Jüdisches Leben in der Fränkischen Schweiz, S. 632–698.

Wolf, Peter u.a. (Hg.) (2014): Ludwig der Bayer – Wir sind Kaiser! Regensburg 2014.
Wolgast, Eike: Die Neuordnung von Kirche und Welt in deutschen Utopien der Frühreformation (1521–1526/27). In: Karl-Hermann Kästner (Hg.): Festschrift für Martin Heckel zum siebzigsten Geburtstag. Tübingen 1999, S. 659–679.
Wolgast, Eike: Juden als Subjekt und Objekt auf den Reichstagen Karls V. (1521–1555). In: Franz Hederer/Christian König/Katrin Nina Marth/Christina Milz (Hg.): Handlungsräume. Facetten politischer Kommunikation in der Frühen Neuzeit. Festschrift für Albrecht P. Luttenberger zum 65. Geburtstag. München 2011, S. 165–194.
Wollenberg, Jörg (Hg.): „Niemand war dabei und keiner hat's gewußt". Die deutsche Öffentlichkeit und die Judenverfolgung 1933–45. 2. Aufl. München 1989.
Wollenberg, Jörg: Enteignung des „raffenden" Kapitals durch das „schaffende" Kapital. Zur Arisierung am Beispiel von Nürnberg. In: Wollenberg (Hg.): „Niemand war dabei und keiner hat's gewußt", S. 158–187.
Wrasse, Marc: Fremd im eigenen Land? Zwischen Synagoge und Museum: Die jüdische Gemeinde Augsburg, 1969–1990; Katalog der gleichnamigen Ausstellung des Jüdischen Kulturmuseum Augsburg-Schwaben. Augsburg 2014.
Wrasse, Marc/Schönhagen, Benigna (Hg.): Im Übergang. Jüdische Gegenwart 1990–2010; Katalog der gleichnamigen Ausstellung des Jüdischen Kulturmuseum Augsburg-Schwaben. Augsburg 2016.
Wunschel, Hans-Jürgen: Die Juden in Bamberg im Mittelalter. In: Hanemann (Hg.): Jüdisches in Bamberg, S. 49–56.
Wüst, Wolfgang: Die Judenpolitik der geistlichen Territorien Schwabens während der Frühen Neuzeit. In: Kießling (Hg.): Judengemeinden in Schwaben im Kontext des Alten Reiches, S. 128–153.
Yuval, Israel: Juden, Hussiten und Deutsche. Nach einer hebräischen Chronik. In: A. Haverkamp/Ziwes (Hg.): Juden in der christlichen Umwelt während des späten Mittelalters, S. 59–102.
Yuval, Israel: Zwei Völker in deinem Leib. Gegenseitige Wahrnehmung von Juden und Christen in Spätantike und Mittelalter. Göttingen 2007.
Yuval, Israel J.: Christliche Symbolik und jüdische Martyrologie zur Zeit der Kreuzzüge. In: A. Haverkamp (Hg.): Juden und Christen zur Zeit der Kreuzzüge, S. 87–106.
Yuval, Israel Jacob: Rabbiner und Rabbinat in Deutschland 1350–1500. In: Hebräische Beiträge zur Wissenschaft des Judentums deutsch angezeigt III-V (1987–1989).
Yuval, Israel Jacob: Meir ben Baruch aus Rothenburg (um 1220–1293), „supremus magister". In: Treml (Hg.): Geschichte und Kultur der Juden in Bayern. Lebensläufe, S. 21–24.
Yuval J. Israel: Juristen, Ärzte und Rabbiner: Zum typologischen Vergleich intellektueller Berufsgruppen im Spätmittelalter. In: Carlebach (Hg.): Das aschkenasische Rabbinat, S. 119–131.
Zeiss-Horbach, Auguste: Kleider machen Leute. Der Streit um den Rabbinertalar in Bayern im 19. Jahrhundert. In: Aschkenas 20 (2010), S. 71–118.
Zelinsky, Hartmut: Der Dirigent Hermann Levi. Anmerkungen zur verdrängten Geschichte des jüdischen Wagnerianers. In: Treml (Hg.): Geschichte und Kultur der Juden in Bayern. Aufsätze, S. 411–430.
Zelzer, Maria: Geschichte der Stadt Donauwörth. Bd. I: Von den Anfängen bis 1618. 2. Aufl. Donauwörth 1979.
Zettl, Liane (Hg.): Juden in Nürnberg. Geschichte der jüdischen Mitbürger vom Mittelalter bis zur Gegenwart. Nürnberg 1993.

Ziegler, Walter: Studien zum Staatshaushalt Bayerns in der zweiten Hälfte des 15. Jahrhunderts. Die regulären Kammereinkünfte des Herzogtums Niederbayern 1450–1500. München 1981.
Ziegler, Walter: München als politisches Zentrum Bayerns: Regierungssitz und Gauhauptstadt. In: Bauer u.a. (Hg.): München – „Hauptstadt der Bewegung", S. 212–218.
Ziegler, Walter: Bayern im NS-Staat 1933 bis 1945. In: Spindler/Kraus/Schmid (Hg.): Handbuch der bayerischen Geschichte IV, 1, S. 500–634.
Ziegler, Walter: Gaue und Gauleiter im Dritten Reich. In: Möller/Wirsching/Ziegler (Hg.): Nationalsozialismus in der Region, S. 139–159.
Zimmermann, Moshe: Die deutschen Juden 1914–1945. München 1997.
Zimmermann, Volker: Jüdische Ärzte und ihre Leistungen in der Medizin des Mittelalters. In: Würzburger medizinhistorische Mitteilungen 8 (1990), S. 201–205.
Zinke, Peter: „Er drohte wieder mit der Gauleitung". Gustav Schickedanz und die „Arisierungen". In: nurinst 4 (2008), S. 63–80.
Ziwes, Franz-Josef: Studien zur Geschichte der Juden im mittleren Rheingebiet während des hohen und späten Mittelalters. Hannover 1995.
Ziwes, Franz-Josef: Territoriale Judenvertreibungen im Südwesten und Süden Deutschlands im 14. und 15. Jahrhundert. In: Burgard/A. Haverkamp/Mentgen (Hg.): Judenvertreibungen in Mittelalter und früher Neuzeit, S. 165–187.
Zofka, Zdenek: Judenverfolgung in Schwaben: das Beispiel Ichenhausen. In: Fassl (Hg.): Geschichte und Kultur der Juden in Schwaben [Bd. I], S. 171–176.
Zschoch, Hellmuth: Reformatorische Existenz und konfessionelle Identität. Urbanus Rhegius als evangelischer Theologe in den Jahren 1520 bis 1530. Tübingen 1995.
Zsigmond, Sonja: Die Villa Dessauer in Bamberg. Eine bürgerliche Villa des ausgehenden 19. Jahrhunderts. In: Hanemann (Hg.): Jüdisches in Bamberg, S. 125–137.

# Index

## Ortsregister

Aufgenommen werden alle Siedlungen sowie die vormodernen Territorien; Letztere werden unter dem Ortsnamen mit Spiegelstrichen getrennt aufgeführt. Zur leichteren Identifizierung wird bei den nicht allgemein bekannten Orten außerhalb Bayerns die heutige Zugehörigkeit zu den deutschen und österreichischen Bundesländern sowie dem französischen Elsass und Lothringen, ansonsten zu den Staaten vermerkt. Dabei stehen Ba-Wttbg. für Baden-Württemberg, Rh-Pfalz für Rheinland-Pfalz, Sa-Anhalt für Sachsen-Anhalt.

### A

Aalen  123
Abensberg  185
Acholshausen  227, 401
Adelsdorf  269, 406
Aichach  30, 104
Aislingen  27, 99
Aldersbach  77
Alersheim  401
Allersberg  544
Altdorf b. Nürnberg  204, 270, 351, 361
Altenkunstadt  265, 456
Altenmuhr  422
Altenstadt a. d. Iller  261, 288, 329, 339, 390, 424, 428, 438, 441, 446, 507f., 517, 535, 553, 582
Altona (Stadtteil v. Hamburg)  345, 354
Altötting  116, 124
Alzenau  520
Amberg  31, 71f., 75, 104f., 113, 116, 125, 158, 215, 439, 569f., 572, 576
Amendingen  217
Amorbach  113
Amsterdam  258, 314, 344, 347, 455
Ancona (Italien)  128, 201
Ansbach
 – Markgrafschaft/ Markgraftum  73, 113, 118, 126f., 166, 181f., 184f., 204, 206, 208, 210, 212, 213f.,221, 232f., 235, 250, 255, 258, 266f., 269, 284, 286, 288, 294, 298f., 301, 306, 313, 315f., 319f., 334, 345f., 354, 363, 458,
 – Stadt  26, 28, 46, 73, 102, 113, 120f., 123, 131, 166, 183f., 204, 208, 214f., 218, 245, 259, 266f., 272, 277–281, 283, 302, 309, 329, 333, 336, 344, 351f., 372, 375, 382, 384, 413f., 424, 444, 512, 515, 534f., 540, 570
Arnstein  294, 394
Aschaffenburg  113, 166, 363, 431, 448, 497, 511, 525
Aschbach  506
Atting  55
Au (Ortsteil v. München)  432
Aub  210, 338, 401
Aue  214
Aufhausen (Stadtteil v. Bopfingen)  263
Aufseß  212, 325, 441
Augsburg
 – Bistum/Hochstift  27, 33, 112, 126, 221, 252, 299
 – Stadt  7, 19, 25, 33, 42–45, 52–54, 54, 59, 61, 63, 65f., 69, 72–74, 77, 80, 84, 87f., 95–98, 101f., 106, 108–110, 112, 127, 129f., 133, 135, 143, 146, 151–154, 159, 162–164, 166, 169–172, 193, 195–197, 200, 204, 218–221, 230, 242, 252, 254, 259, 261f., 272, 280, 282, 284f., 291–293, 339–342, 355f., 365–368, 373, 382, 387f., 393f., 396, 410, 432, 441f., 446f., 464f., 473, 497, 503, 511, 525f., 532, 535, 541f., 549, 552f., 555f., 561, 567, 570, 574f., 579f., 582f.
Auschwitz (Oswiecim, Polen)  1, 552–554, 571, 577

### B

Bad, Brückenau  *siehe Brückenau*
Bad, Kissingen  *siehe Kissingen*

Baiersdorf 214f., 221, 267, 278, 307, 309, 322, 336, 346, 453
Baldern 27
Bamberg
– Bistum/Hochstift 77, 85, 118, 120–122, 126f., 138, 140f., 161, 166, 180, 182, 204, 206, 212, 215, 238, 245, 249f., 255, 259, 264–267, 269, 275, 290, 298f., 302–304, 308, 313f., 316, 322f., 359, 363
– Stadt 18, 22, 27f., 46, 77–79, 85, 87, 102, 112, 120, 140, 142f., 146, 158–161, 165–167, 170, 182, 203–205, 233, 237f.238, 266, 271f., 275, 280f., 283f., 286, 291f., 295, 303f., 307–310, 317, 322, 329, 338, 341, 346, 351, 359, 375, 382, 384, 387–389, 393, 407, 410, 415f., 433, 434f., 440, 444, 458, 465, 489, 492, 497, 503, 506, 511, 524f., 533, 542, 550, 553, 569f., 579f
Bannaker (Stadtteil v. Augsburg) 525
Banz, Kloster 389
Basel (Schweiz) 60, 142, 147, 154, 194, 482
Bayreuth
– Stadt 78, 113f., 120, 122, 137f., 185, 205, 213, 238, 258, 267, 295, 307, 309, 318, 343, 346, 351, 384, 387, 410f., 413, 415–417, 421, 453, 465, 477f., 483, 497, 569f., 576, 580
– Markgrafschaft/Markgraftum 113, 118, 138, 182, 185, 191, 213, 215, 250, 258, 267, 278, 282, 298, 307, 322, 363
Bechhofen 319, 534
Benfeld (Elsass) 99
Berchtesgaden 31
Berg am Laim (Stadtteil v. München) 549, 551f.
Berlin 4, 335, 346–348, 350f., 354, 422, 442, 444, 452, 455, 460, 462, 465, 472, 477, 480–482, 486, 489, 492, 500, 504, 509, 514, 525, 537, 541, 548f., 552, 559
Berolzheim 214, 320, 467, 516, 534
Biberach 27
Biberbach (Schwaben) 252
Biburg 113
Bingen 226

Binswangen 218, 221, 254, 261, 286, 331f., 420, 450, 517
Bischberg 265, 458
Bissingen 218
Bogenhausen (Stadtteil v. München) 566
Bonn 20, 51
Bopfingen (Ba-Wttbg.) 25, 46, 65
Boppard am Rhein (Rh-Pfalz) 83
Brandenburg, Fürstentum *siehe Ansbach, Bayreuth, Kulmbach*
Brandenburg an der Havel 78
Braunau am Inn (Oberösterreich) 104
Braunschweig 193, 421
Breisach (Ba-Wttbg.) 99, 453
Brenz (Ortsteil von Sontheim a.d. Brenz) 173, 218
Breslau (Wrozlaw, Polen) 153, 347, 348, 351, 422, 474, 498
Breuberg Hessen) 119
Bromberg (Bydgoszcz, Polen) 489
Brückenau 450, 536, 576
Bruck (Stadtteil v. Erlangen) 216, 267
Brünn (Brno, Tschechien) 363
Büchenbach (Stadtteil v. Erlangen) 444
Büchendorf 267
Buchenwald (b. Weimar) 554
Buchhorn *siehe Friedrichshafen*
Bühl (bei Leipheim) 218
Burgau
– Stadt 27, 46, 97, 125, 218–220, 262, 299
– Markgrafschaft 27, 125, 194, 206, 218, 220f., 224, 229f., 238, 244, 247, 252–254, 258f., 261f., 272, 280, 285f., 288f., 293, 295, 299–301, 311, 325, 328, 331, 342, 354, 363, 373, 375, 398
Burgebrach 265, 497, 506
Burgellern 265
Burghaslach 410, 533
Burghausen 30, 104, 113, 124, 180
Burgkunstadt 343, 384, 456, 506
Burglengenfeld 209, 217
Burgpreppach 421, 456, 484
Buttenheim 212, 440
Buttenwiesen 221, 254, 261, 286, 294, 301, 329, 332, 336, 420, 428, 441f., 446, 455, 466, 517
Bütthard 401

## C

Cadolzburg 78, 121
Cahors (Frankreich) 51
Celle 193
Cham 31, 93, 105, 113, 125, 565, 576
Cincinnati (USA) 440
Clermont (Frankreich) 10
Cluny (Frankreich) 77
Coburg 28, 102, 160, 497, 524
Colmar (Elsass) 32
Colmberg 214, 266, 334
Crailsheim (Ba-Wttbg.) 204, 212, 214, 235, 265
Creußen 122
Cronheim 422

## D

Dachau 30, 52, 510, 522, 532f., 535, 539, 543, 561, 565
Damaskus 392
Deggendorf 30, 72, 88, 92, 124, 156, 469, 563
Demmelsdorf 212, 255, 317, 322, 340, 440
Dennenlohe 254, 325
Dessau (Sa-Anhalt) 348, 422
Dettelbach 119
Dillingen 27, 99, 112, 126f., 221, 299
Dingolfing 30, 93, 124
Dinkelsbühl 26, 85, 483, 524
Donauwörth 25, 46, 52, 99, 113, 166, 171, 173, 442
Donaualtheim 218
Dorfen 30, 322
Dornberg 255
Dürrwangen 31, 122
Düsseldorf 561

## E

Ebern 119
Ebneth 265
Eckersmühle 266, 278
Ederheim 166
Eger (Cheb, Tschechien) 28, 55, 106, 158, 169
Eggenfelden 30
Eggolsheim 266
Egloffstein 126, 139, 269, 329, 441

Ehingen a.d. Donau (Ba-Wttbg) 27, 46, 115
Eibelstadt 211, 212, 227, 236, 338
Eichstätt 18, 25, 54, 71, 102, 113, 126, 135, 142, 160, 164, 198, 363, 393, 410, 469, 516
Ellingen 264, 319
Ellwangen 26f.
Eltmann 119
Ensisheim (Elsass) 48
Erbendorf 125, 504
Erding 30, 113, 156
Erfurt 74, 99, 127, 147
Erlangen 122, 182, 215, 267, 272, 381, 406, 436, 444, 451–453, 475, 535, 578, 580
Ermreuth 506
Esslingen 25, 33, 65, 229, 238
Esztergom/Gran (Ungarn) 19
Euerfeld 204
Eysölden 121, 183, 214

## F

Fechenbach 211
Feldafing 562, 564f.
Feldkirch (Vorarlberg) 356
Fellheim 261, 288, 390, 412, 420f., 428, 438, 446, 455, 535, 553
Feuchtwangen 121, 183, 204, 214, 516
Fischach 221, 247, 254, 261, 300, 331, 442, 446, 450f., 457, 507, 517, 525, 535, 551
Floß 125, 255, 261, 279, 321, 322, 325, 362, 388, 406f., 424, 466, 504, 544
Flossenbürg 554, 561, 562
Föhrenwald (Stadtteil von Wolfratshausen 562, 564, 565
Forchheim 86, 112, 120, 159, 161, 265f., 272
Forth 215, 237, 261, 334, 436, 506
Frankenwinheim 438
Frankfurt am Main 4, 55, 60, 74, 85, 99f., 116, 125, 144f., 148, 186f., 222, 225f., 232, 234, 236, 245, 258, 281, 285, 288, 295, 306, 336, 339, 343, 348, 384, 386, 422, 429, 442, 444, 456, 462, 499f., 546, 561, 577, 579
Freiburg i. Breisgau 99
Freising 30, 77
Fremdingen 393
Frensdorf 265

Freudenberg (Ba-Wttbg.) 119, 210
Freystadt 31
Friedberg (Bayern) 26, 204
Friedberg (Hessen) 226f., 236
Friedrichshafen (Ba-Wttbg.) 170f.
Friesach (Kärnten) 32
Fulda (Hessen) 64, 83, 99, 226, 346
Fürth 183, 215, 221, 236, 245, 255f., 266f., 272, 278f., 290, 309, 312–316, 329, 335f., 338f., 341f., 344, 346, 349, 351, 353f., 361, 371, 405, 410–414, 422, 433–437, 439f., 444–446, 448, 455f., 459, 466–468, 470, 472, 475, 478, 483, 497, 501f., 511, 514, 524–526, 528, 535, 540, 546, 553, 561f., 567, 572f., 580, 583

## G

Gaukönigshofen 290, 293, 323f., 366, 401, 406, 446, 450f., 507, 536, 544f.
Gemünden 46
Genderkingen 204
Georgensgmünd 214, 221, 235f., 321, 410, 457
Gera (Thüringen) 472
Gerabronn 204
Gereuth 430
Gerolzhofen 119
Giengen a.d. Brenz (Ba-Wttbg.) 112, 173
Gießen (Hessen) 478
Glogau (Glogów, Polen) 346
Gochsheim 295
Goldkronach 260, 277
Goßmannshofen 211
Gostenhof (Stadtteil v. Nürnberg) 259, 286, 483
Göttingen 501
Grafertshofen 218
Graisbach b. Donauwörth 46, 99
Graz (Steiermark) 32
Greifenberg 563
Grez (Frankreich) 40
Grönenbach 217
Gröningen (Sa-Anhalt) 160
Großheubach 204
Grünsfeld (Ba-Wttbg.) 113, 211, 444
Gundelfingen 26f., 72, 99, 124, 217, 260, 299, 320

Günzburg 125, 194, 218–221, 224, 226, 228–230, 236f., 243, 244, 252f., 258, 299, 305, 398, 466, 517, 535
Gunzenhausen 26, 28, 46, 73, 121, 204, 214, 302, 422, 464, 512, 515, 518f., 524

## H

Hainsbach 55
Hainsfarth 263, 420, 440
Halberstadt 502
Halle a.d. Saale 351
Hallein (Salzburg) 30
Hallstadt b. Bamberg 266
Hals (Stadtteil v. Passau) 46, 104, 516
Hamburg 4, 351, 384, 386, 412, 502, 537
Hammelburg 46, 519
Harburg 27, 46, 98, 122, 263, 271f., 290, 328, 336, 342, 407, 442, 446f., 517
Haßfurt 119, 481
Hechingen 238
Heideck 235
Heidelberg 386, 453, 577
Heidenfeld 211
Heidenheim am Hahnenkamm 516
Heidingsfeld 112, 125, 212, 221, 236, 268, 281, 304, 308, 317, 329, 336, 339, 384, 412, 455
Heilbronn 27, 99
Heiligenstadt 441
Heilsbronn, Kloster 78
Helfenstein (b. Geislingen a.d. Steige) 98
Henneberg 119, 180
Hermannsberg (Ortsteil v. Wiesent) 503
Hersbruck 28, 46, 104, 125
Herzogenaurach 131
Hildburghausen (Thüringen) 160, 283
Hiltpoltstein 31, 235
Hirschaid 212, 265
Höchberg 338–340, 421, 439, 484, 536
Hochhausen (Ortsteil v. Tauberbischofsheim) 227
Höchstädt 26, 72, 124, 260, 320
Hof 113f., 122, 138, 155f., 215, 483, 569f., 573, 576, 579f.
Hofheim i. Mainfrk. 503
Hohenems (Vorarlberg) 355, 460
Hohentrüdingen (Ortsteil v. Heidenheim am Hahnenkamm) 26, 205

Homburg a. Main 119
Horb a. Neckar (Ba-Wttbg.) 456
Hürben (Ortsteil v. Krumbach) 218, 221,
　261f., 329, 339, 389, 397, 408, 442, 445,
　449f., 490, 535
Hüttenbach (Ortsteil v. Simmelsdorf) 215,
　237, 261, 300, 506

**I**

Ichenhausen 196, 218f., 221, 246, 261f.,
　270, 273, 328–330, 339, 410, 432, 438,
　441f., 445, 447, 497, 517, 535, 554
Impfingen (Stadtteil v. Tauberbi-
　schofsheim) 227
Indersdorf 179
Ingolstadt
　– Hzgt. Bayern-Ingolstadt 124, 135, 138
　– Stadt 30, 33, 45, 104, 113, 124, 158, 180,
　　198, 410, 469
Innsbruck (Tirol) 220, 252, 254, 262, 301,
　305, 336
Iphofen 101, 118, 234
Isny (Ba-Wttbg.) 27, 196, 197
Izbica (Polen) 553

**J**

Jerusalem 12, 82, 383, 434, 582
Jochsberg (Ortsteil v. Leutershausen) 266
Judenau (Niederösterreich) 32
Judenburg (Steiermark) 32
Judendorf (Kärnten, Steiermark) 32

**K**

Kaisheim 221
Kallmünz 217, 260
Kapfenburg, Deutschordens-Kommende 264
Karlsruhe 478
Kasendorf 122
Kaufbeuren 27, 97, 112, 170
Kaufering 565
Kaunas (Litauen) 540, 552, 565
Kelheim 30, 78, 93, 124, 179, 185, 209
Kempten 27, 112, 170, 438
Kiel 501
Kiew (Ukraine) 18
Kirchberg, Herrschaft 252
Kirchenlamitz 122

Kirchheim 280
Kissingen 397, 410, 415, 421, 497, 519f.,
　525f.
Kitzingen 27f., 88, 101, 112, 118, 183, 214,
　246, 283, 389, 410, 438f., 484, 497, 503,
　525, 533, 553
Kleinbardorf 235
Kleinerdlingen (Stadtteil v. Nördlingen) 166,
　183, 264
Klingenberg 119
Köln
　– Stadt 9f., 15, 23f., 37f., 100, 105, 127, 195,
　　462, 480
　– Erzbistum 202
Konstantinopel 430
Konstanz 25, 65, 127, 171
Kopenhagen (Dänemark) 384
Kraiburg 30, 93
Krakau (Krakow, Polen) 228, 258, 574, 576
Kriegshaber (Stadtteil v. Augsburg) 206,
　221, 238, 261f., 280, 285, 329, 332, 342,
　366f., 420, 503, 532
Kronach 204, 265, 272, 275, 464
Krumbach 218, 228, 246, 261, 262, 397,
　449, 490, 517, 535
Kulmbach
　– Markgrafschaft Brandenburg-K. 122,
　　126f., 137f., 141, 182
　– Stadt 113, 120, 122, 130, 138,
　　183Künzelsau 384
Küps 204

**L**

Landau a.d. Isar 30, 93, 124, 180, 346
Landeck, Amt 214, 235
Landsberg a. Lech 26, 52, 97, 104, 562–565,
　574
Landshut
　– Hzgt. Bayern-Landshut 115, 124, 136, 138f.,
　　164, 180, 216
　– Stadt 30f., 44–46, 51, 92f., 103f., 113, 115,
　　124, 135, 147, 151, 154–156, 158, 179f.,
　　238, 394, 414, 469, 553
Langheim 322
Lauchheim, Deutschordens-Kommende 264
Lauda 28, 83, 101, 112, 204
Laudenbach 210, 338

Laufen a.d. Salzach 104
Lauingen a.d. Donau 26, 52, 72, 99, 113, 124, 130, 217, 259f., 299
Laupheim 440
Lehrberg 266, 301
Leipheim 27, 34, 46, 194, 562
Leipzig 287, 291, 455, 462
Lemberg (Lwiw, Polen) 346
Leutershausen 122, 194, 214, 266, 333
Leutkirch (Ba-Wttbg.) 27
Lichtenfels 570
Lindau i. Bodensee 25, 60, 65, 97, 112, 164, 171, 570
Lohr a. Main 472, 535, 582
Lublin (Polen) 196, 552, 553
Lüneburg (Niedersachsen) 193

**M**
Magdeburg 78
Mainstockheim 438
Mainz
– Stadt 9f., 15, 20, 24, 33, 41, 47f., 100, 112, 127, 137, 152, 154, 226, 281, 415
– Erzbistum/Kurfürstentum 4, 51, 112, 126, 137, 164, 167f., 281, 363
Manau (Ortsteil v. Hofheim) 503
Mannheim 282, 478
Mantua (Italien) 196, 230, 351
Marktbreit 283, 284
Markt Erlbach 437
Marktoffingen 122
Marktsteft 284, 302
Massingen 30
Mauthausen (Oberösterreich) 561
Meersburg (Ba-Wttbg.) 171
Meiningen 28, 492
Mellrichstadt 119
Memmelsdorf 340, 384, 415, 438
Memmingen 27, 46, 97, 112, 164, 170, 217, 219f., 242, 244, 438, 464f., 533, 542f., 553, 569
Mergentheim, Deutschordens-Ballei 113, 264
Metz (Lothringen) 9, 346, 354
Milbertshofen 549, 551f.
Mindelheim 219, 553
Minsk (Weißrussland) 354

Mönchsdeggingen 263, 407, 441
Mönchsroth 263
Monheim 122, 205, 260, 279, 288f., 320, 342
Moosburg 30, 180
Mosbach (Ba-Wttbg.) 466
Muggendorf 204
Mühldorf a. Inn 30, 66, 104, 156
Mühlhausen (Mittelfranken) 269, 328
München
– Hzgt. Bayern-München 30, 115, 124, 164
– Stadt 30, 33, 44f., 51f., 72, 104, 107, 113, 124f., 156, 158, 179f., 209, 282, 365, 367f., 382–384, 387f., 394, 397, 404f., 410f., 414, 416f., 421–423, 431f., 446, 448f., 452–455, 460, 464, 470, 472, 474f., 477, 481–483, 485, 489, 491, 493f., 495, 497–500, 509–511, 514, 521–523, 525, 527–532, 537f., 540, 543, 546f., 549, 552f., 556, 558f., 561, 562–567, 569, 571–574, 577f., 580, 583
Münnerstadt 119

**N**
Nabburg 31, 72
Natternberg (Ortsteil v. Deggendorf) 156
Neresheim (Ba-Wttbg.) 216, 262, 292, 308, 342
Neuburg a.d. Donau
– Fürstentum Pfalz-Neuburg 192, 197f., 205, 216, 235, 251, 260f., 266, 272f., 277, 279, 288, 290, 299, 311, 319f., 334, 358, 362
– Stadt 217, 260, 279f.
Neuburg a.d. Kammel 126, 218f., 221, 228, 230, 261, 442
Neu-Freimann (Stadtteil v. München) 566
Neumarkt (Oberpfalz) 28, 31, 46, 104, 113, 125, 389, 439, 449, 466, 504
Neumarkt-St. Veit 30
Neuötting 30
Neustadt a.d. Aisch 28, 46, 113, 119, 121, 168, 182, 215, 267, 272, 512, 516, 533
Neustadt a.d. Donau 30
Neustadt a. Main 210
Neustadt a.d. Saale 536
Neustadt a.d. Waldnaab 125, 309, 321
Neu-Ulm 574

Niederwerrn  325, 351, 354, 410, 415
Nordheim vor der Rhön  465
Nördlingen  25–27, 46, 66, 68, 72, 85, 97f., 101, 112, 123f., 127, 130, 143, 152, 162, 166, 170–173, 183, 186, 210, 216, 233, 242, 259, 292, 389, 438, 442, 464, 570
Norwich (England)  14, 82
Nürnberg
 – Burggrafschaft  116, 120, 123, 160, 245
 – Stadt  25, 27f., 33, 43–46, 52, 54, 59f., 66–68, 73, 76, 78, 85f., 98, 101–103, 106, 108–110, 112f., 116, 125–128, 132, 134f., 137, 143–155, 160f., 164, 166f., 173–175, 178f., 181f., 186, 197f., 214f., 234f., 246, 255, 259, 267, 272, 286, 313, 316, 340, 351, 389, 410, 424f., 430, 437, 444, 446, 462–464, 466–468, 470, 472–475, 481–483, 485, 487, 494, 497, 500–503, 506, 509, 511, 514, 522, 523–529, 532, 534f., 540f., 546, 550, 552–554, 558f., 563, 567f., 570, 573, 575, 579f.

O
Oberaufseß  325
Oberdorf am Ipf (Ba-Wttbg.)  183, 263
Oberehnheim (Elsass)  99
Oberelsbach  536
Oberhausen (Ortsteil v. Augsburg)  218, 220f., 230
Oberkotzau  215
Obernburg  112
Obernzenn  254
Oberweilersbach  441
Oberwesel (Rh-Pfalz)  83
Ochsenfurt  112, 118, 545
Oettingen
 – Grafschaft(en)  66, 116, 118, 122f., 126, 172, 183–186, 191, 216, 219, 233, 242, 244f., 251, 259, 262–264, 280, 288, 290, 293, 308f., 311, 325f., 342, 354, 363
 – Grafschaft Oe-Baldern  263
 – Grafschaft Oe-Spielberg  233, 263f., 393
 – Grafschaft Oe-Oettingen  233, 263
 – Grafschaft Oe-Wallerstein  183f., 216, 237, 263, 299, 308, 342
 – Stadt  26, 98, 112, 122, 135, 183, 216, 234, 262, 272, 278, 336, 354, 446, 517

Öhringen (Ba-Wttbg.)  27
Osterberg  390, 438, 441, 447
Ottensoos  215, 237, 261, 300, 453, 506

P
Pappenheim
 – Herrschaft  27, 185, 198, 211, 237, 288, 330
 – Stadt  27, 237, 282, 319–321
Paris  48, 77, 82f., 107, 229, 416, 430, 453, 455, 530
Passau
 – Hochstift  134, 166
 – Stadt  18, 30f., 46, 71, 104, 113, 157f., 168, 469, 569f.
Pegnitz  122
Petersburg (Russland)  489
Pfaffenhofen a.d. Ilm  30, 104
Pfaffenhofen a.d. Roth  27
Pfaffenhofen a.d. Zusam  113
Pfarrkirchen  30, 180, 293
Pfeffenhausen  30
Pfersee (Stadtteil v. Augsburg)  220f., 246, 254, 261, 280, 285, 288, 295, 300, 305, 329, 332f., 336, 342, 354–356, 408
Pflaumloch  233, 263
Pfreimd  125, 209
Philadelphia (USA)  562
Piaski (Polen)  552f.
Plattling  124, 180, 469
Pleystein  125
Pocking  562, 564
Pommersfelden, Schloss  281
Posen (Poznan, Polen)  406, 501
Pösing  197
Potsdam  338, 580
Pöttmes  30
Prag  4, 9, 19, 54, 116, 125, 153, 186, 189, 196f., 254, 258, 314, 343f., 347, 351, 455
Preßburg (Bratislava, Slowakei)  197, 363
Pretzfeld  441
Prichsenstadt  121, 183
Pulkau (Niederösterreich)  88, 90

R
Raffelstetten (Oberösterreich)  18
Ragusa (Dubrovnik, Kroatien)  258
Rain a. Lech  74, 104

Randersacker 28
Rattenberg (Tirol) 52
Rawicz (Polen) 354, 406
Reckendorf 204, 213
Redwitz 421
Regensburg
– Hochstift 126f.
– Stadt 1, 9–12, 14–20, 24, 30, 32, 37–40,
  45–47, 50–52, 54f., 59, 64–66, 70, 74,
  78, 80f., 87f., 102, 105, 107, 116, 130,
  134f., 136f., 143, 146, 153, 155, 158,
  162–164, 166–168, 175–178, 191, 199,
  208f., 246, 349f., 384, 388, 396, 410,
  464–466, 482, 484, 497, 503–505, 511,
  525f., 533, 542, 549, 553, 562, 564, 568,
  570, 572, 576, 579f.
Reichenberg 211, 336
Reichenhall 30, 562
Reichenschwand 166
Reims (Frankreich) 78
Reistenhausen 211
Remlingen 210, 256
Rennertshofen 217, 260
Rheinzabern 197
Rieden a.d. Kötz 218
Riedenburg a.d. Altmühl 30
Rieneck, Grafschaft 113
Riga (Litauen) 553, 554
Rimpar 268, 384
Rinn (Tirol) 204
Rödelsee 211, 234, 236, 256, 438
Roggenburg 219, 221
Rom 200
Roth 214, 235, 266f., 278, 298
Rothenberg, Herrschaft 126, 215, 221, 234,
  237, 261, 299f., 309, 334, 362, 466, 507
Rothenburg o.d. Tauber 27f., 33, 45f., 48,
  56–58, 65f., 68, 73, 86f., 112, 127,
  133–135, 138, 143, 146, 162, 166, 170,
  188, 210, 232, 483, 512, 516, 519, 534
Rott a. Inn 93, 104
Röttingen 76, 84f., 88, 401
Rottweil (Ba-Wttbg.) 218, 244, 253

## S

Saarbrücken 478
Salzburg
– Stadt 30f., 46, 71, 78, 104, 107, 146
– Erzbistum/Erzstift 30, 104, 166f., 260
Sappenfeld 198
Schärding (Oberösterreich) 30
Schelklingen (Ba-Wttbg.) 27
Schernau (Ortsteil v. Dettelbach) 204
Scheßlitz 212, 266
Schlettstadt (Elsass) 84
Schlipsheim 261, 300
Schmalkalden (Thüringen) 28, 46, 288
Schnaittach 126, 215, 226, 234, 236f., 261,
  300, 309, 336, 388, 410, 422, 441, 506,
  583
Schönach (Ortsteil v. Mötzing) 55
Schongau 26
Schopfloch 264
Schwabach 122, 183, 214, 235, 245, 267,
  302, 306, 341, 346, 354, 410, 421
Schwäbisch Gmünd 25, 112, 173
Schwäbisch Hall 65
Schwaighausen 217
Schwandorf 217
Schwanfeld 210, 235
Schweinberg (Ortsteil v. Hardheim) 119
Schweinfurt 27, 134f., 166, 268, 295, 410,
  439, 464f., 497
Schwürbitz (Ortsteil v. Michelau) 213
Seesen (Niedersachsen) 422
Sendling (Stadtteil v. München) 405
Seßlach 118
Sommerach 384
Spalt 78, 126
Speyer 9, 11, 14–16, 24, 33, 37f., 47, 74, 83,
  100, 112, 240
Spielberg 26
Stadtamhof 15, 116, 209
Stauf, Amt 214, 235
Steinbach (Thüringen) 484
Steppach 221, 261, 300, 441
Straßburg 15, 33, 54f., 60, 74, 78, 99, 105,
  127f., 197
Straubing
– Hzgt. Bayern-Straubing 92, 113, 124, 127,
  136, 179
– Stadt 30, 46, 55, 74, 75, 92f., 104, 113,
  124f., 139, 151, 156, 158, 179, 464, 469,
  553, 569f., 579

Stuttgart 277, 442, 462
Stutthof bei Danzig (Polen) 554
Sugenheim 205, 269, 295, 324, 460
Sulzbach
- Fürstentum Pfalz-Sulzbach 255, 279, 321, 334, 362
- Stadt 31, 72, 104, 204, 261, 279, 282, 321, 343–345, 362, 367, 466
Sulzbürg 31, 261, 309, 362, 410, 439, 466, 501, 504, 525

## T

Tapfheim 217
Tauberbischofsheim 28, 83, 88
Tauberrettersheim 401
Tegernsee, Kloster 156
Thalmässing 214, 235, 393, 410, 534
Thannhausen 218, 219–221, 230, 236, 254, 261f., 273, 331, 460
Theresienstadt (Terezin, Tschechien) 551–553, 568
Titting 198, 217
Toledo (Spanien) 11, 228
Trabelsdorf 506
Treuchtlingen 27, 264, 296, 320, 342, 454, 524, 534
Treviso (Italien) 128
Trient (Trento, Italien) 168, 182, 200, 204
Trier 9f., 15, 24, 51, 112, 127, 202
Triest (Trieste, Italien) 128
Trunstadt 265
Tüchersfeld 441
Tulln a.d. Donau (Niederösterreich) 32

## U

Überlingen (Ba-Wttbg.) 25, 65, 171
Uehlfeld 380, 415, 423, 534
Uffenheim 86, 121, 512
Uissigheim 88f.
Ullstadt 205
Ulm 20, 25, 27, 33, 46, 65, 68, 97–99, 112, 127, 133, 135, 143, 147f., 153, 162, 166, 170f., 173, 178, 186, 196, 218–220, 224, 242, 244, 446, 517, 562
Unterfarrnbach (Stadtteil v. Fürth) 215
Ursberg 221

## V

Veitshöchheim 268, 335, 340
Velburg 113
Velden a.d. Vils 30
Venedig 50, 128, 196f., 228, 258, 343, 344
Verona (Italien) 336
Viereth 265
Vilsbiburg 30
Vilseck 562
Vilshofen 30, 93, 124, 469
Vohburg a.d. Donau 30
Völkermarkt (Kärnten) 137

## W

Waldsassen, Kloster 54
Wallerstein, Markt 26, 98, 116, 122, 183f., 226, 233f., 236f., 262f., 326, 336, 342, 354, 397, 407f., 446
Walsdorf 212, 265, 317
Walting (Ortsteil v. Weiding b. Cham) 55
Wandsbeck (Stadtteil v. Hamburg) 502
Wangen (Ba-Wttbg.) 27
Wannbach 204
Wasserburg a. Inn 30, 104, 124, 180, 199
Wassertrüdingen 26, 73, 98, 121, 123, 183, 336
Weiden i.d. Oberpfalz 125, 261, 439, 481, 503–505, 526, 543f., 549, 562, 570, 576, 580
Weikersheim 384
Weilheim 30, 104, 204
Weismain 266
Weißenburg in Bayern 67, 123, 134, 152, 166, 171, 570
Weißenhorn 126, 218, 252
Wellenburg (Stadtteil v. Augsburg) 95
Wemding 122
Werdenberg 27
Wertheim
- Grafschaft 194, 202, 250, 297
- Stadt 27, 113, 210, 221, 232, 250, 252, 256, 330
Wertingen 27, 46, 99, 374, 428
Wettenhausen, Kloster 219, 221
Wien 4, 107, 245, 272f., 277f., 280, 282f., 313, 338, 346, 416, 455, 460, 462, 478, 549
Wiesenbronn 484
Wiesent 503
Wilten, Kloster (Tirol) 204

Windischeschenbach  562
Windsbach  73, 121, 214, 534
Windsheim  28, 46, 102, 112, 134, 152, 166, 171, 266, 562
Winterbach (Schwaben)  218
Winterthur (Schweiz)  60, 72
Wittenberg (Sachsen)  193
Wöhrd (Stadtteil von Nürnberg)  259
Wolfsegg (bei Regensburg)  30
Wonsees  122
Worms  4, 9, 14f., 24, 33, 38, 43, 47f., 74, 186, 189, 222, 225f., 234, 236, 241, 346
Wörth a.d. Donau  65, 127
Würzburg
– Bistum/ Hochstift  46, 56–58, 85, 118f., 126, 138, 140f., 147, 160, 166, 181, 202–206, 211f., 232f., 237f., 245, 248, 258, 273, 281, 283, 293f., 298f., 304, 310, 318, 323, 325, 354, 363f., 369
– Stadt  9, 12f., 15, 18, 20f., 24, 27f., 32f., 40–42, 45–48, 54, 56, 66, 69, 73, 77, 83, 87f., 99–102, 107–109, 112, 118, 137, 139, 141, 143, 153, 167, 182, 184, 203, 210, 212, 227, 235, 268, 272, 281, 283, 299, 308, 310, 317, 349, 335, 346, 349–352, 361, 365f., 368f., 372f., 380–383, 385–387, 393f., 397, 399, 405, 407f., 412, 414, 420f., 429–431, 433, 440, 444, 448, 452f., 455, 458, 465, 470, 481, 484f., 497, 502–504, 511, 524–526, 533, 549, 552–556, 569f., 576, 579f.

## Z

Zeckendorf  212, 255, 307, 317, 322
Zürich  127, 128, 171, 195
Zusmarshausen  396

# Personenregister

Die jüdischen Namen werden nach dem Personennamen eingeordnet, seit dem 18. Jahrhundert in der Regel nach dem Familiennamen. Bei dem Fehlen weiterer Bestimmungen wird (im Unterschied zum Namensbestandteil ‚von') der Herkunftsort mit v. angegeben (z.B. Abraham v. Goldkronach). Könige, Kaiser und Päpste finden sich wie üblich unter dem gültigen Herrschaftsnamen, die übrigen Herrschaftsträger unter dem ihres Territoriums (z. B. Bayern, Herzöge von) bzw. Herrschaftssitzes (z. B. Aufseß, Herren von); Bischöfe werden unter dem Bischofssitz eingeordnet. Um die Familienzusammengehörigkeit zu kennzeichnen, werden die Angehörigen mit Spiegelstrich zugeordnet; wenn dies nicht mit Sicherheit gesagt werden kann, folgen die Personen trotz Namensgleichheit mit ihrem vollen Namen aufeinander. Zusätze werden nur sparsam verwendet: in der Regel bei den Rabbinern, ansonsten nur zur besseren Einordnung.

## A

Aaron, Schwiegervater v. Efferlein 54, 74
Abel, Karl August von, Minister 392, 420, 452
Abraham Franklin 308
Abraham Kohen, Rabbiner 233
Abraham Rovigo, Rabbiner 351
Abraham Uhlfelder 282
Abraham v. Goldkronach 260, 277
Abraham v. Regensburg 12
Abraham, Proselyt v. Augsburg 84
Adalbert Friedrich Marcus, Leibarzt 203
Adler, Immanuel, Rabbiner 503
Adler, Lazarus, Rabbiner 397, 415
Adolf von Nassau, röm.-dt. König 67, 85
Aharon ben Uri Lipmann 344
Albrecht II., röm.-dt. König 135
Alhart von Saulburg 55
Allioli, Joseph Franz von, Dompropst 394, 397
Amman, Kaspar, Prior der Augustiner, Augsburg 230
Amson Moses Neuburger 245
Anderl v. Rinn (Tirol) 204
Ansbacher, Ernst 544
Antonius Margaritha 199f., 240
Aretin, Christoph von 374, 376
Aring, David, Schulmeister 342
Arnheim, Fischel, Abgeordneter 393, 475
Arnim, Achim von 383
Arnold, Propst von St. Emmeram 11, 15
Aron Mosessohn aus Glogau, Rabbiner 346
Aschenbrenner, Martin 389
Ascher Löw, Landesrabbiner 354

Asulai, Chajim Joseph David, Rabbiner 336
Aub, Hirsch, Rabbiner 397, 416f., 474
Aub, Joseph, Rabbiner 411, 415
Auerbach, Berthold 456
Auerbach, Dr. Philipp 571f.
Aufseß, Herren von 126, 212, 325, 441
Augsburg, Bischöfe von 53, 219–221, 224, 229, 252, 280, 299
– Eglof von Knöringen 201
– Hartmann I. 69
– Markward von Randegg 96, 112
– Otto Truchsess von Waldburg, Kardinal 201, 221
Augustinus 11
Avidor, Yakob Simcha, Rabbiner 569, 572

## B

Bach, Isaak 391, 545
Bachia ibn Pakuda 353
Baeck, Leo 487, 496, 521, 526
Baerwald, Rabbiner 498, 500
Balduin, Erzbischof von Trier 51
Bamberg, Bischöfe 54, 101, 133, 141, 147, 181, 281, 286
– Franz Ludwig von Erthal 203, 335, 352, 369
– Friedrich I. von Hohenlohe 100
– Friedrich III. 131, 241
– Friedrich Karl von Schönborn 281
– Heinrich III. 181
– Johann III. von Grumbach 181
– Lothar Franz von Schönborn 275, 281
– Melchior Otto 264

– Peter Philipp von Dernbach  265, 307
– Philipp Valentin  264
Bamberger, Chajim, Pretiosenhändler  282
Bamberger, Fritz, Maler  448
Bamberger, Seligmann Bär, Rabbiner  324, 394, 397, 421
Bär, Karl  515
Bärmann, Issachar, Rabbiner  309, 314
Baruch, Vater des Rabbi Meir  48
Baruch, Paul  568
Bayern, Herzöge/Kurfürsten von
– Bayern-Landshut  30, 34, 134
– Bayern-München, Herzöge  42
– Agnes, Tochter Hzg. Ludwigs  52
– Albrecht III., der Fromme  124, 179
– Albrecht V.  209
– Friedrich  133f., 139, 147
– Heinrich XIII.  71
– Heinrich XVI., der Reiche  114, 139, 180
– Johann III.  139
– Karl Albrecht  282
– Ludwig V., der Brandenburger  103
– Ludwig IX., der Reiche  125, 135, 168, 179
– Max Emanuel  282, 292, 367
– Max III. Josef  282, 367
– Max IV. Josef  362, 368, 423
– Rudolf I.  52, 71, 75
– Stephan II.  103, 130, 155
Beer, Bankierfamilie  351
Beer, Sigmund Julius  453
Behrens, Siegfried, Rabbiner  501
Behr, Wilhelm Joseph  381, 383
Beifuß von Rödelsee  235f.
Bellet, Tochter des R. Salomo  33
Benda, Georg  436
– Rebecca  436
Benedict von Neumarkt  128
– Jacob, s. Sohn  128
– Salamon, s. Sohn  128
Benedikt XIII., Papst  142
Berle Öhringer, Schulmeister  232, 236
Berlin, Familie  346
Berlin, Walter, Vors. des CV  541
Bernays, Isaac  412
Bernhard von Clairvaux  13, 82
Berolzheimer, Heinrich  467
– Salomon  444, 446

Berthold von Regensburg, Franziskaner  78
Bibra, Georg Christoph von  235
Bing, Abraham, Rabbiner  384, 408, 412, 452
Bing, Gebrüder  438
– Ignaz  438
Binswanger, Ludwig  447
Bismarck, Otto von  476, 479
Blatt, Weinhändler  386
Bloch, Marcus Elieser  351
Bloch, Moses, Buchdrucker  344
Blomberg, Daniel, Drucker  196
Bodenschatz, Johann Georg Christoph  352
Brandenburg, Markgrafen von B.-Ansbach, B-Bayreuth, B-Kulmbach
– Albrecht Achilles  122, 130, 181f., 215
– Alexander  250, 307
– Carl Wilhelm Friedrich  250
– Casimir  183, 214
– Christian  214f.
– Christian Ernst  277
– Friedrich I.  131
– Friedrich IV.  182
– Friedrich Wilhelm  278
– Georg  215, 255
– Georg Friedrich  250, 256, 278
– Joachim Ernst  214, 266, 298
– Maria, Ehefrau des Christian  298
– Karl Wilhelm Friedrich  283, 318
– Siegmund  182
Brandt, Henry, Rabbiner  580
Brendel, Sebald, Jurist  381, 384
Brentano, Clemens  383
Brentano, Heinrich  444
Breslauer, Jehuda, Rabbiner  501
Brillin, Moses Isaak, Hoffaktor  303
Buber, Martin  487, 490, 524
Bucer, Martin  195, 197
Bucher, Hans  539
Buffler, Peter  197
Burgau, Markgraf Karl von  253, 283

C

Calixtus III., Papst  181
Capistrano, Johannes  166
Capito, Wolfgang  194
Castell, Grafen von  119, 185, 211, 256, 325, 330
Cella, Johann Jakob  370

Chajim Isaak 137
Chajim v. Landshut 137
Chmielnicki, Bogdan, Kosakenführer 273, 346
Claus, Ernst Anton 382
Clemens VI., Papst 96, 107
Closener, Fritsche, Chronist 60
Cohn, Bankhaus 444
– Meyer 438
Cohn, Julius Joel 436
Cöppel v. Neresheim 308
Crailsheim, Ernst von 235
Crazer v. Augsburg 53

**D**

David Rebeni 228
David Tebel Sprinz, Rabbiner 146
David von Buttenwiesen 301
Deller, Jakob 457
Dessauer, Großhändler 433
– Carl Emanuel 433
Deusel, Antje Yael, Rabbinerin 580
Dienemann, Max 496
Dispeck, David, Landesrabbiner 346
Dohm, Christian Wilhelm 348, 370f., 373
Döllinger, Ignaz von 394
Dossenberger, Joseph 328

**E**

Eberlin von Günzburg, Johann 193, 210
Eberstein, Karl Theodor von 353
Eck, Dr. Johannes 198
Eckstein, Adolph, Rabbiner 377, 465, 475–477, 488, 506
Efferlein von Regensburg 54
Efraim ben Isaak ben Abraham, Rabbiner 16
Efrajim ben Ja'aqov 20
Ehrentreu, Heinrich, Rabbiner 474
Ehrlich, Großhändler 433
Eichstätt, Bischöfe von 54
– Philipp von Rathsamhausen 71
Eichthal, Freiherren von 431
– Aaron Elias Seligmann 431
– Arnold von 432
Eike von Repgow 63
Einhorn, David, Rabbiner 440
Eisenmann, Adolf 544
Eisner, Erich (Künstlername Erich Erck) 525

Eisner, Kurt 488, 490
El'asar ben Mosche had-darschan, Rabbiner 47
Eleasar, Rabbiner 74, 234
Eliakim Rothenburg, Rabbiner 230
Elieser Ashkenasi 192
Eli'eser ben Natan, Rabbiner 41
Elieser (Lazarus), Arzt 229
Elija ben Asher hal-Levi (Elias Levita) 197
Eljakim, Rabbiner 13
Elkone Naumburg, Goldsticker 339
Emicho von Flonheim, Graf 10
Engelmann, Leopold 543
Ephraim bar Jacob 12f
Epp, Franz von 491, 509
Epstein, Simon 422
Erasmus von Rotterdam 194
Erlanger, Arnold 554
Erlanger, Dr., Fabrikant 438
Ernst von Wittelsbach, Erzbischof v. Köln 202
Eugen IV., Papst 142
Eysach v. Regensburg 54

**F**

Fabri, Felix, Dominikaner 162
Fagius, Paulus (Paul Büchlein) 197
Falch, Barnosse 216
Faulhaber, Michael, Kardinal 495
Feifelein von Landshut 156
Feistmann, Aaron 436
Ferdinand I., röm.-dt. Kaiser 252, 253
Ferdinand III., röm.-dt. Kaiser 246
Ferdinand II., Erzherzog v. Tirol 253
Ferdinand von Toskana, Erzherzog 363, 372
Feuchtwanger, Heinrich, Mönch 180
Feuchtwanger, Ludwig 499
– Sigbert 498
– Walter 573
Feuchtwanger, Max 539
– Sigmund 539
Feust, Dr. 444
Fichtel, Franz Ludwig von 353
Fischer, Johann Bernhard 370
Fischer, Johann Michael 318
Flavius Josephus 63
Folz, Hans, Dichter 174

Forissard, Pierre de  184
Forndran, Georg von  394
Fraenkel, Sigmund  491
Franck, Sebastian  196
Fränkel, Familie  267, 279, 313, 338, 344, 346, 413
– Bärmann, Rabbiner  338, 346
– David Seckel  309
– Elkan, Hofjude  278f.,316
– Gabriel Hirsch, Rabbiner  302, 314
– Hirsch  278, 302
– Salomon Eli Issachar Bärmann  314
Frankenburger, Wolf  475
Frank, Hans  512
Frank, Julius  484
Freiberg, Herren von  90
Freiberg, Konrad von  90
Freudenthal, Max, Rabbiner  500
Frey, Gerhard  578
Frick, Wilhelm  493
Friedmann, Ludwig  542
Friedrich I. Barbarossa, röm.-dt. Kaiser  51, 64f.
Friedrich II., röm.-dt. Kaiser  64, 70, 83
Friedrich III., röm.-dt. Kaiser  126, 130, 135, 168, 170, 173f., 177, 179, 181, 241
Friedrich der Schöne, Herzog von Österreich  66
Friedrich II. Herzog von Österreich  71
Fries, Jakob Friedrich  383
Fries, Lorenz, Chronist  109
Fruman v. Oettingen  112
Frutolf von Michelsberg, Chronist  22
Fugger, Familie  219, 252
– Graf Cajetan Joseph  280
Füssel, Johann Michael, Pfarrer  315

**G**

Gärtner, Friedrich von  420
Geierhoefer, Familie  544
Geiger, Abraham  465
Gerson ben Salomon Kohen  196
Gerstle, Raphael  391
Giese, Therese  573
Gittel, Ehefrau des Marum Schmuel  293
Goebbels, Joseph  525, 530
Goitein, Eduard Ezechiel, Rabbiner  506
Goldschmid, Josef  439

Goldschmied, Amsel Isaak  284
Göring, Hermann  538, 539, 540
Göß, Georg Friedrich Daniel  372
Gothart, Josef  576
Graser, Johann Baptist  411, 413, 423
Grinberg, Zalman  565
Groß, Konrad  102
Grumbach, Konrad von  235
Grünfeld, Richard, Rabbiner  465
Grünsfeld, Jurist  444
Grynszpan, Herrschel  530
Güssen von Güssenberg, Herren  34
Guggenheimer, Aaron, Rabbiner  408
Guggenheimer, Moritz, Kaufmann  446
Gunzenhäuser, David, Bankier  516
Gunzenhäuser, Wolfgang, Justizrat  475

**H**

Haenle, Salomon, Jurist  455
Haffner, Martin  382
Halbritter, Ernst von, Regierungsrat  310, 373
Halle-Wolfssohn, Aaron  351
Hamburger, Adolf  568
Hamburger, Arno  575
Hamburger, Wolf, Rabbiner  413f.
Hameln, Glickl von  307
– Moses Goldschmidt  307
Hanover, Siegmund, Rabbiner  502
Harburger, Theodor  499f., 505
Hardenberg, Karl August Frhr. von  370
Harden, Maximilian  492
Harrison, Earl G.  562
Hartner, Theo  540
Hechheimer, Moses, Rabbiner  414
Hechinger, Jakob Lipmann, Barnoss  407
Hegel, Georg Friedrich Wilhelm  451
Heidecker, Gemeindevorsteher  464
Heilbronner, Jakob  390
– Nathan  441
Heimann, Fabrikant  438
Heim, Georg  477
Heinrich IV., röm.-dt. Kaiser  14, 64
Heinrich Raspe, röm.-dt. König  66, 69
Heinrich von Diessenhofen, Chronist  97
Held, Heinrich  494f.
Hellmuth, Otto  502
Henle, Elkan, Kaufmann  351, 370f., 411

Henle, Siegmund, Abgeordneter   446, 475
Henneberg, Grafen von   119
Henoch Sundel, Rabbiner   347
Herder, Johann Gottfried   451
Hermann, Bischof von Prag   19
Herzfeld, Josua ben Beer, Rabbiner   406
Herz, Jakob   453
Herz, Joseph   459
Herz, Marcus   354
Herzl, Theodor   480f.
Heßberg, Wilhelm Moritz von   234
Hessel, Hesekiel   404
Heydrich, Reinhard   530
Heym, Gabriel, Hoffaktor   281
– Nathan, Hoffaktor   303
Himmler, Heinrich   510, 522, 530
Hindenburg, Paul von   512
Hirsch, Familie   366, 384, 386
– Jakob (von), Hofbankier   367, 429f.
– Joel Jakob (Julius) von   429, 448
– Joseph   430
– Moritz   430
– Moses   429
– Salomon   380
– Samuel, Hoffaktor   281
Hirsch, Abraham   429
Hirsch, Emil   440
Hirsch Fürth, Rabbiner   312
Hirsch Löw   291
Hirsch Neumark   279
Hirsch, Otto   521
Hitler, Adolf   494, 500, 530, 537
Hochheimer, Heinrich   447
Höchheimer, Simon   335, 350f., 353, 369, 371, 456
Höchstetten, Schenk Ulrich von   96
Hofer, Baron von   245
Hohenlohe, Graf Gottfried von   88
Hohenreichen, Truchsessen von   27
Holländer, Ludwig   430, 481
Holz, Karl   540
Hoscher, Johann Melchior   366, 373
Hubmaier, Balthasar   177

I

Illfelder, Leopold   467
Ingolsteter, Berthold   106

Isaac, Rabbiner   74
Isa[a]c, Rabbiner, Sohn des Rabbi Eljakim   13
Isaac Thannhäuser   288
Isaak Alexander, Rabbiner   349, 350
Isaak ben Josef Segal, Rabbiner   229
Isaak Kohen ben Jehuda (Jüdels)   344
Isaak Mise'a, Rabbiner   230
Isaak Seckel, Hoffaktor   281
Isaak von Günzburg, Rabbiner   197
Israel Bruna, Rabbiner   137, 162
Israel von Rothenburg, Hochmeister   137

J

Jäcklin, Bankiers   127
Jacob Emden, Rabbiner   345
Jacob, Ernst, Rabbiner   555
– Walter, Rabbiner   526
Jacob Koppel Gans, Goldsticker   246
Jacob Rapp   128
– Jutta, s. Witwe   128
Jacobson, Israel   409
Jacobsohn, Siegfried, Publizist   492
Jacobus judeus   52
Jakob der Arzt   155
Jakob ben Chaijm, Rabbiner   241
Jakob Margoles, Rabbiner   146
Jakob Molin, Rabbiner   137, 152, 154, 169
Jakob Reiner, Rabbiner   230
Jakob von Roth, Rabbiner   225, 235f., 276
Jakob Weil, Rabbiner   127, 152, 159, 170, 229
Jean Paul Friedrich Richter, Schriftsteller   351
Jecheskel Landau, Rabbiner   346
Jedel, Moses   429
Jehudah he-Chassid, Rabbiner   17
Jehuda Löb, Rabbiner   347
Jekel von Ulm   147
Joel, Karl, Kaufmann   541
Johannes von Winterthur, Chronist   60
Jomtow Lipmann Heller   233
Jona Weil, Rabbiner   229, 238
Josef ben Mosche   20
Josef haZarfati   44
Josel von Rosheim   198, 200, 209, 224f., 240, 242f., 298
Joseph Breslau, Rabbiner   347
Joseph der Augenarzt   145
Joseph Ephraim Caro, Rabbiner   228

Joseph II., röm.-dt. Kaiser 349
Joseph Isaak, Buchhändler 369
Josephthal, Gustav 462, 474
Joseppine, Gemeindevorsteherin 40
Jost, Markus 465
Josua Heschel aus Lemberg, Rabbiner 346
Juda Lion Gumpert, Rabbiner 309
Juda Löw ben Bezalel, gen. Maharal,
  Rabbiner 233, 258
Jüdlin von Augsburg 42, 52
Jut, Witwe des Samuel von Basel 147

**K**

Kaendlin, Witwe des Mosche aus Grez 40
Kahn, Adolph, Fabrikant 438
Kahn, Israel, Hürben 450
Kahn, Moses Jakob, Textilgroßhändler 431
Kahn, Salomon, Altenstadt 391
– Moritz 391
Kahr, Gustav von, Min.präs. 493
Kalteisen, Heinrich, Dominikaner 180
Kann, Isaak, Hoffaktor 281
– Moses Löw Isaak 281
Kant, Immanuel 356, 451
Karl IV., röm.-dt. Kaiser 55, 95–98, 100–102,
  104, 106, 110, 112, 115, 122, 125, 129f., 148
Karl V., röm.-dt. Kaiser 178, 200, 212, 225,
  240
Karl VI., röm.-dt. Kaiser 245
Katzenellenbogen, Jakob 354
Keck, Johannes 179
Kirchbaur, Georg Claudius, Pfarrer 205
Kirchberger, Michael, Stadtschreiber 290
Kisch, Guido 526
Klein, Abraham Isaak (Arnold),
  Rabbiner 500f.
Klugmann, Hermann 484
Knilling, Eugen Ritter von, Min.präs. 494
Knobloch, Charlotte 580
Knorr von Rosenroth, Christian 344
Koch, Josef 464
Kohler, Kaufmann 440
Kohn, Josef, Kaufmann 437
Kohn, Meschullam, Rabbiner 354
Kohn, Moritz 495
Kohn, Salomon, Rabbiner 406, 413
Kohn, Samuel, Fabrikant 441

Kohn, Sigmund, Fabrikant 432
Kolb, Bernhard 554
Königswarter, Wilhelm 468
Konradin, röm.-dt. König 69
Konrad, Jenö 528
Konrad von Megenberg 107
Konstantin, röm. Kaiser 23
Konstanz, Bischöfe von 171
Kopernikus, Nikolaus 353
Köphlin v. Augsburg 53
Koppel Seligmann 291
Koppelmann, Rabbiner 146, 152
Kortner, Fritz 573
Krämer, Simon 422, 456
Kronacher, Adolf Leo 447
Kuhn, Friedrich 542
Kun, Béla 492
Kutzer, Bürgermeister 468

**L**

Laemmle, Carl 440
Lammfromm, Israel 441, 517, 542
Lamm, Hans 573
Lamm, Louis 455, 466
Lamp v. Augsburg 42, 52, 53
Landauer, Fritz, Aarchitekt 464
Landauer, Gustav 489f., 491
Landauer, Hugo, Kaufmann 473
– Moses Samuel, Fabrikant 442, 445
– Nathan 450
Landauer, Kurt 527, 573
Landauer, Samuel 264
Landenberger, Fabrikant 438
Landmann, Samson, Arzt 446
Laus, Moses 493
Lebrecht, Meier, Rabbiner 415
Lebrecht, Paul 487
Leb v. Gröningen 160
Leibniz, Gottfried Wilhelm 349
Lemberger, Juda-Löb, Rabbiner 346, 354
Lemlin Salomon von Höchstadt 278
– Salomon, s. Sohn 278
– Veit, s. Sohn 278
Lerchenfeld, Gustav von, Frhr. 394
Leser v. Landshut 155
Lessing, Familie 433
– Simon 433

Leuchtenberg, Landgrafen von  119, 125, 130, 211
Levien, Max  489, 492
Levi, Hermann, Musiker  478
Levi, Hofjudenfamilie  355f.
– Lazarus Josef  355, 357
Levi, Simon, Abgeordneter  475
Levi, Simon Jacob, Garkoch  366, 432
Levin, Moritz, Rabbiner  473
Levin, Shlomo  575
Leviné, Eugen  489, 492
Levy, Harry, Rabbiner  504
Lewandowski, Louis
Lewi v. Völkermarkt  137
Liebermann, Max  58, 477
Liebstädter, Dr.  501
Liechtenstein, Michael von, Dompropst  256
Limpurg, Schenken von  119, 181
Lips, Michael Alexander  381, 383
Lobkowitz, Fürst  321
Lochner, Pfarrer  316
Loewi, Isaak, Rabbiner  406, 422, 456
Loewi, Simon Meier  439
Lömpel, Heinrich  464
Löw Amson  264
Löwenfeld, Raphael  480
Löwenstein, Gabriel  475
Löwenstein, Leopold, Rabbiner  466
Löwenstein-Wertheim, Graf Ludwig zu  251
Löw Simon d. Ä., Hoffaktor  280
Ludwig d. Bayer, röm.-dt. Kaiser  27, 33f., 53f., 66–68, 70, 72–74, 103, 129, 132, 134
Ludwig der Deutsche  18
Ludwig der Fromme, fränk. Kaiser  23
Ludwig I., König von Bayern  391, 420, 454
Ludwig II., König von Bayern  51, 446, 477
Ludwig Wilhelm von Baden, Reichsfeldmarschall  280
Luise Charlotte Raziwill, Kurfürstin  279
Lustig, Moses  574
Luther, Martin  191–195, 197f., 200
Lutz, Johann von, Minister  476

**M**
Mack, Henry  440
Maharal, *siehe Juda Löw*

Maharam, *siehe Meir ben Baruch*
Maharil, *siehe Jakob Molin*
Mai, Herbert  554
Mainz, Erzbischöfe  202, 280
– Johann Philipp von Schönborn  281
– Karl Theodor von Dalberg  363
– Lothar Franz von Schönborn  281
– Uriel von Gemmingen  196
Mainzer, Gebrüder  545
Maison, Carl  475
Mandel, Jean  568
Mändle, Hoffaktoren  280
– Joseph  367
Mann, Familie v. Rothenburg  516
Mann, Thomas  489, 500
Manus von Steinhaus  288
Margam, Tochter v. Marum Schmuel  293
Margarethe, Witwe Ludwigs d. Bayern  103
Maria Theresia, röm.-dt. Kaiserin  311
Marquart der Judenarzt  145
Marr, Wilhelm  478
Marschütz, Karl  438
Martin V., Papst  135, 142
Marum Schmuel  293
Marx, Eduard, Hofjuwelier  411, 416
Marx, Isidor  454
Marx, Julius  487
Marx Menasse, Hofjude  281
Marx, Moritz  542
Mathias, röm.-dt. Kaiser  253, 258
Mathias von Neuenburg  99
Maurer, Georg Ludwig von, Minister  444
Maximilian II., röm.-dt. Kaiser  211, 230, 256, 393
Maximilian I., röm.-dt. Kaiser  178
Max I. Josef, König von Bayern  366
Mayer, Lyon  429
Mayr, Josef  541
Meier aus Bayreuth  137
Meier Türklen, Rabbiner  233
Meinecke, Friedrich  490
Meir ben Baruch, gen. Maharam, Rabbiner  47f.
Meir von Erfurt  147
Meir von Rothenburg, Rabbiner  36, 188
Melanchthon, Philipp  193
Menachem ben Matronaj, Rabbiner  47

Menachem Menke, Rabbiner 233, 237
Mendelssohn, Moses 335, 347, 349–353, 356, 369, 372
Métivier, Jean Baptiste, Hofbaurat 416
Meyerbeer, Giacomo 477
Meyer Jehuda aus Altenkunstadt 265
Meyer, Seligmann, Rabbiner 504
Meyer v. Colmar 33
Michael de Leone, Scholaster 100
Michel v. Dornberg 255
Michel v. Straubing 139
Miedel, Julius 217, 465
Model, Hoffaktorenfamilie 278f.
– Amson 266
– Abraham Elias 279
– Elias 279
– Marx (Mordechai) 278, 281, 344
Mommsen, Theodor 479
Montgelas, Graf Maximilian von, Minister 364, 368, 371, 376, 378, 402, 424, 556
Mordechai ben Hillen Hacohen, Rabbiner 44
Mordechai Oettingen 279
Morgenroth, Großhändler 433
Morgenstern, David, Abgeordneter 393, 444, 475
Mosche v. Grez 40
Mosche bar Jekuthiel 14
Mosche Toul, Rabbiner 227
Moses ben Israel, gen. Isserles, Rabbiner 228
Moses ben Saul, Rabbiner 354
Moses Broda, Rabbiner 346
Moses Goldschmidt, *siehe Hameln*
Moses haLevi Heller Wallerstein, Rabbiner 233
Moses Isaak 275
Moses Krumbach 228
Moses Minz 159
Moses Molin, Rabbiner 152
Moses Philippsohn, Hauslehrer 343
Moses Seckel, Hofbankier 267
Mosse, Sohn des Leser v. Landshut 156
Mühsam, Erich 489, 491f.
Müller, Ludwig 574
Müller-Meiningen, Ernst 492

**N**
Napoleon 371
Natan (von) Eger, Reichsrabbiner 137
Nathan, Rabbiner 299
Nathan, Alfred 468
Nathan Schotten 226, 230
Nebel, Kaufmannsfamilie 442
Neckarsulmer, Samuel 436
Neckermann, Josef 541
Nehr, Johann Georg 413
Neubauer, Max 436
Neuenburg, Mathias von, Chronist 99
Neuland, Siegfried 566
Neumeyer, Alfred 491, 493, 498, 520
Neurath, Alois 491
Nicolai, Friedrich 349
Nothaft, Albrecht XI., Forstmeister 106
Noe Samuel Isaac, Hoffaktor 282
Nothmann, Hugo 573
Nürnberg, Burggrafen von 73, 78, 102 113, 130, 132f.
– Albrecht 121
– Friedrich IV., Burggraf von Nürnberg 66
– Friedrich V., Burggraf von Nürnberg 122, 137f., 147
– Johann II. 55, 67, 73, 121
Nürnberg, Julius 568

**O**
Obermayer, Carl 446
– Isidor 432, 446
Obermayer, Jakob, Hoffaktor 366, 432
Oberthür, Franz 352, 372
Oettingen, Grafen von 26, 27, 34, 68, 72, 116, 122, 130, 133f., 263
– Albrecht 98
– Albrecht Ernst von 279
– Friedrich II. 34, 66
– Joachim 183
– Ludwig IV. von 98
– Ludwig VI. 34
– Ludwig VIII. von 34, 66
– Ludwig XI. von 130
– Martin 216, 233
– Wolfgang 183
Oettingen-Wallerstein, Fürst Ludwig von 397, 421

Oettinger, Salomon  439
- Wolf  439
Offenbacher-Oppenheimer, Meyer  436
Ohrenstein, Aaron, Rabbiner  567, 572
Öhringer, Berle  232
- Seligmann
Oppenheimer, Familie  280f.
- Josef Süß  277, 283
- Daniel  279
- Samuel  277, 280, 282
Oppenheimer, Löw, Rabbiner  306
Osiander, Andreas  197, 198, 234
Osmund, Emanuel, Kaufmann  351
Otloh, Mönch von St. Emmeram  12
Otmar, Silvan, Drucker  196
Otto von Freising, Bischof  77

### P

Pappenheim, Reichsmarschälle von  27, 170, 185, 198, 211, 246, 288, 319, 349
- Haupt Marschall von  170
Pappenheimer, Hirsch Lippmann  282
Pappenheimer, Israel Hirsch, Rabbiner  410, 416
Parasol, Jakob  568
Parsberg, Wolfgang von  173
Paul der Stein zu Mühldorf  156
Paul IV., Papst  201
Paulus Aemilius Romanus  196
Pemper, Mieczyslaw  574
Perchtolt Nider Meir v. Patering  55
Perles, Joseph, Rabbiner  474
Perlhefter, Beer, Rabbiner  351
Petachja ben Jakob ha-Lavan, Rabbiner  17
Petrus Venerabilis  76
Peutinger, Konrad, Stadtschreiber  242
Pfalzgrafen bei Rhein/Kurfürsten von der Pfalz  51, 72, 104, 125, 130, 218, 279
- Christian August  279, 344
- Friedrich  135, 216
- Karl III. Philipp  279f.
- Ottheinrich  197f., 216f.
- Otto II.  125
- Philipp, Pfalzgraf  216
- Philipp, Kurfürst  185
- Rudolf I.  71, 105, 137
- Ruprecht I.  125, 130

- Ruprecht II.  125
- Ruprecht III.  125
Pfefferkorn, Johannes  195, 197, 200, 232
Pinchas, Rabbiner  354
Pinkas, Landesrabbiner  354
Pius V., Papst  201
Portner, Heinrich  53, 95, 110

### R

Rabe, Johann Jacob  352
Radolfus  13
Raff, Sigmund  481
Raiser, Nepomuk von  375
Raschi, *siehe Schlomo ben Isaak v. Troyes*
Rath, Ernst Eduard vom  530
Reb Elias  336
Rechel, Witwe des Schmuel aus Reichberg  336
Regel, Georg  196
Regensburg, Bischöfe von  88, 105, 106, 136
- Heinrich von Absberg  168
- Nikolaus von Ybbs  38
- Siegfried  70
- Wolfgang  15
Reich, Jakob  498
Reichlin-Meldegg, Frhr. von  391
Reiter, Leopold  442
Reuchlin, Johannes  195, 200, 244
Reuß, Matern  353
Rhegius, Urbanus  193
Rief, Thaddäus  328
Ries, Nathan Michael  440
Riesser, Gabriel  392
Rintfleisch  73, 84, 85, 86, 87
Riziman  15
Röhm, Ernst  510
Rosenberg, Alfons  526
Rosenberg, Wolf, Rabbiner  416
Rosenfelder, Gebrüder  438
Rosenfeld, Samson Wolf, Rabbiner  380, 407, 415, 417
Rosenthal, Fritz (Schalom Ben-Chorin)  573
Rosenthal, Leo  568
Rosenthal, Ludwig  455
Rosenwald, Großhändler  433
Rosenzweig, Franz  499, 524
Rost, Abraham  283

Rost, David, Rabbiner u. Hoffaktor 283
Röthlein, Friedrich Adam Joseph 304, 369
Rothschild, Amschel Meyer von 413
Rothschild, Mendel, Rabbiner 309
Rubinstein, Joseph 478
Rudolf von Habsburg, röm.-dt. König , 48, 66, 69
Rudolf II., röm.-dt. Kaiser 226, 285
Rühs, Christian 383
Rüth von Kollenberg, Ritter 211
Ruland, Anton 394
Ruprecht I., röm.-dt. König 125, 137, 146, 241
Ruschkewitz, Ernst 554

## S

Sabbatai Scheftel Horowitz, Rabbiner 315
Alexander Wimpfen 48
Sälikmann, Landshut 139
Salman Katz, Nürnberg 155
Salman Kohen, Rabbiner 146
Salomo bar Simson, Chronist 9f.
Salomon ben David, Rabbiner 321
Salomo Molcho 228
Salomon v. Augsburg 19
Salomon v. Höchstädt 278
 – Salomon, s. Sohn 278
 – Veit, s. Sohn 278
Salomon Reutlinger, Hofjude 319
Salomon-Schalom Ullmann, Rabbiner 354
Salomon Schneior, Gemeindevorsteher 315
 – Josef, s. Sohn, Buchdrucker 315
Salzburg, Erzbischof von 71
Samson Abele, Rabbiner 309
Samuel, Reichsrabbiner 225
Samuel ben David Moses ha-Levi, Rabbiner 322
Samuel v. Basel 147
Sand, Ludwig 158, 386
Saphir, Moritz Gottlieb 455
Sarah Hirslin 220
Saul Berlin 354
Schaaf, Thomas 342
Schaezler, Johann Lorenz von 382
Schalit, Heinrich 500
Schaumberg, Wolf Georg Frhr. von 213
Schedel, Hartmann 109
Scheindling, Joshua 574

Scheurer, Georg Joseph 436
Scheuring, Thomas August 382
Schickedanz, Gustav 541
Schindler, Oskar 574
Schleiermacher, Friedrich 451
Schlomo ben Isaak v. Troyes, Rabbiner 20
Schmidt, Albert 464
Schmidt, Stefan von Freihofen 254
Schmucker, Malka 523
Schmuel v. Reichberg, Toraschreiber 336
Schneidawind, Franz Adolph 310
Schönhuber, Franz 578
Schüle, Johann Heinrich 285
Schuster, David 576
 – Josef 580
Schwab, Aaron 447
Schwabacher, Familie 279
 – Isaak Nathan 278
 – Nathan Moses 279
 – Jakob Josef 279
Schwarzburg, Graf Günther von 95
Schwarz, Chajim 196, 230
Schwarz, Hayum, Rabbiner 397, 408
Schwarz, Hugo 567
Schwarz, Meier 582
Schwarz, Peter, Dominikaner 166, 176, 181
Schwarz, Stefan 569
Schweiker v. Walting 55
Schweizer, David 422
Schwerdt, Chaim 569
Seckendorff, Arnold von 101
Seidel, Moses 405
Seligmann v. Ansbach 279
Seligmann Samuel Hesslein 281
Seligmann, Aaron Elias 368
Seligsberg, Marx Hayum, Rabbiner 408
Selz, Elkan 407
Sepp, Johann Nepomuk 394
Seuffert, Johann Michael von, Staatsrat 373
Siebert, Ludwig 510
Sigismund, röm.-dt. Kaiser 130f., 134f., 137, 142, 153, 170f., 182, 241
Silbermann, Eduard 458
Silberschmitt, Hirsch 453
Simonsfeld, Henry 453, 454
Simon Sommerhausen, Kaufmann 351
Simon (von) Günzburg, siehe Ulma/Ulmo

Simon von Trient 168, 204
Sixtus IV., Papst 181
Snieg, Samuel A., Rabbiner 564
Sonnemann, Leopold 439
Spanier, Julius 566
Spiegel, Franz 464
Spiro, Benjamin-Wolf, Rabbiner 342, 354
Spiro, David Kahane, Rabbiner 567f., 572
Spokojny, Julius 574
Sprinzin v. Augsburg 53
Stahl, Friedrich Julius (Julius Jolson) 451
Stahl, Johanna 583
Staudach, Albrecht von 92, 104
Steinach, Albrecht von 55
Steinhardt, Josef, Rabbiner 353
– Mosche 353
Stein, Leopold 456
Stein, Salomon, Rabbiner 465
Stern, Sandel 401
Sterzenbach, Moritz 543
Stix, Löw 440
Stoecker, Adolf 477, 478
Stolberg, Graf Ludwig von 250
Stolzhirsch, Familie 95
Straus, Elias 482, 498
– Rahel 460, 482, 500
Strauss, Levi 440
Strauß, Emanuel 504
Strauß, Maier 401
Strauß, Familie 515
– Simon 515
Streicher, Julius 500f., 510, 512, 514, 518, 522, 540, 563
Strobl, Otto 540
Stromer, Ulrich 102, 462
– Ulman 143
– Otto Frhr. von 463
Sulzer, Hermann 441
– Michael 441
Süßkind v. Straßburg 33
Susslem v. Landshut 139
Suter v. Augsburg 53

T
Teck, Friedrich von 96
Teutsch, Walter 526
Thannhauser, Seligmann 390

Thoma, Ludwig 492
Thomas von Aquin 63
Thomas von Monmouth 82
Tietz, Hermann 472, 540
Titus, röm. Prinz 63
Toller, Ernst 489, 491f.
Treitschke, Heinrich von 478
Trott, Johann Friedrich 382
Tucher, Sebald 150

U
Uhlfelder, Max 539
Uhlmann, Hajum Hirsch 455
Uissigheim, Arnold von 88–90
Ullstein, Leopold, Verleger 455
Ulma/Ulmo, Familie 218, 220, 229, 339
– Jakob 243
– Moses 243
– Simon (von) Günzburg 218, 220, 229, 236, 244, 276, 278, 280
– Salomon 229, 243
– Mordechai, Rabbiner 278
Ulman(n), Familie 300, 305, 339
– Ephraim 355
– Henle Ephraim, Hoffaktor 366
– Isaak 246
– Löw Simon d.J., Hoffaktor 280
– Samuel 280
– Simon 288
– Merle 288
Urban V., Papst 142
Utzschneider, Joseph von 382

V
van Dam, Hendrik George 571
Veit v. Buttenwiesen 294
Vespasian, röm. Kaiser 63
Vischlin v. Straßburg 33

W
Wackerbart, Oberamtmann 205
Wadler, Arnold 491
Wagenseil, Johann Christoph 351
Wagner, Adolf 510, 530
Wagner, Andreas 481
Wagner, Richard 477
Wahl, Karl 541

Waldenfels, Herren von 126
Wallersteiner, Simon, Hoffaktor 366
Walz, Hugo 519
Wassermann, Amschel Elkan 433
Wassermann, Jakob 478
Weber, Max 2
Weil, Wolf 576
Weinberg, Magnus, Rabbiner 465, 504
Weinsberg, Konrad von, Kämmerer 135, 170
Weisskopf, David 408
Wenzel, röm.-dt. König 128, 132–134, 152
Werner, Cosmann 482
Werdenberg-Heiligenberg, Grafen von 27
Wertheim, Grafen von 116, 119, 134, 185, 210f., 232, 256
– Michael III. 250
Wertheimer, Faktorenfamilie 281, 283f.
– Abraham Wolf 282
– Samson 277, 282
– Wolf 282, 367
– Samuel Isaak 282
Wertheimer, Feibelmann 343
Wertheimer, I. E. 438
Wessely, Naftali Herz 348
William von Norwich 82
Wilmersdörfer, Hugo 544
Wohlgemuth, Joseph, Rabbiner 503
Wolfart, Bonifatius 196
Wolff, Adolf, Architekt 462
Wolff, Adolf, Publizist 492
Wolff, Christian 349
Würzburg, Bischöfe von 28, 69, 101, 126, 133f., 140, 201, 209, 256, 267–269, 299
– Adam Friedrich von Seinsheim 352
– Albrecht II. von Hohenlohe 100
– Anselm Franz von Ingelheim 283
– Bruno 12
– Christoph Franz von Hutten 204
– Franz Ludwig von Erthal 203, 335, 352, 369
– Friedrich Karl von Schönborn 281
– Friedrich von Wirsberg 201, 210
– Gottfried IV. Schenk von Limpurg 181
– Hermann I. von Lobdeburg 66
– Herold 20
– Johann Philipp von Schönborn 281
– Johann Gottfried von Aschhausen 210, 268
– Johann I. von Egloffstein 139
– Johann III. von Grumbach 181
– Julius Echter von Mespelbrunn 201, 202, 210
– Konrad II. von Thüngen 209
– Manegold von Neuenburg 86
– Otto II. von Wolfskeel 69, 99
– Rudolf II. von Scherenberg 182
– Melchior Zobel von Giebelstadt 209

**Y**
Yitzhak ha-Levi 51

**Z**
Zach, Ignatius 204
Zanger, Nathan, Rabbiner 572
Zeltner, Gustav Georg 351
Zeruial v. Augsburg 74
Ziegler, Caspar 172
Ziegler, Nikolaus, Reichsvizekanzler 172
Zobel, Martin 220
Zunz, Leopold 465
Zwingli, Ulrich 195

www.ingramcontent.com/pod-product-compliance
Lightning Source LLC
Chambersburg PA
CBHW061701300426
44115CB00014B/2525